소선지서II 주석은
안양일심교회(담임목사 김홍석) 후원으로
제작되었습니다.

Minor Prophets. II, 2nd. The 60th Jubilee Commentary of the Presbyterian Church in Korea
by Dongyoun Ki

published by The General Assembly of the Presbyterian Church in Korea Publishing Department, Seoul, Korea, 2024 © The General Assembly of the Presbyterian Church in Korea Publishing Department 2024. All rights reserved. No part of this publication may be reproduced, stored in a retrieval system, or transmitted, in any form or by any means, electronic, mechanical, photocopying, recording, or otherwise, without the prior written permission of the publisher.

대한예수교장로회
고 신 총 회
설립 60주년 기념
성 경 주 석

소선지서 II

개정판

미가-말라기

기동연 지음
고신성경주석편집위원회 편

대한예수교장로회
총회출판국

목차

발간사

바른 길로 나아가든 잘못된 길을 걷든 우리 모두에겐 시간이 흘러가듯이, 교단도 나이를 먹는 것은 막을 길이 없습니다. 참으로 고신총회가 태동되던 시절에는 우리는 이 땅에 있는 하나님의 기쁨이었다고 믿습니다. 그때 쓰임을 받았던 종들의 마음속에는 주를 향한 사랑이 뜨거웠고, 그때 그들은 교권의 횡포로 설자리를 잃고 새로운 시작을 할 수 밖에 없었다고 배웠습니다.

그러나 그 후 지나간 60년을 회고해 보면 여러 가지 언급하고 싶지 않은 부끄럽고 마음 아픈 일이 많았습니다. 그래도 이 교단을 남겨두신 하늘 아버지의 은혜를 기억하면서, 고신총회 설립 60주년을 맞이하면서, 그때 우리가 해야 할 일 가운데 하나가 기념주석을 발간하는 일이라는 합의가 있었습니다.

2014년 그 열매로 두 권의 주석을 이미 발간한 바 있습니다. 그 당시 저의 마음은 마치 밭이나 논의 양지 바른 편에 곡식이 먼저 익어 가면 머지않아 온 논밭에 풍성한 추수가 다가올 것을 믿는 마음이었고, 시간은 지났지만 금번에 또 두 권의 책을 발간하게 되었습니다.

앞으로 마무리해야 할 남은 일을 생각하면 아직은 끝이 잘 보이지 않으나, 그래도 조금씩 땀 흘려 수고한 결실을 보게 하신 하나님께 감사드리며, 아직도 우리 가운데 우리의 감사를 받으실 분이 계시다는 사실에 감격하며 또한 앞날에 대한 희망을 갖습니다.

아직도 우리에겐 성경으로 마음을 뜨겁게 할 성령님이 있으며, 이와 같은 책의 집필에 시간과 정성을 드린 동역자들이 있고, 출판하는 일에 마음을 함께하는 교회들이 있다는 사실에 감사합니다.

끝으로 이 책을 읽으시는 동역자들의 강단 사역이 좀 더 풍성해지고, 여러 동역자들의 설교를 듣는 성도들의 마음에 은혜의 빗줄기가 조금이라도 내린다면 모든 분들의 수고와 후원이 헛되지 않을 것입니다.

시대마다 당신의 뜻을 이루신 분께서 앞으로의 일을 이루실 것을 믿으며 바울이 선교에 동역한 교회를 향한 소원으로 이 일에 동역한 이들과 후원교회들을 복 주시길 빕니다.

"여러분 속에서 선한 일을 시작하신 하나님께서는
계속 그 일을 은혜로이 성장시켜서
예수 그리스도께서 다시 오시는 날에 완성해 주실 것을
나는 확신하고 있습니다."

빌 1:6, 현대어성경

구주 대망 2016년 9월
간행위원장 정근두 박사(울산교회 담임)

시리즈 머리말

　본 총회가 발행하는 <고신총회 설립 60주년 기념 성경주석>은 여러 모로 뜻 깊은 주석이 될 것이다. 한국에 주석들이 많이 있는데 굳이 우리 총회에서 따로 주석을 펴낼 필요가 있겠는가 하는 의문이 들 수도 있다. 그러나 고신총회가 가지고 있는 순수한 신앙과 개혁주의 신학은 우리의 신앙과 신학에 맞는 주석을 요구하고 있다. 우리 주위에는 많은 주석들이 있지만 어느 것을 선택해야 할지, 많은 해석들 가운데서 어느 해석이 올바른 해석인지 몰라서 혼란스러운 가운데 있다.

　본 총회가 발행하는 성경주석은 이런 상황에 답을 제시하려는 목적으로 기획되었다. 물론 이 세상에서 완전한 성경 해석은 불가능하겠지만, 선조들이 물려준 순수한 신앙과 건전한 신학의 토대 위에서 하나님의 말씀을 풀어 설명하려고 노력하였다. 이런 점에서 본 성경주석 시리즈는 다음과 같은 특징을 가지고 있다.

　첫째, 본 주석은 '개혁주의적인 주석'이 되고자 한다. 성경을 정확무오한 하나님의 말씀으로 믿고 고백하는 가운데 바르게 해석하려고 노력을 기울였다.

인간의 이성(理性)이나 경험(經驗)이 성경 해석의 최고 권위가 아니라 "성경이 그 자신의 해석자이다"(Sacra Scriptura sui ipsius interpres est)라고 하는 종교개혁자들의 성경 해석 원리를 따라 성경 자신이 성경을 해석하도록 노력하였다. 물론 우리는 앞서간 신앙 선배들의 노력을 무시하지 않는다. 우리는 칼빈과 개혁주의 신학자들의 신학 유산을 존중하고, 또한 한국 교회에 주신 귀한 선물인 박윤선 박사의 「성경주석」을 존중한다. 그러나 시대의 변화를 감안하여 좀 더 자세하고 깊이 있는 주석을 제공하려고 노력하였다.

둘째, 본 주석은 목회자들과 성도들에게 '실제적 도움이 되는 주석'이 되고자 한다. 서양에서 발전된 주석들을 보면 성도들의 실제 생활과 관계없는 학적 논의들이 많다. 그러나 본 주석은 가능한 한 불필요한 논쟁은 피하고 성도들의 실제 생활에 도움이 되는 주석이 되고자 노력하였다. 이를 위해 어려운 단어나 구절에 대해 간결한 설명을 제공하고, 복잡한 논의는 작은 글자로 소개하거나 미주로 처리하였다.

셋째, 본 주석은 단지 성경의 의미를 밝히는 것으로 끝나지 아니하고 '오늘날 우리에게 주는 교훈'을 찾기 위해 노력하였다. 그래서 각 단락의 마지막 부분에 <교훈과 적용>을 두었다. 이 부분은 앞에서 이루어진 본문 주해를 종합적으로 정리하고, 오늘날 우리들에게 주는 교훈을 제시하였다. 이 부분은 독자들에게 본문이 우리에게 주는 의미를 묵상하게 도와줄 뿐만 아니라, 목회자들이 설교를 작성하는 데에도 많은 도움이 될 것이다.

넷째, 그 외에도 본 주석은 '독자들의 편의'를 위해 여러 모로 세심한 노력을 기울였다. 주석의 각 장마다 간단하게 <본문의 개요>와 <내용 분해>를 넣어서 한 눈에 내용을 파악할 수 있도록 했다. <본문 주해>에 들어가서도 먼저 전체 내용을 개관한 후에 각절 또는 몇 절들 단위로 주해를 하였다. 각 주해 단락 서두에 <개역개정판 성경>을 실어서 본문을 쉽게 볼 수 있도록 하였다. 성경 원어 사용은 가능한 한 피하되, 주해를 위해 꼭 필요하다고 판단되는 경우에는 한글 음역과 함께 원어를 실었다. 그리고 앞에서 말한 대로 <본문 주해>

뒤에 <교훈과 적용>을 넣어서 다시금 본문의 핵심 의미를 정리하고 교훈을 생각하며 각자의 삶에 적용하도록 하였다.

이러한 노력에도 불구하고 독자들의 손에 쥐어지는 주석에는 미흡한 점들이 많이 있을 것이다. 사람마다 요구사항이 다르기 때문에 독자에 따라 평가가 다를 수 있을 것이다. 이런 점들에 대해 편집위원회와 간행위원회는 충분히 인식하고 있으며, 앞으로 주석의 질을 높이기 위해 계속 노력하고자 한다. 본 주석 사업은 한 번의 출판으로 끝나지 않고 지속적으로 개선하고 업그레이드 하면서 점차 높은 수준의 주석이 되기를 희망한다.

본 주석은 단지 학적인 것이 아니라 목회자들과 성도들에게 도움이 되는 주석이 되기를 추구한다. 따라서 본 주석은 학적으로는 미흡할지 모르지만, 잘못된 해석들이 난무하는 이 시대에 올바른 개혁주의적 해석을 제공하고자 한다는 점에 큰 의미가 있을 것이다.

성경 해석이 바로 되어야 우리의 신앙과 생활이 바로 될 것이며, 나아가서 한국 교회가 바로 설 수 있을 것이다. 성도들의 기도와 하나님의 도우심으로 이 주석 간행 사업이 잘 진행되어서 한국 교회에 크게 기여하는 주석이 되기를 소망한다.

2023년 8월
편집위원장 신득일

저자의 말

    고신총회는 한국 교회 역사에 오래 기억될 중요한 역할을 종종 하였다. 신사참배 반대 운동이 가장 대표적인데, 그 외에 또 기여하고 있는 것이 바로 신구약 주석 발간이다. 다양한 신학적 주장과 자유주의 그리고 이단들이 교회 주변을 어지럽히고 있는 상황에서 고신총회의 신구약 성경 주석은 설교를 준비하는 목회자들에게 바른 성경 본문 해석과 이해를 제시해 주고 있다. 고신의 주석은 설교자들이 품은 의문을 제거해 주며, 그릇된 본문 해석을 피하고 본문에 대한 확신을 가지고 담대히 설교하게 해 준다. 이런 고신 주석 시리즈에 필자가 참여하게 된 것은 하나님께 크게 감사하고 영광 돌릴 일이다.

    본 주석에 수록된 미가에서부터 말라기까지는 두 가지 이유 때문에 아주 흥미로운 본문이다.

    첫 번째 이유는 성경을 기록한 선지자들이 활동한 모든 시대를 포괄하고 있기 때문이다. 미가는 대략 기원전 750년 이후에 이사야와 호세아 그리고 아모스와 동시대 선지자로 활동하였다. 말라기는 약 기원전 430년경에 기록되었다. 이런 점을 고려하면 미가에서 말라기까지 본문은 300년이 넘는 이스라엘 역사 속에서 활동한 선지자들을 포괄하고 있다고 할 수 있다. 이 시기 동안 아시리아와 바벨론 그리고 페르시아가 흥망성쇠를 반복했다. 그 사이 북쪽 이스라엘이 하나님의 심판을 받아 아시리아에 멸망당했고, 남쪽 유다가 바벨론에 의해 망했고, 바벨론을 무너뜨린 페르시아에 의해 유다가 회복되었다. 그렇기 때문에 미가에서 말라기는 하나님께서 이스라엘과 유다에 대해 생각하고 계획하시는 것과 당대의 열강이었던 아시리아, 바벨론 그리고 페르시아에 대한 계획을 엿보게 한다.

둘째 이유는 미가에서 말라기까지가 포괄적이고 다양한 주제들을 다루고 있기 때문에 하나님의 세밀한 섭리와 역사들을 볼 수 있다. 이스라엘 백성들의 윤리적인 문제, 예배에 관한 문제, 그리고 때로는 심판과 종말에 대한 문제를 다루고 있다. 유다의 일반 백성들의 신앙생활과 제사장을 비롯한 종교적 지도자들의 부패한 모습도 볼 수 있지만, 이들에 대한 종말적인 하나님의 심판이 어떤 양상을 보일지도 알게 해 준다. 이런 포괄적인 주제를 담고 있는 선지서들을 주석하는 일은 즐겁지 않을 수 없다. 하지만 아쉬운 점도 없지는 않다. 호세아에서 요나까지 다루지 못하였기 때문에 반쪽 주석에 지나지 않는다는 점이다. 이런 아쉬움을 조금이라도 덜기 위해 소선지서들의 기록 연대와 관련된 이슈 하나를 서문에서 부연하고자 한다.

많은 구약 학자들과 주석가들은 소선지서의 배열이 마소라 본문(MT)과 70인역(LXX) 그리고 유대인들의 외경과 가경("이사야의 순교와 승천," "선지자들의 삶") 그리고 쿰란 문서(4QXII, Murabba'at 88)에서 제각기 다르다는 점에 주목한다. 이를 근거로 마소라 본문의 소선지서 배열이 정경 형성 역사에서 주후 2세기까지도 결정되지 않았고, 또 소선지서 각 권의 기록 시기도 전통적인 견해와는 달리 다소 후대에 기록되었다거나 기록 연대를 알 수 없다고 주장하고 있다. 특히 마소라 본문과 70인역의 차이점을 학자들은 매우 중요하게 생각하면서 마소라 본문의 소선지서 배열 순서에 심각한 의문을 제기하였다. 마소라 본문과 70인역 순서는 다음과 같다.

MT – 호 욜 암 욥 욘 미 나 합 습 학 슥 말
LXX – 호 암 미 욜 욥 욘 나 합 습 학 슥 말

　　하지만 이것은 70인역의 소선지서 배열 의도를 제대로 이해하지 못하였기 때문에 생겨난 의문이다. 위에서 볼 수 있는 것처럼 마소라 본문의 소선지서 배열과는 달리 70인역은 아모스와 미가를 호세아 뒤로 옮기고, 반면에 요엘, 오바댜, 요나를 미가 뒤로 옮겨 나훔 앞에 배치하였다. 나머지 나훔에서 말라기까지 순서는 마소라 본문과 70인역이 동일하다. 70인역의 호세아에서 요나까지의 순서가 마소라와 차이가 생겨난 이유는 매우 단순하다. 이들 모두는 아시리아 시대에 기록되었는데, 70인역은 이 중 기록 시기를 분명히 알려 주는 호세아, 아모스, 미가는 앞으로 배열하였고, 정확한 연대를 확인해 줄 내용이 없는 요엘, 오바댜, 요나 그리고 나훔은 그 뒤로 배열하였다. 요엘, 오바댜, 요나, 나훔 순은 마소라 본문의 순서를 충실히 반영한 것이다. 그렇기 때문에 소선지서의 배열 순서를 논의할 때 70인역의 이런 의도를 고려하여 무리하게 마소라 본문의 배열을 외면하거나, 소선지서의 기록 시기를 지나치게 재구성하는 일을 삼가야 할 것이다. 쿰란 문서(4QXII)와 사해 문서(Mur 88)도 마소라 본문 순서를 지지하고 있다.

　　소선지서를 주석하면서 양심의 가책을 느낀 적이 많았다. 이스라엘 종교 지도자들을 향한 하나님의 책망이 나를 향한 책망으로 들린 적이 한두 번이 아니었다. 깊이 생각할 것도 없이 나 자신은 죄인이고, 교회를 섬기는 종이라고 하면서도 죄의 유혹 앞에 늘 흔들리는 유약한 죄인에 지나지 않음을 깨닫곤 하였다. 신대원 교수 신분이 섬기는 직분임에도 불구하고, 내 이익과 자아실현의 기회와 수단으로 삼았던 때가 얼마나 많았던가! 하나님의 경고를 외면하고 멸망이 코앞에 다가왔는데도 사리사욕을 채우기에 급급했던 구약 시대의 종교 지도자들의 모습이 바로 나의 모습이다. 다만, 내 중심에 항상 자리잡고 계신 예수 그리스도를 향한 실낱 같은 믿음을 성삼위 하나님께서 기억하시고 나를 회개의 자리에 서게 하시고 참 신자의 모습을 지켜 나가도록 도와주기를 간절히 소망할 뿐이었다. 이러한 내게 소선지서를 주석할 수 있도록 기회를 주신 하나님께 참으로 감사하지 않을 수 없다. 부디 이 주석이 소선지서를 읽고 공부하고 설교하려는 모든 사람에게 약간의 도움과 유익이 있기를 소망한다. 그리고 이 주석이 재판될 수 있도록 수고해 준 총회교육원의 윤웅열 목사에게 감사한다. 연구실에만 붙어 있는 남편에게 불평하지 않고 기도해 준 아내와 잘 자라 준 딸들과 아들에게도 감사를 표하고 싶다. 그리고 아들의 교수 사역을 위해 늘 기도해 주시는 어머니와 장모님께도 감사하며 하나님께서 건강 주시기를 소망한다.

2024년 3월
천안 고려신학대학원 연구실에서
기동연

약어표

AYB Anchor Yale Bible Commentary

ANET Ancient Near Eastern Texts: Relating to the Old Testament

ANF Ante-Nicene Fathers

AOTC Abingdon Old Testament Commentaries

BA Biblical Archaeologist

BBR Bulletin for Biblical Research

CANE Civilizations of the Ancient Near East Vol 1-4

CBC Cambridge Bible Commentaries on the Old Testament

CBQ The Catholic Biblical Quarterly

EBC Everyman's Bible Commentary

Herm Hermeneia

HTR Harvard Theological Review

ICC The International Critical Commentary

Int Interpretation

JBL Journal of the Biblical Literature

JBPR Journal of Biblical and Pneumatological Research

JBQ Jewish Bible Quarterly

JETS Journal of the Evangelical Theological Society

JRT Journal of Religious Thought

JSNT Journal for the Study of the New Testament

JSOT Journal of the Study of the Old Testament

JSOT Sup JSOT supplement series

JSS Journal of Semitic Studies

MT Masoretic Text

NAC The New American Commentary

NCBC New Century Bible Commentary

NIB The New Interpreter's Bible

NICOT The New International Commentary on Old Testament

NIDOTTE New International Dictionary of Old Testament Theology and Exegesis

NPNF Nicene and Post-Nicene Fathers

NT Novum Testamentum

OTL Old Testament Library

PRSt Perspectives in Religious Studies

REC Reformed Expository Commentary

SWJT Southwestern Journal of Theology

TB Tyndale Bulletin

TMSJ The Master's Seminary Journal

TOTC Tyndale Old Testament Commentaries

VT Vetus Testamentum

WBC Word Biblical Commentary

WTJ The Westminster Theological Journal

ZAW Zeitschrift für die Alttestamentliche Wissenschaft

미가

미가 서론

저자

미가는 요담과 아하스와 히스기야 시대에 활동했으며, 남 유다 왕국에서 활동한 선지자 이사야와 북 이스라엘에서 활동한 호세아와 동시대 사람이다.

이사야	호세아	미가	아모스
웃시야 요담 아하스 히스기야	웃시야 / 여로보암 II 요담 아하스 히스기야	요담 아하스 히스기야	웃시야 / 여로보암II

이사야와 호세아는 남쪽 유다 왕국의 웃시야와 요담과 아하스와 히스기야 시대와 북쪽 이스라엘의 여로보암 통치하에서 활동하였다. 미가의 활동 예상 기간은 최대 기원전 740-687년까지 53년이지만, 사실상 이보다는 짧은 기간 동안 활동하였을 것이다.[1] 미가의 활동 시기는 예레미야 26:18-19가 뒷받침해 준다. 예레미야 26:18-19에서 예레미야를 죽이려는 유다 백성들을 설득하기

---

1. W. C. Kaiser, *A History of Israel: From the Bronze Age through the Jewish Wars* (Nashville: B&P, 1998), 369-76.

위해 장로 몇 사람이 미가를 예로 들며 예레미야를 죽이지 못하도록 설득한
다. 장로들은 미가 3:12를 인용하면서 모레셋 사람 미가가 "시온은 밭 같이 경
작지가 될 것이며 예루살렘은 돌 무더기가 되며 이 성전의 산은 산당의 숲과
같이 되리라"고 예언했고, 이에 대해 히스기야가 미가를 죽이지 않고 회개하
였다고 말한다. 예레미야 26:18-19는 최소한 미가서의 선포 시기가 히스기야
시대였음을 보여준다. 미가는 다른 선지자들이 일반적으로 누구의 아들(아모
스의 아들 이사야, 브에리의 아들 호세아)로 소개되는 것과는 달리 모레셋 사
람 미가라고 소개된다. 구약 성경은 일반적으로 그 지역의 장로나 지도자를
소개할 때 그 사람을 지명과 연결하여 호칭한다. 이런 점을 감안하면 미가는
모레셋의 장로였을 가능성이 있다. 미가의 출신지 모레셋은 블레셋 사람들의
도시들 중에 하나인 가드에 가까이 있고, 헤브론 북서쪽에 있는 세펠라에 있
는 작은 도시이며, 예루살렘으로부터 남서쪽으로 약 32km 떨어진 곳에 있었
다. 미가의 메시지가 예루살렘에 초점을 맞추는 것을 감안하면, 그는 모레셋
에서 예루살렘으로 가서 선지자 사역을 한 것으로 여겨진다.

역사적 배경

미가 1:1에 의하면, 선지자 미가는 유다 왕 요담과 아하스 그리고 히스기야
시대에 활동했다. 이 시기의 남쪽 유다의 왕들의 권력은 비교적 안정적이었지
만, 북쪽 이스라엘의 왕권은 매우 불안정했다. 여로보암 2세 이후 북쪽 이스라
엘에는 반란이 반복되었고, 왕들은 피살되고 교체되었다.

남 유다

웃시야(아사랴) B.C. 792년 섭정 시작, 740년 사망
요담   B.C. 751년 섭정 시작, 732년 사망

아하스　　　　B.C. 736년 섭정 시작, 716년 사망

히스기야　　　B.C. 715년 통치 시작, 686년 사망

북 이스라엘

여로보암 2세　B.C. 793년 섭정 시작, 753년 사망

스가랴　　　　B.C. 753-752(6개월 통치)

살룸　　　　　B.C. 752(1개월 통치)

므나헴　　　　B.C. 752-742(11년 통치)

브가히야　　　B.C. 742-740(2년 통치)

베가　　　　　B.C. 752-732(20년 통치, 므나헴과 브가히야와 12년 공동 통치)

호세아　　　　B.C. 731-722년(9년 통치)

미가가 활동하던 시기는 아시리아가 제국을 형성하여 본격적으로 이스라엘과 유다를 공격하던 때였다. 특히 북 이스라엘은 외세의 침략에 의한 혼란과 함께 내부적으로 반란과 부패를 거듭하던 시기였으며, 미가는 특별히 이스라엘과 유다의 지도자들의 죄를 맹렬하게 비판한다. 북쪽 이스라엘은 끊임없는 반란으로 왕들이 피살당하는 대혼란을 겪었다. 여로보암 2세의 아들 스가랴가 6개월 동안 통치한 후 살룸의 반역으로 죽고(왕하15:8-10), 살룸은 왕이 된 지 한 달만에 다시 므나헴에게 피살당한다(왕하 15:10-14). 므나헴은 잔인한 왕이었다. 그는 디르사에서 사마리아를 함락하고, 다시 딥사로 가서 그들이 성문을 열지 않았다는 이유로 임산부의 배를 갈라서 죽였다(왕하 15:16). 그는 평생 이스라엘 최악의 왕이었던 여로보암의 죄악을 답습하였다. 므나헴 사후에 그의 아들 브가히야가 이스라엘의 왕이 되어 2년간 다스렸지만, 베가에 의해 피살되었다. 에드윈 딜레(Edwin Thiele)에 의하면 므나헴 시대에 북 이스라엘은 둘로 쪼개어져 있었으며 므나헴과 브가히야가 통치하는 동안 베

가가 12년 동안 북 이스라엘 일부를 장악하고 통치하다가 마침내 브가히야를 죽이고 북 이스라엘을 8년 동안 단독 통치하게 된다.[2] 그리고 베가는 호세아의 반란에 의해 제거된다. 호세아는 이스라엘 마지막 왕이며, 선임 왕들보다는 나았지만 그도 악한 왕이었다. 호세아 집권 9년째에 아시리아의 살만에셀은 사마리아를 점령하고 이스라엘 백성들을 아시리아로 끌고 가서 여러 지역에 흩어 정착시켰다. 스가랴에서부터 호세아에 이르기까지 모든 왕들을 평가하면서 열왕기서의 저자는 그들이 여로보암 1세의 죄에서 떠나지 않았다고 평가한다(왕하 15:9, 18, 24, 28; 17:22). 즉 그들은 여로보암 1세가 단과 벧엘에 세운 우상을 섬기며 온갖 다양한 우상을 섬기는 배교의 길을 걸었고, 하나님과 세운 언약은 안중에 두지 않고 율법과 계명을 외면하며 가나안 원주민들의 악한 풍속을 따라 살았다(왕하 17:1-18). 이들의 죄악에 대해 선지자 아모스와 호세아는 맹렬하게 비판하며 하나님의 임박한 심판을 예언하였다.

북쪽 이스라엘 왕국이 자신들의 죄악 가운데 뒹굴며 대혼란 속에 멸망을 향해 달려가는 동안 남쪽 유다의 왕권은 비교적 안정적이었다. 아사랴 또는 웃시야 왕은 성전에서 분향을 하려다가 나병에 걸리는 벌을 받았지만, 52년 동안 유다를 다스렸다(왕하 15:1-2; 대하 26:1-23). 딜레(E. Thiele)에 의하면 요담은 기원전 751/750년부터 아버지 웃시야 왕을 대신하여 유다를 통치하기 시작하여 기원전 740/739년부터 실질적인 통치를 하기 시작하며 기원전 732/731년에 사망하였다.[3] 요담은 아버지 사건 때문에 성전에 들어가지는 않았지만 여호와 보시기에 정직하게 통치하였다(대하 27:2). 그는 성전 윗 문과 유다의 성읍들 그리고 요새들을 건축하였으며, 암몬과 벌인 전투에서 대승하기도 하였다(대하 27:2-6). 요담의 뒤를 이은 아하스 왕은 기원전 732-716년까지 유다를 통치했다. 아하스는 그의 아버지와 할아버지와 달리 북쪽 이스라엘

---

2. 에드윈 딜레,『히브리왕들의 연대기』, 한정건 역 (서울: 기독교문서선교회, 1990), 170.
3. 딜레,『히브리왕들의 연대기』, 279.

왕들처럼 바알을 섬기고 힌놈의 아들 골짜기에서 분향하며 자녀들을 몰렉 신에게 바치는 극악한 악행을 서슴지 않았다(대하 28:2-3). 아하스는 아람 왕 르신과 이스라엘 왕 베가의 연합 공격을 받게 되었을 때에 선지자 이사야가 하나님을 믿고 신뢰하라고 촉구하며 하나님이 그들과 함께 하고 있는 근거로 무엇이든지 원하는 징조를 구하라고 하였을 때 거절하였다(사 7:1-25). 아하스는 하나님을 결코 의지하지 않겠다고 거절하며, 대신에 아시리아의 디글랏 빌레셀(Tiglath-Pileser III 기원전 745-727)을 의존하려 하였다. 이런 아하스에게 이사야는 임마누엘 예언을 하였지만, 이미 아하스는 더 이상 여호와 하나님을 신앙하지 않았다. 오히려 아하스는 그를 공격하여 위기로 몰아넣은 아람 사람들의 우상에게 도움을 얻겠다며 이 신들을 섬겼고 성전의 기구들을 파괴하였다(대하 28:23-25). 아하스를 제외한 미가 시대의 왕들은 하나님의 긍정적인 평가를 받았지만, 유다 사람들에 대한 평가는 아주 부정적이었다. 역대하 27:2은 요담을 긍정적으로 평가하면서도 유다 사람들에 대해서는 "백성은 여전히 부패하였더라"고 일침을 놓고 있으며, 열왕기하 15:35은 유다 백성들이 산당에서 제사 드리고 분향하였다고 한다. 이렇게 간단하게 언급된 유다 백성들의 죄악들을 선지자 미가는 구체적으로 지적하며 하나님의 심판을 예언하였다.

선지자 미가 시대에 고대 메소포타미아는 아시리아의 세상이었다. 아시리아는 기원전 25세기에서 기원전 608년까지 메소포타미아 북부 지역에 자리 잡은 아카드어와 아람어를 사용하는 강력한 민족이었다.[4] 아시리아는 아카드(Akkad)의 사르곤(Sargon)의 통치로부터 벗어난 후 삼시 아닷 1세(Shamshi-Adad 1 기원전 18세기 후반)에 의해 대제국을 형성하게 된다. 이후 아시리아는 바벨론과 미타니 왕국의 지배를 겪는 시기를 보낸 후(기원전 약 1500-1390) 다시 중흥과 쇠락의 시기를 보내게 된다(기원전 1390-912). 기원전 911

---

4. W. von Soden, *The Ancient Orient: An Introduction to the Study of the Ancient Near East* (Grand Rapids: Eerdmans, 1985), 49-59.

년에 아닷 니라리 2세(Adad-nirari 2)가 왕이 된 후 아시리아는 다시 강력한 제국을 회복하게 된다. 아시리아를 가장 강력한 제국으로 세운 것은 디글랏 빌레셀 3세 왕이다(Tiglath-Pileser III). 디글랏 빌레셀 3세는 메소포타미아 지역만 정복한 것이 아니라 인류 역사상 처음으로 이스라엘과 유다 그리고 모압과 암몬과 에돔을 지배하는 대제국을 세운다. 이어서 살만에셀 5세(Shalmaneser V 기원전 726-722), 사르곤 2세(Sargon II 기원전 722-705), 산헤립(Sennacherib 기원전 705-681)은 지속적으로 이스라엘과 유다를 공략하였다. 미가는 바로 디글랏 빌레셀 이후 아시리아가 이스라엘과 유다를 전쟁의 재앙으로 몰아넣는 시기에 활동하였다.

아시리아가 시리아 팔레스타인 지역으로 세력을 확장할 때, 북쪽 이스라엘과 남쪽 유다는 서로간의 경쟁관계 때문에 아시리아와 복잡한 관계를 맺게 된다. 북 이스라엘 왕 므나헴 때에 아시리아 왕 디글랏 빌레셀 3세는 이스라엘을 침략하였고, 므나헴은 이스라엘 사람들로부터 각각 50세겔의 은을 징수하여 그에게 바쳤다(왕하 15:20). 디글랏 빌레셀은 니느웨로 돌아 갔지만, 그를 다시 시리아 팔레스타인으로 끌어 들인 인물은 유다의 아하스 왕이다. 이스라엘 왕 베가가 아람 왕 르신과 연합군을 만들어 유다를 공격하는 전쟁을 일으키자 유다 왕 아하스는 디글랏 빌레셀에게 신하와 아들을 자처하며 도움을 요청하고 그의 군대를 팔레스타인으로 끌어 들인다(왕하 16:7). 시리아를 공격하는 디글랏 빌레셀을 만나기 위해 아하스 왕은 다메섹까지 찾아 갔었다. 이곳에서 아하스는 이방 신의 제단의 구조와 양식을 스케치하여 예루살렘에 보내어 솔로몬이 청동으로 만든 성전 제단을 대체하게 하였고, 예루살렘에 돌아온 후 그 제단에서 제사를 올렸다(왕하 16:10-20). 이렇게 아하스의 요청에 따라 시리아와 가나안 땅으로 들어왔던 디글랏 빌레셀 3세는 아람을 정복하고 르신을 죽인 후 유다 왕 아하스를 공격한다(대하 28:20). 아하스는 성전과 왕궁과 귀족들의 집에서 재물을 끌어 모아 바치지만 그의 위협은 끊이지 않았다(대하 28:16-21). 디글랏 빌레셀에 이어서 살만에셀 5세는 본격적으로 북 이스라엘을 공격하였고, 이스라엘 왕 호세아가 조공을 바쳤지만 결국 기원전 722년에 호세아를 죽이고 사마리아를 함락시킴으로 북 이스라엘을 멸망시킨다(왕하 18:9-12). 살만에셀 5세는 이스라엘의 추가적인 반란을 방지하기 위해 이스라엘의 상류층들을 메소포타미아 곳곳으로 강제 이주시켰고, 타민족을 이스라엘로 옮겨 정착하게 하였다.

　유다 왕 아하스와는 달리 히스기야는 아시리아에 반기를 들었다. 이에 사르곤 2세는 다르단을 보내어 유다와 블레셋의 아스돗 지역을 공격하였으며(사 20:1, 기원전 약 711), 이때에 이미 미가의 출신지 모레셋은 아시리아 군대의 위용을 뼈저리게 체험하였을 것이다. 히스기야는 사르곤에게 항복하고 조공을 바쳤지만, 산헤립이 왕이 되자 또 다시 아시리아에 반기를 든다. 히스기야는 아시리아의 보복 전쟁을 대비하여 요새를 만들고 실로암 터널을 팠다(왕하 20:20). 기원전 701년에 산헤립은 대규모 군사를 이끌고 유다를 침략했으며 순식간에 유다의 도시들을 점령하였다. 이 전쟁에서 유다는 예루살렘과 라기스에서 산헤립에게 격렬하게 저항하였다. 특히 라기스 전투는 산헤립이 직접 자신의 군대를 지휘할 정도로 큰 전쟁이었고, 산헤립은 라기스 전투의 승리를 기념하기 위해 자신의 궁전 벽에 라기스 전투 상황을 벽화로 새길 정도로 중요한 전투였다.[5] 산헤립이 라기스 공격을 마무리해 갈 때 히스기야는 더 이상 버티지 못하고 산헤립에게 항복하였으며, 이 때 산헤립은 히스기야에게 은 삼백 달란트와 금 삼십 달란트를 바치도록 요구했다(왕하 18:13-16). 히스기야는 성전과 왕궁 창고의 은과 성전과 왕궁 문과 기둥에 입힌 금을 벗겨 산헤립에게 바쳤다. 산헤립은 기원전 690년에 재차 히스기야와 유다를 공격하였지만, 예루살렘을 포위 공격하는 동안 하나님의 개입으로 산헤립은 군사 185,000명을 하루 아침에 잃게 된다(왕하 19:35). 헤로도투스는 아시리아 군사 몰살 사건을 들쥐들에 의한 사건이었다고 말한다(Herodotus 2.141). 산헤

---

5. James Pritchard, *Ancient Near Eastern Pictures*, figs. 371-374.

립은 니느웨로 되돌아 갔지만 아들들에 의해 피살당한다(왕하 19:36-37). 이런 격동의 시기에 미가는 유다의 수도 예루살렘과 이스라엘의 수도 사마리아를 향한 심판과 회복의 메시지를 전했다.

구조

학자들에 따라 미가서를 다양하게 구분하지만, 기본적으로 미가서는 다음과 같이 세 단락으로 나눌 수 있다: 첫째 단락은 미가 1-2장이며, 둘째 단락은 3-5장, 그리고 셋째 단락은 6-7장이다.[6] 세 단락들에는 각각 하나님의 심판과 회복에 대한 예언이 반복된다.

1 단락 - 1-2장
    1:1-2:11   예루살렘과 사마리아 그리고 거짓 선지자에 대한 심판
    2:12-13   시온의 남은 자의 회복
2 단락 - 3-5장
    3:1-12   예루살렘과 타락한 지도자들을 심판
    4:1-5:15   예루살렘과 남은 자들의 구원과 메시아의 통치
3 단락 - 6-7장
    6:1-7:6   언약을 파괴한 이스라엘과 예루살렘에 대한 심판
    7:7-20   남은 자를 구원하시는 여호와께 대한 찬양

각 단락은 공통적으로 '들으라'(שִׁמְעוּ)로 시작된다. 미가 1:1은 미가에 대한 소개를 하고 이어서 2절은 백성들과 땅을 향하여 '들으라'고 하며, 3:1은 야곱

---

6. W. A. VanGemeren, *Interpreting the Prophetic Word* (Grand Rapids: Zondervan, 1990), 151.

의 지도자들과 이스라엘 지도자들에게 '들으라'고 하며, 그리고 6:1은 산들을 향하여 '들으라'고 한다. '들으라'는 단순히 메시지를 청취하라는 것이 아니고, 백성들과 지도자들과 그리고 피조물들을 하나님의 심판의 배심원으로 세워 특정한 범죄 사실을 알리고자 할 때 쓰는 표현이다. 첫째 단락(1-2장)은 하나님의 심판과 이스라엘과 유다 백성들의 죄에 대해 내용의 대부분을 할애하며 하나님의 구원은 매우 짧게 언급한다(미가 2:12-13). 둘째 단락(3-5장)에서는 이스라엘의 지도자들과 선지자들의 죄악을 나열한 후(3장), 이어서 이스라엘과 유다 백성의 회복을 선언하며(4장) 그리고 회복된 이스라엘을 다스릴 메시아의 탄생을 예고한다(5장). 셋째 단락(6-7장)은 하나님이 자기 백성에게 원하는 것은 정의라는 사실을 알리고(6장), 다시 임박한 재앙을 예고하며 하나님의 구원의 은총을 찬양한다(7장).

신학 주제

1. 언약

언약이라는 주제는 구약 성경의 핵심 주제 중 하나이다. 하나님은 아담을 창조하고 그와 언약을 체결하였고(호 6:7), 노아와 아브라함 그리고 야곱과 함께 언약을 체결하였다. 미가의 메시지에는 언약이라는 말은 없지만, 언약은 미가의 메시지에서 중요한 역할을 한다. 특히 하나님이 시내산에서 모세를 통해 이스라엘 자손과 세운 언약은 구약 백성들의 신앙의 좌표 역할을 했는데, 미가의 메시지는 이 시내산 언약과 가나안 입성을 앞두고 모압 평야에서 다시 세운 모압 언약을 핵심 근거로 삼고 있다. 모압 평야에서 언약의 내용을 다시 설명하면서 모세는 신명기 4:26에서 이스라엘 백성들에게 하나님의 언약의 규정들을 지킬 것을 요구하며 하늘과 땅을 증인으로 내세우고 있다. 신명기 32:1에서 모세는 하늘과 땅을 향하여 자신의 말을 들으라고 하며 이어서 언약의 저주와 축복을 선포한다. 이 언약의 증인 전통에 근거하여 미가는 1:2에서 땅과 거기 있는 모든 것들을 향하여 여호와의 증거를 제시하고 있다. 그리고 6:1-2에서 미가의 메시지는 산들을 앞에 세워 놓고 하나님이 백성들과 변론하는 내용을 기록하고 있다. 또한 미가는 모세 언약의 저주와 축복을 통해 하나님의 임박한 심판과 미래의 회복을 선포하고 있다. 6:13-15에서 가나안을 황폐하게 하고 먹고 마셔도 배 부르지 못하게 할 것이라는 표현들은 전적으로 레위기 26장과 신명기 28장에 있는 언약의 저주에 관한 메시지를 활용한 것이다. 미가가 이 말을 하기에 앞서 6:4에서 모세와 아론과 미리암을 언급한 것은 6:13-16의 메시지가 모세와 세운 언약을 기반으로 하고 있음을 뒷받침해 준다.

2. 참 선지자와 거짓 선지자

미가의 메시지에서 또 다른 중요한 주제는 참 선지자와 거짓 선지자이다. 거짓 선지자에 대한 정의는 신명기서에서 모세가 아주 분명하게 제시하고 있다. 신명기 13:1-5에 의하면, 거짓 선지자의 첫째 특징은 하나님의 백성을 잘못된 길로 인도하는 것이다. 거짓 선지자는 이적과 기사를 보여주면서 하나님이 아닌 다른 신들을 섬기자고 유혹하는 자들이다. 모세는 이스라엘 백성들에게 그들의 말을 청종하지 말고, 오히려 죽이라고 경고한다. 둘째는 우상을 섬기는 것이 아니더라도 하나님이 말하지 않은 것을 하나님의 이름으로 말하는 자도 거짓 선지자라고 한다. 모세는 하나님께서 모세와 같은 선지자를 세울 것이라고 예고하면서(신 19:15) 동시에 거짓 선지자에 대한 경고를 한다. 신명기 18:20에서 모세는 하나님의 이름과 다른 신들의 이름으로 하나님이 명하지 않은 것을 말하는 자를 거짓 선지자라고 단언한다. 셋째는 둘째 정의를 보완하는 차원에서 모세가 한 말 속에 나온다. 여호와의 이름으로 말한 것이 입증되지도 않고 성취되지도 않으면 그 선지자는 거짓 선지자이다. 거짓 선지자가 가장 두드러지게 활동한 때는 예레미야 시대이다. 예레미야 23:9-32에서 예레미야는 예루살렘의 거짓 선지자들을 향하여 격렬하게 비판한다. 예레미야 못지 않게 미가도 거짓 선지자들을 향하여 맹렬한 비난을 퍼붓는다. 미가는 2:11에서 거짓 선지자를 포도주와 독주가 넘치는 평화의 시대가 온다고 거짓 예언을 한다고 비난한다. 미가는 또한 3:5-8에서 거짓 선지자들이 자신들에게 이권을 챙겨주면 평화를 말하고 그렇지 않으면 전쟁을 준비한다고 비판한다.

3. 남은 자

하나님의 구원 사역과 관련하여 매우 돋보이는 주제 중에 하나가 남은 자이며, 가장 자주 언급되고 있는 성경은 이사야와 예레미야이다. 이사야 10:20-22에서 이사야는 이스라엘의 남은 자만 하나님을 진실히 의뢰하고 하나님께 돌아올 것이라고 선언한다. 아모스 5:15에서 아모스는 하나님의 심판을 예언하면서 오직 요셉의 남은 자만 하나님이 긍휼히 여기신다고 한다. 미가도 마찬가지로 하나님이 이스라엘을 여인의 해산과 같은 고난을 겪게 하지만, 이스라엘의 남은 자를 구원하고 그들을 다시 모을 것이라고 한다(미 5:3). 하나님이 남은 자를 구원하는 이유는 남은 자의 공로 때문이 아니라 전적으로 하나님의 은혜의 결과이다. 4:7에서 하나님은 발을 저는 자를 남은 백성이 되게 하겠다고 하는데, 이 말은 실제로 장애를 지니고 있는 사람을 한정한다는 말이 아니라, 하나님 나라의 회복을 위해 이렇게 연약한 자들도 사용하시겠다는 하나님의 의지를 나타내기 위한 비유적 표현이다. 이런 남은 자들의 연약한 점들은 사실상 육신의 장애에 한정되는 것이 아니라, 심리적, 윤리적, 더 나아가서는 신앙적으로 약한 자들이 포함되며, 이런 자들을 하나님 나라의 회복을 위해 사자처럼 강력한 도구로 사용할 것이라고 한다(미 5:8). 하지만 하나님은 남은 자들을 사용하기에 앞서 그들의 죄악을 제거할 것이라고 하며, 7:18에 의하면 하나님이 아브라함과 야곱에게 언약한 대로 이스라엘의 남은 자를 불쌍히 여겨 그들의 죄악을 사하고 모든 죄를 깊은 바다에 던져 버린다.

4. 메시아

미가서의 또 다른 핵심 주제는 메시아 신앙이다. 구약 성경에서 메시아 신앙은 그 뿌리가 천지 창조까지 거슬러 올라가며(창 3:15), 노아와 아브라함을 통해 구약 성경의 핵심적인 신학 주제를 형성한다(창 5:29; 22:17-18). 미가서에서 메시아 신학이 가장 두드러지게 드러나는 곳은 미가 2:12-13과 5:2이다. 2:12-13은 이스라엘의 남은 자들을 회복할 때에 그들을 불러 모을 부수는 자(길을 여는 자)가 올 것이라고 한다. 이 부수는 자는 양의 문을 힘차게 열어 제치는 자일 수도 있고, 아니면 이스라엘과 유다를 둘러 싸고 있는 아시리아 대군을 쳐부수는 자 일 수도 있다.[7] 그의 역할이 무엇이든지 간에 이 부수는 자를 2:13 후반부에서는 남은 자들의 왕이라고 하며 또한 그를 여호와라고 부르고 있다. 이런 점을 감안하면 부수는 자는 메시아 왕이다. 5:2에서는 메시아 왕에 대한 예언이 더 구체적으로 주어지고 있으며, 전통적으로 메시아의 탄생과 관련된 예언으로 인정되어 왔다(마 2:6).[8] 미가는 메시아 탄생지뿐만 아니라, 메시아의 근본에 대해서도 말한다. 미가는 메시아의 근본을 상고와 영원이라고 하며, 이 말은 메시아가 창조주 하나님 여호와께로부터 나온다는 것을 의미한다. 5:2의 메시아는 고난 받는 이스라엘의 남은 자들을 구원하는 역할을 한다. 미가 시대에는 아시리아 군인들이 유다 전역을 위협하고 있었고, 유다의 지도자들은 백성들을 착취하고 압제하고 있었다. 그런 상황에서 메시아는 남은 자들을 다스릴 통치자로 와서 참 평화를 제공하게 된다. 메시아는 기존의 통치자들과는 달리 여호와의 이름을 의지하며 양떼들을 돌 보듯이 목축하고, 그의 지경은 땅 끝까지 미치게 될 것이라고 한다(미 5:4). 이 메시아의 시기에 이방인들도 큰 역할을 하게 된다. 이방인들 중에 남은 자들은 예루살렘에 올라와서 여호와의 도를 배우게 되고, 메시아 시대의 평화를 실천하기 위해 무

---

7. W. C. Kaiser, *The Messiah in the Old Testament* (Grand Rapids: Zondervan, 1995), 148-50.
8. John Calvin, *Commentaries on the Twelve Minor Prophets* Vol 3, *Johah, Micah, Nahum*, (Grand Rapids: Eerdmans, 1847), 292-98.

기를 쳐서 농기구를 만든다. 모든 위협이 사라진 가운데 이방인들과 유대인들 모두가 포도나무와 무화과나무 아래에 앉아서 평화를 마음껏 누리게 된다.[9]

---

9. VanGemeren, *Interpreting the Prophetic Word*, 155-56.

제1장 이스라엘과 유다의 심판(1:1-16)

미가 1-2장은 이스라엘과 유다의 죄악에 대한 하나님의 심판을 선포하고 있으며, 그 중에서 미가 1장은 이스라엘과 유다의 수도 사마리아와 예루살렘의 죄악으로 인해 하나님이 재앙을 내리실 것이라고 예언하고 있다. 이 재앙 때문에 미가는 유다의 도시들을 패러디하면서 자신의 깊은 슬픔을 토해 낸다.

본문 개요

이스라엘과 유다 두 나라는 이미 아시리아의 침략을 당하여 전쟁의 재앙에 의해 깊은 상처를 입었고, 두 나라의 수도 사마리아와 예루살렘만 점령당하지 않았다. 미가는 바로 이 두 도시를 향하여 하나님의 심판이 임박하였다고 선포하고 있다. 2-5절에서 미가는 이들을 향한 심판을 법정 소송 형태로 선언하고 있으며, 하나님의 심판은 그들이 하나님의 언약을 깨트렸기 때문에 임하게 되었다고 한다. 미가에 의하면 이스라엘과 유다가 심판을 자초한 이유는 그들이 하나님을 배신하고 음란하게 우상을 숭배하였기 때문이다(1:5). 하나님은 예루살렘과 사마리아에 재앙을 내려 철저하게 파괴할 것이라고 한다 (6-9절). 이런 엄청난 재앙 소식에 미가는 유다의 도시들의 지명을 반복적으로 언급하며 지명을 풍자하여 그들의 죄악을 구체적으로 생각하게 만들며, 심판의 정도를 상상할 수 있게 만든다. 미가 1장의 내용은 아래와 같이 전개된다.

내용 분해

1. 미가를 통한 여호와의 말씀(1:1)
2. 이스라엘과 유다의 죄악과 심판(1:2-9)
   1) 이스라엘과 유다에 대한 심판(2-5절)
   2) 사마리아의 죄악(6-7절)
   3) 예루살렘의 죄악(8-9절)
3. 유다의 재앙에 대한 도시 이름 패러디(1:10-16)

본문 주해

1. 미가를 통한 여호와의 말씀(1:1)

¹ 유다의 왕들 요담과 아하스와 히스기야 시대에 모레셋 사람 미가에게 임한 여호와의 말씀 곧 사마리아와 예루살렘에 관한 묵시라

미가는 남쪽 유다의 왕들인 요담(B.C. 740-732), 아하스(B.C. 732-716), 그리고 히스기야 (B.C. 716-687) 시대에 선지자로 활동하였다. 미가의 이름은 '미카야'이며, 이것은 *미카예후*(מִיכָיְהוּ)를 줄인 것이며(렘 26:18), 뜻은 '여호와와

같은 이가 누구인가?'이다.[1] 미가가 이 이름을 사용한 것은 그의 메시지와 관련 있다. 미가는 언약의 왕을 나타내는 하나님의 이름 여호와를 통해 언약을 지키지 않는 자들을 심판하고 언약에 신실한 자를 구원하는 신은 하나님 외에 결코 찾을 수 없음을 강조하려 했을 것이다. 미가의 출신지 모레셋은 헤브론과 가드 사이에 있었으며, 모레셋을 모레셋-가드 혹은 가드-모레셋(1:14)이라고도 불렀다. 모레셋에 가드가 붙은 것에서 짐작할 수 있듯이 모레셋은 블레셋 사람들의 도시들 중에 하나인 가드에 아주 인접해 있었다. 1절은 개역개정 성경의 번역과는 달리 첫 표현이 '여호와의 말씀'이다. 미가는 아래의 네모 박스에서 볼 수 있는 것처럼 이 표현을 접속사 *아쉐르*(אֲשֶׁר)를 두 차례 사용하여 수식하고 있다.

דְּבַר־יְהוָה ׀ אֲשֶׁר ׀ הָיָה אֶל־מִיכָה הַמֹּרַשְׁתִּי בִּימֵי יוֹתָם אָחָז יְחִזְקִיָּה מַלְכֵי יְהוּדָה אֲשֶׁר ׀ חָזָה עַל־שֹׁמְרוֹן וִירוּשָׁלָָם

첫째 *아쉐르* 접속사에는 미가와 왕들의 이름이 포함되어 있고, 이를 통해 미가서 메시지 전체가 유다 왕 요담과 아하스와 히스기야 시대에 미가에게 임한 여호와의 말씀이라는 사실을 나타낸다. 둘째 *아쉐르* 접속사에는 동사 *하자*(חָזָה)와 사마리아와 예루살렘이 포함되어 있다. 둘째 *아쉐르* 접속사는 미가의 메시지가 북쪽 이스라엘과 남쪽 유다 중에서 주로 수도 사마리아와 예루살렘에 포커스를 맞추고 있음을 보여준다. 둘째 *아쉐르* 접속사에 있는 동사 *하자*를 개역개정 성경은 "묵시"로 번역하였지만, 이 동사는 종종 '이상을 보다'라는 의미를 가지고 있다. 명사 *하존*(חָזוֹן)과 달리 동사 *하자*는 선지서에서 드물게 사용되었다(겔 13:9; 23; 애 2:14). 이상은 선지자들이 임의로 볼 수 있는

---

1. B. Waltke, "Micah," in *The Minor Prophets: An Exegetical and Expository Commentary*, ed. T. E. McComiskey (Grand Rapids: Baker, 1993), 614

것이 아니라 하나님이 보여줄 때 수동적으로 볼 수 있었다. 선지서에서 이상은 주로 미래에 있을 하나님의 구원 사역과 관련되어 있다. 특이하게도 미가는 유다가 현재 겪고 있는 아시리아의 침략에 비추어 예언하면서 이를 이상이라고 하였다. 그 이유는 하나님이 미가에게 아시리아의 침략 경험과 유다가 겪을 미래의 심판을 중첩하여 보여주었기 때문일 것이다.

2. 이스라엘과 유다의 죄악과 심판(1:2-9)

> **2** 백성들아 너희는 다 들을지어다 땅과 거기에 있는 모든 것들아 자세히 들을지어다 주 여호와께서 너희에게 대하여 증언하시되 곧 주께서 성전에서 그리하실 것이니라 **3** 여호와께서 그의 처소에서 나오시고 강림하사 땅의 높은 곳을 밟으실 것이라 **4** 그 아래에서 산들이 녹고 골짜기들이 갈라지기를 불 앞의 밀초 같고 비탈로 쏟아지는 땅 같을 것이니 **5** 이는 다 야곱의 허물로 말미암음이요 이스라엘 족속의 죄로 말미암음이라 야곱의 허물이 무엇이냐 사마리아가 아니냐 유다의 산당이 무엇이냐 예루살렘이 아니냐 **6** 이러므로 내가 사마리아를 들의 무더기 같게 하고 포도 심을 동산 같게 하며 또 그 돌들을 골짜기에 쏟아 내리고 그 기초를 드러내며 **7** 그 새긴 우상들은 다 부서지고 그 음행의 값은 다 불살라지며 내가 그 목상들을 다 깨뜨리리니 그가 기생의 값으로 모았은즉 그것이 기생의 값으로 돌아가리라 **8** 이러므로 내가 애통하며 애곡하고 벌거벗은 몸으로 행하며 들개 같이 애곡하고 타조 같이 애통하리니 **9** 이는 그 상처는 고칠 수 없고 그것이 유다까지도 이르고 내 백성의 성문 곧 예루살렘에도 미쳤음이니라

2-9절에서 미가는 재판 형식을 빌려서 유다와 이스라엘의 죄악을 드러내고 그에 상응하는 하나님의 심판과 재앙을 선포한다. 미가는 두 나라의 죄악이 아니라 심판을 먼저 말한 후 이어서 두 나라의 수도인 사마리아와 예루살

렘의 죄악을 포괄적으로 지적한다. 특별히 유다의 죄악을 지적할 때는 애가 형식을 사용하고 있다.

1) 이스라엘과 유다에 대한 심판(2-5절)

하나님이 미가에게 준 이상은 사마리아와 예루살렘의 멸망에 관한 것이었다. 이들의 멸망은 언약 파괴 때문이었고, 이에 따른 재판이 2-5절에서 펼쳐진다. 이 재판에서 재판을 주도하는 이는 미가이며, 하나님은 증인이고, 이스라엘과 유다는 피고인이며, 땅은 배심원 역할을 한다. 미가는 먼저 두 부류의 대상에게 여호와의 말씀을 자세히 들을 것을 요구한다. 이를 강조하기 위해 2절의 첫 두 문장은 아래의 a와 a', b와 b', c와 c'에서 볼 수 있는 것처럼 반복법을 사용하였다.

וּמְלֹאָהּ	אֶרֶץ	הַקְשִׁיבִי	כֻלָּם	עַמִּים	שִׁמְעוּ
c'	b'	a'	c	b	a
그 충만한 것	땅	자세히 들으라	그 모두들	백성들	들으라

반복법을 통해 미가가 들을 것을 요구하는 대상은 첫째는 민족들이며, 둘째는 땅과 땅에 가득한 모든 것들이다. 민족들은 땅 위에 사는 모든 민족들을 의미할 수도 있지만, 이어지는 본문의 내용에 비추어 볼 때 민족들은 남쪽 유다와 북쪽 이스라엘 두 민족을 의미한다. 민족들 모두에게 들으라고 한 것은 그들의 죄악을 자세히 깨우쳐 주기 위해서이다. 미가는 민족들에는 "너희 모두"를 첨가하여 두 민족에게 속한 사람들은 한 사람도 빠짐없이 모두 들을 것을 강조하고 있다. 땅과 땅에 충만한 모든 것들에게 들을 것을 요구한 이유

는 그들을 하나님의 심판의 배심원으로 세우기 위해서이다.[2] 이들을 배심원으로 세우는 이유는 두 가지 때문이다. 첫째는 하나님만이 유일한 신이기 때문이다. 고대 근동 사회에서는 언약을 깨뜨린 범죄자를 심판할 때 신들을 증인과 배심원으로 앞세웠다.[3] 인간들뿐만 아니라 신들 사이에 재판을 할 경우에도 권력 서열이 높은 신들에게 옳고 그름을 판단해 달라고 호소하였다. 구약 성경은 하나님보다 더 권력이 높은 신이나 다른 신들의 존재 자체를 인정하지 않기 때문에 고대 근동 사회처럼 신들을 증인과 배심원으로 앞 세우지 않는다. 이들 대신에 성경은 종종 하늘과 땅에게 항구적인 증인의 역할을 맡긴다 (신 4:26; 32:1; 사 1:2; 렘 6:19). 그 이유는 하늘과 땅이 하나님의 가장 장엄한 피조물이고, 하늘과 땅이 가진 불변성 때문이다.

둘째, 땅은 하나님이 모세를 통해 이스라엘과 언약을 체결할 때 증인 역할을 하였기 때문이다. 신명기 4:26과 32:1에서 모세는 이스라엘 자손들에게 하나님의 언약을 신실하게 지킬 것을 말하면서 그들이 언약의 말씀에 순종하지 않을 때에 임할 심판에 대해 하늘과 땅을 증인으로 내세우고 있다. 증인 역할을 했던 하늘과 땅을 미가는 배심원 역할을 하도록 부르고 있다. 이어서 미가는 하나님이 이스라엘과 유다에 대하여 증인이 될 것이라고 한다. 일반적으로 *바켐 레에드*(לָעֵד בָּכֶם)의 경우처럼 전치사 *베*(בְּ) + *레에드*(לָעֵד)는 우호적인 증인이 아니라 적대적인 증인 역할을 의미한다. 미가는 하나님이 이스라엘과 유다에 대하여 부정적인 증인 역할을 할 것이라고 한다. 미가는 특이하게도 하나님이 그의 거룩한 성전에서부터 증언하기 위해 나온다고 한다. *헤이칼*(הֵיכָל)은 예루살렘 성전뿐만 아니라 성막을 비롯하여 하나님의 거주하시는 장소를 가리키며 왕이신 하나님의 궁전을 의미한다. 성전을 언급한 이유는 하

---

2. 학자들 중에는 "땅과 거기에 있는 모든 것들"을 이방 민족들에 대한 예비 경고로 생각하는 사람도 있다. J. T. Willis, "Some Suggestions on the Interpretation of Micah 1:2," *VT* 18 (1968): 372-81.

3. H. W. F. Saggs, *Civilization before Greece and Rome* (New Haven: Yale University Press, 1989), 170-73.

나님이 언약의 왕으로서 언약의 말씀을 깨뜨린 언약 백성들을 정죄하기 위해 그의 거룩한 궁전인 성전에서 나온다는 것을 보여주려는 데 있다. 2절은 비록 성전이 유다의 예루살렘에 있었지만 북쪽 이스라엘을 성전에 계신 하나님 앞으로 소환함으로 그들도 하나님의 언약 백성임을 보여준다.

3절은 2절의 주제를 이어 하나님께서 그의 거룩한 처소에서 나오시는 장면으로 시작한다. 하지만 2절이 '그의 거룩한 성전으로부터'(*메헤이칼*, מֵהֵיכַל)를 통해 예루살렘 성전을 강하게 암시하였지만, 3절의 '그의 처소로부터'(*밈코모*, מִמְּקוֹמוֹ)는 예루살렘 성전이 아닌 하늘 처소로 바뀐 듯 하다. 이어지는 '강림하사 땅의 높은 곳을 밟으실 것이라'는 예루살렘 성전이라기보다는 더 높은 곳에서 강림하시는 이미지를 제공한다. 3-4절의 하나님의 강림 이미지는 출애굽기 19:18의 하나님의 시내산 강림을 연상시키지만, 하나님이 거룩한 전쟁에 참여하는 이미지와 관련 있다.[4] 출애굽기 19:18은 하나님이 불 가운데 시내산에서 강림하였을 때 온 산이 크게 진동하였다고 한다. 마찬가지로 미가 1:3은 하나님이 땅의 높은 곳에 강림하여 밟을 때에 산들이 녹고 골짜기들이 갈라 질 정도로 진동한다. 출애굽기 19:18에서 하나님은 이스라엘 자손들과 언약을 체결하기 위해 강림하였다. 3절은 하나님의 강림을 강조하기 위해 감탄사 *힌네*(הִנֵּה, '보라!')를 문장 첫 부분에 두었다. 그리고 하나님의 강림이 임박한 미래에 일어난다는 것을 보여주기 위해 동사 *야차*(יצא)의 칼 분사형 *요체*(יֹצֵא)를 사용하였다.

미가 1:3의 하나님의 강림 목적은 언약을 깨뜨린 이스라엘과 유다를 심판하기 위해서이다. 마치 바벨 성과 탑을 쌓았던 노아 홍수 이후의 인류를 심판하기 위해 하나님이 강림하신 것처럼 하나님은 유다와 예루살렘에 강림한다고 한다. 하나님의 강림과 땅의 진동 주제를 거룩한 전쟁과 연결시키는 현상은 사사기 5:5에 벌써 나타난다. 사사기 5장은 사사기 4장의 드보라와 바락

---

4. K. L. Barker & W. Bailey, *Micah, Nahum, Habakkuk, Zephaniah* (Nashville: B&H, 1999), 48-49.

그리고 야빈과 시스라의 전투를 시적으로 표현하면서, 전쟁에 개입하기 위해 하나님이 강림하자 시내산 강림처럼 산들이 진동하였다고 한다. 시편 18:7-15는 하나님의 강림과 땅의 진동을 매우 자세하게 시적으로 표현한다. 하나님의 강림과 함께 땅이 진동하고 산들이 요동하며 입에서 불이 나와 불사른다고 한다. 하나님은 자기 백성들의 대적들을 물리치기 위해 강림하여 활과 번개를 가지고 싸우셨다(렘 25:30-31). 하지만 미가 1:3-4에서 하나님의 강림 목적은 이스라엘의 대적들과 싸우기 위해서가 아니라 자기 백성들을 심판하는 것이다.

4절은 하나님의 강림 때문에 산들이 하나님의 발 아래에서 녹아내리고 골짜기 평야가 쩍쩍 갈라진다고 하면서, 이를 강조하기 위해 4절의 첫 두 행은 교차 대구법과 생략법을 사용하였고, 셋째와 넷째 행은 비유법으로 사용하였다.

וְנָמַסּוּ   הֶהָרִים   תַּחְתָּיו
(X)   יִתְבַּקָּעוּ   וְהָעֲמָקִים
כַּדּוֹנַג מִפְּנֵי הָאֵשׁ כְּמַיִם מֻגָּרִים בְּמוֹרָד:

위에서 볼 수 있는 것처럼 1행의 첫 단어가 동사이고 둘째 단어가 주어인데 2행에서는 첫 단어가 동사 앞으로 도치되어 1행과 2행이 각각 교차 대구를 이루며, 주어도 각각 산들과 계곡들로 대구를 형성하고 있다. 그리고 2행의 동사 뒤에는 1행의 마지막 단어인 '그의 발 아래서'가 생략되었다. 반면에 3행과 4행은 각각 전치사 케(כ '-처럼')을 사용하여 산들과 골짜기 평야가 초토화되는 현상을 두 가지 비유로 이미지화 하였다. 첫번째 비유는 불 앞에서 녹는 밀초이고 둘째 비유는 산 비탈로 쏟아져 내려가는 물이다. 전자는 산들이 허물어지듯이 무너져 내리는 현상을 묘사하며, 후자는 골짜기 평야들이 엄청난 물들이 쏟아져 미친듯이 흘러내리며 파괴되는 것으로 그리고 있다. 이 두 표현은 한국의 산야에 익숙한 성도들을 오해하게 만들 수 있다. 4절의 골짜기(*에멕*, עֵמֶק)는 산과 산 사이의 넓은 평야를 의미한다. 신명기 34:3은 여리고 인근을 골짜기라고 하는데, 이 골짜기는 여리고 인근 지역의 요르단 평야를 일컫는 말이다(신 1:5 참고). 미가 1:4이 산들과 골짜기 평야가 녹고 갈라진다고 한 것은 땅의 모든 것, 즉 산과 평야가 모두 파괴된다는 말이다.

5절은 하나님이 이스라엘과 유다의 산과 평야 모두를 파괴시키는 이유는 야곱의 죄악 때문이라는 것을 보여준다. 5절 첫 두 문장은 전치사 *베*-בְּ+명사(*베 페사 야곱*, בְּפֶשַׁע יַעֲקֹב, *베 핱토오트 베이트 이스라엘* בְּחַטֹּאות בֵּית יִשְׂרָאֵל)로 된 전치사구의 반복을 통해 4절의 재앙이 첫째는 야곱의 반역 때문이고 둘째는 이스라엘 족속의 죄 때문이라고 한다. 특이하게도 미가는 북쪽 이스라엘을 야곱이라고 부르며, 남쪽 유다를 이스라엘 족속(*베이트 이스라엘*, יִשְׂרָאֵל בֵּית)이라고 부른다. 5절 후반부에서 사마리아와 예루살렘이 서로 쌍을 이루고 대조를 이루는 것처럼 야곱과 이스라엘의 집도 쌍을 이루어 북쪽 이스라엘과 남쪽 유다의 죄를 지적하기 위해 사용되었다. 하지만 미가는 2장에서부터는 '야곱'을 유다를 지칭하는 말로도 사용한다. 이어서 미가는 질문을 통해 야곱과 유다의 허물과 죄악을 구체화시켜 나간다. 히브리어 성경에서 미가는 개역성경과는 달리 '야곱과 유다의 허물과 죄악이 무엇인가(*마*, מַה)?'하고 질문하지 않고 '누구인가(*미*, מִי)?'하고 질문한다. '누구인가'에 대한 답변은 특정한 사람이 아니라 두 도시 사마리아와 예루살렘이며, 미가는 두 도시를 의인화시키고 있다.[5] 의인화를 통해 미가는 사마리아와 예루살렘 모든 시민들의 죄악을 효과적으로 그려낸다. 특별히 유다의 죄악에 대한 질문은 유다의 높은 곳 또는 산당이라고 하였다. 이 표현은 두 가지 때문에 미가의 청중들에게 매우 충격적이었을 것이다. 첫째, 이 표현은 3절에서 하나님이 그의 처소에서 나와서 짓밟을 대상으로 언급한 '땅의 높은 곳'과 같다. 둘째, '높은 곳들'은 미가의 활

---

5. Ralph L. Smith, *Micah-Malachi*, WBC (Waco: Word Books, 1984), 18.

동 시기에 포함된 유다의 왕 히스기야의 가장 큰 업적과 관련되기 때문이다. 히스기야는 왕이 된 후 유다에 산재해 있는 산당들을 제거하였다(왕하 18:4). 이것은 그가 주상과 아세라 목상 그리고 광야의 놋 뱀을 제거한 것과 함께 최대 업적 중에 하나로 분류되었다. 그런데 미가는 유다의 산당들은 제거되었지만, 정작 유다의 가장 심각한 산당은 예루살렘이라고 선언한다. 이 말은 성전이 있는 그 예루살렘이 우상 숭배의 본거지라는 말이다.

2) 사마리아의 죄악(6-7절)

6절은 하나님이 사마리아에 가져올 멸망의 규모를 말한다. 5절에서 야곱과 유다의 죄악 때문에 심판하실 것이라고 했었는데, 6절에서는 둘 중에 먼저 사마리아의 멸망의 규모를 예고한다. 사마리아는 북쪽 이스라엘의 수도였다. 북쪽 이스라엘의 첫 수도는 세겜이었다. 유다의 르호보암에게 반역하여 북쪽 이스라엘을 독립시킬 때 여로보암이 세겜을 첫 수도로 정하였다(왕상 12:25). 하지만 여로보암은 오래지 않아서 수도를 디르사로 옮겼고(왕상 14:17), 아합의 아버지 오므리는 다시 수도를 사마리아로 옮겼다(왕상 16:24). 사마리아는 세겜 북쪽 산악 지대에 있는 높은 산이며, 오므리가 세멜에게 은 두 달란트를 주고 사서 바위투성이인 산 꼭대기에 대규모 토목 공사를 통해 성을 쌓은 후 세멜의 이름을 따서 사마리아라고 불렀다(왕상 16:24). 이후 사마리아는 오므리의 아들 아합이 이세벨을 아내로 삼으면서 우상 숭배 지역을 대표하게 되었다. 하나님은 산 꼭대기 바위 산에 만들어진 사마리아를 들판의 무더기처럼 만들고 건물들을 모두 파괴시켜 포도를 키우는 포도원처럼 돌 위에 돌 하나 없는 상태로 만들겠다고 한다. 둘째 행에서는 사마리아를 포도밭처럼 평평한 폐허로 만들 것을 강조하기 위해 아래의 괄호 속에 있는 것에서 볼 수 있는 것처럼 1행의 첫 두 글자를 생략하는 생략법을 사용하였다.

וְשַׂמְתִּי שֹׁמְרֹון לְעִי הַשָּׂדֶה
לְמַטָּעֵי כָרֶם (X)
וְהִגַּרְתִּי לַגַּי אֲבָנֶיהָ וִיסֹדֶיהָ אֲגַלֶּה:
a' b' b a

그리고 셋째와 넷째 행은 교차 대구법으로 만들어 사마리아에 있는 건물의 돌 덩어리들을 모두 산골짜기로 굴러 떨어지게 하며 사마리아의 기초가 드러나게 만들겠다고 선포한다. 사마리아 심판에 관한 표현은 사마리아의 지리적 특징을 잘 살리고 있다. 개역개정 성경은 "내가"를 한 번만 표기했지만, 히브리어 성경은 1인칭 단수 동사를 1행과 3행 그리고 4행에서 세 번 연속 사용하여 이 일을 하나님 자신이 '내가 직접 하겠다'는 의지를 표명하고 있다.

7절은 사마리아 심판 이유를 단 하나만 제시하고 있다. 하나님은 사마리아에서 반드시 제거할 대상으로 우상과 우상 숭배를 제시한다. 다른 이유를 제시하지 않은 이유는 사마리아 사람들의 모든 가치관과 생각과 행동들이 우상 숭배 위에 놓여 있기 때문이다. 7절의 1-3행은 독특하게도 첫째 행에서 '그녀의 모든 우상들이 부서질 것이다'에서 동사를 카타트(כתת, '불태우다')의 호팔(Hophal) 수동 사역형 우칼투(יֻכַּתּוּ)을 사용하고, 둘째 행에서 '그녀의 값들이 불에 탈 것이다'에서 동사를 사라프(שׂרף, '불태우다')의 니팔(Niphal) 수동형 잇사레푸(יִשָּׂרְפוּ)을 사용하여 누가 부수고 불태우는 지를 분명하게 밝히지 않았지만, 셋째 해에서 '그녀의 모든 목상들을 내가 폐허가 되게 할 것이다'에서 동사를 심(שׂים)의 칼(Qal)형의 1인칭 단수 아심(אָשִׂים)에 명사 쉐마마(שְׁמָמָה, '황폐', '쓰레기') 사용하여 그 모든 파괴를 하나님께서 직접 하신다고 못을 박고 있다. 7절의 1-3행에서는 하나님께서 우상을 파괴하실 것을 강조하기 위해 반복법과 도치법을 사용하였다.

וְכָל־פְּסִילֶיהָ יֻכַּתּוּ וְכָל־אֶתְנַנֶּיהָ יִשָּׂרְפוּ בָאֵשׁ וְכָל־עֲצַבֶּיהָ אָשִׂים שְׁמָמָה
כִּי מֵאֶתְנַן זוֹנָה קִבָּצָה וְעַד־אֶתְנַן זוֹנָה יָשׁוּבוּ׃

위에서 볼 수 있는 것처럼 각 행의 첫 부분에 세번에 걸쳐 콜(כָּל, '모든')을 사용하였고 목적어에 해당하는 '그녀의 모든 우상들' '그녀의 모든 값들' '그녀의 모든 목상들'을 모두 동사 앞으로 도치하였다. 명사 '우상들'과 '값들' 그리고 '목상들' 뒤에 첨가된 대명사 접미사 3인칭 여성 단수 하(ה, '그녀의') 지시하는 것은 모두 6절의 사마리아이다. 그렇기 때문에 이 우상들은 모두 사마리아에 있는 우상들과 목상들과 그리고 값들이다. 특별히 7절은 위의 밑줄에서 볼 수 있는 것처럼 둘째 행에서 언급한 값들을 이어지는 넷째와 다섯째 행에서 발전시켜 값을 의미하는 에트난(אֶתְנַן) 뒤에 창녀 또는 음행을 의미하는 히브리어 여성 명사 조나(זוֹנָה)를 첨가하여 둘째 행의 '값들'의 의미가 '음행의 값들' 또는 '창녀의 보수들'이라고 의미로 명확하게 해주며 또 '음행의 값들'을 두 번 반복하면서 7절의 우상 숭배의 핵심이 이 음행의 값에 있음을 보여준다. 이 음행의 값은 신전에서 행해진 신전 창녀들의 활동과 관련 있다. 신전 창녀들은 고대 메소포타미아의 다산 종교에서 생겨났다. 고대 메소포타미아 사람들은 자연 세계의 생명력과 생산은 남자 신과 여자 신의 성적 결합을 통해 생겨나고, 그 결과로 곡식과 가축의 생산이 이루어진다고 생각했다. 그래서 신전의 사제와 여사제들은 신들을 성적으로 자극하기 위해 신전에서 성행위가 포함된 의식을 행하였다. 사마리아의 우상 숭배도 이런 고대 메소포타미아와 가나안의 종교 전통을 따르고 있었기 때문에 하나님은 사마리아의 우상 숭배와 음행을 제거하겠다고 말한다.[6] 하지만 음행의 값은 사마리아에 세워진 우상의 신전에서 활동하는 신전 창녀들이 벌어들인 성매매 수익일 수도 있지만, 우상들을 음란하게 섬긴 결과로 우상들로부터 받게 되었다고 생각하는

---

6. Barker & Bailey, *Micah, Nahum, Habakkuk, Zephaniah*, 52-53.

사마리아 사람들의 부와 재물을 의미할 가능성이 높다. 만약 7절 넷째 행과 다섯째 행의 "기생의 값으로부터 그녀(사마리아)가 모았기 때문에 그들이 기생의 값으로 되돌리리라"는 말을 말 그대로 신전 창녀들이 성매매로 번 돈을 또다른 신전 창녀에게 주는 것으로 생각하면 아주 이상한 현상이 생겨난다. 이렇게 해석할 경우 "돌아가리라"의 히브리어 동사 *야슈부*(יָשׁוּבוּ)의 3인칭 남성 복수가 아시리아의 군대를 가리키는 것으로 보아야 하며, 결과적으로 7절 마지막 표현은 아시리아 군대가 음행의 대가로 형성된 사마리아의 재물들을 아시리아로 가져가 그들의 신전 창녀들에게 준다는 말이 된다.[7] 하지만 이 말은 우상과 음란한 우상 숭배라는 더러운 가치관과 방법으로 모은 재물들과 성공을 하나님이 우상을 파괴시켜 없앨 때에 함께 없앤다는 말로 생각해야 한다. 7절은 위의 히브리어 본문에서 볼 수 있는 것처럼 넷째 행에서 '기생의 값' 앞에 전치사 *민*(מִן 'from,' '-으로부터')을 두었는데, 다섯째 행에서는 동일한 '기생의 값' 앞에 전치사 *민*과 반대되는 개념의 전치사 *아드*(עַד to, '-에게,' '-으로')를 두었다. 이를 통해 7절은 하나님께서 사마리아 사람들이 기생의 값으로 표현된 우상 숭배를 통해 벌어들인 것에 대해 응징한다는 이미지를 상호 반대되는 개념의 전치사를 통해 나타내고 있다.

3) 예루살렘의 죄악(8-9절)

8-9절에서는 갑자기 미가의 목소리가 나온다. 8절의 첫 표현 *알-조트*(עַל־זֹאת, '이것 때문에')는 2-7절까지 이어진 하나님의 심판 예언을 들은 미가가 임박한 이스라엘과 유다의 멸망을 생각하며 그들을 비난하지 않고 오히려 깊은 슬픔에 빠진 것을 보여준다. 8절에 사용된 네 개의 동사의 1인칭 미완료형이 지시하는 것은 7절의 하나님과는 달리 미가 자신이다. 8절은 미가의 슬픔을 강조하기 위해 네 차례에 걸쳐 '애통'과 '애곡'을 반복하고 있으며, 더 나

---

7. Waltke, "Micah," 620-21.

아가 참담한 이미지를 비유로 사용한다. 미가는 맨발과 벌거벗은 몸으로 거리를 걸어 다녔다고 한다. 8절은 이 이미지를 묘사하기 위해 동사로 된 문장 둘, 형용사 둘, 그리고 두 개의 비유와 명사를 수사학적으로 배열하였다.

동사 둘	עַל־זֹאת אֶסְפְּדָה וְאֵילִילָה	내가 슬퍼하고 내가 애통하며
형용사 둘	אֵילְכָה שׁוֹלָל וְעָרוֹם	벌거벗고 맨 발로
비유법 둘	אֶעֱשֶׂה מִסְפֵּד כַּתַּנִּים וְאֵבֶל כִּבְנוֹת יַעֲנָה	들개 같이 애곡하고 타조 같이 애통하리니

이에 더해 8절은 동의어 반복을 통해 거듭 강조하고 있다. 동사에서는 '슬퍼하고', '애통하며'가 반복되었고, 형용사에서는 '벌거벗은'과 '맨발의'를 반복하였다. 그리고 비유법에서는 각각 명사 '애곡'과 '애통'을 반복하였다.

미가의 행동은 7절의 우상을 음란하게 섬긴 백성들의 행동을 염두에 두고 그들에게 보여주기 위한 제스처이다. 미가의 행동은 이에 더해 백성들이 하나님의 심판 앞에 그리고 적들의 공격 앞에서 미친듯이 달아나는 상황을 상기시키고 있다(암 2:16 참조). 미가는 이런 모습을 한 상태로 슬퍼하며 울 것이라고 반복해서 말한다. 그리고 미가는 구슬프게 울부짖는 들개와 타조에 비유하면서 애간장을 끊는 듯한 소리로 통곡하며 애통할 것이라고 한다. 들개와 타조는 유다의 황무지에서 볼 수 있으며, 이들의 이미지를 통해 미가는 부유했던 사마리아의 재앙과 멸망 때문에 황무지에서 통곡하게 될 백성들의 비참한 참상을 그려내고 있다.

9절에서 미가는 자신이 슬퍼하며 애통하는 이유를 추가적으로 말하며, 그 이유는 북쪽 이스라엘이 겪고 있는 재앙이 유다와 예루살렘까지 이르렀기 때문이라고 한다. 미가는 북쪽 이스라엘이 받은 재앙을 얻어 맞은 상처이고, 그 상처는 고칠 수 없는 치명적인 상처라고 한다. 개역개정 성경이 "그 상처"로 번역한 히브리어 *막코테이하*(מַכּוֹתֶיהָ)의 대명사 접미사 3인칭 여성 단수 *하*

는 6절의 사마리아를 가리킨다. 히브리어 명사 *막카*(מַכָּה)는 전쟁이나 전염병 그리고 자연 재해 등으로 생겨난 물리적인 피해를 의미하며, 9절에서는 이 상 처가 고칠 수 없는 상처라고 하며, 그 이유를 두가지로 설명한다. 첫째는 북쪽 이스라엘이 겪는 상처는 이미 남쪽 유다까지 도달하였기 때문이다. 9절 첫 두 행은 누가 이스라엘과 사마리아에 이 상처를 주었는지 분명하게 밝히지 않는 다. 미가는 둘째 행에서 그 상처가 유다까지 들어왔다고 하면서 동사 *보*(בּוֹא) 의 완료 3인칭 여성 단수인 *바아*(בָּאָה)를 사용하였다. 동사 완료형은 이 상처 가 이미 발생했다는 것을 의미한다. 둘째 이유는 북쪽 이스라엘의 상처가 내 백성의 문, 곧 예루살렘까지 미쳤기 때문이다. 셋째 행에서 미가는 히브리어 동사 칼(Qal) 완료형 *나가*(נָגַע)를 사용하였는데, 이 동사의 주어는 3인칭 남성 단수이다. 미가가 느닷없이 변경시킨 이 동사의 주어가 북쪽 이스라엘을 공격 한 아시리아일 가능성도 있고 아니면 1장 전반부에서 전쟁 신으로서 이스라 엘과 유다를 심판하러 오시는 하나님을 지칭할 가능성도 있다.[8] 하나님으로 본다면 이 말의 의미는 하나님께서 북쪽 이스라엘과 사마리아에 재앙을 내리 고, 곧바로 남쪽 유다와 예루살렘에 내리게 한다는 것이다. 미가는 아래에서 볼 수 있는 것처럼 히브리어 전치사 *아드*(עַד)를 세 번이나 반복해서 사용함으 로 점층법을 통해 이 재앙의 최종 종점을 예루살렘으로 향하게 한다.

כִּי אֲנוּשָׁה מַכּוֹתֶיהָ כִּי־בָאָה עַד־יְהוּדָה 그녀의 상처는 고칠 수 없고
그것이 유다까지 이르렀기 때문이라

נָגַע עַד־שַׁעַר עַמִּי 그가 내 백성의 성문까지 이르렀음이니라

עַד־יְרוּשָׁלָ͏ִם: 예루살렘까지

---

8. Waltke, "Micah," 625. 월키는 3인칭 남성 단수를 하나님으로 생각하고, '내 백성'의 1인칭을 미가 자신으로 생각한다.

'내 백성의 성문'과 '예루살렘'은 동일하며, 예루살렘을 '내 백성의 문'이라고 한 것은 고대 사회에서 성문이 도성의 가장 중요한 부분이기 때문에 이를 반영한 것이다(창 22:17 참고). 즉 미가는 '내 백성의 문'을 통해 예루살렘이 유다 백성에게 가장 중요한 도성이라고 말하고 있다. 그런 예루살렘이지만 아시리아에 의한 전쟁의 상처는 사마리아와 유다를 거쳐 마침내 예루살렘에까지 도달하였다. 이런 비극을 생각하며 미가는 애곡하고 통곡하고 있다.

3. 유다의 재앙에 대한 도시 이름 패러디(1:10-16)

10 가드에 알리지 말며 도무지 울지 말지어다 내가 베들레아브라에서 티끌에 굴렀도다 **11** 사빌 주민아 너는 벗은 몸에 수치를 무릅쓰고 나갈지어다 사아난 주민은 나오지 못하고 벧에셀이 애곡하여 너희에게 의지할 곳이 없게 하리라 **12** 마롯 주민이 근심 중에 복을 바라니 이는 재앙이 여호와께로 말미암아 예루살렘 성문에 임함이니라 **13** 라기스 주민아 너는 준마에 병거를 메울지어다 라기스는 딸 시온의 죄의 근본이니 이는 이스라엘의 허물이 네게서 보였음이니라 **14** 이러므로 너는 가드모레셋에 작별하는 예물을 줄지어다 악십의 집들이 이스라엘 왕들을 속이리라 **15** 마레사 주민아 내가 장차 너를 소유할 자로 네게 이르게 하리니 이스라엘의 영광이 아둘람까지 이를 것이라 **16** 너는 네 기뻐하는 자식으로 인하여 네 머리털을 깎아 대머리 같게 할지어다 네 머리가 크게 벗어지게 하기를 독수리 같게 할지어다 이는 그들이 사로잡혀 너를 떠났음이라

10-16절에서 미가는 유다의 세펠라 지역에 있는 11개의 성읍들의 이름들로 언어 유희를 하여 멸망될 유다와 예루살렘을 위한 슬픔의 노래를 부른다. 이 노래를 통해 미가는 때로는 민족의 수치와 슬픔을, 때로는 민족의 죄악의 정도를, 그리고 대적들의 비열한 행동을 탄식하며 표현한다.

10절 가드(*가트*) נַת	나가드 נַּגֵד	가드에 알리지 말며
10절 베들 레아프라 לְעַפְרָה	아파르 עָפָר	티끌에 굴렸도다
11절 사빌 שָׁפִיר 즐거움	엘야-보쉐트 עֶרְיָה-בֹשֶׁת	벗은 몸
11절 사아난 צַאֲנָן 나오다	로 야차아 לֹא יָצְאָה	나오지 못하다
11절 베이트 하에첼 בֵּית הָאֵצֶל 보호의 집	엠다 עֶמְדָה	의지할 곳
12절 마로트 מָרוֹת 쓴 맛	토브 טוֹב	좋은
13절 라기스 לְכִישׁ	라레케쉬 לָרֶכֶשׁ	유음법
14절 가드모레셋 נַת 소유 מוֹרֶשֶׁת	쉴루힘 שִׁלּוּחִים	이별 선물
14절 악지브 אַכְזִיב	악잡 אַכְזָב	속임
15절 마레쉬 מָרֵשָׁה	야라쉬 יָרֵשׁ	소유하다
15절 아둘람 עֲדֻלָם	케보드 이스라엘 כְּבוֹד יִשְׂרָאֵל	다윗이 숨은 굴

10절에서 미가는 자신의 거주지인 가드모레셋에서 제일 가까운 가드부터 언급하며, 유다의 멸망 소식을 원수였던 가드에 알리지 못하게 한다. 미가는 가드(*가트*, נַת)와 유사한 음을 가진 동사 *나가드*(נַּגֵד)를 사용하여 '가드'에 말하지 말라고 한다.[9] 미가는 또한 결코 소리 내어 통곡하지 말라고 한다. 가드에는 이스라엘의 오랜 원수였던 블레셋 사람들이 살고 있었기 때문에 유다의 멸망 소식을 들으면 누구보다도 기뻐할 것이다. 미가는 블레셋이 유다의 멸망과 유다의 슬퍼하는 모습을 보고 기뻐하는 것을 원하지 않고 있다. 대신에 미가는 누구인지 알 수 없는 청중에게 티끌의 집이라는 뜻을 가진 *베들 레아프*

---

9. A. Baruchi-Unna, "Do not Weep in Bethel: An Emendation Suggested for Micah 1:10," *VT* 58 (2008): 628-32.

*라*에서 티끌 위에서 뒹굴라고(*아파르*, עָפָר) 한다.[10]

11절에서 즐거움의 의미를 가진 사빌(*쇼피르*, שָׁפִיר) 주민에게는 즐거움은 고사하고 벌거벗은 몸으로 수치를 무릅쓰고 건너가라고 한다. 반면에 미가는 사아난 주민에게는 밖으로 나오지 말라고 한다. '사아난'(*차아난*, צַאֲנָן)과 '나오다'의 의미를 가진 히브리어 *야차*(יָצָא)는 유사한 음을 가지고 있다. 보호의 집이란 의미를 가진 벧에셀 사람들이 통곡하면서 의지할 곳을 찾는데, 안타깝게도 이들은 자신조차도 보호하지 못하는 사아난 주민들 가운데서 찾으려고 할 것이라 한다.

12절의 *마롯*(מָרוֹת)은 쓴 맛이라는 의미를 가졌다. 그런 마롯 사람들은 선한 것을 구하려 몸부림을 치지만 아무런 소용이 없다. 그 이유는 선한 것이 아닌 악한 것 즉 재앙이 여호와 하나님으로부터 나와서 예루살렘 문에 이르렀기 때문이다.

13절은 라기스에 대한 메시지가 이어지며, 예루살렘의 재앙은 라기스 때문이라고 한다. 라기스는 신석기 시대 때부터 사람이 거주했고, 여호수아 정복 시대에 이집트로 보내진 가나안 도시 국가 왕들의 편지인 텔엘 아마르나 문서에도 등장한다(*ANET* 483-490). 여호수아 10장은 이스라엘에 항복한 기브온을 공격하기 위해 형성된 연합군 중에 하나인 라기스를 정복하는 과정을 기록하고 있다. 이후 르호보암이 방어 도시를 건축하면서 라기스를 재건하여 요새화하였고, 라기스는 유다에서 예루살렘 다음으로 큰 도시로 다시 태어난다. 라기스는 기원전 701년 아시리아의 산헤립에 의해 정복당한다. 산헤립은 라기스 정복 상황을 자신의 니느웨 궁전 중앙 벽면에 벽화로 새겨 놓았

---

10. 히브리어 성경의 미 1:10의 Ketiv(마소라 사본에 기록된 본문)는 *히트팔라쉐티*(הִתְפַּלָּשְׁתִּי 내가 뒹굴리라)이지만 마소라 학파는 Qere에 *히트팔라쉬*(הִתְפַּלָּשִׁי 너는 뒹굴어라)로 읽도록 권하고 있다. 일반적으로 마소라 텍스트의 Qere가 Ketiv보다 원문에 더 가까운 것으로 인정된다. M. J. Suriano, "A Place in the Dust: Text, Topography and a Toponymic Note on Micah 1:10-12," *VT* 60 (2010): 433-46.

다. 아시리아 군대는 토성을 쌓고, 성벽 파괴 기계를 동원하여 라기스를 파괴하고 방화했으며, 남녀노소를 불문하고 학살을 자행했고, 많은 주민들을 아시리아로 포로로 끌고 가서 노예로 삼았다. 산헤립은 라기스를 다른 세펠라 지역의 도시들과 함께 블레셋 도시 국가 왕들에게 주어 통치하게 만들었다. 미가는 이런 라기스 때문에 예루살렘에 재앙이 오게 되었다고 한다. 라기스는 예루살렘의 또 다른 이름인 시온에 대하여 죄악의 머리 역할을 하였다. 라기스가 이런 말을 듣게 된 이유는 아마도 라기스 사람들이 북쪽 이스라엘의 악한 행위를 그대로 모방하였고, 그 죄의 영향을 예루살렘에 고스란히 끼쳤기 때문일 것이다.

14절의 가드모레셋은 소유의 의미를 가지고 있다. 그런 가드모레셋에게 소유가 아닌 이별의 선물을 주라고 한다. 소유하고 있는 것을 모두 남겨 놓고 떠나가야 하기 때문이다. 악십은 속임의 의미를 가지고 있다. 그런 악십이 이스라엘 왕들을 속이게 된다.

15절에서 이스라엘 왕들은 북쪽 이스라엘 왕국의 왕들이 아니라 남쪽 유다의 왕들이다. 이것은 아마도 산헤립이 히스기야에게서 뇌물을 받고 떠날 것처럼 말해 놓고 약속을 지키지 않고 유다를 공격했던 것을 염두에 둔 표현이다. *마레쇠*(מֹרֶשָׁה)는 동사 *야라쉬*(יָרַשׁ)의 명사이며 소유의 의미를 가진다. 그들에게 그들을 대신하여 차지하기 위해 올 사람이 있는데, 그 사람은 이스라엘의 영광 곧 유다 왕이다. 유다 왕의 영광이 아둘람까지 이를 것이라고 했는데, 이것은 역설적인 표현이다. 아둘람은 다윗이 사울을 피하여 가드에 왔다가 그를 알아보는 가드 왕과 그의 신하들 앞에서 미치광이 시늉을 한 후 도망간 곳이다. 미가의 애곡은 10절에서 가드로 시작하였는데, 15절에서 다윗이 도망간 가드의 아둘람으로 끝을 맺는다.

마지막으로 16절에서 미가는 머리털을 대머리처럼 그리고 대머리 독수리처럼 깎으라고 한다. 열왕기하 2:23의 엘리사의 경우에서 볼 수 있는 것처럼 대머리는 가장 수치스러운 모습으로 인식되었으며, 고대 메소포타미아 사람들은 죽은 자를 위해 머리를 깎는 경우가 종종 있었다. 하지만 구약 성경에서는 가족의 죽음 때문에 머리를 까지 못하게 금지하고 있다. 신명기 14:1은 죽은 자를 위하여 자기 몸을 베지 못하게 하며 눈썹 사이 이마 위의 털을 밀지 못하게 한다.[11] 특히 레위기 21:5에서는 제사장들에게 가족의 죽음 때문에 머리털을 깎아 대머리 같게 하지 못하게 한다. 그럼에도 불구하고 16절에서 머리털을 깎아 대머리 같게 하라고 한 이유는 유다의 도시들에 살고 있는 유대인들이 그들의 자식들이 포로로 사로잡혀 떠나는 가슴 아픈 일이 너무 크기 때문이다. 자식들이 포로로 끌려가고 없는 것은 이 땅에 미래도 희망도 없다는 것을 의미한다.

미가 1:10-16에서 미가가 이 도시들의 이름으로 언어 유희를 한 이유는 미가의 거주지 인근에 있기 때문이며, 특별히 블레셋 사람들의 다섯 도시에 인접한 곳으로서 아시리아의 산헤립이 이 도시들을 블레셋 사람들에게 넘겨주는 사건을 염두에 두었기 때문일 수 있다.[12] 아시리아의 산헤립 연대기에 의하면 그는 유다의 46개의 성벽을 갖춘 도시와 기타 무수히 많은 작은 성읍들을 정복하였다. 그리고 이 도시들 중에서 일부를 아스돗과 에글론 그리고 가사 왕에게 넘겨주었다고 한다.[13]

---

11. 장성길, 『피할 수 없는 하나님의 손길』 (서울: 솔로몬, 2009), 47.
12. C. S. Shaw, "Micah 1:10-16 Reconsidered," *JBL* 106 (1987): 223-29.
13. *ANET*, 288에서는 아래와 같이 언급한다.
"As to Hezekiah, the Jew, he did not submit to my yoke, I laid siege to 46 of his strong cities, walled forts and to the countless small villages in their vicinity, and conquered them by means of well-stamped ramps, and battering-rams… the attack by foot soldiers. I drove out of them 200,150 people, young and old, male and female….. His towns which I had plundered, I took away from his country and gave them to Mitinti, king of Ashdod, Padi, king of Ekron, and Sillibel, king of Gaza."

교훈과 적용

1. 하나님은 자기 언약에 신실하신 분이다. 언약에 대한 신실성 때문에 하나님은 언약의 말씀을 신실하게 지키는 자에게는 언약의 축복을 내리시고, 언약의 말씀을 지키지 않고 하나님을 언약의 왕으로 인정하지 않는 사람에게 벌을 내리신다. 나는 이러한 하나님 앞에서 얼마나 신실한 모습으로 살아 가고 있는가?

2. 하나님의 성전은 하나님이 좌정하시며 백성들의 예배를 받는 곳이지만, 범죄한 백성들의 죄에 대하여 증언하고 심판하는 곳이기도 하다. 하나님께 예배 드리러 가는 자마다 하나님 앞에 자신의 죄를 돌아보고 회개하여야 한다. 나는 하나님의 경고성 메시지들 앞에서 진정으로 회개하는 마음을 가지나? 나는 혹시 하나님의 경고를 외면하지는 않는가?

3. 예루살렘과 사마리아는 유다와 이스라엘 백성들이 만든 최고의 도시였다. 예루살렘에는 하나님의 성전이 있었다. 사람들이 가장 자랑스럽게 생각하는 도시이지만 하나님은 우상 숭배로 가득 채워진 이 도시들을 심판할 때 철저하게 파괴시킨다. 마찬가지로 내 삶 속에 우상으로 가득해 있으면 내가 자랑스럽게 생각하는 모든 것을 하나님께서는 철저하게 파괴하실 수 있다.

4. 예루살렘과 사마리아 멸망의 가장 큰 원인은 우상 숭배였다. 우상 숭배는 하나님을 왕으로 인정하지 않고, 스스로를 하나님의 백성으로 생각하지 않고 살아 가는 것들을 모두 포함한다. 하나님보다 더 중요하게 생각하는 모든 것이 우상 숭배다. 나는 내 마음에 삼위 하나님으로 충만하고 잘못된 신앙과 가치관에 물들지 않도록 말씀 공부와 기도에 더 많은 정성을 기울이고 있는가?

제2장 유다의 죄악과
거짓 선지자에 대한 심판 (2:1-13)

미가 1장에서 하나님은 이스라엘과 유다의 죄악과 심판을 포괄적으로 지적하였는데, 미가 2장에서 하나님은 이스라엘과 유다 백성의 죄악을 구체적으로 지적하며 그들에게 임할 재앙을 선언한다. 하지만 미가 2장 마지막 부분에서 하나님은 이스라엘과 유다의 회복에 관한 메시지를 짧게 선언한다.

본문 개요

미가 2장은 세 부분으로 나눌 수 있다. 1-5절은 밤낮을 가리지 않고 범죄를 계획하고 저지르는 악한 지도자들에게 하나님께서 재앙을 내릴 계획을 선포한다. 하나님의 재앙 앞에 악한 지도자들은 회개하지 않고 오히려 하나님께 대한 원망을 쏟아낸다. 6-11절은 거짓 선지자들의 행위와 백성들의 죄악 일부를 구체적으로 지적하고 있다. 거짓 선지자들은 참 선지자들의 예언을 금지하면서 악한 백성들에게 그들이 듣고 싶어 하는 말로 하나님의 뜻을 왜곡하고 있다. 악한 백성들에게는 참 선지자의 경고의 메시지를 외면하면서도 듣고 싶어했던 예언의 메시지가 있다. 그것은 평화의 메시지이다(11절). 하지만 정작 자신들은 아시리아의 공격 때문에 피난 온 자들을 약탈하고 연약한 부

녀들의 보금자리를 빼앗아 버리는 악행을 저질렀다(8-9절). 하지만 12-13절은
1:1-2:11의 메시지 내용과는 완전히 다르게 구원에 대한 메시지를 선포하고 있
다. 비록 하나님은 백성들을 심판하여 반드시 멸망시키지만, 때가 되면 그들
을 다시 구원하여 친히 그들을 불러 모으실 것을 약속한다.

내용 분해

1. 지도자들의 죄악에 대한 심판 선언(2:1-5)
   1) 밤낮으로 죄를 계획하고 실행함(1-2절)
   2) 여호와의 재앙 계획(3절)
   3) 재앙 때문에 하나님을 원망(4절)
   4) 범죄한 자들을 하나님의 회중에서 제거함(5절)
2. 거짓 선지자와 평화의 메시지를 원하는 백성들(2:6-11)
   1) 거짓 선지자들의 행위 (6-7절)
   2) 불평하는 백성들의 죄악을 구체적으로 지적(8-9절)
   3) 평화를 원하는 백성들에게 임할 멸망(10-11절)
3. 하나님의 구원과 회복 계획(2:12-13)
   1) 백성들을 초장으로 인도함(12절)
   2) 백성들의 돌아오는 길을 하나님이 앞서 인도함(13절)

본문 주해

1. 지도자들의 죄악에 대한 심판 선언(2:1-5)

1 그들이 침상에서 죄를 꾀하며 악을 꾸미고 날이 밝으면 그 손에 힘이 있
으므로 그것을 행하는 자는 화 있을진저 2 밭들을 탐하여 빼앗고 집들을
탐하여 차지하니 그들이 남자와 그의 집과 사람과 그의 산업을 강탈하도
다 3 그러므로 여호와의 말씀에 내가 이 족속에게 재앙을 계획하나니 너
희의 목이 이에서 벗어나지 못할 것이요 또한 교만하게 다니지 못할 것이
라 이는 재앙의 때 임이라 하셨느니라 4 그 때에 너희를 조롱하는 시를 지
으며 슬픈 노래를 불러 이르기를 우리가 온전히 망하게 되었도다 그가 내
백성의 산업을 옮겨 내게서 떠나게 하시며 우리 밭을 나누어 패역자에게
주시는도다 하리니 5 그러므로 여호와의 회중에서 분깃에 줄을 댈 자가 너
희 중에 하나도 없으리라

미가 2:1-5에서 미가는 죄악으로 가득한 지도자들의 삶을 드러낸다. 밤에
침상에서 범죄를 계획하고 아침이 되면 밭과 집을 빼앗고 사람과 산업을 강
탈한다. 이런 범죄한 지도자들에게 하나님은 그들의 죄악에 상응하는 징벌적
재앙을 계획하고 그들의 산업을 강탈하며 회중 가운데서 다시는 기업을 얻지
못하게 하고 제거해 버릴 것이라고 한다. 미가 2:1-5은 선지자의 심판 메시지
이며, 구약의 선지서들에서 심판 메시지가 일반적으로 "화 있을진저"로 시작
하는 것처럼 미가 2:1도 이렇게 시작한다. 이어서 심판을 받는 이유로서 범죄
사실을 제시하고(1-2절), 메시지 전달자의 인용 표현과 함께 재앙 선포가 이
어진다(3-5절).

1) 밤낮으로 죄를 계획하고 실행함(1-2절)

히브리어 성경에서 미가 2:1의 첫 표현은 개역개정 성경 번역과는 달리 "화 있을진저"(호이, הוֹי)이다. "화 있을진저"는 슬픔과 분노 그리고 비통함을 표현할 때 종종 사용하지만, 선지자들이 범죄한 이스라엘과 유다 백성들에게 하나님의 심판을 선포할 때에도 자주 사용한다. 특히 미가의 동시대 선지자인 이사야가 이 표현을 자주 사용하였다(약 21회). 미가는 이 표현을 단 한차례 사용하였으며, 이 표현을 통해 하나님을 대신하여 유다의 죄악에 대한 분노를 표출하였다. 1절에서 미가는 심판 받을 자들의 죄악을 말하기 위해 두 개의 분사와 한 개의 완료형 동사를 사용하였다.

$$\text{הוֹי חֹשְׁבֵי־אָוֶן וּפֹעֲלֵי רָע עַל־מִשְׁכְּבוֹתָם}$$
$$\text{בְּאוֹר הַבֹּקֶר יַעֲשׂוּהָ כִּי יֶשׁ־לְאֵל יָדָם:}$$

첫째 분사(호스베이 חֹשְׁבֵי '꾀하다')를 통해 미가는 이들이 악을 꾀하고 둘째 분사를 통해 죄악 행하는 것을 침상에서 꾸미고 있다고 한다. 이들은 밤에는 죄악을 행할 계획을 세웠고, 아침에는 그 계획을 실천하였다. 둘째 행에서 분사 포알레이(פֹעֲלֵי '행하다')를 통해 이들이 침상에서 악을 행한다고 하는데, 이들이 자신들의 악한 계획을 아침에 실행하는 것을 고려한다면, 침상에서 특정한 대상에게 악행을 벌이는 것이 아니라 침상에서 꾀한 그들의 악한 계획 자체가 하나님께 악을 행하는 것이라는 의미이다. 침상에서 성범죄를 저지르는 것으로 이해할 수도 있으나 미가 2장은 성범죄에 관심을 가지고 있지 않다. 이들은 악을 실천하는 데 매우 신속하였다. 침상에서 밤새도록 악을 계획하고, 아침에 날이 밝아 오면 즉시 그 계획을 실행하였다.[1] 셋째 행의 *베오르 합보케르*(בְּאוֹר הַבֹּקֶר)는 아침 해가 뜨기 전에 날이 밝아 오는 시간을 의미하

---

1. J. T. Willis, "On the Text of Micah 2, 1aα-β," *Biblica* 48 (1967): 534-41.

며, 이를 강조하기 위해 동사 앞에 두었다. 고대 메소포타미아와 이집트 사회에서는 야밤에 범죄가 일어나고 해가 뜨기 시작하면 무질서와 범죄는 물러가고 질서와 정의가 회복되는 것으로 이해하였다. 그 이유는 대부분의 범죄들이 좀도둑들에 의해 자행되고 범죄 대상에게 드러내 놓고 공격하는 것보다 어둠을 이용하여 은밀하게 공격해야 할 정도의 힘을 가지고 있었기 때문이다. 이에 반해 미가는 범죄자들이 아침에 날이 밝고 해가 뜨기도 전에 악한 계획을 실행한다고 한다.[2] 이들이 이렇게 할 수 있었던 것은 권력이 그들에게 있었기 때문이다. '그들의 손에 힘이 있으므로'의 히브리어 표현 *에쉬-레엘 야담*(יֶשׁ־לְאֵל יָדָם)의 문자적인 의미는 '신이 그들의 손을 가지고 있다'이며, 불변화사 *에쉬*(יֵשׁ)가 전치사 *레*(לְ)를 동반할 때에는 전치사 *레*에 결합되어 있는 대명사나 명사가 주어이며 *에쉬*는 '가지다'의 의미로 사용된다. 동일한 표현이 창세기 31:29에도 있으며, 라반이 고향으로 달아나는 야곱에게 너를 해할 만한 능력이 "내 손에 있으나"(*에쉬-레엘 야디*, יֶשׁ־לְאֵל יָדִי)라고 한다. 라반은 야곱의 생사를 좌지우지할 수 있는 힘 또는 군사력을 가지고 있다는 의미로 이 말을 하였다. 이처럼 거의 동일한 표현이 미가 2:1과 31:29에 있는 것을 감안하면 '신이 그들의 손을 가지고 있다'는 말은 군사력을 비롯한 강력한 권력을 손에 쥐고 있다는 의미로 사용된 관용어인 것으로 생각된다. 이런 사실을 고려하면 2:1의 악인들은 이스라엘의 일반 백성이 아니라 권력을 장악한 지도자들이다.

2절은 악한 백성들이 침상에서 계획한 죄악의 내용과 이런 죄악을 짓게 된 이유를 밝히고 있다. 이들은 이웃의 밭이 탐나면 그것을 빼앗았고 집들이 탐나면 차지해 버렸다. 즉 그들의 탐심 때문에 죄악에 빠졌다. 2절은 탐욕의 결과로 밭과 집을 빼앗을 것을 강조하기 위해 첫번째 동사 *베하메두*(וְחָמְדוּ)를 생략하는 생략법을 사용하였다.

---

2. Waltke, "Micah,", 636; 이집트 신화 "The Repulsing of the Dragon and the Creation"에 의하면 태양신이 야밤에 악의 세력을 무찌르고 아침이면 온 세상에 질서와 정의 그리고 번영을 가져다 준다(*ANET* 6).

וְחָמְד֤וּ שָׂדוֹת֙ וְגָזָ֔לוּ   그들이 밭을 탐하여 빼앗고

וּבָתִּ֖ים וְנָשָׂ֑אוּ   x   그들이 집을 (탐하여) 차지하니

2절의 첫 동사 '탐하다'의 히브리어 동사 *하맏*(חמד)는 출애굽기 20:17에서
"네 이웃의 집을 탐내지 말라"의 '탐내다'와 동일하며, 열 번째 계명을 어기고
이웃의 "집들을 탐하였고" 강탈하였음을 나타낸다. '밭들을 빼앗고'에서 '빼앗
다'의 히브리어 동사는 *가잘*(גזל)이며 가죽을 벗기거나(미 3:2) 품 안에 있는
아기를 빼앗아 가버리는 행동을 나타낼 때 사용하는 동사이다(욥 24:9). 그렇
기 때문에 동사 *가잘*은 밭을 강압적으로 강탈하는 것을 묘사하기 위해 사용
된 아주 강렬한 표현이다. 집들을 "차지하니"의 히브리어 동사는 *나사*(נשא)이
며, 뜻은 '운반하다,' '짊어지고 가다'의 의미를 가지고 있다. 이 동사는 악인이
빼앗은 집이 돌이나 벽돌로 만든 집이 아니라 베두인(Bedouin)이나 사회적
약자들의 거주 수단인 천막 종류였음을 보여준다.

악인이 이웃의 밭들을 빼앗은 것은 특별한 의미를 가진다. 이스라엘 백성
에게 토지는 지파와 가족별로 나누어 주었으며(민 26:53-56), 토지 소유권을
다른 지파에게 넘겨줄 수 없었고(민 27:1-11), 토지를 팔더라도 희년이 되면 모
두 원 소유주에게 되팔아 소유권을 회복시켜 주어야 했다(레 25:10, 민 36:1-
12). 이렇게 한 이유는 모든 토지는 하나님의 것이고, 이스라엘 백성들은 이 땅
에서 하나님과 함께 잠시 나그네로 사는 것으로 믿었기 때문이다(레 25:23).
그렇기 때문에 악인이 탐욕 때문에 이웃의 밭들을 빼앗은 것은 하나님의 것을
빼앗은 것이다. 토지 약탈을 하나님이 어떻게 다루었는지는 아합과 나봇의 포
도원 사건을 통해 충분히 알 수 있다(왕상 21:1-25). 나봇의 포도원 사건이 아
합 가문의 멸망 원인 중에 하나였음을 감안한다면, 악한 백성들의 토지 강탈
사건에 대한 하나님의 분노를 충분히 짐작할 수 있다.

2절의 셋째 행과 넷째 행은 밭과 집을 빼앗기 위해 악한 지도자들이 백성들
을 억압한 것을 강조하기 위해 동어 반복법과 생략법을 상용한다.

וְעָשְׁקוּ גֶּבֶר וּבֵיתוֹ

וְאִישׁ וְנַחֲלָתוֹ   x

위에서 볼 수 있는 것처럼 셋째 행의 동사 *베아쉐쿠*(וְעָשְׁקוּ)가 넷째 행에서 생략되었다. 그리고 명사 *게베르*(גֶּבֶר)와 *이쉬*(אִישׁ)는 동의어로서 남자 어른을 의미한다. 셋째 행의 '그의 집'(*베이토* בֵּיתוֹ)은 둘째 행의 집들(*바팀* בָּתִּים)의 반복이며, 넷째 행의 그의 산업(*나할라토* נַחֲלָתוֹ)은 첫째 행의 밭들(*사도트* שָׂדוֹת)을 의미한다. 이를 감안하면 셋째 행과 넷째 행은 악한 지도자들이 백성들의 남자들을 억압하여 밭과 집을 빼앗았다는 것을 보여준다.

개역개정 성경이 "강탈하도다"로 번역한 히브리어 동사는 *아솩*(עָשַׁק)이며, 사람을 대상으로 할 때 '억압하다'는 의미로 주로 사용되지만, 이 행에서는 사람뿐만 아니라 그의 집과 그의 기업을 포함하고 있기 때문에 '억압하다'는 의미보다 '강탈하다'의 의미로 사용되었다. 사람을 강탈한 목적은 그들을 노예로 만드는 것이었다. 이것은 동족을 노예로 삼지 못하게 한 안식년과 희년 규정에 반하는 죄였다. 레위기 25장에서 하나님은 이스라엘 백성들에게 히브리인을 노예로 삼지 말고, 종으로 삼게 되더라도 매 50년마다 반복되는 희년이되면 자유롭게 집으로 되돌려 보내라 명령하셨다. 7년마다 반복되는 안식년에도 이스라엘 백성들은 히브리인 종들을 해방시켜 주어야 했다. 종들을 돌려보낼 때에는 마지못해 억지로 되돌려 보내는 것이 아니라 양과 포도주를 비롯하여 양식을 후하게 주어 되돌아 가게 해야 했다(신 15:12-14). 히브리인 종들을 해방시켜 주어야 되는 이유는 하나님이 그들과 그들의 주인 모두를 종으로 살았던 이집트에서 속량하여 가나안 땅에 들어와 살게 하였기 때문이다(신 15:15). 그렇기 때문에 악인이 이웃을 종으로 잡아 가는 것은 출애굽의 하나님, 자신을 구원하여 준 하나님을 거부하고 무시하며 경멸하는 것이다.[3]

---

3. D. J. Simundson, "The Book of Micah," ed. L. Keck, *NIB*, vol 7 (Nashville: Abingdon, 1996), 549-50.

2) 여호와의 재앙 계획(3절)

이스라엘과 유대인들의 이런 죄악 때문에 하나님은 분노하여 재앙을 계획한다. 이 계획을 하나님이 직접 준비하고 있음을 강조하기 위해 감탄사 '보라'(*힌니*, הִנְנִי)를 사용하였고, 현재 계획을 진행 중임을 나타내기 위해 동사 *하솹*(חָשַׁב, 계획하다)의 분사형 *호쉡*(חֹשֵׁב)을 썼다. 3절에서 미가는 하나님의 심판 계획을 1절의 악한 백성의 범죄 계획에 빗대어 언어 유희를 통해 선포한다.

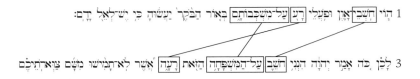

악한 백성들이 침상(*알-미쉐캅*, עַל-מִשְׁכָּב)에서 죄를 꾀하며(*하솹*, חָשַׁב) 악을(*라아*, רַע) 꾸민 것처럼 하나님은 이 족속(*알-하미스파하*, עַל-הַמִּשְׁפָּחָה)에게 재앙(*라아*, רָעָה)을 계획한다(*하솹*, חָשַׁב).[4] 미가는 악인들에게 그들의 목이 "이에서" 피하지 못한다고 한다. 개역 성경의 "이에서"는 장소를 나타내는 히브리어 전치사구 *미솜*(מִשָּׁם)이며, 이 표현의 직역은 '거기서부터'이다. 이 표현은 하나님이 계획한 재앙이 쏟아지고 있는 공간을 의미하는 것으로 여길 수 있지만 3절이 1절의 표현을 가지고 언어 유희를 하고 있음을 감안한다면, '거기서부터'는 좀 더 구체적으로 그들이 죄악을 꾀한 그들의 침상을 가리키는 것으로 볼 수 있다. 하나님이 재앙을 쏟아붓고 있을 때에 그들은 도망쳐서 재앙을 피하는 것은 고사하고 그들의 목숨이 죄악을 꾀했던 그들의 침상으로부터 벗어나지도 못한다는 말로 이해할 수 있다.

미가는 이 악인들이 교만하게 다니지 못할 것이라고 한다. "교만하게"의 히브리어 *로마*(רוֹמָה)는 동사 *룸*(רוּם)에서 파생되었으며, 종종 손을 높이 들어 올

---

4. Barker & Bailey, *Micah, Nahum, Habakkuk, Zephaniah*, 64.

려 자신감을 나타낼 때 사용된다. 출애굽기 14:8은 이스라엘 자손들이 출애굽하여 홍해로 이동하면서 이스라엘 자손이 "담대히 나갔음이라"고 한다. 이 표현의 히브리어는 *요츠임 베야드 라마*(יֹצְאִים בְּיָד רָמָה)이며, 직역은 '손을 들고 나갔다'는 말이다. 이처럼 "교만하게"의 히브리어 부사 *로마*와 동사 *룸*은 교만과 자신감의 표시로 손을 드는 제스처를 포함하고 있다. 3절에서 부사 *로마*를 사용한 이유는 1절에서 '권력이 그들의 손에 있다'고 한 말을 염두에 두고 있기 때문이다. 악인들은 권력이 그들의 손에 있었기 때문에 손을 들고 교만한 모습으로 길거리를 휘젓고 다녔지만, 3절은 상황이 역전되어 하나님의 심판 앞에 그들은 더 이상 그런 교만한 행동을 할 수 없다고 한다.

3) 재앙 때문에 하나님을 원망(4절)

4절에 의하면 그 재앙의 날에 악한 지도자들에게 그들의 심리를 비꼬기 위해 조롱하는 시와 슬픈 노래가 불릴 것이다. 그 노래의 내용은 다분히 2절의 내용을 반영하고 있다. 이 노래를 악한 지도자들이 스스로 만들어 부르는 것인지 아니면 누군가가 이 노래를 불러 주는 것인지 분명하지 않다. 대신에 4절은 이 조롱하는 시에 청중들이 귀를 기울이도록 두운법을 사용하고 있다.

4 בַּיּוֹם הַהוּא יִשָּׂא עֲלֵיכֶם מָשָׁל וְנָהָה נְהִי נִהְיָה אָמַר שָׁדוֹד נְשַׁדֻּנוּ

위의 밑줄에서 볼 수 있는 것처럼 동사 *나하*(נהה '애곡하다' '슬퍼하다')와 명사 *네히*(נְהִי '통곡' '애곡') 그리고 동사 *하야*(היה '이다' '있다')의 니팔(Niphal) 형 *니야*(נִהְיָה)을 연속으로 사용하여 모두 자음 눈(נ)이 첫 음으로 반복되게 하는 두운법을 통해 독자와 청중의 눈길을 사로 잡고 있다. 그리고 4절의 이어지는 메시지에서 1-2절에서 악을 행했던 악인으로 보아야 하는 자들의 하나님을 원망하는 내용이 뒤따라 나온다. 악인들은 '우리가 철저히 멸망하게 되었도다'고 하면서, 이를 강조하기 위해 동사 *샤다*(שרד '파괴하다' '멸망시키다')의 부정사 절대형 *솨도드*(שָׁדוֹד)를 동사 앞에 첨가하였다. 이어서 이들은 '그가 내 백성의 산업을 떠나게 하시며'라고 하며, 이 말에서도 '내 백성의 산업'(*헤렉 암미* חֵלֶק עַמִּי)을 강조하기 위해 동사 *야미르*(יָמִיר '바꾸다' '교환하다') 앞에 도치하여 배열하였다. 이들은 모순되게도 자신들이 착취하던 자들을 "내 백성"이라고 하며, 자기들이 백성들의 토지를 강탈하였음에도 불구하고 "그가" 또는 하나님이 백성의 산업을 내 손에서 빼앗았다고 한다. 악인들은 자신들이 하나님의 십계명과 토지와 종에 대한 규정을 멸시하고 언약의 왕에게 반역하였음에도 불구하고 오히려 하나님이 패역자들에게 토지를 주었다고 한다. "패역자"의 히브리어 *쇼뱁*(שׁוֹבֵב)은 '반역적인'이라는 뜻을 가지고 있으며, 4절에서는 이스라엘과 유다를 공격하는 아시리아 군대를 지칭한다. 이 말을 통해 악한 지도자들은 자신들은 의롭고 아무런 잘못이 없으며, 하나님은 불의하고 패역한 자들에게 토지와 기업을 나누어 주는 분으로서 결과적으로 이들 패역한 자들과 다를 바 없는 분이라고 원망한다.

4) 범죄한 자들을 하나님의 회중에서 제거함(5절)

5절에서 하나님은 악을 행하면서도 오히려 하나님을 원망하는 악한 지도자들에게 영원한 멸망을 선포한다. 그들이 당할 멸망의 내용은 "여호와의 회중에서 분깃에 줄을 댈 자가 너희 중에 하나도 없으리라"이다.[5] 이 말에는 두 가지 특별한 표현이 있다. 첫째, "분깃에 줄을 댈 자"는 하나님이 이스라엘 자손들을 가나안 땅에 들어가게 하여 그 땅을 12지파에게 나누어 준 것을 염두에 두고 하는 말이다(민 26:55-56; 수 14:2; 19:51). 둘째, 여호와의 회중이다. "회중"의 히브리어는 *카할*(קָהָל)과 *에다*(עֵדָה)이며, 구약 성경에서 아주 다양한 의미로 사용되었다. 하나님께 반역한 고라와 그의 일행을 회중이라고 부르기도 하였다. 하지만 회중은 종종 하나님의 언약 백성을 나타내는 말로 사용

---

5. W. McKane, "Micah 2:1-5: Text and Commentary," *JSS* 42 (1997): 7-22.

되며, 특별히 시편에서는 하나님께 예배 드리기 위해 모인 무리들을 백성의 회중 또는 경건한 자들의 회중이라고 부른다. 5절의 회중의 히브리어 표현은 *카할*이며, *카할*을 하나님의 신명과 함께 여호와의 회중이라고 표현한 것은 구약 성경에서 5절이 유일하다. *에다*를 하나님의 신명과 함께 사용한 예는 구약 성경에서 4번 있다(민 27:17; 31:16; 수 22:16, 17). 여호와의 회중은 현재 미가의 메시지를 듣고 있는 그 백성들이 아니라 하나님이 미래에 회복시킬 백성들의 모임을 의미한다. 5절은 바로 이 미래의 여호와의 회중에 이들 악한 지도자들은 포함되지 않는다고 선언한다. 하나님은 미래에 이스라엘의 남은 자들을 회복시킬 때에 이 악한 지도자들에게 분깃을 나누어 주지 않는다(미 7:18-20). 이 말은 이 악한 백성들은 회복의 대상이 아니며 영원한 멸망의 대상이라는 것을 확증하는 표현이다.[6]

2. 거짓 선지자와 평화의 메시지를 원하는 백성들 (2:6-11)

6 그들이 말하기를 너희는 예언하지 말라 이것은 예언할 것이 아니거늘 욕하는 말을 그치지 아니한다 하는도다 **7** 너희 야곱의 족속아 어찌 이르기를 여호와의 영이 성급하시다 하겠느냐 그의 행위가 이러하시다 하겠느냐 나의 말이 정직하게 행하는 자에게 유익하지 아니하냐 **8** 근래에 내 백성이 원수 같이 일어나서 전쟁을 피하여 평안히 지나가는 자들의 의복에서 겉옷을 벗기며 **9** 내 백성의 부녀들을 그들의 즐거운 집에서 쫓아내고 그들의 어린 자녀에게서 나의 영광을 영원히 빼앗는도다 **10** 이것은 너희가 쉴 곳이 아니니 일어나 떠날지어다 이는 그것이 이미 더러워졌음이니라 그런즉 반드시 멸하리니 그 멸망이 크리라 **11** 사람이 만일 허망하게 행

---

6. Ehud Ben Zvi, "Wrongdoers, Wrongdoing and Righting Wrongs in Micah 2," *Biblical Interpretation* 7 (1999): 87-100. 에훗 벤 즈비는 미가 2장을 포로 후기 시대에 만들어진 예언으로서 그 시대의 회복에 대한 염원을 반영하고 있다고 주장한다.

하며 거짓말로 이르기를 내가 포도주와 독주에 대하여 네게 예언하리라
할 것 같으면 그 사람이 이 백성의 선지자가 되리로다

6-11절은 선지자라는 표현은 사용하지 않았지만, 거짓 선지자들의 행동과
악한 백성들이 선지자들에게 듣고 싶어 하는 것이 무엇인지 알려 주고 있다.
1-3절이 악한 지도자들의 행실이었다면, 6-11절은 모든 백성들의 악한 모습을
기록하고 있다. 이를 통해 미가는 지도자들뿐만 아니라 백성들도 악하기는 동
일하다는 것을 보여준다. 거짓 선지자들은 참 선지자들의 활동을 방해하였고,
악한 백성들은 하나님의 심판 메시지보다 평화의 메시지를 전해 주기를 원했
다. 하지만 하나님은 그런 기대를 하고 있는 백성들에게 전쟁의 재앙을 통해
멸망을 가져다 주겠다고 한다.

1) 거짓 선지자들의 행위(6-7절)

4절은 죄인들을 조롱하는 시로 그들의 불평을 드러냈었는데, 6절은 참 선
지자들에 대한 거짓 선지자들의 태도를 기록하고 있다. 11절에도 등장하는 거
짓 선지자들은 미가의 예언의 말을 듣고 즉각적인 반응을 보였다. 하지만 그
들의 반응은 백성들의 죄악을 질타하는 것이 아니라 미가에게 백성들의 죄악
을 지적하는 예언을 하지 못하게 하였다. 개역개정 성경은 6절을 다음과 같
이 번역하고 있다.

그들이 말하기를 너희는 예언하지 말라 이것은 예언할 것이 아니거늘
욕하는 말을 그치지 아니한다 하는도다

개역개정 성경은 히브리어 성경을 심하게 오역하였다. 6절의 히브리어 본
문과 직역은 다음과 같다.

אַל־תַּטִּפוּ יַטִּיפוּן לֹא־יַטִּפוּ לָאֵלֶּה יִסַּג כְּלִמּוֹת

알-탙티푸 얕티푼 로-얕티푸 라엘레 잇삭 케림모트

너희는 예언하지 말라고 그들이 예언했다. 그들은 이것들에 대하여 예언하지 않고 있다. (그들의) 수치가 떠나지 않을 것이다.[7]

6절은 거짓 선지자들의 반응을 동사 *나탑*(נָטַף)을 세 번 사용하여 이미지화하고 있다. 이 동사의 기본적인 의미는 액체를 '떨어뜨리다'이다. 이슬과 포도주 그리고 꿀을 붓는 행동을 표현하기도 하고, 즐거운 말이나 거짓말을 이미지화시켜 표현할 때에도 이 동사를 사용한다. 이 동사는 또한 선지자들이 예언하는 행동을 표현하기 위해서도 사용한다. 아마도 이 경우는 선지자들이 무아경 속에서 성령의 인도로 말을 쏟아 내는 모습을 형상화한 표현으로 여겨진다. 거짓 선지자들은 이 동사를 사용하여 참 선지자에게 예언하지 말라고 했는데, 주어가 2인칭 복수이다. 이것은 거짓 선지자들이 예언하지 못하게 방해한 대상이 미가뿐만 아니라 다른 선지자들도 포함시키고 있음을 보여준다. 미가보다 한 시대 앞서 사역했던 아모스에게 이스라엘 사람들은 예언하지 말라고 하였다(암 1:2; 7:13). 참 선지자에게 예언을 못하게 하는 것은 예레미야에게서도 찾을 수 있다. 멸망을 앞둔 유다의 아나돗 사람들은 예레미야에게 여호와의 이름으로 예언하지 말라고 핍박하였다(렘 11:21). 미가는 역설적으로 예언을 금지시키는 거짓 선지자들의 말하는 행동을 곧바로 이 동사로 표현하였다.[8] 그리고 미가는 이들 거짓 선지자들이 백성들의 심각한 죄악을 질책하는 예언을 전혀 하지 않았다고 한다. 그런 거짓 선지자들에게 미가는 그들이 자신들의 거짓 예언 때문에 수치를 모면할 수 없다고 단언한다.[9]

7절은 계속해서 거짓 선지자들이 백성들을 기만하기 위해 했던 말들을 이

---

7. Waltke, "Micah," 643-44.

8. C. F. Keil, *Minor Prophets* (Grand Rapids: Eerdmans, 1993), 442.

9. S. A. Brown, "Micah 2:1-11," *Interpretation* 57 (2003): 417-19.

어간다. 개역개정의 "너희 야곱의 족속아 어찌 이르기를"이라고 번역한 것과는 달리 7절의 히브리어 성경 첫 행은 '야곱 족속이 듣기를'이다.[10] 즉 야곱 족속이 거짓 선지자들로부터 들었다는 말이다. 7절은 야곱의 족속들이 거짓 선지자들로부터 들은 것을 세 가지 질문 형식으로 이어가고 있다. 6절이 거짓 선지자들의 언행과 그에 대한 결과를 말하기 위해 부정어 *알*(אַל)과 *로*(לֹא)를 모두 세 차례 사용하여 행을 만들었던 것처럼 7절에서는 아래에서 볼 수 있는 것처럼 의문사 *하*(הֲ)와 *임*(אִם)을 세 번 반복한다.

6 אַל־תַּטִּפוּ יַטִּיפוּן לֹא־יַטִּפוּ לָאֵלֶּה לֹא יִסַּג כְּלִמּוֹת׃

7 הֶאָמוּר בֵּית־יַעֲקֹב הֲקָצַר רוּחַ יְהוָה אִם־אֵלֶּה מַעֲלָלָיו הֲלוֹא דְבָרַי יֵיטִיבוּ עִם הַיָּשָׁר הוֹלֵךְ׃

7절의 동사 *카차르*(קָצַר '짧다')와 부정어 *로*('not') 앞에 붙어 있는 *하*는 모두 의문사이다. 6절에서 첫 두 행은 거짓 선지자들의 언행이었고 마지막 행은 그들의 언행에 대한 징벌적 예언이었던 것처럼, 7절의 처음 두 행은 거짓 선지자들의 가르침이고 마지막 행은 이에 대한 하나님의 반박적 질문이다.[11] 미가는 이스라엘 백성 모두에게 질문하는 형식으로 그들 가운데 회자되고 있는 거짓 선지자의 말을 제시한다. 첫 말은 "여호와의 영이 성급하시냐?"이다. 유사한 말을 출애굽기 34:6에서 하나님이 시내산에서 금송아지를 만든 이스라엘 백성들을 용서하는 과정에서 했다("노하기를 더디하고"). 거짓 선지자들은 백성들의 죄를 외면하고 오로지 그들에게 하나님은 자비롭고 은혜롭고 노하기를 더디 하고 인자와 진실이 많은 하나님이라며 듣기 좋은 예언을 하였다. 미가는 7절의 둘째 말에서 거짓 선지자들이 아시리아의 공격을 통한 하나님

---

10. A. Ehrman, "A Noter on Micah 2:7," *VT* 20 (1970): 86-87.

11. Barker & Bailey, *Micah, Nahum, Habakkuk, Zephaniah*, 66; Waltke, "Micah," 643.

의 심판에 대해 '이것이 하나님의 행하심이냐'는 질문으로 백성들로부터 '아니오'를 유도하는 말을 먼저 언급한다. 거짓 선지자들은 아시리아의 공격을 백성들에게 내린 하나님의 심판과 징벌이 아니라는 것을 수사학적 의문문으로 말하고, 하나님은 오직 축복하시는 분으로 분위기를 몰아가고 있다. 거짓 선지자들과 어리석은 백성들은 출애굽기 34:7에서 하나님은 "벌을 면제하지는 아니하고 아버지의 악행을 자손 삼사 대까지 보응하리라"는 말을 애써 외면하고 있음을 보여준다. 그렇기 때문에 미가는 셋째 질문에서 하나님의 말씀을 다음과 같이 기록한다. "나의 말이 정직하게 행하는 자에게 유익하지 아니하냐?" 이 말은 거짓 선지자들이 예언해 주었던 자들은 정직한 자들이 아니라는 말이며, 그들은 벌을 면할 수 없는 자들임을 밝히고 있다. 하나님은 정직한 자의 실수와 잘못을 용서하는 것이지 악인의 반복적이고 회개하지 않는 죄를 좌시하고 맹목적으로 용서하지 않는다.

2) 불평하는 백성들의 죄악을 구체적으로 지적(8-9절)

8-9절은 7절 마지막 행에서 한 하나님의 질문에 대한 대답을 하나님께서 스스로 하시면서 이스라엘 백성들이 멸망할 수밖에 없는 이유로 그들이 저지른 수치스러운 죄악을 나열한다. 8절에서 언급한 첫 죄악은 그들의 전쟁 피난민의 의복 약탈이다. 아시리아 군대가 이스라엘의 도시들을 공격하여 잔혹한 살상과 약탈과 성폭행을 저지르자, 이스라엘 백성들은 안전한 곳으로 도망하려 하였다. 아마도 미가의 메시지가 사마리아와 예루살렘에 포커스를 맞추고 있는 것을 감안하면, 피난민들은 가장 안전하다고 생각되는 수도 사마리아와 예루살렘으로 피난하였을 것이다. 안타깝게도 이들 피난민들을 기다린 것은 안전이 아니라 그들에게 안전을 제공해 줄 것으로 굳게 믿었던 권력자들의 약탈이었다. 권력자들은 피난민들에게 피난처와 음식을 제공하지 않았다. 이들이 입고 있는 옷을, 몸을 가리고 차가운 밤 공기를 견딜 수 있게 해 줄 의복을 속옷만 남기고 강제로 벗겨 빼앗는 만행을 저질렀다. 출애굽기 22:26-27과 신

명기 24:10-13에 의하면 이웃의 옷을 전당물로 잡히면 해가 지기 전에 돌려
주어 벗은 몸을 가릴 수 있게 하라고 하였다.[12] 하지만 약탈자들은 피난민들의
옷을 강탈하는 데 혈안이 되어 있었다. 8절은 이것을 강조하기 위해 도치법을
반복해서 사용하고 있다.

וְאֶתְמוֹל עַמִּי לְאוֹיֵב יְקוֹמֵם מִמּוּל שַׂלְמָה אֶדֶר תַּפְשִׁטוּן מֵעֹבְרִים בֶּטַח שׁוּבֵי מִלְחָמָה:
        (나)   (가)

　위의 밑줄 (가)에서는 '내 백성'(암미 עַמִּי)과 '원수처럼'(레오엡 לְאוֹיֵב)이 동
사 '일어나다'(예코멤 יְקוֹמֵם) 앞으로 도치하였고, 밑줄 (나)에서는 '의복에서'(밈
물 살마 שַׂלְמָה)와 목적어 '겉옷'(에데르 אֶדֶר)을 동사 탑쉬툰 תַּפְשִׁטוּן '벗기다')
앞으로 도치하였다. 8절과 9절은 이스라엘 백성들이 행한 죄악을 시간과 대
상의 성을 구분하여 대비시키고 있다. 8절은 이스라엘 자손들이 가까운 과거
에(에트물, אֶתְמוֹל, '어제,' '최근,' '이전') 남자들에게 저지른 만행을 기록하
고 있다. 8절에 있는 유일한 만행의 대상인 '지나가는 자들'은 남성 복수이다.

　9절은 8절과 대조적으로 악한 백성들이 남자들이 아니라 연약한 여성과 어
린 아이를 대상으로 한 악행을 기록하고 있다. 그래서 9절은 "내 백성의 부녀
들을"로 시작한다. 이스라엘의 악인들로부터 만행을 겪은 사람들을 하나님은
내 백성이라고 부른다. 내 백성의 여자들에게 저지른 악행은 그들이 여자들
을 집에서 쫓아 내어 버린 것이다. '쫓아 내다'의 히브리어 테가레슌(תְּגָרֵשׁוּן)
은 미완료형이며, 이 행에서는 미래에 일어날 일이 아니라 현재 진행되고 있
는 상황 즉 여자들과 아이들을 쫓아 내고 있는 일이 지속적으로 일어나고 있
음을 말하기 위해 사용되었다. 이처럼 8절은 과거의 남자들에게 한 일을 묘사
하고 9절은 현재 진행 중인 일을 묘사하고 있다. 앞서 2절에서 이들이 이웃의

---

12. Barker & Bailey, *Micah, Nahum, Habakkuk, Zephaniah*, 67.

집을 빼앗던 것처럼 9절에서 그 집에 살고 있는 여자들을 쫓아내었다. 9절은 여자들이 살고 있는 집을 히브리어로 *타아누그*(תַּעֲנוּג)라고 표현하고 있다. *타아누그*는 '호화스러운' '즐거운'의 의미를 가지고 있으며, 이 행에서는 즐거운 집이란 뜻으로 사용되었다. 이 표현을 덧붙인 이유는 하나님이 이들을 "내 백성의 부녀"라고 한 것처럼 여자들의 집이 하나님을 섬기는 기쁨이 가득했기 때문일 것이다. 이것은 이들의 자녀들에게서 "나의 영광을 영원히 빼앗는 도다"라고 한 것에서도 짐작할 수 있다. 하나님이 말하는 "나의 영광"(*하다르*, הֲדָר)은 하나님의 높으심과 위대하심을 나타내는 말이다. 9절은 백성들이 여성과 아이들을 대상으로 저지르고 있는 죄악들을 강조하기 위해 도치법과 교차 대구법을 사용하고 있다.

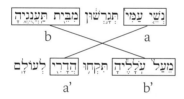

9절 첫 행에서 a 박스는 목적어지만 동사 *케가레숀*(תְּגָרְשׁוּן '벗기다' '쫓아내다') 앞으로 도치되었고, 전치사 구 *밉베이트 타아누게이하*(מִבֵּית תַּעֲנֻגֶיהָ '그녀의 즐거운 집')는 동사 뒤에 행의 어순에 따라 제 위치에 놓여 있다. 반면에 둘째 행에서는 b'로 표시된 전치사구 *메알 올라리하*(מֵעַל עֹלָלֶיהָ '그녀의 자녀들로부터')를 동사 앞으로 도치하고, 대신에 a'로 표시된 목적어 '내 영광을'(*하다리*, הֲדָרִי)을 행 어순에 따라 제 자리에 자리잡고 있다. 이를 통해 위의 a와 a' 그리고 b와 b'가 행에서 서로 교차 대구를 형성하고 있다.

하나님은 과부와 고아들을 불쌍히 여기며 이들과 함께 하기를 기뻐한다. 신명기 10:18에 의하면 하나님은 고아와 과부를 위하여 정의를 행하시는 분이고, 절기 때나 십일조를 낼 때에 고아와 과부를 청하여 함께 먹고 배부르게 하라고 했다(신 16:14; 26:12). 출애굽기 22:22-23에서 하나님은 고아와 과부를 해치지 못하게 하였으며, 시편 68:5에서 하나님은 고아의 아버지시며 과부의 재판장이라고 하였다. "나의 영광을 영원히 빼앗는도다"는 이들이 과부와 고아들에게서 집을 빼앗음으로 이러한 하나님의 위대함을 전혀 맛보지 못하게 하고 오히려 하나님을 원망하게 하여 하나님의 영광을 가리웠음을 의미한다.

3) 평화를 원하는 백성들에게 임할 멸망(10-11절)

10절에서 하나님은 이스라엘의 죄인들에게 일어나 떠나라고 한다. 그 이유는 그들이 지금 있는 그 곳은 쉴 곳이 아니기 때문이다. 쉴 곳은 1절에서 그들이 죄악을 꾀하고 계획했던 침상을 염두에 둔 표현이다. 하나님이 그 곳을 쉴 곳이 아니라고 한 이유는 그 곳이 이미 더러워졌기 때문이다. 레위기 11-15장을 비롯한 구약의 제의 규정에서는 사람과 물건들이 다양한 이유로 부정하게 된다. 출생에 의한 유출과 하혈, 나병과 같은 피부병, 죄악과 우상 숭배 그리고 시신 접촉과 같은 일이 생겨났을 때에는 부정한 것으로 간주되었다. 부정한 일이 생겨나면 그 사람은 부정하게 된 원인이 모두 사라질 때까지 이스라엘 공동체 가운데 머물 수 없었다. 미가 2:10에서 하나님은 과부와 고아를 학대하고 피난 중인 형제의 의복을 약탈한 죄악도 부정한 것으로 간주하였으며, 그래서 하나님은 이스라엘의 죄인들에게 일어나 공동체로부터 떠나가라고 한다. 하지만 그들의 떠남은 일시적인 것이 아니라 영원한 추방이며, 하나님은 그들이 나간 그 쉴 곳을 파괴시키되 철저하게 파괴시킬 것이라고 한다.

11절에서는 다시 이스라엘 백성들에 대한 미가의 탄식이 이어지며, 그는 거짓 선지자와 이스라엘 백성들의 영적인 상태에 대해 가정법을 통해 말한다. 미가는 거짓 선지자들을 바람을 따라 걸어가며 거짓을 말하는 자라고 한다. '허망한 짓'의 히브리어는 루아흐(רוח)이고 '바람'과 '영'의 의미도 가지고 있지만, 이 본문에서는 '허망한 짓'이라는 의미로 사용되었다. 미가는 거짓 선지자들이 이스라엘 백성들에게 터무니 없는 예언을 하는 것을 가정하는데, "예언하리라"는 6절에서 반복적으로 사용된 동사 *나탑*(נטף)이다. 거짓 선지자들은 주로 포도주와 독주에 대해 예언하였다. 포도주와 독주는 음주에 관한 것을 의미할 수도 있지만, 구약 성경에서는 종종 풍요에 관한 관용어적인 표현으로 사용되기도 한다. 미가는 거짓 선지자들이 아시리아의 공격을 눈 앞에 두고도 거짓으로 풍요를 예언하며 포도주와 독주의 축복을 예언하고 있음을 지적하고 있다. 동시에 미가는 이스라엘 백성의 영적 상태를 말한다. 미가는 거짓 선지자라는 말을 사용하지 않고 '사람'이라고 한다. 사람이라고 한 이유는 그 사람이 누구이고 어떤 사람이든지 간에 그가 풍요에 대하여 그리고 포도주와 독주에 대해 예언하면 이스라엘 백성은 그를 선지자로 인정하고 받아들이는 것을 질타하기 위해서이다. 미가는 이스라엘 백성들이 자신들의 죄악을 눈 감아 주고 오직 그들의 현재와 미래에 대하여 긍정적인 말만 해 주면 좋아하고 추종하는 그런 영적인 상태에 빠져 있음을 지적한다. 거짓 선지자들은 이런 이스라엘 백성들의 기대에 부응하여 그들의 기분에 맞추어 거짓된 신학과 설교와 예언을 해 주고 있다.

3. 하나님의 구원과 회복 계획 (2:12-13)

> **12** 야곱아 내가 반드시 너희 무리를 다 모으며 내가 반드시 이스라엘의 남은 자를 모으고 그들을 한 처소에 두기를 보스라의 양떼 같이 하며 초장의 양떼 같이 하리니 사람들이 크게 떠들 것이며**13** 길을 여는 자가 그들 앞에 올라가고 그들은 길을 열어 성문에 이르러서는 그리로 나갈 것이며 그들의 왕이 앞서 가며 여호와께서는 선두로 가시리라

미가 2:12-13은 1:1-2:11의 메시지와는 완전히 대비되는 예언을 선포한다. 지금까지 심판과 재앙을 선포한 것과는 달리 하나님께서 미래에 백성들을 회복하여 양떼를 초장으로 인도하듯이 가나안으로 돌아오게 할 것이라고 한다

(12절). 그리고 돌아오는 그 백성들의 선두에 하나님이 친히 서서 그들을 인도하여 올 것이라고 선포한다(13절).

1) 백성들을 초장으로 인도함(12절)

미가서의 첫 단락 마지막은 회복에 대한 희망으로 끝을 맺는다. 긴 심판에 대한 선언을 끝내면서 회복의 메시지를 아주 짧게 던져 준다. 이스라엘 백성들이 회복의 약속을 이끌어낼 만한 특별한 행동을 하지 않았음에도 불구하고 하나님은 전격적으로 회복을 약속한다. 하지만 이 회복은 이스라엘 백성 모두에게 무조건적으로 주어진 약속이 아니다. 회복은 이스라엘의 남은 자에게만 주어진 약속이다. 12절은 하나님의 회복의 메시지를 두 행에 걸쳐 반복하여 말하고 있다.

$$\text{אָסֹף אֶאֱסֹף יַעֲקֹב כֻּלָּךְ}\quad \textit{아숍 에에숍 야콥 쿨}$$
$$\text{קַבֵּץ אֲקַבֵּץ שְׁאֵרִית יִשְׂרָאֵל}\quad \textit{캅베츠 아캅베츠 쉐에리트 이스라엘}$$

하나님의 회복에 대한 약속이 이중 삼중으로 강조되고 있다. 첫 행은 야곱을 다시 모을 것을 강조하기 위해 동사 *아삽*(אָסַף)의 1인칭 미완료 형인 *에에숍*(אֶאֱסֹף) 앞에 부정사 절대형 *아숍*(אָסֹף)을 첨가하여 하나님이 반드시 야곱을 다시 모을 것을 강조하고 있다. 첫 행은 또한 야곱의 후손 모두를 회복시킬 것임을 강조하기 위해 목적어 야곱 뒤에 부사구 '너희 모두'(쿨락, כֻּלָּךְ)를 첨가하였다. 둘째 행은 첫째 행의 동사 *아삽*의 동의어인 *카바츠*(קָבַץ)을 사용하여 하나님이 이스라엘 백성들을 다시 모을 것을 반복하여 다시 강조한다. 첫 행처럼 둘째 행도 동사 *카바츠*의 미완료 1인칭 형인 *아캅베츠*(אֲקַבֵּץ) 앞에 부정사 절대형 *캅베츠*(קַבֵּץ)를 첨가하여 또 다시 강조하고 있다. 이렇게 회복을 강조하면서 둘째 행은 회복의 대상에 대한 중요한 조건을 제시한다. 즉 회복의 대상을 야곱의 후손 모두라고 하지만 그 모두에 해당되는 자는 이스라엘의 남은 자들이다. 이스라엘 백성이라고 모두 회복의 약속을 받은 것이 아니라, 권력자들의 온갖 억압과 학대에도 불구하고 하나님께 대한 신앙을 신실하게 지킨 이스라엘의 남은 자들만이 회복의 약속을 받았다. 남은 자들이 매우 많기 때문에 12절 마지막 행은 그들의 모임에는 사람 떠드는 소리가 크게 들릴 것이라고 한다. 개역개정 성경은 12절에서 "한 처소에"라는 표현을 가지고 있는데 히브리어 성경에는 없는 표현이다. 대신에 히브리어 성경은 이스라엘의 남은 자들을 불러 모으되, 양떼들을 모으듯이 모을 것이라고 한다. 셋째 행은 동의어 초온(צֹאן)과 에데르(עֵדֶר)을 사용하여 '양떼들처럼'을 두 번 반복하고 있으며, '양떼들처럼'에는 각각 수식어를 붙여 '보스라의 양떼들처럼' 그리고 '초장의 양떼들처럼'이라고 하였다. 보스라는 사해 남동쪽에 위치한 에돔에 있는 요새를 가리킬 수도 있고, 모압의 한 지역을 가리킬 수도 있다.[13] 어느 도시를 염두에 두고 있는지는 명확하지 않지만 한 가지 공통점은 그 장소가 안전한 장소라는 것이다. 8절에서 "평안히"와 10절에서 "쉴 곳"을 언급한 것에 비추어 볼 때 보스라의 양떼는 들짐승과 도둑의 위험이 없는 안전한 장소에 있는 양떼들을 염두에 둔 표현으로 여겨진다. 셋째 행은 목자가 양떼들을 안전하고 먹을 것이 풍성한 초장으로 인도하는 것처럼 이스라엘의 남은 자들을 모은다고 한다. 시편 78:52-53에 의하면, 하나님과 이스라엘을 목자와 양으로 묘사하는 것은 출애굽 사건과 관련된 비유이다.[14]

"**52** 그가 자기 백성은 양 같이 인도하여 내시고 광야에서 양떼 같이 지도하셨도다 **53** 그들을 안전히 인도하시니 그들은 두려움이 없었으나 그들

13. Jan A. Wagenaar, "From Edom He Went up…: Some Remarks on the Text and Interpretation of Micah II 12-13," *VT* 50 (2000): 531-39. 바흐나르는 13절의 시작을 12절의 마지막 단어라고 하며 이를 통해 하나님이 예루살렘이 올라가는 출발 장소를 에돔이라고 주장한다.
14. L. C. Allen, *The Books of Joel, Obadiah, Jonah and Micah*, NICOT (Grand Rapids: Eerdmans, 1976), 302.

의 원수는 바다에 빠졌도다"

이런 점을 감안하면 미가의 목자와 양떼 비유 사용 목적은 미래의 회복이 출애굽 사건과 유사한 성격의 구원 사건이라는 사실을 보여주려는 데 있다.[15]

2) 백성들의 돌아오는 길을 하나님이 앞서 인도함(13절)

13절은 이스라엘의 남은 자들을 이끌고 성문 안으로 인도하는 분을 소개하고 있다.[16] 13절은 이 분의 정체를 단번에 밝히지 않고 점차적으로 드러낸다. 첫 행에서 이 분은 이스라엘 백성들 앞에서 길을 열고 올라 가는 분으로 묘사되었다.

הַפֹּרֵץ לִפְנֵיהֶם *하포레츠 리프네이헴* (길을 여는 자가 그들 앞에)
מַלְכָּם לִפְנֵיהֶם *말캄 리프네이헴* (그들의 왕이 그들 앞에)
וַיהוָה בְּרֹאשָׁם *여호와 베로솸* (여호와가 그들의 선두에)

이스라엘의 남은 자들은 이 분을 뒤따라 길을 열고 성문으로 들어가고 나오게 된다. 13절은 이 분의 특징을 "그들 앞에"(*리프네이헴* לִפְנֵיהֶם) 있는 분으로 1행과 2행에서 거듭 묘사하고 있다. 이 분에 대한 둘째 묘사는 그들의 왕이 그들 앞에서 나아 간다고 한다. 그들 앞에서 길을 여는 분은 바로 그들 앞에서 나아가는 그들의 왕이다. 이어서 13절은 이 분이 여호와라고 하며, 여호와께서 그들의 선두에서 가고 있는 것으로 묘사한다. 이것은 하나님이 자기 백성들을 구원하기 위해 거룩한 전쟁을 치르고 승리의 개선 행진을 하는 것

---

15. C. F. Mariottini, "Yahweh, The Breaker of Israel (Micah 2:12-13)," *PRSt* 28 (2001): 385-93.

16. Gershon Brin, "Micah 2,12-13: A Textual and Ideological Study," *ZAW* 101 (1989): 118-24. 게르손 브린은 성문으로 들어가는 하나님의 모습을 구원과 회복의 이미지가 아니라 심판의 모습이라고 주장한다.

으로 볼 수 있다(시 24:7-10). 1:9에서는 아시리아의 공격과 재앙이 내 백성의 예루살렘 성문에 이르렀다고 하였는데, 2:13은 극적인 반전으로 그 성문에 승리한 전쟁 신 여호와께서 이스라엘의 남은 자들을 데리고 들어가고 있다. 이스라엘의 남은 자들 앞서 인도하는 여호와는 메시아 왕이다. 전통적으로 랍비들은 2:13에 묘사된 이스라엘의 남은 자들의 인도자를 메시아로 이해하고 있다.[17] 이것은 복음주의 신학자들에게서도 동일한 견해이며, 여호와 하나님과 주 예수 그리스도께서 신실한 백성들 앞서 행하시며 구원의 길로 인도하신다는 메시지이다.[18]

교훈과 적용

1. 이스라엘의 악인들은 형제들의 소유를 빼앗고, 그들을 종으로 삼으면서도 전혀 죄책감을 느끼지 못하고 하나님을 원망하였다. 혹시 우리는 형제들의 돈을 빌리고 갚을 생각을 하지 않고 있지는 않는가? 나는 형제들을 고용하고 그들의 임금을 정상적으로 지급하지 않고 있지는 않는가?

2. 거짓 선지자들은 이스라엘의 죄인들의 악행을 외면하고 오로지 풍요와 축복에 관한 말만 늘어놓았다. 이스라엘 백성들도 자신들의 죄악 지적하는 것은 듣기 싫어하고 좋은 소리만 들으려고 하였다. 혹시 나는 나의 잘못을 지적하는 하나님 정의로운 말씀보다 칭찬만 늘어놓고 좋은 말만 듣고 싶어 하지는 않는가?

3. 하나님은 심판 가운데서도 회복을 약속한다. 이 회복은 모든 사람에게 적용되는 것이 아니라 이스라엘의 남은 자 곧 하나님을 신실하게 섬기는 자들에게 주어진 약속이다. 나는 하나님의 회복의 약속과 인도하심을 믿으며 이스라엘의 남은 자라고 불릴 만큼 신실하게 살고 있는가?

---

17. K. Cathcart & R. P. Gordon, *The Targum of the Minor Prophets* (Wilmington: Michael Glazier, 1989), 117.

18. Kaiser, *The Messiah in the Old Testament*, 148-51; VanGemeren, *Interpreting the Prophetic Word*, 155-56.

제3장 유다의 악한 지도자들과 거짓 선지자 (3:1-12)

미가 3-5장은 미가서의 둘째 단락에 해당된다. 첫 단락이 주로 심판에 포커스를 맞추고 이스라엘의 회복을 짧게 언급했다면, 둘째 단락은 심판보다는 이스라엘의 회복과 메시아에 더 많은 관심을 가지고 있다. 둘째 단락의 첫 부분인 3장은 이스라엘의 정치 종교 지도자들이 백성들에게 벌인 죄악에 대한 하나님의 심판 메시지가 기록되어 있다. 둘째 부분인 4장은 시온의 회복에 대한 메시지를 전하며, 5장은 메시아의 탄생과 사역 그리고 이스라엘의 회복에 초점을 맞추고 있다.

본문 개요

미가 3장은 세 부분으로 나눌 수 있다. 1-4절은 유다의 지도자들의 학정과 이들의 기도에 대한 하나님의 외면을 기록하고 있다. 유다 지도자들의 학정은 매우 잔혹하여 미가는 그들의 학정을 가축을 도축하여 그 고기를 솥에 삶는 것에 빗대어 설명하고 있다. 그런 악한 통치자들의 고통의 소리를 하나님은 일절 듣지 않을 것이라고 한다. 5-8절은 거짓 선지자들의 행위와 참 선지자의 자세를 대조시키고 있다. 거짓 선지자들은 이익이 주어지면 축복을 예언하고 그렇지 않으면 전쟁을 치를 듯이 사람들에게 험악한 말을 한다. 하나님은 이런 거짓 선지자들은 예언은 고사하고 수치만 당하게 될 것이라고 한다. 이에 반해 참 선지자는 하나님의 영으로 충만하여 백성들의 죄를 진실되게 알리는 자들이라고 한다. 9-12절은 유다의 정치 종교 지도자들의 죄를 다시 거론하면서 이들에 대한 하나님의 심판을 선언한다. 오로지 돈과 뇌물을 위하여 권력과 역할을 남용하는 예루살렘의 지도자들의 죄악 때문에 하나님은 예루살렘을 멸망시켜 무더기가 되게 하겠다고 한다.

내용 분해

1. 유다 지도자들의 학정과 하나님의 반응(3:1-4)
    1) 통치자들의 본분인 정의(1절)
    2) 지도자들의 죄악(2-3절)
    3) 하나님의 반응(4절)
2. 거짓 선지자들의 행위와 참 선지자의 자세(3:5-8)
    1) 거짓 선지자들의 직분 남용(5절)
    2) 거짓 선지자들이 받을 수치(6-7절)
    3) 참 선지자의 자세(8절)
3. 유다 정치 종교 지도자들의 죄와 하나님의 심판(3:9-12)
    1) 피로 얼룩진 통치자들의 죄악(9-10절)
    2) 뇌물에 물든 종교 지도자들의 행위(11절)
    3) 이들 때문에 예루살렘이 무더기가 됨(12절)

본문 주해

1. 유다 지도자들의 학정과 하나님의 반응(3:1-4)

> **1** 내가 또 이르노니 야곱의 우두머리들과 이스라엘 족속의 통치자들아 들으라 정의를 아는 것이 너희의 본분이 아니냐 **2** 너희가 선을 미워하고 악을 기뻐하여 내 백성의 가죽을 벗기고 그 뼈에서 살을 뜯어 **3** 그들의 살을 먹으며 그 가죽을 벗기며 그 뼈를 꺾어 다지기를 냄비와 솥 가운데에 담을 고기처럼 하는도다 **4** 그 때에 그들이 여호와께 부르짖을지라도 응답하지 아니하시고 그들의 행위가 악했던 만큼 그들 앞에 얼굴을 가리시리라

1-4절에서 하나님은 지도자들의 임무가 정의를 행하는 것이지만 이들은 백성들을 잡아먹는 불의를 행하는 자들이라고 하며, 그런 자들이 고난 때문에 기도하더라도 하나님은 그들의 부르짖음에 전혀 응답하지 않겠다고 한다.

1) 통치자들의 본분인 정의(1절)

1-4절에서 미가는 유다의 지도자들이 자신들의 본분을 망각하고 백성들을 학대한 행위를 도축 과정에 빗대어 질책한다.[1] 1절에서 미가는 동의어적 표현인 "야곱의 우두머리들"(로쉐이 야곱 רָאשֵׁי יַעֲקֹב)과 "이스라엘 족속의 통치자들"(케치네이 베이트 이스라엘 קְצִינֵי בֵּית יִשְׂרָאֵל)을 반복하며 자신의 말을 들으라고 강조한다. "야곱의 우두머리들"과 "이스라엘 족속의 통치자들"은 10절과 12절을 고려해 보면 유다의 지배자들이며, 미가 2:1-2에서 모호하게 언급했던 것을 미가 3:1에서는 매우 분명하게 만들고 있다. 미가가 이스라엘의 우

---

1. 1절의 "내가 이르기를"에서 주어가 누구를 지칭하는지에 대해 다양한 주장들이 있다. 이에 관해서는 J. T. Willis, "A Note on ואמר in Micah 3:1," *ZAW* 80 (1968): 50-58.

두머리들이라는 표현을 사용한 것은 2:12-13의 이스라엘의 진정한 왕이신 하나님과 대조하려는 의도를 가지고 있다.[2] 미가 2:13에서 왕이신 여호와는 백성들을 회복시키기 위해 그들의 머리, 즉 선두(로쉬, רֹאשׁ)에서 앞서 나갔다. 이런 하나님과 대조시키기 위해 백성들을 압제하는 지배자들을 야곱의 머리, 즉 우두머리(로쉐이 야곱, רָאשֵׁי יַעֲקֹב)라고 했다. 미가 3:1에서 미가는 '정의를 아는 것이 너희에게 속한 것이 아니냐'고 질문한다. 여기에서 정의(미쉬파트, מִשְׁפָּט)는 하나님의 율법을 바르게 알고, 율법에 근거하여 옳고 그른 것을 공정하게 판단하는 사법적인 활동을 의미한다.[3] "아는 것"은 히브리어 동사 야다(ידע)의 부정사 연계형이며, 기본적인 의미는 '알다'이고, 독특하게도 부정사 연계형을 문장의 주어로 만들었다. 1절에서 동사 야다(ידע)는 '평가하고 판단하다'는 의미를 가지고 있다(cf. 시 69:5; 사 48:4; 암 5:12; 왕상 8:39; 렘 22:16). 그러므로 정의를 아는 것은 율법에 따라 사람들의 행동의 옳고 그름을 평가하고 판단하는 것을 의미하며, 이것이 유다 통치자들에게 속한 일, 즉 본분이 아니냐고 1절에서 미가가 질타한다. 미가는 자신의 질타를 강조하기 위해 1절의 마지막 행을 동사 없는 문장으로 만들고 또한 두운법을 사용하였다.

הֲלֹוא לָכֶם לָדַעַת אֶת-הַמִּשְׁפָּט *하로 라켐 라다아트 엘-함미쉬파트*

위에서 볼 수 있는 것처럼 1절의 마지막 행은 동사 *하야*(היה)나 be 동사와 유사한 의미로 사용되는 부사 *에쉬*(יֵשׁ)를 생략하여 동사 없는 문장으로 되어 있다. 그리고 자음 *라메드*(ל)을 세 번 반복하여 독자나 청자들이 마지막 행의 메시지에 주목하도록 만들고 있다.

---

2. D. R. Hillers, *Micah*, Herm (Philadelphia: Fortress Press, 1984), 42.

3. C. S. Shaw, *The Speeches of Micah: A Rhetorical-Historical Anaalysis*, JSOT Sup 145 (Sheffield: JSOT Press, 1993), 110-11.

2) 지도자들의 죄악(2-3절)

이어서 미가는 2-3절에서 유다 통치자들이 행한 죄악을 매우 자극적인 말로 나열한다. 미가는 유다의 통치자들이 선악을 아는 문제에 있어서 선을 미워하고 악을 사랑하는 자들이라고 한다. 미가는 하나님의 백성이 가져야 할 선과 악에 대한 기본 자세가 근본적으로 뒤틀려 버렸음을 지적하고 있다. 개역개정 성경이 "악을 기뻐하여"라고 번역한 히브리어 *오하베 라아*(אֹהֲבֵי רָע)는 '악을 사랑한다'이며, 선을 지긋지긋하게 싫어하고, 반면에 악을 사랑하여 매우 적극적으로 악행을 저지르는 것을 의미한다. 유다의 지배자들이 악을 저지르는 모습을 미가는 양을 잡아먹는 것에 빗대어 말한다. 미가는 유다의 지배자들이 양의 가죽을 벗기듯이 백성들의 피부를 뜯어내고, 양의 살코기를 뼈에서 발라 내듯이 백성들의 살을 뼈에서 발라 내었다고 한다. 3절에서 미가는 지배자들의 악행을 강조하기 위해 그들의 행위를 모두 동사의 분사형을 사용하였다. 미가는 동사 *사네*(שָׂנֵא, '미워하다')의 분사 복수 연계형 *손에이*(שֹׂנְאֵי), 동사 *아합*(אהב, '사랑하다')의 분사 복수 연계형 *오하베이*(אֹהֲבֵי), 그리고 동사 *가잘*(גָּזַל, '뜯어내다')의 분사 복수 연계형 *고즐레이*(גֹּזְלֵי)를 사용하였다.

2 שֹׂנְאֵי טוֹב וְאֹהֲבֵי רָע גֹּזְלֵי עוֹרָם מֵעֲלֵיהֶם וּשְׁאֵרָם מֵעַל עַצְמוֹתָם׃

위의 밑줄에서 볼 수 있는 것처럼 2절은 세개의 분사를 연속으로 사용하여 유다의 지배자들을 '미워하는 자들', '사랑하는 자들' 그리고 '뜯어 내는 자들'이라고 하였다. 동사 가잘은 미가 2:2에서 토지와 집을 강탈하는 행위를 말하기 위해 사용되었는데 미가 3:2에서 다시 사용되었다. 이를 통해 미가 3:2의 주제가 미가 2:2의 주제를 이어가고 있음을 보여주며, 미가 2:1-2에 묘사된 자들이 지도자들이라는 것을 보여준다. 이것은 미가 3:2-3의 가축을 잡아먹는 비유가 다름 아닌 재산을 강탈하는 행위라는 사실을 보여준다. 이들의 강탈 행위는 3절에서 더 자세히 묘사되고 있다.

이어서 3절에서 미가는 관계 대명사 *아쉐르*(אֲשֶׁר who, that)를 통해 유다의 지배자들의 악행을 계속해서 나열하며, 2절에서는 세 개의 분사로 지배자들의 악행을 나열하였었다. 2절에서 미가는 지배자들이 양을 도축하듯이 압제한 대상들을 특정하지 않고 대명사 접미사 3인칭 남성 복수 '그들의'라고 표현했는데, 이와 달리 3절에서는 그 대상을 구체화하여 '내 백성'이라고 하였다. 개역개정 성경이 번역과는 달리 히브리어 본문에서는 2절에는 '내 백성'이라는 표현이 없고 대신에 3절에서 '내 백성'이 사용되었다. 유다의 지배자들은 하나님의 백성의 살코기를 먹었다고 한다. 이어서 미가는 이들이 백성의 살코기를 먹기 위해 취한 행동을 양을 도축하여 삶는 것에 빗대어 표현한다. 유다의 지배자들은 백성들의 피부를 벗겨낸 후 뼈를 하나 하나 부수고, 양을 죽인 후 그 가죽을 벗기고 삶기 위해 냄비와 솥에 넣어 정렬하듯이 처리하였다고 한다.[4] 동사 '벗기다'의 히브리어 *힢쉬/투*(הִפְשִׁיטוּ)는 2:8에서 백성의 지도자들이 전쟁을 피하여 찾아온 피난민들의 겉옷을 벗겨 빼앗는 행동을 묘사하기 위해 사용되었다. 이것은 가난한 자의 옷을 빼앗는 것을 3:3은 그 사람의 피부를 벗겨 내는 것으로 여기고 있음을 보여준다. 3절은 이 모든 것을 독자와 청자에게 강한 인상을 남기기 위해 대구법과 도치법 그리고 비유법을 사용하였다.

3 וַאֲשֶׁר אָכְלוּ שְׁאֵר עַמִּי

וְעוֹרָם מֵעֲלֵיהֶם הִפְשִׁיטוּ

וְאֶת־עַצְמֹתֵיהֶם פִּצֵּחוּ

וּפָרְשׂוּ כַּאֲשֶׁר בַּסִּיר וּכְבָשָׂר בְּתוֹךְ קַלָּחַת׃

위의 밑줄에서 볼 수 있는 것처럼 1행과 4행은 동사를 문장의 첫 부분에

---

4. R. R. Hutton, "Eating the Flesh of my People: The Redaction History of Micah 3:1-4," *Proceedings* 7 (1987): 131-42.

두었고, 2행과 3행에서는 동사를 문장의 마지막에 배열하고 대신에 목적어를 문두에 도치하여 배열하였다. 이를 통해 1-4행과 2-3행은 동사의 위치 배열을 통해 구문상의 대구를 이루게 하고 있다. 그리고 3절은 마지막 행에서 전치사 *케*(כ '-처럼')를 두 번 반복하여 양 고기를 삶아 먹는 것에 비유하는 방법으로 지배자들의 악행을 묘사하고 있다. 전치사 *케*를 사용하여 이중 비교하는 것은 미가서 곳곳에서 볼 수 있는 특징이다.

יִתְבַּקְעוּ כַדוֹנַג מִפְּנֵי הָאֵשׁ כְּמַיִם מֻגָּרִים בְּמוֹרָד׃	1:4
אֶעֱשֶׂה מִסְפֵּד כַּתַּנִּים וְאֵבֶל כִּבְנוֹת יַעֲנָה׃	1:8
אֲשִׂימֶנּוּ כְּצֹאן בָּצְרָה כְּעֵדֶר בְּתוֹךְ הַדָּבְרוֹ	2:12
וּפָרְשׂוּ כַּאֲשֶׁר בַּסִּיר וּכְבָשָׂר בְּתוֹךְ קַלָּחַת׃	3:3

미가 3:3 넷째 행에서 비유로 사용된 *시르*(סיר)가 열왕기하 4:38에서 엘리사가 한 무리의 선지자의 제자들을 위해 국을 끓이기 위해 사용하고 있는 것을 고려하면, 냄비로 번역된 *시르*가 제법 큰 솥이었음을 알 수 있다. 그리고 넷째 행에서 또 다른 비유로 사용된 *칼라하트*(קלחת)는 구약 성경에서 사무엘상 2:14과 미가 3:3에서 단 두 번 사용되었으며, 사무엘상 2:14에서 *칼라하트*는 양이나 염소를 한꺼번에 삶을 수 있는 성막의 솥으로 사용되고 있다. 이런 점을 고려한다면 미가 3:3에서 냄비와 솥 안에 담을 고기처럼 했다는 말은 사람을 죽여 몸 전체를 처리해서 솥에 담았다는 뜻이 될 것이다. 실제로 이런 일이 일어났다면 그 처참함과 잔혹함을 이루 말로 다 할 수 없을 것이다. 이런 표현을 사용할 정도로 유다의 지배자들은 자신들이 돌봐야 되는 하나님의 백성들을 착취하고 억압하기 위해 말로 다할 수 없는 잔혹한 악행을 서슴지 않았다.

3) 하나님의 반응(4절)

4절에서 하나님은 이런 유다의 지배자들이 고난을 겪을 때에 하나님께 부

르짖을지라도 그들의 기도에 전혀 응답하지 않을 것이라고 한다. '부르짖다'
의 히브리어 동사는 *자악*(זָעַק)이며, 이 동사는 극심한 고통 때문에 도움을 줄
수 있는 사람에게 도움을 간청하는 것을 나타낸다.[5] 하나님의 백성을 끔찍하
게 학대하고도 뻔뻔하게 하나님께 재앙으로부터 구원해 달라고 요청하는 유
다의 지배자들의 애절한 기도에 하나님은 전혀 응답하지 않을 뿐만 아니라 얼
굴을 감춘다고 한다. 얼굴을 감추고, 얼굴을 드러내는 것은 구약 성경에서 하
나님의 축복과 저주와 관련하여 종종 사용되는 주제이다. 민수기 6:24-27에
의하면 하나님이 이스라엘 자손들에게 얼굴을 들고 비추면서 복과 평강을 준
다.[6] 하나님이 얼굴을 감출 때에는 축복이 아니라 저주가 뒤따른다. 하나님이
얼굴을 가리고 숨기는 것은 그 사람에게 무관심을 표하고 그를 버린다는 의
도를 가지고 있다(시 13:1; 27:9; 30:7). 하나님은 얼굴을 가리고 죄인이 당하
는 환난을 외면하며 그의 기도를 전혀 듣지 않는다(시 69:17; 102:2). 결국 그
사람은 재앙을 통해 멸망하게 되며 죽음과 종말에 이르게 된다(신 32:20; 시
143:7). 하나님이 얼굴을 숨기시는 이유는 이스라엘 자손들의 우상 숭배와 탐
욕으로 인한 모든 죄악들 때문이다(신 31:18; 사 57:17). 미가서에서 유다의 지
배자들도 마찬가지이다. 하나님은 그들의 악한 행실 때문에 얼굴을 감추며,
결국 그들은 멸망할 수밖에 없다. 4절은 하나님의 이런 의도를 나타내기 위해
세 가지 수사학적 기교를 더하였다.

אָ֣ז יִזְעֲק֤וּ אֶל־יְהוָה֙ וְלֹ֣א יַעֲנֶ֣ה אוֹתָ֔ם וְיַסְתֵּ֨ר פָּנָ֤יו מֵהֶם֙ בָּעֵ֣ת הַהִ֔יא
כַּאֲשֶׁ֥ר הֵרֵ֖עוּ מַעַלְלֵיהֶֽם׃

먼저, 4절은 먼저 첫째 행을 시간을 나타내는 부사 *아즈*(אָז)로 시작하면

---

5. Waltke, "Micah," 659.
6. Allen, *Joel, Obadiah, Jonah and Micah*, 308-309.

서 '그때에 그들이 여호와께 부르짖을지라도' 라고 했는데 셋째 행의 마지막에 시간을 나타내는 전치사구 *바에트 하히*(בָּעֵת הַהִיא)를 두어 하나님께서 악한 지도자들이 부르짖는 바로 그때에 그 얼굴 감추신다는 것을 시간적으로 대조를 이루게 하고 있다. 둘째는 첫째 행의 '여호와께 부르짖을지라도'에서 전치사 *엘*(אֶל)을 사용하였는데 하나님께서 응답하지 않는다고 할 때 부정어 *로*(לֹא)를 사용하여 자음의 순서가 바뀐 표현을 의도적으로 사용하였다. 그리고 마지막 넷째 행에서는 하나님께서 악한 지도자들의 부르짖는 소리에 응답하지 않는 이유를 말하면서 *카아쉐르*(כַּאֲשֶׁר)를 사용했으며, 이 표현은 3절에서 백성들에게 행한 참혹한 악행을 비유로 표현하면서 사용하였다.

2. 거짓 선지자들의 행위와 참 선지자의 자세(3:5-8)

> **5** 내 백성을 유혹하는 선지자들은 이에 물 것이 있으면 평강을 외치나 그 입에 무엇을 채워 주지 아니하는 자에게는 전쟁을 준비하는도다 이런 선지자에 대하여 여호와께서 이르시되 **6** 그러므로 너희가 밤을 만나리니 이상을 보지 못할 것이요 어둠을 만나리니 점 치지 못하리라 하셨나니 이 선지자 위에는 해가 져서 낮이 캄캄할 것이라 **7** 선견자가 부끄러워하며 술객이 수치를 당하여 다 입술을 가릴 것은 하나님이 응답하지 아니하심이거니와 **8** 오직 나는 여호와의 영으로 말미암아 능력과 정의와 용기로 충만해져서 야곱의 허물과 이스라엘의 죄를 그들에게 보이리라

5절은 거짓 선지자들을 맹수에 비유하여 먹을 것을 그 입에 채워주면 평강을 외치고 그렇지 않으면 싸우려 든다고 말한다. 이런 거짓 선지자들에게 6-7절은 하나님이 말씀과 이상을 주지 않을 것이기 때문에 결국 이들은 수치를 당할 수밖에 없다. 하지만 8절은 거짓 선지자와 반대되는 참 선지자의 자세를 보여준다.

1) 거짓 선지자들의 직분 남용(5절)

유다의 지배자들의 죄악을 지적한 미가는 이스라엘의 거짓 선지자들의 죄를 지적하며(5-7절) 참 선지자로서 자신의 역할에 충실할 것을 다짐한다(8절). 미가는 선지자들의 죄를 열거하기 위해 먼저 선지자들이 여호와의 말씀을 인용하여 선포할 때 일반적으로 사용하는 관용어적 용어인 '이렇게 여호와께서 이르시되'(코 아마르 여호와, כֹּה אָמַר יְהוָה)로 시작한다. 이 표현은 선지서를 비롯하여 구약 성경에서 하나님의 말씀을 직접 인용할 때 자주 쓰는 표현이지만, 미가서에서는 미가 2:3과 3:5에서 단 두 번만 사용되었다. 이 표현은 하나님의 말씀을 직접 인용할 때도 사용하지만, 종종 주어지는 하나님의 말씀을 강조할 때도 사용한다. 5절에서는 강조를 위해 사용되었다. 이들에게 선지자라는 호칭을 사용하지만 하나님은 근본적으로 이들 선지자들은 백성들을 유혹하여 엉뚱한 길로 인도하는 거짓 선지자들이다. 5절은 거짓 선지자들의 만행을 말하기 위해 아래의 밑줄에서 볼 수 있는 것처럼 두 개의 분사로 된 문장과 한 개의 접속사 아쉐르(אֲשֶׁר)로 만들어진 문장을 사용하고 있다.

כֹּה אָמַר יְהוָה עַל־הַנְּבִיאִים הַמַּתְעִים אֶת־עַמִּי

הַנֹּשְׁכִים בְּשִׁנֵּיהֶם וְקָרְאוּ שָׁלוֹם

וַאֲשֶׁר לֹא־יִתֵּן עַל־פִּיהֶם וְקִדְּשׁוּ עָלָיו מִלְחָמָה׃

첫번째 분사는 함맡임(הַמַּתְעִים)은 동사 타아(תָּעָה)의 히필(Hiphil) 분사 남성 복수에 정관사 하(הַ)가 첨가되어 있는 형태이며, 개역개정 성경이 "유혹하는"으로 번역하였지만 이 동사의 기본 뜻은 '방황하게 하다' '잘못 인도하다'이다. 첫번째 분사를 통해 5절은 거짓 선지자들의 만행을 포괄적으로 말하며, '내 백성' 즉 하나님의 백성을 잘못된 길로 인도한다고 한다. 거짓 선지자들이 하나님의 백성들을 우상 숭배에 빠지게도 하지만, 5절이 이 분사를 통해 드러내려고 하는 의도는 거짓 선지자들은 백성들이 하나님의 뜻을 바르게 구분하지 못하게 하고 하나님의 뜻이 아닌 자신의 거짓된 속임수에 빠지게 했다는 고발하는 것이다. 둘째 분사는 *한노쉐킴*(הַנֹּשְׁכִים)이며, 이어지는 문장에 대한 조건절 역할을 하며, 개역개정 성경은 이 분사를 포함한 행을 "이에 물 것이 있으면"이라고 번역하였다. *한노쉐킴*(הַנֹּשְׁכִים)은 동사 *나솩*(נָשַׁךְ)의 칼(Qal) 분사 남성 복수에 정관사가 첨가된 형태로, 이 동사는 주로 두 가지 의미로 사용된다. 첫째는 독사가 독이 든 이빨로 무는 것을 의미하며(민 21:6), 둘째는 돈을 빌려주고 과도한 이자를 취하는 것을 의미한다(출 22:25). 5절의 *나솩*의 경우 전자의 의미를 가지고 있다. 미가는 거짓 선지자들이 그 이빨로 씹는다고 하면서 그들이 씹는 것이 무엇인지 정확하게 말하지 않지만, 5절의 전후 문맥을 고려하면 "내 백성을 유혹하는"의 내 백성이 씹는 대상이며, 백성들로부터 챙긴 예언의 대가이다. 즉 거짓 선지자들이 백성들로부터 예언의 대가를 챙기는 행위를 독사가 그 입에 먹을 것을 물고 삼키는 것에 비유하며 강하게 비난하고 있다. 3절에서 백성들의 가죽을 벗기고 그 살을 먹었던 자들은 야곱의 우두머리들과 이스라엘 족속의 통치자들이었다. 그러나 5절에서 백성을 씹는 자는 선지자들이다. 이것은 거짓 선지자들의 행동이 유다의 지배자들이 백성들의 살을 뜯어먹기 위해 피부를 벗기고 살과 뼈를 솥에 넣는 죄악과 동일하게 악했음을 보여준다. 거짓 선지자들은 먹을 것을 통째로 입에 물고 있는 독사처럼 자신들의 입에 백성들을 씹으면서, 그리고 그들이 주는 먹을 것을 씹는 동안에는 평화를 그리고 듣기 좋은 길조라고 선언하였다. 하지만 5절은 *아쉐르*(אֲשֶׁר) 접속사를 사용한 문장에서는 거짓 선지자들에게 먹을 것을 주지 않는 경우에 일어난 일을 기록하고 있다. 앞서 '그들의 이에'라고 한 것과 주제를 이어가기 위해 '그들의 입에 주지 않으면'이라는 조건절을 *아쉐르* 접속사로 만들었다. 그리고 이런 경우에 거짓 선지자들은 자신들에 입에 씹을 것을 넣어 주지 않은 사람들에게 평화의 정반대되는 전쟁을 선포하였다. 개역개정 성경이 "준비하다"로 번역한 히브리어 동사는 *카다쉬*(קָדַשׁ)이며, 이 동사가 명사 *밀하마*(מִלְחָמָה '전쟁')와 함께 사용될 때에는 종종 거룩한 전쟁, 즉 하나님이 자기 백성을 위해 직접 전쟁에 참여하는 전쟁을 의미한다.[7] 그러므로 "전쟁을 준비하는도다"는 거짓 선지자들이 자기들의 입에 먹을 것을 넣어 주지 않는 사람에게는 여호와 하나님이 대적들을 물리치기 위해 전쟁의 신으로 참여하는 거룩한 전쟁의 이름으로 위협하고 협박하였음을 의미한다.

2) 거짓 선지자들이 받을 수치(6-7절)

이런 거짓 선지자들에게 하나님은 밤과 어둠과 캄캄함을 내려 이상을 보지 못하고 점치지 못하게 된다고 한다. 밤은 시각적인 어둠만을 의미하지 않는다. 구약 성경에서 야곱과 다니엘은 이상을 밤 중에 보았다(창 46:2; 단 7:7, 13). 그렇기 때문에 밤이라고 해서 이상을 볼 수 없는 것이 아니다. 그러므로 6절에서 밤은 시각적인 어둠뿐만 아니라, 하나님이 더 이상 거짓 선지자들에게 이상을 보여주지 않는다는 말이고, 이를 거짓 선지자들의 관점에서 볼 때에는 그들이 이상을 볼 수 있는 능력을 상실한 것으로 생각할 수 있다. '어둠을 만나리니 점치지 못하리라'도 유사한 의미이다. 에스겔 21:21-22에 의하면 당시 이방 선지자들이 점을 치는 방법 세 가지를 기록하고 있다. 첫째는 화살을 흔들어 신탁을 얻는 행위이고, 둘째는 드라빔에게 묻는 것이고, 셋째는 짐승의 간을 살펴서 점괘를 얻는 것이다. 화살 점은 화살에 사람이나 장소의 이름을 쓴 다음 화살 통에 넣고 흔든 후 하나를 뽑아 심지 뽑듯이 결정하였다.[8] 드라빔은 고대 메소포타미아의 가정에서 흔히 볼 수 있는 우상으로서 사람 인형처럼 생겼으며, 라헬의 드라빔처럼 가지고 다닐 수 있을 정도로 크기가 작은 것도 있지만(창 31:19) 다윗으로 가장하기 위해 미갈이 사용했던 것처럼 크기가 제

---

7. 주석가들 가운데는 선지자들이 이스라엘의 거룩한 전쟁에서 하나님의 뜻을 찾아 주는 자문 역할을 하였으며, 미가 3:5은 그 전통을 반영하고 있다고 생각한다. 하지만, 구약 성경에서 선지자들이 전쟁과 관련된 메시지를 왕들에게 주고 있는 것은 사실이지만, 선지자들의 전쟁 자문이 일상화된 전통이 있었는지 확인하기 어렵다. 대신에 구약 성경은 선지자들보다 제사장들이 거룩한 전쟁에서 일정한 역할을 한 것으로 기록하고 있다(신 20:2). Shaw, *The Speeches of Micah*, 113-14.

8. J. B. Taylor, *Ezekiel*, TOTC (Downers Grove: IVP, 1969), 163-64.

법 큰 것도 있었다(삼상 19:13). 사사기 17:5에서 드라빔이 에봇과 함께 언급되는 것을 보면 드라빔에 에봇을 입히고 그 속에 있는 우림과 둠밈과 비슷한 점 치는 도구를 던져 신탁을 얻은 것으로 생각할 수 있다. 탈굼 요나단의 창세기 31:19에는 드라빔에 대한 랍비들의 생각이 기록되어 있다. 이에 의하면 드라빔은 장자를 살해하여 머리를 자른 후 소금과 향료를 뿌리고 금 판에 주문을 기록한 후 혀 밑에 넣었다. 이렇게 만든 해골을 벽에 세워 이와 대화를 나누며 신의 뜻을 찾으려 했다. 고대 메소포타미아에서 사람의 해골을 종교적 목적으로 사용한 경우들이 있지만, 이 해골과 드라빔이 동일한 것인지는 확실하지 않다. 짐승의 간의 형태를 해석하는 점은 고대 메소포타미아에서 흔한 점술이 었다. 진흙 판에 짐승의 간의 모양을 한 진흙 판을 만들어 그 곳에 간의 상태를 설명하는 메모를 기록한 후 제사용 짐승의 간과 대조하여 길흉을 판단하였다.

미가 3:6의 거짓 선지자들도 백성들을 감언이설로 유혹하고 자신들의 신비한 능력을 보여주기 위해 이런 방법으로 점을 친 것으로 여겨진다. 이렇게 이방 종교의 술객과 같은 행위를 하는 거짓 선지자들에게 하나님은 어둠을 내려 어떤 형태의 점이든 눈으로 점치는 도구를 볼 수 없게 만들어 점치는 행위를 할 수 없게 만든다. 거짓 선지자들의 악행의 정도를 떠나서 하나님은 어떤 형태이든 점치는 행위를 엄격하게 금지하였다(신 18:10). 그렇기 때문에 하나님은 거짓 선지자들의 점치는 행위를 통해 하나님의 뜻을 알려 주지 않는다. 6절은 거짓 선지자들의 사술을 막기 위해 하나님이 그들 위에 어둠을 내릴 것이라는 것을 강조하기 위해 네 차례에 걸쳐 '밤'(*라일라* לַיְלָה), '어두워 짐'(*하 쇽* חָשְׁךְ), '해가 짐'(*바아 쉐메쉬* בָּאָה שֶׁמֶשׁ), 그리고 '날이 어두워 짐'(*카다르 하욤* קָדַר הַיּוֹם)이라는 동의어적 표현을 반복하고 있다. 마치 자신들이 하나님의 뜻을 모두 말할 수 있는 것처럼 허세를 부리며 위협하던 거짓 선지자들은 부끄러움과 수치를 당할 수밖에 없다(7절). 거짓 선지자들은 부끄러워 입술을 가린다고 한다. 이는 5절에서 거짓 선지자들이 이권에 눈먼 행위를 독사의 입과 이빨에 비유했던 것과 연장선에서 이해할 필요가 있다. 즉 예언의 대가로 받은 먹을 것이 여전히 입에 가득한데 하나님의 응답을 받지 못한 수치 때문에 그 입을 가려야 하는 상황을 보여주기 위한 언어 장치이다.[9] 7절은 거짓 선지자들이 당할 수치를 강조하기 위해 '부끄러워하다,' '수치를 당하다,' 그리고 '입술을 가리다'처럼 동의어적 표현을 세 차례 반복하였다.

3) 참 선지자의 자세(8절)

8절에서 미가는 거짓 선지자의 엉터리 활동과 대조적으로 참 선지자의 지표 두 가지를 말한다. 첫째는 참 선지자는 거짓 선지자들과 달리 여호와의 영으로 능력과 정의와 용기가 충만해진다고 한다. 이를 강조하기 위해 미가는 독립 인칭 대명사 *아노키*(אָנֹכִי)를 본동사 앞에 첨가하여, '나 곧 나는 충만하다'고 강조하여 말한다. 이것은 거짓 선지자들과 대조되는 모습이다. 7절에서 거짓 선지자들을 선견자라고 했다. '선견자'는 거짓 선지자들의 유래를 짐작하게 해 준다. 사무엘상 9:9은 사무엘을 두고 선견자라고 하며, 그와 함께 선지자의 무리가 함께 하고 있었고, 엘리야와 엘리사도 제자들을 양성하고 있었다(왕하 2:1-18). 이들 외에도 왕에게 하나님의 뜻을 자문해 주는 선지자들이 있었다. 사무엘하 12장의 나단이나 열왕기상 22:6의 400명의 선지자들이 대표적인 경우이다. 사무엘 시대의 선지자 제자들은 여호와의 영에 의해 감동받아 예언하곤 하였고(삼상 10:5-13; 19:20-24), 엘리사도 엘리야에게 그의 영감의 갑절을 간구하였다. 하지만 위대한 선지자 스승들이 떠난 후 선지자들은 하나님의 영의 충만함이 아니라, 욕심으로 충만하여져서 이방인들의 점치는 방법을 차용하여 백성들에게 하나님의 뜻이라고 속여 알려주는 일을 하였다. 이와 대조적으로 8절은 진정한 하나님의 선지자들은 성령의 감동을 따라 능력과 정의와 용기로 충만한 가운데 하나님의 뜻을 전한다고 한다. 미가는 지배자들처럼 권력을 가지고 있지는 않지만, 성령이 주는 능력으로 충만

---

9. J. K. B. Maclean, "Micah 3:5-12," *Int* 56 (2002): 413-16.

해 있었다.[10] 미가는 거짓 선지자들보다 도덕적으로 훨씬 우월한 위치에 있었지만, 그런 도덕적 우월감이 아니라 성령께서 그에게 준 정의감에 불타 이스라엘 백성들의 죄악을 지적하였다. 하나님의 이름으로 말하는 모든 선지자가 거짓으로 물들어 있고, 지배자들은 그들대로 죄악 위에 뒹굴고, 일반 백성들은 그들대로 악에 물들어 있는 상황에서 미가가 홀로 이들에 저항할 수 있었던 것은 그의 대범한 성품 때문이 아니라 성령께서 그에게 충만하게 채워 준 용기 때문이었다. 이를 강조하기 위해 8절은 아래에서 볼 수 있는 것처럼 도치법을 사용하였다.

וְאוּלָם אָנֹכִי מָלֵאתִי כֹחַ אֶת־רוּחַ יְהוָה וּמִשְׁפָּט וּגְבוּרָה

위에서 볼 수 있는 것처럼 코아흐(כֹחַ '힘')와 우미쉬파트 우 게부라(וּגְבוּרָה וּמִשְׁפָּט, '정의와 용기')는 하나로 연결되어 있어야 하지만 이 덕목들이 모두 하나님의 성령을 통해 주어지는 것을 강조하기 위해 네모 칸으로 표시된 에트-루아흐 여호와(אֶת־רוּחַ יְהוָה, '여호와의 영으로')를 밑줄로 표시된 힘과 정의와 용기를 사이에 배열하였다.

둘째는 거짓 선지자들이 백성들의 죄악을 보고도 눈감아 주었던 것과는 달리 참 선지자는 야곱의 허물과 이스라엘의 죄를 그들에게 보여주는 일에 혼신의 에너지를 쏟아 붓는다. 하나님이 미가에게 성령의 능력과 정의와 용기로 가득하게 한 이유는 그가 야곱에게 그의 허물을 선포하고 유다에게 그의 죄악을 선언하는 것이다.

---

10. W. J. Wessels, "Empowered by the Spirit of Yahweh: A Study of Micah 3:8," *JBPR* 1 (2009): 33-47.

לְהַגִּיד לְיַעֲקֹב פִּשְׁעוֹ

X   וּלְיִשְׂרָאֵל חַטָּאתוֹ

미가는 이것을 보여주기 위해 전치사 *레*(לְ) + 동사 *나가드*(נגד '말하다' '선포하다')의 히필(Hiphil) 부정사 연계형인 *레학기드*(לְהַגִּיד)를 사용하여 성령으로 가득해진 힘과 정의와 용기의 목적이 야곱과 이스라엘의 죄를 알려주는 것임을 보여준다. 그리고 미가는 이를 강조하기 위해 위에서 볼 수 있는 것처럼 *레학기드*를 마지막 행에서 생략하였다. 미가는 성령을 통한 세가지 덕목들과(능력과 정의와 용기) 백성들의 죄를 드러내는 행동을 통해 자신을 거짓 선지자들로부터 구별하고 있다.[11]

3. 유다의 정치 종교 지도자들의 죄와 하나님의 심판(3:9-12)

9 야곱 족속의 우두머리들과 이스라엘 족속의 통치자들 곧 정의를 미워하고 정직한 것을 굽게 하는 자들아 원하노니 이 말을 들을지어다 10 시온을 피로, 예루살렘을 죄악으로 건축하는도다 11 그들의 우두머리들은 뇌물을 위하여 재판하며 그들의 제사장은 삯을 위하여 교훈하며 그들의 선지자는 돈을 위하여 점을 치면서도 여호와를 의뢰하여 이르기를 여호와께서 우리 중에 계시지 아니하냐 재앙이 우리에게 임하지 아니하리라 하는도다 12 이러므로 너희로 말미암아 시온은 갈아엎은 밭이 되고 예루살렘은 무더기가 되고 성전의 산은 수풀의 높은 곳이 되리라

9-12절에서 미가는 예루살렘 심판과 성전 파괴에 대해 예언한다. 9-12절에 제시된 예루살렘 심판 이유는 유다의 정치 종교 지배자들이 돈에 눈이 멀어

---

11. Simundson, "The Book of Micah," 559.

자신의 직분과 사역을 망각하고 악한 짓을 서슴지 않았기 때문이다. 12절의 메시지는 예레미야 26:18-19에서 인용된다.

1) 피로 얼룩진 통치자들의 죄악(9-10절)

9절에서 미가는 미가 3:1에서처럼 자신의 말을 '들으라(*쉬우-나*, שִׁמְעוּ־נָא)' 로 시작한다. 미가가 듣기를 재촉하는 대상은 야곱 족속의 우두머리들과 이스라엘 족속의 통치자이며, 이들은 북쪽 이스라엘의 지배자들이 아니라 10절과 12절에서 확인할 수 있는 것처럼 남쪽 유다의 지배자들이다. 미가는 1절에서 언급했던 유다의 지배자들을 향하여 다시 들으라고 하며 하나님의 임박한 심판 메시지를 선포한다. 미가는 2절에서 유다의 지배자들의 문제점을 지적한 것처럼 9절에서도 다시 제기하며, 동일한 말을 반복함으로 그들의 죄를 강조하며 드러내고 있다.

미 3:1 וְאֹמַר שִׁמְעוּ־נָא רָאשֵׁי יַעֲקֹב וּקְצִינֵי בֵּית יִשְׂרָאֵל
הֲלוֹא לָכֶם לָדַעַת אֶת־הַמִּשְׁפָּט:

미 3:9 שִׁמְעוּ־נָא זֹאת רָאשֵׁי בֵּית יַעֲקֹב וּקְצִינֵי בֵּית יִשְׂרָאֵל
הַמְתַעֲבִים מִשְׁפָּט וְאֵת כָּל־הַיְשָׁרָה יְעַקֵּשׁוּ:

위에서 볼 수 있는 것처럼 둘 사이의 차이점 9절에 *조트*(זֹאת '이것을')가 더 있는 것이다. 2절에서 유다의 지배자들을 선을 미워하고 악을 사랑하는 자들이라고 했는데 9절에서 미가는 이를 더욱 강조하여 유다의 지배자들은 정의를 혐오하는 자들이라고 한다. '혐오하다'의 히브리어는 *타압*(תָּעַב)이며, 이 동사에서 파생된 명사 *토에바*(תּוֹעֵבָה)는 하나님이 가증하게 여기는 우상을 가리킨다. 정의를 '혐오하다'는 말이 어느 정도로 싫다는 것인지 충분히 짐작하게 한다. 더 나아가 9절 마지막 행은 유다의 지배자들은 옳은 것을 그르다고 하고 그른 것을 옳다고 함으로 정직한 것을 굽게 하는 자들이라고 한다. 그리고 이를 강조하기 위해 9절은 위에서 볼 수 있는 것처럼 도치법을 사용하여 *에 트 콜-하에야솨라*(אֵת כָּל-הַיְשָׁרָה '모든 정직한 것을')를 동사 *예악케수*(יְעַקֵּשׁוּ '굽 게 하다') 앞에 배열하였다. 11절은 유다의 지배자들에 더하여 미가가 5-8절에 서 따로 언급했던 선지자들을 언급하며, 지금까지 한 번도 언급하지 않았던 제사장까지 비난 대상에 포함시켰다. 이로서 구약 성경에 등장하는 이스라엘 의 모든 지도자들이 죄인 목록에 포함되었다.

10절에서 미가는 유다의 지배자들을 향하여 무섭게 비난한다. 미가는 이 들이 시온을 피로, 예루살렘을 죄악으로 건축하고 있다고 한다. 미가는 아래 에서 볼 수 있는 것처럼 동사 *바나*(בנה '건축하다')의 분사형 *보네*(בֹּנֶה)를 사 용하여 이 일이 과거부터 현재까지 계속 진행되고 있는 일이라고 하고 있다.

בֹּנֶה צִיּוֹן בְּדָמִים

X וִירוּשָׁלַ͏ִם בְּעַוְלָה

미가는 강조를 위해 동일한 대상을 가리키는 시온과 예루살렘을 반복하고 피와 죄악을 반복하였으며, 그리고 분사 *보네*를 둘째 행에서 생략하였다. 시 온은 모리아 산을 의미할 수도 있고 예루살렘 전체를 의미할 수도 있지만, 10 절에서는 뒤이어 나오는 예루살렘과 같은 의미로 사용되었고 둘을 대비시켜 반복 강조하려는 의도를 가지고 있다. 예루살렘은 정치 사회적 색채가 더 강 한 반면에 시온은 종교적인 색채가 더 강하다. 피는 기본적으로 살인에 의한 희생을 의미하지만, 일반적으로 선지자들은 피를 무죄하고 의로운 사람들과 가난하고 힘없는 사람들이 피살되어 흘린 희생을 지칭하기 위해 사용한다(시 94:21; 106:38). 하나님은 무죄한 자의 피를 흘리고 죽이는 사람을 혐오한다(사 59:7). 미가와 동시대에 활동했던 이사야는 유다의 지배자와 관료들이 벌인 착취 행각을 이사야 1장에서 잘 묘사하고 있다. 성전 제사에 참석하여 하나님 께 기도하기 위해 높이 든 그들의 손에 피가 가득하다고 하며(사 1:15), 분노한 하나님은 그들을 향하여 소돔의 관원들이라고 맹렬히 비난한다(사 1:10). 미가 3:10의 예루살렘을 피와 죄로 건축한다는 말은 죄악의 정도를 나타낼 뿐만 아니라 시각적으로 압도적인 이미지를 만든다. 핏빛으로 물든 예루살렘 성벽과 성문 그리고 성 안에 있는 성전과 왕궁과 모든 집들이 핏빛으로 물들어 있고 죄악의 오물로 덮혀 있는 예루살렘을 실제로 본다면 비명을 지르며 공포와 두려움과 놀라움 때문에 혼절할 것이다. 지배자들이 이처럼 백성들을 억압하면서까지 예루살렘 성을 쌓아 올리려고 한 이유는 전적으로 자신들의 권력을 증강시키기 위한 목적이었다. 예루살렘 성의 규모가 커지면 커질수록 지배자들의 실제적인 이권과 규모로 인한 명예가 더 커질 것이다.[12]

2) 뇌물에 물든 종교 지도자들의 행위(11절)

시온을 피와 죄악으로 건축하는 것과 같은 무서운 죄를 범하게 된 이유는 이권 때문이었다. 지배자들은 뇌물에 따라 재판의 판결을 내렸고, 제사장들은 돈을 목적으로 가르쳤으며, 선지자도 돈을 위해 돈 준 사람의 입맛에 맞는 예언을 하나님이 금한 점과 사술을 통해 알려 주었다. 미가는 이스라엘의 세 지도자들의 죄를 강조하기 위해 11절의 1-3행을 문법적으로 동일하게 만든 문장으로 메시지를 만들고 있다.

רָאשֶׁיהָ בְּשֹׁחַד יִשְׁפֹּטוּ 주어 + 전치사구 + 동사

וְכֹהֲנֶיהָ בִּמְחִיר יוֹרוּ 주어 + 전치사구 + 동사

וּנְבִיאֶיהָ בְּכֶסֶף יִקְסֹמוּ 주어 + 전치사구 + 동사

위의 세 문장은 모두 주어와 전치사구를 동사 앞에 도치하여 메시지를 강조하고 있다. 이스라엘의 모든 지도자들은 뇌물과 삯과 은, 즉 돈을 벌기 위

---

12. Smith, *Micah-Malachi*, 35.

해 자신의 권력을 마음껏 휘둘렀다. 미가와 동시대 또는 직전 시대에 활동했던 이사야와 아모스는 당시에 고관들이 뇌물을 받고 가난한 자를 억울하게 하는 일이 만연했다고 증언한다(사 1:23; 암 5:12). 페르시아와 같이 뇌물을 받고 재판하는 것을 엄격히 금지한 국가도 메소포타미아 지역에 있었지만, 일반적으로 고대 사회에는 뇌물이 만연해 있었다(Herodotus, *Histories*, 5:25).[13] 하나님은 모세를 통해 판사들이 뇌물을 받지 못하게 율법으로 제정하였다(출 23:8; 신 16:19). 하지만 하나님은 모세에게 이스라엘 자손들이 가나안 땅에 들어가면 에발 산과 그리심 산에 율법을 기록한 돌을 세우고 그 앞에서 축복과 저주를 선포하게 하였다. 그 저주 항목 중에 마지막 항목이 "무죄한 자를 죽이려고 뇌물을 받는 자는 저주를 받을 것이라"(신 27:25)였다. 그러나 돈에 눈 먼 지배자들은 재판을 뇌물의 액수에 따라 마음대로 판결하며 하나님의 진노를 샀다. 하나님은 제사장들에게 백성들을 위해 하나님께 제사 드리고 그들을 말씀으로 가르치는 역할을 맡겼고, 대신에 그들에게는 백성들의 십일조를 주었다. 이들의 수입은 다른 이스라엘 백성보다 많을 수밖에 없었지만, 돈에 대한 욕심 때문에 백성들에게 마땅히 가르쳐야 할 말씀을 돈으로 팔아 넘겼다. 선지자들은 돈에 의존하여 거짓 예언을 하면서도 아시리아에 의한 전쟁의 재앙을 눈 앞에 두고 두려워 떨고 있는 백성들에게 마치 자신들이 여호와 하나님으로부터 메시지를 받은 참 선지자인 것처럼 가장하였다. 그리고 이들은 이스라엘 백성들에게 여호와께서 우리 중에 계시기 때문에 재앙이 우리에게 임하지 않는다고 호언장담하였다.

3) 이들 때문에 예루살렘이 무더기가 됨(12절)

거짓 선지자들은 그들에게 "여호와께서 우리 중에 계시지 아니하냐 재앙이 우리에게 임하지 아니하리라"고 큰소리 치며 호언장담하였다(11절). 이들

---

13. Herodotus, *The Histories* (New York: Penguin Books, 1954), 288.

의 장담처럼 아시리아가 이스라엘을 멸망시키고 유다를 공격하여 전 국토를 점령하였을 때, 예루살렘만 점령되지 않았다. 하지만 이것은 거짓 선지자들의 호언장담 때문이 아니라, 미가의 예언을 듣고 히스기야가 회개하였기 때문이다. 예레미야 26:18-19은 미가의 메시지와 유대인들의 반응을 살피는데 중요한 역할을 한다. 26:18-19에 의하면 미가가 이 메시지를 전했을 때 유다를 다스린 왕은 히스기야였다. 이것은 히스기야가 성군으로 불리고 종교개혁을 위해 많은 노력을 한 사람임에도 불구하고 미가가 비판하고 있는 죄악들로 가득한 시대였음을 보여준다. 또한 예레미야의 증언은 미가의 메시지를 들은 히스기야가 미가를 죽이려는 사람들로부터 보호하여 주었고 더 나아가 하나님께 회개하였음을 보여준다. 하나님은 회개하는 히스기야의 기도에 응답하여 선지자 이사야를 통해 아시리아가 예루살렘을 함락하지 못하고 귀국하게 될 것을 예언해 주었다(왕하 19:14-37). 아이러니하게도 이 일 때문에 유다 백성들은 거짓 선지자들의 주장이 옳은 것으로 생각하였고, 하나님을 의지하고 예언한다는 거짓 선지자들의 주장을 믿을 수밖에 없었을 것이다. 하지만 예루살렘이 함락되지 않은 것은 히스기야의 기도 때문에 하나님이 일시적으로 심판을 유예시켜 준 것에 지나지 않는다. 그렇기 때문에 미가는 12절에서 시온과 예루살렘의 심판에 대해 강하게 예언한다. 산 위에 우뚝 서 있는 예루살렘은 갈아엎은 밭처럼 평평한 땅이 될 정도로 파괴되어 죽음이 나뒹굴고 들짐승들이 뛰어다니는 무더기가 될 것이라고 한다. 이에 더하여 미가는 성전의 산은 수풀의 높은 곳이 되리라고 했다. 이 모든 것들이 예루살렘의 세 지도자들 때문이라는 것을 강조하기 위해 12절은 '이러므로 너희들로 말미암아'를 문장 처음에 두고 이어서 예루살렘을 세 가지 다른 표현으로 말하며 재앙을 선포한다.

לָכֵן בִּגְלַלְכֶם

שָׂדֶה תֵחָרֵשׁ	צִיּוֹן
עִיִּין תִּהְיֶה	וִירוּשָׁלַ͏ִם
וְהַר הַבַּיִת לְבָמוֹת יָעַר	X

위에서 볼 수 있는 것처럼 미가는 예루살렘을 지칭하기 위해 '시온' '예루살렘' '그 집의 산'이라는 표현을 사용하였으며, 이들을 강조하기 위해 모두 동사 앞으로 도치하였고, 셋째 행에서는 동사를 생략하였다. "성전의 산"의 히브리어는 *하르 하바이트*(הַר הַבַּיִת)이며, 뜻은 '그 집의 산'이다. *하르 하바이트* (הַר הַבַּיִת)에는 '성전'이라는 직접적인 표현이 없지만, 집을 의미하는 *바이트* (בַּיִת)에 정관사 *하*(הַ)를 붙인 것과 선행하는 두 행에서 시온과 예루살렘을 언급했기 때문에 성전이 확실하다. 그리고 미가 4:1에서 주제가 "여호와의 전의 산"으로 옮겨 가는 것에 비추어 볼 때 *하르 하바이트*는 성전을 의미하는 것이 확실하며, 불경을 피하기 위해 '여호와의 집'이라고 하지 않고 '그 집'으로 표현한 것으로 봐야만 한다.[14] 성전이 우뚝 서 있는 모리아 산에 성전은 온데간데없고 그 곳에 풀만 무성하게 높이 자란 폐허가 된다고 미가는 예언하고 있다. 지배자들의 죄악과 제사장과 선지자들의 죄악은 그들의 삶과 섬김의 중심이었던 성전마저 폐허로 몰아넣었다.

교훈과 적용

1. 이스라엘 지배자들 중에는 백성을 착취하고 그들의 재산을 빼앗기 위해 의로운 피를 흘렸다. 민주 사회에서는 이런 일은 일어나지 않을 것이다. 하지만 합법과 시장주의라는 깃발 아래 서민들의 생업을 무너뜨리는 일이 곳곳에서 발생하고 있다. 혹시 나는 돈에 눈 멀어 하나님의 얼굴을 외면하고 있지는 않은가?

2. 이스라엘 거짓 선지자들은 돈에 눈 멀어 선지자의 직분과 역할을 망각하였다. 그들

---

14. Keil, *Minor Prophets*, 454-55.

의 눈에 하나님을 찾는 백성들이 모두 돈으로만 보였다. 혹시 나는 돈 때문에 하나님이 맡긴 사역을 이용하고 있지는 않는가? 돈에 눈멀어 성도들이 듣고 싶어하는 설교를 하고 심방하고 있지는 않는가?

3. 미가는 성령의 역사로 능력과 정의와 용기가 충만해져 이스라엘 민족의 죄악을 지적하였다고 한다. 나는 성령으로 충만하여 사역하고 있는가? 나는 시대적 흐름에 휩쓸리지 않고 진정 정의와 공의를 외치며 백성의 죄를 지적할 수 있을 만큼 경건하며 진실한가? 나에게는 교인들이 떠나더라도 그들의 죄를 지적하고 치리할 수 있는 성령님이 주시는 용기가 있는가?

제4장 시온의 회복 (4:1-13)

미가 3장이 지배자들과 제사장 그리고 선지자들의 죄악 때문에 파멸을 당하게 될 시온과 예루살렘을 암울하게 묘사한 것과는 달리 미가 4장은 예루살렘 성전이 미래에 열방이 모여 하나님의 말씀을 배우는 신앙의 중심지가 되며, 또한 하나님이 민족들을 의로 다스리는 하나님 나라의 중심지로 만들어 시온의 영광을 회복할 것이라고 한다.

본문 개요

미가 4장은 세 부분으로 나눌 수 있다. 1-4절에서는 많은 이방 민족들이 예루살렘에 모여 하나님의 말씀을 배울 것이라고 예언한다. 그들은 다시는 전쟁을 일으키지 않고 평화를 누리게 될 것이라고 한다. 5-7절은 미래에 이스라엘의 남은 자들이 하나님을 의지하여 살 것을 다짐할 것이라고 한다. 하나님은 장애를 겪는 자와 쫓겨난 자 그리고 환난 당한 자들을 모아 강한 나라를 만들고 하나님이 친히 그들을 다스리게 된다. 8-13절에서 미가는 시온의 심판을 통해 그를 회복시키려고 하는 하나님의 계획을 알린다. 하나님은 시온을 마치 해산하는 여인 같은 고통을 겪게 한 후 그들이 고통을 당할 지역인 바벨론에서 다시 구원하실 것이라고 한다. 하지만 하나님의 계획을 잘못 이해한 이방 사람들은 시온의 파멸을 보고 즐거워한다. 그런 이방인들을 하나님은 회복시킨 시온을 통해 징벌하게 되며, 이로 인해 시온은 영광을 온 땅의 주이신 하나님께 돌리게 된다.

내용 분해

1. 열방이 시온의 성전에 모여 율법을 배움(4:1-4)
    1) 종말에 여호와의 전이 높아짐(1절)
    2) 열방이 여호와의 산에서 율법을 배움(2절)
    3) 전쟁은 사라지고 평화의 시대가 옴(3-4절)
2. 남은 자들을 시온 산으로 모음(4:5-7)
    1) 남은 자들이 여호와를 의지함(5절)
    2) 남은 자들을 모아 여호와가 통치함(6-7절)
3. 시온의 심판을 통한 하나님의 회복 계획(4:8-13)
    1) 시온의 회복 선포(8절)
    2) 해산의 고통을 통한 구원(9-10절)
    3) 시온의 시련에 대한 이방 민족의 오해(11-12절)
    4) 시온이 전리품을 온 땅의 주께 돌림(13절)

본문 주해

1. 열방이 시온의 성전에 모여 율법을 배움(4:1-4)

1 끝 날에 이르러는 여호와의 전의 산이 산들의 꼭대기에 굳게 서며 작은 산들 위에 뛰어나고 민족들이 그리로 몰려갈 것이라 **2** 곧 많은 이방 사람들이 가며 이르기를 오라 우리가 여호와의 산에 올라가서 야곱의 하나님의 전에 이르자 그가 그의 도를 가지고 우리에게 가르치실 것이니라 우리가 그의 길로 행하리라 하리니 이는 율법이 시온에서부터 나올 것이요 여호와의 말씀이 예루살렘에서부터 나올 것 임이라 **3** 그가 많은 민족들 사이의 일을 심판하시며 먼 곳 강한 이방 사람을 판결 하시리니 무리가 그 칼을 쳐서 보습을 만들고 창을 쳐서 낫을 만들 것이며 이 나라와 저 나라가 다시는 칼을 들고 서로 치지 아니하며 다시는 전쟁을 연습하지 아니하고 **4** 각 사람이 자기 포도나무 아래와 자기 무화과나무 아래에 앉을 것이라 그들을 두렵게 할 자가 없으리니 이는 만군의 여호와의 입이 이같이 말씀하셨음이라

미가 4장 1-4절은 미래에 있을 대 사건을 기록하고 있다. 끝 날에 열방들이 시온 산에 있는 하나님의 전에 모여 하나님의 말씀을 듣고 배우고, 그 결과 전쟁을 폐기하고 평화를 누리게 된다는 것이다. 1-4절에서 1-3절의 내용은 이사야 2:2-4과 동일한 내용을 가지고 있으며, 아마도 미가가 이사야와 동시대이면서도 조금 늦게 사역을 시작했다는 사실에 비추어 볼 때 그가 이사야 2:2-4의 내용을 이미 알았고 이를 직접 인용한 것으로 여겨진다.[1] 둘은 동일한 내용

---

1. E. Cannawurf, "The Authenticity of Micah IV 1-4," *VT* 13 (1963): 26-33; R. Byargeon, "The Relationship of Micah 4:1-3 and Isaiah 2:2-4: Implications for Understanding the Prophetic Message," *SWJT* 46 (2003): 6-26.

을 가지고 있지만, 사용된 배경은 아주 상반된다. 이사야는 이 내용을 유다의 불의를 책망할 목적으로 사용하였지만, 미가는 동일한 내용으로 미래에 있을 회복을 선포하기 위해 사용하였다.

1) 종말에 여호와의 전이 높아짐(1절)

1절의 "끝 날"은 구약 성경에서 '여호와의 날' 또는 '그 날'로 표현되는 미래에 일어날 사건을 지칭하는 표현이다. 여호와의 날은 심판의 날이고 회복의 날이다. 심판은 민족들과 이스라엘에게 모두 있게 되지만, 둘에 대한 심판 이유는 각각 다르다. 민족들을 심판하는 이유는 그들의 교만과 이스라엘을 학대한 것 때문이다(옵 10-15, 17-21; 욜 3:1-19; 습 2:8-10). 이스라엘을 심판하는 이유는 그들의 불의와 가난한 자와 의로운 자를 학대한 것과 우상 숭배와 미신에 빠진 것, 그리고 제사장과 선지자들의 타락 때문이다(암 5:7-12; 사 2:6-8; 습 3:4). 여호와의 날은 하나님께서 자기 백성을 회복시키는 날이기도 하다. 하나님은 회개하고 의를 사랑하는 이스라엘을 회복시키며, 이스라엘과 함께 열방도 하나님을 섬기도록 구원한다(암 5:14-15; 습 3:12; 사 14:1). 미가 4:1-4은 미래에 있을 열방에 대한 하나님의 구원 사건을 기록하고 있다. 하나님의 심판과 구원은 단회적인 사건이 아니라 다회적인 사건들이다. 다회적인 특징은 예루살렘과 성전의 심판에서 볼 수 있다. 예루살렘과 성전은 기원전 586년 느부갓네살에 의해서 파괴될 뿐만 아니라, 예수님이 예언한 것처럼 기원후 70년에 로마에 의해서 재차 파괴되고 있다. 구원도 마찬가지이다. 이스라엘의 회복은 에스라 1:1이하에서 말하고 있는 것처럼 기원전 536년에 일차적으로 이루어졌다. 그럼에도 불구하고 다니엘은 70이레의 예언을 통해 이스라엘의 또 다른 회복을 말한다. 멀리 있는 산들을 볼 때 서로 겹쳐 있는 산들 중에서 더 가까운 것과 더 먼 것들을 동시에 바라보는 것처럼 선지자들은 미래에 있을 여호와의 날의 심판과 회복을 예언한다. 그렇기 때문에 여호와의 날은 지구 마지막 날에 대한 예언이라기보다는 미래에 반복적으로 일어날 하

나님의 심판과 구원 사건들이 구현되는 날들로 보는 것이 더 적절하며, 이것
은 미가 4:1에서도 동일하다.[2]

　　미가는 미래의 성전의 상황을 먼저 희망적으로 그린다. 미가 3장에서 시
온은 이스라엘의 정치 지도자들과 종교 지도자들의 죄악 때문에 갈아엎은 밭
처럼 수풀만 가득한 채 초라하게 버려진 곳이었다. 성전이 높고 웅장하게 세
워져 있던 시온 산은 한없이 낮아졌었다. 하나님이 유다와 예루살렘과 성전
을 심판하여 극렬한 재앙을 겪게 한 결과이다. 미가 4장은 그렇게 낮고 초라
하게 된 여호와의 전의 산을 모든 산들의 꼭대기 위에 가장 높은 산으로 세우
는 일이 종말에 일어난다고 한다. 1절 첫 행의 첫 표현 *베하야 베아하리트 하
야밈*(וְהָיָה בְּאַחֲרִית הַיָּמִים)은 먼 미래에 일어날 일을 예고할 때 사용하는 표현
이며 창세기 49:1에서 야곱이 그의 아들들의 미래를 예언하는 메시지에서 처
음 사용되었다. 미가 4:1도 먼 미래에 일어날 일을 예고하고 있으며, 하나님
의 성전이 높이 세워질 것이라고 한다. 하나님의 성전이 다른 것들과 비교할
수 없을 정도로 높이 세워질 것을 시각적으로 말하기 위해 하나님의 성전을
산으로 비유했고, 성전의 높이 세워질 것을 강조하기 위해 1절은 1행과 2행에
서 반복법을 사용하여, 산들의 머리 가운데에 세워지고 작은 산들보다 더 높
여질 것이라고 한다.

1행 וְהָיָה בְּאַחֲרִית הַיָּמִים

2행 יִהְיֶה הַר בֵּית־יְהוָה נָכוֹן בְּרֹאשׁ הֶהָרִים

3행 (　　X　　) וְנִשָּׂא הוּא מִגְּבָעוֹת

4행 וְנָהֲרוּ עָלָיו עַמִּים׃

---

2. W. C. Kaiser, *Toward an Old Testament Theology* (Grand Rapids: Zondervan, 1978), 264-65.

위에서 볼 수 있는 것처럼 동사 *나콘*(נָכוֹן, '세우다')과 *닛사*(נִשָּׂא, '들어 올리다')는 '높이 세우다'는 의미의 동일 개념으로 사용된 반복적 표현이라고 할 수 있으며, 전치사구 *베로쉬 헤하림*(בְּרֹאשׁ הֶהָרִים '산들의 꼭대기 가운데') 과 *믹게바오트*(מִגְּבָעוֹת '산들보다 더 높이')도 성전이 '산들보다 더 높이' 세 워진다는 것을 나타내기 위해 사용된 동일 개념의 표현들이다. 그리고 이 동 일 개념을 반복하기 위해 2행의 *하르 베이트-여호와*(הַר בֵּית-יְהוָה '여호와 집 의 산')가 3행에서는 생략되었다. 하나님의 집의 세우고 높이는 일은 시온 산 그 자체의 수려함과 고고함 때문이 아니라 동사 '굳게 서며'(*나콘*)와 '뛰어 나 고'(*닛사*)가 모두 니팔(Niphal) 수동형으로 되어 있는 것에서 짐작할 수 있듯 이 여호와 하나님께서 시온 산을 세우고 높이기 때문이다. 시온 산이 높아지 는 것은 물리적으로 시온 산을 높이 쌓아 올리기 때문이 아니라, 그 산에 여 호와께서 좌정해 계시면서 율법의 말씀을 가르치기 때문이다(2-4절). 신명기 4:6-8은 가나안 땅에 들어갈 이스라엘을 큰 나라라고 말한다. 그 이유는 하나 님이 가까이 계시고 율법이 있기 때문이다. 미가는 다른 산들은 모두 언덕 또 는 작은 산으로 묘사하면서 시온 산의 높음과 영광은 이들 산들과 비교할 수 없다고 한다. 4행에서 이 산에 몰려오는 사람은 이스라엘 백성이 아니라 민족 들이다. 과거에 이 민족들은 자신들이 작은 산들 위에 세운 우상을 섬겼지만, 미래에는 그 작은 산들을 향하지 않고 과거에 그들이 짓밟고 모독했던 시온 산, 그 지극히 높은 여호와의 산으로 몰려와서 여호와 하나님을 섬기게 된다. 동사 *나하르*(נָהַר)는 물이 '흐르다'는 뜻을 가지며, 이방 민족이 몰려 오는 광 경을 배가 물 위로 달리는 이미지를 만들어 내기 위해 사용 되었다. 이 이미지 는 고대 바벨론의 속국들이 배로 유프라테스 강을 타고 바벨론에 내려가 마 르둑을 숭배했던 것과 유사하다. 하지만 미가 4:1은 마지막 날에 이방의 많은 민족들이 바벨론의 마르둑이 아니라 하나님을 섬기기 위해 시온 산에 물 밀

듯이 몰려올 것이라고 한다.[3]

2) 열방이 여호와의 산에서 율법을 배움(2절)

2절에서 많은 민족들이 여호와의 산에 올라 가자고 서로 권면한다. 2절은 1절의 주제를 이어가기 위해 1절의 '민족들'을 2절 첫 행의 주제로 만들어 '많은 민족들'이라고 했고, 2절은 '많은 민족들' '여호와의 집의 산'을 2절 둘째 행과 셋째 행에서 쪼개어서 '여호와의 산'과 야곱의 하나님의 집'이라는 표현을 사용하였다. 민족들이 여호와의 산에 올라 가자고 권한 이유는 하나님의 성전에 들어가서 하나님의 율법을 듣기 위해서이다. 2절은 이것을 강조하기 위해 2절 전체를 반복법과 대구법으로 채우고 있다.

וְהָלְכוּ גּוֹיִם רַבִּים וְאָמְרוּ 1행

לְכוּ וְנַעֲלֶה אֶל־הַר־יְהוָה 2행

וְאֶל־בֵּית אֱלֹהֵי יַעֲקֹב (X) 3행

וְיֹרֵנוּ מִדְּרָכָיו וְנֵלְכָה בְּאֹרְחֹתָיו 4행

כִּי מִצִּיּוֹן תֵּצֵא תוֹרָה וּדְבַר־יְהוָה מִירוּשָׁלִָם׃ 5행

2절 둘째 행의 '여호와의 산'(하르-여호와יְהוָה הַר־)과 셋째 행의 '야곱의 하나님의 집'(베이트 엘로헤이 야곱בֵּית אֱלֹהֵי יַעֲקֹב)은 성전을 반복적으로 언급한 것이며, 셋째 행은 둘째 행의 '우리가 올라가자'(베나알라וְנַעֲלֶה)를 생략하였다. 넷째 행의 '그의 길로부터'(데라카브מִדְּרָכָיו)과 다섯째 행의 '그의 길'(오르호타브אֹרְחֹתָיו)은 동의어 반복이다. 그리고 여섯째 행의 '시온에서부터'(밋시온מִצִּיּוֹן)와 일곱째 행의 '예루살렘에서부터'(미루살라임מִירוּשָׁלִָם)도 동일한 장소의 반복적 표현이며, 여섯째 행의 '토라'(토라תוֹרָה)와 일곱째

---

3. Waltke, "Micah," 679.

행의 '여호와의 말씀'(*데바르-여호와* יהוה־דְבַר)도 동일한 내용에 대한 반복적인 표현이라고 할 수 있다.

2절 셋째 행에서 미가는 성전을 '야곱의 하나님의 집'이라고 한다. 미가는 1:5에서 야곱을 북 이스라엘 왕국을 지칭하는 표현으로 사용하였지만, 미가 3:9에서는 남 유다를 가리키는 표현으로 사용하였다. 그리고 미가 4:2에서도 예루살렘을 야곱의 하나님의 집이라고 함으로 야곱을 남 왕국과 북 왕국을 모두 아우르는 표현으로 사용하고 있다. 야곱의 하나님의 집은 구약 성경에서 유일하게 미가 4:2과 이사야 2:2에서만 사용되었다. 야곱의 하나님이란 표현도 출애굽기 3:6, 15; 4:5 그리고 사무엘하 23:1을 제외하고 주로 시편에서만 찾아볼 수 있다.[4] '야곱의 하나님의 집'에서 '야곱'을 뺀 '하나님의 성전'이라는 표현도 예루살렘 성전이라는 표현과 함께 주로 포로기와 포로 후기 그리고 신약 시대에 주로 사용된 표현이다.[5] 미가 4:2과 이사야 2:2은 매우 이례적으로 '야곱의 하나님의 집'이란 표현을 사용하였다. 이사야의 경우와는 달리 미가는 야곱을 아주 의도적으로 사용하고 있으며, 이 표현을 통해 야곱이 밧단 아람으로 떠나면서 하나님께 돌기둥을 쌓고 그 곳이 하나님의 집이 될 것이라며 그 장소 이름을 벧엘이라고 불렀던 사건을 연상시키게 만든다(창 28:10-22). 미가가 야곱을 반복적으로 언급하는 것은 매우 의도적이며, 야곱이 겪은 일들은 미가 4장과 5장을 이해하는 데 중요한 역할을 한다.

열방들이 여호와의 산에 올라가는 것은 이스라엘 민족들이 절기 때마다 예루살렘으로 순례 와서 시온으로 올라 갔던 광경과 유사하다. 열방이 하나님의 성전에 올라 가는 이유는 율법이 시온에서부터 나오고 여호와의 말씀이 예루

---

4. Waltke, "Micah," 680.
5. 하나님의 성전 - 대상 9:11, 13, 26, 27; 22:1, 2, 19; 23:28; 28:21; 29:2, 3, 7; 스 1:4; 3:8; 4:3, 24; 5:2, 8, 13, 14, 16, 17; 6:3, 5, 7, 8, 12, 16, 17, 22; 7:16, 17, 20, 24; 8:17, 25, 30, 33, 36; 9:9; 10:1,6, 9; 시 84:10; 135:2; 욜 1:13, 16.
   예루살렘 성전 - 스 5:15; 6:5; 단 5:2.

살렘에서부터 나오기 때문이다. 열방이 시온과 예루살렘으로 올라가는 광경은 미가 3장에서 묘사된 것과 극단적으로 대조를 이루고 있다. 미가 3:10에 의하면 유다의 지배자들은 시온을 피로 예루살렘을 죄악으로 건축하였고, 제사장들은 돈을 목적으로 백성들을 가르쳤다. 그렇게 때문에 시온과 예루살렘은 백성들의 피가 모여 만들어진 폭력과 죄악의 결정체였다. 이에 반해 미가 4:2의 미래의 시온과 예루살렘에서는 여호와의 말씀과 율법이 넘치며, 노래와 기쁨이 사람들의 입에서 흘러나온다. 이런 극적인 변화가 일어난 이유는 바로 여호와 하나님 때문이다. 열방들이 성전에 모여들자 그곳에서 하나님의 뜻과 도를 가르치는 이는 미가 3:11에서 언급된 탐욕에 물든 제사장들과 선지자들이 아니라 여호와 하나님 자신이다. "그가 그의 도를 가지고 우리에게 가르치실 것이니라"에서 그는 야곱의 하나님이다. 야곱의 하나님이 그의 도를 열방들에게 가르칠 때, '열방은 배운다'라고 하지 않고 '도 가운데 걸을 것이라'고 한다(וְיוֹרֵנוּ מִדְּרָכָיו וְנֵלְכָה בְּאֹרְחֹתָיו). 하나님의 가르침을 받고 실천하며 산다는 뜻이다. 2절에서 말하는 하나님의 도는 다름 아닌 율법과 하나님의 말씀이라고 하며, 이 율법과 말씀이 시온과 예루살렘에서 나오게 된다.

3) 전쟁은 사라지고 평화의 시대가 옴(3-4절)

미가 4:3에 의하면 야곱의 하나님은 많은 민족들을 심판한다. 하나님의 심판은 2절에서 말한 율법과 하나님의 말씀에 근거하여 공의롭게 집행되며, 그 결과는 모든 민족에게 평화가 임하는 것이다. 3절은 2절처럼 유사한 단어를 반복하여 사용함으로 강조를 하고 있다.

וְשָׁפַט בֵּין עַמִּים רַבִּים 1행

וְהוֹכִיחַ לְגוֹיִם עֲצֻמִים עַד־רָחוֹק 2행

וְכִתְּתוּ חַרְבֹתֵיהֶם לְאִתִּים 3행

(X) וַחֲנִיתֹתֵיהֶם לְמַזְמֵרוֹת 4행

לֹא־יִשְׂאוּ גּוֹי אֶל־גּוֹי חֶרֶב 5행

וְלֹא־יִלְמְדוּן עוֹד מִלְחָמָה: 6행

3절 1행의 '심판하다'(*샤파트* שָׁפַט)와 2행의 '판결하다'(*호키아흐* הוֹכִיחַ)가 동의어이며, 1행의 '많은 민족들'(*암밈 라빔* עַמִּים רַבִּים)과 2행의 '강한 민족들'(*고임 아춤밈* גוֹיִם עֲצֻמִים)도 동일 대상인 민족들의 많음과 강함을 말하기 위해 사용된 대유법적 반복이다. 1행의 전치사구 *베인 암밈 라빔*(עַמִּים רַבִּים בֵּין, '많은 민족들 사이')와 2행의 '멀리 있는 민족들을'(*하고임 아춤밈 아드-라혹* לְגוֹיִם עֲצֻמִים עַד־רָחוֹק)은 가까운 곳과 먼 곳에 있는 땅 위의 모든 민족들이 모두 하나님의 심판의 대상이라는 것을 말하기 위해 사용된 대유법이다. 셋째 행의 '칼들을 보습들로'(*하르보테이헴 레잍팀* חַרְבֹתֵיהֶם לְאִתִּים)와 넷째 행의 '창들을 낫들로'(*하니토테이헴 레마즈메로트* חֲנִיתֹתֵיהֶם לְמַזְמֵרוֹת)도 각각 무기와 농기구의 반복이다. 그리고 다섯째 행의 '칼을 들지 않고'(*로-이사후 … 헤렙*, חֶרֶב … לֹא־יִשְׂאוּ)와 '전쟁을 배우지 않을 것이다'(*일마둔… 밀하마* מִלְחָמָה … לֹא־יִלְמְדוּן)도 동일한 취지의 내용의 반복이다.

미가 3:1과 3:11에 의하면 시온의 지배자들은 정의를 알고 이를 집행하는 것이 그들의 본분임에도 불구하고 뇌물을 받고 재판을 하였다. 그러나 마지막 날에 하나님은 시온에서 많은 백성들을 공의로 심판하며 먼 곳에서 온 열방들에게도 하나님의 공의로 이들을 판결하며 가르친다. 열방들이 심판을 받는 것은 그들이 자기 국가의 이익을 위해 서로 싸우는 관계였기 때문이며, '강한 이방 사람'은 이들의 관계가 힘의 논리에 의해 지배되는 관계였음을 보여준다. 이들은 또한 이스라엘에 대하여서도 전쟁을 벌였고, 또한 미가 3:12에서 예언

한 것처럼 이스라엘에 대한 하나님의 심판에 동원되어 시온을 갈아엎고 예루살렘을 무더기로 만들고 성전을 초토화시키는 자들이었다. 하지만 이들은 이제 시온의 성전에서 전쟁과 힘으로 문제를 해결하는 것이 아니라 하나님의 공의로운 심판에 모든 것을 맡기며, 민족들에게 진정한 정의와 행복에 이르게 하여 주는 길이 될 토라를 배운다. 결과적으로 열방들은 서로를 향하여 칼을 들고 벌였던 전쟁을 더 이상 벌이지 않고, 전쟁 연습도 더 이상 하지 않게 된다. 대신에 이들은 칼로 보습을 만들고 창으로 낫을 만들어 평화를 이루게 된다.[6] 땅을 갈기 위해 사용되는 쟁기 보습과 풀을 베는 낫은 농기구이지만 여기에서는 칼과 창과 대조되어 메시아 시대의 평화를 나타내는 상징물로 제시되었다. 하나님의 정의가 실현되는 곳에 평화가 함께 넘치게 된다.

4절에 의하면, 민족들은 전쟁 도구로 농기구를 만든 결과로 자기가 가꾼 포도나무와 무화과나무 아래에 앉아서 그 열매를 먹으며 평화롭게 쉬더라도 아무도 이들을 두렵게 할 자가 없다.

וְיָשְׁבוּ אִישׁ תַּחַת גַּפְנוֹ 1행
(X) וְתַחַת תְּאֵנָתוֹ 2행
וְאֵין מַחֲרִיד 3행
כִּי־פִי יְהוָה צְבָאוֹת דִּבֵּר: 4행

이것을 강조하기 위해 4절은 위에서 볼 수 있는 것처럼 1행의 "포도나무 아래"(*타하트 게프노* תַּחַת גַּפְנוֹ)와 2행의 '무화과나무 아래'(*타하트 테에나토* תַּחַת תְּאֵנָתוֹ)를 반복하였고 둘의 반복을 돋보이게 하기 위해 2행은 동사 *베야쉐부*(וְיָשְׁבוּ '그리고 그들이 거하다')를 생략하였다. 그리고 4행에서는 포도나

6. P. J. King, *Amos, Hosea, Micah: An Archaeological Commentary* (Philadelphia: Westminster Press, 1988), 115-20.

무와 무화과나무 아래 있는 사람들을 두렵게 할 자가 없는 이유로 만군의 여
호와께서 말씀하셨기 때문이라고 하면서 이를 강조하기 위해 유음법을 사용
하여 키(כִּי, '이는') 다음에 피(פִּי, '입')를 첨가하였다.

4절의 내용은 이사야 2:1-4에는 존재하지 않으며, 미가 4:1-4의 메시지에
만 첨가되어 있다.[7] 포도나무와 무화과나무는 이스라엘의 대표적인 과실수이
며, 가나안으로 들어간 정탐꾼들이 가져온 과일이 포도와 무화과와 석류였다
(민 13:23). 아시리아는 포도나무를 이스라엘을 상징하는 나무로 여기고 벽화
에 새겨 넣기도 했다.[8] 포도나무와 무화과나무는 하나님의 축복을 상징하기
도 한다. 열왕기상 4:25은 포도나무와 무화과나무 아래에서 평안히 사는 것을
솔로몬의 통치하에 이스라엘 자손들이 누린 태평성대의 상징으로 제시하고
있다. 스가랴 3:10에서 하나님은 메시아 시대의 평화로운 삶을 포도나무와 무
화과나무 아래에 서로 초대하여 교제하는 것으로 제시한다.[9] 예수님이 나다
나엘에게 그가 "무화과나무 아래에 있을 때 보았노라"고 하자 나다나엘이 예
수님을 하나님의 아들 메시아 왕으로 믿는 것은 이런 맥락에서 이루어진 대화
이다.[10] 미가 4:4의 포도나무와 무화과나무 아래에서 평화롭게 있는 것도 하나
님이 미래에 열방에게 베풀 종말론적 축복에 해당된다. 미가는 무화과나무 아
래에서 평화롭게 머물고 있는 이들 열방을 두렵게 할 자가 없다고 한다. 그 이
유는 여호와의 입이 말씀하셨기 때문이라고 한다. 즉 하나님이 친히 말씀으로
평화를 보증하고, 친히 지키고 보호하기 때문에 다시는 평화를 해치는 무리가
일어날 수 없다는 뜻이다. 4절은 "여호와의 입" 앞에 "만군의"라는 수식어를 덧
붙였다. 미가서에서는 4절에서 유일하게 이 표현을 사용하였다. '만군'은 군대,

---

7. Simundson, "The Book of Micah," 563.

8. Waltke, "Micah," 682.

9. Barker & Bailey, *Micah, Nahum, Habakkuk, Zephaniah*, 86.

10. Justin Martyr, "Dialogue with Trypho, a Jew," in *ANF*, 1:253-54. 순교자 유스티누스는 이 예언
    이 예수 그리스도의 초림을 통해 일부 성취되었고, 4절 후반부는 그리스도의 재림 때에 이루어진
    다고 말한다.

즉 천군 천사를 나타내는 표현이며, 천군 천사를 거느린 하나님이 어느 누구도 하나님의 성전에 모여든 열방을 위협하지 못하게 보호한다.

2. 남은 자들을 시온 산으로 모음(4:5-7)

5 만민이 각각 자기의 신의 이름을 의지하여 행하되 오직 우리는 우리 하나님 여호와의 이름을 의지하여 영원히 행하리로다 **6** 여호와께서 말씀하시되 그 날에는 내가 저는 자를 모으며 쫓겨난 자와 내가 환난 받게 한 자를 모아 **7** 발을 저는 자는 남은 백성이 되게 하며 멀리 쫓겨났던 자들이 강한 나라가 되게 하고 나 여호와가 시온 산에서 이제부터 영원까지 그들을 다스리리라 하셨나니

5-7절에서 하나님은 그 날에 저는 자와 쫓겨난 자와 환난 받은 자들로 구성된 남은 자들을 시온으로 돌아오게 하여 강한 나라로 회복시킨다고 한다. 이 나라에서 하나님은 친히 왕이 되어 다스리게 되고, 남은 자들은 여호와 하나님을 의지하며 살게 된다. 5절 이하의 내용은 이사야 2:1-3에는 없는 내용이기 때문에 미가 4:5 이하의 메시지는 1-4절과는 구별되고 독립된 메시지로서 이스라엘의 남은 자들이 하는 말이다.

1) 남은 자들이 여호와를 의지함(5절)

4절 마지막에서 미가는 미래에 있을 시온의 영광을 하나님께서 친히 말씀하셨다는 의미에서 "만군의 여호와의 입이 이같이 말씀하셨음이라"고 하며, 이 표현은 미가가 열방에 대한 예언을 기록만 한 것이 아니라 익명의 청중들에게도 말했다는 의미도 내포하고 있다. 5절은 1-4절에서 미가가 열방에게 한 예언을 들은 청중들이 미가 앞에서 한 반응이다. 청중들은 만민이 자기 신의

이름을 의지하고 행할지라도 우리는 우리 하나님 여호와의 이름으로 행하리라고 대답한다. 이 말에서 4절은 아주 명확한 대조법을 사용하고 있다.

1행 כִּי כָּל־הָעַמִּים יֵלְכוּ אִישׁ בְּשֵׁם אֱלֹהָיו

2행 וַאֲנַחְנוּ נֵלֵךְ בְּשֵׁם־יְהוָה אֱלֹהֵינוּ לְעוֹלָם וָעֶד:

위에서 볼 수 있는 것처럼 둘째 행의 독립 인칭 대명사 '우리'(*아나흐누* אֲנַחְנוּ)는 1행의 '모든 민족들'(*콜-하암밈* כָּל־הָעַמִּים)과 서로 대조된 길을 걷는 것으로 말하고 있다. 그 대조된 길은 모든 민족들은 자기 신들의 이름으로 걷고, 2행의 '우리'는 우리 하나님 여호와의 이름으로 영원 무궁히 걷는다. 이 대조에서 모든 민족들의 행보는 1-4절의 행보와 너무 대조적이다. 그 이유는 1-4절의 모든 민족들의 행동은 종말론적 미래에 있을 행동들이고, 5절의 모든 민족들의 행동은 현재 진행 중인 일들이다. 그렇기 때문에 이 말은 현재 겪고 있는 청중들의 현실을 반영하고 있다. 그들의 현실은 열방이 아직 각자의 신들을 가지고 그 신의 이름으로 이스라엘을 공격하고 있고, 이스라엘의 지배자들은 학정을 일삼고 있고, 종교 지도자들은 돈 때문에 율법을 가르치고 돈 때문에 하나님의 이름으로 평화를 외치고 있다. 그래서 시온과 하나님의 성전은 극단적으로 더럽혀졌지만, '우리'는 미래의 시온의 영광과 하나님의 역사와 열방의 변화를 소망하면서 여호와만 믿고 의지하며 영원히 여호와의 이름으로 행하며 그 뜻대로 살겠다고 다짐하고 있다. 자기 신의 이름으로 행한다는 것은 각자가 섬기는 신의 뜻에 따라 산다는 말이다. 5절에서 '우리'라고 밝힌 청중들은 이스라엘 모든 자손이 아니라 하나님을 신실하게 믿고 섬기는 자들이며, 동시에 6-7절에서 하나님이 회복시킬 이스라엘의 남은 자들이다.[11]

---

11. Allen, *The Books of Joel, Obadiah, Jonah and Micha*, 327-28.

2) 남은 자들을 모아 여호와가 통치함(6-7절)

청중들의 반응에 대해 6-7절에서 하나님은 이스라엘의 남은 자들에 대한 예언을 이어간다. 하나님은 먼저 "그 날에"라고 한다. "그 날에"는 1절의 "끝 날에"와 같은 의미를 가지고 있으며, 1절에서 "끝 날에"로 시작하며 열방을 통한 시온의 미래의 영광에 대해 예언한 것을 염두에 두고 "그 날에"가 사용되었다. "그 날에"와 함께 미가는 남은 자들에 대한 예언을 시작한다. 그 날에 하나님은 세 부류의 남은 자들을 불러 모으실 것이라고 한다. 그들은 저는 자와 쫓겨난 자와 하나님이 환란을 겪게 한 자들이다. 특이하게도 하나님은 먼저 저는 자를 모을 것이라고 한다. 7절에서는 '저는 자' 주제를 이어가면서 신학적 의미를 더 부과하여 "발을 저는 자는 남은 백성이 되게 하며"라고 하면서 저는 자를 매우 특별하게 취급한다. 왜 저는 자가 이스라엘의 남은 자가 될까? 신체적인 장애로 인해 사람들로부터 받았을 고통을 하나님이 불쌍히 여겼기 때문일까? 단지 장애를 가졌다는 이유 때문에 미래에 있을 시온의 회복의 주인공이 되는 것일까? 구약 성경에서 저는 자로 대표되는 인물은 야곱이며, 하나님은 저는 자를 통해 야곱을 염두에 두고 있을 가능성이 매우 높다.[12] 그 이유는 매우 특이하게도 야곱은 미가서에서 10번이나 등장하기 때문이다. 이 같은 횟수는 소선지서 전체에서 가장 많이 등장하는 회수이며, 창세기 출애굽기 신명기 그리고 시편과 이사야와 예레미야를 제외하고 가장 많이 언급했다. 미가는 4:2에서 성전을 매우 특이하게 "야곱의 하나님의 성전"이라고 하였고, 5:1-3에서는 그의 아내 라헬이 베냐민을 출산하다가 죽은 장소인 베들레헴과 출산의 고통을 이미지화 하여 메시지를 이어간다. 저는 자가 야곱을 염두에 둔 표현이라면, 왜 저는 자가 이스라엘의 남은 자가 되는지를 이해하는데 중요한 실마리를 얻을 수 있다. 야곱이 다리를 절게 된 사건은 밧단 아람에서 돌아오는 길에 얍복 강가에서 하나님을 만나 씨름하는 과정에 발생

---

12. Waltke, "Micah," 686-87.

하였다(창 32:24-32). 그 때에 야곱은 하나님께 자신을 축복하지 않으면 보내 주지 않겠다고 하였고, 미가의 직전 시대의 선지자인 호세아는 이를 두고 "천 사와 겨루어 이기고 울며 그에게 간구하였으며"라고 하였다(호 12:4). 야곱이 절게 된 사건은 그가 하나님께 간곡하게 은혜를 간구하는 것과 연관되어 있 다. 미가 4:6에서 하나님이 모으려고 한 저는 자는 신체적인 상처를 입은 사 람만 의미하는 것이 아니라, 야곱처럼 간절하게 하나님의 은혜를 사모하는 자 들을 의미한다. 이런 사람을 하나님은 그 날에 모아 남은 백성, 하나님의 백성 으로 삼겠다고 한다.

하나님은 또한 "쫓겨난 자"와 "내가 환난 받게 한 자"를 모으겠다고 하며 이들을 강한 나라가 되게 하겠다고 한다. 쫓겨난 자들은 재물에 눈먼 유다의 지도자들에 의해 학대당하고 집까지 빼앗겨 버린 과부들과 고아들이며(2:9), 유다의 정치 종교 지도자들의 탐욕 때문에 무죄함에도 불구하고 피를 흘리게 되었던 자들이며(3:10), 하나님이 유다의 지배자들을 심판하기 위해 내린 전 쟁의 재앙 때문에 고난을 받은 사람들이다(2:8). 하나님은 미가 4:3에서 "강한 이방 사람을 판결하시리라"고 하였는데 7절에서는 저는 자와 쫓겨났던 자들 로 강한 나라를 만들겠다고 한다. 그리고 열방이 찾아올 그 시온 산에서 여호 와 하나님이 왕이 되셔서 친히 그들을 다스린다. '다스리다'는 왕의 통치를 일 컫는 말이며, 고대 사회에서 왕의 통치는 솔로몬의 재판에서 볼 수 있듯이 최 고 재판관의 역할을 포함하고 있었다. 하나님은 그 날에 시온 산에서 왕으로 통치하시며, 그 통치는 영원하다고 선언한다. 누가복음 1:35과 52에서 수태고 지를 하는 천사가 마리아에게 미가 4:7을 염두에 두면서 태어나실 예수께서 야곱의 집을 왕으로서 영원히 다스릴 분이라고 하였다.

3. 시온의 심판을 통한 하나님의 회복 계획(4:8-13)

8 너 양떼의 망대요 딸 시온의 산이여 이전 권능 곧 딸 예루살렘의 나라가 네게로 돌아오리라 **9** 이제 네가 어찌하여 부르짖느냐 너희 중에 왕이 없어졌고 네 모사가 죽었으므로 네가 해산하는 여인처럼 고통함이냐 **10** 딸 시온이여 해산하는 여인처럼 힘들여 낳을지어다 이제 네가 성읍에서 나가서 들에 거주하며 또 바벨론까지 이르러 거기서 구원을 얻으리니 여호와께서 거기서 너를 네 원수들의 손에서 속량하여 내시리라 **11** 이제 많은 이방 사람들이 모여서 너를 치며 이르기를 시온이 더럽게 되며 그것을 우리 눈으로 바라보기를 원하노라 하거니와 **12** 그들이 여호와의 뜻을 알지 못하며 그의 계획을 깨닫지 못한 것이라 여호와께서 곡식 단을 타작 마당에 모음 같이 그들을 모으셨나니 **13** 딸 시온이여 일어나서 칠지어다 내가 네 뿔을 무쇠 같게 하며 네 굽을 놋 같게 하리니 네가 여러 백성을 쳐서 깨뜨릴 것이라 네가 그들의 탈취물을 구별하여 여호와께 드리며 그들의 재물을 온 땅의 주께 돌리리라

8-13절에서 미가는 이스라엘 백성들이 현재 해산하는 여인처럼 겪는 고통을 하나님이 미래에 펼칠 회복의 방편이라고 한다. 이 고통의 끝에서 하나님은 남은 자들로 하여금 자신을 멸시하던 이방을 쳐서 깨뜨리게 되며, 그들로부터 탈취한 물건을 온 땅의 주께 돌린다.

1) 시온의 회복 선포(8절)

8절에서 미가는 시온 산이 과거에 가졌던 하나님 나라의 권능과 영광을 회복할 것이라고 한다. 하나님 나라의 회복이 예루살렘에 임할 것을 강조하기 위해 8절은 반복법과 도치법을 사용하며 비유법을 또한 사용하였다.

1행 וְאַתָּה מִגְדַּל־עֵדֶר עֹפֶל בַּת־צִיּוֹן עָדֶיךָ תֵּאתֶה
　　b　　　　　　　a

2행 וּבָאָה הַמֶּמְשָׁלָה הָרִאשֹׁנָה מַמְלֶכֶת לְבַת־יְרוּשָׁלָ͏ִם׃
　　　　c　　　　　　　b'

8절 첫 행에서 '너'(*앝타*(אַתָּה))와 '너에게'(*아데이카*(עָדֶיךָ))가 반복이며 그리고 '양떼의 망대'(*믹달-에데르*(מִגְדַּל־עֵדֶר))와 '딸 시온의 작은 산'(오펠 바트-시온(עֹפֶל בַּת־צִיּוֹן))이 각각 예루살렘에 대한 비유적 표현이며 첫 행은 이를 반복하였다. 그리고 이 두 표현은 1절의 '여호와의 전의 산'을 다르게 표현한 것이기도 하다. 8절 첫 행은 시온과 관련된 표현들을 모두 동사 *아타*(אתה, '오다')의 미완료 3인칭 여성 단수 *테에테*(תֵּאתֶה) 앞에 도치하여 이들을 강조하고 있다. 둘째 행에서는 '이전 권능'(*함멤솰라 하리이쇼나*(הַמֶּמְשָׁלָה הָרִאשֹׁנָה))과 '예루살렘에 속한 나라'(*맘레케트 레바트-예루살렘*(מַמְלֶכֶת לְבַת־יְרוּשָׁלָ͏ִם))가 반복에 해당되며, 위의 밑줄에서 볼 수 있는 것처럼 1행에서 문장의 마지막에 있는 동사를 2행에서는 문장의 첫 부분에 배치하여 1행과 2행을 대구 구조로 만들고 있다. 그리고 1행에서 예루살렘에 임할 것이라고 말하면서도 그 임할 것이 무엇인지 밝히지 않았던 것을 2행 c에서는 밝히면서, 그것은 '이전 권능'과 '예루살렘에 속한 나라'라고 반복하여 강조한다.

시온을 "양떼의 망대"라고 한 것은 양떼의 망대처럼 우뚝 솟은 이미지를 통해 1절에서 여호와의 전의 산이 산들의 꼭대기에 굳게 서는 광경을 연상하게 만든다. 양떼의 망대는 양들의 안전을 위해 목자들이 먼 곳까지 보기 위해 사용하던 장소였으며, 양떼들이 쉬기 위해 모여드는 장소이기도 하다. 시온은 이스라엘의 남은 자들이 양떼처럼 모여들 장소가 된다. 특히 "시온의 산"에서 '산'의 히브리어는 *오펠*(עֹפֶל 또는 עוֹפֶל)이며, 오펠은 여부스 족속이 쌓은 것으로서 다윗이 정복하였고, 이를 다윗 성으로 만든 곳으로서 예루살렘 성전으로 올라 가는 부분에 대한 명칭이다. "이전 권능"과 "예루살렘의 나라"는 동의

어적 표현이며, 다윗 시대의 국권을 말할 수도 있고, 7절에서 여호와께서 시온의 산에서 왕으로 통치하시리라고 한 것을 감안하면 하나님의 영광과 통치가 절정에 이르는 것을 말한다. 이것은 시온이 과거 다윗 시대처럼 하나님 나라의 신앙의 중심지 역할을 하게 된다는 것을 의미한다. 하지만 미래의 회복을 위해 현재 겪어야 할 것이 있다. 9-10절에서는 시온이 현재 당하게 될 고난을 해산하는 여인의 고통을 통해 설명한다.

2) 해산의 고통을 통한 구원(9-10절)

7절에서 하나님은 그 날, 즉 먼 미래의 종말의 시기에 시온에서 왕으로서 다스릴 것이라고 하였는데, 9절은 임박한 미래에는 이스라엘에 왕이 없고 나라를 위기로부터 구할 모사가 죽고 없기 때문에 시온이 고통을 겪을 것이라고 한다. 리더십의 갑작스러운 부재는 대혼란을 초래하며, 분노와 공포 그리고 불확실성 속으로 빠져 들게 만든다. 왕의 죽음은 국가의 멸망을 의미하며, 군대는 뿔뿔이 흩어지고 백성은 처참하게 죽어 나뒹구는 최악의 상황을 초래한다. 왕과 모사는 별개의 인물이 아니라 동일 인물일 가능성이 높다. 이사야 9:6은 미래에 올 메시아를 예언하면서 그를 모사와 평강의 왕이라고 하였다. 이를 감안하면 미가 4:9의 왕과 모사는 동일인일 가능성이 높다. 9절의 왕을 7절과 연관 지어 왕이신 여호와로 생각하고 이스라엘 중에 왕이신 여호와의 부재로 생각할 수도 있지만, 왕의 죽음을 예언하고 있다는 것을 고려하면 이 왕은 하나님이 아닌 유다의 왕으로 보는 것이 적절하다. 왕의 부재로 인한 극심한 혼란과 고통을 사실상 미가는 경험하지 못하고 미래에 있을 사건임에도 불구하고 그는 '이제' 또는 '지금'이란 의미를 지닌 *아타*(עַתָּה)와 함께 9절을 시작하였다. 이는 미래에 있을 고통에 대한 예언의 성취를 더 사실적으로 보여주며 강조하기 위해서이다. 9절 넷째 행은 이 고통을 사실적으로 표현하기 위해 출산하는 여성을 직유법(전치사 *케*/כְ + *요레다*יוֹלֵדָה '출산하는 자처럼')으로 사용하고 있다. 이 직유법을 통해 마치 여인이 아이를 출산할 때 극

심한 고통 속에 울부짖는 것처럼 시온은 대공황 상태에서 절규하며 비명을
지른다. 이에 대해 미가는 "네가 어찌하여 부르짖느냐?"고 책망한다. 이것은
시온의 고통은 그들의 죄악의 결과로서 지극히 당연한 것인데 왜 원망하느냐
고 꾸짖기 위해 하는 말이 아니다. 오히려 10절에서 볼 수 있는 것처럼 미가
는 시온의 고통을 통해 하나님이 이룰 계획이 있음을 일깨워 주기 위해서 이
말을 하고 있다.[13]

　　10절은 9절에서 직유법으로 사용한 해산하는 여인을 다시 언급하면서 시
온의 희망을 고통 가운데 해산하는 여인에 비교하고 있다. "해산하는 여인처
럼 힘들여 낳을지어다"에는 다분히 희망적인 메시지가 포함되어 있다. 하나
님이 시온에 내린 대 재앙을 통해 시온은 극심한 고통을 겪지만, 그 고통을 통
해 아이가 태어난다. 이 아이는 6절에서 말한 그 날에 여호와께서 모을 쫓겨
난 자이고, 7절에서 말하는 남은 백성이다. 이어서 10절은 점진법을 사용하여
예루살렘에서 바벨론까지 이르는 포로의 노정을 묘사한다. 시온은 파괴되어
그 안에 있는 사람들은 황급히 성밖으로 나가야 하고, 피난민이 되어 들판에
노숙해야 되는 신세가 되고 마침내 바벨론으로 포로로 끌려 가게 된다. 하지
만 시온의 남은 자는 여호와의 구원과 속량을 통해 돌아오게 된다. 이를 강조
하기 위해 10절 마지막 두 행은 반복법을 사용하였다.

שָׁם תִּנָּצֵלִי שָׁם יִגְאָלֵךְ יְהוָה מִכַּף אֹיְבָיִךְ
　　　　　　　b　　　　　a

　　위의 밑줄 친 a와 b는 하나님께서 '거기'(*샴* שָׁם), 즉 바벨로에서 구출하고
구원할 것이라는 동일 개념의 반복이다. 다만 밑줄 a에서는 누가 시온의 포로
들을 구원하는지 밝히지 않았는데 반해 밑줄 b의 주어인 '여호와'께서 그들을

---

13. Shaw, *The Speeches of Micah*, 141-42.

대적의 손에서 구원할 것이라고 하면서 구원하시는 주체를 밝히고 있다. 사실상 미가는 아시리아의 공격이라는 현재의 상황을 통해 약 100년 뒤에 유다를 멸망시킬 바벨론 제국의 공격을 예고하고 있다. 이사야가 히스기야에게 그가 아시리아가 물러나고 질병에서 고침을 받았을 때에 문병 온 바벨론 칙사들에게 자랑한 것을 책망하며 유다가 바벨론에 의해 멸망할 것을 예언한 것과 유사한 예언이다(왕하 20:12-18; 사 39:1-8). 하나님은 이들을 바벨론에서 데려오기 위해 친히 원수들의 손에서 그를 속량하여 낸다고 한다. 속량은 값을 주고 되사는 것을 의미한다. 딸 시온이 낳은 자를 속량하기 위해 여호와께서 희생하실 것을 예고하고 있다. 시온의 속량 예언은 5장에서 메시아 탄생 예언으로 이어진다.

3) 시온의 시련에 대한 이방 민족의 오해(11-12절)

11-13절의 내용은 1-4절의 내용과 대조를 이루고 있다. 특히 2절과 11절을 비교해 보면 동일한 표현이 사용되고 있는 것을 확인할 수 있다.

2 וְהָלְכוּ גּוֹיִם רַבִּים וְאָמְרוּ לְכוּ וְנַעֲלֶה אֶל־הַר־יְהוָה כִּי מִצִּיּוֹן תֵּצֵא תוֹרָה וּדְבַר־יְהוָה מִירוּשָׁלָ͏ִם׃

11 וְעַתָּה נֶאֶסְפוּ עָלַיִךְ גּוֹיִם רַבִּים הָאֹמְרִים תֶּחֱנָף וְתַחַז בְּצִיּוֹן עֵינֵינוּ׃

이런 유사한 표현을 감안하고 1-4절과 11-13절의 사건들을 비교해 보면 현저한 차이가 있는 것을 알 수 있다. 1-4절의 열방들은 시온의 성전에 모여 하나님의 율법을 배우고 평화를 이룬다. 11절에서 이방 사람들은 1-4절의 열방들과는 달리 시온을 치고 더럽히는 것이다. 3절에서 열방들은 칼을 쳐서 보습을 만들고 창을 쳐서 낫을 만들었고, 전쟁과 전쟁 연습을 그쳤다. 반면에 11-13절에서 하나님이 시온에 모은 이방 사람들은 시온의 황폐함을 보고 조롱하고 있고, 또 시온이 해산의 고통을 통해 낳은 남은 자들이 전쟁을 통해 멸망시키는 대상이 된다. 이러한 차이가 나오는 이유는 1-4절의 이방 나라들은 하나님

의 구원의 은혜를 받은 자들인데 반해, 11-13절의 이방 나라 사람들은 종말의
시기에 하나님의 심판의 대상이 된 자들이기 때문이다.

11절을 다시 살펴보면, 임박한 재앙의 고통 때문에 시온이 공포와 원망의
비명을 지를 때에, 이방 나라들이 모여와서 시온의 재앙을 조롱하고 힐난한
다. 11절은 이방 나라들의 모임을 동사 *아삽*(אָסַף '모으다')의 니팔(Niphal) 형
인 *네엣푸*(נֶאֶסְפוּ)를 사용하였다. 이것은 이방 나라들이 수동적으로 모였다는
것을 의미하지만, 이들을 모으는 주체는 12절의 여호와이다. 이들은 고난 받
는 하나님의 백성들을 비난하고 조롱하는 것을 감안하면, 10절에서 말하는
것처럼 이들의 정체는 하나님의 백성의 '원수들'이다. 이들은 "시온이 더럽게
되며 그것을 우리 눈으로 바라보기를 원하노라"고 노골적으로 시온의 재앙
을 고소하게 생각한다.

12절에서 하나님은 이에 대해 시온이 스스로 그 고통의 의미를 깨닫지 못
하는 것처럼 이방 나라들도 여호와의 뜻과 계획을 알지 못한다고 비판한다.
하나님의 뜻과 계획을 알지 못하는 자들이 시온에 모여든 이방 나라들이라는
것을 분명하게 하기 위해 12절은 독립 인칭대명사 *헤임마*(הֵמָּה '그들')를 문
장의 첫 부분에 두어 강조하였다. 그리고 이들의 무지를 강조하기 위해 반복
법을 사용하였다.

וְהֵמָּה לֹא יָדְעוּ מַחְשְׁבוֹת יְהוָה	1행
וְלֹא הֵבִינוּ עֲצָתוֹ	2행
כִּי קִבְּצָם כֶּעָמִיר גֹּרְנָה:	3행

위에서 볼 수 있는 것처럼 1행과 2행은 동일 내용의 반복이다. 12절 마지막
행은 하나님께서 시온의 심판과 관련하여 시온 백성도 이방인들도 결코 상상
할 수 없었던 일을 계획하고 있음을 보여준다. 하나님은 마치 농부들이 추수
때에 곡식 단을 타작 마당에 모은 것처럼 하나님께서 이방 나라들을 모을 것

이라고 한다. 시온의 성전 터는 이전에 타작 마당이었다. 다윗이 인구조사를 하며 하나님보다 사람을 의지하는 모습을 보였을 때 천사를 보내어 징벌할 때 그 천사가 서 있었던 땅이 여부스 사람 아라우나의 타작 마당이었다. 8절에서 오펠에 대한 언급과 함께 타작하는 농부의 이미지는 시온 산에 성전이 세워지기 이전의 광경을 염두에 두고 있는 듯하다.

4) 시온이 전리품을 온 땅의 주께 돌림(13절)

13절은 3절과 매우 대조적으로 하나님이 시온의 뿔을 무쇠 같게 하며 시온의 굽을 놋 같게 하여 이방을 향한 전쟁을 일으킨다고 한다. 13절은 이 전쟁을 묘사하기 위해 다양한 문학적 기교를 사용하고 있다.

קוּמִי וָדוֹשִׁי בַת־צִיּוֹן   1행

כִּי־קַרְנֵךְ אָשִׂים בַּרְזֶל וּפַרְסֹתַיִךְ אָשִׂים נְחוּשָׁה   2행

וַהֲדִקּוֹת עַמִּים רַבִּים   3행

וְהַחֲרַמְתִּי לַיהוָה בִּצְעָם וְחֵילָם לַאֲדוֹן כָּל־הָאָרֶץ: 4행

위에서 볼 수 있는 것처럼 접속사 키(כִּי)로 시작되는 둘째 행을 중심으로 1행과 3-4행이 각각 두개의 동사를 통해 전쟁의 과정을 점진적으로 묘사하고 있음을 볼 수 있다. 그리고 2행은 직유법과 반복법을 사용하여 시온의 뿔과 굽을 무쇠와 놋처럼 만들겠다고 반복해서 말하고 있다. 4행도 '그들의 탈취물'과 '그들의 재물'을 반복하고 있다.

13절은 거룩한 전쟁을 시작할 때 종종 사용하는 표현인 '일어나라 짓밟으라'로 시작하고 있다. 13절 첫 행에서 이 전쟁을 집행하는 자는 8절과 10절에 나온 딸 시온인데, 딸 시온이 일어나 짓밟을 대상은 첫 행에서 언급되지 않고 3행에서 '많은 나라'들이라고 하였다. 이들은 11-12절의 이방 나라들과 동일하다. 그 이유는 12절에서 이들을 곡식 단을 타작 마당에 모음 같이 모을 것이라

고 하였는데, 13절 1행의 둘째 동사 *도쉬*(דוֹשׁי)는 *두쉬*(דוּשׁ '짓밟다' '밟아서 뭉개다' '으깨다')의 칼(Qal) 명령문이며, 주로 타작 마당의 곡식 밟는 행동을 표현할 때 사용된다. 그런 점을 감안하면 13절의 시온의 딸이 공격하는 대상은 11-12절의 아방 민족일 수밖에 없다. 13절 둘째 행에서는 딸 시온이 이들 이방 나라들을 매우 강력하게 짓밟도록 하기 위해 뿔을 무쇠 같게 하고 굽을 놋 같게 하여 깨뜨릴 것이라고 한다. 구약 성경과 고대 메소포타미아 사회에서 뿔은 힘과 권력을 상징하였다. 뿔을 무쇠 같게 한다는 것은 힘을 극대화한다는 의미이다. 굽을 놋 같게 하는 것은 말의 발굽에 편자를 장착하여 민첩성을 높일 뿐만 아니라 짓밟는 효과를 최대화하는 것을 의미한다.

13절 셋째 행의 동사 "깨뜨릴 것이라"는 '가루로 만들다(*다칵*, דָּקַק)'는 의미를 가지고 있다. 이것은 무쇠로 된 뿔로 쳐서 넘어진 이방 사람을 놋 편자로 장착된 굽으로 밟아 가루로 만들 듯이 멸망시킨다는 의미이다. 넷째 행의 동사 '구별하여 드리며'의 히브리어 동사는 *하람*(הֶרֶם, 파괴하다, 구별하여 드리다)이며, 주로 거룩한 전쟁에서 하나님께 모든 전리품을 바칠 때 쓰는 표현인 점을 감안하면(수 6:17이하), 13절에서 시온이 벌일 전쟁은 거룩한 전쟁이며 여호와의 날(미 4:1, 6)에 남은 자의 구원과 함께 이방인들과 벌일 거룩한 전쟁이다. 이들을 무찌르고 빼앗은 전리품은 여호와께 전부 구별하여 드리게 된다. 미가는 여호와 하나님을 온 땅의 주라고 하였다. 이로서 하나님의 주권이 온 천하에 널리 선포되며, 이 일을 이루는 자는 저는 자와 쫓겨난 자와 환난 당한 자들임에도 불구하고 하나님이 회복시켜 높이 세울 이스라엘의 남은 자들이다.

교훈과 적용

1. 마지막 날에 이르면 하나님은 수많은 이방 사람들을 모아 하나님의 율법과 말씀을 지키며 그의 의의 길을 따라 살게 할 것이라고 한다. 그리고 이 땅의 전쟁을 그치고 평화를 이룰 것이라고 한다. 이미 시작된 종말과 아직 완성되지 않은 종말의 시대에

살고 있는 우리는 그리스도의 도를 힘써 가르치며 평화를 이 땅에 구현하기 위해 얼마나 노력하고 있는가?

2. 범죄한 이스라엘 백성에게 징벌을 내려 때로는 저는 자가 되게 하고 쫓겨난 자로 만들고 그리고 환난을 받게 한 것처럼, 하나님은 범죄한 성도에게 징벌을 내린다. 하지만 하나님은 그런 자를 내버려 두지 않고 자기 백성으로 회복시킬 것이라고 한다. 그러나 하나님이 무작정 회복시키는 것이 아니라, 하나님의 이름을 의지하며 그의 도를 영원히 행하며 살고자 하는 자들을 회복시킨다. 나는 시련 가운데에서 하나님의 이름을 신실하고 의지하려고 하는가? 하나님의 징벌의 손길이 느껴질 때 나는 정신을 차리고 말씀 중심으로 살려고 하는가?

3. 하나님이 시온을 징벌할 때 많은 이방 사람들을 주님의 계획을 깨닫지 못하고 시온을 조롱하며 그들의 몰락을 기뻐하였다. 이방 사람들뿐만 아니라 고통 중에 몸부림쳤던 시온도 하나님의 계획을 깨닫지 못했다. 우리는 우리 자신을 고통의 폭풍 가운데로 몰아넣는 하나님의 계획을 볼 수 있는 영적인 눈을 가지고 있는가? 그 계획을 알지 못하고 하나님을 원망하고 있지는 않는가? 시련을 겪고 있는 성도를 은근히 멸시하고 있지는 않는가?

제5장 메시아와 남은 자들 (5:1-15)

미가 4장이 이방 민족의 회복과 고난을 통해 하나님 백성의 재탄생을 노래했는데, 미가서의 둘째 단락의 마지막 부분인 미가 5장은 메시아의 탄생을 예언하고 있다. 메시아 시대에 남은 자들은 이방 민족들에게 이슬과 사자 같은 존재가 되고 하나님은 과거 이스라엘 백성들이 의지하던 모든 것들을 파괴한다.

본문 개요

미가 5장은 세 부분으로 나눌 수 있다. 1-6절은 하나님의 백성을 다스릴 메시아의 탄생 지역과 통치에 대해 기록하고 있다. 메시아는 하나님의 능력과 이름을 의지하고 백성들에게 평화의 시대를 가져준다고 한다. 또한 메시아 시대의 지도자들이 함께 대적들로부터 남은 자들을 구원하는 일을 하게 된다. 7-9절은 이스라엘의 남은 자들과 이방 사람들 사이의 관계를 기록하고 있다. 메시아를 통해 돌아온 남은 자들은 많은 나라와 백성들 가운데 살면서 때로는 여호와로부터 나오는 이슬 같은 역할을 하고, 때로는 짐승들 가운데 거주하는 사자처럼 위협적인 존재의 역할을 한다. 10-15절에서 하나님은 메시아의 시대에는 자기 백성들이 하나님을 대신하여 의지하던 모든 것을 멸망시킨다. 과거 이스라엘 백성은 군마와 요새를 만들어 자신의 힘을 의지하였고, 자신들의 삶을 하나님이 아닌 주술과 우상 숭배에 맡겼다. 그러나 그날에는 하나님은 이런 것을 모두 제거하고 오직 하나님만 섬기며 하나님께 순종하게 한다.[1]

내용 분해

1. 하나님의 백성을 다스릴 자 – 메시아의 탄생과 통치(5:1-6)
    1) 메시아가 오기 전 상황(1절)
    2) 메시아의 탄생지(2절)
    3) 메시아가 남은 자들을 평화로 통치(3-6절)
2. 남은 자와 이방 사람들(5:7-9)
    1) 남은 자와 열방의 축복 (7절)
    2) 남은 자와 열방의 재앙 (8-9절)
3. 백성들의 비신앙적인 의지 대상들을 파괴(5:10-15)
    1) 군사적 의존 대상을 파괴(10-11절)
    2) 거짓 종교인과 우상을 파괴(12-14a절)
    3) 불순종하는 성읍과 나라를 멸함(14b-15절)

---

1. 미가 5:1은 마소라 본문과 70인역에서 4:13 뒤에 배치되어 있고 5:2이 5장의 첫 부분으로 되어 있다. 5:1은 이스라엘 지도자를 비판하는 내용을 담고 있으며, 이것은 4:1-13의 주제인 열방이 시온에 모이는 것과 시온의 회복에 대한 예언에 어울리지 않는다. 5:1은 이어지는 이스라엘의 참 지도자 메시아와 비교된다는 점을 고려하면 5장에 배열하는 것이 더 적절해 보인다. Simundson, "The Book of Micah," 568.

본문 주해

1. 하나님의 백성을 다스릴 자 - 메시아의 탄생과 통치(5:1-6)

1 딸 군대여 너는 떼를 모을지어다 그들이 우리를 에워쌌으니 막대기로 이스라엘 재판자의 뺨을 치리로다 **2** 베들레헴 에브라다야 너는 유다 족속 중에 작을지라도 이스라엘을 다스릴 자가 네게서 내게로 나올 것이라 그의 근본은 상고에, 영원에 있느니라 **3** 그러므로 여인이 해산하기까지 그들을 붙여 두시겠고 그 후에는 그의 형제 가운데에 남은 자가 이스라엘 자손에게로 돌아오리니 **4** 그가 여호와의 능력과 그의 하나님 여호와의 이름의 위엄을 의지하고 서서 목축하니 그들이 거주할 것이라 이제 그가 창대하여 땅 끝까지 미치리라 **5** 이 사람은 평강이 될 것이라 아시리아 사람이 우리 땅에 들어와서 우리 궁들을 밟을 때에는 우리가 일곱 목자와 여덟 군왕을 일으켜 그를 치리니 **6** 그들이 칼로 아시리아 땅을 황폐하게 하며 니므롯 땅 어귀를 황폐하게 하리라 아시리아 사람이 우리 땅에 들어와서 우리 지경을 밟을 때에는 그가 우리를 그에게서 건져내리라

1-6절은 하나님의 백성이 최악의 시련에 처해 있을 때 메시아가 베들레헴 에브라다에 온다고 한다. 남은 자들은 돌아오게 되고 메시아는 하나님의 이름으로 그들을 평화롭게 목양하며 대적들을 철저하게 물리친다. 개역개정 성경의 미가 5:1은 히브리어 성경 마소라 본문(MT)에서는 미가 4장에 포함시켜 4:14절로 구분되어 있다. 이 주석에서는 개역개정의 구분에 따라 미가 5장에 포함시켰다. 이렇게 구분한 이유는 1절에서 간략하게 설명할 것이다.

1) 메시아가 오기 전 상황(1절)

5장의 예언은 "그들이 우리를 에워쌌으니"에서 볼 수 있듯이 아시리아 군

대가 예루살렘을 포위하고 있는 최악의 상황에서 주어진 것이며, 메시아가 오기 직전에 있을 암울하고 참담한 상황을 뼛속 깊이 느끼며 희망을 예고하기 시작한다. 미가 5:1은 유다 백성들에게 군대를 모집하여 공격하라는 메시지로 시작한다. 하지만, 이 군대의 모습은 초라하기 짝이 없는 군대이다. 1절의 첫 문장은 "딸 군대여 너는 스스로 떼를 모을지어다"로 시작한다. 딸은 미가 4장에서 시온을 지칭하기 위해 반복적으로 사용되었다(미 4:8, 10, 13). 군대를 딸이라고 부른 것은 이 군대가 적군이 아니라 유다 사람으로 구성된 군대임을 보여준다. 미가 4:13의 "딸 시온이여 일어나서 칠지어다"는 미래에 여호와의 날에 일어날 일이지만, 미가 5:1의 딸 군대는 현재 아시리아의 공격을 맞이하고 있는 유대인들을 향한 메시지이다. 그렇기 때문에 미가 5:1은 마소라 본문의 구분보다 개역개정의 구분에 따라 미가 5장에 포함시키는 것이 더 적절하다. '군대'의 히브리어 게둗(גְּדוּד)은 비교적 소규모의 군대를 나타내는 말이며 (삼하 4:2; 호 6:9; 7:1), 예루살렘을 포위하고 있는 아시리아 대군과 비교되는 표현이다. 미가는 아시리아 군대가 포위 공격을 하고 있으며, 유다의 왕을 이스라엘의 재판자라고 표현하며 아시리아 군대가 막대기로 그의 뺨을 칠 것이라고 한다. 이 과정에서 딸 군대는 아무런 역할도 하지 못한다. 막대기로 뺨을 치는 것은 이스라엘의 왕을 제압하고 체포하여 극한 모욕을 준다는 의미이다 (시 3:8; 사 50:6; 애 3:30). 이 모욕에는 왕과 왕의 가족을 백성들이 보는 앞에서 상해를 입히는 것이 포함되어 있다. 바벨론 왕이 시드기야의 아들들을 그의 눈 앞에서 죽이고 시드기야의 두 눈을 빼고 놋 사슬에 결박하여 바벨론으로 끌고 간 행위들이 왕의 뺨을 치는 것에 해당될 것이다(왕하 25:7; 렘 52:10-11). 미가 예언의 특이점은 하필이면 유다의 성군 중에 한 명인 히스기야 시대에, 그것도 예루살렘이 아시리아에 의해 포위 공격을 당하고 있는 시점에 이 예언을 하고 있다는 것이다. 이것은 하나님이 히스기야의 기도를 듣고 이사야를 통해 예루살렘의 안전을 약속했던 것과 반대된다(왕하 19:14-34). 이런 차이가 생긴 이유는 미가의 예언은 보다 더 먼 미래에 있을 예루살렘의 멸망과 메시아 시대를 향하고 있기 때문이다.

2) 메시아의 탄생지(2절)

이런 상황 속에서 미가는 베들레헴에서 메시아가 탄생할 것을 예언한다. 첫 예언에서 미가는 구약 성경에서 그 용례를 찾기 쉽지 않은 독특한 문장으로 메시지를 시작한다.

וְאַתָּה בֵּית־לֶחֶם אֶפְרָתָה צָעִיר לִהְיוֹת בְּאַלְפֵי יְהוּדָה 1행

מִמְּךָ לִי יֵצֵא לִהְיוֹת מוֹשֵׁל בְּיִשְׂרָאֵל 2행

וּמוֹצָאֹתָיו מִקֶּדֶם מִימֵי עוֹלָם׃ 3행

위의 박스에서 볼 수 있는 것처럼 동사 *하야*(הָיָה '이다' '되다')의 부정사 연계형인 *헤오트*(הֱיוֹת) + 전치사 *레*(לְ)로 구성된 문장을 1행에서는 동사구를 만들어 술어 역할을 하게 하였고, 2행에서는 명사구로 만들어 주어 역할을 하게 하였다. 1행에서 먼저 미가는 메시아의 탄생지 예언을 먼저 시작하며, 그 장소는 베들레헴 에브라다라는 것을 강조하기 위해 의인화하여 '너'라고 했고, 이 베들레헴이 아주 작은 도시라는 것을 강조하기 위해 형용사 '작은'(צָעִיר)을 부정사 연계형 *리헤오트* 앞에 도치하였다. 이 문장을 직역하면 '너 베들레헴 에브라다야 유다 마을들 중에서 작을지라도'이다. 이 베들레헴은 예루살렘에서 남쪽으로 약 8 km 떨어진 곳에 위치해 있으며, 예루살렘에서 가장 가까운 도시이지만 "유다 족속 중에 작을지라도"에서 볼 수 있듯이 작은 촌락에 지나지 않는다. "작을 지라도"의 히브리어 *차이르*(צָעִיר)는 '작은' '중요하지 않은' '어린'의 의미를 가지고 있으며, 베들레헴의 규모나 비중을 짐작하게 해 주는 표현이다. 베들레헴은 룻기의 배경이 된 촌락이며, 다윗이 태어나서 자란 곳이다. 이렇게 작은 도시에서 메시아가 탄생한다는 것은 미가의 동시대 선지자인 이사야의 예언과 유사한 점이 있다. 이사야 7장에서 이사야는 아람 왕 르신과

이스라엘 왕 베가가 공격해 올 때 아시리아에 의지하려는 아하스에게 하나님의 보호를 약속하며 징조를 제시한다. 이사야가 제시한 징조는 메시아이며, 그 메시아는 아시리아 대군과는 비교가 되지 않는 어린 아이의 모습이다(사 7:14). 이사야의 메시아 예언과 유사하게 미가는 메시아가 태어날 장소로 유다의 수도이자 이스라엘의 성지인 예루살렘이 아니라 유다에서 가장 작은 도시 중에 하나인 베들레헴을 지명하였다. 베들레헴을 지명한 이유는 다윗의 출생지라는 이유가 첫째일 것이다. 둘째는 베들레헴은 야곱의 아내 라헬이 베냐민을 출산하다가 죽어 묻힌 장소이기도 하며, 그녀의 무덤은 베들레헴 입구에 있다. 라헬은 임종하면서 베냐민의 이름을 슬픔의 아이(창 35:18, 베노니)라고 이름을 지어 주었다. 3절의 예언 내용은 미가 4장의 출산하는 여인의 비유처럼 라헬의 출산 비극에 빗대어 만들어진 것으로 여겨진다. 예레미야 31:15-17도 이스라엘의 재앙과 회복을 드라마틱하게 묘사하기 위해 자식과 관련된 라헬의 고통을 사용하고 있다. 이에 더해 베들레헴의 *레헴*(לֶחֶם)이 떡이라는 의미를 가지고 있지만, 자궁의 의미를 가진 *레헴*(רֶחֶם)과 유사한 음을 가진 것을 염두에 두고 출생지 예언을 하고 있는 듯 하다. 이럴 경우 메시아 탄생지로 예고된 베들레헴은 청중의 기억 속에 쉽게 각인될 있으며, 죽음과 같은 시련 가운데 피어나는 메시아 출생의 희망을 심어 줄 수 있다. 베들레헴에 함께 붙어 있는 "에브라다"는 '다산'과 '풍요'의 의미를 가지고 있다.[2]

2절 둘째 행에서는 메시아가 베들레헴에서 태어날 것을 말한다. 독특하게도 미가가 메시아가 통치자라는 것을 말하기 위해 영어의 to 부정사와 유사한 역할을 하는 동사 *하야*(היה '이다' '되다')의 부정사 연계형 *헤오트*(הֱיוֹת) + 전치사 *레*(לְ)가 이끄는 명사구(*리헤오트 모쉘 베이스라엘* לִהְיוֹת מוֹשֵׁל בְּיִשְׂרָאֵל)를 주어로 만들어 '이스라엘 위를 다스릴 자가 될 이가'라고 하였다.

---

2. Barker & Bailey, *Micah Nahum Habakkuk Zephaniah*, 96.

2행 מִמְּךָ֙ לִ֤י יֵצֵ֔א לִֽהְי֥וֹת מוֹשֵׁ֖ל בְּיִשְׂרָאֵ֑ל

3행 וּמוֹצָאֹתָ֥יו מִקֶּ֖דֶם מִימֵ֥י עוֹלָֽם׃

이 메시아가 베들레헴에서 나오게 된다는 강조하기 위해 전치사구 '네게서 부터'(*밈메카* מִמְּךָ)를 동사 *에체*(יֵצֵא '나오다') 앞으로 도치하였다. 이 메시아 가 여호와 하나님을 위해 오신다는 것을 강조하여 말하기 위해 전치사구 '나 를 위하여'(*리* לִי)도 동사 앞으로 도치하였다. 둘째 행은 베들레헴에서 태어날 메시아는 통치자라고 하며(마 2:5-6; 요 7:42), 이사야 9:6-7의 메시아와 유사 하다. 하지만 둘 사이에 중요한 차이점은 미가 5:2의 메사아는 백성을 구원하 기 위해 전쟁을 치룬다는 것이다(6절). 미가가 말하는 메시아의 또 다른 특징 은 셋째 행에서 볼 수 있는 것처럼 그의 기원이다. 미가는 미래에 태어날 메 시아를 예언하면서 그가 옛날부터 또는 매우 오래 전부터 존재했었다고 한 다. "상고에"의 *믹케뎀*(מִקֶּדֶם)이 장소의 의미로 사용될 때에는 '동방의'의 뜻 을 가지지만, 시간의 의미로 사용될 때에는 '오래 전'의 뜻을 가진다. "영원"의 히브리어는 *미메이 올람*(מִימֵי עוֹלָם)이며, 하나님이 천지를 창조하기 이전의 의미도 가질 수 있지만, 단순히 '매우 오래 전'의 의미로도 사용될 수 있다. 어 느 의미로 사용되었던지 간에 미래에 태어날 존재를 과거에 이미 존재했다고 말하는 것 자체가 메시아가 평범한 사람이 아니라 신적인 존재라는 사실을 보 여준다. 이 표현은 다니엘이 하나님을 "옛적부터 항상 계신 이"로 표현한 것 과 같은 취지를 가진 것으로 볼 수 있다(단 7:9, 13, 22).

3) 메시아가 남은 자들을 평화로 통치(3-6절)

3절의 여인은 미가 4:9-10과 연결된 주제이며 시온을 가리킨다. 여인이 해 산할 대상은 2절의 이스라엘을 다스릴 자인 메시아이다. 그리고 그들을 붙여 두는 주체는 2절의 예언을 선포한 여호와 하나님이며, '그들을'은 이스라엘이 다. '붙여 두다(*나탄* נָתַן)'는 1절의 "우리를 에워쌌으니"와 관련된 말이며, 이스라엘을 열방의 압제 아래에 둔다는 말로 이해할 수 있다. 이스라엘을 열방의 세력 아래 두는 시기는 메시아가 탄생할 때까지이다. 이 후에 그의 형제 가운데에 남은 자가 이스라엘 자손들에게 돌아온다고 한다. "형제"는 일반적으로 피를 나눈 형제나 친척을 의미하지만, 본문의 형제는 혈육과 관계없는 매우 친밀한 관계를 맺고 있는 사람을 지칭한다. 다윗이 요나단을 형제라고 부른 것이 이런 경우이다(삼하 1:26). "남은 자"의 히브리어는 *에테르*(יֶתֶר)이며, 이 표현은 미가 5:7-8 그리고 2:12과 4:7의 남은 자의 히브리어 *쉐에리트*(שְׁאֵרִית)와 동의어이지만 서로 무관한 대상을 가리킨다. *쉐에리트*는 이스라엘 자손 가운데 하나님을 배반하지 않고 신실하게 믿는 자들을 가리킨다. 학자들 중에는 *에테르*는 이스라엘 백성 중에서 *쉐에리트*에 속하지 않고 디아스포라에 살고 있는 하나님을 불신하고 배신한 무리들 가운데서 되돌아온 자들을 가리킨다고 보는 이들이 있다.[3] 하지만 3절의 *에테르*는 다윗과 요나단처럼 메시아를 형제처럼 진심으로 사랑하는 자들로서 이스라엘 자손들에게 돌아올 사람들이다. 미가 5:5에 의하면 이들은 메시아가 그의 이름을 창대하게 하여 땅 끝까지 미치게 한 결과로 메시아의 목자적 리더십 아래에 살게 된 무리들이다. 그러므로 이들은 미가 4:1-4의 시온으로 몰려오는 많은 이방 민족을 가리킬 가능성이 높다.

4절은 계속하여 메시아 통치의 특징을 알려준다. 메시아는 백성을 착취하며 높은 상좌에 앉기를 좋아한 이스라엘의 왕들과는 달리 일어나서 자기 백성들을 양떼를 목축하듯이 다스린다.[4] '일어나다(*아마드*, עָמַד)'는 메시아의 출현을 의미할 수도 있고, 왕좌에 앉은 왕들과 대조시키는 표현일 수도 있다. 지배자를 목자에 비유하는 것은 고대 근동 국가들의 왕들의 기념비에서 흔히 볼 수 있다. 고대 수메르의 왕들의 목록에서는 왕들을 신 또는 신의 아들, 대제사

---

3. Waltke, "Micah,", 706; Allen, *The Books of Joel, Obadiah, Jonah and Micah*, 346.
4. J. T. Willis, "Micah IV 14 – V 5: A Unit," *VT* 18 (1968): 529-47.

장, 그리고 목자 중에 하나를 덧붙여 호칭하곤 한다. 수메르의 왕들의 목록 중에서 에타나(Etana)와 루갈-반다(Lugal-banda) 왕은 목자라고 불리고 있다 (*ANET*, 265-266).[5] 목자 호칭을 즐겨 사용했지만 고대 근동의 왕들은 백성들을 전쟁의 피바다로 몰아넣었고, 권력을 유지하기 위해 백성들을 힘으로 다스리기 급급했다. 이것은 고대 근동의 왕들의 일반적인 통치 스타일이자 왕권에 대한 가치관이었기 때문에 왕들은 자신들의 기념비에 그들이 일으킨 전쟁과 승리를 주로 기록하고 있다. 이에 반해 메시아의 통치의 특징은 5절에서 말하는 것처럼 평화이다.[6] 메시아는 백성을 다스릴 때 항상 의존하는 것이 있다. 고대 근동과 이스라엘의 왕들은 통치를 위해 자신의 군사력을 의지하였지만, 메시아는 하나님의 힘과 능력을 의지하여 백성들을 목양한다. 그리고 메시아는 자신의 이름을 드러내기 위해 정치적인 쇼를 벌이는 것이 아니라 하나님의 이름의 위엄을 드러내려고 최선을 다한다. 특별히 4절 둘째 행은 첫째 행과는 달리 이를 강조하기 위해 수식어를 길게 붙였다.

וְעָמַד וְרָעָה בְּעֹז יְהֹוָה 1행
בִּגְאוֹן שֵׁם יְהֹוָה אֱלֹהָיו (X) 2행

위에서 볼 수 있는 것처럼 1행은 모두 네 단어로 문장이 형성되어 있고 2행도 마찬가지이다. 대신에 2행의 특징은 네 단어로 된 문장을 만들기 위해 1행의 '목축하니'(*라아* רָעָה)를 생략하고 대신에 '위엄으로'(*비게온* בִּגְאוֹן)를 수식하기 위해 '그의 하나님 여호와의 이름'(*쉼 여호와 엘로하브* שֵׁם יְהֹוָה אֱלֹהָיו)을 길게 덧붙였다. 이것은 1행이 '능력으로'(*베오즈* בְּעֹז) 다음에 '여호와'(יהוה) 한 단어만 가지고 있는 것과 확연하게 구별된다. 구약 성경에서 하나님의 이

---

5. K. J. Cathcart, "Notes on Micah 5, 4-5," *Biblica* 49 (1968): 511-14.

6. R. J. Pannell, "The Politics of the Messiah: A New Reading of Micah 4:14-5:5," *PRSt* 15 (1988): 131-43.

름은 하나님의 구원의 능력과 연결시키는 경우가 종종 있다. 시편 20:5에서 시인은 환난 가운데서 "하나님의 이름으로 우리의 깃발을 세우리니"라고 하며 여호와의 "오른손의 구원하는 힘으로" 응답하시기를 간구한다. 메시아는 바로 이 구원하는 역할을 충실히 수행하게 된다. 메시아의 이러한 통치는 땅 끝까지 알려져서 그 자신의 이름이 창대하게 되고, 메시아를 사랑하는 많은 사람들이 그의 목자 같은 다스림을 사모하여 그에게 나아오게 될 것이다.

5절에서 미가는 메시아 예언을 이스라엘 자손들에게 설명한다. 그는 이스라엘 백성들이 메시아가 자기 가까이 있는 것처럼 느끼게 "이 사람은"이라고 한다. 지시 대명사 *제*(הֶ)는 영어 'this'의 의미를 가지며, 가까이 있는 사람과 사물을 말할 때 쓰는 표현이다. 미가는 이사야 9:6에서 메시아를 평강의 왕이라고 말하는 것처럼 그를 '평화' 그 자체라고 한다. 5절은 평화의 왕 메시아를 돕는 자가 있다고 하며, 평화의 왕을 돕는 자답게 그는 목자이며 선출된 지도자라고 불린다. 개역성경에서 군왕으로 번역된 *나식*(נְסִיךְ)은 부족에서 선출된 지도자를 의미한다. 4절에서 미가는 메시아가 목자처럼 통치할 것이라고 했지만, 메시아를 직접적으로 목자라고 말하지는 않았다. 대신에 5절에서 아시리아가 "우리 땅에 들어와 우리 요새를 밟을 때" 일곱 목자와 여덟 지도자를 일으켜 그를 칠 것이라고 한다. 우리 땅과 우리 요새들이 미가와 당대의 사람을 포함하는 표현이기 때문에 아시리아는 이스라엘을 공격하고 있는 민족 아시리아를 가리키지만, 이에 한정되지 않고 아시리아를 포함하여 미래에 메시아 시대에 생겨나게 될 이스라엘의 대적들을 포괄적으로 지칭하는 상징적인 표현이다. 개역개정 성경이 "궁들"로 번역한 히브리어 *알몬*(אַרְמוֹן)은 적의 침략을 대비하여 요새처럼 만든 궁전을 의미한다. 미가의 직전 시대에 활동한 아모스는 이스라엘과 유다를 비롯한 주변 국가들에 대한 하나님의 심판을 선언하면서 이들 국가들의 궁전 요새를 불로 태워 버릴 것이라고 11차례에 걸쳐 말했다. 일곱 목자와 여덟 지도자는 많은 목자들과 지도자들을 뜻한다. 미가는 특이하게도 아시리아와 같은 대적이 공격하면 곧바로 응전하는 것이 아니라, 그 땅의 최후 보루인 궁전 요새까지 침략해 들어올 때까지 반격하지 않는 다고 한다. 그러다가 대적들이 궁전 요새로 진격해 들어오면 그때에야 목자들 과 지도자들을 세워(*하케모누* הֲקֵמֹנוּ '우리가 세우다') 대적들과 싸우게 할 것 이라고 한다. 6절에 의하면 목자들과 지도자들은 놀랍게도 대적들을 격퇴시 킬 뿐만 아니라 아시리아 땅과 니므롯 땅, 아시리아에 의해 합방되어 식민통 치를 받고 있던 바벨론을 양이 목초지의 풀을 먹어 치우듯이 칼과 뺀 칼로 소 멸시킬 것이라고 한다. 개역개정의 "어귀를"의 히브리어 *페타*(פֶּתַח)는 '뺀 칼' 이란 의미를 가지고 있다. 대적들에게 반격한 자들은 목자들과 지도자들인데 도 미가는 아시리아로부터 구원하는 자를 동사 *나찰*(נָצַל)의 히필(Hiphil) 형 3인칭 남성 단수인 *힛찰*(הִצִּיל)로 표현하여, 진정한 구원자는 목자들과 지도 자들이 아니라 메시아라고 한다.[7]

2. 남은 자와 이방 사람들(5:7-9)

7 야곱의 남은 자는 많은 백성 가운데 있으리니 그들은 여호와께로부터 내 리는 이슬 같고 풀 위에 내리는 단비 같아서 사람을 기다리지 아니하며 인 생을 기다리지 아니할 것이며 **8** 야곱의 남은 자는 여러 나라 가운데와 많 은 백성 가운데 있으리니 그들은 수풀의 짐승들 중의 사자 같고 양떼 중 의 젊은 사자 같아서 만일 그가 지나간즉 밟고 찢으리니 능히 구원할 자 가 없을 것이라 **9** 네 손이 네 대적들 위에 들려서 네 모든 원수를 진멸하 기를 바라노라

---

7. M. B. Crook, "The Promise in Micah 5," *JBL* 70 (1951): 313-20. 크룩은 미가 5:5이 다윗 왕가의 후 계자 변경을 지지하기 위한 메시지라고 주장한다. 그의 주장은 근본적으로 구약의 메시아 예언에 대 해 부정적인 자세를 가지고 있기 때문에 생겨난 현상이다.

7-8절은 아래의 밑줄과 네모 칸 표시에서 볼 수 있는 것처럼 거의 유사한 표현과 직유법 그리고 다음 행을 접속사 *아쉐르*(אֲשֶׁר 'that')로 된 절을 이어지게 하는 구문 형식을 가지고 이스라엘의 남은 자와 이방 나라의 관계를 예고하고 있다.

7절   וְהָיָה שְׁאֵרִית יַעֲקֹב בְּקֶרֶב עַמִּים רַבִּים

         כְּטַל מֵאֵת יְהוָה כִּרְבִיבִים עֲלֵי־עֵשֶׂב

         אֲשֶׁר לֹא־יְקַוֶּה לְאִישׁ וְלֹא יְיַחֵל לִבְנֵי אָדָם׃

8절   וְהָיָה שְׁאֵרִית יַעֲקֹב בַּגּוֹיִם בְּקֶרֶב עַמִּים רַבִּים

         כְּאַרְיֵה בְּבַהֲמוֹת יַעַר כִּכְפִיר בְּעֶדְרֵי־צֹאן

         אֲשֶׁר אִם עָבַר וְרָמַס וְטָרַף וְאֵין מַצִּיל׃

하지만 둘은 현저히 다른 종말론적 미래를 예고한다. 7절은 이스라엘의 남은 자들이 이방 나라에 선한 영향력을 끼치는 것을 기록하고 있다면, 8절은 남은 자들이 이방 나라들을 심판하는 하나님의 도구 역할을 하게 된다.

7-9절은 이스라엘의 남은 자의 존재 형태 세 가지를 예언한다. 첫째는 7절과 8절이 공통적으로 말하고 있는 야곱의 남은 자가 많은 백성 가운데 있을 것이라는 것이다. 이 말은 야곱의 남은 자가 가나안 땅에 살고 있는 것이 아니라, 세계 각국의 민족들 가운데 디아스포라 형태로 존재하게 된다는 것이다. 둘째는 7절에서 직유법을 통해 이스라엘의 남은 자가 이슬 같은 존재가 되는 것이며, 셋째는 8절에서 역시 직유법을 통해 남은 자들이 사자와 같은 존재가 된다. 그리 멀지 않은 미래에 유다는 결국 멸망하게 되고 사람들은 포로로 끌려가거나 아시리아와 바벨론의 침략 때문에 목숨을 부지하기 위해 세계 각국으로 피신하여 살게 된다. 하지만 야곱의 남은 자들은 디아스포라로 살지만, 그들의 처지는 완전히 역전되어 있다. 그들은 이방 민족들 가운데 축복과 저주의 통로로 존재하게 된다.

1) 남은 자와 열방의 축복 (7절)

7절은 직유법으로 된 두 개의 문장(*케탈 כְּטַל*, *키레비빔 כִּרְבִיבִים*)을 통해 야곱의 남은 자들이 많은 민족들 가운데 여호와께로부터 내리는 이슬 같고 풀 위에 내리는 비와 같다고 한다. 이 말은 우선 야곱의 남은 자들의 정체성을 "여호와께로부터 내리는 이슬," 즉 여호와께로부터 기원했음을 밝히고 있다. 대적들이 무력으로 남은 자들을 디아스포라에 흩어져 살게 하였지만, 그럼에도 불구하고 남은 자들의 존재는 대적들의 무력에 의해 포로로 끌려간 자로 표현되지 않고 여호와께서 내려 보낸 자로 정의되고 있다. 야곱의 남은 자들은 또한 풀 위에 내린 단비 같다는 말에서 볼 수 있듯이, 그들 자신들만을 위해 존재하는 것이 아니라 풀로 비유된 많은 백성들에게 단비와 같은 존재로서 많은 민족들의 생존을 위해 꼭 필요한 존재로 역할 하게 된다(신 32:2; 시 72:6). 7절의 셋째 행(MT 6절)의 관계절 *아쉘르(אֲשֶׁר)*로 부연 설명되고 있는 사람과 인생을 기다리지 않는 자의 정체가 야곱의 남은 자인지 아니면 풀로 비유된 많은 백성들인지 분명하지 않다.[8] 만약 기다리는 주체가 야곱의 남은 자들이면 그들이 사람이 아닌 하나님만 바라며 사는 것을 의미할 것이다. 그러나 '풀'이면 풀이 사람과 인생을 기다리지 않고 비를 기다리는 것처럼 하나님을 신실하게 바라는 많은 민족들이 야곱의 남은 자들을 통해 풀 위에 내린 비와 같은 축복을 받게 된다는 것을 의미한다.

2) 남은 자와 열방의 재앙 (8-9절)

8절에 의하면 야곱의 남은 자의 또 다른 존재 역할은 이방 민족들의 저주의 통로이다. 8절은 7절과 마찬가지로 두 개의 직유법으로(*케아르에 כְּאַרְיֵה*, *키케피르 כִּכְפִיר*) 야곱의 남은 자와 이방민족의 관계를 설명한다. 하지만 7절

---

8. Barker & Bailey, *Micah, Nahum, Habakkuk, Zephaniah*, 103; Allen, *The Books of Joel, Obadiah, Jonah and Micha*, 355.

과 8절의 야곱의 남은 자와 이방 민족의 관계는 판이하게 다르다. 먼저 7절과 8절의 야곱의 남은 자가 거주하는 곳을 비교해 보면 미묘한 차이가 있다.

7절 - וְהָיָה שְׁאֵרִית יַעֲקֹב בְּקֶרֶב עַמִּים רַבִּים

8절 - וְהָיָה שְׁאֵרִית יַעֲקֹב בַּגּוֹיִם בְּקֶרֶב עַמִּים רַבִּים

위의 밑줄에서 볼 수 있는 것처럼 7절과는 달리 8절의 첫 행은 "여러 나라 가운데"(בַּגּוֹיִם)를 더 첨가하고 있으며, 70인역 성경은 7절과 8절의 표현의 차이점을 인식하고 이 차이점을 없애기 위해 7절의 "많은 백성 가운데"(*베케렙 암밈 랍빔* בְּקֶרֶב עַמִּים רַבִּים) 앞에 8절처럼 "여러 나라 가운데"를 첨가하여 7절과 8절의 표현을 동일하게 만들었다. 그래서 많은 학자들이 7절에 "여러 나라 가운데"가 없는 것을 히브리어 성경 필사자가 실수로 이를 누락시킨 것으로 이해한다.[9] 이럴 가능성도 높지만 미가가 야곱의 남은 자들이 이방 민족들 가운데 저주의 통로 역할을 하는 이유를 암시하기 위해 이 표현을 의도적으로 첨가하였을 수도 있다. "여러 나라"의 히브리어는 *고임*(גּוֹיִם)이며, 구약 성경에서 종종 언약 백성인 이스라엘과 대조되는 하나님을 알지 못하고 구원받지 못한 이방 민족들을 지칭하기 위해 사용하는 표현이다. 미가는 이방 민족들을 야생에서 살고 있는 짐승들에 비유하며 야곱의 남은 자는 사자로 비유하고 있다. 또한 이방 민족들을 양떼로 비유하고 야곱의 남은 자를 젊은 사자로 비유하는데, 양떼는 온유함과 유순한 모습을 나타내기보다는 오히려 젊은 사자 앞에 무기력하게 공격당하는 유약한 이미지를 강조하기 위해 사용된 비유적 표현이다. 야곱의 남은 자들이 그들을 대적하는 이방 민족들을 사이로 지나가며 짓밟고 갈기갈기 찢을지라도 이들을 구원할 자가 아무도 없다고 한다. 이 같은 무섭고 잔인한 학살은 아시리아의 산헤립과 아술바니팔 왕의 군

---

9. Waltke, "Micah," 713.

사들에 의해 이스라엘과 유다에 자행되었다. 아시리아 사람들은 유대인들을 잡아 나무에 목매달아 죽였고, 그들의 머리를 참수하여 가져갔고, 혀를 뽑아 죽이며, 눈을 뽑아 죽였다. 미가는 미래에는 정반대로 야곱의 남은 자가 이방 나라들에게 고통스러운 보복을 행할 것이라고 한다. 6절에서 미가가 대적 아시리아가 침략하였을 때 남은 자를 구원할 이는 메시아라고 밝힌 것과는 대조적으로 야곱의 남은 자의 공격을 받는 이방 나라를 구원할 자가 전혀 없다.

9-10절은 출애굽 모티브를 사용하여 하나님께서 남은 자들의 원수들을 징벌하고 멸망시킬 것을 예고한다. 먼저 9절은 '네 손을 네 대적들 위에 들어 올리라'고 한다. 이것은 홍해 앞에서 모세가 홍해 바다를 갈라서 마른 땅이 되게 한 것을 연상시키는 표현이다. 이렇게 생각할 수 있는 이유는 10절의 군마와 병거를 부순다고 한 말이 출애굽기 14:16-17에서 볼 수 있는 것처럼 이집트의 군사와 병거를 홍해에서 멸한 것과 하나로 묶여 있는 주제이기 때문이다. 마치 모세가 손을 들었을 때처럼 미가 9절은 남은 자가 손을 대적들 위에 들자 모든 원수들이 진멸되는 일이 일어날 것이라고 한다. 이를 강조하기 위해 9절 둘째 행은 도치법을 사용하였고, 이를 통해 첫째 행과 둘째 행이 대구 구조를 형성하게 만들었다.

위에서 볼 수 있는 것처럼 9절 2행은 주어 '너의 모든 대적들'을 동사 *익카레투*(יִכָּרֵתוּ '그들이 진멸될 것이다') 앞으로 도치하였다. 이 도치는 9절 첫 행에서 '너의 대적들'이 문장의 마지막에 있고 동사는 문장의 시작 부분에 있는 것과 반대되는 문장 구조를 만듦으로 대구를 형성하게 하였다. 9절의 2인칭 '네 손이'에서 '네'가 지칭하는 것은 남은 자들의 손이며, 손은 능력을 나타

낸다(시 89:14). '네 대적'은 8절의 여러 나라의 백성들로서 하나님 없는 인생
들이다. 이사야 26:11처럼 손을 대적들 위에 드는 것은 하나님이 그 권능을 쏟
아 붓는 것을 의미하며, 결과적으로 대적들을 모두 진멸하는 승리를 얻게 된
다(출 14:16-17; 17:11 참조). 9절 둘째 문장은 '너의 모든 대적들'을 멸하는 주
체는 10절에서 말하는 것처럼 여호와 하나님이다.

3. 백성들의 비신앙적인 의지 대상들을 파괴(5:10-15)

10 여호와께서 이르시되 그 날에 이르러는 내가 네 군마를 네 가운데에서
멸절하며 네 병거를 부수며 **11** 네 땅의 성읍들을 멸하며 네 모든 견고한 성
을 무너뜨릴 것이며 **12** 내가 또 복술을 네 손에서 끊으리니 네게 다시는 점
쟁이가 없게 될 것이며 **13** 내가 네가 새긴 우상과 주상을 너희 가운데에서
멸절하리니 네가 네 손으로 만든 것을 다시는 섬기지 아니하리라 **14** 내가
또 네 아세라 목상을 너희 가운데에서 **빼버리고** 네 성읍들을 멸할 것이며
15 내가 또 진노와 분노로 순종하지 아니한 나라에 갚으리라 하셨느니라

10-15절은 하나님께서 9절에서 말한 '네 손이 너의 대적들 위로 들어올려
너의 모든 원수를 진멸되리라'라고 한 것의 구체적인 대상을 기록하고 있다.
이렇게 생각할 수밖에 없는 이유는 10-15절이 9절의 2가지 표현을 반복해서
사용하고 있기 때문이다.

네 손 (*야데카*, יָדְךָ)   9, 12, 13
진멸하다 (*카라트*, כָּרַת) 9, 10, 11, 12

10-15절은 놀랍게도 하나님께서 멸망시키는 대상이 '너'로 표현된 '네 군
마,' '네 병거,' '네 땅의 성읍,' '네 모든 견고한 성' 등등이다. 이 '너'가 이스라

엘 백성인지 아니면 이방 나라인지 명확하지 않지만, 10-15절의 말씀이 9절의 주제를 이어가고 있음을 감안하면 '너'는 이스라엘의 남은 자들이다. 7-9절에서 이스라엘의 남은 자들에게 희망과 소망의 메시지를 주었는데, 10-15절에서는 그들이 하나님만 온전히 의지하게 만들려고 하는 하나님의 의지가 드러난다. 10-15절에서 하나님은 종말에 이스라엘 백성들이 하나님을 대신하여 의지하는 세 가지를 제거할 것이라고 한다. 1) 하나님은 그들의 군사적 의존 대상을 파괴하고(10-11절), 2) 거짓 종교인과 우상을 파괴하며(12-14절), 3) 불순종하는 성읍과 나라를 멸할 것을 예언하는 것으로 볼 수 있다(15절).

1) 군사적 의존 대상을 파괴(10-11절)

10절은 먼저 이스라엘 백성들이 의존했던 군사력을 제거하는 분이 하나님 자신이라는 것을 말한다. 10절은 이를 강조하기 위해 아래의 박스 표에서 볼 수 있는 것처럼 선지자의 인용 표현인 '여호와의 말씀'(네움-여호와 נְאֻם־יְהוָה)을 '그날에 일어날 것이다'(베하야 바욤-하후 וְהָיָה בַיּוֹם־הַהוּא) 뒤에 첨부하였다. 그리고 10절은 하나님께서 말들과 병거들을 멸하신다는 것을 강조하기 위해 10절 셋째 문장에서 생략법을 사용하였다.

וְהָיָה בַיּוֹם־הַהוּא נְאֻם־יְהוָה

וְהִכְרַתִּי סוּסֶיךָ מִקִּרְבֶּךָ

(X) וְהַאֲבַדְתִּי מַרְכְּבֹתֶיךָ

3행은 2행의 '네 가운데에서'를 생략함으로 '내가'(여호와) 멸한다는 것을 더 두드러지게 만든다. 특별히 병거와 마병을 멸하는 것은 9절의 손을 드는 것과 더불어 홍해에서 이스라엘을 추적하던 이집트의 병거와 마병을 멸하는 것을 연상시키는 이미지이다.

10절은 선지서의 대표적인 두 가지 표현으로 시작한다. 첫째는 여호와 하나님의 구원과 심판의 날을 나타내는 '그 날에'이다. 미가 5장이 메시아 탄생에 관한 말로 시작한 것을 고려한다면, 이 날은 여호와의 날이자 메시아의 날이다. 둘째는 개역개정 성경이 "여호와께서 이르시되"로 번역한 *네움 여호와*이다. 앞서 이미 말했지만, 이 표현은 선지자들이 예언을 시작하면서 하나님의 말씀을 직접 화법으로 전할 때에 주로 사용하며, 동시에 하나님의 말씀이라는 사실을 강조하거나 그 말씀의 내용 자체와 그 내용을 반드시 실현할 것이라는 하나님의 의지를 강조하기 위해 사용된다. 미가 5:10-15에서는 이어지는 메시지의 내용들을 참고하면 하나님의 실천 의지가 강조되고 있는 것으로 여겨진다.

하나님은 10-15절에서 이스라엘 백성들이 헛되게 의지한 것들의 목록을 열거하며, 하나님이 멸절시킬 대상은 아래와 같다.

10절 군마와 병거	11절 성읍과 견고한 성
12절 복술과 점쟁이	13절 우상과 주상과 손으로 만든 우상
14절 아세라 목상과 성읍	15절 순종하지 않는 나라

이 모든 것들이 이스라엘 백성들이 의지하는 것들임을 부각하기 위해 항상 대명사 접미사 2인칭 남성 단수 '너'(*카*, ָך)를 붙였다. 하나님이 직접 이들을 없앤다는 사실을 강조하기 위해 모든 동사의 주어는 항상 '나'이다.[10] 하나님이 이들을 멸절시킬 것을 강조하여 10-12절의 첫 동사는 모두 '멸절시키다'의 의미를 가진 히브리어 동사 *베히크랕티*(וְהִכְרַתִּי)를 사용하였으며, 세 번에 걸쳐 반복하여 사용했다. 하나님께서 이것들을 이스라엘 백성들 가운데서 제거하실 것을 강조하여 10-15절에서 격 절로 '너희 가운데서'(*믹킬베카*, מִקִּרְבֶּךָ - 10, 13, 14절)와 '네 손'(*미야데카* מִיָּדֶיךָ - 12절, *야데이카* יָדֶיךָ - 13

---

10. D. J. Bryant, "Micah 4:14-5:14: An Exegesis," *Restoration Quarterly* 21 (1978): 210-30.

절)을 배열하였다.

10절에서 하나님은 먼저 이스라엘 백성들이 의지하던 군마를 멸절하고 병거를 파괴할 것이라고 한다. 이 군마와 병거는 9절의 '네 손'과 더불어 홍해 사건을 연상시킨다. 군마와 병거는 고대 메소포타미아에서 가장 강력한 전쟁 무기를 대표한다. 메소포타미아와 이집트의 벽화에서 왕들과 장군들이 말과 병거를 타고 적진을 종횡무진하는 그림을 쉽게 볼 수 있다. 이스라엘과 유다에서도 말과 병거는 가장 중요한 전쟁 무기이며, 므깃도와 같은 전략 도시에는 대리석으로 만든 굉장히 훌륭한 군마 마구간을 만들어 전쟁을 대비하여 조직적으로 군마들을 관리하였다. 솔로몬은 병거 1,400대와 마병 12,000명을, 병거성에 마구간 4,000개를 만들어 두었다고 하며, 이집트에서 병거를 한 대당은 600 세겔, 말은 150 세겔에 구입하였다(왕상 9:25; 10:26-29). 신명기 17:16에서 하나님은 이스라엘의 왕이 해서는 안 될 일에 병거와 말을 많이 두지 않는 것을 포함시켰으며, 시편 20:7은 하나님이 병거와 말을 의지하지 않고 하나님의 이름을 자랑하는 자를 구원하신다고 한다.

두 번째 하나님께서 제거하고자 하는 대상은 성읍들과 견고한 성들이다. 성읍과 견고한 성은 병거와 말과 함께 사람들이 대적들로부터 자신을 보호하고 방어하는데 필수적인 요소로 간주되었다(왕하 10:2). 이스라엘 백성들의 경우에도 하나님은 그들이 하나님의 언약의 말씀을 지키지 아니하면 그들이 의뢰하는 높고 견고한 성벽들을 친히 헐어 버릴 것이라고 하였다(신 28:52). 하나님이 이스라엘 백성들에게 원하는 것은 성읍과 견고한 성이 아니라 하나님을 전심으로 의뢰하는 것이다. 미가의 동시대 선지자 이사야는 26장에서 여호와의 날에 의인들이 부를 노래를 소개하고 있으며 그 첫 가사에서 의인들은 "우리에게 견고한 성읍이 있음이여 여호와께서 구원을 성벽과 외벽으로 삼으시리로다"고 노래하고 있다.

2) 거짓 종교인과 우상을 파괴(12-14a절)

하나님께서 두 번째로 진멸시키겠다고 한 것은 거짓 종교인과 우상들이다. 12절에서 하나님이 마술사와 점쟁이를 너희 손에서 끊으리라고 한 것은 이스라엘 백성들이 마술사와 점쟁이에게 심각하게 현혹되어 있었음을 나타낸다. 이런 속임수와 거짓말로 사람을 현혹하는 이는 다름 아닌 이스라엘의 거짓 선지자들이었다(미 3:7). 하나님은 이런 악한 선지자들을 모두 멸절시킬 것이라고 한다.

구약 성경에서 마술사가 처음 언급된 곳은 출애굽기 7:11이며, 모세가 일으킨 10가지 재앙에 대해 저항하려고 바로가 마술사들에게 똑같이 하도록 시켰다. 출애굽기 22:18과 신명기 18:10에서 하나님은 이스라엘 자손들 가운데 마술사를 존재하지 못하게 엄하게 금지하였다. 점쟁이에 대해서도 신명기 18:14은 이스라엘 자손들에게 가나안 땅에 들어가면 그 민족들은 점쟁이의 말에 귀를 기울였지만, 그들 가운데 결코 살지 못하게 하라고 그들의 거짓말에 귀 기울이지 못하게 하였다. 하지만 사울 시대에 이미 접신하는 여자가 있었을 뿐만 아니라(삼상 28:7-25), 아합의 아내 이세벨이 마술사를 이스라엘로 데려와 백성들을 현혹하였다(왕하 9:22). 이스라엘 백성들은 종종 이들을 통해 자신의 운명을 알고자 하였지만, 이사야는 그들의 속임수를 믿지 말라고 한다(사 47:9-12). 하나님은 이스라엘 백성들 중에서 이런 복술가와 점쟁이를 제거하실 것이다.

13절에 의하면 하나님께서 제거하려 하는 것은 우상들이다. 새긴 우상은 나무와 돌을 다듬어 만든 우상이며, 점토 주형에 구리나 쇳물을 부어 넣어 형상을 만들기도 하였다. 만들어진 형상에 옷을 입히거나 금이나 은으로 도금하기도 하였다. 이사야 40-45장은 이런 우상을 만들어 신이라고 부르는 인간의 어리석음을 조롱하고 있다. 주상은 큰 돌로 만든 돌 기둥으로 큰 돌을 그대로 세우기도 하고 쇠로 다듬어 약간의 모양을 내어 만들어 세우기도 하였다. 야곱이 밧단 아람으로 갈 때에 벧엘에서 세운 돌기둥도 일종의 주상이지만, 야곱은 이를 하나님을 기념하는 기념비로 세웠다. 반면에 미가 5:12에서 말하는 주상은 고대 메소포타미아의 종교 전통을 따른 것으로서 두 가지 의도로 세워졌다.[11] 첫째는 주상을 조상의 영혼을 보관하는 용도로 세웠다. 기원전 15세기에 기록된 "아카트 이야기(the tale of Aqhat)"에서 아카트의 아버지 단엘은 신들에게 자신의 이름으로 신전에 주상을 세울 아들이 없는 것을 불평하고 있으며, 자신의 이름을 걸고 신전에 주상을 세우는 행위는 자신의 영혼을 주상에 담는 것을 의미한다(*ANET*, 149-155). 둘째, 고대 메소포타미아 사람들은 신들과 신들의 거주지를 상징하는 의도로 주상을 세웠다. 기원전 9세기의 아시리아 문서는 살만에셀 3세(Shalmaneser 3, 858-824) 왕이 레바논으로 원정 가서 위대한 신들이 거주하고 있는 돌들 곁에 캠프를 차렸다고 말한다(*ANET*, 276-280). 고고학자들은 아라드(Arad)를 비롯한 유다 지역에서 36개의 주상 유적을 발굴했으며, 주로 한 쌍씩 남자 신과 여자 신을 짝 지워 산당의 지성소에 해당하는 곳에 세웠으며, 이들을 섬기는 제사장들도 있었다.[12] 이 같은 사실은 유다 백성들이 주상을 공식적으로 섬겼음을 보여준다. 그렇기 때문에 미가 5:13에서 하나님은 다시는 이스라엘 백성들이 우상과 주상을 섬기지 못하게 하겠다고 선포한다.

14절에서 하나님은 이스라엘 백성들이 숭배하던 우상들 중에서 마지막으로 아세라 목상을 제거하겠다고 한다. 아세라는 가나안 만신전의 최고로 나이 많은 신인 엘(El)의 아내이며, 고대 메소포타미아의 어머니 신으로서 수메르의 아누 신과 동일하다. 구약 성경에서 종종 바알과 함께 언급되고 있지만, 바알의 배우자는 아낫(Anat)이며, 아세라는 하나님의 호칭과 동일한 이름을 가진 엘의 배우자이다. 예레미야서에서 아세라는 하늘 왕후로 불리며(렘 7:18; 44:17-19), 예레미야 시대에 이스라엘 백성들은 아세라를 하나님의 배우자로

11. Knud Jeppersen, "Micah V 13 in the Light of a Recent Archaeological Discovery," *VT* 34 (1984): 462-66.

12. Yhanan Aharoni, "Arad, Its Inscriptions and Temple," *Biblical Archaeologist* 31 (1968): 2-32.

여기고 하나님과 나란히 섬기기도 하였다. "여호와와 그의 아세라"라는 글귀
가 쓰여진 항아리가 시나이 광야 북부 지역에서 발견되기도 하였다.[13] 아세라
는 풍요의 여신이며, 이스라엘 자손들은 나무를 깎아 여자 모양의 목상을 만
들어 예루살렘 성전과 산당들에 두고 섬겼다. 이스라엘 자손들은 아세라 목
상을 개인 집에도 두어 숭배하기도 하였다.[14] 14절은 이런 아세라 목상을 뿌
리 뽑겠다고 하며, 더 나아가 아세라 목상을 세우고 종교 행위를 한 성읍들을
멸하겠다고 한다.

3) 불순종하는 성읍과 나라를 멸함(14b-15절)

15절에서 하나님은 이방 나라들에게 진노와 분노를 그들의 죄에 대해 보
복하겠다고 한다. '나라들'의 히브리어는 명사 *고이*(גוֹי)의 남성 복수인 *고임*
(גוֹיִם)이며 구약 성경에서 종종 이방 나라들을 지칭하기 위해 사용된다. 하지
만 15절은 모든 이방 나라들을 하나님의 복수의 대상이라 하지 않고 15절 둘
째 행에서 그 이방 나라 사람들 중에서 '듣지 않는'(*로 쇠메우* לֹא שָׁמֵעוּ) 또는
하나님의 경고의 말씀을 듣고도 '순종하지 않는' 이방 나라라고 밝히고 있다.
하지만 하나님은 이방나라 뿐만 아니라 이스라엘과 유다라 하더라도 하나님
은 순종하지 않는 나라에게 당신의 진노를 쏟아 부어 보복하실 것이다. 15절
은 하나님의 진노를 강조하기 위해 반복법을 사용하여 전치사구 '진노로'(*베
앞* בְּאַף)와 '분노로'(*베헤마* בְחֵמָה)를 반복하였다.

---

13. W. G. Dever, *Did God have a Wife? Archaeology and Folk Religion in Ancient Israel* (Grand
    Rapids: Eerdmans, 2005), 1-344.

14. I. Finkelstein, *The Bible Unearthed: Archaeology's New Vision of Ancient Israel and the
    Origin of Its Sacred Texts* (New York City: The Free Press, 2001), 1-385.

교훈과 적용

1. 메시아는 양떼를 사랑으로 돌보는 목자로 이 땅에 오셨다. 그리고 성도들이 세운 지도자들을 통해 하나님의 나라를 대적들로부터 지키기도 하였다. 교회의 리더로 세움 받은 직분자로서 나는 하나님께서 돌보라고 맡긴 양떼들을 온 마음을 다하여 살피고 대적들로부터 지키고 있는가?

2. 야곱의 남은 자들을 이 땅에 살면서 많은 백성들에게 축복과 저주의 통로가 되었다. 나는 믿지 않는 사람들에게 어떤 존재로 살고 있는가? 예수 그리스도를 알지 못하는 무리들에게 나는 단비와 같은 존재로 살며 그들을 주님께로 이끄는 삶을 살고 있는가?

3. 이방 나라들을 향한 하나님의 열심은 그들 가운데 있는 모든 우상을 제거하시고, 그들이 오직 하나님만 섬기도록 하고 있다. 하나님의 열심은 우리에게도 마찬가지로 하나님 아닌 것에 가치를 두고 사는 삶을 멀리하기를 갈망하고 있다. 내 삶에서 반드시 제거해야만 하는 우상은 무엇일까?

제6장 하나님의 이스라엘 재판 (6:1-16)

미가 6-7장은 미가서의 셋째 단락이며, 미가 6장은 다시 하나님이 이스라엘 백성을 재판하는 내용을 기록하고 있다. 하나님의 진노 앞에 어떻게 위기를 피할까 하고 고민하는 백성에게 하나님은 정의를 행하며 인자를 사랑하며 겸손하게 하나님과 동행하는 것이 하나님의 뜻이라고 한다. 특히 미가 6장은 이스라엘 구원 역사에서 중요한 인물 세 명(모세, 아론, 미리암)과 이스라엘 백성들을 곤경과 죄악 가운데로 인도한 세 명(발락, 발람, 아합)을 통해 하나님께서 이스라엘 백성에게 베푼 은혜와 그들의 죄에 대한 징벌을 말한다.

본문 개요

1-2절에서 세 번 반복하여 사용된 "변론"은 미가 6장의 주제가 언약을 파괴한 이스라엘 백성들에 대한 재판이라는 사실을 보여주기에 충분하다. 미가 1-2장에서도 하나님은 이스라엘과 유다에 대한 재판 내용을 기록하였지만, 미가 1-2장은 주로 재판 과정보다는 재판의 결과로서 형벌의 내용(1장)과 범죄 사실(2장)을 기록하였다. 반면에 6장은 하나님이 이스라엘 백성들에게 항변하는 내용을 담고 있다. 그리고 미가 6장과 1장의 징벌에도 차이점이 있

다. 미가 1장의 징벌은 전쟁의 재앙이고 미가 6장의 재앙은 경제적 재앙이다. 미가 6장은 먼저 하나님 자신이 이스라엘의 반역을 자극할 일을 하지 않았고 오히려 출애굽과 가나안 정복과 같은 구원 역사를 행하셨음을 역설하는 것으로 시작한다(1-5절). 6-12절은 백성들이 하나님은 무엇을 기뻐할까 하고 자문하며 다양한 제사를 생각하고 있을 때, 하나님이 원하는 것은 정의와 사랑과 하나님과 겸손히 동행하는 것이라고 한다. 그리고 13-16절에서 하나님은 아합처럼 경제적 정의를 실천하지 않는 이스라엘 백성들에게 경제적 재앙을 내리겠다고 한다.

내용 분해

1. 이스라엘을 향한 하나님의 항변(6:1-5)
    1) 이스라엘 백성에 대한 하나님의 변론 요청(1-2절)
    2) 출애굽에서 가나안 정복 때의 일(3-5절)
2. 하나님이 이스라엘에게 원하시는 것: 경제적 정의(6:6-12)
    1) 하나님이 기뻐하실 것에 대한 질문(6-7절)
    2) 하나님이 기뻐하시는 것: 정의, 사랑, 하나님과 동행(8절)
    3) 백성들의 경제적 불의(9-12절)
3. 이스라엘 자손에게 임할 경제적 재앙(6:13-16)
    1) 경제적 재앙(13-15절)
    2) 아합의 전통을 따른 대가(16절)

본문 주해

1. 이스라엘을 향한 하나님의 항변(6:1-5)

1 너희는 여호와의 말씀을 들을지어다 너는 일어나서 산을 향하여 변론하여 작은 산들이 네 목소리를 듣게 하라 하셨나니 2 너희 산들과 땅의 견고한 지대들아 너희는 여호와의 변론을 들으라 여호와께서 자기 백성과 변론하시며 이스라엘과 변론하실 것이라 3 이르시기를 내 백성아 내가 무엇을 네게 행하였으며 무슨 일로 너를 괴롭게 하였느냐 너는 내게 증언하라 4 내가 너를 애굽 땅에서 인도해 내어 종 노릇 하는 집에서 속량하였고 모세와 아론과 미리암을 네 앞에 보냈느니라 5 내 백성아 너는 모압 왕 발락이 꾀한 것과 브올의 아들 발람이 그에게 대답한 것을 기억하며 싯딤에서부터 길갈까지의 일을 기억하라 그리하면 나 여호와가 공의롭게 행한 일을 알리라 하실 것이니라

미가 1:1에서 미가가 백성들과 산들을 법적인 소송에 끌어 들였던 것처럼 미가 6:1-2에서 미가는 백성들과 산들을 등장시켜 법적 소송을 재개한다. 그리고 하나님은 이스라엘 백성들에게 출애굽에서 가나안 정복 때까지 그들에게 했던 일들을 상기시키며 그들의 반역에 대해 항변한다.

1) 이스라엘 백성에 대한 하나님의 변론 요청(1-2절)

신명기 32:1에서 산들은 하나님과 이스라엘 백성 사이에 언약을 처음 체결할 때 증인이었는데, 이번에는 미가 6:1에서 산들은 하나님과 이스라엘 사이의 재판에서 배심원 역할을 한다(신 32:1; 수 24:27; 사 1:2). 하나님은 2인칭 '너희'로 표현된 유다 백성들에게 일어나 산들과 변론하라고 한다. "일어나라"는 히브리어 동사 쿰(קוּם)의 명령문이며, 대화 상대를 재촉하는 표현이다. 하나님

은 백성들에게 미가 1:1에서 이미 배심원으로 제시되었던 산들에게 스스로를 변론하며 그들의 목소리 즉 그들의 변론을 들려주어 보라고 한다. "변론"(*리브*, ריב)은 선지자들이 이스라엘 백성들의 죄악을 법적인 소송으로 지적할 때 자주 사용하는 표현이다(사 3:13; 렘 2:9; 호 2:4). 소선지서들 중에서 미가가 이 변론이라는 말을 가장 많이 사용하였다(미 6:1, 2; 7:9). 1절에서 하나님은 반복법과 대구법을 사용하여 백성들에게 변론하라고 공세적으로 재촉한다.

산을 향하여 변론하여 (*리브 에트-헤하림* רִיב אֶת־הֶהָרִים)
작은 산들이 들게 하라 (*베티스마나 학게바오트* וְתִשְׁמַעְנָה הַגְּבָעוֹת)

산들은 예루살렘 지역의 높은 산지이고 작은 산들은 미가의 거주지인 모레샤 지역의 낮은 산들처럼 대체로 낮은 산들로서 이 둘의 지리적인 차이를 활용하여 유다 전역을 향한 변론으로 만들고 있다. 하나님은 이스라엘 백성들에게 산들을 향해 변론할 기회를 주고 재촉한다. 하지만 이어지는 메시지에서 이스라엘 백성들의 변론 내용은 언급되지 않고 대신에 2절에서 하나님은 산들을 향하여 자신의 변론을 들으라고 한다.[1] 이 말을 하면서 하나님은 대구법과 반복법 그리고 생략법을 사용하여 자신의 변론을 들으라고 강조한다.

하림 הֶהָרִים 산들   *쉼우 에트-립 여호와* שִׁמְעוּ אֶת־רִיב יְהוָה 여호와의 변론을 들으라
하에타님 모스데이 아레츠   (생략)
(הָאֵתָנִים מֹסְדֵי אָרֶץ 땅의 견고한 지대들)

하나님의 변론을 들을 대상에 대해서는 환유법을 사용하여 높은 산과 가장 낮은 부분을 의미하는 '땅의 견고한 지대들'에게 들으라고 하였다. 이것은

---

1. Jan Joosten, "YHWH's Farewell to Northern Israel," *ZAW* 125 (2013): 448-62.

1절에서 높은 산과 낮은 산을 언급한 것과 상호 연관성이 있다. 1절의 높은 산들과 낮은 산들은 수평적 공간 차원에서 좌우 양 옆으로 확대되는 이미지인데 반해 2절의 산들과 땅의 견고한 지대들은 수직적 공간으로 위와 아래를 두고 하는 표현이다.

1절 – 산들과 작은 산들 ←——→
2절 – 산들과 땅의 견고한 지대들 ↕

하나님의 변론은 자기 백성에 대한 송사에 초점이 맞추어 있다는 것을 강조하기 위해 반복법('자기 백성' 임-암모 עַם־עַמּוֹ와 '이스라엘' 임-이스라엘 עִם־יִשְׂרָאֵל)과 교차 대구법을 사용하였다.

이렇게 강조한 이유는 하나님께서 그만큼 이스라엘 백성들을 향하여 분노하고 있고, 그들의 죄악에 대한 책임을 물으려 하고 있음을 보여준다. 그럼에도 불구하고 하나님은 이스라엘을 여전히 '자기 백성'(2절 암모 עַמּוֹ)과 나의 백성(3, 5절 암미 עַמִּי)이라고 지칭하고 있다. 이렇게 호칭하는 이유는 그들이 하나님의 언약 백성이고 하나님은 자신의 언약에 신실하시기 때문이다.

2) 출애굽에서 가나안 정복 때의 일(3-5절)

3-5절에서는 이스라엘 백성들의 변론은 없고 하나님의 변론이 기록되어 있다. 하나님의 첫 변론 내용은 하나님 자신은 이스라엘 백성들을 괴롭히는 행동을 하지 않았다는 것이다. 하나님의 말씀은 매우 격정적으로 느껴질 정도

로 반복법을 계속 사용하고 있다.

메-아시티 레카 מֶה־עָשִׂיתִי לְךָ 무엇을 내가 네게 행하였으며

우마 헤레에티카 וּמָה הֶלְאֵתִיךָ 무슨 일로 너를 괴롭게 하였느냐

반복적인 질문 끝에 하나님은 이스라엘 백성들에게 "너는 내게 증언해 보라"고 한다. 이것은 하나님은 결코 무죄한 이스라엘 백성들을 힘들게 한 적이 없었음을 단언하는 제스처이다.

4-5절에는 둘째 변론 내용이 기록되어 있으며, 하나님이 이스라엘 백성들의 민족 역사 초기에 행한 4가지의 구원 역사들을 말한다. 하나님은 현재 그들의 삶 속에서 축복하여 준 것보다 과거의 구원 사건을 근거로 항변한다.[2]

먼저 하나님은 4절에서 이스라엘 자손들을 그들이 종살이하던 이집트로부터 인도하여 가나안 땅으로 가게 하였음을 밝힌다. "종 노릇 하는 집"은 출애굽기(출 13:3, 14; 20:2)와 신명기(신 5:6; 6:12; 7:8; 8:14; 13:6, 11)에서 주로 사용되며, 하나님이 이스라엘 백성들을 구원한 것을 말하거나, 우상 숭배에 대한 경고 메시지에서 주로 사용된다. 출애굽 사건을 밝힌 이유는 3절에서 그들에게 "무슨 일로 너를 괴롭게 하였느냐"는 질문에 대한 반박적인 대답을 제시하려는 의도 때문이다. 둘을 연결시키기 위해 유사한 표현을 사용하였다.[3]

3절 *헤레에티카*(הֶלְאֵתִיךָ) 내가 너를 괴롭게 하였느냐.

4절 *헤에리티카*(הֶעֱלִתִיךָ) 내가 너를 올라오게 하였다.

즉 하나님은 그들을 괴롭힌 것이 아니라 오히려 그들을 괴로움과 고통으로

---

2. E. Voth, "What Does God Expect of Us? Micah 6-7," *Review & Expositor* 108 (2011): 299-306.

3. Allen, *The Books of Joel, Obadiah, Jonah and Micha*, 366; Barker & Bailey, *Micah, Nahum, Habakkuk, Zephaniah*, 110.

가득한 종살이에서 구원했음을 강조하고 있다. 이 말을 하면서도 하나님은 반복법과 교차 대구법을 사용하여 강조하고 있다.

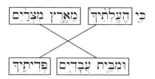

이 반복과 교차 대구법을 통해 하나님은 특별히 이집트를 강조하고 있고, 이 이집트에서 종살이하고 있는 이스라엘 백성을 하나님께서 값을 지불하고 구해 주었다고 한다.

둘째, 하나님은 이스라엘 자손들에게 모세와 아론과 미리암을 보내었음을 밝힌다. 이 세 사람을 특별히 언급한 것은 그들이 출애굽한 이스라엘 백성들의 지도자, 그들을 진심으로 위하는 지도자들이었기 때문이다(출 32:30-32). 오경과 족보를 제외하고 미리암이 언급된 것은 미가 6:4이 유일하다. 미리암을 포함하여 세 명의 오누이를 언급한 이유는 그들의 리더의 문제 때문이다. 모세는 이스라엘의 정치 지도자였고, 아론은 종교 지도자, 그리고 미리암은 선지자였다(출 15:20). 미가는 이스라엘의 정치 종교 지도자와 선지자들의 죄를 특별히 비판하고 있음을 감안하면, 미리암을 언급한 이유가 여기에 있음을 짐작할 수 있다. 미가 시대의 타락하고 부패한 정치 종교 지도자들과는 달리 하나님은 모세와 아론과 미리암과 같은 지도자들을 그들을 위해 보냈음을 밝히고 있다.[4]

셋째와 넷째 변론을 말하기에 앞서 하나님은 3절의 첫째 변론에서 한 것처럼 '내 백성아'라고 하며, 이어서 '제발 기억하라'고 한다. 그리고 셋째 변론은 3절에서 '무엇'으로 시작한 것처럼 5절에서도 이를 반복하지만 대신에 모음

---

4. Waltke, "Micah," 729-31.

변화를 통해 교차 대구를 형성하게 만든다.

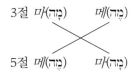

3절 마(מָה)   메(מֶה)

5절 메(מֶה)   마(מָה)

이렇게 한 이유는 독자와 청중들이 이어지는 하나님의 변론에 주목하게 만들기 위해서이다. 셋째 변론에서 하나님은 모압 왕 발락과 브올의 아들 발람 사건을 언급한다(민 22-24장). 선지서들 중에서 미가만 유일하게 이 사건을 언급하였다. 발락과 발람 사건은 이스라엘 백성들이 광야 40년 생활을 종결하고 가나안 땅으로 들어가기 위해 마지막으로 머물렀던 모압 지역에서 일어났다. 발락은 이스라엘의 지도자가 아니라 이방인의 왕으로서 이스라엘을 해치고자 한 자였고, 발람은 이방 신의 선지자로서 발락의 사주를 받아 발락이 제시한 제물에 눈이 멀어 이스라엘을 저주하려고 하였다.[5] 하나님은 세 차례에 걸친 발람의 저주 시도를 막았고, 마지막에는 축복을 하게 하였다. 하지만 결국에는 발람의 사악한 계략을 따라 발락은 미인계로 이스라엘 백성들이 이방인과 결혼하고 우상을 섬기게 하였다(민 25:2; 31:16). 미가가 이들을 언급한 것은 하나님이 과거에 발락과 발람으로부터 이스라엘 백성을 지키셨던 것처럼 지금 현재 이스라엘을 괴롭히는 민족들로부터 그들을 지킬 수 있는 분임을 보여주기 위해서이다.

넷째 변론은 5절에서 이스라엘 백성에게 '싯딤에서부터 길갈까지의 일을' 기억하라는 것이다.[6] 싯딤은 발락과 발람의 계략에 의해 이스라엘 백성들이

---

5. 발람과 관련된 고고학 자료가 발견된 적이 있으며, 이에 관하여는 다음을 참고하라. G. Baez-Camargo, *Archaeological Commentary on the Bible* (Garden City: Doubleday, 1984), 52.

6. R. R. Hutton, "What Happened from Shittim to Gilgal? Law and Gospel in Micah 6:5," *Currents in Theology and Mission* 26 (1999): 94-103.

모압 여인들과 음행하며 우상 숭배했던 장소이다(민 25:1). 반면에 길갈은 이스라엘 백성들이 여호수아의 인도에 따라 요르단 강을 건넌 후 그곳에서 할례를 행하며 하나님께 대한 그들의 신앙을 가장 드라마틱하게 보여주었던 장소이다(수 5장). 미가가 이 두 장소를 언급한 이유는 두 장소에서 일어난 사건을 단순 대조하려는 것이 아니다. 미가가 "싯딤에서 길갈까지의 일"이라고 한 것에 더 주목할 필요가 있다. 이것은 틀림없이 여호수아의 리더십 아래 요르단 강을 마른 땅을 밟고 가듯 건넌 사건을 염두에 둔 표현이다. 여호수아 3:1에 의하면 싯딤에서 출발한 제사장들이 언약궤를 메고 앞서 가서 요르단 강에 발을 담그자 요르단 강의 흐름은 멈추었고, 백성들은 홍해를 건너듯이 요르단 강을 건넌 후 가나안 땅 첫 정착지였던 길갈에 진을 쳤다. 그러므로 "싯딤에서 길갈까지"는 요르단 강 동편에 있던 싯딤에서 출발하여 요르단 강을 건너 그 동편에 있던 길갈에 도착한 요르단강 도하 사건을 의미한다. 이런 차원에서 다시 "싯딤에서 길갈까지"를 생각해 보면 두 가지 중요한 의미가 담겨 있음을 알수 있다. 첫째는 이 표현은 이스라엘 백성들이 싯딤의 음행과 우상 숭배에서 떠나 길갈의 절대 신앙으로 이동했음을 상기시킬 것이다. 둘째, 이 표현은 하나님이 첫째 변론에서 말한 이스라엘 백성의 출애굽과 40년 동안의 광야 생활의 종결이고, 약속의 땅에서 첫 시작을 하게 하신 구원 역사의 첫 완성을 의미할 수 있다. 하나님은 특이하게도 이 네 가지 구속사적 은총을 공의롭게 행한 일이라고 한다. 공의는 공정한 법 집행을 의미하기도 하지만, 신명기 18:3에서 동의어인 *미쉬파트*(מִשְׁפָּט)를 제사장이 "마땅히 받아야 할 것"이라는 의미로 사용한 것을 미루어 볼 때, 공의는 사람이 '마땅히 하거나 받거나 주어야 하는 것' 즉, 그의 권리와 의무를 정상적으로 집행한다는 의미를 가지고 있다. 하나님이 출애굽에서부터 가나안 입성 때까지 과거 이스라엘 백성들의 조상들에게 베푸신 네 가지 은총들을 거론하는 이유는 언약의 왕이신 하나님이 마땅히 자기 백성들에게 행하여 할 일을 책임감 있게 그리고 공의롭게 했음을 보여주기 위해서이다. 이것은 역설적으로 미가 시대의 악한 백성들에게 하나님의 공의롭게 행한 일을 상기시키고, 하나님이 그들에게 괴롭게 한 일이 전혀 없고 오히려 은총과 공의를 베푸셨음을 알려 그들로 변명하지 못하게 한다. 그리고 그들은 하나님께 공의롭게, 즉 언약 백성으로서 마땅히 언약의 왕에게 해야 할 것을 하지 않았음을 질책하는 효과를 동반한다.

2. 하나님이 이스라엘에게 원하시는 것: 경제적 정의(6:6-12)

> **6** 내가 무엇을 가지고 여호와 앞에 나아가며 높으신 하나님께 경배할까 내가 번제물로 일 년 된 송아지를 가지고 그 앞에 나아갈까 **7** 여호와께서 천천의 숫양이나 만만의 강물 같은 기름을 기뻐하실까 내 허물을 위하여 내 맏아들을, 내 영혼의 죄로 말미암아 내 몸의 열매를 드릴까 **8** 사람아 주께서 선한 것이 무엇임을 네게 보이셨나니 여호와께서 네게 구하시는 것은 오직 정의를 행하며 인자를 사랑하며 겸손하게 네 하나님과 함께 행하는 것이 아니냐 **9** 여호와께서 성읍을 향하여 외쳐 부르시나니 지혜는 주의 이름을 경외함이니라 너희는 매가 예비되었나니 그것을 정하신 이가 누구인지 들을지니라 **10** 악인의 집에 아직도 불의한 재물이 있느냐 축소시킨 가증한 에바가 있느냐 **11** 내가 만일 부정한 저울을 썼거나 주머니에 거짓 저울추를 두었으면 깨끗하겠느냐 **12** 그 부자들은 강포가 가득하였고 그 주민들은 거짓을 말하니 그 혀가 입에서 거짓되도다

3절과 5절이 *마*(מַה, '무엇')를 가지고 하나님의 변론을 제기했던 것처럼 6절과 8절도 *마*를 가지고 백성들의 질문과 하나님의 답변을 만들고 있다. 하나님이 기뻐하는 것이 무엇일까? 백성들은 하나님께 많은 제물을 바치기만 하면 삶은 어떠하든지 관계없다고 생각했다. 하지만 하나님은 백성들이 정의를 행하고 서로 사랑하며 겸손하게 하나님과 동행하는 것을 기뻐한다. 하나님이 기뻐하는 정의는 백성들이 삶 속에서 경제적 의를 세우는 것이다.

1) 하나님이 기뻐하실 것에 대한 질문(6-7절)

6-7절은 5-6절의 하나님의 변론에 대한 이스라엘 백성들의 반응을 미가 자신이 대신 표현하였다. 이스라엘 자손들은 하나님의 변론을 듣고 하나님이 그들을 괴롭힌 것을 언급하지 않고, 하나님께 무엇을 제물로 가져갈까에 대해 질문한다.[7] 미가가 3절과 5절에서 하나님께서 '내가 무엇을(*מַה*, '무엇') 네게 행하였느냐'고 하며 발락과 발람이 '무엇을(*מַה*, '무엇') 꾀하였느냐'고 한 것처럼 이스라엘 백성들도 '무엇을(*מַה*, '무엇') 내가 가지고 여호와께 나아갈까?'라고 한다. 이것은 이스라엘 자손들이 하나님의 지적에 공감하며 자신들의 잘못을 인정하는 말로 여길 수 있지만, 6-7절의 내용을 살펴보면 그들은 하나님의 뜻을 전혀 이해하지 못했다. 이스라엘 백성들은 죄의 문제를 해결하기 위해 진정한 회개보다는 오히려 잘못된 신학에 근거하여 물량주의적인 방법으로 죄 문제를 해결하려 한다. 즉 그들은 하나님이 좋은 제물 그리고 많은 제물을 바치면 기뻐하고 죄를 용서해 줄 것이라는 기대를 드러낸다. 이스라엘 백성들은 물욕에 빠져 있는 그들의 사고 방식을 반영하듯 죄 문제 해결에도 매우 물량적 방식으로 접근한다. 6절에서 이스라엘 자손들은 무엇을 가지고 여호와께 나아가 경배할까 하고 반복하여 말하며 고민하는 듯 하지만 사실상 자신들의 영적인 무지를 드러낸다. 이들은 '번제물로 일년 된 송아지들을 바칠까'라고 한다. 개역 성경은 "일년 된 송아지"라고 번역하고 있지만, 히브리어 성경은 '일년 된 송아지들'(*아가림 베네 쇼나*, עֲגָלִים בְּנֵי שָׁנָה), 즉 복수로 되어 있다. 겉보기에는 이스라엘 백성들이 회개하려는 것으로 볼 수 있지만, 이들의 태도는 매우 과장되고 물량적인 태도이다. 레위기 3장에는 속죄 제물에 대한 규정이 기록되어 있는데, 송아지는 제사장이나 회중이 범죄하였을 때 가져오는 제물이다. 일반 백성은 일년 된 양을 제물로 가져오며, 족장들은 숫염소를 제물로 가져오게 되어 있다. 제사장도 속죄할 때에는 송아지 한

---

7. R. T. Hyman, "Questions and Response in Micah 6:6-8," *JBQ* 33 (2005): 157-65.

마리지 여러 마리를 속죄제로 드리는 것이 아니다. 그럼에도 불구하고 이스라엘 백성은 개인의 죄를 속죄하기 위해 다수의 송아지를 제물로 바쳐야 되는가를 묻고 있다. 자신들의 죄악의 심각성을 깨닫고 이렇게 말한 것일까? 아니면 많이 바치면 문제가 해결된다는 사고 방식 때문에 이렇게 말하는 것일까? 7절에서 이스라엘 백성들의 물량주의적 사고 방식은 절정을 향한다. 먼저 이들은 "여호와께서 천 천의 숫양이나 만만의 강물 같은 기름을 기뻐하실까"라고 묻는다. 이렇게 많은 양의 제물을 바친 사람은 솔로몬밖에 없다. 그럼에도 불구하고 이렇게 과장되게 제물을 바쳐 자신의 죄 문제를 해결하려고 하는 이스라엘 사람들에게 진정성이 있는 것일까? 이런 과장된 제물로 문제를 해결할 수 있을까? 그렇지 않다. 이사야 1:11-17에서 하나님은 불의를 일삼는 이스라엘 백성의 제물과 안식일 지킴을 견디지 못하겠다고 한다.

7절은 더 나아가 "내 허물을 위하여 내 맏아들을, 내 영혼의 죄로 말미암아 내 몸의 열매를 드릴까"하고 묻는다. 자식을 불에 태워 죽여 신에게 제물로 바치는 행위는 모압 민족이 그들의 신 몰렉에게 행하는 짓이었고, 하나님은 이를 명확하게 금지시켰다(왕상 11:5-7; 레 18:21; 20:2-5). 모압 왕 메사는 유다 왕 여호사밧과 이스라엘 왕 여호람의 연합 공격에 패하자 자기 맏아들을 번제로 드렸다(왕하 3:4, 27). 이런 죄악이 북쪽 이스라엘 왕국에는 만연해 있었고, 하나님이 북쪽 이스라엘을 멸망시킨 이유 중에 하나로 기록되어 있다(왕하 17:17). 이런 가증스러운 짓을 유다에서 처음 실행한 왕은 미가가 활동하던 시대의 왕이었던 아하스이다.[8] 열왕기하 16:3에 의하면 그는 이방 사람의 가증한 일을 따라 자기 아들을 불 가운데로 지나가게 하였다고 한다. 이 일 후에 아람 왕과 이스라엘 왕이 공격해 왔을 때, 이사야는 아하스에게 처녀가 잉태하여 아들을 낳는 메시아 탄생을 예언한다(사 7:1-16). 이런 시대적 상황을

---

8. 왕상 11:5-7에 의하면 솔로몬은 암몬의 몰록(밀곰)과 모압의 그모스를 위한 산당을 예루살렘 앞 산에 지었다고 한다. 하지만 정말 솔로몬이 이 신들 앞에서 자식을 불태워 바쳤는지는 분명하지 않다.

반영하듯 7절에서 이스라엘 백성은 자신의 죄 때문에 내 자식을 제물로 바칠까라고 한다. 이를 강조하기 위해 내 허물과 내 영혼의 죄 그리고 내 맏아들과 내 몸의 열매를 반복적으로 사용하며 강조하고 있다. 이스라엘 백성들은 모압과 암몬 사람들의 영향을 받아 이런 잔혹한 방식으로 자신의 문제를 해결하려는 사악한 생각을 하게 되었다. 이스라엘 백성들은 하나님에게 제사로 죄 문제 해결하려는 종교적인 모습을 가진 것을 보여주는 듯 하지만, 오히려 자신의 죄 문제를 자식을 죽여 해결하려는 모습을 통해 그들이 얼마나 더럽고 비겁하고 사악한 죄인들인지를 드러낸다.[9]

2) 하나님이 기뻐하시는 것: 정의, 사랑, 하나님과 동행(8절)

8-12절은 6절에서 "무엇을 가지고 여호와 앞에 나아가며"하며 많은 제물을 통해 죄의 책임을 모면하려는 이스라엘 백성에게 여호와께서 원하시는 것이 무엇인지 밝힌다. 이 과정에서 8절은 또 다시 3, 5, 6절에서 했던 것처럼 두 번에 걸쳐 *마(מָה, '무엇')*를 사용한다.

הִגִּיד לְךָ אָדָם מַה־טּוֹב וּמָה־יְהוָה דּוֹרֵשׁ מִמְּךָ

8절은 먼저 하나님은 이미 그들에게 무엇이 선인지 그리고 무엇을 여호와께서 그들로부터 찾는지를 알려 주었다고 말한다.[10] '아담'은 하나님과 대비시키려는 의도로 사용되었으며, 6절에서 높으신 하나님과 대조를 이룬다.[11] 하지만 아담은 선한 것과 더불어 창세기 2장의 주제를 연상시키는 표현이다.[12] 선

---

9. Shaw, *The Speeches of Micah*, 184-86.

10. 미국 국회 도서관 토마스 제퍼슨 빌딩 독서 방은 철학, 예술, 역사, 무역, 종교, 과학, 법, 시를 상징하는 인물상이 있는데, 종교를 상징하는 인물상 위에 미 6:8이 기록되어 있다.

11. Allen, *The Books of Joel, Obadiah, Jonah and Micha*, 371-72.

12. Waltke, "Micah," 733.

한 것은 선과 악의 문제에서 선에 관한 것이며, 이 선을 행하지 않는 것이 악
이다. 창세기의 두 주제를 사용한 이유는 8절의 메시지를 모든 사람이 삶 속
에서 반드시 구현해야 할 삶의 핵심 덕목이라는 사실을 보여주려는 데 있다.[13]
이를 알려 주었다는 것은 모세의 율법을 통해 알려 주었음을 의미한다. 하지
만 하나님은 이어서 자신이 구하시는 것 세 가지를 말한다. 1) 정의를 행하는
것, 2) 인애를 사랑하는 것, 3) 겸손하게 하나님과 동행하는 것이다. 정의의 기
본적인 개념은 법을 공정하게 집행하는 것이다. 이에 더해 정의는 규칙을 바
르게 지킨다는 의미를 가지고 있다. "인애"의 히브리어는 *헤세드*(חֶסֶד)이며,
이 단어에 대한 설명은 12절에서 하도록 하겠다. 하나님과 동행하는 것은 에
녹과 노아 그리고 아브라함과 같은 믿음의 조상들의 삶을 말할 때 종종 사용
되는 표현이다. 8절은 하나님과 동행하는 것이 단지 조상들의 전설적인 삶을
표현하기 위한 화석화된 말로 여기지 않고 성도들이 현재 그들의 삶 속에서
구현해야 할 덕목으로 말하고 있다. "겸손하게"의 히브리어는 *차나*(צָנַע)이며
'신중하고 주의 깊게 행동하다'의 의미를 가지고 있다.[14] 이것은 삶의 순간 순
간마다 하나님과 동행하는 삶을 살기 위해 자신의 말과 행동과 생각을 하나
님의 말씀에 비추어 살피며 인생길을 걸어가야 한다는 것을 보여준다.[15] 예수
님께서 마태복음 23:23에서 "십일조는 드리되 율법의 더 중한 바 정의와 긍휼
과 믿음은 버렸도다"라고 한 것은 미가 6:8의 메시지를 인유하고 있는 듯하
며, 예수님이 보기에 바리새인과 서기관들은 하나님께서 기뻐하시는 것이 무
엇인지 전혀 알지 못하는 종교 지도자들에 지나지 않는다.

---

13. M. Moore-Keish, "Do Justice, Micah 6:8," *Journal for Preachers* 33 (2010): 20-25.

14. W. Brueggemann, "Walk Humbly with Your God," *Journal for Preachers* 33 (2010): 14-19.

15. R. L. Hubbard, "Micah, Moresheth, and Martin: Keep up the Beat (Micah 6:8)," *The Covenant Quarterly* 65 (2007): 3-10.

3) 백성들의 경제적 불의(9-12절)

9-12절은 8절에서 말하는 차원의 삶을 이스라엘 백성들이 실천하지 않았다고 말한다. 악인의 집에는 재물이 가득한데, 이 재물은 땀 흘려 노력한 소득이 아니라, 부당하고 불법적인 거래를 통해 모은 재물이다. 9절은 이런 불법적인 거래를 강력하게 책망하기 위해 하나님의 메시지를 들으라고 강조한다. 개혁개정 성경의 "너희는 매가 예비되었나니 그것을 정하신 이가 누구인지 들을지니라"는 히브리어 성경의 심각한 오역이다. 이 부분의 히브리어와 번역은 아래와 같다.

שְׁמְעוּ מַטֶּה וּמִי יְעָדָהּ *심우 맡테 우미 예아다*
들으라 지파들아! 누가 그것을 알리요?

이 부분은 앞의 "여호와의 소리가 성읍을 향하여 선포되나니"의 반복적 표현이며, 동사 *예아다*(יְעָדָהּ)에 붙은 대명사 접미사 3인칭 여성 단수 *헤*(הּ, 그것을)가 지시하는 것은 앞 문장의 '지혜'이다. 개역개정의 번역가는 '그것을' 지파들의 히브리어 *마테*(מַטֶּה)인 줄로 생각하는데, *마테*는 남성 명사이기 때문에 '그것을'의 히브리어인 대명사 접미사 3인칭 여성 단수의 지시 대상이 될 수 없고, 여성 명사인 지혜가 지시 대상이다. *마테*는 '막대기'라는 뜻도 가지고 있지만 '부족' '지파'의 뜻을 가지고 있으며, 선행하는 문장에 있는 성읍과 논리적 연속성을 고려할 때 지파로 번역하는 것이 바르다.[16] 그래야 동사 '들으라'의 목적어로 정상적인 의미를 가진다. 막대기를 향하여 들으라는 말을 하였다고 볼만한 근거가 전후 문맥에서 전혀 보이지 않는다.

9절은 어리석게도 과장된 제사와 잔혹한 자식 제물로 문제를 해결하려는 어리석은 이스라엘 백성에게 하나님의 이름을 경외하는 것이 진정한 지혜라

---

16. Hillers, *Micah*, 80-81.

고 알려준다. 미가는 13절 이하에서 신명기 28장에 기록된 언약의 저주들을 선포하기에 앞서 신명기 28:58에서 하나님이 경고한 "네 하나님 여호와라 하는 영화롭고 두려운 이름을 경외하지 아니하면 여호와께서 네 재앙과 네 자손의 재앙을 극렬하게 하시리니"의 일부인 "이름을 경외하지"를 인용하여 언약의 저주의 전주곡으로 삼고 있다.

10절 후반부와 11절은 악인이 재물을 모은 방법 두 가지를 말한다. 첫째는 축소시킨 에바이다. 에바는 35리터의 곡물을 담을 수 있는 광주리이다. 악인은 곡물을 담아 팔 때에 그 양을 속여 부당한 이득을 챙기기 위해 에바의 크기를 축소시켰다. 가증한 또는 공분을 사는 에바는 악인이 에바를 축소시킨 사실을 다른 구매자들이 알고 있음에도 불구하고 악인은 이에 아랑곳하지 않고 오히려 강압적으로 표준 에바 대신에 축소시킨 에바를 사용하여 노골적으로 착취하였음을 보여준다.

둘째는 11절에 의하면 악인들이 부당한 이익을 취하기 위하여 물건을 판매할 때 속이는 저울과 거짓 저울추를 사용하는 것이다. 악인들은 부피를 속이기 위해 에바를 축소하였고, 무게를 속이기 위해 저울과 저울추를 조작하였다. 미가의 시대에 이스라엘 백성들은 부를 축적하기 위해 에바를 축소시키거나 저울을 속이는 행위를 서슴지 않고 자행하였다(암 8:5). 11절에서 하나님은 특이하게도 악인들의 거짓 저울과 저울추를 지적하면서 비교의 대상으로 '내가 만일'이라고 하면서 하나님 자신을 제시하고 있다. 이것은 하나님이 공평한 저울과 공평한 추와 공평한 에바와 공평한 힌을 사용하는 것을 매우 중요하게 여기고 있기 때문이다. 유사한 내용을 구약 성경 곳곳에서 볼 수 있다. 신명기 25:13에서 하나님은 두 종류의 저울추, 즉 큰 것과 작은 것을 가지지 말라고 한다. 미가는 공평한 저울과 에바를 사용하는 것을 지혜와 구원 사건과 연관 짓고 있다. 공평한 저울과 에바는 잠언에서 하나님 백성이 중요하게 여겨야 할 지혜로 제시된다. 잠언 16:11은 공평한 저울은 여호와의 것이고 저울추도 하나님이 지은 것이라고 한다. 잠언은 하나님이 속이는 저울과 저울 추를 미워한다는 사실을 자주 언급하고 있다(잠 20:10, 23). 공평한 저울과 에바를 사용하는 것을 지혜의 차원에서 이해하는 것은 미가서에서도 동일하다. 미가 6:9에서 미가는 악인의 거짓된 에바와 저울추를 말하기에 앞서 "여호와께서 성읍을 향하여 외쳐 부르시나니 지혜는 주의 이름을 경외함이니라"고 하며 잠언에서 볼 수 있는 표현을 사용하고 있다(잠 1:7; 8:1-4). 구약은 또한 표준 도량형 사용을 구원 사건 즉 출애굽 사건과 연결시키고 있다(레 19:36). 호세아 12:7-9에서 하나님은 출애굽 사건을 언급하면서 거짓 저울을 사용하여 부를 축적한 에브라임을 가나안 정착 이전 상태로 되돌리겠다고 한다. 에스겔 45:10에 의하면 미래에 회복될 하나님 나라에서 이스라엘의 지도자들이 시행해야 할 자장 중요한 정치적 행위가 공정한 저울과 공정한 에바와 공정한 밧을 만들어 쓰는 것이라고 한다.

12절에 의하면 부자들을 강포가 가득하고 주민들은 거짓을 말한다고 한다. 이것은 8절에서 하나님이 구하는 것으로 제시된 둘째 주제인 "인애를 사랑하는 것"과 반대되는 삶이다. 12절은 이스라엘 백성들이 이것을 행하지 않고 있음을 지적한다. 8절의 '인애'의 히브리어는 *헤세드*(חֶסֶד)이며, 이 단어는 구약성경에서 246번 사용되었으며, 시편에서 약 절반 가량이 사용되었다. *헤세드*는 하나님이 자기 백성을 향하여 말할 때에는 '언약에 근거한 변함없는 사랑'을 의미하며, 사람이 하나님을 향하여 이 말을 사용할 때는 '경건한 믿음'을 의미한다. 사람과 사람 사이의 행동에 대해 사용될 때에는 주로 가족과 친구 그리고 왕과 신하 사이에 행하여 지는 사랑과 신뢰를 의미한다. 그렇기 때문에 6:8의 *헤세드*는 사람 사이에 실천되어야 할 인애와 박애로 번역하는 것이 적절하다. 6:8에서 *헤세드*를 목적으로 취하는 동사가 *아헵*(אָהֵב)이며 '사랑하다'의 의미를 가지고 있다. 하나님은 자기 백성들이 인애를 수동적으로 실천하는 것이 아니라, 매우 적극적으로 사랑하며 실천하기를 원한다. 인애에 반대되는 개념은 폭력과 거짓이며, 12절에 의하면 이스라엘의 부자들은 강포로 성을 가득 채우고, 주민들은 끊임없이 서로를 속이며 거짓말을 했다. 강포(*하*

마스 חָמָס)는 잔인한 폭력을 지칭하는 말이다. 창세기 6:11에 의하면 하나님이 물로 인류를 심판한 이유가 강포 때문이며, 창세기 49:5에서 야곱은 그의 두 아들 시므온과 레위가 세겜 사람들을 모두 죽인 행동을 강포라고 한다. 이런 표현을 미가가 사용한 이유는 부자들이 자신들의 부당한 이익을 쌓기 위해 서민들에게 잔혹한 폭력을 행사하였음을 드러내려는 목적 때문이다. 부자들이 강포를 행하는 동안 서민들도 신실한 삶을 추구하는 것이 아니라 끝없이 거짓말을 하였다. 12절은 이를 강조하기 위해 반복법을 사용하여 "거짓을 말하니"와 "그 혀가 입에서 거짓을 말하도다"라고 한다. 구체적으로 왜 거짓말을 하였는지를 명확하게 밝히지 않지만, 10-11절의 거짓 에바와 저울추를 사용하여 경제적 이익을 탐하는 모든 행동이 이들의 거짓말과 관련 있을 것이다. 이러한 행동들은 다른 사람에게 친절을 베풀고 사랑을 베푸는 삶과 전적으로 동떨어져 있다.

　10-12절의 범죄는 이스라엘 백성들이 마치 하나님이 없는 것처럼 살아간 삶의 모습이다. 이런 삶은 8절에서 말한 하나님이 백성들에게 원하는 세 번째 항목인 "겸손하게 네 하나님과 함께 행하는 것"과 전적으로 반대되는 삶의 모습이다. 하나님과 동행한 대표적인 인물은 에녹과 노아이다(창 5:24; 6:9). 동행의 의미는 단순히 길을 함께 가는 것이 아니라, 동행자와 인격적인 교제를 통하여 그의 인품을 배우며 삶을 함께 하는 것을 의미한다(민 10:29, 32; 욥 31:5; 잠 13:20). 잠언 13:20의 "지혜로운 자와 동행하면 지혜를 얻고 미련한 자와 사귀면 해를 받느니라"는 동행이 인격적인 영향을 끼친다는 것을 잘 보여준다. 만약 이스라엘 백성들이 미가 6:8에서 말하는 것처럼 하나님과 동행하는 삶을 살아간다면 그들 가운데 부정한 저울과 거짓 저울추와 강포와 거짓이 난무하는 일을 없었을 것이다. 하나님은 자기 백성이 겸손하게 하나님과 동행하고 교제하며 그 분의 거룩한 모습을 닮기 원한다. 하지만 이스라엘 백성들은 16절에서 볼 수 있는 것처럼 아합 가문의 규례와 모든 행위들을 지키며 그들의 사악한 음모를 따라 동행하였다. 이런 이스라엘 백성에게 기다리

고 있는 것은 하나님의 언약적 징벌이며, 이 징벌은 13-16절에 기록되어 있다.

3. 유다 백성에게 임할 경제적 재앙(6:13-16)

13 그러므로 나도 너를 쳐서 병들게 하였으며 네 죄로 말미암아 너를 황폐
하게 하였나니 **14** 네가 먹어도 배부르지 못하고 항상 속이 빌 것이며 네가
감추어도 보존되지 못하겠고 보존된 것은 내가 칼에 붙일 것이며 **15** 네가
씨를 뿌려도 추수하지 못할 것이며 감람 열매를 밟아도 기름을 네 몸에 바
르지 못할 것이며 포도를 밟아도 술을 마시지 못하리라 **16** 너희가 오므리
의 율례와 아합 집의 모든 예법을 지키고 그들의 전통을 따르니 내가 너희
를 황폐하게 하며 그의 주민을 사람의 조소 거리로 만들리라 너희가 내 백
성의 수욕을 담당하리라

경제적 정의를 실천하지 않고 오히려 범죄를 일삼는 유다 백성에게 하나
님은 경제적 재앙을 내리겠다고 말한다. 유다 백성들이 불의를 행한 이유는
북쪽 왕실의 대표적인 죄인인 아합 가문의 경제 행위 방식에 물들었기 때문
이다.

1) 경제적 재앙(13-15절)

이스라엘 백성들은 하나님이 그들에게 구하고 원하는 것을 행하지 않고 오
히려 불의와 거짓과 강포를 일삼았다. 이런 이스라엘 백성들의 행위를 하나
님은 죄로 여겼고(6:13b, '네 죄로 말미암아'), 그들에게 진노의 잔을 쏟아붓
는다. 하나님은 13절의 질병에 더하여 14-15절에는 아래의 네모 칸에서 볼 수
있는 것처럼 *베로*(וְלֹא, 'but - not')를 가지고 다섯 개의 '네가 -할지라도, 그러
나 너는 -하지 못할 것이다'로 표현된 재앙을 이스라엘 백성들에게 내린다.

אַתָּה תֹאכַל [וְלֹא] תִשְׂבָּע וְיֶשְׁחֲךָ בְּקִרְבֶּךָ 14 네가 먹어도 네가 배 부르지 못하고 항상 속이 빌 것이며

וְתַסֵּג [וְלֹא] תַפְלִיט וַאֲשֶׁר תְּפַלֵּט לַחֶרֶב אֶתֵּן: 네가 감추어도 피하지 못하고 피한 것은 내가 칼에 붙일 것이며

אַתָּה תִזְרַע [וְלֹא] תִקְצוֹר 15 네가 씨를 뿌려도 네가 추수하지 못하며

אַתָּה תִדְרֹךְ־זַיִת [וְלֹא]־תָסוּךְ שֶׁמֶן 네가 감람 열매를 밟아도 네가 기름을 바르지 못하며

וְתִירוֹשׁ [וְלֹא] תִשְׁתֶּה־יָּיִן: 포도를 밟아도 네가 술을 마시지 못하리라

이들에게 내려질 재앙들은 신명기 28장에 있는 언약의 저주이며, 13-16절의 재앙들과 신명기 28장의 언약의 저주와 비교하면 다음과 같은 항목들이 일치하고 있음을 확인할 수 있다.

13절	질병	신 28:27-28, 59-61
14절	가축	신 28:31, 51
15절	곡식, 감람유, 포도주	신 28:30, 38-40
16절	조소와 수욕	신 28:37
16절	땅의 황폐	신 28:23-26; 레 26:31-33

13절은 하나님의 진노가 그들의 거짓과 강포 때문이라는 사실을 강조하기 위하여 감-아니(נֵּם־אֲנִי 나도 역시)를 사용하였다. 감(נֵּם 역시, 또한)은 선행하는 문장과 문단의 내용과 논리적으로 관련된 주제를 이어갈 때 사용하며, 아니(אֲנִי, '나')는 독립 인칭 대명사로서 일반 동사에 포함된 주어를 강조하기 위하여 사용되었다. 미가는 또한 세 동사를 나란히 사용하면서 히필(Hiphil) 일반 동사(헤헬레이티, הֶחֱלֵיתִי)+ 히필 부정사 연계형(하코테카, הַכּוֹתֶךָ) + 히필 부정사 절대형(하쉐멤, הַשְׁמֵם)으로 만들어 하나님이 내릴 재앙을 강조하고 있다. 히필 일반 동사 헤헬레이티(הֶחֱלֵיתִי '내가 병들게 만들다')를 통해 하나님은 이스라엘 백성에게 질병을 보낼 것이라고 한다. 헤헬레이티가 히필 완료형 동사이지만 이것은 과거에 이미 내려진 재앙을 말하는 것이 아니라 미래에 하

나님이 틀림없이 이스라엘 백성들을 질병에 걸리게 하겠다는 뜻으로 사용되었다. 신명기 28:59-61은 하나님이 출애굽 때에 이집트에 내린 모든 질병을 이스라엘 백성에게 내리는 것을 언약의 저주의 하나로 기록하고 있으며, 28:27-28에서는 이집트의 재앙에 덧붙여 정신병도 포함시키고 있다. 히필 부정사 연계형 *하코테카*(הַכּוֹתֶךָ, '너를 치며')를 통해 하나님이 그들에게 재앙을 내릴 것을 말하며, 히필 부정사 절대형 *하쉐멤*(הַשְׁמֵם, '황폐하게 하다')을 통해 그들의 땅을 폐허로 만들겠다고 한다. 하나님이 내리는 재앙의 결과로 이스라엘 백성의 두 가지 주요 경제 분야인 목축과 농업이 치명적인 타격을 입게 된다.

14절은 첫 번째 경제적 분야인 목축에 가해질 재앙을 말한다. 개역개정 성경이 "네가 먹어도 배부르지 못하고"는 "항상 속이 빌 것이며"를 고려하면 '네가 먹으려 해도 배를 채우지 못하며'가 더 적절한 번역이다.[17] 이스라엘 백성들이 먹고 싶어 하는 것은 "내가 칼에 붙일 것이며"를 고려하면 소나 양이나 염소 고기로 여겨진다. 이스라엘 백성들이 고기를 먹을 수 없는 이유는 대적들이 약탈해 가기 때문이다. "네가 감추어도 보존되지 못하겠고"는 이스라엘 백성들이 자신의 가축을 지키기 위해 숨기려고 해도 소용없음을 말하고, "보존된 것은 내가 칼에 붙일 것이며"는 설령 가축을 숨겼다 하더라고 결국 대적들의 칼에 죽임을 당하게 된다. 신명기 28:51은 하나님이 언약의 규정을 지키지 않은 이스라엘 백성들에게 내릴 재앙으로 대적들이 가축을 먹어 치우고 소와 양의 새끼를 남기지 않는 것을 포함시키고 있다.

15절은 농사와 관련된 재앙을 말한다. 재앙의 대상이 된 농사 품목은 모두 세 가지이며, 밀 또는 보리와 감람과 포도이다.[18] 밀은 빵을 위해, 감람은 감람 기름을 위해, 그리고 포도는 포도주를 위해 파종하고 재배한다. 그러나 씨를 뿌려도 대적들이 다 자란 곡식을 추수해 가버리고, 감람 열매를 밟아 기름

---

17. A. Ehrman, "A Note on Micah VI 14," *VT* 23 (1973): 103-105.
18. King, *Amos, Hosea, Micah*, 114-20.

을 짜도 빼앗기고, 포도를 밟아 술을 만들어도 역시 빼앗겨서 먹지도 바르지
도 마시지도 못하게 된다. 이런 종류의 재앙은 언약의 저주에 해당되는 것들
이다. 신명기 28:38-40은 이스라엘 백성들이 하나님의 언약을 지키지 않았을
때 하나님이 그들에게 내릴 언약의 저주를 기록하고 있다. 신명기 28:38은 많
은 종자를 뿌려도 메뚜기가 먹으므로 적게 거두게 된다고 하며, 신명기 28:39
은 포도원의 포도를 벌레가 먹으므로 따지 못하고 포도주도 마시지 못한다고
하며, 신명기 28:40은 감람나무의 열매가 떨어지므로 기름을 몸에 바르지 못
하게 된다고 한다. 이것은 미가 6:15의 농사에 대한 재앙과 매우 유사하다. 물
론 둘 사이에 약간의 차이가 있다. 신명기 28:38-40은 흉년의 재앙 때문에 곡
식과 포도와 감람의 수확이 현저히 줄어든다고 하지만, 미가 6:15은 감람 열
매와 포도를 수확하여 기름을 짜고 포도주를 만들어도 바르고 마시지 못하게
된다. 이 같은 차이점이 생긴 이유는 신명기 28:38-40의 재앙이 흉년 때문에
생겨난 언약의 저주이지만 미가 6:15의 재앙은 전쟁 약탈이기 때문이다. 하지
만 신명기 28:31은 대적 때문에 포도의 열매를 따지 못하는 상황이 언약의 저
주에 포함되고 있음을 보여준다.

2) 아합의 전통을 따른 대가(16절)

16절은 하나님이 이스라엘 백성들을 사람의 조소거리로 만들고 치욕을 당
하게 하리라고 한다. 신명기 28:37은 이 같은 조소와 치욕을 언약의 저주 중
에 포함시키고 있다. 16절에서 하나님은 또한 "내가 너희를 황폐하게 하며"라
고 하는데, 이것도 역시 언약의 저주에 포함된다. 레위기 26:31-33은 이스라
엘 백성들이 가나안에서 포로로 끌려가 열방 가운데 흩어져 살게 되고 가나
안 땅은 황폐하게 되는 것을 언약의 저주의 요소라고 한다. 신명기 28:23-26
도 가나안의 황폐에 대해 기록하고 있다. 하나님은 하늘에서 비 대신에 티끌
과 모래를 땅에 내려 멸망시키고, 적들이 공격하여 땅의 모든 나라로 흩고 가
나안 땅에는 이스라엘 백성의 시체들이 널려져 있고 새와 짐승들이 먹어 치

울 것이라고 한다.

　　이런 고통스러운 재앙을 겪게 되는 이유를 16절은 이전과 다른 각도에서 제시하고 있다. 즉 이스라엘 백성들이 불의와 거짓을 일삼은 것을 재앙의 이유로 제시하는 것이 아니라 그들이 오므리의 율례와 아합 집의 모든 행위를 지키고 그들의 음모를 따른 것을 이유로 제시하고 있다. 이것은 미가 1:13에서 라기스를 비난하면서, "이스라엘의 허물이 네게서 보였음이니라"고 했던 것과 직접적으로 연결된 유다의 죄악상이다. 개역개정 성경의 "예법"의 히브리어는 *마아세*(מַעֲשֵׂה)이며 기본적인 의미는 '행위' 또는 '일'이다. 개역개정 성경의 "전통"의 히브리어는 *모에차*(מוֹעֵצָה)이며 기본적인 의미는 '계획,' '조언'이며, 미가 6:16에서는 부정적인 의미로 '계책' 또는 '음모'의 뜻으로 사용되었다. 오므리는 아합 왕의 아버지이며, 오므리의 율례와 아합 집의 모든 행위는 반복법에 해당된다. 율례라는 표현을 사용한 이유는 아합의 가족들이 저지르는 죄악들이 일종의 율례처럼 관습화 되고 일상화된 행위들이기 때문이다. 율례화 된 오므리 가문의 대표적인 죄악은 여로보암의 송아지 우상과 바알 신을 숭배하는 것(왕상 16:30-33)과 나봇의 포도원을 강탈한 것과 같은 약탈 행위들이다(왕상 21:1-29). 16절의 오므리 가문의 율례와 행위와 음모는 6장의 내용이 주로 경제적 약탈과 관련되었음을 고려하면 나봇의 포도원 강탈과 관련된 것으로 보는 것이 적절하다. 엘리야는 아합을 찾아가서 "네가 죽이고 또 빼앗았느냐"(왕상 21:19)고 질책한 것처럼 미가는 이스라엘 백성들이 강포와 거짓으로 불의한 재물을 취득한 것을 비난하고 있다. 16절의 미가의 메시지의 특이점은 이스라엘 백성 특별히 남쪽 유다 백성들이 북쪽 이스라엘의 최악의 왕이었던 오므리와 아합 가문의 전통을 지키고 따르면서 다른 사람의 재물을 강탈하였다는 것이고, 이 사실을 8절에서 하나님이 원하시는 것 중에 하나인 하나님과 동행하는 것과 대비시키고 있다는 것이다.[19]

---

19. Simundson, "The Book of Micah," 582.

8절 하나님과 동행 *레케트 임-엘로헤이카* לֶכֶת עִם־אֱלֹהֶיךָ

16절   *와테레쿠 베모아초탐* וַתֵּלְכוּ בְּמֹעֲצוֹתָם

이스라엘 백성들은 하나님이 원하는 것인 정의와 인애를 사랑하는 것과 하나님과 동행하는 삶을 사는 것이 아니라 오므리와 아합 집의 율례와 행위를 따라 우상을 섬기며 그들의 계책에 동행하는 삶을 살았다. 그래서 하나님은 북쪽 이스라엘을 아시리아를 통해 멸망시킨 것처럼 그들에게 언약의 저주를 내려 포로로 끌려가게 하고 조롱과 치욕을 당하게 한다는 것이다.

교훈과 적용

1. 하나님은 이스라엘 백성을 자기 백성으로 삼고 그들을 이집트에서 구원하였을 뿐만 아니라 광야에서 참된 지도자를 보내어 그들을 인도하며 그들의 삶을 지켜 주었지만, 정작 이스라엘 백성들은 하나님께 반역하였다. 나는 이스라엘 백성처럼 하나님의 은총을 잊어버리고 배은망덕한 삶을 살고 있지는 않는가?

2. 유다 백성들은 하나님은 자신에게 드려지는 예배에만 관심이 있고, 개인적인 삶에는 전혀 관심이 없는 것으로 생각했다. 그래서 백성들은 하나님께 많은 제물을 드리면 된다고 생각했다. 하지만 하나님이 진정 기뻐하는 것은 공의를 행하고, 서로 사랑하며 하나님과 겸손히 동행하는 것이다. 나는 무엇으로 하나님을 기쁘게 해 드릴 수 있다고 생각하는가?

3. 유다 백성들은 성공과 번영을 위하여 신앙 정신을 버리고 아합의 삶의 전통을 따랐다. 이익을 위해서는 아합이 나봇의 포도원을 빼앗기 위해 피를 흘린 것처럼 기꺼이 사람들을 해쳤다. 나는 유다 백성들과는 다르게, 가난하게 살더라도 하나님의 말씀의 가치관과 신앙 원리에 따라 살아 갈 수 있을까?

제7장 용서와 회복에 대한 하나님의 약속 (7:1-20)

미가의 마지막 메시지가 7장에서 애절하게 시작된다. 미가는 7장에서 1-6장에서 지적한 이스라엘 백성들의 죄악의 상태를 극적으로 드러낸다. 이스라엘의 죄악에 대해 미가는 하나님의 심판을 다시 선포하는 것이 아니라 1-6장의 하나님의 이미지와 상반되게 하나님을 죄를 용서하시는 분으로 제시한다. 그리고 그 하나님께 미가는 이스라엘 자손들을 회복시켜 달라고 간청하며, 용서를 약속하는 하나님께 미가는 감사의 찬송을 부른다.

본문 개요

미가 7장은 네 부분으로 나눌 수 있다. 1-6절에서 미가는 먼저 악의 절정에 도달한 이스라엘에 대한 하나님의 심판을 선언한다. 이스라엘 가운데에는 경건한 자와 정직한 자가 전혀 없고, 가장 선한 자라도 가시 같은 존재들이며 신뢰할 수 없는 존재들이다. 7-10절에서 미가는 비록 자신이 실수하여 범죄할지라도 하나님을 전적으로 믿고 신뢰하면 구원의 은총을 베푸시는 분이 하나님이라고 말한다. 그리고 의인의 실수를 정죄하는 대적들은 부끄러움을 당할 것이라고 한다. 11-17절에서 하나님은 미래에 있을 회복을 선포하고, 이에 대해 미가는 이스라엘의 회복을 간청한다. 미가는 하나님께 양떼를 먹이듯이 이스라엘 백성을 목양하시기를 간청하고, 하나님은 출애굽 때처럼 이방 민족들에게 이적을 행하여 그들을 부끄럽게 만들고 그 후에 그들이 하나님께 돌아올 것이라고 한다. 마지막으로 18-20절은 하나님께서 조상들에게 언약한 것처럼 이스라엘의 죄를 용서하실 것이라는 희망의 노래를 부르며 미가서를 끝낸다.

내용 분해

1. 악의 절정에 도달한 이스라엘에 대한 심판(7:1-6)
    1) 경건하고 정직한 자의 부재(1-4절)
    2) 측근들을 믿지 말라(5-6절)
2. 여호와를 의지하는 자에 대한 용서(7:7-10)
    1) 나는 하나님만 바라봄(7절)
    2) 하나님이 빛이 되시고 용서하심(8-9절)
       대적들이 부끄러워함(10절)
3. 회복에 대한 하나님의 약속(7:11-17)
    1) 미래의 회복에 대한 하나님의 말씀(11-13절)
    2) 회복에 대한 미가의 간청(14절)
    3) 출애굽 같은 회복과 이방 민족의 회복(15-17절)
4. 하나님의 용서에 대한 희망(7:18-20)
    1) 용서와 인애의 하나님(18-19절)
    2) 조상들과 맺은 언약을 기억하시는 하나님(20절)

본문 주해

1. 악의 절정에 도달한 이스라엘에 대한 심판(7:1-6)

1 재앙이로다 나여 나는 여름 과일을 딴 후와 포도를 거둔 후 같아서 먹을 포도송이가 없으며 내 마음에 사모하는 처음 익은 무화과가 없도다 **2** 경건한 자가 세상에서 끊어졌고 정직한 자가 사람들 가운데 없도다 무리가 다 피를 흘리려고 매복하며 각기 그물로 형제를 잡으려 하고 **3** 두 손으로 악을 부지런히 행하는도다 그 지도자와 재판관은 뇌물을 구하며 권세자는 자기 마음의 욕심을 말하며 그들이 서로 결합하니 **4** 그들의 가장 선한 자라도 가시 같고 가장 정직한 자라도 찔레 울타리보다 더하도다 그들의 파수꾼들의 날 곧 그들 가운데에 형벌의 날이 임하였으니 이제는 그들이 요란하리로다 **5** 너희는 이웃을 믿지 말며 친구를 의지하지 말며 네 품에 누운 여인에게라도 네 입의 문을 지킬지어다 **6** 아들이 아버지를 멸시하며 딸이 어머니를 대적하며 며느리가 시어머니를 대적하리니 사람의 원수가 곧 자기의 집안 사람이리로다

1-6절은 유다와 이스라엘에 경건한 자와 정직한 사람이 없기 때문에 서로를 믿지 말라는 메시지를 담고 있다. 경건하고 정직한 사람의 부재를 말하기 위해 여름 과일을 딴 후에 포도와 무화과 열매가 없는 것에 비유한다. 그들 가운데 가장 의로운 자도 가시와 찔레 울타리보다 더 나쁘다. 그렇기 때문에 미가는 이웃뿐만 아니라 자신의 가족까지도 믿어서는 안 된다고 한다.

1) 경건하고 정직한 자의 부재(1-4절)

미가는 마지막 메시지에서 악의 절정에 도달한 이스라엘 백성들의 악행 때문에 그들 가운데 의인이 모두 사라졌음을 애통해 한다. 미가는 마음의 깊은

고통 때문에 "재앙이로다 나여!"라고 한다.[1] 이 말의 히브리어 *알라이*(אַלְלַי) 는 욥기 10:15과 함께 구약 성경에서 단 두 번 사용되었으며, 욥은 10장에서 자신이 처한 비극을 하나님께 하소연하면서 자신이 범죄하였으면 그가 당하는 고통을 받아 마땅하다고 한다. 그때 욥은 미가 7:1의 "재앙이로다 나여!" 와 동일한 말을 한다.[2] 이것은 미가가 느끼는 고통의 정도를 충분히 짐작하게 해 준다. 미가는 이를 더 강조하여 아래의 네모 칸에서 볼 수 있는 것처럼 압운법을 사용한다.

אַלְלַי לִי כִּי הָיִיתִי כְּאָסְפֵּי־קָיִץ *알라이 리 키 하이티 케아스페이-카이츠*

위에서 볼 수 있는 것처럼 미가는 '재앙이로다 나여 나는 여름 과일을 딴 것 같도다'라고 하면서 다섯번이나 단어의 끝을 요드(י) 또는 '이' 음으로 끝나게 하고 있다. 미가가 이런 고통을 느낀 이유는 이스라엘 가운데 의인이 없기 때문이다. 이것을 미가는 추수가 끝난 들판에 비유하고 있다. 마치 여름 과일을 추수하고 포도를 추수한 후에 아무 것도 달려있지 않고, 나무에 잎조차 거의 남아있지 않은 포도원과 과수원처럼 이스라엘에 의인이 없다고 한다. 미가는 의인의 부재에 대한 애타는 마음을 강조하기 위해 감정이입법을 사용하고 반복법을 사용하고 있다. 미가는 '이스라엘은 여름 과일을 딴 후와… 같아서'라고 하지 않고 "나는 여름 과일을 딴 후와… 같아서"라고 한다. 이 표현은 비유이지만, 단순히 비유로 끝나지 않고 미가의 상실감을 충분히 느끼게 해 준다. 추수 후의 이미지를 강조하기 위해 "여름 과일을 딴 후," "포도를 거둔 후"를 반복하며, 과일의 부재를 나타내기 위해 "먹을 포도송이가 없으며," 그리고 "처음 익은 무화과가 없으며"를 반복하였다. 미가가 느낀 감정과 유사한 감정

---

1. Waltke, "Micah," 745; T. E. McComoskey, "Micah: Exegetical Notes," *Trinity Journal* 2 (1981): 62-68.

2. H. W. Wolff, *Micah* (Minneapolis: Augsburg, 1999), 204.

을 예수님도 느끼며 마태복음 21:19에서 무화과나무에 열매가 없는 것을 통해 말씀하였다. 미가는 경건한 자의 부재를 깊이 아파하며 "내 마음" 또는 '내 영혼이 사모하는'이라고 했다. 히브리어 *네페쉬*(נֶפֶשׁ)는 '마음'으로 번역해도 되지만, 미가가 경건한 자의 부재를 매우 애석해 하는 점을 고려한다면, '마음'보다 더 강한 표현인 '영혼'으로 해석하는 것이 더 적절하다.

2절은 미가가 추수한 후의 포도원과 과일 나무의 비유를 말한 목적이 의인의 부재를 말하기 위한 것이었음을 보여준다. 미가는 의인을 경건한 자(*하시드*, חָסִיד)와 정직한 자(*아솨르*, יָשָׁר)라고 표현하며, 이 사실을 강조하기 위해 반복법과 교차 대구법을 사용하였다. 경건한 자와 정직한 자가 그 땅 즉 가나안 땅에 없고 그 사람 즉 이스라엘 백성들 가운데 아무도 없다고 한다.[3]

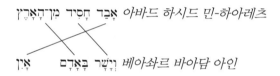

이스라엘 백성들 가운데 의인이 없는 이유는 그들이 의인들을 핍박하고 살해했기 때문이다. 2절의 첫 동사 *아바드*(אָבַד)는 '소멸하다' 또는 '멸망하다'의 뜻을 가지고 있다. 미가는 의인들을 죽인 자들의 신분을 '그들 모두'라고 하였으며, 이것은 앞 문장에 있는 *아담*(אָדָם 사람들)'을 지시한다. 집합 명사 아담은 일차적으로 이스라엘 백성들을 뜻하지만, 모든 사람을 포괄시키기 위해 의도적으로 선택했을 가능성도 있다. 마찬가지로 미가가 가나안 땅과 이스라엘 백성이라고 하지 않고 특정할 수 없는 땅과 특정할 수 없는 사람을 언급함으로 미가 7장의 메시지를 우주론적 종말론으로 확대하려는 의도를 가지고

---

3. Barker & Bailey, *Micah, Nahum, Habakkuk, Zephaniah*, 121. 포도원 비유는 사 5:7과 유사한 주제이며, 의인을 찾는 내용은 창 18:23-33에 있는 하나님과 아브라함의 대화와 같은 주제이다.

있는 것으로 여겨진다. 이스라엘 사람들은 악인들이 들끓는 세상에서 두려움 속에 극도로 조심하며 인생의 길을 걷고 있는 의로운 자들을 공격하고 그들의 피를 흘리고 죽이기 위해 은밀히 매복하여 숨을 죽였다. 그리고 그들은 사냥꾼이 그물로 새를 잡듯이 의로운 자들을 사냥하였다. 사냥한 목적을 *헤렘*(חֵרֶם)이라고 했는데, *헤렘*은 새를 잡는 그물의 의미도 가지고 있지만 거룩한 전쟁에서 모든 것을 하나님께 바친다는 의미도 가지고 있다. 이 본문에서는 첫 문장의 *아바드*(אָבַד, '소멸하다,' '멸망하다')를 고려할 때 후자의 의미를 가지고 있는 것으로 보는 것이 적절하다. *헤렘*은 또한 전쟁 대상에 속한 모든 것을 전멸시킬 때 쓰는 표현이다. 이런 표현을 사용함으로 사람들이 모든 의인을 죽음으로 몰아넣는 파괴적이고 잔혹한 사냥을 일삼고 있음을 보여준다. 미가는 그들이 잡은 사람을 다름 아닌 형제라고 한다. 미가는 이스라엘 백성이 인간 사냥을 벌이는 가장 가증스러운 장면을 묘사하다가 그 인간 사냥의 대상을 형제라고 함으로 독자의 분노를 극도로 자극하였다.[4]

2절이 모든 사람의 죄악을 언급하였다면, 3-4절은 미가의 주요 비판 대상을 지도자, 재판관, 그리고 큰 자라고 칭하면서 그들의 불의를 다시 말한다. 3절은 이들이 얼마나 악하고 비인간적이었는지를 보여준다. 3절은 이들이 두 손으로 악을 행하기 위해 매우 재빨랐다고 한다. 이들 지도자들과 재판관들과 큰 자들이 추구한 것은 악(*하라아* הָרַע)과 뇌물(*쉴룸* שִׁלּוּם)과 욕망(*합바트 낲소* הַוַּת נַפְשׁוֹ)을 채워 줄 수 있는 것들이다. 신명기 16:19는 재판관에게 뇌물을 받지 못하게 하며(출 23:8; 신 1017), 신명기 27:25에서 모세는 이스라엘 백성에게 가나안 땅에 들어가서 하나님과의 언약을 갱신할 때에 무죄한 자를 죽이려고 뇌물을 받는 자는 저주를 받을 것이라고 선포하게 하고 백성들은 아멘으로 화답하라고 한다. 이런 율법의 정신이 무색하게 유다의 지도자들은 뇌물을 탐하였다. 그리고 이 두 그룹의 지도자들이 자신들의 파괴적인 욕망을 채

---

4. Waltke, "Micah," 746.

우기 위해 상호 결탁하였음을 지적한다. 3절의 "권력자"의 히브리어는 *가돌*(גָּדוֹל, '큰 자')이며 권력을 손아귀에 잡고 막강한 힘을 가진 위대한 자라는 의미이다. "결합하니"의 히브리어 *아바트*(עָבַת)는 실을 새끼 줄 꼬듯이 엮는 것을 나타내는 말로서, 이스라엘 지도자들이 그들의 불타는 욕심을 채우기 위해 그리고 백성들을 착취하려고 철저하게 결탁하였음을 보여주는 표현이다.

4절은 이들 모두가 극렬하게 악했기 때문에 이들 중에 가장 선한 자라도 가시 같았으며, 가장 정직한 자라도 찔레 울타리 같았다고 한다. 지도자들 중에는 의로운 자는 고사하고 철저하게 악한 비인간적인 자들 밖에 없었음을 강조하여 표현하였다. 미가는 이를 강조하기 위해 반복법(선한 자 טוֹב/ 정직한 자 יָשָׁר)과 대구법(선한 자 טוֹב/ 정직한 자 יָשָׁר, 가시 חֵדֶק/ 찔레 울타리 מְסוּכָה) 그리고 비교급(가시 같고 כְּחֵדֶק/ 찔레 울타리보다 더 מִמְּסוּכָה)을 사용하였다.

미가는 2절에서 이스라엘과 그들의 지도자들을 3인칭으로 표현하며 죄악을 단순 나열하였지만, 4절 마지막에서 아래의 박스표에서 볼 수 있는 것처럼 악한 지도자들을 3인칭에서 2인칭으로 바꾸었고 다시 2인칭에서 3인칭으로 바뀐다.

טוֹבָם כְּחֵדֶק יָשָׁר מִמְּסוּכָה 3인칭
יוֹם מְצַפֶּיךָ פְּקֻדָּתְךָ בָאָה 2인칭
עַתָּה תִהְיֶה מְבוּכָתָם 3인칭

위에서 볼 수 있는 것처럼 개역개정이 "그들의 파수꾼들의 날"과 "그들 가운데에 형벌의 날"로 번역하는 것과는 달리 히브리어 본문은 '너의 지켜 보는 자의 날'(메촴페이카, מְצַפֶּיךָ)과 '너의 형벌의 날'(페쿠다테카, פְּקֻדָּתְךָ)로 기록하고 있다. 미가는 그들의 죄악에 대한 심판을 말하면서 매우 격정적으로 심판의 날을 선포하기 위해 3인칭에서 2인칭으로 바꾸었고, 반복법을 사용한 것

으로 여겨진다.[5] 미가는 그 날이 이들에게 혼란의 날이 된다고 말한다. 그 혼란은 5-6절에서 말하는 것처럼 모든 사람이 서로를 믿지 못하는 날이며, 불신이 가득한 날이며, 더 나아가 서로가 서로를 공격하고 원수가 되는 날이다. 2-4절의 이스라엘의 죄악은 시편 14편의 상황을 연상시킨다. 미가 7:4에서 '너의 지켜보는 자의 날'이라는 말은 시편 14:2에서 하나님이 하늘에서 사람들을 굽어 살피고 있는 것처럼 그들의 행위를 세밀하게 지켜보고 심판하는 날이라는 의미이다. 미가 7:4에서 이스라엘의 지도자들 중에는 가장 선하고 정직한 자가 가시와 찔레 울타리 같다고 하였는데, 시편 14:3은 선을 행하는 자가 없으니 하나도 없다고 했고, 미가 7:2에서 이스라엘 백성들이 형제를 죽이고 사로잡기 위해 혈안이 된 것처럼 시편 14:4은 "그들이 떡 먹듯이 내 백성을 먹으면서"라고 한다.

2) 측근들을 믿지 말라(5-6절)

5절에서 미가는 여호와의 심판의 날이 이르면 불신이 가득하게 된다고 한다. 미가는 낮고 약한 것에서부터 점점 크고 강한 것으로 나아가는 점층법을 사용하여 믿고 신뢰해서는 안 되는 대상을 이웃(레아עַ רֵ) ⇨ 친구(알룹אַלּוּף) ⇨ 아내로 제시한다. 미가는 이웃과 친구보다 더 믿고 신뢰해야 할 가장 가까운 존재인 아내를 아내(이샤אִשָּׁה)라고 표현하지 않고 "네 품에 누운 여인"(미소케베트 헤이케카מִשֹּׁכֶבֶת חֵיקֶךָ)이라고 했다. 이를 통해 미가는 가장 친밀한 사람을 가장 신뢰할 수 없는 관계가 되는 상황을 실감나게 그려낸다. 네 품에 누운 여인은 삼손의 여인이었던 들릴라를 연상시키는 표현이다(삿 16:4-20). 들릴라는 삼손의 품에 누운 여인이었지만, 삼손을 죽음으로 몰아간 여인이다. 삼손이 들릴라에게 자신의 힘의 근원을 발설해서는 안 되었던 것처럼 미가는 네 품에 누운 여인에게서 네 입을 지키라고 한다.

---

5. Barker & Bailey, *Micah, Nahum, Habakkuk, Zephaniah*, 123.

6절은 여호와의 심판의 날에 5절의 불신과 함께 가족간의 반목이 생겨날 것이라고 한다. 5절에서 미가는 사람과의 관계에 생길 불신을 점층법을 통해 표현했었는데, 6절에서는 더 크고 강한 것에서 더 작고 약한 것을 나타내는 점강법을 통해 가족간의 분쟁을 예고한다. 즉 아들 ⇨ 딸 ⇨ 며느리, 아버지 ⇨ 어머니 ⇨ 시어머니로 이어지며, 가족간의 관계를 부계 사회에서 가장 중요한 관계인 부자, 모녀, 그리고 고부 관계에 형성될 적대 관계를 예고한다.[6] 가족 관계는 점강법으로 묘사하였지만, 가족 내부의 갈등의 정도는 점층법을 통해 표현하였다.

부자 ⇨ 모녀 ⇨ 고부
멸시 ⇨ 대적 ⇨ 원수

미가가 의도하는 것은 부자, 모녀, 고부 관계에만 적대 관계가 생겨난다는 것이 아니다. 이것은 수사학적인 표현으로 독자와 청중들의 주목을 끌고자 하는 것이고, 미가가 의도하고 있는 것은 "사람의 원수가 곧 자기의 집안 사람이리로다"에서 알 수 있듯이 모든 가족들이 서로 적대하며 원수가 된다는 말이다. 미가는 이 같은 현상이 생겨나는 때를 여호와의 심판의 날이라고 하였는데, 마태복음 10:35-36(눅 12:49-53)에서 예수님은 미가 7:5-6을 인용하면서 이 같은 현상을 메시아 시대의 특징으로 제시하고 있으며, 이 메시아 시대를 마태복음 10:15은 심판의 날이라고 한다. 미가 7:5-6은 5:2과 더불어 메시아 시대에 관한 중요한 예언이다.

---

6. Allen, *The Books of Joel, Obadiah, Jonah and Micah*, 388-89. 알렌에 의하면 '멸시하다'의 히브리어 *나발*(נָבֵל)은 도덕적 타락의 의미를 내포하고 있다고 한다.

2. 여호와를 의지하는 자에 대한 용서(7:7-10)

7 오직 나는 여호와를 우러러보며 나를 구원하시는 하나님을 바라보나니 나의 하나님이 나에게 귀를 기울이시리로다 8 나의 대적이여 나로 말미암아 기뻐하지 말지어다 나는 엎드러질지라도 일어날 것이요 어두운 데에 앉을지라도 여호와께서 나의 빛이 되실 것임이로다 9 내가 여호와께 범죄하였으니 그의 진노를 당하려니와 마침내 주께서 나를 위하여 논쟁하시고 심판하시며 주께서 나를 인도하사 광명에 이르게 하시리니 내가 그의 공의를 보리로다 10 나의 대적이 이것을 보고 부끄러워하리니 그는 전에 내게 말하기를 네 하나님 여호와가 어디 있느냐 하던 자라 그가 거리의 진흙 같이 밟히리니 그것을 내가 보리로다

하나님을 믿지 않는 자들은 믿는 자들의 실수를 기뻐하고 이를 비난하고 조롱하기를 좋아한다. 하지만 미가는 그런 실수를 저질렀을 때에 하나님만 바라보아야 한다고 말한다. 비록 죄로 인해 하나님의 진노를 당하더라도 하나님을 바라보면 주님이 광명으로 인도하고 주님의 공의를 보게 한다. 하나님의 이러한 자기 백성 사랑 때문에 대적들은 부끄럽게 된다.

1) 나는 하나님만 바라봄(7절)

1-6절에서 미가는 모든 이스라엘 백성들이 완전히 부패하고 타락하였고, 남아 있는 의인조차 사로잡아 죽임으로 그들 가운데 의롭고 정직한 자가 하나도 없음을 개탄한 후 하나님의 심판의 날을 알렸다. 7-10절에서 미가는 여호와를 의지하는 자에게 하나님이 용서와 자비로운 공의를 베푸신다고 말한다. 7절에서 미가는 여호와를 의지하는 자의 특징을 두 가지 말한다. 첫째는 여호와를 우러러보는 것이다. 이 말의 히브리어는 *차파*(צָפָה)이며 4절에서 하나님이 범죄한 이스라엘 백성을 지켜보시는 모습을 묘사하기 위해 사용되었

다. 미가는 하나님을 의지하는 자신의 신앙을 묘사하기 위해 이 표현을 사용하였으며, 이 *차파*(צפה)의 의미는 하나님을 지속적으로 계속 바라보는 것이다. 미가는 비록 이스라엘 백성들은 의인을 죽이기 위해 혈안이 되어 있고 5절에서 말하는 것처럼 이웃과 친구와 아내도 믿을 수 없는 상황이지만, 자신은 여호와 하나님만 변함없이 항상 바라보며 살겠다고 한다. 미가는 이를 강조하기 위해 히브리어 구문의 일반적인 순서(동사-주어-목적어)를 깨뜨리고 도치법을 사용하고 있다.

וַאֲנִי בַּיהוָה אֲצַפֶּה 와아니 바이와 아차페

주어 '나는'(*아니*, אֲנִי)과 동사의 목적어인 '여호와를'(*바여호와*, בַּיהוָה)을 동사 앞으로 도치하였고, 독립 인칭 대명사 '나는'(*아니*, אֲנִי)을 첨가하여 강조하였다. 둘째는 하나님이 구원하여 주기를 기다린다는 것이다. 이 기다림에는 기도가 포함되어 있다. "나의 하나님이 나에게 귀를 기울이시리로다"는 기도가 전제되어 있고, 하나님이 이 기도를 듣고 구원하여 주기를 기다린다는 것이다.

2) 하나님이 빛이 되시고 용서하심(8-9절)

8절에서 미가는 의인을 사로잡아 놓고 득의양양한 대적들을 향하여 하나님께 대한 믿음에 기초한 확신의 메시지를 던진다. 먼저 미가는 악인들에게 자신 때문에 기뻐하지 말라고 한다. 비록 미가는 악인들에게 사로잡혀 있지는 않지만, 악인들의 손아귀에 놓여 있는 의인의 심정으로 말한다. 그러면서 비록 현재는 고통과 어려움 속에 있을지라도 그에게는 회복의 소망이 있음을 보여준다. 이를 말하기 위해 8절은 아래에서 볼 수 있는 것처럼 대조법을 사용한다.

אַל־תִּשְׂמְחִי אֹיַבְתִּי לִי כִּי נָפַלְתִּי קַמְתִּי כִּי־אֵשֵׁב בַּחֹשֶׁךְ יְהוָה אוֹר לִי

         d   c   b a

위의 a와 b는 '넘어지다'와 '일어나다'의 의미로 서로 대조를 이루며, c와 d는 '어둠'과 '빛'으로 서로 대조를 이룬다. 8절의 a와 b에서 미가는 '나는 엎드러질지라도 나는 일어날 것이요'라고 한다. 이것은 단순히 길거리에 넘어져 있는 상태를 말하는 것이 아니라 심각한 삶의 위기에 빠져 있는 상태를 묘사하는 표현이다. 일어나는 것도 넘어진 의인 자신이 스스로의 힘으로 일어서기보다는 하나님이 일으켜 세워 주기 때문에 일어선다는 의미이다. 미가는 그 이유를 이어지는 문장에서 설명한다. 접속사 키(כִּי)를 통해 앞서 진술한 상황을 설명하면서, "내가 어둠에 앉아 있을지라도"라고 한다. 이것은 악인들이 의인을 해치고 죽이기 위해 붙잡아 감옥이나 어두운 곳에 넣어 둔 상태를 일차적으로 의미한다. 하지만 "여호와가 나에게 빛이 되신다"는 말은 단순히 공간적인 의미에 한정되지 않는다. 어두움에 앉아 있다는 말은 "엎드러질지라도"와 함께 의인이 심각한 삶의 위기에 빠진 상태를 보여주는 말이다. 이런 삶의 위기에 빠져 있을 때 그를 일으켜 세우고, 그의 삶이 칠흑 같은 어두움에 갇혀 앞이 보이지 않을 때 그의 어두움을 밀어내어 주는 빛이 있는데 그 빛은 바로 여호와이다.[7]

9절은 의인이 왜 위기에 빠지게 되었는지를 좀 더 구체적으로 보여주며, 하나님의 구원의 은혜의 범위를 또한 보여준다. 9절 첫 문장에서 미가는 "나는 여호와의 진노를 당하려니"로 시작한다. 진노를 살 수밖에 없었던 이유는 그가 범죄하였기 때문이다. 이것은 8절에서 의인이 엎드러지고 어둠 속에 앉아 있게 된 이유가 그가 범죄하였기 때문이라는 것을 알 수 있다. 이런 상황에 빠지게 된 것은 2절에서 악인들이 경건하고 정직한 자들을 잡으려고 파 놓은 함

---

7. Keil, *Minor Prophets*, 507-508.

정과 그물 때문이며, 이 함정과 그물은 물리적인 함정과 그물에 한정되지 않고 의인들이 범죄하도록 악인들이 파 놓은 함정과 그물을 포함하고 있다. 이런 함정에 빠져 의인이 범죄하게 됨으로 엎드러져 있고 어두움에 빠져 있을 때, 대적들은 기뻐하며 즐거워할 것이다. 하지만 이때에 하나님은 대적들의 기대처럼 범죄한 의인을 꾸중만 하는 것이 아니라 오히려 의인을 위하여 법적인 논쟁을 벌인다. 미가 6:1-2에서 미가는 하나님이 이스라엘 백성을 정죄하는 법적인 논쟁을 벌일 것으로 예언했는데, 7:9은 여호와께서 의인을 위해 법적인 논쟁을 벌일 것이라고 예고한다. 그 법적인 논쟁에서 하나님은 대적들을 심판하지만 실족한 의인에게는 그의 죄를 심판하고 진노하면서도 그의 실족을 공의롭게 판단하고 그를 용서한다. 8절의 "여호와께서 나의 빛이 되실 것임이로다"는 실족한 의인이 여호와께서 비추어 주시는 빛을 보고 스스로 그 빛을 향하여 나아가는 모습을 그리고 있으며, 9절의 "주께서 나를 인도하사 광명에 이르게 하시리니"는 하나님께서 직접 실족한 의인을 빛에 이르도록 인도해 내는 장면이다. 9절 마지막에서 미가는 하나님의 의에 대해 아주 중요한 말을 한다. 하나님이 인도하여 낸 광명을 볼 수 있게 되는 것이 전적으로 그의 의(*베칠카토* בְּצִדְקָתוֹ) 때문이다. 개역개정이 "내가 그의 공의를 보리로다"라고 번역한 히브리어는 *엘에 베칠카토*(אֶרְאֶה בְּצִדְקָתוֹ)이며, 이를 직역하면 '내가 그의 공의로 말미암아 보리라'이다. 미가가 보게 되는 대상은 그의 의가 아니라 앞 문장에 있는 *오르*(אוֹר 광명)이다. 로마서 1:17에서 말하는 것처럼 죄로 인한 깊은 어두움과 심판에 빠져 있는 미가를 광명에 이르게 하는 공로와 방법이 미가 자신에게 있는 것이 아니라 전적으로 하나님의 의에 있다고 고백하고 있다(롬 3:23-26).

3) 대적들이 부끄러워함(10절)

10절 1행과 2행에서 미가는 의인을 위한 하나님의 공의로운 재판을 보고 악인이 부끄러워하게 된다고 한다. 8절에서 "나의 대적이여 나로 말미암아 기뻐하지 말지어다"라고 했는데, 10절은 실족한 의인에 대한 하나님의 공의로운 심판 때문에 '나의 대적이 보고 부끄러움이 그를 덮을 것이라'라고 한다. 특이하게도 미가는 8절에서도 명사 "원수"를 여성형으로 사용하였는데, 10절에서도 "나의 원수"를 여성 명사 *오에바트*(אֹיַבְתִּ)로 사용하였다. 10절은 이에 더해 '네 하나님 여호와'(*여호와 엘로하이크* יְהוָה אֱלֹהָיִךְ)에서 '네'에 해당하는 히브리어를 대명사 접미사 2인칭 여성 단수(*케*, ךְ)를 사용하여 화자 자신도 여성으로 표현하고 있다. 이것은 의인을 미가에서 시온의 백성으로 전환시키려는 의도 때문이다. 히브리어에서 예루살렘을 비롯한 도시들은 여성으로 취급되며, 미가는 종종 예루살렘과 시온을 딸이라고 불렀다. 이 대적은 여성 의인에게 "네 하나님이 어디 있느냐"고 말하였다. 악인이 딸 시온을 박해하여도 하나님이 악인을 벌하지도 않고 그렇다고 의인을 구원해 내지도 않는 상황이 지속되자, 악인은 방자하게 나서서 너를 구원해 줄 하나님이 어디 있느냐 하며 조롱하였다.[8] '네 하나님이 어디 있느냐'는 종종 이방인들이 고난 받는 이스라엘을 조롱할 때 쓰는 말이다(시 79:10; 115:2; 욜 2:17). 하지만 시편 42편은 미가 7:10처럼 원수가 의인을 조롱하며 이 말을 사용한 경우를 보여준다. 의인은 그 대적으로부터 "네 하나님이 어디 있느냐"고 조롱하는 말을 듣고 마치 뼈를 칼로 찌르는 듯한 마음의 고통과 슬픔을 느꼈다고 말한다(시 42:10). 악인의 조롱은 그가 이스라엘 백성임에도 불구하고 하나님의 존재를 불신하는 자라는 사실을 보여준다. 공의로운 하나님은 의인을 구원함으로 방자한 악인의 얼굴을 부끄럽게 만들고, 더 나아가 그를 길거리의 진흙처럼 짓밟히는 수모를 당하게 만든다. 진흙처럼 짓밟는 것은 종종 하나님의 강력하며 치욕을 안겨주는 심판을 나타내기 위해 사용된다(왕하 9:33; 사 5:5; 26:6; 28:3; 63:3-4). 의인은 악인이 이렇게 심판 받아 수모를 당하는 것을 눈

---

8. Shaw, *The Speeches of Micah*, 200-201. 쇼는 10절이 시온을 전쟁에서 패배한 상태로 전제한다고 생각한다.

으로 지켜볼 것이라고 한다.

3. 회복에 대한 하나님의 약속(7:11-17)

11 네 성벽을 건축하는 날 곧 그 날에는 지경이 넓혀질 것이라 12 그 날에는 아시리아에서 애굽 성읍들에까지, 애굽에서 강까지, 이 바다에서 저 바다 까지, 이 산에서 저 산까지의 사람들이 네게로 돌아올 것이나 13 그 땅은 그 주민의 행위의 열매로 말미암아 황폐하리로다 14 원하건대 주는 주의 지팡이로 주의 백성 곧 갈멜 속 삼림에 홀로 거주하는 주의 기업의 양떼를 먹이시되 그들을 옛날 같이 바산과 길르앗에서 먹이시옵소서 15 이르시되 네가 애굽 땅에서 나오던 날과 같이 내가 그들에게 이적을 보이리라 하셨 느니라 16 이르되 여러 나라가 보고 자기의 세력을 부끄러워하여 손으로 그 입을 막을 것이요 귀는 막힐 것이며 17 그들이 뱀처럼 티끌을 핥으며 땅 에 기는 벌레처럼 떨며 그 좁은 구멍에서 나와서 두려워하며 우리 하나님 여호와께로 돌아와서 주로 말미암아 두려워하리이다

이스라엘 백성들이 회복될 때에, 하나님은 그들이 세상 모든 곳에서부터 돌아오게 된다고 한다. 이에 미가는 하나님께 백성들을 옛날처럼 회복시켜 목 양하시기를 간청한다. 그의 간청에 화답하여 하나님은 출애굽과 같은 차원의 회복이 있을 것이라고 하며, 이방 민족들도 지극히 낮아져서 두려워하며 하나 님께 돌아올 것이라고 한다.

1) 미래의 회복에 대한 하나님의 말씀(11-13절)

7-10절에서 미가가 회개하고 용서받는 의인을 2인칭 여성 단수로 표기하 였는데, 11절에서는 회복의 날을 '네 성벽을 건축하는 날'(욤 리베노트 게데라 이크 גְּדֵרָיִךְ לִבְנוֹת יוֹם)이라고 하면서 '네'(케 ךְ)를 2인칭 여성 단수로 표기하

였다. 이것은 미가가 7-10절에서 사용한 대명사 2인칭 여성 단수를 의도적으로 시온의 회복에 연결 지으려고 사용하였음을 보여준다. 복수 명사 '성벽들'은 유다의 성읍들을 재건하는 것을 말하며, 그 성읍을 다시 건축할 날에 유다의 지경이 넓혀질 것이라고 한다. 그럼에도 불구하고 미가가 예루살렘과 유다를 직접적으로 언급하지 않는 이유는 이 구원과 회복을 우주적 종말론 차원으로 확대시켜 모든 하나님의 백성들의 회복으로 신학적 의미를 넓히려는 의도를 가지고 있다. 회복될 백성들이 매우 많을 것이기 때문에 하나님이 그 지경을 먼저 넓히고 회복의 역사를 이루어 간다.

12절은 그 날에 일어날 놀라운 회복을 말한다. '그 날이 너에게 올 것이라'고 하면서, 아시리아에서 이집트 도시들에 이르기까지, 그리고 이집트 강에서 유프라테스 강까지, 바다에서 바다 그리고 산에서 산에 이르기까지 올 것이라고 한다. 동사 '올 것이다'의 히브리어 *야보*(יָבוֹא)의 주어는 불특정한 사람들이다. 이 사람들이 오는 대상인 '너'는 11절에서 2인칭 여성 단수로 표현된데 반해 12절에서는 2인칭 남성 단수로 '너에게'(*아데이카* עָדֶיךָ)로 표현되었다. '네'가 지시하는 것이 무엇인지 명확하지 않고, '네'가 있는 곳이 구체적으로 어느 곳인지 명시하지 않지만, 아마도 시온 성을 의미할 수도 있고 또는 미가 5:2에서 말한 메시아를 염두에 두고 있을 가능성도 있다.[9] 12절의 '-에서 -까지' 표현은 구약 성경에서 가나안 주변 전 세계를 나타내기 위해 종종 사용되며, 회복이 전 세계적으로 일어난다는 것을 의미한다.

13절에 의하면 종말론적 대 회복의 시기에 가나안 주변의 전 세계는 황폐하게 된다. 땅이 황폐하게 되는 이유는 그 땅의 거주민들의 악한 행위를 심판하기 위해 하나님이 재앙을 내렸기 때문이다. 이것은 창세기 6:11-13에서 말하는 것처럼 노아 홍수 때에 하나님께서 사람들의 죄악 때문에 땅을 심판하신 것과 같은 의미이다. 출애굽 때에 하나님이 가나안 주민을 멸망시킨 것은

---

9. Simundson, "The Book of Micah," 588.

그들의 죄악 때문이었다(출 23:29). 가나안 땅은 또한 이스라엘 자손들의 죄악 때문에 황폐하게 되는 재앙을 겪기도 했다. 이스라엘 자손들이 하나님께 범죄한 결과 하나님은 바벨론을 통해 그들을 포로로 끌려가게 하였고 가나안 땅은 황폐하게 되었다(렘 4:27; 겔 12:20). 13절에서 가나안 주변 땅들이 황폐하게 되는 것도 '그들의 행동들의 열매들'(*미페리 마알레이헴* פְּרִי מַעַלְלֵיהֶם)에 대한 하나님의 심판의 결과이다. 하나님이 이집트에 대 재앙을 내려 황폐하게 만들고 이스라엘 백성들을 구원하여 내었듯이, 그 날에도 하나님은 대 재앙을 통해 온 땅을 황폐하게 만들고 자기 백성들을 인도하여 가나안으로 돌아가게 한다.

2) 회복에 대한 미가의 간청(14절)

미가는 회복을 약속하는 하나님께 양떼를 먹이는 선한 목자처럼 하나님의 소유 기업인 이스라엘을 목양해 달라고 간청한다.[10] 미가는 하나님의 이름을 특정하게 부르지 않고 '당신의 백성을 당신의 지팡이로 목양하소서 당신의 기업의 양떼를'이라고 한다. 개역개정 성경이 "주"로 번역한 것은 히브리어 성경에서 2인칭 남성 단수 '당신'이며, 둘 다 미가 5:2의 메시아 왕을 의미할 가능성이 있다. 미가는 하나님께 간청하면서 미가는 가나안의 세 장소, 갈멜, 바산, 그리고 길르앗을 거명한다. 갈멜은 지중해에 인접해 있는 가나안 북쪽에 자리 잡고 있는 산이며, 산림이 우거져 있고 초목이 무성하게 자라 목축하기 매우 좋은 지역이다. 바산은 아모스 4:1에서 아모스가 사마리아의 귀족들을 "바산의 암소들아"라고 할 정도로 목축에 적합한 지역이다. 신명기 32:14은 하나님이 이스라엘에게 내린 축복을 나열하면서 "바산에서 난 숫양"이라고 하며, 시편 22:12에서 시인은 자신을 괴롭히는 대적을 "바산의 힘쎈 소들"이라고 한

---

10. P. van Hecke, "Living Alone in the Shrubs: Positive Pastoral Metaphors in Micah 7:14," *ZAW* 115 (2003): 349-67.

다. 이렇게 바산은 목축하기 좋은 지역으로 정평이 나 있는 지역이다. 그리고 길르앗도 목축하기 좋은 지역이다. 아가 4:1과 6:5은 술람미 여인의 아름다운 머리털을 "길르앗 산 기슭에 누운 염소 떼 같구나"라고 비유하고 있다. 예레미야 50:19은 이스라엘의 회복을 말하면서, 이스라엘을 "갈멜과 바산으로 돌아가 양을 기르며 그의 마음이 에브라임과 길르앗 산에서 만족하리라"고 한다. 이와 같이 갈멜, 바산, 그리고 길르앗은 목양의 최적지로 이스라엘 백성들에게 일찍부터 알려져 왔던 지역이다. 미가는 하나님께 회복된 이스라엘의 남은 자를 목양하기를 "옛날 같이" 먹이기를 기원한다. "옛날 같이"는 하나님이 출애굽한 이스라엘 백성 중에서 르우벤과 갓 그리고 므나세 반 지파에게 길르앗과 바산 지역을 기업으로 준 것을 연상시키는 말이며, 이스라엘이 출애굽한 이후에 가나안에서 누렸던 전성기 시대를 염두에 둔 말이다. 이것은 이어지는 15절에서 하나님이 "네가 애굽 땅에서 나오던 날과 같이 내가 그들에게 이적을 보이리라"는 말을 통해 뒷받침된다. 이것은 미래의 회복이 제2의 출애굽과 같은 대 회복이 될 것임을 예고하는 말이다.[11]

3) 출애굽 같은 회복과 이방 민족의 회복(15-17절)

15-17절은 출애굽 때에 하나님이 이스라엘을 구원하기 위해 베푼 기적들을 들고 민족들이 보인 반응에 빗대어 미래에 있을 하나님의 구원 역사와 열방들의 반응을 기록하고 있다. 먼저 15절에서 하나님은 남은 자들을 구원하기 위해 출애굽 때처럼 이적을 보일 것이라고 한다. 이것을 말하기 위해 15절은 14-17절까지 이어지는 행들을 3+2로 된 단어 배분에서 벗어나 4+2로 만들고 있다.

צֹאן נַחֲלָתֶךָ   14 רְעֵה עַמְּךָ בְשִׁבְטֶךָ

בְּתוֹךְ כַּרְמֶל   שֹׁכְנִי לְבָדָד יַעַר

---

11. Hillers, *Micah*, 90-91.

יְרְעוּ בָשָׁן וְגִלְעָד   כִּימֵי עוֹלָם:

15 כִּימֵי צֵאתְךָ מֵאֶרֶץ מִצְרָיִם   אַרְאֶנּוּ נִפְלָאוֹת:

16 יִרְאוּ גוֹיִם וְיֵבֹשׁוּ   מִכֹּל גְּבוּרָתָם

יָשִׂימוּ יָד עַל־פֶּה   אָזְנֵיהֶם תֶּחֱרַשְׁנָה:

17 יְלַחֲכוּ עָפָר כַּנָּחָשׁ   כְּזֹחֲלֵי אֶרֶץ

위에서 볼 수 있는 것처럼 15절은 4 + 2로 된 2개의 절로 만들어져 있다. 미가 7장은 15절을 이렇게 두드러지게 보이게 하여 하나님께서 미래에 행하실 구원 역사가 출애굽 때에 있었던 기적과 동일할 것임을 강조한다.

16절에서 민족들은 자신들의 세력의 초라함 때문에 부끄러워하고 출애굽 때에 행하신 것과 같은 하나님의 권능 앞에 민족들은 놀라움에 입을 다물며, 하나님의 이적 소식을 듣고 귀가 먹먹해지게 된다. 이 같은 현상은 여호수아 2:9-11에서 라합이 정탐꾼들에게 여리고를 포함한 가나안의 도시 국가들의 심리적 상태를 말해준 것과 유사하다.

17절에서 미가는 이들이 당하게 될 수치를 창세기 3:14에서 하나님이 사탄에게 한 저주의 표현인 "배로 다니고 살아 있는 동안 흙을 먹을지니라"와 유사하게 "뱀처럼 티끌을 핥으며 땅에 기는 뱀들처럼 떨며"라고 한다. 개역개정 성경이 "벌레"라고 번역한 *조하레*(זֹחֲלֵי)는 벌레보다는 파충류를 뜻하며, 복수형이기 때문에 뱀들 또는 파충류들로 번역하는 것이 적절하다. 뱀들처럼 티끌을 핥으며 떨며 좁은 구멍에서 나오는 이미지는 열방들의 철저하게 낮아진 처지를 나타낸다.[12] 열방들은 과거 가나안 거민들이 여호수아의 군대에 저항했던 것과는 달리 남은 자들과 싸우려 들지 않는다. 이들은 뱀이 굴에서 나오는 것처럼 자신들의 처소에서 나와 두려워하며 하나님께 돌아온다(수 11:16-24). 이들은 18절에서 두 차례에 걸쳐 두려워하여(*이프하두*, יִפְחָדוּ, 일우*)יִרְאוּ)라고

---

12. Smith, *Micah-Malachi*, 59.

말하는 것처럼 극한 공포에 빠져 있었기 때문에 결코 하나님께 저항할 수 없었고, 오직 하나님께 나와 모든 처분을 맡기는 수밖에 없다. 17절에서 미가는 그들이 '당신으로 인하여 두려워 하리이다'(베이레우 밈메카 מִמְּךָ יִרְאוּ)라고 했는데, '당신'의 정체가 누구인지 명확하지 않지만 앞에 있는 행의 '우리 하나님 여호와를 두려워하리라'의 하나님과 구별되고 있음을 볼 수 있다. 그렇기 때문에 17절의 '당신'은 12절과 14절의 '당신'처럼 미가 5:2의 메시아 왕을 지칭할 가능성이 있다.

4. 하나님의 용서에 대한 희망(7:18-20)

18 주와 같은 신이 어디 있으리이까 주께서는 죄악과 그 기업에 남은 자의 허물을 사유하시며 인애를 기뻐하시므로 진노를 오래 품지 아니하시나이다 **19** 다시 우리를 불쌍히 여기셔서 우리의 죄악을 발로 밟으시고 우리의 모든 죄를 깊은 바다에 던지시리이다 **20** 주께서 옛적에 우리 조상들에게 맹세하신 대로 야곱에게 성실을 베푸시며 아브라함에게 인애를 더하시리이다

미가는 그의 마지막 메시지를 하나님의 용서와 인애 그리고 언약에 신실하심에 대한 희망으로 끝을 맺는다. 미가는 하나님께서 남은 자의 죄악과 허물을 용서하시고, 모든 죄를 제거하여 주실 것을 소망한다. 그리고 미가는 야곱과 아브라함에게 하신 언약의 맹세에 따라 성실과 인애를 베풀어 주실 것이라고 찬양한다.

1) 용서와 인애의 하나님(18-19절)

미가는 자신의 메시지를 하나님이 이스라엘 백성들을 용서해 주실 것으로 희망하며 끝을 맺는다. 미가는 먼저 "누가 당신과 같은 신이겠습니까"(미-엘

카모카(מִי־אֵל כָּמוֹךָ)라고 묻는다. 이것은 미가 자신의 이름 미카야(렘 26:18, מִיכָיָה)의 뜻 "여호와와 같은 이가 누구신가"와 같은 질문이다. 미가가 오직 하나님만 가지고 있는, 다른 어떤 신들과 비교할 수 없는 하나님의 성품으로 말하고 있는 것은 하나님의 전능함과 전지함이 아니다. 그것은 하나님의 죄 용서하는 은혜이다. 미가는 18절에서 반복적으로 하나님을 죄악을 짊어 지시고(*노세 아온*, נֹשֵׂא עָוֹן), 남은 자들의 허물을 사유하시며(*오베르 알-페솨*, עֹבֵר עַל־פֶּשַׁע), 진노를 오래 품지 않는 분이라고 한다. 그 이유는 하나님은 죄를 미워하고 진노하시는 분이지만, 미가는 하나님이 진정으로 기뻐하시는 것은 *헤세드*(חֶסֶד), 즉 언약에 근거한 사랑과 자비를 베푸시는 것이라고 한다. 하나님이 인애를 기뻐하시는 분이기 때문에 미가 6:8에서 여호와께서 구하시는 것은 정의를 행하며 인자를 사랑하며 겸손하게 네 하나님과 함께 행하는 것이 아니냐고 하였다. 이 사랑은 하나님이 믿음의 조상들과 맺은 언약에 근거하여 자신의 충실함을 드러내는 사랑이다(20절). 하지만 미가는 하나님의 죄 용서하시는 은혜를 받는 대상을 모든 사람에게 열어 두지 않고 특정한 사람들에게 한정시키고 있다. 이 특정한 사람은 하나님의 기업의 남은 자들이다. 남은 자들은 하나님께 완전한 신앙을 가진 사람이 아니고, 이들 역시 하나님께 범죄한 자들이다. 그럼에도 불구하고 하나님이 이들을 용서하는 이유는 하나님의 사랑과 자비 때문이다.

19절은 하나님의 죄 용서에 대해 더 구체적으로 말한다. 백성들의 죄악으로 인해 그 얼굴을 가리고 그들을 심판하여 재앙으로 멸망시켰지만, 하나님은 그들을 향하여 얼굴을 돌이켜 불쌍히 여긴다. "불쌍히 여기다"의 히브리어는 *라함*(רָחַם)이며, 이 동사는 명사형인 어머니의 자궁(*레헴*, רֶחֶם)에서 파생되었다. 그렇기 때문에 동사 라함은 어머니의 모성애가 작용하고 있는 동정심을 두고 하는 말이며, 어머니가 자식을 대하는 심정으로 하나님께서 죄를 지은 의인을 불쌍히 여긴다는 의미이다. 미가의 동시대 선지자인 호세아의 예언에서 하나님은 이스라엘 백성들의 범죄를 질타하면서 그들을 결코 동정하지 않을 것이라고 말하기도 했지만(호 1:6; 2:6), 바로 이어서 그들이 회개하고 돌아오면 그들을 불쌍히 여겨 구원할 것이라고 하였다(호 1:7; 2:25; 14:3). 하지만 미가는 남은 자들의 회개를 전혀 언급하지 않는다. 이것은 남은 자들이 회개하지 않을 것이기 때문이 아니라, 하나님의 자비를 더 강조하기 위해서이다. 19절은 이점을 보여주기 위해 '그가 돌이켜'(야슙, יָשׁוּב)를 "불쌍히 여기셔서" 앞에 두었는데, 이를 개역개정은 "다시"라고 번역하였다. 이 말은 하나님께서 남은 자에게 진노를 쏟던 것에서 돌이킨다는 말이며, 하나님께서 남은 자들에게 가지고 있던 마음이 진노에서 불쌍히 여기는 마음으로 바뀌었다는 말이기도 하다. 특이하게도 미가는 하나님이 '우리의 죄악을 제압할 것이다'고 하며, 이를 개역개정은 "우리의 죄악을 발로 밟으시고"라고 하였다. 하나님이 남은 자를 불쌍히 여긴 것은 그들 스스로 이길 수 없는 죄의 문제를 해결하기 위하여 하나님이 전격적으로 개입하여 제압해 버린다. 그리고 그들의 모든 죄악을 깊은 바다에 던져 넣어 버린다. 이것은 하나님이 죄를 완전히 소멸시켜 버렸다는 뜻이며, 다시는 죄가 자기 백성을 공략하지 못하게 했음을 강조하는 행동이다. 깊은 바다에 던져 넣는 것은 출애굽 때에 하나님이 이집트 군사들을 홍해에 던져 넣던 것을 연상시키는 표현이다(출 15:5).[13] 15절에서 "네가 애굽 땅에서 나오던 날과 같이 내가 그들에게 이적을 보이리라"고 하였기 때문에 홍해 사건과 10가지 재앙과 같은 기적이 펼쳐질 줄로 생각할 수 있지만, 하나님은 자기 백성의 죄를 바다 깊은 곳에 던져서 그 죄가 다시는 자기 백성을 유혹하여 넘어지게 하지 못하게 한다. 대상은 다르지만 죄를 깊음 가운데 던져 넣음으로 하나님은 자기 백성들의 죄악을 완전히 제거하고 다시는 자기 백성에게 죄 문제가 발생하지 않게 한다.

2) 조상들과 맺은 언약을 기억하시는 하나님(20절)

---

13. Barker & Bailey, *Micah, Nahum, Habakkuk, Zephaniah*, 134-35.

20절은 하나님이 남은 자에게 자비를 베풀어 죄를 용서하여 주는 이유를 설명한다. 그것은 하나님께서 야곱에게 자신의 진실하심을 보여주고 아브라함에게 충실한 모습을 보여주실 것이기 때문이다. 20절은 진실과 자비를 야곱과 아브라함에게 베푸시는 것을 강조하기 위해 생략법을 사용하였다.

תִּתֵּן אֱמֶת לְיַעֲקֹב

חֶסֶד לְאַבְרָהָם   (x)

אֲשֶׁר־נִשְׁבַּעְתָּ לַאֲבֹתֵינוּ מִימֵי קֶדֶם:

20절은 하나님이 과거에 아브라함에게 맹세했던 것들 때문에 아브라함과 야곱에게 진실과 언약적 자비(*헤세드*, חֶסֶד)를 베풀어 준다고 한다. 미가는 특별히 하나님이 아브라함과 야곱에게 했던 맹세를 상기시키고 있다. 창세기 22장에서 하나님은 아브라함에게 이삭을 번제로 바치도록 시켰고, 하나님의 명령에 순종한 아브라함에게 맹세하기를 아브라함에게 큰 복을 주고 그의 후손들을 크게 번성하게 하며 그 대적의 성문을 차지하게 하고 그의 후손을 통해 천하 만민이 복을 받을 것이라고 했다. 이때 하나님은 이 일의 성취를 보증하기 위해 아브라함에게 "나를 가리켜 맹세 하나니"라며 맹세했다(창 22:16). 하나님이 야곱에게 약속할 때에는 맹세라는 표현을 사용하지 않았지만, 아브라함에게 했던 약속과 동일한 내용을 벧엘에서 하였다(창 28:13-15; 35:11). '맹세' 표현이 없더라도, 하나님의 약속 그 자체가 맹세와 다를 바가 없이 동일하다. 하지만 아브라함에게 한 맹세의 직접적인 수혜자는 아브라함과 야곱의 후손들이자 남은 자들로 표현된 하나님의 백성들이다. 미가는 이 맹세와 약속에 근거하여 하나님은 남은 자들을 용서할 것이라는 희망으로 자신의 메시지를 끝맺는다.

교훈과 적용

1. 미가는 경건하고 정직한 자가 사람들 가운데 아무도 없는 것을 한탄하고 있다. 가장 선하고 정직한 사람도 가시 같고 찔레 울타리보다 더 악하다고 한다. 모든 사람들이 악을 행하고 있었기 때문에 하나님의 이름을 부르는 자들도 자신이 행하고 있는 것이 선인지 악인지 구분을 하지 못하는 상태가 되어 버렸기 때문이다. 미가의 시대처럼 이 시대의 그리스도인들은 악한 문화와 세태 속에 살고 있다. 나는 내가 지금하고 있는 이 행동과 이 생각이 하나님 보시기에 선한 것인지 아니면 악한 것인지 고민해 본 적이 있는가?

2. 하나님은 사람들의 악한 행동에 대하여 징벌을 내려서 그들이 서로 믿고 신뢰하지 못하게 하고, 가족들이 원수가 되는 그런 재앙을 내리겠다고 한다. 우리는 가정이 무너지고 해체되는 시대를 살고 있다. 나의 가정은 지금 어떤 상태에 있을까? 마태복음 10:36에 의하면 예수님은 마지막 때가 되면 그리스도의 복음 때문에 가족들이 서로 불화하며 원수가 된다고 한다. 나는 복음 때문이 아니라, 내가 지은 죄 때문에 가정에 불화를 초래하고 가정의 구성원들을 원수로 만들지는 않고 있는가?

3. 미가서의 마지막은 하나님께서 그 날이 되면 자기 백성들을 땅끝에서 돌아오게 하는 대 회복이 일어나게 하며, 대적들을 땅에 기는 벌레처럼 만드는 일을 할 것이라고 한다. 이런 대 회복의 메시지를 말하고 있음에도 불구하고 미가는 자신의 이름의 뜻에 걸맞게 "주와 같은 신이 어디 있으리이까"라고 하며 하나님께 옛날 출애굽과 가나안 정착 때처럼 회복시켜 달라는 기도를 드린다. 미가는 이스라엘 가운데 의인이라고는 아무도 없다고 한탄하였지만, 하나님께 회복을 위한 기도를 드렸다. 이런 미가의 기도하고 간청하는 모습을 보면서 나 자신을 돌아보아야 하겠다. 한국 교회의 부패와 타락 그리고 쇠퇴를 말하고 한국 사회의 도덕성에 대해 한탄하고 있으면서도 나는 미가처럼 하나님께 회복을 위해 간청하고 기도하며 찬양하지 않고 하나님 앞에 나태함을 보이고 있지는 않는가?

나훔

나훔 서론

저자

나훔은 아시리아의 수도 니느웨에 대한 심판 메시지를 선포한 선지자이다. 하지만 그가 엘고스 출신이라는 사실을 제외하고 나훔서는 다른 선지서들과는 달리 그의 아버지가 누구인지 그리고 어느 왕의 통치 때에 활동하였는지 특별한 정보를 제공하지 않는다. 나훔의 이름의 뜻은 '위로 받다'이다. 나훔의 이름의 뜻이 그의 메시지의 내용과 연관되어 있는지는 분명하지 않지만, 그의 메시지는 니느웨와 아시리아를 향한 것이 아니라 이들의 위협과 침략에 시달렸던 유다에게 아주 효과적인 위로가 되었을 것이다. 나훔서는 나훔의 고향을 엘고스라고 한다. 전통적으로 엘고스의 위치에 대해 세가지 주장이 있다.[1] 첫째는 니느웨에서 북쪽으로 약 38km 떨어진 곳에 있는 알쿠쉬(AL-Qush)를 엘고스로 여기는 주장이다. 이렇게 주장하는 이유는 알쿠쉬와 엘고스의 자음과 발음상의 유사성과 엘고스에 나훔의 무덤이 있다는 전승 때문이다. 이. 주장을 받아 들일 경우, 나훔은 아시리아에 의해 포로로 끌려간 북쪽 이스라엘

1. T. Longman III, "Nahum," in *The Minor Prophets: An Exegetical and Expository Commentary*, ed. T. E. McComiskey (Grand Rapids: Baker, 1993), 765-66; K. L. Barker & W. Bailey, *Micah, Nahum, Habakkuk, Zephaniah*, NAC (Nashville: B&H, 1999), 143-44.

왕국 출신인 것으로 가정해야 할 것이다. 둘째는 제롬의 나훔서 서언에 기록된 갈릴리 남쪽 약 32km에 있는 헬케시(Helkesei)를 엘고스와 동일시하는 주장이다. 칼빈에 의하면, 제롬은 그의 시대에 시므온 지파 땅에 엘고스라는 지명을 가진 작은 도시가 있었다고 하며, 그리고 칼빈은 제롬의 말을 그대로 수용하고 있다. 제롬의 주장을 받아 들이려면, 나훔이 북 이스라엘 왕국 출신으로서 아시리아에 의해 포로로 끌려가지 않은 사람으로 가정해야 하며, 엘고스는 그런 사람들이 모여 사는 촌락으로 생각해야 할 것이다. 셋째는 엘고스를 유다 지역의 한 도시로 보는 견해이다.[2] 나훔의 메시지 일부가 유다를 위로하는 내용을 가지고 있는 것을 고려하면, 나훔은 유다 출신으로 보는 것이 합당하다(1:15). 그가 북쪽 이스라엘 왕국 출신이었더라면, 북 왕국의 포로들을 위로하는 메시지를 가지고 있었을 것이다. 나훔은 유다 출신으로 니느웨에 대한 경고 메시지를 하나님으로부터 받았다. 유다에서 니느웨는 매우 멀리 떨어져 있고, 유다에서 니느웨로 가려면 한 달 이상의 시간이 소요되었을 것이다. 그렇기 때문에 나훔은 유다에서 니느웨로 가서 메시지를 전하기 위한 특별한 방법을 썼다. 나훔은 하나님으로부터 받은 메시지를 책에 기록하였다. 그렇기 때문에 나훔서는 1절에서 나훔의 묵시의 글이라고 하였다. 글의 히브리어는 *세페르*(סֵפֶר)이며 책이라는 뜻을 가지고 있다. 그는 그의 메시지를 책에 기록하여 니느웨로 가서 전하고 그리고 유대인들의 전승처럼 그곳에서 사망하였으리라고 추정된다.

역사적 배경

일반적으로 선지서들은 각자의 활동 시기를 유다와 이스라엘 왕들의 이

---

2. 조휘, 『나훔과 함께』 (서울: 그리심, 2013), 54-55.

름을 통해 밝히지만, 나훔서는 그렇게 하지 않았다. 그렇기 때문에 나훔서 가 기록된 시기는 추정할 수밖에 없다. 나훔서가 기록되었을 가능성이 있 는 시기는 기원전 663년에서 기원전 612년 사이이다. 이렇게 생각하는 이유 는 나훔 3:8-10에는 나훔서의 기록 연대를 추정할 있는 역사적 사건 때문이 다. 나훔 3:8-10은 이집트의 노아몬의 멸망에 대해 언급하고 있는데, 노아몬 은 데베(Thebes)이다. 데베는 이집트의 11왕조와 18왕조 때에 수도이기도 하 였고, 19왕조 때에는 수도의 지위를 멤피스에 빼앗기기도 하였지만 이집트에 서 가장 큰 도시가 되기도 하였다. 데베는 기원전 663년에 아시리아의 아술 바니팔 (Ashurbanipal 668-627 B.C.)에 의해 멸망되었다. 당시 이집트를 지 배하던 누비아(Nubia) 출신의 이집트 왕 디르하가(Tirhakah 또는 타하르카 Taharqa)가 아시리아에 반란을 일으키자 아술바니팔이 그를 죽이고 이집트 본토 출신인 네코 1세(Neco 1)를 이집트 왕으로 세운다. 아시리아 군대가 니 느웨로 돌아가자 타하르카(Taharqa)의 조카인 탄타마니(Tantamani)가 네코 를 죽이며 데베(Thebes)를 수도로 삼고 아시리아에 반란을 일으킨다. 이에 아 술바니팔은 탄타마니를 누비아로 몰아내고 데베를 초토화시키고 엄청난 양 의 약탈물을 가지고 아시리아로 돌아갔다(*ANET*, 294-295). 나훔 3:8-10이 이 사건과 관련 있다면 나훔서는 기원전 668년 이후에 기록되었다고 생각할 수 있다. 그리고 나훔서는 기원전 612년 이전에 기록되었을 것으로 판단된다. 그 이유는 니느웨가 기원전 612년에 바벨론 메대(Mede), 바사(Persia), 스키 디아(Scythia), 그리고 킴메리아(Kimmeria)연합군에 의해 멸망하였기 때문 이다. 612년의 몰락 이후 아시리아는 이집트의 도움을 받아 바벨론에 저항하 려 하였지만, 기원전 605년에 갈그미스 전투에서 완전히 망하였다. 그렇기 때 문에 나훔은 니느웨가 멸망한 기원전 612년 이전에 기록되었을 것이다. 이런 두 가지 역사적 사실들을 고려하면, 나훔서는 기원전 668-612년 사이에 기록 된 것으로 판단된다.

나훔서의 기록 목적은 아시리아와 수도 니느웨에 대한 하나님의 심판을 경고하는 것이다. 아시리아는 기원전 2500년경부터 605년경 티그리스강 북부 지역에 있었던 왕국이며, 창세기 10:22에 의하면 아시리아는 셈의 다섯 아들 중에 두 번째로 언급된다. 창세기 10:8-12는 이 아시리아 지역에 구스의 아들 니므롯이 이동하여 가서 니느웨와 르호보딜과 갈라와 레센을 건설하였다고 한다. 이와 유사하게 아시리아는 앗술, 니느웨, 아르벨라, 그리고 갈라 또는 니므롯 네 도시를 중심으로 세워진 왕국이다. 이 도시들 중에서 수도는 앗술이었으며, 아시리아는 앗술의 이름을 따라 붙여졌고, 앗술은 아시리아의 최고 신인 아시리아(Ashur) 때문에 생겨났다. 아시리아의 역사는 셋으로 구분할 수 있다. 전기 아시리아는 2025-1393 BC이며, 중기 아시리아는 1392-912 BC이고, 후기 아시리아는 911-605 BC이다.[3] 나훔의 메시지는 후기 아시리아의 멸망과 관련되어 있다. 후기 아시리아는 아닷-니라리 2세(Adad-nirari II, 911-892 BC)가 권력을 잡으면서 급격하게 세력을 팽창시켜 나갔다. 그의 후계자인 투쿨티-니눌타 2세(Tukulti-Ninurta II, 891-884 BC)는 메대와 페르시아를 정복하고 바벨론 지역으로 확장시켜 나갔다. 그의 뒤를 이어 아시리아의 제왕이 된 아술나실팔 2세(Ashurnasirpal II, 883-859)는 다른 도시들과 함께 니느웨에 새 궁전과 신전을 지었고, 니느웨는 산헤립(Sennacherib, 705-681 BC) 때에 최고의 전성기를 누리며 메소포타미아 지역의 최고의 도시가 되었다. 하지만 니느웨는 아술바니팔(Ashurbanipal, 668-627 BC)이 죽자 일련의 내전 때문에 쇠퇴하기 시작하다가 기원전 612년에 바벨론을 비롯한 연합군의 공격 앞에 무너져 초토화된다.

유다가 아시리아의 영향권 아래에 들어간 시기는 기원전 853년 살만에셀 3세(Shalmaneser III, 858-823 BC)가 시리아와 팔레스타인 연합군과 전쟁을 벌였을 때부터였을 것이다. 살만에셀은 이 지역의 12왕들과 싸운 기록을 그의 원정 기록에 담고 있는데, 이스라엘의 아합의 이름을 포함하고 있지만 유

---

3. A. Kuhrt, *The Ancient Near East: c. 3000-330 BC* (New York: Routledge, 1998), 74-90.

다 왕의 이름을 포함시키지 않고 있다. 하지만 12왕에는 유다 동쪽에 위치한 암몬과 남쪽에 위치한 아라비아도 포함되어 있는 점을 고려한다면, 살만에셀은 숫자 12에 맞추기 위해 의도적으로 유다 왕을 포함시키지 않고 이스라엘 왕 아합만 기록했을 가능성이 있다. 하지만 살만에셀이 벌인 전쟁은 북쪽 이스라엘 왕국과 유다 왕국 본토에 침략 전쟁을 벌인 것이 아니라, 12 왕들이 칼카라(Karkara)에서 연합군을 만들어 아시리아와 싸웠던 전쟁이었다(*ANET*, 278-279). 전투에서 승리한 살만에셀은 12왕들에게 조공을 부과하는 대신에 이들의 영토를 직접 공격하지는 않았다. 유다 왕에 대한 첫 언급은 디글랏-빌레셀 3세(Tiglath-Pileser III, 745-727 BC)의 비문에서 볼 수 있다. 디글랏 빌레셀은 자신이 시리아 팔레스타인 지역과 그 인근 국가로부터 받은 조공을 기록하고 있는데, 그 목록에는 유다 왕 여호아하스의 이름이 기록되어 있다(*ANET*, 282). 이 여호아하스는 웃시아나 요담의 잘못된 표기로 여겨진다. 디글랏-빌레셀 3세 때에 아하스는 아시리아에게 저항하는 동맹군을 만들자는 북 이스라엘 왕 베가와 다메섹 왕 르신의 제안을 거절한 대가로 둘로부터 공격을 받게 된다. 그때 아하스는 디글랏 빌레셀에게 조공으로 바치며 도움을 구한다. 북 이스라엘과 다메섹을 공격하러 온 디글랏-빌레셀은 다메섹을 정벌하고 이어서 북 이스라엘도 정벌한 후 베가를 대신하여 호세아를 왕으로 세우고 돌아 갔다. 아하스도 디글랏-빌레셀에게 성전과 왕궁의 금과 은을 조공으로 바쳐야 했다. 유다의 목까지 밀고 들어온 아시리아 왕은 사르곤 2세(Sargon II, 722-705 BC)이다. 사르곤 2세는 북쪽 이스라엘을 멸망시키고, 유다 동쪽에 살고 있던 블레셋 민족이 조공을 거부하고 반역하자 이들의 도시들을 정복하고 총독을 임명하여 아시리아 영토로 만들었다. 하지만 사르곤 2세는 유다와 전투를 벌이지는 않고 조공만 받아 갔다(*ANET*, 286-287). 유다를 직접 공격한 아시리아 왕은 산헤립(Sennacherib 705-681 BC)이다. 히스기야가 아시리아의 압박에서 벗어나기 위해 이집트와 에디오피아에 도움을 청한 것을 문제 삼은 산헤립은 기원전 701년에 유다를 공격하여 46개의 주요 도시

들을 비롯하여 유다 전역의 작은 마을들까지 초토화시키고 많은 사람을 포로
로 끌고 가고 막대한 조공을 거두어 돌아갔다(*ANET*, 288). 재차 유다를 공격
하러 왔던 산헤립은 예루살렘을 공격하던 중에 하나님에 의해 군사 185,000
명이 죽게 되는 대사건을 겪고 니느웨로 돌아갔다. 하지만 그는 귀국한 지 얼
마 되지 않아 자기 자식에게 죽는 변을 당한다(*ANET*, 302). 하지만 유다는 아
시리아의 속국이 되어 지속적으로 아시리아에 조공을 바치는 신세가 되었다.
산헤립의 뒤를 이은 에살핫돈은 자신의 왕궁을 건축하기 위해 레바논의 백향
목을 비롯한 자재를 시리아 팔레스타인 왕들에게 공급하도록 시키는데, 유다
왕 므낫세는 왕들의 목록에서 두 번째로 등장한다(*ANET*, 291). 므낫세는 에
살핫돈의 후임이었던 아술바니팔(Ashurbanipal 668-627 BC) 왕의 원정 목
록에도 등장한다. 이집트와 누비아를 통치하던 디르하가(Tirhakah)가 반란
을 일으키자 아술바니팔은 즉각 이집트 원정 길에 올랐고, 이때에 시리아 팔
레스타인의 22명의 왕들이 아술바니팔에게 조공을 가지고 찾아왔다. 아술바
니팔은 이들에게 자신의 발에 입맞추게 하고, 이집트 원정에 필요한 인력과
물품을 조달하게 한다(*ANET*, 294). 이 22명의 왕들의 목록에서 므낫세는 두
번째로 언급된다. 이 원정에서 아술바니팔은 이집트를 잔혹하게 다루었다. 시
신을 목매달았고, 피부를 벗겨 성벽을 뒤덮었다. 아술바니팔의 기록에는 없
지만 역대하 33:11은 아시리아의 군대 장군들이 므낫세를 포로로 잡아 발에
족쇄를 채워 바벨론으로 끌고 갔었고, 하나님은 그의 회개의 기도를 듣고 예
루살렘에 돌아가게 해 주었다고 한다. 이처럼 아시리아는 지속적으로 유다를
공격하거나 무거운 조공을 요구하며 고통 속으로 몰아 넣었다. 하지만 기원
전 652년 경에 앗술바니팔의 동생으로서 바벨론을 통치하던 샤마쉬-숨-우킨
(Shamash-shum-ukin)이 앗술바니팔에게 반란을 일으키고, 이어서 앗술바
니팔의 두 아들도 권력 싸움 끝에 그들의 아버지에게 반란을 일으키게 되고,
앗술바니팔은 하란으로 쫓겨 가서 그곳에서 사망하며 결국 아시리아는 급격
하게 쇠퇴하기 시작한다. 기원전 633년에 아버지 아술바니팔을 쫓아내고 왕

위를 차지했던 앗술-에틸-일라니(Ashur-Etil-Ilani 626-623 BC)는 그의 장군 신-슘-리쉘(Shin-Shum-Lishir 626-?)에게 왕위를 찬탈당하고, 주전 626년에 바벨론의 통치자가 된 나보폴라살(Nabopolassar 625-605 BC)이 아시리아로부터 독립하여 신바벨론 제국을 세우면서 아시리아는 몰락의 길로 들어선다. 기원전 614년에는 아시리아 성이 함락되고, 612년에는 니느웨가 멸망하였다. 하란으로 수도를 옮긴 아시리아(앗술-우발리트 Ashur-uballit II)는 기원전 609년에 이집트의 도움으로 바벨론과 재기 전쟁을 벌이지만 나보폴라살에 의해 격퇴당하고, 므깃도 전투에서 요시아를 죽이고 유다 군대를 격퇴한 이집트 왕 느고(Necho II)의 도움으로 간신히 연명하다가 기원전 605년 갈그미스(Carchemish) 전투에서 나보폴라살과 그의 군대에 의해 완전히 멸망한다(왕하 23:29).

구조

전체 3장으로 되어 있는 나훔은 책 제목인 1:1을 제외하고 아래와 같이 네 부분으로 나눌 수 있다. 첫째 단락은 1:2-8이며 대적에게 진노하시는 하나님의 주권과 능력을 기록하고 있고, 둘째 단락은 1:9-15이며 악을 꾀하는 대적들을 하나님께서 징벌하실 것을 말한다. 셋째 단락은 2:1-13이며 이스라엘의 회복과 니느웨 심판을 묘사하고 있다. 넷째 단락은 3:1-19이며 니느웨 심판의 이유와 그의 군사력을 조소하는 내용을 기록하고 있다.

1:1   표제
1:2-8   진노하시는 주권자 여호와
1:9-15   악한 대적들을 징벌하는 여호와
2:1-2:13   이스라엘의 회복과 니느웨 심판

3:1-19   니느웨 심판 이유와 군사력 조소

첫 단락인 1:2-8과 둘째 단락인 9-14절을 구분하는 이유는 주제가 서로 다를 뿐만 아니라, 2-8절의 문장의 주어가 3인칭 "여호와"와 "그"에서 9-14절은 2인칭과 3인칭 그리고 1인칭으로 된 문장으로 바뀐다. 나훔서에서 단락 구분이 가장 난해한 부분은 1:15이다. 마소라 본문(MT)과 70인역은 1:15를 2:1과 묶고 있는 데 반해 현대의 영어 번역 성경들은(KJV, RSV, NIV, 등등) 1:15를 1:14와 묶고 있다. 일견 1:15의 유다에 대한 아름다운 소식과 2:2의 야곱의 영광의 회복 메시지가 서로 유사해 보인다. 하지만 유사성 속에 차이점을 가지고 있다. 1:15이 아름다운 소식으로 제시하는 것은 악인의 진멸이다. 악인이라는 주제는 1:9-14에서 일관되게 이어지는 주제이다. 11절은 여호와께 악을 꾀하는 한 사람이 사특한 것을 꾀한다고 말하며, 사특한 것의 히브리어는 *베리야알*(בְּלִיָּעַל)이다. 이 단어는 나훔서를 비롯하여 선지서 전체에서 단 두 번 사용되었는데, 나훔 1:11과 1:15이다. 11절에서 악인이 꾀한 사특한 것이 15절은 다시는 유다 가운데 생겨나지 않을 것이라고 하였다. 반면에 2:2은 약탈당한 야곱에게 영광을 회복시킬 것이라고 하였다. 이 약탈 주제는 2:9에서 은과 금을 노략하는 주제 2:13에서 아시리아의 약탈물을 끊는 주제로 이어지고 있다. 그렇기 때문에 1:15는 1:9-14에 묶고 2:1부터 새로운 주제가 시작되는 것으로 여기는 것이 적절하다.

신학 주제

1. 하나님의 주권

나훔은 니느웨에 대한 심판 메시지를 전하기에 앞서 하나님은 어떤 분인가에 대한 소개부터 한다. 나훔은 여호와 하나님을 모든 만물과 민족을 통치하시는 주권자라는 사실을 먼저 밝힌다. 나훔에 의하면 하나님은 지극히 높으신 분이다. 나훔은 하나님을 인간의 능력의 한계 넘어 있는 회오리 바람과 광풍 속에 그 길을 내시는 분이라고 하고, 하늘 높은 곳에 떠 다니는 구름을 그의 발의 티끌이라고 하며, 하나님을 하늘 높은 곳에 계시면서 인간의 손길과 생각을 초월하여 계신 분으로 묘사한다(1:3). 그 높은 곳에 계시면서 하나님은 하늘 아래에 있는 것들을 자신의 뜻대로 다스린다. 인간의 상상을 뛰어 넘어 하나님은 바다와 강을 인격체처럼 꾸짖기도 하고 그것을 말리기도 한다(1:4). 하나님의 이런 모습은 출애굽과 가나안 입성 때에 홍해와 요르단 강을 마른 땅으로 만들어 이스라엘 백성들에게 건너가게 했던 구속사적 사건을 염두에 둔 말이다. 하나님은 강과 바다뿐만 아니라 육지의 높은 산들과 작은 산들을 진동시키기도 하고 녹아 내려 그 흔적을 없게 할 수도 있고 역으로 땅의 평지를 세상의 높은 산들보다 더 높이 솟아 오르게 할 수도 있다(1:5). 하나님의 자연 세계에 대한 주권은 세밀한 부분까지 미쳐서 하늘의 비를 그치게 하여 바산과 갈멜 그리고 레바논의 꽃과 식물들 그리고 백향목과 같은 아름다운 초목들을 시들게 하실 수도 있다(1:3). 이렇게 자연 세계를 통치하시는 하나님은 인간의 역사 속에 개입하고 주권적으로 통치한다. 하나님은 이스라엘 백성에게만 역사하고 심판하는 것이 아니라 모든 민족들을 그들의 죄에 합당한 심판을 한다. 하나님은 불의를 행하는 민족들이 아무리 강하고 많을지라도 반드시 심판하고 멸망시킨다. 그 대상에서 아시리아도 예외가 될 수가 없고, 당대 최고의 도시였던 니느웨라고 제외되지 않는다. 이러한 것은 하나님의 주권이 우주적이라는 사실을 뒷받침한다.

2. 여호와의 진노

나훔은 하나님을 질투하시고 보복하시는 하나님이라고 말한다(1:2). 하나
님의 질투는 진노의 동력이 된다.[4] 하나님의 진노는 바다를 꾸짖고 산들을 진
동시키며(1:5) 불처럼 쏟아져 바위들을 파괴시킨다. 그 하나님의 진노를 감당
할 수 있는 이가 피조물들 가운데는 존재하지 않는다(1:6). 하나님의 질투와
진노는 하나님을 대적하는 자들에게 표출된다(1:2). 구약 성경에서 하나님을
대적하는 행위는 두 종류로 나눌 수 있다. 첫째는 이스라엘 백성이 하나님께
대적하는 것으로서 하나님의 언약을 배신하고 우상을 섬기며 이웃에 대하여
악을 행하는 것들이다. 둘째는 이방 민족들이 하나님께 대적하는 것이며, 이
경우 이방 민족들의 우상 숭배보다는 그들이 하나님의 백성들을 공격하여 죽
이고 약탈하는 행위들이다. 이러한 자들을 하나님은 친히 대적하고 멸망시키
고, 그들의 약탈물을 그들의 땅에서 제거한다. 나훔서에서도 이러한 현상을
발견할 수 있다. 나훔서에서 하나님의 이방 민족 심판은 이에 머물지 않고 그
들의 도덕적 해이와 종교적 우상 숭배도 포함시키고 있다. 하나님은 이방 민
족들 가운데 있는 우상들에 대해 진노하여 파괴시킬 것이라고 하며(1:14), 니
느웨 성에 가득한 거짓과 포악과 탈취에 대해서도 진노하신다(3:1-4). 이방 민
족들에 대한 하나님의 진노는 역설적이게도 자기 백성 이스라엘에게는 구원
의 소식이 된다(1:15).

3. 전쟁 신 여호와

구약 성경에서 하나님은 종종 자기 백성들의 전쟁에 참여하여 대적들을 물
리치고 구원해 내신다. 하나님이 인간 전쟁에 참여한 첫 사건은 창세기 14장
에서 아브라함이 소돔과 고모라 지역 사람들을 포로로 잡아가는 메소포타미
아 연합군들을 추격하여 가서 롯을 구출해 올 때였다. 그때 살렘 왕 멜기세덱

---

4. W. C. Kaiser, *Toward an Old Testament Theology* (Grand Rapids: Zondervan, 1978), 221-23.

은 아브라함에게 "너의 대적을 네 손에 붙이신 지극히 높으신 하나님을 찬송할지로다"라고 하며, 아브라함의 전쟁 승리에는 여호와 하나님의 개입이 있었음을 보여준다(창 14:20). 홍해를 건넌 후 모세는 하나님을 찬양하는 노래를 지어 부르면서 여호와 하나님을 전사(*이쉬 밀하마*, מִלְחָמָה אִישׁ)라고 불렀다(출 15:3). 하나님을 전사로 부르는 예는 구약 성경 곳곳에서 볼 수 있다(삿 6:12; 시 78:65; 사 42:13; 렘 20:11; 습 3:17). 나훔은 하나님을 전사로 부르지는 않았지만, 하나님이 전쟁에 참여하는 모습을 곳곳에서 표현하고 있다.[5] 하나님은 자기의 대적들에게 진노하시며(1:2), 대적들을 흑암으로 쫓아 내시는 분이고(1:8), 아시리아의 대적을 자처하면서 그들의 병거들을 불태우고 젊은 사자 같은 전사들을 칼로 죽이시는 분이다(2:13). 반면에 하나님은 자기에게 피하는 자기 백성들에게는 요새가 되어 보호하고(1:7), 약탈당한 자기 백성들의 영광을 회복시켜 준다(2:2). 나훔은 이 전사이신 여호와 하나님이 아시리아와 니느웨와 전쟁을 벌여서 그들이 이스라엘과 다른 민족들에게 행한 모든 포악한 전쟁 범죄에 대한 대가를 치르게 한다고 선포한다.

---

5. W. A. VanGemeren, *Interpreting the Prophetic Word* (Grand Rapids: Zondervan, 1990), 165-66.

제1장 여호와의 주권과 대적들 징벌 (1:1-15)

나훔은 니느웨에 대한 심판 메시지를 통해 아시리아의 멸망을 예고한다. 이에 앞서 나훔은 여호와 하나님의 주권과 보복을 선포하고, 주권자 하나님의 징벌을 피할 자가 없음을 선언한다. 그리고 나훔은 여호와께 악을 꾀하는 모든 대적들을 벌하고 유다에게 구원의 은총을 내릴 것이라고 한다.

본문 개요

나훔 1장은 세 부분으로 나눌 수 있다. 1절은 나훔서의 표제에 해당한다. 둘째 부분은 2-8절이며 우주 만물을 통치하시는 주권자 여호와 하나님의 보복과 진노에 대해 기록하고 있다. 하나님은 노하기를 더디 하지만 자기를 거스르는 자에게 질투하며 보복하시는 분이다(2-3절). 하나님의 보복과 징벌을 감당할 수 있는 존재가 이 땅에는 없다(6절). 하나님의 꾸중 앞에 바다와 강이 마르고 바산과 갈멜과 레바논의 꽃과 초목이 시들게 된다(3-5절). 그렇기 때문에 하나님의 대적들은 하나님의 진노를 결코 피할 수 없다. 반면에 하나님은 자기에게 피하는 자들에게 산성이 되어 준다(7절). 셋째 부분은 9-15절이며, 하나님은 자기에게 악을 꾀하는 대적들을 물리치고 자기 백성들에게 평화를 내려 준다. 악을 꾀하는 자가 아무리 많고 강하더라도 하나님이 그들을 멸절시키고, 그들이 자기 백성에게 씌운 멍에를 꺾고(13절), 우상을 제거하며 화평을 내려준다(14-15절).

내용 분해

1. 표제(1:1)
2. 보복과 진노하시는 주권자 여호와(1:2-8)
   1) 여호와의 질투(2-3절)
   2) 여호와의 보복과 진노를 감당할 자 없음(4-6절)
   3) 여호와께 피하는 자와 여호와의 대적(7-8절)
3. 악을 꾀하는 자에 대한 심판과 유다의 구원(1:9-15)
   1) 여호와께 악을 꾀하는 자(9-11절)
   2) 악인의 멸망과 유다의 구원(12-13절)
   3) 악인의 멸망과 유다의 평화(14-15절)

본문 주해

1. 표제(1:1)

1 니느웨에 대한 경고 곧 엘고스 사람 나훔의 묵시의 글이라

나훔 1:1은 엘고스 사람 나훔이 쓴 니느웨에 대한 묵시의 책이라며 나훔서를 소개한다. 엘고스의 위치와 니느웨의 역사적 배경은 서론을 참고하도록 하

자. 개역개정의 "경고"의 히브리어는 *맛사*(מַשָּׂא) 이며, 이사야와 스가랴 그리
고 말라기에서 주로 예언 대상에 대한 하나님의 징벌과 심판을 선포할 때 사
용하는 표현이다.[1] 나훔 1:1에서도 *맛사*는 하나님의 니느웨 심판과 징벌에 대
한 예언이라는 뜻으로 사용되었다. *맛사*를 경고로 번역할 수도 있으나, 한글
'경고'의 용례가 잘못에 대한 개선과 회개의 기회를 줄 때 종종 사용되는 데
반해 히브리어 '*맛사*'는 개선의 기회보다 징벌과 심판에 더 큰 비중을 둔 용
어이다.

'묵시'의 히브리어 *하존*(חָזוֹן)은 '이상을 보다'의 뜻을 가진 동사 *하자*(חָזָה)
의 명사형으로서 '이상'의 의미를 가지고 있다. 이 말은 나훔이 자신의 메시
지를 하나님으로부터 음성으로만 들은 것이 아니라 눈으로 일어날 일을 보고
기록하였음을 보여준다. 개역개정이 "묵시의 글"로 번역한 "글"의 히브리어
는 *세페르*(סֵפֶר)이며 두루마리로 된 책을 의미한다. 표제에서 선지자가 자신
의 메시지를 책에 기록했다고 밝힌 것은 나훔이 유일하다. 이 말은 나훔이 자
신이 눈으로 보고 들은 것을 즉각 두루마리 책에 기록하였고, 이를 자신의 고
향 유다의 엘고스로부터 니느웨까지 들고 가서 메시지를 낭독하며 선포하였
음을 보여준다.[2]

2. 보복과 진노하시는 주권자 여호와(1:2-8)

2 여호와는 질투하시며 보복하시는 하나님이시니라 여호와는 보복하시
며 진노하시되 자기를 거스르는 자에게 여호와는 보복하시며 자기를 대
적하는 자에게 진노를 품으시며 **3** 여호와는 노하기를 더디하시며 권능이
크시며 벌 받을 자를 결코 내버려두지 아니하시느니라 여호와의길은 회

---

1. 사 13:1; 15:1; 17:1; 19:1; 21:1, 11, 13; 22:1; 23:1; 슥 9:1; 12:1; 말 1:1.
2. K. L. Noll, "Nahum and The Act of Reading," *Proceedings* 16 (1996): 107-20.

오리바람과 광풍에 있고 구름은 그의 발의 티끌이로다 **4** 그는 바다를 꾸짖어 그것을 말리시며 모든 강을 말리시나니 바산과 갈멜이 쇠하며 레바논의 꽃이 시드는도다 **5** 그로 말미암아 산들이 진동하며 작은 산들이 녹고 그 앞에서는 땅 곧 세계와 그 가운데에 있는 모든 것들이 솟아오르는도다 **6** 누가 능히 그의 분노 앞에 서며 누가 능히 그의 진노를 감당하랴 그의 진노가 불처럼 쏟아지니 그로 말미암아 바위들이 깨지는도다 **7** 여호와는 선하시며 환난 날에 산성이시라 그는 자기에게 피하는 자들을 아시느니라 **8** 그가 범람하는 물로 그 곳을 진멸하시고 자기 대적들을 흑암으로 쫓아내시리라

나훔은 자신의 메시지를 여호와 하나님의 성품에 대한 소개로 시작한다. 구약 성경은 종종 하나님의 사랑과 영원성과 유일성을 비롯한 다양한 성품을 말하지만, 나훔은 2-8절에서 이런 성품에는 관심을 기울이지 않고 하나님을 보복하고 질투하고 진노하시는 분으로 묘사하고 있다. 하나님의 진노는 자연계뿐만 아니라 어느 누구도 감당할 수 없으며, 하나님은 자신의 대적에게 진노의 불을 쏟아 놓는다. 반면에 하나님은 자신에게 피하는 자들에게 산성이 되어 주신다.

1) 여호와의 질투(2-3절)

2-3절은 여호와 하나님을 질투하시고 진노하시고 보복하시는 분으로 그 성품을 설명하고 있다. 나훔에 의하면 하나님은 비록 노하기를 더디 하지만 벌 주어야 할 자를 결코 내버려 두지 않는 분이다. 하나님은 자기 백성들이 범죄하고 우상을 숭배할 때에도 질투하지만, 이방 민족이 자기 백성을 억압하고 학대할 때에도 질투하고 진노한다. 이런 민족들을 하나님은 자신의 대적으로 여기고 이들에게 보복한다. 여호와의 보복은 악한 민족들이 자기 백성에게 행한 억압과 학대에 대한 보복이며 그들이 행한 짓에 상응하는 징벌을 내린다.

2절에서 나훔은 하나님의 이런 성품을 묘사하기 위해 다양한 문학적 기교를 사용하고 있다. 2절 첫 표현에서 나훔은 여호와를 질투의 하나님이라고 말한 후 이어서 보복하시는 분임을 강조하기 위해 '보복하다'의 의미를 가진 동사 *나캄*(נָקַם)의 분사 *노켐*(נֹקֵם)에 여호와의 이름을 붙여 *노켐 야웨*(נֹקֵם יְהֹוָה, '여호와는 보복하시는 분')를 세 번 반복한다.

2 אֵל קַנּוֹא וְנֹקֵם יְהֹוָה נֹקֵם יְהֹוָה וּבַעַל חֵמָה נֹקֵם יְהֹוָה לְצָרָיו וְנוֹטֵר הוּא לְאֹיְבָיו׃

세 번의 반복 가운데 두 번을 반복한 후 나훔은 여호와를 '진노의 소유자'(*바알 헤마* בַּעַל חֵמָה)라고 한다. 소유자로 해석한 *바알*(בַּעַל)은 가나안의 바알 신과 동일한 단어이지만, 여기에서는 '주인' 또는 '소유자'의 의미로 사용되었으며, 가축의 주인처럼 소유의 관계를 매우 강조할 때 사용하는 표현이다. 여호와를 '진노의 주'로 표현한 후 나훔은 세 번째로 여호와를 보복하시는 분으로 묘사하며 이번에는 전치사구 *레차라브*(לְצָרָיו)를 덧붙여 여호와를 그의 대적에게 보복하시는 분이라고 한다. 이어서 나훔은 하나님의 보복이 일회성이 아니라는 사실을 말하기 위해 그는 그의 대적에게 '계속하시는 분'이라고 하였다. '계속하다'의 히브리어 *나타르*(נָטַר)는 '꾸준히 지속한다,' 즉 하나님의 보복이 지속적으로 이어진다는 의미로 사용되었다. 이를 강조하기 위해 나훔은 마지막 두 문장을 분사 + 주어 + 전치사구로 배열하여 문법적인 대구를 형성하게 하였다.

נֹקֵם יְהֹוָה לְצָרָיו 여호와는 그의 대적에게 보복하시며

נוֹטֵר הוּא לְאֹיְבָיו 그는 그의 원수들에게 지속하시느니라

문법적인 대구와 의미론적 평행 구조를 통해 나훔은 하나님께서 대적과 원

수에게 지속적으로 보복하신다는 것을 강조하고 있다.[3]

하지만 나훔은 하나님을 변덕스럽게 질투하고 진노하고 보복하는 그런 하나님이 아니라고 3절에서 말한다. 나훔에 의하면 하나님은 진노하기를 더디 하시는 분이다. 하나님은 피해를 당하는 자들에 대해 동정하고 안타까워 하지만, 그렇다고 가해자에게 즉흥적으로 질투하고 진노의 잔을 쏟아붓지는 않고 악행을 멈추고 회개하기를 오래 참고 기다린다(참조. 욘 4:1-11). 피해자들은 하나님의 기다림에 대해 오해하여 하나님의 존재와 정의에 대해 의문을 표할 가능성도 있지만, 이에 대해 나훔은 하나님은 결코 벌 받을 자를 내버려 두지 않는다고 한다. 나훔은 로 예낙케(לֹא יְנַקֶּה, '내버려 두지 아니하시리라') 앞에 동사 나카(נָקָה)의 피엘(Piel) 부정사 절대형 낙케(נַקֵּה)를 첨부하여 이 사실을 강조하고 있다. 때가 되어 하나님이 징벌을 할 때에는 매우 신속하게 역사한다. 나훔은 이를 표현하기 위해 여호와의 길은 회오리 바람과 광풍 가운데 있다고 한다. 그리고 나훔은 "구름은 그의 발의 티끌"이라는 표현을 통해 보복을 위해 신속하게 달려 가는 하나님의 발걸음에 의해 만들어진 먼지를 광풍에 의해 하늘을 날아가는 구름으로 비유한다. 나훔은 이런 극적인 표현을 통해 대적들에 대한 하나님의 보복이 그만큼 신속하고 적극적이라는 사실을 보여주려 하고 있다.

2) 여호와의 보복과 진노를 감당할 자 없음(4-6절)

4-6절에서 나훔은 하나님의 진노 앞에 어느 누구도 맞설 수 없으며 그 진

---

3. 나 1:1-10이 시의 성격을 지니고 있다는 학자들이 더러 있으며, 그들은 이 단락이 아크로스틱 (Acrostic)하게 배열되어 있다고 말한다. 아크로스틱은 문자 수를 일정한 틀에 맞추어 표현하는 것으로, 한시의 4언절구 5언절구 등등과 유사하다. 크리스텐센에 의하면 1-10절 단락은 9.4/5.5/8.4 : 4.8/5.5/4.9로 되어 있다. D. L. Christensen, "The Acrostic of Nahum Once Again: A Prosodic Analysis of Nahum 1:1-10," *ZAW* 99(1987): 409-15; A. Pinker, "Nahum 1: Acrostic and Authorship," *JBQ* 34(2006): 97-103; M. H. Floyd, "The Chimerical Acrostic of Nahum 1:2-10," *JBL* 113 (1994): 421-37.

노를 감당할 수 없다고 한다. 이를 증명하기 위해 나훔은 하나님의 꾸짖음과
진노 앞에 바다와 강이 마르고 초목이 시들며 산천이 진동하고 녹으며 솟구
쳐 오른다고 말한다.

4절에서 나훔은 먼저 여호와께서 바다와 강을 꾸짖어 말린다고 한다. '꾸
짖다'의 히브리어 동사 *가아르*(גָּעַר)는 구약 성경에서 14번 사용 되었으며, 강
하게 책망하는 것을 의미하며 종종 구두로 꾸짖는 것에 한정되지 않고 물리적
파괴를 동반한 하나님의 이방 민족에 대한 진노의 표출로 사용된다(시 9:6;
68:31; 사 17:13). 특히 시편 106:9은 나훔 1:4처럼 하나님께서 바다를 꾸짖는
내용이 기록되어 있으며, 홍해를 가르고 마른 땅으로 만들어 이스라엘 백성들
에게 건너게 한 사건을 묘사하기 위해 이 단어를 사용하고 있다. 하나님이 바
다와 강을 꾸짖어 마르게 한다는 나훔 1:4의 표현은 시편 106:9처럼 홍해와
요르단 강을 마르게 하여 이스라엘 백성을 건너게 한 사건을 연상시킨다. 이
에 더해 나훔 1:4의 꾸짖음은 아시리아의 악의 신을 염두에 두고 있을 수 있
다. 그 이유는 1:4의 바다와 함께 등장하는 강이 단수가 아니라 복수인 '모든
강들'이라고 표현되었기 때문이다. 단수이면 요르단 강으로 단정할 수 있는
데, 복수이며 요르단 강도 포함할 수 있지만 그 외에 다른 강들을 포함한다. 이
런 경우 1:4에서 염두에 두고 있는 강들은 아시리아를 둘러 싸고 있는 티그리
스 강과 유프라테스 강을 가리키며 아시리아에 대한 은유적인 표현으로 이해
할 수 있다. 뿐만 아니라 꾸짖음의 대상이 바다와 강들을 모두 포함하고 있는
것은 이들 바다과 강들이 고대 메소포타미아 창조신화에 나오는 최초의 신이
자 악마의 신들인 티아매트(Tiamat)와 앞수(Apsu)를 염두에 둔 것으로 생각
할 수 있다.[4] 티아매트는 바다의 신이고 앞수는 강들의 신이다. 니느웨와 앗술
에서 출토된 창조 신화 "에누마 엘리쉬(Ennuma Elis)"는 바벨론에서 출토된
창조 신화의 주인공 마르둑(Marduk)을 앗술(Ashur)로 대체한 후 앗술이 앞

---

4. Longman III, "Nahum," 789-90.

수를 죽인 신들에게 보복하려는 티아매트를 죽여 하늘과 땅을 만드는 과정을 기록하고 있다(*ANET*, 60). 나훔의 메시지가 아시리아의 니느웨를 겨냥하고 있다는 점을 고려한다면, 1:4의 바다와 강들에 대한 여호와의 꾸짖음이 이들 신화를 겨냥하고 있을 가능성을 배제할 수 없다. 그럴 경우 나훔은 메소포타미아 사람들에게 항상 공포의 대상이었던 바다와 강물을 꾸짖어 마르게 할 수 있는 분은 아시리아의 신인 앗술이 아니라 여호와 하나님이라는 것을 아시리아와 니느웨 사람들에게 부각시키고 있는 것으로 볼 수 있다.

나훔은 4절에서 바산과 갈멜이 쇠하며 레바논의 새싹이 쇠한다고 말한다. 개역개정 성경이 각각 "쇠하며"와 "시드는도다"라고 번역한 히브리어 표현은 동일한 동사 *아말*(אמל)이다. 이것은 바산과 갈멜의 쇠하는 것은 레바논의 새싹과 동일한 초목임을 알 수 있다. 하지만 레바논의 '새싹'과는 달리 바산과 갈멜에서는 '새싹'을 삭제함으로 바산과 갈멜에서 쇠하는 대상을 단지 새싹에 한정시키지 않고 그 대상을 바산과 갈멜의 모든 생명체로 확대시키는 효과를 가져온다. 바산과 갈멜은 전통적으로 목축으로 널리 알려진 지역이며, 나훔 1:4은 새싹이 시듦으로 이를 먹고 사는 가축들도 역시 쇠하게 되는 것을 함축시키고 있다. 이에 더해 바산과 갈멜과 레바논의 쇠하고 시드는 현상은 하늘에서 비가 내리지 않고 햇빛만 강렬하게 내리 쬐기 때문에 생긴다는 것을 생각해야 한다(학 1:10-11). 바산과 갈멜과 레바논의 지명을 언급하며 이 지역의 쇠락을 말한 첫번째 이유는 나훔의 청중과 독자 중에 하나인 이스라엘 백성에게 하나님이 권능을 보여주는 것이다. 이에 더하여 나훔 메시지의 실질적인 대상인 아시리아와 니느웨를 염두에 두고 있는 것으로 생각해야 한다. 레바논은 고대 메소포타미아에서 백향목의 주산지로 널리 알려져 있었고 이곳에서 백향목을 바벨론이나 니느웨로 운반한 일을 자랑스럽게 기록하곤 하였다(*ANET*, 240, 243, 254, 275, 291, 307). 그리고 아시리아와 니느웨 사람들의 입장에서 하나님께서 하늘의 비가 내리지 않게 한 것과 파괴적인 강렬한 햇빛을 내려 보내는 것은 고대 아시리아의 최고 신인 앗술의 손발을 묶는 것으로 볼 수 있다. 앗술은 북부 메소포타미아인 아시리아 만신전의 수장으로서 남부 메소포타미아인 바벨론의 만신전의 우두머리였던 마르둑과 엔릴과 동일하게 비바람을 동반한 폭풍의 신이었으며, 그리고 태양신이자 전쟁신이었다. 나훔은 하나님을 바산과 갈멜과 레바논의 초목을 시들게 하는 분으로 묘사하면서 하나님이야말로 아시리아인들이 그들의 최고 신으로 숭배하는 앗술이 행하는 것으로 생각하는 모든 것을 주관하는 분이라고 선포하고 있다.

5절에서 나훔은 진노하신 하나님 때문에 산들이 진동하고 작은 살들이 녹고 그리고 땅들이 솟아 오른다고 한다. 4절이 주로 바다와 강 그리고 비와 관련된 것들을 통해 하나님의 진노를 표현하였다면, 5절은 4절과 대조적으로 산과 작은 산 그리고 땅이 하나님 앞에서 진동할 것이라고 한다. 5절은 이들을 하나의 쌍을 이루게 만들고 있다.

하림 הָרִים 산들 – *게바오트* גְּבָעוֹת 작은 산들
에레츠 אֶרֶץ 땅 – *테벨* תֵבֵל 세상

산들과 작은 산들은 일반적으로 전쟁과 자연 재해로부터 도피하는 장소로 많이 사용된다(창 14:10; 19:17; 마 24:16). 하지만 이런 장소들도 하나님의 진노 앞에는 속수무책이다. 산과 땅이 진동하는 현상은 출애굽기 19:18에서 하나님이 시내산에 강림할 때 처음 일어났다. 이후 이런 현상은 구약의 시들과 선지서에서 종종 시내산 사건을 묘사할 때 사용된다(삿 5:4-5; 삼하 22:7-8; 시 18:7-8). 하지만 성경은 종종 하나님의 진노를 표현할 때에도 이 현상을 언급한다. 바벨론에 대한 예언을 기록하고 있는 이사야 13:13은 하나님의 진노 때문에 하늘이 진동하고 땅이 흔들릴 것이라고 한다. 시편 97:3-5는 하나님이 불로 대적들을 물리치기 위해 쏟아내는 불과 번개 때문에 땅이 떨고 산들이 녹았다고 한다(암 8:8; 9:5). 마찬가지로 나훔 1:5은 산천이 진동할 때에 그 가운데 살고 있는 모든 것들도 함께 진동한다고 한다. 땅에 살고 있는 것들이 진

동하는 것은 지진 때문에 몸이 흔들리는 것일 수도 있지만, 하나님이 사람들에게 내린 심리적인 공포를 의미할 수도 있다(출 15:14-16; 암 9:5).

6절에서 나훔은 하나님의 질투와 진노와 보복하시는 성품을 표사한 후 누가 그의 분노 앞에 서고 그의 진노를 감당할 수 있는지 묻고 있다. 하나님이 초자연적인 능력으로 진노를 표출할 때 모든 피조 세계가 두려워하는 것처럼 어느 인간도 하나님의 진노 앞에 맞설 수 없다. 그렇기 때문에 지금 현재 세상을 장악하고 잔혹한 살육을 일삼는 아시리아와 니느웨도 하나님의 진노와 보복 앞에 철저히 무너질 것이다. 나훔은 이 사실을 다시 상기 시키기 위해 5절에서 반복된 산들과 작은 산들을 구성하는 핵심 요소인 바위들(*하쭈림* הַצֻּרִים)이 하나님의 진노의 불 앞에 깨어져 쏟아져 내린다고 하며, 하나님의 진노를 강조하기 위해 '누가'(*미* מִי)를 반복하고 '그의 진노 앞에'를 '누가 서리오' 앞에 도치하여 배열했다.[5] 나훔 1:6의 메시지는 요한계시록 7:17에서 인유되었으며, 어린 양 예수 그리스도의 진노의 큰 날에는 아시리아는 두말할 것도 없고 세상의 모든 것들이 그 앞에서 능히 설 수 없다고 한다.

3) 여호와께 피하는 자와 여호와의 대적(7-8절)

나훔은 2-6절에서 여호와의 진노와 보복에 맞설 존재가 없다는 사실을 밝힌 후 대적들이 일으키는 전쟁으로 인한 환난 날에 하나님께서 자신에게 피하는 자들을 구원하기 위해 대적들을 어떻게 다루는지를 말한다. 하나님은 자신에게 피하는 자에게는 산성과 요새처럼 피난처가 되어 주고, 대적들에게는 범람하는 물로 진멸하고 흑암 가운데로 쫓아낸다.

7절에서 나훔은 먼저 '여호와는 선하시다'(*토브 여호와* טוֹב יְהוָה)는 말로 시작한다. 2-6절에서 그가 여호와를 질투하고 진노하고 보복하시는 분으로 묘사한 것과 너무나도 대조되게 여호와를 선하신 분이라고 한다. 7절에서 나

---

5. W. A. Maier, *Nahum* (Saint Louis: Concordia, 1959), 172-75.

훔이 밝히고자 하는 하나님의 선하심은 대적들이 일으키는 전쟁과 관련있으며, 그 전쟁에서 여호와는 자기 백성에게 요새 또는 산성이기 때문이다. 이 전쟁의 날을 환란 날이라고 하며, '환란'의 히브리어 *차라*(צָרָה)는 2절에서 대적으로 번역된 *차르*(צַר)의 여성 명사이다. 나훔은 이 단어를 매우 의도적으로 사용하고 있다. 7절의 차라는 8절에서 대적으로 번역된 *오에브*(אֹיֵב)와 함께 2절의 하나님의 대적과 연관짓기 위해 사용되었다.

2절: אֵל קַנּוֹא וְנֹקֵם יְהוָה נֹקֵם יְהוָה וּבַעַל חֵמָה נֹקֵם יְהוָה לְצָרָיו וְנוֹטֵר הוּא לְאֹיְבָיו

7 טוֹב יְהוָה לְמָעוֹז בְּיוֹם צָרָה וְיֹדֵעַ חֹסֵי בוֹ: 7-8절

8 וּבְשֶׁטֶף עֹבֵר כָּלָה יַעֲשֶׂה מְקוֹמָהּ וְאֹיְבָיו יְרַדֶּף־חֹשֶׁךְ:

대적들이 전쟁을 일으켜 잔혹한 환란을 일으킬 때 하나님은 자기에게서 피난처를 찾는 자들이 누구인지 알고 그들을 대적들의 전쟁으로부터 지키고 보호하기 위해 요새와 산성이 되어 준다. '알다'(*야다* יָדַע)는 말은 단순히 도망자가 피할 장소를 찾고 있는 행동을 안다는 것이 아니라, 여호와에게서 피난처를 찾는 자의 모든 삶과 인격과 신앙을 안다는 말이다.[6] 반면에 전쟁의 환란을 일으킨 대적에게 하나님은 범람하는 홍수 물로 그들의 장소를 폐허로 만들고 흑암으로 쫓아낸다. 범람하는 홍수 물을 강조하기 위해 나훔은 이 표현을 문장의 앞으로 도치시켰고, 또한 완전한 파괴에 이른다는 것을 강조하기 위해 *카라*(כָּלָה, '완전한 파괴')를 동사 앞으로 도치하였다.

7-8절에서 나훔은 하나님을 자기에게 피난처를 찾는 자에게 산성이 되어 주고 자신을 대적하는 자들을 멸망시키는 분으로 묘사하면서 1-6절에서 언급된 내용들을 활용한다. 5절은 산들과 작은 산들과 땅의 진동을 말하였는데, 7절은 이를 활용하여 여호와께서 자기에게 피난처를 찾는 자들에게 전쟁의 피

---

6. 조휘, 『나훔과 함께』, 132.

에 굶주린 대적들이 결코 침범할 수 없는 견고한 산성이 되어 준다고 한다. 4절에서 하나님은 바다와 강들을 꾸짖어 마르게 하였는데, 8절에서는 홍수와 같은 범람하는 물로 대적의 장소를 제거해 버린다고 한다. 7절이 2절의 *차르*(צַר)의 여성 명사인 *차라*(צָרָה)를 사용하여 대적을 언급한데 이어 8절은 2절의 *오에바브*(אֹיְבָיו)를 재사용하고 있다. 더 나아가 8절은 장소를 의미하는 히브리어 *마콤*(מָקוֹם)에 대명사 3인칭 여성 단수 *아흐*(ה ָ)를 붙여 1절의 니느웨와 접목시키고 있다. 대명사 여성 단수 *아흐*는 1절의 니느웨를 지시한다.[7] 이를 통해 하나님께서 니느웨 사람들을 멸망시킬 뿐만 아니라 아예 니느웨 도시가 세워져 있는 그 장소 자체를 완전히 파괴시켜 없애 버리겠다고 한다. 그리고 그 도시에 살고 있던 사람들을 흑암 속으로 추격할 것이라고 한다. 이 흑암은 죽음이나 스올을 암시할 가능성이 높다(욥 3:5; 17:13; 시 88:4-7; 107:10).[8] 2절에서 하나님께서는 자기 대적에게 질투하고 진노하고 보복을 멈추지 않고 계속할 것이라고 했는데, 8절에서는 하나님께서 그 대적 니느웨를 바깥 어두운 곳 또는 스올까지 추격하여 멸하실 것이라고 한다.

3. 악을 꾀하는 자에 대한 심판과 유다의 구원 (1:9-15)

9 너희는 여호와께 대하여 무엇을 꾀하느냐 그가 온전히 멸하시리니 재난이 다시 일어나지 아니하리라 **10** 가시덤불 같이 엉크러졌고 술을 마신 것 같이 취한 그들은 마른 지푸라기 같이 모두 탈 것이거늘 **11** 여호와께 악을 꾀하는 한 사람이 너희 중에서 나와서 사악한 것을 권하는도다 **12** 여호와께서 이같이 말씀하시기를 그들이 비록 강하고 많을지라도 반드시 멸절을 당하리니 그가 없어지리라 내가 전에는 너를 괴롭혔으나 다시는 너를

---

7. 조휘, 『나훔과 함께』, 132-35.

8. Barker & Bailey, *Micah, Nahum, Habakkuk, Zephaniah*, 179-80.

괴롭히지 아니할 것이라 **13** 이제 네게 지운 그의 멍에를 내가 깨뜨리고 네 결박을 끊으리라 **14** 나 여호와가 네게 대하여 명령하였나니 네 이름이 다시는 전파되지 않을 것이라 내가 네 신들의 집에서 새긴 우상과 부은 우상을 멸절하며 네 무덤을 준비하리니 이는 네가 쓸모 없게 되었음이라 **15** 볼지어다 아름다운 소식을 알리고 화평을 전하는 자의 발이 산 위에 있도다 유다야 네 절기를 지키고 네 서원을 갚을지어다 악인이 진멸되었으니 그가 다시는 네 가운데로 통행하지 아니하리로다 하시니라

9-15절은 여호와께 악을 꾀하는 대적들이 아무리 강하고 많을지라도 여호와께서 반드시 멸망시키고 그들의 우상을 없애고 신들의 집을 무덤으로 만든다고 한다. 반면에 여호와를 찾는 유다를 하나님은 더 이상 괴롭게 하지 않고 열방으로 인한 고통의 멍에를 깨뜨리고 평화를 내려 주겠다고 한다. 9-15절은 두 부분으로 나눌 수 있다. 9-11절은 나훔의 말이며, 12-15절은 여호와의 말씀이다. 9-15절에는 2인칭(너희, 너)과 3인칭(그, 그들)이 현란하게 기록되어 있으며, 지칭하는 대상을 명확하게 밝히지 않고 있다. 이들 인칭들을 분명하게 구분하고 대상을 확인하지 않으면 9-15절의 해석도 혼란해질 수 있다. 나훔의 말을 기록하고 있는 9-11절의 인칭 변화와 지칭하는 대상은 아래와 같다.

> 9절 2인칭 남성 복수(너희) - 유다와 니느웨
> 3인칭 남성 단수(그) - 여호와
> 3인칭 여성 단수(그녀) - 재난
> 10절 3인칭 복수(그들) - 아시리아 군대
> 11절 2인칭 여성 단수(너) - 니느웨
> 3인칭 남성 단수(한 사람) - 아시리아 왕

12-15절의 인칭 변화와 지칭하는 대상은 아래와 같다. 12-15절의 1인칭 단

수는 모두 여호와 하나님이기 때문에 아래의 구분에서 생략하겠다.

12절	3인칭 복수(그들)	- 아시리아 군대
	3인칭 단수(그)	- 아시리아
	2인칭 여성 단수(너를)	- 유다
13절	2인칭 단수(네게, 네)	- 유다
	3인칭 단수(그의)	- 아시리아
14절	2인칭 남성 단수(네게, 네)	- 아시리아 왕
15절	2인칭 여성 단수(네)	- 유다

위와 같은 인칭 변화와 지칭 대상을 유념하면서 9-15절의 내용을 살펴보자.

1) 여호와께 악을 꾀하는 자(9-11절)

9-11절에서 나훔은 유다와 니느웨를 인격화하여 둘을 불러 그들의 생각과는 다르게 하나님께서 하실 일을 말한다. 유다 백성들은 아시리아의 반복되는 침략과 약탈을 겪으면서 이런 고난을 겪는 자신들을 돌아보지 않는 하나님께 대하여 부정적인 생각을 가졌을 것이다. 그러나 그들은 여호와 하나님의 권능을 제대로 알지 못했다.

9절에서 나훔은 2인칭 복수로 시작하면서 아시리아 군대와 유다 백성에게 '너희들이 여호와께 대하여 무엇을 생각하느냐'고 묻는다.[9] 이렇게 생각하는 이유는 9절의 2인칭 남성 복수는 9절에서만 유일하게 사용되었으며 '너희들'로 불릴 수 있는 두 부류의 대상을 9-15절에서 찾아야만 한다. 이 두 부류 중에 하나는 11절의 2인칭 여성 단수와 14절의 2인칭 남성 단수로 표현된 아시리아

---

9. Longman III, "Nahum," 795; 조휘, 『나훔과 함께』151-52. 2인칭 복수의 대상에 대해 세 가지 견해가 있다. 첫째는 니느웨 또는 아시리아로 보는 견해이고, 둘째는 유다 백성으로, 셋째는 유다 백성과 아시리아 모두를 지칭하는 것으로 보는 견해이다.

와 니느웨이고 또 하나는 15절에서 2인칭 여성 단수로 표현된 유다일 가능성이 있다. 이 두 부류에게 질문하고 대답을 듣지 않고 곧바로 나훔은 하나님이 완전한 끝을 행할 것이라고 한다. 완전한 끝이 무엇인지 구체적으로 명시하지는 않았지만, 두 가지 해석이 가능하다. 첫째는 재난의 히브리어 *차라*(צָרָה)가 2절의 *차르*(צַר)와 7절의 *차라*를 반복하고 있다는 것을 고려하면 아시리아가 몰고온 전쟁의 재앙을 의미할 가능성이 높다. 또 다른 가능성은 침략 전쟁을 벌인 아시리아를 완전히 파괴한다는 것이다. 9절 후반부는 이 전쟁 재앙이 다시 일어나지 않는다고 하는데, 이것은 모든 전쟁을 의미하기보다는 아시리아 때문에 발생하는 전쟁이 없을 것이라는 말로 이해된다. 하지만 대상의 이름을 구체화하지 않았다는 것은 적용의 대상을 확대하며, 묵시론적으로 이해할 수 있게 만들어 하나님의 백성들을 해하려하는 종말론적 전쟁의 종결을 생각하게 만든다. 아시리아로 인한 전쟁이 더 이상 발생하지 않는 이유는 하나님께서 아시리아를 완전히 멸망시키기 때문이다.

10절은 아시리아 군대를 "그들"로 표현하면서 그들의 멸망을 세 가지 비유로 설명한다. 첫째는 가시 나무의 비유이다. 이 가시 나무를 뒤엉켜 있는 것으로 표현되었으며, 스스로 뒤엉킨 상태를 풀어 낼 수 없는 상태에 빠져 있는 것을 의미한다.[10] 이렇게 뒤엉키는 상태는 주로 사람이 가시 나무들을 잘라서 쌓아 두었을 때 생겨난다. 이 비유는 아시리아 군대가 적군 앞에서 극도로 우왕좌왕하는 상태에 빠진 모습을 묘사하거나 그들의 주검이 들판에 뒤엉켜 있는 모습을 묘사하려고 사용되었다. 둘째는 술에 취한 취객의 비유이다. 술에 만취한 사람은 위험을 감지하거나 대처할 능력이 거의 없다.[11] 이것은 아시리아 군대가 지금 자신들이 어떤 위기에 처해 있는지 전혀 판단을 못하는 상태

---

10. 전치사 אַד־כֵּ는 비교 용법으로 사용되었다. 이런 용례는 아주 드물게 사용되었지만, 대상 4:27; 삼하 23:19에서 유사한 용례를 발견할 수 있다.

11. O. P. Robertson, *The Books of Nahum, Habakkuk, and Zephaniah*, NICOT (Grand Rapids: Eerdmans, 1990), 74.

에 있음을 말한다. 이 두 비유를 말하면서 나훔은 두 가지 장치를 하고 있다. 첫째는 유음법을 사용하여 전치사를 제외한 모든 단어를 *사멕*(ס)으로 시작해서 *멤*(ם)으로 끝내고 있다.[12]

עַד־(סִ)ירִ֣ים ס֒בֻכִ֔ים וּכְ(סָבְ)אָ֖ם (סְ)בוּאִ֑ים

이를 통해 독자들의 시선을 확 끌어들이는 효과를 가져오며, 강조를 할 수도 있다. 둘째는 두 행 모두에서 동사의 분사 수동태를 가지고 선행하는 명사를 수식하게 하였다. 첫 행에서는 분사 수동태인 *세부킴*(סבֻכִים, '뒤엉킨')을 통해 명사 남성 복수 *시림*(סִירִים, '가시덤불')을 수식하게 하였고, 둘째 행에서도 분사 수동태인 *세부임*(סְבוּאִים, '술취한')을 가지고 명사 복수 *솝암*(סָבְאָם, '술취한 자' '술')을 수식하게 하였다. 이것은 가시 나무가 뒤엉킨 것이나 취객이 취한 상태에 빠진 것이 타의에 의해 되어진다는 것을 보여준다. 셋째 비유는 완전히 마른 풀에 비유하고 있다. 나훔은 마른 풀에 '마레'를 덧붙였으며, 이것은 마른 풀이 불을 붙이면 순식간에 모두 타 버릴 수 있는 상태를 나타낸다. 그리고 나훔은 이 비유 앞에 "그들이 먹힐 것이다"(*욱켈루*(אֻכְּלוּ)고 하였는데, 동사 *아칼*(אָכַל)의 완료형을 사용하여 미래에 일어날 일을 말했다. 이런 완료형은 예언적 완료형이라고 하며, 미래에 일어날 일의 확실성을 보여주기 위해 사용하였다. 이 동사는 푸알(Pual) 형이며, 수동적으로 바짝 마른 풀이 불에 먹히듯이 먹힘을 당한다는 의미로 사용되었다. 나훔은 셋째 비유를 통해 아시리아 군인들이 완전히 마른 풀이 불타 없어지는 것처럼 소멸될 것이라고 한다.

11절에서 나훔은 "네게서 여호와께 악을 꾀하는 자가 나온다"고 한다. '너'는 2인칭 여성 단수로서 니느웨를 가리키며, 니느웨에서 여호와를 대적하는 무모

---

12. D. L. Christensen, *Nahum*, AYB (New Haven: Yale University Press, 2009), 205-207.

한 왕이 나올 것이라는 말이다. '꾀하다'의 히브리어 호셉(חֹשֵׁב)은 9절의 "너희들은 무엇을 꾀하느냐"고 물으며 사용한 동사 *테하세부*(תְּחַשְּׁבוּ)와 동일한 동사이다. 아시리아 왕이 꾀하는 악은 전후 문맥을 고려하면 유다를 침공하는 전쟁이다. 하지만 아시리아 왕이 하나님께 꾀하는 악은 *베리야알*(בְּלִיָּעַל) 즉 쓸모없는 것에 지나지 않는다. *베리야알*은 무익하고 악한 것이나 사람을 지칭하는 표현이지만 쿰란 문서와 신약 성경과 유대인들의 외경에서는 사탄의 이름으로 사용되었다.[13] 그러나 11절에서는 *베리야알*을 '사탄'으로 볼 만한 여지를 발견할 수 없다.

2) 악인의 멸망과 유다의 구원(12-13절)

12-13절에서는 나훔서에서 처음으로 '여호와께서 이렇게 말씀하셨느니라'(*코 아마르 야웨* כֹּה אָמַר יְהוָה)가 사용되었다. 하나님은 아시리아 군대를 3인칭 남성 복수 '그들'로 호칭하고 아시리아 왕을 3인칭 남성 단수 '그'로 호칭하며, 유다를 2인칭 여성 단수 '너'로 호칭하면서 말한다. 하나님은 처음 세 문장에서 파격적인 구문으로 내용을 강조한다. 첫 문장에서는 접속사 *임*(אִם, '만약' '비록') + 형용사 *셀레밈*(שְׁלֵמִים, '완전한' '안전한' '평화로운')으로 양보절을 만들었다. 주어가 생략되어 있지만 전후 문맥을 논리적으로 고려할 때 10절에서 복수로 표현된 아시리아 군대를 주어로 보아야 한다. 형용사 *셀레밈*은 '완전한, 안전한, 평화로운'의 의미를 가지고 있지만, 이 문장에서는 군사적으로 완전하고 강건한 상태를 의미한다. 아시리아 문헌에 의하면, 살만에셀 3세(Shalaneser III)는 자신의 군대의 위용이 적들에게 공포감을 심어 주었다고 주장한다(*ANET*, 282). 이런 점을 감안하면 첫 문장은 '아시리아 군인들이 최강의 군대일지라도'의 의미를 가진다. 둘째 문장은 접속사 *베*(וְ)+ 부

---

13. 11QMelch; 1QS 1:18; 고후 6:15; Jubilees 1:20; Testament of the Twelve Patriarchs 4:11. D. W. Baker, *Nahum, Habakkuk, Zephaniah*, TOTC (Leicester: Inter-Varsity Press, 1988), 31; E. Achtemeier, *Nahum-Malachi* (Atlanta: John Knox Press, 1971), 16.

사 *켄*(כֵּן)+ 형용사 *랍빔*(רַבִּים)으로 되어 있으며, '게다가 많을지라도'의 의미
로 사용되었다. 셋째 문장에서는 둘째 문장에서 사용된 *베켄*(וּבְכֵן)을 다시 사
용한다. 셋째 문장의 *베켄*은 둘째 문장과는 달리 반의적인 의미로 '그러나 그
렇게' 또는 '그럼에도 불구하고'의 의미를 가진다. 이어서 처음으로 동사 *나가
즈*(נָגֹזּוּ)를 사용하여 하나님은 아시리아 군대가 멸절될 것이라고 한다. *나가즈*
가 칼(Qal) 형으로 사용될 경우 양털을 깎는 것을 의미하지만, 니팔(Niphal)
형은 '잘려지다'의 의미를 가진다. 아시리아 왕들은 종종 적군들의 목을 양의
목을 자르듯이 잘랐다고 자랑하는데, 크리스텐센은 *나가즈*가 이런 아시리아
군대의 만행을 반영하고 있다고 한다.[14] 12절에서 *나가즈*는 니팔 완료형이며,
이 완료형은 예언적 완료형으로서 미래에 확실히 일어날 것이라는 확신의 의
미를 포함하고 있다. 아시리아 군대와 함께 12절은 아시리아 왕도 사라질 것
이라고 한다. 동사 *아바르*(עָבָר)는 '건너가다'의 의미로 주로 사용되지만, 12
절에서는 '죽는다'는 의미나 '기억에서 소멸된다'는 의미로 사용되었다(참조.
시 144:4; 에 9:28).

13절에서 하나님은 아시리아 왕과 군대의 소멸과 함께 유다에게 고통을 주
지 않겠다고 한다. 유다를 2인칭 여성 단수로 호칭하면서 하나님은 지금까지
너에게 고통을 주었지만, 이제 다시는 고통을 주지 않겠다고 한다. 이것은 7절
에서 말한 것처럼 여호와께 피난처를 찾는 참된 유다 백성들에게 주는 약속이
지, 그들의 죄악을 맹목적으로 눈감아 주겠다는 말이 아니다. 더 구체적으로
말하면, 13절에서 말하고 있는 아시리아가 유다에게 가한 학대를 멈추게 하겠
다는 말이다. 하나님은 유다에게서 아시리아 왕이 올려놓은 멍에를 깨뜨릴 것
이라고 한다. 이를 강조하기 위해 13절은 아래에서 볼 수 있는 것처럼 교차 대
구법과 생략법을 사용하였다.

---

14. Christensen, *Nahum*, 240.

　위에서 볼 수 있는 것처럼 1행과 2행은 각각 동사와 목적어의 위치를 교차
되게 배열하였고 2행은 1행의 전치사구 *메아라익*(מֵעָלָיִךְ, '너로부터')을 생략
하였다. 아시리아 왕들은 자신들의 원정 기록에 종종 자신들의 정복 국가에
가한 멍에에 대해 언급한다. 산헤립(Sennacherib)은 유다의 상당수를 황폐화
시키고 자신의 멍에를 히스기야 왕에게 지웠다고 하고(*ANET*, 288), 아술바
니팔(Ashurbanipal)은 두로와 시돈 지역의 야킨루 왕에게 자신의 멍에를 부
과하고 그의 딸을 결혼 지참금과 함께 니느웨로 오게하여 천한 일을 시켰다고
한다(*ANET*, 296). 아시리아의 멍에는 금과 은 그리고 노예를 공급하도록 부
과하는 공물이었고, 이를 거부하면 원정을 통해 보복 전쟁을 벌이곤 하였다.
아시리아 왕은 이 멍에를 신들이 패전국에 부과하는 것으로 이해하였고, 조
공을 바치지 않고 배신하는 것을 아시리아의 최고 신인 앗술(Ashur)의 멍에
를 벗어던지는 것으로 생각했다(*ANET*, 292, 297). 하나님은 바로 이런 아시
리아의 멍에를 깨뜨리겠다고 한다. 하나님은 또한 아시리아 사람들이 유다에
가한 족쇄를 끊으리라고 한다. 아시리아 군대는 정복 국가의 사람들을 족쇄에
채워 아시리아로 끌고 갔었는데, 하나님은 이 족쇄를 끊고 전쟁 포로의 신분
과 공포를 없애겠다고 한다.

3) 악인의 멸망과 유다의 평화(14-15절)

　12절에서 하나님은 유다에게 말씀하면서 니느웨와 아시리아의 멸망을 예
고하였었지만, 14-15절에서는 아시리아 왕을 2인칭 남성 단수로 호칭하면서
멸망을 예언하고, 유다는 2인칭 여성 단수로 호칭하면서 그들에게 임할 평화
를 예언한다.

14절에서 하나님은 아시리아 왕에 대한 예언의 말씀을 '네게 대하여 명령하였다'고 말한다. 이 말은 아시리아 왕의 멸망을 다른 누군가에게 시킨다는 의미가 아니라 아시리아 왕의 멸망 예언이 확실히 이루어질 것을 강조하기 위해 사용한 표현이다. 아시리아 왕에 대한 멸망 예언은 세 가지로 구성되어 있다. 첫째는 아시리아 왕의 이름으로부터 다시는 씨가 뿌려지지 않을 것이라고 한다. 개역개정 성경이 "전파되지 않을 것이라"로 번역한 히브리어 *로-잇자라*(זָרַע‎ לֹא‎)의 동사 원형 *자라*(זָרַע‎)는 주로 사람과 짐승 그리고 곡식의 씨를 '뿌리다'의 의미로 사용된다. 이 동사가 '너의 이름으로부터'와 함께 사용되었기 때문에 그 의미는 '후손이 네 이름으로부터 전해지지 않을 것이다'는 의미로 사용되었다고 볼 수 있다. 주어를 가지지 않고 니팔(Niphal) 형으로 사용된 것은 후손이 없을 것이기 때문에 동사의 주어도 필요가 없을 것이고, 니팔형으로 된 것은 아시리아 왕의 후손이 타의에 의해 생겨나지 않는다는 의미이다. 둘째는 아시리아 왕의 신들의 집에서 새긴 우상과 부은 우상을 멸절하는 것이다. 아시리아 왕들은 모든 전쟁을 그들의 신 앗술의 이름으로 수행하였고, 승리를 앗술에게 돌렸다. 다른 나라를 정복하면 앗술의 우월성을 드러내고자 앗술의 이름을 그 나라의 신상들에 새겨 돌려 보내곤 하였다(*ANET*, 291). 아시리아 왕들은 앗술뿐만 아니라 고대 메소포타미아 사람들이 많이 숭배했던 대표적인 신들인 신(Sin), 사마쉬(Shamash), 벨(Bel), 느보(Nebo), 이쉬타(Ishtar) 여신도 전쟁 신으로 숭배하며 이들의 이름으로 정복 전쟁을 벌였다(*ANET*, 289, 297). 하나님은 이런 아시리아 왕의 신전에서 각종 신상들을 제거하겠다고 한다. 셋째는 하나님께서 아시리아 왕의 무덤을 만들겠다고 한다. 무엇을 무덤으로 만들지에 대해 언급하지 않지만, 이전 문장의 내용을 고려하면 신전에서 우상들을 제거하고 그 신전을 그의 무덤으로 만들겠다는 의미로 여겨진다. 이것은 아시리아 왕에게 거대한 신전에 묻히는 영광을 주겠다는 말이 아니라, 그가 의지하던 신들은 그에게 아무런 도움이 되지 못하고 구원을 바라며 마지막으로 찾아간 그 텅빈 신전에서 그가 시체가 되어 나

뒹굴게 될 것이라는 뜻이다. 하나님이 아시리아 신상들을 제거하는 것은 4-5절에서 하나님이 피조 세계를 꾸짖는 것과 함께 하나님의 주권의 선포로 이해할 수 있다.

14절의 마지막 문장에 의하면 아시리아 왕이 이렇게 비참한 최후를 맞게 되는 이유는 그가 보잘것없고 쓸모없는 존재에 지나지 않기 때문이다. 하나님이 아시리아 왕에게 "네가 보잘것없다"고 말한 이유는 11절에서 볼 수 있는 것처럼 그가 여호와께 악을 꾀하였고 쓸데없는 짓을 계획하였기 때문이다.

15절에서 하나님은 유다에게 평화의 메시지를 전한다. 먼저 하나님은 유다에게 좋은 소식과 평화를 전하는 자의 발이 산들 위에 있다고 한다. 이를 강조하기 위해 감탄 부사 힌네(הִנֵּה)를 문장의 제일 앞에 두고 '보라!'라고 하였다. 좋은 소식은 전쟁에서 승리한 소식을 전령이 전달하는 것을 연상시킨다. 유사한 전통을 아시리아 문헌에서도 볼 수 있다. 아술바니팔(Ashurbanipal)은 아시리아 군대가 적군의 전함을 포획한 기쁜 소식(good tiding)을 전령을 통해 구두로 보고 받은 사실을 기록하고 있다(*ANET*, 296). 하나님의 징벌이 진행되는 동안 아시리아 왕은 이 승리의 소식을 간절하게 듣고 싶었을 것이다. 그러나 이 소식은 아시리아가 아니라 유다에게 전해지며, 유다는 하나님이 아시리아를 멸망시키고 전쟁을 종식시킴으로 찾아 온 기쁨의 소식을 듣게 된다. 유사한 표현이 기록되어 있는 이사야 52:7은 좋은 소식과 평화의 선포와 함께 시온을 향하여 네 하나님이 통치하신다고 선포한다. 반면에 나훔 1:15은 네 절기를 지키고 네 서원을 갚으라는 말로 이어진다. 둘 사이의 차이점은 강조점이 다르다. 이사야 52:7이 하나님의 통치를 강조하고 있다면, 나훔 1:15은 절기와 서원을 통해 하나님께 감사하고 기뻐하는 백성에게 초점을 맞추고 있다. 유사한 말씀이 신약 성경에도 기록되어 있으며(행 10:36; 롬 10:15), 이 본문들은 예수 그리스도의 화평의 복음을 전하는 발이 복이 있음을 선언한다. 나훔 1:15에서 하나님은 유다가 지켜야 할 절기를 특정하지 않는 대신에 서원을 지킬 것을 말한다. 이 서원은 아마도 하나님이 베풀어 주실 평화를 기대하며 서원한 것으로 일종의 화목제였을 것이다. 절기 축제 중에 서원제물을 하나님께 바치고 그 고기를 제사장과 일반 백성들과 함께 나누어 먹으며 기쁨을 나누는 일을 유다에게 기대하게 만든다. 유다가 절기 축제를 나누게 되는 이유는 하나님께 다시는 악인(베리야알בְּלִיַּעַל)이 그들 가운데 다니지 못하게 되기 때문이다. '악인'의 히브리어는 베리야알이며 이 단어는 11절에서도 사용되어 니느웨의 아시리아 왕이 하나님께 악을 꾀하고 쓸모없는 일을 꾸민 것을 지적하고 있다. 15절에서 이 단어는 아시리아 왕을 지칭하는 말로 사용되었으며, 15절 마지막 문장은 베리야알 즉 아시리아 왕의 모든 것이 끊어졌다는 말로 그의 종말을 예고한다.

교훈과 적용

1. 하나님은 사랑과 은혜가 많은 분이시지만, 우상을 숭배하고 도덕적으로 부패한 사람들에게 진노하시고 질투하시고 보복하시는 하나님이다. 하나님은 과거의 이스라엘 민족에게만 질투와 진노하시는 것이 아니라, 현재 교회들에 대해서도 동일하게 질투하고 진노하신다. 하나님은 벌주어야 할 자를 결코 내버려 두지 않는다. 우리는 하나님의 사랑과 은혜를 지나치게 강조하면서 정작 질투하고 진노하신다는 사실을 망각하고 있지는 않는가?

2. 나훔은 1:2-8에서 하나님을 자기를 대적하는 자들과 싸우시는 전쟁 신으로 묘사하고 있다. 전쟁 신 하나님 앞에서 바다와 강은 마르고 산들은 진동하게 되며, 하나님은 자기 대적들을 진멸하고 흑암으로 쫓아내신다. 하나님을 대적하는 사람들의 삶도 전쟁 신 하나님의 칼과 창 앞에 파괴되고 멸망될 수 밖에 없다. 우리는 이런 하나님을 진심으로 두려워하고 경외하는가? 우리가 하나님을 진심으로 경외하고 그 분에게 피할 때 환난 날의 산성이되어 주신다. 우리는 하나님께 이런 경외심과 그 분에게만 피하고자 하는 마음을 가지고 있는가?

3. 하나님은 원수들을 멸망시킬 때 그들이 섬기는 신들의 집에서 그 우상들과 함께 멸절시킨다고 한다. 이 말은 원수들이 의지하는 그것을 바꾸어 그들의 멸망의 도구와 처소가 되게 만든다는 뜻이다. 성도들 중에는 하나님보다 자신의 자랑거리에 더 마음을 쏟는 사람들이 있다. 학벌과 재산 그리고 지위를 얻고자 하고 불의한 관계에 집착하는 사람에게 하나님은 그것들 때문에 그들의 인생을 시련 속으로 던져 넣는

다. 참된 성도는 이런 어리석은 삶의 우상들을 버리고 참되신 하나님만 바라보며 살아야 하고, 그 분의 아름다운 소식과 화평을 전하는 자가 되어야 할 것이다.

제2장 니느웨의 멸망 (2:1-13)

나훔 2장은 니느웨의 멸망을 매우 사실적으로 예언하고 있다. 니느웨를 방어하기 위해 사투를 벌이지만 성은 함락되고 왕후를 비롯한 귀인들을 포로로 끌려가고 모든 보물들은 약탈 당한다. 니느웨 멸망의 원인은 이스라엘의 영광을 회복시키려는 하나님의 보복 전쟁 때문이다. 이 전쟁에서 하나님은 전쟁 신으로 역사하신다.

본문 개요

나훔 2장은 두 부분으로 나눌 수 있다. 첫 부분은 1-2절이며, 하나님은 니느웨의 멸망을 예고하면서 스스로 방어하라고 한다. 그리고 그들의 멸망은 하나님이 아시리아에 의해 파괴된 이스라엘의 영광을 회복시키기 위한 전쟁의 결과라고 말한다. 둘째 부분은 3-13절이며, 이 중에서 3-5절은 아시리아 왕이 전투를 준비하는 모습을 생생하게 기록하고 있다. 군인들이 무기를 가지고 미친 듯이 모여들고 왕족들을 보호하기 위해 왕궁 방어를 준비하는 모습을 그리고 있다. 6-10절에서는 니느웨가 패망하고 약탈 당하는 장면을 묘사하고 있다. 아시리아 군의 노력에도 불구하고 왕족들이 끌려가고 은금과 재물을 약탈당하며 니느웨는 황폐하게 되어 버린다. 11-13절에서는 사자의 비유를 통해 아시리아 왕의 번영을 과거사로 돌리고 지금은 하나님께서 친히 젊은 사자 같았던 아시리아에 대한 대적이 되어 그들을 파멸에 이르게 한다. 그리고 하나님은 다시는 그들의 전쟁 승리 소식이 들리지 않게 할 것을 선포한다.

내용 분해

1. 니느웨 최후 전쟁과 이스라엘의 회복(2:1-2)
    1) 흩어 버리는 자와 방어 준비 기회(1절)
    2) 전쟁 이유인 이스라엘의 회복(2절)
2. 니느웨의 멸망(2:3-13)
    1) 니느웨와 왕궁의 방어 준비(3-5절)
    2) 니느웨의 멸망과 약탈(6-10절)
    3) 사자 비유와 니느웨의 멸망 선포(11-13절)

본문 주해

1. 니느웨 최후 전쟁과 이스라엘의 회복(2:1-2)

1 파괴하는 자가 너를 치러 올라왔나니 너는 산성을 지키며 길을 파수하며 네 허리를 견고히 묶고 네 힘을 크게 굳게 할지어다 **2** 여호와께서 야곱의 영광을 회복하시되 이스라엘의 영광 같게 하시나니 이는 약탈자들이 약탈하였고 또 그들의 포도나무 가지를 없이 하였음이라

1-2절에서 하나님은 니느웨를 향하여 그들을 멸망시키려 파괴하는 자가 오고 있기 때문에 스스로를 방어할 준비를 하라고 선언한다. 하나님이 그들을 멸망시키는 이유는 이들이 약탈하고 초토화시킨 이스라엘의 영광을 회복시키는 것이라고 한다.[1] 1-2절은 3-13절의 요약이라고 볼 수도 있다.

1) 흩어 버리는 자와 방어 준비 기회(1절)

나훔 2:1은 파괴하는 자가 네 앞으로 올라온다는 말로 시작하여 니느웨에게 최후 전쟁을 준비하라고 한다. 2절에 니느웨라는 말은 없지만, 2인칭 여성 단수를 통해 1:1에서 언급되었던 니느웨가 예언의 대상임을 보여준다. 개역개정 성경이 "파괴하는 자"로 번역한 히브리어 *메피츠*(מֵפִיץ)는 동사 푸츠(פּוּץ, '흩어버리다')의 히필(Hiphil) 분사형이며 항상 사람이나 짐승 또는 사물을 흩어 버린다는 의미로 사용된다. 그렇기 때문에 '흩어 버리는 자'는 니느웨를 멸망 시키고 그 백성들을 세계 곳곳에 흩어 버릴 자라는 말이다. 흩어 버리는 자가 온다는 말과 함께 하나님은 니느웨에게 방어 준비를 하라고 말한다. 하나님은 명령의 의미를 가진 부정사 절대형 *나초르*(נָצוֹר)를 포함하여 모두 네 개의 명령문을 통해 아시리아에게 준비하라고 한다. 아시리아에게 준비하라고 시킨 첫째 대상은 산성을 지키라는 것이다. 둘째는 길을 파수하는 것이고, 셋째는 허리를 견고히 묶는 것이며, 그리고 넷째는 힘을 매우 강하게 하라는 것이다. 고대 니느웨는 지금의 모술(Mosul) 인근 티그리스 강과 코슬(Khosr) 강이 합류하는 곳에 위치해 있었고, 성벽의 둘레가 약 12km에 이르렀다.[2] 성벽은 다듬은 돌로 쌓은 6미터 높이의 성벽과 진흙 벽돌로 쌓은 10미터 높이의 성벽이 혼재해 있었다. 그리고 18미터 높이의 파수대가 설치되어

---

1. 개역개정의 나훔 2:1은 마소라 본문에서 2:2로 구분하고 있으며, 마소라 본문에서 2:1은 개역개정의 1:15이다.

2. M. van de Mieroop, *The Ancient Mesopotamian City* (Oxford: Oxford University Press, 1997), 95.

있었다. 성벽의 폭은 무려 15미터나 되었기 때문에 니느웨는 철벽 수비를 할 수 있는 시설을 갖추고 있었다. 하나님께서 이런 성벽 시설을 갖춘 니느웨에게 방어를 준비하라고 명령하는 것은 아무리 준비해도 멸망을 피할 수 없음을 조소적으로 말하기 위해서이다.

2) 전쟁 이유인 이스라엘의 회복(2절)

2절에서 나훔은 흩어 버리는 자인 여호와가 니느웨를 멸망시키는 이유는 유다의 영광을 회복시키기 위해서라고 한다.[3] 유다가 비참한 상태에 빠진 이유는 아시리아 약탈자들이 유다를 약탈하고, 마치 포도나무의 가지를 모두 잘라 버려 더 이상 포도 과일을 맺을 수 없는 것 같은 상태로 만들어 버렸기 때문이다. 이런 유다를 야곱의 영광 또는 이스라엘의 영광을 회복하듯이 회복시킬 것이라고 한다. 유다의 영광이라고 하지 않고 야곱의 영광과 이스라엘의 영광이라고 한 것은 북쪽 이스라엘과 나누어지기 이전의 다윗과 솔로몬 통치 하의 이스라엘로 회복시키는 것을 의미할 수 있다. 야곱의 영광과 이스라엘의 영광은 선지서에서 아주 드물게 사용되었다. '야곱의 영광'은 아모스 6:8에서 북쪽 이스라엘의 번영을 두고 한 말이며, 아모스 8:7에서 '야곱의 영광'은 북쪽 이스라엘이라기보다는 분열 이전의 이스라엘을 의미하는 듯하다. 이스라엘의 영광이라는 표현이 하나님이 아니라 통일 이스라엘을 지칭하는 표현으로 사용된 것은 나훔 2:2밖에 없다. 그렇기 때문에 이 두 표현을 유다의 회복에 적용한 것은 유다의 회복을 매우 강조하기 위해 사용한 것으로 생각할 수 있다. 그리고 이런 회복은 메시아 시대에 있을 회복을 함축한다.

---

3. Christensen, *Nahum*, 262-65.

2. 니느웨의 멸망(2:3-13)

3 그의 용사들의 방패는 붉고 그의 무사들의 옷도 붉으며 그 항오를 벌이는 날에 병거의 쇠가 번쩍이고 노송나무 창이 요동하는도다 4 그 병거는 미친듯이 거리를 달리며 대로에서 이리저리 빨리 달리니 그 모양이 횃불 같고 빠르기가 번개 같도다 5 그가 그의 존귀한 자들을 생각해 내니 그들이 엎드러질 듯이 달려서 급히 성에 이르러 막을 것을 준비하도다 6 강들의 수문이 열리고 왕궁이 소멸되며 7 정한 대로 왕후가 벌거벗은 몸으로 끌려가니 그 모든 시녀들이 가슴을 치며 비둘기 같이 슬피 우는도다 8 니느웨는 예로부터 물이 모인 못 같더니 이제 모두 도망하니 서라 서라 하나 돌아보는 자가 없도다 9 은을 노략하라 금을 노략하라 그 저축한 것이 무한하고 아름다운 기구가 풍부함이니라 10 니느웨가 공허하였고 황폐하였도다 주민이 낙담하여 그 무릎이 서로 부딪히며 모든 허리가 아프게 되며 모든 낯이 빛을 잃도다 11 이제 사자의 굴이 어디냐 젊은 사자가 먹을 곳이 어디냐 전에는 수사자 암사자가 그 새끼 사자와 함께 거기서 다니되 그것들을 두렵게 할 자가 없었으며 12 수사자가 그 새끼를 위하여 먹이를 충분히 찢고 그의 암사자들을 위하여 움켜 사냥한 것으로 그 굴을 채웠고 찢은 것으로 그 구멍을 채웠었도다 13 만군의 여호와의 말씀에 내가 네 대적이 되어 네 병거들을 불살라 연기가 되게 하고 네 젊은 사자들을 칼로 멸할 것이며 내가 또 네 노략한 것을 땅에서 끊으리니 네 파견자의 목소리가 다시는 들리지 아니하리라 하셨느니라

3-13에서는 니느웨의 멸망에 대한 예언이 기록되어 있다. 1절에서 하나님이 말한 것처럼 3-5절에서는 니느웨가 최후 전쟁을 앞두고 방어 준비를 하는 내용이 기록되어 있고, 6-10절에서는 약탈자였던 니느웨가 반대로 함락당하고 약탈당하는 장면을 묘사하고 있다. 나훔은 니느웨를 사자에 비유하며 하나

님께서 사자 같았던 니느웨를 칼로 멸망시킬 것이라고 한다.

1) 니느웨와 왕궁의 방어 준비(3-5절)

3-5절은 아시리아 왕의 군사들이 무장을 하고 거리를 미친듯이 달리면서 전쟁을 대비하고 왕족들을 보호하기 위해 대비하는 모습을 그리고 있다.

3절은 아시리아 군사들의 무장한 모습을 기록하고 있다. 3절의 3인칭 남성 단수가 1절의 흩어 버리는 자를 가리키고 용사들은 그의 용사들인지 아니면 공격받는 아시리아의 왕과 그의 군사들인지 분명하지 않기 때문에 많은 학자들이 오랫동안 이에 대해 논쟁하고 있다.[4] 3절의 3인칭 남성 단수가 흩어 버리는 자를 가리킨다면 5절의 묘사와 어울리지 않는다. 5절의 그의 존귀한 자들이 엎드러진다는 묘사가 승리를 손아귀에 쥔 공격자에게 어울리는 표현인지 의문스럽다. 그리고 하나님의 용사들과 전쟁을 3-5절처럼 묘사하는 예를 구약의 다른 성경에서 찾기 어렵다. 그렇기 때문에 3-5절을 공격당하는 아시리아 군사들이 1절에서 명령문으로 말한 것을 실행하는 것으로 보는 것이 더 적절하다.

3절은 독특하게도 아시리아의 방어 준비물들을 붉은 색으로 묘사하고 있다. 용사들의 방패는 붉고 무사들의 옷도 붉고 그리고 병거의 바퀴 쇠도 불같다고 한다. 쇠가 불같다는 것은 붉은 색의 이미지를 가지고 있다. 붉은 색의 이미지를 통해 제시하려는 것이 무엇인지 분명하지 않다. 붉은 색을 통해 아시리아 군인들이 다른 민족들의 피를 흘리게 한 것을 나타낼 수도 있고, 또는 아시리아 군대의 위용을 보여주려는 의도일 수도 있으며, 또한 뜨거운 태양 아래 군사들이 분주하게 움직이는 모습을 보여주려는 의도일 수도 있다. 3절에서 묘사하고 있는 아시리아 군인들은 병거 병사들인 것으로 여겨진다. 아시리아 군대에서 가장 위력적인 무기는 병거였다. 작은 병거의 경우 두 필

---

4. Longman III, "Nahum," 804-805. A. Pinker, "Nahum 2:4 revisited," *ZAW* 117 (2005): 411-19.

의 말이 끌었지만, 아술바니팔는 네 마리의 말이 끄는 큰 병거도 있었다. 이런 대형 병거는 한 대에 4명 이상의 군인들이 승차할 수 있었다. 병거에 탄 병사들은 활이나 창을 가졌으며, 일부는 방패를 가지기도 하였다. 병거에는 긴 나무를 꽂아 일종의 병거 아시리아 군인들은 시대에 따라 다양한 옷차림을 하였지만, 일반적으로 고깔처럼 생긴 헬멧을 쓰고 긴 장화처럼 생긴 신을 신었다. 군인들은 갑옷을 입었으며, 일부는 갑옷 내부에 붉은 색의 옷을 바쳐 입기도 하였다.[5]

4절은 3절에서 언급한 병거에 대한 주제를 이어가며, 이 병거가 불같이 붉게 보인 이유로 생각할 수 있는 장면을 기록하고 있다. 4절은 병거들이 적들의 공격 소식에 거리와 넓은 광장에서 미친듯이 달리며 전쟁에 대비하는 모습을 기록하고 있다. 이것을 강조하기 위해 교차 대구법과 생략법 그리고 반복법을 사용하였다.

מַרְאֵיהֶן כַּלַּפִּידִם
כַּבְּרָקִים יְרוֹצֵצוּ׃

위에서 볼 수 있는 것처럼 첫째 행은 전치사구 *바후초트*(בַּחוּצוֹת, '거리를')를 동사 앞으로 도치하였는데 반해 둘째 행은 전치사구 *바레호보트*(בָּרְחֹבוֹת, '광장을')를 동사 뒤에 배열하여 동사와 전치사구의 위치를 교차 대구가 되도

---

5. J. M. Sasson, *CANE*, vol. 1, 512.

록하였다. 그리고 둘째 행은 주어 *하레케브*(הָרֶכֶב, '그 병거')를 생략하여 병거가 광장을 빨리 달리는 이미지를 강화하고 있다. 병거 *하레케브*는 집합 명사를 복수 취급하여 동사 복수형을 지배하고 있다. 이렇게 병거가 거리와 광장을 미친듯이 달리는 이미지와 더불어 셋째 행과 넷째 행은 그 모습을 번개가 순식간에 번쩍이며 하늘에서 땅에 내리치는 것에 비교하고 있다. 셋째 행에서 개역개정 성경이 "횃불"로 번역한 히브리어 *라피딤*(לַפִּידִם)은 출애굽기 20:18에서 번개로 번역되었으며, 나훔 2:4에서도 넷째 행의 '번개'에 비추어 볼 때 '번개' 또는 '벼락'으로 번역하는 것이 더 적절할 것이다. 즉 '그 모양은 벼락 같고 번개처럼 빨리 달리는도다'가 바른 번역일 것이다. 이를 통해 아시리아의 병거들이 임박한 여호와의 보복 전쟁을 방어하기 위해 미친듯이 뛰어다니는 모습을 극대화하여 표현하였다.

5절은 아시리아 군사들이 전투를 위해 미친듯이 뛰어다닐 때 아시리아 왕이 자신의 존귀한 자들, 즉 왕후와 왕자들과 귀인들을 생각해 냈다고 한다. 5절의 동사 *이즈코르*(יִזְכֹּר, '그가 기억하다')에 내재된 주어 3인칭 남성 단수가 1절의 '흩어 버리는 자'를 가리키는지 아니면 공격당하는 아시리아 왕을 가리키는지에 대해 다양한 견해가 있지만, 5절의 '넘어지다'의 의미를 가진 *카살*(כָּשַׁל)은 4절의 혼란스러운 상황과 연관된 표현이기 때문에 아시리아 왕으로 보는 것이 적절하다. 니느웨를 공격하는 '흩어 버리는 자'라면 앞서 아무런 언급이 없다가 갑작스럽게 넘어지는 상황을 연출할 이유가 전혀 없다.[6] 왕의 존귀한 자들은 다양한 이유로 성 밖에 나갔다가 전쟁 소식을 듣고 미친듯이 빨리 니느웨 성으로 돌아오다가 넘어지고 뛰기를 반복하며 성벽에 도달하였다. 5절은 마지막으로 "막을 것을 준비하도다"라고 한다. '막을 것'의 히브리어 *소켁*(סֹכֵךְ)은 동사 *사칵*(סָכַךְ)의 분사형 명사이며, 동사의 기본적인 의미

---

6. Maier, *Nahum*, 246; Christensen, *Nahum*, 278. Robertson, *The Books of Nahum, Habakkuk, and Zephaniah*, 89-90.

는 '덮다' 또는 '가리다'이고, 천사가 날개로 언약궤를 가리는 형상을 묘사할 때 종종 사용된다(출 25:20; 대상 28:18). 소켁은 에스겔 28:14, 16절에서도 사용되었으며, 그룹을 수식하여 '지키는 자'의 의미로 사용되었다. 이런 점을 감안하면 나훔 2:5의 소켁은 고대 아시리아의 신의 이름일 가능성이 있다. 아시리아 사람들은 니느웨의 15개 성문들에 그들의 신의 이름을 붙였다. 사마쉬(Shamash), 네르갈(Nergal), 아닷(Adad)이 대표적이다. 하지만 나훔에서는 아시리아 신들에 대한 메시지가 특별하게 주어지지 않고 2장은 특히 방어 전쟁에 초점을 맞추는 것을 고려하면 그 가능성이 높지 않다. 대신에 소켁은 아시리아 군대가 전쟁 방어 무기로 사용한 방패 막을 의미할 가능성이 높다. 방패 막은 일반적인 방패보다 규모가 크고 성벽에서 방어하는 군사들이 전신을 보호하면서 활을 쏠 수 있게 고안된 전쟁 도구이다.[7] 아마도 소켁은 이 방패 막을 세워 방어 준비를 최종적으로 마무리하였음을 의미할 가능성이 높다.

2) 니느웨의 멸망과 약탈(6-10절)

6-10절은 니느웨의 멸망을 묘사하고 있다. 니느웨 멸망의 첫 묘사는 수문이 열리는 것으로 시작한다. 많은 주석가들이 이 말에 이어 왕궁이 소멸된다는 말이 뒤따르는 것 때문에 강물로 니느웨에 홍수가 나게 해서 멸망시키는 것으로 이해한다. 하지만 니느웨 성의 주변환경은 이런 해석에 어울리지 않는다.

6절의 첫 표현을 개역개정은 "강들의 수문"으로 번역하고 있지만, 히브리어 성경(MT 2:7)은 *사아레 한네하로트*(שַׁעֲרֵי הַנְּהָרוֹת)이며, 직역을 하면 '강들의 수문들'이다. 이 표현은 당시 니느웨의 지정학적 상황과 차이가 있다. 니느웨는 티그리스 강에서 동쪽으로 약 1.5km 떨어진 곳에 있었고, 티그리스 강의 지류인 코슬(Khosr) 강이 니느웨를 관통하고 있었으며, 이 강이 넘치는 것을

---

7. Christensen, *Nahum*, 269-82.

통제하기 위해 '마쉬키'(Mashki)라는 이름을 가진 성문을 만들고 여러 개의 다리를 만들었었다.[8] 하지만 코슬 강은 조그마한 강으로서 니느웨를 수공할 만한 규모가 아니었다. 아시리아 사람들은 니느웨에 물을 공급하기 위해 여러 개의 수로들을 만들었는데, '강들의 문들'이 이 수로들과 관련되어 있을 가능성도 높지 않다. 그렇기 때문에 '강들의 문들이' 아마도 '마쉬키' 성문을 강조하려는 표현이고, 바벨론과 메대 연합군이 이 성문의 취약점을 알고 15개의 문들 중에서 이 성문을 공략하여 문을 열고 공격한 것을 의미할 가능성이 있다(나 3:13). 그렇지 않으면 나훔은 '강들의 문들'을 '마쉬키' 성문을 염두에 두면서도 종말론적으로 발전시키려는 의도로 사용하였을 가능성이 있다. 왕궁이 '소멸된다'의 히브리어 *나목*(נמוג)은 녹아 내리거나 뒤흔들리는 상태를 묘사하며, 심리적으로 마음이 녹는 것을 의미하기도 한다. 6절에서 왕궁은 갑작스러운 홍수에 의해 녹아내리는 것을 의미할 수도 있으며, 밀물처럼 밀려 오는 적군들에 의해 함락되는 것을 은유적으로 표현하였을 수도 있다.

7절을 개역개정 성경이 "정한대로 왕후가 벌거벗은 몸으로 끌려가니"로 번역한 문장의 히브리어 본문에는 "왕후"가 없다. 이어지는 문장의 '모든 여종들' 때문에 이 문장의 주어를 왕후로 유추하였을 따름이다. 모호한 주어는 3인칭 여성 단수이며, 이것은 니느웨를 가리킬 수도 있고, 왕후를 가리킬 수도 있다. 하지만 최근의 학자들은 8절의 "정한대로"로 번역된 *후찹*(הצב)을 아시리아의 신으로 생각한다. 정복자들이 정복당한 도시의 신상을 끌고 올라가는 모습과 그 뒤를 따라 여종들이 울면서 따라 올라가는 장면이 고대 수메르와 우르의 패망에 대한 애가를 비롯한 메소포타미아의 전쟁 패배 문서에서 종종 볼 수 있는 광경이기 때문이다(*ANET*, 618-619).[9] 무엇을 지칭하든 7절은 니

---

8. C. Halton, "How Big Was Nineveh? Literal versus Figurative Interpretation of City Size," *BBR* 18 (2008): 193-207; Christensen, *Nahum*, 285-88.

9. Longman III, "Nahum," 806; A. Pinker, "Descent of the goddess Ishtar to the netherworld and Nahum 2:8," *VT* 55 (2005): 89-100; Christensen, *Nahum*, 289-91.

느웨의 멸망을 가리키며, 니느웨가 다른 민족들의 성을 함락하고 사람들을 포로로 끌고 갔던 것처럼, 니느웨도 벌거벗겨 끌고 올라 가고, 모든 여종들은 가슴을 치며 비둘기 같이 슬피 울 것이라고 한다.

8절은 나훔 1:1을 제외하고 앗수르의 수도 이름 니느웨를 처음으로 직접 거론한 곳이다. 그리고 비유를 통해 니느웨 사람들이 흩어지는 상황을 묘사한다. 니느웨를 옛날부터 물이 모인 못 같았다고 한다. 이 말은 니느웨가 처음 건축된 때로부터 물이 연못으로 모여들 듯이 사람이 모여드는 도시였으나 지금은 그 반대로 모든 사람이 흩어져 달아난다. "서라 서라 하나 돌아보는 자가 없다"는 말은 공격자가 도망하는 사람들에게 외치는 말로도 볼 수 있지만, 오히려 어린 아들 딸과 노약한 부모와 아내가 뒤에서 불러도 자기 목숨을 건지기 위해 모두가 미친듯이 달아나는 장면을 두고 하는 말이다.

그리고 9절은 공격자들에게 은과 금을 약탈하고 창고에 쌓인 보물들과 귀중한 도구들을 모두 탈취하라고 한다. 1절에서 흩어 버리는 자가 니느웨에게 방어를 준비하라고 명령했던 것처럼 9절에서는 공격하는 자에게 약탈하라고 명령하고 있다. 이들이 약탈할 아시리아의 보물들은 엄청났을 것이다. 아시리아가 메소포타미아와 레바논 그리고 이집트를 다니면서 정복하고 약탈하여 가져온 보물들의 양은 상상을 초월한다. 이런 보물들을 정복자들이 약탈해 갈 때 사람들은 목숨을 부지하기 위해 달아나는 상황은 고대 메소포타미아의 "우르(Ur)의 멸망을 애통해 하는 시"(Lamentation over the Destruction of Ur)에서 볼 수 있다(*ANET*, 459).

> "어머니는 딸을 남기고 갔고; 백성들은 신음했다. 아버지는 아들에게서 돌이켜 떠났고; 백성들은 신음했다. 도시에 아내들이 버려졌고, 자식들이 버려졌으며, 소유물들은 흩어졌다. 여신이 날아가는 새처럼 자기 성을 떠났고, 닌갈(Ningal)이 날아가는 새처럼 자기 성을 버리고 떠났다. 그 땅에 쌓여 있었던 모든 소유물에 더러운 손이 놓여 졌고, 그 땅에 가

득했던 창고가 불에 탔다."

8-10절은 위의 애가와 마찬가지로 처참하게 멸망당하고 약탈당한 니느웨의 모습을 묘사하고 있다.

10절(MT 2:11)은 개역개정의 번역과는 달리 '니느웨'라는 표현은 없고 대신에 멸망당한 니느웨가 텅 비고 황량하게 변한 모습을 강조하기 위해 두운법을 사용하고 있다.

부카	*메부카*	*메부라카*
בוּקָה	מְבוּקָה	מְבֻלָּקָה

첫 표현은 두 음절로 된 *부카*이고, 둘째는 세 음절로 된 *메부카*이며, 셋째는 네 음절로 된 *메부라카*로 음절을 확대하면서 강조하고 있다. 이를 직역하면 '비었고, 텅 비었고, 황폐하다'이다. 처참하게 무너져 내린 니느웨를 보는 사람들은 마음이 녹아 내렸고, 무릎이 떨리고 허리가 끊어질 듯한 아픔을 느낄 것이라고 한다. 여기에서도 나훔은 마음의 고통과 육체의 고통을 교차 대구법으로 표현하고 있다.

낙담 לֵב נָמֵס	무릎이 부딪힘 פִק בִּרְכַּיִם
허리통증 חַלְחָלָה בְּכָל־מָתְנַיִם	낯빛을 잃음 פְּנֵי כֻלָּם קִבְּצוּ פָארוּר

위에서 볼 수 있는 것처럼 10절은 니느웨 사람의 심리적인 낙담을 먼저 말하고 이어서 신체적인 고통 형상으로 무릎이 부딪히고 또 허리에 통증을 말한 후에 다시 심리적인 두려움을 나타내기 위해 낯빛을 잃었다고 한다.

3) 사자 비유와 니느웨의 멸망 선포(11-13절)

2장은 마지막으로 니느웨의 멸망을 젊은 사자에 비유한다. 사자는 고대 아시리아 왕실에는 아주 익숙한 동물이다. 니느웨에서 출토된 벽화에는 아시리아 왕이 사자를 사냥하는 그림이 그려져 있다. 그리고 아시리아 자체가 사자처럼 메소포타미아의 제왕적 존재였고, 포악하고 잔혹한 존재들이었다.

11절은 먼저 사자의 굴과 초장이 어디 있느냐고 묻는다. 이 질문에 되돌아올 당연한 대답은 '없다'이다. 초장의 군왕인 사자 부부가 새끼와 함께 다니면서 어느 누구도 두려워하지 않았던 것처럼 어느 누구도 위협할 수 없었던 아시리아의 수도가 니느웨였다.

12절은 사자가 먹이를 사냥하여 배불리 먹고 탐욕 때문에 그 먹이들을 굴에 가득 채웠던 것을 아시리아의 과거를 비유로 말한다. 아시리아 왕과 그의 군대는 메소포타미아와 이집트에 이르는 광범위한 지역을 정복하고 사로잡아 온 포로들과 자신들의 용맹을 과시하기 위해 목 베어 온 사람의 머리들을 니느웨에 가득 채웠었다(*ANET*, 295, 298, 300).[10] 그런 니느웨가 이제 더 이상 이 땅에 존재하지 않는다.

그 이유는 13절에서 여호와께서 말씀하시는 것처럼 하나님이 직접 니느웨의 대적이 되어 그들의 병거들을 불살라 연기가 되게 하며, 사자처럼 용맹한 그들의 용사들을 멸할 것이기 때문이다. 13절은 이를 강조하기 위해 나훔서에서 처음으로 *네움 야웨 체바오트*(נְאֻם יְהוָה צְבָאוֹת, '만군의 여호와의 말씀이라')를 사용하였다. 그리고 하나님은 칼이 그들의 어린 사자를 먹어 치울 것이라고 한다. 이 말은 하나님이 아시리아 왕의 자식들을 제거하여 역사 속에서 아시리아 왕조를 제거하겠다는 것이다. 그리고 그들의 약탈물들을 땅에서 제거하고, 전쟁 승보를 알리던 전령들의 목소리가 다시는 들리지 않게 하겠다고 한다.

---

10. Robertson, *The Books of Nahum, Habakkuk, and Zephaniah*, 97.

교훈과 적용

1. 하나님은 배역한 자기 백성들을 좌시하지 않고 반드시 징계를 내린다. 하지만 하나님은 징벌을 받은 자기 백성들을 황무한 상태로 방치해 두지 않고 그들이 회개하고 하나님만 바라볼 때 그들을 다시 회복시키신다. 2절에서 야곱의 영광을 이스라엘의 영광 같게 회복하신다는 것은 바로 백성들이 전적으로 하나님만 의지하는 상태에서 회복시킨다는 것을 의미한다. 깊은 시련의 구덩이에 빠져있는 성도들에게도 하나님은 동일하게 회복의 길로 인도하시는 분이시다.

2. 아시리아는 이스라엘에 대한 하나님의 징계의 도구로 세움을 받았지만, 이제는 하나님의 심판을 받게 된다. 아시리아의 심판은 그들의 권력이 정점에 도달한 지 불과 몇 년이 지나지 않아 쇠퇴하기 시작하면서 급기야 하나님의 심판의 철퇴를 맞고 역사의 뒷문으로 사라지게 된다. 하나님의 심판을 버텨보겠다고 발버둥쳤지만, 그들의 귀인들과 귀금속들은 그들이 다른 민족에게 했던 것처럼 짓밟히고 약탈당하게 된다. 아시리아가 심판의 철퇴를 맞게 되는 이유는 미친 사자 새끼처럼 잔혹한 방법으로 패전국을 짓밟고 약탈물들로 자신들의 부를 축적하고 교만하게 굴었기 때문이다. 하나님의 심판은 이런 아시리아에게만 향하는 것이 아니다. 하나님께서 주신 기회를 악용하여 자신의 배를 채우려고 하는 모든 거짓 종교인들도 심판하신다.

제3장 니느웨의 멸망 (3:1-19)

나훔은 2장에 이어서 아시리아의 수도 니느웨의 멸망을 다시 예언한다. 니느웨의 멸망 이유는 다른 민족들에 대한 아시리아 사람들의 군사적 억압과 종교적 사기 행위 때문이라고 한다. 니느웨가 아무리 강해도 그들이 정복했던 도시들처럼 반드시 멸망하며, 아무리 견고하게 만들어도 반드시 패망할 것이라고 한다.

본문 개요

나훔 3장은 세 부분으로 나눌 수 있다. 첫 부분은 1-6절이며, 아시리아의 수도 니느웨가 멸망할 수밖에 없는 이유를 말한다. 2절은 니느웨가 벌인 전쟁 범죄가 멸망의 이유이고, 4절은 마술을 비롯한 종교적 거짓 행위로 많은 민족을 미혹한 것이 멸망의 이유라고 밝히고 있다. 5-6절에서 하나님은 니느웨의 가증하고 더럽고 부끄러운 것들을 모든 민족에게 드러나게 하여 구경거리가 되게 하겠다고 한다. 둘째 부분은 7-13절이며, 니느웨가 그들이 정복한 도시처럼 망한다고 한다. 8-9절에서 나훔은 아시리아가 점령했던 에디오피아와 이집트의 대표적인 도시들을 예로 열거하고 있고, 10-13절에서는 저항하려고

몸부림치던 이 도시들을 아시리아가 정복하고 약탈하고 포로로 끌고 갔던 것
처럼 니느웨도 동일한 멸망 과정을 겪게 된다고 한다. 셋째 부분은 14-19절이
며, 아무리 방어 준비를 해도 니느웨는 메뚜기가 사라짐 같이 반드시 망한다
고 선포한다. 14-15절에서는 니느웨가 아무리 성벽을 견고하게 보수하고 군
사의 수를 늘리더라도 그 속에서 모든 사람이 죽게 된다고 한다. 16-19절은 니
느웨의 부와 권력 유지에 공헌한 상인과 장수들을 메뚜기처럼 많게 하라고 하
면서, 이 모든 존재들이 메뚜기가 사라지듯이 사라질지라도 이들을 모을 존
재가 없을 것이라고 한다.

내용 분해

　　1. 니느웨 멸망 이유(3:1-6)
　　　　1) 전쟁을 통한 범죄(1-3절)
　　　　2) 종교적 범죄(4절)
　　　　3) 부끄럽고 가증한 것을 드러냄(5-6절)
　　2. 니느웨가 벌인 만행대로 멸망 당함(3:7-13)
　　　　1) 에디오피아와 이집트 도시들 비유(6-10절)
　　　　2) 니느웨도 정복당한 도시처럼 됨(11-13절)
　　3. 메뚜기의 소멸처럼 니느웨가 사라짐(3:14-19)
　　　　1) 느치가 먹는 것처럼 죽임(14-15절)
　　　　2) 메뚜기가 사라지듯 상인 방백 장수들이 사라짐(16-18절)
　　　　3) 듣는 자가 기뻐함(19절)

본문 주해

1. 니느웨 멸망 이유(3:1-6)

1 화 있을진저 피의 성이여 그 안에는 거짓이 가득하고 포악이 가득하며 탈취가 떠나지 아니하는도다 **2** 휙휙 하는 채찍 소리, 윙윙 하는 병거 바퀴 소리, 뛰는 말, 달리는 병거, **3** 충돌하는 기병, 번쩍이는 칼, 번개 같은 창, 죽임 당한 자의 떼, 주검의 큰 무더기, 무수한 시체여 사람이 그 시체에 걸려 넘어지니 **4** 이는 마술에 능숙한 미모의 음녀가 많은 음행을 함이라 그가 그의 음행으로 여러 나라를 미혹하고 그의 마술로 여러 족속을 미혹하느니라 **5** 보라 내가 네게 말하노니 만군의 여호와의 말씀에 네 치마를 걷어 올려 네 얼굴에 이르게 하고 네 벌거벗은 것을 나라들에게 보이며 네 부끄러운 곳을 뭇 민족에게 보일 것이요 **6** 내가 또 가증하고 더러운 것들을 네 위에 던져 능욕하여 너를 구경 거리가 되게 하리니

1-6절에서 나훔은 니느웨가 망할 수밖에 없는 이유를 두 가지 카테고리로 묶어 말한다. 첫째는 니느웨가 모든 민족들에게 저지른 전쟁 범죄이다. 아시리아가 무수히 흘린 피와 그들이 쌓아 올린 시체가 그들에게 죽음의 돌부리가 된다. 둘째는 그들이 종교의 이름으로 자신들과 이방 민족들에게 저지른 거짓들이다. 나훔은 니느웨가 벌인 종교 범죄 중에서 마술을 언급하고 있다. 그런 니느웨의 부끄럽고 가증한 것을 하나님은 낱낱이 드러나게 한다.

1) 전쟁을 통한 범죄(1-3절)

세 번째 메시지를 시작하면서 나훔은 니느웨를 향하여 '화 있을진저 피의 성이여'라고 한다. '화 있을진저'의 히브리어 호이(הוֹי)는 대부분 선지서에서 심판을 선언할 때 사용하는 표현이다. 호이는 열왕기상 13:30에서 볼 수 있는

것처럼 장례식에서 죽은 자에 대해 슬픔을 나타내는 표현으로서 우리 나라의 장례식에서 흔히 들을 수 있는 '아이고'와 유사한 표현이다. 이 표현을 선지자들은 심판당할 민족이나 사람 또는 도시들의 운명에 대한 메시지를 감정을 실어 전하기 위해 사용하였다. 1절에서 나훔은 '화 있을진저'와 함께 니느웨의 이름을 쓰지 않고 피의 성이라고 하며, 피를 복수형 *다밈*(דָּמִים)을 사용하여 니느웨가 사람의 피로 무섭게 물들어 있음을 강조하고 있다. 이를 뒷받침하듯 아술바니팔의 궁전에서 발견된 벽화에는 왕과 왕후가 엘람 왕의 잘린 머리를 메달아 놓고 잔치를 벌이는 장면이 새겨져 있다.[1] 나훔이 니느웨를 이렇게 부른 이유는 이 성 전체에 거짓과 약탈이 가득하기 때문이며, 이에 대한 구체적인 내용은 2-5절에서 상술된다.

2-3절에서 나훔은 전쟁터의 상황을 묘사를 하고 있다. 이 묘사는 두 가지 특징을 가지고 있다. 첫째는 이 전쟁 상황을 수행하고 있는 주체가 타민족을 공격하는 아시리아 군대의 모습인지 아니면, 공격당하고 있는 니느웨의 상황인지 분명하지 않고 모호하다. 둘째는 전쟁 상황 묘사가 영화의 장면을 찍듯이 매우 생생하고 입체적이다. 2절에서 나훔은 병거들이 전쟁터를 돌진하는 상황을 묘사하고 있다. 제일 먼저 나훔은 청각적으로 매우 생생하게 니느웨 전쟁을 묘사한다.[2] 2절의 두 표현은 소리에 초점을 맞추고, 이어서 말과 병거의 달리는 장면에 초점을 맞춘다.

소리 - 채찍 소리, 병거 바퀴 소리
이미지 - 말이 뛰며, 병거가 달린다

말이 빨리 달리도록 채찍을 휘두르는 장면을 청각적으로 그리고 시각적으

---

1. Robertson, *The Books of Nahum, Habakkuk, and Zephaniah*, 100-101; Ralph L. Smith, *Micah-Malachi*, WBC (Waco: Word Books, 1984), 86.
2. Barker & Bailey, *Micah, Nahum, Habakkuk, Zephaniah*, 222-25; 조휘, 『나훔과 함께』, 310-12.

로 구분하기 위해 '채찍 소리'와 '말이 뛰며'를 분리하여 기록했으며, 빠르게 달리는 병거를 청각적으로 시각적으로 구분하여 강조하기 위해 '병거 바퀴 소리'와 '병거가 달리다'를 서로 구분하였다. 그래서 소리와 관련된 두 표현 '채찍 소리'와 '병거 바퀴 소리'를 묶어 앞에 두고, 달리는 시각적인 모습을 묘사하는 '말이 뛰며'와 '병거가 달리다'를 뒤에 묶어 배열하였다.

3절에서 나훔은 기병들의 전투 장면과 전쟁터에 널 부러져 있는 주검을 묘사하였다. 기병들의 전투 장면은 2절의 병거들의 움직임을 영화처럼 묘사한 것처럼 시각적인 효과를 강조하며 묘사하고 있다. 기병들이 올라가면서 휘두르는 활과 창을 묘사하면서, 칼의 경우에는 칼을 휘두를 때 튀는 불꽃을 묘사하고, 창의 경우에는 창을 번개처럼 위에서 아래로 휘둘러 치는 장면을 묘사한다. 이어서 나훔은 이들에 의해 죽은 시체들의 무더기를 묘사하는데, 너무 많은 시체들 때문에 사람이 걸려 넘어진다고 한다. 이런 끔찍한 전쟁 장면은 아시리아 군사들의 전쟁에서 다반사로 일어났다. 니느웨에서 출토되어 지금은 대영 박물관에 소장되어 있는 아시리아 벽화 중에는 유다의 대도시 라기쉬(Lachish) 점령을 기념하여 산헤립이 만든 벽화가 있다. 이 벽화에는 아시리아 군사들이 라기쉬를 점령하기 위해 성벽을 공격하는 장면과 함께 라기쉬 사람들을 잡아서 목 매달아 죽이고, 가죽을 벗겨 죽이고, 목을 베어 참수하는 장면들이 새겨져 있다. 티그리스 강 유역에 있는 피투라(Pitura) 지역의 디라(Dirra)성을 정복하면서 새긴 글에는 다음과 같은 내용이 기록되어 있다.[3]

"나는 그 성을 점령하고 800명의 군사들을 칼로 죽인 후 그들의 머리를 참수하였다. 많은 사람들을 산채로 사로잡은 후 불로 태워 죽였다. 그들의 많은 재물들을 가져왔다. 그 성 앞에 기둥을 세우고 700명을 성문 앞에서 목을 매어 죽었다. 그 성을 내가 파괴하였고 황폐하게 만들었

---

3. E. A. Wallis Budge, *Annals of the Kings of Assyria* (London: Kegan Paul, 2005), 233-34.

고, 흙더미와 폐허로 만들었다. 그들의 젊은 자들을 불덩이로 만들었다."

이집트를 공격했던 아슐바니팔(B.C. 668-633)이 타니스(Tanis)를 점령한 후 인근 도시의 사람들을 죽인 것을 다음과 같이 기록하고 있다(*ANET*, 295). 그들은 그들의 시체들을 나무에 매달았고, 그들의 피부를 벗겨 그 성들의 벽을 덮었다. 이렇게 아시리아는 정복한 도시마다 엄청난 살육을 저질렀다. 하지만 2-3절의 전투 장면과 시체 더미가 아시리아 군사들이 저지른 전쟁 범죄인지, 아니면 이들이 공격당한 결과인지 명확하지 않다. 산헤립은 산 사람의 혀를 뽑아 내어 죽이기도 하였고 시신을 잘게 토막 내어 개와 돼지에게 먹이기도 하였고, 새와 물고기에게 먹이로 주기도 하였다(*ANET*, 288).

2) 종교적 범죄(4절)

4절은 니느웨를 창녀로 묘사하며 성매매를 니느웨가 모든 민족들에게 행한 또 다른 범죄로 제시하고 있다. 니느웨를 창녀로 묘사한 것은 실제로 니느웨 도시가 매음굴이라는 말이 아니라 비유적인 표현이다. 구약 성경은 종종 창녀 이미지를 사용하며, 이를 통해 하나님께 대한 배반을 나타낸다. 나훔 3:4에서도 마찬가지이며, 니느웨가 다른 민족들에게 종교적으로 부정적인 영향을 준 것을 창녀 비유로 표현하였다. 이것은 창녀로 묘사된 니느웨가 많은 민족들을 마술로 미혹하였다는 말을 통해서 확인할 수 있다. 4절의 마술은 고대 아시리아 종교와 영적인 삶의 대표로 제시된 것이다. 아시리아를 비롯한 고대 메소포타미아 사람들은 그들이 섬기는 신들보다 열등하면서도 인간보다는 우월한 신적인 존재들이 있다고 생각했었다. 일상 생활 속에서 메소포타미아 사람들은 이런 신적인 존재를 악령들로 생각하였고, 악령들을 인간의 모든 질병과 불행의 원인이라고 생각했다. 이런 악령들을 달래거나 구슬리는 마술사들이 많았고, 마술사들은 주문과 주술 행위를 통해 악령을 피해자에게서 쫓아낼 수 있다고 생각했고, 경우에 따라서는 주문과 주술을 통해 악령이 다른 사람에게 피해를 입히도록 만들 수 있다고 생각했다. 마술사들은 또한 신들의 뜻을 알 수 있다고 생각하였고, 신탁을 알기 위해 다양한 자연 현상과 동물과 새들의 행동과 이들의 간과 내장의 모양을 관찰하였다.[4] 4절은 마술로 여러 족속을 미혹하였다고 하는데, 구체적으로 무엇으로 어떻게 미혹했는지 확인할 수 없지만 두 가지를 생각해 볼 수 있다. 첫째는 이들의 마술이 다른 민족들에게 영향을 주어 그들 가운데 마술이 유행하게 만든 것을 생각할 수 있다. 일례를 든다면, 메소포타미아에서 주로 발견되는 짐승의 간을 관찰하여 신탁을 찾는 행위는 그리스 반도에서도 찾아볼 수 있다. 메소포타미아 사람들은 액운을 몰아 내기 위해 주문을 집안에 붙이곤 하였는데, 포로 후기 시대의 이스라엘 민족들도 이런 주문을 만들어 사용하였다. 또 다른 가능성은 아시리아 사람들이 전쟁관이다. 이들은 자신들의 전쟁을 신들의 전쟁으로 생각하고, 전쟁터에 제사장과 예언자들을 데려가서 신탁을 찾곤 하였다. 예를 들면, 아시리아의 에살핫돈(B.C. 680-669) 왕은 전쟁터에 마술사를 데리고 다니면서 양의 간을 관찰하여 신탁을 받고 전투를 벌였다고 한다(*ANET*, 289).

> "나는 아술, 신, 샤마쉬, 벨, 느보, 네르갈, 니느웨의 이쉬타, 알베라의 이쉬타에게 기도하였고, 그들은 응답을 주기로 하였다. 그들의 정확하고 긍정적인 대답과 함께 간을 통한 신뢰할 만한 신탁을 내게 보냈다. '가라. 머뭇거리지 마라. 우리가 너와 함께 진군하리니 너는 네 대적들을 죽이라.'"

전쟁을 신들의 전쟁으로 생각하는 것은 아시리아뿐만 아니라 고대 메소포타미아와 이들 주변의 모든 나라들에서 일반적으로 볼 수 있는 현상이었기

---

4. W. Farber, "Witchcraft, Magic, and Divination in Ancient Mesopotamia," in *CANE*, vol. 3, 1895-909.

때문에 군이 이를 아시리아의 미혹으로 주장하기 어렵다. 하지만 아시리아의 전쟁 신관이 이들 민족들을 종교적으로 나쁜 영향을 끼쳤을 가능성을 고려할 수 있다. 니느웨를 반역의 상징인 창녀로 묘사한 것과 아시리아의 전쟁 신관을 묶어 생각하면, 아시리아 사람들이 자신의 전쟁 승리를 그들의 신들의 승리로 여겼고 그들의 신들의 우월성을 다른 민족들에게 각인시키는 계기가 되었을 것이다.[5] 하나님은 이런 현상을 아시리아가 다른 민족들에게 하나님에 대하여 잘못 생각하게 만드는 일로 여겼을 것이다.

3) 부끄럽고 가증한 것을 드러냄(5-6절)

5절은 계속하여 니느웨를 창녀의 이미지로 활용하고 있다. 하나님은 니느웨의 치마를 걷어 올려 벌거벗고 부끄러운 곳을 많은 나라들과 민족들에게 보인다고 한다.[6] 치마를 걷어 올려 얼굴에 이르게 한다는 것은 수치를 완벽하게 속수무책이 될 정도로 드러낸다는 말이다. 이 말은 니느웨가 다른 민족들에게 종교적으로 미혹시킨 것들이 모두 거짓에 지나지 않는다는 것을 보여준다는 의미이다. 즉 그들의 신들이 최고의 신이고 니느웨와 아시리아에게 승리와 번영을 준다고 과시하였는데, 하나님이 니느웨와 아시리아를 멸망시킴으로 그들의 신들이 그들의 말처럼 그런 존재가 아니라는 사실을 드러내겠다는 말이다. 이들의 종교적 우월감이 거짓이라는 사실을 하나님 자신이 드러낸다는 것을 강조하기 위해 5-6절의 모든 문장은 하나님을 주어로 하는 1인칭 단수를 사용하였다. 6절은 가증하고 더러운 것들을 네 위에 던져 능욕한다고 하였는데, '가증스러운 것'으로 번역된 *쉬쿠츠*(שִׁקֻּץ)는 구약 성경에서 주로 가증한 우상을 일컫는 말이다(신 29:16; 왕상 11:5, 7; 호 9:10). 하나님은 이런 우상들

---

5. 마이어는 이를 아시리아가 다른 민족들에게 군사적 협조를 빙자하여 접근해서 그들을 침공했던 군사 작전을 의미한다고 생각한다. Maier, *Nahum*, 302.

6. 크리스텐센에 의하면 고대 메소포타미아에서는 간음한 자를 징벌할 때 대중들 앞에서 옷을 모두 벗겨 수치를 당하게 하는 전통이 있었다. Christensen, *Nahum*, 343-44.

을 니느웨 사람의 면전에 던져 그들로 수치를 당하게 하고 그를 구경거리로 만들어 사람들이 그들을 보고 조롱하게 만들겠다고 한다.[7]

2. 니느웨가 벌인 만행대로 멸망당함(3:7-13)

7 그 때에 너를 보는 자가 다 네게서 도망하며 이르기를 니느웨가 황폐하 였도다 누가 그것을 위하여 애곡하며 내가 어디서 너를 위로할 자를 구하 리요 하리라 **8** 네가 어찌 노아몬보다 낫겠느냐 그는 강들 사이에 있으므로 물이 둘렸으니 바다가 성루가 되었고 바다가 방어벽이 되었으며 **9** 구스와 애굽은 그의 힘이 강하여 끝이 없었고 붓과 루빔이 그를 돕는 자가 되었으 나 **10** 그가 포로가 되어 사로잡혀 갔고 그의 어린 아이들은 길 모퉁이 모퉁 이에 메어침을 당하여 부서졌으며 그의 존귀한 자들은 제비 뽑혀 나뉘었 고 그의 모든 권세자들은 사슬에 결박되었나니 **11** 너도 술에 취하여 숨으 리라 너도 원수들 때문에 피난처를 찾으리라 **12** 네 모든 산성은 무화과나 무의 처음 익은 열매가 흔들기만 하면 먹는 자의 입에 떨어짐과 같으리라 **13** 네 가운데 장정들은 여인 같고 네 땅의 성문들은 네 원수 앞에 넓게 열 리고 빗장들은 불에 타도다

7-13절에서 하나님은 니느웨가 멸망을 피할 수 없다는 사실을 아시리아가 멸망시켰던 도시인 노아몬에 비교한다. 노아몬은 천혜의 요새였고 구스와 애 굽이 도왔음에도 불구하고 패망하였는데, 니느웨는 이보다 못한 상황이기 때 문에 멸망을 피할 수 없다는 것이다. 나훔은 니느웨를 무화과 첫 열매와 연약 한 여인에 비유하며 무력함을 묘사한다.

---

7. Longman III, "Nahum," 816-17.

1) 에디오피아와 이집트 도시들 비유(7-10절)

6절에서 하나님은 니느웨를 구경거리로 만들겠다고 하였는데, 7절에서 나훔은 멸망한 니느웨를 목격한 자들은 달아나고 그를 위로할 자가 없다고 한 후 니느웨가 멸망시킨 노아몬을 예로 들면서 니느웨의 무기력한 상태를 비꼰다. 7절은 먼저 멸망한 니느웨를 본 사람은 즉시 니느웨로부터 멀리 도망한다고 말한다. 이 말을 한 이유는 멸망한 니느웨에 있다가 자신도 동일한 위험에 빠질 것을 두려워한 행동이기도 하지만, 그보다 니느웨를 편들 사람이 아예 존재하지 않는다는 사실을 말하려는 목적 때문이다. 즉 시체처럼 뒹굴고 있는 니느웨를 보고 위하여 울어 줄 사람도 없고 위로해 줄 사람도 없다. 이 말과 함께 8-10절에서는 군사적으로 니느웨를 도와줄 사람이 없고, 도와준다 하더라도 아무 소용이 없다는 말을 이어간다. 이런 니느웨의 무력감을 조롱하기 위해 나훔은 니느웨가 정복한 노아몬을 내세운다. 노아몬은 이집트의 데베(Thebes)이며, 기원전 663년 아술바니팔에 의해 정복되었다. 이 당시 데베에서 이집트를 통치한 왕은 에디오피아의 왕이면서 이집트의 왕이 되어 통치하던 디르하가(Tirhakah)였다.[8] 열왕기하 19:9에 의하면, 산헤립이 라기스와 예루살렘을 공격할 때 히스기야의 요청을 받고 아시리아를 공격하려 하였고, 이에 산헤립은 니느웨로 철군하였다. 이후 디르하가는 이집트에 종교적 정치적인 안정과 번영을 가져준 왕으로 존경을 받았다. 하지만 산헤립 이후에 그의 아들 에살핫돈이 수차례에 걸쳐 이집트를 공격하였고, 그 때마다 일진일퇴를 반복하다가 기원전 671년에는 에살핫돈이 이집트 수도였던 멤피스를 정복하고 디르하가의 아들들을 포로로 잡아 돌아 간다. 디르하가는 그 후 아시리아에 반역을 일으키고 에살핫돈의 아들 아술바니팔이 디르하가를 무찌르며, 디르하가는 카이로에서 약 530km 남쪽에 위치한 데베로 달아나서 이곳에서 마지막 항전을 벌이다가 전사한다. 데베는 나일강을 따라 남쪽 아프리카 쪽으

---

8. Barker & Bailey, *Micah, Nahum, Habakkuk, Zephaniah*, 231-32.

로 깊숙이 내려간 곳에 위치해 있었고, 동쪽으로는 홍해와 사막이 놓여 있고, 서쪽도 역시 사막이었다. 데베를 공격하기 위해서는 나일강을 따라 내려오지 않고는 다른 길을 선택할 수 없었다. 이 시기의 데베는 디르하가가 이집트와 에디오피아 양국의 왕이었기 때문에 양국의 군사들로 중 무장된 도시였지만, 디르하가를 40일 동안 추적하여 따라간 아시리아 군대에게 정복된다. 아술바니팔은 자신의 원정 기록에서 이 때의 상황을 매우 간단하게 기록하고 있다.

> "그들은(아시리아 군대) 이 성(데베)를 완전히 정복하였고, 마치 폭풍우처럼 부수었다. 그들은 그 도시로부터 먼지처럼 많은 금과 은과 보석과 세마포 옷과 셀 수 없을 정도로 많은 말과 남녀 종들과 원숭이들을 약탈하였다. 그들은 이 약탈물들은 안전하게 니느웨로 가져 왔다."

아술바니팔은 이 때의 전투 상황에 대해서는 전혀 언급하지 않고 그가 약탈하여 간 약탈물들에 대해서만 기록하고 있다(*ANET*, 295, 297). 그만큼 아시리아가 데베를 손쉽게 정복하였음을 암시한다. 붓과 루빔은 리비아이며, 아술바니팔의 기록에는 이들이 디르하가를 도왔다는 언급이 없다. 10절은 아시리아 군대가 데베를 정복한 후 포로를 잡아 갔을 뿐만 아니라 어린 아이들을 메어쳐 죽이고, 왕족과 귀족들을 제비 뽑아 종으로 나누어 가졌고, 신하들을 사슬에 결박하여 데리고 갔다고 한다.

2) 니느웨도 정복당한 도시처럼 됨(11-13절)

11-13절은 노아몬처럼 니느웨도 똑같은 꼴을 당할 것이라고 한다. 이를 강조하기 위해 나훔은 '역시'(*감*, נַם)를 반복한다. 나훔은 10절에서 그녀도 역시 포로로 잡혀가고 그녀의 자식들도 역시 메어침을 당한다고 하였는데, 11절에서는 *감-아트*(נַם-אַתְּ, '너도 역시')를 두 번 반복하며 '너도 역시 술에 취하여 숨을 것이며, 너도 역시 원수들로부터 피할 피난처를 찾으리라'고 말한다. 니

느웨와 아시리아 왕이 술에 취한 사람처럼 정상적인 상황 판단을 하지 못하고, 미친 사람처럼 허겁지겁 달아날 것이고, 마치 디르하가가 도망하여 데베로 피신하였다가 죽은 것과 같은 처지가 된다는 말이다. 12-13절에서는 니느웨가 겪게 될 멸망을 두 가지 비유로 말한다. 첫째는 무화과나무의 처음 익은 열매이다. 12절의 무화과 비유는 이사야 28:4과 예레미야 24장 그리고 호세아 9:10과 미가 7:1에서도 볼 수 있으며, 이 비유는 무화과의 첫 열매를 행인들이 따먹는 모습이다. 무화과나무는 두 차례에 걸쳐 열매를 맺으며, 첫 열매는 유월절을 전후하여 여름이 시작할 때 맺는다. 무화과 첫 열매는 이어서 맺는 열매보다 크기가 작고 당도도 낮다. 그렇기 때문에 무화과 주인은 첫 열매를 따서 버리든지 아니면 행인들에게 따서 먹게 한다. 겨울 동안 햇과일을 먹지 못한 행인들은 이런 첫 열매를 순식간에 따서 먹어 치우게 된다. 12절은 아시리아 사람들이 방어를 위해 만든 철옹성 같은 모든 요새와 산성들은 첫 열매를 맺은 무화과나무가 이렇게 행인들에 의해 유린당하는 것처럼 그렇게 순식간에 사라져 버리게 된다고 한다. 13절은 니느웨의 백성들은 여인 같다고 한다. 성문이 대적들 앞에 열리고 불이 성문의 나무 빗장을 태우고 밀려 들어왔을 때, 꼼짝도 못하고 주저앉아 미친듯이 울부짖으며 대적의 칼 앞에 허우적거리는 나약한 여자들처럼 니느웨의 용사들은 그런 존재에 지나지 않는다.

3. 메뚜기의 소멸처럼 니느웨가 사라짐(3:14-19)

14 너는 물을 길어 에워싸일 것을 대비하며 너의 산성들을 견고하게 하며 진흙에 들어가서 흙을 밟아 벽돌 가마를 수리하라 **15** 거기서 불이 너를 삼키며 칼이 너를 베기를 느치가 먹는 것 같이 하리라 네가 느치 같이 스스로 많게 할지어다 네가 메뚜기 같이 스스로 많게 할지어다 **16** 네가 네 상인을 하늘의 별보다 많게 하였으나 느치가 날개를 펴서 날아감과 같고 **17** 네 방백은 메뚜기 같고 너의 장수들은 큰 메뚜기 떼가 추운 날에는 울타리에

깃들었다가 해가 뜨면 날아감과 같으니 그 있는 곳을 알 수 없도다 **18** 앗수르 왕이여 네 목자가 자고 네 귀족은 누워 쉬며 네 백성은 산들에 흩어지나 그들을 모을 사람이 없도다 **19** 네 상처는 고칠 수 없고 네 부상은 중하도다 네 소식을 듣는 자가 다 너를 보고 손뼉을 치나니 이는 그들이 항상 네게 행패를 당하였음이 아니더냐 하시니라

14-19절은 마지막으로 메뚜기의 비유로 니느웨의 멸망을 예언한다. 산성을 견고하게 해도 대적들이 느치가 먹는 것 같이 하고, 상인들과 지도자들과 장수들이 메뚜기처럼 날아가 버릴 것이고, 목자와 귀족들과 백성들이 메뚜기가 흩어지는 것처럼 흩어질 것이라고 한다.

1) 느치가 먹는 것처럼 죽임(14-15절)

2:1처럼 3:14에서 하나님은 니느웨에게 대적들이 성을 에워쌀 것을 대비하여 물을 저장하고, 진흙으로 벽돌을 만들어 산성을 견고하게 하라고 한다. 아시리아의 진흙 벽돌은 고대 메소포타미아 건축 양식에 포함되며 이곳 문명의 시작 때부터 발전되었다. 창세기 10:10-11은 니므롯이 시날 땅 바벨과 앗수르의 니느웨를 비롯한 성읍들을 건축하였다고 하는데, 창세기 11:2-3은 시날 땅에서 벽돌로 바벨 성과 탑을 건축하는 것을 볼 수 있다. 시날 지역에 있는 고대 수메르 시대의 대규모 지구랏은 창세기 11:2-3의 벽돌 사용을 뒷받침해 주며, 아시리아와 바벨론 지역에서 진흙 벽돌이 얼마나 일찍부터 발전하였는지를 짐작하게 해 준다. 나훔 3:14은 진흙에 역청을 섞어 벽돌을 만들어 산성을 견고하게 만들라고 한다. 이 말은 대단히 조롱적이다.[9] 니느웨 공격이 시작되었는데 이제서 진흙으로 성벽을 쌓으려고 하면 그럴 시간도 없고 아무런 도움

---

9. F. O. García-Treto, "The Book of Nahum," in ed. L. Keck, *NIB*, vol 7 (Nashville: Abingdon, 1996), 618.

이 될 수 없다. 니느웨 사람들이 무의미하게 성벽을 필사적으로 쌓을 때 공격자들은 조롱의 웃음을 짓고 지켜보고 있다가 성벽 쌓는 자들을 죽이고 성벽을 허물어 버릴 것이다. 그렇기 때문에 15절은 니느웨 사람들이 만든 산성을 불이 삼킬 것이라고 한다. 벽돌로 높고 견고하게 쌓아 올린 산성은 마치 도가니처럼 되어 그 속에 있는 사람들을 불로 삼킨다는 것이다. 그리고 대적의 칼이 메뚜기가 풀을 먹어 치우는 것처럼 먹어 치운다고 한다. 느치는 메뚜기의 일종이며, 메소포타미아와 팔레스타인 그리고 이집트 지역에서 메뚜기 떼들은 재앙의 상징이다(욜 1:4). 메뚜기 떼들은 순식간에 대지의 식물들을 먹어 치우는데, 나훔은 메뚜기 떼들의 왕성한 식성을 통하여 니느웨 사람들이 견고하게 방어 준비한 그 산성 속에서 죽임을 당한다고 한다.[10]

2) 메뚜기가 사라지듯 상인 방백 장수들이 사라짐(16-18절)

16절에서 나훔은 메뚜기 떼들이 들판의 초목들을 먹어 치우고 순식간에 사라지는 습성을 빗대어 니느웨의 상인과 방백과 장수들이 소멸될 것이라고 한다. 16절은 먼저 니느웨의 상인을 하늘의 별보다 많았음을 말한다. 메소포타미아 지역은 기원전 4,000년대에 도시 국가인 우바이드(Ubaid) 시대 때부터 유프라테스 강과 티그리스강을 통해 메소포타미아 남부와 북부 지역이 서로 교역하였고, 아라비아와 레바논 지역을 비롯한 국제적인 교역도 이루어졌다. 아시리아는 고 왕국 시대인 기원전 1,800-1,200년대에 오늘날 튀르키예의 카룸 카네쉬(Karum Kanesh)에 자신들의 상인들을 위해 식민지로 만들어 교역하였다. 아시리아 상인들은 바벨론산 직물과 아프가니스탄에서 생산된 주석을 당나귀에 실어 아나톨리아 지역에 가져가서 팔았다.[11] 16절은 하늘의 별보다 많은 상인을 가졌던 아시리아 경제가 메뚜기가 날아가 버리는 것처럼 사

---

10. A. Pinker, "On the Meaning of htkbd in Nahum 3:15," *VT* 53 (2003): 558-61.

11. N. Yoffee, "The Economy of Ancient Western Asia," in *CANE*, Vol. 3, 1392-94.

라져 버릴 것이라고 한다.

17절에서 하나님은 니느웨의 방백과 장수들도 메뚜기처럼 사라진다고 한다. '추운 날'은 메소포타미아 지역의 겨울 우기를 의미한다. 메뚜기는 몸무게에 비해 날개가 작은 편에 속하기 때문에 밤 사이에 이슬을 맞으면 이슬이 마르기 전에는 날지 못한다. 해가 뜨고 날개의 물기가 말라 없어지면 정상적으로 날 수 있다. 이렇게 해가 뜨고 난 후 메뚜기가 날아가는 것처럼 니느웨의 장수들도 사라져 버리고 어디에 있는지 알 수 없을 정도로 숨어 버린다.[12] 이렇게 되면 니느웨의 행정과 군사 조직은 마비되고 국가 기능을 정상적으로 수행할 수 없다.

마지막으로 18절은 메뚜기라는 단어를 사용하지 않지만 메뚜기가 산들에 흩어져 있는 것을 빗대어 아시리아 백성들이 속수무책으로 뿔뿔이 흩어지는 것을 묘사한다. 메뚜기들은 집단적으로 이동하지만 한 장소에 머무는 동안 농작물을 먹어 치우면서 피해를 야기시킨다. 이런 메뚜기들의 피해를 줄이려면 고대 사회에서는 사람들이 직접 메뚜기들을 손으로 잡아 처분해야 했다. 18절은 아시리아의 백성들을 돌보고 통치하는 목자들과 귀족들이 무기력하게 자고 쉬는 바람에 백성들이 메뚜기처럼 흩어져 버려도 이들을 모아 들일 사람이 없다고 한다. 목자들이 자고 귀족들이 누워 쉰다는 것은 실제로 자고 쉬는 것을 말하기보다는 이들의 부재를 말하기 위해 사용된 비유이다.

3) 듣는 자가 기뻐함(19절)

니느웨의 심각한 상처를 입고 중상을 당한 결과로 다시는 고칠 수 없는 상태가 된다. 하나님이 니느웨와 아시리아에 재앙을 내려, 다시는 회복할 수 없는 상태로 만들었기 때문이다. 이런 니느웨의 멸망 소식을 듣는 사람들은 모두 다 손뼉을 치고 좋아할 것이다. 그 이유는 아시리아가 지속적으로 이방 민

---

12. Robertson, *The Books of Nahum, Habakkuk, and Zephaniah*, 125-26.

족들에게 악행을 행하였기 때문이다. 19절은 이 사실을 니느웨에게 질문 형태로 던지면서 그들이 당할 재앙이 당연하다는 사실을 말함으로 니느웨가 자신들의 재앙에 대해 하소연조차 못하게 입을 다물게 한다.

교훈과 적용

1. 하나님이 니느웨를 멸망시킨 것은 그들이 저지른 전쟁 범죄뿐만 아니라 그들이 종교적인 거짓을 다른 민족들에게 자행하였기 때문이다. 마술을 통해 다른 민족들에게 자신들의 종교적 우월성을 과시하고 이를 통해 그들을 심리적으로 굴복시켰다. 교회에서 이런 일들은 일어나지 않지만, 성도들 중에는 자신의 성경 읽는 분량과 기도하는 시간의 분량을 자랑하는 사람들이 있다. 다른 사람들에게 경건 생활을 권하기 위한 목적이라면 하나님께서 기뻐하시겠지만, 자기 과시가 목적이라면 하나님께서 결코 기뻐하지 않을 것이다. 하나님께서 니느웨의 종교적 거짓 행위를 질책하시는 것을 남의 일로 생각하지 말고, 내 자신도 잘못된 목적으로 경건 생활을 과시하지 않는지 살펴보고 조심해야만 한다.

2. 한때 아시리아는 이집트를 정복하면서 이집트와 에디오피아 연합군을 격퇴시키고 당시의 이집트 수도였던 데베(노아몬)를 함락하여 폐허로 만들었다. 정말 대단한 군사력을 가진 나라였다. 그런 군사력을 가진 나라의 수도라고 할지라도 니느웨는 하나님의 심판에서 벗어날 수 없었던 것처럼 피조물들 가운데 하나님의 심판에서 벗어날 수 있는 존재는 없다. 혹시 나는 어리석게도 진노하고 심판하시는 하나님의 눈을 피할 수 있다고 생각하지는 않는가?

3. 니느웨가 멸망할 때 아시리아 사람들이 자랑하던 모든 군사력과 경제력이 한순간에 모두 소멸되었다. 마치 메뚜기 떼가 들판을 휩쓸며 먹어 치운 것처럼 니느웨의 부귀영화는 사라져 버렸고, 목자와 귀족들과 백성들은 메뚜기 떼들이 동풍에 사라지듯 없어져 버렸다. 불의한 자들의 모든 자랑거리들도 하나님은 이처럼 하루 아침에 사라지게 만든다. 그럼에도 불구하고 혹시 나는 불의한 자들의 자랑거리들을 동경하고 있지는 않는가? 성도들이 사모해야 할 것은 하나님께서 내려 주시는 참된 복락이지 결코 불의한 재물과 명성과 쾌락이 아니라는 사실을 명심해야 한다.

하박국

하박국 서론

저자

하박국의 이름은 '포용하다'의 의미를 가지고 있으며, 하박국 1:1은 그를 선지자로 소개한다. 시작부터 자신을 선지자라고 소개하는 것은 선지서들 중에서 학개와 스가랴 그리고 하박국에서만 볼 수 있는 현상이다. 하지만 하박국이 선지자라는 것을 제외하고 1:1은 그의 가족과 출신 지역 그리고 직업에 대해 전혀 언급하지 않는다. 그럼에도 불구하고 하박국서는 그의 신분에 대해 두 가지 정보를 제공하고 있다. 먼저 2:1에서 하박국은 하나님의 반응을 보기 위해 '나의 파수하는 곳'에 갔다는 표현을 가지고 있다. 이것은 마치 그가 예루살렘 성벽이나 아니면 예루살렘 성전의 성벽에서 파수꾼으로 일하고 있는 듯한 인상을 준다. 둘째 정보는 하박국 3장의 시로 된 그의 기도에서 찾을 수 있다. 3:1은 3장의 내용을 하박국이 *식가욘*(שִׁגְיֹנוֹת)들에 맞추어 작사한 찬양 기도라고 한다. *식가욘*은 리듬이 갑자기 변하는 격렬한 음악이며, 시편 7:1도 *식가욘*에 맞춘 노래이다. 그리고 하박국 3:19은 하박국이 노래를 찬양을 지휘하는 사람을 위하여 자신의 수금에 맞추어 작곡되었음을 밝히고 있다. 이러한 사실들을 비추어 보면 하박국은 성전에서 사역하던 레위인 출신으로서 성전 찬양 사역과 성전 관리 사역을 하였던 사람으로 추정된다. 유대인들의 외경인 '벨과 용'(33-39절) 그리고 '선지자들의 삶들'은 하박국을 다니엘과 동시대 사람으로 여기고 있다.[1] 1:6의 "갈대아 사람을 일으켰나니"는 하박국이 바벨론 제국이 역사의 무대에 다시 등장하던 시기에 유다를 다스렸던 요시아 (641-609 B.C.) 시대에 자신의 메시지를 하나님으로부터 받아 전달하였던 것으로 여기게 한다.

역사적 배경

하박국의 역사적 배경은 하박국 1:2-4와 1:6을 통해 확인할 수 있다. 1:6의 "갈대아 사람을 일으켰나니"는 하박국의 역사적 배경을 아시리아가 쇠퇴하고 신 바벨론 제국이 역사의 무대에 등장하던 시기였음을 보여준다. 이 때는 바벨론이 아시리아의 지배로부터 독립한 기원전 626년 전후로 볼 수 있다. 1:2-4에서 언급되고 있는 유다 땅에서 자행되고 있는 겁탈과 강포가 누구에 의한 것이냐 하는 문제는 하박국의 역사적 배경을 결정짓는 데 중요한 역할을 한다. 1:2-4의 겁탈과 강포가 아시리아에 의해 자행된 것인지 아니면 유다 내부에서 발생된 사건들인지 명확하지 않다. 만약 유다 내부적인 만행이었다면, 하박국이 말하는 악행들은 요시아가 개혁을 단행하기 이전의 일로 보아야 한다. 요시아의 개혁은 그의 집권 18년에 있었다(왕하 22:1-20). 이 시기가 언제 인지는 정확하게 산정해 낼 수 있다. 요시아는 8세에 왕이 되어 31년을 통치하

---

1. R. L. Smith, *Micah-Malachi*, WBC (Waco: Word Books, 1984), 93; F. F. Bruce, "Habakkuk," in *The Minor Prophets: An Exegetical and Expository Commentary*, ed. T. E. McComiskey (Grand Rapids: Baker, 1993), 842; K. L. Barker & W. Bailey, *Micah, Nahum, Habakkuk, Zephaniah*, NAC (Nashville: B&H, 1999), 290; J. H. Charlesworth, *The Old Testament Pseudepigrapha* (Garden City: Doubleday & Company, 1985), 2:393-94. "벨과 용(Bel and the Dragon)"은 하박국을 레위 지파 사람이라고 여기는데 반해 "선지자들의 생애(Lives of the Prophets)"는 시므온 지파 출신이라고 한다.

였고, 39살의 젊은 나이에 죽었다. 요시아는 기원전 605년 바벨론을 도와 아시리아와 이집트와 싸우다가 므깃도에서 전사하였다. 이런 점을 감안하면 그가 개혁을 단행한 때는 기원전 618년이며, 하박국에서 언급된 강포와 패역은 기원전 618년 이전의 유다의 상황으로 생각할 수 있다.

하박국 1:2-4의 겁탈과 강포가 아시리아에 의해 자행되었다면, 하박국의 역사적 배경은 바벨론이 독립하기 이전인 기원전 626년 이전이어야 한다. 그 이유는 요시아의 개혁 범위 때문이다. 요시아는 성전에서 발견한 율법책에 따라 종교 개혁을 단행하였으며, 그의 개혁은 유다에 한정되지 않고 옛 사마리아 지역까지 포함된다. 열왕기하 23:4에 의하면 요시아는 예루살렘 성전에 세워진 바알과 아세라와 일월 성신을 위한 그릇들을 불태우고 그 재를 옛 이스라엘 영토에 있던 벧엘에 가져가 버리게 하였다. 그리고 요시아는 여로보암이 벧엘에 세운 제단과 산당을 헐고 불태워 가루로 만들어 버렸다(왕하 23:15). 벧엘은 아시리아가 멸망 시킨 북쪽 이스라엘의 영토이고, 아시리아의 영향력 아래 있던 곳이었다. 그런데 요시아가 벧엘을 그의 개혁 범위에 포함시켰다는 것은 아시리아의 영향력이 더 이상 북쪽 이스라엘 왕국의 영토에 미치지 않는다는 것을 의미한다. 그런데도 하박국 1:2-4의 겁탈과 강포가 아시리아에 의해 자행되었다면, 하박국의 역사적의 배경은 아시리아의 영향력이 벧엘은 두말할 것도 없고 유다에도 치명적으로 미치고 있었던 시기로 보아야 한다. 이와 같은 아시리아의 영향력은 아술바니팔(Ashurbanipal 668-627 BC) 이후에는 없었다.

고대 아시리아 문헌에 의하면, 아술바니팔은 최소한 두 번은 팔레스타인과 이집트에 대한 군사 원정을 단행하였고, 하박국 1:2-4가 말하는 것처럼 그들의 원정 지역에서 강포와 겁탈을 자행하였다. 1878년 쿠윤직(Kuyunjik)에서 출토된 라삼(Rassam) 실린더에 새겨진 아술바니팔의 전승 기념비에의 하면, 아술바니팔은 자신을 배신하고 반란을 일으킨 이집트의 디르하가(Tirhakah)를 응징하기 위해 군사 원정을 감행한다(*ANET*, 294-301). 디르하가는 에디오피아 출신으로서 그의 본국과 이집트를 통치하고 있었다. 이 원정에서 아술바니팔은 디르하가를 물리치고 자신에게 반역한 이집트 사람들을 목매달아 죽이거나, 피부를 벗겨 죽인 후 그 피부로 성벽을 덮었다. 그리고 반역을 일삼는 이집트 도시의 군주들을 포로로 잡아 니느웨로 돌아가면서 아술바니팔은 느고(Necho)를 이집트의 왕으로 세웠다. 아술바니팔은 그에게는 특별히 관대하게 대해 주었고, 서로 외교적 약정을 체결하였다. 아술바니팔은 느고에게 다채로운 옷을 입히고 머리에 황금 체인을 둘러 주고 그리고 자신의 이름을 새긴 황금 손잡이 칼을 선물로 주었다. 이뿐만 아니라 많은 병거와 말들과 나귀들을 선물로 주었다. 아술바니팔은 두 번째 원정에서 다시 이집트를 공격하였다. 느고(Necho I)를 왕으로 세웠지만, 디르하가의 후계자 탄타마니(Tantamani 664-656 BC)가 이집트를 다시 손 아래 넣었고 아술바니팔은 그를 물리치기 위해 기원전 663년에 2차 원정 길에 올랐다. 이 원정에서 아술바니팔은 데베를 약탈하였으며, 데베로부터 셀 수 없을 정도로 많은 은, 금, 보석, 화려한 색깔의 세마포 옷들, 말들, 남녀 주민들을 약탈하여 니느웨로 가져갔다. 아술바니팔은 데베의 신전에 세워져 있던 청동으로 된 높은 오벨리스크 두 개를 잘라서 아시리아로 가져 갔는데 이 오벨리스크의 무게는 2,500 달란트였다고 한다. 아시리아는 자신에게 저항하고 반역하는 민족들을 가혹하게 다루었지만, 자신에게 복종하는 민족들에게는 상대적으로 관대하였던 것으로 여겨진다. 아술바니팔의 첫 원정 때에 팔레스타인 해안 지역과 내륙에 자리 잡고 있던 왕국들의 왕들 22명이 아술바니팔에게 많은 선물을 가지고 찾아 가서 그의 발에 입을 맞추고 그리고 함께 이집트 원정에 동행하였다. 이 22명의 왕들 중에서 두 번째 거명된 사람이 유다의 므낫세 왕이다. 이것은 아시리아가 유다를 이집트처럼 대하지 않았음을 보여준다. 히스기야 이후 아시리아는 지속적으로 이집트 원정 전쟁을 일으켰지만, 유다를 공격한 것은 므낫세 때에 한 번 있고, 그 외에는 없었다. 역대하 33:11에 여호와께서 아시리아 왕의 군대 지휘관들이 므낫세를 사로잡아 바벨론으로 끌고 갔다는 기록을 가지고 있다. 이를 제외하고 아시리아가 요시아 통치 때까지 유다를 공략했다는 기록을 성경뿐만 아니라 고대 근동 문서에서 찾아 볼 수 없다. 그리고 아시리아의 팔레스타인 인근 지역에 대한 공격은 기원전 645년경 아술바니팔이 엘람과 아랍 그리고 두로에 대한 공격을 제외하고 더 이상 아무런 언급이 없다.[2] 아술바니팔 시대에 유다는 아시리아와 우호적인 관계에 있었을 가능성이 더 높다. 아술바니팔이 이집트에 원정 갈 때에 유다는 아술바니팔의 아시리아 군대를 도왔고, 이런 우호적인 관계 때문에 아술바니팔은 유다에 다른 나라들보다 가벼운 조공을 바치게 하였다. 아술바니팔이 팔레스타인으로부터 거두어 들인 조공 목록을 보면, 그가 모압 주민들로부터 금 1 미나(0.57 kg)를 부과하였는데, 유다 주민들에게는 상대적으로 훨씬 가벼운 은 10 미나(약 5.7 kg)를 부과하였다(*ANET*, 301). 이러한 점은 하박국 1:2-4의 겁탈과 강포가 아시리아에 의해 자행된 것으로 보는 데 한계를 제공한다. 따라서 하박국에서 언급된 강포와 겁탈은 아시리아가 자행한 것으로 보기 어렵다.

　아시리아가 쇠퇴기에 접어들 때 유다와 블레셋 지역을 포함한 가나안 지역 전역에 영향력을 미치기 시작한 세력은 이집트였다. 에디오피아의 디르하가가 이집트를 지배하고 아시리아에 저항할 때 이집트 본토 출신인 느고는 아시리아에 도움을 받아 이집트의 주인이 된다. 느고가 디르하가의 아들 탄타마니에 의해 죽고 난 후 아시리아는 그의 아들 프삼메티쿠스(Psammetichus 또는 느고 2세, 664-610 B.C)를 왕으로 세웠고, 그는 아시리아를 돕기 위해 많은 노력을 하였다. 그리고 그는 아시리아 권력이 쇠퇴할 때 아시리아를 도울 목적으로 팔레스타인의 블레셋 지역을 정복하여 레바논과 시리아 지역을 자유롭게 왕래할 도로를 확보하였고, 아시리아와 바벨론이 싸울 때 바벨론을 돕는 요시아를 므깃도에서 죽였다. 유대인들이 그의 아들 여호아하스를 왕으로 세우자 프삼메티쿠스는 그를 폐위시키고 대신에 요시아의 아들 여호야김

---

2. G. W. Ahlström, *The History of Ancient Palestine* (Minneapolis: Fortress Press, 1993), 753.

을 그를 대신하여 왕으로 세웠다(왕하 23:29-34). 하지만 프삼메티쿠는 아시리아를 돕는 전쟁을 하기 위해 왕래할 때를 제외하고 팔레스타인 산악 지역에 있는 유다에 대해 큰 관심을 가지지 않았고 실질적인 지배를 하지는 않았다.[3]

하박국의 예언에 등장하는 또 다른 제국은 바벨론이다. 하박국 1:6에서 하나님은 갈대아 사람을 일으킬 것이라고 한다. 개역개정 성경이 "갈대아 사람을 일으켰나니"로 번역한 것과는 달리 히브리어 성경은 분사 *메킴(מֵקִים)*을 사용하였고, 이는 하나님이 갈대아 사람을 지금 현재 일으키고 있거나 가까운 미래에 일으킨다는 의미로 보아야 한다. 즉 1:6은 바벨론의 독립과 제국화와 관련된 예고이며, 이와 관련된 인물은 신 바벨론 제국을 건국한 나보폴라살(Nabopolasal 658-605 B.C)과 그의 아들 느부갓네살(Nebuchadnezzar II, 605-562 B.C) 왕이다. 아시리아의 아술바니팔 왕의 집권 마지막에 이르렀을 때에 아시리아는 쇠퇴의 길로 접어 들었다. 아술바니팔의 아들 아술-에틸-일아니(Ashur-etil-ilani, 631-627 B.C)가 왕위를 계승하지만, 그의 동생 신-살-이쉬쿤(Sin-shar-ishkun, 627-612 B.C)은 바벨론 지역의 왕으로 자처한다. 이런 왕족들 사이의 갈등과 다툼은 제국을 혼란과 멸망의 나락으로 빠뜨렸다. 이때에 신-살-이쉬쿤을 몰아내고 바벨론의 왕으로 선포하고 나선 사람이 나보폴라살이다. 나보폴라살은 아시리아에 저항하던 메대(Medes)와 스키디아(Schythia)을 규합하여 기원전 612년 니느웨를 정복하였고, 하란으로 도망한 아시리아 왕을 쫓아 공격하였다. 하지만 아시리아를 도와주러 온 이집트 때문에 나보폴라살은 칼게미쉬(Carchemish) 전투에서 도망할 수밖에 없었다. 이런 상황을 돌파하고 바벨론을 최고로 만드는 인물이 나보폴라살 왕의 아들 느부갓네살이다. 느부갓네살은 이집트를 제외하고 기존의 아시리아 제국이 점령한 모든 지역을 정복하여 사실상 바벨론 제국을 완성하였다. 바벨론 제국의 입장에서 볼 때 느부갓네살은 가장 위대한 존재였다. 그리스 역사가 헤로도

---

3. Ahlström, *The History of Ancient Palestine*, 763-65.

투스(Herodotus 484-425 B.C)에 의하면 그가 만든 바벨론 성은 길이가 14마일이고 둘레가 56마일이었으며, 성벽의 넓이가 50 규빗(22.5m)이고 높이가 200 규빗(90m)이었다고 한다(Herodotus, *Histories*, 1.178).[4] 헤로도투스가 과장을 심하게 하였다고 생각되는 이 규모는 놀랍기 짝이 없다. 정복당한 민족들의 입장에서 볼 때 느부갓네살은 잔인하고 피를 많이 흘린 왕이었다. 기원전 605년 갈그미스에서 벌인 아시리아와 이집트 연합군과의 전투에서 느부갓네살은 단 한 명의 이집트 군사도 살아서 이집트로 돌아가지 못하게 하였다는 과장된 내용을 그의 연대기에 기록하였다.[5] 느부갓네살은 자신의 궁전과 신전 건축과 장식을 위해 사용할 목적으로 레바논의 백향목을 무척 탐냈다. 이 백향목을 차지하기 위해 레바논 전역의 대적들을 제거하였다고 한다. 그는 백향목을 바벨론으로 운반하기 위해 다른 어떤 왕들도 시도해 보지 않았던 일을 했다. 느부갓네살은 가파른 산들을 뚫고, 바위를 쪼개어 백향목을 운반할 길을 만들었고, 유프라테스 강으로 운반한 후 수로를 이용하여 바벨론으로 운송하였다. 이런 강력한 힘은 전쟁에서도 발휘되어 느부갓네살은 아시리아를 멸망시킬 때 동맹군이었던 킴메리아(Cimmeria)와 스키디아(Scythia)를 격파하고 시리아와 유다를 차례로 공격하여 점령하고 또 예루살렘을 철저하게 초토화시켰다. 열왕기하 25:8-9에 의하면 느부갓네살 왕의 시위대장 느부사라단(Nebusaradan)은 예루살렘의 성전과 궁전을 불 태우고 성벽을 헐었다고 한다. 느부갓네살은 정복지에서 수많은 사람들을 포로로 끌고 와서 바벨론 성벽과 이쉬타르 (Ishtar)성문 페르시아 만 항구 그리고 공중 정원과 같은 불가사의에 가까운 그의 건축 사업에 동원하였다.

---

4. Herodotus, *The Histories* (New York: Penguin Books, 1996), 70-71.

5. A. K. Grayson, *Assyrian and Babylonian Chronicles* (Winona Lake: Eisenbrauns, 1975), 99.

구조

하박국서는 하박국과 하나님이 주고받은 질문과 대답 두 개와 하박국의 기도 찬양으로 구성되어 있다.[6]

1. 하박국의 첫 질문과 하나님의 대답(1:1-11)
   1) 하박국서 표제(1절)
   2) 하박국의 첫 질문: 불의에 대한 하박국의 호소(2-4절)
   3) 하나님의 첫 대답: 갈대아 사람들을 통한 심판(5-11절)
2. 하박국의 둘째 질문과 하나님의 대답(1:12-2:20)
   1) 하박국의 둘째 질문:악한 민족을 통한 심판의 문제점 질문(1:12-17)
   2) 하나님의 둘째 대답: 의인의 삶과 악한 민족에 대한 심판(2:1-20)
3. 하박국의 기도 찬양(3:1-19)
   1) 기도 찬양의 표제(1절)
   2) 하나님의 강력한 임재(2-15절)
   3) 하나님의 메시지에 대한 하박국의 반응과 고백(16-19절)

신학 주제

1. 하나님께 대한 정직한 의문

하박국의 메시지는 다른 선지자들과 근본적으로 차이가 나는 메시지 스타일을 가지고 있다. 다른 모든 선지자들이 하나님의 메시지를 받아 청중들에게 선포하는 스타일을 취하고 있지만 하박국은 하나님께 의문으로 가득한 질문

---

6. M. H. Floyd, *Minor Prophets* (Grand Rapids: Eerdmans, 2000), 81-84.

을 던지고, 하나님은 이에 대해 답변하는 형식을 가지고 있다. 하박국의 이런 메시지 스타일은 욥이 하나님께 던지는 질문과도 유사하며, 시편 35, 74, 79, 80, 94편에서도 볼 수 있다. 특히 하박국은 불의한 자가 의인을 핍박하고 사회적 약자들을 억압하는 것이 지속되는 것을 하소연하는 시편 94편의 주제와 아주 흡사하다. 하박국의 질문은 냉소적이고 부정적이며 오만한 태도로 하나님께 던지는 그런 부류의 의문이 아니다. 하박국의 의문은 스바냐 1:12이나 말라기 2:17에서 악인들이 자신의 악행으로부터 위안을 얻기 위해 하나님과 그의 정의를 의문하는 것과 차원이 다른 의문이다. 그의 질문은 불의가 만연하고 불의한 자들이 의인을 핍박하고 불의한 자들이 더 잘 사는 것 같은 상황 가운데서 침묵을 지키고 있는 하나님께 언제 이 불의가 종식되고 하나님의 율법에 근거한 공의가 세워질 것인가에 대한 정직하고 의로운 의문이다. 이런 형태의 의문은 경건한 성도들이 한 번쯤 하나님께 던져 본 경험이 있을 것이다. 하박국은 유다에 자행되고 있는 불의에 대해 기도해도 전혀 응답하지 않자 하나님께 의문을 표시하였고, 하나님의 대답을 듣고자 성루 파수대에 올라가기도 하였다. 이런 정직하고 의로운 의문에 대해 하나님은 불의한 자들에게 베풀 공의와 심판에 대한 메시지를 전하여 주고 의로운 자들을 구원해 줄 것을 하박국에게 말씀하신다.

2. 하나님과 세속 역사

하박국에서 하나님은 심판을 위해 바벨론 제국을 사용하실 것을 말씀하신다. 바벨론 제국을 통해 유다를 멸망시킬 것에 대해서는 다른 선지자들도 이미 언급하였지만, 하박국의 메시지는 좀 더 색다르다. 하박국서에서 하나님은 갈대아 사람들을 일으킨다고 말한다(1:6). 이 말은 넘어져 있는 갈대아 민족, 즉 다른 국가에 종속되어 독립성을 상실한 상태에 있는 갈대아를 하나님이 독립시키고 강력한 제국으로 만든다는 말이다. 하나님은 바벨론을 통하여 다른 여러 나라들을 심판하여 멸망시키기도 한다(1:14-17). 하지만 하나님은 이렇게 일으켜 세워 열방을 멸하는 도구로 사용한 갈대아 민족을 다시 친히 심판하시고 멸망시킨다고 한다. 이런 말씀들은 하나님 자신은 유다의 역사에만 섭리하고 다스리는 것이 아니라 이방 민족들의 흥망성쇠도 주관한다는 것이다. 하박국 2:13은 민족들이 헛된 일로 피곤하게 되는 것이 하나님에 의해 된다고 말하며, 세상 모든 민족들 위에 역사하시는 하나님의 모습을 3:6은 하나님의 강림 앞에 열방이 전율하는 것으로 묘사하며, 3:8-12는 하나님을 바다와 강과 산 위에서 병거를 타고 활을 쏘는 모습으로 묘사하고 있다. 이러한 하박국의 역사 인식은 하박국서 전후에 있는 나훔과 스바냐와 일치한다. 이들은 모두 바벨론이 생겨나기 이전에 메소포타미아를 장악하고 있던 아시리아의 멸망을 예고하고 있으며(나 1-3장; 합 1:6-10; 습 2:4-15), 학개 2:6-7에서는 모든 나라를 진동시켜 그들의 보배를 가져와 성전을 가득 채우는 것으로 묘사하고 있다. 하박국은 유다를 징벌하기 위해 초 강대국 바벨론을 일으키고 사용한다는 하나님의 말씀이 역사 속에 확실히 구현된다고 믿었기 때문에 그는 하나님의 말씀 앞에 입술이 떨렸고 뼈가 썩는 듯한 고통을 느꼈다(3:16).

3. 의인은 믿음으로

악인이 의인을 핍박할 때 하나님의 정의가 어디 있는지 의문을 제기하는 하박국에게 하나님은 성도의 삶과 관련하여 매우 중요한 원리를 말해준다. 하나님은 악인과 의인을 대비시키면서 악인은 그 마음이 교만하고 정직하지 못하지만 의인은 믿음으로 말미암아 살리라고 한다(2:4). 이 말을 기본적인 의도는 눈앞에 보이는 악인의 득세에 마음이 흔들리는 삶이 아니라 하나님과 그분의 정의를 굳게 신뢰하고 믿으며 사는 것이다. 하박국 2:4의 의인은 믿음으로 산다는 원리는 사도 바울이 로마서 1:17에서 예수 그리스도의 복음의 원리로 인용하여 제시할 정도로 매우 중요한 성도의 삶의 원리이다. 하박국에게서 믿음으로 산다는 것은 성도들이 평화의 시기에 일상 생활의 원리로 삼아야 하기도 하지만, 바벨론 제국이 일으키는 세계 전쟁과 같은 대 환란 앞에서도 견고하게 가져야 할 삶의 원칙이다. 그래서 하나님은 바벨론의 흉측한 죄악을 열거하기에 앞서 믿음으로 사는 원리를 말하였고, 바벨론의 악행 열거를 마무리하고 우상의 헛됨을 기록한 후 2장의 메시지를 종결하면서 하나님은 성전에 거하시는 여호와 앞에서 잠잠하라고 한다(1:20). "여호와 앞에 잠잠하라"는 말은 단순히 입을 다물라는 말이 아니라 하나님을 신뢰하고 그 분이 하시는 일을 묵묵히 지켜보라는 말이다. 이러한 하나님의 요청에 하박국은 하나님께 신뢰와 믿음으로 반응하였다. 하박국은 하나님이 유다를 멸망시키기 위해 바벨론을 도구로 사용할 때 진노 중에라도 긍휼을 잊지 말기를 호소하였고(3:2), 이방 민족들이 유다를 쑥대밭으로 만들어 무화과나무를 비롯한 농사에 소출이 없고 송아지를 비롯한 가축이 모두 없어지는 고난을 당할지라도 구원의 하나님을 기뻐할 것이라고 한다(3:17-18). 이런 고백을 한 이유는 하박국이 여호와 하나님을 그의 힘과 피난처라는 믿음을 가졌기 때문이다(3:19).

제1장 정의에 대한 하박국의 질문과 하나님의 대답 (1:1-17)

강포와 패역이 가득한 시대에 하박국은 정의가 어디에 있느냐고 하나님께 의문을 제기하였고 하나님은 바벨론을 통해 불의를 종식시키겠다고 한다. 이에 하박국은 악한 민족을 통해 무차별적으로 사람을 죽음으로 내모는 것이 옳은 것인지 하나님께 질문한다. 하박국의 질문과 하나님의 대답은 악한 세대 가운데서 하나님께서 하시는 일과 공의에 대한 근본적인 고뇌를 하게 만든다.

본문 개요

불의가 가득한 시대에 하나님께 정의에 대해 정직한 의문을 제기하는 내용을 담고 있는 하박국 1장은 세 부분으로 나눌 수 있다. 하박국 1:1은 하박국서의 표제에 해당되며, 본격적인 메시지는 2절부터 시작된다. 하박국 1장의 첫 부분은 2-4절이며, 여기에서 하박국은 유다 내부에 만연해 있는 불의에 분개하며 하나님께 구원과 정의가 어디에 있는지 의문을 표시한다. 하박국의 둘째 부분인 1:5-11에서 하나님은 하박국의 질문에 대해 갈대아 사람들을 일으키겠다고 한다. 7-11절에서는 바벨론 제국의 군사력과 그들이 자행할 잔인한 전쟁 범죄에 대해 기록하고 있다. 하나님이 바벨론 제국을 일으키는 이유와 목적을

5-11절에서 밝히고 있지 않고 있다. 하지만 하박국의 셋째 부분인 1:12-17에 기록된 하박국의 반응을 미루어 볼 때 하나님은 바벨론 제국을 통해 불의가 가득한 유다를 징벌하겠다는 의도를 가지고 있음을 확인할 수 있다. 하박국은 바벨론과 같은 포악한 민족을 통해 연약한 인생들을 그물로 고기를 잡는 것처럼 무자비하게 멸망 당하게 하는 것이 옳은 일인지 다시 질문한다.

내용 분해

1. 하박국의 첫 번째 질문(1:1-4)
   1) 하박국서 표제(1절)
   2) 겁탈과 강포에 대한 호소(2-3절)
   3) 불의가 정의를 굽게 함(4절)
2. 하나님의 응답: 갈대아를 일으키리라(1:5-11)
   1) 갈대아를 일으킴(5-6절)
   2) 갈대아 군대의 위용(7-8절)
   3) 갈대아 군대의 강포(9-11절)
3. 하박국의 둘째 질문(1:12-17)
   1) 불의에 침묵하시는 하나님께 의문(12-13절)
   2) 사람을 물고기처럼 죽이는 것이 옳은가(14-17절)

본문 주해

1. 하박국의 첫 번째 질문(1:1-4)

1 선지자 하박국이 묵시로 받은 경고라 **2** 여호와여 내가 부르짖어도 주께서 듣지 아니하시니 어느 때까지리이까 내가 강포로 말미암아 외쳐도 주께서 구원하지 아니하시나이다 **3** 어찌하여 내게 죄악을 보게 하시며 패역을 눈으로 보게 하시나이까 겁탈과 강포가 내 앞에 있고 변론과 분쟁이 일어났나이다 **4** 이러므로 율법이 해이하고 정의가 전혀 시행되지 못하오니 이는 악인이 의인을 에워쌌으므로 정의가 굽게 행하여짐이니이다

하박국 1:1-4에서 하박국은 유다와 예루살렘에서 일어나고 있는 강포로부터 하나님이 의인들을 구원해 주지 않고 겁탈과 억압을 당하게 한 것에 대해 호소하며, 율법이 해이하게 되고 악인에 의해 정의가 굽게 되는 것에 대해 하소연하고 있다.

1) 하박국서 표제(1절)

하박국서 표제를 기록하고 있는 1절은 *맛사*(מַשָּׂא)로 시작하며 그 뜻은 '경고'이다. 선지서들 중에서 *맛사*로 시작하는 책은 나훔과 말라기 그리고 하박국뿐이며, 스가랴서 9:1과 12:1에서 사용되었다. 하박국의 *맛사*에는 정관사 *하*(ה)가 첨가되어 *함맛사*(הַמַּשָּׂא)로 되어 있다. 이처럼 정관사가 붙은 *함맛사*(הַמַּשָּׂא)를 표제로 사용한 경우는 하박국 1:1이 유일하다. 정관사가 붙은 이유는 접속사절 *아세르*(אֲשֶׁר)로 *맛사*를 설명하고 있기 때문이다. 나훔과 말라기뿐만 아니라 *맛사* 표현을 가지고 있는 이사야서를 비롯한 다른 선지서들의 경우 *맛사* 다음에는 경고를 받는 국가나 도시 이름이 곧이어 나오거나 '여호와의 말씀'이라는 표현을 가지고 있으며, 이를 통해 선지자들이 하나님의 말씀

을 귀로 듣고 전한 것으로 표현되고 있는 반면에 하박국의 경우에는 '이상을 본다'는 의미를 가진 *하자*(חָזָה)를 사용하여 하박국이 *맛사*를 이상 가운데 눈으로 보고 기록한 것으로 말하고 있다.[1] 이것은 하박국이 하나님의 말씀을 수동적으로 듣기만 한 것이 아니라 이상을 보는 가운데 적극적으로 하나님께 의문을 질의하고 하나님은 이에 대해 대답을 하며 주고받은 경고 메시지라는 사실을 보여준다. 하박국의 표제의 또 다른 특징은 하박국이 선지자라는 사실을 제외하고 그에 관한 어떤 정보도 제공하지 않는다. 그의 아버지의 이름이나 지역, 직업, 그리고 활동 시대를 짐작할 수 있는 왕들의 이름 등등에 대한 언급이 전혀 없다. 전통적으로 유대인들은 하박국을 레위 지파 출신으로 생각했다. 가경 "벨과 용(Bel and the Dragon)" 14:31에 의하면 다니엘에게 양식을 가져다주는 하박국 선지자는 레위 지파 예수의 아들이라고 불리고 있다.[2]

2) 겁탈과 강포에 대한 호소(2-3절)

하박국 2-3절에서는 유다에서 자행되고 있는 겁탈과 강포 때문에 하나님께 도움을 요청하였지만 이를 들어주지 않는 하나님께 대한 하박국의 하소연을 기록하고 있다. 하박국의 메시지는 2절에서 *아드-아나*(עַד־אָנָה)로 시작하며, 이 표현은 종종 '어느 때까지'로 번역되었으며, 선지서에서는 매우 드물게 예레미야 47:6과 하박국 1:2에서만 사용되었다. 이 표현은 *아드 마*(עַד־מָה, '어느 때까지') 또는 *아드 마타이*(עַד־מָתַי, 2:6)와 함께 주로 큰 고통과 시련 속에서 하나님의 도움을 오랫동안 간절하게 기도하며 기다렸음에도 불구하고 하나님의 도움을 전혀 받지 못한 의로운 백성이 고통만 더 심해지는 상황 속에서 하나님께 고통스럽고 슬픔이 가득한 호소를 할 때 종종 사용되었다(욥

---

1. Barker & Bailey, *Micah, Nahum, Habakkuk, Zephaniah*, 289.
2. Smith, *Micah-Malachi*, 93; Bruce, "Habakkuk," 842; Barker & Bailey, *Micah, Nahum, Habakkuk, Zephaniah*, 290.

19:2; 시13:2-3).[3] 이 표현을 사용하여 하박국은 첫 문장에서 '어느 때까지 주여 내가 부르짖어도 당신께서는 듣지 아니 하시나이까'하고 하나님께 호소하였다. 둘째 문장에서 하박국은 자신이 하나님께 부르짖은 이유를 밝히며, 그 이유를 *하마스*(חָמָס, '강포') 때문이라고 한다. *하마스*는 매우 심각한 폭력을 지칭하는 표현이며, 창세기 6:11과 13에서 하나님이 세상을 멸망시키는 이유로 온 땅에 *하마스*가 가득하였기 때문이라고 하였다. 이런 극한 폭력 때문에 하박국이 하나님께 울부짖어도 하나님은 이 *하마스*로부터 구원하여 주지 않았다고 한다.

3절은 *람마*(לָמָּה, 'for what' '어찌하여')로 시작하며, 이것은 2절에서 '어느 때까지'로 시작한 주제가 3절에서도 이어지고 있음을 보여준다. 3절이 이어가고 있는 구체적인 주제는 2절에서 말한 *하마스*이며, 하박국은 현재 겪고 있는 *하마스*를 3절에서 다양하게 표현하고 있다. *아웬*(אָוֶן, '악') *아말*(עָמָל, '패역'), 소드(שֹׁד, '겁탈'), 그리고 *하마스*(강포)는 모두 동의어에 속하는 표현들이다. '겁탈'과 '강포'는 예레미야가 하나님의 말씀을 전하면서 겪었던 고난을 두고 사용한 표현이기도 하다(렘 20:8). 하박국은 강포와 겁탈뿐만 아니라 법적인 소송과 분쟁이 일어난 것을 고통스럽게 생각하고 있다. 변론(립 רִיב)과 분쟁(*마돈* מָדוֹן)이란 표현을 나란히 사용한 것은 예레미야 15:10과 하박국 1:3에서만 볼 수 있다. 예레미야는 15:10에서 자신이 온 땅에서 변론과 분쟁의 대상이 되어 자신을 저주하는 대상이 된 것 때문에 자신의 출생 자체를 원망하며, 자신이 빌리지도 빌려주지도 않았음에도 변론과 분쟁의 대상이 된 것을 고통스러워하고 있다. 그리고 잠언 28:25에서 탐욕을 부리는 자가 분쟁을 일으킨다고 하는 것을 고려하면, 하박국이 변론과 분쟁을 겪는 것도 터무니없이 이권에 휘말려 분쟁을 겪은 것으로 여겨진다. 3절의 하박국의 말에서 인상적인 것은 이들 동의어를 통해 자신이 겪고 있는 강포를 강조하는 것에 더하여 자

---

3. D. W. Baker, *Nahum, Habakkuk, Zephaniah*, TOTC (Leicester: IVP, 1990), 51.

신이 겪는 강포를 하나님이 그에게 보게 하였다고 말하는 것이다. 이런 말을 한다는 것은 하박국이 인간 사회에서 일어나는 모든 일에 하나님이 직접 개입하신다는 신앙을 가지고 있음을 보여준다.

3) 불의가 정의를 굽게 함(4절)

4절의 *알-켄*(עַל־כֵּן)은 '그러므로'의 뜻을 가지며, 2-3절에서 하박국이 말한 유대인들 가운데 만연한 *하마스*의 결론은 정의의 상실이라는 것을 보여준다. 4절은 율법의 무력화와 악인들이 의인을 둘러 싸고 있는 상황 때문에 정의가 왜곡되었다는 것을 반복해서 말한다.

$$\text{עַל־כֵּן תָּפוּג תּוֹרָה} \qquad \text{וְלֹא־יֵצֵא לָנֶצַח מִשְׁפָּט}$$
$$\text{כִּי רָשָׁע מַכְתִּיר אֶת־הַצַּדִּיק עַל־כֵּן יֵצֵא מִשְׁפָּט מְעֻקָּל:}$$

위에서 볼 수 있는 것처럼 2행과 4행에서 나란히 사용된 동사 *에체*(יֵצֵא, '나가다')는 각각 1행과 3행에서 묘사된 일들 때문에 생겨난 공통된 결과가 생겨났다는 것을 보여준다. 즉 율법이 마비된 것 때문에 정의가 시행되지 못하고 악인이 의인을 에워싼 것 때문에 정의가 굽게 되었다. 4절의 첫 표현인 '율법이 마비된다'에서 '마비되다'로 번역된 히브리어 *푸그*(פוּג)는 창세기 45:26에서 야곱이 요셉의 생존 소식을 듣고 깊은 충격 때문에 꼼짝도 못하고 말도 못하는 상황을 묘사하기 위해 사용되었다. 이런 점을 감안하면 푸그는 유대인들이 율법을 지키지 않고 율법에 의한 사회 유지 기능이 마비되어 버렸다는 것을 보여주려고 사용되었다. 이것은 하박국 1:2-4의 겁탈과 강포가 아시리아를 비롯한 이방 민족들이 유대인들에게 행한 만행이 아니라 유대인들 상호간에 자행된 악행들이라는 것을 뒷받침해 준다. 4절은 정의가 무너지는 사회에 이르는 과정을 논리적으로 나열하고 있다. 하나님의 율법이 그 기능을 상실하게 되자 정의가 구현되지 못하게 되고, 악인이 의인을 둘러싸고 위협하게 되자 정의가 왜곡되어 버린다.[4] 이런 정의의 왜곡 현상은 유대인들이 포로로 끌려 가기 전에도 있었고, 포로에서 돌아온 이후에도 이어졌다. 스바냐 1:12에 의하 면 예루살렘 주민들 중에는 마음 속으로 "여호와께서는 복도 내리지 않고 화 도 내리지 않는다"고 말하며, 정의로 가득해야 할 예루살렘을 악으로 가득 채 웠다. 말라기 2:17에 의하면, 포로에서 돌아온 예루살렘 사람들은 "모든 악을 행하는 자는 여호와의 눈에 좋게 보이며 그에게 기쁨이 된다"고 말하면서 정 의의 하나님이 어디 계시냐고 냉소를 보냈다. 유사하게 하박국 1:4은 예루살 렘과 유다의 백성들이 정의를 굽게 만들었다고 한다.

2. 하나님의 응답: 갈대아를 일으키리라(1:5-11)

5 여호와께서 이르시되 너희는 여러 나라를 보고 또 보고 놀라고 또 놀랄 지어다 너희의 생전에 내가 한 가지 일을 행할 것이라 누가 너희에게 말할 지라도 너희가 믿지 아니하리라 6 보라 내가 사납고 성급한 백성 곧 땅이 넓은 곳으로 다니며 자기의 소유가 아닌 거처들을 점령하는 갈대아 사람 을 일으켰나니 7 그들은 두렵고 무서우며 당당함과 위엄이 자기들에게서 나오며 8 그들의 군마는 표범보다 빠르고 저녁 이리보다 사나우며 그들의 마병은 먼 곳에서부터 빨리 달려오는 마병이라 마치 먹이를 움키려 하는 독수리의 날음과 같으니라 9 그들은 다 강포를 행하러 오는데 앞을 향하 여 나아가며 사람을 사로잡아 모으기를 모래 같이 많이 할 것이요 10 왕들 을 멸시하며 방백을 조소하며 모든 견고한 성들을 비웃고 흙벽을 쌓아 그 것을 점령할 것이라 11 그들은 자기들의 힘을 자기들의 신으로 삼는 자들

---

4. 의인을 둘러 싸고 있는 악한 자의 정체에 대해서는 두 가지 주장이 있다. 첫째는 이스라엘을 둘러싸 고 있었던 강대국들인 아시리아나 이집트 그리고 바벨론을 의미하는 것으로 해석하는 것이고, 둘째 는 유대인 내부의 악한 사람이나 악한 단체로 해석하는 것이다. M. D. Johnson, "The Paralysis of Torah in Habakkuk 1:4," *VT* 35 (1985): 257-66.

이라 이에 바람 같이 급히 몰아 지나치게 행하여 범죄하리라

하박국의 질문을 듣고 그에게 한 하나님의 대답이 5-11절에 기록되어 있다. 하나님은 갈대아 사람, 즉 바벨론 제국을 일으킬 것이고 이를 통해 강포와 겁탈을 일삼고 정의를 굽게 만든 유대인들을 징벌할 것이라고 말한다. 하나님은 바벨론 제국의 위용과 그들이 행할 잔혹한 학대를 7-11절까지 길게 설명한다.

1) 갈대아를 일으킴(5-6절)

5-6절에서 하나님은 갈대아 민족을 일으켜 바벨론 제국을 역사의 무대에 등장시킬 것을 예고한다. 5절은 개역개정 성경이 "여호와께서 이르시되"라는 말로 시작하는 것과는 달리 이 말은 없고 곧바로 하나님의 말씀으로 시작되고 있다. 5절에서 하나님은 3절에서 하박국이 한 말을 되받아 말씀한다. 3절에서 하박국은 하나님께 내게 죄악을 보게 하시며 패역을 눈으로 보게 하시나이까라고 하며 동사 *라아*(רָאָה, '보다')와 *나바트*(נבט, '바라보다')를 사용하여 하나님께 하소연했는데, 5절에서 하나님은 동사 *라아*와 *나바트*의 명령문을 사용하여 이방 민족들을 '보고'(*레우*רְאוּ)또 '보아라'(*합비투*הַבִּיטוּ)고 말한다. 이 동사의 명령문에서 하나님은 하박국과 단독으로 이상 중에 대화를 나눔에도 불구하고 복수를 사용하였다.[5] 이것은 하박국의 메시지의 대상이 하박국에 한정되지 않고 하박국의 하소연을 통해 하나님의 경고(*맛사*מַשָּׂא)를 받는 모든 유대인들이라는 것을 보여준다. 하나님은 이어서 하박국에서 그 이방 민족들을 바라보고 있는 동안에 동사 *타마*(תָּמַהּ)의 히트파엘(Hithpael) 명령문 *힡탐메후*(הִתַּמְּהוּ)와 칼(Qal) 명령문 *태마후*(תְּמָהוּ)를 반복 사용하여 '스스로 놀라고 또 놀라라'고 말한다. 하나님은 '보라'의 뜻을 가진 동사와 '놀라라'

---

5. O. P. Robertson, *The Books of Nahum, Habakkuk, and Zephaniah*, NICOT (Grand Rapids: Eerdmans, 1990), 145-48.

의 뜻을 가진 동사의 반복법을 통해 하나님께서 하실 일의 특별함을 강조하고 있다. 하박국과 유다의 불의한 자들이 놀라야만 되는 이유는 그들이 들어도 믿을 수 없는 엄청난 일을 하박국 시대의 사람들이 생존해 있는 동안에 일으킬 것이기 때문이다.[6] 그 일은 6절에서 말하는 갈대아 사람들을 일으켜 바벨론 제국을 세우는 것이다.

6절은 하나님께서 친히 바벨론 제국을 일으킨다는 것을 강조하기 위해 감탄사 힌네(הִנְנִי)에 대명사 접미사 1인칭 공성 단수를 첨가하여 '보라 내가'라고 하였고, 임박한 미래에 이 일을 행할 것을 말하기 위해 동사 쿰(קוּם, '일으키다')의 히필(Hiphil) 분사 메킴(מֵקִים)을 사용하여 '보라 내가 갈대아인들을 일으킬 것이라'고 한다. 메소포타미아 지역의 패권을 장악한 적이 있는 갈대아 사람들의 제국화에 대해 하박국과 유대인들이 놀랄 이유가 무엇일까? 하박국 선지자의 메시지가 주어지던 시기의 아시리아의 군사력은 너무 막강한 반면에 갈대아 사람들이 아시리아 제국 통치하에서 독립하는 것은 불가능에 가까웠기 때문일 것이다. 아시리아 왕 아술바니팔의 통치 전반기 때만 해도 메소포타미아 지역의 민족들은 독립은커녕 아시리아에 대한 저항을 엄두도 내지 못했다. 아술바니팔이 죽고 난 이후 아시리아의 혼란기에도 메소포타미아의 속국들은 독자적인 힘으로 아시리아를 공격하지 못하고 연합군을 형성해서 니느웨와 앗술을 정복할 수 있었다. 이런 상황에서 아시리아를 정복하고 메소포타미아에 새로운 제국을 세운 나라가 바벨론이다.[7] 바벨론의 독립을 주도한 나보폴라살은 바벨론 성 시민이 아니라 메소포타미아 남동쪽에 위치해 있는 갈대아 사람 중에 한 명으로서 바벨론 성의 지배자였던 아시리아

---

6. 행 13:41에서 사도 바울은 비시디아 안디옥에서 유대인들에게 예수 믿을 것을 촉구하면서 이 본문을 인용하였다.

7. 쿰란 공동체는 합 1:5 이하의 바벨론을 로마 제국의 군대로 적용하였다(1QHabakkuk Pesher). F. García Martínez, *The Dead Sea Scrolls Translated: The Qumran Texts in English* (Grand Rapids: Eerdmans, 1996), 198.

의 아술바니팔 왕의 아들인 신-수무-리실(Sin-shumu-lishir) 수하의 장군들
중에 한 명에 지나지 않았다.

6절은 바벨론 제국을 세운 갈대아 사람을 사납고 성급한 민족으로 묘사하
고 있다. '사납고'로 번역된 형용사 *마르*(מַר)는 극심한 육체적 고통이나 이로
인한 마음의 고통을 일컫는 표현이다. 6절에서는 이런 잔혹한 고통을 가하는
민족이라는 의미로 사용되었다. '성급한'으로 번역된 동사 *마하르*(מָהַר)의 니
팔(Niphal) 분사 *님하르*(נִמְהָר)는 형용사적 용법이며 니팔 형이지만 수동의
의미보다 재귀형으로 사용되어 '신속한'의 의미를 가지고 있다. 6절은 갈대아
민족을 '넓은 땅으로 다니며 자기 소유가 아닌 곳을 거처로 삼는다'고 한다. 6
절 전체의 표현은 나보폴라살이 이끄는 바벨론 군대도 해당 되겠지만 그의 아
들 느부갓네살의 군대에 더 적합해 보인다. 아멜리 쿠르트(Amélie Kuhrt)에
의하면, 나보폴라살은 아시리아가 심각한 내전에 빠져 있을 때 바벨론 성을
차지하게 되지만, 아시리아로 밀고 들어가지 못하고 오히려 바벨론을 되찾으
려는 아시리아와 혹독한 전쟁을 치루어야 했다.[8] 하지만 나보폴라살은 메대
왕 싸이악사레스(Cyaxres)와 동맹을 맺고 그리고 스키디아와 킴메리아와 함
께 아시리아를 공격하여 니느웨를 함락시키고(612 B.C.), 수도를 하란으로 옮
긴 아시리아와 그의 동맹군인 이집트와 지루한 전투를 벌이다가 605년에 바
벨론에서 사망한다. 나보폴라살은 죽기 전에 자신의 아들 느부갓네살에게 아
시리아와 이집트 연합군과 칼게미쉬에서 싸우게 하였고, 느부갓네살은 기원
전 605년에 이들 두 나라를 격파하고 긴 전쟁을 종결시키며 바벨론을 대제국
으로 만든다.[9] 느부갓네살은 이어서 스키디아와 킴메리아를 굴복시키고 시리
아와 레바논을 점령하여 아시리아 제국에 속했던 지역을 모두 차지하게 된다.

---

8. A. Kuhrt, *The Ancient Near East: c. 3000-330 BC* (New York: Routledge, 1995), 589-97.
9. Bruce, "Habakkuk," 847.

2) 갈대아 군대의 위용(7-8절)

7-8절은 6절의 '사납고'(함마르, הַמַּר)와 '성급한'(한님하르, הַנִּמְהָר)을 더 구체적으로 설명하고 있다. 7절은 이들을 두렵고 무서운 존재라고 묘사하며, 위엄을 갖추고 있다고 한다. 개역개정 성경이 "두렵고"로 번역한 *아욤*(אָיֹם)은 구약 성경에서 세 번만 사용되었으며, 아가 6:4와 10절에서 군대의 깃발들과 관련하여 사용되었다. 이런 점을 감안하면 *아욤*은 군사적 위용에서 나오는 두려움으로 생각된다. 개역개정이 "당당함"으로 번역한 히브리어는 명사 *미쉬파트*(מִשְׁפָּט)이며, 이 명사를 4절에서는 '정의'로 번역하였다. 7절에서 *미쉬파트*는 의도적으로 사용된 것으로 판단된다. 즉 하박국은 4절에서 정의가 전혀 시행되지 못하고 있다고 하나님께 하소연하였는데, 7절에서는 이 정의가 갈대아 사람들 앞에 있다고 하며, 아예 정의의 척도 자체가 갈대아 사람들 손에 달려 있다고 말한다.[10]

8절은 6절의 '신속함'(한님하르, הַנִּמְהָר)을 구체적으로 설명하며, 세 종류의 짐승을 통해 갈대아 군마와 마병의 위용을 묘사한다. 먼저 8절은 비교법을 두 번 사용하여 갈대아 사람들의 군마를 표범과 이리와 비교하고 있다. 첫 행은 갈대아의 군마가 표범보다 빠르다고 하였고, 둘째 행에서는 저녁 이리보다 사납다고 한다. 저녁 이리는 굶주린 이리가 먹이를 발견하고는 사납게 달려드는 모습을 염두에 둔 표현이다. 8절은 또한 갈대아의 마병을 독수리에 비교하고 있다. 갈대아 사람들의 마병은 비록 멀리서 왔지만 그럼에도 불구하고 그 빠르기가 먹이를 낚아채기 위해 공중에서 땅으로 빠르게 날아 내리는 독수리처럼 빠르다고 한다.

---

10. Johnson, "The Paralysis of Torah in Habakkuk 1:4," 257-66; D. Cleaver-Bartholomew, "An Additional Perspective on Habakkuk 1:7," *Proceedings* 28(2007): 47-52.

3) 갈대아 군대의 강포(9-11절)

8절에 이어서 9절은 갈대아 사람들이 사납고 빠른 군사력으로 무엇을 하는지를 밝힌다.[11] 이들의 막강한 군사력은 모두 강포를 행하기 위한 목적을 가지고 있다. 강포(하마스חָמָס)는 하박국이 2절과 3절에서 유다에서 자행되고 있다고 하나님께 하소연한 내용이다. 하박국은 이 강포 때문에 하나님께 호소하였는데, 하나님은 갈대아 사람들을 일으켜 그들 모두가 강포를 행하게 만든다. 2-3절에서 말하는 유다에서 자행된 강포는 조직 폭력배나 권력가들에 의한 것이었다면, 9절에서 말하는 강포는 유다에서 자행되고 있는 강포하고는 비교가 되지 않는 전쟁을 통한 강포이며, 이 강포를 통해 모래처럼 많은 포로들을 끌어 모을 것이라고 한다. 9절의 예언처럼 실제 역사에서 바벨론은 유대인들을 비롯하여 수많은 사람들을 포로로 끌고 바벨론으로 데려 갔다(왕하 25:11, 19). 역대하 36:17-20에 의하면 바벨론 군대는 남녀노소와 병약한 사람을 긍휼히 여기지 않고 칼로 살육했으며, 칼에서 살아남은 자들을 바벨론으로 사로잡아가서 노예로 삼았다.

10-11절은 갈대아 사람들의 힘을 다시 묘사하고 있다. 10절은 갈대아 사람들이 왕들을 멸시하고 방백을 조소하며 모든 견고한 성들을 조롱하면서 흙벽을 쌓아 이 성들을 점령할 것이라고 한다. 열왕기하 25:1-21은 바벨론의 느부갓네살이 예루살렘 성을 공격하는 장면이 잘 기록되어 있으며, 하박국 1:10에서 말하는 갈대아 사람들이 성을 점령하는 예언의 내용을 잘 반영하고 있다. 느부갓네살의 군대는 시드기야 제9년 10월 10일부터 11년 4월 9일까지 약 1년 6개월 동안 예루살렘 성을 포위하고, 진을 치고 토성을 쌓아 공격하였다. 때 마침 예루살렘에는 기근이 심하여 먹을 식량이 모두 떨어졌고(렘 38:9), 부녀들이 자기 손으로 자기 자녀들을 삶아 먹는 일이 발생하였다(애 4:10). 시드기야가 야밤에 도망하자 갈대아 군대가 뒤쫓아가서 잡아와 그가 보는 앞에서 그의

---

11. D. T. Tsumura, "Polysemy and Parallelism in Hab 1:8-9," *ZAW* 120 (2008): 194-203.

아들들을 죽이고 그의 두 눈을 빼고 놋 사슬로 결박하여 바벨론으로 끌고 갔다. 그리고 바벨론 군대는 성전과 왕궁과 모든 귀인의 집을 불태우고 예루살렘 성벽을 헐었다고 한다(왕하 25:8-9).

이렇게 막강한 힘을 가지고 있었기 때문에 11절은 갈대아 사람들은 자신들의 힘을 신으로 삼는 자들이라고 한다. 갈대아 사람들도 고대 메소포타미아의 신들을 숭배하였고 느부갓네살 왕은 마르둑(Marduk) 신을 자신의 주요 신으로 숭배하였음을 감안하면(*ANET*, 307), 이 말은 갈대아 사람들이 자신들의 힘을 전적으로 믿고 의지한다는 의미로 사용되었다. 11절에서 하나님은 이런 힘과 능력을 가지고 갈대아 사람들이 유다에서 자행되는 범죄보다 더 엄청난 범죄를 저지르게 된다고 한다.

3. 하박국의 둘째 질문(1:12-17)

12 선지자가 이르되 여호와 나의 하나님, 나의 거룩한 이시여 주께서는 만세 전부터 계시지 아니하시니이까 우리가 사망에 이르지 아니하리이다 여호와여 주께서 심판하기 위하여 그들을 두셨나이다 반석이시여 주께서 경계하기 위하여 그들을 세우셨나이다 **13** 주께서는 눈이 정결하시므로 악을 차마 보지 못하시며 패역을 차마 보지 못하시거늘 어찌하여 거짓된 자들을 방관하시며 악인이 자기보다 의로운 사람을 삼키는데도 잠잠하시나이까 **14** 주께서 어찌하여 사람을 바다의 고기 같게 하시며 다스리는 자 없는 벌레 같게 하시나이까 **15** 그가 낚시로 모두 낚으며 그물로 잡으며 투망으로 모으고 그리고는 기뻐하고 즐거워하여 **16** 그물에 제사하며 투망 앞에 분향하오니 이는 그것을 힘입어 소득이 풍부하고 먹을 것이 풍성하게 됨이니이다 **17** 그가 그물을 떨고는 계속하여 여러 나라를 무자비하게 멸망시키는 것이 옳으니이까

하나님이 유다의 겁탈과 강포를 징벌하기 위해 갈대아 사람들을 사용하고 이들이 자신의 군사력으로 유다 자체의 불의하고는 비교가 되지 않는 엄청난 강포와 범죄를 저지르게 할 것이라고 하자 하박국은 두 번째 의문을 하나님께 표한다. 하박국은 12-13절에서 불의에 침묵하시는 하나님께 의문을 드러내고, 14-17절에서는 불의한 갈대아 사람들을 통해 사람을 어부가 물고기를 죽이듯이 죽이는 것이 옳은 일인지 의문을 제기한다.

1) 불의에 침묵하시는 하나님께 의문(12-13절)

12절은 개역개정이 "선지자가 이르되"로 시작하는 것과 달리 선지자 하박국이 하나님께 하는 말로 곧바로 시작된다. 하박국은 하나님께 옛적부터 거룩하신 하나님 되시는 분이 아니시냐는 말로 시작한다. 하박국은 하나님을 '옛적부터 여호와 나의 거룩하신 하나님'이라고 호칭하였는데, "옛적부터 여호와"는 출애굽 때에 하나님께서 이스라엘과 언약을 체결하시고 언약의 주가 되신 것을 염두에 둔 표현이다. '나의 거룩하신 하나님'은 모세오경에서 하나님의 거룩성을 나타낼 때 사용하였고 그리고 이스라엘 백성들에게 거룩하게 구별될 것을 요구할 때 사용된 표현이다. 레위기 19:2에서 하나님은 '나는 여호와 너희 하나님은 거룩하니라'고 하였는데, 하박국은 이를 사용하여 하나님의 여호와 되심과 거룩하심에 대한 질문을 던졌다. 레위기 11:44를 비롯하여 레위기와 신명기 곳곳에서 하나님은 자신의 거룩함을 내세우면서 이스라엘 백성들에게 거룩하게 구별된 삶과 제의를 하나님께 드릴 것을 요구하고 있다. 하박국은 이런 하나님의 요구를 염두에 두고 하나님을 '나의 거룩하신 하나님'이라고 불렀다. 이 표현은 구약 성경에서 하박국 1:12에서 유일하게 사용되었으며, '나의'를 통해 하박국은 자신은 하나님 말씀에 따라 거룩한 삶을 추구하고 있음을 드러내고 있다. 하박국은 "하나님은 언약의 주님으로서 거룩하신 하나님이고 우리에게 거룩한 삶을 살도록 요구하셨고 그래서 우리가 거룩한 삶을 살고 있기 때문에 우리는 악인들의 손에 죽지 않아야 하는 것이 아닙

니까?" 하고 질문하고 있는 것이다.¹² 하박국은 이어서 '여호와여 정의를 위해 당신은 그를 두셨나이다'라고 하고 이어서 '반석이시여 꾸짖기 위해 그를 세 웠나이다'라고 한다. '그를'은 5-11절에서 하나님께서 일으키겠다고 말한 갈대 아 사람들이며, 이 두 표현을 통해 하박국은 하나님이 갈대아 사람들을 도구 로 사용하는 것에 대해 옳지 못하다는 의견을 제시하고 있다.

13절에서 하박국은 바벨론에 의해 유다에서 자행될 죄악에 대해 항변하고 있다. 13절은 1행과 2행에서 3절에서 하박국이 사용한 동사 *라아*(ראה)와 *나바 트*(נבט)를 다시 사용하여 하나님의 성품을 묘사한다. 이것은 5절에서 하나님 의 계획을 말하면서 이 두 동사를 사용한 것을 고려한다면 다분히 의도적이라 고 생각된다. 먼저 1행은 동사 *라아*의 부정사 연계형을 전치사 *민*(מן)과 결합 한 표현인 *메레오트*(מֵרְאוֹת)을 통해 하나님은 악을 보지 못하실 정도로 눈이 정결하시다고 하였다. 이를 강조하기 위해 1행은 동사 없는 문장을 만들었다. 2행에서는 동사 *나바트*의 히필(Hiphil) 부정사 연계형인 *합비트*(הַבִּיט)을 통해 하나님은 패역을 볼 수 없으시다고 말한다. 이를 강조하기 위해 부정사 연계 형으로 된 술어부를 동사 *투칼*(תוּכַל)앞으로 도치하였다.

이어서 13절은 3절에서 했던 것처럼 *람마*(לָמָּה, '어찌하여')를 통해 하나님 께 질문을 쏟아낸다. 이 질문에서 하박국은 4절의 *라샤*(רָשָׁע, '악인')와 *차딕* (צַדִּיק, '의인')을 사용하고 있으며, 그 이유는 유다 백성들이 행한 죄악과 바 벨론 사람들이 유다에서 행할 죄악을 대비시키려는 의도를 가지고 있다.¹³ 13 절에서 하박국은 바벨론에 의해 유다와 예루살렘에서 자행될 죄악에 대해 하 나님은 눈이 정결하기 때문에 악을 보지 못하시는 분이시고, 패역을 보고 가 만히 있을 수 없는 분인데도 어떻게 거짓을 행하는 자를 보고만 있으며 악인 이 의인을 삼킬 때에 침묵을 지키시는지 질문한다. 이와 같은 하박국의 태도

---

12. A. J. O. van der Wal, "Lōʾnāmūt in Habakkuk 1:12 : a Suggestion," *VT* 38 (1988): 480-83.
13. T. Hiebert, "The Book of Habakkuk," ed. L. Keck, *NIB*, vol 7 (Nashville: Abingdon, 1996), 638; Barker & Bailey, *Micah, Nahum, Habakkuk, Zephaniah*, 314.

를 불신앙의 모습으로 생각할 수도 있지만, 사실상 하박국의 질문은 창세기 18:23-25에서 아브라함이 소돔과 고모라를 멸망시키려는 하나님께 의인을 악인과 함께 죽게 하는 것은 부당하며 정의로운 것이 아니라고 항변했던 것과 유사하다. 그렇기 때문에 하박국의 의문과 질문을 불신앙으로 생각해서는 안되고 하나님의 깊은 섭리를 이해하지 못하는 의인의 고뇌로 가득한 정의로운 질문으로 생각해야 한다. 하박국의 여호와 신앙이 불변하다고 볼 수 있는 표현이 그의 질문에서 확인할 수 있다. 이렇게 질문하는 중에도 하박국은 하나님을 '여호와'와 '반석'으로 부르며 하나님의 보호에 대한 믿음을 드러내고 있다.

2) 사람을 물고기처럼 죽이는 것이 옳은가(14-17절)

14-17절에서 하박국은 하나님께 바벨론이 저지를 죄악을 두개의 비유를 통해 항변한다. 첫째는 어부가 낚시와 그물과 투망으로 물고기를 잡는 것에 비유하고 있다. 첫번째 비유에서 하박국은 하나님께 '당신이 사람을 바다의 물고기처럼 만드신다고 하고, 둘째 비유에서는 사람을 '다스리는 자가 없는 물고기 떼'라고 비유하였다. 개역개정이 "벌레"라고 번역한 히브리어 *레메쉬* (רֶמֶשׂ)는 떼를 지어 움직이는 벌레나 물고기를 말하며, 14-17절이 일관되게 물고기를 배경으로 메시지가 이어지는 것으로 고려하면 벌레 떼라기보다는 물고기 떼이다(창 1:21). 이 물고기를 다스리는 자가 없는 떼라고 말한 이유는 지도자에 의해 율법을 통한 정의 사회 구현을 이룰 가능성을 가지고 있는 인간과 대비시키기 위해서이다. 하박국의 항변의 의미는 인간을 정의를 생각할 수도 없는 물고기 떼처럼 죽게 만드는 것은 옳지 못하다는 것이다.

15절은 '그가 낚시로 모두 낚으며'라고 하며, 주어 '그가'는 5-11절의 갈대아 사람이다. 15절은 어부가 낚시와 그물과 투망으로 물고기를 잡고 풍어로 인해 즐거워하는 모습을 통해 갈대아 사람들이 많은 인간을 포로로 잡아 끌고 가면서 즐거워하는 모습을 묘사하고 있다. 15절 마지막 행부터 17절까지는 14절에서 15절 셋째 행까지 이어진 물고기 비유의 결과로서 바벨론 사람들이 행하는 행위들을 기록하고 있으며, *알-켄*(עַל-כֵּן, '그러므로')을 가지고 하나님께 대한 항변을 이어간다. 이것은 하박국이 4절에서 *알-켄*을 반복했던 것과 같으며, 아래의 네모 칸에서 볼 수 있는 것처럼 15-17절에서 *알-켄*을 세 번 반복한다.

כֻּלֹּה֙ בְּחַכָּ֣ה הֵעֲלָ֔ה יְגֹרֵ֣הוּ בְחֶרְמ֔וֹ וְיַאַסְפֵ֖הוּ בְּמִכְמַרְתּ֑וֹ עַל-כֵּ֥ן יִשְׂמַ֖ח וְיָגִֽיל׃ 15

עַל-כֵּ֣ן יְזַבֵּ֣חַ לְחֶרְמ֔וֹ וִֽיקַטֵּ֖ר לְמִכְמַרְתּ֑וֹ כִּ֤י בָהֵ֨מָּה֙ שָׁמֵ֣ן חֶלְק֔וֹ וּמַאֲכָל֖וֹ בְּרִאָֽה׃ 16

הַעַ֣ל כֵּ֔ן יָרִ֖יק חֶרְמ֑וֹ וְתָמִ֛יד לַהֲרֹ֥ג גּוֹיִ֖ם לֹ֥א יַחְמֽוֹל׃ 17

위의 박스들에서 볼 수 있는 것처럼 15절 마지막 행에서 낚시와 그물과 투망으로 잡고는 *알-켄*('그러므로') 기뻐하고 즐거워하였다고 하였다. 16절은 다시 *알-켄*을 사용하여 '그러므로' 그물에 제사하며 하고 질문을 이어가며, 마지막으로 17절에서 *알 켄*에 의문사 하(ה)를 붙여 마지막 항변을 이어간다. 이런 점을 감안하면, 하박국은 *알-켄*을 자신의 질문을 격정적으로 표현하기 위해 수사학적 도구로 사용하고 있음을 알 수 있다.

16절은 바벨론 사람들이 그들이 그물과 투망에 제사하고 분향하는 모습을 그리고 있다. 이것은 11절에서 하나님이 바벨론 사람들이 자기들의 힘을 자기들의 신으로 삼는 자들이라고 한 것에 부응하는 표현이다. 고대 메소포타미아에서는 전쟁 중에 바다 물에 무기를 씻는 의식을 행하고 자신들의 신들에게 제물을 바치는 행동을 하였다. 아시리아의 아술나실팔 2세와 살만에셀 3세의 시리아 팔레스타인 정복 기록물에는 이들이 지중해에서 이런 의식을 거행하였다는 기록을 남기고 있다(*ANET*, 267, 277, 278). 이러한 행동들은 아시리아뿐만 아니라 바벨론과 같은 메소포타미아 민족들이 자신들의 전투력을 종교적 의식으로 강화시키고자 하는 그런 전통을 가진 것으로 생각할 수 있다.

17절에서 하박국은 하나님께 이렇게 어부들이 그물을 가지고 지속적으로 물고기를 잡듯이 바벨론이 사람들을 무자비하게 멸망시키는 것이 옳은 일인지 질문함으로 그의 두 번째 질문을 종료한다.

교훈과 적용

1. 선지자 하박국은 유다에서 자행되고 있는 악인의 강포에 대해 하나님께 강하게 하소
   연하고 있다. 악인이 의인을 겁탈하고 강포와 분쟁을 일으켜서 정의가 근본적으로
   흔들리는 것에 대해 하박국은 침묵하지 않고 하나님께 조용히 기도하는 것이 아니
   라, 강하게 호소하고 있다. 우리는 사회의 부패가 갈수록 심화되고 있고, 정의가 무
   너지는 것을 보면서 어떤 태도를 취하고 있는가? 하박국처럼 하나님께 항소하는 것
   은커녕 기도하지도 않고 정의와 공의에 대해 무감각한 상태에 빠져있지는 않는가?

2. 하박국 1:5-11에서 하나님은 유다의 불의를 제거하기 위해 바벨론을 도구로 사용할
   것이라고 한다. 당대 최고의 군사력을 가진 바벨론 군대의 위력 앞에 유다는 두려움
   에 떨겠지만, 이것들은 모두 불의한 자들을 징벌하고 정의를 구현하는데 사용될 하
   나님의 도구들이다. 바벨론만 도구로 사용하는 것이 아니라 하나님은 세상의 모든
   것들을 하나님의 공의를 이루기 위해 사용한다. 우리 주변에 일어나고 있는 부당한
   일들에서 우리는 하나님의 뜻을 엿볼 수 있는 눈을 가지고 있는가? 우리의 눈은 보
   기에 좋은 것만 하나님의 뜻으로 생각하고 보기에 좋지 않은 것에서는 하나님의 뜻
   을 보지 못하는 외눈을 가지고 있지는 않는가?

3. 하박국은 하나님께서 바벨론을 도구로 사용하여 유다를 징계하시겠다는 말씀에 다
   시 항변한다. 비록 유다에 불의가 가득하지만, 더 악한 자들을 사용하여 이들보다 의
   로운 유다를 멸하는 것은 부당하다고 말한다. 어쩌면 하박국은 아브라함이 소돔을
   멸하시려는 하나님에게 의인을 악인과 함께 멸하는 것은 공의가 아니라고 말했던
   것과 같은 차원에서 하나님께 공의의 개념을 가르치려고 들고 있다. 유한한 인간이
   무한한 하나님의 지식과 정의를 판단하려는 실수를 하박국은 범하고 있다. 우리는
   보잘것없는 지식으로 역사를 주관하시는 하나님의 섭리를 함부로 판단하지는 않는
   가? 혹시 우리 자신은 우리의 삶에 일어나는 일들에 대해 보잘것없는 지식으로 논
   단하고 있지는 않는가?

제2장 악한 민족에 대한 심판과 의인의 삶 (2:1-20)

하박국 2장은 갈대아 사람들과 같은 악한 민족을 통해 유다를 징벌하고 수많은 사람을 죽인 것은 부당하다고 질문하는 하박국에게 하신 하나님의 대답이 기록되어 있다. 하나님은 바벨론이 결국에는 하나님의 심판을 받게 되며, 의인은 오직 믿음으로 산다는 것을 기억하고 하나님의 영광이 가득한 날이 올 때까지 신실하게 기다릴 것을 요구한다.

본문 개요

바벨론 제국에게 임할 하나님의 징벌을 예고하는 하박국 2장은 세 부분으로 나눌 수 있다. 하박국 2:4-20에는 다섯 개의 '화 있을진저'가 나오는데(6, 9, 12, 15, 19절), 이를 중심으로 하박국 2장을 구분할 수 있다. 하지만, 하박국 2장은 세 차례에 걸쳐 바벨론 또는 악인에 대한 설명 후에 하나님과 이스라엘의 의인에 대한 메시지를 가지고 있다. 이 점을 부각하여 구분하면, 하박국 2장을 2:1-4, 5-14, 그리고 15-20절로 나눌 수 있다. 첫 부분인 하박국 2:1-4은 하나님께서 바벨론에 내릴 재앙이 반드시 이루어진다는 메시지와 함께 그 심판을 기다리는 의인의 삶에 대해 기록하고 있다. 둘째 부분은 5-14절이며, 사람을 포로로 잡아와서 강제 노역을 시키며 부당한 이익을 취하는 자들에 대한 책망과 함께 그들에 대한 하나님의 심판과 영광을 노래하고 있다. 셋째 부분은 이웃을 수치에 빠지게 하고 우상을 만드는 자들에 대한 심판과 하나님의 임재 앞에 성도들이 가져야 할 자세를 기록하고 있다.

내용 분해

1. 하박국의 질문과 종말을 기다리는 의인의 삶(2:1-4)
   1) 성루에서 대답을 기다리는 하박국(1절)
   2) 바벨론 멸망을 기록하고 성취를 기다리게 함(2-3절)
   3) 악인과 의인의 삶의 차이(4절)
2. 악한 민족에 대한 심판과 여호와의 영광(2:5-17)
   1) 억압 당한 민족들이 악한 민족을 약탈함(5-11절)
   2) 악한 민족에 대한 여호와의 심판(12-14절)
   3) 이웃을 욕되게 한 자에 대한 하나님의 분노(15-17절)
3. 우상의 무익과 성전에 계신 하나님(2:18-20)
   1) 우상의 무익함과 숭배자에 대한 재앙(18-19절)
   2) 여호와 앞에 잠잠하라(20절)

본문 주해

1. 하박국의 질문과 대답(2:1-4)

1 내가 내 파수하는 곳에 서며 성루에 서리라 그가 내게 무엇이라 말씀하

실는지 기다리고 바라보며 나의 질문에 대하여 어떻게 대답하실는지 보리라 하였더니 **2** 여호와께서 내게 대답하여 이르시되 너는 이 묵시를 기록하여 판에 명백히 새기되 달려가면서도 읽을 수 있게 하라 **3** 이 묵시는 정한 때가 있나니 그 종말이 속히 이르겠고 결코 거짓되지 아니하리라 비록 더딜지라도 기다리라 지체되지 않고 반드시 응하리라 **4** 보라 그의 마음은 교만하며 그 속에서 정직하지 못하나 의인은 그의 믿음으로 말미암아 살리라

하박국은 1:12-17에서 갈대아 사람들을 통한 유다의 징벌에 대해 질문한 후 자신이 파수하는 성루에 서서 하나님의 대답을 기다리고 하나님은 하박국에게 자신의 대답을 서판에 기록하고 바벨론의 종말을 기다리라고 한다.

1) 성루에서 하나님의 대답을 기다리는 하박국(1절)

하박국은 자신의 불평에 대해 하나님이 어떻게 반응하시는지를 살펴보기 위해 성루에 올라 가서 기다린다. 성루의 히브리어 *미스메레트*(מִשְׁמֶרֶת)는 이스라엘 백성들이 지켜야 할 율법의 '규범'이란 의미와 성전 사역을 비롯한 공적인 '사역'의 의미를 가지지만, 하박국 2:2에서는 느헤미야 7:3처럼 성벽 위에 감시를 목적으로 만들어진 성루를 의미한다. 이것은 하박국이 이어서 말하는 히브리어 *마초르*(מָצוֹר)를 통해서도 확인할 수 있다. *마초르*는 성을 포위하기 위해 쌓는 토성이나 적의 침입을 방어하기 위해 만든 높은 요새 또는 적의 침입을 감시하기 위해 만든 망루를 의미한다. 하박국 2:2에서는 망루의 의미로 사용되었으며, 선지자가 망루에 올라간 경우는 이사야 21:6-9와 에스겔 3:17-21에서도 볼 수 있다. 이사야 21:6-9에서 이사야는 망루에 올라가 파수꾼을 세우고 적군의 공격을 보고 받으며, 에스겔 3:17-21에서는 하나님이 에스겔을 파수꾼으로 세우고 죄인들에게 그들의 죄를 일깨우는 파수꾼의 역할을 설명한다. 하박국 2:1에서는 하나님이 시켜서가 아니라 하박국 스스로 성루와

망루에 올라가서 하나님의 응답을 살펴보겠다고 하며, 이를 강조하기 위해 교차 대구법을 사용하였다.

첫 문장에서 하박국은 전치사구 *알-미스말티*(עַל־מִשְׁמַרְתִּי, '나의 성루 위에')를 동사 *에메모다*(אֶעֱמֹדָה, '내가 서리라') 앞에 도치하였고, 둘째 문장에서는 동사 *베에트얏체바*(וְאֶתְיַצְּבָה, '내가 서 있으리라')를 일반적인 히브리어 구문법에 따라 문장의 앞에 배열하고 전치사구 *알-마초르*(עַל־מָצוֹר)를 동사 뒤에 배열하였다.

하박국이 성루와 망루에 올라가는 이유는 하박국 1장에서 그가 하나님께 쏟아 놓은 원망에 대해 하나님께서 무엇이라고 말하는지 그리고 그 자신이 하나님께 무엇이라고 응수할지를 지켜보기 위한 목적 때문이었다. 동사 *차파*(צָפָה)가 분사로 사용될 경우 '파수꾼'의 의미로 사용되는 것을 통해 알 수 있듯이(삼상 18:27), 하박국은 잠시 망루에 올라가는 것이 아니라 하나님이 대답할 때까지 기다리려는 의도를 가지고 있었다. 사실상 선지자가 할 수 있는 유일한 것은 하나님의 응답을 기다리는 것밖에 없지만, 하박국은 하나님의 응답을 듣기 위해 항변하는 태도를 가진 듯하다.[1] 하박국은 하나님의 응답을 귀로 듣는 것뿐만 아니라 하나님의 직접적인 행동을 기대한 것으로 여겨진다. 그래서 하박국은 시각적 표현인 *차파*와 *라아*(רָאָה)를 사용하여 *와아차페 리레오트*(וַאֲצַפֶּה לִרְאוֹת, '내가 지켜 보리라')고 하였다. 하박국은 하나님께서 자신을 질책할 수도 있다는 가능성을 생각하였던 것 같다. 그래서 하박국은 '무엇

1. Barker & Bailey, *Micah, Nahum, Habakkuk, Zephaniah*, 319.

이라고 그가 내게 대하여 말하며 그리고 무엇이라고 내게 대한 꾸중에(알-토
카흐티(עַל-תּוֹכַחְתִּי) 내가 대답할지' 지켜보려 하였다.[2] 이처럼 하박국 2:1은 하
박국이 하나님과 뜨거운 논쟁을 벌일 확고한 자세를 가지고 있음을 보여준다.

2) 바벨론 멸망을 기록하고 성취를 기다리게 함(2-3절)

하박국이 얼마나 오랫동안 성루에 머물렀는지에 대한 언급이 전혀 없는 가
운데 하박국에게 하나님의 메시지가 주어졌다. 하나님의 첫 말씀은 뒤이어 주
어질 바벨론에 대한 심판 메시지를 기록하라는 것이다. 하나님은 묵시의 말씀
을 서판에 기록하라고 했다. 고대 메소포타미아에서는 진흙으로 만든 토판과
돌판 그리고 목판들을 글 쓰는 도구로 사용하였고, 그리고 파피루스와 양피지
도 필기구로 사용되었다. 하박국 2:2의 서판은 이들 중에 어떤 종류의 서판인
지 명확하지 않다. 하지만 달리면서 묵시를 읽을 수 있도록 기록하게 한 것은
파피루스와 양피지는 아니고 토판이나 목판 종류인 것으로 판단된다. 서판에
기록한 것은 묵시 내용의 변경을 방지하고 그 내용을 명료하게 하려는 목적
을 가지고 있을 것이다. 그리고 서판에 기록한 것은 하박국의 메시지를 일회
성 선포가 아니라 당대의 사람들과 그들의 후세대에게 반복적으로 지속적으
로 전하게 할 목적을 가지고 있으며, 메시지 성취가 쿰란 공동체가 이해한 것
처럼 미래적이고 종말론적이기 때문이다(1Q pHab 7).[3] 하지만 하박국 2:2은
이보다도 묵시의 내용을 달려가면서도 읽을 수 있게 하도록 서판에 기록하게
하였다. 달리면서 읽은 것이 무엇을 의미하는지 판단하기 쉽지 않지만, 달리
는 행위가 종종 선지자들이 하나님의 메시지를 선포하고 다니는 것을 의미했
다. 예레미야 23:21을 보라.

---

2. Robertson, *The Books of Nahum, Habakkuk, and Zephaniah*, 166-67.
3. Martínez, *The Dead Sea Scrolls Translated*, 200.

"이 선지자들은 내가 보내지 아니하였어도 달음질하며 내가 그들에게
이르지 아니하였어도 예언하였은즉"

유사한 현상을 열왕기하 4:26과 스가랴 2:4에서도 엿볼 수 있다. 그렇기
때문에 달리는 것은 서판에 기록된 메시지를 달려가면서 읽고 선포하는 것
을 의미한다.[4]

3절에서 하나님은 묵시의 성격을 말한다. 첫째는 묵시의 내용은 정해진 때
가 있다. 히브리어 *람모에드*(לְמוֹעֵד)에 정관사 *하*(הַ)가 붙어 있는 것에서 볼
수 있듯이 이 정한 때는 묵시의 내용이 우연히 그리고 어쩌다가 생겨나는 것
이 아니라, 하나님의 섭리 가운데 일정한 시기가 되면 하나님의 주권적인 역
사를 통해 생겨난다는 것이다. 둘째는 이 묵시의 내용의 성취가 임박하였다
는 것이다. *베야페아흐 락케츠*(וְיָפֵחַ לַקֵּץ)는 '그것이 끝을 말하다'와 '그것이
마지막을 향해 숨을 내뱉다'로 해석할 수 있다. 어느 쪽으로 해석하든 이 말
은 묵시 내용의 성취가 임박하였다는 것이다.[5] 셋째는 이 묵시의 성취가 확실
하다는 것이다. 이 묵시는 거짓으로 속이지 않는다고 하며, 혹시 지체되는 되
는 일이 발생하더라도 반드시 성취된다는 것을 강조하기 위해 동사의 부정사
절대형 *보*(בֹּא)를 본동사 *야보*(יָבֹא)에 첨가하였다. 이렇게 지체되더라도 확실
히 이루어지기 때문에 하나님은 하박국에게 반드시 기다리라고 말한다. 베드
로는 묵시의 성취가 지체되는 이유를 하나님께서 오래 참으시며 아무도 멸망
하지 아니하고 다 회개하기에 이르기를 원하시기 때문이라고 한다(벧후 3:9).

3) 악인과 의인의 삶의 차이(4절)

이어서 4절은 묵시 내용의 성취를 기다리는 의인의 삶에 대해 말한다. 4절

---

4. Robertson, *The Books of Nahum, Habakkuk, and Zephaniah*, 169-70.
5. Bruce, "Habakkuk," 859.

은 의인의 삶에 대해 말하기 앞서 악인의 삶의 태도를 먼저 말하며, 이를 통해 의인과 악인의 삶의 태도를 서로 대조시키고 있다.[6] 4절은 악인을 지칭하는 표현을 일반적인 표현인 *라사아*(רָשָׁע)를 사용하지 않고 동사 *아팔*(עָפַל, '부풀리다,' '자만하다,' '부주의하다')의 분사 여성 단수인 *우페라*(עֻפְּלָה)를 사용하였다. 이를 반영하여 4절 첫 문장을 직역하면, '보라! 그는 교만한 자라. 그의 심령은 그 중심에 정직하지 않으니라'이다. 주어 3인칭 남성 단수가 구체적으로 누구인지 적시되지 않았지만, 하박국 1장의 바벨론으로 여기는 것이 가장 적절하다. 이 교만한 자를 강조하기 위해 감탄사 *힌네*(הִנֵּה)를 사용하였고, 주어 없이 곧바로 '교만한 자'라고 하였다. 바벨론을 교만하다고 말한 이유는 그들이 하나님의 심판의 도구로서 사용되어 유다를 비롯한 민족들을 정복하였음에도 불구하고 자신의 능력으로 된 것으로 착각하고 자신감으로 가득한 교만한 행동을 하였기 때문일 것이다. 4절은 교만한 자와 의인을 대비시키며, 교만한 자들이 자기 자신을 믿고 신뢰하며 살지만 의인은 하나님께 대한 믿음으로 산다. 이 믿음은 하나님께 대한 신앙과 믿음을 전제하고 있지만, 좀 더 구체화 시키자면 이 믿음은 묵시의 내용이 반드시 이루어질 것이라는 하나님의 약속에 대한 약속이다. 4절은 의인과 그의 믿음을 강조하기 위해 동사 앞으로 도치하였다.

וְצַדִּיק בֶּאֱמוּנָתוֹ יִחְיֶה

이 믿음을 강조한 이유는 지금 기고만장한 바벨론과 같은 민족을 쳐다 볼 때에는 도무지 묵시 내용의 성취를 상상할 수 없지만, 그럼에도 불구하고 하나님은 하박국을 비롯한 의로운 하나님의 백성들에게 하나님이 반드시 묵시의 내용을 성취한다는 것을 믿도록 요구하기 위한 목적이다. 이 믿음을 가지

6. Barker & Bailey, *Micah, Nahum, Habakkuk, Zephaniah*, 324-26.

고 바벨론 같은 제국의 횡포를 견디어 내며 살아가는 것을 하나님은 임박한 미래뿐만 아니라 종말론적 미래에 살게 될 의인들에게 요구하고 있다.[7]

의인의 삶과 믿음은 참 성도들의 일반적인 삶의 중요한 원리를 말해주고 있다. 구약의 의는 하나님의 율법과 뜻에 일치하는 삶을 말한다.[8] 이 의와 믿음은 얼핏 서로 무관해 보인다. 하지만 하나님의 율법과 뜻에 부응하는 삶을 살기 위해서는 하나님께 대한 변치 않는 신뢰가 있을 때 가능하다. 특히 바벨론을 통한 이스라엘 백성 심판과 바벨론을 심판하는 하나님의 정의를 기다리는 입장에서는 하나님께 대한 변치 않는 신뢰가 있을 때 하나님의 율법과 뜻을 신실하게 따르는 의로운 삶을 살수 있다. 이런 믿음의 삶을 사는 의인을 하나님은 바벨론을 통한 재앙의 때에 하나님의 은혜로 살게 된다. 로마서 1:17과 갈라디아서 3:11에서 바울은 4절을 인용하며, 그의 인용은 위에서 언급된 하박국의 의와 믿음을 통한 삶의 원리를 적용하는 것으로 보인다.[9] 하박국 2:4의 '그의 믿음으로'에는 그 믿음의 대상과 믿어야 할 바가 무엇인지 구체적으

---

7. O. P. Robertson, "The Justified (by Faith) shall live by his Steadfast Trust: Habakkuk 2:4," *Presbyterion* 9 (1983): 52-71.

8. 탈무드 막코트(Makkot 23b)에서 랍비 심라이(R. Simrai)는 율법과 합 2:4의 의인과 믿음의 관계에 대해 매우 중요한 말을 남기고 있다. "Moses gave Israel 613 commandments. David reduced them to 10, Isaiah to 2, but Habakkuk to 1: the righteous shall live by his faith." S. M. Lehrman, "Habakkuk," in *The Twelve Prophets* (London: Soncino, 1948), 219.

9. 쿰란 문서에서는 이를 메시아적인 의미를 지니는 것으로 이해하여 의의 선생에 대한 충성으로 해석하고 있다(1Q pHab 8). 70인역도 메시아적으로 이해한 것으로 여겨진다. 그 이유는 마소라 본문이 믿음에 3인칭 남성 단수를 붙인 것과는 달리 70인역은 믿음에 1인칭 단수 소유격을 붙여 '피스테오스 무'(πιστεως μου)로 바꾸었기 때문이다. 바울의 하박국 인용에 관한 학자들의 논쟁에 관해서는 아래의 소논문들을 참고하라. Robertson, "The Justified (by faith) shall live by his steadfast trust," 52-71; D. Hunn, "Pistis Christou in Galatians: the connection to Habakkuk 2:4," *TB* 63 (2012): 75-91; W. D. Zorn, "The Messianic Use of Habakkuk 2:4a in Romans," *Stone-Campbell Journal* 1 (1988): 213-30; D. S. Dockery, "The use of Hab 2:4 in Rom 1:17: some hermeneutical and theological considerations," *Wesleyan Theological Journal* 22 (1987): 24-36; S. L. Young, "Romans 1:1-5 and Paul's Christological use of Hab 2:4 in Rom 1:17: and underutilized consideration in the debate," *JSNT* 34 (2012): 277-85.

로 말하지 않지만, 하나님께 대한 믿음으로 보아야 한다. 히브리서 10:37-38은 다시 오실 예수 그리스도에 대한 믿음을 견고하게 가질 것을 당부하면서 하박국 2:4을 인용하고 있다.

2. 악한 민족에 대한 심판과 여호와의 영광(5-14절)

5 그는 술을 즐기며 거짓되고 교만하여 가만히 있지 아니하고 스올처럼 자기의 욕심을 넓히며 또 그는 사망 같아서 족한 줄을 모르고 자기에게로 여러 나라를 모으며 여러 백성을 모으나니 **6** 그 무리가 다 속담으로 그를 평론하며 조롱하는 시로 그를 풍자하지 않겠느냐 곧 이르기를 화 있을진저 자기 소유 아닌 것을 모으는 자여 언제까지 이르겠느냐 볼모 잡은 것으로 무겁게 짐진 자여 **7** 너를 억누를 자들이 갑자기 일어나지 않겠느냐 너를 괴롭힐 자들이 깨어나지 않겠느냐 네가 그들에게 노략을 당하지 않겠느냐 **8** 네가 여러 나라를 노략하였으므로 그 모든 민족의 남은 자가 너를 노략하리니 이는 네가 사람의 피를 흘렸음이요 또 땅과 성읍과 그 안의 모든 주민에게 강포를 행하였음이니라 **9** 재앙을 피하기 위하여 높은 데 깃들이려 하며 자기 집을 위하여 부당한 이익을 취하는 자에게 화 있을진저 **10** 네가 많은 민족을 멸한 것이 네 집에 욕을 부르며 네 영혼에게 죄를 범하게 하는 것이 되었도다 **11** 담에서 돌이 부르짖고 집에서 들보가 응답하리라 **12** 피로 성읍을 건설하며 불의로 성을 건축하는 자에게 화 있을진저 **13** 민족들이 불탈 것으로 수고하는 것과 나라들이 헛된 일로 피곤하게 되는 것이 만군의 여호와께로 말미암음이 아니냐 **14** 이는 물이 바다를 덮음 같이 여호와의 영광을 인정하는 것이 세상에 가득함이니라

하박국 2:5-11에서는 악한 민족의 성격과 행위를 기록하고, 악한 민족에 의해 억압받은 민족들이 되갚음 할 것을 예고한다. 하박국 2:12-14에서 하나님

은 악한 민족들뿐만 아니라 모든 민족들의 행위가 하나님의 섭리 가운데 있
다고 말한다.

1) 억압 당한 민족들이 악한 민족을 약탈함(5-11절)

5-11절은 바벨론 같은 악한 민족들의 기질과 공격적인 행위를 말하고 이어
서 악한 민족에게 핍박을 당한 민족들이 보복하는 내용을 기록하고 있다. 5
절은 악한 민족의 네 가지 기질을 말한다: 술을 즐기는 것, 거짓된 것, 교만한
것, 머물러 있지 않는 것. 이를 묘사하는 5절의 구문론적 특징이 인상적이다.
첫 두 가지 기질은 각각 한 단어로만 표시하며, 나머지 두 기질은 각각 두 단
어로 표시하였다.

וְלֹא יִנְוֶה	גֶּבֶר יָהִיר	בּוֹגֵד	הַיַּיִן
머물러 있지 않는 것	교만한 것	거짓된 것	술을 즐기는 것

첫째 기질인 술을 즐기는 자의 히브리어는 정관사를 가진 명사 *하아인*
(הַיַּיִן)이며, 거짓된 자의 히브리어는 동사 *바가드*(בָּגַד)의 분사인 *보게드*(בּוֹגֵד)
이다. 셋째 기질은 교만한 자인데, 이 기질은 사람을 의미하는 명사 *게베르*
(גֶּבֶר)와 이를 수식하는 형용사 *야히르*(יָהִיר, '교만한')로 표현되었다. 그리고
마지막으로 '그는 (집에) 머물러 있지 않는다'는 동사 미완료 3인칭 남성 단수
인 *인웨*(יִנְוֶה)에 부정사 *로*(לֹא)를 붙여 표현하였다. *인웨*의 원형은 *나봐*(נָוֶה)이
며 집이나 지역에 '거주하다'는 의미를 가지고 있다. 5절에서 제시된 네 가지
기질은 이어지는 메시지에서 주요 주제로 사용된다. 5절은 넷째 기질을 통해
바벨론이 저지른 악을 설명해 나간다. 넷째 기질은 매우 애매모호한 듯 하지
만, 5절은 접속사 *아세르*(אֲשֶׁר)로 그 의미를 설명한다.

바벨론의 넷째 기질인 '그는 머물러 있지 않는다'는 말은 바벨론이 자신들
의 영토 안에 머물러 살지 않고 영토 확장을 위해 다른 민족을 공격하고자 돌

아다니는 것을 의미한다. 5절은 이런 바벨론의 기질을 말하기 위해 영토에 대한 그들의 욕망을 스올과 사망이라는 비유를 통해 설명한다. 스올과 사망은 다른 개념이지만 5절은 이 둘을 동의어처럼 사용하였다. '스올처럼 욕심을 넓히고 사망처럼 족한 줄을 모른다'는 것은 아무리 많은 생명체가 죽어도 스올의 영역이 채워지지 않고 무한대로 죽음을 받아 들이는 것처럼 영토 확장에 대한 바벨론의 욕망도 채워지지 않는다는 것이다. 5절은 이를 강조하기 위해 스올과 사망을 비유로 사용하였을 뿐만 아니라 '모든 나라'(콜-학고임 הַגּוֹיִם-כָּל)와 '모든 백성'(콜-하암밈 הָעַמִּים-כָּל)을 반복적으로 사용하였다.

5절의 바벨론의 기질 묘사에 이어 6절 이하의 메시지는 바벨론의 행위에 대한 이방 민족들의 조롱과 풍자 시이다. 이 풍자 시는 5개의 '화 있을진저'로 시작되는 메시지로 구성되어 있으며, '화 있을진저'는 장례식에서 마음의 깊은 고통을 나타내기 위해 사용되기도 한다(렘 22:18; 34:5; 48:1).[10] 첫째 '화 있을진저'는 6-8절이며, 바벨론 제국이 이방 민족들을 포로로 사로잡고 약탈을 일삼은 것을 꾸짖는다. 6절은 먼저 사람들이 악한 민족에 대해 속담(마살 מָשָׁל)으로 평론하고 조롱하며(메리차 מְלִיצָה) 풍자한다(히다 חִידָה)고 말한다. 이 표현들은 주로 잠언에서 많이 사용되며, 악한 민족들의 방탕하며 파괴적인 행동들의 어리석음을 비웃기 위해 사용되었다. 6절은 바벨론의 불의한 행동을 분사로 표현하였으며, 스올이 죽은 자의 매장지를 넓히듯이(5절) 많게 한다(함말베 הַמַּרְבֶּה)라고 하였다. 그들이 모으는 것을 "자기 소유 아닌 것을 모으는 자"라고 하며(로 로 לֹא-לוֹ), 그들의 약탈 행위가 영원할 수 없음을 말하기 위해 '언제까지이겠느냐'라는 말로 반문하였다. 그리고 이들의 약탈 행위를 무거운 빚(압티트 עַבְטִיט)을 스스로 짊어지는 행위라고 한다.

7절은 6절의 마지막 주제인 빚을 발전시키고 있으며, 바벨론에게 빚진 자들이 갑자기 일어나고, 바벨론을 맹렬하게 뒤흔들 자들이 깨어날 것이라고 한

---

10. Baker, *Nahum, Habakkuk, Zephaniah*, 63; Hiebert, "The Book of Habakkuk," 647.

다.[11] 바벨론은 이들에게 약탈 대상이 된다. 이들의 바벨론에게 대한 약탈은 보복적 차원에서 자행되는 것이기 때문에 매우 잔인하고 파괴적일 것이다. 이런 잔혹한 약탈을 당하는 이유를 8절은 바벨론이 다른 나라를 약탈하고 사람들을 죽여 피를 흘렸기 때문이며, 또한 땅에 대한 강포 때문이다. 땅의 강포(하마스-에레츠 חֲמַס־אָרֶץ)는 인간의 피를 흘린 것을 두고 하는 말이며, 이 강포는 하박국 1장에서 하박국이 이스라엘 백성들이 행하는 악행(1:2, 3)과 그리고 바벨론 왕국이 행할 악행을 나타내는 말로 사용되었다(1:9). 땅의 강포와 유사한 표현이 창세기 6장에서 사용되었으며, 노아 홍수의 원인으로 제시되고 있다(창 6:11, 13). 바벨론이 다른 민족들에게 가한 약탈은 이런 차원이었을 것으로 생각된다. 그 이유는 땅의 강포라는 표현이 2:17에서도 반복하여 사용되고 있으며, 이 같은 반복은 바벨론이 행한 행위를 강조하고 있는 것으로 생각되기 때문이다. 바벨론의 강포가 이렇게 극악하였기 때문에 그들이 행한 약탈과 파괴로부터 살아남은 모든 자들이 그들이 당한 것보다 더 극심한 약탈을 바벨론에게 행할 것이라고 한다.

9-14절은 불의한 재물로 도시의 집과 성벽을 높이 쌓는 바벨론에 대한 질책을 기록하고 있다. 먼저 9-11절에서는 집을 짓는 행위가 비난 받아야 하는 이유를 말하고 있다. 그 이유를 9절은 불의한 재물을 취하여 집을 지었다는 것이다. '집'은 일차적으로 개인의 거주 공간을 의미하지만, 9-14절의 메시지가 바벨론 도시나 국가를 의미한다는 것을 고려하면 도시의 성벽으로 보는 것이 더 적절하다. 불의한 재물은 거짓과 폭력으로 이익과 재물을 획득하는 것을 말한다.[12] "높은 데 깃들이려 하며"는 독수리가 높은 절벽 위에 둥지를 만드는 것처럼 바벨론이 자신의 힘과 능력을 자랑하고 지배하려는 목적을 가지고 있으며, 또한 만약에 있을 적의 공격을 대비하려는 목적으로 만들었다는

---

11. Bruce, "Habakkuk," 865.

12. Barker & Bailey, *Micah, Nahum, Habakkuk, Zephaniah*, 334-35.

말이다. 이러한 바벨론의 행동은 스스로를 높이고 스스로의 힘을 의지하고 과시하려는 그들의 교만을 나타낸다. 하지만 이런 바벨론의 악한 행동은 재앙과 화를 자초하게 만들었다. 10절은 이를 더 구체화시켜 민족들을 멸하고 그들에게서 취한 약탈물과 그들의 포로들의 노동력으로 성벽을 쌓았기 때문이라고 한다. 바벨론 사람들은 타민족의 재물을 쌓음으로 자신들의 명예를 높이는 것이라고 생각하였고, 또 타민족을 멸함으로 자신들에게 안전을 가져다 줄 것으로 생각하였을 것이다. 그러한 하나님은 바벨론의 행위는 명예 대신 불명예를 불러 왔고 그들의 영혼 또는 그들의 존재의 가장 깊은 곳에 죄를 짓는 것이었다고 말한다. 그렇기 때문에 11절은 마치 아벨의 피가 하나님께 부르짖었던 것처럼, 담과 들보에서 바벨론의 죄를 고발하는 소리가 쉼 없이 화답하듯 올라갔다고 말한다.

2) 악한 민족에 대한 여호와의 심판(12-14절)

12-14절은 바벨론의 성벽 건축을 이슈로 메시지가 시작되어 여호와의 영광으로 일차적인 정점을 이룬다. 12절은 9절의 주제를 다시 취하고 있으며, 불의한 재물로 성벽을 쌓으려 한 바벨론을 향하여 피와 불의로 성을 건축한 대가로 재앙을 받게 된다고 한다. 이 주제를 재개한 후 13절은 곧바로 바벨론이 피와 불의로 성을 건축한 것이 불 탈 것에 지나지 않고, 헛수고에 지나지 않으며 피곤하기만 한 일이라고 한다. 그 이유는 바벨론의 모든 수고를 무의미하게 만드는 분이 여호와 하나님이기 때문이다. 이를 강조하기 위해 13절은 부정 의문문 *하로*(הֲלוֹא, -이 아니냐)에 감탄사 *힌네*(הִנֵּה, 보라)를 덧붙였다. 이를 직역하면 13절 첫 문장은 '보라 만군의 여호와께로부터(나오는 것이) 아니냐'이다. 이어지는 문장에서는 동의어를 반복하고 교차 대구법을 통해 강조하고 있다.

동의어에 해당되는 것은 *베이게우*(יְיִגְעוּ, '수고하다'), *이아푸*(יָעֵפוּ, '피곤하게 되다') 그리고 *암밈*(עַמִּים, '백성들')과 *레움밈*(לְאֻמִּים, '민족들')이며, *에쉬*(אֵשׁ, '불')와 *릭*(רִיק, '헛됨') 앞에는 공통적으로 *베데*(בְדֵי, '위하여')를 첨가하였다. 첫째 문장은 주어 *암밈*(עַמִּים)이 전치사구 *베데-에쉬*(בְדֵי־אֵשׁ)와 함께 동사 *베이헤-우*(וְיִיגְעוּ) 뒤에 배열되었는데 반해, 둘째 문장은 주어 *레움밈*(לְאֻמִּים)과 전치사구 *베데-릭*(בְדֵי־רִיק)이 동사 *이아푸*(יָעֵפוּ) 앞에 배열되었다. 하나님이 불의한 방법으로 재물을 축적하고 이를 적으로부터 지키기 위해 성을 쌓는 것을 무의미하게 만드는 대상은 바벨론에만 한정되는 것이 아니라 모든 악한 민족들에게 해당된다. 그렇기 때문에 13절은 단수를 사용하지 않고 민족들과 나라들이라고 반복하여 말하고 있다.

14절은 하나님께서 이들 열방들의 사악한 성 건축을 불로 태우고 헛수고로 만드는 목적은 이를 통해 세상의 모든 민족이 하나님의 하신 일을 깨달아 알고 하나님께 영광 돌릴 목적이라고 한다. 하나님께 영광은 마치 물이 바다를 뒤덮고 있는 것처럼 땅에는 여호와의 영광을 아는 것으로 충만하게 된다. '아는 것'의 히브리어는 동사 *야다*의 부정사 연계형으로서 단순히 지적인 정보를 알고 있는 것이 아니라, 현재 일어나는 일을 통해 경험적으로 여호와의 영광을 아는 것이다. 또한 *야다*는 하나님을 바른 관계 속에서 자기 백성을 위해 바벨론에 행하신 그 분의 정의와 사랑과 그리고 신뢰성을 알고 영광 돌리는 일들을 말하며, 14절은 이런 영광을 인정하는 사람들의 하나님 찬양이 세상을 가득 채운다고 말한다.

3) 이웃을 욕되게 한 자에 대한 하나님의 분노(15-17절)

15-17절에서는 이웃에게 술을 마시게 하고 그 하체를 드러내려는 자에 대한 재앙을 선포하고 있다. 17절에 의하면 이것은 바벨론이 레바논에 행한 강포에 대한 비유적인 표현이다. 15절에서 말하는 하체를 드러내는 것은 사람의 성기를 노출시키는 것이며, 구약 성경에서는 세 가지 행동을 나타내는 표현이다. 첫째는 앞서 말한 것처럼 성기를 노출시키는 것이다. 이것은 창세기 9:22-27에서 함이 노아의 하체를 드러낸 것이나 제사장에게 하체를 드러내지 않도록 층계로 된 제단을 만들지 못하게 한 것이 사례이다(출 20:26). 둘째는 성적인 범죄를 저지르는 것을 나타낸다. 에스겔 23:18은 오홀라와 오홀리바로 표현된 이스라엘과 유다의 음행을 하체를 드러내는 행위라고 표현하고 있다. 셋째는 성범죄를 통해 상대의 배우자나 관련된 자에게 최악의 불명예를 가하는 것을 나타낸다. 레위기 18:7에서 "네 어머니의 하체는 곧 네 아버지의 하체이니 너는 범하지 말라"는 금지 규정을 비롯해서 레위기 18장에 기록된 대부분의 성범죄가 이에 해당된다. 하박국 2:15은 바로 이런 불명예스러운 행동을 하도록 바벨론은 이웃 나라에게 술을 먹였다고 한다. 분노를 더하여 그에게 취하게 하였다는 것은 술을 강제로 먹였다는 말이다.[13] 이것은 나라들이 바벨론의 강압에 의해 스스로 또는 서로를 향하여 무력과 폭력을 행사하여 사람과 짐승을 죽이고 국가의 근본이 뒤흔들리게 만든 것을 염두에 두고 있다(17절). 바벨론 제국은 이렇게 하는 것을 영광으로 생각하였다. 하지만 하나님은 이를 그들의 수치가 되고, 바벨론에게 모두 되 갚은 결과로 더러운 욕이 그들의 영광을 가리게 된다. "할례 받지 아니한 것을 드러내라"는 말은 바벨론이 아무리 강력한 군사를 가지고 폭력을 일삼아도 그들은 구원받은 하나님의 백성들이 아니라는 것을 의미한다. '여호와의 오른 손의 잔'은 하나님이 바벨론에 내릴 진노를 상징적으로 나타낸 표현이며, 심판과 징벌이 따르게 된다.

---

13. Baker, *Nahum, Habakkuk, and Zephaniah*, 66.

3. 우상의 무익과 성전에 계신 하나님 (2:18-20)

> **18** 새긴 우상은 그 새겨 만든 자에게 무엇이 유익하겠느냐 부어 만든 우상
> 은 거짓 스승이라 만든 자가 이 말하지 못하는 우상을 의지하니 무엇이 유
> 익하겠느냐 **19** 나무에게 깨라 하며 말하지 못하는 돌에게 일어나라 하는
> 자에게 화 있을진저 그것이 교훈을 베풀겠느냐 보라 이는 금과 은으로 입
> 힌 것인즉 그 속에는 생기가 도무지 없느니라 **20** 오직 여호와는 그 성전에
> 계시니 온 땅은 그 앞에서 잠잠할지니라 하시니라

18-20절에서 하나님은 바벨론의 침략과 약탈이 난무한 가운데 사람들이 믿고 의지해야 할 대상이 누구인지 알려준다. 하나님은 사람이 만든 우상의 무익함을 지적하고, 하나님 자신은 성전에 계시기 때문에 세상 모든 사람은 그 하나님을 믿고 그 앞에서 잠잠하라고 한다(18-19절).

1) 우상의 무익함과 숭배자에 대한 재앙(18-19절)

18-19절은 갑작스럽게 우상의 무익함에 대한 메시지가 나온다. 이 메시지가 나온 이유는 하박국 2:1-17에서 바벨론이 타민족에 대한 침략과 만행에 대한 대가를 치르고 하나님의 영광이 드러난다는 것을 말했고, 18-19절은 이런 환난 때에 백성들이 의지해야 할 대상이 우상이 아니라는 것을 보여주는 데 있다. 18절은 사람이 새겨 만든 우상이 무슨 유익을 줄 수 있는지에 대한 질문으로 시작한다. 이 질문은 바벨론이 우상을 의지하는 것을 조롱하려는 의도도 가지고 있지만, 과거 하나님을 알지 못하던 언약의 백성들에게도 주어지는 질

문이다(고전 1:2).[14] 우상을 만든 자는 이 우상이 자신을 위해 행동하여 줄 것을 믿고 만들지만, 이 우상은 거짓의 선생에 지나지 않고 말 못하는 돌과 나무 조각에 지나지 않는다. 거짓의 선생이라고 말한 이유는 그 우상이 사람의 삶과 미래에 관해 말하는 것이 거짓이기 때문이 아니라, 그 우상의 가르침으로 돌리는 모든 것이 거짓으로 지어낸 사람의 말에 지나지 않기 때문이다. 우상은 말하지도 생각하지도 못하는 물건에 지나지 않는다.

19절은 우상이 자신들의 미래에 대해 가르쳐줄 줄 알고 우상에게 깨어나라 일어나라고 말하는 자에게 재앙이 있을 것이라고 한다. 우상을 깨우려는 자들의 어리석음을 강조하기 위해 교차 대구법을 사용하였다.

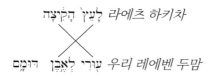

교차 대구법에 더하여 우상의 전적인 무능을 말하기 위해 우상들을 단순히 나무와 돌이라고 표현 하였고, 돌 뒤에는 '말 못하는' 또는 '침묵을 지키는'의 의미를 가진 형용사 *두맘*을 첨가하여 단순한 돌이 아니라 당연하지만 아무 말을 할 수 없는 돌이라고 하였다. 이에 더하여 이 돌들과 나무에 금과 은을 덧입혔다는 것을 밝힘으로 우상은 특별한 것이 아니라는 것을 말한다. 그리고 이 나무와 돌로 된 우상에는 그 가운데 호흡이 없다고 추가 부연하면서 우상은 살아 있는 존재가 아니라는 사실을 강조한다.

---

14. Baker, *Nahum, Habakkuk, and Zephaniah*, 67, 베이커는 이를 바벨론이 우상에게 거짓 진리를 구하는 것에 대한 경고 메시지라고 생각한다. 하지만 이어지는 하나님만 신뢰할 것을 말하는 20절을 고려한다면, 이 메시지는 재앙의 시대에 누구를 의지해야 할지를 판단하지 못하는 성도들에게 주어진 말씀으로 생각하는 것이 더 적절하다. Barker & Bailey, *Micah, Nahum, Habakkuk, Zephaniah*, 346.

2) 여호와 앞에 잠잠하라(20절)

20절은 18-19절의 우상에 대한 메시지와 대조적으로 환난을 당하고 있는 백성들이 여호와 앞에서 잠잠하라는 메시지를 기록하고 있다. 20절은 여호와 하나님을 그의 거룩한 성전에 계시는 것으로 먼저 말한 후 이어서 온 땅은 잠잠하라(הַס)고 한다. 구약 시대에 이스라엘 백성들은 성전을 찾으면 제사와 함께 제의 진행 순서에 따라, 특히 분향 시간에 하나님께 기도하였다. 그렇기 때문에 여호와를 성전에 계시다고 하였으면 당연히 성전에서 기도하라는 메시지가 나올 것을 기대할 수 있다. 하지만 하나님은 '그 앞에서 잠잠하라'고 한다. 이런 말을 하게 된 이유는 18-19절에서 사람들이 우상에게 자기의 소원을 말하고 답을 기다리면서 시끄럽게 우상에게 소리 지르는 것과 대조시키려는 목적이 있다. 즉 하나님은 우상에게 시끄럽게 소원을 빌어야만 대답하는 분이 아니라, 그 앞에서 잠잠히 있을지라도 그의 마음의 소원을 아신다는 것을 말하려는 목적을 가지고 있다. 이보다 더 중요한 것은 여호와 앞에 잠잠하라고 한 이유는 두 가지 때문이다. 첫째는 바벨론의 침략으로 인한 환난 때문에 불안해 하는 이스라엘 백성들에게 오직 의인은 믿음으로 산다고 했던 것처럼 하나님의 섭리와 역사를 믿고 신뢰하며 기다리라는 것이다. 둘째는 이 표현은 자기 백성들을 위해 역사 속에 개입하실 것이라는 하나님의 강한 의지의 표현이면서 동시에 잠잠하라고 말하는 하나님을 믿고 확신을 가지고 기다리라는 강력한 표현이다. 잠잠해야 할 대상을 온 땅이라고 한 이유는 14절의 메시지를 반영하기 위해서이다. 즉 바벨론에게 침략당함에도 불구하고 온 세상에 여호와의 영광을 아는 것으로 가득해 진다고 한 말씀이 진실되기 때문에 이 말씀을 믿고 그 날이 올 때까지 하나님 앞에서 잠잠히 기다리라는 의미이다.

교훈과 적용

1. 바벨론을 통해 유다의 불의한 자들을 멸망시킬 것이라고 한 하나님께 부당함을 항의하려고 성루에서 기다리고 있는 하박국에게 하나님은 바벨론 멸망의 성취를 기다리라고 하면서 오직 의인은 믿음으로 산다고 말한다. 하박국뿐만 아니라 모든 믿는 성도들은 불의한 자들이 득세하고 자신은 시련과 고통 속에 살고 있더라도 하나님을 믿고 참되고 진실되게 살아야 한다. 의인은 오직 믿음으로 산다는 하나님의 말씀 앞에 나는 혹시 부끄러운 모습을 하고 있지 않는가?

2. 바벨론 제국이 그렇게 했던 것처럼 악인들은 자신의 욕망을 채우기 위해 수단과 방법을 가리지 않는다. 하지만 하나님은 이런 악한 자들에게 재앙을 쏟아부으며 그들을 징벌하신다. 악인의 죄악이 넘쳐나는 세상일지라도 믿는 성도들은 하나님께서 세상을 심판하는 영광이 가득한 세상을 만드신다는 믿음을 가져야 한다. 나는 세상 가운데 역사하는 하나님을 바르게 알고 그분께 영광 돌리는 삶을 살고 있는가? 하나님의 영광을 인정하는 자들로 세상을 채우기 위해 나는 무슨 노력을 하고 있는가?

3. 믿지 않는 자들은 거짓 신과 우상에 빠져 인생을 망치고 있다. 믿는 성도들은 이런 우상에 빠지지는 않지만, 하나님보다 더 신뢰하는 것들을 가지고 있는 경우들이 많다. 그것이 때로는 돈이고 권력이고 그리고 명예일 수도 있다. 우상이 사람에게 참된 진리에 이르게 할 수 없듯이 돈과 권력과 명예도 믿는 성도들을 참된 진리로 인도할 수 없다. 그런 성도에게 하나님은 "온 땅은 그 앞에서 잠잠할지니라"고 하면서 전적으로 하나님만 신뢰하라고 한다.

제3장 하박국의 기도 찬양 (3:1-19)

하박국 3장은 하나님이 2장에서 하박국에게 한 말씀에 대한 그의 기도가 기록되어 있다. 하박국은 하나님이 전쟁의 신으로 강림하는 모습과 그리고 두려워하는 열방의 모습을 시적으로 기록하고 있다. 이 기도에서 하박국은 자기 백성을 구원하기 위해 강림하시는 전쟁 신 여호와께 대한 절대적인 신앙을 고백한다.

본문 개요

3장은 모두 네 부분으로 나눌 수 있다. 첫 부분은 3장의 내용이 하박국의 기도라고 밝히는 1-2절이며, 이 기도에서 하박국은 하나님께서 2장에서 말씀하신 것들을 속히 이루기를 기원하고 있다. 둘째 부분은 3-7절이며, 여호와 하나님이 영광 가운데 강림하시는 모습이 묘사되어 있다. 강림하시는 하나님의 권능 앞에 땅과 나라와 산들이 진동하는 것으로 표현되며, 이것은 전형적인 하나님의 전쟁 신으로 강림하는 모습이다. 셋째 부분은 8-15절이며, 여호와 하나님을 아주 분명하게 전쟁 신으로 묘사한다. 하나님은 말과 병거를 타고 활을 쏘며 악한 나라들을 짓밟고 자기 백성을 구원하는 것으로 그려진다. 하나님을 전쟁 신으로 묘사한 하박국은 2장의 메시지 때문에 극심하게 두려워하면서도 아무런 소망이 없는 가운데서도 여호와 하나님을 기뻐할 것이라고 하며, 하나님을 자신의 힘이라고 고백한다.

내용 분해

1. 하박국의 기도(3:1-2)
   1) 여호와의 역사에 대한 갈망(1-2절)
2. 전쟁의 신 여호와의 강림(3:3-7)
   1) 전쟁 신 여호와의 영광스러운 강림(3절)
   2) 여호와의 권능(4-5절)
   3) 여호와 앞에서 땅과 나라와 산들이 진동함(6-7절)
3. 자기 백성을 구원하는 전쟁의 신 여호와(3:8-15)
   1) 여호와 앞에 강과 산과 바다가 흔들림(8-11절)
   2) 여호와의 자기 백성 구원(12-15절)
4. 하박국의 신앙 고백(3:16-19)
   1) 환난 날에 대한 하박국의 두려움(16절)
   2) 양식이 없는 상황에서도 하나님을 기뻐함(17-19절)

본문 주해

1. 하박국의 기도(3:1-2)

1 시기오놋에 맞춘 선지자 하박국의 기도라 **2** 여호와여 내가 주께 대한 소

문을 듣고 놀랐나이다 여호와여 주는 주의 일을 이 수년 내에 부흥하게 하옵소서 이 수년 내에 나타내시옵소서 진노 중에라도 긍휼을 잊지 마옵소서

하박국 3장은 하박국이 바벨론에 대한 하나님의 계획을 듣고 하는 시로 된 기도이다. 1절은 표제이며 2절은 하나님의 계획을 속히 이루기를 바라는 하박국의 소원 기도이다.[1] 1절은 하박국의 기도를 *식오노트* שִׁגְיֹנוֹת(시기오놋)을 따른 기도라고 하며, *식오노트*는 일종의 악기이며 이를 가지고 노래하듯이 기도한 찬양 기도이다. 하박국의 찬양 기도는 시로 되어 있으며, 앞의 1-2장과는 판이하게 다른 시적 기교를 통해 메시지를 표현하고 있다.

1) 여호와의 역사에 대한 갈망(1-2절)

하박국은 자신의 기도를 '여호와여!'로 시작한다. 하나님의 이름을 부르면서 기도를 시작한 이유는 하박국이 두려움 때문에 하나님께 대해 가지는 간절한 마음 때문이다. 하박국의 두려움과 간절한 마음은 그가 2장에서 하나님으로부터 들은 메시지의 내용 때문인 것으로 생각된다. 그래서 2절은 '내가 당신의 말을 들었고 내가 두려워하였나이다'라고 한다. 하지만 "주께 대한 소문"이 하박국 2장의 메시지와 관련 없고 하나님의 과거의 구속사적 이적을 염두에 두고 있다면, 하박국 3장의 이어지는 메시지에서 하나님을 전사로 묘사하는 것들을 통해 판단하건대 그 소문은 출애굽 사건으로 생각해야 한다. 하박국은 하나님이 직접 자신의 계획을 속히 이루기를 바랐다. 하박국의 바람은 이어지

---

1. 하박국 3장은 1-2장과 비교했을 때 내용과 스타일이 현저하게 다르다. 3장은 예언도 아니고, 일종의 찬양시이다. 그렇기 때문에 많은 학자가 3장을 하박국의 예언서에 포함시키지 않으려고 한다. 쿰란 사본의 주석에서도 3장은 빠져 있다. 하지만 쿰란 사본과 동시대에 번역된 70인역에는 3장이 포함되어 있으며, 쿰란 사본에서 3장에 대한 주석이 없다는 사실만으로 쿰란 공동체가 3장을 하박국서에서 배제했다고 단정할 수 없다. Barker & Bailey, *Micah, Nahum, Habakkuk, Zephaniah*, 353-54.

는 메시지에서 잘 드러난다. 하박국은 둘째 기도 문장에서 다시 '여호와'로 시작한다. 그리고 하박국은 '여호와여 당신은 당신의 일을 수 년 내에 이루소서'라고 한다. 하박국은 이를 강조하기 위해 히브리어 구문의 일반적인 순서를 따르지 않고 동사 *하웨-후*(חַיֵּיהוּ)를 문장의 끝에 배열하였고, 호격 '여호와여!'를 문장의 첫 부분에 두었고 그리고 목적어 '당신의 일'(*파아레카*פָעָלְךָ)과 전치사구 '수년 내에'(*베케렙 사님*בְּקֶרֶב שָׁנִים)을 동사 앞으로 도치시켰다. 그리고 동사를 명령문으로 사용했으며 동사에 목적어 *파아레카*를 지시하는 대명사 접미사를 첨가하였다. 둘째 기도 문장에서 하박국은 반복법과 생략법을 통해 하나님께 계획하신 일을 이루신다는 것을 수년 내에 알게 해 달라고 한다.

חַיֵּיהוּ שָׁנִים בְּקֶרֶב פָעָלְךָ יְהוָה *야웨 파아레카 베케렙 사님 하에이후*

בְּקֶרֶב שָׁנִים תוֹדִיעַ (x) *베케렙 사님 토디아*

둘째 문장과 비교해 보면 셋째 문장은 '여호와여 당신의 일을(*야웨 파아레카*)'을 생략하였고 대신에 '수 년 내에(*베케렙 사님*)'을 반복하였고 전치사구(*베케렙 사님*)와 동사(*토디아*)를 도치하였다.[2] 이를 통해 하박국은 하나님이 이 일들을 이루는 것을 수년 내에 알게 하여 달라고 강조하였다. 이 부분은 3절에서 다시 살펴 보겠지만 하박국 2:14의 메시지와 관련되어 있다. 하박국이 "수년 내에"를 반복하여 사용한 것은 비록 이스라엘이 징벌을 당하고 회복되는 모든 과정이 단시간에 이루어질 가능성은 낮지만 그렇게 멀지 않은 시기에 반드시 일어나기를 바라는 간절함을 표시하였다.[3] 그리고 하박국은 하나님이

---

2. 하박국 3:2은 매우 간결한 시어체로 되어 있기 때문에 많은 학자는 히브리어 본문 상의 오류가 있는 것으로 생각하고 다양한 대안을 제시하였다. 하지만, 마소라 본문을 굳이 변경하지 않아도 충분히 그 의미를 파악할 수 있다. M. L. Barré, "Habakkuk 3:2: Translation in Context," *CBQ* 50 (1988): 184-98.

3. R. P. Carroll, "Eschatological Delay in the Prophetic Tradition?" *ZAW* 94 (1982): 47-59.

이 일들을 이루어 갈 때 진노 중에서도 긍휼 베푸시는 것을 잊지 말아 달라고 간청한다.[4] 긍휼은 어머니의 자궁의 의미를 가진 *레헴*(רֶחֶם)에서 파생된 동사 *라함*(רָחַם)을 사용하였다. 하박국은 하나님이 진노 중에서도 어머니가 자식을 향해 가지는 안타까움에 찬 모정 같은 긍휼을 베풀어 주실 것을 소망하고 있다. 하박국은 긍휼 베풀어 주실 것을 강조하기 위해 동사 앞으로 도치하였다.

2. 전쟁의 신 여호와의 강림(3:3-7)

3 하나님이 데만에서부터 오시며 거룩한 자가 바란 산에서부터 오시는도다 (셀라) 그의 영광이 하늘을 덮었고 그의 찬송이 세계에 가득하도다 **4** 그의 광명이 햇빛 같고 광선이 그의 손에서 나오니 그의 권능이 그 속에 감추어졌도다 **5** 역병이 그 앞에서 행하며 불덩이가 그의 발 밑에서 나오는도다 **6** 그가 서신즉 땅이 진동하며 그가 보신즉 여러 나라가 전율하며 영원한 산이 무너지며 무궁한 작은 산이 엎드러지나니 그의 행하심이 예로부터 그러하시도다 **7** 내가 본즉 구산의 장막이 환난을 당하고 미디안 땅의 휘장이 흔들리는도다

3-7절은 하나님께서 강림하시는 광경을 노래하고 있다. 데만과 바란에서 오시는 하나님은 영광과 찬송이 가득하고 그 앞에서 광선과 불덩이가 나오며, 그의 강림 앞에 땅과 나라와 산들이 진동한다.

1) 전쟁 신 여호와의 영광스러운 강림(3절)

3-7절의 메시지에는 7절의 구산과 함께 모두 세 장소가 언급 되고 있다. 이 장소들 중에서 3절은 하나님께서 데만과 바란에서 나온다고 한다. 데만과 바

---

4. Baker, *Nahum, Habakkuk, and Zephaniah*, 69-70.

란은 모두 가나안 남쪽에 있는 광야 지역이다. 데만은 에서의 후손 중에 한 명
의 이름을 딴 지명으로서 가나안 남쪽에 위치해 있으며, 종종 남쪽 방향을 나
타내는 표현으로 사용되기도 한다(창 36:11; 대상 1:36; 렘 49:20; 겔 25:13;
암 1:12; 옵 1:9).[5] 바란도 데만처럼 가나안 남쪽에 위치해 있으며, 출애굽 이후
40년 광야 생활 동안 이스라엘 백성들이 머물렀던 곳이다. 하박국이 가나안
남쪽 광야 지역을 언급한 이유는 이스라엘의 광야 시대에 하나님이 그들 가
운데 역사한 것을 염두에 두고 있기 때문이다. 그때 하나님께서 시내산에 강
림하시고 그들을 구름과 불기둥으로 인도하였는데, 동일한 모습으로 자기 백
성들을 구원하기 위하여 강림하실 것을 하박국은 노래하고 있다. 하나님께서
바란과 데만에서 나오는 광경과 유사한 묘사가 사사기 5:4에도 있다. 사사기
5:4 이하에 의하면 하나님은 세일과 에돔 땅에서 나오며, 이로 인해 땅과 산이
진동하고 하늘에서 폭우가 쏟아진다. 사사기 5:5은 이렇게 세일과 에돔에서
나오는 하나님을 시내산의 하나님이라고 하며, 이것은 하나님의 전쟁 신 이미
지를 출애굽 사건과 연관 짓는 것이다.[6] 시편 68:7 이하에서도 하나님이 하늘
과 땅이 진동하는 가운데 가나안 남쪽 광야에서 나오시는 장면을 기록하고 있
고, 하나님을 시내산의 하나님이라고 표현하고 있다.[7]

    가나안 남쪽 광야에서 강림하시는 하나님을 강조하기 위해 하박국은 도치
법과 생략법 그리고 반복법을 사용하였다.

אֱל֙וֹהַ֙ מִתֵּימָ֣ן יָב֔וֹא   엘로아흐 미테이만 야보

וְקָד֖וֹשׁ מֵֽהַר־פָּארָ֑ן   베카도쉬 메하르-파란

---

5. J. E. Anderson, "Awaiting an Answered Prayer: The Development and Reinterpretation of
   Habakkuk 3 in its Contexts," *ZAW* 123 (2011): 58-60.

6. Bruce, "Habakkuk," 882.

7. 진보적인 학자들 중에는 하박국 3:4 이하에 있는 전쟁 신 이미지를 바알 신화에서 빌려온 것으로
   생각하는 자들도 있다. J. H. Eaton, "The Origin and Meaning of Habakkuk 3," *ZAW* 76 (1964):
   144-72.

두 문장에서 각각 주어 하나님과 거룩한 분이 동사 앞에 도치되었고, 전치사구 *민(מִן)*+ 지명(데만, 바란)도 동사 앞에 배열하였다. 그리고 둘째 문장은 첫째 문장의 동사 *야보(יָבוֹא)*를 생략하였다. 반복과 생략을 통해 하박국은 거룩하신 하나님이 광야로부터 온다는 것을 강조한다.

3절의 셋째와 넷째 문장은 하박국 2:14에서 하나님께서 '그 땅이 여호와의 영광을 아는 것으로 충만하기를 물이 바다를 덮음 같으리라'라는 메시지의 주제를 이어가고 있다. 하박국 2:14의 주제는 하박국 3:2-3에 분포되어 있다.

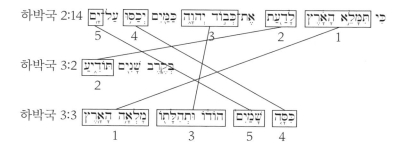

위에서 볼 수 있는 것처럼 하박국 3:2-3은 하박국 2:14에서 사용된 단어들과 동일한 단어들과 동의어 그리고 대조적인 단어들로 가득하다. 1의 '땅이 충만하다,' 2의 '알다,' 4의 '덮다'는 동일한 단어들이고 3의 '여호와의 영광'(케보드 야웨 כְּבוֹד יְהוָה)은 동의어인 '그의 영광'(호도 הוֹדוֹ)으로 표현되었으며, 5의 바다와 하늘은 대조적 표현이다.[8]

"그의 영광"은 피조 세계 속에 나타나는 대자연의 장엄한 광경을 두고 하는 말이 결코 아니다. 이 영광은 출애굽이라는 구원 역사 속에 나타난 하나님의 직접적인 영광을 나타내는 말이다.[9] 출애굽과 광야 생활 동안 하나님께서 이스라엘 백성 가운데 강림해 계시면서 그들을 위해 대적들을 물리치셨던 하

---

8. A. Pinker, "Was Habakkuk Presumptuous?," *JBQ* 32 (2004): 27-34.

9. Robertson, *The Books of Nahum, Habakkuk, and Zephaniah*, 223-24.

나님께서 미래에 바란과 데만으로 표현된 광야에서 다시 이스라엘 가운데로 강림하실 그때에 하늘은 그의 영광으로 덮고 땅은 그의 찬양으로 가득해 진다. 하박국은 물이 바다를 덮는 것과 대조적으로 하늘이 그의 영광으로 덮는다고 하며, 땅에는 그의 영광으로 가득해 진다고 말한다. 이를 강조하기 위해 하박국은 아래에서 볼 수 있는 것처럼 구문론적 교차 대구법과 어의론적 대구법을 사용하고 있다.

위의 첫 문장은 일반적인 히브리어 구문론적 순서를 따르고 있는 반면에 둘째 문장은 목적어 *테힐라토*(תְּהִלָּתֽוֹ)를 동사 *마레이*(מָֽלְאָה)앞으로 도치하여 첫 문장과 교차 대구 구조를 만들었다. 어의론적인 관점에서 볼 때 하늘과 땅은 서로 대구를 이루고 있으며, 그의 영광과 그의 찬송은 대구와 반복을 이루고 있다. 그의 영광은 하나님의 신현으로 인해서 창조주 하나님 자신에 의해 직접적으로 표출되는 것인데 반해 그의 찬송은 하나님 자신이 스스로에게 하는 찬송이 아니라 하나님의 강림으로 인해 모든 피조물들이 하나님께 표출하는 찬송이다. 이것은 이어지는 4절 이하의 메시지가 분명하게 만들어 준다.

2) 여호와의 권능(4-5절)

4-5절은 여호와의 영광스러운 강림의 모습이 그려지고 있다. 4절은 먼저 '광채가 빛과 같다'고 한다. '광채'에는 하나님의 이름이나 하나님을 지시하는 대명사 접미사가 없이 사용되었지만, 4절 둘째 문장에서 사용된 3인칭 남성 단수 오(וֹ)가 생략된 것이며 하나님의 광채를 의미한다. 둘째 문장에서는 그 빛의 출처를 밝히며, 그 빛이 그의 손에서 나온다고 말한다. 4절 둘째 문장의

직역은 '그에게 속한 뿔들이 그의 손에서'(*카르나임 미야도 로*ו(קַרְנַיִם מִיָּדוֹ לוֹ)
이지만, '뿔들'을 개역개정은 광선으로 적절하게 번역하였다. 하지만 이 광선
은 단순한 빛을 말하는 것이 아니라, 위력적인 힘과 권능을 내포한 빛이라는
의미이다.[10] 이것은 4절의 마지막 표현에서도 확인할 수 있다. 4절은 '거기에
는 힘이 감추어져 있다'고 하며 '거기'(*샴*שָׁם)는 여호와의 손을 의미한다. 여
호와의 손은 하나님의 권능의 유일한 출처로 생각해서는 안되며, 손은 하나님
의 권능의 출처에 대한 포괄적인 의미로 사용되었다. 이러한 현상을 이 권능
에 대한 더 구체적인 내용을 담고 있는 5절에서 명확하게 확인할 수 있다. 5절
은 하나님에게서 역병 또는 재앙이 나온다고 말한다. 5절은 이를 대구법과 반
복법 그리고 제유법으로 표현하였다.

위에서 볼 수 있는 것처럼 첫 문장에서는 전치사구 *레파나브*(לְפָנָיו)를 문
장의 첫 부분에 배치하였는데, 둘째 문장에서는 전치사구 *레락라브*(לְרַגְלָיו)를
문장의 마지막에 배열하여 전체 문장이 교차 대구를 이루게 만들었다. 이 전
치사구는 구문론적으로 대구를 이루고 있을 뿐만 아니라, 어의론적으로 대구
를 이루고 있다. *레파나브*는 일반적으로 '그의 앞에서'를 의미하지만, 이 문장
에서는 '그의 얼굴에서'로 번역해야 한다. 그 이유는 둘째 문장의 전치사구가
'그의 발에서'이기 때문이다. 신체의 양 끝에 있는 얼굴과 발을 사용한 이유는
이 두 신체 부위를 말하기 위해서가 아니라 전체를 나타내려는 제유법을 만
들려는 목적으로 사용되었다. 둘째 문장에서 개역개정이 "불덩이"라고 번역

---

10. Hiebert, "The Book of Habakkuk," 653-54.

한 *레솁*(רֶשֶׁף)은 일반적으로 불의 의미를 가지고 있지만 이 문장에서는 신체의 뜨거운 열을 동반하여 죽음에 이르게 하는 강한 역병의 의미를 가지고 있으며, 첫 문장의 역병(*다벨* דֶּבֶר)과 동의어로 사용되었다. 이런 점을 감안하면 5절은 강력한 역병의 재앙이 하나님께로부터 나온다는 의미이다.[11]

3) 여호와 앞에서 땅과 나라와 산들이 진동함(6-7절)

6절은 하나님이 땅을 뒤흔드는 장면과 결과적으로 땅과 민족들이 두려워 떠는 장면이 기록되어 있다. 데만과 바란에서 나온 하나님은 땅 위에 서서 땅을 뒤흔들며 바라보고 있고, 그리고 민족들을 두려워 떨게 하였다. 그러자 영원한 높은 산들이 무너져 산산이 흩어졌고, 영원한 낮은 산들이 지표 아래로 가라앉았다. 6절은 두 표현을 여러 차례 반복하고 있다.

뒤흔들다	שָׁחַח פָּצַץ נָתַר מוּד
영원한	עוֹלָם עוֹלָם עַד

7절은 구산과 미디안 지명을 언급하며 구산의 장막이 환난을 당하고 미디안 땅의 휘장이 흔들린다고 한다. 구산은 하박국 3:7에서만 언급 되었기 때문에 정확한 위치를 알 수 없다. 하지만 3절이 가나안 남쪽 지역의 두 지명을 언급한 것을 고려한다면 구산은 7절에서 언급된 다른 지명인 미디안과 같은 방향인 동쪽에 위치한 지역일 가능성이 높다.[12] 장막과 휘장은 동의어로 사용되었다. 휘장은 장막의 천이다. 장막과 휘장은 사람이 사는 텐트를 의미하며, 구

---

11. Smith, *Micah-Malachi*, 116; J. Day, "New Light on the Mythological Background of the Allusion to Resheph in Habakkuk 3:5," *VT* 29 (1956): 23-24. 데이는 "레솁"을 가나안의 재앙 신 "레셉"과 관련되어 있다고 주장한다.

12. Baker, *Nahum, Habkkuk, Zephaniah*, 71-72.

산의 장막과 미디안 땅의 휘장이 고난을 당하고 흔들린다는 것은 이 두 지역의 모든 주민이 하나님이 내어 보낸 역병의 재앙으로 겪게 되는 환난을 의미한다.[13]

3. 자기 백성을 구원하는 전쟁의 신 여호와(3:8-15)

8 여호와여 주께서 말을 타시며 구원의 병거를 모시오니 강들을 분히 여기심이니이까 강들을 노여워하심이니이까 바다를 향하여 성내심이니이까 9 주께서 활을 꺼내시고 화살을 바로 쏘셨나이다 (셀라) 주께서 강들로 땅을 쪼개셨나이다 10 산들이 주를 보고 흔들리며 창수가 넘치고 바다가 소리를 지르며 손을 높이 들었나이다 11 날아가는 주의 화살의 빛과 번쩍이는 주의 창의 광채로 말미암아 해와 달이 그 처소에 멈추었나이다 12 주께서 노를 발하사 땅을 두르셨으며 분을 내사 여러 나라를 밟으셨나이다 13 주께서 주의 백성을 구원하시려고, 기름 부음 받은 자를 구원하시려고 나오사 악인의 집의 머리를 치시며 그 기초를 바닥까지 드러내셨나이다 (셀라) 14 그들이 회오리바람처럼 이르러 나를 흩으려 하며 가만히 가난한 자 삼키기를 즐거워하나 오직 주께서 그들의 전사의 머리를 그들의 창으로 찌르셨나이다 15 주께서 말을 타시고 바다 곧 큰 물의 파도를 밟으셨나이다

8-15절은 강림하신 하나님을 전쟁 신의 모습으로 그리고 있다. 전쟁 신 하나님의 활동에 의해 강들이 나뉘어지고 산들이 흔들리며 바다가 요동하며 하늘의 해와 달이 멈춘다. 이 모든 활동은 자기 백성들을 악인과 악한 민족들을

---

13. G. R. Driver, "Critical Note on Habakkuk 3:7," *JBL* 62 (1943): 121; Barker & Bailey, *Micah, Nahum, Habakkuk, Zephaniah*, 364.

통제하고 그들로부터 구원하려는 목적 때문이다. 이것은 하박국이 자연계에 대한 메시지를 이어가면서도 8절과 13절에서 구원을 반복하며 13-14절에서 악인을 언급하는 것에서 알 수 있다. 악을 통제하고 무찌르는 모습은 욥기 38장의 메시지와 유사하다. 8-13절은 하나의 패턴을 가지고 있다. 하나님의 강림과 피조물의 반응을 묘사하고 나면 이어서 하나님이 열방에 대해 취하는 행동이 나온다. 이를 정리하면 아래와 같다.

A. 전쟁 신 여호와와 강들에 대한 진노   8절
   B. 열방의 경계를 진동 시킴   9절
A'. 산과 창수와 바다 그리고 해와 달의 진동   10-11절
   B'. 열방을 짓밟음   12절
     C. 주의 백성을 구원   13절

1) 여호와 앞에 강과 산과 바다가 흔들림(8-11절)

3-7절에 이어 8-11절에서도 하나님의 강림 앞에 피조 세계가 요동하는 모습을 기록하고 있다. 둘의 차이점은 8-11절이 하나님의 강림과 피조 세계의 요동을 전쟁 신의 전투 장면으로 묘사하고 있다는 것이다. 8절에서 하나님은 말을 타고 병거를 몰고 창과 활로 대적들을 짓밟는 분으로 묘사되고 있다. 8절은 하나님의 전투 활동이 강들과 바다를 향한 분노인지 질문한다.[14] 이에 대한 대답은 13절 이후에서 주어지지만, 8절은 질문의 의도를 함축하고 있다. 그것은 8절 마지막 표현인 "구원의 병거"이며, 이 표현은 하나님의 전투 활동의 목적이 자기 백성들의 구원에 있음을 보여주고 있다.

---

14. 하박국 3:8을 우가릿의 바알 신화와 메소포타미아 창조 신화의 마르둑과 티아매트의 싸움과 관련되었다고 주장하는 학자들도 있다. F. J. Stephens, "The Babylonian Dragon Myth in Habakkuk 3," *JBL* 43 (1924): 290-93; D. T. Tsumura, "Ugaritic Poetry and Habakkuk 3," *TB* 40 (1988): 24-49; A. Pinker, "Problems and Solutions of Habakkuk 3:8," *JBQ* 31 (2003): 3-9.

10절은 피조 세계가 강림하신 하나님 때문에 요동하는 장면을 폭풍우에 빗대어 묘사하고 있다. 하나님의 강림을 본 산들이 요동치고, 하늘에서는 폭포수와 같은 비가 쏟아진다. 이에 부합하여 깊은 바다도 물을 뿜어 낸다. 10절은 이를 깊은 물이 그 소리를 낸다고 하였다. 이 깊은 물은 또한 그의 손을 높이 들었다고 한다. 이러한 10절의 이미지는 노아 홍수에서 하늘에서 비가 내리고 깊음이 터져 물이 솟구쳐 오르는 장면과 유사하며, 8-15절은 전반적으로 욥기 38장의 내용과 매우 유사하다. 10절은 피조물들의 요동이 하나님을 보았기 때문이라고 하는데, 10절의 '본다'의 개념은 하박국 3장에서 주제적 발전을 이루고 있다. 6절은 하나님이 땅을 보신 결과로 피조 세계가 진동한다. 반면에 7절에서는 피조 세계의 진동을 하박국이 보고 있으면, 이를 '내가 본다'라고 표현하였다. 그리고 10절은 "산들이 주를 보고"라고 하며 산들을 비롯한 피조물들이 하나님을 보고 요동치는 모습을 기록하고 있다.

11절은 산과 바다와 창수에 더하여 여호와께서 쏘는 화살의 빛과 창의 광채 때문에 해와 달의 빛이 무색해 질 정도라고 한다. 11절은 해와 달을 의인화하여 해와 달이 처소에 서 있다고 하면서, 그들이 하나님의 활의 빛과 창의 번쩍이는 광채를 보고 그들의 처소에 들어가 버린 것을 그 이유로 제시하고 있다. 이것은 전사이신 여호와 하나님이 무기를 가지고 전투를 벌이는 엄청난 광경을 묘사하는 것이다.[15]

2) 여호와의 자기 백성 구원(12-15절)

9절과 12절에서 하나님은 열방을 진동시키는 모습이 기록되어 있다. 9절의 문장의 의미는 천둥 번개가 땅에 작렬하면서 밝게 드러나는 땅의 모습과 그 광경을 말한다. 강들로 땅을 쪼갰다는 말은 폭우를 통해 불어난 강물이 계곡

---

15. J. J. Niehaus, *God at Sinai: Covenant & Theophany in the Bible and Ancient Near East* (Grand Rapids: Zondervan, 1995), 288-96.

과 들판의 흙을 휩쓸고 지나가면서 생겨나는 깊은 자국들을 의미한다.[16] 12절
은 9절보다 더 적극적으로 열방에 대한 하나님의 진노를 묘사하고 있다. 하나
님은 땅을 향하여 진군하고 있으며, 민족들을 짓밟는다고 한다. 개역개정 성
경이 "두르셨으며"로 번역한 히브리어 *차아드*(צָעַד)는 '걷다' '진행하다'의 의
미를 가지며, 사사기 5:4과 시편 68:8에서 하나님이 광야에서 나오시는 장면
을 묘사하기 위해 사용되었다. 히브리어 *두쉬*(דּוּשׁ)는 발로 짓밟는 행동을 나
타내며, 땅을 밟아 먼지가 나게 하거나 포도즙을 내기 위해 포도를 발로 밟는
행위를 나타내기도 한다. 12절에서 이 단어는 하나님이 열방들을 짓밟아 초토
화시키는 모습을 그리기 위해 사용되었다.

13절은 하나님께서 전쟁 신으로 강림해서 열방과 싸워 초토화시키는 이유
가 제시되고 있다. 동사 *야차타*(יָצָאתָ)는 하나님이 데만과 바란에서 나온 것을
염두에 둔 표현이며, 거룩한 전쟁을 통해 대적의 집의 기초를 목까지 드러나
게 만든 이유가 자기 백성을 구원하는 것이며, 악인의 집을 쳐서 멸망시키는
것이라고 한다.[17] 13절은 하나님이 기름 부음 받은 자의 구원에 대해 언급하고
있지만, 그가 메시아인지 아니면 백성의 지도자인지 분명하지 않다. 악인의
집의 머리를 치고 그 기초를 바닥까지 드러낸다는 말은 제유법으로서 악인의
집의 머리와 기초를 통해 악인의 집의 모든 것을 파괴하는 것이며, 그 바닥이
드러나게 만든다는 것은 완벽한 멸망을 의미한다. 악인의 집은 건물을 의미하
기보다는 이를 통해 악인의 가문 전체를 나타내는 표현이다.

13절에서 구원이 백성과 기름 부음 받은 자라는 포괄적이고 불특정한 대
상인 것과는 달리 14절에서 구원의 대상은 하박국 선지자 자신으로 한정 짓
고 있다. 하박국은 자신을 가난한 자라고 칭하며, 대적들은 회오리 바람처럼
하박국을 흩으려 하고 은밀한 장소에서 가난한 자를 삼키며 즐거워하였다고

---

16. Robertson, *The Books of Nahum, Habakkuk, and Zephaniah*, 234.
17. Bruce, "Habakkuk," 890.

한다. 폭풍으로 흩는다는 것은 백성들을 가나안 땅에서 포로로 끌고 가는 것을 의미하며, 1인칭 대명사 접미사 '나를'을 통해 하박국은 자신을 이들 포로들 중에 하나로 포함시키고 있다. 이런 대적들을 전사들이라고 하며, 주께서 이들의 머리를 자신의 막대기로 찌른다. 이 막대기의 히브리어 *마태*(מַטֶּה)이며, 이는 창과 같은 무기를 의미할 수도 있고, 왕이신 하나님의 통치 지팡이일 수 있다.

15절은 하나님이 대적들을 징벌하는 방식을 14절에서 대적들이 하박국을 비롯한 백성들에게 고난을 가져다 준 방식과 유사하게 묘사하고 있다. 15절에서 대적들은 바다와 큰 물의 파도로 묘사되고 있고, 하나님은 말을 타고 그 위를 진군하는 것으로 묘사한다. 이것은 폭풍이 바다 위를 휩쓸고 지나가는 모습을 나타내며, 14절에서 대적들이 하박국과 백성들을 폭풍처럼 흩으려 했던 것처럼 하나님은 바다와 파도 묘사된 대적들을 폭풍으로 흩어버린다.

하박국 3:2-15에서 하나님을 전쟁 신으로 묘사하는 목적은 과거의 출애굽 사건을 단순히 다시 상기 시키려는 의도가 아니다. 하나님의 전쟁 신 묘사의 궁극적인 목적은 바벨론 심판뿐만 아니라 미래에 있을 종말론적 심판을 예고하기 위해서이다.[18]

4. 하박국의 신앙 고백(3:16-19)

16 내가 들었으므로 내 창자가 흔들렸고 그 목소리로 말미암아 내 입술이 떨렸도다 무리가 우리를 치러 올라오는 환난 날을 내가 기다리므로 썩이는 것이 내 뼈에 들어왔으며 내 몸은 내 처소에서 떨리는도다 **17** 비록 무화과나무가 무성하지 못하며 포도나무에 열매가 없으며 감람나무에 소출이 없으며 밭에 먹을 것이 없으며 우리에 양이 없으며 외양간에 소가 없을지

---

18. Keil and Delitzsch, *Minor Prophets* (Grand Rapids: Eerdmans, 1993) 10:103-104.

라도 **18** 나는 여호와로 말미암아 즐거워하며 나의 구원의 하나님으로 말
미암아 기뻐하리로다 **19** 주 여호와는 나의 힘이시라 나의 발을 사슴과 같
게 하사 나를 나의 높은 곳으로 다니게 하시리로다 이 노래는 지휘하는 사
람을 위하여 내 수금에 맞춘 것이니라

16-19절에서 하박국은 대 재앙이 예상되는 가운데 하나님께 대한 절대적
인 신앙을 고백한다. 하박국은 특별히 무화과를 비롯한 곡식과 가축이 부재할
지라도 구원의 하나님을 기뻐할 것이라고 한다.

1) 환난 날에 대한 하박국의 두려움(16절)

16절은 하박국이 하나님의 메시지를 들은 것과 환난 날을 기다리는 것 때
문에 공포에 떠는 모습을 기록하고 있다. 하박국은 자신의 찬양 기도를 시작
하면서 하박국 3:2에서 이미 '내가 듣고 내가 두려워하였다'고 하였지만, 16절
의 메시지는 그의 두려움의 강도가 훨씬 크다.[19] 하박국은 16절에서 네 차례에
걸쳐 자신의 두려움을 신체의 떨림을 통해 실감나게 묘사한다. 첫 표현에서
하박국은 '내가 듣고, 나의 복부가 흔들렸다'고 한다. 둘째에서는 나의 입술이
파랗게 변했다고 하며, 셋째에서는 썩음이 내 뼈 속에 들어 왔다고 하고, 그리
고 마지막 넷째에서는 나의 아래 부분이 흔들었다고 한다.

복부(내장)	입
뼈	아래 부분

---

19. B. K. Waltke & M. O'Connor, *An Introduction to Biblical Hebrew Syntax* (Winona Lake:
    Eisenbrauns, 1990), 211.

앞에서 볼 수 있는 것처럼 첫 표현과 셋째 표현은 신체의 내부와 관련된 것들의 떨림과 썩음을 통해 공포심을 표현하였고, 둘째와 넷째 표현은 신체의 위 부분과 아래 부분을 통해 표현하여, 그의 온몸이 부들부들 떨렸음을 묘사하고 있다. 이와 같은 두려움은 하나님의 말씀 때문이지만, 구체적으로 바벨론이 유다를 공격하러 오는 대 재앙을 기다림으로 인해 생겨난 공포이다. 이러한 공포감은 하박국이 1-2장에 기록된 하나님의 재앙에 대한 말씀을 확고하게 믿은 결과이다. 하지만 하박국은 이 공포감에 매몰되지 않고 하나님이 유다를 공격하는 이방 민족들에게 내릴 재앙을 기다린다고 한다. 16절 마지막 절을 이끌고 있는 접속사 *아쉐르*(אֲשֶׁר)은 앞에 있는 문장을 설명하는 역할을 하지 않고 앞 문장과 상반되는 주제를 도입하기 위해 사용되었으며 영어의 'however'(하지만)의 의미를 가지고 있다. '기다리다'의 히브리어는 동사 누*아흐*(נוּחַ)의 1인칭 미완료형인 *아누아흐*(אָנוּחַ)이며, 사무엘상 25:9과 다니엘 12:13의 경우처럼 인내하며 기다린다는 의미로 사용되었다.[20] 하박국이 기다리고 있는 것은 재앙의 날이다. 하지만 이 재앙이 '우리'에게 임하는 재앙인지 아니면 '우리'의 대적에게 임하는 재앙인지 명확하지 않다. 그 이유는 재앙의 날에 이어 나오는 히브리어 부정사 연계형 *라아로트*(לַעֲלוֹת, '올라가다')에 이어 나오는 *레암*(לְעַם, '백성에게')의 구문상의 역할 때문이다. *레암*은 두 가지로 이해할 수 있다. 첫째는 전치사 *레*(לְ)를 부정사 연계형 *라아로트*의 부사격 조사로서 '-에게'의 의미를 가지며 *레암*을 동사 앞에 있는 '재앙'이 이르는 대상으로 생각하는 것이다. 이를 경우 재앙은 우리의 대적에게 오는 것으로 이해할 수 있다. 둘째는 전치사 *레* + 명사로 된 *레암*을 부정사 연계형의 주어로 생각하는 것이다. 이러한 예는 에스겔 44:9과 레위기 5:3의 경우처럼 구약 성경 곳곳에서 볼 수 있다.[21] 대부분의 영어 성경이 이 점을 고려하여 *레암*을 부

---

20. D. Thompson, "נוּחַ" in ed. W. A. VanGemeren, *NIDOTTE* (Grand Rapids: Zondervan, 1997), 5:59.

21. Waltke & O'Connor, *An Introduction to Biblical Hebrew Syntax*, 211.

정사 연계형의 주어로 번역하였다(NAS, NIV, TNK). 16절 마지막 문장 자체는 이 두 가지 번역 중에 어느 하나를 결정하는 데 큰 도움을 주지 못한다. 다만 16절 전반부와 17절의 내용은 재앙이 대적에게 임하는 것이라기보다는 우리에게 임하는 것으로 보는 것에 손을 들어 준다. 대적에게 재앙이 임하는 것을 보면서 하박국이 공포에 빠질 이유가 없으며(16절 전반부), 무화과를 비롯한 과일 나무와 양과 소가 외양간에 없는 것도 재앙이 대적에게 임한 것이라기보다는 '우리를 공격한 대적' 때문에 재앙이 생겨난 것으로 이해하는 것이 더 합당하다. 16절은 이 백성이 '우리를 공격할 것이다'는 말로 끝을 맺고 있으며, 이 표현은 재앙의 성격을 규명해 준다.

2) 양식이 없는 상황에서도 하나님을 기뻐함(17-19절)

17-19절에서 하박국은 양식이라고는 전혀 찾을 수 없는 절망적인 상황에서도 하나님을 기뻐하고 믿고 의지하겠다는 고백을 담고 있다. 17절은 모두 6가지의 부재에 대해 말한다. 이들 중에 네 가지는 곡물과 관련 있고, 두 가지는 가축과 관련 있다. 하박국은 의도적으로 곡물 4 ⇨ 가축 2의 구도로 17절의 메시지를 만들고 있다. 17절에서 언급된 곡물은 가나안 땅에서 가장 대표적이고 중요한 과일들이다. 이 과일들이 없다는 것은 아주 중요한 문제이다. 이에 더해 17절은 '밭에 먹을 것이 없으며'라고 한다. 가나안 땅에 이스라엘 백성들이 먹고 살 양식이 전혀 없는 상태를 말하는 것이다. 이런 상황은 흉년 때문에 발생하기도 하지만, 이에 더해 예레미야 38:9에서 볼 수 있는 것처럼 대적들이 들판의 양식들을 모두 약탈한 결과이기도 하다. 이런 점들을 감안하면 17절의 과일과 곡식과 가축이 없다는 것은 사람의 생존에 필요한 모든 양식이 완벽하게 없다는 말이다.

이런 상황 속에서 하박국은 여호와 나의 구원의 하나님 때문에 즐거워하고 기뻐한다고 한다. 하박국은 이 기쁨을 표현하기 위해 독립 인칭 대명사 1인칭 단수 *아니*(אֲנִי)를 문두에 두었고, 전치사 *베*(בְּ)+ *야웨*(יהוה)를 동사 앞에 두었다. 그리고 둘째 문장은 첫째 문장과 교차 대구를 형성시키고 있다.

하박국의 기뻐하는 모습은 두 가지 면에서 인상적이다. 첫째는 생존을 위한 것이 아무것도 없는 가운데 오직 하나님 때문에 기뻐하는 것이다. 그러나 그가 기뻐하는 하나님은 그를 구원해 줄 분이다. 둘째는 하박국서에서 하박국이 기뻐하는 것과 유사하게 기뻐한 무리들이 있다. 하박국 1:15에 의하면 유다를 공격한 바벨론이 그들이 거두어 들인 약탈물 때문에 기뻐한다. 반면에 하박국 3:18에서 하박국은 모든 것을 약탈 당하였음에도 구원의 하나님 때문에 기뻐하고 있다. 하박국의 이러한 반응은 그가 사람이 떡으로만 사는 것이 아니라 하나님의 입에서 나오는 모든 말씀으로 산다는 신명기 8:3을 알았기 때문일 것이다(마 4:4).[22]

19절에서 하박국은 한 걸음 더 나아가 여호와는 나의 힘이라고 한다. 그에게 여호와는 자신의 주님이고 동시에 그의 힘의 근원이다. 17절에서 말한 것처럼 치명적인 양식의 결핍 때문에 무기력한 상태에 빠져 있는 것이 일반적이지만, 하박국은 그런 상황에서도 주 여호와가 나의 힘이라고 고백한다. 이어서 하박국은 여호와께서 주시는 그의 힘을 작은 산을 힘차게 뛰어 오르는 사슴에 비유하고 있다. 하박국은 여호와께서 나의 발을 사슴처럼 만들어 나의 높은 곳을 밟게 한다고 한다. 사슴이 평화롭고 자유롭게 산의 높은 곳을 다니며 풀을 먹듯이 하박국과 의인들이 장래에 누리게 될 평화와 자유를 의미한다 나의 높은 곳은 하박국 2:1에서 하나님께 대한 불만을 가슴에 품고 하나님

22. Barker & Bailey, *Micah, Nahum, Habakkuk, Zephaniah*, 375-76.

이 무엇이라고 말하는지 듣기 위해 서 있었던 파수하는 성루이기도 하다. 그 성루에서 하박국은 오직 의인은 믿음으로 살리라는 하박국 2:4의 하나님 말씀에 부응하여 구원의 하나님을 기뻐하는 모습일 수도 있다. 그리고 그는 그 높은 곳을 밟게 된 것이 하박국 자신의 힘이 아니라 여호와 하나님께서 그 힘을 주었기 때문이라는 사실을 보여주기 위해 동사 *다락*(דרך)의 히필(Hiphil)형을 사용하였다.

하박국서는 '지휘자를 위하여 내 수금에 맞춤'으로 끝이 난다. 이 표현이 찬양시의 마지막에 사용된 것은 하박국 3:19이 유일하다. 이 표현은 시편 4:1; 6:1; 54:1; 55:1; 67:1; 76:1에서 사용되었으며 시편 76편을 제외하고 모두 고난 당하는 자가 하나님의 구원을 갈망하는 내용으로 되어 있다. 시편 76편은 하나님을 전쟁 신으로 묘사되고 있으며, 전쟁 신이 열방의 심판하고 땅의 모든 온유한 자를 구원하시는 분으로 고백되고 있다. 하박국 3장도 이들 시들과 같은 기조의 고백을 담고 있다.

교훈과 적용

1. 하박국은 2장의 메시지에 큰 충격을 받았지만 하나님께서 자신의 계획을 신속하게 이루시기를 기도했다. 하박국은 2장의 메시지가 유다에 대한 축복이 아니라 징벌이 동반된 엄청난 사건이지만, 하나님의 뜻이 이루어지고 이스라엘에 참된 회복이 신속하게 이루어 지기를 소망한 것이다. 하박국과는 달리 우리는 하나님의 뜻 중에서 나에게 유리한 것만 이루어지기를 바라고 있지는 않은가? 하나님의 공의를 위해 내가 손해 볼 수 있는 것도 기도해 본 적이 있는가?

2. 하박국은 하나님을 전쟁 신으로 묘사하며 하나님의 강림과 함께 땅과 산과 강들과 바다가 전율하는 모습을 묘사하고 있다. 이러한 자연계의 현상은 하나님의 권능을 나타낼 뿐만 아니라 자기 백성들을 구원하시기 위해 악인들을 무찌르시는 권능자이심을 보여주려는데 있다. 하나님은 창조자이시며 우주 만물을 질서 정연하게 지키실 뿐만 아니라 그 속에 개입하시는 분이다. 마찬가지로 하나님은 악이 지배하는 것처럼 보이는 세상을 지배하시는 분이라는 것을 믿어야 한다.

3. 하박국은 대환란이 임하는 가운데에서 의인이 믿음으로 산다는 것이 무엇인지 보여

준다. 하박국은 모든 것을 잃어 버리는 고통 속에서도 구원의 하나님을 믿고 기뻐하였다. 나는 모든 것을 잃는 아픔을 겪을 때에도 구원의 하나님을 믿고 하나님을 기뻐하는 삶을 살 수 있는가? 이런 믿음을 가진 의인에게 하나님이 힘이 되어 주시고 환란 날에 참 평화와 자유를 주신다.

스바냐

스바냐 서론

저자

스바냐가 어떤 사람인지 구체적인 것은 알 수 없지만, 전통적으로 그를 히스기야 왕의 후손으로서 하나님의 부름을 받고 선지자로 사역한 사람으로 생각된다(1:1). 어떤 학자들은 스바냐가 자신을 구시의 아들이었다고 소개한 것 때문에 에디오피아 출신의 이방인이라고 주장하기도 한다.[1] 하지만, 구스라는 이름은 예레미야 36:14와 시편 7:1에서 볼 수 있는 것처럼 이스라엘 민족들이 종종 사용하던 이름들 중에 하나이다. 더욱이, 스바냐가 스바냐 1:1에서 히스기야의 현손이라고 자신을 소개하고 그리고 왕족들의 행동과(1:8) 예루살렘의 형편을(1:10) 상세히 기록하고 있는 것을 고려한다면 그는 왕족 출신일 가능성이 더 높다. 그렇다면 스바냐는 그가 활동했던 시기에 유다를 다스렸던 요시아와 가까운 친척이었고, 그의 메시지는 요시아에게 직접적으로 영향을 미쳤을 가능성이 높다. 스바냐서에 언급된 우상 숭배는 이 같은 사실을 뒷받침할 뿐만 아니라, 그의 활동 시기가 요시아가 종교 개혁을 시작했던 기원전 621년 이전이었음을 보여준다.

---

1. G. Rice, "The African Roots of the Prophet Zephaniah," *JRT* 36 (1979): 21-31; J. Blenkinsopp, *A History of Prophecy in Israel* (Philadelphia: Westminster, 1983), 140.

역사적 배경

스바냐는 요시아가 종교 개혁을 단행하기 전에 활동하였기 때문에 그의 역사적 배경을 알기 위해서는 요시아의 선임 왕이었던 므낫세와 암몬의 행적을 살펴 보아야 한다. 스바냐가 선지자로 활동할 무렵 유다 왕국은 우상 숭배가 극에 달해 있었다. 유다의 최악의 왕이었던 므낫세가 뿌린 배교와 문화적 전통이 기승을 부리고 있었다.[2] 므낫세는 북쪽 이스라엘의 악의 대명사였던 아합 왕을 본받아 유다 전역에 바알과 아세라 신상들을 만들었으며(참조. 1:4), 예루살렘 성전 뜰에 일월 성신을 위한 단을 쌓았고(참조. 1:5), 심지어 아세라 목상을 성전에 세웠다. 아세라는 가나안 만신전의 수장이었던 엘의 배우자였다. 아마도 므낫세는 이것을 염두에 두고 자신의 더럽고 추한 머리로 기껏 생각해 낸 것이 하나님도 짝이 있어야 된다는 생각이었고 그래서 아세라 목상을 만들어 성전에 세웠을 것이다. 뿐만 아니라 므낫세는 힌놈의 아들 골짜기에서 자기의 아들을 암몬 민족들의 대표 신인 몰렉에게 바쳤다(참조. 1:5 말감은 몰렉과 동일한 신이다). 역대하 33:6에 의하면 므낫세가 몰렉에게 바친 자식을 "아들들"이라고 표현하고 있는 것을 고려한다면 최소한 두 명 이상의 아들을 몰렉에게 바치기 위해 불에 던져 넣었다. 므낫세의 배교는 이에 끝나지 않고 점쟁이와 사술과 요술을 부리는 무당과 박수를 신임하여 곁에 두고 자문을 구하곤 하였다. 이런 배교는 므낫세 혼자 은밀하게 했던 것이 아니다. 열왕기하 21:9에 의하면 유다 백성들이 므낫세의 꾀임을 받고 죄악의 길을 걸었는데, 그 정도가 매우 심각하여 이전에 가나안에 살았던 열방보다 더욱 심하였다고 한다. 므낫세는 자신의 행동과 삶에 동조하지 않는 무죄한 사람들을 수없이 죽였는데, 그들이 흘린 피가 예루살렘 끝에서 끝까지 흘러 넘쳤다고 한

---

2. D. L. Williams, "The Date of Zephaniah," *JBL* 80 (1963): 77-88; W, S. Lasor, D. A. Hubbard, F. W. Bush, *Old Testament Survey: The Message, Form, and Background of the Old Testament* (Grand Rapids: Eerdmans, 1996), 314.

다(왕상 21:16). 예루살렘의 상황은 므낫세 이후에도 계속되었다. 물론 하나님
이 므낫세에게 벌을 내려 아시리아에 포로로 끌려 가게 하였다가 그의 참회를
긍휼히 여겨 예루살렘으로 돌아가게 하여 왕위에 복권시키는 놀라운 일이 일
어나기도 했었다(대하 33:13). 그리고 므낫세는 예루살렘과 유다를 정화하는
작업을 하기도 한다(대하 33:15-16). 하지만 그의 아들 아몬은 아버지 므낫세
못지 않게 극심하게 우상을 섬기고 악을 행하였다. 결국 그의 신복들이 반역
하여 그를 죽이고 요시아를 왕으로 세운다(대하 33:21-25).

　스바냐가 살았던 시대에 유다 왕국은 시리아 팔레스타인 지역에서 비교적
안정된 위치를 차지하고 있었다. 아시리아가 근동 지역을 통치하고 있는 상황
에서 유다 왕국은 정치 경제 군사적으로 번영한 것으로 여겨진다. 그 이유는
아시리아의 에살핫돈(B.C. 680-669)의 연대기에는 당시의 유다 왕인 므낫세
가 두 차례 언급되는데, 항상 시리아 팔레스타인의 여러 국가들 중에서 두 번
째로 등장하기 때문이다(*ANET*, 291, 294). 그만큼 국가적 위상을 인정 받고
있음을 나타낸다. 요시아가 종교 개혁을 단행할 때 유다와 예루살렘뿐만 아
니라 멸망당한 북쪽 이스라엘의 영토였던 므낫세와 에브라임 그리고 시므온
과 납달리까지 영향을 미칠 수 있었던 것도 아마 므낫세의 정치 군사적 영향
력의 결과 때문일 것이다(대하 34:6-7). 므낫세는 유다 지역 여러 곳에 요새들
을 세우거나 쇠락한 요새들을 재건하여 군사를 배치하였고, 대규모 건설 사
업도 수행했다(대하 33:14). 대표적인 공사가 예루살렘 성 외성 공사이다. 기
혼 서편 골짜기에서 시작하여 예루살렘 성전이 있는 오벨 산을 거쳐 생선문
어귀까지 성벽을 쌓았다(참조. 1:10). 특히 오벨 산을 빙 둘러 성벽을 높이 쌓
아 요새화하였다.

구조

스바냐서는 세 부분으로 나눌 수 있다. 첫 부분은 1:1-2:3, 둘째 부분은 2:4-15, 그리고 셋째 부분은 3:1-20이다.

1. 주의 심판의 날   1:1-2:3
   1) 세상과 유다에 대한 심판   1:2-6
   2) 유다의 불의에 대한 심판의 날   1:7-13
   3) 주의 심판의 날에 대한 묘사   1:14-2:3
2. 열방에 대한 심판   2:4-15
   1) 블레셋에 대한 심판   2:4-7
   2) 모압과 암몬에 대한 심판   2:8-12
   3) 구스와 아시리아에 대한 심판   2:13-15
3. 예루살렘의 심판과 희망   3:1-20
   1) 예루살렘의 죄악과 심판   3:1-8
   2) 범죄한 백성의 회복과 정화   3:9-13
   3) 구원 받은 백성의 기쁨과 찬양   3:14-20

2:1-3은 개역개정 성경이 2장에 포함시킨 것과는 달리 스바냐 1장에 포함되어야 한다. 그 이유는 2:1-3의 내용이 1장의 주제와 연속성을 가지고 있으며, 2:4-15의 이방 민족에 대한 심판 주제와 전혀 관계가 없기 때문이다.[3]

---

3. M. H. Floyd, *Minor Prophets: Part 2* (Grand Rapids: Eerdmans, 2000), 201-17.

신학 주제

스바냐서에서 가장 두드러진 신학 주제는 주의 날이다. 주의 날은 구약 성경 선지서에서 흔히 볼 수 있는 주제로서 임박한 또는 먼 미래에 이루어질 하나님의 구원과 심판의 날이다.[4] 스바냐에서는 주의 날과 관련된 몇 가지 특징을 찾아 볼 수 있다: 심판 그리고 남은 자를 구원하심, 주의 날의 임박성과 미래성.

1. 심판

스바냐는 주의 날을 두렵고 떨리는 심판의 날로, 그리고 심판의 범위를 전 세계적인 것으로 묘사하고 있다. 스바냐는 하나님의 심판이 유다와 예루살렘에 임할 것이라고 말할 뿐만 아니라(1:3-18; 3:1-7), 유다를 중심으로 동서남북에 위치해 있는 나라들에 대한 심판을 말한다. 서쪽으로 가사와 아스글론(2:4-7), 동쪽의 모압과 암몬(2:8-11), 그리고 남쪽과 북쪽에 위치해 있는 구스 또는 에디오피아와 아시리아(2:12-15)에 하나님의 심판이 쏟아질 것이라고 한다. 하나님이 동서남북의 모든 나라들을 심판한다는 것이다. 스바냐는 더 나아가 이 심판이 사람들뿐만 아니라 전 피조 세계를 포함하고 있음을 보여준다.

"여호와께서 이르시되 내가 땅 위에서 모든 것을 진멸하리라"(1:2)

피조 세계가 하나님의 심판의 고통 아래 놓이게 되는 이유는 순전히 인간들의 죄악 때문이다. 이스라엘 백성들이 심판을 받게 되는 이유는 그들의 우상 숭배와 불의 때문이다(1:4-6). 그러나 열방들이 심판을 받게 되는 것은 그들의 불의와 교만 때문이기도 하지만 가장 큰 이유는 하나님의 백성에게 행한

---

4. G. A. King, "The Day of the Lord in Zephaniah," *Bibliotheca Sacra* 152 (1995): 16-32.

폭행과 비방 때문이다(2:8, 10).

2. 구원

주의 날은 하나님을 떠나 우상을 숭배하고 불의를 행하는 모든 자들에게 심판을 내리는 날이지만, 동시에 하나님의 구원의 은총이 베풀어지는 날이다. 스바냐 3:17은 하나님이 유다와 예루살렘에 베풀 구원에 대하여 다음과 같이 말한다.

> "너의 하나님 여호와가 너의 가운데에 계시니 그는 구원을 베푸실 전능자이시라 그가 너로 말미암아 기쁨을 이기지 못하시며 너를 잠잠히 사랑하시며 너로 말미암아 즐거이 부르며 기뻐하시리라 하리라"

이 구원의 대상은 이스라엘 백성에게 한정되는 것이 결코 아니다. 예를 들면 요엘 2:32을 보면 누구든지 여호와의 이름을 부르는 자는 구원을 얻게 된다고 한다. 여기에서 여호와의 이름을 부르는 자는 두말할 것도 없이 이스라엘 백성들이다. 비슷한 주제를 다루는 스바냐 3:9에서 하나님이 입술을 깨끗게 함으로 그 입으로 여호와의 이름을 부르며 일심으로 섬기게 하는 자는 이스라엘 백성이 아니라 나라들과 열국들이다. 그러나 이 구원은 아무에게나 주어지는 것이 아니다. 주의 날에 하나님의 진노로부터 구원받기 위해서는 먼저 여호와를 찾으며 공의와 겸손을 구해야 한다(2:3). 그리고 하나님은 백성들에게 자기를 전적으로 의지하는 신앙을 요구한다(3:12). 하지만 이 구원의 은총의 최대 수혜자는 누구보다도 이스라엘의 남은 자들이다.[5] 하나님은 그 날에 이스라엘의 왕으로 오시고(3:15) 또한 용맹한 전사처럼 이스라엘의 남은 자들을 지키고 보호한다(3:19).

---

5. G. A. King, "The Remnant in Zephaniah," *Bibliotheca Sacra* 151 (1994): 414-27.

3. 주의 날의 임박성과 미래성

스바냐서에 묘사된 주의 날은 역사적이면서도 동시에 종말론적이다. 유다와 예루살렘뿐만 아니라 아시리아의 멸망에 대한 예언은 아주 임박한 미래에 일어날 심판이라고 할 수 있다. 그리고 스바냐는 1:7, 14절에서 거듭 주의 날이 가까이 왔다고 거듭 경고하고 있다. 이것은 틀림없이 바빌론이 아시리아와 유다를 비롯한 팔레스타인 전역과 이집트를 멸망시킨 것을 두고 한 예언이다. 하지만 스바냐는 먼 미래에 있을 심판의 날도 함께 전하고 있다. 1:2에 언급된 지면의 모든 것을 진멸하는 것이나, 3:9-10에 기록된 이스라엘과 모든 열방이 하나님을 섬기는 것은 결코 가까운 미래가 아니라 먼 미래에 있을 우주적 차원의 사건이다.

이미 언급했던 것처럼 주의 날이란 주제는 스바냐뿐만 아니라 구약 성경 선지서에서 아주 중요한 신학적 주제이다. 이 주제는 선지서에 국한되지 않고 신약 성경과 쿰란 문서에서도 쉽게 발견할 수 있다. 예수님은 누가복음 17:22, 26, 30절에서 이 날을 "인자의 때" 또는 "인자의 나타나는 날"이라고 하였고, 바울은 고린도전서 5:5에서 "주 예수의 날"이라고 불렀으며, 그리고 베드로는 베드로후서 3장에서 "말세"(3:2), "주의 날"(3:10), 그리고 "하나님의 날"(3:12)이라고 하였다. 특히 요한계시록 14:5은 스바냐 3:13을 인유하면서 주의 심판의 날에 하나님과 어린 양에게 속한 자들의 입에 거짓말이 없고 그리고 이들은 흠이 없는 자들이라고 말한다. 쿰란 공동체들도 스바냐 1:12-13과 1:18-2:2에 대해 주석을 붙이고 있다. 그들에 의하면 "수치를 모르는 백성들은" 유다 땅에 살고 있는 모든 사람들이다(1Q Zephaniah Pesher, 4Q Zephaniah Pesher).[6]

---

6. F. G. Martínez, *The Dead sea Scrolls Translated: The Qumran Texts in English* (Grand Rapids: Eerdmans, 1992), 202-203.

제1장 죄악에 물든 유다를 심판할 여호와의 날 (1:1-18)

스바냐 1장은 유다와 예루살렘에 대한 심판 메시지를 기록하고 있다. 유다 사람들은 우상 숭배에 빠져 있었고, 탐욕에 빠져 경제적 착취가 일상화 되어 있었다. 이런 유다에 대해 하나님은 여호와의 분노의 날이 임할 것이라고 하며, 어느 누구도 피할 수 없는 파멸을 선포한다.

본문 개요

스바냐는 요시아가 종교 개혁하기 이전에 활동한 선지자로서 반세기 동안 유다를 통치한 므낫세의 죄악이 유다에 넘쳐 흐르고 있는 시대적 상황에서 하나님의 말씀을 전했다. 비록 므낫세와 아몬은 죽고 요시아가 유다의 새로운 왕이 되었지만, 8살에 왕이 된 요시아가 당장에 할 수 있는 것은 아무 것도 없는 상황이었다. 그런 상황에서 유다와 예루살렘은 므낫세와 아몬 시대의 악하고 더러운 사회 분위기에서 벗어날 수 없었을 것이다. 이런 유다와 예루살렘에 대하여 스바냐는 3:9-20에서 회복을 예언하기도 하지만, 전반적으로 주의 심판의 날에 대한 메시지를 강하게 전했다. 1장에서 스바냐는 자신을 소개하고(1:1), 세상과 유다의 우상 숭배자들에 대한 심판(1:2-6), 유다와 예루살렘에 임할 주의 심판의 날(1:7-13), 그리고 주의 날에 대해 포괄적으로 묘사하고 있다(1:14-18).

내용 분해

1. 도입부(1:1)
2. 세상과 유다의 우상 숭배자들에 대한 심판(1:2-6)
    1) 피조 세계에 대한 심판(2-3절)
    2) 유다의 우상 숭배자들에 대한 심판(4-6절)
3. 유다의 불의에 대한 심판의 날(1:7-13)
    1) 경제적으로 불의한 자에 대한 심판(7-9절)
    2) 경제적 재앙(10-13절)
4. 주의 심판의 날에 대한 묘사(1:14-18)
    1) 여호와의 날에 대한 묘사(14-16절)
    2) 여호와의 날에 임할 재앙(17-18절)

본문 주해

1. 도입부(1:1)

1 아몬의 아들 유다 왕 요시야의 시대에 스바냐에게 임한 여호와의 말씀이라 스바냐는 히스기야의 현손이요 아마랴의 증손이요 그다랴의 손자요 구시의 아들이었더라

스바냐서의 도입부는 아주 인상적이다. 다른 선지자들과는 달리 오직 스바냐만 자신을 소개하면서 자신의 조상 4대를 소개하고 있다. 스바냐는 자신을 다름 아닌 유다의 성군이었던 히스기야 왕의 4대손으로 소개하고 있다. 히스기야 왕에 대한 언급은 스바냐가 왕족이란 사실을 알려 주는 효과가 있다. 하지만 이보다 더 중요한 것은 유다 왕들 중에서 종교 개혁을 대대적으로 전개한 두 명의 왕이 나란히 소개되었다는 점이다. 한글 성경에서 히스기야와 요시아의 이름은 뚝 떨어져 있지만, 히브리어 성경에는 두 왕의 이름이 나란히 기록되어 있다.

בֶּן־חִזְקִיָּה בִּימֵי יֹאשִׁיָּהוּ *벤 히스기야 비메이 요쉬야후*

두 왕의 이름을 나란히 기록한 이유는 스바냐가 히스기야를 언급함으로 요시아가 자신의 메시지를 통해 종교 개혁을 단행하기를 바랐거나, 아니면 자신의 메시지를 통해 요시아가 히스기야 때처럼 종교 개혁을 성공시킨 것을 염두에 두었던 것으로 생각된다.

2. 세상과 유다의 우상 숭배자들에 대한 심판(1:2-6)

2 여호와께서 이르시되 내가 땅 위에서 모든 것을 진멸하리라 **3** 내가 사람과 짐승을 진멸하고 공중의 새와 바다의 고기와 거치게 하는 것과 악인들을 아울러 진멸할 것이라 내가 사람을 땅 위에서 멸절하리라 나 여호와의 말이니라 **4** 내가 유다와 예루살렘의 모든 주민들 위에 손을 펴서 남아 있는 바알을 그 곳에서 멸절하며 그마림이란 이름과 및 그 제사장들을 아울러 멸절하며 **5** 또 지붕에서 하늘의 뭇 별에게 경배하는 자들과 경배하며 여호와께 맹세하면서 말감을 가리켜 맹세하는 자들과 **6** 여호와를 배반하고 따르지 아니한 자들과 여호와를 찾지도 아니하며 구하지도 아니한 자

들을 멸절하리라

2-6절에서 하나님은 피조 세계와 유다의 우상 숭배자들에 대한 심판을 선포한다. 피조 세계가 심판을 받는 이유는 유다의 우상 숭배자들이 피조물들을 숭배의 대상으로 삼았기 때문이다. 유대인들이 심판 받는 이유는 그들이 우상을 숭배하고 하나님을 배신하며 진실되게 믿고 신뢰하지 않았기 때문이다.

1) 피조 세계에 대한 심판(2-3절)

2-3절에서 스바냐의 메시지는 먼저 하나님이 세상을 심판한다는 소식으로 시작한다. 그 심판의 대상을 보면 놀랍다. 단순히 악을 일삼는 열방에 대한 심판을 말하는 것이 아니라 인간을 포함한 땅 위에 사는 모든 생물들이 심판의 대상이다. 3절에서는 아예 창세기 1장을 염두에 두고 사람과 동물 하늘의 새와 바다의 물고기를 차례로 언급한다.[1] 이들을 멸망시키는 방법도 아주 인상적이다. 창세기 1장에서 하나님은 피조물을 창조하고 그것들을 생육하고 번성하며 땅에 충만하도록 하였다(창 1:22, 28). 즉 온 땅에 흩어지는 것을 전제로 하고 있다. 그런데 스바냐 1:2-3에서는 히브리어 *아솝 아셉*(אָסֵף אָסֹף)이란 표현을 사용하여 창세기 1장의 상황과 정반대로 이들을 끌어 모아 진멸시켜 버린다고 한다.[2] 세상의 종말에 대한 하나님의 의지는 매우 강하여서 "여호와께서 이르시되"(2절 *네움 여호와* נְאֻם־יְהוָה)와 "여호와의 말이니라"(3절 *네움 여호와*)를 반복 사용하여 강조하고 있다. 그리고 네 차례에 걸쳐 *아솝 아셉*의 유음법과 동어 반복을 통해 '진멸시킨다'는 행동을 강조하고 있다. 마치 노아의 홍수가 연상되는 그런 심판이다.[3]

도대체 무엇 때문에 세상이 이렇게 하나님의 심판 아래 놓이게 되는가? 바

---

1. K. L. Barker & Bailey, *Micah, Nahum, Habakkuk, Zephaniah*, NAC (Nashville: B&,1999), 411-13.
2. M. De Roche, "Zephaniah 1:2-3: the Sweeping of Creation," *VT* 30 (1980): 104-109.
3. *아솝*의 원형은 *아삽*(אָסַף-'모으다')이지만 *아셉*의 원형은 *숩*(סוּף-'종결하다' '끝내다')이다.

다의 물고기와 하늘의 새들이 무엇 때문에 멸망 받게 되는가? 안타깝게도 피조물의 심판과 멸망은 사람의 죄악 때문이다. 스바냐는 사람으로 인해 세상이 심판 받게 된다는 것을 보여주기 위해 두 가지 방법을 사용한다. 우선 스바냐 1:3의 첫째 문장에서 창조 순서를 뒤바꾸어 사람을 제일 앞에 배치했다. 창세기 1장의 5-6일 창조의 순서는 바다의 물고기⇨ 하늘의 새⇨ 짐승⇨ 사람이다. 그런데 스바냐 1:3은 역순으로 사람⇨ 짐승⇨ 하늘의 새⇨ 바다의 물고기이다. 이렇게 순서를 바꿈으로 사람을 제일 앞에 두게 된다. 이렇게 배열한 이유는 사람에게 세상 심판의 책임이 있음을 보여주려는 의도를 가진 듯하다. 이어서 스바냐는 아래 밑줄처럼 둘째 문장에서 2절의 문장 일부를 반복하면서 하나님께서 사람을 땅 위에서 제거하려 함을 강조하고 있다.

2 אָסֹף אָסֵף כֹּל מֵעַל פְּנֵי הָאֲדָמָה נְאֻם־יְהוָה׃

3 אָסֵף אָדָם וּבְהֵמָה אָסֵף עוֹף־הַשָּׁמַיִם וּדְגֵי הַיָּם וְהַמַּכְשֵׁלוֹת אֶת־הָרְשָׁעִים וְהִכְרַתִּי אֶת־הָאָדָם מֵעַל פְּנֵי הָאֲדָמָה נְאֻם־יְהוָה׃

결국 문제의 초점은 다른 피조물이 아니라 사람이다. 사람의 무엇이 하나님의 심판을 자초하게 되었을까? 스바냐 1:3의 "거치게 하는 것과 악인들을"이란 표현이 그 이유에 대한 단초를 제공해 준다. "거치게 하는 것"의 히브리어 표현 *하막쉘로트*(הַמַּכְשֵׁלוֹת)는 정관사가 암시하는 것처럼 앞에 언급된 피조물들이며, 이것들이 거치게 하는 요인이 된 것은 그 자체의 문제가 아니라 인간들의 악한 심성이다. 즉 인간들은 타락하여 피조물을 바르게 사용하지 않고 우상으로 만들어 섬기기 때문이다.[4] 결국 문제는 악한 인간들이 선하게 창조된 피조물을 악하게 사용하였기 때문이며, 그래서 하나님은 아담 때문에

---

4. O. P. Robertson, *The Book of Nahum, Habakkuk, and Zephaniah*, NICOT (Grand Rapids: Eerdmans, 259.

땅이 저주를 받고 인간들 때문에 노아 홍수가 임한 것처럼 인간들이 피조물을 우상화 한 것 때문에 이 땅의 모든 피조물들에게 심판을 내리겠다고 한다.

2) 유다의 우상 숭배자들에 대한 심판(4-6절)

4-6절에서 스바냐는 피조물의 심판의 원인이자 최종 대상이었던 "악인과 거치게 하는 것"이 구체적으로 무엇인지 밝혀 주고 있다. 스바냐는 불특정한 인간에서 유다와 예루살렘 사람들에게로 하나님의 심판의 대상을 구체화 그리고 특정화 시키고 있다. 유다와 예루살렘 사람들이 하나님의 진노를 사게 된 것은 두 가지 이유 때문이다. 첫째는 그들의 우상 숭배이다. 스바냐는 유다에 '그마림'을 비롯한 제사장 그룹과 일월 성신을 섬기는 우상 숭배자를 언급하고 있다. 그마림이란 제사장들은 열왕기하 23:5에 의하면 유다의 왕들이 유다와 예루살렘의 산에서 이방 신들에게 분향하도록 임명한 제사장들이다. 이들 외에 바알에게 분향하며 제사 지낸 제사장들도 있었다. 제사장들이 하나님이 아니라 우상에게 제사 드리며 분향하는 것도 심각하지만, 지붕 위에서 하늘의 일월성신을 섬기는 자들은 좀 더 심각하다. 지붕 위에서 하늘의 일월 성신을 섬겼다는 것은 이 우상 숭배가 일반 서민들에게 아주 보편화되어서 더이상 특정한 장소에 가서 은밀하게 이들을 섬기는 것이 아니라 자기 집의 지붕 위에서 상시적으로 섬겼음을 보여준다. 지난 1975년 고고학자 홀랜드(T. A. Holland)는 무려 600개의 작은 말 인형을 예루살렘에서 발굴했다.[5] 이것들은 주로 기원전 8세기 후반에서 7세기에 만들어진 것으로 므낫세의 통치 시대 또는 스바냐의 활동 시대와 거의 비슷한 시기에 만들어졌다. 이 말들의 머리에는 태양 모양의 디스크가 달려 있는데, 이는 단순히 놀이 기구가 아니라 우상이었다. 이에 대해 열왕기하 23:11은 다음과 같이 증언한다.

---

5. G. W. Ahlström, *The History of Ancient Palestine* (Minneapolis: Fortress, 1993), 735-37.

"또 유다 여러 왕이 태양을 위하여 드린 말들을 제하여 버렸으니 이 말들은 여호와의 성전으로 들어가는 곳의 근처 내시 나단멜렉의 집 곁에 있던 것이며 또 태양 수레를 불사르고"

이뿐만 아니라 여자의 누드 인형과 황소 인형도 다수 발굴되었다. 하나님께서 3절에서 왜 피조물을 거치는 것이라고 말하고 이들을 멸망시키려 했는지 충분히 짐작된다.

유대와 예루살렘 사람들이 하나님의 진노를 산 둘째 이유는 그들의 종교 혼합주의 사상과 배교 그리고 신앙의 화석화이다. 유대인들 중에는 하나님을 섬기고 하나님의 이름으로 맹세하면서 동시에 하나님이 가장 싫어하는 말감 또는 몰렉의 이름으로 맹세하였다.[6] 므낫세가 자기 아들들을 불태워 바쳤던 우상이 몰렉이다. 결국 몰렉을 숭배하는 이는 므낫세 한 사람이 아니라, 수많은 유대인들이 몰렉을 섬기고 있었다는 것이다. 하나님과 몰렉의 이름으로 동시에 맹세하는 것은 마치 부모를 모시면서 부모의 철천지 원수를 동시에 한 집에 모시고 사는 것과 같다. 하나님이 진노한 또 다른 이유인 "여호와를 찾지도 아니하며 구하지도 아니한 자를 멸절하리라"는 말은 충격적이다. 배교를 하고 우상을 섬기지는 않았더라도 신앙이 차갑게 식어 돌처럼 굳어버려 하나님을 찾고 기도하지 않는 자들도 하나님의 진노의 대상이다. 그렇다면 하나님의 진노에서 벗어날 수 있는 유대인이 몇 명이나 될까! 이 유대인들에게 진노의 잔을 쏟아붓는 하나님에 대한 묘사도 상당히 인상적이다. 4절에 의하면 하나님이 "유다와 예루살렘 모든 거민 위에 손을 펴서" 멸망시킬 것이라고 한다. 구약 성경에서 '손을 펴서'라는 행동의 기원은 출애굽이다. 하나님께서 이스라엘 백성을 구원하기 위해 애굽 사람들에게 재앙을 불러올 때 주로 사용한 제스처였다(출 3:20; 7:5, 19; 8:5, 16; 9:15, 22; 10:12, 21; 14:16, 26). 유

---

6. K. Jeppesen, "Zephaniah 1:5b," *VT* 31 (1981): 373.

대인들은 예루살렘은 하나님의 도성이고 다른 것은 몰라도 예루살렘만큼은
절대로 이방의 손에 넘어가지 않도록 하나님이 보호해 준다고 믿었다. 그러
나 그들의 종교 철학에도 불구하고 하나님은 출애굽 때에 그들의 조상을 구
원하기 위해 취했던 제스처를 완전히 바꾸어 그들을 멸망시키기 위해 그 손
을 펼친다고 한다.

3. 유다의 불의에 대한 심판의 날(1:7-13)

> **7** 주 여호와 앞에서 잠잠할지어다 이는 여호와의 날이 가까웠으므로 여
> 호와께서 희생을 준비하고 그가 청할 자들을 구별하셨음이니라 **8** 여호와
> 의 희생의 날에 내가 방백들과 왕자들과 이방인의 옷을 입은 자들을 벌할
> 것이며 **9** 그 날에 문턱을 뛰어넘어서 포악과 거짓을 자기 주인의 집에 채
> 운 자들을 내가 벌하리라 **10** 나 여호와가 말하노라 그 날에 어문에서는 부
> 르짖는 소리가, 제 이 구역에서는 울음 소리가, 작은 산들에서는 무너지
> 는 소리가 일어나리라 **11** 막데스 주민들아 너희는 슬피 울라 가나안 백성
> 이 다 패망하고 은을 거래하는 자들이 끊어졌음이라 **12** 그 때에 내가 예루
> 살렘에서 찌꺼기 같이 가라앉아서 마음속에 스스로 이르기를 여호와께서
> 는 복도 내리지 아니하시며 화도 내리지 아니하시리라 하는 자를 등불로
> 두루 찾아 벌하리니 **13** 그들의 재물이 노략되며 그들의 집이 황폐할 것이
> 라 그들이 집을 건축하나 거기에 살지 못하며 포도원을 가꾸나 그 포도주
> 를 마시지 못하리라

7-13절에서 스바냐의 메시지는 경제적으로 불의를 행한 자들에 대한 여호
와의 분노의 날에 초점을 맞추고 있다. 하나님은 경제적 부를 쌓기 위해 불의
한 짓을 일삼았던 자들을 심판하고 그들에게 경제적인 재앙을 내린다.

1) 경제적으로 불의한 자에 대한 심판(7-9절)

유다와 예루살렘의 멸망을 선포한 스바냐는 마침내 주의 심판의 날이 가까이 왔다고 선언한다. 이스라엘 민족에게 주의 날은 원래 하나님이 그들의 원수들을 심판하는 날로서 이스라엘에게는 구원의 날이었다(암 5:18). 스바냐는 이 주의 날을 선언하면서 예루살렘 사람들에게 먼저 "잠잠하라"고 말한다. 이어지는 메시지의 내용인 주의 날의 의미와 심각성에 대해 곰곰이 생각해 보라는 요청이다.[7] 스바냐의 다음 말이 무엇일지 기대하며 입을 다물고 있는 예루살렘 사람들에게 스바냐는 여호와의 날이 가까이 왔고 하나님이 제사를(7절 *제바*זבּח '희생') 준비하였다고 말한다.

8절에서 스바냐는 여호와의 날을 '여호와의 제사의 날'이라고 한다. 두 가지 아이러니한 일이 일어나고 있다. 첫째는 스바냐 1:4에서 제사장들은 바알을 비롯한 다른 우상들에게 제사 드리는 자들로 변절되어 있었는데, 1:7에서는 그들이 직무유기한 제사를 하나님이 직접 준비한다. 둘째는 제사를 드릴 때 제물은 죄 지은 자를 대신한 짐승이지만, 하나님이 준비한 제사에서 희생제물은 다름 아닌 유다와 예루살렘 사람들 자신이다. 이 제사는 예배가 아니라 그들의 죄에 대한 심판이기 때문이다. 스바냐의 메시지가 무엇인지 듣기 위해 잠잠히 기다리던 예루살렘 사람들이 받았을 충격은 매우 컸을 것이다. 아모스 시대의 이스라엘 백성들은 여호와의 날을 자신들을 대적들의 손으로부터 구원해 주는 날로 생각하였다(암 5:18). 마찬가지로 스바냐 시대의 유다와 예루살렘 사람들도 여호와의 날을 그들의 구원의 날이라고 생각 했을 것인데 스바냐는 이 날을 그들을 죽여 제사 드리는 날이라고 선포하였다.[8]

8-9절은 하나님이 이렇게 무서운 일을 계획하게 된 이유를 보여준다. 제

---

7. J. D. Rodríguez, "From Memory to Faithful Witness: The Power and Ambiguities of Religious Narratives (Zephaniah 1:7, 12-18)," *Currents in Theology and Mission* 35 (2008): 264-67.

8. J. A. Motyer, "Zephaniah," in *The Minor Prophets: An Exegetical and Expository Commentary*, ed. T. E. McComiskey (Grand Rapids: Baker, 1998), 918.

시된 이유는 우상 숭배와 배교가 아니라 그들이 이웃을 상대로 저지른 불의
한 죄악이다. 불의를 행한 사람들은 방백과 왕자들과 이방의 의복을 입은 자
들이다. 이들의 죄악은 어린 요시아 왕이 리더십을 확보하지 못한 상태에서
유다와 예루살렘에서 권력을 이용하여 폭력을 휘두르고 부를 축적한 사람들
일 것이다.[9] 8절의 왕자들은 요시아의 아들들이 아니라 왕족들을 일컫는 말이
고, 이방의 의복을 입은 자들은 아시리아를 비롯한 당대의 강대국의 문화 전
통을 수용하여 자신의 부와 권력을 과시하는 인물들로 생각된다. 9절의 "문
턱을 뛰어 넘어서 강포와 궤휼로 자기 주인의 집에 채운 자들"이라는 표현은
그들의 불의의 성격을 말해 준다. "자기 주인의 집"은 왕실을 의미하며, "자
기 주인의 집에 채운 자들"은 왕의 신하들과 지방 관료들을 총칭하는 표현이
다.[10] 이들은 왕실의 이름으로 사회적 약자들에게 강포와 궤휼을 일삼느라 부
지런히 뛰어다니고 있다.

2) 경제적 재앙(10-13절)

10-13절에서는 유다의 불의한 자들이 경제적 착취를 벌였던 지역에 대한
재앙을 선포하며, 그들에게 일어날 경제적 재앙에 대한 메시지가 선포된다.
10절에 언급된 어문과 제 이 구역은(10절) 므낫세가 증축한 지역이며 예루살
렘 관료들의 강포와 궤휼은 예루살렘 성벽 확장 공사와 이로 인해 형성된 예
루살렘 신도시와 관련되어 있음을 짐작하게 한다.[11] 하나님의 진노는 여기에
그치지 않고 정직하지 못한 방법으로 장사를 하여 부를 축적한 모든 사람들
에게도 향하고 있다(11절).

12-13절의 메시지는 출애굽기 34:6을 반영하고 있다. 시내산에서 이스라

---

9. 진노의 대상에서 왕이 빠진 것은 요시아가 아직 어리거나 경건하게 살고 있음을 보여준다. 그러
   나 방백들의 전횡을 고려한다면 요시아는 아직 어려서 권력의 중심에 서 있지 못함을 알 수 있다.
10. Motyer, "Zephaniah," 919.
11. Robertson, *The Books of Nahum, Habakkuk, and Zephaniah*, 278.

엘 백성들이 금송아지를 만들었을 때 하나님은 모세에게 십계명을 새길 두 돌판을 다시 만들어 하나님 앞으로 나아 오라고 한다. 그때 하나님은 모세에게 나타나 이렇게 말씀한다.

"여호와라 여호와라 자비롭고 은혜롭고 노하기를 더디하고 인자와 진실이 많은 하나님이라"(출 34:6)

하나님은 노하기를 더디 하시기 때문에 인간들은 종종 죄를 행하면서도 하나님을 두려워하지 않고 하나님은 선과 악에 대하여 복과 화를 내리는데 전혀 관심이 없다고 생각한다. 아니 이들은 하나님이 살아 계시다는 사실을 믿지 않는다. 주의 심판의 날에 하나님은 등불을 들고 바로 이런 자들을 찾아내기 위해 예루살렘을 두루 찾아 다니시리라고 말씀하신다. 그리스 철학자 디오게네스와 선지자 예레미야는 의인을 찾기 위해 등불을 들고 다녔지만(렘 5:1), 하나님은 의인이 아니라 어둡고 은밀한 곳에 숨어 포도주 찌꺼기가 바닥에 가라앉은 것처럼 침상에 축 늘어져 있는 악인들을 찾아 내기 위해 밝은 등불을 들고 예루살렘 구석 구석을 헤집고 다닐 거라고 한다(12절).[12] 그 하나님 앞에서 악인들은 그들의 불의한 재물을 통해 희락을 누리는 것이 아니라 하나님의 진노의 포도주 잔을 삼켜야 된다(13절).

4. 주의 심판의 날에 대한 묘사(1:14-18)

14 여호와의 큰 날이 가깝도다 가깝고도 빠르도다 여호와의 날의 소리로다 용사가 거기서 심히 슬피 우는도다 **15** 그날은 분노의 날이요 환난과 고

---

12. R. A. Bennett, "The Book of Zephanian," in ed. L. Keck, *NIB*, vol 7 (Nashville: Abingdon, 1996), 679.

통의 날이요 황폐와 패망의 날이요 캄캄하고 어두운 날이요 구름과 흑암의 날이요 **16** 나팔을 불어 경고하며 견고한 성읍들을 치며 높은 망대를 치는 날이로다 **17** 내가 사람들에게 고난을 내려 맹인 같이 행하게 하리니 이는 그들이 나 여호와께 범죄하였음이라 또 그들의 피는 쏟아져서 티끌 같이 되며 그들의 살은 분토 같이 될지라 **18** 그들의 은과 금이 여호와의 분노의 날에 능히 그들을 건지지 못할 것이며 이 온 땅이 여호와의 질투의 불에 삼켜지리니 이는 여호와가 이 땅 모든 주민을 멸절하되 놀랍게 멸절할 것 임이라

스바냐 1:14-18은 여호와의 날의 시간적 상황적 특징을 비유를 통해 묘사하며, 신속하게 임하는 고통으로 가득한 흑암의 날이라고 한다. 이 날에 임할 무서운 대 재앙은 결코 피할 수 없으며 모두가 멸절될 것이라고 한다.

1) 여호와의 날에 대한 묘사(14-16절)

스바냐의 메시지는 유다와 예루살렘에 대한 하나님의 진노의 날에서 전 세계에 임할 주의 심판의 날로 그 방향을 전환한다. 스바냐는 이 심판이 온 땅에 임할 우주적 차원의 총체적 심판임을 강조하기 위해 스타카토와 동어 반복법을 사용하였다.

יֹ֥ום עֶבְרָ֖ה הַיֹּ֣ום הַה֑וּא	욤 에브라 하욤 하후	그 날은 분노의 날
יֹ֥ום צָרָ֖ה וּמְצוּקָ֑ה	욤 차라 우므추카	환난과 고통의 날
יֹ֚ום שֹׁאָ֣ה וּמְשֹׁואָ֔ה	욤 쇼아 우므쇼아	황무와 패망의 날
יֹ֥ום חֹ֖שֶׁךְ וַאֲפֵלָ֑ה	욤 호쉑 와아페라	캄캄하고 어두운 날
יֹ֥ום עָנָ֖ן וַעֲרָפֶֽל	욤 아난 와아라펠	구름과 먹구름의 날
יֹ֥ום שֹׁופָ֖ר וּתְרוּעָ֑ה	욤 쇼파르 우트루아	나팔과 전쟁의 함성의 날

위의 표에서 알 수 있듯이 스바냐는 여호와의 날을 설명하기 위해 *욤*(יוֹם 날)을 여섯 번 반복하였다. 베이커(D. W. Baker)는 이를 두고 6일간의 창조를 염두에 둔 표현이라고 한다.[13] 스바냐 1:2-3에서 스바냐가 창세기 1장의 창조 순서를 통해 세상의 심판을 선포했다는 것을 감안하면 충분히 가능성이 있다.

14절은 여호와의 날을 여호와의 위대한 날이라고 규정하고, 7절에서 말했던 것처럼 그 멸망의 날이 긴박하게 다가오고 있음을 강조하기 위해 반복법을 사용하였다: "가깝도다 가깝고도 심히 빠르도다" (14절).[14] 이렇게 빠르게 다가오는 여호와의 날을 청각적으로 묘사하면서 그 소리가 가까이에서 들리는 것처럼 '여호와의 날의 소리여'라고 한다. 14절은 이 날의 비극적인 고통을 말하기 위해서 용사들이 거기서, 즉 그 날의 한 가운데서 비통하게 울 것이라고 한다. 일반적으로 장소를 나타내는 부사 *솸*(שָׁם)은 여기서 시간적인 의미로 사용되었다.

이어서 15-16절은 그 날의 고통과 공포를 11개의 명사로 표시한다. '날'을 문장의 앞 부분에 배열하고 이어서 명사 절대형을 붙여 설명하는데, 첫 표현은 한 개의 명사로 설명한 후 '그 날은'(*하욤 하후* הַיּוֹם הַהוּא)을 문장 뒤에 붙여 여호와의 날의 특징을 표현하기 시작한다. 그 다음 표현부터는 일관되게 욤 뒤에 두 개의 명사를 붙여 여호와의 날을 설명한다. 이 날은 여호와의 분노의 날이며, 환난과 고통의 날이고, 황무와 패망의 날이며, 어둡고 캄캄한 날이며, 구름과 먹구름의 날이고, 그리고 나팔과 전쟁의 함성이 난무한 날이다. 마지막 16절의 나팔과 전쟁의 함성의 날에는 추가적으로 이와 같은 재앙이 임하는 장소를 덧붙이고 있다. 그 장소는 견고한 성읍들과 높은 망대들이다. 이 말은 여호와의 재앙이 이 곳들에 제한적으로 임한다는 의미가 아니라, 재앙을 피하기 위해 아무리 발버둥을 치며 안전한 곳으로 피하더라도 소용이 없

---

13. D. W. Baker, *Nahum, Habakkuk, Zephaniah*, TOTC (Leicester: IVP, 1988), 100.
14. R. L. Smith, *Micah-Malachi*, WBC (Waco: Word Books, 1984), 131.

다는 뜻이다.

2) 여호와의 날에 임할 재앙(17-18절)

17-18절에서는 여호와의 날에 임할 재앙을 어느 누구도 피할 수 없음을 보여준다. 17-18절은 2-3절에서 땅과 사람을 진멸시킬 것이라고 하였던 것처럼 사람에게 끔찍한 고난을 내리고 땅 위에 사는 모든 것들을 멸절 시킬 것이라고 한다. 17절은 먼저 하나님께서 사람들에게 고난을 내려 눈먼 자가 되게 한다고 말한다. 12절에서 하나님은 심판할 자들을 찾기 위해 등불을 들고 예루살렘 구석구석을 찾아 다녔는데, 17절에서는 그 유다와 예루살렘 사람들이 하나님의 진노 앞에 도망하지 못하도록 눈먼 자처럼 만든다는 것이다. 그래서 이들의 피는 흙먼지를 털어내듯이 뿜어내게 되고, 그리고 그들의 내장은 사람의 배설물처럼 쏟아져 나오게 된다. 이런 재앙을 특정인 한두 명에게 내려지는 것이 아니라 3절에서 '내가 사람을 땅 위에서 멸절하리라'고 했던 것처럼 땅 위의 모든 사람들에게 내려진다. 이렇게 끔찍한 재앙으로부터 하나님이 이들을 피하지 못하게 한 이유는 그들이 하나님께 범죄하였기 때문이다. 17절은 이를 강조하기 위해 '여호와께'(*라여호와* לַיהוָה)를 동사 앞에 도치하였다.

18절은 사람들이 여호와의 분노의 날을 피할 수 없음을 말하기 위해 금과 은이 그들을 건지지 못할 것이라고 한다. 은과 금을 언급한 이유는 8-12절에서 사람들이 하나님의 정의를 외면하고 경제적 이익을 위해 수단과 방법을 가리지 않는 것을 염두에 두고 있기 때문이다. 11절은 하나님의 분노가 쏟아지고 있는데도 사람들이 정신을 차리지 못하고 은을 거래하는 자들이 끊어졌다고 슬피 울고 있는 모습을 그리고 있다. 이런 사람들을 향해 하나님은 은과 금이 그들을 건지지 못한다고 단언한다. 흔히 사람들은 돈으로 모든 문제를 해결할 수 있다고 생각한다. 우리가 살고 있는 세상은 무전유죄 유전무죄의 부당한 원리가 지배하기 때문이다. 그러나 여호와의 분노의 날에는 어느 누구도 은과 금으로 자신의 생명을 심판의 불로부터 구할 수 없다(18절). 2절에서 하나님이 땅 위에 모든 것을 진멸하리라고 하였던 것처럼 여호와의 질투의 불이 온 땅을 삼키고, 이 땅에 거주하는 모든 것들을 하나도 남김없이 완벽하게 불로 소멸시킬 것이라고 마지막 문장은 선언하고 있다. 그 심판의 날에 사람들이 할 수 있는 것은 그저 어찌할 바를 몰라 다급하게 허둥대며 이리저리 몰려 다니는 것이다. 왜냐하면 하나님이 모든 사람들이 소경같이 행하게 하였기 때문이다.

교훈과 적용

1. 인간들 때문에 피조 세계가 신음하고 있다. 한편으로는 각종 개발을 목적으로 인간들이 자연을 무분별하게 파괴하고, 이로 인해 생태계가 파괴되고 있다. 인간들은 편의를 위해 과도하게 화석 에너지를 사용함으로 지구 온난화를 심화시켰고, 결국 기상 이변과 자연 재해로 인해 자연은 더욱 파괴되고 자연 재해는 인간에게 재앙으로 되돌아 오고 있다. 창조주 하나님을 섬기고 있는 성도들은 이런 문제에 관심을 가지고 자연을 보호하고 다른 피조물을 돌보는 일에 적극적으로 나서야 한다. 그것이 창세기 1:28에서 아담에게 주어진 인류 본연의 사명을 감당하는 것이다. 이에 못지 않게 중요한 것이 있다. 피조물을 신으로 섬기는 인간들을 돌이켜 하나님을 섬기게 하는 것이다. 스바냐는 인간들의 우상 숭배 때문에 피조 세계가 하나님의 심판으로 인해 완전히 멸망되는 날이 온다고 한다.

2. 많은 사람들이 한국 교회의 위기를 말한다. 한국 교회의 진정한 위기는 교회가 교회답지 못하기 때문에 일어난 위기이다. 외부적으로 한국 교회는 국가의 잘못에 대해서 침묵으로 일관해 왔었고, 사회가 극심한 혼란과 타락의 길을 걷고 있을 때에도 침묵하였다. 내부적으로는 스바냐 시대의 유다와 예루살렘 백성이 번영과 성공을 꿈꾸며 여호와 하나님을 외면하고 믿음의 백성답지 않게 바알과 몰렉과 일월성신을 비롯한 우상을 섬긴 것처럼, 많은 교회와 성도들이 개인의 복과 교회 성장을 꿈꾸며 하나님을 신령과 진정으로 섬기지 못했다. 그럼에도 한국 교회는 무엇이 잘못되었는지 자신을 돌아보려고 하지 않는다.

3. 다미 선교회를 비롯한 시한부 종말론자들이 예수 재림과 지구 종말의 날을 예언하였던 적이 있다. 그들의 예언은 비성경적이고 거짓 예언이었기 때문에 당연히 성취되지 않았다. 그런데 이들의 성취되지 않은 종말 예언이 교회에 부정적인 영향을 끼쳤다. 교회는 종말 문제에 무관심하게 되었고, 종말에 대한 긴장감을 완전히 해제시켜

버렸다. 아무도 주의 재림과 종말의 때를 알 수 없지만 성도들은 주의 날이 임박했다는 스바냐의 메시지에 귀를 기울이고 종말에 대한 긴장감을 늦추어서는 안 된다. 주의 날이 임할 때 이를 피할 수 있는 사람은 아무도 없다.

제2장 여호와의 날: 열방에 대한 심판의 날 (2:1-15)

스바냐 2장은 열방에 대한 하나님의 심판 메시지가 기록되어 있다. 이스라 엘의 서쪽과 동쪽 그리고 남쪽과 북쪽에 있는 모든 민족들에 대한 심판을 예 언하고 있다. 하나님이 이들을 멸망시키려 하는 이유는 그들이 여호와의 백 성에 대해 교만하였기 때문이고 그리고 남은 자들을 통한 하나님 나라의 확 장을 위한 목적 때문이다.

본문 개요

스바냐 2장은 두 부분으로 나눌 수 있다. 첫 부분은 1-3절이며, 이 부분이 2 장에 포함되는 것은 적절하지 못하며 스바냐 1장 마지막 부분으로 분류되어 야 한다. 1-3절의 내용은 1장의 핵심 메시지였던 여호와의 심판의 날을 주요 주제로 이어가며, 1장과는 달리 여호와의 분노의 날에 구원받기 위해 겸손히 여호와를 찾으라고 한다. 둘째 부분은 4-15절이며, 이 부분은 다시 네 부분으 로 나눌 수 있다. 4-7절은 가나안 서쪽에 위치한 블레셋 사람들에 대한 멸망 예언이 기록되어 있다. 8-11절에는 가나안 동쪽 지역에 위치한 모압과 암몬을 소돔과 고모라처럼 멸망시킬 것이라고 한다. 12-15절은 가나안 남쪽과 북쪽 지역에 위치한 민족들에 대한 심판 메시지이다. 12절에서 구스에 대한 심판을 간략하게 언급하고 곧바로 13-15절은 아시리아와 수도 니느웨에 대한 심판 메시지를 담고 있다. 이 민족들을 심판하는 이유는 이스라엘 백성과 하나님께 교만하게 행동했기 때문이다. 하나님은 심판을 통해 그들이 하나님을 경배하게 하고 그들의 땅을 하나님의 백성들의 거주지로 삼는다고 한다.

내용 분해

  1. 여호와의 심판의 날에 남겨질 자들(2:1-3)
     1) 백성들에 대한 회집 요청(1-2절)
     2) 겸손히 여호와를 찾으라(3절)
  2. 열방들에 대한 심판(2:4-15)
     1) 블레셋 심판(4-7절)
     2) 모압과 암몬 심판(8-11절)
     3) 구스와 아시리아 심판(12-15절)

본문 주해

1. 여호와의 심판의 날에 남겨질 자들(2:1-3)

1 수치를 모르는 백성아 모일지어다 모일지어다 2 명령이 시행되어 날이 겨 같이 지나가기 전, 여호와의 진노가 너희에게 내리기 전, 여호와의 분노의 날이 너희에게 이르기 전에 그리할지어다 3 여호와의 규례를 지키는 세상의 모든 겸손한 자들아 너희는 여호와를 찾으며 공의와 겸손을 구하

라 너희가 혹시 여호와의 분노의 날에 숨김을 얻으리라

1-3절에서 하나님은 이스라엘 백성들에게 여호와의 진노의 날이 이르기 전에 모여서 여호와를 찾으며 공의와 겸손을 구하라고 한다. 그래야만 여호와의 분노의 재앙을 피할 수 있다고 한다.

1) 백성들에 대한 회집 요청(1-2절)

1-2절에서는 여호와의 분노의 날이 이르기 전에 백성들에게 모이라고 한다. 모이라는 소리를 듣는 백성들을 수치를 모르는 자라고 말한다. "수치를 모르는"의 히브리어는 동사 *카샆*(כָּסַף)에 부정어 *로*(לֹא)를 붙여 만들었으며, *카샆*은 '간절히 소망하다'는 의미를 가지고 있다.[1] 이 단어가 스바냐 2:1에서 "수치를 모르는"으로 번역된 것은 70인역의 영향이며, 아마도 스바냐 1장에서 유다 백성들의 부에 대한 지나친 집착을 반영한 것으로 판단된다. "모일지어다"로 번역된 동사 *카솨쉬*(קָשַׁשׁ)는 구약 성경에서 8번 사용되었으며 주로 집을 짓기 위해 나무나 지푸라기를 모으는 행동을 나타내는 말로 사용되었다.[2] 그렇기 때문에 스바냐 2:1에서 백성의 모임은 언약 체결이나 예배를 위한 회중의 모임이 아니라, 백성들 가운데 소수의 의로운 자들을 향한 모이라는 권면으로 보는 것이 옳다. "모일지어다"의 반복을 통해 신속하게 모일 것을 강조하고 있다. 2절은 모임을 재촉하기 위한 강조로서 '-하기 전에'(*베테렘*בְּטֶרֶם)를 세 번 반복하고 있다. 2절의 첫 표현인 "명령이 시행되어 날이 겨 같이 지나가기 전에"(*베테렘 레데트 혹 케모츠 아바르 욤* בְּטֶרֶם לֶדֶת חֹק כְּמֹץ עָבַר יוֹם)에서 "날"은 여호와의 분노의 날과 동일한 날이다. "날이 겨같이 지나가기"라는 말은 지푸라기가 바람에 날려 가는 것을 의미하며, 이것은 당대로서는 가

---

1. Smith, *Micah-Malachi*, 132.

2. J. Gray, "Metaphor from Building in Zephaniah 2:1," *VT* 3 (1953): 404-407.

장 빠르게 움직이는 현상을 일컫는 말이다.

2) 겸손히 여호와를 찾으라(3절)

　　3절은 이렇게 모인 자들에게 세 가지를 찾으라고 한다. 3절에서 "찾으라"
와 "구하라"는 모두 히브리어 동사 *바카쉬*(בָּקַשׁ)를 번역한 것이며, 모두 세 번
사용되었지만 개역개정 성경은 두 번만 번역하였다. 3절을 아래와 같이 번역
할 수 있다.

בַּקְּשׁוּ אֶת־יְהוָה כָּל־עַנְוֵי הָאָרֶץ אֲשֶׁר מִשְׁפָּטוֹ פָּעָלוּ
בַּקְּשׁוּ־צֶדֶק בַּקְּשׁוּ עֲנָוָה אוּלַי תִּסָּתְרוּ בְּיוֹם אַף־יְהוָה׃

　　여호와의 정의를 행하는 땅의 모든 겸손한 자들아 여호와를 찾으라 공
　　의를 찾고 겸손을 찾으라 혹시 너희들이 여호와의 진노의 날에 숨겨지
　　게 되리라

　　3절에서 찾으라는 말을 듣는 대상은 하나님의 규례를 행하는 모든 겸손한
자들이다. 이들이 찾아야 하는 첫째 대상은 여호와 하나님이다. 이것은 스바
냐 1:6과 관련되어 있으며, 1:6에서 하나님은 "여호와를 찾지 않고 구하지 않
는 자들을 멸하리라"고 하였다. 이방인들의 종교에서 신의 진노를 피하는 방
법은 그 신으로부터 멀리 도망치는 것이다. 하지만 하나님의 진멸을 피하기
위해서는 하나님으로부터 도망치는 것이 아니라 오히려 하나님께로 나아갈
때 가능하다.[3] 하나님이 내린 심판과 재앙일지라도 피난처는 큰 바위와 깊은
동굴이 아니라 하나님밖에 없다. 백성들이 찾아야 할 둘째 대상은 공의를 구
하는 것이다. 공의는 하나님의 거룩성을 드러내는 한 방편이며, 언약 공동체

---

3. Motyer, "Zephaniah," 927.

가 거룩한 백성으로서 가져야 할 삶의 자세이다.[4] 스바냐 2:3의 공의는 1:12과
밀접한 관련을 가지고 있다. 1:12에 의하면 예루살렘 주민들은 '여호와는 복도
내리지 않고 화도 내리지 않는다'고 하였다. 이 말은 여호와 하나님은 공의에
관심 없고 의를 세우기 위해 복을 주거나 벌을 주지 않는다는 말이다. 하지만
3절은 여호와의 규례를 찾는 자들이 추구해야 할 것은 공의를 행하는 것이라
고 한다. 백성들이 찾아야 할 셋째 대상은 겸손을 구하는 것이다. 1:8에 의하
면 유대인들은 이방인의 화려한 옷을 입고 교만하게 행동하며 사람들을 학대
하였다. 이런 유대인들의 모습을 염두에 두고 3절은 겸손한 삶을 살도록 권하
고 있다. 이렇게 할 때 3절은 사람들이 여호와의 분노의 날에 숨을 장소를 얻
게 된다고 한다. 여호와의 분노의 날에 사람들은 등불을 들고 예루살렘 구석
구석을 다니며 악인들을 찾는 하나님의 눈을 피하여 숨을 수 없다. 하지만 3
절에 의하면 오직 여호와를 찾고 공의를 찾으며 겸손한 삶을 추구는 자들은
진노를 피할 수 있는 숨을 장소를 얻을 수 있다.

2. 열방들에 대한 심판(2:4-15)

4 가사는 버림을 당하며 아스글론은 폐허가 되며 아스돗은 대낮에 쫓겨나
며 에그론은 뽑히리라 **5** 해변 주민 그렛 족속에게 화 있을진저 블레셋 사
람의 땅 가나안아 여호와의 말씀이 너희를 치나니 내가 너를 멸하여 주민
이 없게 하리라 **6** 해변은 풀밭이 되어 목자의 움막과 양떼의 우리가 거기
에 있을 것이며 **7** 그 지경은 유다 족속의 남은 자에게로 돌아갈지라 그들
이 거기에서 양떼를 먹이고 저녁에는 아스글론 집들에 누우리니 이는 그
들의 하나님 여호와가 그들을 보살피사 그들이 사로잡힘을 돌이킬 것임
이라 **8** 내가 모압의 비방과 암몬 자손이 조롱하는 말을 들었나니 그들이

4. Motyer, "Zephaniah," 928.

내 백성을 비방하고 자기들의 경계에 대하여 교만하였느니라 9 그러므로 만군의 여호와 이스라엘의 하나님이 말하노라 내가 나의 삶을 두고 맹세 하노니 장차 모압은 소돔 같으며 암몬 자손은 고모라 같을 것이라 찔레가 나며 소금 구덩이가 되어 영원히 황폐하리니 내 백성의 남은 자들이 그들을 노략하며 나의 남은 백성이 그것을 기업으로 얻을 것이라 10 그들이 이런 일을 당할 것은 그들이 만군의 여호와의 백성에 대하여 교만하여졌음이라 11 여호와가 그들에게 두렵게 되어서 세상의 모든 신을 쇠약하게 하리니 이방의 모든 해변 사람들이 각각 자기 처소에서 여호와께 경배하리라 12 구스 사람들아 너희도 내 칼에 죽임을 당하리라 13 여호와가 북쪽을 향하여 손을 펴서 아시리아를 멸하며 니느웨를 황폐하게 하여 사막 같이 메마르게 하리니 14 각종 짐승이 그 가운데에 떼로 누울 것이며 당아와 고슴도치가 그 기둥 꼭대기에 깃들이고 그것들이 창에서 울 것이며 문턱이 적막하리니 백향목으로 지은 것이 벗겨졌음이라 15 이는 기쁜 성이라 염려 없이 거주하며 마음속에 이르기를 오직 나만 있고 나 외에는 다른 이가 없다 하더니 어찌 이와 같이 황폐하여 들짐승이 엎드릴 곳이 되었는고 지나가는 자마다 비웃으며 손을 흔들리로다

4-15절에는 이스라엘 백성들의 거주지인 가나안 땅을 중심으로 서쪽과 동쪽 그리고 남쪽과 북쪽에 있는 민족들에 대한 심판 메시지가 기록되어 있다. 이들이 심판 받는 이유는 하나님과 이스라엘에게 행한 교만한 행동 때문이다.

1) 블레셋 심판(4-7절)

4-7절에는 블레셋 민족들에 대한 심판 메시지가 기록되어 있다. 4절은 블레셋 민족들의 대표적인 도시 국가들인 가사와 아스글론과 아스돗과 그리고 에그론을 언급하고 있다. 이들 중에서 가드가 언급되지 않은 것은 특이하다. 이 네 도시들을 향하여 스바냐는 이 도시들이 버림을 당하고 폐허가 되며 대

낮에 쫓겨나고 뿌리째 뽑히게 된다고 한다. 4절은 이들 도시들의 심판 메시지에 시선을 끌기 위해 첫 문장과 마지막 문장에 유사한 발음을 가진 표현을 통해 독자의 주목을 끄는 재담법(paronomasia)을 사용하였다.[5]

תִהְיֶה עֲזוּבָה עַזָּה *앗자(가사) 아주바 티웨*

תֵּעָקֵר וְעֶקְרוֹן *에크론 테아켈*

5절은 블레셋 민족들의 멸망이 여호와 하나님의 진노의 결과라는 사실을 보여준다. 5절은 블레셋 사람을 세 가지 표현으로 호칭하고 있다. 첫째는 해변에 거주하는 자이고, 둘째는 그렛 민족이며, 셋째는 가나안 블레셋의 땅이다. 에스겔 25:16도 블레셋과 그렛을 동일시 여기며, 해변에 거주하는 자들이라고 한다. 그렛은 블레셋 사람들이 그리스의 그레데에서 가나안으로 이주하여 왔기 때문에 붙인 호칭으로 여겨진다.[6] 5절은 하나님의 심판을 알릴 때 많이 사용하는 표현인 "화 있을진저"(호이/הוֹי)로 시작한다. 이어서 '여호와의 말씀이 너희에게 있나니'라고 하며, 이것은 일반적으로 '화 있을진저'에 이어 하나님의 구체적인 메시지를 말할 때 쓰는 표현이다.[7] 이들을 향한 여호와의 메시지는 그들의 멸망을 말리는 메시지이며, 이 메시지에서 하나님은 그들을 멸망시키는 주체가 '나'로 표현된 여호와 하나님이라고 한다. 하나님은 내가 너를 멸망시키겠다고 하시면서, 거주민이 없게 만들겠다고 한다. 5절은 이를 부각시키기 위해 메시지를 시작할 때 호이 요쉐베(הוֹי יֹשְׁבֵי '화 있을진저 거민')

5. Robertson, *The Books of Nahum Habakkuk and Zephaniah*, 297; L. Zaleman, "Ambiguity and Assonance at Zephaniah 2:4," *VT* 36 (1986): 365-71; R. Gordiss, "A Rising Tide of Misery: A Note on a Note on Zephaniah 2:4," *VT* 37 (1987): 487-90. 고디스는 가자 아스글론 아스돗 에글론에 대한 메시지가 각각 파혼당한 여자, 버려진 아내 이혼당한 여자 그리고 불임 여성에 빗대어 그들의 멸망을 예고하고 있다고 주장한다.

6. Baker, *Nahum Habakkuk Zephaniah*, 105.

7. Bennett, "The Book of Zephaniah," 690.

스바냐

라고 하고 끝날 때에는 *메에인 요쉡*(מֵאֵין יוֹשֵׁב, '거민이 없게')이라고 하였다.

6절은 이어서 주민이 멸절되고 없는 블레셋 지역을 양떼와 목자의 거주지가 될 것이라고 한다. 이를 강조하기 위해 6절은 5절의 표현을 재사용하거나 유사한 발음을 가진 표현을 통한 재담법(paronomasia)을 사용한다. 6절은 블레셋 지역이라고 하지 않고 5절의 '해변'을 사용하였고, 그리고 5절의 *케레팀*(כְּרֵתִים, '그렛')을 *케로트*(כְּרֹת, '우물')로 바꾸어 재담법을 활용하였다. 그래서 6절을 직역하면 블레셋 지역 사람들은 하나님에 의해 멸망 되어 '해변은 목자들의 우물과 움막 그리고 양떼의 우리가 될 것이라'이다.

7절은 다시 5절과 6절에서 "해변"으로 번역된 히브리어 *헤벨 하얌*(הֶבֶל הַיָּם, 해변 지역)의 *헤벨*(지역)을 다시 사용하여 그 지역이 유다 족속의 남은 자들을 위해 사용된다고 한다. 그리고 6절에서 목자의 우물과 움막과 양떼의 우리가 있을 것이라고 했는데, 7절에서는 유다의 남은 자들이 그 곳에서 목양하고 저녁에는 아스글론에 있는 집들에서 누울 것이라고 한다. 이 말은 유다의 남은 자들이 블레셋 전역을 평화롭게 왕래하며 양떼를 먹인다는 의미로서 유대인들에게 매우 희망적인 메시지이다.[8] 이와 같은 일이 일어나게 되는 이유는 하나님께서 유다의 남은 자들을 보살피사 그들의 포로 생활을 종결시키고 그들을 회복시키는 은혜를 베푸시기 때문이다. '보살피다'의 히브리어 *파카드*(פָּקַד)는 '방문하다'의 의미를 가지며, 하나님이 긍정적으로 방문할 때에는 구원의 은총을 베푸는 일이 일어난다. 출애굽기 3:16에서 이 단어는 하나님이 이집트에서 고난받는 이스라엘 백성들을 출애굽 시켜 가나안으로 들어가게 하기 위해 그들을 찾아와서 돌보시는 것을 표현하기 위해 사용되었다. 이와 대조적으로 스바냐 1:8, 9, 12에서는 하나님이 범죄한 유다 사람들에게 찾아와서 징벌을 내린다는 부정적인 의미로 사용되었다. 2:7에서는 출애굽기

---

8. D. L. Christensen, "Zephaniah 2:4-15: A Theological Basis for Jusiah's Program of Political Expansion," *CBQ* 46 (1984): 669-82.

3:16처럼 긍정적인 차원으로 사용되어 하나님이 유다의 남은 자들에게 찾아와 그들을 포로에서 구원하여 가나안으로 돌아가게 하고 그들의 대적 블레셋 사람들의 땅까지 차지하고 그 곳에서 목축하게 된다고 한다.

2) 모압과 암몬 심판(8-11절)

8-11절은 가나안 땅 동쪽에 위치해 있는 모압과 암몬 자손에 대한 심판 메시지가 기록되어 있다. 이들은 소돔과 고모라처럼 심판 받게 되며, 이런 심판을 받는 이유는 그들이 하나님의 백성들에게 교만하게 행동하였기 때문이다. 8절은 먼저 하나님께서 모압과 암몬 자손의 비방과 조롱을 들었다는 말로 시작된다. 하나님은 1인칭 단수로 표현되어 '내가' 들었다고 하며, 이스라엘 백성들에 대해서는 '내 백성'이라고 말한다. 모압과 암몬 자손의 비방과 조롱은 '내 백성'으로 표현된 유대인들을 향한 것이며, 유대인들이 시련을 당할 때 이들의 처참한 상황을 비웃으며 이들을 공격하여 자신들의 영토를 확장하였기 때문이다. 개역개정이 "교만하였느니라"로 번역한 *와약디루*(וַיַּגְדִּילוּ)는 *가달*(גָּדַל)의 히필(Hiphil) 형이며, '크게 만들다' 또는 '확장하다'의 의미를 가지고 있다.

9절은 모압과 암몬에 대한 하나님의 심판을 구체적으로 언급하며, 하나님은 "나의 삶을 두고 말하노니"(*하이-아니* חַי־אָנִי)라며 매우 심각한 어조로 심판 메시지를 시작한다. 이어서 9절은 하나님의 말씀을 제시할 때 사용하는 선지자들의 예언적 인용 표현을 사용하는데, 일반적인 예언적 인용 표현인 *네움 야웨 체바오트*(נְאֻם יְהוָה צְבָאוֹת 만군의 여호와의 말씀)에 *엘로헤이 이스라엘*(אֱלֹהֵי יִשְׂרָאֵל)을 추가하였다.[9] 이로서 암몬과 모압을 징벌할 것이라고 말하는 여호와 하나님은 이스라엘의 하나님이라는 사실을 명시하고 있다. 만군

9. Barker & Bailey, *Micah, Nahum, Habakkuk, Zephaniah*, 459-60; R. Hojoon, *Zephaniah's Oracles Against the Nations* (Leiden: Brill, 1994), 230-31.

의 여호와께서 모압과 암몬에게 행할 징벌은 소돔과 고모라를 멸망시킨 것과 같은 완벽한 파멸이다. 소돔과 고모라를 언급한 이유는 하늘에서 유황불을 내려 멸망시킨 것과 같은 멸망 방식보다는 멸망의 정도를 말하기 위해 언급되었다. 그렇기 때문에 9절은 이들 지역이 찔레가 나는 곳이 되고 소금 구덩이가 되며 영원히 황폐하게 된다고 한다.[10] 하지만 이 땅들은 다시 사람이 살기에 적합한 땅으로 변모하게 되리라고 생각된다. 본문에서는 이에 대한 언급이 없지만, 모압과 암몬 땅을 하나님은 내 백성의 남은 자들이 빼앗게 되고 내 백성의 남은 자들이 소유할 것이라고 하기 때문이다. 여기에서 하나님은 아주 독특하게도 첫 번째 내 백성의 남은 자에서는 일반적으로 이스라엘 백성을 말할 때 사용하는 히브리어 명사 *암*(עַם)을 사용했지만, 둘째 내 백성의 남은 자에서는 이방 백성들을 지칭할 때 주로 사용하는 명사 *고이*(גּוֹי)를 사용하였다. *암*과 *고이*에 동일하게 대명사 접미사 1인칭 단수 '나'(*이*ּ)를 붙여 두 대상이 모두 하나님의 백성임을 명시하고 있다. 이것은 아마도 이스라엘 백성의 개념 속에 이방인들 중에서 하나님을 진실되게 믿고 경외하는 남은 자들을 모두 포함되는 것으로 이해할 수 있다. 10절은 다시 한번 하나님이 모압과 암몬을 멸망시키는 이유를 설명하며, 그 이유는 그들이 교만하였기 때문이라고 한다. 그들의 교만의 내용은 8절에서처럼 그들이 하나님의 백성을 비방하고 조롱하고 그리고 그들이 만군의 여호와의 백성 위에 스스로 크게 높였기 때문이다.

11절에서 하나님은 모든 백성에게 두려움의 대상이 된다고 한다. 하나님을 두려워하게 될 사람들이 3인칭 남성 복수로 표시되어 앞의 모압과 암몬을 가리키는 것으로 볼 수 있지만, 그러나 11절 마지막의 이방 민족들의 섬들이라는 표현은 이들에 한정하지 않고 전 세계적인 현상으로 볼 여지를 제공한다. 이방 민족들이 하나님을 두려워하는 이유는 하나님이 땅에 있는 모든 신들을 쇠약하게 만들었기 때문이다. 하나님은 이방 민족들이 믿고 의존했던 신들을

---

10. D. B. Garlington, "The Salt of the Earth in Covenantal Perspective," *JETS* 54 (2011): 715-48.

모두 제거하고 무기력하게 만들어 버리며, 결과적으로 하나님은 이방 민족들 중에 남은 자들이 각자의 거주 장소에서 하나님만 섬기도록 한다. 11절의 마지막 문장은 하나님을 섬기는 장소로 예루살렘을 제시하지 않고 각자의 거주 지역을 제시하고 있다는 독특성을 가지고 있다.[11]

3) 구스와 아시리아 심판(12-15절)

12-15절은 가나안 땅의 남쪽에 위치한 구스, 즉 에디오피아와 북쪽에 위치한 아시리아에 대한 심판 메시지를 기록하고 있다. 이로서 스바냐 2:4에서 시작된 하나님의 심판 메시지는 가나안을 둘러싼 동서남북에 소재한 민족들 또는 모든 이방 민족들에 대한 심판이라는 구조를 만들게 된다.[12]

> 서쪽 – 가사, 아스글론, 아스돗(4-7절)
>
> 동쪽 – 모압, 암몬(8-11절)
>
> 남쪽 – 구스(12절)
>
> 북쪽 – 앗수르(13-15절)

12절에서 가나안 남쪽에 있는 구스에 대한 심판 메시지는 다른 동쪽과 서쪽과 북쪽에 위치한 민족들에 대한 메시지보다 훨씬 짧고 간단하다. 독특하게도 하나님은 에디오피아 백성들을 2인칭 복수 너희들로 부르며 메시지를 시작하였지만, 마지막에는 이들을 3인칭 남성 복수 헴마(הֵמָּה, '그들')라고 부른다. 이것은 하나님이 스바냐에게 예언의 내용을 대화 형식으로 알려 주기 때문에 생겨났을 가능성이 높다. 에디오피아를 '그들은'이라고 말하면서 그들

---

11. J. M. P. Smith, W. H. Ward, and J. A. Bewer, *Micah, Zephaniah, Nahum, Habakkuk, Obadiah and Joel*, ICC (Edingburgh: T & T Clark, 1985), 229.

12. 구스와 아시리아의 심판을 함께 언급한 이유는 아시리아를 건국한 니므롯이 구스의 아들이기 때문일 수 있다(창 10:8).

을 멸망시키는 도구인 하나님의 칼을 나의 칼이라고 부르는 것은 하나님이 이 표현을 2인칭으로 호칭되는 상대에게 말하고 있음을 보여준다. 그렇기 때문에 12절은 하나님께서 먼저 에디오피아를 향하여 '너희들도 역시, 구스 사람들아'라고 한 다음 스바냐에게 '그들은 나의 칼에 죽은 자들이라'라고 하였다고 볼 수 있다. 12절은 '너희들도 역시(감-아템 גַּם־אַתֶּם)'로 시작한다. 이 말은 에디오피아가 모압과 암몬처럼 멸망을 당하게 된다는 말이다. 에디오피아가 왜 심판의 칼을 받게 되는지에 대한 설명은 전혀 없다. 이들이 이스라엘에게 무슨 부정적인 행위를 하였는지 사실상 알 수 없다.[13] 아마도 스바냐 3:10에서 미래에 있을 이스라엘의 회복 때에 그들이 구스 강 건너편에서부터 온다는 말이 있는 것을 감안하면, 에디오피아의 심판은 하나님의 징벌을 받아 구스 지역으로 흩어져간 이스라엘 백성들에게 행한 불의한 짓들 때문에 초래되었을 것이다.

13-15절은 아시리아와 수도 니느웨에 대한 심판 메시지를 담고 있다. 13절은 먼저 하나님께서 자신의 손을 북쪽으로 편다는 말로 시작된다. 하나님이 손을 펴는 것은 주로 그 대상에게 심판과 징벌을 가할 때 취하는 행동이다. 출애굽기 7:5에서 하나님은 손을 펴서 이집트에 재앙을 내리고 있고, 예레미야 15:6에서는 유다와 예루살렘에 심판과 재앙을 내릴 때에도 손을 펴서 멸한다고 한다. 스바냐 1:4에서도 하나님은 유다와 예루살렘 주민들 위에 손을 펴서 그들을 멸절시킬 것이라고 말한다. 그런 심판의 행동을 하나님은 아시리아와 니느웨를 향하여 취하고 있다. 하나님은 아시리아를 멸망시키고 니느웨를 황폐하게 하며 사막처럼 메마르게 할 것이라고 한다.

14절은 니느웨와 궁궐의 황폐화된 장면을 예언하고 있다. 첫 문장은 세계

---

13. 이스라엘과 에디오피아 사이에 이집트가 있었음에도 성경은 에디오피아에 대해 종종 언급하고 있다. 에덴 동산을 말할 때 기혼 강이 구스 온 땅을 둘렀다고 하였고(창 2:13), 함의 후손이라고 하며(창 10:6), 모세가 아내로 취한 여인이 구스 여자라고 하며(민 12:1), 압살롬의 죽음을 다윗에게 보고한 사람도 구스인이다(삼하 18:21-32).

모든 나라의 짐승들이 니느웨 성 안에서 떼를 지어 누울 것이라고 한다. 이 말은 니느웨에 사람이 살지 않고 온갖 종류의 야생 동물들의 천국이 될 정도로 버려지게 된다는 것을 의미한다. 둘째 문장에서는 당아와 고슴도치가 기둥 꼭대기에 깃들인다고 한다. 기둥 꼭대기는 궁궐의 대리석 기둥을 의미하며, 이런 곳에 야생 동물이 깃들이고 창틀에서 운다고 한다. 그리고 문지방에는 가뭄의 열기만 이글거린다고 한다. 이런 광경은 폐허가 된 궁궐의 상태에 대한 드라마틱한 상황 묘사이다. 개역개정 성경이 "적막"이라고 번역한 히브리어 호렙(הֹרֶב)은 가뭄 또는 뜨거운 더위의 의미로 사용된다. 그리고 14절은 이에 더해 왕궁을 장식하는데 사용한 백향목이 궁궐 벽에서 다 벗겨지고 없다고 말한다. 백향목은 고대 메소포타미아에서 주로 왕궁과 신전의 내부 장식을 위해 사용된 최고급 목재였다.

15절은 아시리아와 니느웨가 이렇게 멸망당하고 폐허가 되는 이유를 그들이 자신을 최고로 여기는 교만 속에 빠져 있었기 때문이라고 한다. 15절은 먼저 니느웨를 사람들이 평안하게 거주하는 즐거움이 가득한 성이라고 한다. 그리고 15절은 니느웨를 의인화하여 성안에 사는 사람들이 가졌던 마음의 자만심을 아주 단순하면서도 인상적으로 표현한다. 첫 표현은 독립 인칭 대명사 1인칭 단수 *아니*(אֲנִי)를 사용하였으며, 한마디로 말하면 '나'이다. 이어서 *베앞시 오드*(וְאַפְסִי עוֹד)라고 한다. 이를 70인역은 *에고 에이미 카이 우크 에스틴 메트 에메*(ἐγώ εἰμι καὶ οὐκ ἔστιν μετ' ἐμὲ)로 번역하였으며, 이를 한글로 번역하면 '나만 있고 나 외에는 아무도 없다'이다. 이 표현은 이사야 47:8, 10절에서도 동일하게 사용되었으며, 특히 이사야 47:8에서는 스바냐 2:15과 매우 유사하게 바벨론 제국이 교만하게 내뱉는 말로 표현되었다.[14]

---

14. C. F. Keil, *Minor Prophets* (Grand Rapids: Eerdmans, 1993), 2:148-49.

습 2:15 וְאַפְסִי עֹוד אֲנִי בִלְבָבָהּ הָאֹמְרָה לָבֶטַח הַיֹּושֶׁבֶת הָעַלִּיזָה הָעִיר זֹאת
사 47:8 וְאַפְסִי עֹוד אֲנִי בִלְבָבָהּ הָאֹמְרָה לָבֶטַח הַיֹּושֶׁבֶת עֲדִינָה זֹאת־שִׁמְעִי עַתָּה

바벨론은 스스로 세상 왕국들 중에 여주인이라고 자처하면서 '나뿐이다 나 외에 다른 이가 없다'라고 말하며, 이런 바벨론에게 하나님은 재앙과 파멸이 임할 것이라고 한다. 동일하게 세계 제국을 만들고 교만할 대로 교만한 아시리아를 하나님은 그 손을 펴서 멸망시키고 황폐하게 만들어 들짐승이 번식하는 곳으로 만든다. 그리고 이 곳을 지나가는 사람들이 아시리아와 니느웨를 비웃으며 손을 들게 될 것이라고 한다.

교훈과 적용

1. 범죄한 이스라엘 백성들에게 돌아올 것은 재앙밖에 없다. 이 재앙을 피할 수 있는 방법이 있을까? 스바냐 2:1-3은 대 재앙을 예고하면서 불의한 삶을 살고 있는 백성들에게 대 재앙을 피할 수 있는 방법을 말해 준다. 그 방법은 여호와를 찾으며 공의와 겸손을 구하는 것이라고 한다. 시련과 고난을 겪을 때 나는 진정으로 여호와 하나님을 찾는가? 그리고 나는 하나님이 기뻐하시는 공의를 추구하며 겸손하게 자신을 낮추는 삶을 살아가고 있는가?

2. 하나님은 미래에 가나안 땅을 중심으로 전 세계에 살고 있는 민족들을 심판한다고 한다. 이들을 심판하는 이유는 그들이 하나님의 백성을 조롱하고 비방하며 교만하게 굴었기 때문이라고 한다. 지금 나를 보고 교인이라고 조롱하는 모든 사람들의 비방을 우리 하나님은 듣고 계신다. 나는 불신자들로부터 조롱을 받을 때 하나님을 원망하고 있지는 않는가?

제3장 예루살렘에 대한 심판과 회복 (3:1-20)

스바냐 3장은 예루살렘에 대한 심판과 회복에 대한 메시지를 기록하고 있다. 하나님은 정치 종교 지도자들뿐만 아니라 하나님의 교훈을 받지 않는 모든 자들에 대해 심판하지만, 하나님을 신실하게 믿고 순종하는 자들을 회복시키고 정화시키며 이들을 크게 기뻐하신다.

본문 개요

스바냐 2:4-15에서 스바냐는 블레셋과 모압과 암몬 그리고 구스와 아시리아에 대한 심판의 메시지를 선포한 후 3장에서는 다시 예루살렘에 대한 심판과 회복의 메시지를 이어 간다. 스바냐 3장은 두 부분으로 나눌 수 있다. 첫 부분은 1-8절이며, 예루살렘에 대한 심판을 기록하고 있다. 둘째 부분은 스바냐 9-20절이며, 예루살렘의 회복에 대한 메시지를 기록하고 있다. 1-8절은 다시 둘로 나눌 수 있다. 첫 부분은 1-4절이며 예루살렘의 정치 종교 지도자들의 죄악을 말하며, 둘째 부분인 5-8절은 하나님이 예루살렘 사람들에게 정의를 가르쳤음에도 불구하고 범죄하였고 그래서 하나님이 심판할 수밖에 없음을 밝히고 있다. 9-20절도 둘로 나눌 수 있다. 첫 부분은 9-13절이며, 스바냐는 하나님이 진노하고 심판하시지만, 남은 자들을 용서하고 회복시켜 시온을 정화시킬 것이라고 한다. 둘째 부분인 14-20절에서는 시온의 회복에 대한 열방의 찬양과 하나님의 선포를 기록하고 있다. 스바냐 3장의 구조는 다음과 같다.

내용 분해

   1. 예루살렘에 대한 심판(3:1-8)
      1) 예루살렘의 정치 종교 지도자들의 죄악 (1-4절)
      2) 하나님의 교훈을 받지 않는 자들에 대한 심판(5-8절)
   2. 남은 자들의 회복과 하나님께 대한 찬양(3:9-20)
      1) 범죄한 백성의 회복과 정화(9-13절)
      2) 구원 받은 백성의 기쁨과 찬양(14-20절)

본문 주해

1. 예루살렘에 대한 심판(3:1-8)

1 패역하고 더러운 곳, 포학한 그 성읍이 화 있을진저 **2** 그가 명령을 듣지 아니하며 교훈을 받지 아니하며 여호와를 의뢰하지 아니하며 자기 하나님에게 가까이 나아가지 아니하였도다 **3** 그 가운데 방백들은 부르짖는 사자요 그의 재판장들은 이튿날까지 남겨 두는 것이 없는 저녁 이리요 **4** 그의 선지자들은 경솔하고 간사한 사람들이요 그의 제사장들은 성소를 더럽히고 율법을 범하였도다 **5** 그 가운데에 계시는 여호와는 의로우사 불의를 행하지 아니하시고 아침마다 빠짐없이 자기의 공의를 비추시거늘

불의한 자는 수치를 알지 못하는도다 **6** 내가 여러 나라를 끊어 버렸으므로 그들의 망대가 파괴되었고 내가 그들의 거리를 비게 하여 지나는 자가 없게 하였으므로 그들의 모든 성읍이 황폐하며 사람이 없으며 거주할 자가 없게 되었느니라 **7** 내가 이르기를 너는 오직 나를 경외하고 교훈을 받으라 그리하면 내가 형벌을 내리기로 정하기는 하였지만 너의 거처가 끊어지지 아니하리라 하였으나 그들이 부지런히 그들의 모든 행위를 더럽게 하였느니라 **8** 나 여호와가 말하노라 그러므로 내가 일어나 벌할 날까지 너희는 나를 기다리라 내가 뜻을 정하고 나의 분노와 모든 진노를 쏟으려고 여러 나라를 소집하며 왕국들을 모으리라 온 땅이 나의 질투의 불에 소멸되리라

1-8절은 예루살렘의 죄악과 심판에 대한 메시지를 선포하고 있다. 예루살렘의 정치 종교 지도자들은 심각하게 범죄하였고 자신의 수치를 알지 못했다. 이들뿐만 아니라 열방 가운데 있는 자들도 하나님의 교훈을 받지 않고 멸망을 자초하고 있다. 이러한 자들에게 돌아 올 것은 하나님의 진노의 심판밖에 없다.

1) 예루살렘의 정치 종교 지도자들의 죄악 (1-4절)

스바냐의 메시지는 이스라엘 주변 국가들에 대한 하나님의 심판을 선포하면서 아시리아의 수도 니느웨에 대한 심판에서 정점을 찍은 후 예루살렘에 대한 심판 선언으로 방향을 전환한다. 1절은 스바냐가 타깃으로 삼고 있는 도시가 구체적으로 어느 도시인지 명확하게 밝히지 않은 채 강도 높은 비판을 가한다. 하지만 이 도시는 14절에서 "시온의 딸"과 "예루살렘 딸아"라고 말하는 것을 고려하면 예루살렘으로 여기는 것이 적절하다. 스바냐는 1절에서 예

루살렘을 반역적이고 더럽고 그리고 포학한 도시라고 비판한다.[1] 이런 비판
을 받게 된 이유는 1차적으로 예루살렘의 정치 종교 지도자들의 간악한 죄 때
문이다. 스바냐는 예루살렘을 비판하면서 독특하게도 비둘기의 이미지를 사
용하고 있다. 예루살렘을 비난하기 위해 사용한 첫 표현은 동사 *마라*(מָרָא)
의 분사형 *모라*(מֹרְאָה)이며 '반역하다' '배신하다'의 의미로 사용되었지만, *마
라*는 또한 '날개를 퍼득이다'라는 의미도 가지고 있다. 셋째 표현인 동사 *야
나*(יָנָה)의 분사 *요나*(יוֹנָה)는 비둘기를 의미하는 명사 *요나*(יוֹנָה)와 동일한 형
태이다. 70인역은 아예 이 표현을 비둘기의 의미를 가진 헬라어 *페리스테라*
(περιστερα)로 번역하였다.[2] 스바냐가 비둘기의 어떤 성격을 염두에 두고 예
루살렘을 비난하기 위한 이미지로 활용하였는지는 분명하지 않다.

2절에서 스바냐는 예루살렘을 패역하고 포학한 도시라고 부를 수밖에 없
는 이유 네 가지를 제시하며, 이들은 아래와 같이 모두 부정어 로(לֹא) + 완료
동사로 되어 있다.

לֹא שָׁמְעָה בְּקוֹל 로 *솨메아 베콜*

לֹא לָקְחָה מוּסָר 로 *라케하 무사르*

בַּיהוָה לֹא בָטָחָה *바이와 로 바타하*

אֶל־אֱלֹהֶיהָ לֹא קָרֵבָה *엘-엘로헤이하 로 카레바*

첫 두 행에서는 예루살렘이 소리를 청종하지도 않고 그리고 교훈을 받지
도 않았다고 하면서도 그 소리와 교훈이 구체적으로 누구의 것인지 명확하
게 밝히지 않는다. 하지만 이어지는 셋째 넷째 행에서는 그들이 여호와를 신

---

1. Robertson, *The Books of Nahum, Habakkuk, and Zephaniah*, 318-19.
2. 초대교회 때에 노바티안(Novatian) 이단에 대항하여 쓴 익명의 논문도 요나를 비둘기로 이해
   하고 있다. *ANF vol. 5: Hippolytus, Cyprian, Caius, Novatian, Appendix*, eds. A. Roberts, J.
   Donaldson (Peabody: Hendrickson, 1994), 658-59.

뢰하지도 않았고 하나님께 가까이 나아가지도 않았다고 책망하면서는 '여호와'와 '하나님'을 문장의 서두로 도치시켜 강조하고 있다. 이런 수사학적인 장치를 통해 예루살렘이 듣지 않았던 소리와 받지 않았던 교훈은 모두 하나님의 소리와 교훈이었음을 보여준다. 스바냐는 이 네 가지 이유를 다시 3-4절에서 등장하는 네 인물들, 즉 지도자들과 재판장들과 선지자들과 제사장들의 죄악과 연결시키고 있다.

2절	3-4절
명령(소리)을 듣지 아니하며	방백들은 부르짖는 사자요
교훈(권징)을 받지 아니하며	재판장들은 이튿날까지 남겨 두는 것이 없는 저녁 이리요
여호와를 의뢰하지 아니하며	선지자들은 경솔하고 간사한 사람들이요
자기 하나님에게 가까이 가지 않았다	제사장들은 성소를 더럽히고 율법을 범하였도다

예루살렘 사람들이 하나님의 소리는 듣지 않는 대신에 방백들은 사자처럼 공포스럽게 부르짖으며 백성들을 압제하였다. 3절은 '성읍의 방백'에 '그 가운데'를 덧붙였다. 이를 통해 3절은 사자가 짐승들 가운데서 먹이를 잡고 포효하는 것처럼 방백들을 성읍 가운데서 백성을 먹이감으로 사로잡고는 큰 소리로 호령하는 이미지를 제공한다. 예루살렘 사람들이 하나님의 교훈과 권징을 받지 않을 때에, 백성들의 옳고 그른 것을 판단해야 할 재판장들은 굶주린 이리처럼 뇌물로 배를 채웠다. 스바냐는 이리를 저녁 이리라고 표현하여 이리의 굶주린 상태를 일차적으로 표시하였는데, 이어서 사냥한 먹이를 다음 날 아침까지 남겨 두지 않고 뼈까지 먹어 치워야 할 정도로 굶주린 이리라고 추가로 부연 설명하였다.[3] 스바냐 2:14에서 스바냐는 니느웨가 황폐하게 되어 당아와 고슴도치를 비롯한 각종 짐승이 니느웨 가운데 떼로 누울 것이라고 했다. 하

---

3. Barker & Bailey, *Micah, Nahum, Habakkuk, Zephaniah*, 478.

지만 3절에서 스바냐는 예루살렘 가운데에는 이미 인간 짐승들이 날뛰고 있는 것으로 묘사하고 있다. 백성들이 하나님을 믿고 신뢰하지 아니하는 동안, 4절에 의하면 하나님만 믿고 의지하며 하나님의 말씀을 신실하게 전해야 할 선지자들이 경솔하게 제 마음대로 메시지를 전하였다. 스바냐는 이들은 간사한 자들, 즉 신뢰할 수 없는 자들이라고 비난한다. 제사장들은 이스라엘 백성들 가운데 유일하게 성전에 계시는 하나님께 가장 가까이 나아갈 수 있었다. 하지만 백성들이 하나님께 가까이 가지 않는 동안, 제사장들은 성전에 계신 하나님께 가까이 가기는 갔지만 성소를 더럽혔다고 한다. 제사장들은 또한 율법을 범하였다. 미가 3:11에서 당대의 제사장들은 삯을 위하여 교훈하였다고 한다. 스바냐 시대의 제사장들도 유사한 짓을 하였을 것이다. 이에 더해 제사장들이 율법을 깨뜨렸다고 하는 것을 고려하면 제사장들이 제사와 관련된 율법을 지키지 않고 예루살렘 밖에서 불로 태워 없애야 할 속죄 제물을 율법대로 처리하지 않고 모두 남겨 자신들의 배를 채우거나 엘리 제사장의 자식들처럼 감사 제물들을 바친 자가 다른 사람들과 함께 나누는 것을 방해하고 독식한 것으로 여겨진다.[4]

2) 하나님의 교훈을 받지 않는 자들에 대한 심판 (5-8절)

5-8절에서 스바냐는 예루살렘을 향한 하나님의 신실하심을 말하고, 또한 하나님을 회개의 기회를 주시지만 권면을 듣지 않는 예루살렘 사람들을 심판하시는 분이라고 단언한다. 5절에서 스바냐는 하나님을 예루살렘에 있는 네 부류의 지도자들과 대조시킨다. 5절의 "그 가운데에"(*베킬바*בְּקִרְבָּהּ)는 3절의 "그 가운데"(*베킬바*בְּקִרְבָּהּ)와 연결시키는 표현으로서 예루살렘 도시 내부를 가리키며, "그 가운데에 계시는 여호와는 의로우사"는 예루살렘에 임재하여 계신 하나님은 예루살렘 지도자들이 백성들을 포악하게 다스리는 것과는 달

---

4. Barker & Bailey, *Micah, Nahum, Habakkuk, Zephaniah*, 479.

리 의로 다스리시는 분이며 불의를 행하지 않는 분이라고 한다. 아침까지 먹을 것을 남겨 두지 않을 정도로 먹이에 굶주린 저녁 이리 같은 재판장들과 달리 하나님은 매일 아침마다 그의 공의로운 재판으로 끊임없이 빛을 비춘다. 그럼에도 불구하고 불의한 지도자들은 부끄러움을 알지 못한다. 욕망에 눈이 어두워 빛을 깨닫지도 못하고 자신들의 추악한 모습에서 문제 의식을 가지지 못하고 그 추악한 모습을 정상적인 것으로 착각하고 있었다.

하나님은 이렇게 양심이 마비된 무리들을 향하여 회개를 위한 기회를 주기 위하여 6절에서 민족들에게 행할 심판을 통해 경고한다. 이것은 스바냐 2:4-15에 있는 민족들의 심판에 관한 메시지를 포괄적으로 간략하게 재 언급하는 것이며, 특히 스바냐 2:13-15의 니느웨 심판을 상기시킨다. 스바냐 2:13에서 하나님은 니느웨를 황폐하게 만들며 광야처럼 메마르게 만들겠다고 하였다. 마찬가지로 스바냐 3:6에서 하나님은 모든 성읍들을 황폐하게 하며 그들의 거리를 메마르게 하겠다고 한다. 개역개정 성경의 "거리를 비게 하여"의 히브리어 표현은 *헤헤랍티 후초탐*(הֶחֱרַבְתִּי חוּצוֹתָם)이며 '내가 그들의 거리를 메마르게 하여'가 직역이다.[5] 하나님은 민족들의 거리를 메마르게 함으로 지나는 자게 없게 하겠다고 한다. 이것은 메소포타미아 지역의 기후적 특징을 반영하며, 물이 없는 지역에 사람이 다닐 수 없는 것을 염두에 둔 재앙이다.

6절의 민족들에 대한 심판 메시지와 함께 7절에서 하나님은 이 경고를 통해 예루살렘이 반성할 것으로 생각하였다. 경고의 대상이 예루살렘으로 볼 수 있는 이유는 동사 *티레이*(תִּירְאִי, '너희는 두려워하라')와 *티크히*(תִּקְחִי, '너희는 취하라')가 모두 2인칭 여성 단수이며 *메오나*(מְעוֹנָהּ, '그 거처')와 *아레이하*(עָלֶיהָ, '그 위에')의 대명사 접미사도 모두 3인칭 여성 단수로서 2절과 3절처럼 1절의 그 도시를(הָעִיר) 지시하기 때문이다. 하나님은 예루살렘을 의인화하여 2인칭 화법으로 '너는 오직 나를 두려워하고 나의 교훈(권징)을

---

5. Motyer, "Zephaniah," 947.

받으라'고 경고한다. 이 경고의 메시지는 2절과 관련 있으며 하나님의 소리를 듣지 않고 교훈을 받지 않는 죄악을 회개하라는 경고이다. 경고를 받고 회개하면 그 결과는 그들의 거주지가 파괴되지 않고 하나님이 징벌을 내리기로 정한 것을 철회하는 것이다. 하나님은 이 부분을 2인칭 화법으로 말하지 않고 3인칭 화법으로 바꾸어 예루살렘을 3인칭 여성 단수로 표기하였다. 이것은 회개의 결과로 예루살렘에 베풀 은총을 하나님이 선지자 스바냐에게 말하는 형식으로 바뀌었음을 보여준다. 하나님의 경고에 대한 예루살렘의 반응은 3인칭 남성 복수로 표현되었다. 3인칭 남성 복수가 지칭하는 대상은 3-4절에 있는 4가지 부류의 예루살렘 지도자들인 방백들과 재판관들 그리고 제사장들과 선지자들이다. 하나님의 경고에도 불구하고 이들은 부지런히 그들의 모든 행동을 더 더럽게 하였다. 개역개정의 "부지런히"의 히브리어 표현인 동사 히쉬키무(הִשְׁכִּ֫ימוּ)는 '아침 일찍 일어나다'의 뜻을 가지고 있으며, 5절에서 하나님이 '아침마다 자기의 공의를 비추시는' 모습과 대비시켜 주고 있다.

8절은 예루살렘의 회개하지 않는 태도 때문에 하나님이 예루살렘뿐만 아니라 스바냐 2:4-15에서 예언한 이방 민족에 대한 멸망 계획도 집행하게 된다고 한다. 8절 마지막 표현 베에쉬 킨아티 테아켈 콜-하아레츠(תֵּאָכֵ֥ל כָּל־הָאָ֑רֶץ בְּאֵ֖שׁ קִנְאָתִ֔י "온 땅이 나의 질투의 불에 소멸되리라")는 1:18에서 똑같이 사용되었던 표현이며, 스바냐가 여호와의 날에 하나님이 예루살렘을 심판하면서 온 세상에 하나님의 진노와 질투의 불을 쏟아 심판할 것이라고 한 메시지와 동일하다. 예루살렘 사람들에게 하나님은 친히 일어나 그들을 벌하기 위해 증인으로 서시는 날을 기다리라고 한다. 개역개정 성경의 "벌할 날까지"의 히브리어는 레욤 쿠미 레아드(לְי֣וֹם קוּמִ֣י לְעַ֔ד)이며 직역을 하면 '증거하기 위해 일어나는 날'이다. 하나님이 증인으로 서는 이유는 공의로운 심판을 하기 위해 예루살렘 사람들의 죄악들을 낱낱이 증언하기 위해서이다. 하나님은 이를 강조하기 위해 선지자적 인용 표현인 네움-여호와(נְאֻם־יְהוָֽה)를 덧붙였다. 하나님은 증인으로만 역할 하지 않고 재판관의 역할도 취한다. 이어지는 하나님의 심판은 예루살렘뿐만 아니라 민족들을 모으고 왕국들을 모아서 그들 위에 하나님의 진노, 즉 하나님의 극렬한 진노를 쏟아 붓는 것이다. 노아 시대에 물이 땅의 모든 것을 삼켰듯이, 종말에는 하나님의 진노의 불이 땅에 쏟아져 모든 것을 삼키게 된다(계 16:1).[6]

2. 남은 자들의 회복과 하나님께 대한 찬양(3:9-20)

9 그 때에 내가 여러 백성의 입술을 깨끗하게 하여 그들이 다 여호와의 이름을 부르며 한 가지로 나를 섬기게 하리니 10 내게 구하는 백성들 곧 내가 흩은 자의 딸이 구스 강 건너편에서부터 예물을 가지고 와서 내게 바칠지라 11 그 날에 네가 내게 범죄한 모든 행위로 말미암아 수치를 당하지 아니할 것은 그 때에 내가 네 가운데서 교만하여 자랑하는 자들을 제거하여 네가 나의 성산에서 다시는 교만하지 않게 할 것임이라 12 내가 곤고하고 가난한 백성을 네 가운데에 남겨 두리니 그들이 여호와의 이름을 의탁하여 보호를 받을지라 13 이스라엘의 남은 자는 악을 행하지 아니하며 거짓을 말하지 아니하며 입에 거짓된 혀가 없으며 먹고 누울지라도 그들을 두렵게 할 자가 없으리라 14 시온의 딸아 노래할지어다 이스라엘아 기쁘게 부를지어다 예루살렘 딸아 전심으로 기뻐하며 즐거워할지어다 15 여호와가 네 형벌을 제거하였고 네 원수를 쫓아냈으며 이스라엘 왕 여호와가 네 가운데 계시니 네가 다시는 화를 당할까 두려워하지 아니할 것이라 16 그 날에 사람이 예루살렘에 이르기를 두려워하지 말라 시온아 네 손을 늘어뜨리지 말라 17 너의 하나님 여호와가 너의 가운데에 계시니 그는 구원을 베푸실 전능자이시라 그가 너로 말미암아 기쁨을 이기지 못하시며 너를 잠잠히 사랑하시며 너로 말미암아 즐거이 부르며 기뻐하시리라 하리

---

6. Bennett, "The Book of Zephaniah," 696.

라 **18** 내가 절기로 말미암아 근심하는 자들을 모으리니 그들은 네게 속한 자라 그들에게 지워진 짐이 치욕이 되었느니라 **19** 그 때에 내가 너를 괴롭게 하는 자를 다 벌하고 저는 자를 구원하며 쫓겨난 자를 모으며 온 세상에서 수욕 받는 자에게 칭찬과 명성을 얻게 하리라 **20** 내가 그 때에 너희를 이끌고 그 때에 너희를 모을지라 내가 너희 목전에서 너희의 사로잡힘을 돌이킬 때에 너희에게 천하 만민 가운데서 명성과 칭찬을 얻게 하리라 여호와의 말이니라

예루살렘과 유다 백성이 범죄하였음에도 불구하고 하나님은 남은 모든 자들을 개끗하게 하고 그들을 회복시킨다. 남은 자들은 다시는 거짓을 행하지 않고 구원의 하나님을 찬양하게 된다. 이런 백성을 하나님은 진심으로 기뻐하며 즐거워하신다.

1) 범죄한 백성의 회복과 정화(9-13절)

9-13절은 불순종하는 이스라엘 백성의 남은 자들을 하나님께서 시온 산으로 불러 모아 하나님만 신실하게 섬기게 하겠다고 한다. 10절은 이스라엘의 남은 자를 하나님께서 백성들 가운데 흩었던 자들의 후손이라고 하며, 12절은 이들의 정체를 하나님이 친히 백성들 가운데 남겨 두었던 자들이라고 한다. 이들은 또한 세계 각지에 흩어져 고통과 가난 속에 생활한다. 이런 고난에도 불구하고 이들은 여호와 하나님 안에서 안식을 찾으려고 하는 자들이다 (12절). 이들을 그 날과 그 때가 되면 하나님이 친히 구스 강 건너편에서부터 불러 모은다. "구스 강 건너편"은 특정 지역에 한정되는 것이 아니라 먼 곳에서도 불러 모은다는 의미이며, 멀고 가까운 곳을 막론하고 세계 곳곳으로부터 남은 자들을 불러 모은다는 뜻이다.

9절에 의하면 하나님은 남은 자들의 입술을 깨끗하게 한다. 그들 스스로 입술을 깨끗하게 하는 것이 아니라, 하나님이 적극적으로 그들의 입을 깨끗하

게 한다. 동사 *하팍*(הָפַךְ, '뒤집다')은 이를 잘 반영하고 있다. 입을 단순히 깨 끗하게 할 경우에는 동사 *타헤르*(טהר, '정결하게 하다' '깨끗하게 하다')를 사 용해야 하지만, 동사 *하팍*을 사용했다는 것은 단순 정결이 아니라 하나님께 서 남은 자들의 입술을 획기적으로 변화시킨다는 것을 의미한다. 하나님이 이 들의 입술을 뒤집듯이 깨끗하게 하는 이유는 이들이 거짓과 강포를 행하기도 하였지만(1:9), 이들은 그 입으로 모압의 신인 말감을 가리켜 맹세하였고(습 1:5), 그리고 여호와를 찾지도 구하지도 않았기 때문이다(1:6). 이것은 이사야 6장에서 이사야가 자신을 입술이 부정한 백성들 가운데에 있다고 하고 그리 고 하나님이 그런 이사야의 입술을 정결케 한 것과 유사하다. 하박국 3:9에서 도 하나님은 남은 자들의 입술을 정결하게 한 후 그들 모두가 그 입으로 여호 와의 이름만 부르게 하며, 한 가지로 하나님을 섬기게 한다. 이것은 바벨에서 언어가 나뉘어진 것과 완전히 반대 되는 상황을 제시하는 것이다.[7] "한 가지 로"의 히브리어 표현은 *쉐켐 에하드*(שְׁכֶם אֶחָד)이며, 문자적인 의미는 '한 어 깨'이고 '합력하여'라는 의미로 사용되었다. "한 가지로"는 한 개인의 초지일 관된 태도를 말하는 것이 아니라 모든 남은 자들이 함께 한 마음이 되어 하나 님을 섬긴다는 뜻이다. 이들의 섬김의 내용은 10절에서 하나님께 선물을 가 져오는 것과 관련있다.

10절에서 하나님은 이스라엘의 남은 자들을 하나님께서 심판하여 세계 각 지로 쫓아 버렸던 자들의 딸들이라고 한다. 딸들이라고 칭한 이유는 예루살렘 또는 시온을 딸로 종종 묘사하였던 것과 같은 연장 선에서 말하기 때문이다. 10절은 이들을 "나를 섬기는 자들"이라고 한다. 이들이 돌아 오게 될 "구스의 강들 너머"는 이집트 나일강 상류 지역을 넘어 현재의 에디오피아 지역을 의 미한다. 이 말은 단순히 에디오피아 지역에만 한정되는 것이 아니라, 아주 먼 곳에서부터 남은 자들이 돌아 온다는 의미이며, 이사야 18장과 45장의 메시

7. Baker, *Nahum, Habakkuk, Zephaniah*, 115-16.

지와 유사하다.[8] 이들은 돌아 오면서 하나님께 드릴 예물을 가지고 온다. 9절
에서 어깨를 언급한 이유는 이 예물을 어깨에 짊어 지고 오는 것과 연관짓기
위해서 이다. 예물의 히브리어는 *민하*(מִנְחָה)이며 소제와 선물이라는 뜻을 가
지고 있다. *민하*는 제의적 배경에서 사용되면 소제의 의미를 가지지만, 다른
배경에서는 귀중한 선물, 즉 예물의 의미를 가지고 있다.

　11절은 남은 자들의 회복이 일어날 때를 종말론적 차원에서 "그 날"이라고
한다. 과거에 이스라엘은 하나님께 배역한 행동을 일삼았다. 11절 마지막 구
절이 암시하듯이 이들은 하나님의 성산 예루살렘 성전에서 교만하게 웃었던
자들이다. 이런 교만한 웃음을 지었던 자들이 또 있었다. 스바냐 2:15에 의하
면 니느웨 사람들은 니느웨를 "기쁜" 성이라고 부르며 "오직 나만 있고 나 외
에는 다른 이가 없다"고 했다. 마찬가지로 예루살렘 사람들은 여호와를 찾지
도 않았고(1:6), 하나님은 복도 내리지 않고 화도 내리지 않는 신이라고 생각
하며 불의한 재물을 자신의 집에 채우면서 교활한 미소를 지었다(1:9, 12). 결
국 이들은 교만한 마음을 가지고 잘난 체하다가 하나님의 심판을 받아 열방
의 놀림감이 되었다. 하지만 그 종말의 날에는 남은 자들이 수치를 당하는 일
이 없을 것이다. 그 이유는 남은 자들 가운데에는 더 이상 하나님의 산에서 교
만하게 웃음짓는 자들이 없기 때문이다. 이를 강조하기 위해 동사 *로 토시피*
(לֹא־תוֹסִפִי)를 사용했으며 이 단어 자체가 '다시는 -않다'의 의미를 가지는데,
이에 더하여 부사 *오드*(עוֹד, '다시는')를 덧붙였다. 그들 스스로 배역한 행동을
멈추거나 교만한 웃음을 거두는 것이 아니라, 하나님이 이들의 교만을 제거하
고 남은 자들을 정화시키기 때문이다.

　12절에 의하면 교만한 자들과 달리 이스라엘의 남은 자들은 여호와의 이름
을 전적으로 의탁한다. 이스라엘 백성은 과거에 예루살렘에서 자신의 집 가
장 깊은 곳에 은신처를 만들고 그 곳에 웅크리고 앉아 있었지만(1:12), 남은

---

8. Bennett, "The Book of Zephaniah," 699.

자들은 여호와의 이름에 피난처를 둔다. 9절을 참고로 하면 이 말은 "여호와의 이름을 부르며 하나님만 섬기는" 것을 의미한다. 이들이 하나님만 의지하게 된 것은 그들이 겪은 시련과 고통 때문이다. 포로로 끌려간 이스라엘 백성들은 숨막힐 것 같은 핍박을 당하고, 가난의 고통 속에 살았다. 하나님은 이런 시련과 고통 속에서도 신실하게 하나님을 의지하는 자들을 남겨 두었다. 그 고통 가운데서 남은 자들은 하나님만이 피난처라는 것을 알고 그 분의 이름만 부르며 의지하였다.

13절에 의하면 남은 자들은 이스라엘의 방백들과 재판장들이 사자와 이리처럼 악을 행하였던 것과 달리 악을 행하지 않는다(3절). 남은 자들은 또한 선지자들이 거짓으로 가짜 말씀을 전하고 제사장들이 거짓된 혀로 율법을 왜곡시켰던 것과는 달리 거짓말을 하지 않는다(4절). 요한계시록 14:1-5은 스바냐 3:13과 유사한 내용을 가지고 있다. 요한계시록 14:1-5에 의하면 남은 자들은 순결한 자로서 어린양의 인도를 따르는 처음 열매이며 하나님과 어린 양에게 속한 자들이다. 스바냐 3:13에서 남은 자들이 거짓말을 하지 않는 것은 이들의 타고난 성품 때문이 아니고, 하나님께서 베풀어 주시는 풍요와 평화 때문에 소유를 위해 악을 행하고 탐욕을 부리기 위해 거짓말을 해야할 이유가 없어졌기 때문이다. 이것을 스바냐는 평화롭게 꼴을 뜯는 양들에 비유하고 있다. 개역개정 성경의 "먹고"의 히브리어는 동사 일-우(יִרְעוּ)이며 '꼴을 뜯다' '목양하다'의 뜻을 가지고 있다. 양들이 한폭의 평화로운 그림처럼 초장에서 풀을 뜯는 것처럼 남은 자들도 풍요롭게 먹고 평화롭게 누워 쉬어도 해할 자가 아무도 없다고 한다. 해할 자가 없는 이유는 하나님이 대적들을 물리쳤기 때문이지만, 본문은 굳이 이 사실을 밝히지 않는다.

2) 하나님의 회복 시키심을 찬양(14-20절)

14-20절은 종말의 시대에 하나님이 이스라엘의 남은 자들을 시온으로 회

복 시키는 것을 찬양하는 내용으로 스바냐서의 메시지를 끝맺는다.[9] 스바냐
서의 마지막 단락은 하나님께서 시온을 향하여 찬송할 것을 요청하는 메시
지로 시작된다.

14절은 남은 자들을 세 가지로 호칭하며 그들에게 찬양할 것을 요청한다.
그들의 호칭은 '시온의 딸'과 '이스라엘'과 그리고 '예루살렘 딸'이다.[10] 14절
은 동의어 반복과 명령문 반복을 통해 찬양하도록 강조하고 있으며, 이 찬양
의 초점은 기쁘게 부르는 것이다. 14절의 첫 두 명령문은 '소리 내어 외치라'
의 동의어 *라니*(רָנִּי)와 *하리우*(הָרִיעוּ)를 반복하며, 첫 명령문은 여성 단수이고
둘째 명령문은 남성 복수이다.

רָנִּי   בַּת־צִיּוֹן   הָרִיעוּ   יִשְׂרָאֵל
남성 복수   여성 단수

이를 통해 여성과 남성 그리고 단수와 복수의 문법적 대구를 이루게 만들었
다. '소리 내어 외치라'는 기쁨에 겨워 외치는 소리이다. 셋째 명령문과 넷째 명
령문은 모두 여성 단수이며 점층법을 사용하고 있다. 첫 동사는 '기뻐하라'(*심
히/שִׂמְחִי*)이며, 둘째 동사는 이보다 더 강한 표현인 '몹시 기뻐하라'(*알지/עָלְזִי*)
이다. '몹시 기뻐하라' 뒤에는 다시 '전심으로'를 덧붙여 기쁨의 정도를 훨씬
강화시키고 있다. '몹시 기뻐하라'는 11절에서 과거에 이스라엘이 하나님의 성
산에서 교만하게 웃었다고 할 때 쓴 표현인 형용사 *알리즈*(עַלִּיז)의 동사인 *알
라즈*(עָלַז)의 명령형 표현이다. 11절과 달리 15절에서 남은 자들이 이렇게 기뻐
하는 이유는 하나님께서 그들에게 행하실 구원의 역사들 때문이다. 남은 자들
이 기뻐하며 찬양해야 할 이유가 15-20절에 기록되어 있다.

---

9. Smith, *Micah-Malachi*, 144; Floyd, *Minor Prophets*, 248-49.
10. Smith, Ward, Bewer, *Micah, Zephaniah, Nahum, Habakkuk, Obadiah and Joel*, 255-56.

15절에 의하면 이들이 기뻐 찬양해야 할 첫 이유는 하나님이 그들에게 내린 언약의 심판을 종결시켰기 때문이다. 이스라엘 백성이 이방 민족들 가운데 고난과 시련을 겪었던 이유는 그들이 하나님의 언약의 말씀에 순종하지 않았기 때문이다. 그 결과로 원수들의 침략을 받아 가나안 밖으로 쫓겨 나갔다. 하나님은 그 언약 심판에 의한 형벌을 종결시키고 원수들을 가나안 땅에서 쫓아낸다. 그리고 여호와 하나님이 이스라엘의 왕이 되시어 남은 자들 가운데 좌정하여 계신다. 이를 강조하기 위해 15절은 먼저 '이스라엘의 왕'이라고 한 후 분리 악센트(Mehuppak legarmeh)를 통해 다음 단어를 말하기에 앞서 한 음절 쉬게 하고 이어서 '여호와가 너희 가운데 있다'고 말한다. 이어서 '너희들은 다시는 악을 두려워하지 마라'고 한다. 이것은 왕이신 하나님이 좌정해 계심으로 인한 당연한 결과이다. 이전에는 악한 정치 종교 지도자들이 백성들에게 악을 행하였지만, 이제는 왕이신 여호와 하나님이 그들 가운데 있기 때문에 어느 누구도 그들에게 악을 행할 수 없게 되었다. 과거의 불행했던 악이 더 이상 반복되지 않는 시대가 여호와의 통치를 통해 마침내 남은 자들에게 도래되었다. 요한복음 1:49에서 나다나엘은 이 말씀을 염두에 두면서 예수 그리스도가 하나님의 아들이고 이스라엘의 임금이라고 고백하였다.

16-20절에서는 14-15절의 주제를 다시 이어 확대시키고 있다. 16절은 15절의 주제 중에서 "두려워하지 않을 것이라"를 이어 가고 있다. 16절은 먼저 "그 날에"(*바-욤 하-후*בַּיּוֹם הַהוּא)로 시작하면서 이제 선포되는 일들이 종말의 시대에 일어난다고 알린다. 14절의 예루살렘과 시온을 재언급하면서 익명의 화자가 이들을 위로한다. 이 익명의 화자를 내세운 것은 16절의 메시지가 속담처럼 매우 많은 사람들이 입에 담게 되기 때문이다. 그러나 이 익명의 화자는 17절의 내용을 통해 짐작하건대 하나님을 믿는 백성이 틀림없다. 예루살렘과 시온에게 15절에서 말한 것처럼 두려워하지 말고 또 실망감에 손을 늘어뜨리지 말라고 한다. 15절 후반부에서 16절에 이르기까지 스바냐는 두려워하지 말 것을 세 번에 걸쳐 반복하는 이유는 하나님이 시온에 베풀 은혜의 확실

성을 강조하기 위해서이다.

17절에 의하면 시온과 예루살렘이 두려워 하지 말아야 할 이유는 하나님이 그들 가운데 있기 때문이다. 레위기 26장은 이스라엘 백성들이 언약을 신실하게 지킬 때 주어질 축복을 세 가지 카테고리로 묶어 말한다.[11] 그 셋은 하나님의 임재, 번성, 그리고 보호이다. 이 축복들 중에서 가장 중요한 축복은 여호와 하나님의 임재이다. 하나님의 임재가 있는 곳에 가정의 번성이 있고 또한 대적들로부터 보호하고 구원하는 은혜가 따른다. 17절은 예루살렘 가운데 임재해 계신 하나님을 구원하시는 용사라고 한다. 개역개정 성경의 "전능자"의 히브리어 표현은 형용사 *깁보르*(גִּבּוֹר)이며, '강한' 또는 '힘있는'의 의미를 가지고 있다. 명사적 용법으로 사용될 때에는 '용사'의 의미로 사용된다. 구약 성경에서 일반적으로 전능자로 번역되는 히브리어 표현은 *솰다이*(שַׁדַּי)이다. 하나님을 *깁보르*, 즉 용사라고 부른 이유는 하나님께서 자기 백성을 구원하려고 대적들에 대항한 거룩한 전쟁을 치를 것이기 때문이다. 15절에서 원수를 쫓아 내고 20절에서 사로잡힘을 돌이키는 것은 하나님이 강한 용사로서 직접 대적들과 싸워 물리치고 자기 백성을 구원하기 때문이다. 14절에서 시온과 예루살렘을 향하여 기뻐하라고 했었는데, 17절에서는 하나님이 시온과 예루살렘 때문에 크게 기뻐한다. 14절이 '기뻐하라'를 네 번 반복했던 것과 유사하게 17절은 하나님의 기쁨은 세 차례 반복하고 있다. 첫 표현에서 하나님은 남은 자들을 향한 기쁨의 감정을 표현한다. 그리고 둘째 표현에서는 하나님이 남은 자들에 대한 사랑 때문에 자기 입을 다문다. 동사 '잠잠하다'는 단순히 말없는 모습을 나타내는 것이 아니라 내면의 깊은 감정, 즉 남은 자들에 대한 깊은 사랑의 감정에 북받혀 말을 잇지 못하는 모습을 나타낸다. 이 감정이 터져 나오면서 소리를 지르며 남은 자들에 대한 형용할 수 없는 기쁨의 웃음을

11. W. A. VanGemeren, *Interpreting the Prophetic Word* (Grand Rapids: Zondervan, 1990), 178-79. 벤게메렌은 15-20절에서 하나님께서 베푸시는 은총들은 언약 갱신의 결과라고 말한다.

표출한다. 이를 개역개정 성경은 "즐거이 부르며 기뻐하시리라"라고 하였다.

18-20절은 다시 주어가 '내가'로 전환되며 하나님은 1인칭 화자로서 남은 자들을 정화하고 회복하려는 계획을 말한다. 하나님이 말하는 상대방은 2인칭 여성 단수이며, 그 대상은 예루살렘 또는 시온이다.[12] 18절에서는 이스라엘 가운데 하나님의 절기를 짐으로 생각하던 자들을 정화하는 작업을 기록하고 있다. 구체적으로 누구인지 특정되지 않았지만, 예루살렘 사람들 중에는 구약 시대의 절기들을 지키면서도 이 절기들 때문에 고통스러워 하는 사람들이 있었다. 구약 시대에는 유월절, 칠칠절, 그리고 초막절에는 백성들이 예루살렘에 모여 함께 축제에 참여해야 했다. 이들이 고통스러워 한 것은 예루살렘에 가는 것 그 자체였을 수도 있다. 하지만 이보다는 절기들은 안식일이었고 그들이 돈을 벌기 위해 장사를 할 수 없었기 때문에 고통을 느낄 정도로 근심하였을 것이다. 유사한 현상이 아모스 8:5-6에서 볼 수 있다. 아모스 8:5-6에 의하면 이스라엘 사람들은 월삭이 언제 빨리 지나 곡식을 팔고, 안식일이 언제 지나 밀을 팔까 고민하고 있다. 이어서 이들은 에바를 작게 하고 세겔을 크게 만들고 그리고 거짓 저울로 속이며 장사할 궁리를 한다. 더 나아가 이들은 은으로 힘없는 자를 사며, 신 한 켤레로 가난한 자를 사며, 찌꺼기 밀을 팔 궁리를 월삭에 하고 있다. 이사야 1:14에서는 하나님이 월삭과 절기를 싫어 한다고 한다. 그 이유는 월삭과 절기에 예루살렘 성전에 모여든 백성들이 하나님께 기도하려고 편 손에서 피가 가득한 것을 보았기 때문이다. 이 피는 이들이 가난한 자들과 고아와 과부들을 위해 정의를 행하지 않고 오히려 악을 행하면서 흘린 피이다. 이들은 또한 돈을 벌기 위해 도둑질하고, 뇌물을 받고, 선물을 요구하였다(사 1:23). 스바냐 3:18에서 절기 때문에 마음에 고통을 느끼는 자들도 비슷한 현상을 보인다. 그들 위에 짐이 놓여 있다고 하는데, 이 짐이

---

12. 18절은 본문 비평상의 어려운 점들을 많이 가지고 있다. 그럼에도 개정개역 성경의 번역이 가장 무난하다고 판단된다.

무엇인지 명확하지 않지만 치욕거리라고 한다. 아모스 5:11에는 스바냐 3:18
의 '짐'과 동일한 히브리어 *마쉬에트*(מַשְׂאֵת)를 가지고 있으며, 절기를 불편하
게 생각하던 그 이스라엘의 악한 자들이 "힘없는 자를 밟고 그에게서 밀의 부
당한 세를 거두고" 있다. 아모스 5:11의 *마쉬에트*를 개역개정 성경은 밀의 "부
당한 세"로 번역하였다.[13] 스바냐 3:18의 *마쉬에트*에 붙은 3인칭 여성 단수는
절기 때문에 마음에 고통을 느끼는 자들을 지시하며, 이들을 3인칭 여성 단
수로 표시한 것은 강조를 위한 관용어적 표현일 가능성이 있다.[14] 어쨌든 18
절에서 하나님은 하나님의 구원 역사를 기념하는 절기들을 자신의 이권 때문
에 부담스러워하고 심적인 고통을 느끼는 자들을 예루살렘에서 제거하고, 이
런 태도를 가진 자의 자세를 치욕으로 여기고 이를 제거하여 예루살렘 내부
를 정화시키겠다고 한다.

내부적인 불신앙자들을 정화한 하나님은 19절에서 이스라엘의 남은 자들
을 억압한 자들을 처벌하겠다고 한다. 남은 자들을 억압한 자들이 구체적으
로 누구인지 명확하지 않지만, 이방인들로 여겨진다. 19절은 이들을 징벌할
시기를 말하며, 11절과 16절과는 달리 그 시기를 그 날이 아니라 '그때'(*바에
트 하히*/בָּעֵת הַהִיא)라고 한다. 일반적으로 시기에 대한 표현은 문장의 서두
에 나오지만, 19절에서는 아래의 사각형 표에서 볼 수 있는 것처럼 하나님이
남은 자들의 억압자들을 징벌하신다는 것을 강조하기 위해 '그때에'를 문장
의 후부로 옮겨졌다.

הִנְנִי עֹשֶׂה אֶת־כָּל־מְעַנַּיִךְ בָּעֵת הַהִיא

이를 통해 하나님은 '그때'에 강조점을 두지 않고 하나님의 징벌에 더 강

---

13. T. Hadjiev, "The Translation Problems of Zephaniah 3,18: A Diachronic Solution," *ZAW* 124
    (2012): 416-20.
14. Motyer, "Zephaniah," 961.

조점을 두고 있다. 이들을 징벌함과 동시에 하나님은 억압받은 자들 특히 저는 자를 구원하고, 쫓겨난 자를 불러 모은다고 한다. 하나님이 저는 자와 쫓겨난 자를 구원하신다는 계획은 미가 4:6-7에서도 언급된 바가 있다. 스바냐와 비슷한 시기에 활동한 예레미야도 하나님이 이스라엘을 회복할 때에 "맹인과 다리 저는 사람"을 잉태한 여인과 해산하는 여인처럼 다른 사람의 보호를 받아야만 하는 사람들과 함께 회복시키겠다고 한다. 더 나아가 하나님은 이들의 지체장애인이라는 불명예를 온 땅 가운데 칭찬과 명성으로 만들겠다고 한다. 이들의 칭찬과 명성은 하나님이 만들어 준 것이며, 아마도 그들이 하나님을 향해 가진 믿음 때문일 것이다.

20절은 19절의 표현을 반복하면서 하나님이 이스라엘의 남은 자들을 회복하실 것이라는 점을 매우 강력하게 강조한다. 20절은 19절의 '그때에'(*바에트 하히*, בָּעֵת הַהִיא)를 반복하며, 이를 변형시켜 두 번 반복한다(*바에트 하히, 바에트*)

בָּעֵת הַהִיא אָבִיא אֶתְכֶם וּבָעֵת קַבְּצִי אֶתְכֶם

20절은 또한 19절의 동사 '모으다'(*카바츠*, קבץ)를 반복하면서 남은 자의 회복에 대한 강한 의지를 표현한다. 첫 문장에서 하나님은 '그 때에 내가 너희들을 이끌고 오겠다'고 한 후 다시 '그 때에 내가 너희들을 모으겠다'고 하면서 이례적으로 '모으다'의 히브리어 동사 *카바츠*(קבץ)를 19절처럼 미완료형 1인칭 단수 *아캅베츠*(אֲקַבֵּץ)가 아닌 완료형 1인칭 단수 *캅베치*(קִבַּצְתִּי)를 사용하여 미래 사실을 표현하였다. 미래 사실을 완료형으로 사용는 경우에는 이를 예언적 완료형이라고 하며 강한 확신을 가지고 미래의 일이 반드시 일어난다는 의미로 사용한다. '칭찬과 명성'을 반복하면서는 둘의 순서를 '명성과 칭찬'으로 바꾸었다. 그리고 온 세상(*베콜-하아레츠*, בְּכָל־הָאָרֶץ)을 반복하면서는 '민족들'을 첨가하여 "땅의 모든 민족들"(*베콜 암메이 하아레츠*, בְּכֹל עַמֵּי הָאָרֶץ)

이라고 하였는데 개역개정은 이를 천하 만민이라고 번역하였다. 하나님은 남은 자들을 포로에서 돌아오게 하여 회복할 것을 다시 한번 강조하기 위해 메시지의 마지막에 선지자의 인용문인 "여호와의 말이니라"(*아마르 야웨* יְהוָה אָמַר)를 첨가하였다. 이렇게 20절은 19절의 표현을 가지고 하나님이 남은 자를 반드시 회복하신다는 것을 강력하게 강조하였으며, 예루살렘의 죄악으로 우주적인 심판을 예고했던 스바냐는 남은 자의 회복으로 메시지를 종결한다.

교훈과 적용

1. 스바냐 시대에 이스라엘의 방백들은 백성을 잡아 먹기 위해 날뛰는 사자 같았고, 선지자들은 간사하게 백성들이 듣고 싶어 하는 메시지를 전했고 그리고 제사장들은 성전을 더럽히고 율법을 지키지 않았다. 모두가 하나님의 이름을 팔아 백성들을 학대하고 자기 욕심을 채우기 위해 급급하였다. 한국 교회의 지도자들은 어떤 모습일까? 내가 전하는 메시지는 하나님을 위한 것일까 아니면 나의 목회적 목적을 위한 헛된 울림일까? 하나님을 위해 한다는 모든 사업들은 진정으로 하나님을 위한 것일까? 아니면 나의 목회적 성취를 위한 것임에도 불구하고 하나님의 이름으로 포장한 것일까?

2. 하나님은 먼 미래에 이스라엘의 남은 자들을 천하 만민 가운데서 명성과 칭찬을 얻게 할 것이라고 한다. 대부분의 사람들은 이런 명성과 칭찬을 얻기를 원한다. 하지만 이들이 이런 칭찬과 명성을 얻게 된 데에는 하나님 때문에 괴로움을 당하고 수욕을 당하였기 때문이다. 우리는 하나님 때문에 괴로움을 당하는가 아니면 나의 명성과 칭찬에 눈 어두워 수욕을 당하는가?

학개

학개 서론

저자

학개서는 두 장으로 된 선지서로서, 매우 짧고 간략한 메시지를 가지고 있다. 그럼에도 학개는 선지자들 중에서는 매우 드물게 자신이 전한 메시지의 효과를 톡톡히 본 선지자다. 다른 선지자들과 달리 학개는 포로 후기 백성에게 성전 재건을 재촉하였고, 그의 메시지를 들은 백성은 성전 재건을 성공적으로 이루어 냈다. 학개 선지자가 어떤 사람인지는 매우 제한적으로 알려져 있다. 그의 출신은 전혀 알 수 없고 오직 학개서와 에스라 5:1과 6:14의 기록이 전부다. 학개 1:1에 의하면 학개는 다리오 왕 제2년 6월 1일에 자신의 메시지를 선포하기 시작했다. 이때는 기원전 520년이다. 하지만 이때 학개의 나이가 어느 정도인지 알 수가 없다. 학개 2:3에서 노인들에게 한 말처럼 그가 포로기 이전에 태어나서 성전의 이전 영광을 보았다면, 매우 나이가 많은 노인이었을 것이다. 학개는 스가랴와 함께 활동했는데, 에스라는 항상 학개를 먼저 말한다(스 5:1; 6:14). 그 이유는 학개의 활동이 스가랴보다 앞서기 때문일 수도 있지만, 그가 더 연장자였기 때문일 가능성도 있다. 학개의 메시지는 스가랴와 유사한 점을 가지고 있다. 둘 다 메시지의 시작 시기로 다리오 2년을 언급하고 있는 점이나, 성전 재건을 재촉한다는 점에서 특히 유사하다(슥 4:9).

역사적 배경

학개 1:1은 하나님의 말씀이 학개에게 처음 주어진 때를 페르시아 제국의 다리오 왕 제 이년 여섯째 달이라고 한다.[1] 이 때는 기원전 520년이며, 이스라엘 백성이 세스바살의 리더 아래 포로에서 유다 예루살렘으로 돌아온 지 16년이 지난 시기였다.[2] 다리오는 페르시아의 제3대 왕이며, 페르시아의 첫 번째 왕은 고레스이다. 헤르도투스(Herodotus)에 의하면, 고레스는 바사 출신의 아버지 캄비세스(Cambyses) 1세와 메대 출신의 어머니 만다네(Mandane) 사이에 태어났다(Herodotus, Histories, 1.95-107). 이런 출생 배경 때문에 고레스는 타민족에게 우호적이었다. 고레스는 왕이 된 후 어머니의 나라 메대를 정복하고 이어서 리디아(Lydia)와 바벨론 제국을 점령하였으며, 마사게테(Massagetae)에서 전사할 때까지 메소포타미아 전역과 소아시아와 팔레스타인까지 점령하여 대 제국을 세웠다. 다양한 민족으로 구성된 제국을 안정적으로 통치하고자 고레스는 각 민족의 종교와 문화를 존중하였으며, 바벨론이 빼앗아 온 각 민족의 신상을 자국으로 다시 가져가게 하였다. 1879년 바벨론에서 출토된 '고레스 실린더'(The cyrus Cylinder)에는 고레스가 각 민족들에게 자국으로 돌아갈 것을 허락하고, 귀환과 함께 바벨론이 강탈해 온 각 민족의 신상을 가지고 돌아가서 신전을 세우도록 허락하는 내용을 담고 있다(*ANET*, 316).

---

1. 학개의 메시지는 스가랴 1장과 동일한 년도인 기원전 520년에 선포되었기 때문에 학개와 스가랴는 동일한 역사적 배경 속에 기록되었다. 그러므로 학개와 스가랴의 역사적 배경의 내용이 동일한 것을 의아하게 생각할 필요가 없다.
2. J. Kessler, "Building the Second Temple: Questions of Time, Text, and History in Haggai 1:1-15," *JSOT* 27 (2002): 243-56.

"앗술에서 수사, 아가드, 에스눈나, 잠반, 메-투르누, 델, 구티움 지역 까지 오랫 동안 버려져 있던 티그리스 다른 쪽에 있는 신성한 중앙 지역들에도 나는 거기(바벨론)에 있던 신들의 형상들을 원래 장소로 되돌려 보내어 영원한 처소에 거하게 하였다. 나는 그들 모든 주민들을 모아 그들의 거주지로 돌아가게 하였다."

전통적으로 고레스 실린더에 기록된 이 표현과 에스라 1:1-3의 내용을 동일 사건으로 여기지만, 아쉽게도 고레스는 이 같은 지시를 바벨론의 최고 신인 마르둑(Marduk)의 명령에 따른 것이라고 하며, 민족들 명단에 유대인은 기록되어 있지 않다. 이런 아쉬움에도 불구하고 이 문서의 내용은 에스라 1:1-3에서 말하는 것처럼 고레스가 정복한 민족들에게 매우 우호적으로 통치하였고 그들의 종교에 대해서도 호의적인 태도를 가졌다는 것을 확실하게 보여준다.[3] 이런 분위기를 타고 상당수의 유대인들이 예루살렘에 돌아왔지만, 예루살렘의 상황은 여러 면에서 녹록하지 않았다. 학개 1-2장에서 말하는 것처럼, 가나안 땅에는 기근이 끊이지 않았으며, 돌아온 유대인들은 먹고 살기 위해 생존 싸움을 벌여야 했다. 유다 주변에는 오래 전부터 아시리아와 바벨론의 이주 정책에 따라 새로 정착한 민족들이 있었다. 에스라 4장의 내용을 통해 알 수 있는 것처럼 이들은 유대인들이 성전 재건을 시도하자 당장에 방해하기 시작하였다. 설상가상으로 유대인들에게 예루살렘 귀환과 성전 재건을 허락해 주었던 고레스가 기원전 530년 12월에 마사게테(Massagetae) 전투에서 사망하였고 그의 뒤를 이은 캄비세스 2세(Cambyses II)는 타민족의 종교와 문화에 대해 매우 적대적이었다. 예를 들면, 캄비세스 2세는 아버지 고레스가 정복하지 못한 이집트를 정복하는 대업을 이루었는데, 그는 이집트인들이 가장 혐오

---

3. A. E. Steinmann, "A Chronological Note: The Return of the Exiles under Sheshbazzar and Zerubbabel (Ezra 1-2)," *JETS* 51 (2008): 513-22.

하는 행위인 시체를 신전에서 불로 태우는 행위를 서슴지 않았다(Herodotus, *Histories*, 2.16). 타 종교에 대한 이런 태도는 유대인들에게도 영향을 미쳤을 것이다. 유대인들의 성전 재건을 방해하던 세력들이 페르시아 왕에게 예루살렘 성전 재건 중단을 요청하는 편지를 보냈을 때에 즉각적인 효과를 본 것도 캄비세스 2세의 이런 성향 때문이었을 것이다. 유다 주변에 살고 있던 민족들은 페르시아 관료들에게 뇌물을 주고 고발을 통해 공사를 방해하다가 급기야 중단하게 만들었다(스 4:1-5). 하지만 성전 재건을 시도하고 있었던 유대인들에게 매우 극적인 변화가 일어났다. 이집트를 정복하고 에디오피아 원정을 계획하고 있던 캄비세스 2세가 갑자기 죽게 된 것이다. 조로아스트교 사제이자 마술사 출신인 환관 가우마타(Gaumata)가 캄비세스 2세가 은밀하게 죽인 동생 스멜디스(Smerdis)를 사칭하여 왕위를 찬탈하여 버렸다. 이 소식을 듣고 급히 귀국 길에 오른 캄비세스 2세는 말에 오르다가 파손된 칼집 사이로 나온 자신의 칼 끝에 허벅지가 찔리는 상처를 입었고, 이것이 괴저 병을 불러 일으켜 다메섹 인근에서 죽게 된다(Herodotus, *Histories*, 3.61-66).

캄비세스 2세의 뒤를 이어 페르시아 제국의 왕이 된 사람이 다리오 1세이다. 다리오 1세는 캄비세스 2세의 아들이 아니고, 고레스의 먼 친척이었다.[4] 가우마타가 왕위를 찬탈하고 캄비세스 2세가 비명횡사하자 다리오 1세를 포함한 7명의 장군들이 가우마타를 몰아내고, 다리오(Darius 1)를 왕으로 옹립하게 된다. 하지만 가우마타의 왕위 찬탈은 페르시아 제국의 피지배 민족들에게 큰 영향을 끼쳤으며, 엘람과 바벨론, 메대, 파르티아, 아시리아, 이집트를 비롯하여 제국 곳곳에서 독립을 위한 반란을 일으켰다. 사실상 기원전 522년까지는 페르시아 전역이 반란의 회오리 바람에 휩쓸려 있었다. 하지만 다리오는 1년 만에 반란을 모두 진압했고 집권 2년에는 안정적으로 통치할 수 있었으며 제국을 안정 시키고 새로운 정복 전쟁을 시작할 수 있었다. 그의 집권 초기

---

4. E. M. Yamauchi, *Persia and the Bible* (Grand Rapids: Baker, 1990), 129-86.

에 일어났던 반란 전쟁은 이란의 켈만사(Kermanshah) 지역에 있는 베히스툰(Behistun) 바위 산에 기록되어 있다. 반란을 진압하기는 했지만, 다리오 1세와 그의 후계자들은 제국을 안정적으로 통치하기 위해 타민족들을 억압하지 않고 관대하게 다스렸다. 이러한 정권 차원의 분위기는 유대인들에게도 영향을 주었으며, 이런 분위기가 오랫동안 지속되었다. 타민족에 대한 페르시아의 관용 정책은 다리오 2세가 유대인들에게 보낸 편지에서도 확인할 수 있다. 다리오 2세는 아닥사스다 2세(Artaxerxes 2) 왕의 첩의 아들이었지만, 그의 형에게 반란을 일으켜 왕위를 찬탈한다. 그 직후 다리오 2세는 이집트의 엘레판틴에 살고 있던 유대인들에게 다음과 같은 편지를 보냈다(*ANET*, 491).

"다리오 왕 5년에 왕으로부터 알사메드에게 메시지가 전달되기를, '유대인들의 무교절을 공인해 주라.' 그래서 너는 니산월 14일을 계수하고 유월절을 지키라, 그리고 니산월 15일부터 21일까지 무교절을 지키라. 정결하게 하고 주의를 지키라. 15일에서 21일까지 일을 하지 말고 술을 마시지 말며 유교병을 먹지 말라. … 다리오 왕의 명령에 따라."

이 편지에 의하면 다리오 2세 왕은 유대인들의 유월절과 무교절을 율법에 따라 지키도록 공식화시켜 주고 있으며, 절기 기간 동안 일을 하거나 일을 시키지 못하게 하고 있다. 이런 페르시아 왕실의 분위기 속에 성전 재건을 방해하던 닷드내와 스달보스내와 아바삭이 다리오 왕에게 예루살렘 성전 재건을 중단시키도록 편지를 쓰지만(스 5:1-17), 다리오 1세 왕은 고레스 왕의 칙령을 메대의 악메다 궁에서 찾게 되고 이를 살핀 후 예루살렘 성전 재건을 멈추지 말고 계속하도록 허락하였다(스 6:1-12). 예루살렘 성전은 다리오 왕 6년 아달월 3일, 즉 기원전 515년 3월 12일에 완공되었다.

구조

학개서는 하나님께 받은 네 개의 예언으로 구성되어 있으며 이 예언들은
아래와 같이 구분될 수 있다.

성전 방치와 재앙	1:1-15
성전 건축 격려와 종말론적 미래	2:1-9
성전 방치로 인한 재앙과 축복 약속	2:10-19
종말론적 재앙과 회복	2:20-23

위에서 볼 수 있는 것처럼 학개의 메시지는 첫째와 셋째 메시지가 유사한
주제를 가지고 있고, 둘째와 넷째 메시지도 서로 유사한 메시지를 가지고 있
다. 학개의 네 메시지는 모두 학개가 그 메시지를 받은 날짜를 명시하고 있기
때문에 각 메시지의 시작과 끝은 아주 명확하다. 학개가 네 개의 메시지를 받
은 시기는 아래와 같다.

1:1-15의 메시지 - 다리오 2년 6월 1일(1:1)
2:1-9의 메시지 - 다리오 2년 7월 21일(2:1)
2:10-19의 메시지 - 다리오 2년 9월 24일(2:10)
2:20-23의 메시지 - 그 달 24일(2:20)

개역개정 성경의 번역에 따르면 학개의 첫째 메시지와 셋째 메시지는 모두
그 메시지를 받은 시기가 페르시아 왕 다리오 2년이라고 밝히는 데 반해 둘째
와 넷째 메시지는 년도를 밝히지 않고 있다. 그리고 넷째 메시지는 메시지를
받은 달도 표시하지 않고 셋째 메시지를 받은 달과 동일한 달이라고 하며, 결
과적으로 동일한 날에 셋째와 넷째 메시지를 받은 것으로 표시하고 있다. 하

지만 학개 1:1의 계시를 받은 시기 표현과 비교해 보면 학개 1:15 후반부는 2:1
에 속한 것으로 보는 것이 적절하다.

1:1 בִּשְׁנַת שְׁתַּיִם לְדָרְיָוֶשׁ הַמֶּלֶךְ בַּחֹדֶשׁ הַשִּׁשִּׁי בְּיוֹם אֶחָד לַחֹדֶשׁ

1:15 בְּיוֹם עֶשְׂרִים וְאַרְבָּעָה לַחֹדֶשׁ בַּשִּׁשִּׁי בִּשְׁנַת שְׁתַּיִם לְדָרְיָוֶשׁ הַמֶּלֶךְ

2:1 בַּשְּׁבִיעִי בְּעֶשְׂרִים וְאֶחָד לַחֹדֶשׁ

위의 네모 칸에서 보듯 1:15의 네모 칸에 있는 표현은 1:1의 네모 칸에서 학
개의 메시지를 받은 시기의 첫 표현으로 사용되었다. 이를 반영해서 1:15의 네
모 칸 표현을 2:1 첫 부분으로 보내면 1:1의 메시지 받은 시기 표현과 조화를
이루게 된다. 즉 학개의 둘째 메시지는 다리오 2년 7월 21일에 받은 것으로 볼
수 있다. 학개 1:15 에는 6월 24일이라는 시기 표시는 메시지를 받은 날이 아
니라, 학개로부터 첫째 메시지를 들은 포로 후기 백성이 성전 재건 공사를 시
작한 시기이다. 이처럼 학개서는 그 메시지를 받은 시기를 표시함으로 메시지
의 시작과 끝을 명확하게 구분할 수 있다.

신학 주제

학개서는 선지서들 중에서 가장 짧은 선지서에 속하며, 반복되는 표현들
을 제외하면 가장 짧은 메시지를 담고 있다. 이런 특징 때문에 학개의 주제들
도 복잡하지 않고 비교적 단순하며, 메시지 자체가 주로 성전 건축을 통한 하
나님 나라의 회복과 언약의 저주와 축복 그리고 출애굽이라는 주제를 중심으
로 기록되어 있다.

1. 하나님 나라의 회복

학개는 포로 후기 백성에게 성전 재건을 독려하였다. 성전 재건의 의의는 하나님께 예배 드리는 건물의 건축에 한정되지 않고 하나님 나라의 회복을 나타낸다.[5] 성전은 하나님께서 자기 백성을 만나는 장소이고, 언약궤 두 돌 판에 기록된 계명으로 통치하는 보좌이다. 그러므로 성전 건축은 하나님의 나라의 건설과 직접적으로 관련된다. 하나님이 바벨론을 통해 예루살렘 성전을 황폐화 시킨 것은 하나님 나라의 해체였고, 포로 후기 백성들이 바벨론에서 돌아와 예루살렘 성전을 재건하는 것은 하나님 나라의 회복이다. 이런 의미의 성전 건축은 기원전 536년에 바벨론 포로에서 돌아 오면서 시작되었으며, 에스라 1:1-3에서 고레스가 예루살렘 성전 재건을 허락하는 조서를 내리는 것은 이사야 44:28에서 예언된 하나님 나라 회복의 성취이다. 하지만, 포로 후기 백성들은 주변 민족들의 방해 때문에 성전 건축을 중단하였고, 학개 1:1-2에 의하면 16년의 세월이 흐르면서 그들은 성전 재건을 통한 하나님 나라 회복의 시기가 도래하지 않았다고 생각하였다. 그러나 학개는 성전 재건을 독려하면서 그들이 성전 재건할 시기는 이미 왔고, 그들이 성전을 재건하면 하나님이 영광 중에 임하고 그 성전의 영광을 솔로몬 성전보다 더 크게 하겠다고 한다. 그 성전은 열방의 금과 은을 가지고 장식할 뿐만 아니라, 그곳에서 자기 백성에게 언약의 축복을 내리겠다고 한다. 뿐만 아니라 하나님은 스룹바벨을 예표로 하여 메시아가 와서 하나님 나라의 백성을 통치하게 될 것이라고 한다.[6]

2. 언약의 축복과 저주

학개의 메시지의 주제에서 두드러지는 것 중에 하나는 언약의 저주와 축

---

5. E. Assis, "To Build or not to Build: A Dispute between Haggai and his People," *ZAW* 119 (2007): 514-27.

6. G. Goswell, "The Fate and Future of Zerubbabel in the Prophecy of Haggai," *Biblica* 91 (2010): 77-90.

복이다. 비록 이 용어가 사용되지는 않았지만, 1:5-11과 2:15-19의 메시지는 언약의 저주와 축복과 관련되어 있다. 학개는 성전 재건에 대해 무관심으로 일관하면서 판벽한 집에 거주하기를 소망하는 포로 후기 백성에게 그들의 삶 가운데 있는 경제적 어려움들은 하나님이 그들에게 내린 언약의 저주라고 한다. 1:5-11과 2:15-19에서 학개가 "너희가 많이 뿌릴지라도 수확이 적으며 먹을지라도 배부르지 못하며…"의 표현은 레위기 26:26과 26:14-46에서 이스라엘 백성들이 하나님의 언약에 신실하지 못할 때에 받게 될 언약의 저주와 관련된 것들이다. 이 언약의 저주를 학개는 포로 후기 백성들의 성전 재건에 대한 무관심 때문에 하나님께서 그들에게 내렸다고 한다. 레위기 26장의 언약의 저주는 이스라엘 백성들의 배역에 대한 미래의 심판 메시지인데, 학개서에서 언약의 저주는 그들이 현재 겪고 있는 하나님의 징벌이다. 하지만 학개는 포로 후기 백성들이 다시 성전 재건을 재개하면 하나님이 그들에게 언약의 축복을 내리며 또 성전 재건을 매개로 하여 종말론적 하나님의 나라 회복을 촉진하게 될 것이라고 한다.[7]

3. 제2의 출애굽 사건

학개서의 메시지에서 또 하나 두드러지는 주제는 출애굽이며, 학개는 이 주제를 포로 후기 백성에게 성전 재건을 재촉하기 위해 활용하고 있다. 출애굽 사건은 이스라엘 역사에서 가장 중요한 사건이었다. 출애굽은 과거에 이스라엘 백성의 근본적인 바탕을 이루고 있고, 현재적 관점에서는 그들의 삶의 기본인 율법과 제의의 토대를 마련해 주었다. 미래적인 관점에서 볼 때 출애굽 사건은 포로로 끌려가서 고난받고 있는 이스라엘 백성의 희망이기도 하다. 이런 점들이 학개서에서도 나온다. 2:5에서 하나님은 포로 후기 백성들에게 그들이 출애굽 할 때 그들과 함께 한 여호와의 영이 그들 가운데 머물러 있

---

7. M. J. Boda, "Messengers of Hope in Haggai-Malachi," *JSOT* 32 (2007): 113-31.

다고 말한다. 과거에 일어났던 출애굽 사건을 학개는 지금 현재 포로 후기 백성들이 경험하고 있다고 말한다. 이에 그치지 않고 학개는 2:21-22에서 출애굽기 14-15장의 홍해 사건과 관련된 표현을 사용하여 미래에 있을 구원 사건을 묘사하는 데 이용하고 있다. 학개에 의하면, 하나님은 하늘과 땅을 진동시키는 구원의 대역사를 일으킬 때에 왕국들의 보좌와 세력과 병거와 그 탄 자들을 뒤집어 엎을 것이라고 한다. 이처럼 학개서에서 출애굽 사건은 미래에 있을 종말론적 구원 사건이다.

제1장 성전 재건과 언약의 저주 (1:1-15)

학개 1장에는 성전 재건할 때가 아니라고 생각하고 있는 포로 후기 백성에게 하나님은 학개를 통해 지금 그들이 성전 재건에 대한 무관심 때문에 경제적 재앙을 겪고 있다고 경고한다. 이 경고를 듣고 포로 후기 백성은 즉각 성전 재건을 시작한다.

본문 개요

학개 1장은 모두 다섯 부분으로 나눌 수 있다. 첫 부분은 1-4절이며, 학개의 첫 메시지가 주어진 시기와 함께 성전 재건 시기가 이르렀는지에 대한 하나님과 백성 간의 논쟁을 기록하고 있다. 둘째 부분은 학개 5-6절이며, 포로 후기 백성이 겪고 있는 경제적 재앙을 언약의 저주를 선포할 때 사용하는 표현을 사용하고 있다. 셋째 부분은 7-8절이며, 백성이 성전을 재건하면 하나님이 그 성전을 기쁘게 받고 그 가운데 영광 중에 강림할 것이라고 한다. 넷째 부분은 9-11절이며, 포로 후기 백성이 겪고 있는 경제적 재앙은 성전 재건에 대해서는 무관심하면서 자신들의 경제적 이익만 추구하였기 때문에 하나님이 그들에게 내린 언약의 저주라고 한다. 다섯째 부분은 12-15절이며, 학개의 메시지를 들은 포로 후기 백성이 두려워하였고 하나님께서 그들의 마음을 감동시켜 성전 재건 공사를 시작하게 되었다고 한다.

내용 분해

총 15절로 되어 있는 학개 1장의 내용은 비교적 단순하며 다음과 같이 수사학적 구조로 구성되어 있다.

A. 성전 재건에 대한 무관심 (1-4절)
  B. 경제적 재앙에 대한 재고 (5-6절)
    C. 성전 재건과 하나님의 강림 (7-8절)
  B' 경제적 재앙의 원인과 범위 (9-11절)
A' 성전 재건에 대한 백성의 반응 (12-15절)

본문 주해

1. 성전 재건에 대한 무관심 (1-4절)

1 다리오 왕 제이년 여섯째 달 곧 그 달 초하루에 여호와의 말씀이 선지자 학개로 말미암아 스알디엘의 아들 유다 총독 스룹바벨과 여호사닥의 아들 대제사장 여호수아에게 임하니라 이르시되 2 만군의 여호와가 이같이 말하여 이르노라 이 백성이 말하기를 여호와의 전을 건축할 시기가 이르지 아니하였다 하느니라 3 여호와의 말씀이 선지자 학개에게 임하여 이르시되 4 이 성전이 황폐하였거늘 너희가 이때에 판벽한 집에 거주하는 것이 옳으냐

1-4절은 두 부분으로 나눌 수 있는데, 첫 부분은 1-2절이다. 학개의 첫 메시지가 주어진 시기를 알려주며, 이때 포로 후기 백성의 성전 재건과 관련된 분위기를 보여준다. 1절은 학개의 메시지가 다리오 제2년 여섯째 달 초하루였다고 말한다. 이때는 기원전 520년이며, 6월은 현대 태양력으로 환산하면 8-9월에 해당된다. 이때는 포도와 무화과 그리고 석류를 수확할 시기이다. 초하루는 구약 시대 안식일 중에 하나인 월삭이고, 월삭 때에는 백성들이 성전에 모여 예배와 축제를 벌였다. 그렇기 때문에 학개의 첫 메시지가 전해진 장소가 폐허 상태로 있는 성전이었음을 확인할 수 있다. 학개의 메시지가 이 곳에 모인 모든 백성들이라는 것을 1-2절을 통해 확인할 수 있다. 1절은 학개의 메시지의 수신자가 총독 스룹바벨과 대제사장 여호수아이지만, 2절의 '이 백성'과 4절의 '이 성전'은 포로 후기 백성이 성전 폐허에 모여 있는 가운데 그들에게 전해졌음을 알 수 있다.

학개를 통한 하나님의 첫 메시지는 포로 후기 백성이 여호와의 전을 건축할 시기가 이르지 아니하였다는 것이다. "이 백성이 말하기를"은 백성이 자기들끼리 은밀히 말하고 다니는 것을 인용하고 있음을 보여준다. 은밀하게 말했다고 생각하는 이유는 백성들의 말을 인용하여 말하는 스타일 때문이다. 2절은 개역개정의 번역과는 달리 '때가 오지 않았다 여호와의 전을 건축할 때'라고 표현하고 있기 때문이다.[1] 포로 후기 백성들은 고레스에 의해 성전을 재건하기 위해 예루살렘에 돌아오는 기적을 경험하였음에도 불구하고 성전 재건할 시기가 이르지 않았다고 말하고 있다.

3절에서 학개는 다시 여호와의 말씀이 학개에게 임하였다고 하면서 4절의 메시지를 강조하고 있다. 4절은 백성들에게 그들이 성전이 황폐함에도 불구하고 판벽한 집에 거주하는 것이 옳으냐고 묻는다. '판벽한'은 일반적으로 성

---

1. W. G. E. Watson, *Classical Hebrew Poetry: A Guide to its Techniques* (New York: T & T Clark, 1984), 287.

전이나 왕궁의 건물 내부를 백향목으로 장식한 것을 일컫는 말이다.[2] 이런 집에 살 수 있는 사람은 총독 스룹바벨과 대제사장 여호수아밖에는 없을 것이다. 하지만 백성들에게 이 말을 했다는 것은 '판벽한'의 의미가 다르게 사용되었을 가능성을 보여준다. 5절 이하에서 경제적 용어가 이어지는 것에서 볼수 있듯이 이 말은 자신들의 집을 백향목으로 장식했다기보다는 곡식으로 가득 찬 집에 사는 희망 또는 경제적 부를 쌓으려는 희망을 상징적으로 표현하였을 수 있다. 이런 희망을 폐허 상태에 있는 여호와의 집과 대조하기 위해 이표현을 사용했을 것이다. 4절이 백성들을 질타하는 이유는 그들이 판벽한 집에 살고 있는 그 사실 자체보다는 성전은 황폐한 채로 방치되어 있는데, 성전재건을 위해 돌아온 포로 후기 백성은 자신들의 삶에만 집중하였기 때문이다.

2. 경제적 재앙에 대한 재고 (5-6절)

5 그러므로 이제 만군의 여호와가 이같이 말하노니 너희는 너희의 행위를 살필지니라 **6** 너희가 많이 뿌릴지라도 수확이 적으며 먹을지라도 배부르지 못하며 마실지라도 흡족하지 못하며 입어도 따뜻하지 못하며 일꾼이 삯을 받아도 그것을 구멍 뚫어진 전대에 넣음이 되느니라

포로 후기 이스라엘 백성에게 성전 재건을 독려한 학개는 하나님의 성전이 황폐한 상태로 방치되어 있는 상황에서 너희들이 판벽한 집에 거주하는 것이 옳으냐고 질문한 후 5-6절에서 그들이 겪고 있는 경제적 고통에 대해 언급한다. 5절에서 학개는 농산물 수확, 먹는 것, 마시는 것, 입는 것, 그리고 노동의 품삯과 관련하여 그들이 현재 겪고 있는 고통을 말하고 있다. 이 말은 그들이

---

2. H. W. Wolff, *Haggai* (Minneapolis: Augsburg Publishing House, 1988), 42; P. A. Verhoef, *The Books of Haggai and Malachi*, NICOT (Grand Rapids: Eerdmans, 1987), 57-59; A. Even-Shoshan, *A New Concordance of the Bible* (Jerusalem: Kiryat Sefer, 1990), 813.

겪고 있는 경제적 고통을 단순 나열하는 것이 아니라, 그 의미를 곰곰이 생각해 보라는 것이다. 즉 5절에서 학개는 포로 후기 백성에게 '너희는 너희의 길을 마음에 올려 놓아라'고 한다.[3] '길'은 그들의 행동을 말하는 것이 아니라, 그들의 삶을 의미한다. 5절에서 학개가 의도하고 있는 것은 백성에게 현재 그들이 겪고 있는 삶에 대해 곰곰이 생각해 보라는 것이다. 그러면서 학개는 6절의 메시지를 백성에게 말하면서 그 의미를 생각하게 만든다. 학개는 이스라엘 백성이 겪고 있는 고통은 단순히 가뭄과 불운의 결과가 아니라 파괴된 성전에 대한 무관심 때문에 하나님이 그들에게 내린 언약의 저주의 결과라는 것을 말해 주려 하고 있다.

학개 1:6의 내용이 언약의 저주라는 것은 그 표현을 자세히 살펴 보면 알 수 있다. 백성들의 고통스러운 상황을 묘사하는 학개의 메시지는 다섯 개의 양보 절과 다섯 개의 결과 절로 구성되어 있다. 다섯 개의 양보 절은 백성들의 활동을 묘사하고 있고, 결과 절은 그들의 활동의 무익함과 결실 없음을 묘사하고 있다.

다섯 양보 절	다섯 결과 절
너희가 많이 뿌릴지라도	수확이 적으며
먹을지라도	배부르지 못하며
마실지라도	흡족하지 못하며
입어도	따뜻하지 못하며
일꾼의 삯을 받아도	구멍난 전대에 넣음이 되느니라

이런 형태의 표현은 언약의 저주를 기록하고 있는 본문들에서 일반적으로 발견할 수 있으며, 특히 농사 재앙과 관련하여서는 레위기 26:20, 신명기

---

3. T. A. van Dijk, *Text and Context: Explorations in the Semantics and Pragmatics of Discourse* (London: Longman, 1977), 101.

28:38-40, 그리고 미가 6:15에서 확인할 수 있고, 먹는 것과 관련해서는 레위기 26:26과 미가 6:14에서도 볼 수 있다.[4]

> 레 26:20 너희 수고가 헛될지라 땅은 그 산물을 내지 아니하고 땅의 나무는 그 열매를 맺지 아니하리니
>
> 신 28:38 네가 많은 종자를 뿌릴지라도 메뚜기가 먹으므로 거둘 것이 적을 것이며
>
> 미 6:15 네가 씨를 뿌려도 추수하지 못할 것이며 감람 열매를 밟아도 기름을 네 몸에 바르지 못할 것이며 포도를 밟아도 술을 마시지 못하리라
>
> 레 26:26 내가 너희가 의뢰하는 양식을 끊을 때에 열 여인이 한 화덕에서 너희 떡을 구워 저울에 달아 주리니 너희가 먹어도 배부르지 아니하리라
>
> 미 6:14 네가 먹어도 배부르지 못하고 항상 속이 빌 것이며 네가 감추어도 보존되지 못하겠고 보존된 것은 내가 칼에 붙일 것이며

학개가 사용하고 있는 언약의 저주는 일반적으로 말해서 모세오경에 기록되어 있는 언약 관련 메시지들의 적용이라고 볼 수 있다. 학개가 언약 저주와 성전을 연결시키는 것은 레위기 26장과 관련 있는 것으로 여겨진다(레 26:1-3). 레위기 26:1-3에 의하면 하나님의 언약 규정들을 지키는 것이 언약 축복과 언약 저주의 전제 조건이다.

> "[1] 너희는 자기를 위하여 우상을 만들지 말지니 조각한 것이나 주상을 세우지 말며 너희 땅에 조각한 석상을 세우고 그에게 경배하지 말라 나

---

4. D. Hillers, *Treaty Curses and the Old Testament Prophets* (Rome: Pontifical Biblical Institute, 1964), 28.

는 너희의 하나님 여호와임 이니라 ² 너희는 내 안식일을 지키며 내 성
소를 경외하라 나는 여호와이니라 ³ 너희가 내 규례와 계명을 준행하면"

레위기 26장의 언약 규정에는 2절에서 볼 수 있는 것처럼 성소에 대한 존중
이 포함되어 있다. 만약에 백성이 성소를 존중하면, 하나님께서 그들에게 복
을 내리실 것이고(26:4-13), 만약에 존중하지 않으면(26:14-15) 그 결과는 언
약의 저주가 따를 것이다(26:16-39). 학개 1-2장과 레위기 26장에 있는 언약
의 저주들을 비교해 보면 학개가 레위기 26장의 언약의 저주를 포로 후기 백
성의 재앙에 적용하고 있다는 것이 더 분명해진다.

학 1, 2장	레 26장	학 1, 2장	레 26장
파종	16, 20절	곡물	20절
먹기	26절	사람	22절
하늘/비	19절	동물	22절
땅	19절	손으로 한 일	20절
밭	20절	내게 돌아오지 않음	23(18, 21, 27)절

레위기 26장에서 언약의 축복은 저장한 곡식을 다음 파종과 추수 때까지
먹는 것을 포함하고 있는 반면에 언약의 저주는 양식의 결핍을 가져온다(레
26:5, 10, 16, 20, 26).

3. 성전 재건과 하나님의 강림 (7-8절)

⁷ 만군의 여호와가 말하노니 너희는 자기의 행위를 살필지니라 ⁸ 너희는
산에 올라가서 나무를 가져다가 성전을 건축하라 그리하면 내가 그것으
로 말미암아 기뻐하고 또 영광을 얻으리라 여호와가 말하였느니라

7절에서 학개는 다시 포로 후기 백성에게 그들의 삶을 곰곰이 생각해 보라고 한다. 이것은 5절처럼 그들의 과거에서 현재까지의 삶을 돌아 보라는 것이 아니라 미래에 일어날 그들의 삶을 생각해 보라는 말이다.[5] 5절의 내용은 6절의 메시지의 영향을 받고 있고, 7절의 내용은 8절의 영향을 받고 있기 때문에 둘의 표현은 동일하지만 5절은 과거에서 현재 그리고 7절은 미래의 삶을 돌아보라는 말이 된다. 7절에서 학개는 8절의 전반부에 있는 그들이 성전을 재건했을 때 일어날 일들을 생각해 보라는 것이다. 그 미래는 하나님이 기쁨으로 성전을 받으시고 영광 가운데 임재하는 것이다.

8절에 의하면 그들의 미래에 일어날 일은 성전 재건을 통해 일어나게 된다. 하나님은 포로 후기 백성에게 산에 올라가서 나무를 가져다가 성전을 건축하라고 한다. 4절에서 백향목으로 판벽한 집에 거주하는 것이 옳으냐고 물었던 하나님은 나무를 가져다가 성전을 건축하라고 한다. 이 말은 그들의 집을 비롯한 경제적 이익에 집착할 것이 아니라 성전 건축을 재개하라는 것이다. 명령문으로 이 말을 하였는데, 그 이유는 신속하게 그리고 전력을 다할 것을 재촉하는 말이다. 그래서 성전을 건축하면 하나님은 이 성전으로 말미암아 기뻐할 것이라고 한다. '기뻐하다'의 히브리어 라차(רָצָה)는 레위기에서 제물을 바쳤을 때 그것을 흠향하고 받으시는 것을 의미하며, 8절에서도 하나님은 포로 후기 백성이 정성을 다하여 성전을 건축하면 그것을 기쁨으로 받으시겠다는 말이다.[6] 이어서 하나님은 '내가 영광 중에 나타나리라'고 한다. 개역개정 성경이 "또 영광을 얻으리라"라고 번역한 히브리어는 베엘카베다(וְאֶכָּבְדָה)이며, 동사 카베드(כָּבֵד)의 니팔(Niphal) 형이지만 동사의 끝에 첨가된 헤(ה)는

5. W. S. Prinsloo, "The Cohesion of Haggai 1:4-11," in *Wünschet Jerusalem Frieden: Collected Communications to the XIIth Congress of the International Organization for the Study of the Old Testament*, ed. M. Augustin (New York: Verlag Peter Lang, 1988), 339.
6. G. J. Wenham, *The Book of Leviticus*, NICOT (Grand Rapids: Eerdmans, 1979), 55-56; J. Milgrom, *Leviticus 1-16*, AYB (New York: Doubleday, 1991), 149-50; Verhoef, *The Books of Haggai and Malachi*, 67.

이 표현이 1인칭 권유형으로서 재귀적 의미로 사용되었음을 보여준다. 그렇기 때문에 이 표현은 '영광을 얻으리라'고 해석하면 안되고, '내가 영광 중에 나타나리라'로 해석해야 한다. 학개 1:8의 *베엘카베다*와 동일한 표현이 출애굽기 14:4, 17절에서 사용되었다. 출애굽기 14:4와 17의 *베잌카베다*는 하나님이 '내가 바로와 그의 모든 군대와 병거와 마병에 대항하여 영광 중에 나타나리라'고 한 말로 사용되었으며, 학개 1:8은 학개 2:22을 고려할 때 동일한 차원에서 사용되었을 가능성이 높다.[7] 즉 포로 후기 백성이 성전을 재건하면 하나님이 영광 중에 강림하여 백성들의 대적들을 물리치는 종말론적 대 사건을 시작하겠다는 말이다. 이와 관련하여서는 학개 2:21-23의 주석에서 충분하게 논의하겠다.

4. 경제적 재앙의 원인과 범위 (9-11절)

9 너희가 많은 것을 바랐으나 도리어 적었고 너희가 그것을 집으로 가져 갔으나 내가 불어 버렸느니라 나 만군의 여호와가 말하노라 이것이 무슨 까닭이냐 내 집은 황폐하였으되 너희는 각각 자기의 집을 짓기 위하여 빨랐음이라 **10** 그러므로 너희로 말미암아 하늘은 이슬을 그쳤고 땅은 산물을 그쳤으며 **11** 내가 이 땅과 산과 곡물과 새 포도주와 기름과 땅의 모든 소산과 사람과 가축과 손으로 수고하는 모든 일에 한재를 들게 하였느니라

학개는 1:6에서 포로 후기 백성이 겪고 있는 재앙을 나열한 후 1:9에서 언약의 저주라는 주제를 더욱 확대하며, 누가 왜 저주를 내렸는지를 밝힌다. 학

---

7. M. Riffaterre, "Syllepsis," *Critical Inquiry* (1980), 625-38; "Compulsory Reader Response: the Intertextual Drive," in *Intertextuality: Theories and Practices*, ed. M. Worton & J. Still (Manchester: Manchester University Press, 1990), 62-63.

개는 매우 정교하게 1:9을 1:5-6에 연결시키고 있다.[8] 저주와 저주의 집행자를 연결시키기 위해 학개는 1:6의 '너희가 많이 뿌릴지라도 적게 거두었으며'(*제라팀 할베 와하베 메아트*זְרַעְתֶּם הַרְבֵּה וְהָבֵא מְעָט)를 다음과 같이 1:9의 세 문장에 흩여 재사용하고 있다.

학개는 1:5-6절에서는 성전 건축에 대해 언급하지 않지만, 9절에서는 언약의 저주가 성전 건축과 관련되어 있음을 보여준다. 9절에 의하면 포로 후기 백성은 추수를 풍성하게 거두어 집에 저장하기를 바랐고, 그래서 집으로 부지런히 뛰어 다녔다. 그들이 기대했던 것은 축복이었지만, 실제로 얻은 것은 그 반대인 저주였다. 9절의 마지막 문장에 있는 백성들이 부지런히 달려간 '집'은 (*라침 이쉬 레베토* רָצִים אִישׁ לְבֵיתוֹ וְאַתֶּם) 백성들이 추수거리를 가져와 쌓았던 바로 그 집이며(*바하베템 합바이트* וַהֲבֵאתֶם הַבַּיִת), 그리고 여호와께서 바람을 불어 날려버린 바로 그 집이다(*베나파헤티 보* וְנָפַחְתִּי בוֹ). 왜 하나님께서 이 같은 재앙을 내렸을까? 그것은 하나님의 성전이 황폐한 상태로 놓여 있음에도 불구하고 백성들은 자신들의 집에 부를 축적하기 위해 전력투구하였기 때문이다. 이 점을 강조하기 위해 9절 후반부에서 하나님은 '무엇 때문에'(*야안 메* יַעַן מֶה)라고 질문한 후 '만군의 여호와의 말씀이라'는 말을 덧붙여 재

---

8. W. A. M. Beuken, *Haggai-Sacharja 1-8: Studien zur Überlieferungsgeschichte der frühnachexilischen Prophetie* (Assen: Van Gorcum, 1967), 185-87; J. W. Whedbee, "A Question-Answer Schema in Haggai 1:9-11," in *Biblical and Near Eastern Studies*, ed. G. A. Tuttle (Grand Rapids: Eerdmans, 1978), 189.

앙의 이유를 강조한다. 이어서 하나님은 '내 집 때문에'라고 한 후 '그 집은 황폐해 있는데 너는 각자 자기 집으로 달려갔다'고 한다. 그들의 재앙은 황폐한 상태로 방치되어 있는 성전의 재건에 무관심하고 자신의 권익에만 연연하였기 때문에 생겨났다.

10-11절에서 하나님은 이들이 겪고 있는 가뭄의 원인이 무엇인지 말하고 있다. 10절은 하늘은 비는 고사하고 이슬마저 그쳤다고 하고, 결과적으로 땅은 산물을 낼 수 없는 상황이 되었다고 한다.[9] 11절은 10절의 땅의 산물의 주제를 발전시켜 땅의 산물을 구체적으로 제시한다. 땅의 산물은 곡식뿐만 아니라 사람과 가축과 손으로 수고하는 모든 일이라고 하며 6절의 '일꾼의 삯을 받아도 구멍 난 전대에 넣은 것이 되었다'는 주제에 연결시키고 있다. 이 모든 것들이 일어나게 한 분은 하나님이라는 사실을 보여주기 위해 하나님은 '내가 … 한재를 들게 하였느니라'고 한다. 학개는 의도적으로 언약의 저주와 파괴된 성전과 연결시키기 위해 '한재'(호렙, חֹרֶב)를 사용하고 있다. 학개는 호렙을 통해 언어유희(wordplay)를 시도하고 있는 것으로 여겨진다. 학개는 백성들의 무관심 속에 폐허 속에 방치된 성전을 상태를 *하렙*(황폐, חָרֵב)이라고 하였고(4, 9절), 그들의 모든 경제 활동에 내린 재앙을 *호렙*(한재, 11절)이라고 하였다. *하렙*과 *호렙*은 자음과 소리 모두 호렙산을 상기시키는 역할을 하고 있다. 호렙산은 시내산의 다른 이름으로 하나님이 출애굽 한 이스라엘 백성과 언약을 체결한 장소이고 또한 첫 번째 성소인 성막을 건축하여 세웠던 산이다. 이렇게 학개는 1:5-11절에서 언약의 저주를 포로 후기 백성의 성전 건축에 대한 무관심을 질책하기 위해 사용하고 있다.

5. 성전 재건에 대한 백성의 반응 (12-15절)

12 스알디엘의 아들 스룹바벨과 여호사닥의 아들 대제사장 여호수아와 남

---

9. van Dijk, *Text and Context*, 106.

은 모든 백성이 그들의 하나님 여호와의 목소리와 선지자 학개의 말을 들었으니 이는 그들의 하나님 여호와께서 그를 보내셨음이라 백성이 다 여호와를 경외하매 13 그 때에 여호와의 사자 학개가 여호와의 위임을 받아 백성에게 말하여 이르되 여호와가 말하노니 내가 너희와 함께 하노라 하니라 14 여호와께서 스알디엘의 아들 유다 총독 스룹바벨의 마음과 여호사닥의 아들 대제사장 여호수아의 마음과 남은 모든 백성의 마음을 감동시키시매 그들이 와서 만군의 여호와 그들의 하나님의 전 공사를 하였으니 15 그 때는 다리오 왕 제 이년 여섯째 달 이십 사 일이었더라

12절은 학개의 메시지를 들은 포로 후기 백성의 첫 반응을 기록하고 있다. 포로 후기 백성은 학개의 메시지를 듣고 그의 메시지를 하나님의 목소리로 인정하였고, 그리고 선지자 학개를 하나님이 보낸 자로 인정하였다. 그리고 이들은 학개의 메시지를 듣고 모두 여호와를 경외하였다고 한다. '여호와를 경외하다'는 말은 하나님을 두려워하였다는 말에 한정되지 않고, 그들이 1:8에서 성전을 건축하라는 메시지 그 자체에 대해 두려워하였음을 함축하고 있다. 하지만 백성들의 반응은 부정적인 것이 아니라, 긍정적인 반응이며, '과연 우리가 할 수 있을까'에 대한 근심이다. 이런 포로 후기 백성에게 하나님은 13-14절에서 두 가지 일을 하신다. 첫째, 13절에서 하나님은 포로 후기 백성에게 '내가 너희와 함께 있느니라'이다. 하나님이 함께 하겠다고 말한 것은 창세기 26:24의 이삭과 창세기 28:15의 야곱의 경우에서 찾아볼 수 있다. 이삭이 아비멜렉에 의해 어려움을 겪을 때 하나님은 자신을 아브라함의 하나님이라고 소개하며 그와 함께하고 축복하겠다고 했다. 이것은 야곱의 경우에서도 유사하다. 야곱은 벧엘에서 하나님의 동행의 약속을 받았을 때, 그 벧엘에 하나님의 집이 될 것이라고 했다. 하나님의 함께하겠다는 메시지는 1:8의 하나님이 영광 중에 강림하겠다는 약속의 맛보기이기도 하다.

둘째, 14절에서 하나님은 백성들의 마음을 감동시켰다고 한다.[10] 구약 성경에서 하나님이 특정한 한두 사람이 아니라 모든 백성의 마음을 성령으로 감동시킨 경우는 모두 세 번 있다. 첫째는 출애굽기 35장에 있는 성막 건축에 참여한 모든 백성이고, 둘째는 솔로몬의 성전 건축에 참여한 백성이며, 셋째는 성전 건축에 대해 고민하는 포로 후기 백성이다. 백성들의 마음을 감동시킨 결과 포로 후기 백성은 성전 터에 모여 공사를 시작하였으며, 이 일은 학개가 첫 메시지를 전한 지 23일 뒤에 일어났다.

교훈과 적용

1. 하나님께서 큰 자비를 베풀어 이스라엘 백성을 포로에서 예루살렘으로 돌아가게 하여 성전을 재건하게 하였지만, 이스라엘 백성들은 열악한 환경 때문에 성전 재건에 대해 소홀하게 되었다. 결국에는 포로 후기 백성은 자신들의 생존에만 관심을 기울이고 성전 재건할 때가 아직 도래하지 않았다고 생각했다. 나의 관심은 하나님 나라의 회복에 있는가? 아니면 나의 생존에 있는가? 생존이 참 중요한 과제이지만, 하나님은 자기 백성에게 하나님 나라 회복에 관심을 가지기를 바라고 있다는 것을 항상 기억해야 되지 않을까?

2. 포로 후기 백성은 경제적 성공을 위해 많은 노력을 하였지만, 항상 빈궁한 삶을 살았다. 그들은 자신들의 빈궁한 삶의 원인을 깨닫지 못했다. 그저 상황 탓이고 기후 탓이라고 생각하였다. 내가 겪게 되는 모든 것이 하나님의 징벌이라고 하지는 못한다 하더라도, 나는 너무 둔감한 신앙 상태에 빠져 하나님의 메시지를 전혀 눈치 채지 못하는 삶을 살고 있지는 않은가?

3. 학개서에서 하나님은 포로 후기 백성에게 기회를 주시는 모습이 잘 그려져 있다. 학개가 포로 후기 백성에게 성전 재건에 대한 그들의 무관심을 지적했을 때 즉각 반응하였다. 그런 포로 후기 백성 모두에게 하나님의 성령이 임하여 그들을 감동시켰다. 하나님 나라에 대해 무관심한 사람들에게 징벌을 내리기도 하지만, 하나님을 두려워하고 그 말씀에 귀를 기울이는 사람에게 하나님은 동행해 주시고 성령의 감동을

---

10. Wolff, *Haggai*, 53; J. A. Motyer, "Haggai," in *The Minor Prophets: An Exegetical and Expository Commentary*, ed. T. E. McComiskey (Grand Rapids: Baker, 1998), 983.

통해 기회를 주신 것이다. 나는 하나님이 주시는 기회를 사모하는가? 그 기회를 사모하고 있으면서 나는 내 삶을 돌아보며 하나님의 말씀 앞에 먼저 반응해야 된다는 사실을 잊고 있지는 않는가?

제2장 성전의 미래의 영광과
언약의 축복 그리고 메시아 (2:1-23)

학개 2장은 성전 재건을 위해 모인 포로 후기 백성들을 위로하기 위해 출애굽과 언약 저주 그리고 메시아 모티브를 사용한다. 하나님은 포로 후기 백성들과 함께 있음을 강조하고 그들이 건축하는 성전을 영화롭게 하며, 그들에게 언약의 축복을 내리며, 열방을 물리치고 메시아를 보낼 것이라고 한다.

본문 개요

학개 2장은 세 부분으로 나눌 수 있으며, 그가 전한 네 개의 메시지 중에 세 개가 기록되었다. 첫 부분은 1-9절이다. 그 중 전반부인 1-5절에서 하나님은 깊은 실망감에 빠진 포로 후기 백성에게 하나님이 함께한다고 위로하며, 후반부인 6-9절에서는 종말론적 사건이 임박했음을 알리면서 그들이 짓고 있는 성전을 이방 민족들이 가져온 금과 은으로 장식하며 하나님의 영광으로 충만케 하여 솔로몬이 건축했을 때보다 더 영광스럽게 하겠다고 한다. 둘째 부분은 10-19절이다. 그 중 전반부인 10-14절에서는 폐허 상태로 있는 성전을 시체로 비유하며 포로 후기 백성이 시체에 닿은 것처럼 부정해 있다고 말하며, 둘째 부분인 15-19절에서는 하나님이 성전 재건 착수에 응답하여 그들에게 경제적 축복을 내리겠다고 한다. 셋째 부분은 20-23절이며, 전반부인 20-22절에서는 하나님이 이방 민족들에게 종말론적 대 재앙을 내릴 것이라고 하며, 후반부에서는 스룹바벨을 상징화하여 종말론적 사건이 일어날 때에 메시아를 왕으로 세울 것이라고 한다.

내용 분해

1. 재건을 위한 격려와 성전의 미래의 영광(2:1-9)
    1) 둘째 메시지의 전달 시기(1-2절)
    2) 성전 재건을 위한 격려(3-5절)
    3) 미래의 종말 사건과 성전의 영광(6-9절)
2. 부정한 성전과 성전 재건이 가져올 축복(2:10-19)
    1) 셋째 메시지의 전달 시기(10-11절)
    2) 황폐한 성전을 시체에 비유(12-14절)
    3) 저주를 축복으로 바꿀 것을 약속(15-19절)
3. 미래의 종말 사건과 메시아 왕(2:20-23)
    1) 넷째 메시지의 전달 시기(20-21a절)
    2) 천지 진동과 이방 세력을 멸함(21b-22절)
    3) 스룹바벨과 메시아 왕에 대한 약속(23절)

본문 주해

1. 재건을 위한 격려와 성전의 미래의 영광(2:1-9)

1 일곱째 달 곧 그 달 이십 일 일에 여호와의 말씀이 선지자 학개에게 임하나라 이르시되 **2** 너는 스알디엘의 아들 유다 총독 스룹바벨과 여호사닥의 아들 대제사장 여호수아와 남은 백성에게 말하여 이르라 **3** 너희 가운데에 남아 있는 자 중에서 이 성전의 이전 영광을 본 자가 누구냐 이제 이것이 너희에게 어떻게 보이느냐 이것이 너희 눈에 보잘것없지 아니하냐 **4** 그러나 여호와가 이르노라 스룹바벨아 스스로 굳세게 할지어다 여호사닥의 아들 대제사장 여호수아야 스스로 굳세게 할지어다 여호와의 말이니라 이 땅 모든 백성아 스스로 굳세게 하여 일할지어다 내가 너희와 함께 하노라 만군의 여호와의 말이니라 **5** 너희가 애굽에서 나올 때에 내가 너희와 언약한 말과 나의 영이 계속하여 너희 가운데에 머물러 있나니 너희는 두려워하지 말지어다 **6** 만군의 여호와가 이같이 말하노라 조금 있으면 내가 하늘과 땅과 바다와 육지를 진동시킬 것이요 **7** 또한 모든 나라를 진동시킬 것이며 모든 나라의 보배가 이르리니 내가 이 성전에 영광이 충만하게 하리라 만군의 여호와의 말이니라 **8** 은도 내 것이요 금도 내 것이니라 만군의 여호와의 말이니라 **9** 이 성전의 나중 영광이 이전 영광보다 크리라 만군의 여호와의 말이니라 내가 이 곳에 평강을 주리라 만군의 여호와의 말이니라

학개의 둘째 메시지는 황폐한 성전을 재건하기 위해 모였지만 낙담하고 있는 포로 후기 백성에게 하나님이 그들과 함께하고 있다는 말로 용기를 내라고 한다. 그리고 하나님은 임박한 미래에 이방 민족들을 진동시켜 보배를 가져오게 할 것이며, 하나님의 임재를 통해 성전을 이전보다 더 영화롭게 할 것

이라고 한다.

1) 둘째 메시지의 전달 시기(1-2절)

1절은 학개의 둘째 메시지가 다리오 왕 2년 7월 21일에 주어졌다고 말한다. 7월 21일은 15일부터 시작된 초막절 절기의 마지막 날이며, 3절의 "이 성전" 이 암시하듯이 예루살렘에 있는 포로 후기 백성이 성전에 모여 절기를 지키고 있을 때였다. 초막절은 이스라엘 백성이 출애굽하여 광야에서 40년 동안 머물렀던 것을 회상하며 지내는 절기이다. 그렇기 때문에 이때 모인 포로 후기 백성은 출애굽과 광야 생활에 대한 상념에 깊이 젖어 있었을 것이다. 2절은 학개 1:1과 동일한 인물들을 메시지의 수신자로 언급하고 있다.

2) 성전 재건을 위한 격려(3-5절)

3절에서 하나님은 포로 후기 백성 중에 예루살렘이 바벨론에 의해 멸망 당하고 성전이 파괴되기 이전의 모습을 본 자들이 있는지 묻는 것으로 말하기 시작한다. 이런 사람이 있다면 아마도 그의 나이는 최소한 70살 이상이었을 것이다. 그리고 성전의 이전 영광을 본 사람이 있다는 것을 전제하고 하나님은 그에게 그때의 성전과 지금 현재 재건하려는 예루살렘 성전의 상태를 비교하며, 너희 눈에 보잘 것이 없지 않느냐고 말한다.[1] 이렇게 질문한 이유는 이때에 포로 후기 백성이 학개의 첫 번째 메시지에 힘입어 성전 건축을 간신히 재개하여 기초 공사를 시작하였지만 이들은 크게 낙심하여 있었기 때문일 것이다. 그리고 이 낙심은 이전 성전의 영광을 기억하는 노인들 사이에 먼저 확산되기 시작하였을 것이다. 에스라 3:12에 의하면 제사장들과 레위 사람들과 나이 많은 족장들이 첫 성전을 보았었기 때문에 성전의 기초를 놓았을 때 대성

---

1. K. M. Craig, "Interrogatives in Haggai-Zechariah: A Literary Thread," in *Forming Prophetic Literature: Essays on Isaiah and the Twelve in Honor of John D. W. Watts*, JSOTSup 235, ed. James D. W. Watts & P. R. House (Sheffield: Sheffield Academic Press, 1996), 230-31.

통곡하였다고 한다. 이들은 지금 재건하는 성전의 현재의 모습과 과거의 영광을 비교하면서 눈물을 흘렸다. 무너져 뒹굴고 있는 성전 돌들을 정리하고, 기초를 다시 놓고 있지만, 그 규모와 영광을 도무지 회복할 길이 없었다. 이와 같은 상황은 선지자 이사야의 약속과 너무 달랐다. 이사야는 이스라엘이 포로에서 회복되는 날은 마치 출애굽 때처럼 엄청날 것이라고 말했다(사 60:10-14). 그러나 현재 포로 후기 백성이 겪는 삶은 이사야의 예언과 너무 달랐다.

4절에서 하나님은 백성들에게 "스스로 굳세게 할지어다"라고 격려한다. "굳세게 할지어다"는 거룩한 전쟁에서 하나님이 백성들에게 하는 격려와 유사하며, 이 격려를 강조하기 위해 하나님은 총독 스룹바벨과 대제사장 여호수아 그리고 모든 백성들을 따로 따로 부르면서 반복하여 격려한다.[2] 그리고 이들이 굳세어야 할 이유로 하나님이 그들과 함께하고 있다는 사실을 내세운다. 5절은 하나님의 동행 사실을 더욱 부각하여 출애굽 사건과 연결시키고 있다.

출애굽 모티브는 구약 성경과 신약 성경을 통틀어 매우 중요한 모티브이다. 예를 들면, 헤롯이 베들레헴에 탄생하신 예수님을 죽이려고 할 때, 요셉과 마리아는 아기 예수님을 데리고 이집트로 피난을 갔다. 이 일에 대해서 마태복음은 호세아 11:1 "애굽에서 내 아들을 불렀다"를 인용하면서 그 의미를 부여하고 있다. 이 말은 하나님께서 이집트에 계시면서 아기 예수님을 이집트로 불러들였다는 것이 아니다. 호세아 11:1을 보면, 이 말은 하나님께서 이스라엘 민족을 이집트에서 가나안 땅으로 구원해 낸 출애굽 사건을 말한다는 것을 알 수 있다. 한 가지 예를 더 든다면, 요한계시록 15장에는 하나님께서 이 땅에 베풀 마지막 재앙을 눈앞에 두고 일어날 한 일을 말하고 있다. 요한계시록 15:2에 의하면 짐승과 그의 우상과 그의 이름의 수를 이기고 벗어난 자들

2. T. Longman III & D. G. Reid, *God is a Warrior* (Grand Rapids: Zondervan, 1995), 32-47; G. von Rad, *Holy War in Ancient Israel* (Grand Rapids: Eerdmans, 1991), 41-45; E. W. Conrad, *Fear Not Warrior: A Study of 'al tīrā' Pericopes in the Hebrew Scriptures* (Chico: Scholars, 1985), 7-37.

이 하나님의 거문고를 가지고 노래를 하고 있다. 이들은 불이 섞인 유리 바다 가에 서 있으며, 모세의 노래, 어린양의 노래를 부르고 있다. 여기에서 말하는 불이 섞인 유리 바다는 홍해를 형상화하고 있으며, 그리고 모세의 노래는 출 애굽기 15장에 있는 모세와 출애굽 백성이 불렀던 그 노래와 관련되어 있다.

학개 2:5에서 학개는 "너희가 애굽에서 나올 때에"라는 말로 포로 후기 백 성의 성전 건축을 출애굽 백성이 시내산에서 성막을 건축한 것과 동일시하고 있다. 5절에 있는 "너희가 애굽에서 나올 때에 내가 너희와 언약한 말"은 4절의 "일할지어다"의 목적어에 해당되는 말이다. 히브리어 본문을 직역하면, '그 말 을 행해라'이며, 명령문이다. '그 말'이 지시하는 것은 두말할 나위 없이, 성전 건축이다. 그런데, 학개는 포로 후기 백성이 성전 건축을 하라는 하나님의 명 령을 받은 시기를 '너희가 애굽에서 나올 때'라고 한다. 이스라엘 백성이 출애 굽할 때 하나님의 성소와 관련하여 받았던 말씀은 출애굽기 25-31장과 35-40 장에만 있다. 그런데, 학개는 포로 후기 백성에게 '너희 조상들이 애굽에서 나 올 때'가 아니라, '포로 후기 백성이 애굽에서 나올 때,' 그리고 '내가 (하나님 께서) 너희 조상들과 언약한'이 아니라, '너희와 언약한'이라고 했다. 이것은 학개가 포로 후기 백성이 바벨론 포로에서 돌아와 성전 건축한 일을 약 1,000 년 전 출애굽 백성들이 노예 생활하던 이집트 땅에서 나와서 시내산에서 성막 을 건축한 일과 동일시하고 있다는 것을 보여준다.

5절에서 하나님은 포로 후기 백성을 격려하면서 "나의 영이 계속하여 너 희 가운데에 머물러 있나니"라고 한다. 이 말의 히브리어 본문 *베루히 오메 대트 베톡켐*(וְרוּחִי עֹמֶדֶת בְּתוֹכְכֶם)을 직역하면, '나의 신이 너희 가운데 서 있 다'이다.[3] 즉 하나님의 성령께서 너희 가운데 서 있다는 말이다. 한국인은 신 이 서 있다는 말이 전혀 이상하지 않다. 영화든 소설이든, 억울하게 죽은 사람 의 혼이 귀신이 되어 살아 생전의 모습에 약간 공포감을 주기 위해 입가에 피

---

3. M. Rogland, "Text and Temple in Haggai 2:5," *ZAW* 119 (2007): 410-15.

를 흘리고, 머리를 산발한 채 흰 옷을 입고 서 있는 여자 귀신에 익숙하기 때
문이다. 그러나 구약 성경에서 하나님의 성령께서 서 있는 모습은 상상할 수
없다. 왜냐하면, 하나님의 성령은 형상이 없기 때문이다. 그런데, 학개는 매우
특이하게도 하나님의 성령을 서 있다고 표현했다. 그리고 학개는 이 성령을
출애굽 사건과 연결하여 말하고 있다. 그렇다면 출애굽과 관련하여 하나님의
성령께서 서 있는 모습으로 묘사되고 있는가? 학개가 의도하고 있는 것은 출
애굽기 14:19-20에 있는 구름 기둥과 불기둥이다. "구름 기둥도 앞서 그 뒤
로 옮겨 애굽 진과 이스라엘 진 사이에 이르러 서니." 성 아우구스티누스(St.
Augustine)는 구름 기둥과 불기둥을 예수 그리스도로도 생각하고, 성령으로
도 생각했다. 모세오경에서는 이 구름 기둥과 불기둥을 성부 하나님, 하나님
의 사자 혹은 성자 하나님과 동일시하고 있으며, 이사야 63:11에서는 성령 하
나님으로 여기고 있다.[4]

> "백성이 옛적 모세의 때를 기억하여 이르되 백성과 양떼의 목자를 바다
> 에서 올라오게 하신 이가 이제 어디 계시냐 그들 가운데에 성령을 두신
> 이가 이제 어디 계시냐"

학개는 구름 기둥과 불기둥을 성령 하나님으로 여기고 있는데, 그 성령 하
나님께서 과거 홍해를 목전에 두고 있던 출애굽 백성과 이집트 군대들 사이
에 서 있었다고 말하는 것이 아니라, 성전 건축을 하고 있는 포로 후기 백성
사이에 있다는 것이다. 그리고 그들에게 말하기를 '두려워 말라'라고 한다. 그
이유는 하나님께서 구름 기둥과 불기둥으로 출애굽 백성을 이집트 군대로부
터 지켜 보호했던 것처럼, 포로에서 돌아와 하나님의 나라 회복을 위한 첫 과

---

4. G. E. Mendenhall, *The Tenth Generation: The Origins of the Biblical Tradition* (Baltimore:
    Johns Hopkins University Press, 1973), 59; St. Augustine, "De Trinitate," in *NPNF*, 3:42-43, 49.

업으로 성전을 건축하고 있는 이들을 성령 하나님께서 지키고 있다는 것이다.

3) 미래의 종말 사건과 성전의 영광(6-9절)

6절에서 하나님은 하늘과 땅과 바다와 육지를 진동시킨다고 한다. 이것은
하나님이 홍해를 갈라서 이스라엘 백성이 건너가게 한 사건들을 가리킨다.[5]
시편 77:16-20은 홍해 사건을 두고 다음과 같이 말한다.

> "**16** 깊음도 진동하였고 … **17** 궁창이 소리를 내며 … **18** 땅이 흔들리고 …
> **19** 주의 길이 바다에 있었고 … **20** 주의 백성을 양떼 같이 모세와 아론의
> 손으로 인도하셨나이다"

학개는 시편과 선지서에서 사용된 홍해 사건에 대한 전통적인 표현법을 사
용하여 하나님이 제2의 홍해 사건을 일으키신다고 말한다. 학개는 홍해 사건
을 사실상 종말론적 차원에서 사용하여 미래에 제2의 홍해 사건을 하나님이
일으킬 것이라고 말하며, 이때에는 과거의 홍해 사건보다 훨씬 광범위한 우주
적 사건이 될 것이라고 한다. 이것은 마태복음 24:29에서 예수님이 종말론적
진동 사건이 재림 때에 있을 것이라고 한 것과 같은 메시지다(참조. 눅 21:26).
하지만 학개는 "잠시 후에"(오드 아하트 메아트 히 עוֹד אַחַת מְעַט הִיא)라는
말을 통해 그 우주적 종말론 사건이 먼 미래가 아니라 임박한 미래에 일어날
것이라고 하며, 또한 포로 후기 이스라엘 백성의 성전 건축은 제 2의 홍해 사
건을 일으킬 촉매 역할을 한다는 말한다. 이 말씀은 히브리서 12:26-27에서 인
용되었으며, 히브리서 저자는 종말의 때에 진동하지 않는 것을 영존하게 하기

---

5. C. F. Keil, *The Twelve Minor Prophet*, Vol.10 (Grand Rapids: Eerdmans, 1993), 191; R. Mason,
   The Books of Haggai, Zechariah and Malachi, CBC (Cambridge: Cambridge University, 1977),
   20; W. E. March, "The Book of Haggai," ed. L. Keck, *NIB*, vol 7 (Nashville: Abingdon, 1996),
   723; Wolff, *Haggai*, 81; Verhoef, *The Books of Haggai and Malachi*, 102-103.

위해 하늘과 땅을 진동시킬 것이라고 한다.

7절에서 하나님은 하늘과 땅과 바다와 육지에 더하여 만국을 진동시킬 것이라고 한다. 6절의 진동은 우주적 대 재앙이지만, 7절의 만국의 진동은 만국 백성들의 마음을 공포로 뒤흔드는 것을 의미한다. 이러한 진동은 여호와의 거룩한 전쟁의 결과로 여호수아 2:9-11에서 라합이 가나안 사람들은 하나님에 의한 홍해 사건을 듣고 간담이 녹았다고 말한 것과 같은 심리적 공포를 초래하는 것이다. 그 결과로 7절은 만국은 보물을 가져 올 것이라고 한다. 개역개정이 "만국의 보배가 이르리니"는 만국의 보배가 주어로 표기되어 있고, 많은 주석가들이 이를 메시아로 이해했다. 하지만 "만국의 보배가 이르리니"로 번역한 히브리어 표현은 *우바우 헴다트 콜-학고임*(וּבָאוּ חֶמְדַּת כָּל־הַגּוֹיִם)이며 동사 *우바우*는 칼(Qal) 와우 계속법 완료 3인칭 남성 복수이며 주어는 선행하는 문장의 '만국'이다. 이를 감안하여 바르게 직역하면 "그리고 그들이(만국) 만국의 보배를 가져 올 것이며"이다. 만국이 가져오는 보배는 메시아라기보다는 8절의 "금도 내 것이요 은도 내 것이라"에서 볼 수 있듯이 만국의 재물이라고 보아야 한다.[6] 7절은 만국이 그들의 재물을 가져온다는 것을 강조하기 위하여 '보배'에 '만국'을 첨가하였다. 7절은 이에 더하여 하나님께서 이 집을 영광으로 채울 것이라고 한다. 이 표현은 출애굽기 40:34-35에서 볼 수 있는 것처럼 구약 성경에서 항상 하나님의 성소 강림을 나타내는 말로 사용되었다.

9절은 포로 후기 백성이 짓는 성전의 영광이 솔로몬이 지은 성전의 영광보다 더 클 것이라고 한다.[7] 그 이유는 7-8절에서 하나님이 만국의 보배로 성전을 지었고, 그리고 그 성전에 영광 가운데 강림할 것이기 때문이다. 이렇게 영광스러운 성전에서 하나님은 자기 백성들에게 평강을 줄 것이라고 한다. 포

---

6. D. L. Petersen, *Haggai and Zechariah 1-8*, OTL (Philadelphia: Westminster, 1984), 68; Verhoef, *The Books of Haggai and Malachi*, 104; J. Calvin, *Commentaries on the Twelve Minor Prophets*, vol. 4 (Grand Rapids: Eerdmans, 1950), 360.

7. E. Assis, "A Disputed Temple," *ZAW* 120 (2008): 582-96.

로 후기 백성들은 전쟁과 포로에서 돌아 왔었고, 페르시아 사람들이 일으키는 정복 전쟁 소식을 매일 같이 듣고 있었다. 그리고 그들이 돌아온 가나안 땅에는 가뭄과 기근이 그들의 삶을 위협하고 있었다. 그런 그들에게 하나님은 평강을 약속하고 있다.

2. 부정한 성전과 성전 재건이 가져올 축복(2:10-19)

10 다리오 왕 제이년 아홉째 달 이십 사 일에 여호와의 말씀이 선지자 학개에게 임하니라 이르시되 11 만군의 여호와가 말하노니 너는 제사장에게 율법에 대하여 물어 이르기를 12 사람이 옷자락에 거룩한 고기를 쌌는데 그 옷자락이 만일 떡에나 국에나 포도주에나 기름에나 다른 음식물에 닿았으면 그것이 성물이 되겠느냐 하라 학개가 물으매 제사장들이 대답하여 이르되 아니니라 하는지라 13 학개가 이르되 시체를 만져서 부정하여진 자가 만일 그것들 가운데 하나를 만지면 그것이 부정하겠느냐 하니 제사장들이 대답하여 이르되 부정하리라 하더라 14 이에 학개가 대답하여 이르되 여호와의 말씀에 내 앞에서 이 백성이 그러하고 이 나라가 그러하고 그들의 손의 모든 일도 그러하고 그들이 거기에서 드리는 것도 부정하니라 15 이제 원하건대 너희는 오늘부터 이전 곧 여호와의 전에 돌이 돌 위에 놓이지 아니하였던 때를 기억하라 16 그 때에는 이십 고르 곡식 더미에 이른즉 십 고르뿐이었고 포도즙 틀에 오십 고르를 길으러 이른즉 이십 고르뿐이었었느니라 17 만군의 여호와가 말하노라 내가 너희 손으로 지은 모든 일에 곡식을 마르게 하는 재앙과 깜부기 재앙과 우박으로 쳤으나 너희가 내게로 돌이키지 아니하였느니라 18 너희는 오늘 이전을 기억하라 아홉째 달 이십사일 곧 여호와의 성전 지대를 쌓던 날부터 기억하여 보라 19 곡식 종자가 아직도 창고에 있느냐 포도나무, 무화과나무, 석류나무, 감람나무에 열매가 맺지 못하였느니라 그러나 오늘부터는 내가 너희

에게 복을 주리라

10-19절은 학개의 셋째 메시지이며, 이 메시지에서 학개는 제사장들에게 정결법과 관련된 질문을 던진다. 둘째 질문에서 하나님은 폐허 상태의 성전을 시체로 여기며 그 시체에 접촉한 사람이 부정하게 되듯이 포로 후기 백성도 모두 부정하게 되었고 이로 인해 재앙이 임하였다고 말한다. 하지만 하나님은 포로 후기 백성이 성전 재건을 시작하는 것 자체를 기쁘게 받고 그들에게 복을 내릴 것이라고 한다.

1) 셋째 메시지의 전달 시기(10-11절)

10절은 학개의 셋째 메시지가 전해진 시기를 말하며, 그때는 다리오 2년 9월 24일이며 둘째 메시지를 받고 난 후 약 2개월 3일이 지난 때이다. 스가랴 1:1에 의하면 이때는 스가랴가 하나님의 메시지를 받은 8월보다 뒤에 일어난 일이며, 스가랴는 포로 후기 백성의 도덕적인 삶을 지적하며 조상들처럼 하지 말고 하나님의 말씀을 듣고 의로운 삶을 살도록 경고한다. 하지만 학개에서는 스가랴의 메시지와 전혀 다른 분위기 속에 성전 재건을 독려하며 긍정적인 메시지를 보낸다. 셋째 메시지의 대상은 첫째와 둘째와 달리 제사장들에게 직접 질문하는 형식을 취하고 있다.

2) 황폐한 성전을 시체에 비유(12-14절)

둘째 메시지가 주어지고 나서 두 달 후인 다리오 왕 2년 9월 24일에 하나님의 셋째 메시지가 학개를 통해 백성들에게 주어졌다. 이때는 하나님의 메시지가 스가랴에게 주어진 후(다리오 왕 2년 8월) 거의 한 달이 지난 시기였다. 이때는 태양력으로 환산하면 기원전 520년 12월 18일이었다. 이스라엘 지역은 10월 중순부터 우기가 시작되기 때문에 이 시기에는 모두 다 파종을 끝내고 수확에 대한 기대를 키워 나가는 때였다. 그런 때에 학개는 유대인들에게 희망을 심어 주기 위해 첫째 메시지의 주제를 다시 재개하여 하나님의 축복에 대한 메시지를 전한다. 격려에 앞서 지금까지 이스라엘 백성이 고난에 빠져 지낼 수밖에 없었던 이유를 신앙적 부정과 정결에 관한 규정을 통해 설명하려 한다.

12절에서 학개는 먼저 제사장들에게 "거룩한 음식을 옷에 담아 운반하다가 다른 음식과 물건에 닿으면 그것이 거룩한 것으로 취급되느냐"고 질문한다. 이 질문은 속죄제 고기와 관련 있으며, 속죄제 고기가 직접 다른 것에 접촉하면 그것들은 모두 거룩하게 된다(레 6:25-30). 하지만 이 고기에 직접 접촉된 것이 아니라, 이 고기에 접촉된 옷이나 물건에 이차적으로 다른 것이 접촉한 경우에는 거룩한 것으로 취급되지 않는다고 제사장들이 대답한다(학 2:12).[8] 사실상 학개 2:12를 제외하고 2차 접촉에 의한 거룩화에 대한 말은 구약 성경에 존재하지 않는다.

13절은 이와 반대되는 것을 제사장에게 질문한다. 시체를 만져서 부정해진 자가 다른 음식과 물건에 닿으면 부정해지느냐고 질문한다. 레위기 11:33에 의하면 부정한 것이 "어느 질그릇에 떨어지면 그 속에 있는 것이 다 부정하여지나니 너는 그 그릇을 깨뜨리라"고 한다. 이것은 시체와 같은 부정한 것에 의해 2차 접촉으로도 부정하여 지는 경우이며, 이에 대해 제사장들은 13절에서 부정하여진다고 대답했다. 이렇게 부정한 것에 접촉한 것은 일반적으로 저녁이 되면 자동으로 정결해 지거나, 저녁에 몸을 물로 씻으면 정결하게 되었다(레 11:28; 22:4-7).

14절에서 학개는 이 모든 질문 후에 매우 충격적인 메시지를 이어간다. 하나님은 "내 앞에서 이 백성이 그러하고 이 나라가 그러하고 그들의 손의 모든 일도 그러하고 그들이 거기서 드리는 것도 부정하니라"고 말한다. 이 말은 백성과 나라가 이미 부정하게 되었고, 결과적으로 그들의 손으로 하는 모든 것

8. Motyer, "Haggai," 995.

과 심지어 제물까지도 2차 접촉에 의해 부정하게 되었다는 것이다. 그렇다면 백성과 나라를 부정하게 만든 것은 무엇일까? 바로 폐허 상태로 있는 성전이다. 14절은 매우 충격적이게도 폐허 상태의 성전을 시체와 동일시하고 있고, 이 시체에 접촉한 모든 사람들은 부정하고, 그 결과 이 사람들과 관련된 모든 것이 부정하게 되었다고 말한다.[9] 그렇기 때문에 재앙이 그들에게 임할 수밖에 없는 상황이다.

이렇게 부정한 상태에 있는 전체 유대인들은 어떻게 정결한 상태로 회복될 수 있을까? 전적으로 하나님의 은혜의 결과일 것이다. 그것은 15-19절에서 하나님이 저주를 축복으로 전환시키겠다고 하는 말에서 알 수 있다. 하나님은 유대인들이 예루살렘 성전을 완성하면 재앙을 그치고 축복하겠다고 말하지 않고, 성전의 기초를 쌓던 날부터 하나님은 복을 주겠다고 한다(19절). 이것은 성전 기초를 쌓는 것 자체도 중요하겠지만, 그들의 하나님의 성전에 대한 무관심을 버리고 마음의 관심을 적극적으로 가지는 것을 중요하게 평가하고 있음을 보여준다.

3) 저주를 축복으로 바꿀 것을 약속(15-19절)

15절 이하에서 하나님은 10-14절의 메시지 분위기와는 전혀 다른 메시지를 이어간다. 하나님은 포로 후기 백성들에게 지금까지의 언약의 저주를 받은 것과는 달리 이제 언약의 축복을 내리겠다고 한다. 학개는 이 언약의 축복은 그들이 성전 재건을 해야만 이루어진다고 말한다. 학개 2:15-19에서 학개는 1장의 언약의 저주를 선포하며 사용했던 언어학적 특징들을 재사용하고 있다. 1장에서처럼 2:15-19에서 '너'는 여전히 백성들을 지칭하고, '나'는 여호와 하나님을 나타내는 표현이며, 부정사 연계형(숨 שׂוּם과 *미오탐* מֵהְיוֹתָם)과

---

9. T. N. Townsend, "Additional Comments on Haggai 2:10-19," *VT* 18 (1968): 559-60; D. R. Hildebrand, "Temple Ritual: A Paradigm for Moral Holiness in Haggai 2:10-19," *VT* 39 (1989): 154-68.

부정사 절대형(*바* בָּא)을 다시 사용하고 있으며,[10] 재앙을 곰곰이 생각해 보라며 사용했던 표현 *시무-나 레밥켐*(שִׂימוּ-נָא לְבַבְכֶם), 명사구 *마아세 에다켐*(מַעֲשֵׂה יְדֵיכֶם), 그리고 수사학적 의문 부호 *하*(הֲ)를 반복하여 사용하고 있다. 뿐만 아니라 1장에서 사용된 언약의 저주 주제가 다음과 같이 16-17절에서도 그대로 나타난다.

2:16	그 때에는 이십 고르 곡식 더미에 이른즉 십 고르 뿐이었고	1:9	너희가 그것을 집으로 가져갔으나 내가 불어 버렸느니라
2:17	내가 너희 손으로 지은 모든 일에 … 쳤으나	1:11	내가 모든 일에 한재를 들게 하였느니라

학개는 1장에서 '생각해 보라(*시무-나 레밥켐*)'를 각각 언약의 저주(5절)와 언약의 축복을(7절) 도입하기 위해 사용하였는데, 15-19절에서도 마찬가지이다. 15-17절은 '생각해 보라'와 함께 언약의 저주 상태를 말하고 있고, 18-19절은 '생각해 보라'와 함께 언약의 축복을 말한다.[11] 이 언약의 축복들은 모두 농경 경제 활동에 속하는 것들이다. 학개는 1장에서 '생각해 보라'를 통해 과거(5절)의 상황과 미래(7절)의 상황을 생각하도록 촉구하기 위해 서로 대조적으로 사용하였는데, 2:15에서 과거 상황을 그리고 2:18에서는 미래 상황을 생각하도록 촉구하고 있다. 학개는 또한 1장의 성전 재건 시기와 백성들의 판벽한 집에 살 시기를 2장에서는 언약의 저주와 축복의 시기와 연결시키고 있다.

A. 불특정한 시기	시기가 이르지 아니하였다	1:2d
	오늘부터 이전	2:15a
	오늘 이전을	2:18a

10. Petersen, *Haggai and Zechariah 1-8*, 86.
11. M. Rogland, "Haggai 2:17: A New Analysis," *Biblica* 88 (2007): 553-57.

	여호와의 전을 건축할 시기	1:2e
B. 성전 재건 시기	여호와의 전에 돌이 놓이지 아니하였던 때	2:15b
	아홉째 달 이십 사일 곧 여호와의 성전 지대를 쌓던 날부터	2:18bc
C. 판벽한 집과 언약의 저주와 축복의 시기	이 때에 판벽한 집에 거주하는 것이 옳으냐	1:4a
	그 때에는 이십 고르 곡식 더미에 이른즉 십 고르뿐이었고	2:16a
	오늘부터는 내가 너희에게 복을 주리라	2:19c

포로 후기 백성에게 성전 지대를 쌓던 날부터 지금까지 있어 온 일들을 다시 생각해 보라고 강조한 후에 학개의 메시지는 "오늘부터"와 함께 대전환을 이루어 "내가 너희에게 복을 주리라"는 메시지와 함께 하나님의 언약의 축복으로 바뀐다.

19절에서 하나님은 포로 후기 백성에게 내릴 축복을 말한다. 하나님께서 내릴 언약의 축복은 일차적으로 이스라엘의 주요 농사 품목인 포도, 무화과, 석류, 감람 나무가 열매를 맺지 못한 것에 반대되는 일을 포함하며, 더 나아가 1:5-11에서 말한 언약의 저주들에 반대되는 것을 모두 포함한다. 이처럼 언약의 축복 메시지로 전환한 이유는 2:18의 "오늘 이전"과 2:19의 "오늘부터는"을 구분 짓는 기준이 되는 2:18의 "여호와의 성전 지대를 쌓던 날부터"로 표현된 하나님의 성전 건축이다. 즉 포로 후기 백성이 성실하게 성전 재건에 전념하기 시작한 '오늘부터' 하나님께서 언약의 저주 대신에 언약의 축복을 내린다는 것이다. 학개는 이에 더 나아가 포로 후기 백성이 성전을 재건하기만 하면 하나님이 그들이 짓는 성전에 엄청난 일을 행할 것이라고 선언한다. 1:8에서는 하나님이 그들이 지은 성전을 기쁨으로 받으시고 그리고 그 성전에 영광 중에 임재 할 것이라고 한다. 1:8의 "영광을 얻으리라"로 번역된 히브리어 *베엑카베다*(וְאֶכָּבְדָה)의 의미는 '영광 중에 나타나리라'이다. 뿐만 아니라 하나님은 포로 후기 백성이 보기에 솔로몬 성전과 비교했을 때 초라하기 짝이 없어 보이는 성전을 영화롭게 하기 위해 이방 민족들을 진동시킬 것이라고 한다(학 2:6). 그 결과 이방 민족들은 그들의 가장 소중한 것들을 가지고 예루살렘 성전에 와서 그것들을 가지고 하나님의 성전을 영화롭게 한다(학 2:6-9).

3. 미래의 종말 사건과 메시아 왕(2:20-23)

20 그 달 이십사일에 여호와의 말씀이 다시 학개에게 임하니라 이르시되 **21** 너는 유다 총독 스룹바벨에게 말하여 이르라 내가 하늘과 땅을 진동시킬 것이요 **22** 여러 왕국들의 보좌를 엎을 것이요 여러 나라의 세력을 멸할 것이요 그 병거들과 그 탄 자를 엎드러뜨리리니 말과 그 탄 자가 각각 그의 동료의 칼에 엎드러지리라 **23** 만군의 여호와가 말하노라 스알디엘의 아들 내 종 스룹바벨아 여호와가 말하노라 그 날에 내가 너를 세우고 너를 인장으로 삼으리니 이는 내가 너를 택하였음이니라 만군의 여호와의 말이니라 하시니라

20-23절은 그의 넷째 메시지이며, 이 메시지에서 하나님은 종말론적 대재앙을 이방 세력들에게 쏟아 부어 그들을 진멸할 것이라고 한다. 그리고 하나님은 스룹바벨을 하나님의 인장 반지로 세울 것이라는 말을 통해 메시아 왕에 대한 약속을 준다.

1) 넷째 메시지의 전달 시기(20-21a절)

넷째 메시지가 주어진 때는 셋째 메시지가 주어진 날과 동일한 날인 다리오 2년 9월 24일이다. 넷째 메시지의 수신자는 총독 스룹바벨이다. 학개의 넷째 메시지는 앞선 메시지가 한 달 또는 두 달의 간격으로 주어진데 반해 셋째 메시지와 동일한 날에 또다시 주어졌다. 넷째 메시지를 셋째 메시지와 동일한 날에 주었다는 것은 넷째 메시지의 내용을 긴급하게 유대인들에게 전해야 할 필요성이 있었기 때문일 것이다. 그 필요성에서 대해서는 학개가 명확하게 밝

히고 있지 않지만, 아마도 국제 정세와 스룹바벨의 입지 때문이었을 가능성이 높다. 이것은 21절의 메시지 수신 대상이 유대인 모두가 아니라 스룹바벨로 한정되고 있는 것에서 확인할 수 있다. 넷째 메시지의 수신자가 총독 스룹바벨인 것은 셋째 메시지의 수신자가 제사장이었던 것과 대조를 이루며, 학개는 셋째와 넷째 메시지의 수신자들인 제사장들과 스룹바벨 둘 사이에 균형을 맞추려는 의도를 가지고 있을 수 있다. 넷째 메시지에서 하나님은 포로 후기 백성의 총독이었던 스룹바벨을 통해 메시아 왕에 대한 약속을 준다.

2) 천지 진동과 이방 세력을 멸함(21b-22절)

학개 시대의 국제 정세는 매우 안정적이었다(슥 1:11). 이런 안정성은 유대인들에게 세상이 천지개벽을 하는 듯한 대 회복의 시대가 올 것인지에 대한 의문과 아울러 유대인들의 독립의 가능성에 대한 의구심을 불러 일으켰을 것이다. 이런 의구심을 반영하듯 학개 2:21은 "내가 하늘과 땅을 진동시킬 것이요"라고 한다. 이 말은 둘째 메시지인 6절에서 했던 말을 일부 반복하고 있다.

"내가 하늘과 땅과 바다와 육지를 진동시킬 것이요"

학개가 이렇게 반복하는 이유는 학개 2:21-22을 학개 2:6의 배경이 되는 5절의 출애굽 주제와 연결시키려는 목적 때문이다. 22절의 메시지는 출애굽기 14:17과 직접적으로 관련있는 메시지이다.

출 14:17 내가 바로와 그의 모든 군대와 그의 병거와 마병으로 말미암아 영광을 얻으리니
학 2:22 여러 왕국들의 보좌를 엎을 것이요 여러 나라의 세력을 멸할 것이요 그 병거들과 그 탄 자를 엎드러뜨리리니 말과 그 탄 자가 각각 그의 동료의 칼에 엎드러지리라

학개가 바로와 그의 군대를 멸망시킨 출애굽 사건에 대한 언급은 이미 학
개 1:8에서 시작되었다. 학개 1:8에서 하나님이 "내가 영광을 얻으리라"고 한
표현은 출애굽기 14:17의 첫 단어와 동일하며, 나머지는 학개 2:22 메시지의
주제와 일치한다.

출애굽기 14:4에서 전치사구 *베팔오 우베콜-헤이로*(בְּפַרְעֹה וּבְכָל־חֵילוֹ)가
베잌카베다(וְאִכָּבְדָה)를 수식하고 있으며, 14:17에서는 이에 더해 *베리케보 우
페파라사브*(בְּרִכְבּוֹ וּבְפָרָשָׁיו)가 덧붙여진 전치사구가 *베잌카베다*를 수식하
고 있다. 다음에서 볼 수 있는 것처럼, 학개 2:21-22의 주제의 구조는 출애굽기
14:4와 17절의 전치사구들의 주제와 거의 동일하다:

학 2:22   왕권 - 군대 - 병거들과 그 탄 자들 - 말과 그 탄 자
출 14:4, 17   바로 - 군대 - 병거들과 그 탄 자들 - 말과 마병(출 15:1)

22절의 말과 마병이란 표현은 출애굽기 14:4과 17의 수식어에 포함되어
있지 않지만, 출애굽기 14:9, 23절, 그리고 15:1의 *수스*(סוּס)와 *라캅*(רֶכֶב)에서
볼 수 있는 것처럼 이집트 군사력의 일부였다. 이 전치사의 주제들은 출애굽
기 14:4과 17절의 *베잌카베다*를 수식하기 위해 사용되었지만 학개 1:8에서는
생략되었다. 1:8에서 생략되었던 부분이 2:22에 그 모습을 드러내고 있다. 학
개가 출애굽기 14:4와 17절의 *베잌카베다*와 그 수식어들을 분리하여 사용하

고 있기 때문에 아주 주의 깊은 독자만이 학개 1:8과 2:22의 관계와 출애굽기 14:4과 17절의 연관성을 깨달을 수 있다.[12]

학개가 이렇게 한 이유는 하나님께서 반드시 출애굽 때에 바로와 그의 군대와 병거와 탄 자들을 멸한 것처럼 세상의 모든 왕과 군사와 병거와 그 탄 자들을 멸망시킬 것이라는 것을 강조하기 위해서다. 그러나 하나님은 이와 같은 일이 일어나는 시기는 하나님이 하늘과 땅을 진동시키는 미래의 종말의 시기에 일어날 것이라고 말한다.

3) 스룹바벨과 메시아 왕에 대한 약속(23절)

23절은 스룹바벨을 통해 메시아 왕을 세울 것을 약속하고 있다. 23절은 21절에서 이미 총독 스룹바벨에게 메시지를 전하라고 말했음에도 불구하고 다시 한번 스룹바벨을 불러 메시지를 전하고 있다. 하나님은 스룹바벨에게 내 종이라고 한다. '내 종'은 하나님께서 이스라엘 백성 전체(사 41:8), 선지자들(왕하 9:7; 렘 26:5), 그리고 모세와 다윗과 같은 메시아 왕을 부르는 호칭이다 (수 1:7; 시 89:20; 사 42:1). 그렇기 때문에 스룹바벨을 내 종이라고 호칭한 것은 매우 의미심장하다. 하나님은 또한 스룹바벨을 선택하고 인장 반지를 삼을 것이라고 한다. '선택하다'의 히브리어 동사 *바하르*בָּחַר를 사용한 이유는 하나님이 과거에 다윗 왕국을 이미 멸망시켰기 때문에 다윗의 후손을 다시 선택한다는 의미이다.[13] 특히 인장 반지를 삼는다는 말은 왕이나 지도자로 세운다는 말이다. 이것은 고대 근동의 전통에서도 확인할 수 있다. 아시리아의 왕 아술바니팔(Asurbanipal)이 두로 지역 원정에서 아르받(Arvad) 섬 왕국의 왕자를 비롯한 도시 국가 왕자들을 왕들로 세우면서 다음과 같이 말한

---

12. Wolff, *Haggai*, 103; Petersen, *Haggai and Zechariah 1-8*, 101; Verhoef, *The Books of Haggai and Malachi*, 144-45; Motyer, "Haggai," 1001.

13. S. V. Wyrick, "Haggai's Appeal to Tradition: Imagination Used as Authority," in *Religious Writings and Religious Systems*, vol. 1, ed. J. Neusner (Atlanta: Scholars, 1989), 117-25.

다(*ANET*, 296).

> "나는 아비발 … 등에게 다채로운 색의 옷을 입히고, 금반지들을 그들
> 손에 끼워 주고 그들을 내 궁정에서 섬기게 하였다(I clad Abiba'l … in
> multicolored garments, put golden rings on their hands and made
> them do service at my court)."

아술바니팔은 도시 국가 왕자들을 왕으로 세우면서 다채로운 색의 옷을 입
히고 그들의 손에 금반지를 끼워 주었다. 스룹바벨에게 반지를 끼운다는 말도
같은 의도를 가지고 있다. 하지만 이것은 스룹바벨 자신에 대한 약속이 아니
라 메시아 왕에 대한 약속이다. 그 이유는 23절에서 하나님은 스룹바벨을 선
택하고 인장 반지로 삼는 날을 "그 날에"(*바욤 하후* בַּיּוֹם הַהוּא)라고 하였다.
이 말은 선지서에서 종종 여호와의 종말론적 구원 사건이 일어나는 때를 나
타내며, 학개 2:21-22에서 언급된 민족들의 모든 군사력을 파괴하는 종말론적
사건들이 일어나는 때를 의미한다. 그렇기 때문에 스룹바벨은 상징적인 인물
로 제시되었고, 하나님이 의도하는 것은 종말론적 사건이 일어날 그때에 메
시아를 왕으로 세우겠다는 말이며, 그 왕이 모든 세상을 통치하는 왕으로 올
것이라는 약속이다.[14]

교훈과 적용

1. 포로 후기 백성은 성전 재건을 시도했지만, 그 규모와 화려함에 있어서 솔로몬의 성
전과 비교할 수 없을 정도로 형편 없음을 생각하고 크게 낙심하였다. 그런 포로 후
기 백성에게 용기를 심어 주면서 하나님은 출애굽 때에 그들의 조상들에게 성령님
을 통해 함께 하시고 역사하셨던 것처럼 함께하시겠다고 한다. 하나님 나라와 그 영
광을 위해 내가 하는 모든 일에서도 하나님께서 나와 함께하여 주신다는 것을 나는

---

14. Verhoef, *The Books of Haggai and Malachi*, 142.

믿을 수 있는가?

2. 하나님은 학개를 통해 이스라엘 백성이 무관심 속에 방치해 놓고 있는 성전 폐허는 시체와 다를 바가 없이 그들을 부정하게 한다고 하였다. 한국 교회는 많은 사람이 개혁이 필요하다고 할 정도로 깊은 병에 걸려 있다. 이런 교회의 문제에 대해 우리가 무관심하게 외면하고 있는 것에 대해서도 혹시 하나님은 동일하게 생각하고 있지는 않을까? 성령의 역사 속에 성전 재건을 끝낼 수 있었던 것처럼, 한국 교회도 성령의 역사가 필요하다. 나는 한국 교회에 성령의 새롭게 하는 역사가 일어나도록 기도하고 있는가?

3. 포로 후기 백성이 성전 재건을 시작하였을 때 페르시아 제국은 굳건하게 세계와 가나안 땅을 지배하고 있었다. 이스라엘의 회복은 꿈도 꿀 수 없는 시기에 하나님은 세계 제국의 군사력을 파괴시키고 스룹바벨을 통해 예표된 메시아 왕을 보내실 것을 약속하신다. 이렇게 약속된 메시아 왕을 나는 나의 삶의 소망으로 여기고 있는가?

스가랴

스가랴 서론

저자

스가랴서를 기록한 사람은 스가랴이며(1:1, 7; 7:1, 8), 그의 아버지는 베레갸이고 그의 할아버지는 잇도이다(1:1). 그의 할아버지 잇도가 느헤미야 12:4과 16에 나오는 사람과 동일하다면, 스가랴는 제사장 출신이다. 느헤미야에 의하면 잇도는 스룹바벨과 함께 예루살렘 성전을 건축하기 위해 포로에서 돌아온 제사장이었다(느 12:4). 에스라가 학개와 함께 스가랴를 소개하면서 그를 아버지가 아닌 할아버지 잇도를 언급하는 것을 보면 잇도가 상당히 영향력 있는 사람이었던 것으로 판단된다. 스가랴 메시지가 주로 성전의 제의들과 밀접하게 관련되어 있다는 사실은 그가 제사장 신분이었을 가능성을 높여 준다. 더군다나 스가랴가 활동을 시작할 무렵에는 성전이 재건되지 않았었기 때문에 그가 알고 있는 지식들은 그의 조상들을 통해 전해 들었을 가능성이 아주 높다. 스가랴가 선지자로 활동할 때에도 잇도가 살아 있었는지는 알 수 없지만, 그가 포로에서 돌아온 명단에 들어 있었음을 감안하면, 스가랴는 비교적 젊었을 것으로 추정된다. 스가랴는 선지자 학개보다(다리오 2년 6월 1일, B.C. 520년 9월 21일) 두 달 뒤인 다리오 왕 제 2년 여덟째 달에 하나님의 메시지를 전달하기 시작하였다. 두 선지자의 활동은 성전 재건을 성공적으로 마치는 데 결정적인 역할을 하였다.

오랫동안 비평학자들은 스가랴서의 저자권에 대해 문제를 제기해 왔다. 특별히 스가랴 9-14장의 저자 문제는 매우 심각하게 논의되고 있다. 그 이유는 1-8장에서는 저자의 이름과 하나님의 메시지를 받은 연월일을 기록하고 있는 반면에, 9-14장에서는 이런 표현을 발견할 수 없기 때문이다. 내용도 큰 차이를 보이고 있다. 1-8장에서는 포로로 끌려간 유대인들에게 임박한 미래에 있을 회복에 관한 메시지가 주어지고, 다른 민족들에 대해서도 비교적 우호적인 내용을 담고 있다(8:23). 반면에 9-14장에서는 유대인의 회복은 알 수 없는 미래의 사건으로 바뀌었고, 하나님은 열방을 전쟁과 심판으로 잿더미를 만든다는 메시지로 일관하고 있다. 그리고 1-8장은 선지자와 천사가 대화를 통해 성전과 성물과 관련된 내용을 설명하는 방식으로 미래의 구원을 알리고 있는 반면, 9-14장에서는 이와 같은 대화가 전혀 존재하지 않으며 다른 선지서들처럼 선포적 방식으로 기록되어 있다. 이러한 이유들로 인해 많은 학자들은 1-8장과 9-14장은 각각 다른 저자에 의해 기록된 후 한 권으로 편집되었다고 주장한다. 하지만 1-8장과 9-14장은 맥코미스키(T. McComiskey)가 주장하는 것처럼 동일한 주제들을 가지고 있다.[1]

주제	1-8장	9-14장
여호와가 민족들의 지경 가운데 임재하심	1:15; 2:12, 15; 6:8; 8:7	9:1-7, 13; 10:9-10; 11:10; 12:1-4, 9; 14:3, 13-15
민족들을 하나님 백성 가운데 포함	2:15; 6:15; 8:22	9:7; 14:16
오실 왕	6:11-12	9:9
거짓 지도자	7:2-3	10:1-3; 11:4-5, 8

1. T. McComiskey, "Zechariah," in *The Minor Prophets: An Exegetical and Expository Commentary*, ed. T. E. McComiskey (Grand Rapids: Baker, 1998), 1017.

예루살렘을 위한 하나님의 간섭	1:14-17; 2:2-4, 16; 8:3-4, 8.	12:1-3, 8; 14:4-5, 10
죄를 완전히 제거	3:4-5, 9	12:10-13:1
예루살렘의 보호	2:9	14:11
민족들에게 임할 대 재앙	1:12	14:2-3

　이런 주제상의 유사성은 1-8장과 9-14장의 불연속성보다는 연속성을 더 강하게 보여주며, 이러한 연속성은 한 저자에 의해 생겨났을 가능성을 크게 만든다. 뿐만 아니라 1-8장과 9-14장의 기록 스타일의 변화도 충분히 설명될 수 있는 문제이다. 스가랴서는 크게 3단락(1-6장, 7-8장, 9-14장)으로 나눌 수 있으며, 각 단락의 메시지들은 다음 단락으로 넘어 갈수록 온탕 ⇨ 냉탕 ⇨ 얼음과 같은 분위기로 변하고 있다. 먼저 1-6장은 포로 후기 백성들에 대해 따뜻한 분위기의 용서와 회복의 메시지가 기록되어 있다. 먼저 1:1-3에서 하나님은 70년 동안 폐허로 남아 있는 예루살렘을 위로하며 예루살렘을 위하여 질투한다. 그리고 2:12-13에서 하나님은 예루살렘을 선택하시기 위해 거룩한 처소에서 일어나신다고 하며 예루살렘의 회복이 매우 임박했다고 말한다. 3-6장에서는 유다의 죄악을 없애고 스룹바벨이 예루살렘 성전 재건을 성공시킬 것이라고 한다. 하지만 7-8장에 이르면 이 분위기는 사라지고 차가운 기류가 흐른다. 유대인들이 제사장과 선지자에게 와서 예루살렘이 폐허로 있은 70년 동안 제5월과 7월에 금식하였는데, 언제까지 울며 근신해야 하느냐고 질문한다(7:3). 이 질문에 대해 여호와 하나님의 반응은 "그 금식이 나를 위하여 한 것이냐?"이며, 포로 후기 백성들이 정의로운 삶을 살지 않으면 그들의 조상들처럼 하나님의 징벌을 받을 것이라고 한다. 이런 분위기에서도 하나님은 예루살렘의 회복에 대해 말한다. 하지만 그 회복은 현재 진행형이거나 임박한 미래에 있을 사건이 아니라, 선지서에서 종말론적인 날을 지칭하기 위해 종종 사용되는 "그날에"를 통해 그 회복이 먼 미래에 일어날 사건으로 묘사하고 있

다(8:23). 스가랴 9-14장에서 이런 변화는 더 강력하다. 8:23에서 이스라엘의 회복의 날에 함께 하나님을 찾을 것으로 예고되었던 열방들이 9장에서는 심판과 징벌의 대상이다. 예루살렘과 이스라엘의 회복도 평화적인 것이 아니라 전쟁을 통해 이루어진다. 예루살렘과 유다의 지도자들은 양을 죽이는 목자에 지나지 않으며(13장), 유다와 이스라엘 형제의 의리가 끊어진다(11:14). 그리고 이스라엘의 회복은 멀고 먼 "그 날에" 곧 여호와의 날에 일어날 사건이며 (14:1, 4, 6, 8, 9, 13, 20, 21), 민족들은 하나님의 재앙 앞에 파멸하게 되며, 유다와 함께 하나님을 찾는 문제에 있어서도 매우 강압적이다(14:18). 스가랴의 세 단락이 가지고 있는 이런 메시지의 흐름을 고려하지 않고 그리고 중간 단락인 7-8장의 내용과 스타일을 외면한 채 1-6과 9-14장을 비교하면 전반적인 메시지 내용과 스타일에서 차이점을 강하게 느낄 수밖에 없다. 반면에 메시지의 변화를 고려하고 1-8장과 9-14장을 재평가해 보면 둘 사이에는 강한 연속성을 볼 수 있다. 이런 변화들은 무분별하게 첨가해서 만들어 질 수 있는 것이 아니며, 저자에 의해서 의도되지 않고서는 쉽지 않은 현상이라고 할 수 있다.

역사적 배경

스가랴 1:1은 하나님의 말씀이 스가랴에게 처음 주어진 때를 페르시아 제국의 다리오 왕 제2년 여덟째 달이라고 한다. 이때는 기원전 520년이며, 이스라엘 백성이 세스바살의 리더 아래 포로에서 유다 예루살렘으로 돌아온 지 16년이 지난 시기였다. 스가랴는 학개와 동시대에 활동하였기 때문에 그의 역사적 배경은 학개와 동일하다. 그렇기 때문에 스가랴의 역사적 배경을 다루는 아래의 글은 학개의 역사적 배경과 상당수 겹칠 수밖에 없다. 다리오는 페르시아의 제3대 왕이며, 페르시아 첫 왕은 고레스이다. 헤르도투스(Herodotus)에 의하면, 고레스는 바사 출신의 아버지 캄비세스(Cambyses) 1세와 메대 출신의 어머니 만다네(Mandane) 사이에 태어났다(Herodotus, *Histories*, 1.95-107). 이런 출생 배경 때문에 고레스는 타민족에게 우호적이었다. 고레스는 왕이 된 후 어머니의 나라 메대를 정복하고 이어서 리디아(Lydia)와 바벨론 제국을 점령하였으며, 마사게테 (Massagetae)에서 전사할 때까지 메소포타미아 전역과 소아시아와 팔레스타인까지 점령하여 대제국을 세웠다. 다양한 민족으로 구성된 제국을 안정적으로 통치하고자 고레스는 각 민족의 종교와 문화를 존중하였으며, 바벨론이 빼앗아 온 각 민족의 신상을 자국으로 되가져가게 하였다. 1879년 바벨론에서 출토된 '고레스 실린더'(The cyrus Cylinder)고레스가 각 민족들에게 자국으로 돌아갈 것을 허락하고, 귀환과 함께 바벨론이 강탈해 온 각 민족의 신상을 되가져가서 신전을 세우도록 허락하는 내용을 담고 있다(*ANET*, 316).

> "앗술에서 수사, 아가드, 에스눈나, 잠반, 메-투르누, 델, 구티움 지역까지 오랫 동안 버려져 있던 티그리스 다른 쪽에 있는 신성한 중앙 지역들에도 나는 거기(바벨론)에 있던 신들의 형상들을 원래 장소로 되돌려 보내어 영원한 처소에 거하게 하였다. 나는 그들 모든 주민들을 모아 그들의 거주지로 돌아가게 하였다."

전통적으로 고레스 실린더에 기록된 이 표현과 에스라 1:1-3의 내용을 동일 사건으로 여기지만, 아쉽게도 고레스는 이 같은 지시를 바벨론의 최고 신인 마르둑(Marduk)의 명령에 따른 것이라고 하며, 그리고 이 민족들 명단에 유대인은 기록되어 있지 않다. 어쨌든 고레스가 정복한 민족들에게 매우 우호적으로 통치하였다는 것은 확실하다. 이런 분위기를 타고 유대인들이 예루살렘에 되돌아 왔지만, 상황은 녹록하지 않았다. 학개 1-2장에서 말하는 것처럼, 가나안 땅에는 기근이 끊이지 않았으며, 돌아온 유대인들은 먹고 살기 위해 생존 싸움을 벌여야 했다. 뿐만 아니라 유다 주변에는 오래 전부터 아시리아와 바벨론의 이주 정책에 따라 새로 정착한 민족들이 있었다. 이들은 유대인들이 성전 재건을 시도하자 당장에 방해하기 시작하였다. 안타깝게도 고레스는 기원전 530년 12월에 마사게테 전투에서 사망하였고 그의 뒤를 이은 캄비세스(Cambyses) 왕은 타민족의 종교와 문화에 대해 매우 적대적이었다. 캄비세스는 아버지 고레스가 정복하지 못한 이집트를 정복하였는데, 그는 이집트인들이 가장 혐오하는 행위인 시체를 신전에서 불로 태우는 행위를 서슴지 않았다(Herodotus, *Histories*, 2.16). 이런 캄비세스의 통치하에서 예루살렘 성전 방해 작업은 즉각적인 효과를 볼 수밖에 없었다. 유다 주변에 살고 있던 민족들은 페르시아 관료들에게 뇌물을 주고 고발을 통해 공사를 방해하다가 급기야 중단하게 만든다(스 4:1-5). 하지만 성전 재건을 시도하고 있는 유대인들에게 매우 극적인 변화가 일어나게 된다. 이집트를 정복하고 에디오피아 원정을 계획하고 있던 캄비세스에게 충격적인 소식이 전해졌다. 조로아스트교 사제이자 마술사 출신인 환관 가우마타(Gaumata)가 캄비세스가 은밀하게 죽인 동생 스멜디스(Smerdis)를 사칭하여 왕위를 찬탈하여 버렸다. 이 소식을 듣고 급히 귀국길에 오른 캄비세스는 말에 오르다가 파손된 칼집 사이로 나온 자신의 칼 끝에 허벅지가 찔리는 상처를 입었고, 이것이 괴저 병을 불러 일으켜 다메섹 인근에서 죽게 된다(Herodotus, *Histories*, 3.61-66).

캄비세스의 뒤를 이어 페르시아 제국의 왕이 된 사람이 다리오 1세이다. 다리오 1세는 캄비세스의 아들이 아니고, 고레스의 먼 친척이었다. 가우마타가 왕위를 찬탈하고 캄비세스가 비명횡사하자 다리오 1세를 포함한 7명의 장군들이 가우마타를 몰아내고, 다리오(Darius 1)를 왕으로 옹립하게 된다. 하지만 가우마타의 왕위 찬탈은 페르시아 제국의 피지배 민족들에게 큰 영향을 끼쳤으며, 엘람과 바벨론, 메대, 파르디아, 아시리아, 이집트를 비롯하여 제국 곳곳에서 독립을 위한 반란을 일으켰다. 사실상 기원전 522년까지는 페르시아 전역이 반란의 회오리 바람에 휩쓸려 있었지만, 다리오는 일 년 만에 반란을 모두 진압했고 집권 2년에는 안정적으로 통치할 수 있었으며 제국을 안정시키고 새로운 정복 전쟁을 시작할 수 있었다. 그의 집권 초기에 일어났던 반란 전쟁은 이란의 켈만사(Kermanshah) 지역에 있는 베히스툰(Behistun) 바위 산에 기록되어 있다. 반란을 진압하기는 했지만, 다리오 1세와 그의 후계자들은 제국을 안정적으로 통치하기 위해 타민족들을 억압하지 않고 관대하게 다루었다. 이러한 정권 차원의 분위기는 유대인들에게도 영향을 주었으며, 이런 분위기가 오래 동안 지속되었다. 이런 분위기는 아닥사스다 2세(Artaxerxes 2) 왕의 첩의 아들이었던 다리오 2세가 형에게 반란을 일으켜 왕위를 찬탈한 후 이집트의 엘레판틴에 살고 있던 유대인들에게 보낸 편지에서도 확인할 수 있다(*ANET*, 491).

> "다리오 왕 5년에 왕으로부터 알사메드에게 메시지가 전달되기를, "유대인들의 무교절을 공인해 주라." 그래서 너는 니산월 14일을 계수하고 유월절을 지키라, 그리고 니산월 15일부터 21일까지 무교절을 지키라. 정결하게 하고 주의를 지키라. 15일에서 21일까지 일을 하지 말고 술을 마시지 말며 유교병을 먹지 말라. … 다리오 왕의 명령에 따라."

이 편지에 의하면 다리오 2세 왕은 유대인들의 유월절과 무교절을 율법에 따라 지키도록 공식화시켜 주고 있으며, 절기 기간 동안 일을 하거나 일을 시키지 못하게 하고 있다. 이런 페르시아 왕실의 분위기 속에 성전 재건을 방해하던 닷드내와 스달보스내와 아바삭이 다리오 왕에게 예루살렘 성전 재건을 중단시키도록 편지를 쓰지만(스 5:1-17), 다리오 1세 왕은 고레스 왕의 칙령을 메대의 악메다 궁에서 찾게 되고 이에 근거하여 예루살렘 성전 재건을 멈추지 말고 계속하도록 허락하였다(스 6:1-12). 예루살렘 성전은 다리오 왕 6년 아달월 3일, 즉 기원전 515년 3월 12일에 완공되었다.

구조

스가랴서는 세 부분으로 나눌 수 있다: 1-6장, 7-8장, 9-14장. 스가랴 1-6장
은 하나님이 스가랴에게 보여준 8가지 환상으로 되어 있고, 7-8장은 포로 후
기 백성의 회복에 관한 질문과 대답이며, 9-14장은 민족들과 지도자들에 대
한 심판으로 되어 있다. 1-6장의 8가지 환상은 그 주제에 따라 다음과 같은 구
조로 배열되어 있다.

돌아오지 않는 백성들에 대한 책망	1:1-6
조용한 민족들	1:7-17
민족들에 대한 심판	1:18-21
시온의 회복	2:1-13
메시아에 의한 죄악의 제거	3:1-10
성령을 통한 성전 회복	4:1-14
악인을 제거	5:1-4
악을 바벨론으로 옮김	5:5-11
쉬고 있는 성령	6:1-8
메시아를 통한 성전 회복	6:9-15

1-6장은 하나님께 돌아오지 않는 백성들에 대한 책망으로 시작하여 8가지
환상을 통해 회복에 대한 메시지를 주고 있다. 8가지 환상은 민족들에 대한 심
판과 성령과 메시아를 통한 시온의 회복 그리고 죄악의 제거라는 주제를 대조
구조로 전개되고 있다. 7-8장은 1-6장의 주제를 환상이 아닌 백성들의 질문에
대한 답변 형식으로 전개되고 있다.

금식일을 주제로 회복에 대해 질문   7:1-7

포로로 잡혀간 이유   7:8-14

시온의 회복을 약속   8:1-17

금식일이 희락의 절기가 됨   8:18-23

7-8장은 1:1-6처럼 돌아오지 않는 백성들에 대한 책망과 함께 회복을 약속하며 현재의 금식과 슬픔이 희락의 절기가 될 것이라고 약속한다. 9-14장은 주로 이방 민족에 대한 심판과 이스라엘의 악한 지도자들에 대한 책망의 메시지를 기록하고 있다.

이스라엘 주변국에 내릴 재앙   9:1-8

메시아 왕을 통한 구원   9:9-17

이스라엘을 열방으로부터 구원   10:1-12

악한 목자와 불쌍한 양떼   11:1-17

예루살렘을 열방으로부터 구원   12:1-14

죄악과 거짓 선지자를 제거   13:1-6

악한 목자를 제거   13:7-9

이방 나라들을 심판   14:1-11

이방 민족의 남은 자들을 구원   14:12-21

9-14장은 1장에서 제기 되었던 이방 민족에 대한 문제도 다루고 있다. 14장에 의하면 이방 민족들은 심판의 대상이지만 마지막에는 하나님이 그들의 남은 자들을 구원할 것이라고 한다. 9-14장은 1-6장에서 반복된 메시아 주제와 대조적으로 이스라엘을 유린하고 있는 악한 목자들에 대한 심판을 부각시키고 있다. 하나님은 이들을 제거하고 양떼들의 진정한 지도자인 메시아 왕을 보내실 것을 약속한다.

신학 주제

스가랴서에는 다양한 주제들을 통해 하나님의 나라의 회복을 선포하고 있지만, 그 중에서도 회복을 위해 백성들이 해야 할 일들과 포로 후기 시대의 상황과 회복의 관계 그리고 메시아가 핵심 주제 역할을 한다. 이와 관련된 주제들을 아래와 같이 간략하게 살펴 보고 구체적인 내용은 본문 주석을 통해 살펴 보도록 하겠다.

1. 회복을 위해 백성들이 해야 할 일

에스라가 스가랴를 학개와 함께 성전 재건을 성공시킨 핵심 인사로 소개하고 있음에도 불구하고 스가랴의 메시지는 학개서와 달리 성전 재건과 관련된 메시지가 아니라 성전 재건을 위해 참석한 유대인들의 조상들의 죄악을 언급하는 것으로 시작한다(1:1-6). 스가랴는 현재 유대인들이 겪고 있는 포로 상황과 성전 파괴는 모두 그들의 조상들의 죄악 때문에 하나님이 성전과 예루살렘을 버리고 떠남으로 생겨난 결과라고 한다. 이것은 에스겔 10-11장에서 하나님의 영광이 그룹들을 타고 성전을 떠나 예루살렘 동쪽으로 떠나가신 것을 염두에 둔 표현이다. 에스겔은 이렇게 떠난 하나님의 영광이 다시 예루살렘과 성전으로 되돌아 오실 것을 예언하였는데(겔 43:1-6), 스가랴는 이 주제를 이어가고 있다. 에스겔의 메시지에서 이스라엘 백성이 우상 숭배와 방탕을 버리고 하나님께로 돌아오면 하나님께서 그들 가운데 영원히 살겠다고 한 것처럼 스가랴는 포로 후기 유대인들에게 악한 길과 악한 행위를 떠나서 하나님께 먼저 돌아오라는 메시지로 시작했다(1:4). 이스라엘의 회복을 꿈꾸는 유대인들은 이 문제를 여전히 청산하지 못하고 있었다. 벧엘 사람이 스가랴에게 와서 언제까지 금식해야 하느냐고 질문했을 때(7:1-3), 하나님의 대답은 그들의 금식이 하나님을 위한 것이 아니었으며(7:5-6), 그들은 여전히 과부와 고아와 나그네와 궁핍한 자를 압제하고 마음을 금강석 같게 하여 율법을 지키지 않고 있다고 질책한다(7:9-14). 스가랴 7:7에서 하나님은 1:4-6처럼 옛 선지자들의 말씀을 듣지 않고 있음을 책망한다. 유대인들은 회복을 소망하며 성전 재건 공사를 하면서도 여전히 그들의 조상들이 걸어간 그 길을 걸어가고 있었다. 그런 유대인들에게 하나님은 8:15-17에서 회복을 위하여 행해야 할 일을 알려 준다.

> "**15** 이제 내가 다시 예루살렘과 유다 족속에게 은혜를 베풀기로 뜻하였나니 너희는 두려워하지 말지니라 **16** 너희가 행할 일은 이러하니라 너희는 이웃과 더불어 진리를 말하며 너희 성문에서 진실하고 화평한 재판을 베풀고 **17** 마음에 서로 해하기를 도모하지 말며 거짓 맹세를 좋아하지 말라 이 모든 일은 내가 미워하는 것이니라 여호와의 말이니라"

포로 후기 유대인들이 진정으로 하나님 나라의 회복을 사모하고 있다면, 그들이 해야 할 것은 이웃을 진실되게 사랑하는 것이었다. 이것을 행하지 못하면 그들이 꿈꾸는 회복을 하나님은 결코 허락하지 않는다. 하지만 하나님은 자기 백성들에게 은총을 베풀어 메시아를 통하여 죄를 하루 만에 제거할 것을 약속하며(3장), 그들 가운데 존재하고 있는 악을 완전히 제거할 것이라고 하신다(5장).

2. 포로 후기 시대와 회복

선지자 학개와 스가랴의 메시지를 통해 힘과 용기를 내어 성전을 재건하고 있던 유대인들이 가장 궁금해 했던 것은 지금이 회복의 때가 맞느냐는 것이었다. 스가랴 7:3-5에 의하면 벧엘 사람들이 스가랴에게 찾아 와서 70년 동안 해 오던 다섯째 달과 일곱째 달에 하던 금식을 계속해야 되느냐고 물었다. 이 질문을 한 이유는 '지금 현재 하고 있는 성전 재건이 회복을 의미하는가?'라는 의문을 가지고 있었기 때문이다. 이들의 질문에 대해 하나님은 회복은 여전히 미래의 일이라고 대답했다.

> "만군의 여호와가 이같이 말하노라 넷째 달의 금식과 다섯째 달의 금
> 식과 일곱째 달의 금식과 열째 달의 금식이 변하여 유다 족속에게 기쁨
> 과 즐거움과 희락의 절기들이 되리니 오직 너희는 진리와 화평을 사랑
> 할지니라"

"되리니"는 미래의 일을 나타내는 미완료형이다. 하지만 이 미래는 아주 먼 미래의 일로 제시되지 않고 가까운 미래에 일어날 일로 묘사되고 있다. 하지만 스가랴서는 당장 포로 후기 유대인들이 하고 있는 성전 재건 자체를 회복의 시작으로 여겼다. 4:9은 스룹바벨이 성전의 기초를 놓았기 때문에 그가 성전 재건을 완성할 것이라고 한다. 그러나 이 회복은 작은 시작에 불과했다. 그래서 하나님은 스룹바벨이 완성하게 될 성전 재건을 "작은 일의 날"이라고 하였으며, 더 큰 일의 날 즉 진정한 회복의 날이 기다리고 있음을 은근히 보여주고 있다. 진정한 의미의 성전 재건은 스룹바벨에 의해 이루어 지지 않고, "싹이라 이름하는 사람이 자기 곳에서 돋아나서 여호와의 전을 건축하리라"고 한다(6:12). 이 싹은 이사야 4:2에서 말하는 여호와의 싹과 예레미야 33:15의 의로운 싹과 관련되며 틀림없이 메시아를 상징한다. 포로 후기 유대인들에게 회복의 미래성을 좀 더 가시적으로 보여주기 위해 스가랴 1-8장에서 하나님은 8가지 환상을 통해 다양한 예표들을 주었다. 예를 들면, 3장은 대제사장 여호수아의 사역을 예표로 만들 뿐만 아니라 여호수아 앞에 앉은 동료들, 즉 다른 제사장들과 그의 시대에 함께 활동하였던 스룹바벨과 학개와 스가랴를 포함한 모두가 예표의 사람들이라고 하며, 이들은 "내 종 싹"으로 호칭한 메시아의 예표라고 한다. 4장은 성전의 성소의 메노라 등잔대를 통해 성전 재건과 하나님 나라의 완성을 위해 성령의 사역을 예고한다. 메시아로 오실 성자 하나님과 성령 하나님의 사역을 통해 전력을 다해 회복을 완성하려는 이유는 1:14

와 8:2이 말하는 것처럼 하나님 나라에 대한 여호와 하나님의 질투 때문이다.

> 1:14 내게 말하는 천사가 내게 이르되 너는 외쳐 이르기를 만군의 여호와
> 의 말씀에 내가 예루살렘을 위하며 시온을 위하여 크게 질투하며

> 8:2 만군의 여호와가 이같이 말하노라 내가 시온을 위하여 크게 질투하
> 며 그을 위하여 크게 분노함으로 질투하노라

여호와의 질투는 여호와께서 시온에 되돌아와 예루살렘에 거하실 것이라
는 선포로 이어진다(8:3). 에스겔이 여호와의 영광이 성전과 예루살렘을 떠났
지만 회복의 시기에 예루살렘 성전에 되돌아 오실 것이라고 했는데, 여호와의
질투는 "내가 시온에 돌아와 예루살렘 가운데에 거하리니"라는 선포로 이어
진다. 이 영광스러운 회복은 유대인들에게만 한정되지 않고 모든 민족들이 모
두 하나님께 돌아오는 대 사건으로 발전된다. 민족들 열 명이 유다 사람 하나
를 붙잡고 "하나님이 너희와 함께 하심을 들었나니 우리가 너희와 함께 가려
하노라"고 하며 대 회복의 역사를 예고한다.

3. 메시아

스가랴는 메시아의 사역에 대한 다양한 메시지를 제공하고 있다. 3장에서
스가랴는 메시아가 대제사장직과 선지자직 그리고 왕직을 겸할 것이라고 말
한다. 3:8에서 "내 종 싹"은 메시아를 의미하며, 대제사장 여호수아를 포함하
여 그의 앞에 있는 그의 동료들이 모두 메시아에 대한 예표라고 한다. 대제사
장 여호수아의 동료들은 일차적으로 성전에서 봉사하는 제사장들일 것이다.
하지만 학개와 스가랴 그리고 총독 스룹바벨이 성전 재건을 위해 함께 협력
하고 있었던 것을 고려하면 이들도 대제사장 여호수아의 동료들에 포함된다
고 보아야 한다. 즉 이들 모두가 예표의 사람들이다. 이들이 메시아의 예표로

제시된 것은 그들의 직분인 선지자, 제사장, 그리고 왕직과 관련된 것으로 보아야 하며, 왕과 선지자와 제사장으로 오신 메시아의 직분을 예표하는 것으로 생각할 수 있다. 하지만 3장에서 말하는 예표는 주로 메시아의 죄 사함을 위한 대속에 초점이 맞추어져 있다. 3장에서 메시아의 첫 사역은 백성들의 죄악을 제거하는 것이다. 3장에서는 속죄일에 대제사장이 속죄소에 들어가서 속죄하는 것을 예표로 하여 메시아가 이 땅의 죄악을 하루에 제거한다고 말한다 (3:9). 이것은 틀림없이 예수 그리스도의 십자가 사건을 염두에 둔 예언이다.

메시아의 둘째 사역은 성전을 재건하는 것이다. 스가랴는 6:12에서 다시 한 번 메시아를 상징하는 "싹"에 대해 예언하고 있다. 이 싹이 여호와의 성전을 건축하게 된다고 하며, 또 성전에서 자기 백성을 다스리게 된다고 한다. 스가랴의 메시지가 전해지는 동안에 성전이 재건되고 있었고 완공이 임박했음에도 불구하고, "싹"은 아직 존재하지 않고 앞으로 태어나게 될 인물로 묘사되고 있다. 이것은 그가 건축하게 될 성전이 스룹바벨에 의해 재건되고 있는 제2 성전이 아닌 다른 성전이라는 사실을 암시한다.

메시아의 사역에 대한 스가랴의 셋째 언급은 메시아의 겸손한 지도자 상이다. 스가랴는 9-14장에서 상반된 성격의 지도자들에 대한 예언을 한다. 9장에서 메시아 왕에 대해 예언한 후 10-13장에서는 사악한 지도자들에 대한 예언이 이어진다. 먼저 스가랴는 10:2에서 백성들이 양같이 유리하고 있음에도 불구하고 목자가 없기 때문에 고통을 당하고 있다고 한다. 11:4 이하에서 스가랴는 이들 양떼들을 잡혀 죽을 가련한 양떼라고 한다. 이들을 불쌍히 여겨 목자를 자처하는 자들에게 양떼들을 불쌍히 여기라고 하지만, 이들은 양떼를 전혀 돌보지 않는다. 하나님은 이런 목자들을 제거하고(11:8), 양떼들을 위해 한 목자를 세우지만 이 목자도 역시 양떼들을 돌보기는커녕 양떼를 잡아 먹고 버린다(11:15-17). 결국 하나님은 목자를 치고 양떼들이 흩어지게 만든다(13:7). 양떼같은 백성들이 지도자를 잘못 만나 고통 속에 죽어갈 때에, 하나님은 스가랴 9:9에서 참된 지도자를 보내어 주겠다고 약속한다. 그 지도자를 왕이라고 부르며 공의롭게 통치하며 고통 가운데 있는 자들에게 구원을 베푸시는 분이라고 한다. 그럼에도 불구하고 메시아 왕은 제왕의 권위를 나타내는 말을 타지 않고 겸손과 평화를 상징하는 나귀를 타는데, 나귀 중에서도 새끼 나귀를 타심으로 지극히 겸손한 평화의 왕의 모습을 보여준다. 이것은 나귀를 타고 예루살렘에 입성한 예수 그리스도의 모습을 통해 성취되었다(마 21:7). 스가랴는 또한 메시아 왕을 통하여 하나님이 자기 백성들을 양떼 같이 구원하여 하나님의 나라를 빛나게 할 것이라고 한다(9:16). 그리고 메시아 왕은 시온과 예루살렘뿐만 아니라 이방 사람에게도 화평을 전하며, 통치 영역이 땅끝까지 이르게 한다(9:10).

제1장 회복이 지연되는 이유 (1:1-21)

스가랴와 학개는 포로에서 돌아온 백성들의 성전 재건에 큰 기여를 하였다. 그럼에도 스가랴 시대의 백성은 하나님께서 약속한 회복의 시대가 도래하지 않았다고 여기고 있었다. 스가랴 1장은 하나님 나라가 여전히 회복되지 않고 있는 두 가지 이유를 제시하고 있다. 그 이유는 포로 후기 백성의 죄악과 이방 민족들의 방해 때문이다.

본문 개요

스가랴 1장은 스가랴서의 서론적 역할을 하며, 포로 후기 시대의 상황을 서론적으로 묘사하고 있다. 페르시아의 고레스가 바벨론을 함락시키고 메소포타미아 지역을 평정한 후 유대인들을 포로에서 예루살렘으로 돌아가게 했을 때 백성들은 하나님이 선지자들을 통해 예고한 회복의 시대가 도래한 것으로 믿었다. 하지만 이들은 시간이 지날수록 회복의 시대가 오지 않았다는 생각을 가지게 되었다. 그런 백성들에게 하나님은 1장에서 회복이 지연되고 있는 두 가지 이유를 제시한다. 첫째 이유는 포로 후기 백성들 내부 문제였고, 둘째 원인은 이방 민족들과 관련된 외부 문제였다. 1:1-6에는 회복이 지연되는 내부 문제인 포로 후기 백성의 죄악을 지적하는 메시지가 기록되어 있다. 포로 후기 백성은 포로기 이전에 살았던 그들의 조상처럼 선지자들의 말을 외면하고 죄악 가운데 살았다. 1:7-17에는 이스라엘을 억압하고 그들의 회복에 아무런 관심도 가지지 않는 이방 민족들에 대한 하나님의 진노가 기록되어 있다. 그리고 1:18-21에는 이스라엘을 멸망시킨 이방 민족들에 대한 하나님의 심판 계획이 기록되어 있다.

내용 분해

1. 악한 행위를 떠나서 돌아오라 (1:1-6)
    1) 메시지가 주어진 시기 (1절)
    2) 조상들에 대한 여호와의 진노(2절)
    3) 너희가 돌아오면 내가 돌아가리라(3절)
    4) 조상들처럼 선지자들의 말을 외면하지 말라(4절)
    5) 하나님의 말씀은 반드시 이루어진다 (5-6절)
2. 첫째 환상: 화석류나무 사이에 말 탄 자들 - 조용한 이방 민족들(1:7-17)
    1) 메시지가 주어진 시기(7절)
    2) 붉은 말을 타고 화석류나무 사이에 선 사람의 정체(8-10절)
    3) 온 땅의 상황에 대한 보고(11절)
    4) 회복에 대한 여호와의 메시지(12-13절)
    5) 이방 민족들에 대한 하나님의 질투(14-15절)
    6) 예루살렘 회복에 대한 예언(16-17절)
3. 둘째 환상: 네 뿔과 네 대장장이 - 이방 민족들에 대한 심판(1:18-21)
    1) 네 뿔에 대한 천사의 설명(18-19절)
    2) 네 대장장이들이 네 뿔들을 떨어뜨림(20-21절)

본문 주해

1. 악한 행위를 떠나서 돌아오라(1:1-6)

1 다리오 왕 제이년 여덟째 달에 여호와의 말씀이 잇도의 손자 베레갸의 아들 선지자 스가랴에게 임하니라 이르시되 **2** 여호와가 너희의 조상들에게 심히 진노하였느니라 **3** 그러므로 너는 그들에게 말하기를 만군의 여호와께서 이처럼 이르시되 너희는 내게로 돌아오라 만군의 여호와의 말이니라 그리하면 내가 너희에게로 돌아가리라 만군의 여호와의 말이니라 **4** 너희 조상들을 본받지 말라 옛적 선지자들이 그들에게 외쳐 이르되 만군의 여호와께서 이같이 말씀하시기를 너희가 악한 길, 악한 행위를 떠나서 돌아오라 하셨다 하나 그들이 듣지 아니하고 내게 귀를 기울이지 아니하였느니라 여호와의 말이니라 **5** 너희 조상들이 어디 있느냐 또 선지자들이 영원히 살겠느냐 **6** 내가 나의 종 선지자들에게 명령한 내 말과 내 법도들이 어찌 너희 조상들에게 임하지 아니하였느냐 그러므로 그들이 돌이켜 이르기를 만군의 여호와께서 우리 길대로, 우리 행위대로 우리에게 행하시려고 뜻하신 것을 우리에게 행하셨도다 하였느니라

스가랴가 하나님으로부터 받은 첫 메시지는 포로 후기 백성에게 그들의 악한 행위를 버리고 하나님께로 돌아오라는 것이었다. 먼저 하나님은 그들의 조상들에게 하나님께 돌아오라고 선지자들을 보내었음에도 불구하고 돌아오지 않았다고 한다. 그리고 하나님은 백성에게 조상들을 본받지 말라고 경고한다. 선지자들을 통한 심판 메시지를 듣고도 회개하지 않았던 조상들에게 하나님은 그 심판을 반드시 행했다는 것을 그들에게 분명하게 상기시켜 준다.

1) 메시지가 주어진 시기(1절)

스가랴 1:1은 스가랴의 메시지가 주어진 시기를 밝히고 있다. 메시지가 주어진 시기를 명확하게 밝히는 것은 스가랴의 동시대 선지자인 학개와 동일한 스타일이다(학 1:1; 2:1, 10, 20). 스가랴는 자신의 메시지를 받은 시기를 1:1, 7절 7:1에서 구체적으로 밝힌다. 스가랴가 첫 메시지를 받은 시기는 페르시아의 왕 다리오 제2년 8월이라고 하며, 이 때는 학개가 하나님의 첫 메시지를 받은 때로부터 2달이 지난 시기이며 학개가 둘째 메시지(7월 21일)와 셋째 메시지(9월 24일)를 받은 시기의 중간 즈음에 해당된다. 스가랴와 학개를 비교하면 세 가지 차이점을 발견할 수 있다. 첫째, 학개와 스가랴 자신이 1:7과 7:1에서 메시지를 받은 시기를 다리오 왕 통치 연도와 월 그리고 일까지 밝힌 것과는 달리 1:1은 다리오 통치 연도와 월까지만 밝히고 있다. 일자를 생략한 이유를 명확하게 알 수 없지만, 아마도 학개 1:1처럼 스가랴도 8월 1일에 메시지를 받아 백성들에게 전했을 가능성이 있다. 이렇게 생각하는 근거는 학개가 6월 1일 월삭 때에 성전 터에 모인 사람들에게 메시지를 전하면서 청중들을 복수로 표현한 것처럼 스가랴도 첫 메시지를 전하면서 청중들을 복수로 표현하고 있기 때문이다(1:3-6).[1] 둘째, 학개서가 다리오를 언급할 때 항상 왕으로 표기하고 있고, 그리고 스가랴 7:1도 다리오에게 "그 왕"이라는 호칭을 붙이고 있지만, 스가랴 1:1과 1:7은 개역개정 성경의 번역과는 달리 아래에서 볼 수 있는 것처럼 다리오를 왕으로 호칭하지 않았다.

1 בַּחֹ֨דֶשׁ֙ הַשְּׁמִינִ֔י בִּשְׁנַ֥ת שְׁתַּ֖יִם לְדָרְיָ֑וֶשׁ הָיָ֣ה דְבַר־יְהוָ֔ה אֶל־זְכַרְיָה֙

7 הוּא־חֹ֣דֶשׁ שְׁבָ֔ט בִּשְׁנַ֥ת שְׁתַּ֖יִם לְדָרְיָ֑וֶשׁ הָיָ֣ה דְבַר־יְהוָ֔ה אֶל־זְכַרְיָה֙

---

1. 시리아 사본은 스가랴 1:1에서 스가랴가 첫 메시지를 받은 시기를 다리오 2년 8월 1일이라고 하고 있다. J. G. Baldwin, *Haggai, Zechariah, Malachi*, TOTC (Downers Grove: IVP, 1972), 87.

그 이유는 1장의 메시지를 지배하고 있는 이방 민족에 대한 부정적인 기류 때문으로 생각된다. 1:7-21에서 볼 수 있는 것처럼 하나님은 이방 민족에 대한 심판을 예고한다. 학개도 그의 넷째 메시지에서는 이전의 메시지들에서 다리오 왕 통치 연도를 밝힌 것과는 달리 다리오를 아예 언급하지 않고 이방 민족에 대한 심판을 기록하고 있다. 셋째, 학개서를 비롯한 다른 선지서들은(스바냐 제외) 메시지를 받은 선지자들을 소개할 때 주로 개별 선지자들 자신만 언급하거나 그들의 아버지의 아들로 소개한다. 반면에 스가랴는 그의 아버지뿐만 아니라 할아버지까지 소개한다(느 12:4, 16). 스바냐가 히스기야를 비롯하여 그의 조상 4대를 소개하면서 자신을 왕족이라는 사실을 부각시킨 것처럼, 스가랴는 제사장인 아버지와 할아버지까지 언급함으로 자신이 제사장 가문 출신임을 드러내려 하고 있다.[2]

2) 조상들에 대한 여호와의 진노(2절)

스가랴의 메시지는 여호와 하나님이 포로 후기 백성의 조상들, 즉 포로로 끌려갔던 조상들에게 진노하였던 과거 사실을 상기시키는 것으로 시작하고 있다. '진노'의 히브리어 *카찹*(ﻗﺼﻑ)은 강도가 매우 높은 분노를 나타내는 말이다. 레위기 10장에서 하나님은 부정한 불로 분향한 아론의 두 아들 나답과 아비후에게 *카찹*한 결과 그들을 죽였고, 민수기 16장에서 모세와 아론에게 반역한 고라와 다단과 아비람을 하나님이 모두 죽였을 때 백성들은 하나님이 *카찹*하셨다고 두려워하였다(민 16:22). 예레미야는 21:5에서 느부갓네살을 통해 예루살렘을 멸망시킬 것을 예언하면서 하나님이 큰 *카찹* 속에 유대인들과 싸울 것이라고 한다. 그렇기 때문에 스가랴 1:2에서 하나님이 조상들에게 *카찹*, '진노했다'는 말은 그 결과를 충분히 짐작하게 해 준다. 2절은 한글 번역과는

---

2. McComiskey, "Zechariah," 1027-28. 마 23:35에는 스가랴가 성전과 제단 사이에서 피살되어 순교 당했고 한다. 하지만 이 스가랴는 대하24:20-21에 기록된 사가랴를 두고 하는 말이다.

달리 "심히"가 없다. 대신에 하나님이 진노했음을 강조하기 위해 문장의 시작을 동사 *카찹*으로 하였고, 마지막에 *카찹*의 명사형 *카쳅*(קֶצֶף)을 배열하였다.

קָצַף יְהוָה עַל־אֲבוֹתֵיכֶם קֶצֶף

하나님의 진노를 이렇게 강하게 표현한 이유는 하나님이 조상들에게 진노한 과거 사실에 대한 정보를 알려 주는 데 있지 않고, 조상들에게 임한 하나님의 진노와 동일한 진노가 포로 후기 백성에게 임할 수 있음을 강력하게 경고하기 위해서이다.[3] 이런 사실은 이어지는 3절의 내용이 분명하게 해 준다.

3) 너희가 돌아오면 내가 돌아가리라(3절)

3절에서 하나님은 스가랴에게 3절 후반부의 메시지를 포로 후기 백성들에게 말하라고 한다. 스가랴가 포로 후기 백성에게 전해야 할 메시지는 "너희는 내게로 돌아오라"이다. "너희는" 조상들이 아니라 포로 후기 백성이다. 3절의 "너는"이 스가랴이기 때문에 결코 조상들이 메시지 수신의 대상이 될 수 없다. 포로 후기 백성들은 이미 포로에서 예루살렘으로 돌아와 있었고, 그들은 하나님의 회복의 시대를 열어 나간다고 믿고 예루살렘 성전을 재건하던 사람들이다. 그럼에도 불구하고 하나님이 그들을 향하여 "너희는 내게로 돌아오라"고 한 것은 그들의 몸은 예루살렘에 돌아와 있지만, 그들의 삶과 마음은 여전히 하나님으로부터 저 멀리 떨어져 있었음을 보여준다. 3절 후반부의 메시지가 2절을 바탕으로 하여 주어지는 경고의 메시지라는 사실을 상기한다면, 그들의 신앙 상태는 그들의 조상들이 하나님의 진노를 살 수밖에 없었던 상태와 동일하였다. "너희는 내게로 돌아오라"는 조건을 갖추었을 때에 하나님이 행하실 결과인 "그리하면 내가 너희에게로 돌아가리라"는 말도 매우 인상적이다. 하

---

3. G. L. Klein, *Zechariah*, NAC (Nashville: B&H, 2008), 84.

나님은 포로 후기 백성들에게 예루살렘에 돌아가서 성전을 재건하게 하는 은총을 베풀었지만, 하나님은 여전히 그들에게 돌아오지 않았고 회복은 아직 이루어지지 않고 있음을 의미한다. 하나님이 그들에게 돌아오지 않고 회복이 이루어지지 않고 있는 것은 전적으로 포로 후기 백성들이 하나님께 돌아오지 않고 있기 때문이다. 이점을 강조하기 위해 하나님은 두 가지 수사학적 장치를 사용하고 있다. 첫째, 스가랴는 하나님의 신명 여호와 뒤에 '만군' 또는 '많은 군사'라는 의미를 가진 명사 *체바오트*(צְבָאוֹת)를 붙여 '*여호와 체바오트*'(만군의 여호와)라고 3절에서만 무려 3번이나 호칭하고 있다.[4] *여호와 체바오트*는 소선지자들 중에서는 학개, 스가랴, 말라기에 집중적으로 나오는 표현이며, 하나님은 대규모의 군사, 또는 천군 천사를 거느린 분이라는 뜻이다. 천군 천사로 구성된 대규모 군사를 거느린 하나님은 포로 후기 백성들에게 가공스러울 정도로 공포의 모습을 하고 있다. 그 이유는 돌아오라고 말하는 하나님은 조상들에게 죽음에 이르는 진노를 쏟아부은 분이라고 이미 소개하였기 때문이다. 둘째, 스가랴는 '너희는 돌아오라'와 '그리하면 내가 너희에게 돌아오리라'는 두 말을 하면서 선지자들이 하나님의 말씀을 직접 인용하여 전할 때 사용하는 두 표현을 두 말의 앞과 중간과 마지막에 배열하였다.

코 아마르 여호와 체바오트	כֹּה אָמַר יְהוָה צְבָאוֹת	만군의여호와께서 이처럼 이르시니라
수부 엘라이	שׁוּבוּ אֵלַי	너희는 내게로 돌아오라
네움 여호와	נְאֻם יְהוָה צְבָאוֹת	만군의 여호와의 말이니라
베아슈브 알레이켐	וְאָשׁוּב אֲלֵיכֶם	그리하면 내가 너희에게 돌아 가리라
아마르 여호와 체바오트	אָמַר יְהוָה צְבָאוֹת	만군의 여호와께서 이르시니라

---

4. McComiskey, "Zechariah," 1029.

이와 같은 수사학적 장치를 통해 하나님은 포로 후기 백성이 하나님께 돌아오는 것이 하나님께서 그들에게 돌아가고 회복의 시대를 여는 데 얼마나 중요한지를 명확하게 보여준다.[5]

4) 조상들처럼 선지자들의 말을 외면하지 말라(4절)

조상들에게 진노하였던 사실을 먼저 언급하고 그들에게 돌아오라고 경고했던 하나님은 이제 포로 후기 백성에게 조상들처럼 행동하지 말라고 경고한다. 조상들은 악한 길에 서서 악한 행동을 일삼았다. 하나님은 선지자들을 보내어 여호와께로 돌아오라고 했지만 그들은 듣지 않고 하나님의 말씀에 귀를 기울이지 않았다. 하나님이 옛적 선지자들을 언급한 이유는 지금 현재의 선지자인 스가랴를 통한 하나님의 말씀을 들어야 된다는 것을 부각시키기 위해서이다. 4절이 조상들의 행동 중에서 특별히 돌아오지 않았다는 사실에 초점을 맞춘 이유는 하나님이 포로 후기 백성에게도 하나님께 돌아오라고 말하고 있기 때문이다. 스가랴의 말은 예레미야가 예루살렘 사람들이 순종하지 않고 하나님께 돌아오지 않는 것을 애통해하던 말과 유사하다.

> "내가 내 종 모든 선지자를 너희에게 보내고 끊임없이 보내며 이르기를 너희는 이제 각기 악한 길에서 돌이켜 행위를 고치고 다른 신을 따라 그를 섬기지 말라 그리하면 너희는 내가 너희와 너희 선조에게 준 이 땅에 살리라 하여도 너희가 귀를 기울이지 아니하며 내게 순종하지 아니하였느니라"(렘 35:15)

예레미야는 35장에서 예루살렘 사람이 하나님의 말씀을 순종하지 않는 것을 지적하기 위해 레갑의 후손들이 그들의 조상 요나답의 말에 순종한 것과

---

5. D. L. Petersen, *Haggai and Zechariah 1-8*, OTL (Philadelphia: Westminster Press, 1984), 131.

대조시켰다. 레갑의 후손들은 요나답이 그들에게 평생 집과 땅을 소유하지 말고 장막에 살며 포도주를 마시지 말라고 명령한 것을 순종하며 지켰다. 하나님은 그런 레갑의 후손들에게는 구원을 약속하였지만 예루살렘 사람들에게는 선지자들을 통해 말한 모든 재앙을 내린다고 했다. 하나님은 동일한 경고를 스가랴를 통해 포로 후기 백성에게 하고 있다.

5) 하나님의 말씀은 반드시 이루어진다(5-6절)

5-6절에서 하나님은 자신의 말을 반드시 실행한다는 사실을 포로 후기 백성들에게 상기시켜 준다. 조상들은 죽었고 그들에게 하나님의 말씀을 전한 선지자들도 영원히 살지 못하고 죽었지만, 하나님이 선지자들을 통해 조상들에게 말한 것들은 모두 이루어졌다(참조. 계 10:7). 스가랴는 조상들의 말을 인용하는 방식을 취하여 조상들의 길과 행위에 따라 하나님이 친히 계획한 것을 그대로 행하였음을 포로 후기 백성에게 말한다.[6] 조상들은 재앙을 겪고 나서야 후회하였지만 그때는 이미 늦었다. 하나님이 스가랴를 통해 포로 후기 백성에게 그들의 조상들에게 한 것과 똑같은 경고를 한 것은 매우 중요하다. 그들이 예루살렘에 돌아와서 성전을 재건하고 있지만, 하나님은 이 일을 완전한 회복으로 생각하지 않고 있음을 의미한다. 하나님은 예루살렘 성전 재건 자체도 중요하지만 하나님께 진심으로 돌아오지 않는 포로 후기 백성의 길과 행위 때문에 완전한 회복의 시대가 열리지 않고 있음을 말하고 있다.

2. 첫째 환상: 조용한 이방 민족들(1:7-17)

7 다리오 왕 제 이 년 열 한째 달 곧 스밧 월 이십 사 일에 잇도의 손자 베레갸의 아들 선지자 스가랴에게 여호와의 말씀이 임하니라 **8** 내가 밤에 보

---

6. M. H. Floyd, *Minor Prophets: Part 2* (Grand Rapids: Eerdmans, 2000), 322-23.

니 한 사람이 붉은 말을 타고 골짜기 속 화석류나무 사이에 섰고 그 뒤에
는 붉은 말과 자줏빛 말과 백마가 있기로 **9** 내가 말하되 내 주여 이들이 무
엇이니이까 하니 내게 말하는 천사가 내게 이르되 이들이 무엇인지 내가
네게 보이리라 하니 **10** 화석류나무 사이에 선 자가 대답하여 이르되 이는
여호와께서 땅에 두루 다니라고 보내신 자들이니라 **11** 그들이 화석류나무
사이에 선 여호와의 천사에게 말하되 우리가 땅에 두루 다녀 보니 온 땅이
평안하고 조용하더이다 하더라 **12** 여호와의 천사가 대답하여 이르되 만군
의 여호와여 여호와께서 언제까지 예루살렘과 유다 성읍들을 불쌍히 여
기지 아니하시려 하나이까 이를 노하신 지 칠십 년이 되었나이다 하매 **13**
여호와께서 내게 말하는 천사에게 선한 말씀, 위로하는 말씀으로 대답하
시더라 **14** 내게 말하는 천사가 내게 이르되 너는 외쳐 이르기를 만군의 여
호와의 말씀에 내가 예루살렘을 위하며 시온을 위하여 크게 질투하며 **15**
안일한 여러 나라들 때문에 심히 진노하나니 나는 조금 노하였거늘 그들
은 힘을 내어 고난을 더하였음이라 **16** 그러므로 여호와가 이처럼 말하노
라 내가 불쌍히 여기므로 예루살렘에 돌아 왔은즉 내 집이 그 가운데에 건
축되리니 예루살렘 위에 먹줄이 쳐지리라 만군의 여호와의 말이니라 **17** 그
가 다시 외쳐 이르기를 만군의 여호와의 말씀에 나의 성읍들이 넘치도록
다시 풍부할 것이라 여호와가 다시 시온을 위로하며 다시 예루살렘을 택
하리라 하라 하니라

스가랴는 1-6절에서 포로 후기 백성의 악한 행동이 회복을 지연시키고 있
다고 한데 이어, 7-17절에서는 이방 민족들 때문에 회복이 지연되고 있다고 한
다. 7-17절은 1:7-6:15까지 이어지고 있는 여덟 환상 중에 첫 환상이다. 여덟 환
상들은 선지자가 환상을 보고 천사에게 질문한 후 천사가 답변하는 형식으로
전개된다. 첫 환상은 스가랴가 화석류나무 사이에 붉은 말을 탄 사람을 보는
환상이다. 이 환상을 통해 하나님은 이방 민족의 과거 행위와 그들의 안일한

태도에 대해 질투하며 진노하고, 예루살렘 성전을 회복시키며, 시온과 예루살 렘을 위로하고 선택할 것이라고 예고한다.

1) 메시지가 주어진 시기(7절)

하나님이 스가랴에게 환상을 통해 메시지를 준 시기는 다리오 왕 2년 11월 24일이며, 이 날은 기원전 519년 2월 15일이었다. 이때는 스가랴가 첫 메시지 를 받은 날로부터 최소한 3개월 이상이 지난 시기였다. 이때는 예루살렘이 함 락당하고 성전이 파괴된 때로부터(B.C 587) 약 70년이 지난 시기였고(1:12), 예루살렘 성전 재건이 한참 진행 중인 시기였다.

2) 붉은 말을 타고 화석류나무 사이에 선 사람의 정체(8-10절)

스가랴는 밤 환상 중에 화석류나무 사이에 한 사람이 붉은 말을 타고 서 있 고, 그 뒤에 붉은 색 말들과 자주색 말들과 백마들을 타고 있는 사람들을 보게 된다. 8절이 말들 위에 사람들이 타고 있는지 명확하게 표현하고 있지 않지만, 11절에서 동사 *와요메루*(וַיַּעֲנוּ '그들이 말하였다')는 복수형이기 때문에 복 수의 사람들이 여호와의 사자에게 말하고 있는 것으로 보아야 한다. 이 사람 들은 인간인지 신적인 존재인지 모호하지만, 10절에서 하나님이 "땅에 두루 다니도록 보낸 자들"이라고 하고 있는 점을 미루어 볼 때 천사들이다. 이들 중 에서 붉은 말을 탄 사람은 스가랴에게 말하고 있는 천사와 다른 천사이며, 10 절에서는 "화석류나무 사이에 선 자"라고 불리고, 11절에서는 "화석류나무 사 이에 선 여호와의 사자," 12절에서는 "여호와의 사자"라고 한다. 이 여호와의 사자는 구약 성경에서 스가랴 1:12처럼 여호와 하나님과 구분되게 말할 때도 있고, 또 동일한 존재로 언급되기도 한다(창 16:7-12; 출 3:1-5). 전통적으로 이 여호와의 사자는 메시아의 현신으로 받아들이고 있다.[7] 9절에서 스가랴는 그

---

7. Klein, *Zechariah*, 98-101.

에게 말하는 천사에게 이들의 존재에 대하여 질문하였지만, 10절에서 이 질문에 대답하고 있는 이는 여호와의 사자이며, 붉은 말들과 자줏빛 말들과 백마들을 탄 존재들의 정체는 여호와께서 땅을 두루 다니라고 보내신 자들이라고 설명해 준다. 스가랴 1:8-10의 말들을 탄 자들은 요한계시록 6:2, 4절에서도 나오며 세상에 대한 심판을 집행하는 역할을 한다. 스가랴에게 말하는 천사가 9절에서 처음으로 등장하고 있음에도 불구하고 천사의 히브리어 *말악*(מַלְאַךְ)에 정관사 *하*(ה)가 붙어 있다. 하지만 스가랴 1장은 그가 언제부터 스가랴에게 왔는지 그리고 무슨 말을 이전에 하였는지 전혀 말하지 않는다.

3) 온 땅의 상황에 대한 보고(11절)

붉은 말들과 자줏빛 말들과 그리고 백마들을 탄 자들이 여호와의 사자에게 보고한다. 보고의 내용은 땅의 모든 곳을 다녀 보니 모든 민족이 평안하고 조용하다는 것이다. 온 땅은 전 세계를 의미할 수도 있지만, 이스라엘 백성이 포로로 끌려가 살고 있는 페르시아 제국 전역을 의미한다고 보는 것이 더 적절하다. 민족들이 평안하고 조용한 이유는 다리오 왕의 집권과 함께 일어난 민족들의 반란이 모두 진압되었고, 페르시아 제국에 종속된 많은 민족들이 더 이상 저항하지 않았기 때문이다. 페르시아 제국의 입장에서는 정치적인 안정과 평화를 이룬 것이었지만, 포로 후기 유대인의 입장에서는 힘 빠지게 만드는 상황이었다.[8] 포로 후기 유대인들은 페르시아의 멸망과 더불어 각지에 흩어져 있는 유대인들이 예루살렘과 유다로 돌아오는 정치적 독립을 기대할 수 없게 만들었기 때문이다. 이 보고는 또한 선지자들의 예언, 즉 이스라엘의 회복과 함께 이방 민족들이 하나님께로 돌아와 예루살렘으로 모여들 것이라는 예언의 성취가 일어날 조짐이 보이지 않는다는 의미도 함께 가지고 있다(사 2:1-4; 60:11-12; 미 4:1-3). 여호와의 사자와 말을 탄 자들도 회복의 염원 속에

---

8. Baldwin, *Haggai, Zechariah, Malachi*, 96.

화석류나무 가운데 모여 있다. 화석류나무는 이사야가 회복의 시대에 하나님이 하실 종말론적 사건과 관련 있다. 이사야 41:19과 55:13에서 하나님은 광야에 백향목과 더불어 화석류나무를 심을 것이라고 하였고, 찔레를 대신하여 자라게 할 나무로서 하나님을 기념하는 영원한 표징으로 삼을 것이라고 하였다. 이 같은 분위기는 12절의 여호와의 사자의 질문을 통해 확인할 수 있다.

4) 회복에 대한 여호와의 메시지(12-17절)

하나님이 말 탄 자들을 보내어 온 땅을 살피게 한 것은 하나님이 온 세상의 주로서 통치하시고 섭리하신다는 것을 보여준다. 하지만 이 사실만으로 여호와의 사자를 비롯한 회복을 기다리는 자들을 위로하지 못한다. 그러므로 말을 탄 자들의 보고를 들은 여호와의 사자는 곧바로 여호와께 언제까지 예루살렘과 유다 성읍들을 불쌍히 여기지 아니하려 하는지 질문한다. 여호와의 사자는 지금 말을 탄 자들로부터 보고를 받는 그 때를 포로로 끌려간 지 70년이라고 한다. 이것은 예레미야 25:11-12 그리고 29:10에서 포로로 끌려가서 70년 동안 바벨론을 섬기다가 70년이 끝나면 바벨론을 그 죄악 때문에 벌하고 유대인들을 다시 유다와 예루살렘으로 돌아오게 하겠다고 한 예언과 직접적으로 관련 있다. 여호와의 사자는 70년이 되었음에도 불구하고 바벨론은 망했지만 페르시아가 패권을 장악하고 있는 가운데 회복의 조짐이 전혀 보이지 않기 때문에 안타까운 마음으로 질문을 하였다. 다니엘도 9장에서 예레미야가 예언한 70년에 대한 시기에 대해 궁금해하였고, 이에 대한 비밀을 70이레 예언을 통해 설명한다. 스가랴 1:12의 여호와의 천사가 70년에 대해 말한 것은 중요한 사실을 드러낸다. 이 말은 지금 예루살렘에는 성전 재건 작업이 한창 진행되고 있었지만, 70년 예언이 아직 성취되지 않았다는 것을 보여준다. 여호와의 사자의 질문을 받은 하나님은 그에게 대답하지 않고, 스가랴에게 말하는 천사를 통해 스가랴에게 이스라엘의 회복에 대한 메시지를 선포하게 한다. 먼저 하나님은 스가랴에게 말하는 천사에게 이스라엘의 회복과 관련된 좋

은 소식들과 위로의 말들을 전한다.[9] 이 선한 말들과 위로의 말들은 14-17절
에 있는 말들이다.

5) 이방 민족들에 대한 하나님의 질투(14-15절)

하나님의 메시지를 받은 스가랴에게 말하는 천사는 즉각 스가랴에게 그 메
시지를 선포하게 한다. 메시지의 첫째 내용은 하나님이 예루살렘과 시온을 위
하여 크게 질투한다는 것이다. 하나님의 질투는 반드시 질투를 야기시킨 자에
게 재앙을 동반한다는 것이 특징이다. 그가 이스라엘 백성이든 이방 민족이
든 구분하지 않고 하나님은 진노의 잔을 쏟아붓는다. 이스라엘 백성들의 경
우 그들이 이방 신을 섬기거나 불의한 삶을 살 때에 하나님은 질투하시고(신
6:1-15; 겔 16:1-63), 이방 민족의 경우 그들이 이스라엘 백성을 학대하는 것
때문에 하나님은 질투한다(겔 36:1-7).[10] 스가랴는 지금 하나님이 예루살렘과
시온을 위하여 이방인들에게 맹렬하게 질투하고 있다고 한다. 하나님이 이방
민족에게 질투하고 진노하는 이유는 두 가지 때문이다. 첫째는 그들이 안일
한 상태에 있기 때문이다. 하나님은 이방 민족이 평화롭게 사는 것을 시기 질
투하는 것이 아니다. 형용사 "안일한"의 히브리어 *쇠아난*(שַׁאֲנָן)은 구약 성경
에서 10번 사용되었으며, 이중에서 '안식하는'의 의미로도 사용되었지만, 종
종 교만한 태도로 쉬고 있는 이미지를 나타내기 위해 사용되었다(왕하 19:28;
시 123:4; 사 32:11; 37:29; 암 6:1).[11] 스가랴 1:15에서도 이방 민족들은 단순히
평화로운 시간을 보내고 있는 것이 아니라 교만하게 이스라엘 백성의 시련을
즐겁게 바라 보며 안락한 시간을 즐기고 있었음을 의미한다. 둘째는 이방 민
족들이 이스라엘 백성을 과도하게 억압하였기 때문이다. 하나님이 이스라엘
백성들을 그들의 죄악 때문에 심판하여 이방 민족들에 의해 멸망당하게 하

9. R. D. Phillips, *Zechariah*, REC (Phillipsburg: P&R, 2007), 23-24.
10. P. L. Redditt, *Haggai, Zechariah, Malachi*, NCBC (Grand Rapids: Eerdmans, 1995), 55-56.
11. McComiskey, "Zechariah," 1042.

였지만, 하나님은 그들을 멸절하려는 것이 아니라 고난을 통해 하나님께 다시 돌아오도록 일시적으로 그리고 따끔하게 징벌을 내리려고 하였다. 하지만 이방 민족들은 과도하게 이스라엘을 억압하였고, 잔인하게 멸절하려 하였다. 이 말의 히브리어 표현은 매우 이례적이다: *베헴마 아자루 레라아*(עָזְרוּ לְרָעָה (וְהֵמָּה). 이 말은 이들 이방 민족이 악을 위해 도왔다는 말이다. 본문은 누구를 도왔다는 것인지 명확하지 않다. 재앙 그 자체가 도움의 목적이었는지 아니면 스가랴 3:1에 나오는 사탄이 이들의 도움의 대상이었는지 알 수 없다. 어쨌든 이러한 이방 민족에 대한 하나님의 진노는 매우 심각하다. 스가랴 1:15의 첫 문장은 2절과 매우 유사한 문장으로 되어 있다.

2 קֶצֶף יְהוָה עַל־אֲבוֹתֵיכֶם קֶצֶף 카찹 여호와 알-아보테이켐 카쳅
15 וְקֶצֶף גָּדוֹל אֲנִי קֹצֵף עַל־הַגּוֹיִם 베케쳅 가돌 아니 코쳅 알-학고임

포로기 이전 백성이 하나님께 돌아오지 않음으로 인해 하나님이 그들을 멸망에 이르도록 진노하신 것처럼 하나님은 교만하게 안락을 즐기고 있는 이방 민족에게 매우 진노하고 있다. 이방 민족들에 대한 하나님의 진노의 메시지는 1:7-17의 메시지가 주어지고 약 한 달이 지난 후 선지자 학개를 통해서 선포될 정도로 포로 후기 백성에게 절박하게 필요한 메시지였다.

"**21** 너는 유다 총독 스룹바벨에게 말하여 이르라 내가 하늘과 땅을 진동시킬 것이요 **22** 여러 왕국들의 보좌를 엎을 것이요 여러 나라의 세력을 멸할 것이요 그 병거들과 그 탄 자를 엎드러뜨리리니 말과 그 탄 자가 각각 그의 동료의 칼에 엎드러지리라"

스가랴도 학개처럼 그의 둘째 환상(1:18-21)에서 이방 민족들에 대한 하나님의 심판을 선언한다.

6) 예루살렘 회복에 대한 예언(16-17절)

이어서 하나님은 예루살렘과 시온의 미래에 대한 메시지를 선포한다. 하나님은 이방 민족들에게 크게 진노하고 있는 것과는 달리 예루살렘에게 자비심을 가지고 돌아오겠다고 말한다. 개역개정 성경이 "예루살렘에 돌아 왔은즉"이라고 하나님이 이미 돌아온 것처럼 번역하고 있는 히브리어 동사 *샵티* (שַׁבְתִּי)는 완료형이지만 과거 시제가 아니라 미래에 일어날 일을 반드시 이루겠다는 취지에서 사용한 예언적 완료형이다. 이를 반영하여 번역하면 '내가 예루살렘에 자비심을 가지고 반드시 돌아 오리라'이다. 이렇게 번역해야 스가랴 1:3의 "내가 너희에게 돌아가리라"와 조화를 이룰 수 있다.[12] 하나님의 돌아 심은 에스겔 43:1-5에서 말한 회복의 시대에 하나님의 영광스러운 귀환에 관한 약속과 관련 있다. 그 돌아오심을 위해 하나님은 백성들과 함께 거하기 위해 머물 성전이 건축되게 할 것이라고 한다. 예루살렘 위에 먹줄이 쳐지는 것은 앞서 말한 성전 건축을 실감나게 묘사하기 위한 표현이다. 구약 성경에서 먹줄은 하나님의 심판을 나타내기 위해서도 사용되지만(사 34:11; 애 2:8), 재건을 상징적으로 나타내기 위해 사용하기도 한다(욥 38:5; 렘 31:39). 여기에서는 재건 이미지를 강조하기 위해 사용되었다. 17절에서 스가랴는 하나님의 메시지를 계속해서 이어간다. 하나님은 에스겔 48:35에서 유다의 성읍들을 *여호와 솸마*(יְהוָה שָׁמָּה '여호와가 거기 계신다')라고 부를 것이라고 한 것처럼 유다의 성읍들을 나의 성읍이라고 칭한다.[13] 하나님의 은총은 예루살렘에 한정되지 않고 차고 넘쳐서 유다 성읍들에 좋은 것들로 넘쳐 흐르는 번영을 누리게 되며, 하나님은 시온을 위로하며 예루살렘을 하나님의 도성으로 선택할 것이라고 한다. 하나님이 파괴되고 폐허가 된 예루살렘과 유다 성읍들을 반드시 과거처럼 하나님의 위로와 은총이 가득하게 만들 것을 강조하기 위해

---

12. Petersen, *Haggai and Zechariah 1-8*, 156.

13. Klein, *Zechariah* 107.

'다시'(오드עוֹד)를 네 번 반복하였다(참조. 사 40:1; 51:1-5, 12).

> "17 그가 다시 외쳐 이르기를 만군의 여호와의 말씀에 나의 성읍들이 넘
> 치도록 다시 풍부할 것이라 여호와가 다시 시온을 위로하며 다시 예루
> 살렘을 택하리라 하라 하니라"

3. 둘째 환상: 네 뿔과 네 대장장이 - 이방 민족들에 대한 심판(1:18-21)

18 내가 눈을 들어 본즉 네 개의 뿔이 보이기로 19 이에 내게 말하는 천사에
게 묻되 이들이 무엇이니이까 하니 내게 대답하되 이들은 유다와 이스라
엘과 예루살렘을 흩뜨린 뿔이니라 20 그 때에 여호와께서 대장장이 네 명
을 내게 보이시기로 21 내가 말하되 그들이 무엇하러 왔나이까 하니 대답
하여 이르시되 그 뿔들이 유다를 흩뜨려서 사람들이 능히 머리를 들지 못
하게 하니 이 대장장이들이 와서 그것들을 두렵게 하고 이전의 뿔들을 들
어 유다 땅을 흩뜨린 여러 나라의 뿔들을 떨어뜨리려 하느니라 하시더라

스가랴가 본 둘째 환상은 포로기 이전에 하나님이 이스라엘 백성을 멸망시
킬 때 그들을 괴롭힌 민족들에 대한 심판을 예언하는 내용을 담고 있다. 첫 환
상과 동일하게 스가랴는 그에게 말하는 천사에게 질문하고 대답을 듣는 형식
으로 메시지가 전개된다. 환상의 내용은 네 개의 뿔과 이 뿔들을 떨어뜨리는
대장장이에 관한 예언이다.

1) 네 뿔에 대한 천사의 설명(18-19절)

둘째 환상에서 스가랴는 먼저 네 개의 뿔을 보게 된다. 19절에서 천사가 스
가랴에게 설명하는 것처럼 이 뿔들은 유다와 이스라엘과 예루살렘을 흩뜨린
이방 민족들이다. 구약 성경과 고대 메소포타미아에서 뿔은 힘과 권력을 상징

하였다. 시편 92:10에서 하나님은 경건한 자의 뿔을 들소의 뿔 같이 높이신다
고 한 것이나 시편 75:10에서 악인의 뿔을 베고 의인의 뿔을 높인다고 한 것
은 모두 힘과 권력 그리고 명예를 의미한다(단 7:8).[14] 이 힘과 권력은 개인뿐
만 아니라 민족과 국가에도 적용된다. 미가 4:13에서 하나님이 시온의 뿔을 무
쇠 같게 하여 여러 백성을 치게 하겠다고 한 것은 국가적인 힘과 권력을 의미
한다. 마찬가지로 스가랴 1:18의 뿔은 민족적 차원의 세력을 의미한다. 네 뿔
의 숫자 4는 동서남북을 의미하며 땅의 모든 민족들의 힘과 세력을 의미한다.
19절은 이 뿔들에 대해 다시 유다와 이스라엘과 예루살렘을 흩뜨린 뿔이라고
말한다. 이것은 유다와 이스라엘을 공격한 아시리아와 바벨론은 말할 것도 없
이 그들의 멸망 때에 함께 동조한 모든 민족들을 포함하며 또한 뿔뿔이 흩어
져 고생할 때 그들을 괴롭힌 민족들을 모두 포함하고 있다.[15] 예루살렘에 돌아
온 유대인들에게 북쪽 이스라엘 왕국을 언급한 이유는 하나님이 계획하고 있
는 회복이 유다 지파에 한정되지 않고 이스라엘 12지파 모두를 포함하고 있기
때문이다. 스가랴가 말한 뿔들은 종말론적 심판의 대상인 민족들과 관련 있으
며, 이것은 다니엘 7장의 열 뿔과 작은 뿔 가진 짐승과 8장의 뿔 가진 숫염소
예언과 요한계시록 12장의 열 뿔을 가진 용과 13장의 열 뿔 가진 짐승 그리고
17장의 열 뿔 가진 짐승으로 상징화된 민족들과도 관련이 있다. 스가랴가 본
뿔들은 염소나 소의 머리에 나있는 그런 정도의 뿔이 아니라, 그가 깜짝 놀랄
크기의 뿔이었기 때문에 뿔을 보는 순간 감탄사 *히네*(הִנֵּה)를 터뜨렸다. 스가
랴가 이어서 대장장이의 환상을 보는 것을 감안한다면, 스가랴가 본 뿔은 청
동이나 쇠로 만들어진 뿔이었을 것이다.

---

14. Baldwin, *Haggai, Zechariah, Malachi*, 104-105.

15. B. C. Ollenburger, "The Book of Zechariah," in ed. L. Keck, *NIB*, vol 7 (Nashville: Abingdon,
    1996), 756-57; M. J. Boda, "Terrifying the Horns: Persia and Babylon in Zechariah 1:7-6:15,"
    CBQ 67 (2005): 22-42.

2) 네 대장장이들이 네 뿔들을 떨어뜨림(20-21절)

네 뿔에 이어 네 명의 대장장이 환상을 보게 된다. 네 뿔의 숫자와 대장장이 네 명의 숫자는 모두 첫 환상의 말 탄 자들의 말들의 숫자 4와 모두 관계가 있다. 말의 숫자 4을 통해 말 탄 자들의 활동 범위를 온 세상으로 나타낸 것처럼, 네 뿔의 숫자 4도 동일하게 땅의 모든 민족을 나타내는 것이며, 대장장이 네 명의 숫자 4도 대장장이의 활동 범위가 땅의 모든 민족들을 대상으로 하고 있음을 보여준다. 이 대장장이들의 목적은 네 뿔을 땅에 떨어뜨리는 데 있다.[16] 대장장이의 정체가 무엇인지는 명확하지 않지만, 이들이 하나님의 도구로서 이방 민족들을 심판하기 위해 사용된다는 것은 확실하다. 뿔들을 떨어뜨리기 위해 굳이 대장장이를 언급한 이유는 뿔로 상징되는 이방 민족들의 힘이 쇠뿔처럼 막강하기 때문이다. 쇠와 청동이 단단하지만 대장장이는 이것들을 원하는 대로 풀무 불에 넣기도 하고 쇠망치로 다룰 수 있다. 하나님이 이 이미지를 사용한 목적은 이방 민족의 힘이 아무리 강력해도 하나님 앞에서는 대장장이와 쇠의 관계처럼 아무 것도 아니라는 점을 드러내기 위해서이다. 대장장이를 통해 네 뿔을 떨어뜨리려고 하는 이유는 민족들이 이스라엘과 유다를 향하여 뿔로 상징화된 군사력을 통한 전쟁 범죄를 저질렀을 뿐만 아니라, 유다 백성을 온 땅에 흩어 버리고 그리고 백성들이 머리를 들지 못할 정도로 억압하였기 때문이다. 개역개정 성경이 "이전의 뿔들"을 통해 "여러 나라의 뿔들을 떨어뜨리려"하는 것으로 번역한 것은 오역이다. "이전의 뿔들"과 "여러 나라의 뿔들"은 동일한 뿔이며, 바르게 번역하면 아래와 같다.

"이들이(대장장이들) 와서 그것들을 두렵게 하고 유다 땅을 향하여 흩으려고 뿔을 들었던 그 나라들의 뿔들을 떨어뜨릴 것이다."

---

16. Klein, *Zechariah*, 110.

교훈과 적용

1. 포로 후기 백성은 하나님이 회복의 시대를 열어 주기를 원하는 가운데 성전을 재건하고 있었지만 정작 그들 자신의 행동과 생활 방식은 하나님으로부터 동떨어져 있었다. 우리는 교회 일과 신앙과 관련된 일을 하면서도 마음은 하나님으로부터 멀리 떨어져 있는 삶을 살고 있는 않은지 스스로를 잘 돌아보아야 한다. 야고보서 4:8은 하나님을 가까이하는 사람을 하나님도 가까이하신다고 한다.

2. 이방 민족들은 하나님이 계획했던 것보다 더 과한 재앙을 이스라엘 백성에게 가했다. 포로로 끌려 간 백성들에게는 힘 자랑하며 교만하게 안락을 과시하였다. 이런 이방 민족들처럼 우리는 잘못을 저지른 성도들에게 과도하게 미워하며 따돌리지는 않는가?

3. 페르시아 제국이 세상을 지배하고 있었지만, 하나님은 자신의 천사들에게 온 땅을 두루 다니며 살피게 함으로서 세상에 대한 실제적인 지배자는 하나님 자신이라는 사실을 보여준다. 우리는 하나님께서 우리의 슬픔과 고통 가운데서도 섭리하신다는 것을 제대로 믿고 있는가?

제2장 시온의 회복에 대한 환상(2:1-13)

스가랴 2장은 세 번째 환상을 기록하고 있으며, 측량 줄을 든 사람의 환상을 통해 하나님이 예루살렘을 다시 선택하고 회복시키고 그 가운데 계시며, 많은 민족들이 하나님의 백성이 될 것이라고 예언하고 있다.

본문 개요

스가랴 2장은 1장의 주제와 밀접한 관계를 가지고 있다. 1:1-6에서 포로 후기 백성에게 하나님께 돌아오면 하나님도 그들에게 돌아오겠다고 하였고, 이어서 이방 민족을 심판하고 예루살렘을 회복시키겠다고 하였다. 스가랴 2장에서는 회복된 예루살렘의 규모에 대한 메시지와 그 곳에 거주하는 모든 백성들은 하나님의 소유가 된다는 메시지를 기록하고 있다. 1-5절에서 예루살렘을 측량하려는 소년에 관한 환상을 통해 회복될 예루살렘에 성곽이 더 이상 존재하지 않고 하나님이 친히 예루살렘을 지키는 보호자가 되실 것을 보여준다. 6-13절은 시로 된 하나님의 메시지이며, 이 본문을 6-9절과 10-13절로 구분할 수 있다. 6-9절에서 하나님은 자기 백성들을 핍박하였던 이방 민족을 파멸시킬 것이라고 한다. 10-13절에서는 시온 백성들에게 노래하라고 한다. 그 이유는 하나님은 이방 민족에서 피하여 나온 백성들과 그들의 거주지인 유다와 예루살렘을 소유로 삼으실 것이기 때문이다.

내용 분해

1. 예루살렘을 지키시는 하나님(2:1-5)
    1) 셋째 환상: 예루살렘을 측량하는 사람(1-2절)
    2) 성곽 없는 예루살렘(3-4절)
    3) 하나님이 예루살렘을 지킴(5절)
2. 하나님의 이방 심판과 시온 가운데 거하심을 노래(2:6-13)
    1) 시온에게 도피할 것을 권고(6-7절)
    2) 시온을 노략한 자들을 심판(8-9절)
    3) 하나님의 임재를 찬양하라(10절)
    4) 많은 나라가 하나님의 백성이 됨(11절)
    5) 예루살렘을 다시 선택(12절)
    6) 하나님의 심판 앞에 잠잠하라(13절)

본문 주해

1. 예루살렘을 지키시는 하나님(2:1-5)

1 내가 또 눈을 들어 본 즉 한 사람이 측량 줄을 그의 손에 잡았기로 **2** 네가 어디로 가느냐 물은 즉 그가 내게 대답하되 예루살렘을 측량하여 그 너비와 길이를 보고자 하노라 하고 말할 때에 **3** 내게 말하는 천사가 나가고 다

른 천사가 나와서 그를 맞으며 **4** 이르되 너는 달려가서 그 소년에게 말하
여 이르기를 예루살렘은 그 가운데 사람과 가축이 많으므로 성곽 없는 성
읍이 될 것이라 하라 **5** 여호와의 말씀에 내가 불로 둘러싼 성곽이 되며 그
가운데에서 영광이 되리라

포로에서 돌아와 예루살렘 성전을 재건하고 있던 백성들은 폐허로 변한 예
루살렘 인근에 임시 거주지를 만들고 생활하고 있었다. 이런 백성들에게 스
가랴 2:1-5에서 하나님은 측량 줄을 든 사람을 통한 예루살렘 측량 환상을 통
해 미래에 회복될 예루살렘의 번영을 알려 준다.[1] 예루살렘에는 많은 사람이
살게 되고 가축도 많게 되며, 예루살렘의 과거의 규모로는 이들을 모두 수용
할 수 없을 정도가 된다. 그래서 예루살렘 성은 성곽이 없어서 그 경계가 없
는 규모로 커지게 된다. 성곽 부재로 인해 안전에 문제가 생기게 되지 않을까
생각할 수 있지만, 하나님이 불로 예루살렘을 지키고 보호할 것이라고 한다.

1) 셋째 환상: 예루살렘을 측량하는 사람(1-2절)

스가랴가 본 셋째 환상은 한 사람이 측량 줄을 들고 예루살렘을 측량하려
고 하는 장면이다. 스가랴는 측량 줄을 든 사람을 보자마자 곧바로 어디로 가
는지 질문을 던진다. 측량 줄을 들고 있는 사람은 4절에서 소년(*나아르* נַעַר)
이라고 한 것으로 보아 비교적 젊은 청년이었을 것으로 생각된다. 2:1은 화석
류나무 사이에 말을 탄 사람을 보는 것을 기록한 1:8과 유사한 표현을 가지
고 있다.

2:1 וְהִנֵּה־אִישׁ   וָאֶרֶא *와에레 베히네-이쉬*

1:8 רָאִיתִי הַלַּיְלָה וְהִנֵּה־אִישׁ *라이티 할라이라 베히네-이쉬*

---

1. 슥 2:1-5은 히브리어 성경에서는 2:5-9에 해당된다.

둘은 동일인일 수도 있지만, 2:1의 *이쉬*(שׁיא, 사람)에 정관사가 없기 때문에 둘을 동일인으로 단정하기 어렵다. 4절에서 천사가 이 사람에게 예루살렘 성벽에 대한 메시지를 따로 전해주는 것을 볼 때 이 사람은 천사와 같은 존재라기보다는 오히려 예루살렘 성벽 재건을 주도할 느헤미야와 같은 인물을 나타낼 가능성이 높다. 그러나 이 사람은 현재 예루살렘 성전을 재건하기 위해 온 포로 후기 백성들은 아니다. 그 이유는 학개 1:2에서 당대의 백성들은 하나님의 성전을 재건할 시기가 오지 않았다고 생각하고 있었기 때문에 예루살렘 성벽 재건을 계획할 형편이 아니었을 것이다. 그러나 이 환상은 첫째 환상과 밀접하게 연결되어 있는 것은 틀림없다.[2] 스가랴 1:16에서 하나님은 예루살렘 재건을 위해 먹줄을 그 위에 쳐지게 될 것이라고 했다. 2:1은 이제 예루살렘 재건을 위해 그 먹줄 또는 측량 줄을 한 사람이 들고 측량하려고 하는 장면이다. 구약 선지서에서 측량 줄이나 다림줄을 사용하는 것은 두 가지 차원에서 이루어 지고 있다. 첫째는 아모스 7:7이하에서 볼 수 있는 것처럼 측량 줄을 잣대와 기준으로 삼아 특정 도시를 평가하고 심판하는 것이다(사 28:17 참고). 둘째는 예레미야 31:39의 경우처럼 측량 줄과 다림줄을 재건과 회복의 상징으로 사용하는 것이다.[3] 스가랴 2:1-2의 측량 줄은 둘째에 해당되며, 측량 줄은 회복될 예루살렘의 규모를 측량하기 위해 사용되고 있다. 스가랴 2장의 측량 줄 환상은 에스겔 45장과 관련이 있으며, 이 부분은 4절 주석에서 좀 더 구체적으로 주석하겠다. 심판을 앞두고 하나님께서 예루살렘과 성전을 측량하는 것은 요한계시록 11:1-2에서도 볼 수 있다.

2) 성곽 없는 예루살렘(3-4절)

스가랴가 이 환상을 보는 동안 그에게 말하는 천사가 스가랴가 있는 곳에

---

2. McComiskey, "Zechariah," 1051.

3. Redditt, *Haggai, Zechariah, Malachi*, 58; Floyd, *Minor Prophets*, 363-64.

서 밖으로 나갔고, 다른 천사가 그 천사를 만나 측량 줄을 든 소년에게 말하게 한다. 다른 천사가 첫째 환상에 등장한 여호와의 천사인지 분명하지 않지만, 이 천사가 스가랴에게 설명하는 천사에게 명령하는 위치에 있고 예루살렘의 미래에 대한 더 고급 정보를 알고 있는 것을 볼 때 여호와의 천사일 가능성이 있다. 다른 천사는 스가랴에게 설명하는 천사에게 측량 줄을 가진 소년에게 달려가서 말하라고 한다. '가서'라고 하지 않고 '빨리 달려가서'(루츠 רוּץ)라고 한 것은 긴급하게 정보를 알려 주기 위해서이다. 천사가 그 소년에게 알려 주어야 할 정보는 두 가지이다. 첫째는 예루살렘은 사람과 가축이 많게 된다는 것이다. 이것은 첫째 환상에서 예루살렘 위에 측량 줄을 치고 재건이 시작될 것을 알리면서 성읍들이 "넘치도록 다시 풍부할 것이라"고 했던 것에 이어지는 메시지이다(1:17). 둘째는 예루살렘의 규모에 관한 정보이다. 예루살렘이 사람과 가축들이 넘치도록 풍부해지면, 이들이 살 수 있는 성벽이 어느 정도인가 하는 문제가 생긴다. 이에 대한 해답으로서 하나님은 예루살렘이 성곽 없는 성읍이 될 것이라고 한다(4절). 이것은 단순하게 성벽을 갖추지 않은 상태를 말할 수도 있지만, 많은 사람과 가축들을 갖춘 거대 도시가 된다는 의미이다. 예루살렘을 거대 도시로 만드는 주제는 에스겔 45장에 있는 하나님이 약속한 미래에 회복될 새 예루살렘에 대한 예언과 유사하다.[4] 에스겔 45:1-9은 회복된 백성들이 거주할 지역을 분배할 때에 거룩한 구역을 구분하게 한다. 성소를 포함한 이 구역의 길이는 이만 오천 규빗(약 11km)이고 너비는 만 규빗(약 4.5km)이다(겔 45:1). 이 구역은 회복될 예루살렘의 일부에 지나지 않는다. 예루살렘의 경계가 대규모로 확대되는 주제는 계시록 21장의 새 예루살렘 성에서도 볼 수 있다. 21:16에 의하면 새 예루살렘의 길이와 넓이와 높이는 각각 만 이천 스타디온이라고 한다. 1 스타디온(Stadium)은 185m이며, 12,000 스타디온은 2,220km이다. 스가랴 2:4는 예루살렘을 성곽 없는 성

---

4. Petersen, *Haggai and Zechariah 1-8*, 169-70.

읍이라고 함으로 측량 줄을 가진 사람이 측량할 수 없는 규모라고 한다. 성곽 없는 예루살렘 예언은 느헤미야가 상대적으로 작은 규모의 예루살렘 성벽을 재건한 것을 고려한다면 포로 후기 백성에게 일어날 가까운 미래의 사건이 아니라 먼 미래에 일어날 사건이다.

3) 하나님이 예루살렘을 지킴(5절)

미래에 이루어질 하나님 나라의 실상에 대해 잘 알지 못하는 당대의 청중들의 입장에서 볼 때 성곽 없는 예루살렘에 살게 되면 대적들의 침략 앞에 안전할 지에 대한 염려가 생겨날 것이다. 이에 대해 하나님은 자신이 예루살렘과 그 가운데 사는 백성들을 지키는 성벽이 될 것이라고 한다. 이를 강조하기 위해 두 가지 중요한 수사학적 장치를 사용하였다. 첫째, 하나님 자신이 직접 성벽이 된다는 것을 강조하기 위해 독립 인칭 대명사 *아니*(אֲנִי)를 문장의 첫 자리에 두어, '나 자신이'라고 말하였다. 그리고 동사구 *에웨-라*(אֶהְיֶה־לָּהּ)와 성벽 사이에 하나님의 말씀에 대한 선지자의 인용 표현인 *네움-여호와*(נְאֻם־יְהוָה, '여호와의 말씀')를 삽입하였다. 이를 직역하면 다음과 같다.

וַאֲנִי אֶהְיֶה־לָּהּ נְאֻם־יְהוָה חוֹמַת: *와아니 에웨-라 네움-여호와 호마트*
그리고 나 자신이 그것의 여호와의 말씀이라 성벽이 될 것이다

강조를 위해 정상적인 문장을 끊고 "여호와의 말씀이라"를 삽입한 후 다음 표현을 이어가고 있다. 둘째 장치는 에덴과 출애굽 모티브다. 하나님이 말한 성벽은 돌이나 금속으로 된 벽이 아니라 불로 된 성벽이다. 불이 기둥처럼 솟아 있는 성벽의 모습은 출애굽 때에 이스라엘 백성을 앞서 인도하며 홍해까지 추격해 온 이집트 군사들로부터 그들을 보호하기 위해 둘 사이를 가로 막

고 섰던 불기둥을 연상시킨다.[5] 이것은 하나님이 출애굽 때처럼 미래에 회복될 예루살렘을 지켜 보호하시겠다는 의지를 보여준다. 이것은 또한 에덴 동산 입구를 지키는 불 검을 연상시킨다. 마치 불 검이 에덴 동산의 생명나무에 이르는 길을 지키고 있는 것처럼 불로 된 성벽이 예루살렘을 빙 둘러 싸게 된다. 스가랴의 환상이 요한계시록 21장과 관련이 있다면 불로 된 성벽은 에덴 동산의 불 검을 의도하는 것으로도 볼 수 있다. 어느 누구도 불 검이 지키고 있는 에덴 동산에 접근할 수 없는 것처럼 그렇게 하나님 자신이 예루살렘을 지키고 보호하신다는 것을 의미할 수 있다.

하나님은 또한 예루살렘 가운데 영광이 되리라고 한다. 이것은 두 말할 것도 없이 에스겔 43:1-5에서 말하는 예루살렘을 떠났던 하나님의 영광의 귀환을 의미하며, 또한 시내산 성막 건축과 솔로몬의 성전 건축 때에 하나님이 불과 구름 가운데 강림하신 것처럼 그런 영광의 모습으로 예루살렘에 강림하신다는 것과 관련 있다. 하지만 이 영광의 강림은 단순히 눈에 보여지는 하나님의 임재의 경이로운 이미지를 말하려는 것이 아니다. 이 영광의 강림도 홍해 사건과 관련 있다. 불기둥을 통해 출애굽 백성을 인도하셨던 하나님은 홍해에서 이집트 군인들을 싸워 물리치기 위해 영광 중에 강림하였었다. 마찬가지로 스가랴 2:5의 하나님의 영광은 예루살렘을 불 성벽이 되어 지키고 보호하실 뿐만 아니라 하나님이 친히 대적들을 싸워 물리치기 위해 영광 중에 강림한다는 의도를 가지고 있다. 2:5의 메시지는 요한계시록 21장에서 미래에 임할 새 예루살렘에 계실 하나님의 영광으로 이어진다(계 21:11, 27).

---

5. Baldwin, *Haggai, Zechariah, and Malachi*, 107.

2. 하나님의 이방 심판과 시온 가운데 거하심을 노래(2:6-13)

6 오호라 너희는 북방 땅에서 도피할지어다 여호와의 말씀이니라 이는 내가 너희를 하늘 사방에 바람 같이 흩어지게 하였음이니라 여호와의 말씀이니라 7 바벨론 성에 거주하는 시온아 이제 너는 피할지니라 8 만군의 여호와께서 이같이 말씀하시되 영광을 위하여 나를 너희를 노략한 여러 나라로 보내셨나니 너희를 범하는 자는 그의 눈동자를 범하는 것이라 9 내가 손을 그들 위에 움직인즉 그들이 자기를 섬기던 자들에게 노략거리가 되리라 하셨나니 너희가 만군의 여호와께서 나를 보내신 줄 알리라 10 여호와의 말씀에 시온의 딸아 노래하고 기뻐하라 이는 내가 와서 네 가운데에 머물 것 임이라 11 그 날에 많은 나라가 여호와께 속하여 내 백성이 될 것이요 나는 네 가운데에 머물리라 네가 만군의 여호와께서 나를 네게 보내신 줄 알리라 12 여호와께서 장차 유다를 거룩한 땅에서 자기 소유를 삼으시고 다시 예루살렘을 택하시리니 13 모든 육체가 여호와 앞에서 잠잠할 것은 여호와께서 그의 거룩한 처소에서 일어나심이니라 하라 하더라

2:6-13에서는 두 가지 주제를 가지고 노래하고 있다. 먼저 하나님은 시온의 백성을 괴롭힌 민족들을 심판할 것이라는 메시지를 6-9절에서 전한다. 하나님은 이방 민족들의 심판에 앞서 시온 백성을 향하여 먼저 도피하라는 경고를 먼저 언급한다. 둘째 주제는 하나님이 시온을 선택하고 그들 가운데 머물 것이라는 것이다. 시온을 선택하는 것에 대해 의아심이 생겨나겠지만, 하나님은 모든 육체에게 '잠잠하라'고 하면서 하나님의 절대주권을 강조한다. 이 메시지에는 많은 이방 민족이 하나님의 백성이 될 것이라는 새로운 주제가 포함되어 있다.

1) 시온에게 도피할 것을 권고(6-7절)

6-7절에서 하나님은 흩어져 살고 있는 백성들을 향하여 도피할 것을 안타까운 마음으로 권하고 있다. 6절에서 북방 땅에서 도피하라고 하는데, 북방 땅은 예레미야서에서 주로 사용된 표현으로서 이스라엘 백성들을 포로로 잡아간 바벨론을 지칭하기도 하지만(렘 6:22; 10:22), 때로는 먼 지역에 있는 강대국을 불특정하게 부르는 표현으로 사용되었다(렘 50:9). 뿐만 아니라 예레미야는 이스라엘 백성의 회복을 선언하면서 그들을 북방 땅으로부터 데려오겠다고 한다(렘 16:15; 23:8; 31:8). 유사하게 스가랴 2:6은 흩어져 살고 있는 백성을 향하여 북방에서 도피하라고 말하고 있다. 6절의 북방의 땅을 7절에서 바벨론이라고 말하고 있지만, 이 바벨론을 잡혀간 지역인 바벨론으로 한정 지을 필요는 없고, 유대인들이 흩어져 살고 있는 모든 도시들을 일컫는 표현으로 이해하는 것이 옳으며, 요한계시록에 등장하는 바벨론의 용례와 유사하다(계 18:2이하).[6]

하나님이 흩어진 백성들을 향하여 도피하라고 하고 있지만, 메시지의 분위기는 안타까움으로 가득하다. 6절에서 개역개정 성경이 "오호라"라고 번역한 히브리어는 호이(הוֹי)이며 구약 성경에서 항상 재앙과 슬픔을 나타낼 때 사용하는 표현으로 주로 '화 있을진저'로 종종 번역된다. 스가랴 2:6에서는 이 표현이 두 번 반복해서 사용되었으며, 이는 구약 성경에서 유일한 현상이며 두 가지를 강조할 의도를 가지고 있다. 첫째는 8절 이하에서 언급되는 이방 민족에게 임할 재앙의 심각성을 강조하는 것이다. 둘째는 첫째보다 더 직접적인 의도라고 볼 수 있는데, 그것은 시온 백성을 안타깝게 생각해서 발한 탄성일 가능성이 높다. 6절의 "오호라"와 개역개정 성경이 생략한 7절의 "오호라"는 모두 그 대상이 흩어져 살고 있는 시온이다.

---

6. Baldwin, *Haggai, Zechariah, and Malachi*, 108-109.

10 הֽוֹי הֹ֣וֹי וְנֻ֗סוּ מֵאֶ֤רֶץ צָפוֹן֙ נְאֻם־יְהוָ֔ה כִּ֠י כְּאַרְבַּ֞ע
רוּח֧וֹת הַשָּׁמַ֛יִם פֵּרַ֥שְׂתִּי אֶתְכֶ֖ם נְאֻם־יְהוָֽה׃
11 הֽוֹי צִיּ֖וֹן הִמָּלְטִ֑י יוֹשֶׁ֖בֶת בַּת־בָּבֶֽל׃

특별하게도 시온은 예루살렘을 지칭하는 표현으로 사용되었지만, 2:7-10 에서는 포로로 끌려가 흩어져 살고 있는 유대인들을 포괄적으로 지칭하는 말로 사용하고 있다. 10절은 시온에게 도망가도록 안타깝게 경고하는 이유가 하나님이 이들을 세상 곳곳으로 흩어 버림으로 이들이 그곳에서 살 수밖에 없었기 때문이다. "하늘 사방에"는 동서남북 전역을 의미하며(사 43:5-6), "바람 같이"는 특별한 목적지 없이 나그네와 같은 신세가 된 것을 의미한다. 그러므로 하늘 사방의 바람 같이는 온 세상에 바람처럼 흩어지는 재앙을 겪었다는 것을 의미한다. 그렇기 때문에 이 경고는 하나님께서 자기 백성을 구원하기 위해 불러 모으시는 행동으로 보아야 한다(마 24:11). 이 메시지는 여덟째 환상의 하늘 네 바람과 밀접한 관계를 가지고 있다(6:5). 7절에서 개역개정이 "바벨론 성에"라고 번역하고 있는 히브리어 본문은 '딸 바벨론'이다. '딸' 은 종종 하나님이 딸 시온과 딸 예루살렘 그리고 딸 유다처럼 자기 백성을 친근하게 부를 때 사용하는 표현이지만, 하나님의 심판 앞에 초라하고 나약하게 변해버린 바벨론과 같은 강대국의 모습을 묘사하기 위해 사용하기도 한다(사 47:1, 5). 7절에서 '딸 바벨론'은 그들에게 임할 하나님의 무서운 심판 앞에 초라하게 변할 상황을 나타내기 위해 사용되었다.

2) 시온을 노략한 자들을 심판(8-9절)

8-9절에는 하나님이 시온을 괴롭힌 이방 민족에 대한 심판 메시지가 기록되어 있다. 스가랴 1장에서 포로 후기 백성과 이방 민족의 심판을 선언할 때 쓰인 하나님의 신명 '만군의 여호와'가 사용되고 있다. 8절은 여러 가지 해석상의 문제를 가지고 있다. 개역개정 성경이 "영광을 위하여 나를 … 보내셨나

니"의 히브리어 *아하르 카보드 셰라하니*(אַחַר כָּבוֹד שְׁלָחַנִי)이며, 이 문장에서 일반적으로 '-이후에'로 번역되는 *아하르*의 뜻과 '영광'의 의미를 두고 다양한 해석이 제시 되었다. '-이후에'를 '-함께'로 번역하기도 하였고, '영광'을 '강림'이나 '메시아'로 해석하기도 하였다.[7] 뿐만 아니라 이 문장을 하나님이 스가랴에게 선지자 사명을 맡기는 것으로 이해하기도 한다. 영광을 하나님의 영광스러운 강림으로 이해하고, 문장의 주어로 보는 것이다. 이 경우 이 문장은 '그 분의 영광이 나를 보내신 이후에 만군의 여호와께서 이같이 말씀하시되'로 해석될 수 있다. 하지만 이런 해석 시도는 모두 적절하지 못하다. 사실상 8절은 하나님의 심판적 재앙의 결과로 나타날 하나님의 영광을 위하여 하나님께서 여호와의 천사를 보냈다는 의미로 해석해야 된다.[8] 8절의 영광은 에스겔 39:21, 27절과 매우 유사한 성격을 가지고 있다.

> **겔 39:21** 내가 내 영광을 여러 민족 가운데에 나타내어 모든 민족이 내가 행한 심판과 내가 그 위에 나타낸 권능을 보게 하리니
> **겔 39:27** 내가 그들을 만민 중에서 돌아오게 하고 적국 중에서 모아 내어 많은 민족이 보는 데에서 그들로 말미암아 나의 거룩함을 나타낼 때라

에스겔 39:21은 스가랴 2:8-9과 유사하고 이를 바탕으로 메시지가 이어지고 있는 스가랴 2:12-13은 에스겔 39:27과 유사하다. 이런 점을 감안하고 해석하기에 앞서 스가랴 2:8-9에서 1인칭으로 말하고 있는 존재의 정체를 파악하는 것도 중요하다. 8-9절의 1인칭을 스가랴로 이해할 수도 있지만, 9절에서 '내가'가 손을 움직이자 여러 민족들에게 심판이 임하는 것을 감안하면, '내가'는 스가랴라기보다는 오히려 3-4절에서 스가랴에게 말하는 천사에게 측량 줄을

---

7. Baldwin, *Haggai, Zechariah, and Malachi*, 109; Klein, *Zechariah*, 119-22.
8. McComiskey, "Zechariah," 1059-61.

든 소년에게 성벽 없는 예루살렘에 대한 메시지를 전하게 한 다른 천사 또는
여호와의 천사로 보는 것이 더 적절하다. 그리고 이 천사는 화석류나무 사이
에 서 있던 그 여호와의 천사와 동일하다. 이런 점들을 감안하고 4절과 연결
하여 8-9절을 해석하면, 마치 하나님께서 성벽 없는 예루살렘을 지키고 보호
하기 위해 영광 가운데 임하신 것처럼, 하나님의 영광을 이방 민족들에게 드
러내어 그들을 심판하는 일을 위하여 "나를 너희를 노략한 여러 나라로 보내
셨나니"로 해석할 수 있다. 앞서 5절에서 출애굽 모티브가 배경에 깔려 있는
것처럼 8절에도 출애굽 모티브가 깔려 있다.[9] "너희를 범하는 자는 그의 눈동
자를 범하는 것이라"는 신명기 32:10을 인유하고 있다.

> "여호와께서 그를 황무지에서, 짐승이 부르짖는 광야에서 만나시고 호
> 위하시며 보호하시며 자기의 눈동자 같이 지키셨도다."

이집트에서 이스라엘 백성을 인도하여 내시면서 그들에게 대하여 하나님
이 가졌던 마음은 그들을 마치 자기 눈동자 같이 여겼다는 것이다. 눈동자는
약간의 위험을 맞닥뜨려도 가장 민감하게 반응하는 신체의 일부이다. 하나님
은 이방 민족들이 이스라엘 백성을 범하는 것을 자기 눈동자를 범하는 것과
동일하게 여겼다고 한다.

9절에서 '내가'로 표현된 인물은 시온을 노략한 민족들 위에 손을 흔드는
행동을 한다. 개역개정 성경이 "움직인즉"이라고 번역한 히브리어는 동사 누
프(נוף)의 히필(Hiphil) 분사이며, 손을 높이 들고 흔드는 행동이나, 손을 앞으
로 뻗어 흔드는 행동을 나타내는 동사이다. 손을 흔들어 이스라엘 백성이나

---

9. C. F. Keil & F. Delitzsch, *Minor Prophets* (Grand Rapids: Eerdmans, 1993), 2:248; Baldwin, *Haggai, Zechariah, and Malachi*, 110; T. J. Finley, "'The Apple of his eye (bābat ʿênô)' in Zechariah 2:12," *VT* 38 (1988): 337-38; Lena-Sofia Tiemeyer, "Compelled by Honour-A New Interpretation of Zechariah 2:12A (8A)," *VT* 54 (2004): 352-72.

이방 민족에게 재앙을 가져오고 심판과 파멸을 불러오는 행동은 아래와 같이 구약 선지서에서 자주 볼 수 있다.

이사야 5:25; 10:32; 11:11, 15; 14:27; 23:11; 31:3; 49:22
예레미야 6:12; 15:6; 51:25
에스겔 6:14; 14:9, 13; 16:27; 25:7, 13, 16; 35:3
스바냐 1:4; 2:13스가랴 13:7

손을 흔들어 재앙을 불러오는 것은 하나님께서 이집트에 내린 10가지 재앙에서 유래되었다(참조. 출 7:4-5 등). 스가랴 13:7에서도 "내가 내 손을 드리우리라"는 표현과 함께 여호와 하나님이 세상을 심판하는 내용이 뒤따르고 있다. 그러므로 2:9의 '내가'를 스가랴 선지자로 생각하는 것은 적절하지 않으며, 다른 천사 또는 여호와의 천사로 보는 것이 옳다. 여호와의 손을 흔듦으로 시온을 노략하던 민족들은 그들의 노예로 섬기던 자들에게 약탈을 당하는 심판과 재앙을 겪게 된다(출 3:19-20). 손을 흔들어 민족들에게 재앙을 불러일으킨 결과로 시온 백성들이 여호와의 천사를 만군의 여호와께서 보낸 것으로 인정하게 된다.

3) 하나님의 임재를 찬양하라(10절)

10-13절은 6-9절이 이방 민족에 대한 심판 메시지를 전하는 것과 달리 이스라엘 자손의 회복에 초점을 맞추고 있다. 회복의 메시지는 특별히 하나님의 임재와 유다와 예루살렘을 다시 선택하고 소유로 삼는 것을 강조한다. 10절은 먼저 시온을 향하여 노래하고 기뻐하라고 한다. 그 이유는 하나님이 돌아와서 그들 가운데 머물 것이기 때문이다. 에스겔 11:23에서 성전과 예루살렘을 떠나고 그들을 버렸던 하나님의 영광이 이제 그들 가운데 돌아온다는 것이다. 그리고 하나님이 머문다는 것은 출애굽기 25:8에서 모세에게 성막을 지으

면서 그들 가운데 거하겠다고 했을 때 사용한 그 표현이다.[10] 그러므로 "네 가운데 머물 것 임이라"는 시온 백성을 자기 백성으로 삼고 그들 가운데 임재해 계시면서 그들의 주와 하나님이 되시겠다는 말이다. 스바냐 3:14-15는 스가랴 2:10과 매우 유사하다. 스바냐 3:14는 시온의 딸을 향하여 노래하고 기뻐하라고 말하면서 "이스라엘 왕 여호와가 네 가운데 계시니 네가 다시는 화를 당할까 두려워하지 아니할 것이라"고 한다. 스가랴 2:11-13은 미래에 하나님이 시온 가운데 머물게 되는 과정을 좀 더 자세하게 묘사하고 있다.

4) 많은 나라들이 하나님의 백성이 됨(11절)

11절은 하나님이 시온에 돌아와서 그들 가운데 머물게 될 때 일어날 일을 추가적으로 기술하고 있다. 먼저 그 날에는 많은 나라가 여호와께 속하게 된다. 11절은 일반적으로 "그 날에"(바윰 하후, בַּיּוֹם הַהוּא)가 문장의 서두에 오는 것과는 달리 문장의 말미에 배열하였고, 이를 통해 많은 민족들이 여호와께 속하게 되는 것을 강조하고 있다. 둘째 환상(1:18-21)과 8-9절에서 이방 민족은 하나님의 심판의 대상이었지만, 그들 가운데 남은 자들이 하나님의 구원의 대상이 되고 하나님의 백성이 된다. 이들은 '내'라고 표현된 하나님의 백성이 된다고 한다. 주석가들 중에는 "나를 네게 보내신 줄 알리라"를 스가랴의 선지자 소명으로 생각하기도 하지만, 이는 전혀 근거가 없다.[11] 오히려 1인칭 '나'는 9절의 '나'와 마찬가지로 3절의 "다른 천사"이며, 이 천사는 1:11의 여호와의 천사와 동일한 인물이다. 11절은 여호와의 천사가 일반적인 천사와 근본적으로 구분되는 존재라는 것을 보여준다. 많은 나라가 여호와께 속할 뿐만 아니라 "내 백성" 즉 여호와의 천사의 백성이 된다고 한다. 이 같은 말을 할 수

10. McComiskey, "Zechariah," 1064; Baldwin, *Haggai, Zechariah, and Malachi*, 111.

11. J. E. Tollington, *Tradition and Innovation in Haggai and Zechariah 1-8* (Sheffield: Sheffield Academic Press, 1993), 228.

있는 유일한 인물은 메시아이다.[12] 종말론적 시기를 의미하는 그 날에 많은 나라가 여호와와 메시아의 백성이 된다. 메시아의 백성을 의미하는 내 백성에서 '백성'의 히브리어가 단수 암(עַם)이라는 것은 매우 의미심장하다. 이것은 여호와께 나아온 많은 나라들이 한 백성, 즉 한 하나님의 나라 백성 또는 한 메시아의 한 백성이 된다는 것을 의미한다.[13] 이어서 메시아는 시온 가운데에 머물게 된다고 한다. 10절에서 "내가 와서 네 가운데에 머물 것임이라"고 할 때 '내가'는 여호와 하나님이고, 11절에서 "나는 네 가운데에 머물리라"에서 '나는'은 여호와의 천사 또는 메시아이다. 여호와가 머무는 것과 여호와의 천사의 머무는 표현이 동일하며, 이것은 메시아의 성격과 그의 머무는 목적과 결과가 여호와의 임재의 목적과 결과와 유사하다는 것을 나타낸다. 메시아가 시온 가운데 머물고 그리고 많은 나라가 여호와께 돌아와 속하게 되는 것은 종말론적 '그 날'에 여호와께서 메시아로 보아야 할 여호와의 천사를 시온 가운데 보내셨다는 것을 알게 해 주는 중요한 사인이 된다. 요한계시록 21:3에서 어린 양과 하나님이 백성들과 함께 계시게 되는 때는 여호와 하나님께서 새 하늘과 새 땅을 만드시는 날이다.

5) 예루살렘을 다시 선택(12절)

12절은 다시 유다와 예루살렘 선택이라는 주제로 되돌아 간다. 하나님은 거룩한 땅에서 유다를 자기 분깃으로 소유하실 것이라고 한다. 거룩한 땅은 가나안 땅으로 한정 지을 수 없다. 4절에서 예루살렘은 그 경계를 특정할 수 없을 정도로 큰 도시로 규정하고 있었기 때문에 유다도 과거의 유다 땅으로 한정할 수 없고 더 큰 땅으로 보아야 한다. 그렇기 때문에 12절에서 거룩한 땅은 가나안 땅에 한정되는 것이 아니라, 11절에서 말한 여호와께 속한 모든 나

12. Keil, *Minor Prophets*, 2:240-41.
13. Petersen, *Haggai and Zechariah 1-8*, 182.

라가 하나님의 거룩한 땅이 되며, 이들 중에서 하나님이 유다와 예루살렘을 다시 택한다는 것이다. 많은 민족들 가운데서 하나님이 이스라엘을 자기 분 깃(헤렉 חֵלֶק)으로 기업을 삼겠다(나할 נָחַל)는 것은 신명기 32:8-9과 매우 흡사하다.

> **8** 지극히 높으신 자가 민족들에게 기업을 주실 때에, 인종을 나누실 때에 이스라엘 자손의 수효대로 백성들의 경계를 정하셨나니 **9** 여호와의 분깃(헤렉 חֵלֶק)은 자기 백성이라 야곱은 그가 택하신 기업이로다(나흐라 נַחֲלָה)

신명기 32:8-9는 모세가 이스라엘 백성들이 어리석게도 하나님이 그들을 하나님의 분깃과 소유로 선택하는 은총을 받았음에도 불구하고 하나님을 버리고 배신할 것을 예고하며 불렀던 예언 노래의 일부이다. 스가랴는 8절에서 "그의 눈동자를 범하는 것이라"에서 신명기 32:10를 인유 하였는데, 12절에서도 신명기 32:9를 의도적으로 인유 하면서 하나님은 시내산 언약을 통해 이스라엘을 자기 백성과 소유와 분깃으로 삼았던 것처럼 미래에 유다와 예루살렘을 다시 자기의 소유와 분깃으로 선택할 것이라고 한다.[14] '다시'라고 한 것은 이전에 버렸던 예루살렘을 재 선택하기 때문이다. 예루살렘의 선택은 이미 스가랴 1:17에서 언급되었다. 둘의 차이점은 1:17에서 하나님은 이방 민족의 심판과 함께 예루살렘의 선택을 예언하는 데 반해, 2:12에서는 이방 민족의 구원과 함께 예루살렘의 선택을 약속하고 있다는 것이다.

6) 하나님의 심판 앞에 잠잠하라 (13절)

13절은 분위기가 반전되어 6-7절에서 이방 민족에 대한 심판을 예언했던

---

14. D. Baron, *Zechariah* (Grand Rapids: Kregel, 1918), 74.

것처럼 다시 하나님의 임박한 심판을 예고한다. 히브리어 성경 6절에서 "화 있을진저 화 있을진저"라고 하고 7절에서도 "화 있을진저"라고 반복하며 요란하게 재앙을 대비하라고 외쳤던 것과는 달리 13절에서는 "모든 육체가 여호와 앞에서 잠잠하라"고 한다. '잠잠하라'의 히브리어 *하스*(הַס)는 선지서에서 하나님의 심판을 배경으로 한 무거운 침묵을 조성할 때 주로 사용되는 표현이다(합 2:20; 습 1:7; 암 6:10; 8:3). 잠잠하라는 말을 한 이유는 12절에서 하나님이 유다와 예루살렘을 다시 선택한 것에 대해 불평을 터트렸기 때문일 것이다. 스가랴 1:1-6은 유다의 죄를 지적하는 말로 시작하면서 포로 후기 백성이 회개하지 않으면 하나님이 그들을 조상들처럼 멸망시킬 것이라고 하였다. 하지만 포로 후기 백성은 2:13에 이를 때까지 전혀 하나님께로 돌아오는 변화를 보여주지 않았다. 그럼에도 이들을 다시 선택하는 하나님의 행동에 대해 이방 민족들이 불평하게 되었을 것이다. 그런 민족들에게 하나님은 잠잠하라고 한다. 이 침묵을 모든 육체에게 요구하는 이유는 하나님의 심판이 사람뿐만 아니라 모든 피조물에게 전 세계에 걸쳐 우주적 차원에서 일어날 일이기 때문이다. 하나님은 그의 거룩한 처소에서 일어나신다고 한다. "일어나심이니라"의 히브리어 *아바르*(נֵעוֹר)는 하나님께서 구원이나 심판을 위해 행동에 나서는 것을 묘사할 때 사용하는 표현이다(심판과 재앙 - 시 7:6; 9:19; 10:12; 17:13; 사 33:10, 구원 - 시 3:7). 13절에서 *아바르*는 심판을 위한 행동이다. 그 이유는 하나님이 일어나는 거룩한 처소의 '처소'는 히브리어 *마온*(מְעוֹן)이며, 이 것은 하나님의 하늘 처소를 지칭하기 위해서도 사용되지만(신 26:15; 대하 30:27), 선지서에서 종종 사자 굴과 같은 맹수의 거주지를 지칭할 때 종종 사용되는 표현이다(렘 9:10; 10:22; 49:33; 51:37; 나 2:12). 예레미야 25:30에서 하나님은 진노의 술잔을 세상 모든 민족들에게 쏟아 붇기 위해서 거룩한 마온에서 공포스러운 포효를 땅끝까지 내어 지르는 모습을 하고 있다. 스가랴 2:13에서도 하나님은 모든 이방 민족을 심판하기 위하여 그의 거룩한 마온 또는 처소에서 일어나고 있다.

교훈과 적용

1. 포로에서 돌아온 이스라엘 백성은 성전을 재건하고 있었지만, 폐허로 변한 예루살렘 성 주변에서 임시 처소를 만들고 생활해야 했다. 아직 성전 재건뿐만 아니라 시온의 회복의 시기가 오지 않았다고 생각하는 백성들에게 하나님은 예루살렘은 성벽으로 그 경계를 정할 수 없을 정도로 번영하게 될 것이라고 한다(2:4). 우리는 당장 눈 앞에 보이는 삶의 어려움 때문에 좌절하지는 않는가? 폐허 위에서도 역사하고 있는 하나님의 섭리를 볼 수 있는 신앙이 필요하다.

2. 바벨론이 시온의 딸들을 핍박하였듯이, 참되고 진실되게 살려고 하는 성도들은 세상 사람들로부터 환란을 당하기 마련이다. 이런 시련 앞에서 성도들은 참고 인내하며 하나님께 모든 아픔을 내어 놓고 맡겨야 한다. 하나님은 그런 우리들에게 불로 둘러 싼 성곽이 되어 주시며(2:5), 불신자들이 성도들을 괴롭히는 행위를 하나님은 자신의 눈동자를 범하는 것으로 여기고 있다(2:8). 때가 되면 하나님은 성도들을 괴롭히는 자들에게 합당한 벌을 내릴 것이다.

3. 복음을 전하고 전도하는 것이 쉽지 않은 시대를 살고 있다. 사람들은 교회와 성도들에게 더 적대적인 감정을 가지고 무례하게 대하는 것을 종종 겪게 된다. 하지만 주님이 계획한 시기와 때가 되면 많은 나라가 여호와 하나님께 돌아오고 예수 그리스도의 백성이 된다고 한다(2:11). 그 날이 언제인지 알 수 없지만, 열방들이 주님께 돌아오는 날을 꿈꾸며 더 기도하고 전도하여야 할 것이다.

제3장 이스라엘의 죄를 하루에 제거 (3:1-10)

스가랴는 앞서 세 환상을 통해 예루살렘과 유다의 회복에 관한 메시지를 전했는데, 3장과 4장은 예루살렘의 두 지도자인 대제사장 여호수아와 총독 스룹바벨에 관한 환상을 통해 포로 후기 백성의 죄 문제와 성전 재건 문제에 초점을 맞춘다. 특히 넷째 환상은 1:1-6에서 제기되었던 백성들의 죄 문제를 하나님이 어떻게 처리할 것인지를 보여준다. 하나님의 처리 방식은 그리스도를 통해 단번에 제거하는 것이다.

본문 개요

스가랴서는 1:1-6에서 이스라엘 백성의 조상들뿐만 아니라 포로 후기 백성 자신의 죄 문제를 거론하는 것으로 시작하였다. 하나님은 그들의 조상들을 죄 문제로 멸망시켰고, 포로 후기 백성에게도 그들의 죄 문제를 해결하고 하나님께로 돌아오지 않으면, 조상들처럼 하나님의 진노를 겪게 될 것이라고 하였다. 3장은 백성들의 죄 문제를 하나님이 어떻게 처리할 것인지를 대제사장 여호수아에 대한 환상을 통해 보여주고 있다. 1-4절은 대제사장 여호수아가 입고 있는 옷을 매개체로 하여 죄 문제 해결 방법을 제시하고 있다. 이어서 5-7

절은 죄 문제를 해결 받고 난 후 추구해야 하는 신앙의 자세를 기록하며, 하나
님의 법도와 규례를 지키면 하나님의 집에서 살게 된다고 한다. 8-10절은 여
호수아를 비롯한 그의 동료들이 모두 하나님의 종 싹에 대한 예표적 인물들이
라고 하며, 메시아 예수 그리스도의 대속적 사건이 일어날 것이라고 알린다.
이 죄 사함이 이루어 지고 나면 평화로운 메시아 시대가 열린다.

내용 분해

1. 여호수아의 더러운 옷과 여호와의 사자와 사탄의 논쟁(3:1-4)

　　1) 여호수아에 대한 사탄의 대적(1절)

　　2) 여호와께서 사탄을 책망(2절)

　　3) 여호수아의 더러운 옷을 바꿔 입힘(3-4절)

2. 말씀을 지키라는 여호와의 사자의 권고(3:5-7)

　　1) 여호수아를 위한 스가랴의 간청(5절)

　　2) 도와 규례를 지켜야 하나님의 집에 거할 수 있음(6-7절)

3. 메시아의 사역과 그의 시대의 평화(3:8-10)

　　1) 예표의 사람들(8절)

　　2) 죄악을 하루에 제거(9절)

　　3) 포도나무와 무화과나무 아래로 초대(10절)

본문 주해

1. 여호수아의 더러운 옷과 여호와의 사자와 사탄의 논쟁(3:1-4)

1 대제사장 여호수아는 여호와의 천사 앞에 섰고 사탄은 그의 오른쪽에 서서 그를 대적하는 것을 여호와께서 내게 보이시니라 **2** 여호와께서 사탄에게 이르시되 사탄아 여호와께서 너를 책망하노라 예루살렘을 택한 여호와께서 너를 책망하노라 이는 불에서 꺼낸 그슬린 나무가 아니냐 하실 때에 **3** 여호수아가 더러운 옷을 입고 천사 앞에 서 있는지라 **4** 여호와께서 자기 앞에 선 자들에게 명령하사 그 더러운 옷을 벗기라 하시고 또 여호수아에게 이르시되 내가 네 죄악을 제거하여 버렸으니 네게 아름다운 옷을 입히리라 하시기로

이스라엘 백성이 포로에서 돌아와 예루살렘 성전을 재건하고 있었지만, 그들의 죄 문제는 여전히 해결되지 않았고 하나님 나라의 회복도 기대할 수 없는 상황이었다. 죄 문제는 하나님과 백성들과의 문제이지만, 이 문제를 집요하게 파고 들며 정죄하는 자는 정작 사탄이었다. 스가랴 1:1-4은 백성들의 죄에 대한 사탄의 정죄 문제를 하나님께서 어떻게 처리하는지를 대속죄일에 백성들의 죄 때문에 더러워진 옷을 입고 속죄소에 서 있는 대제사장 여호수아의 환상을 통해 보여준다. 하나님은 여호수아의 더러워진 옷을 벗기고 새 옷을 입게 함으로 백성들의 죄를 용서하시는 은총을 베풀 것이라는 계획을 드러낸다.

1) 여호수아에 대한 사탄의 대적(1절)

앞서 보았던 세 환상에서는 스가랴가 눈을 들어 환상의 내용을 보았다고 한 것과는 달리 3장에 있는 넷째 환상에서는 여호와께서 스가랴에게 환상을

보여주고 있다. 스가랴가 본 환상은 대제사장 여호수아가 여호와의 사자 앞에서 있고 사탄이 그의 오른 쪽에 서서 그를 대적하는 것이다. 이 환상의 사건이벌어지고 있는 배경에 대한 논쟁이 지속되고 있지만, 주요 견해는 일반적으로둘로 나뉜다.[1] 첫째는 사탄의 행동이 욥기 1장과 유사하다는 점을 들어 이 환상을 천상의 하나님의 보좌 앞에서 일어나는 사건이라고 보는 견해이다. 둘째는 이 환상의 배경을 대제사장 여호수아의 대제사장 임직식으로 보는 견해이다. 이들 두 견해는 각각 문제점을 가지고 있다. 이 환상을 천상의 보좌로 보기에는 7절과 8절이 걸림돌이 된다. 7-8절에서 옷을 갈아 입고 밖으로 나온 여호수아가 있는 장소는 성전이다.[2] 7절에서 여호와의 사자는 여호수아에게 말하면서 "내 집을 다스릴 것이요"라고 하면서 성전을 배경으로 하고 있고, 그리고 그 성전에서 여호수아는 그의 동료들과 함께 앉아 있다. 그리고 욥기 1장에서는 하나님과 사탄이 있는 자리에 인간 욥은 함께 있지 않지만, 스가랴 3장에서는 인간 여호수아가 함께 있다. 이러한 점은 넷째 환상의 배경을 천상회의로 보는 것을 주저하게 만든다. 둘째 주장은 이 환상을 여호수아의 대제사장임직식으로 보는 것이다. 이 견해의 문제점은 여호수아가 이미 대제사장 직을수행하고 있다는 것이다. 에스라 2:2에 의하면 여호수아는 예수아로 불린다.에스라서는 특이하게도 여호수아와 그의 아버지 여호사닥의 이름에서 '호'를빼고 요사닥과 예수아라고 칭하고 있다. 여호수아는 스룹바벨과 함께 예루살렘에 돌아왔으며, 에스라 3:2에서 제사장들의 대표로 불리며 활동하고 있다.스가랴 3장의 환상을 본 시기보다 5개월 전에 첫 메시지를 전한 선지자 학개는 에스라 2:2에서 예수아와 함께 언급된 스룹바벨을 총독이라고 부르며 그리고 여호수아를 대제사장이라고 호칭하고 있다(학 1:1, 15; 2:2, 4). 그렇기 때문에 스가랴 3:1-4의 배경을 이미 대제사장 직분에 임직되어 활동하고 있는

---

1. 천상의 보좌 앞으로 보는 주석가는 다음을 보라. Klein, *Zechariah*, 133. 대제사장의 임직식으로 보는 주석가는 다음을 보라. R. L. Smith, *Micah-Malachi*, WBC (Waco: Word Books, 1984), 199.
2. Kein, *Zechariah*, 133.

여호수아의 대제사장 임직식으로 보는 것은 매우 부적절하다.

스가랴가 보고 있는 환상의 배경은 성전 지성소에서 속죄일에 제사장들과 백성들의 죄를 속죄하는 대제사장의 의식과 관련 있다. 스가랴가 이 환상을 본 시점에는 번제단은 만들어져 있었지만(스 3:2), 성전의 나머지 부분은 재건 초기 단계였다. 그런 가운데 스가랴는 아직 만들어지지 않은 성전 지성소에서 대제사장의 속죄일 속죄 의식과 관련된 환상, 즉 하나님과 여호와의 사자 그리고 사탄 사이에 죄 문제와 관련하여 벌이는 공방을 환상을 통해 본 것이다. 이렇게 생각해야 하는 이유는 대제사장이 성전에서 여호와 앞에 서는 경우는 속죄일에 지성소에 들어가는 것밖에 없기 때문이다. 1-5절의 사건에 이어 7절에서 여호와의 사자가 여호수아에게 대화하며 서 있는 곳은 성전이다. 성전을 배경으로 하나님 앞에 직접 서는 것은 속죄일 지성소에서 일어나는 것 외에 존재하지 않는다. 둘째 이유는 3장과 짝을 이루는 4장의 환상 배경이 성전의 성소에 있는 일곱 황금 촛대인 메노라이기 때문이다. 3장의 환상이 지성소를 배경으로 일어났는데, 4장의 환상은 성소를 배경으로 일어났다. 이렇게 두 환상은 지성소에서 성소로 이어지는 배경의 연속성을 가지고 있다. 셋째 이유는 대제사장이 정결한 옷을 갈아 입는 것은 속죄일에 제사장들과 백성들의 죄 문제를 해결하기 위해 행하는 의식 중에 하나이기 때문이다(레 16:4, 23-24, 32). 이러한 것들은 스가랴 3장의 환상의 배경이 속죄일의 지성소라는 사실을 강하게 뒷받침해 준다. 3장의 배경에 관한 문제는 3장을 주석하는 가운데 좀 더 분명하게 될 것이다.

스가랴 3:1은 이전 환상들과 조금 다르게 시작한다. 환상을 본 것 자체는 동일하지만 다른 환상은 일반적으로 스가랴가 눈을 들어 환상을 보는 데 반하여 3:1은 '그가 내게 보여주었다'로 시작한다. 히브리어 동사 *와얄에니*(וַיַּרְאֵנִי)에 내포된 주어 3인칭 남성 단수가 지시할 수 있는 대상은 2:3의 여호와이다. 넷째 환상에서 대제사장 여호수아는 여호와의 사자 앞에 서 있고, 스가랴에게 해석해 주던 천사는 사라지고 없다. 넷째 환상은 지성소를 배경으로 일어난 사건이었고 제사장 출신이었던 스가랴에게 익숙한 장면이었기 때문에 굳이 설명이 필요 없었을 것이다.[3] 여호와의 사자는 첫 환상에서부터 등장하여 둘째 환상을 제외하고 셋째와 넷째 환상에서 보여준 사건들에서 하나님과 함께 주도적 역할을 하고 있다. 1절은 이어서 여호와의 사자 앞에는 대제사장 여호수아와 나란히 사탄이 서 있다고 한다. 사탄의 원래 의미는 대적자 또는 비난자이다. 구약 성경에서 사탄은 일반적으로 정관사 없이 불특정한 대적을 의미하지만, 욥기와 스가랴서에서만 정관사를 가지고 있으며 천사와 같은 초자연적인 존재로 묘사되고 있다.[4] 스가랴 3장에서 사탄은 대제사장 여호수아와 함께 여호와의 사자 앞에 서 있으며, 대제사장 여호수아를 대적하는 말을 여호와의 사자에게 쏟아붓고 있다. 사탄이 사람을 비난하는 행동은 욥기 1장과 유사한 점이 있다. 둘 사이에 유사한 점이 있지만 근본적인 차이점도 있다. 욥기에서는 욥 개인을 두고 사탄이 비판하고 시험하는 것이라면, 3장에서 사탄은 대제사장 여호수아만 비판하는 것이 아니라 모든 하나님의 백성을 대상으로 한다. 사탄이 비판하고 있는 구체적인 대상은 2절을 살펴보아야만 분명해진다. 유사한 내용을 요한계시록 12:10에서도 볼 수 있으며, 12:10은 사탄이 하나님의 백성 모두를 두고 비난하고 참소하는 행위를 묘사하고 있다.

2) 여호와께서 사탄을 책망(2절)

2절에서 주어는 예상치 못하게 여호와이다. 스가랴서에서 하나님의 말씀을 인용하여 전할 때 "여호와께서 말씀하시기를"이 먼저 나오고 이어서 여호와의 말씀이 나오는 것과는 대조적으로 "여호와께서 사탄에게 말하였다"라는 말이 바로 나온다. 1절에서 여호와께서 환상의 배경 속에 등장해 있다는 직

---

3. Baldwin, *Haggai, Zechariah, and Malachi*, 113.

4. Petersen, *Haggai and Zechariah 1-8*, 189-90. 마빈 테이트는 스가랴 3:1-2의 사탄에는 신약 성경의 경우처럼 발전된 형태가 아니라고 한다. M. E. Tate, "Satan in the Old Testament," *Review and Expositor* 89 (1992): 461-75.

접적인 언급이 없고 주요 등장 인물이 여호와의 사자, 여호수아, 그리고 사탄임에도 불구하고 2절의 첫 문장에서 여호와께서 말씀하신 것으로 말하는 것도 특이한 현상이다. 이에 더하여 하나님이 사탄에게 한 첫 말은 무척 기이하다. 2절의 둘째 문장에서 여호와께서는 사탄에게 "여호와가 너를 꾸짖기를 원하노라"고 한다. 여호와께서 말씀하시면서 "여호와가 … 원하노라"고 말하는 것은 매우 이례적이다. 2절을 제외한 스가랴의 모든 메시지에서 "여호와께서 가라사대"와 유사한 표현으로 소개된 본문에서 여호와께서 주어인 경우에는 항상 1인칭 '내가'이다. 그런데 2절은 파격적으로 '여호와'이다. 그렇다면 매우 자연스럽게 첫 문장의 여호와와 둘째 문장의 여호와가 누구인가 하는 궁금증을 낳는다. 두 문장의 여호와는 동일한 여호와 하나님일까? 첫 문장의 여호와가 여호와 하나님이라면, 여호와 하나님께서 "여호와가 너를 책망하노라"는 표현은 매우 어색하며 "내가 너를 책망하노라"가 정상적인 표현이다. 이 같은 상황은 유다서 1:9에서도 볼 수 있다. 천사장 미가엘이 모세의 시체에 관하여 마귀와 다투어 변론할 때에 "주께서 너를 꾸짖으시기를 원하노라"고 하였다. 그렇다면 2절 둘째 문장의 여호와는 여호와 하나님이고 2절 첫째 문장의 여호와는 여호와의 사자일까? 만약 그렇다면 2절의 첫 문장의 '여호와'는 여호와의 사자를 여호와와 동일시하고 있는 것으로 생각된다. 만약 여호와의 사자를 여호와와 동일시하는 의도를 가지고 있다면 스가랴 3:2은 성부 하나님과 여호와의 사자이면서 여호와로 불린 성자 하나님이 한 문장에서 언급된 유일한 구약 성경 본문이 될 것이다. 이런 이례적인 현상을 조화시켜 보려고 구약 성경의 아람어 번역본인 시리아 역본은 첫 문장의 주어 여호와를 여호와의 사자로 번역하였다. 하지만 70인역을 비롯한 다른 역본과 사본들은 현존하는 히브리어 성경 본문과 일치한다.

'꾸짖다'의 히브리어 *가알*(גָּעַר)은 매우 강렬한 질책을 의미한다. 시편과 선지서에서 주로 대적들과 이방 민족들에 대한 하나님의 질타를 묘사하기 위해 사용되었다(시 68:31; 106:9; 사 17:13; 54:9; 나 1:4). 2절에서 여호와의 사자는 하나님이 사탄을 꾸짖기를 바라는 마음을 강조하기 위해 "여호와께서 너를 꾸짖기 원하노라"를 두 번 반복하였다. 첫 문장에서는 마지막에 "사탄아"을 덧붙여 다름 아닌 사탄을 꾸짖기를 원하는 마음을 강조하였고, 둘째 문장에서는 여호와 하나님을 예루살렘을 선택한 분으로 묘사하여 하나님이 예루살렘을 위하여 사탄을 꾸짖기를 원하는 마음을 강조하였다.

"예루살렘을 선택한"은 넷째 환상의 배경과 관련하여 추가적인 중요한 단서를 제공하고 있다. 여호와의 사자가 하나님을 예루살렘을 선택한 분이라고 묘사한 것은 넷째 환상의 주제가 이전 환상들의 주제와 직접적으로 이어지고 있음을 보여준다(1:17; 2:12). 특히 셋째 환상 마지막에서 하나님은 예루살렘을 다시 선택하실 것이라고 말하며 입을 다물라고 했는데, 이어지는 메시지에서 사탄이 여호수아에게 대적을 하고 있고 하나님에 대한 첫 묘사로 예루살렘을 선택한 분이라고 한다. 이 표현은 동시에 사탄이 대제사장 여호수아를 비난하는 내용이 무엇인지를 알려 주는 효과를 가지고 있다. 이 표현은 사탄이 대적하는 내용이 대제사장 여호수아 본인에게만 한정되는 것이 아니라 예루살렘의 죄 문제를 두고 대적하고 있음을 보여준다.[5] 그렇기 때문에 여호와의 사자는 대제사장 여호수아를 옹호하고 대신에 그를 대적하는 사탄을 하나님이 꾸짖기를 바라면서 그 하나님을 예루살렘을 선택한 분으로 묘사하고 있다. 2절은 마지막 문장에서 대제사장 여호수아와 예루살렘의 상황을 "이는 불에서 꺼낸 그슬린 나무가 아니냐"로 묘사하였다. 지시대명사 '이는'(제 הז)은 대제사장 여호수아의 모습을 가리키지만, 여호수아의 모습은 예루살렘으로 표현된 모든 포로 후기 백성들을 대표하는 모습이다. 아모스 4:11에 의하면 "불에서 꺼낸 그슬린 나무"의 의미는 파멸로 인한 잔해이며, 스가랴 3:2에서는 하나님의 심판과 징벌을 겪고 하나님께 되돌아올 남은 자들의 모습을 은유적으

---

5. M. R. Stead, *the Intertextuality of Zechatiah 1-8*, (New York: T & T Clark, 2009), 157; C. L. Feinberg, *God Remembers* (Eugene: Wipf & Stock, 2003), 43.

로 묘사하고 있다. 포로에서 돌아온 남은 자들을 사탄이 대적한 이유는 1:1-6 에서 언급된 것처럼 이들은 그들의 조상들처럼 하나님의 경고를 받을 정도로 죄 문제 때문에 심각한 상태에 빠져 있었기 때문이다. 그럼에도 불구하고 여호와의 사자가 사탄을 꾸짖는 이유는 그의 죄 문제도 중요하지만 남은 자들이 하나님의 언약 백성이라는 사실이 더 중요하기 때문이다.

3) 여호수아의 더러운 옷을 바꿔 입힘(3-4절)

2절에서 여호수아를 "불에서 꺼낸 그슬린 나무"라고 하였는데, 3절은 이를 단순히 포로에서 돌아온 상황에 한정하지 않고 하나님 앞에서 그의 모습 자체로 묘사한다. 3절은 여호수아가 더러운 옷을 입고 여호와의 사자 앞에 서 있었다고 한다. "더러운"의 히브리어는 형용사 초이(צוֹאִי)이며, 스가랴 3:3-4에서만 사용되었다. 하지만 초이는 사람과 짐승의 똥을 의미하는 명사 체아(צֵאָה)에서 파생되었기 때문에 그 의미는 똥처럼 매우 더럽다는 것이며(신 23:14; 왕하 18:27; 잠 30:12; 사 4:4; 28:8), 대제사장이 얼마나 더러운 옷을 입고 있는지를 짐작하게 해 주는 표현이다. 하지만 대제사장이 이런 더러운 옷을 입고 여호와의 사자와 하나님 앞에 서 있는 것은 매우 이례적인 일이며, 구약 성경은 이런 부정한 옷을 입고 성전에서 활동하는 것 자체가 허용되지 않는다. 그렇다면 무엇 때문에 대제사장이 더러운 옷을 입고 하나님과 여호와의 사자 앞에 서있는 것일까? 4절에서 옷을 갈아 입히는 것과 죄악을 제거하는 것을 동일시하는 것을 볼 때 그의 더러운 옷은 전적으로 죄악 때문에 더럽혀졌다는 것을 의미한다. 하지만 대제사장 여호수아의 옷은 그의 죄악 때문만이 아니라, 하나님의 백성 모두의 죄악 때문이다.[6] 3:8에서 대제사장 여호수아를 예표라 하고 이어서 9절에서 이 땅의 죄악을 제거하는 것이라고 말하는 것을 미루어 볼 때 대제사장의 옷이 더러워진 것은 모든 백성들의 죄악 때문에 더러워

---

6. Smith, *Micah-Malachi*, 199.

진 것이다. 제사장이 백성의 죄 때문에 더럽혀 지는 것은 레위기 10:17과 연관
된 것으로 여겨진다. 10:17에 의하면 제사장들이 백성들의 죄를 대속하기 위
해 드리는 속죄제의 고기 일부를 먹는 것은 백성들의 죄를 대신 담당하는 것
이었다. 죄를 대신 담당하는 것은 상징적으로 대제사장의 옷을 더럽힌 것으
로 여겨진다.[7] 미쉬나 세마호트(M. Semahot) 5:1은 제사장들이 자신의 옷을
통해 죄를 대속하였다고 한다. 그렇기 때문에 대제사장은 속죄일에 지성소에
들어가기 위해서는 더럽혀진 옷을 벗고 속죄일에만 입는 세마포 옷으로 갈아
입어야만 했다. 지성소에서 정결의식을 하고 그리고 아사셀 염소를 광야로 내
보내어 대속 의식을 종결한 후 대제사장은 다시 대제사장 옷들을 입고 사역
을 할 수 있었다. 그런데 스가랴 3:1-3에서 대제사장 여호수아는 자신과 백성
들의 죄로 인해 지극히 더럽혀진 옷을 입고 지성소의 하나님 보좌 앞에 서 있
었다. 3:4는 이런 대제사장의 옷을 벗김으로 그의 죄를 제거하게 하며 대신에
축제의 옷으로 갈아 입히게 한다. 4절에서 매우 특이한 것은 이것을 행하는
이는 여호와의 사자이다. 4절에서 자신 앞에 서있는 자들에게 대제사장 여호
수아의 옷을 벗기고 축제의 옷으로 갈아 입히라고 말하는 이는 여호와의 사
자이다. 개역개정 성경이 4절 첫 문장의 주어로 "여호와께서"라고 첨가해 두
었지만, 본문에는 이 표현이 존재하지 않는다. 4절의 동사 *와야안*(וַיַּעַן)과 *와
요메르*(וַיֹּאמֶר)의 주어가 될 수 있는 것은 3절의 여호와의 사자이다. 이 여호와
의 사자는 2절에서 "여호와가 너를 꾸짖기를 원하노라"고 말한 여호와, 즉 여
호와의 사자이다. 대제사장 여호수아에게 축제의 옷을 입힌 이유는 죄 용서로
인한 큰 기쁨이 뒤따를 것을 의미한다.[8] 이 죄 용서를 위해 대제사장 여호수아
가 특별히 하는 일이나 역할이 전혀 없고, 전적으로 여호와 하나님과 여호와
의 사자의 말씀으로 이루어졌다.

---

7. Petersen, *Haggai and Zechariah 1-8*, 194-96, 199-201.

8. Redditt, *Haggai, Zechariah, Malachi*, 63-64.

2. 말씀을 지키라는 여호와의 사자의 권고(3:5-7)

> **5** 내가 말하되 정결한 관을 그의 머리에 씌우소서 하매 곧 정결한 관을 그
> 머리에 씌우며 옷을 입히고 여호와의 천사는 곁에 섰더라 **6** 여호와의 천사
> 가 여호수아에게 증언하여 이르되 **7** 만군의 여호와의 말씀에 네가 만일 내
> 도를 행하며 내 규례를 지키면 네가 내 집을 다스릴 것이요 내 뜰을 지킬
> 것이며 내가 또 너로 여기 섰는 자들 가운데에 왕래하게 하리라

여호와의 사자가 대제사장 여호수아의 더러운 옷을 벗기고 축제의 옷으로
갈아 입힌 후 그가 앞으로 해야 할 일을 말한다. 스가랴는 여호와의 사자에게
대제사장 여호수아의 머리에 정결한 관을 씌우게 해 달라고 요청한다. 이어서
여호와의 사자는 대제사장 여호수아가 하나님의 도와 규례를 지키고 하나님
의 성전에서 사역하며 지키는 대제사장의 역할을 다한다면 그의 동료들과 함
께 왕래하며 백성들을 다스리게 될 것이라고 한다.

1) 여호수아를 위한 스가랴의 간청(5절)

넷째 환상에서 처음으로 스가랴가 대화에 참여한다. 스가랴는 여호와의 사
자의 지시에 따라 대제사장 여호수아의 더러운 옷을 축제의 옷으로 갈아 입
히는 것을 지켜본 후 여호와의 사자에게 대제사장 여호수아의 머리에 정결한
관을 씌우게 해 달라고 간청한다. "관"의 히브리어는 *차닢*(צָנִיף)이며, 출애굽
기와 레위기에 기록된 대제사장의 관과 다른 표현이지만 동의어에 해당되며
아주 명예로운 관을 두고 사용되는 표현이다(욥 29:14; 사 3:23; 62:3).[9] 스가
랴는 대제사장에게 씌울 관을 정결한 관이라고 했다. 이것은 관 그 자체의 깨
끗한 상태를 염두에 둔 표현이기도 하지만, "정결한"은 대제사장의 관에 썼던

---

9. Baldwin, *Haggai, Zechariah, and Malachi*, 114-15.

"여호와께 성결" 패를 연상시킨다.[10] 이 패를 붙인 관을 씀으로 대제사장은 백성들의 죄를 담당하게 되었으며(출 28:36-38), 이 패를 통해 대제사장 자신뿐만 아니라 이스라엘 모든 백성이 하나님 앞에서 구별되고 정결한 삶을 살아야 된다는 것을 보여주었다. 이것은 이어지는 여호와의 사자가 대제사장 여호수아에게 한 권고에서 구체적으로 언급된다.

스가랴가 여호와의 사자에게 정결한 머리 관에 대해 간청하고 이어서 여호와의 사자 앞에 서 있던 천사들이 머리에 정결한 관을 씌우고 옷을 갈아 입힐 때, 여호와의 사자가 곁에 계속 서 있었다고 한다. 여호와의 사자는 천사들이 하는 일을 지켜보기 위해 곁에 서 있었을 수도 있지만, 대제사장 여호수아에게 6-7절의 말을 하기 위해 기다리고 있었던 것으로 여겨진다.

2) 도와 규례를 지켜야 하나님의 집에 거할 수 있음(6-7절)

대제사장 여호수아의 옷과 관을 갈아 입힌 후 여호와의 사자는 여호수아에게 7절의 내용을 엄숙히 요구하였다. 6절에서 개역개정 성경이 "증언하다"로 번역한 히브리어 우드(עוד)는 이 본문에서 '경고하다' 또는 '엄숙히 요청하다'로 번역되어야 한다. 여호와의 사자는 하나님의 말씀을 직접 인용하여 여호수아에게 경고한다. 여호와의 사자의 경고는 개역개정 성경이 제시하고 있는 것과는 달리 사실상 네 가지로 구성되어 있다. 둘은 '만약'(임 אִם)으로 시작하고 있고, 둘은 '그리고 역시'(베감 וְגַם)로 시작하고 있다. 일반적으로 감(גַם)은 선행하는 문장과 논리적으로 이어지기 때문에 조건절 '만약'을 이어가는 것이고, '만약'에 대한 결과를 말하지 않는다.[11] 뿐만 아니라 7절에서 네 가지 요구를 기록한 문장의 주어는 모두 '네가'로 되어 있고, 요구에 대한 보상적 결과를 말할 때에 주어는 여호와 하나님으로서 '내가 네게'로 되어 있다.

10. Phillips, *Zechariah*, 72.
11. Petersen, *Haggai and Zechariah 1-8*, 202-208.

그렇기 때문에 여호와의 사자의 경고는 모두 넷으로 보아야 한다. 대제사장 여호수아에게 요구된 첫 요청은 "내 도를 행하며"이다. "내 도를 행하며"의 히브리어는 *비테라카이 테렉*(בִדְרָכַי תֵּלֵךְ, 나의 길을 걸으며)이며, 하나님의 계시된 말씀을 따라 도덕적이고 신앙적인 삶을 사는 것을 의미한다. 이것은 1:4 에서 하나님이 포로 후기 백성들과 그들의 조상들에게 돌이키라고 호소하였던 그들의 삶의 길과 반대되는 길이다. 그들의 삶은 악한 길(*미달케켐 하라임* מִדַּרְכֵיכֶם הָרָעִים)을 걷는 삶이었다. 그들은 악한 행위(*마알레켐 하라임* הָרָעִים מַעַלְלֵיכֶם)를 일삼았다. 하나님이 대제사장 여호수아에게 한 둘째 요청은 "내 규례"를 지키는 것이다. 이것은 제사장들이 지켜야 할 규정들뿐만 아니라, 하나님이 율법을 통해 백성들에게 지키도록 명령한 모든 규정들을 포함하고 있다. 대제사장 여호수아에게 요구된 셋째 요청은 하나님의 집을 잘 다스리는 것이었다. 이것은 대제사장이 제사장들과 레위인들의 사역을 포함하여 성전에서 드려지는 제의들을 규정에 따라 집행되도록 돌보는 것이다. 히스기야 시대에 제사장과 레위인들은 성전을 관리하지 않고 제사를 정상적으로 드리지 않았다(대하 29:4-11). 요시아가 종교개혁을 하기 직전에는 레위인들이 하나님의 언약궤를 지성소에서 가져 나와 유다 각처로 돌아다녔다(대하 35:3). 대제사장 여호수아는 이런 일들이 발생하지 않도록 잘 다스리도록 요구받고 있다. 대제사장 여호수아에게 요구된 넷째 요청은 성전을 지키는 것이다. 예루살렘이 멸망하기 전에 므낫세는 예루살렘 성전에 각종 우상들을 세웠다(대하 33:1-9). 하나님은 대제사장 여호수아에게 이런 부정한 자들과 성전을 더럽히는 사람들로부터 성전 뜰을 지키라고 요구하고 있다. 이것들을 행하였을 때 하나님이 대제사장 여호수아에게 주는 보상은 매우 특별하다. 하나님은 "내가 네게 이 서 있는 자들 사이에 다닐" 권한을 주겠다고 한다. "이 서 있는 자들"은 4절에서 "그 앞에 서 있는 자들"을 의미하며 여호와의 사자 앞에 서 있

는 천사들이다.[12] 여호와의 사자가 말한 보상은 종말론적이며 내세적인 차원
에 속한다고 볼 수도 있지만, 이사야 6장에서 이사야가 스랍들이 가득한 성
전에서 하나님을 알현한 것을 고려한다면, 대제사장 여호수아에게 한 보상적
약속은 천사들이 가득 새겨진 성전 내부에 들어가서 사역하는 것을 의미하는
것으로 볼 수도 있다.

3. 메시아의 사역과 그의 시대의 평화(3:8-10)

8 대제사장 여호수아야 너와 네 앞에 앉은 네 동료들은 내 말을 들을 것이
니라 이들은 예표의 사람들이라 내가 내 종 싹을 나게 하리라 **9** 만군의 여
호와가 말하노라 내가 너 여호수아 앞에 세운 돌을 보라 한 돌에 일곱 눈
이 있느니라 내가 거기에 새길 것을 새기며 이 땅의 죄악을 하루에 제거하
리라 **10** 만군의 여호와가 말하노라 그 날에 너희가 각각 포도나무와 무화
과나무 아래로 서로 초대하리라 하셨느니라

여호와의 사자가 대제사장 여호수아의 더러운 옷을 갈아 입히고 그에게
대제사장으로서 해야 할 역할에 대해 경고한 후 그와 그의 동료들이 메시아
를 예표한다는 사실을 알려 준다. 넷째 환상의 전반부가 대제사장 여호수아
의 더러운 옷 교체를 통해 하나님의 죄 용서하시는 은혜를 보여주었는데, 8-9
절에서는 오실 메시아가 이 땅의 죄악을 하루에 제거하실 것이라고 한다. 하
나님은 또한 죄 용서받은 사람들이 메시아 시대의 평화를 마음껏 누리게 될
것이라고 한다.

---

12. McCosmiskey, "Zechariah," 1074; Klein, *Zechariah*, 142. 마이클 시걸은 대제사장 여호수아에 대
한 약속을 종말론적인 약속이 아니라 현실 정치에서 그의 권력 강화에 대한 약속으로 이해한다. M.
Segal, "The Responsibilities and Rewards of Joshua the High Priest according to Zechariah
3:7," *JBL* 126 (2007): 717-34.

1) 예표의 사람들(8절)

　6-7절에서 여호와의 사자가 대제사장 여호수아에게 경고의 메시지를 주었던 것과는 달리 8절에서 여호와의 사자는 청유형 감탄문을 사용하여 '잘 들어라'(쉐마-나 שְׁמַֽע־נָא)로 메시지를 이어간다. 그리고 대화 속에 "대제사장 여호수아야"라고 그의 이름을 부르며 메시아 예언을 시작한다. 여호와의 사자가 주목하도록 요청한 대상은 대제사장 여호수아에 한정되지 않고 그의 앞에 앉아있는 그의 동료들도 포함되고 있다. 여호수아의 앞에 앉아있는 그의 동료들이 구체적으로 누구인지가 명확하지 않다. 피터센(D. L. Petersen)은 그의 앞에 앉은 동료들을 스가랴 4장에 나오는 스룹바벨과 선지자 스가랴와 학개를 가리킨다고 주장한다.[13] 하지만 본문 어디에도 이를 뒷받침할만한 근거가 없다. 전통적으로는 이들을 제사장들로 여긴다.[14] "앉은"으로 번역된 히브리어 하요쉐빔(הַיֹּשְׁבִים)은 동사 야솹(יָשַׁב)의 분사로서 그 의미는 일시적으로 앉아있는 것을 의미하지 않고 지속적인 거주의 의미를 가지고 있다. 이를 감안하면 이들을 대제사장 여호수아와 함께 지속적으로 사역하는 제사장들일 가능성이 더 높다. 대제사장 여호수아 뿐만 아니라 다른 제사장들이 모두 예표라는 것은 그들 자신과 그들의 개인적인 삶과 행동이 아니라 그들의 직분과 사역적 특성이 메시아의 예표라는 말이다.

　여호와의 사자는 이들이 예표하는 것은 여호와 하나님의 종인 싹이라고 하며, 그 싹이 날 것이라고 한다. 클라인(G. L. Klein)에 의하면 '싹'은 고대 근동 문헌에서도 종종 나타나는 호칭으로서 기원전 3세기 페니키아 문서에서 싹은 합법적인 왕을 지칭하는 용어로 사용되었다.[15] 페니키아의 경우처럼 예레미야 23:5-6; 33:15은 싹을 메시아 왕을 지칭하는 별칭으로 사용하고 있다. 스가랴 3:8의 싹도 메시아의 제왕적 역할을 나타낼 가능성이 있다. 하지만 9절

13. Petersen, *Haggai and Zechariah 1-8*, 208-209.
14. Keil, *Minor Prophets*, 2:257-58.
15. Klein, *Zechariah*, 143-44.

에서 메시아의 죄악을 제거하는 사역은 8절의 싹의 이미지가 제왕적 역할보
다 제사장적 역할에 초점을 맞추고 있는 것으로 보게 한다. 그런 점에서 8절
의 싹은 이사야 4:2-3에 있는 메시아로 여겨지는 싹의 역할과 유사하다.[16] 이
사야 4:2-3에 의하면 하나님이 여호와의 싹을 통해 시온에 남은 자와 예루살
렘의 남은 자들의 모든 더러운 것과 핏자국을 깨끗하게 씻을 것이라고 한다.

2) 죄악을 하루에 제거(9절)

9절은 여호수아 앞에 세운 한 돌에 일곱 눈을 새길 것이라고 한다. 이를 두
고 세 가지 해석이 주류를 이루고 있다.[17] 첫째는 이를 성전의 주춧돌이라고 여
기고, 이 주춧돌에 왕의 기록물을 새기는 것을 의미한다고 생각한다. 둘째는
전통적인 메시아 해석으로서, 돌은 메시아이고 돌에 새겨 넣는 행위는 메시아
의 고난으로 이해했다. 셋째는, 이 돌을 대제사장의 에봇에 달린 돌들을 의미
하는 것으로 해석하는 것이다. 첫째 주장의 주춧돌은 포로 후기 상황에 맞지
않고 그리고 구약 성경에서는 찾아 볼 수 없기 때문에 그 가능성이 매우 희박
하다. 이 문제를 해결하기 위해서는 대제사장 앞에 있는 돌로 추정 가능한 대
상이 무엇이 있는지 확인해 보아야 한다. 성전에서 대제사장 앞에 있을 수 있
는 돌은 두 종류이다. 첫째는 대제사장의 에봇에 있는 보석들이다. 에봇에는
판결 흉패에 이스라엘 12지파를 상징하는 보석 12개와 에봇 견대에 부착된 2
개의 보석과 함께 모두 14개가 부착되어 있었다. 클라인은 "한 돌에 일곱 눈이
있다"는 말에서 눈은 쌍수이며 한 쌍이기 때문에 14개의 눈을 의미하며, 이 숫
자 14는 대제사장의 에봇에 부착된 14개의 보석으로 보아야 한다고 생각한다.
둘째 가능한 것은 지성소 안에 있는 언약궤가 놓여 있던 자리에 있었던 돌이

---

16. M. Jauhiainen, "Turban and Crown Lost and regained: Ezekiel 21:29-32 and Zechariah's
    Zemah," *JBL* 127 (2008): 501-11.

17. Klein, *Zechariah*, 145-51; J. C. Vanderkam, "Joshua the High Priest and the Interpretation of
    Zechariah 3," *CBQ 53* (1991): 553-70.

다. 미쉬나에 의하면 첫 성전이 바벨론에 의해 파괴되었을 때 언약궤는 사라
졌고, 언약궤가 없어진 지성소 안에는 세티야(eben shetiyah)라고 불리는 돌
이 하나 남아 있었다. 대제사장은 속죄일에 분향할 때 필요한 불을 놓는 용도
로 이 돌을 사용하였다.[18] 대제사장 여호수아 앞에 있는 돌은 이 둘 중에 하나
일 가능성이 높다. 우선 조지 클라인의 주장처럼 이 돌을 대제사장의 에봇에
부착된 돌과 동일시하는 것은 한 돌을 14개의 보석과 동일시할 수 있을지에
대한 문제가 있다. 9절의 한 돌을 문자 그대로 해석할 경우, 지성소 언약궤와
속죄소가 놓여 있던 자리에 남아 있는 돌로 생각하는 것이 가능하다. 스가랴
3장의 배경이 속죄일의 지성소라는 것을 감안하면 9절의 돌은 이 돌일 가능성
이 높으며, 9절의 메시지가 속죄를 주제로 하고 있는 사실도 이 주장을 뒷받침
할 수 있다. 하지만 9절의 이어지는 메시지에서 "새길 것을 새긴다"는 말은 대
제사장의 에봇에 있는 보석일 가능성에 무게를 실어 준다. 구약 성경에서 돌
에 무엇인가를 새기는 것은 출애굽기 28:9-10과 21에서 볼 수 있는 것처럼 보
석에 이스라엘 12지파의 이름을 새기는 것밖에 없다. 스가랴 3장에서도 이스
라엘의 죄를 씻는 사건을 환상을 통해 보여주고 있음을 고려한다면, 9절의 새
길 것을 새기는 것도 이스라엘 12지파의 이름을 돌에 새기는 것을 의미한다.[19]

한 돌에 일곱 눈이 있다는 것은 꼭 일곱 눈을 가진 돌이라는 의미가 아니다.
이 일곱 눈은 스가랴 4:10에서 말하는 일곱 눈과 동일하며, 이 눈들은 첫째 환
상에서 나왔던 말을 탄 천사들의 활동과 유사하게 감찰하는 역할을 강조하는
표현이다. 하지만 이 눈들의 역할은 첫째 환상과 넷째 환상과 다를 수 있다. 첫

18. M. Yoma 5:2. "궤가 사라진 뒤, 초기 선지자 시대의 돌인 셰티야라는 돌이 남아있었다. 손가락 세 마디 높이의 돌이었는데, [속죄일에] 그 위에 불 판을 올려놓았다(Once the ark was taken away, there remained a stone from the days of the earlier prophets, called Shetiyyah. It was three fingerbreadths high, and on it did he put the fire pan [on the Day of Atonement])."
19. Baldwin, *Haggai, Zechariah, and Malachi*, 116-18. 리핀스키와 볼드윈은 일곱 눈의 눈은 우물을 의미할 수 있으며, 한 돌에 일곱 눈을 새기는 것은 출애굽기 17:1-7의 므리바 반석의 물을 의미할 가능성을 제기한다.

째 환상은 세상의 민족들을 살피는 데 초점을 맞추고 있다면, 3:9의 일곱 눈은 '일곱'의 숫자를 통해 하나님께서 이스라엘 열두 지파를 집중적으로 지켜보며 살피고 돌본다는 것을 강조하기 위해 사용되었다. 일곱 눈이 지켜보는 가운데 이 돌에 새길 것을 새긴다는 것은 하나님이 다시 자기 백성을 선택하여 그 이름을 그 돌에 새겨 넣는다는 것을 의미한다. 이렇게 선택한 백성들의 죄악을 하루에 제거하는 일이 미래에 일어난다. 죄악을 하루에 제거한다고 한 것은 구약의 배경에서는 속죄일에 백성들과 성소를 정결하게 하였던 것을 연상시킨다. 동시에 죄의 제거가 "내 종 싹"을 통해 이루어진다고 한 것을 볼 때 하루에 죄악을 제거하는 것은 메시아를 통한 완전한 죄의 제거를 염두에 둔 표현으로 볼 수 있으며, 예수 그리스도의 십자가 사건에 대한 직접적인 예언이다.

3) 포도나무와 무화과나무 아래로 초대(10절)

죄악을 하루에 제거하는 놀라운 일이 일어난 후 곧 이어 10절에서는 백성들이 서로 자신의 포도나무와 무화과나무에 초대하여 나누어 먹게 된다고 한다. 이것은 메시아 시대에 있을 평화를 의미한다. 8절에서 메시아를 막 자라기 시작하는 싹이라고 하고 10절에서 포도나무와 무화과나무를 말하는 것은 두 주제가 상호 연결되어 있다고 보아야 한다. 그렇다면 10절의 포도나무와 무화과나무는 8절의 싹이 완전히 자라난 상태라고 볼 수 있으며 그리고 메시아 시대가 활짝 열리고 완성된 시대를 의미한다. 신명기 8:8에 의하면 포도나무와 무화과나무는 약속의 땅 가나안의 풍요를 나타내는 대표적인 과일나무들에 포함되어 있다. 그렇기 때문에 포도나무와 무화과나무가 마르고 열매가 없는 것은 재앙을 의미하며, 이 열매가 풍성한 것은 종말에 있을 대 회복을 상징하기도 한다. 특히 미가 4:4은 스가랴 3:10처럼 종말에 각 사람이 자기 포도나무 아래와 무화과나무 아래에 앉는다고 하며, 이 나무들을 회복의 시대의 축복으로 상징화하고 있다. 스가랴 3:10의 메시지도 메시아 시대에 하나님의 백성들이 누리게 될 축복을 의미한다. 요한복음 1:45-51에서 나다나엘이 무화과나무 아래에 있었던 것도 같은 차원에서 이해할 수 있다. 그의 행동은 스가랴 3:10과 미가 4:4의 메시지 때문에 일어났다.[20] 예수님이 나다나엘이 무화과나무 아래 있었음을 말했을 때 나다나엘이 보여준 반응은 그가 메시아 시대의 축복으로 이해하고 그 시대가 오기를 기대하며 행동했음을 시인하는 것으로 볼 수 있다. 스가랴는 특별히 포도나무와 무화과나무 아래에서 나눌 축복을 강조하여 "그 날에"를 문장의 첫 부분에 두었고, 이어서 하나님의 말씀에 대한 선지자의 인용문인 "여호와의 말씀이라"를 첨가하여 강조하고 있다.

교훈과 적용

1. 하나님은 대제사장 여호수아가 죄로 더럽혀진 옷을 입고 여호와의 사자 앞에 서있고 그 옆에 사탄이 대적하는 환상을 보여주었다. 예루살렘을 택한 여호와께서 사탄을 너를 책망하노라는 말에서 볼 수 있듯이 여호수아의 옷이 더럽혀진 것은 그의 죄뿐만 아니라 하나님의 백성들의 죄 때문이다. 대제사장 여호수아는 그리스도를 예표하며, 백성들의 죄가 대제사장 여호수아의 옷을 더럽힌다는 것은 나의 죄가 그리스도를 더럽힌다는 것을 의미한다. 지금 이 시간에도 나는 그리스도를 욕되게 하고 있지는 않은가?

2. 더러운 옷을 입고 있는 여호수아의 옷을 하나님은 벗겨 버리고 여호수아와 하나님의 백성들의 죄악을 제거하고 아름다운 옷을 입혔다. 하나님께서는 여호수아뿐만 아니라 우리 모두의 죄악을 제거하고 아름다운 옷을 입히기를 원하시는 분이다. 그 하나님 앞에서 우리는 정결한 삶을 살기 위해 얼마나 노력하고 있는가? 하나님의 말씀 앞에 살기 위한 노력을 나는 얼마나 하고 있는가?

3. 이 땅의 죄악을 하루에 제거하는 메시아의 시대가 이르면 하나님의 백성은 포도나무와 무화과나무 아래로 서로 초대하여 즐거운 잔치를 벌인다고 한다. 나다나엘은 그런 메시아 시대가 오기를 소망하며 무화과나무 아래에 머물기를 즐거워하였다. 그리스도의 십자가 보혈의 은혜를 입은 우리는 성도간에 평화로운 초대와 교제를 가지고 있는가? 개인화된 사회 속에서 성도의 진정한 교제를 상실한 상태로 살아가고 있지는 않은가?

---

20. C. R. Koester, "Messianic Exegesis and the Call of Nathanael (John 1:45-51)," *JSNT* 39 (1990): 23-34.

제4장 성령의 능력을 통한
성전 완공(4:1-14)

스가랴 3장에서 대제사장 여호수아가 속죄일에 지성소에 들어가 하나님 앞에 서는 환상을 통해 백성들의 죄 문제 해결을 위한 하나님의 방법을 보여주었는데, 스가랴 4장에서는 성전의 성소에 있는 순금 등잔대에 관한 환상을 통해 성전 재건 완성에 대한 예언이 주어진다. 특이하게도 환상에서 보여준 것은 순금 등잔대이지만, 환상을 통한 메시지 수신 대상이 성전 봉사자들이 아니라, 스룹바벨이다. 성전 기초 돌을 놓은 스룹바벨이 성전 재건을 완성할 것이라고 한다.

본문 개요

스가랴 4장에서는 스가랴에게 말하던 천사가 순금 등잔대와 그 곁에 서 있는 두 감람나무에 대한 환상을 통해 하나님의 성전 재건은 성령의 역사와 백성들의 두 지도자인 총독 스룹바벨과 대제사장 여호수아의 협력을 통해 이루어진다고 한다. 1-6절에서는 환상의 내용인 순금 등잔대와 두 감람나무 환상과 순금 등잔대에 대한 해석이 주어지는데, 순금 등잔대는 하나님의 성령을 의미한다. 7-10절에서는 순금 등잔대를 통해 상징된 성령의 역사를 통해 성전 재건을 주도하고 있는 총독 스룹바벨이 재건을 완성하게 되며, 그의 앞에 있는 모든 장애물들이 성령의 역사를 통해 평지처럼 무력화된다고 한다. 11-14절은 환상의 한 요소인 두 감람나무에 대한 해석이 주어진다. 감람나무는 성령을 상징하는 순금 등잔대에 기름을 공급하는데, 두 감람나무가 스룹바벨과 대제사장 여호수아라고 함으로 이들의 협력이 성령의 역사를 조력하게 된다고 한다.

내용 분해

1. 순금 등잔대 환상(4:1-6)
    1) 순금 등잔대와 두 감람나무 환상(1-3절)
    2) 순금 등잔대에 대한 해석(4-6절)
2. 스룹바벨이 성전 재건 완성(4:7-10)
    1) 스룹바벨 앞의 장애물(7절)
    2) 스룹바벨이 성전 재건 완성(8-9절)
    3) 여호와의 돌보심(10절)
3. 감람나무의 의미(4:11-14)
    1) 두 감람나무에 대한 질문(11-13절)
    2) 두 감람나무에 대한 해석(14절)

본문 주해

1. 순금 등잔대 환상(4:1-6)

1 내게 말하던 천사가 다시 와서 나를 깨우니 마치 자는 사람이 잠에서 깨어난 것 같더라 **2** 그가 내게 묻되 네가 무엇을 보느냐 내가 대답하되 내가 보니 순금 등잔대가 있는데 그 위에는 기름 그릇이 있고 또 그 기름 그릇 위에 일곱 등잔이 있으며 그 기름 그릇 위에 있는 등잔을 위해서 일곱 관이 있고 **3** 그 등잔대 곁에 두 감람나무가 있는데 하나는 그 기름 그릇 오른쪽에 있고 하나는 그 왼쪽에 있나이다 하고 **4** 내게 말하는 천사에게 물어 이르되 내 주여 이것들이 무엇이니이까 하니 **5** 내게 말하는 천사가 대답하여 이르되 네가 이것들이 무엇인지 알지 못하느냐 하므로 내가 대답하되 내 주여 내가 알지 못하나이다 하니 **6** 그가 내게 대답하여 이르되 여호와께서 스룹바벨에게 하신 말씀이 이러하니라 만군의 여호와께서 말씀하시되 이는 힘으로 되지 아니하며 능력으로 되지 아니하고 오직 나의 영으로 되느니라

스가랴의 다섯째 환상은 성전의 순금 등잔대와 두 감람나무이다. 순금 등잔대는 성소 내부를 밝히는 메노라 등잔대이며 그 곁에는 두 감람나무가 서 있다. 이것은 원래 성소 내부에 있는 메노라 등잔대의 모양과 차이가 있으며, 스가랴는 이에 대한 질문을 하고 천사는 그에게 순금 등잔대가 성령을 의미한다고 말한다.

1) 순금 등잔대와 두 감람나무 환상(1-3절)

넷째 환상에서 여호와께서 스가랴에게 환상을 보여주고 설명해 주었는데, 다섯째 환상에서는 다시 스가랴에게 말하던 천사가 등장하여 그에게 환상을

보여주고 설명한다. "다시 와서"는 스가랴 2:3에서 잠시 나갔던 스가랴에게 말하던 천사가 되돌아왔다는 말이다. 천사는 스가랴를 마치 잠자는 사람을 깨우듯이 깨웠다고 한다. 이것은 스가랴가 넷째 환상과 다섯째 환상 사이에 잠시 정신이 멍멍한 상태에 있었다는 의미로 여길 수 있다. 스가랴의 상태와 유사하게 다니엘도 숫염소 환상을 본 후 너무 놀라 혼이 달아난 듯한 상태에 빠져 있었다(단 8:27). 하지만, 천사가 스가랴를 깨운 것은 스가랴가 이전 환상에 대해 골똘하게 생각하고 있을 때에 이어지는 환상을 더 분명하게 보고 이해하게 만들려고 일깨운 것으로 볼 수도 있다.[1] 이때에 스가랴는 성소에 있는 황금 등잔대를 보게 된다.

1-2절의 메시지는 4장의 환상의 배경이 3장과 연속성을 지니고 있음을 보여준다. 1절은 다른 환상들과 다르게 '내가 보니' '보이니라'는 표현이 없다. 스가랴가 본 8개의 환상 중에서 이 표현이 없는 곳은 4장이 유일하다. 이것은 4장의 환상의 배경이 3장의 배경과 연속성을 가지고 있기 때문일 수 있다. 이런 연속성을 염두에 두고 3장과 4장의 메시지를 보면 둘 사이에는 성전의 공간과 관련하여 상호 연속성을 가지고 있음을 알 수 있다. 스가랴 3장에서 스가랴는 지성소와 관련된 환상을 보았는데, 4장에서 스가랴는 성소의 메노라를 배경으로 한 환상을 보고 있다.

황금 등잔대는 중앙의 촛대를 중심으로 좌우로 각각 3개씩 모두 7개의 촛대가 연결되어 한 촛대를 만들고 있다.[2] 각각의 촛대의 속은 비어 있는 관으로 되어 있었고, 각 촛대의 꼭대기는 둥글고 작은 사발 모양의 등잔을 부착하여 심지를 두어 불을 밝혔다. 하지만 스가랴가 보고 있는 황금 등잔대는 매우 특이한 형태이며, 구약 성경에서 찾아볼 수 없는 모양을 가지고 있다. 학자들이

---

1. Petersen, *Haggai and Zechariah 1-8*, 215-16.
2. 스가랴가 본 황금 등잔대의 등잔 수가 7개인지 아니면 49개인지에 대해 학자들의 견해가 각각 다르다. 70인역은 7개로 해석하였다. Petersen, *Haggai and Zechariah 1-8*, 216-13; McComiskey, "Zechariah," 1083; Klein, *Zechariah*, 155-56.

다양한 형태의 황금 등잔대를 제시하고 있지만 사실상 어느 것도 스가랴 4:2의 황금 등잔대의 모양과 형태를 단정적으로 말할 수 없다. 황금 등잔대보다 더 주목해야 되는 요소는 그 옆에 서 있는 두 감람나무이다. 두 감람나무가 기름 그릇 오른쪽과 왼쪽에 하나씩 서 있다고 하는데, 성막과 성전에는 이런 형태의 황금 등잔대와 감람나무가 존재하지 않았다.

2) 순금 등잔대에 대한 환상 해석(4-6절)

순금 등잔대와 두 감람나무 환상을 본 후 스가랴는 천사가 그에게 질문하기도 전에 그가 먼저 천사에게 이것들이 무엇인지 질문한다. 스가랴는 제사장 가문 출신이었기 때문에 성소에 있는 순금 등잔대에 대해 이미 들어 알고 있었을 것이다. 그럼에도 불구하고 그가 질문한 이유는 순금 등잔대가 특이하게 생긴 것도 있지만 그 옆에 서있는 두 감람나무에 대해서 이해할 수 없었기 때문이다. 첫째 환상과 둘째 환상에서 스가랴가 질문하면 곧바로 그 의미를 설명하던 천사는 이번에는 스가랴의 질문에 대답하지 않고 오히려 이것들이 무엇인지 알지 못하느냐고 되묻는다. 스가랴와 천사는 순금 등잔대와 두 감람나무의 환상이 그만큼 난해하기도 하고, 또 그 내용이 매우 중요하기 때문에 서로 질문을 반복하고 있다. 재차 순금 등잔대와 두 감람나무의 상징적 의미를 모른다고 대답하는 스가랴에게 천사는 하나님의 말씀을 전달하며 그 의미를 설명한다. 그런데 천사가 전달하는 하나님의 말씀의 수신 대상이 스가랴가 아니고 스룹바벨이다. 이것은 순금 등잔대와 두 감람나무의 환상을 통해 하나님이 스룹바벨에게 특별한 말씀을 하기를 원한다는 것을 보여준다.

천사를 통해 하나님은 스룹바벨에게 두 가지를 부정하고 한가지를 긍정한다. 첫째 부정은 "힘으로 되지 않으며"이다. 7절 이하에서 스룹바벨이 성전 재건을 완성할 것이라고 한 것을 볼 때 이 말은 성전 재건은 "힘으로 되지 않는다"는 의미가 틀림없다. '힘'의 히브리어는 *하일*(חַיִל)이며, 이 단어는 주로 군사력과 부와 관련하여 자주 사용되는 표현이다. 이 본문에서는 성전 재건에 동원할 수 있는 노동력을 의미할 가능성도 있다. 에스라 2:64이하에 의하면, 스룹바벨과 함께 예루살렘 성전을 재건하기 위해 예루살렘에 돌아온 회중의 합계가 사만 이천 삼백육십 명이었고, 그 외에도 남종과 여종 그리고 말과 노새와 낙타와 나귀가 매우 많이 있었다. 매우 많은 숫자였지만, 솔로몬이 성전을 건축할 때에 동원된 역군 삼만 명과 짐꾼 칠만 명 그리고 채석 인부 팔만 명, 합계 십팔만 명과 비교하면 소수에 지나지 않는다(왕상 5:13-18). 그렇기 때문에 스룹바벨이 상대적으로 적은 인부들 때문에 실망하였을 수 있다. 그런 스룹바벨에게 "힘으로 되지 않으며" 즉 인부의 수, 군사력 또는 경제력으로 되지 않는다고 하나님은 말하였다.

하나님이 스룹바벨에게 말한 둘째 부정은 "능력으로 되지 않으며"이다. "능력"의 히브리어는 코아흐(כֹּחַ)이며, 하일(חַיִל)보다 더 포괄적인 표현이다. 코아흐는 사람의 신체적 힘을 의미하기도 하고, 땅이나 생명체의 생산력을 의미하기도 한다. 느헤미야 4:10에서 예루살렘 성벽을 재건하던 유대인들이 느헤미야에게 담부자들의 힘이 쇠하였다고 하는 것처럼, 스가랴 4:6의 코아흐는 성전 건축하는 사람들 개개인의 힘과 에너지를 의미한다.[3] 이것은 성전 재건에 참여한 포로 후기 백성이 매우 쇠약해져 있었고, 스룹바벨은 이 문제가 성전 재건에 큰 걸림돌이 된다고 생각하였을 것이다. 이런 상황과 형편은 스가랴와 동시대 선지자로서 예루살렘 성전 재건을 위해 활동하였던 학개의 메시지에서도 찾아볼 수 있다. 학개 1:1-11에 의하면 예루살렘과 유다에는 가뭄과 기근이 창궐하였고, 백성들은 하나님의 성전을 재건할 때가 아직 오지 않았다고 생각하였다. 그런 백성들에게 하나님은 성전 건축은 개인의 힘과 능력에 의해 되는 것이 아니라고 한다.

이런 문제로 고민하고 있는 스룹바벨에게 하나님은 성전 재건은 하일과 코

---

3. W. C. Kaiser, *The Majesty of God in the Old Testament: A guide for Preaching and Teaching* (Grand Rapids: Baker, 2007), 99; Klein, *Zechariah*, 158-60.

야흐에 의해서 되는 것이 아니라 "나의 영"으로 된다고 하였다.[4] 스가랴는 이를 강조하기 위해 하나님의 말씀 인용 표현인 *아마르 여호와 체바오트*(צְבָאוֹת יְהוָה אָמַר)를 덧붙였다. 여호와께 군대를 의미하는 *체바오트*(צְבָאוֹת)로 수식하였다는 것은 매우 의미심장하다. 사람의 힘과 능력으로 될 수 없지만 만군의 하나님의 성령은 사람이 할 수 없는 것을 가볍게 해 낸다는 것을 강조하기 위해 이 표현을 덧붙였다.[5] 이보다 더 중요한 것은 순금 등잔대와 "나의 영" 즉 하나님의 성령을 동일시하는 것이다. 순금 등잔대가 무엇인지 알지 못하느냐고 묻고 난 후 "오직 나의 영으로 되느니라"고 하였기 때문에 순금 등잔대가 하나님의 성령을 의미한다고 천사가 스가랴에게 가르쳐주었다고 볼 수밖에 없다.[6] 그렇다면 왜 순금 등잔대로 성령을 상징화하였을까? 시내산에서 순금 등잔대를 처음 만들 때부터 순금 등잔대는 성령을 상징하였을 가능성이 높다. 일곱 등잔으로 구성된 성소의 순금 등잔대는 그 모양이 나무의 형상을 하고 있다. 이 등잔에 불을 붙이면 황금이 불빛이 비치면서 마치 등잔대 전체가 불빛을 발하는 모양을 하게 된다. 이것은 장인의 양떼를 목축하던 모세가 시내산에서 하나님의 사자를 처음 만났을 때 보았던 불붙은 떨기 나무를 연상시킨다. 이 떨기나무는 여호와의 사자와 동일시되었고(출 3:1-4), 여호와의 사자는 구름기둥과 불기둥과 동일시되기도 하였다(출 14:19-20). 이사야는 이 여호와의 사자와 구름기둥과 불기둥을 동일시하고 성령으로 여겼다(사 63:11). 순금 등잔대를 성령 하나님의 상징으로 여기는 신학 전통은 요한계시록 4:5에서도 볼 수 있다.

---

4. McComiskey, "Zechariah," 1085-86.

5. Petersen, *Haggai and Zechariah 1-8*, 239.

6. Smith, *Micah-Malachi*, 205; J. Carl Laney, *Zechariah*, EBC (Chicago: Moody Press, 1984), 60. 어떤 학자들은 감람나무의 기름이 성령을 상징하는 것으로 이해하기도 한다. Feinberg, *God Remembers*, 59; 기동연, 『성전과 제사에서 그리스도를 만나다』 (서울: 생명의양식, 2008), 65; Floyd, *Minor Prophets*, 382.

"보좌로부터 번개와 음성과 우레 소리가 나고 보좌 앞에 켠 등불 일곱이
있으니 이는 하나님의 일곱 영이라."

쿰란 문서에서도 동일한 신학 전통을 볼 수 있다. 4Q403 2:1-11은 순금 등
잔대를 불기둥을 만드는 지극히 거룩하신 이의 영들이라고 하며, 경이로운 영
들이라고 한다. 하나님은 스가랴에게 순금 등잔대 환상을 보여주면서 포로 후
기 예루살렘 성전 재건은 하나님의 성령의 역사를 통해 이루어진다고 한다.
이것은 학개 2:5과 유사한 메시지이다. 총독 스룹바벨과 대제사장 여호수아에
게 성전 재건을 격려하면서 하나님은 다음과 같이 말한다.

"너희가 애굽에서 나올 때에 내가 너희와 언약한 말과 나의 영이 계속하
여 너희 가운데에 머물러 있나니 너희는 두려워하지 말지어다."

스가랴 4:6처럼 하나님은 스룹바벨에게 출애굽 때에 이스라엘 백성들과
함께 하였던 성령 하나님이 그들의 성전 재건 사역을 위해 역사하고 있다고
한다.

2. 스룹바벨이 성전 재건 완성(4:7-10)

7 큰 산아 네가 무엇이냐 네가 스룹바벨 앞에서 평지가 되리라 그가 머릿
돌을 내놓을 때에 무리가 외치기를 은총, 은총이 그에게 있을지어다 하리
라 하셨고 8 여호와의 말씀이 또 내게 임하여 이르시되 9 스룹바벨의 손
이 이 성전의 기초를 놓았은즉 그의 손이 또한 그 일을 마치리라 하셨나
니 만군의 여호와께서 나를 너희에게 보내신 줄을 네가 알리라 하셨느니
라 10 작은 일의 날이라고 멸시하는 자가 누구냐 사람들이 스룹바벨의 손
에 다림줄이 있음을 보고 기뻐하리라 이 일곱은 온 세상에 두루 다니는 여

호와의 눈이라 하니라

7-10절에서 하나님은 스룹바벨이 성전 재건을 완성하게 된다고 반복하여 말한다. 그의 앞에 놓인 태산 같은 방해거리들은 무력화되고, 성전 재건을 멸시하던 자들은 부끄럽게 된다. 스룹바벨이 성전 재건을 완성할 수 있는 이유는 성령 하나님의 역사 때문이며, 그 성령께서 포로 후기 백성뿐만 아니라 모든 민족의 심령을 움직이기 때문이다.

1) 스룹바벨 앞의 장애물(7절)

스룹바벨이 성전 재건을 완성할 것이라는 메시지를 전하면서, 7절은 먼저 수사학적 의문문과 감탄사를 사용하여 스룹바벨 앞에 있는 태산과 같은 장애물들이 평지처럼 전혀 방해거리가 되지 못하게 된다고 선언한다. 큰 산은 특정한 방해 요소를 지적하기보다는 포괄적인 의미로 사용되었고, 폐허 상태의 예루살렘 성전 터도 장애가 되었지만 포로 후기 이스라엘 백성의 내부적인 방해와 외부적인 방해 요소를 모두 포함하고 있다.[7] 내부적인 방해 요소는 학개 1:1-11과 2:1-9에서 볼 수 있는 것처럼 포로 후기 백성들의 심리적인 위축을 포함하여 기근과 가뭄으로 인한 재정적인 어려움들을 가리킨다. 포로 후기 백성들의 심리적 위축은 대단히 심각하여, 이들은 성전 재건할 때가 아직 오지 않았다고 생각하고 있었다(학 1:2). 이런 내부적인 방해 요인에 더하여 외부적인 방해물도 성전 재건을 어렵게 만들고 있었다. 사마리아를 비롯한 유다 주변 민족들은 성전 재건을 중단시키기 위해 조직적으로 페르시아 왕실에 로비를 벌였고, 백성들을 지속적으로 위협하였다(스 4:1-5). 7절 후반부를 고려한다면, 이들 방해 요소들 중에서 내부적인 방해 요소에 좀 더 무게가 실려 있는

---

7. Ollenburger, "The Book of Zechariah," 770; Klein, *Zechariah*, 160-62. 큰 산은 세계 제국을 의미하고 평지는 하나님의 나라를 의미하는 것으로 생각하는 학자들도 있다. 이 주장을 한 학자들에 대해서는 다음을 보라. Keil, *Minor Prophets*, 2:271.

듯하다. 성전 재건의 방해거리들을 스룹바벨 앞에서 무력화시키겠다고 한 후 하나님은 이어서 스룹바벨이 머릿돌을 놓을 때 무리가 "은총, 은총이 그에게 있을지어다"라고 외칠 것이라고 한다. 피터센(D. L. Petersen)은 머릿돌을 옛 성전의 폐허를 정리하고 그 중에서 택한 돌로서 옛 성전과 새 성전 사이의 연속성을 보여주기 위해 놓은 돌이라고 주장한다.[8] 하지만 머릿돌은 그 의미 자체가 성전 재건 기초 작업을 마무리하면서 마지막으로 기초 위에 놓는 돌이며, 기초 작업이 끝났음을 알리는 돌이었던 것으로 여겨진다. 이렇게 생각하는 이유는 스가랴 4장의 메시지가 전해지기 16년 전에 이미 성전 기초 작업을 착수하였고, 스가랴의 메시지가 주어질 때에는 기초 작업이 마무리 단계에 있었기 때문이다(학 2:1-5). 히브리어 호치(הוֹצִיא)는 스룹바벨이 이 머릿돌을 가지고 나오는 것으로 묘사하고 있다. 이것은 머릿돌을 줄에 묶고 돌아래에 둥근 나무를 깔고 난 후, 스룹바벨이 앞서 줄을 어깨에 메고 당기고 다른 일꾼들이 뒤에서 밀면서 성전 머릿돌 놓을 장소로 운반하는 장면을 염두에 둔 표현이다. 이때에 무리들이 큰 소리로 "은총 은총이 그에게 있을지어다"고 외칠 것이라고 한다. 이것은 성전 기초를 놓을 때 백성들이 실망하고 있던 모습과 대조를 이룬다. 에스라 3:12에 의하면 옛 성전의 영광을 보았던 제사장들과 레위 사람들과 그리고 나이 많은 족장들은 대성통곡을 하였다. 그러나 옛 성전의 영광을 보지 못한 젊은 사람들은 기뻐하며 함성을 지르며 노래하였다고 한다. 마찬가지로 스룹바벨이 기초 돌을 운반하며 성전 재건을 개시할 때 사람들이 외치며 노래할 것이라고 한다. 이들이 스룹바벨에게 은총을 외친 이유는 성전 재건하는 일을 총책임 지고 지휘하는 스룹바벨에게 현재의 모든 어려움을 이겨내고 성전을 성공적으로 재건하기 위해서는 하나님의 은총이 전적으로 필요하다고 생각하였기 때문이다. 동시에 백성들은 성전 재건을 위해 자신들의 힘과 능력을 의지하지 않고 전적으로 하나님을 의지하겠다는 결의의 표

---

8. Petersen, *Haggai and Zechariah 1-8*, 240-41.

시로 은총을 외쳤을 것이다.

2) 스룹바벨이 성전 재건 완성(8-9절)

8절의 메시지가 1절에서 시작된 환상이 계속 이어지고 있음에도 불구하고 8절은 "여호와의 말씀이 또 내게 임하여 이르시되"라고 말한다. 이 말은 일반적으로 하나님의 계시가 선지자에게 주어질 때 사용하는 말이며, 1-7절의 메시지를 8절 이하의 메시지로부터 구분하는 효과를 가진다. 1-7절의 메시지는 스가랴에게 말하는 천사가 직접 스가랴에게 말하거나 아니면 하나님의 메시지를 받아 대신하여 스가랴에게 말하는 형식이었다. 하지만 8절의 "여호와의 말씀이 내게 임하여"는 여호와께서 스가랴에게 직접 말하였다는 의미로서 1-7절의 대화 형식과 근본적으로 구별된다. 하나님은 스가랴에게 스룹바벨이 성전 기초를 놓았는데, 성전 완공도 그의 손으로 이루게 된다고 한다. 성전 기초 공사를 시작만 해놓고 14년의 세월이 흐르는 동안 성전 재건 공사는 아무런 진척을 보이지 않고 있었다. 이 기간 동안 예루살렘에 돌아온 유대인들은 먹고 살길 찾기에 급급하였고, 성전은 기초 공사도 제대로 되지 않은 채 마치 들판에 버려진 주검처럼 을씨년스럽게 방치되어 있었다. 당장 성전 재건 공사를 재개하더라도 어디까지 공사가 진척될지 알 수 없는 상황에서 하나님은 백성들에게 스룹바벨이 살아 있는 동안 그가 그의 손으로 성전 재건을 완성한다고 말한다.

9절 마지막에서 "만군의 여호와께서 나를 너희에게 보내신 줄을 네가 알리라"는 말은 매우 난해하다. '네가'는 2인칭 단수로서 스가랴를 지칭하며, '너희에게'는 2인칭 복수이며 예루살렘에 있는 백성들을 의미한다. 그렇다면 '나를'의 1인칭 단수는 누구일까? 8절의 "여호와의 말씀이 내게 임하여"를 두고 생각하면, '나를'은 여호와이다. 하지만 9절에서 "만군의 여호와께서 나를"을 고려하면 여호와 하나님은 '나를'이 될 수 없다. '나를'은 3:1의 여호와의 사자일 가능성이 있다.[9] 4장과 3장이 동일한 배경이라는 것이 첫째 이유이고, 둘째 이유는 8-10절의 메시지는 스가랴에게 말하는 천사가 스가랴에게 말하는 것이 아니라, 하나님의 메시지가 직접적으로 스가랴에게 임한 것으로 말하고 있기 때문이다. 그렇기 때문에 '내가'는 스가랴에게 말하는 천사가 아니다. 셋째는 "여호와께서 나를 너희에게 보내신 줄을 네가 알리라"에서 '너희'는 스가랴가 아니라 예루살렘에 돌아온 포로 후기 백성들이다. 넷째 이 표현은 2:9, 11; 6:15에서 반복적으로 나오는 표현으로서 메시아 보내심을 의미하며, 4:9도 동일한 의도로 사용되었을 가능성이 높다. 이 표현이 스가랴에게 말하는 천사라면, 하나님이 천사를 보냈다는 사실을 강조하거나 자신의 정체에 대한 신뢰를 확보하려는 것이 아니라 스룹바벨이 성전 재건을 확실히 완성할 것과 다른 환상과 예언의 진실성을 강조하기 위한 수사학적 강조 표현으로 볼 수 있다. 하지만 이 표현은 여호와의 사자 또는 메시아와 관련된 표현이다. 불가능한 여건 속에서 성전 재건을 완성시킴으로 하나님은 이를 여호와 하나님과 메시아가 구원 역사 속에 강력하게 역사하고 있다는 증거로 삼고 있음을 알 수 있다.

3) 여호와의 돌보심(10절)

"작은 일의 날이라고 멸시하는 자가 누구냐"는 질문은 성전 재건에 참여하고 있는 백성들 중에서 새 성전의 규모와 영광에 대해 냉소적인 자세를 가지고 있는 사람들에 대한 질책이다.[10] 학개 2:2-3에 의하면, 솔로몬이 건축했던 옛 성전의 영광을 본 사람들이 재건축하고 있는 성전의 규모를 보고 보잘것없는 것으로 생각하는 사람들이 있었다. 이런 사람들에게 학개는 "이 성전의 나중 영광이 이전 영광보다 크리라"고 하였다(학 2:9). 유사하게 스가랴는 냉

---

9. M. F. Unger, *Zechariah* (Grand Rapids: Zondervan, 1962), 77; J. Calvin, *Zecharaih and Malachi* (Grand Rapids: Eerdmans), 73-74, 116-17; A. S. Malone, "God the Ilieist: Third-Person Self-References and Trinitarian Hints in the Old Testament," *JETS* 52(2009): 499-518.
10. Ollenburger, "The Book of Zechariah," 770.

소적인 태도를 가지고 있는 사람들을 질책하면서 스룹바벨이 성전 재건을 완성할 것이라고 거듭 강조한다. 스룹바벨이 손에 다림줄을 들고 있는 것은 공사 시작을 위해 측량하는 것이 아니라, 성전 재건의 마지막 돌을 놓기 위해 다림줄을 들고 지휘하는 행동이다. 에스라 3:11-12에 의하면 성전 재건을 위해 기초 작업을 처음 시작할 때 많은 사람들이 기뻐하며 즐거워하였다. 스가랴 4:10은 성전 재건의 마지막 작업을 할 때에도 모든 사람들이 기뻐하고 즐거워하리라고 한다. 10절 마지막은 성전 재건이 완성되는 모든 과정에 하나님의 성령의 역사가 있을 것임을 다시 강조한다. "이 일곱은 온 세상에 두루 다니는 여호와의 눈이라"는 말은 순금 등잔대의 일곱을 가리키며, 성령에 대한 상징적 표현이다.[11] 동시에 이 것은 3:9의 "한 돌에 일곱 눈이 있느니라"의 일곱 눈과 관련 있다. 3:9과 4:10의 일곱 눈은 동일한 성령이지만 차이점을 가지고 있다. 3:9의 일곱 눈은 하나님의 백성들을 지켜보고 살피는데 반해, 4:10의 일곱 눈은 온 세상을 두루 다니며 이방 민족들을 샅샅이 살피고 있다. 이런 일곱 눈의 활동은 1:10의 "여호와께서 땅에 두루 다니라고 보내신 자들"과 유사한 표현으로서 화석류나무 사이에 말탄 자들의 역할과 동일하며 둘은 동일한 성령의 활동으로 여겨진다. 표현상의 차이점은 1:10은 '다니다'의 일반적인 표현 *하락*(הָלַךְ)을 사용한 반면 4:10은 '빨리 다니다' 또는 '뛰어다니다'는 의미를 가진 *슈트*(שׁוּט)를 사용하였다는 것이다. 그리고 1:10에서 말 탄 자들이 활동하는 영역을 '땅에'라고 했지만, 4:10은 "온 땅에"를 사용하여 모든 곳을 신속하게 다니며 사역하는 성령의 이미지를 나타내고 있다. 요한계시록 5:6은 스가랴 4:6을 인용하여 이 일곱 눈이 성령이라는 사실을 분명하게 해 준다.

"이 눈들은 온 땅에 보내심을 받은 하나님의 일곱 영이더라"

---

11. Ollenburger, "The Book of Zechariah," 770; Klein, *Zechariah*, 162.

스가랴 4:10에서 일곱 눈 즉 성령 하나님이 온 세상을 빠르게 다니는 목적은 이방 민족들이 스룹바벨의 성전 재건 사역을 방해하지 못하도록 살피고 감시하는 것이다.

3. 감람나무의 의미(4:11-14)

11 내가 그에게 물어 이르되 등잔대 좌우의 두 감람나무는 무슨 뜻이니이까 하고 **12** 다시 그에게 물어 이르되 금 기름을 흘리는 두 금 관 옆에 있는 이 감람나무 두 가지는 무슨 뜻이니이까 하니 **13** 그가 내게 대답하여 이르되 네가 이것이 무엇인지 알지 못하느냐 하는지라 내가 대답하되 내 주여 알지 못하나이다 하니 **14** 이르되 이는 기름 부음 받은 자 둘이니 온 세상의 주 앞에 서 있는 자니라 하더라

11-14절에서 스가랴는 다섯째 환상의 나머지 요소인 두 감람나무의 뜻에 대해 질문하며, 천사는 이 감람나무가 하나님의 기름 부음 받은 두 사람이라고 알려준다. 이 두 사람은 총독 스룹바벨과 대제사장 여호수아이며, 11-14절은 이들이 성령의 성전 재건 사역을 돕는 사람들이라고 그들의 영적 권위를 세워 준다.

1) 두 감람나무에 대한 질문(11-13절)

스가랴는 11절에서 자신에게 말하는 천사에게 순금 등잔대 좌우에 서 있는 두 감람나무가 무슨 뜻인지 질문한다. 하지만 천사는 즉시 대답해 주지 않았고, 12절에서 스가랴는 다시 천사에게 질문한다. 스가랴의 둘째 질문은 2절의 두 감람나무 묘사에서는 찾아볼 수 없는 내용을 가지고 있다. 12절에 의하면 이 감람나무는 두 가지를 가지고 있고, 금 기름을 순금 파이프를 통해 쏟아내고 있다. 이 금 기름이 순금 등잔대의 등불을 피우는 연료로 사용되었는지는

확실하지 않았지만, 문맥상 이렇게 이해하는 것이 옳다. 개역개정 성경이 금 기름으로 번역한 히브리어 *자합*(זָהָב)의 뜻은 금이다. 하지만 이 12절의 문맥에서 이 금은 순금처럼 순수하고 정결한 기름의 의미를 가지며, 동시에 금이 가지는 부의 이미지가 추가되어 값지며 풍성한 기름의 의미로 사용되었다.[12] 이 금 기름 공급에 사람의 역할이 전혀 언급되지 않는데, 이것은 두 감람나무가 금 기름을 자동으로 그리고 끊이지 않게 공급한다는 이미지를 제공한다. 스가랴의 질문에 13절은 4-5절처럼 "네가 이것이 무엇인지 알지 못하느냐"고 묻고 스가랴는 "내 주여 알지 못하나이다"라고 대답한다.

2) 두 감람나무에 대한 해석(14절)

스가랴의 질문에 천사는 두 감람나무를 '두 기름의 아들들'이라고 하며, 이 둘은 대제사장 여호수아와 총독 스룹바벨이다. 개역개정 성경의 "기름 부음 받은 자 둘"의 히브리어는 *베네-하이츠하르*(בְנֵי-הַיִּצְהָר)이다. 스가랴 4:14은 특이하게도 제사장과 왕이 임직할 때 행하는 기름 붓는 의식을 나타내는 표현인 명사 *쉐멘*(שֶׁמֶן)을 사용하지 않고(레 8:10; 삼상 10:1; 16:13; 왕상 1:39), 명사 *이츠하르*(יִצְהָר)를 사용하였다. 이를 기름 부음으로 해석할 경우 대제사장 여호수아와 총독 스룹바벨을 하나님이 기름 부어 세운 종들이라는 의미를 가질 것이다. 대제사장 여호수아의 경우 기름 부음 받는 절차를 거쳤지만, 스룹바벨은 페르시아 왕에 의해 총독으로 임명되었고, 구약의 왕들처럼 기름 부음 받는 절차를 거쳤는지 명확하지 않다.[13] 그럼에도 불구하고 스룹바벨은 다윗의 후손으로서 왕직을 수행하는 자로 인정되고 있었고, 기름 부음 받지는 않았을지라도 학개 2:21-24에서 볼 수 있는 것처럼 대제사장 여호수아와 함께 백성들의 성전 재건을 책임지고 일하고 있었다.

---

12. Baldwin, *Haggai, Zechariah, and Malachi*, 133-34.
13. McComiskey, "Zechariah," 1092-93.

하지만 *이츠하르*는 구약 성경에서 기름 부음의 의미로 사용되지 않고 주로 새로 짠 신선한 기름과 풍년과 풍요를 상징하는 말로만 사용되었다. 12절에서 기름을 금이라고 표현한 것을 고려한다면 14절의 *이츠하르*는 풍성한 새 기름의 의미로 사용되었을 가능성이 높다. 여호수아와 스룹바벨을 금 기름의 아들들로 표현한 것은 하나님이 백성들에게 줄 번영이 이들의 사역의 결과이기 때문이다. 두 사람이 순금 등잔대 곁에 나란히 서 있는 것은 두 사람이 상호 긴밀한 협력을 통해 성령이 성전 재건 사역을 이루도록 한다는 것을 보여준다.[14]

14절은 이 두 사람을 온 세상의 주 앞에 서 있는 자라고 한다. 유대인들의 외경 주딧 2:5에 의하면 유다와 예루살렘을 멸망시킨 느부갓네살이 '온 땅의 주'라는 호칭을 사용하였다. 하지만 그는 인간에 지나지 않았고, 그의 나라도 이 땅에서 소멸되었다. 온 세상의 주는 하나님 외에 존재할 수 없다. 스룹바벨과 여호수아가 온 세상의 주 앞에 서 있다는 것은 두 사람의 정체성과 관련하여 다양한 역할을 의미할 수 있다. 먼저 이 표현은 두 사람의 리더십에 대한 강조일 수 있다. 이들이 온 세상의 주 앞에 서 있는 것은 모든 백성들의 대표라는 사실을 보여주기 때문에, 이 장면은 두 사람의 리더십을 공고하게 해 주는 역할을 할 수 있다. 또한 이 표현은 이들이 금 기름의 아들들로 불리게 되는 것은 온 세상의 주 앞에 서 있기 때문에 가능하다는 의미일 수 있다. 이들이 온 세상의 주 앞에서 사역하지 않으면 그들의 리더십과 사역들도 힘을 잃을 수밖에 없다. 그리고 이 표현은 이들과 "온 세상의 주"의 관계성을 나타낼 수도 있다. 모세가 하나님과 대면하며 교제하던 지도자였던 것처럼 이 두 사람도 그런 특별한 관계를 가지고 있다는 것을 보여준다. 3장에서 여호수아 앞에 있는 자들이 예표의 사람들이라고 했던 것처럼 여호수아와 스룹바벨을 금 기름의 아들들이라고 한 것도 메시아와 메시아 시대의 번영을 예표하는 것으로 볼 수 있다. 전통적으로 유대인들은 4:14을 메시아 예언으로 생각하였다.

---

14. Klein, *Zechariah*, 168.

대제사장 여호수아는 아론, 그리고 총독 스룹바벨은 다윗으로 예표되는 메시아로 여겼다. 쿰란 공동체 사람들은 대제사장 역할을 하는 메시아와 왕의 역할을 하는 메시아로 구분하고 있다.[15] 이런 점들을 고려하면 4장에서도 두 감람나무는 메시아를 나타낼 가능성이 매우 높다. 그러나 3장에서 대제사장 여호수아 앞에 있는 복수의 사람들을 메시아 한 사람에 대한 예표로 제시했던 것을 감안하면, 두 감람나무를 두 명의 메시아를 의미하는 것으로 볼 필요는 없다. 스룹바벨의 사역과 여호수아의 사역이 한 메시아의 사역을 예표하는 것으로 보아야 한다. 두 사람의 사역을 예표로 하여 하나님은 메시아가 오시면 금 기름이 흘러내리는 것과 같은 번영과 풍성함이 백성들에게 가득하게 될 것을 예고하고 있다. 3:10에서 메시아 시대에 사람들이 포도나무와 무화과나무 아래 서로를 초대하는 이미지를 통해 메시아 시대의 평화를 묘사한 것처럼, 4:12은 감람나무에서 금 기름이 흘러나오는 이미지를 통해 메시아 시대의 말로 다할 수 없는 풍요를 그려 내고 있다.

교훈과 적용

1. 스룹바벨은 오랜 가뭄에 지친 포로 후기 백성들을 데리고 예루살렘 성전을 재건해야만 되었다. 솔로몬 성전 건축 때와 비교했을 때 형편없이 소수인 사람들을 데리고 성전 재건을 수행하는 것은 쉬운 일이 아니었고, 스룹바벨을 심리적으로 위축시켰을 것이다. 그런 스룹바벨에게 하나님은 성소의 순금 등잔대 환상을 통해 성전 재건은 사람의 힘과 능력으로 되는 것이 아니라 하나님의 영으로 된다고 한다. 하나님의 교회를 섬기고 세워가는 우리는 내 자신의 힘과 능력을 신뢰하는가 아니면 하나님의 성령의 역사를 신뢰하는가?

2. 하나님의 일을 하면서 우리는 종종 다른 사역자들의 대규모 행사와 성공 사례를 듣고 자격지심에 빠지거나 아니면 모방해 보고자 하는 충동을 느끼게 된다. 나의 사역이 부끄럽게 여겨질 때도 있다. 포로 후기 백성들도 그들이 재건하고 있는 성전이 솔

---

15. G. Vermes, *The Dead Sea Scrolls in English* (New York: Penguin Books, 1962), 236-37; Baldwin, *Haggai, Zechariah, and Malachi*, 124-25.

로몬 성전과 비교했을 때 초라하다는 것을 알고 작은 일이라고 멸시하고 가볍게 여겼다. 하지만 하나님은 스룹바벨이 하고 있는 성전 재건을 보고 기뻐하고 사람들이 기뻐할 것이라고 한다. 사람들이 멸시하는 나의 작은 사역을 하나님은 기뻐하신다는 것을 기억하고 믿음으로 일어나야 되지 않을까?

3. 하나님은 순금 등잔대 옆에 있는 두 감람나무의 환상을 통해 제사장 여호수아와 총독 스룹바벨이 온 세상의 주이신 하나님 앞에서 사역해야 한다고 말한다. 교회의 직분자들은 코람데오 정신으로 주님을 섬기고 주님 앞에서 서로를 인정하고 협력하는 관계를 잘 유지해야만 된다는 것을 보여주는 환상이다. 나는 주님을 섬길 때 교회의 목회자들과 직분자들에게 어떤 태도를 가지고 있는가? 진실되게 섬기는 교회의 사역자들을 경쟁자로 여기고 있지는 않은가?

제5장 죄와 그 근원을 제거하시는 하나님(5:1-11)

스가랴 5장은 여섯째와 일곱째 환상을 통해 스가랴 1장에서 제기된 백성들의 죄악에 관한 문제로 되돌아간다. 여섯째 환상에서는 백성들이 언약 규정을 행하지 않으면 징벌을 받게 된다고 하고, 일곱째 환상에서는 에바 속의 여인의 환상을 통해 백성들을 죄에 빠지게 하는 근원을 제거하겠다고 한다.

본문 개요

5장은 두 개의 환상을 통해 1:1-7에서 제기된 죄의 문제를 다루고 있다.[1] 이미 3장의 더러운 옷을 입은 대제사장 여호수아의 환상을 통해 미래에 메시아가 백성의 죄를 단숨에 제거하게 하시려는 하나님의 계획을 보여주었지만, 5장은 백성의 죄 문제를 다시 다루고 있다. 5:1-4의 여섯째 환상은 날고 있는 두루마리의 환상이다. 이 두루마리에는 언약의 계명과 징벌 내용이 기록되어 있었다. 이어지는 환상에 대한 해석에서 천사는 십계명 중에서 셋째 계명인 여호와의 이름을 망령되이 부르지 말라와 여덟째 계명인 도둑질하지 말라를 대

---

1. Floyd, *Minor Prophets*, 390.

표로 언급하고 있다. 이 환상을 통해 하나님은 언약의 계명을 어기고 범죄한 자들을 적극적으로 징벌하여, 백성들 가운데에서 죄인을 제거할 것이라는 강력한 경고의 메시지를 보낸다. 5:5-11에는 일곱째 환상인 에바를 타고 있는 여인의 환상을 보여준다. 이 여인은 백성들을 유혹하는 악의 대표이며, 에바에서 나오려고 하는 것을 납으로 막아 나오지 못하게 하고 두 여성 천사가 이를 시날 땅으로 옮겨 버린다. 이를 통해 하나님은 백성들을 범죄하게 하는 죄악의 근원을 제거하겠다는 의지를 보인다.

내용 분해

1. 여섯째 환상: 날고 있는 두루마리 환상(5:1-4)
   1) 날고 있는 두루마리의 규모(1-2절)
   2) 두루마리에 대한 설명(3-4절)
2. 일곱째 환상: 에바 속의 여인(5:5-11)
   1) 에바에 대한 환상(5-6절)
   2) 납 덮개로 에바 속의 여인을 가둠(7-8절)
   3) 에바와 여인을 시날로 옮김(9-11절)

본문 주해

1. 여섯째 환상: 날고 있는 두루마리 환상(5:1-4)

1 내가 다시 눈을 들어 본즉 날고 있는 두루마리가 있더라 **2** 그가 내게 묻되 네가 무엇을 보느냐 하기로 내가 대답하되 날고 있는 두루마리를 보나

이다 그 길이가 이십 규빗이요 너비가 십 규빗이니이다 3 그가 내게 이르되 이는 온 땅 위에 내리는 저주라 도둑질하는 자는 그 이쪽 글대로 끊어지고 맹세하는 자는 그 저쪽 글대로 끊어지리라 하니 4 만군의 여호와께서 이르시되 내가 이것을 보냈나니 도둑의 집에도 들어가며 내 이름을 가리켜 망령되이 맹세하는 자의 집에도 들어가서 그의 집에 머무르며 그 집을 나무와 돌과 아울러 사르리라 하셨느니라 하니라

스가랴 5:1-4는 두 부분으로 나눌 수 있다. 1-2절은 스가랴와 천사가 이전처럼 보고 있는 것에 대해 함께 대화를 나누는 것이다. 스가랴가 본 것은 날고 있는 두루마리이고, 천사가 무엇을 보느냐는 질문에 스가랴는 두루마리의 규모를 말한다. 3-4절은 천사가 날고 있는 두루마리의 의미를 스가랴에게 설명하는 내용을 담고 있다. 천사의 설명은 십계명 중에서 제3계명과 제8계명과 관련되어 있지만, 설명의 초점은 이 계명과 관련된 죄를 지은 자에 대한 징벌에 맞추어지고 있다.

1) 날고 있는 두루마리의 규모(1-2절)

스가랴가 다시 눈을 들었을 때, 그는 날고 있는 두루마리를 보았다. 날고 있다는 것은 날아서 어디론가 떠나가는 모습이라기보다는 공중에 떠 있는 상태를 의미한다. 이 두루마리를 스가랴가 어디에서 보았는지 명확하게 알 수 없지만, 넷째와 다섯째 환상을 지성소와 성소를 배경으로 한 환상이었음을 감안하면, 다섯째 환상은 성전의 성소나 성소의 뜰에서 보았을 가능성이 높다. 스가랴 5:5에서 천사가 스가랴를 데리고 나갔다는 히브리어 표현은 스가랴가 여섯째 환상을 실내에서 보았음을 보여준다. 하지만 구약 성경에서는 율법을 성소 안에서 읽는 의식에 대한 기록이 존재하지 않기 때문에 여섯째 환상의 배경을 성소 내부로 보는 데에는 한계가 있다. 이 두루마리는 양이나 소의 가죽으로 만든 양피지이며, 글을 쓸 목적으로 만들어진 것이다. 1절은 이 두루

마리에 무엇이 기록되어 있는지 밝히지 않지만, 3-4절을 참고하면 두루마리에는 십계명을 비롯하여 언약의 계명들과 언약의 축복과 저주까지 기록되어 있었을 것으로 판단된다. 이렇게 많은 내용이 기록되어 있는 것으로 생각하는 이유는 2절에서 스가랴가 말한 두루마리의 규모 때문이다. 천사가 스가랴에게 네가 무엇을 보느냐는 질문에 길이가 이십 규빗(9m)이고 너비가 십 규빗(4.5m)인 날고 있는 두루마리를 보고 있다고 한다. 이 두루마리가 스가랴 앞을 지나 어느 정도 멀리 날아가고 있는지 확실하지 않지만, 스가랴가 이 두루마리의 규모를 정확하게 밝히고 있다는 것은 두루마리가 비교적 스가랴에게 가까운 곳에서 날고 있는 것을 보여주며, 두루마리를 측정해 보지 않고 바로 규모를 말하고 있는 것은 그가 이런 종류의 두루마리에 대해 잘 알고 있다는 것을 보여준다.

스가랴가 보고 있는 두루마리에 십계명을 비롯한 토라가 기록되어 있었다면, 이 두루마리는 토라를 기록하기 위해 특별하게 제작된 송아지 가죽 두루마리였을 것이다. 탈무드에 의하면 언약의 규정들을 담고 있는 토라는 게빌(Gevil)이라고 불리는 양피지에 기록되었다. 게빌은 제물로 바친 송아지 가죽으로 만든 것으로 가죽의 외면에 글을 쓰도록 되어 있으며(가죽 안쪽 부분으로 만든 양피지는 클랍-klaf이라고 불렀다), 쿰란 문서의 토라는 대부분 게빌에 기록되어 있다. 모세오경을 기록하기 위해서는 다섯 개의 게빌 두루마리가 필요했다. 탈무드에 의하면 토라를 게빌에 기록하는 전통은 모세 때부터 시작되었다고 한다(Talmud Tractate Bava Batra 14b와 Tefillin 1:14). 탈무드의 전통이 사실이라면, 스가랴는 토라가 기록된 게빌 두루마리를 보고 있다고 판단된다. 하지만 게빌 두루마리는 일반적으로 사이즈가 폭이 약 25cm이고 길이가 약 7.5m인데 반해 스가랴가 보고 있는 두루마리는 폭이 4.5m에 길이가 9m나 되며 이 규모는 일반적인 두루마리보다 약 20배나 큰 사이즈이다. 이 정도이면 구약 성경 모두를 기록할 수 있는 크기이다. 두루마리의 규모를 설명하기 위해 랄프 스미스는 이를 성막 지성소와 솔로몬 성전 지성소의 규모

와 일치한다고 주장하지만, 정확하게 일치하는 것은 아니다.[2] 스가랴가 본 두
루마리의 규모는 지성소와 연관 짓기 위한 것이라기보다는 그 자체의 규모를
강조하려는 의도를 가진 듯하다. 즉 일반적인 두루마리보다 더 훨씬 큰 규모
를 통하여 언약의 규정들과 축복과 저주를 강조하는 것이다. 두루마리가 날고
있는 것도 다양한 의미를 가질 수 있다. 펼쳐진 채 날고 있는 두루마리는 사람
이 아닌 하나님이 펼쳤다는 것을 의미할 수 있다. 두루마리가 말려있는 상태
가 아니라 펼쳐진 채로 날고 있는 것은 모두에게 공개되어 읽을 수 있게 하는
목적을 가질 수 있다. 그리고 두루마리가 단순히 하늘에 떠 있는 것이 아니라
날고 있다는 것은 두루마리에 기록된 대로 언약의 저주를 즉시 신속하게 집행
한다는 의도를 가지고 있다.[3]

2) 두루마리에 대한 설명(3-4절)

천사는 이전의 환상들처럼 스가랴에게 날고 있는 두루마리에 대해 설명한
다. 천사는 날고 있는 두루마리를 "온 땅 위에 내리는 저주라"고 한다. 저주
의 히브리어는 *아라*(אָלָה)이며, 기본적인 의미는 맹세이다. 이삭과 아비멜렉
이 서로 언약을 체결하면서 맹세하였을 때 이 표현을 사용하였다.[4] *아라*는 신
명기에서도 백성들이 언약을 신실하게 지킬 것을 다짐하는 맹세의 의미로 사
용되었지만, 신명기 29:20-21(MT 29:19-20)에서 저주의 의미로 사용되었으
며, 하나님은 모압 광야에서 맺은 언약의 규정들을 지키고 순종하지 않는 모
든 사람들에게 신명기에 기록된 모든 저주를 내리겠다고 한다. 스가랴 5:3의
*아라*는 이것과 직접 관련된 메시지이다. 신명기 29:20에 의하면 가나안 땅에

2. Smith, *Micah-Malachi*, 208; Keil, *Minor Prophets*, 279-80. 올렌부르거는 두루마리를 고대 메소
포타미아의 태양 신과 관련된 것으로 보지만, 스가랴가 굳이 이런 개념을 토라를 기록한 두루마리
에 포함시켜야만 되었는지에 대해서는 부정적이다. Ollenburger, "The Book of Zechariah," 774.
3. Klein, *Zechariah*, 170-71.
4. McComiskey, "Zechariah," 1095; Petersen, *Haggai and Zechariah 1-8*, 247-49.

들어가서 우상을 숭배한 자가 모든 것이 멸망하더라도 내게는 평안이 있으리라고 생각할 때 하나님은 신명기의 두루마리에 기록된 모든 저주를 그에게 내릴 것이라고 한다. 스가랴 5:3은 모든 계명의 대표로 도둑질하는 것과 하나님의 이름을 망령되이 맹세하는 것을 언급했다. 즉 하나님과의 관계에 관한 다섯 계명들 중에서 셋째 계명, 사람과의 관계에 관한 여섯 계명들 중에서 넷째 계명을 대표로 내세워 십계명의 모든 계명을 어긴 사람들, 바로 언약을 파괴한 자들에게 내릴 저주를 말한다.[5] 이 두 계명은 상대적으로 다른 계명들과 비교할 때 경범으로 분류될 수 있는 범죄이다. 그러나 경범으로 느낄 수 있는 죄에 대해 하나님이 내리는 벌은 중벌이다. 이것은 작은 계명을 어긴 것이나 큰 계명을 어긴 것이나 조금도 다를 바가 없다는 하나님의 단호한 입장을 보여주는 것이다. 이것은 야고보서 2:10에서 "누구든지 온 율법을 지키다가 그 하나를 범하면 모두 범한 자가 되나니"라고 한 것과 유사한 메시지이다.[6] 신명기 29:23은 하나님의 저주가 가나안 온 땅에 임하여 소돔과 고모라처럼 무너져 내릴 것이라고 한다. 그러나 스가랴 5:3은 이 저주를 온 땅 위에 내린다고 하지만, 지구 전체에 대한 전반적인 파괴를 의미하는 것이 아니라, 유다 지역을 의미하며, 이를 온 땅이라고 한 이유는 범죄한 개인이 어디에 있든지 그를 심판하고 징벌한다는 의미이다. "이쪽 글대로"는 범죄한 자의 징벌이 그 범죄에 대한 규정에 따라 징벌이 적용된다는 것을 의미한다. 신명기 29:20에서 범죄한 자의 이름을 천하에서 지워버리겠다고 한 것처럼 스가랴 5:3은 도둑질하는 자와 맹세하는 자를 끊어 버리겠다고 한다.

4절은 3절의 메시지를 더 강화하여, 하나님께서 이 두루마리의 저주를 내려 보낸다고 하며, 이를 강조하기 위해 "만군의 여호와의 말씀이라"를 덧붙였다. 덕분에 이 두루마리가 스스로 유다의 모든 범죄자의 집으로 날아 들어간

---

5. Baldwin, *Haggai, Zechariah, and Malachi*, 126-27.
6. Klein, *Zechariah*, 172.

다. 그 범죄자의 집을 4절은 3절에서 말했던 도둑과 맹세하는 자의 집이라고 하면서, 특별히 맹세하는 자의 집은 도둑의 집과는 달리 수식어를 첨가하여 어떤 맹세를 하는 자인지 분명하게 만든다. 그 맹세하는 자는 '나의 이름' 곧 여호와의 이름으로 맹세하는 자이며, 속이기 위해 여호와의 이름으로 맹세하는 자이다. 아이러니하게도 그 맹세하는 자의 집에 맹세라는 의미를 가진 저주(*아라*)가 들어가서 그 집에 머물면서 그 집의 모든 것을 불태워 버린다. 심지어 그 집의 나무와 돌까지도 태워서 그 집의 형체를 아예 없애 버린다. 한 사람의 범죄 때문에 그 사람의 집안 전체가 멸망한다는 메시지는 아간의 범죄로 그의 집안이 모두 돌에 맞고 모든 물건들이 불에 탔던 것을 상기시킨다. 아간의 범죄를 이렇게 처리했던 것은 그들의 범죄의 흔적을 이스라엘 공동체로부터 완전히 제거하려는 것이었다. 마찬가지로 스가랴 5:4에서 범죄자들의 집안을 나무와 돌까지 모두 태우는 것은 그 죄악을 공동체로부터 철저하게 제거하려는 목적 때문이다.[7] 그렇기 때문에 3절은 도둑질하는 자와 맹세하는 자를 '끊어지리라'로 번역된 히브리어 동사 *닉카*(נִקָּה)를 반복 사용하였다. 이 동사는 일반적으로 '비우다' 또는 '깨끗하게 하다'의 의미로 많이 사용되며, 이 환상에서도 죄인과 그의 죄를 단순히 징벌하는 것으로 끝나지 않고 공동체로부터 제거한다는 의미로 사용되었다.

2. 일곱째 환상: 에바 속의 여인(5:5-11)

> **5** 내게 말하던 천사가 나아와서 내게 이르되 너는 눈을 들어 나오는 이것이 무엇인가 보라 하기로 **6** 내가 묻되 이것이 무엇이니이까 하니 그가 이르되 나오는 이것이 에바이니라 하시고 또 이르되 온 땅에서 그들의 모양이 이러하니라 **7** 이 에바 가운데에는 한 여인이 앉았느니라 하니 그 때에

---

7. Ollenburger, "The Book of Zechariah," 775.

둥근 납 한 조각이 들리더라 **8** 그가 이르되 이는 악이라 하고 그 여인을 에바 속으로 던져 넣고 납 조각을 에바 아귀 위에 던져 덮더라 **9** 내가 또 눈을 들어 본즉 두 여인이 나오는데 학의 날개 같은 날개가 있고 그 날개에 바람이 있더라 그들이 그 에바를 천지 사이에 들었기로 **10** 내가 내게 말하는 천사에게 묻되 그들이 에바를 어디로 옮겨 가나이까 하니 **11** 그가 내게 이르되 그들이 시날 땅으로 가서 그것을 위하여 집을 지으려 함이니라 준공되면 그것이 제 처소에 머물게 되리라 하더라

5-11절에는 일곱째 환상이 기록되어 있으며, 환상에는 에바(5-6절)와 그 속에 들어 앉아있는 여인(7-8절) 그리고 그 에바와 여인을 시날로 옮기는 내용이 기록되어 있다(9-11절). 여섯째 환상에서 하나님은 언약의 저주를 집행함으로 개인의 죄악을 공동체로부터 제거하겠다고 했는데, 일곱째 환상에서 하나님은 백성들을 죄악으로 몰아넣는 원흉을 대적들 가운데로 날려 버리겠다고 한다. 일곱째 환상은 여섯째 환상의 날고 있는 이미지와 집에 머물게 하는 이미지를 재활용하고 있다.

1) 에바에 대한 환상(5-6절)

5절은 스가랴에게 말하는 천사가 그를 데리고 나갔다고 한다. 이것은 스가랴가 성소나 성전 뜰 밖에서 여섯째 환상을 보았고, 일곱째 환상은 성전 밖에서 일어나고 있음을 보여준다. 천사와 스가랴는 이전의 환상에서처럼 보고 있는 것이 무엇인지 서로 질문하고 답변하는 과정을 거치면서 스가랴가 보고 있는 것이 무엇이며 그것이 무슨 의미를 가지는지 밝혀 나간다. 스가랴가 본 것은 에바이다. 에바는 일반적으로 곡식의 양을 측정하는데 사용되는 용기이며 크기는 약 35-36리터(약 2말) 정도의 곡식을 담을 수 있다. 고대 이스라엘 사회에서 흔하게 볼 수 있는 에바를 보고 스가랴가 천사에게 "이것이 무엇이니이까"하고 질문한 것은 이전의 환상에서처럼 대화 전개를 위한 수사학적인

질문일 가능성이 있다. 하지만, 스가랴가 이렇게 질문한 이유는 그가 본 에바가 평상시에 보는 것보다 규모가 더 컸기 때문일 가능성이 더 높다. 7절에 의하면 이 에바 속에 성인 여성이 앉아 있었다고 한 것을 보면, 모양은 틀림없는 에바인데, 그 크기는 정상적인 에바보다 훨씬 컸다. 35-36리터를 담을 수 있는 용기에 사람이 들어가는 것은 쉽지 않다. 이렇게 큰 에바는 여섯째 환상에서 등장한 정상적인 사이즈의 두루마리보다 훨씬 큰 날고 있는 두루마리와 조화를 이룬다.[8] 날고 있는 두루마리가 하나님의 언약적 저주의 무서움을 강조하려고 했다면, 일곱째 환상의 에바는 극심한 경제적 불의를 드러내려는 의도를 가지고 있다. 해방 전후에 우리 나라 시장에서 가장 큰 비중을 차지했던 것은 곡물 거래이며, 이 곡물 거래에서 가장 중요한 도구였던 말과 되처럼 에바는 고대 이스라엘의 시장과 삶에서 가장 중요한 경제였던 곡물 거래에 사용되었다. 정상적인 에바보다 훨씬 큰 규모의 에바는 당연히 곡식을 부당하게 거래하려는 목적에서 만들어졌다. 이것은 신명기 25:14-15에서 하나님이 큰 에바와 작은 에바를 만들지 말고 온전하고 공정한 에바를 두라고 한 말씀에 반하는 경제 행위이다. 6절은 경제적 불의가 포로 후기 백성들 가운데 만연했던 것을 말하기 위해 이런 형태의 에바가 "온 땅에서 그들의 모양이 이러하니라"라고 하였다. 이 문장에서 '그들의'는 남성 복수형이며, 이것은 에바가 아니라 스가랴 5:1-4의 언약의 규정을 어기는 자들을 지시하고 있으며, 이들의 삶의 모습이 왜곡된 에바처럼 불의 그 자체라는 것이다. '온 땅에서'는 이런 자들이 한 두 명이 아니라 유다 전역에 걸쳐 있고, 이로 인하여 죄가 일반화되어 죄를 죄로 인식하지 못하는 상태에 빠져 있는 백성들의 상태를 나타낸다.[9]

8. Redditt, *Haggai, Zechariah, Malachi*, 73.
9. Baldwin, *Haggai, Zechariah, and Malachi*, 128-29.

2) 납 덮개로 에바 속의 여인을 가둠(7-8절)

7절에서 스바냐는 특별한 광경을 보게 되었고, 그래서 감탄사 *히네*(הִנֵּה '보라!')로 시작한다. 스가랴는 공중에 떠 있는 납으로 된 큰 덮개와 앞서 보았던 에바 속에 한 여인이 앉아 있는 것을 보게 되며, 천사는 스가랴에게 그 의미를 설명한다. 앞서 말한 것처럼 에바는 곡물을 담는 용기이며, 에바 속에 곡물이 가득 담겨 있는 것은 하나님의 축복으로 인한 풍요를 나타낸다고 볼 수 있다. 그런데 이 에바 속에 곡물이 아니라 여인이 들어가 있다는 것은 매우 이례적이며, 어린 여자 아이의 장난이라면 몰라도 그 속에 성인 여인이 들어가 있다는 것은 우스꽝스러운 꼴이며 부정적인 모습일 수밖에 없다. 더군다나 에바 속의 여인을 8절에서 악이라고 규정하고 있는 것은 두 가지 의미를 가진다. 첫째는 신명기 28:17에서 말한 것처럼 언약을 어기고 범죄한 백성에게 임한 언약의 저주로 생각할 수 있다. 둘째는 천사가 여인을 악이라고 한 사실에 초점을 맞추어 보면 에바 속의 여인은 이스라엘 백성이 저지르는 모든 죄를 인격화하고 있다고 볼 수 있으며, 동시에 잠언 1-8장에서 여성으로 의인화된 지혜와 대조되는 존재로서 어리석은 자를 유혹하는 음녀와 같은 존재를 나타낸다고 볼 수 있다. 이것은 요한계시록 17:1-5의 음녀의 이미지와 유사하다. 학자들 중에는 에바 속의 여인을 고대 가나안의 여신의 조각상이라고 말한다.[10] 하지만, 이 여인이 에바에서 나오려고 하고 또 나오지 못하게 뚜껑으로 막으려 하는 것을 보면, 이 여인은 여신 조각상이 아니라 살아 움직이는 존재로 보는 것이 적절하다. 이 여인이 에바 밖으로 나오는 것은 백성들을 악에 빠지게 하려고 적극적으로 활동하려는 제스처이다. 스가랴 6:7-8은 이 여인이 가는 곳마다 사람들은 죄의 유혹에 빠져 범죄하게 된다는 것을 전제하고 있다. 여인의

---

10. M. H. Floyd, "The Evil in the Ephah: Reading Zechariah 5:5-11 in its Literary Context," *CBQ* 58 (1996): 51-69; D. Edelman, "Proving Yahweh Killed His Wife (Zechariah 5:5-11)," *Biblical Interpretation* 11 (2003): 335-44. 아시스는 에바가 사마리아 사람들을 가리킨다고 주장한다. E. Assis "Zechariah's Vision of the Ephah (Zech. 5:5-11)," *VT* 60 (2010): 15-32.

활동으로 백성들이 심각하게 죄를 짓게 될 것을 우려하여 하나님은 적극적으로 죄의 원인인 여인을 에바 속으로 다시 집어 던져 넣는다. 그리고 여인이 에바 밖으로 나오지 못하게 납으로 만든 덮개로 막아 버린다. 이것은 두 가지를 보여준다. 백성들의 영혼과 정신을 마음대로 좌지우지하던 악의 원흉이 에바의 여인이었지만, 하나님이 그녀를 에바 속으로 집어 던져 넣을 때 전혀 저항하지 못하는 존재라는 것을 보여준다. 또한 납으로 만든 덮개로 에바를 덮는 것은 여인이 에바 밖으로 나오지 못하도록 강력한 조치를 취하기 위해서이다. 7절에서 스가랴의 눈에 제일 먼저 들어 온 것이 개역개정 성경의 번역과는 달리 납으로 만든 덮개가 공중에 떠있는 것이었다. 이것은 백성들이 죄의 유혹을 받아 범죄하게 되는 것을 차단하려는 하나님의 강력한 의지를 보여주는 것이 이 환상의 목적임을 보여준다.[11]

3) 에바와 여인을 시날로 옮김(9-11절)

9절은 일곱째 환상이 이어지고 있음에도 불구하고 이례적으로 매 환상의 시작에서 사용되는 표현인 "눈을 들어 보니"라는 말로 시작된다. 7절에서 동근 납 덮개와 에바 속의 여인을 보았을 때도 '보라!'하며 감탄사를 사용한 바가 있는데, 9절에서는 이 정도를 훨씬 넘어서 '내가 눈을 들어 보니 보라!'(*와 에사 에이나이 와 에레 베히네* וָאֶשָּׂא עֵינַי וָאֵרֶא וְהִנֵּה)로 시작을 하고 있다. 이 것은 스가랴가 환상을 통해 보고 있는 광경 때문에 매우 놀랐기 때문일 것이다.[12] 그가 놀라움 속에 본 것은 두 가지이다. 첫째는 두 여인이 나오는 장면으로서 두 여인에게 날개가 있었다는 것이다. 둘째는 두 여인의 날개에 *루아흐*(רוּחַ 바람, 영)가 있었다는 것이다. 스가랴는 이 *루아흐*에 대해 먼저 말하고 난 후 이어서 두 여인에게 달려 있는 날개의 모양에 대한 설명을 덧붙인다. 이

---

11. Phillips, *Zechariah*, 125-29.

12. Floyd, *Minor Prophets*, 393.

여인들의 정체가 무엇인지 천사는 전혀 알려 주지 않지만, 날개를 가지고 있
는 것을 보면 인간이 아닌 천사와 같은 존재라는 것을 알 수 있다. 하지만 스
가랴에게 말하는 천사는 이 여인들을 천사라고 말하지 않는다. 여인 둘이 등
장한 것은 스가랴 4장에서 두 감람나무로 소개된 스룹바벨과 대제사장 여호
수아를 대조시키려는 의도가 있을 수 있다. 두 남자가 성전 재건을 주도할 때,
두 여인은 백성들의 죄의 근원을 제거하는 역할을 한다고 볼 수 있다. 스가랴
는 두 여인이 가지고 있는 날개 안에 있는 *루아흐*에 대해 상당히 놀란 듯하다.
그 이유는 개역개정 성경의 "그 날개에 바람이 있더라"의 히브리어 본문을 직
역하면 "그들의 날개에 루아흐가 있더라"인데, 두 여인을 지시하는 "그들의"
의 대명사 접미사가 여성 복수가 아니라 남성복수 헴(הם)을 붙여 *베칸페이헴*
(בכנפיהם)으로 되어 있다. 남성 복수를 붙인 이유를 도무지 설명할 방법이 없
기 때문에 스가랴가 놀라서 실수한 것, 즉 그의 놀라움을 그대로 보여주는 표
현으로 생각된다. 날개 사이에 있는 *루아흐*가 무엇인가에 대해서는 두 가지
의견으로 나누어진다. 첫째는 날개 짓으로 생겨난 바람을 의미한다고 생각하
는 것이고, 둘째는 이것을 성령으로 생각하는 것이다. 무슨 의미로 사용되었
는지 천사도 스가랴도 명확하게 설명하고 있지 않지만, 스가랴가 놀라고 있는
점을 감안하면, 성령을 의미할 가능성이 있다고 여겨진다. 스가랴 4:6에서 하
나님은 이미 성전 재건은 나의 영으로 된다고 하였고, 6:8에서도 하나님이 나
의 영이라고 부르는 존재가 언급되고 있는 것을 감안하면 5:9의 여인들의 날
개들 가운데 있는 것도 하나님의 영으로 여길 수 있을 것이다. *루아흐*를 이렇
게 여길 경우 에바의 여인 환상은 백성들의 죄악의 원흉을 제거하는 일을 하
나님과 성령이 주도한다는 의미가 된다.[13] *루아흐*의 정체에 대해서는 요한계
시록 17장을 참고하는 것이 필요하다(계 17:3 참고). 만약 *루아흐*가 바람이라
면, *루아흐*는 천사들의 빠른 날개 짓에 의해 생겨난 것일 것이고, 이것은 두 천

---

13. Klein, *Zechariah*, 179-80.

사가 에바 속의 여인을 시날로 옮기는 일을 신속하게 수행하려는 의지의 표현일 수 있다. 6절 이하에서 에바의 여인을 처리하려는 하나님의 단호한 의지가 천사의 날개 짓에 의한 바람을 통해서도 나타나고 있는 것으로 여길 수 있다.

스가랴는 계속해서 두 여인의 날개의 모양을 덧붙여 설명한다. 여인의 정체를 밝히지 않은 채 날개 모양에 대한 설명을 덧붙이는 것은 이 설명을 통해 알려 주고자 하는 것이 있기 때문이다. 여인의 날개를 학의 날개 같은 날개라고 하였는데, 이것은 여인의 날개의 크기나 색상을 알려 주려는 의도를 가진 것처럼 보인다. 하지만 이 본문에서 사용된 학의 히브리어가 *하시다*(הַחֲסִידָה)이고 이 단어는 *헤세드*(חֶסֶד, '성실,' '충성,' '사랑,' '은혜')에서 파생된 형용사 *하시드*(חָסִיד)의 여성형으로서 '경건한'의 의미를 가진다.[14] 이것은 두 여인을 특정할 수 없지만, 그녀들의 날개를 학의 날개를 닮았다고 함으로 그녀들의 정체와 역할이 백성들의 경건한 삶과 관련 있음을 보여주려는 것 같다. 하나님의 영과 백성들의 경건의 뒷받침 속에 두 여인은 악의 원흉인 여인이 들어가 있는 에바를 들고 천지 사이 즉 하늘 높이 날아올라갔다.

10절에서 스가랴는 두 여인의 정체에 대해서 질문하지 않고 이 여인들이 에바를 어디로 옮겨 가려는지 질문한다. 스가랴는 여전히 놀란 상태에 있는지 두 여인을 가리키는 대명사를 여성 복수가 아닌 남성 복수 *헤임마*(הֵמָּה)를 사용하였다. 천사는 스가랴에게 에바 속의 여인을 어디로 데려가는지를 알려주는 것으로 끝내지 않고 여인을 데려가는 목적을 설명해 준다. 두 여인이 에바 속의 여인을 데려가는 곳은 시날이다. 시날은 바벨론의 옛 이름이며, 느부갓네살에 의해 멸망당한 유대인들이 포로로 끌려가 살고 있는 곳이고, 바벨 성과 탑을 쌓았던 곳으로 유명한 지역이다. 바벨 성과 탑을 통해 하나님께 대한 반역이 일어난 곳이면서, 동시에 죄악으로 인해 심판을 받은 유대인들의 죄의 대가를 지불해야 했던 장소이다. 이런 곳에 악의 원흉으로 지칭된 에바 속

---

14. Baldwin, *Haggai, Zechariah, and Malachi*, 129; Smith, *Micah-Malachi*, 211.

의 여인을 위한 집을 만들고 그곳에 살게 한다고 한 것은 시날을 악의 근거지가 되게 하고 대신에 하나님의 백성들의 거주지인 예루살렘과 유다에는 죄를 완전히 제거하겠다는 말이다. 에바 속의 여인을 시날에 만든 새 집에 두겠다는 말은 그 곳에서 지속적으로 머물게 하겠다는 말이다. 에바 속의 여인을 위해 누가 집을 짓는지는 전혀 밝히지 않고 있다. 두 여인의 날개 가운데 하나님의 신이 역할하고 있음을 감안하면 성전을 지었던 하나님의 신이 에바 속의 여인을 위한 집도 짓는다고 볼 수도 있지만, 스가랴는 이에 대한 언급을 하지 않음으로 하나님이 악을 위해 집을 지어 준다는 인상을 남기지 않으려는 듯하다. 어쨌든 본문을 통해서는 확증할 수 없지만, 에바 속의 여인을 숭배하게 될 자들이 여인을 위한 집을 지으리라고 생각된다.[15] 악의 원흉인 에바 속의 여인이 시날에 거주하게 되는 것은 요한계시록 17:1-5의 메시지와 직접적으로 관련된다고 볼 수 있다. 계시록 17:1-5에 의하면 큰 음녀가 하나님의 심판을 기다리고 있는데, 이 음녀의 이름을 큰 바벨론이라고 하고 땅의 음녀들과 가증한 것들의 어미라고 한다. 바벨론 지역의 옛 이름이 시날이라는 점을 고려하면 둘은 유사한 신학적 배경에 속해 있음이 분명하다. 하지만 요한계시록 17장의 음녀는 하나님의 심판 대상이라는 점이 핵심 주제이지만, 스가랴 5:5-11의 에바 속의 여인은 심판의 대상인 점도 있지만 환상의 핵심 주제는 하나님의 백성들로부터 죄의 원흉을 제거한다는 것이다. 그리고 스가랴 5:10에서 여인을 시날로 옮겨가는 두 여인의 날개에 *루아흐*가 있다고 했는데 반해, 요한계시록 17:3에서 성령은 요한을 광야로 데려가서 바벨론이라고 불리는 음녀에게 일어나는 일들을 보게 하는 역할을 하고 있다.

---

15. Baldwin, *Haggai, Zechariah, and Malachi*, 131; 레디트는 날개 가진 두 여인이 에바 속의 여인을 위한 집을 짓는다고 생각하지만, 본문은 이에 대한 근거를 제공하지 않고 있다. Redditt, *haggai, Zechariah, Malachi*, 74.

교훈과 적용

1. 스가랴가 환상을 통하여 본 두루마리에는 십계명의 셋째와 여덟째 계명이 기록되어 있었다. 하나님의 이름을 망령되게 일컫는 것과 도둑질은 우상 섬기는 것과 살인과 간음에 비교하면 상대적으로 가벼운 죄라고 할 수 있다. 하지만 하나님은 이런 작은 계명을 어긴 것도 큰 계명을 어긴 것과 동일하게 하나님 앞에서 범죄로 여기시고 이 같은 죄를 짓는 자를 그 집 전체와 함께 멸망시킨다고 한다. 나는 혹시 은밀하게 죄를 지으면서 이 정도는 괜찮을거라고 생각하고 있지는 않는가?

2. 하나님은 에바 속의 여인의 비유를 통해 죄인을 징벌하는 것으로 그치지 않고 죄의 근원을 제거하려고 에바 속의 여인을 멀리 시날 땅으로 날려 버린다. 하나님은 그만큼 죄가 자기 백성들 가운데 있는 것을 싫어 하신다. 나는 내가 속한 공동체가 범죄에 빠지는 것을 방지하기 위해 어떤 노력을 하고 있는가? 내게 남아 있는 죄악의 쓴 뿌리를 제거하기 위해 하나님 앞에서 어떤 노력을 기울여 보았는가?

제6장 온 세상의 주와 메시아 왕에 의한 성전 완성 (6:1-15)

스가랴 6장에는 여덟 번째 환상이 기록되어 있으며, 마지막 환상으로서 1장의 첫째 환상과 3장의 넷째 환상과 대비되며, 전체 환상을 결론 짓는 내용으로 되어 있다. 환상을 통해 하나님은 미래의 메시아와 수많은 민족들로 구성된 백성들을 통해 하나님의 영화로운 성전을 건축하실 것이라고 한다. 이 환상에서 대제사장 여호수아는 다시 한번 메시아를 예표하는 인물로 제시되고 있다.

본문 개요

6장은 두 부분으로 나눌 수 있다. 첫째 부분은 1-8절이며, 이 중에서 1-3절은 네 말이 끄는 병거에 대한 환상이 기록되어 있고, 4-8절에는 환상에 대한 천사의 해석이 기록되어 있다. 1-8절의 환상은 1:8-17의 첫째 환상과 유사하지만, 첫째 환상이 온 천하를 두루 다닌 후 돌아온 말 탄 자들에 대한 내용을 담고 있는 반면에, 여덟째 환상에서는 하나님 앞에서부터 두루 다니기 위해 나가는 내용이 기록되어 있다. 둘째 부분은 9-15절이며, 이 중에서 9-11절은 하나님이 스가랴에게 은과 금을 받아 면류관을 만들어 대제사장 여호수아에게 씌우게 하는 내용을 기록하고 있고, 12-14절은 여호수아를 예표로 하여 메시아가 태어나서 성전을 재건하고 평화롭게 다스릴 것이라고 한다. 그리고 15 절에서는 여호와의 성전을 건축하기 위해 많은 민족들이 모여 온다고 한다. 6:9-15에서 말하는 성전 건축은 스가랴 시대에 건축되고 있는 제 2 성전을 말 하는 것이 아니고, 메시아와 그의 백성이 함께 지을 종말론적 성전이다.

내용 분해

   1. 네 말과 병거의 환상과 해석(6:1-8)
      1) 네 말과 병거에 대한 환상(1-3절)
      2) 환상에 대한 해석(4-8절)
   2. 메시아와 성전 재건(6:9-15)
      1) 여호수아에게 은과 금 면류관을 씌우라(9-11절)
      2) 메시아의 성전 재건과 평화(12-14절)
      3) 성전 재건에 참여할 민족들(15절)

본문 주해

1. 네 말과 병거의 환상과 해석(6:1-8)

1 내가 또 눈을 들어 본즉 네 병거가 두 산 사이에서 나오는데 그 산은 구리 산이더라 **2** 첫째 병거는 붉은 말들이, 둘째 병거는 검은 말들이, **3** 셋째 병 거는 흰 말들이, 넷째 병거는 어룽지고 건장한 말들이 메었는지라 **4** 내가 내게 말하는 천사에게 물어 이르되 내 주여 이것들이 무엇이니이까 하니 **5** 천사가 대답하여 이르되 이는 하늘의 네 바람인데 온 세상의 주 앞에 서

있다가 나가는 것이라 하더라 **6** 검은 말은 북쪽 땅으로 나가고 흰 말은 그 뒤를 따르고 어룽진 말은 남쪽 땅으로 나가고 **7** 건장한 말은 나가서 땅에 두루 다니고자 하니 그가 이르되 너희는 여기서 나가서 땅에 두루 다니라 하매 곧 땅에 두루 다니더라 **8** 그가 내게 외쳐 말하여 이르되 북쪽으로 나간 자들이 북쪽에서 내 영을 쉬게 하였느니라 하더라

1-8절에는 스가랴의 여덟 번째 환상이 기록되어 있다. 이 환상은 온 세상이 하나님의 주권 아래 놓이는 날이 온다는 것을 보여준다. 1-3절에 의하면 스가랴는 붉은 말들과 검은 말들, 흰 말들 그리고 어룽진 말들이 메어져 있는 네 병거를 보았고, 천사는 스가랴에게 이 병거들을 주 앞에 서 있다가 나가는 하늘의 네 바람이라고 한다. 네 병거는 하나님으로부터 나가서 땅에 두루 다니게 되며, 그 중에서 북쪽으로 나간 병거는 하나님의 영을 쉬게 하였다고 한다.

1) 네 말과 병거에 대한 환상(1-3절)

스가랴는 다시 몸을 돌려 눈을 들어 새로운 환상을 보게 된다. 다른 환상들을 볼 때처럼 스가랴는 자신이 본 것에 대해 놀라면서 감탄사 *히네*(הִנֵּה)를 붙여 '보라!'라고 한다. 스가랴는 본 것은 네 병거가 두 산 사이에서 나오는 장면이다. 1절은 네 병거의 모양에 대해서 별다른 언급을 하지 않고, 이 병거가 나오는 장소에 대한 설명을 하고 있다. 네 병거가 나오는 장소는 두 산 사이라고 하며, 그 산은 구리 산이라고 한다. 구리 산의 의미와 정체에 대해서는 다양한 의견이 있다. 구리 산들을 아침에 해가 뜰 때 빛에 반사되는 광경을 묘사한 것이라고 주장하는 학자도 있으며, 또 첫째 환상을 아침에 본 것으로 여기고 여덟째는 저녁에 일어난 환상으로 추정하면서 구리 산을 저녁 노을에 의한 현상이라고 말하는 학자도 있다. 그리고 바벨론 태양신이 두 산 사이에 솟아오르는 장면과 연관 지어 설명하는 학자도 있고, 솔로몬 성전 앞에 있는 청동 기

둥인 야긴과 보아즈로 형상화된 환상으로 보는 학자도 있다.[1] 스가랴의 환상이 재건되고 있는 성전을 배경으로 하고 있음을 감안한다면 그가 본 것은 솔로몬 성전의 성소 앞에 있던 야긴과 보아즈로 명명된 청동 기둥이거나 아니면 성전 성소로 들어가는 청동 문 두 짝을 배경으로 하였을 가능성이 있다. 특히 5절에서 이 네 병거를 주 앞에서 나가는 것이라고 말한 것을 보면, 구리 산 사이에서 나오는 것은 야긴과 보아즈로 출입구를 장식한 성소에서 나오는 것으로 볼 수 있다. 특이한 것은 스가랴에게 말하는 천사는 네 병거에 대한 설명은 하지만 구리 산에 대한 설명을 하지 않는다. 환상에 대한 스가랴의 질문에도 불구하고 천사가 이를 설명하지 않은 것은 설명할 필요를 느끼지 못했기 때문일 수도 있고, 스가랴가 구리 산의 의미를 알고 있는 것으로 전제하고 있을 가능성도 있다. 구리 산이 무엇을 배경으로 하였든지 간에 여덟째 환상이 구리 산을 통해 보여주고자 하는 것은 이 성전의 견고하고 웅장하며 경이로운 형태를 나타내려는 것으로 볼 수 있다.[2] 이 구리 산은 1장의 첫 환상의 배경과 대조를 이룬다. 첫 환상에서 네 말이 깊은 골짜기의 화석류나무 사이에 서 있었다. 6:1에서도 네 병거가 구리로 된 두 산 사이 즉 골짜기에서 나온다. 이것은 첫째 환상과 여덟째 환상을 대조시키려는 의도를 가지고 있음을 보여준다.

2-3절은 네 병거를 끌고 있는 말들의 색깔을 설명하고 있다. 말들의 색깔은 각각 붉은색, 검정색, 흰색, 그리고 아롱진 색이며, 첫째 환상의 말들의 색깔과 차이가 있다.[3] 첫째 환상의 말들은 붉은 색, 자주색 그리고 흰색이지만, 여덟째 환상의 말들의 경우에는 붉은 색 흰색은 같지만 검은색과 어롱진 색은 다르다. 또 다른 차이점은 첫째 환상에서는 병거는 없고 말들을 탄 존재들이 있

1. Klein, *Zechariah*, 183; Petersen, *Haggai and Zechariah 1-8*, 267-68; Baldwin, *Haggai, Zechariah, Malachi*, 130.
2. Smith, *Micah-Malachi*, 213-14.
3. H. Volohonsky, "Is the Color of that horse Really Pale?" *The International Journal of Transpersonal Studies* 18 (1999): 167-68.

었지만, 여덟째 환상에서는 말을 탄 존재들에 대한 언급이 없고 그리고 말들이 병거들을 끌고 있다. 고대 세계에서 병거는 말들보다 더 강력한 전쟁 도구였고, 말들보다 더 강한 이미지를 제공한다. 3절 마지막에서 병거를 끄는 말들에는 건장한 말이라는 표현이 덧붙여졌다. 이 병거들을 몰고 있는 존재가 틀림없이 있으리라고 짐작되지만, 여덟째 환상은 이에 대해 침묵하고 있다. 고대 근동 사회에서 병거는 가장 강력한 전쟁 도구였지만, 여덟째 환상에서는 전쟁에 관한 언급이 전혀 없다.[4]

2) 환상에 대한 해석(4-8절)

4절에서 스가랴는 이전의 환상에서 그랬던 것처럼 자신에게 말하는 천사에게 4가지 색깔의 말들이 끌고 있는 네 병거들이 무엇인지 질문한다. 그의 질문에 천사는 네 종류의 말이 끄는 병거를 하늘의 네 *루아흐*(רוּחַ)라고 한다. 이를 개역개정 성경은 바람이라고 번역하였는데, *루아흐*는 영으로 해석할 수도 있다. *루아흐*는 스가랴서의 여덟 환상에서 다섯 번 사용되었다.[5] 셋째 환상에서는 여덟째 환상에서 사용된 표현과 똑같은 표현(*알바 루호트 하솨마임* אַרְבַּע רוּחוֹת הַשָּׁמָיִם)이 사용되었지만 하나님이 피난민들을 바람처럼 온 사방으로 흩어 버리는 모습을 묘사하기 위해 사용되었다(2:6). 4:6에서 *루아흐*는 스룹바벨을 통해 성전 재건을 완성시키는 하나님의 영의 의미로 사용되었고, 5:9에서는 에바를 탄 여인을 바벨론으로 옮긴 두 여인의 날개에서 역사하는 영의 의미로 사용되었다. 6:5에서 *루아흐*는 2:6과 동일한 표현으로 되어 있다. 하지만 이 하늘의 네 *루아흐*는 온 땅의 주로 표현된 여호와 하나님 앞에 서 있다가 나가는 존재로 표현되어 있기 때문에 단순한 바람으로 보기보다는 하나님의 영들 즉 하나님의 천사들과 같은 존재로 보는 것이 더 적절하다. 이 영들

---

4. Baldwin, *Haggai, Zechariah, Malachi*, 131.

5. 슥 2:10; 4:6; 5:9; 6:5, 8; 7:12; 12:1, 10; 13:2.

은 4:6의 단수형으로 표기하고 나의 영이라고 말한 하나님의 영 즉 성령과 구
별된 존재들로 보아야 한다. 병거들로 상징화된 하나님의 영들은 하나님의 강
력한 통치권을 나타내기 위해서이다. 병거 자체가 당대의 가장 강한 전쟁 도
구였을 뿐만 아니라, 하나님을 온 땅의 주로 말하는 것은 하나님의 주권을 강
조하기 위해서이다. 하늘 네 영들은 하늘의 동서남북 전역을 의미하며, 이 하
늘 네 바람이 온 세상의 주 앞에서 있다가 나간다는 것은 하나님의 강력한 주
권이 온 천하 곳곳에 미치게 된다는 것을 보여준다. 바람이 하나님의 도구로
사용되는 예는 구약 성경 곳곳에서 확인할 수 있다.[6]

6-7절은 병거들을 끌고 있는 말들이 하나님 앞에서 나가는 장면을 기록하
고 있다. 검은 말은 북쪽 땅으로 나가고 흰 말은 그 뒤를 따르고 어룽진 말은
남쪽 땅으로 나간다. 붉은 말은 어디로 나갔는지 표현되지 않고 있는데, 6:6
의 첫 문장에서 "붉은 말은 동쪽으로 나갔고"라는 표현이 삭제되었을 가능성
이 있다. 하지만 이것은 다른 사본들이나 역본들의 지지를 전혀 받지 못하고
있다. 붉은 말의 행방은 8절에서 천사가 검은 말과 흰 말에 초점을 맞추기 위
해 의도적으로 언급하지 않았을 가능성이 더 높다.[7] 8절은 네 가지 색의 말들
중에서 검은 색과 흰 말의 역할을 추가적으로 말하고 있다. 검은 말과 흰 말이
끄는 병거가 북쪽으로 나가고 있는 것은 아시리아와 바벨론 그리고 페르시아
와 같은 당대의 국제적인 세력이 유다로 침입해 오는 방향이었을 뿐만 아니
라 예루살렘 재건을 반대하는 사마리아가 자리잡고 있었기 때문이다.[8] 남쪽
으로 말이 나간 것도 이집트와 아라비아 그리고 아스돗과 같은 민족들이 항
상 유대인들을 호시탐탐 노리고 있었기 때문이다. 동쪽에 자리잡고 있는 암
몬과 모압도 포로 후기 유대인들에게 방해 세력이었지만, 유대인들의 핵심적
인 대적은 아니었다.

6. McComiskey, "Zechariah," 1107. 사 17:13; 41:16; 57:13; 59:19; 렘 49:36; 51:1.

7. McComiskey, "Zechariah," 1109.

8. Klein, *Zechariah*, 191-92.

7절의 건장한 말들은 3절의 어룽진 말들을 의미하는 것이 아니다. 6절에서 네 색깔의 말들이 갈 방향을 모두 언급하였고, 7절은 3절과는 달리 이 말들 모두를 건장한 말들로 지칭하고 있는데, 이것은 말들이 강력한 힘으로 출발하려는 모습을 보여주기 위해 사용되었다. 네 색깔의 말들이 끄는 병거들은 강력한 힘으로 출발하려고 하지만 자신들의 뜻대로 마음대로 출발하고 돌아다니는 것이 아니라 하나님이 나가서 온 땅을 두루 다니라는 명령을 기다리고 있다. 이 말들은 하나님의 명령에 따라 하나님 앞에서 나가서 온 땅을 두루 다니게 된다. 비록 천사와 같은 존재라 할지라도 하나님의 명령이 없이는 어떤 일도 할 수 없다는 것을 보여주면서 하나님의 절대 주권을 낸다.

8절에서 스가랴에게 말하던 천사는 갑작스럽게 스가랴에게 큰 소리로 말한다. 그리고 천사는 스가랴에게 북쪽으로 나간 말들과 병거를 보라고 한다. 북쪽 방향으로는 검정색 말들이 이끄는 병거와 흰색 말들이 이끄는 병거들이 나갔었다. 이 병거들이 나갔으면 틀림없이 전쟁이 있어야 되지만 전쟁과 관련된 일이 전혀 발생하지 않는다. 이 병거들이 하는 일이 무엇인지 알 수 없는 상황에서 천사는 이 병거들이 나의 영을 북쪽 땅에서 쉬게 하였다고 한다. 그리고 마지막 환상은 끝나 버린다. 1-7절까지 구리 산에서 병거들이 나오는 웅장한 광경을 연출하다가 "나의 영을 쉬게 하였느니라"는 말 한마디로 끝내 버리는 것은 마치 스타워즈와 같은 영화가 시작을 웅장하게 해 놓고 곧바로 영화를 끝내 버리는 것과 비슷하다. 이런 독특한 스타일 속에서 "나의 영을 쉬게 하였느니라"로 환상을 끝내는 의도가 무엇인지 알아야 된다. 나의 영이 누구의 영인지에 대한 주석가들의 해석이 둘로 나뉜다. 맥코미스키(T. McComiskey)는 이를 스가랴에게 말하는 천사의 영이라고 주장한다.[9] 맥코미스키가 그 이유를 화자가 여호와 하나님이 아니라 천사이기 때문이라고 하며, 천사가 하나님께 속하였기 때문에 포괄적 차원에서 이 영도 하나님의 영

---

9. McComiskey, "Zechariah," 1110.

이라고 할 수 있지만, 여호와의 영 또는 성령과는 동일시해서는 안 된다고 한다. 클라인(G. Klein)은 나의 영을 여호와 하나님의 영이라고 주장한다. 그는 8절에서 스가랴에게 말하는 천사는 자신의 말을 하는 것이 아니라 여호와 하나님의 말씀을 인용하여 말하고 있다고 생각한다.[10] 스가랴 1-6장의 여덟 환상에서 스가랴에게 말하는 천사는 항상 스가랴에게 환상을 설명하거나 하나님의 말씀을 대신 전달하는 역할을 하였지 자기 자신의 의사와 감정과 상태를 피력한 적이 없다는 점을 고려한다면, 8절의 1인칭 표현은 스가랴에게 말하는 천사 자신의 말이라기보다는 여호와 하나님의 말씀을 인용한 표현으로 보는 것이 더 적절하다. 어느 쪽으로 이해하든지 간에 8절은 북쪽으로 나간 병거들로 표현된 영들의 활동이 나의 영을 안도하게 만들었다는 것을 의미한다. "쉬게 하였느니라"(헤니후 הֵנִיחוּ)는 '안식하다'의 의미를 가지기도 하며, 안정된 장소나 상태에 도달하는 것을 의미한다. 나의 영이 안도할 수 있었던 것은 북쪽 땅에서 일어나고 있던 상황이 안정되었기 때문일 것이다. 너무 간결한 메시지로 끝내고 있는 8절의 의미를 알기 위해서는 스가랴의 환상 전체를 알아야 하며 특히 첫째 환상을 참고해야 한다. 첫째 환상은 6:8을 이해하는 데 도움이 된다. 2:6에 의하면, 하나님은 자기 백성들을 핍박한 민족들을 심판하면서 자기 백성에게 "북방 땅에서 도피할지어다"라고 하였고, 2:7에서는 바벨론 성에 거주하는 시온에게 피하라고 하였다. 6:6-7의 북쪽으로 나간 영들의 활동은 2:6의 상황을 종결시켰고, 6:8은 그 결과로 하나님의 주권적 영향력이 발휘되어 북쪽 땅에 있는 민족들의 야욕과 그로 인한 전쟁이 종결되고 시온 백성들이 평화를 되찾는 것을 시온 백성들이 쉬게 하였다고 하지 않고, 하나님의 영이 쉬게 되었다고 말한다. 이것은 첫째 환상과 현저하게 대비가 된다. 첫째 환상에서 평안하고 조용하였던 자들은 페르시아 또는 열방의 민족들이었다(1:11). 그들은 하나님의 백성들에게 고난과 고통을 가하였고 그 대가

---

10. Klein, *Zechariah*, 192-93.

로 자신들은 평안을 누렸다. 하지만 마지막 환상에서는 이들 열방이 쉬고 있는 것이 아니라, 하나님이 자기 백성의 구원을 이룬 것 때문에 평안히 쉬고 있다.[11] 하나님이 쉰다는 말은 매우 특별하다. 구약 성경 전체에서 하나님이 쉰다는 말을 한 것은 창세기 2:1-3과 스가랴 6:8이 유일하다. 이 표현에서 고난 받는 자기 백성들을 향한 하나님의 마음을 읽을 수 있다. 이것으로 스가랴서의 여덟 환상들은 종결되었다.

2. 메시아와 성전 재건(6:9-15)

9 여호와의 말씀이 내게 임하여 이르시되 10 사로잡힌 자 가운데 바벨론에서부터 돌아온 헬대와 도비야와 여다야가 스바냐의 아들 요시아의 집에 들어갔나니 너는 이 날에 그 집에 들어가서 그들에게서 받되 11 은과 금을 받아 면류관을 만들어 여호사닥의 아들 대제사장 여호수아의 머리에 씌우고 12 말하여 이르기를 만군의 여호와께서 이같이 말씀하시되 보라 싹이라 이름하는 사람이 자기 곳에서 돋아나서 여호와의 전을 건축하리라 13 그가 여호와의 전을 건축하고 영광도 얻고 그 자리에 앉아서 다스릴 것이요 또 제사장이 자기 자리에 있으리니 이 둘 사이에 평화의 의논이 있으리라 하셨다 하고 14 그 면류관은 헬렘과 도비야와 여다야와 스바냐의 아들 헨을 기념하기 위하여 여호와의 전 안에 두라 하시니라 15 먼 데 사람들이 와서 여호와의 전을 건축하리니 만군의 여호와께서 나를 너희에게 보내신 줄을 너희가 알리라 너희가 만일 너희의 하나님 여호와의 말씀을 들을진대 이같이 되리라

8절에서 여덟 개의 환상은 끝나고 9절 이하에서는 하나님이 스가랴에게 다

---

11. Redditt, *Haggai, Zechariah, Malachi*, 76; Ollenburger, "The Book of Zechariah," 784.

른 선지자들에게 했던 것처럼 말씀을 주는 내용으로 전환된다. 하나님은 스가랴에게 바벨론 포로에서 돌아온 사람들로부터 은과 금을 받아 면류관을 만들어 대제사장 여호수아에게 씌움으로 그의 리더십을 세운다. 대제사장 여호수아는 메시아를 의미하는 싹을 예표하고, 메시아가 이방 민족들과 함께 여호와의 전을 건축하고 영광을 받을 것이라고 한다.

1) 여호수아에게 은과 금 면류관을 씌우라(9-11절)

스가랴 6:9은 1:7-6:8까지 이어진 여덟 개의 환상과는 다르게 그리고 1:1-6처럼 일반적으로 하나님의 말씀이 선지자에게 임하는 방식의 예언 활동을 재개하고 있다. 하지만 6:9 이하의 메시지는 여덟 개의 환상과 무관하지 않고, 환상의 내용을 재확인하는 역할을 한다. 하나님은 메시아에 대한 예표를 다시 주기 위해 스가랴가 해야 할 일을 10-11절에서 제시하고 있다. 스가랴가 해야 할 일은 바벨론에서 돌아온 헬대와 도비야와 여다야에게 가서 은과 금을 받아 면류관을 만들어 대제사장 여호수아에 씌우고 그 의미를 전하는 것이다.

10절은 포로 후기 시대 히브리어에서 자주 나타나는 현상인 부정사 절대형(라코아흐 לָקוֹחַ 취하다)을 명령문 대신하여 사용하고 있다. 스가랴가 취해야 할 것은 11절에서 제시하고 있고, 10절은 취해야 할 대상들을 제시한다. 그대상은 포로에서 갓 돌아온 헬대와 도비야와 여다야이며, 이들은 스바냐의 아들 요시아의 집에 들어가 있다고 한다. 헬대와 도비야와 여다야가 누구인지 분명하지 않기 때문에 이들의 정체를 단정할 수 없다. 세 사람의 이름을 구약성경 다른 곳에서 찾아볼 수 있지만, 스가랴는 이들의 아버지 또는 조상의 이름을 밝히지 않고 있다. 70인역은 이 세 사람의 이름 대신에 헬대는 지도자들, 도비야는 유익한 사람들, 그리고 여다야는 그것을 이해한 사람들이라고 번역하였다. 세 사람이 들어가 있는 스바냐의 아들 요시아는 열왕기하 25:18에 등장하는 부제사장(the second priest כֹּהֵן מִשְׁנֶה) 스바냐의 증손 정도되는 사람으로 여겨진다. 부제사장 스바냐는 바벨론의 시위대장 느부사라단에 의해 포로로 잡혀 바벨론으로 끌려갔다. 이들 네 사람의 개인적인 정보보다 더 중요한 것은 이들이 바벨론 포로에서 돌아왔다는 사실이다. 10절의 문장은 첫 단어이자 동사인 부정사 절대형 *라코아흐* 다음에 그리고 세 사람의 이름 앞에 '포로로부터'(*메에트 학골라* מֵאֵת הַגּוֹלָה)를 먼저 배열하였고, 그리고 10절 마지막 단어를 '바벨론으로부터(*밉바벨* מִבָּבֶל)'를 배치하여, 이 세 사람과 스바냐의 아들 요시야가 모두 지금 포로와 바벨론에서 돌아왔음을 부각시키고 있다. 아마 이들은 세스바살과 스룹바벨과 함께 돌아온 사람들이 아니고, 최근에 돌아온 사람들인 것으로 생각된다.

11절에서 하나님은 스가랴에게 이들로부터 취해야 할 것이 무엇인지를 알려준다. 11절 첫 단어를 10절의 첫 단어였던 동사 *라카*(לָקַח 취하다)를 다시 사용하여 강조하면서 이들로부터 은과 금을 취하라고 한다. 아마도 네 사람은 예루살렘 성전 재건을 위해 힘쓰고 있는 사람들에게 준 선물이나 지원금을 바벨론에 남아 있는 포로들로부터 받아 왔으리라고 생각된다. 하나님이 바벨론과 포로에서 돌아온 것을 강조하면서 스가랴에게 이들로부터 금과 은을 취하라고 한 이유가 무엇일까? 그것은 이사야 60:1-9에서 회복의 날에 포로에서 돌아오는 사람들이 이방 나라의 재물을 가지고 와서 여호와의 집을 영화롭게 하리라고 한 예언의 성취를 염두에 두고, 이 예언의 성취가 꼭 이루어진다는 것을 보여주려는 상징적 행동을 하게 한 것이다. 하나님은 스가랴에게 은과 금을 취한 후 두 가지 행동을 더 하게 한다. 첫째는 그 은과 금으로 면류관을 만들어 대제사장 여호수아의 머리에 씌우는 것이다. 스가랴에게 만들게 한 것은 일반적으로 제사장들이 쓰는 관(*미츠네페트* מִצְנֶפֶת)이 아니고 왕들이 주로 쓰는 면류관이다. 이 면류관이 복수 명사로 되어 있는 것 때문에 학자들 중에는 두 개 또는 그 이상의 면류관을 만들어 하나는 대제사장 여호수아가 쓰고 다른 하나는 스룹바벨이나 아니면 스가랴 6:10의 네 사람에게 각각 하나씩 쓰게 하였을 것으로 추정하기도 한다. 하지만 본문에 등장하지 않는 스룹바벨을 위한 면류관을 상정하는 것은 적절하지 않다. 그리고 네 사람을 위한 네 개의 면류관을 생각하는 것도 가능성이 낮아 보인다. 14절에서 이들을 위한 면류관을 복수로 표시하였지만, 면류관이 지배하는 동사가 단수인 것을 감안한다면, 이 복수 명사로 된 면류관은 장엄복수일 가능성이 더 높아 보인다.[12] 즉 스가랴가 만든 면류관은 하나이고, 장엄 복수를 사용한 것은 그 면류관이 매우 화려하고 웅장한 면류관이었기 때문일 가능성이 있다. 대제사장 여호수아에게 면류관을 씌워 주게 한 이유는 12-14절에서 언급된 메시아의 사역을 설명하기 위한 상징적 제스처이다.

2) 메시아의 성전 재건과 평화(12-14절)

스가랴 3장의 환상에서 대제사장 여호수아의 더럽혀진 옷을 바꾸어 입힌 것은 내 종 싹이라고 불린 메시아를 통해 백성들의 죄악을 하루에 제거하는 구속사적 대 사건의 예표였다. 3장에서 스가랴가 여호와의 사자에게 여호수아에게 관을 씌우도록 요청했었는데, 6장에서도 면류관을 씌우는 메시지가 나온다. 면류관을 씌우게 한 이유는 싹이라 이름하는 사람으로 표현된 메시아의 사역에 대한 예표로 사용하려는 목적 때문이다. 12절에서 하나님은 스가랴에게 대제사장 여호수아에게 씌운 면류관의 의미를 직접 설명한다. 하나님은 먼저 스가랴에게 대제사장 여호수아에게 이어지는 메시지를 말하라고 시키며, 스가랴는 *체마*(צֶמַח, 싹, 순)라는 이름을 가진 사람에 대해서 말하기 시작한다. 이 싹을 스룹바벨이라고도 볼 수 있지만, 그러나 싹은 이미 존재해 있는 사람을 가리키는 것이 아니다. 스가랴가 싹이 "자기 곳에서 돋아나서"라고 한 말에서 동사 '돋아나다'는 *이체마*(יִצְמָח)이며, 미완료형이다. 그렇기 때문에 싹은 스룹바벨처럼 이미 존재하는 존재가 아니라, 언제일지 알 수 없는 미래에 올 인물이다. 이 싹이 자기 곳에서 돋아난다는 것은 다윗의 후손이라는

---

12. Keil, *Minor Prophets*, 2:297-98.

신분을 의미하기도 하지만 메시아의 원래 직분과 사역 그 자체를 의미한다.[13] 이 싹이 와서 할 첫째 일은 여호와의 성전을 짓는 것이다. 스가랴가 메시지를 전하고 있을 때 이미 성전을 재건하고 있음을 감안하면, 싹이 지을 성전은 스룹바벨과 여호수아의 리더십 아래 지은 제2 성전을 말하기보다는 더 미래에 있을 종말론적 성전 건축을 의미한다. 성전 건축은 스가랴 4장에서 스룹바벨의 역할이었는데, 지금은 여호수아를 통해 싹의 역할이라고 예고되고 있다.

13절은 제사장직과 왕직이 메시아를 통해 통합되는 것을 보여준다. 13절은 싹이 성전을 건축할 것이라는 사실을 한 번 더 말하여 강조한 후 싹이 영광을 얻고 자기 보좌에 앉아서 다스릴 것이라고 한다. 싹이 영광을 얻는다는 것은 13절의 배경에서만 볼 경우 메시아가 성전을 재건한 것 때문에 받게 되는 영광이다. 그러나 이 성전 건축은 제2 성전 건축이 아니다. 스가랴 4장은 스룹바벨이 성전 재건에 중요한 역할을 한다고 하였지만, 6:13에서는 스룹바벨에 대한 언급은 전혀 없고 오직 싹이라고 불린 메시아가 성전을 건축한다. 또한 제2 성전을 건축할 때에는 포로에서 돌아온 유대인들끼리 건축하였고, 타민족의 참여는 철저히 배제되었다(스 4:3). 하지만 메시아의 성전 건축에는 6:15에서 볼 수 있는 것처럼 이방 민족들이 함께 참여하고 있다. 이 같은 현상은 구약 시대에서는 찾아볼 수 없고, 오직 신약 시대의 교회를 통해서만 볼 수 있는 현상이며, 이것은 메시아 예수 그리스도가 성도들과 함께 지은 성전을 일컫는 것으로 볼 수 있다(엡 2:21-22; 고전 3:16). 싹이 영광 얻는 것을 3장의 환상과 관련하여 생각한다면, 싹이 얻는 영광은 이 땅의 죄악을 하루에 제거하는 것과 관련 있을 수 있다. 이럴 경우 싹이 얻게 되는 영광은 예수 그리스도께서 "너희가 이 성전을 헐라 내가 사흘 동안에 일으키리라"고 한 메시아의 죽으심과 부활을 통한 영광일 수 있다(요 2:19-22).

싹이 자기 보좌에 앉아서 다스릴 것이라고 한 말은 싹의 제왕적 통치를 의

---

13. Keil, *Minor Prophets*, 2:298-300.

미한다. 그러나 이어지는 "또 제사장이 자기 자리에 있으리니"에 대한 해석 관점에 따라 싹과 별개의 사람 제사장을 가리키는 것이 아니라, 싹이 다스리는 자이면서 동시에 제사장이라는 말일 수 있다.[14] 개역개정 성경이 "또 제사장이 자기 자리에 있으리니"의 히브리어 본문은 아래와 같다.

וְהָיָה כֹהֵן עַל־כִּסְאוֹ *베하야 코헨 알-키스오*

동사 *하야*(הָיָה)는 '-이다'의 의미를 가지며, 이것의 주어가 *코헨*(כֹהֵן 제사장)일 수도 있지만, 앞서 나온 싹이 주어일 수 있다. 싹을 주어로 볼 경우 "싹이 그의 보좌 위에 앉은 제사장일 것이다"로 해석할 수 있다. 이렇게 볼 수 있는 가능성이 *베하야*(וְהָיָה)가 와우 계속법으로서 선행하는 문장의 동사와 논리적으로 이어지고 있기 때문이다. 이 문장은 아래에서 볼 수 있는 것처럼 미완료형을 주동사로 가지고 있는 *베후-잇사 호드*(וְהוּא־יִשָּׂא הוֹד)에 연결되어 이어지는 세 개의 *베*(וְ) + 완료형 문장에서 마지막 문장이다.

וְהוּא־יִשָּׂא הוֹד וְיָשַׁב וּמָשַׁל עַל־כִּסְאוֹ וְהָיָה כֹהֵן עַל־כִּסְאוֹ

그렇기 때문에 *베하야*의 주어는 후(הוּא)로 표기된 싹으로 보아야만 한다. 만약에 *베하야 코헨*에서 *코헨*이 주어가 되려면 *베* + 완료형으로 된 와우 계속법에서 이탈해야 하며 그렇게 하려면 동사는 *베하야*가 아니라 *이웨*(יִהְיֶה)가 되어야만 한다. 그렇기 때문에 *베하야*의 주어는 *코헨*이 아니라 싹이다. 그리고 앞선 문장(*우마샬 알-키스오* וּמָשַׁל עַל־כִּסְאוֹ)에서 '자기 자리'(*키스오* כִּסְאוֹ)도 현재 문장(*베하야 코헨 알-키스오*)의 '자기 자리'(*키스오*)와 동일한 자리로 볼 수 있다. 그렇다면, 13절의 마지막 문장 "평화로운 논의가 둘 사이에 있

---

14. Petersen, *Haggai and Zechariah 1-8*, 277-78.

을 것이다"는 싹과 미래의 제사장 한 사람과 사이 좋게 관계를 유지한다는 말
보다는 오히려 싹으로 불린 메시야가 제왕적 사역과 함께 제사장적 사역을 동
시에 조화롭게 수행한다는 말로 여길 수 있다. 싹의 제사장적 사역은 3:8-9에
서 "죄악을 하루에 제거하리라"를 통해 이미 예고되었다. 메시아가 제사장적
사역과 제왕적 사역을 겸하게 된다는 것은 이미 포로기 이전 선지자들에 의
한 싹의 예언을 통해 예고 되었다. 이사야 4:2과 4절은 "그 날에 여호와의 싹
이 아름답고 영화로울 것이요… 이는 주께서 심판 하는 영과 소멸하는 영으로
시온의 딸들의 더러움을 씻기시며"라고 하면서 여호와의 싹이 제사장처럼 백
성의 죄를 정결하게 씻기는 일을 할 것이라고 한다. 예레미야 23:5-6은 "보라
때가 이르리니 내가 다윗에게 한 의로운 가지를 일으킬 것이라 그가 왕이 되
어 지혜롭게 다스리며 세상에서 정의와 공의를 행할 것이며"라고 한다. 개역
개정 성경이 "가지"라고 번역한 히브리어 명사는 스가랴 6:13에서 "싹"으로
번역한 *체마*이다. 예레미야는 싹이라는 메시아가 다윗의 후손으로 태어나 왕
이 되어 이스라엘과 유다뿐만 아니라 세상을 다스릴 것이라고 한다. 이사야와
예레미야가 각각 따로 말한 싹이라고 부른 메시아의 제사장직과 제왕적 사역
을 6:13은 메시아가 동시에 수행한다는 것을 말하고 있다.[15]

14절에서 하나님은 대제사장 여호수아에게 씌워 주었던 그 면류관을 헬렘
과 도비야와 여다야와 스바냐의 아들 헨을 기념하기 위하여 여호와의 전 안에
두라고 한다. 14절에 언급된 네 사람은 10절에서 언급된 사람과 동일한 사람
들임에도 불구하고 이름이 바뀌었다. 10절에서 헬대와 스바냐의 아들 요시아
라고 하였던 사람들이 각각 헬렘과 헨으로 바뀌었다. 이렇게 바뀜으로 이들의
이름을 통해 흥미로운 현상이 생겨났다.

---

15. Baldwin, *Haggai, Zechariah, and Malachi*, 134-35.

헬렘 חֵלֶם   ⇨ 꿈

도비야 יָהּ + טוֹב   ⇨ 여호와의 선

여다야 יָהּ + יָדַע ⇨ 여호와를 앎

헨 חֵן   ⇨ 은혜

이를 반영하여 14절을 다시 해석하면, 싹이 의미하는 '면류관은 꿈이 되고 그리고 여호와의 선이 되고 여호와의 지식이 되고 그리고 은혜가 된다'가 될 수 있다.[16] 14절은 또한 면류관을 여호와의 성전에 기념으로 두라고 한다. 이 것은 면류관이 단순히 대제사장 여호수아를 위해서 제작된 것이 아니라 싹에 대한 예언의 성취를 기다리며 기념하기 위해 성전에 두라는 말이다. 이 때의 성전은 아직 스룹바벨에 의해 재건된 제2 성전이 완공될 때까지 2년 정도의 시간이 남아 있었기 때문에 성전 어느 곳에 두어 보관하게 했는지 분명하지 않다.

3) 성전 재건에 참여할 민족들(15절)

15절은 먼 데 사람들이 와서 여호와의 전을 건축한다고 한다. 먼 데 사람들은 세계 각지에 흩어져 살고 있던 유대인들이 돌아와서 성전을 재건하는 것으로도 생각할 수 있지만, 현재 스룹바벨의 지도하에서 성전이 재건되고 있기 때문에 현실성이 떨어진다. 15절의 메시지는 오히려 학개 2:6-9의 메시지와 유사성을 지니고 있다. 학개 2:7에 의하면 하나님이 모든 나라를 진동시켜 모든 나라의 보배를 가지고 오게 하며 이것들로 여호와의 성전을 영광스럽게 만든다. 이방 민족이 성전 재건을 위해 기여하는 내용은 이사야 60:8-9에서도 확인할 수 있다.

---

16. Klein, *Zechariah*, 205.

"⁸ 저 구름 같이, 비둘기들이 그 보금자리로 날고 있는 것 같이 날아오는
자들이 누구냐 ⁹ 곧 섬들이 나를 앙망하고 다시스의 배들이 먼저 이르되
먼 곳에서 네 자손과 그들의 은 금을 아울러 싣고 와서 네 하나님 여호
와의 이름에 드리려 하며 이스라엘의 거룩한 이에게 드리려 하는 자들
이라 이는 내가 너를 영화롭게 하였음이라."

열방이 성전 건축을 위해 모여드는 현상은 에스라 4:1-3의 메시지에 비추
어 볼 때 스룹바벨 시대에 일어날 일로 생각할 수 없다. 이방 민족들이 유대인
들과 더불어 하나님의 성전을 건축하는 일은 또 다른 효과를 가져온다. 이를
통해 "너희들이 만군의 여호와께서 나를 너희에게 보내셨다는 것을 알게 된
다"는 것이다. 이 문장에서 1인칭 단수 '나를'에 해당되는 존재가 누구냐에 대
해 많은 학자들은 선지자 스가랴라고 생각하고 있다. 하지만 두 가지 이유 때
문에 '나를'은 스가랴가 아닐 가능성이 높다. 첫째, 거의 모든 학자들이 스가
랴 6:15의 많은 민족들에 의한 성전 건축은 스가랴와 스룹바벨 그리고 대제
사장 여호수아의 시대에 일어날 일이 아니라 먼 미래에 일어날 일이라고 생
각한다. 그렇다면 스가랴 시대에 일어나지도 않은 일이 하나님께서 스가랴를
보내셨다는 사실을 당대의 유대인들이 인정해 줄 수 있는 증표가 될 수 있는
가? 그럴 수 없다. 그렇다면 '나를'은 누구일까? 이와 유사한 표현이 스가랴
2:9, 11 그리고 4:9은 6:15에도 있으며(2:8 참고), 이 표현들에서 '나를'은 여호
와의 사자일 가능성이 매우 높다. 이것은 6:15에서도 마찬가지이다. 이 여호
와의 사자가 메시아 성자 예수님이라면 이방 민족들과 유대인들이 함께 하나
님의 성전을 이루는 것을 하나님께서 그를 보내셨다는 증표로 보는 것이 가
능하게 된다(엡 2:11-22).¹⁷

6:15은 "너희가 만일 너희 하나님 여호와의 말씀을 들을진대 이같이 되리

---

17. Keil, *Minor Prophets*, 2:301-302.

라"로 끝을 맺는다. 스가랴는 "들을진대"를 강조하기 위해 부정사 절대형을 동사 앞에 두었다. 그래서 "여호와의 말을 정녕코 들을진대 이같이 되리라"고 한다. 이 '듣는다'는 것은 1:4의 백성들의 조상들이 하나님께서 악한 길을 떠나서 돌아오라고 했으나 듣지 아니하였다는 메시지를 연상시킨다. 그렇다면 포로 후기 백성들이 기대하는 성전 재건과 메시아의 오심 그리고 하나님의 나라의 회복은 그들이 얼마나 신실하게 하나님의 말씀을 듣고 순종하느냐에 달려 있다.

교훈과 적용

1. 하나님은 전쟁과 싸움으로 가득한 세상에 네 가지 색으로 된 말들이 끄는 병거를 보내어 온 세상을 두루 다니며 쉼이 있게 한다고 한다. 네 병거는 세상의 주 앞에 있는 네 영을 의미하며, 성령을 의미한다. 이 영들에 의해 '내 영을 쉬게'한다는 것은 이 땅에 평화를 이룬다는 말이다. 온갖 사건과 욕망과 다툼이 가득한 이 땅에서 나는 하나님께서 이루실 참된 평화를 얼마나 사모하고 있는가? 그 평화가 이 땅에 이루어지도록 나는 어떤 노력을 기울이고 있는가?

2. 12절은 싹이라는 이름을 가진 사람이 면류관을 쓰고 여호와의 전을 건축하며 영광을 얻고 백성들을 다스릴 것이라고 한다. 메시아가 건축할 참된 성전은 성령께서 거하시는 성도들의 모임이다. 믿는 성도들 가운데 왕이신 메시아의 통치가 구현되기를 사모하는 마음을 나는 가지고 있는가? 메시아가 이 땅을 정의와 평강으로 통치하시도록 나는 내 삶을 바쳐 드리고 있는가?

3. 15절은 메시아가 오셔서 하나님의 성전을 건축할 때에 먼 데 사람들도 이 일에 참여하게 된다고 한다. 이 사람들은 포로에서 돌아오지 않은 유대인들이 성전 재건에 참여한다는 말이 아니라, 하나님을 알지 못하던 이방인들이 그리스도께 돌아와서 그들이 그리스도를 믿고 함께 하나님의 교회를 세워 나간다는 말이다. 나는 그리스도를 알지 못하는 사람들에게 가서 얼마나 복음을 전하고 있는가? 이들에게 복음 전하기 위해 헌신하는 복음 전도자들과 선교사들을 위해 기도할 때 나는 건성으로 기도하고 있지 않는가?

제7장 금식과 정의 그리고 인애 (7:1-14)

스가랴 7-8장은 1:7-6:15의 메시지를 받은 지 약 2년 후인 다리오 왕 제 4년 9월 4일에 하나님이 스가랴에게 준 메시지를 기록하고 있다. 스가랴 7장에서는 유대인의 지도자들이 회복을 위한 금식을 언제 끝낼 수 있는지 하나님께 묻고 있으며, 이에 대해 하나님은 포로로 끌려간 이유를 먼저 설명하고 이어서 8장에서 예루살렘의 회복을 약속한다.

본문 개요

스가랴 7-8장은 스가랴의 둘째 단락이며, 메시지의 주제가 아래와 같이 대구 구조로 전개되고 있다.

A.금식 문제(7:1-7)
    B. 이웃 사랑에 대한 불순종과 재앙(7:8-14)
        C. 회복과 예루살렘의 평화(8:1-8)
    B' 경제적 번영과 이웃 사랑에 대한 순종(8:9-17)
A' 금식 문제(8:18-23)

 이와 같은 대구 구조 속에 스가랴 7장은 두 부분으로 나뉠 수 있다. 7:1-7은 유대인들이 유다와 예루살렘이 멸망당한 후부터 지금까지 해 오고 있는 금식을 언제까지 해야 하는지에 대해 하나님께 질문하는 내용을 기록하고 있다. 벧엘 사람들이 예루살렘 성전에 있는 제사장들과 선지자들에게 대표를 보내어 지난 70년 동안 시행해 오고 있는 금식을 계속해야 되는지를 질문하였다. 이에 하나님은 그들에게 그들의 금식이 여호와 하나님을 위한 것이었는지 아니면 백성들 자신을 위한 것이었는지 생각해 보라고 반문한다. 7:8-14에서는 유다와 예루살렘이 왜 망하게 되었고 그리고 유대인들이 왜 포로로 끌려가게 되었는지에 대한 이유를 설명한다. 하나님은 포로기 이전 선지자들을 통해 그들의 조상들에게 진정한 금식에 대해 알려 주었지만, 그들의 조상들이 정의와 공의를 행하지 않았고 과부와 고아와 나그네와 궁핍한 자에게 인애와 긍휼을 베풀지 않고 하나님의 율법을 지키지 않았기 때문에 진노하신 하나님이 유다를 멸망시켰고, 그들의 조상들을 여러 나라에 흩어 버리고 유다를 황무지로 만들었다고 한다.

내용 분해

 1. 금식 지속에 대한 백성의 질문과 하나님의 대답(7:1-7)
   1) 스가랴에게 말씀이 임한 시기(1절)
   2) 금식 지속에 대한 백성들의 질문(2-3절)
   3) 금식에 대한 하나님의 반문(4-6절)
   4) 옛 선지자를 통한 해답 찾기(7절)
 2. 이웃 사랑에 대한 불순종과 재앙 (7:8-14)
   1) 옛 선지자들이 말한 진정한 금식 (8-10절)
   2) 조상들의 불순종(11-12절)
   3) 하나님의 진노(13-14절)

본문 주해

1. 금식 지속에 대한 백성의 질문과 하나님의 대답(7:1-7)

1 다리오 왕 제 사년 아홉째 달 곧 기슬래월 사 일에 여호와의 말씀이 스가랴에게 임하니라 **2** 그 때에 벧엘 사람이 사레셀과 레겜멜렉과 그의 부하들을 보내어 여호와께 은혜를 구하고 **3** 만군의 여호와의 전에 있는 제사장들과 선지자들에게 물어 이르되 내가 여러 해 동안 행한 대로 오월 중에 울며 근신하리이까 하매 **4** 만군의 여호와의 말씀이 내게 임하여 이르시되 **5** 온 땅의 백성과 제사장들에게 이르라 너희가 칠십 년 동안 다섯째 달과 일곱째 달에 금식하고 애통하였거니와 그 금식이 나를 위하여, 나를 위하여 한 것이냐 **6** 너희가 먹고 마실 때에 그것은 너희를 위하여 먹고 너희를 위하여 마시는 것이 아니냐 **7** 예루살렘과 사면 성읍에 백성이 평온히 거주하며 남방과 평원에 사람이 거주할 때에 여호와가 옛 선지자들을 통하여 외친 말씀이 있지 않으냐 하시니라

스가랴 1:1-6에서 스가랴는 유대인들에 대한 하나님의 진노 이유를 밝혔었는데, 7:1-7에서 이를 재언급하고 있다. 1:1-6은 하나님이 포로기 이전 조상들에게 진노하신 이유를 밝히고 있지만, 그 이유를 말하게 된 동기를 말하지 않는다. 반면에 7:1-7은 금식에 대한 백성들의 질문을 배경으로 하나님이 조상들에게 진노하신 이유를 제시하고 있다.

1) 스가랴에게 말씀이 임한 시기(1절)

1절은 스가랴 7-8장의 수신 시기를 다리오 왕 제 4년 아홉째 달이라고 말한다. 이때는 기원전 518년 12월에 해당되며, 스가랴가 1:7-6:15의 여덟 개의 환상 메시지를 받은 후 약 2년이 지난 후였다. 이 시기에 페르시아 왕 다리오

는 제국 곳곳에서 일어난 반란을 평정해야 했다. 다리오가 캄비세스의 왕위
를 찬탈한 환관 가우마타를 죽이고 페르시아의 왕이 되었을 때 곳곳에서 반
란이 일어났으며, 이집트도 반란에 참여한 나라들 중에 하나였다. 메소포타미
아 지역의 반란을 진압한 후 다리오 왕은 기원전 519년 가을에 이집트를 진
압하기 위해 진군하였으며, 그곳에서 6개월을 머문 후 귀국한다(Herodotus,
Histories, 70-94).[1] 하지만 그가 세운 총독의 학정 때문에 이집트는 다시 반란
을 일으켰고, 이를 진압하기 위해 이집트로 다시 진군하였으며(B.C. 518년 9
월), 반란을 평정한 후 팔레스타인을 거쳐 되돌아 갔다. 이때 다리오는 홍해와
지중해를 연결시키는 수에즈 운하 공사를 명령했으며, 이집트의 법률을 성문
화시키는 작업을 지시하였다. 기원전 약 518년에는 다리오가 페르시아에 거
대한 토목 공사를 시작하게 했다. 다리오는 페르세폴리스에 거대한 궁전을 건
축하기 시작했으며, 이 공사는 아하수에르 왕 때에 완성되지만, 부수적인 작
업은 약 100년 동안 지속되었다. 이 같은 상황은 유다와 같은 독립을 꿈꾸는
민족들의 희망을 산산이 부숴 버렸고, 2절 이하에서 사람들이 제사장과 선지
자들에게 유다와 예루살렘의 회복을 위한 금식을 언제까지 해야 되는지 질문
하게 만들었을 것이다.

2) 금식 지속 여부에 대한 백성들의 질문(2-3절)

2절은 개역개정 성경과는 달리 '그리고 그가 보내었다'(*와이쉐라*וַיִּשְׁלַח)로
시작하고 있으며, 많은 주석가들이 주어가 무엇인지에 대해 다양한 의견을 피
력하고 있다. 학자들은 또한 벧엘을 사라셀에 붙은 이름인지 아닌지에 대해
논쟁을 벌이고 있으며,[2] 2절의 사람들이 벧엘에서 왔는지 아니면 바벨론에서
왔는지에 대해 논쟁하고 있다. 히브리어 성경의 마소라 본문 전통은 분리 악

---

1. E. M. Yamauchi, *Persia and the Bible*, 129-85.

2. Petersen, *Haggai and Zechariah 1-8*, 282.

센트를 통해 벧엘과 사라셀을 명확하게 분리하고 있으며, 문장의 주어는 벧엘 사람들이다. 이 사람들은 바벨론에서 파견된 사람이 아니라 벧엘에서 파견된 사람들이다.[3] 그 이유는 7-8장이 현재 가나안 땅에 살고 있는 사람들의 관심사로 설정하고 있기 때문이다.[4]

7장은 예루살렘과 유다의 회복 시기를 질문하는 역할을 왜 벧엘 사람이 하게 되었는지에 대해 그 이유를 명확하게 밝히지 않는다. 벧엘은 포로기 이전에 여로보암이 세운 금송아지 제단이 있던 곳으로 북쪽 이스라엘의 우상 숭배 중심지였다. 하지만 에스라 2:28에 의하면 유대인들이 성전 재건을 위해 포로에서 예루살렘에 돌아왔을 때 벧엘 출신의 신실한 자들이 223명이나 따라왔다고 한다.[5] 벧엘은 포로 후기 시대에 유다 지역과 사마리아 지역의 국경 가까이에 있었고, 에스라 4:1-4에 의하면 사마리아 사람들은 유다의 성전 건축을 매우 적극적으로 방해하였다. 느헤미야 1-6장도 예루살렘 성벽 재건 때에 사마리아 사람들이 주변국들과 함께 느헤미야와 유대인들의 건축을 맹렬하게 방해하였음을 보여준다. 이때에 가장 큰 위협을 받은 사람들이 유다와 사마리아의 접경 지역에 살고 있었던 벧엘 사람들이었을 것이다. 느헤미야 4:12에 의하면, "그 원수들의 근처에 거주하는 유다 사람들도 그 각처에서 와서 열 번이나 우리에게 말하기를 너희가 우리에게로 와야 하리라"고 한다. 유사한 상황이 이때에도 발생하였을 가능성을 배제할 수 없다. 이런 이유들 때문에 벧엘 사람들은 예루살렘 멸망 이후 시온의 회복을 기다리며 금식을 시작하였을 것이다.

벧엘 사람들은 사레셀과 레겜멜렉과 그의 부하들을 보내어 하나님의 은혜를 구한 후 제사장들과 선지자들에게 70년 동안 오월 중에 울며 근신한 것을

---

3. Baldwin, *Haggai, Zechariah, and Malachi*, 141-43; Klein, *Zechariah*, 21-23.

4. M. J. Boda, "From Fasts to Feasts: The Literary Function of Zechariah 7-8," *CBQ* 65 (2003): 390-408.

5. Klein, *Zechariah*, 213.

계속해야 되는지를 질문하였다(3절, 5절). 3절의 5월은 열왕기하 25:8에 언급된 느부갓네살 왕 19년, 즉 기원전 586년 5월 7일에 있었던 예루살렘 성전과 왕궁이 파괴된 날일 가능성이 높다. 하지만, 벧엘 사람들은 성전 재건이 재개되어 순조롭게 진행되고 있는 소식과 그리고 예레미야가 예언했던 70년이 끝나가고 있음에도 불구하고 페르시아가 망하지 않고 오히려 승승장구하는 상반된 소식을 접하면서 지금이 시온의 회복의 때로 여기고 금식을 중단해야 할지 아니면 계속해야 할 지를 판단하기 위해 제사장들과 선지자들에게 질문한 것이다.[6] 이들의 질문 대상에 포함된 선지자들은 스가랴와 학개이다.

3) 금식에 대한 하나님의 반문(4-6절)

벧엘 사람들의 질문에 대해 하나님은 즉각 대답을 하지 않고 스가랴 8:18-23에 미루어 둔 채, 그들의 금식의 진정성에 대해 반대 질문을 한다. 하지만 하나님은 벧엘 사람들에게만 질문하지 않고, 유다의 모든 백성들과 제사장들을 대상으로 질문한다. 5절에서 하나님의 질문은 매우 수사학적이며, 반복법을 많이 사용하였고, 그리고 격정적이다. 동사 '금식하다'(춤 צום)를 세 번 반복하였으며, 벧엘 사람들이 5월의 금식에 대해 질문하였음에도 불구하고 5월과 7월이라 하였고, '나를'을 두 번 표현하였다. 그리고 하나님은 그들이 금식한 기간을 70년이라고 하면서, 이 70년 동안에 행한 모든 금식들이 나를 위한 금식이었는지 질문한다. 이 질문에서 5절은 동사에 대명사 접미사를 첨부하였음에도 불구하고 독립 인칭 대명사를 동사 뒤에 또 첨부하여 강조하고 있다. 5월 금식은 예루살렘 성전 파괴를 기념하는 날이었고, 7월 금식은 속죄일 금식이었을 가능성이 높다.[7]

---

6. McComiskey, "Zechariah," 1124-25.
7. P. Ackroyd, *Exile and Restoration* (Philadelphia: Westminster Press, 1968), 207. 애크로이드는 4월 금식은 예루살렘 성전 함락을 기념하며(왕하 25:2-3; 렘 39:2), 5월 금식은 성전을 불태운 날을 기념하고(왕하 25:8), 7월 금식은 그달랴의 암살을 기념하며(왕하 25:25; 렘 41:1-2), 그리고 10월 금식은 예루살렘 포위를 기념하는 금식이었을 것이라고 제안한다(왕하 25:1).

이어서 6절에서 하나님은 5절과 대조되는 사실을 통해 포로 후기 백성들의 문제를 제기한다. 5절에서 그들이 한 금식이 나를 위한 것이었느냐고 질문하였는데, 6절에서는 금식과는 전혀 어울리지 않는 그들의 먹고 마신 것에 대해 반문한다. 하나님은 '너희들이 먹곤 하였을 때 그리고 너희들이 마시곤 하였을 때 너희들은 먹는 자들이었고 그리고 너희들은 마시는 자들이지 아니 하였느냐'고 한다. 이 말은 그들의 먹고 마시는 것이 자신들의 먹고 사는 것 때문이었던 것처럼 그들의 금식도 하나님을 위한 것이 아니라 그들 자신을 위한 형식과 의식에 지나지 않았다는 의미이다. 이 반문을 통해 하나님은 이들이 성전 파괴를 애통해 하며 처음 금식을 선언하였을 때 가졌던 마음과 자세를 이미 버렸고 외식적이고 가식적인 금식만 해 왔음을 지적하고 있다.[8]

4) 옛 선지자를 통한 해답 찾기(7절)

하나님은 백성들과 제사장들에게 그들이 던진 질문에 대답하기 위해 과거 그들의 조상에게 전한 선지자들의 메시지를 생각해 보라고 한다. 7절은 1:1-6에서 하나님이 포로 후기 백성에게 말한 주제를 이어가고 있음을 보여준다.[9] 하나님은 그 선지자들의 시대를 예루살렘과 사면 성읍의 백성이 평안히 거주하며, 네게브 지역과 세펠라 지역에도 거주민이 있을 때라고 한다. 이 시대는 유다 지역에 메소포타미아 출신의 대제국들인 아시리아와 바벨론의 침략이 본격화되기 이전에 그 지역에 사람들이 평화롭게 생존하던 시기이다. 이 말에는 지금은 이 지역에 유대인들이 살고 있지 않다는 말이며, 이를 언급함으로 하나님이 내린 저주와 재앙의 현재성을 강조하고, 그리고 스가랴가 전하고 있는 하나님의 경고에 무게감을 더하려는 의도를 가지고 있다.[10] 아시리아와 바벨론의 침략 이전에 활동한 선지자로는 이사야, 호세아, 아모스가 대표

---

8. Floyd, *Minor Prophets*, 422-23.

9. Ollenburger, "The Book of Zechariah," 793.

10. Petersen, *Haggai and Zechariah 1-8*, 287-88.

적이다. 이들 중에서 특별히 남쪽 유다 지역에 활동한 사람은 이사야이며, 이사야는 58:1-14에서 의미 없는 금식과 하나님이 기뻐하는 금식에 관한 메시지를 전하였다. 이사야 58:1-14의 참 금식과 거짓 금식은 스가랴 7:8 이하에 기록된 내용과 유사하다.

2. 이웃 사랑에 대한 불순종과 재앙(7:8-14)

8 여호와의 말씀이 스가랴에게 임하여 이르시되 9 만군의 여호와가 이같이 말하여 이르시기를 너희는 진실한 재판을 행하며 서로 인애와 긍휼을 베풀며 10 과부와 고아와 나그네와 궁핍한 자를 압제하지 말며 서로 해하려고 마음에 도모하지 말라 하였으나 11 그들이 듣기를 싫어하여 등을 돌리며 듣지 아니하려고 귀를 막으며 12 그 마음을 금강석 같게 하여 율법과 만군의 여호와가 그의 영으로 옛 선지자들을 통하여 전한 말을 듣지 아니하므로 큰 진노가 만군의 여호와께로부터 나왔도다 13 내가 불러도 그들이 듣지 아니한 것처럼 그들이 불러도 내가 듣지 아니하리라 만군의 여호와가 말하였느니라 14 내가 그들을 바람으로 불어 알지 못하던 여러 나라에 흩었느니라 그 후에 이 땅이 황폐하여 오고 가는 사람이 없었나니 이는 그들이 아름다운 땅을 황폐하게 하였음이니라 하시니라

8-14절에서 하나님은 5-7절에서 제기한 금식에 대한 주제를 이어가며, 옛 선지자들을 통해 참된 금식이 되기 위해 무엇을 해야 하는지를 백성들의 조상들에게 알려 주었지만, 그들이 순종하지 않음으로 결국 하나님의 진노에서 벗어나지 못했다고 한다.

1) 옛 선지자들이 말한 진정한 금식(8-10절)

8절은 다시 하나님의 말씀이 스가랴에게 임했다고 한다. 이것은 5-7절에서

하나님이 백성들에게 그들의 금식의 진정성에 대해 질문하고 나서 잠깐의 시
간적 공백을 가진 후 하나님의 메시지가 재개되었기 때문에 쓴 표현일 수도
있고, 9-14절의 메시지를 강조하기 위해 사용했을 수도 있다. 9절은 다시 "만
군의 여호와가 이같이 말씀하여 이르기를"을 통해 이어지는 메시지를 강조하
고 있다. 이렇게 해서 스가랴는 8절과 9절 상반절을 통해 9-14절의 메시지를
이중으로 강조하고 있는 셈이다. 하나님은 참된 금식을 위해 먼저 그들이 진
실된 재판을 통해 공의를 행해야 한다고 말한다. 진실한 재판과 공의을 행하
는 것은 이스라엘 백성의 태동 때부터 하나님께서 그들에게 지속적으로 요구
한 그들의 의를 판단하기 위한 기준이었다(출 23:6; 신 16:19; 24:17).[11] 그리고
스가랴 1:1-6에서 제기한 조상들과 포로 후기 백성들의 죄의 문제의 핵심 쟁
점이기도 하다. 하나님은 이스라엘 백성들이 과부와 고아와 나그네와 관련된
재판을 왜곡해서는 안되고, 이들에게 불의를 행하지 말 것을 율법의 규정으로
정하여 주었다. 이 규정은 선지자들의 메시지에서도 중요한 비중을 차지하였
다. 이사야 58:1-14의 금식 논쟁에서도 하나님은 금식하면서 동시에 의를 행
하지 않고 약한 자들을 억압하는 것은 참된 금식이 아니라고 말한다. 58:4-5
에 의하면 하나님은 굵은 베와 재를 펴고 앉아서 자신을 낮추는 시늉을 하면
서 정작 다투고 폭력을 행사하는 금식을 거짓 금식이라고 하며, 이런 금식과
기도를 하나님은 전혀 주목하지 않는다. 대신에 흉악의 결박을 풀어주고 멍에
의 줄을 끌러 주며, 주린 자에게 양식을 나누어 주고 갈 곳 없는 사람을 집에
들이며 벗은 사람에게 입히면서 금식할 때에, 하나님은 금식하는 자의 부르
짖는 소리에 응답한다고 한다(사 58:6-9). 스가랴 7:10에 의하면 하나님은 옛
선지자들을 통해 조상들에게 과부와 고아와 나그네와 궁핍한 자를 압제하지
말고, 그리고 서로 해치려는 행위를 마음에 생각지도 말라고 경고했었다. 이
를 강조하기 위해서 10절은 동사를 모두 목적어 뒤로 배열하였다. 하나님이

---

11. Redditt, *Haggai, Zechariah, Malachi*, 82-83.

스가랴를 통해 백성들과 제사장들에게 이런 말을 한 이유는 이들도 조상들과 똑같은 행동을 하고 있기 때문이다. 이것은 스가랴 1:1-6에서 이미 제기된 포로 후기 백성들의 악한 길과 악한 행위가 공의를 행하지 않고 고아와 과부와 나그네와 궁핍한 자를 압제하는 것이었음을 보여준다. 스가랴가 활동하였던 성전 재건 시기에 이런 일이 어느 정도로 행하여졌는지는 분명하게 알 수 없지만, 느헤미야 5:1-11에 의하면 약 60년 후 느헤미야가 예루살렘 성벽 재건을 위해 돌아왔을 때 유다의 부자들이 가난한 자들에게 양식을 꾸어 주고 제때에 갚지 못하자 그들의 밭과 포도원과 감람원과 집을 빼앗고, 그들의 자녀를 종으로 팔았다고 한다.

2) 조상들의 불순종(11-12절)

하나님의 강력한 경고와 요청에도 불구하고 이스라엘 백성들은 아예 선지자들의 말을 듣는 것을 거절하였고, 듣지 않기 위해 그들의 귀를 막았다. '막았다'의 히브리어는 *카베드*(כָּבֵד)이며, 이 표현은 하나님의 영광을 나타낼 때도 사용하고, 마음을 강퍅케 하였다고 할 때도 사용한다. 여기에서 *카베드*는 '무겁게 하다' 또는 '강퍅케 하다'의 의미로 사용하였다. 스가랴는 특이하게도 듣지 않고 귀 기울이지 않았다는 표현 중간에 '그들이 완고한 어깨를 내밀었다'는 말을 첨가하였다. 이것은 사람이나 짐승이 완고하게 고집을 부리기 위해 몸을 돌리고 등을 돌리는 행동을 나타낸다. 이 표현은 소가 멍에 메는 것을 회피하기 위해 앞다리를 구부리고 어깨를 낮추는 행동으로서 멍에 메는 것을 방해하는 행동을 나타내는 표현이다.[12] 동일한 표현이 느헤미야 9:29에 있으며, 하나님께서 포로 이전 백성들에게 율법에 복종하게 하려고 경계하였으나 이들은 듣지 않고 고집하는 어깨를 내밀고 목을 굳게 하고 듣지 않았다고 한다. 이들은 단순히 등을 돌렸던 것이 아니라, 과부와 고아와 나그네와 궁핍

---

12. Phillips, *Zechariah*, 163-64.

한 자를 압제하지 말라는 말을 들으면서, 하나님께 보란 듯이 이들을 억압하는 사악한 모습을 보였고, 서로 해치려는 생각을 마음에 가지지 말라는 말을 들으면서 오히려 더 적극적으로 남을 해치려는 악한 마음을 가슴에 품었다.

12절은 조상들의 태도를 더 극적으로 표현하고 있다. 그들은 그들의 마음을 금강석으로 만들었다고 한다. 금강석으로 번역된 히브리어 명사 *솨미르* (שׁמִיר)는 일반적으로 가시덤불의 의미를 가지고 있지만, 예레미야 17:1, 에스겔 3:9, 그리고 스가랴 7:12에서는 아주 '단단한 돌'을 의미하며 금강석을 가리키는 것으로 생각된다.[13] 예레미야 17:1은 유다의 죄를 쇠로 만든 펜과 금강석으로 만든 펜 촉으로 기록하겠다고 하며, 에스겔 3:7-9는 이스라엘 백성의 조상들이 그들의 마음을 금강석처럼 강하게 만들었다고 한다. 하나님의 율법과 선지자들을 통하여 전한 하나님의 말씀을 듣지 않으려고 강하게 거부하였다는 말이다. 백성들이 마음을 금강석처럼 만들 때, 하나님은 이들에게 메시지를 전해주기 위해 그의 영과 선지자들의 손을 사용하였다고 한다. 스가랴서에서 수차례에 걸쳐 언급되었던 하나님의 성령이 12절에서 다시 언급되었다 (4:6; 6:8). 이 말은 선지서가 성령의 영감으로 기록되었다는 것을 보여주기도 하지만, 동시에 하나님의 말씀을 듣지 않기 위해 금강석처럼 단단한 백성들의 마음과 그들의 마음을 돌이키려고 애쓰는 하나님의 영이 서로 대조를 이루는 표현이다(느 9:20, 30참고). 완고하게 변화를 거부하는 이스라엘 백성들에게 결과적으로 하나님은 크게 진노하였다.

3) 하나님의 진노(13-14절)

하나님이 선지자들을 통해 죄에서 돌이키라고 불렀어도 그들이 전혀 듣지 않았던 것처럼 하나님도 그들이 하나님께 부르짖어도 전혀 듣지 않을 것이라고 한다. 이것은 하나님의 말씀에 귀 기울이지 않는 백성들에 대한 하나님의

---

13. Keil, *Minor Prophets*, 309.

진노를 드러내는 메시지에서 종종 볼 수 있는 표현이다. 예레미야 11:11에 의하면 언약을 파괴한 이스라엘과 유다 백성에게 하나님은 재앙을 내릴 것이고 그 재앙 때문에 이들이 하나님께 부르짖을지라도 "내가 그들에게 듣지 아니하리라"고 한다. 에스겔 8:18에도 유사한 표현을 볼 수 있다. 스가랴 7:14에 의하면 하나님은 그들의 소리를 듣지 않을 뿐만 아니라 그들을 그들이 알지 못하는 모든 나라들에 흩어 버릴 것이라고 한다. 하나님이 그들을 흩는 것을 묘사하기 위해 사용된 히브리어 동사는 *사아르*(סָעַר)이며 '폭풍이 불다'의 의미를 가지고 있다. 이 단어를 사용함으로 하나님은 마치 태풍에 먼지가 날려 가듯이 이스라엘 백성을 많은 이방 민족들 가운데에 흩어 버렸음을 강조한다.[14] 이 재앙은 언약의 말씀에 순종하지 않은 대가로 치르게 된 언약의 저주이다. 레위기 26장에는 언약의 규정에 이어서 언약의 축복과 저주에 관한 하나님의 말씀이 기록되어 있다. 26:1-13에는 언약의 축복에 관한 내용이 기록되어 있고, 26:14-46에는 언약의 저주가 기록되어 있다. 언약의 축복을 내리는 경우는 백성들이 하나님의 언약의 말씀을 듣고 순종할 때이다(레 26:1-3). 언약의 저주를 받는 것은 그들이 하나님의 말씀을 듣고도 순종하지 않기 때문이다. 이를 26:14은 스가랴 7:13과 유사하게 *임 로 티쉬메우*(אִם לֹא תִשְׁמְעוּ 만약 네가 듣지 아니하면)라고 하고 있다. 언약의 저주에는 다양한 것들이 있지만, 기본적으로 하나님의 부재, 모든 소유에 재앙, 질병과 대적의 침략 전쟁으로 되어 있다. 레위기 26:33에는 스가랴 7:14에서 말하고 있는 재앙을 예고한다. 레위기 26:33에 의하면 "내가 너희를 여러 민족 중에 흩을 것이요… 너희의 땅이 황무하며 너희의 성읍이 황폐하리라". 스가랴 7:13-14에 의하면 하나님이 백성들의 조상을 흩었고 그리고 이스라엘 백성들이 살았던 땅들은 황무지가 되어 사람들이 지나가거나 돌아오는 일이 없는 땅이 되어 버리고, 하나님의 축복이 가득했던 젖과 꿀이 흐르는 아름다운 땅이 황폐하게 되었다고 한다.

---

14. Baldwin, *Haggai, Zechariah, and Malachi*, 148.

하지만 레위기 26장의 언약의 축복과 저주는 이스라엘의 심판으로만 끝나지 않고 이스라엘 자손의 회복이 일어날 것이라는 메시지로 끝난다. 스가랴 7장도 재앙에 관한 메시지로 끝내지 않고 레위기 26장 마지막에서 볼 수 있는 이스라엘의 회복에 대한 주제를 스가랴 8장으로 이어간다.

교훈과 적용

1. 이스라엘 백성은 바벨론에 의해 예루살렘 성전이 폐허간 된 때부터 매년 금식하며 이 날을 기념하였다. 지금도 유대인들은 7-8월 경에 있는 티사 베아브(Tisha B'Av 히브리 달력으로 5월 9일) 금식일에 금식하며 예레미야 애가와 같은 슬픈 노래를 부른다. 하지만 바벨론 포로에서 돌아와서 예루살렘 성전을 재건하던 유대인들은 성전 파괴 일에 금식하기는 하였지만, 그들의 금식은 형식적인 금식에 지나지 않았다. 그들의 금식에는 하나님이 전혀 없었다. 유대인들의 성전 파괴 기념일은 우리에게 그리스도의 십자가 사건과 비교될 수 있다. 우리는 성 금요일에 어떤 마음을 가지고 하루를 지내는가? 교회 행사이기 때문에 마지못해 참석하고 있지는 않는가? 우리의 성 금요일 행사에는 십자가에 못박힌 그리스도가 있는가?

2. 벧엘에서 보내어 온 사람들이 금식을 계속해야 될지 여부를 질문하였다. 성전이 완공되어 가는 것을 보면서 이제는 하나님의 축복의 시대가 다시 시작된다고 생각하였기 때문에 더 이상 슬픔에 빠질 필요가 없다고 생각하였다. 그러나 하나님은 예루살렘 성전 재건만으로 축복을 준다고 하지 않았다. 하나님은 백성들이 과부와 고아와 나그네와 궁핍한 자를 위해 정의와 인애를 그들의 삶 속에 세우지 않으면 그들의 조상들에게 재앙을 내린 것처럼 다시 재앙을 내린다고 하였다. 한국 교회는 어쩌면 포로 후기 유대인들처럼 비슷한 상황 속에 있다고 생각되지 않는가? 잘 지어진 교회당도 필요하겠지만, 정의와 인애를 실천하지 못하고 있다면 우리 한국 교회는 포로 후기 유대인들과 조금도 다를 바가 없지 않는가?

3. 포로 후기 시대의 유대인들은 금식하며 하나님께 많은 기도를 하였다. 하지만 하나님은 그들의 기도를 들어주지 않았다. 이스라엘 백성들이 선지자들을 통해 전한 율법의 말씀과 예언의 말씀들을 듣고도 전혀 귀를 기울이고 순종하지 않았기 때문이다. 그들이 듣지 않았던 것처럼 그들의 기도를 전혀 들어주지 않고 오히려 재앙을 내린다고 한다. 우리도 하나님께 기도할 때 우리 자신을 돌아보아야 한다. 나는 하나님의 말씀을 귀 기울여 듣고 그리고 순종하며 살고 있는가? 정말 기도에 응답을 받기를 원하면 우리가 먼저 하나님 말씀을 듣고 순종해야 한다는 것을 꼭 기억해야 한다.

제8장 시온의 회복과 번영에 대한 약속 (8:1-23)

8장은 7장의 주제를 이어가지만, 7장에서 금식 지속 여부를 묻는 사람들에게 이웃 사랑에 대한 말씀에 불순종한 결과로 재앙을 초래하였다고 말한 것과는 달리, 8장에서 하나님은 자기 백성들을 회복시킬 것과 이웃과 사랑을 나누는 공동체에게 번영을 약속한다. 그리고 하나님은 이스라엘 백성들이 민족적 차원의 재앙으로 인한 금식을 더 이상 하지 않을 뿐만 아니라 이방 민족들도 함께 하나님께 나아가는 역사가 일어날 것이라고 한다.

본문 개요

8장은 세 부분으로 나눌 수 있다. 첫 부분은 8:1-8이며, 하나님이 자기 백성들을 회복시킬 것을 예고한다. 7:8-14의 메시지가 레위기 26:14-39에 기록된 하나님의 언약의 말씀에 순종하지 않은 조상들에게 내린 언약의 저주였는데, 스가랴 8:1-8은 레위기 26:40-46에 기록된 하나님의 회복의 약속이 실현될 것을 말하고 있다. 스가랴 8:1-8은 회복될 예루살렘을 매우 쾌활하게 묘사하고 있다. 예루살렘 길거리에는 늙은 남자와 여자들이 지팡이를 잡고 왕래하며, 거리마다 소년과 소녀들이 가득 모여 뛰놀게 된다. 이어서 8:9-17은 조상들에게 내린 재앙과는 달리 회복된 백성들에게 평화의 열매, 즉 경제적 번영을 누리게 될 것이라고 한다. 그러나 이런 평화의 열매는 무조건적으로 먹을 수 있는 것이 아니라 조상들이 실천하지 못한 이웃 사랑을 실천할 때 얻게 된다. 즉 하나님의 언약의 계명들을 듣고 순종할 때 하나님의 축복 또한 누릴 수 있게 된다. 마지막으로 8:18-23에서 하나님은 7:1-7에서 제기했던 금식 질문에 대한 대답을 비로소 주신다. 유대인들이 지금까지 하던 금식은 이제 기쁨과 즐거움과 희락의 절기로 변하고 많은 민족들이 유대인을 붙잡고 함께 하나님께로 나오는 은혜의 절기가 될 것이라고 한다. 이 은혜의 절기 주제는 스가랴 14장에서 초막절 축제 절기로 이어진다.

내용 분해

1. 시온의 회복과 예루살렘의 평화(8:1-8)
    1) 여호와께서 시온을 위해 질투하고 돌아오심(1-3절)
    2) 예루살렘 거리에 남녀노소가 평화롭게 어울림(4-5절)
    3) 백성들을 돌아오게 하여 진리와 공의로 다스림(6-8절)
2. 경제적 번영과 이웃 사랑에 대한 순종(8:9-17)
    1) 포로 후기 선지자의 메시지(9절)
    2) 평화의 열매를 얻게 됨(10-12절)
    3) 남은 자들에 대한 위로의 말씀(13-15절)
    4) 이웃에 대하여 공의와 사랑을 행할 것(16-17절)
3. 만민이 함께하는 절기(8:18-23)
    1) 금식의 날이 희락의 절기가 됨(18-19절)
    2) 이방 민족이 남은 자들과 여호와를 찾아옴(20-23절)

본문 주해

1. 시온의 회복과 예루살렘의 평화(8:1-8)

1 만군의 여호와의 말씀이 임하여 이르시되 **2** 만군의 여호와가 이같이 말하노라 내가 시온을 위하여 크게 질투하며 그를 위하여 크게 분노함으로 질투하노라 **3** 여호와가 이같이 말하노라 내가 시온에 돌아와 예루살렘 가운데에 거하리니 예루살렘은 진리의 성읍이라 일컫겠고 만군의 여호와의 산은 성산이라 일컫게 되리라 **4** 만군의 여호와가 이같이 말하노라 예루살렘 길거리에 늙은 남자들과 늙은 여자들이 다시 앉을 것이라 다 나이가 많으므로 저마다 손에 지팡이를 잡을 것이요 **5** 그 성읍 거리에 소년과 소녀들이 가득하여 거기에서 뛰놀리라 **6** 만군의 여호와가 이같이 말하노라 이 일이 그 날에 남은 백성의 눈에는 기이하려니와 내 눈에야 어찌 기이하겠느냐 만군의 여호와의 말이니라 **7** 만군의 여호와가 이같이 말하노라 보라, 내가 내 백성을 해가 뜨는 땅과 해가 지는 땅에서부터 구원하여 내고 **8** 인도하여다가 예루살렘 가운데에 거주하게 하리니 그들은 내 백성이 되고 나는 진리와 공의로 그들의 하나님이 되리라

8장은 7장의 분위기와 너무 다르게 거두절미하고 하나님이 시온을 회복시킬 것이라고 선언한다. 하나님은 시온을 위하여 질투하며, 남은 자들을 예루살렘으로 돌아오게 하고 그 거리에는 늙은 남자들과 여자들이 앉아 있고, 소년과 소녀들이 거리마다 가득 모여 놀게 된다. 그리고 하나님은 이들을 진리와 공의로 다스리게 된다.

1) 여호와께서 시온을 위해 질투하고 돌아오심(1-3절)

7장은 이스라엘과 유다 백성이 이방 민족들에 의해 멸망할 수밖에 없었던

이유를 밝히고 있기 때문에 메시지의 분위기가 매우 어둡다. 반면에, 8장에는 대 반전이 일어난다. 하나님은 이스라엘과 유다를 심판하시는 분이 아니라 구원하시는 분이며, 8장은 이를 질투와 분노와 같은 감성적인 표현으로 묘사한다.[1] 8장은 1절에서 하나님의 계시의 메시지가 새로 시작된다는 표시로 "만군의 여호와의 말씀이 있어 가라사대"(*바여히 데바프-여호와 체바오트 레모르* וַיְהִי דְּבַר־יְהוָה צְבָאוֹת לֵאמֹר)라고 하였음에도 불구하고 2절은 하나님의 말씀을 강조하기 위하여 "만군의 여호와가 이렇게 말씀하시니라"(*코 아마르 여호와 체바-오트* כֹּה אָמַר יְהוָה צְבָאוֹת)고 하며 선지자의 인용어를 반복한다. 스가랴는 8장에서 하나님의 말씀 하나 하나를 강조하기 위해 선지자의 인용어구를 1, 2, 3, 4, 6, 7, 9, 11, 14, 18, 19, 20, 23에서 무려 13번을 반복한다.

　　이런 강조와 함께 2절은 여호와께서 시온을 위하여 질투한다고 말한다. 여호와의 질투는 시온의 백성들이 이방 민족들 가운데서 큰 고통을 받고 있는 것을 더 이상 지켜보지 못하게 되자 발하게 되며, 하나님이 그들의 회개와 함께 그들의 죄를 용서하고 그들이 시온으로 돌아오게 하는 동기가 된다.[2] 하나님의 질투는 출애굽기 20:5의 십계명의 제 2계명에서 가장 먼저 언급되었다. 이 계명에서 하나님은 질투하는 하나님이라고 소개한다. 하나님의 질투는 자기 백성들이 하나님을 버리고 우상을 섬길 때 발하게 되며(출 34:14; 신 4:24; 32:21), 또한 이방 민족들이 포로 신세인 이스라엘에게 하나님이 생각했던 것보다 더 심한 고통을 가할 때 하나님은 그들의 행동에 대해 깊이 질투하고 분노한다(욜 2:18). 스가랴 8:2의 하나님의 질투는 3절에서 하나님이 시온에 돌아오신다고 하는 말씀과 연결하여 아주 특별한 의미를 가진다. 이스라엘 백성들이 포로로 끌려 갔던 이유는 하나님의 질투를 유발하였기 때문에다. 에스겔 8:3은 포로기 직전의 이스라엘 백성들이 예루살렘 성전에 질투의 우상 또는

---

1. Smith, *Micah-Malachi*, 231.
2. McComiskey, "Zechariah," 1137.

질투를 일어나게 하는 우상이 있었다고 한다. 이 질투는 하나님께서 예루살렘과 이스라엘에 대한 파괴적 질투이다. 이런 질투의 결과로 9:3이하에서 하나님의 영광이 성전과 예루살렘과 유다에서 떠나가는 과정을 11:25까지 묘사하고 있다. 이에 반해 스가랴 8:2-3에서 하나님의 질투는 시온의 백성들을 위한 질투이며, 그들의 편에 서서 그들을 회복시키기 위해 돌아오게 되는 감성적 동기가 된다. 즉 2절의 하나님의 질투는 이방 민족들에 의해 지나치게 가혹한 고통을 당한 자기 백성을 위한 분노이다.

스가랴 1:14에서 하나님은 이미 예루살렘과 시온을 위해 크게 질투하고 있다고 했다. 시온의 회복을 위해 아무런 움직임도 보이지 않고 자신들의 안위만 도모하고 있는 이방 민족들에 대해 하나님은 심히 진노하였다고 한다. 반면에 8:2에서 하나님의 질투는 폐허로 변한 시온, 만군의 하나님의 성전이 초토화되어 버린 예루살렘에 대한 질투와 분노이다. 8:2은 이를 강조하기 위해 반복법과 교차 대구법을 사용하고 있다.

스가랴는 동사 '내가 질투하다'(킨네티/קִנֵּאתִי)를 두 번 반복하였고, 이에 더해 명사 '큰 질투'(킨아 게돌라/קִנְאָה גְדוֹלָה)와 '큰 분노'(헤마 게돌라/חֵמָה גְדוֹלָה)를 반복하였다.

시온을 위한 하나님의 진노는 곧바로 하나님이 시온에 돌아와 예루살렘 가운데에 거하리라는 선포로 이어진다. '거하다'의 히브리어는 동사 *샤칸*(שָׁכַן)이며, 하나님이 이스라엘 백성들 가운데 거하기 위하여 시내산에서 모세에게 성막을 만들라고 시켰을 때에 사용한 표현이다(출 25:8). 그리고 솔로몬이 예루살렘 성전을 건축하였을 때, 하나님께서 성전에 계시면서 이스라엘 가운데

거하겠다고 하였을 때에도 이 동사를 사용하였다(왕상 6:13). 그러므로 "예루
살렘 가운데에 거하리니"는 하나님께서 친히 하나님의 성전에 계시면서 시
온 백성들 가운데 거주하신다는 의미이다. 이것은 하나님 나라와 신앙 공동체
의 회복이기도 하다.[3] 스가랴 8:2은 1:16과 아주 유사하다.[4] 둘의 차이는 1:16
이 예루살렘을 단순히 '예루살렘'이라고만 부르는 반면에 8:3은 예루살렘을
진리의 성읍이라고 부른다는 것이다. 새 이름을 붙여주는 것은 예루살렘의 신
분이 바뀐다는 것을 의미한다.[5] 이사야 1:21에 의하면 유다 백성이 포로로 끌
려 가기 전에 예루살렘 성은 공의와 정의가 사라지고 그리고 신실하지 못한
도시였고, 창기와 살인자로 가득한 도시가 되어 버렸다. 웃시야와 요담이 죽
고 아하스가 왕이 되고 난 후 불과 몇 년 만에 온 이스라엘은 죄악의 도시가
되어 버렸다. 그러나 여호와의 영광이 다시 돌아온 예루살렘은 진리의 성읍이
되고 거룩한 산이라고 불리게 된다. 예루살렘은 수치스러운 과거에서 벗어나
진리가 가득한 하나님의 거룩한 도성으로 탈바꿈하게 되기에 하나님은 예루
살렘에 진리의 성읍이라는 새로운 이름을 준다. 거룩한 산은 시편에서 시온에
대한 찬양 속에 사용되는 표현이다(시 48:1; 99:9). 성전이 파괴되고 없는 상
태에서 다니엘은 여호와의 거룩한 산을 위해 기도하기도 하지만(단 9:16, 20;
11:45), 다른 선지자들은 미래에 회복될 예루살렘 성전이 있는 모리아 산을 일
컫기 위해 주로 사용한다(사 11:9; 27:13; 56:7, 13; 65:11, 25; 66:20; 겔 20:40;
28:14; 욜 2:1; 3:17; 습 3:11). 모리아 산이 거룩한 산으로 불리게 되는 이유는
그 위에 화려하고 웅장한 성전이 세워지기 때문이 아니고 여호와 하나님께서
그 곳에 다시 좌정하시기 때문이다.

---

3. Keil, *Minor Prophets*, 312; Smith, *Micah-Malachi*, 231.

4. Baldwin, *Haggai, Zechariah, Malchi*, 148-49.

5. Smith, *Micah-Malachi*, 232.

2) 예루살렘 거리에 남녀노소가 평화롭게 어울림(4-5절)

여호와 하나님께서 예루살렘에 돌아와 거하시겠다는 선포와 함께 곧바로 예루살렘에 남녀노소가 평화롭게 거닐고 뛰어 노는 광경을 예고하고 있다. 이 메시지는 1:17에서 하나님이 "나의 성읍들이 넘치도록 다시 풍성할 것이라"고 한 말과 유사하다. 남은 자들이 돌아오는 광경은 오히려 뒤로 미루어 7-8절에 기록하고 있는데, 이 내용을 먼저 선포한 이유는 회복된 예루살렘의 평화를 강조하기 위한 목적 때문이다. 4절이 "만군의 여호와가 이같이 말하노라"로 메시지를 시작한 것도 평화로운 예루살렘의 광경을 강조하려는 목적 때문이다. 이렇게 강조하는 이유는 예루살렘의 회복을 7:8-14에서 말한 예루살렘의 황폐화와 대조시키기 위해서이다. 4절은 먼저 늙은 남자와 여자가 광장에서 앉아 있을 것이라고 한다. 이들은 모두 손에 자기 지팡이를 들고 있는 것으로 묘사하고 있는데, 그 이유는 이들이 매우 늙었다는 것을 보여주기 위해서이다. 늙은 노인들이 많이 모여 있는 것은 예루살렘 가운데 전쟁과 질병과 기근이 없는 평화의 시대가 오랫동안 지속되고 있다는 것을 나타낸다. 이들은 모두 성읍 가운데에 있는 광장과 유사한 넓은 공간들(레홉רְחֹב)에 삼삼오오 모여 한가롭고 여유롭게 앉아있을 것이라고 한다. 5절은 계속해서 넓은 공간들에 소년과 소녀들이 가득 모여 뛰어 노는 광경을 예고한다. 4-5절은 가장 나이 많은 노인층과 가장 어린 아이들을 내세워 예루살렘에 거주하는 모든 남은 자들이 누리게 될 평화로운 삶을 예고하고 있다. 스가랴 8:4-5의 광경은 이사야 65:17-25에서 묘사되고 있는 새 하늘과 새 땅 창조에 관한 예언과 유사한 면을 가지고 있다. 스가랴 8:3-5처럼 이사야 65:20은 노인을, 18절은 즐거운 성읍을, 그리고 25절은 여호와의 성산을 언급하고 있는 것은 둘의 연관성을 보여주는 사인(sign)으로 볼 수 있다. 이사야 65:20에 의하면 회복될 예루살렘에는 어린 나이에 죽는 어린이와 수한이 차지 못한 노인이 다시는 없을 것이라고 하며, 백 세에 죽는 자를 젊은이라고 하겠다고 한다. 이사야 65:18에서는 하나님은 예루살렘 성을 즐거운 성으로 창조하고 그 백성을 기쁨으로 삼을 것

이라고 한다. 스가랴 8:4은 이사야 65:17-25의 예언을 간단하면서도 그림 같
은 이미지로 미래의 예루살렘을 묘사하고 있다. 5절의 소년 소녀가 함께 놀고
있는 것도 회복될 예루살렘에 대한 과거 선지자들의 예언의 성취 예고이다.
예레미야 31:4에 의하면, 하나님께서 이스라엘의 남은 자들을 회복시킬 때에
탬버린을 들고 나와 즐거워하며 춤을 출 것이라고 하며, 스가랴 8:5은 바로 이
예언이 이루어진 상황을 묘사하고 있다.

4절이 늙은 노인이라고 하지 않고 늙은 남자와 늙은 여자를 구분하면서 이
들이 함께 어울리는 장면을 말하였는데, 이어서 5절도 젊은이들이라고 하지
않고 어린 소년과 어린 소녀로 남성과 여성을 함께 말하면서 함께 놀고 있는
것으로 묘사한 것은 특별하다.[6] 두 성을 함께 반복해서 묘사함으로 두 성의 조
화로운 평화를 말하려 한 것으로 여겨진다. 이것은 이사야 65:25의 이리와 어
린 양이 함께 짚을 먹는 장면을 말하면서 "나의 성산에서는 해함도 없겠고 상
함도 없으리라"고 한 예언을 반영하려 한 것으로 여겨진다.

4-5절이 광장을 세 차례에 걸쳐 말하며 강조한 것은 포로로 끌려 가기 이
전의 예루살렘과 대조 시키려는 의도를 가지고 있다. 포로기 이전에 예루살렘
은 거짓과 죄악이 가득하였고, 그리고 하나님의 징벌로 인한 울부짖음이 가득
한 장소였다. 이사야는 예루살렘 거리에 시체들이 쓰레기처럼 굴러 다니게 된
다고 하였다(사 5:25). 예레미야 5:1에 의하면 하나님은 예레미야에게 예루살
렘 거리와 광장을 다니면서 의롭게 행하며 진리를 찾는 자 한 사람을 찾으라
고 하였지만, 그곳에는 이에 해당하는 사람이 아무도 없었다. 그 결과 하나님
의 징벌로 인해 죽음이 넘쳐 흐르는 예루살렘의 거리와 광장에는 어린 아이와
젊은이가 모두 사라졌었다(렘 9:21). 이렇게 비참하고 처절했던 예루살렘 광
장과 거리가 회복의 시기에는 늙은 노인들과 어린 아이들이 가득 메우고 평화

---

6. Petersen, *Haggai and Zechariah 1-8*, 300

롭게 어울려 즐기는 곳으로 바뀌게 된다.[7]

3) 백성들을 돌아오게 하여 진리와 공의로 다스림(6-8절)

6-8절은 하나님께서 이스라엘의 남은 자들을 회복시켜 예루살렘으로 인도하시는 것을 기록하고 있다. 하나님의 회복시키는 역사는 이스라엘의 남은 자들의 눈에 경이로운 일이지만 하나님의 눈에는 전혀 경이로운 일이 아니고 자연스러운 일이라고 한다.[8] 이를 강조하기 위해 6절은 "만군의 여호와가 이같이 말하노라"로 시작하였는데 "만군의 여호와의 말이라"를 본문 마지막에 덧붙이고 있으며, 문장 자체도 의문사 하(הֲ)를 생략한 의문문을 만들고 있다. 스가랴의 메시지를 듣고 있는 청중들에게 회복의 날에 예루살렘에 일어날 일들보다 더 놀라운 것은 6절에서 말하는 하나님의 경이로운 일들을 보게 될 '남은 자들'과 '저 날들에'이다. 놀랍게도 하나님은 남은 자들을 '이 백성의 남은 자'(쉐에리트 하암 핫제/שְׁאֵרִית הָעָם הַזֶּה)라고 한다. 이 백성이 예루살렘에 돌아와 있는 사람들을 가리키든 아니면 포로에 끌려가 있는 사람을 가리키든 가릴 것 없이 그들 중에서 남은 자가 하나님의 회복을 보게 된다는 것이기 때문에 6-8절의 회복은 스가랴 시대에 당장 실현되고 있는 것이 아니라 미래에 일어날 사건으로 보게 만든다.[9] 뿐만 아니라 회복의 날이 성취될 시기를 말하는 '저 날들에'도 같은 역할을 한다. 개역개정 성경이 "그 날에"로 번역하고 있는 히브리어 전치사구 바야밈 하헴(בַּיָּמִים הָהֵם)의 하헴(הָהֵם)은 지시 대명사 남성 복수형으로서 저 날들에(at those days)로 해석해야 한다. 이것은 선지자들이 종종 사용하는 그 날에(하욤 하후/בַּיּוֹם הַהוּא)와 구별되며, 스가랴는 그의 시대가 아닌 또 다른 미래의 저 날들에 회복이 일어날 것을 말하고 있다.

6절이 회복을 경험하게 될 사람들과 회복이 일어날 시기를 간접적으로 제

7. Phillips, *Zechariah*, 170.
8. Petersen, *Haggai and Zechariah 1-8*, 300; Redditt, *Haggai, Zechariah, Malachi*, 85.
9. Ollenburger, "The Book of Zechariah," 795.

시한 반면에 7절은 회복이 일어나게 될 범위를 말하고 있다.[10] "만군의 여호와가 이같이 말하노라"로 시작한 7절은 '내가 내 백성을 해 뜨는 땅에서부터 그리고 해지는 땅으로부터 구원하실 것이라고 한다. 감탄사 힌니(הִנְנִי 보라! 내가)와 함께 사용된 동사 야솨(יָשַׁע)의 히필(Hiphil) 분사형(מוֹשִׁיעַ 모쉬아)은 구원의 날이 미래에 일어난다는 것을 보여준다. 하나님의 구원 역사는 해가 뜨는 동쪽에서 해가 지는 서쪽까지에 걸쳐 일어난다고 한다. 이 표현은 제유법(merism)이며, 방향의 일부를 사용하여 동서남북 모든 곳에서 하나님이 자기백성을 회복시키는 것을 보여준다. 이사야 11:1-11 그리고 예레미야 31:8-10에서도 하나님께서 자기 백성을 세계 곳곳으로부터 돌아오게 한다는 유사한 예언을 볼 수 있다. 스가랴 8:8에 의하면 하나님은 구원한 백성들을 예루살렘으로 인도한다. 그리고 3절에서 하나님이 예루살렘 가운데에 거하겠다고 한 것처럼 구원한 백성들을 예루살렘 가운데 거주하게 한다. 그리고 이들은 하나님의 백성이 되고 하나님은 이들에게 진리와 의로 다스리신다. 이 말은 하나님이 아브라함과 맺은 언약과 시내산 언약을 상기시키는 표현이다(창 17:8; 출 6:1-8). 예레미야 31:33에서는 하나님이 미래에 남은 자들을 회복시켜 출애굽때 와는 다른 새 언약을 체결할 것이라고 예언하면서 "나는 그들의 하나님이되고 그들은 나의 백성이 될 것이라"고 한다. 스가랴 8:8의 "나는 그들에게 진리와 공의로 하나님이 되리라"는 말은 7:9을 염두에 두고 있으며 1:16-17과 대조를 이룬다. 과거 예루살렘에 살았던 조상들은 하나님의 백성임에도 불구하고 진실과 공의를 행하지 않음으로 징벌의 쓴 포도주를 마셔야 했다. 미래에 예루살렘은 진리의 성읍이라고 불리게 되는데(8:3), 그 이유는 백성들이 진리와 공의를 잘 실천하기 때문이 아니라 하나님이 진리와 공의로 그들을 가르치고 다스릴 것이기 때문이다.

---

10. Floyd, *Minor Prophets*, 430.

2. 경제적 번영과 이웃 사랑에 대한 순종(8:9-17)

9 만군의 여호와가 이같이 말하노라 만군의 여호와의 집 곧 성전을 건축하려고 그 지대를 쌓던 날에 있었던 선지자들의 입의 말을 이 날에 듣는 너희는 손을 견고히 할지어다 10 이 날 전에는 사람도 삯을 얻지 못하였고 짐승도 삯을 받지 못하였으며 사람이 원수로 말미암아 평안히 출입하지 못하였으나 내가 모든 사람을 서로 풀어 주게 하였느니라 11 만군의 여호와의 말씀이니라 이제는 내가 이 남은 백성을 대하기를 옛날과 같이 아니할 것인즉 12 곧 평강의 씨앗을 얻을 것이라 포도나무가 열매를 맺으며 땅이 산물을 내며 하늘은 이슬을 내리리니 내가 이 남은 백성으로 이 모든 것을 누리게 하리라 13 유다 족속아, 이스라엘 족속아, 너희가 이방인 가운데에서 저주가 되었으나 이제는 내가 너희를 구원하여 너희가 복이 되게 하리니 두려워하지 말지니라 손을 견고히 할지니라 14 만군의 여호와가 이같이 말하노라 너희 조상들이 나를 격노하게 하였을 때에 내가 그들에게 재앙을 내리기로 뜻하고 뉘우치지 아니하였으나 15 이제 내가 다시 예루살렘과 유다 족속에게 은혜를 베풀기로 뜻하였나니 너희는 두려워하지 말지니라 16 너희가 행할 일은 이러하니라 너희는 이웃과 더불어 진리를 말하며 너희 성문에서 진실하고 화평한 재판을 베풀고 17 마음에 서로 해하기를 도모하지 말며 거짓 맹세를 좋아하지 말라 이 모든 일은 내가 미워하는 것이니라 여호와의 말이니라

9-17절의 메시지는 현재 예루살렘 성전을 짓고 있는 백성들에게 이루어 질 축복과 그들이 실천해야 할 것들로 구성되어 있다. 하나님은 백성들에게 스가랴와 학개의 메시지를 통해 손을 견고히 할 것을 당부한다. 이어서 스가랴는 학개가 전한 메시지를 인용하면서 성전 재건에 참여하고 있는 백성들이 평화의 열매를 먹게 될 것이라고 한다. 하지만 하나님은 이 백성들에게 그들의

조상들에게 말씀했던 것처럼 이웃 사랑을 실천하고 공의를 행하라고 말한다.

1) 포로 후기 선지자의 메시지(9절)

9절은 다시 "만군의 여호와가 이같이 말하노라"로 시작하며, 스가랴 7:7의 옛 선지자들에게 했던 것처럼 현재 활동하고 있는 선지자의 메시지를 들으라고 말한다. 8:9의 "여호와의 집 곧 성전을 건축하려고 그 지대를 쌓던 날에 있었던 선지자들"은 학개와 스가랴이며, 학개 2:18은 스가랴 8:9과 유사하게 "여호와의 성전 지대를 쌓던 날부터 기억하여 보라"는 내용을 가지고 있다. 성전의 지대를 쌓던 날은 학개의 메시지를 듣고 성전 재건을 재개한 다리오 2년 6월 24일을 의미하는 것으로 판단된다. 에스라 3:6에 의하면 포로 후기 백성들은 예루살렘에 돌아왔지만 성전 지대를 놓지 못하다가 예루살렘에 돌아온 지 제2년 2월에 성전 지대를 놓기 위해 공사를 시작한다(스 3:8). 그러나 성전 재건은 사마리아 사람들의 방해로 중단되었다가(스 4장) 다리오 왕의 재건축 허락과 함께 성전 지대 공사를 시작으로 본격화되었다(스 5:16; 6:3). 이때에 선지자 학개와 스가랴가 선지자 활동을 시작한다(스 6:14).[11] 하나님은 포로 후기 백성들에게 이 선지자들을 통해 한 말을 듣고 손을 강하게 하라고 한다. 개역개정의 "견고히 할지어다"의 히브리어는 동사 *하작*(חָזַק)의 간접 명령문(*테헤작나* תֶּחֱזַקְנָה)이며 '강하게 하다'의 의미를 가지고 있다. 이 말은 용기를 내어 성전 재건에 온 힘을 쏟아 부으라는 권고의 말이다.

2) 평화의 열매를 얻게 됨(10-12절)

10-12절에서 스가랴는 성전 재건에 참여하고 있는 백성들에게 하나님이 주실 평화의 열매들에 대한 약속을 기록하고 있다. 스가랴는 9절에서 학개 2:18과 유사한 말을 사용하였는데, 10절에서는 학개 2:18과 1:6과 유사한 메시지

11. Petersen, *Haggai and Zechariah 1-8*, 304-305; Klein, *Zechariah*, 240.

로 시작한다. 학개는 2:18에서 "너희는 오늘 이전을 기억하라"고 하였는데, 스가랴는 10절에서 "이 날 전에는"이라고 하며, 학개 1:6은 "일꾼이 삯을 받아도 그것을 구멍 뚫어진 전대에 넣음이 되느니라"고 하며 또한 학개 1:11에서 "사람과 가축과 손으로 수고하는 모든 일에 한재를 들게 하였느니라"고 하였는데 스가랴는 8:10에서 "사람도 삯을 얻지 못하였고 짐승도 삯을 받지 못하였으며"라고 한다. 이것들과 더불어 성전 지대를 쌓기 전에는 나가고 들어오는 사람에게 원수들 때문에 평안이 없었다고 스가랴는 말한다. 원수들의 정체를 구체적으로 지적하지 않았지만 에스라, 느헤미야에 기록되어 있는 유다 인근의 사마리아, 암몬, 아스돗 그리고 아라비아 사람들이 여기에 포함될 것이다. 이스라엘이 이런 경제적 고통을 겪게 된 이유는 하나님께서 모든 사람에게 각자 셔로를 적대시하도록 내 보내었기 때문이다.[12] 개역개정의 "내가 모든 사람을 서로 풀어주게 하였느니라"는 이 문장 앞에 있는 10절의 다른 문장에서 말하는 경제적 고통을 끝내고 하나님이 사람들에게 서로서로 속박에서 풀어주는 것처럼 보인다. 하지만 이것은 히브리어 문법을 충분히 고려하지 않은 잘못된 번역이다. 히브리어 *와아살라 에트-콜-하아담 이쉬 베레에후*(בְּרֵעֵהוּ וָאֲשַׁלַּח אֶת-כָּל-הָאָדָם אִישׁ)의 직역은 '내가 모든 사람을 서로를 대항하도록 내어 보냈다'이며, 개역성경이 우호적인 분위기로 해석한 전치사 *베*(בְּ)는 적대적 의미를 가진 '대항하여'로 해석해야 한다. 이것은 마치 로마서 1:28-30에서 하나님이 그 마음에 하나님 두기를 싫어하는 자들에게 그들의 상실한 마음대로 내버려 두어 합당하지 못한 일을 하도록 방치해 버렸던 것과 같은 현상이다. 하나님이 백성들의 징벌적 재앙을 평화의 열매로 바꾸는 메시지는 11절의 '이제는'(*베앝타*, וְעַתָּה)과 함께 나온다.

11절에서 하나님은 '이제는 옛날처럼 내가 이 백성의 남은 자들에게 하지 않을 것이라'고 한다. 즉 옛날에는 그들에게 큰 징벌과 재앙을 내렸지만, 이

---

12. Klein, *Zechariah*, 240-41.

제는 이들에게 평강의 열매를 먹게 하겠다는 것이다. 11절에서 말한 남은 자들에 대한 하나님의 결심은 12절에서 구체적으로 표현된다. 학개 2:19에서 성전의 기초를 놓은 백성들에게 하나님은 "곡식 종자가 아직도 창고에 있느냐 포도나무, 무화과나무, 석류나무, 감람나무에 열매가 맺지 못하였느냐 그러나 오늘부터는 내가 너희에게 복을 주리라"고 하였다. 동일하게 스가랴 8:12절은 남은 자들에게 "곧 평강의 씨앗을 얻을 것이라 포도나무가 열매를 맺으며"라고 하고 있다. 평강의 씨앗은 정치적 사회적 평화를 이룰 수 있는 열쇠나 근간을 제공하겠다는 말이 아니다. 이어지는 메시지와 학개 2:18을 통해 볼 수 있듯이 평화의 시대에 이스라엘 백성들이 먹게 될 곡식의 씨를 뿌리라는 말이다. 12절에서 하나님은 학개가 남은 자들에게 말한 그들의 경제적 재앙과 반대되는 상황을 학개의 표현을 빌려 계속 약속한다. 학개는 1:10에서 하늘은 이슬을 그쳤고 땅은 산물을 그쳤으며"라고 하였는데, 스가랴는 이제 "땅이 산물을 내며 하늘은 이슬을 내리리니"라고 한다. 백성들이 성전 지대를 쌓은 것과 함께 이전의 재앙이 종결되고 남은 백성들은 이 모든 축복을 누리게 된다고 선언한다. 스가랴의 메시지는 학개의 말을 반박하는 것이 아니고, 학개가 성전 재건을 재개한 남은 자들에게 하나님의 복을 선언한 학개 2:18-19의 메시지와 동일한 맥락에서 이루어진 선언이다.[13] 뿐만 아니라 학개의 메시지와 스가랴의 메시지는 모두 레위기 26:1-13에 있는 언약의 축복에 근거한 선언이다.

3) 남은 자들에 대한 위로의 말씀(13-15절)

13절에서 스가랴는 더 적극적으로 이스라엘의 남은 자들의 삶의 변화를 말한다. 이전에는 유다와 이스라엘 자손들이 이방인들 가운데서 조롱거리였으나, 이제 하나님은 그들을 구원하여 이방인들의 칭송거리가 되게 하겠다고 한다. 13절의 저주는 한국 토속 종교에서 말하는 액운을 말하는 것이 아니다. 구

---

13. Redditt, *Haggai, Zecharaiah, Malachi*, 86.

약 성경에서 저주는 일반적으로 하나님의 언약을 깨뜨린 자에게 가해지는 하나님의 징벌을 의미한다. 하지만 13절에서 "저주"의 히브리어 *케라라*(קְלָלָה)는 '이방 민족들 가운데서'(*박고임*/בַּגּוֹיִם)에 의해 수식되고 있기 때문에 징벌로 해석하기보다는 이방 민족들 가운데서 극심한 조롱거리였다는 의미로 해석하는 것이 더 적절하다.[14] 이들이 조롱거리가 된 이유는 하나님이 그들에게 언약의 저주를 내려 이방 민족들 가운데 흩어 버렸기 때문이다. 하나님은 이제 유다와 이스라엘의 남은 자들이 복이 되게 하겠다고 했다. 이 말은 13절이 *카아쉐르* … *켄*(כַּאֲשֶׁר … כֵּן, just as … so) 구문으로 되어 있다는 것을 고려한다면, "이방 민족들 가운데서 저주가 되었나니"에 반대되는 주제로서 이방 민족들 가운데서 "복이 되게 하리니"이다.[15] 이것은 남은 자들이 극심한 조롱거리가 아니라 칭송의 대상이 되며 축복의 통로가 된다는 말이다. 남은 자들이 이방 민족들에게 칭송을 받게 되는 이유는 그들의 능력과 업적 때문이 아니라 하나님이 그들과 함께 하고 있다는 것을 이방 민족들이 알게 되기 때문이다(23절). 이 약속과 함께 하나님은 다시 한번 남은 자들에게 두려워하지 말라는 말과 함께 손을 강하게 하라고 한다. 이 표현은 9절의 반복에 해당된다. 이것은 하나님께서 그들에게 평강의 열매를 누리게 하는 이유가 그들의 손을 통해 성전을 재건하여 하나님이 그들 가운데 거하시게 하는데 있음을 보여준다.

　14-15절은 13절의 저주와 축복의 메시지를 이어 가며, 13절처럼 *카아쉐르* … *켄*(כַּאֲשֶׁר … כֵּן just as … so) 구문으로 되어 있으며, 이를 통해 하나님이 과거에 내린 재앙과 현재 내릴 축복을 대조하고 있다.[16] 14절은 저주에 해당하며 '내가 너희 조상들이 나를 격노하게 하였을 때에 내가 너희에게 재앙을 내리기로 계획 하고 내가 바꾸지 않았던 것처럼'이라고 한다. 하나님은 과거 조상들의 죄로 인한 징벌 계획이 확고하였음을 나타내기 위해 14절의 시작을 '만

---

14. Klein, *Zechariah*, 243

15. Baldwin, *Haggai, Zechariah, Malachi*, 152-53.

16. McComiskey, "Zechariah," 1148-49.

군의 여호와가 이같이 말하노라'로 시작하였는데 '내가 바꾸지 않았다'는 말
을 하기에 앞서 아래 밑줄에서 볼 수 있는 것처럼 '여호와가 말씀하시니라'를
중간에 삽입하였다.

כִּי כֹה אָמַר יְהוָה צְבָאוֹת כַּאֲשֶׁר זָמַמְתִּי לְהָרַע לָכֶם
בְּהַקְצִיף אֲבֹתֵיכֶם אֹתִי אָמַר יְהוָה צְבָאוֹת וְלֹא נִחָמְתִּי:

개역개정 성경은 이 부분을 삭제하였다. 하나님이 과거의 의지를 이렇게
강하게 표현한 이유는 이제 은혜를 베풀려 하는 하나님의 의지를 알리기 위해
서이다. 그래서 15절은 켄(כֵּן 그 처럼)으로 시작하며, 동일한 의지로 다시 예
루살렘과 유다 족속에게 은혜 베풀기로 계획하고 있음을 밝힌다. 둘을 대비
시키기 위해 14절은 재앙을 내린다는 말을 하기 위해 '악을 행하다'를 의미
하는 동사 라아(רֵעַע)를 사용하였는데, 15절은 은혜를 베푼다는 차원에서 '선
을 행하다'를 의미하는 동사 야타브(יֵשַׁב)를 사용하였다. 개역개정이 "이제"
로 번역한 히브리어는 바야밈 하엘레(בַּיָּמִים הָאֵלֶּה)이고 그 뜻은 '이 날들에'
이며 성전 재건을 하고 있는 그 당시를 포괄적으로 나타내는 표현이다. 이 표
현은 미래의 종말론적 회복을 말하기 위해 사용했던 6절의 '저 날들에'(바야
밈 하헴 בַּיָּמִים הָהֵם)와 대조되는 표현이다. 하나님은 이 위로의 말과 함께 "너
희는 두려워하지 말지니라"고 하며 15절의 메시지를 13절의 메시지와 연결
시키고 있다.[17]

4) 이웃에 대하여 공의와 사랑을 행할 것(16-17절)

하나님이 남은 자들을 위한 은총의 역사를 계획하고 선포하고 있지만, 이
은총이 무조건적으로 주어지는 것이 아니고, 하나님의 언약 백성으로서 그들

---

17. Smith, *Micah-Malachi*, 237; Keil, *Minor Prophets*, 316; McComiskey, "Zechariah," 1149.

이 해야 할 책임과 의무가 있다. 하나님께서 그들의 조상들에게 옛 선지자들을 통하여 말했던 것처럼 그들도 이웃 사랑과 공의를 실천해야만 하나님의 은총을 누릴 수 있다. 그렇기 때문에 16절은 '이것들은 너희가 행할 일들이다'고 말한다. 그들이 행할 일들은 16-17절에 기록되어 있으며, 이것들은 7:9-10에서 하나님이 조상들에게 했던 말들과 동일한 표현도 있지만, 차이점도 함께 가지고 있다.

8:16-17	7:9-10
16 너희가 행할 일은 이러하니라 너희는 이웃과 더불어 진리를 말하며 너희 성문에서 진실하고 화평한 재판을 베풀고 17 마음에 서로 해하기를 도모하지 말며 거짓 맹세를 좋아하지 말라 이 모든 일은 내가 미워하는 것이니라 여호와의 말이니라	9 만군의 여호와가 이같이 말하여 이르시기를 너희는 진실한 재판을 행하며 서로 인애와 긍휼을 베풀며 10 과부와 고아와 나그네와 궁핍한 자를 압제하지 말며 서로 해하려고 마음에 도모하지 말라 하였으나

동일한 표현은 진실한 재판을 행하는 것과 서로 해하려고 마음에 도모하지 말라는 것이다. 차이점은 7:9에서는 인애와 긍휼을 베풀라고 했는데, 8:16에서는 서로 진리를 말하라고 했다. 7:10에서는 과부와 고아와 나그네와 궁핍한 자를 압제하지 말라고 하였는데, 8:17에서는 거짓 맹세를 사랑하지 말라고 하였다. 또 다른 차이점은 재판을 두고 표현할 때에도 7:9은 "진실한 재판"이라고 한 반면에, 8:16은 진실하고 화평한 공의로 너희 성문에서 재판하라고 한다. 진실한 재판은 옳고 그름을 객관적이고 공정하게 재판하라는 요청이지만, 화평한 재판은 사소한 문제로 인한 다툼에 대해 서로 화해하고 사랑을 베풀게 유도하는 중재적 재판을 의미할 것이다. 이웃 사랑과 화평을 목적으로 한 하나님의 요청을 더 강조하기 위해 '이 모든 것들은 내가 미워하는 것이다'고 말한다. 이런 말을 강조하기 위해 하나님은 '이 모든 것들은'을 동사 앞에 도치시켰고, 그리고 선지자의 인용 표현인 '여호와의 말이니라'를 마

지막에 첨가하였다. 남은 자들이 하나님의 이 요청을 듣고 순종하면 그들은 평강의 열매를 먹게 될 것이다. 에베소서 4:25은 스가랴 8:16을 인용하여 예수 안에서 새 사람이 된 성도들이 그리스도의 지체로서 성도 상호 간에 가져야 할 덕목이라고 말한다.

3. 만민이 함께하는 절기(8:18-23)

18 만군의 여호와의 말씀이 내게 임하여 이르시되 **19** 만군의 여호와가 이같이 말하노라 넷째 달의 금식과 다섯째 달의 금식과 일곱째 달의 금식과 열째 달의 금식이 변하여 유다 족속에게 기쁨과 즐거움과 희락의 절기들이 되리니 오직 너희는 진리와 화평을 사랑할지니라 **20** 만군의 여호와가 이와 같이 말하노라 다시 여러 백성과 많은 성읍의 주민이 올 것이라 **21** 이 성읍 주민이 저 성읍에 가서 이르기를 우리가 속히 가서 만군의 여호와를 찾고 여호와께 은혜를 구하자 하면 나도 가겠노라 하겠으며 **22** 많은 백성과 강대한 나라들이 예루살렘으로 와서 만군의 여호와를 찾고 여호와께 은혜를 구하리라 **23** 만군의 여호와가 이와 같이 말하노라 그 날에는 말이 다른 이방 백성 열 명이 유다 사람 하나의 옷자락을 잡을 것이라 곧 잡고 말하기를 하나님이 너희와 함께 하심을 들었나니 우리가 너희와 함께 가려 하노라 하리라 하시니라

18-23절에서는 벧엘의 주민들이 하나님께 질문한 다섯째 달의 금식에 대한 대답을 제공하고 있다. 이 금식들이 변하여 희락의 절기가 되며, 이 절기에는 유대인들 뿐만 아니라 많은 민족들이 유대인들과 함께 모여 하나님의 은혜를 구하게 된다.

1) 금식의 날이 희락의 절기가 됨(18-19절)

스가랴 7:3에서 벧엘 사람들은 제사장들과 선지자들에게 5월의 금식에 대해 질문하였는데, 7:5에서 하나님은 5월의 금식에 더하여 7월의 금식에 대해 반문하였다. 8:18-19에서는 5월과 7월의 금식에 더하여 4월과 10월의 금식까지 언급한다. 이것은 의도적으로 1 ⇨ 2 ⇨ 3으로 점층법을 이루려는 의도를 가지고 있으며, 5월의 금식이 기쁨과 즐거움과 희락의 절기가 될 뿐만 아니라 모든 날이 이런 즐거운 절기로 바뀌게 된다고 한다. 이 금식들이 모두 예루살렘 멸망과 관련되어 있는 것으로 생각되지만, 4월의 금식과 10월의 금식이 구체적으로 무엇인지는 안타깝지만 알 수 없다. 클라인(G. Klein)은 4월 5월 7월 그리고 10월 금식을 다음과 같이 제안한다.[18]

4월 금식 – 예루살렘 공격 (렘 39:2)
5월 금식 – 예루살렘 함락 (왕하 25:8-21; 렘 52:12-30)
7월 금식 – 그달랴의 죽음(왕하 25:25; 렘 41:1-3)
10월 금식 –예루살렘 최초 포위(렘 39:1; 왕하 25:1-2)

이런 희락의 절기를 만들기 위해서 하나님은 남은 자들에게 "너희는 진리와 화평을 사랑하라"고 한다. 이것은 16절에서 말한 내용의 일부이지만, 8절에서 하나님이 예루살렘 가운데 거주하면서 진리와 공의로 다스리는 것처럼 남은 자들은 하나님의 백성답게 진리와 화평을 사랑해야 한다. 하나님께서 왜 포로 후기 백성들에게 회복될 하나님 나라에서 정의와 공의로운 재판과 고아와 과부와 나그네와 같은 사회의 약자들을 돌보고 서로 악을 행하지 못하게 했을까? 그것은 하나님께서 자기 백성들을 출애굽 시킬 때부터 가졌던, 자기 백성들이 이루기를 바랐던 이상 국가, 신정 국가의 기본이었기 때문이다. 이

---

18. Klein, *Zechariah*, 246.

러한 내용이 가장 잘 반영되어 있는 곳이 레위기 19장이며, 스가랴의 메시지는 이에 의존하고 있다. 물론 고대 메소포타미아 왕들 중에도 신들로부터 이런 사회를 구현하도록 세움을 받았다는 사람이 있었다. 함무라비는 그의 법전 서문과 맺는 말에서 자신은 사회의 약자를 위해 세움받았다고 말한다. 하지만 그의 법조문 자체에는 이런 의지가 전혀 반영되어 있지 않다. 그의 법은 그의 나라의 가진 자들을 위한 법이었고, 불공평하고 가부장적인 법에 지나지 않았다.

2) 이방 민족이 남은 자들과 여호와를 찾아옴(20-23절)

20-23절은 금식의 달이 기쁨과 희락의 절기로 변한 날에 수 많은 이방 민족들이 예루살렘에 와서 여호와께 은혜를 구하고 만군의 여호와를 찾게 된다고 한다. 이것은 2:11에서 "그 날에 많은 나라가 여호와께 속하여 내 백성이 될 것이요"라고 한 예언의 구체적인 반복이며, 7:1-3과도 의도적으로 연결시키고 있다. 즉 7:1-3에서 벧엘 사람들이 여호와의 은혜를(*레할로트 에트-페네 여호와* לְחַלּוֹת אֶת־פְּנֵי יְהוָה) 구했던 것처럼, 8:21과 22에서 이방 민족들이 여호와의 은혜를(*레할로트 에트-페네 여호와*) 구한다. 그리고 이 주제는 스가랴 14:16에서 초막절 절기와 이방 민족들의 예루살렘 모임으로 종결된다. 스가랴 8:20-23은 현실 속에서 벧엘 사람들이 했던 것을 미래의 예언과 그 성취를 위한 매개체로 사용하여 하나님의 미래 약속의 신뢰성과 실현성을 강화시키고 있다.[19] 이런 영광스러운 날을 묘사하기 위해 유사한 내용을 반복하여 아래와 같이 나열하고 있다.

---

19. Boda, "From Fasts to Feasts," 390-407.

A. 백성들과 많은 성읍의 주민이 올 것이라(20절)

  B. 이 성읍 주민이 저 성읍에 가서 말하기를(21절)

    C. 여호와의 은혜를 구하고 만군의 여호와를 찾자(21절)

      D. 나도 가겠노라(21절)

A' 많은 백성과 강대한 이방 민족들이 예루살렘에 와서(22절)

    C' 만군의 여호와를 찾고 여호와의 은혜를 구하자(22절)

   B' 이방 백성 열 명이 유다 사람 하나를 붙잡고 말하기를(23절)

    D' 우리가 너희와 함께 가려 하노라(23절)

반복을 하고 있지만, 주제를 약간 변화시키거나 발전시키는 것을 볼 수 있다. 20절이 백성들과 많은 성읍의 주민들이 장소가 정해지지 않은 곳으로 온다고 한 반면에 22절은 많은 백성과 강한 이방 민족들이 예루살렘에 온다고 한다. 21절에서 이 성읍 주민이 저 성읍 주민들에게 가서 말하는 반면에, 23절에는 언어가 다른 백성 열 명이 유다 사람 하나의 옷자락을 잡고 말한다. 열 명은 문자적인 10명이 아니라, '많은' 또는 '모든' 사람의 의미를 부여하기 위해 사용되었다. 21절은 여호와의 은혜를 구하고 만군의 여호와를 찾자고 한 반면에 22절은 두 표현의 순서를 바꾸어서 만군의 여호와를 찾고 여호와의 은혜를 구하자고 한다. 여호와의 은혜의 히브리어는 *페네 여호와*(여호와의 얼굴)이지만 그 의미는 여호와의 은혜이다(민 6:25 참조). 21절 마지막 문장에서 이방 민족들은 서로 여호와를 찾고 은혜를 구하기 위해 속히 가자는 제안에 신속하게 '나도 역시 가겠노라'고 하였다. 이와 유사하게 23절 마지막 문장에서는 이방 민족들이 유대인을 붙잡고 '우리가 너희와 함께 가려 하노라'라고 한다. 이방 민족들이 유다 사람의 어깨를 붙잡고 적극적으로 예루살렘으로 함께 가려는 이유는 '하나님이 너희와 함께 있다는 것을 우리가 들었기 때문이라'고 한다. 붙잡는 행동을 나타내기 위해 사용된 히브리어 *하작*(חָזַק 강하게 하다, 붙잡다)은 하나님을 찾기 위해 유대인들을 놓치지 않으려는 이방 민족들의 강한 소원과 열심을 나타낸다. 23절은 동사 *하작*를 두 번 반복해서 사용하여 이방인들이 유대인을 붙잡는 행동을 강조하고 있다.

이 메시지들은 이사야 2:2-4과 미가 4:1-3의 것과 매우 유사하며, 시편 47:1-9에서 볼 수 있는 것처럼 모두 시온에서 여호와를 찬양하게 될 이방 민족들의 대 회합에 관한 메시지들이다.[20] 둘 사이의 차이점은 이사야와 미가의 메시지에서 이방 민족들은 예루살렘 성전에 모여 여호와의 토라를 배우고 그의 공의로운 재판을 따른다고 하는데 반해, 스가랴의 메시지에서 이방 민족은 여호와의 얼굴 즉 그의 은혜를 구하고 여호와 하나님 그 분을 찾는 데 주력한다는 점이다. 이사야 2장과 미가 4장은 민족의 대 회합 사건이 끝 날에 일어난다고 한다. 스가랴 8:23도 이 일들은 6절에서 말한 것처럼 '그 날들에'(*바야밈 하헴마* בַּיָּמִים הָהֵמָּה) 일어난다고 한다. 9절과 15절에서 '이 날에'라고 한 것과 달리 '그 날들'이라고 함으로 이 모든 일들이 종말에 일어난다는 것이다.[21] 단수 '그 날'이 아니라 복수 '그 날들'이라고 한 것은 종말의 날을 강조하기 위한 목적일 수도 있고, 예언의 성취가 중복적으로 일어날 것을 염두에 두고 있을 수도 있다.

교훈과 적용

1. 우리가 살고 있는 사회는 진리보다 불의가 판을 치고, 사람들은 서로 경쟁하며 조금만 자극이 있어도 싸우고 해치려고 한다. 하지만 미래에 있을 회복의 시대에 하나님은 죄악으로 멸망할 수 밖에 없었던 예루살렘을 진리의 성읍 그리고 남녀노소가 평화롭게 모여 노는 도시로 만들겠다고 한다. 우리가 살고 있는 이 땅에도 하나님의 진리가 가득하고 평화가 넘치는 곳이 되어야 되지 않을까? 그 날이 속히 오도록 성도들은 하나님께 기도해야 한다. 나는 우리가 살고 있는 사회의 정의와 평화를 위해 기도하고 있는가?

2. 스가랴 8:16에서 하나님은 미래에 있을 회복을 기대하는 백성들에게 지금 당장 이

---

20. Klein, *Zechariah*, 247-48.

21. Baldwin, *Haggai, Zechariah, Malachi*, 156.

옷과 진리를 말하며 진실하고 화평한 재판을 베풀고 서로 해하지 말라고 한다. 하나님은 정의와 화평을 삶 속에서 실천해야 미래의 회복도 있다고 말씀하고 있는 것이다. 이런 말씀 앞에서 나는 하나님의 백성으로서 어떤 삶을 살고 있는가? 한국 교회 초대 교회 성도들은 세상 사람들로부터 법 없어도 살고 예수쟁이는 거짓말을 하지 않는다는 인정을 받았다. 지금 한국 교회는 어떨까? 나는 가까운 이웃과 지인으로부터 이런 평가를 받고 있는가?

3. 하나님께서 자기 백성들을 회복시키는 때에는 이방 민족들도 하나님께 은혜를 구하기 위해 찾을 것이라고 한다. 모든 사람들이 하나님을 깨닫게 되고 하나님의 은혜를 사모하게 된다는 것이다. 하나님을 찾는 방식은 하나님의 백성 한 사람의 옷자락을 잡고 따라 나서는 것이라고 한다(23절). 나는 이방 민족들이 하나님을 찾도록 하는 데 사용될 도구로 살아가고 있는가? 나 때문에 이방 민족들이 하나님을 외면하지는 않는가?

제9장 열방에 대한 심판과
시온의 회복 (9:1-10:1)

스가랴 9장은 스가랴서의 세 번째 단락(9-14장)의 첫 장이다. 스가랴의 셋째 단락의 내용은 이방 민족에 대한 심판 메시지(9:1-8)로 시작하여 메시아 왕을 통한 시온의 회복(9:9-17), 거짓 목자에 대한 심판과 이스라엘 구원(10:1-12), 레바논의 몰락(11:1-3), 참 목자와 거짓 목자 그리고 은총과 연합 막대기(11:4-17), 예루살렘의 회복과 메시아의 고난(12:1-14), 거짓 종교 제거(13:1-6) 온 땅에 임할 심판과 연단(13:7-9), 이방 민족과 예루살렘의 전쟁과 전쟁의 신 여호와(14:1-21)에 대한 메시지들로 구성되어 있다. 이 중에서 9장에는 이스라엘의 북쪽과 동쪽 지역의 민족들에 대한 심판과 메시아 왕을 통한 시온의 회복에 대한 메시지가 기록되어 있다.

본문 개요

9장은 두 부분으로 나눌 수 있다. 첫 부분은 1-8절이며 이스라엘의 북쪽과 서쪽 지역의 민족들에 대한 심판 메시지가 기록되어 있다. 1-3절에 의하면 하나님의 말씀이 하드락과 다메섹, 그리고 두로와 시돈에 주어지며, 모든 사람들과 이스라엘 백성들이 여호와를 우러러보게 된다. 이어서 4-6a절에서 하

나님은 두로가 정복당하게 하고, 이 광경을 본 이스라엘 서쪽에 있는 아스글
론과 가사와 에그론과 아스돗이 공포에 휩싸이게 된다. 하지만 하나님의 심
판 후에(6b-7a절) 그들의 남은 자들이 하나님께 돌아오게 되며(7b절), 대적들
이 다시는 하나님의 집을 지나가지 못하게 된다(8절). 둘째 부분은 9-17절이
다. 이 중에서 9-10절은 메시아 왕이 온 땅을 평화롭게 다스릴 것을 예언하며,
11-12절은 갇힌 자들과 억압받는 자들에 대한 해방의 메시지를 선포한다. 그
리고 13-15절에서는 시온이 헬라와 전쟁을 치를 때에 여호와께서 직접 전쟁
에 참여하여 승리한다는 거룩한 전쟁에 대한 메시지가 기록되어 있다. 마지막
으로 9:16-10:1은 하나님이 시온 백성들을 구원하고 높여서 형통하게 하고 아
름답게 할 것이라고 한다.

내용 분해

1. 이방 민족에 대한 하나님의 심판과 은총(9:1-8)
   1) 북쪽 민족에게 하나님의 말씀이 임함(1-2절)
   2) 북쪽 민족에 대한 심판(3-4절)
   3) 서쪽 민족에 대한 심판(5-7a절)
   4) 서쪽 민족에 대한 구원과 성전 보호(7b절)
2. 시온의 회복(9:8-10:1)
   1) 메시아 왕의 오심과 통치(9-10절)
   2) 갇힌 자들을 해방(11-12절)
   3) 시온과 이방의 전쟁 그리고 전쟁 신 여호와(13-15절)
   4) 여호와의 백성들을 향한 구원과 선(9:16-10:1)

본문 주해

1. 이방 민족에 대한 하나님의 심판(9:1-8)

1 여호와의 말씀이 하드락 땅에 내리며 다메섹에 머물리니 사람들과 이스라엘 모든 지파의 눈이 여호와를 우러러봄이니라 **2** 그 접경한 하맛에도 임하겠고 두로와 시돈에도 임하리니 그들이 매우 지혜로움이니라 **3** 두로는 자기를 위하여 요새를 건축하며 은을 티끌 같이 금을 거리의 진흙 같이 쌓았도다 **4** 주께서 그를 정복하시며 그의 권세를 바다에 쳐 넣으시리니 그가 불에 삼켜질지라 **5** 아스글론이 보고 무서워하며 가사도 심히 아파할 것이며 에그론은 그 소망이 수치가 되므로 역시 그러하리라 가사에는 임금이 끊어질 것이며 아스글론에는 주민이 없을 것이며 **6** 아스돗에는 잡족이 거주하리라 내가 블레셋 사람의 교만을 끊고 **7** 그의 입에서 그의 피를, 그의 잇사이에서 그 가증한 것을 제거하리니 그들도 남아서 우리 하나님께로 돌아와서 유다의 한 지도자 같이 되겠고 에그론은 여부스 사람 같이 되리라 **8** 내가 내 집을 둘러 진을 쳐서 적군을 막아 거기 왕래하지 못하게 할 것이라 포학한 자가 다시는 그 지경으로 지나가지 못하리니 이는 내가 눈으로 친히 봄이니라

스가랴 9:1-8은 이방 민족에 대한 메시지이다. 먼저 하나님의 말씀이 하드락과 다메섹과 하맛과 두로와 시돈에 임함으로 모든 민족이 하나님을 우러러보게 된다. 그러나 하나님은 자신의 이익에만 몰두해 있는 두로를 심판하고, 이 심판 때문에 이스라엘 서쪽에 위치해 있는 블레셋 민족들의 도시 국가인 아스글론과 가사와 에그론 그리고 아스돗 사람들이 두려워하는 동안 하나님이 이들의 교만을 심판한다. 이를 통해 하나님은 자신이 친히 만국을 통치하시는 것을 보여준다. 하나님은 이들 가운데 남은 자들을 하나님의 백성이 되

게 하고, 대적들이 하나님의 집을 지나가지 못하게 보호하신다.

1) 북쪽 민족에게 하나님의 말씀이 임함(1-2절)

　　스가랴 9장은 *맛사*(מַשָּׂא)로 시작한다. *맛사*는 개역개정 성경의 이사야서에서 경고로 해석하고 있으며, *맛사 바벨*(מַשָּׂא בָּבֶל)처럼 경고의 대상인 국가나 도시가 *맛사* 다음에 바로 언급되기도 하고(사 13:1; 15:1; 17:1; 19:1; 21:1), *맛사 바랍*(מַשָּׂא בַּעְרָב)처럼 '-대한'(against)의 의미로 사용된 전치사 *베*(בְּ)와 함께 쓰이기도 하며(사 21:13), 모두 경고적 예언의 표제로 사용된다. 스가랴 9:1은 이들과는 다르게 *맛사*에 이어 여호와의 말씀이 나오고 그 다음에 전치사 *베*와 도시 이름 하드락이 나오고 있다. 이 같은 현상은 9:1뿐만 아니라 12:1 그리고 말라기 1:1에서도 유사하며, 차이점은 스가랴 12:1에서는 전치사를 *알*(עַל) 그리고 말라기 1:1에는 *엘*(אֶל)을 사용하고 있다는 것이다. 그러나 전치사가 달라도 의미에는 큰 차이가 없다. 스가랴 9:1의 *맛사*는 경고적 예언의 의미로 사용되었으며, 이 *맛사*가 9:1-8에 한정되는 것인지 아니면 12:1의 *맛사* 앞 부분에 해당되는 11:17까지의 내용을 모두 포함하는지 분명하지 않다. 이사야서의 용례를 보면 스가랴 9:1-8에만 한정되는 것으로 여겨지지만, 스가랴 12:1과 말라기 1:1의 용례를 따르고 있다면 스가랴 9:1-11:17의 메시지에 대한 표제로 사용된 것으로 봐야 한다.[1]

　　스가랴 9:1-2은 하드락과 다메섹과 하맛과 두로 그리고 시돈 모두 다섯 도시를 언급하면서 메시지를 시작한다. 하드락은 구약 성경에서 9:1에서만 단 한 번 언급되었으며, 이스라엘 북쪽에 위치해 있던 하맛(Hamath)의 도시 중에 하나이며 현재의 알레포(Aleppo) 남쪽에 위치해 있었다.[2] 하드락은 메소포타미아에 인접해 있었기 때문에 아시리아가 시리아 팔레스타인을 공격할

---

1. McComiskey, "Zechariah," 1159-60; M. J. Boda, "Freeing the Burden of Prophecy: Massa and the Legitimacy of prophecy in Zech 9-14," *Biblica* 87 (2006): 338-57.

2. I. M. Duguid, *Haggai Zechariah Malachi* (Carlisle, PA: EP Books, 2010), 147.

때 반드시 거쳐야 하는 첫 공격 대상이 되곤 했던 도시이다. 이 지역을 침공한 아시리아의 디글랏-빌레셀 3세(Tiglath-pileser III, B.C. 744-727)가 세운 비문에서 하드락은 "Hatarikka"라고 표기되어 있다(*ANET*, 283, 284). 기원전 8세기에 하맛의 왕이었던 자키르(Zakir)는 자신의 하타릭카(Hatarikka)에 대한 통치권을 주장하는 비문을 세우기도 하였다(*ANET*, 655).

다메섹은 메소포타미아에서 시리아 팔레스타인으로 진출할 때 가장 많이 이용하는 도시로서 군사 및 교역의 중심지였다(창 14장). 하맛과 함께 아람 계통의 민족들이 기원전 10세기경에 체계화된 국가를 이루게 되었고, 이후 메소포타미아와 이집트를 잇는 무역로의 이권을 두고 이스라엘과 오랫동안 싸웠다.[3] 일반적으로는 다메섹의 군사력이 우위에 있었지만, 벤하닷이 사마리아를 포위 공격하려다가 아합에게 생포된 후 주도권을 이스라엘에게 넘겨준다. 그 후 아시리아와 바벨론의 공격으로 다메섹은 쇠퇴하게 되지만 수도 다메섹은 시리아 팔레스타인 지역에서 항상 대 도시로 자리매김하였다. 하맛은 오론테스 강을 끼고 세워진 도시로서 다메섹에서 북쪽으로 약 213km 떨어진 곳에 있었으며 다메섹과 더불어 아람 민족들이 세운 국가였다. 하맛은 민수기 34:8에서 이스라엘 민족의 영토 북방 한계로 언급되지만, 이스라엘 민족이 가나안에 사는 동안 단 한 번도 하맛을 영토에 포함시키지 못했다.

두로는 다메섹 서쪽 해안에 위치한 항구 도시이며 다윗 시대부터 친밀한 관계를 유지하였으며 솔로몬이 성전을 건축할 때 백향목을 보내온 도시이다.[4] 시돈은 두로에서 북쪽으로 약 40km 그리고 베이루트에서 남쪽으로 약 40km 떨어진 곳에 있는 항구 도시이다. 페니키아의 대표적인 도시로서 여호수아 11:8과 19:28은 이를 큰 성읍이라고 불렀다. 아셀 지파의 몫으로 배당되었지만(삿 1:31), 한 번도 이스라엘 민족의 영토가 되지 못했다. 이세벨이 시돈

---

3. Baldwin, *Haggai Zechariah Malachi*, 157; D. L. Petersen, *Zechariah 9-14 and Malachi*, OTL (Louisville: Westminster John Knox Press, 1995), 42-45.
4. Phillips, *Zechariah*, 199.

의 공주였고(왕상 16:31), 엘리야는 아합과 이세벨을 피해 시돈의 사르밧 과부 집에서 숨어 지내기도 하였다(왕상 17:9-24). 예수님도 시돈을 방문한 적이 있으며, 사도 바울이 로마로 가기 위해 탔던 배가 잠시 정박하기도 했던 것에서 볼 수 있듯이 시돈은 오랫동안 항구도시의 명성을 유지하였다.

스가랴 9:1-2에 등장하는 다섯 도시는 이스라엘 지역에서 볼 때 오각형 형태로 위치해 있으며, 이스라엘 북쪽 전체를 나타내려는 의도로 소개되었다. 하드락은 9:1-2에서 언급된 도시 중에서 가장 북쪽에 위치해 있으며, 하맛과 다메섹은 동쪽에 위치해 있고, 두로와 시돈은 서쪽 끝에 위치해 있다. 이런 지리적 배경 가운데 9:1이 '여호와의 말씀이 하드락과 그의 쉬는 장소인 다메섹에 대하여'라고 한 것은 매우 인상적이다. '그의 쉬는 장소'에서 대명사 '그의'(오, ׳ 대명사 접미사 3인칭 남성 단수)가 하드락을 지시할 경우 다메섹이 하드락의 안식처 역할을 하는 도시로 거명되었다고 볼 수 있다. 하지만 대명사 '그의'가 여호와나 말씀을 가리킨다면 두 가지 가능성을 생각해 볼 수 있다. 첫째는 그의 쉬는 장소가 스가랴 6:8에서 북쪽으로 나간 말들이 "북쪽 땅에서 내 영을 쉬게 하였느니라"고 한 말과 관련 있을 가능성이다. 6:1-8의 여덟째 환상은 이 말을 끝으로 종결되어 버렸고, 북쪽 땅에서 쉬게 되는 여호와의 영이 무엇을 하는지 아무런 언급도 없이 끝맺었다. 9:1-2가 6:1-8과 관련 있다면 그의 쉬는 장소는 하나님이 다메섹에 머물러 있다는 의미로 생각할 수 있을 것이다. 둘째 가능성은 말씀, 즉 여호와의 말씀이 대명사의 지시 대상이면, 하나님의 말씀이 다메섹에 머물고 있다는 말로 이해할 수 있다. 이어지는 메시지가 이스라엘 북부 지역에 대한 심판 메시지인 것을 고려한다면 하나님의 심판의 말씀의 집행이 다메섹에 집중되고 있는 것으로 해석할 수 있다.[5]

여호와의 말씀이 하드락과 다메섹에 머무는 동안 사람들과 이스라엘 모든 지파의 눈이 여호와를 향한다고 한다. 이들이 여호와를 바라보고 있는 이

---

5. McComiskey, "Zechariah," 1159; Floyd, *Minor Prophets: Part 2*, 462; Klein, *Zechariah*, 261.

유를 9:1-8은 전혀 말하고 있지 않다. 하지만 이어지는 이방 민족에 대한 심판 메시지를 고려할 때, 이 표현은 하나님을 사모하거나 경외하는 눈빛이 아니라 이방 민족들의 착취로 인한 고통 때문에 눈물을 머금고 하나님을 바로 보는 간절한 눈 빛이다. 9:8에서 하나님이 대적들이 성전에 왕래하지 못하도록 자신의 눈으로 성전을 보고 있다고 말하는 내용을 두어 9:1과 함께 대조와 수미상관을 형성하는 것을 고려한다면, 하나님의 백성들이 이들 도시들로 대표된 북방 지역에서 행하실 심판 메시지의 집행을 기대하며 주목하는 것으로 생각해야 한다.

2절은 하나님이 말씀이 하맛과 두로와 시돈에게 임한다고 하며, '왜냐하면 매우 지혜롭기 때문이라'는 말로 끝내고 있다. 이 문장은 주어를 가지고 있지 않기 때문에 다섯 도시 중에 하나가 지혜롭다는 의미로 생각할 것이 아니라 다섯 도시 모두가 지혜롭다는 것으로 해석해야 한다. 이들의 지혜는 3절에서 두로에 대한 메시지를 고려하면 부정적인 의미를 가진 것으로 봐야 하며, 부정적 차원의 지혜를 사용하여 이들 도시들은 군사 경제적 차원의 번영을 추구하였을 것이다. 에스겔 27-28장은 두로의 지혜와 경제적 번영과 더불어 이로 인한 교만 때문에 받을 심판에 대한 메시지가 기록되어 있다.[6] 마태복음 11:21-22에서 예수님은 고라신과 벳새다에 대한 경고 메시지에서 두로와 시돈의 심판에 대해 암시하는 말씀을 남기고 있다(눅 10:13-14).

2) 북쪽 민족에 대한 심판과 구원(3-4절)

3-4절은 1-2절에서 언급된 다섯 도시 중에서 두로의 이기적인 부에 대한 집착을 묘사하면서 멸망에 대한 메시지를 기록하고 있다. 두로만 언급한 이유는 7절이 5-6절에 나오는 다섯 도시들 중에서 에그론만 언급하는 것과 마찬가지로 다른 도시들을 대표하게 내세우려는 의도 때문일 것이다. 이런 대표성을

---

6. McComiskey, "Zechariah," 1160.

고려한다면 3-4절에 기록된 재앙과 이유는 다른 네 도시들에도 동일하게 적
용되어야 한다. 두로는 자신의 지혜를 사용하여 자신들을 지키고 방어하기 위
한 요새를 건축하였고, 항구 도시의 이점을 살려 무역을 통해 은을 티끌 같이
그리고 금을 진흙더미처럼 쌓을 정도로 부를 축적하였다. 스가랴보다 반 세기
앞서 활동한 선지자 에스겔에 의하면 두로 왕은 대단히 지혜롭고 총명한 사람
이었으며, 무역을 통해 부를 축적하고 금과 은을 곳간에 저축하였다고 한다.
에스겔은 두로 왕의 부를 에덴 동산에서 살았던 그룹에 비교하면서 두로 왕
이 온갖 다양한 보석으로 자신을 단장하였다고 한다(겔 28:4-5, 12-13). 3절은
두로의 이런 부국 활동을 강조하기 위해 자음 *차데*(צ)의 반복(자음 반복)을 통
해 수사학적으로 표현하였다.

וַתִּבֶן צֹר מָצוֹר לָהּ וַתִּצְבָּר־כֶּסֶף כֶּעָפָר וְחָרוּץ כְּטִיט חוּצוֹת

후초 케티트 베하루츠 케아파르 케셒-와티츠바르 라 마초르 초르 와티벤

두로의 히브리어 *초르*(צֹר)의 자음 *차데*와 *레쉬*(ר)가 요새의 *마초르*(מָצוֹר)
와 '쌓다'의 *차바르*(וַתִּצְבָּר)와 금의 *하루츠*(חָרוּץ)에서 반복하여 사용되어, 메
시지를 듣는 자의 주목을 끌어 들이는 효과를 가지고 있다.[7] 4절에서 하나님
은 직접 두로를 정복하고, 그 권세를 바다에 처넣을 것이라고 한다. 두로는 두
차례에 걸쳐 파멸당한다. 두로는 내륙에서 1마일 정도 떨어진 섬 도시이며 내
륙에 쌍둥이 도시가 있었다. 바벨론은 내륙 도시를 파괴하고 섬의 주요 도시
를 파괴하기 위해 13년을 시도하다가 실패(겔 29:18)하고 대신에 이집트를 점
령한다. 두로의 섬 도시는 기원전 332년경에 그리스의 알렉산더에 의해 멸망
당한다. 알렉산더는 느부갓네살이 파괴한 내륙 쌍둥이 도시의 잔해로 내륙과
섬을 연결하여 섬을 공격한다. 이로 인해 이후 두로는 더 이상 섬 도시가 아니

---

7. Smith, *Micah- Malachi*, 253.

라 내륙과 연결된 형태로 지금까지 남아 있다.[8] 스가랴 9:4은 단순히 알렉산더에 의한 두로 파괴를 예언하는 것이 아니라 미래에 있을 종말론적 심판에 대한 예언이다. 스가랴는 하나님이 직접 두로를 정복하고, 두로의 재산을 바다로 집어 던져 넣는다는 것을 강조하기 위해 감탄사 *히네*(הִנֵּה '보라!')를 문두에 덧붙였다.

3) 서쪽 민족에 대한 심판(5-7a절)

5-7a절에서는 사사 시대부터 이스라엘 서쪽 지역에 자리잡고 살면서 이스라엘과 경쟁관계를 형성하며 군사적인 위협을 가했던 블레셋 민족들이 세운 다섯 도시 국가들 중에서 가드를 제외한 네 도시가 등장한다. 가드를 언급하지 않은 이유는 미가가 활동하기 직전에 웃시야 왕이 가드를 정복하였기 때문일 수 있다(대하 26:6). 블레셋이란 이름은 창세기 10:14에서 처음 등장하며, 블레셋을 미스라임의 아들 가슬루힘의 후손이라고 기록하고 있다. 창세기 21:22-34에서는 아브라함이 언약을 체결하였던 아비멜렉을 블레셋 사람의 왕이라고 하였다. 이 블레셋 사람은 기원전 1,200년경에 에게 해 지역에서 가나안 지역으로 본격적으로 이주한 해양 민족들이 아니고, 이들보다 훨씬 전에 가나안과 페니키아 지역에 이주한 소수 해양 민족들이었다. 블레셋 민족들은 기원전 약 2,500년경부터 페니키아와 가나안 지역과 교류하기 시작하였다.[9] 블레셋 민족들의 다섯 거주지를 처음 언급한 것은 여호수아 13:3이다. 여호수아는 가사, 아스돗, 아스글론, 가드, 그리고 에그론을 블레셋 사람의 다섯 통치자들의 땅이라고 한다. 여호수아의 가나안 정복 시대와 유사한 시대에 만들

---

8. Baron, *Zechariah*, 293-94.
9. 해양 민족이 기원전 12세기에 가나안으로 이주했다는 견해와 반대되는 주장을 하는 학자들이 많이 나오고 있다. 다음 논문을 참고하라. R. Drews, "Canaanites and Philistines," *JSOT* 81 (1998): 39-61; R. I. Vasholz, "The Patriarchs and the Philistines," *Presbyterion: Covenant Seminary Review* 31/2 (2005): 112-13.

어진 엘 아마르나(El Amarna) 문서에는 가드와 가사, 아스글론이 언급되고 있다(엘 아마르나 토판 287, 289, 290).[10] 사사 시대와 사울과 다윗 시대에 블레셋 사람들은 이스라엘 민족들과 서로 경쟁하며 침략을 반복하였고, 솔로몬 시대 이후부터 블레셋 사람들은 이스라엘과 유다 역사에서 언급되는 횟수가 현저하게 줄어들다가(왕상 4:21), 히스기야가 이들 지역을 정복했다는 기록과 함께 이스라엘의 역사서에서는 더 이상 언급되지 않는다(왕하 18:8). 하지만 블레셋 지역은 바벨론과 페르시아 제국 시대에도 여전히 생존하였고, 느헤미야가 예루살렘 성벽을 재건할 때에 사마리아와 암몬 사람들과 함께 유대인들을 공격하기도 하였다. 스가랴 9:5-6은 이들 블레셋 다섯 도시 국가들 중에서 가드를 제외한 나머지 네 도시에 대한 심판을 언급하고 있다. 이들 도시들에 대한 심판 메시지는 스바냐 2:4-5 그리고 아모스 1:8에서도 볼 수 있으며, 스가랴 9:5-7과 유사한 내용을 가지고 있다. 스가랴 9:5에서 가사에 임금이 끊어질 것이라고 한 것처럼, 아모스 1:8은 아스글론에 규를 잡은 자를 끊는다고 하며, 스가랴 9:5에서 아스글론에 주민이 없을 것이라고 예언하는 것처럼, 아모스 1:8은 아스돗에서 주민들을 끊는다고 하고, 그리고 스바냐 2:4-5에서는 블레셋 사람의 지역에 주민이 없게 하리라고 한다.

5절은 아스글론이 보고 두려워할 것이라는 말로 시작하며, 아스글론이 본 것은 4절에서 하나님이 두로를 멸망시키는 전 과정이다. 두로의 멸망을 본 것은 비단 아스글론뿐만 아니라 블레셋 다섯 도시 국가들 모두이며, 5-7절은 두로의 멸망을 보고 이들이 보인 반응을 각각 기록하고 있다. 5절은 먼저 아스글론, 가자, 그리고 에그론이 두로의 멸망 때문에 받게 된 심리적 상태를 묘사한다. 이들은 무서워하고 고통으로 몸부림치며 그리고 소망이 수치가 된다고 한다. 이들의 소망은 두로와는 달리 멸망을 모면하기를 바라는 기대였으며,

---

10. W. L. Moran, *The Amarna Letters* (Baltimore: Johns Hopkins University Press, 1992), 328, 332, 334.

'소망이 수치가 된다'는 것은 이 기대가 좌절되는 것을 말한다. 이어서 가사의 왕이 멸망당하고, 아스글론에는 아무도 살지 않게 된다고 한다. 블레셋 도시의 주민들은 모두 제거되고 대신에 6절은 그곳에 근친상간에 의한 사생아들이 살게 된다고 한다. 그래서 우월 의식을 가진 블레셋 도시 사람들의 교만을 꺾어 버리게 된다. 블레셋 사람들의 교만은 자신들이 그리스 반도에서 가져온 문화적인 것과 관련 있으며, 더 나아가 그들의 조상들이 과거에 가나안으로 이동하는 동안 파괴시킨 터키와 시리아 그리고 레바논 지역의 파괴와 몰락에 대한 자부심과 관련 있을 것이다. 하지만 하나님은 블레셋 사람들의 교만을 끊고 그들의 왕과 주민을 없애겠다고 한다. 클라인(G. L. Klein)에 따르면 기원전 332년경에 알렉산더 왕이 두로를 멸망시킨 후 5개월 정도 되었을 때에 가사를 멸망시키고 왕을 병거에 매달아 죽을 때까지 거리를 달리게 하였다고 한다.[11] 블레셋의 임금이 끊어지고 교만을 끊는다는 것은 이런 종류의 비참한 몰락을 의미할 것이다.

7절은 블레셋 사람들의 기괴한 행위를 폐할 것이라고 말한다. 하나님은 '내가 그의 입에서 그의 피를 제거하고 그의 이빨 사이에서 그의 가증한 것을 제거하겠다'고 한다. 그의 피는 문법적으로 해석하면 블레셋 사람의 피로 보아야 하며, 가증한 것은 피 묻은 살덩어리를 의미하는 것으로 여겨진다. 하나님은 고기를 피째 먹는 것을 금지하고 있기 때문에 블레셋 사람들이 고기를 피째 먹는 것 자체가 가증한 일이다. 그러나 만약 그들이 제의적 목적으로 사람의 살을 피째 먹는 의식을 하였다면, 그 혐오감은 말로 다할 수 없을 것이다. 블레셋 제사장들은 하마의 이빨로 만든 장식품을 몸에 걸치고 다녔으며, 그 의도를 명확하게 알 수는 없지만 강한 이빨로 고기를 먹는 행위를 상징적으로 나타내기 위한 목적을 가졌을 가능성이 있다.[12] 하지만 블레셋 사람들의 기괴

---

11. Klein, *Zechariah*, 266.

12. E. F. Maher, "A Hippopotamus Tooth from a Philistine Temple: Symbolic Artifact or sacrificial Offering?" *Near Eastern Archaeology* 68 (2005): 60.

한 모습을 묘사하고 난 후 유다에 대한 구원 메시지가 이어지고 있는 것을 고려하면 블레셋 사람들의 입의 피와 이빨 사이의 피 묻은 살덩어리는 하나님의 백성들의 피와 살로 보아야 할 것이다. 블레셋 사람들이 유다 백성의 생살을 베어 먹는 짓을 실제로 했다기보다는 그들이 이스라엘 자손들에게 가한 학대를 상징화한 것으로 볼 수 있다.

4) 서쪽 민족에 대한 구원과 성전 보호(7b절)

하나님은 블레셋 사람들의 이런 혐오스럽고 가증한 짓들을 제거하고 난후 그들 가운데 남은 자들을 하나님께 돌아오게 해서 유다의 한 지도자가 되게 하고 여부스 사람 같이 되게 하겠다고 한다. 이방인 출신으로서 유다의 지도자가 된 사람은 갈렙이다. 그런 점에서 블레셋 사람을 유다의 한 지도자 같이 되게 하겠다는 것은 갈렙을 연상시키는 말로 이해할 수 있다. 여부스 사람은 예루살렘의 거주민이었지만, 다윗은 예루살렘을 빼앗았고(대상 11:5) 솔로몬은 그들을 예루살렘 성전과 솔로몬의 궁궐 건축의 역군으로 만들었다(대하 8:7-8).[13] 이들은 아마도 에스라(2:55, 58)와 느헤미야(7:57, 60; 11:3; 12:45)에 나오는 예루살렘 성전과 성벽 재건 공사에 적극적으로 참여하였던 솔로몬의 신하의 자손으로 불린 사람들이었을 것이다. 하나님은 이스라엘 백성뿐만 아니라 이방인들 가운데서도 하나님을 신실하게 찾는 자들을 구원하여 하나님을 참되게 섬기는 자들로 만들겠다고 한다.

이방 민족의 구원에 대한 메시지에 이어, 8절에서 하나님은 예루살렘 성전을 나의 집이라고 하면서 이 성전을 함부로 지나다니는 것을 막기 위해 군대를 주둔시키겠다고 한다. 하지만 하나님의 보호는 성전에만 머물러 있지 않고 하나님의 백성들까지 포함하고 있다. 8절은 '포학한 자가 다시는 그들 위를

---

13. 아스돗과 여부스에 대한 언급 때문에 학자들 중에는 이 본문을 요시아 시대 이전에 생겨났고 후대에 스가랴서에 포함되었다고 주장하는 사람도 있다. Y. Freund, "And Ekron as a Jebusite(Zechariah 9:7)," *JBQ* 21 (1993): 170-77.

지나가지 못할 것이다'라고 한다. 포학한 자는 시온 백성들을 억압하고 학대한 자들이다. 8절은 이들이 지나가지 못하도록 하나님이 막을 대상을 *아레이햄*(עֲלֵיהֶם)이라고 하며, 전치사 *알*(עַל)에 붙어 있는 대명사 접미사 *햄*(הֶם)은 3인칭 남성 복수이며, 이것은 '나의 집'이 아니라 '나의 집'에 속한 하나님의 백성들을 두고 한 표현이다. 포학한 자들은 이들을 학대하고 억압하였지만, 하나님은 이들의 학대로부터 구원하므로 하나님의 집에 속하여 살게 된 백성들 위로 다시는 지나 다니지 못한다. 하나님은 그 이유를 '내가 친히 내 눈으로 보았기 때문이라'고 한다. 이 눈은 9:1에서 이스라엘 모든 지파의 눈이 여호와를 바라보고 있는 것과 대조를 이룬다. 이들이 포학한 자들의 억압 때문에 그리고 하나님의 심판의 말씀을 생각하면서 하나님을 바라보고 있을 때 하나님은 이들을 바라보고 있었고, 이들을 억압하는 자들을 바라보고 있었다. 그 결과 하나님은 억압받은 이스라엘의 남은 자들을 하나님의 성산으로 다시 회복시키고 그들을 구원하고 지켜 주시는 은총을 베풀게 된다.

2. 시온의 회복(9:9-10:1)

9 시온의 딸아 크게 기뻐할지어다 예루살렘의 딸아 즐거이 부를지어다 보라 네 왕이 네게 임하시나니 그는 공의로우시며 구원을 베푸시며 겸손하여서 나귀를 타시나니 나귀의 작은 것 곧 나귀 새끼니라 10 내가 에브라임의 병거와 예루살렘의 말을 끊겠고 전쟁하는 활도 끊으리니 그가 이방 사람에게 화평을 전할 것이요 그의 통치는 바다에서 바다까지 이르고 유브라데 강에서 땅 끝까지 이르리라 11 또 너로 말할진대 네 언약의 피로 말미암아 내가 네 갇힌 자들을 물 없는 구덩이에서 놓았나니 12 갇혀 있으나 소망을 품은 자들아 너희는 요새로 돌아올지니라 내가 오늘도 이르노라 내가 네게 갑절이나 갚을 것이라 13 내가 유다를 당긴 활로 삼고 에브라임을 끼운 화살로 삼았으니 시온아 내가 네 자식들을 일으켜 헬라 자식들을 치

게 하며 너를 용사의 칼과 같게 하리라 **14** 여호와께서 그들 위에 나타나서 그들의 화살을 번개 같이 쏘아내실 것이며 주 여호와께서 나팔을 불게 하시며 남방 회오리바람을 타고 가실 것이라 **15** 만군의 여호와께서 그들을 호위 하시리니 그들이 원수를 삼키며 물 맷돌을 밟을 것이며 그들이 피를 마시고 즐거이 부르기를 술 취한 것 같이 할 것인즉 피가 가득한 동이와도 같고 피 묻은 제단 모퉁이와도 같을 것이라 **16** 이 날에 그들의 하나님 여호와께서 그들을 자기 백성의 양떼 같이 구원 하시리니 그들이 왕관의 보석 같이 여호와의 땅에 빛나리로다 **17** 그의 형통함과 그의 아름다움이 어찌 그리 큰지 곡식은 청년을, 새 포도주는 처녀를 강건하게 하리라 **10:1** 봄비가 올 때에 여호와 곧 구름을 일게 하시는 여호와께 비를 구하라 무리에게 소낙비를 내려서 밭의 채소를 각 사람에게 주시리라

스가랴 9:9-10:1은 시온과 시온 백성의 회복에 대한 메시지를 기록하고 있다. 하나님은 시온에 메시아가 평화의 왕으로 와서 땅끝까지 통치할 것이라고 한다(8-10절). 하나님은 갇힌 자들을 해방시키고, 시온 백성들이 헬라인들을 비롯한 이방 민족들과 싸워 승리하도록 이들을 지키고 또 친히 싸울 것이라고 한다. 그리고 하나님은 시온 백성들을 구원하여 높이고 형통하고 아름답게 하리라고 한다.

1) 메시아 왕의 오심과 통치(9-10절)

9-10절에서 스가랴는 메시아 왕의 오심에 대한 메시지를 기록하고 있다. 9절의 메시지는 창세기 49:11에서 야곱이 유다에게 했던 메시아 예언과 관련 있으며, 예수 그리스도께서 십자가 사건을 앞두고 나귀 새끼를 타고 예루살

렘에 입성한 사건에 대한 예언의 말씀이다(마 21:5; 요 12:15).[14] 먼저 스가랴
는 "시온의 딸아 크게 기뻐할지어다"라고 말한다. 시온의 딸은 선지자 이사야
와 예레미야 그리고 미가가 주로 많이 사용한 표현이며, 스가랴는 단 두 번 이
표현을 사용하였다. 스가랴 2:10은 "시온의 딸아"라고 부르며 하나님이 그들
가운데 머물 것에 대해 기뻐하라고 하였다. 반면에 9:9은 메시아 왕이 오시는
것을 크게 기뻐하라고 한다. 9절은 이와 유사한 표현인 "예루살렘의 딸아 즐
거이 부를지어다"를 반복함으로 메시아 왕이 오심에 대해 기뻐하며 즐거워
하라고 백성들에게 강조한다. 9절은 메시아 왕을 너의 왕이라고 하며, '너의
왕이 네게 올 것이다'는 것을 강조하여 감탄사 '보라(히네/הִנֵּה)'를 앞세웠다.

9절은 이어서 메시아 왕의 네 가지 덕목을 기록하고 있다. 메시아 왕은 의
로운 분이고, 승리하시는 분이며, 겸손한 분이며, 그리고 나귀를 타시는 분이
다. 스가랴가 메시아 왕을 의로운 분이라고 하면서 형용사 '의로운'(차딕
צַדִּיק)을 사용한 것은 9:9이 유일하다. 스가랴가 메시지를 처음 시작하면서 악
한 길과 악한 행위에서 돌이키라는 말로 시작할 정도로 포로 후기 백성들의
불의에 대한 문제를 심각하게 다루었는데, 정작 형용사 '의로운'(차딕)은 사
용하지 않았다. 그런 스가랴가 메시아 왕의 성품을 말하면서 단 한 차례 '의로
운'(차딕)이라고 한 것은 메시아 왕의 의로운 성품을 부각시키려는 의도 때
문이다.

둘째 덕목은 메시아의 승리이다. 개역개정 성경이 "구원을 베푸시며"로 번
역한 히브리어 표현은 야솨(יָשַׁע)의 니팔 형 노샤(נוֹשָׁע)이며, 이 동사가 히필
(Hiphil) 형으로 사용될 때에는 '구원하다'이지만 니팔 형으로 사용되면 '승리

---

14. Baron, *Zechariah*, 310-12; A. M. Leske, "Context and Meaning of Zechariah 9:9," *CBQ* 62
(2000): 663-79; D. Instone-Brewer, "The Two Asses of Zechariah 9:9 in Matthew 21," *TB* 54
(2003); 87-99; K. C. Way, "Donkey Domain: Zechariah 9:9 and Lexical Semantics," *JBL* 129
(2010): 105-14; W. Coppins, "Sitting on Two Asses? Second Thoughts on the Two-Animal
Interpretation of Matthew 21:7," *TB* 63 (2012): 275-81.

하다' 또는 '도움을 받다'의 의미로 사용된다. 스가랴 9:9에서 노사는 메시아 왕이 누군가로부터 도움을 받았다는 의미보다는 '승리하였다'는 의미로 사용되었다. 메시아 왕은 전쟁에서 승리하고 돌아오는 분으로서 위엄 있고 당당함에도 불구하고 겸손한 성품을 가지고 있다. 메시아 왕은 대적들을 향하여는 그들을 무찌르는 강력한 전사이지만, 자기 백성들을 향하여는 겸손한 모습을 가지고 있다. 메시아 왕의 겸손은 나귀를 탄 모습으로 이어진다. 메시아 왕이 승리하였기 때문에 권위를 나타낼 수 있는 장식들로 치장된 말을 타고 위풍당당하게 성문으로 들어오리라고 기대되지만 오히려 나귀를 타고 들어오며, 나귀 중에서도 새끼 나귀를 타고 들어온다. 나귀를 탄 왕의 모습은 고대 근동 사회에서도 알려져 있었다. 왕이 나귀를 타는 것은 왕이 백성들을 평화롭게 다스리며 그들을 겸손하게 섬긴다는 이미지를 주기 위해 연출하였다.[15] 그러나 고대 근동의 역사적 문헌들에 나타난 왕들의 모습은 전혀 겸손한 모습이 아니다. 스가랴는 가식적이 아닌 진정으로 겸손한 왕이 오신다는 것을 강조하여 말하고 있다. 그래서 스가랴는 "겸손하여서 나귀를 타시나니"라고 말한 후 한 번 더 "나귀의 작은 것 곧 나귀 새끼니라"라고 반복하여 강조한다. 9절의 나귀를 탄 메시아 왕은 십자가 사건을 앞 두고 예루살렘으로 입성하는 예수 그리스도에 대한 예언이다.

10절은 이어서 메시아 왕을 통해 이루어질 평화에 대한 메시지가 이어진다. 10절의 첫 문장의 주어는 '내가'이며, '내가'로 지칭된 분은 여호와 하나님이다. 10절에서 메시아 왕은 '그가'와 '그의 통치'에서 볼 수 있듯이 3인칭으로 표현되고 있다. 여호와 하나님은 메시아 왕이 오실 때에 에브라임의 병거와 예루살렘의 말을 끊겠고 전쟁용 활도 끊을 것이라고 한다. 말과 병거와 활은 고대 메소포타미아와 이집트에서 한 세트로 등장하는 최고의 무기이다.

---

15. J. M. Sasson, "The Thoughts of Zimrilim," *BA* 47 (1984): 118-19; G. Haufmann, "The donkey and the king," *HTR* 78 (1985): 421-30.

이런 무기를 하나님은 이스라엘과 유다에서 제거한다. 에브라임과 예루살렘은 이스라엘과 유다 전체를 의미하며, 하나님은 병거와 말과 활을 제거함으로 에브라임과 유다 사이의 싸움을 종식시키고 둘 사이에 화평을 이루겠다는 말이다. 메시아 시대에 이런 현상이 일어날 것이라는 예언은 이사야 11:13에서도 볼 수 있다.

> "에브라임은 유다를 질투하지 아니하며 유다는 에브라임을 괴롭게 하
> 지 아니할 것이요"

그러나 스가랴 9:10은 단순히 이스라엘과 유다 사이의 오랜 반목이 끝난다는 의미가 아니라, 이방 민족에 대한 이들의 적대 행위가 끝난다는 말이다. 이 것은 스가랴 시대의 유대인들의 처지와 전혀 어울리지 않는 메시지이지만, 실제적 역사적 상황을 말하기 보다는 미래에 펼쳐질 평화의 시대를 강조하기 위한 말로 이해된다. 여호와 하나님이 병거와 말과 활을 제거함으로 예루살렘과 에브라임에 평화를 위한 준비를 마치자, 이어서 시온에 나귀를 타고 임한 겸손한 메시아 왕은 시온과 유다와 이스라엘뿐만 아니라 이방 사람들에게도 평화를 전하며, 그의 평화로운 통치 영역은 시온에 한정되지 않고 전 세계 모든 곳에 이르게 된다. 에베소서 2:17에서 사도 바울은 이러한 메시아 왕의 화평케 하는 사역이 예수 그리스도를 통하여 이루어졌다고 말한다.

2) 갇힌 자들을 해방(11-12절)

하나님은 계속해서 미래에 있을 대 해방을 선포한다. 하나님은 갇힌 자들을 해방시킬 것이라고 한다. 이들이 갇혀 있는 물 없는 구덩이는 예레미야 38:6에서 볼 수 있는 것처럼 일종의 감옥으로서 물이 없는 대신에 진흙탕이 바닥에 놓여 있어서 그곳에 빠지면 죽을 수 있는 감옥이다. 갇힌 자의 해방 메시지는 이사야 61:1-2에도 있으며, 이 본문에서 갇힌 자의 해방은 여호와의 은

혜의 해 또는 하나님의 보복의 날에 이루어질 해방이다. 이사야 61:1-2는 희년의 대 해방을 미래의 해방과 회복으로 투사시키고 있다. 스가랴 9:12에서 갇힌 자들을 해방시키는 이유는 하나님이 이스라엘 백성들과 함께 시내산에서 맺은 언약 때문이다. 11절의 언약의 피의 기원은 창세기 15장에서 하나님이 아브라함에게 짐승을 쪼개어 놓게 한 후 그 사이로 지나가며 언약을 체결한 것이다.[16] 피를 통해 언약 체결의 꽃은 시내산 언약이다. 출애굽기 24:8에서 하나님이 시내산에서 이스라엘 백성과 언약을 체결할 때 송아지의 피를 제단과 이스라엘의 장로들에게 뿌리며 언약을 체결하였다. 언약의 피의 절정은 그리스도의 십자가 사건이다. 유월절 만찬에서 예수님은 십자가 사건을 통해 자기 백성들과 새 언약을 세운다고 하였으며, 그때 나누어 마신 포도주를 십자가의 피 흘림을 상징하는 새 언약의 피라고 하였다(마 26:28; 막 14:24 눅 20:22; 고전 11:25; 히 13:20). 스가랴 9:12는 해방시키는 대상에 대해서도 언급하고 있다. 하나님은 모든 사람을 구덩이에서 구해 내는 것이 아니라, 갇혀 있음에도 불구하고 하나님께 소망을 품고 있는 자들이 해방과 구원의 대상들이다. 이 소망은 언약 백성이 언약의 주님께 가지는 구원의 소망을 의미한다. 이런 회복의 소망을 예레미야는 바벨론에 포로로 끌려간 자들에게 제시하고 있으며(렘 29:11; 31:17), 에스겔도 37:11에서 하나님은 골짜기에 가득한 뼈들로 상징된 이스라엘에게 회복하실 것이라는 메시지를 준다. 스가랴가 말하는 소망은 바로 하나님께서 미래에 베풀 남은 자들의 구원과 회복에 대한 소망이다. 이들이 요새로 돌아온다는 것은 11절에서 언급된 구덩이와 반대되는 개념인 안전한 장소로 돌아온다는 말이다. 이 말이 시온에 대한 메시지의 배경 속에 언급된 것을 감안하면 안전한 장소는 시온 또는 예루살렘으로 볼 수 있다. 안전한 장소로 구원한 하나님은 소망을 품은 자들에게 욥의 경우처럼 그들이 당한 고통보다 갑절로 보상해 줄 것이라고 약속한다(욥 42:10).

---

16. McComiskey, "Zechariah," 1170-71.

3) 시온과 먼 이방 나라의 전쟁 그리고 전쟁 신 여호와(13-15절)

　　13-15절은 1-7절처럼 종말에 있을 이방 민족에 대한 심판의 메시지가 기록
되고 있다. 1-7절이 이스라엘에 인접한 북쪽과 서쪽의 나라들에 대한 전쟁과
심판 메시지였다면 13-15절은 이스라엘에서 멀리 떨어진 이방 민족들과 벌일
종말론적 미래에 있을 여호와의 전쟁과 심판을 기록하고 있다. 개역개정 성경
이 "헬라 자식"으로 번역하고 있는 히브리어 표현은 *야반*(יָוָן)이며, 포로기 이
전 성경에서 항상 '야완'으로 번역되었지만 다니엘서에서는 '헬라'로 번역되
었다(창 10:2, 4; 사 66:19; 겔 27:13, 19; 단 8:21; 10:20; 11:2). 창세기 10:2-4에
의하면 야완은 야벳의 후손으로서 엘리사, 다시스, 깃딤 그리고 로다님의 아
버지, 즉 그리스 로마를 비롯한 유럽 남부 지역 사람들의 조상이다. 구약 성경
에서 다시스와 깃딤은 이스라엘에서 가장 멀리 떨어진 지역들에 대한 대표적
인 표현으로 사용되며(사 60:9; 66:19), 스가랴 9:1-7이 이스라엘 인근 지역의
국가들을 언급한 것에 비추어 볼 때 이들에 대한 대조적인 표현으로서 이스라
엘에서 멀리 떨어진 나라들의 대표로 언급된 것으로 여겨진다.

　　하나님은 이들 먼 지역의 이방 나라와 전쟁을 벌이면서 하나님 자신이 친
히 궁수와 전사가 되셔서 유다와 에브라임을 활과 화살로 삼으며, 시온의 백
성을 용사의 칼로 삼는다. 유다와 에브라임이 소유한 무기가 아니라 그들 자
체를 하나님의 심판 전쟁의 무기로 삼아 직접 싸운다고 한다.[17] '유다를 활로'
그리고 '에브라임을 화살로'는 10절에서 하나님이 그들의 병거와 말과 활을
끊고 화평하게 하겠다는 메시지를 반영한다. 자연스럽게 메시아 왕이 이방 민
족들에게 화평을 전하는 내용을 13-15절에서도 기대할 수 있는데, 13-15절은
이 기대와 정반대로 이들에 대한 여호와의 전쟁이 기록되고 있다. 그 이유는
이 이방 민족들은 10절의 이방 민족들과는 달리 이스라엘의 남은 자들을 괴

---

17. R. P. Bonfiglio, "Archer Imagery in Zechariah 9:11-17 in Light of Achaemenid Iconography,"
　　JBL 131 (2012): 507-27.

롭히고 학대하며 하나님께로 돌아오지 않은 민족들이기 때문이다. 14절에 의하면 하나님은 이들 위에 강림하여 유다와 에브라임 화살을 번개처럼 쏘고 남방 회오리 바람을 타고 전쟁터에 나타나신다고 한다. 이것은 전형적인 여호와의 거룩한 전쟁에 대한 묘사이다(삼하 22:14-15; 시 18:14-15; 144:5-6; 사 29:6). 하나님이 나팔을 직접 부는 것은 전쟁에 참여한 시온의 용사들에게 전쟁의 분위기를 고조시키는 행동이며, 하나님이 회오리 바람을 일으키는 것은 하나님의 진노를 나타내는 표현이다(사 41:16; 렘 23:19-20; 30:23; 겔 13:13). 하나님이 회오리 바람을 타고 가시는 것은 친히 진노를 불순종하는 이방 민족에게 쏟아내는 모습이다.

15절은 여호와의 전쟁을 마치고 이 전쟁에 참여한 시온 백성들이 벌이는 승리의 잔치를 묘사하고 있다. 하나님은 만군의 여호와로 불리고 있고, 만군의 여호와가 승리한 남은 자들을 보호해 주는 가운데 잔치가 펼쳐진다. 개역개정은 70인역이 첨가하고 있는 *아우투스*(αυτους 그들을)를 염두에 두고 '원수를 삼키며,' '피를 마시고,' '피가 가득한,' '피 묻은 제단 모퉁이'라고 번역하였는데, 히브리어 성경은 단순히 '먹고,' '마시고,' '가득 채우고,' 그리고 '제단 모퉁이'로 되어 있다. 히브리어 본문과 직역은 아래와 같다.

וְאָכְלוּ וְכָבְשׁוּ אַבְנֵי־קֶלַע וְשָׁתוּ הָמוּ כְּמוֹ־יָיִן וּמָלְאוּ כַּמִּזְרָק כְּזָוִיּוֹת מִזְבֵּחַ׃
יְהוָה צְבָאוֹת יָגֵן עֲלֵיהֶם

만군의 여호와께서 그들을 보호하시리니 그들이 먹으며, 그들이 물맷돌을 밟을 것이며, 그들이 마시고, 술 취한 것 같이 떠들 것이며, 동이처럼 가득 채우리니 제단 모퉁이와 같을 것이라

70인역이 *아우투스*를 첨가하고 오역한 이유는 15절이 묘사하고 있는 것을 전쟁 후에 벌어지는 승리의 축제라고 생각하지 않고 전쟁터에서 펼쳐지는 광

기 어린 살육으로 잘못 이해하였기 때문이다.[18] 레위기 19:26은 짐승의 피도 먹지 못하게 하는데, 스가랴 9:15을 남은 자들이 사람의 피를 마시는 것을 말한다고 여기는 것은 매우 적절하지 못하다. 15절이 묘사하고 있는 것은 전쟁에 승리한 용사들이 벌이는 승리의 축제이다. 그렇기 때문에 15절은 여호와의 승리의 결과로 이스라엘의 남은 자들은 먹고 마시면서 대적들이 사용한 물매와 물맷돌을 짓밟아 버린다. 그리고 남은 자들은 술을 마시고 포도주에 취한 것처럼 즐겁게 떠든다. 스가랴는 남은 자들이 승리의 포도주를 마시는 모습을 성전에서 희생 제물을 드릴 때 짐승의 피를 제단에 쏟아붓는 것에 빗대어 묘사하고 있다. 남은 자들은 성전에서 희생 제물의 피를 담는 대접에 피를 가득 채우듯이 포도주를 큰 대접에 채운다고 하며, 그리고 대접에 담은 희생 제물의 피를 제단 모퉁이에 쏟아붓듯이 큰 대접의 포도주를 입 안으로 벌컥 벌컥 들이켜 마신다.

4) 여호와께서 백성들을 구원하고 선을 베푸심(9:16-10:1)

16-17절은 9-12절처럼 다시 남은 자들의 회복에 대한 메시지로 바뀐다. 종말의 시대에 여호와 하나님은 그의 백성을 양떼처럼 구원하실 것이라고 한다. 16절은 여호와 하나님을 그들의 하나님 여호와로 부르고 있고 남은 자들을 그의 백성이라고 부른다. 그들의 하나님이 그의 백성을 구원한다는 사실을 강조하기 위해 일반적으로 문장의 첫 부분에 배열하곤 하는 '그 날에'(*바욤 하후* בַּיּוֹם הַהוּא)를 '여호와 그들의 하나님이 그들을 구원할 것이다'는 표현 뒤에 배치하였다. 16절은 두 가지 이미지로 남은 자들을 회복시키는 것을 그리고 있다. 첫째는 양떼에서 볼 수 있듯이 여호와 하나님은 자기 백성들을 곤경에 처한 양떼를 구원하는 목자의 모습으로 그려지고 있다. 둘째 이미지는 보석의 이미지다. 왕관의 보석들은 양떼와 함께 하나님의 백성을 가리킨다. 구

---

18. Baldwin, *Haggai Zechariah Malachi*, 169-70.

원받은 하나님의 백성들은 보석처럼 존귀한 존재로서 온 세상에 높이 세워져서 빛을 내게 된다.[19]

17절은 '그의 선함이 어떠하며'(마-투보 מַה־טּובֹו 개역개정은 그의 형통함으로 번역함) '그의 아름다움이 어떠하뇨'(마-야포 מַה־יָּפְיֹו)라고 한다. 이것은 의문 대명사를 이용한 감탄문으로서 하나님의 백성의 아름다움이 심히 크고 놀라움을 나타내는 표현이다. 17절의 '그의'는 대명사 접미사 3인칭 남성 단수이다. 이것이 지시할 수 있는 것은 16절의 여호와 하나님과 백성이지만, 17절의 이어지는 청년과 처녀에 대한 주제가 이어지는 것을 감안하면 백성으로 보아야 한다. 이 경우 그의 형통함과 그의 아름다움은 회복된 백성의 형통함과 아름다움이다. 17절의 "곡식은 청년을 새 포도주는 처녀를 강건하게 하리라"는 말은 신체적인 건강이나 삶의 윤택을 말하며, 동시에 10:1에서 말하는 것처럼 여호와께서 때를 따라 비와 소낙비를 적절하게 내려 주심으로 인한 하나님의 은혜의 결과이다.

교훈과 적용

1. 이스라엘 백성이 하나님의 심판을 받아 시련 가운데 있을 때에 주변의 국가들은 자신들의 번영을 위해 자신들의 지혜와 힘에 의지하였다. 더 나아가 이들은 이스라엘 백성을 핍박하기도 하였다. 하나님은 불의한 민족들의 번영과 권세를 심판한다. 하지만 이런 민족들 중에도 하나님께로 돌아올 사람들이 있다(7절). 믿는 성도들은 하나님이 이런 자들을 속히 하나님께로 돌아오도록 기도하며 또 그들에게 가서 복음을 전해야 한다. 나는 하나님께 돌아오지 않고 있는 사람들에 대한 관심을 혹시 꺼 버리지는 않았는가?
2. 하나님께서 이방 민족을 심판할 때 자기 백성들을 사용한다고 한다. 하나님의 백성은 용사이신 하나님과 함께 거룩한 전쟁에 참여하며, 하나님의 승리의 잔치에 함께 참여하여 기쁨의 잔치를 누리게 된다. 믿는 성도들은 십자가 군병들이라는 것을 알고 있는가? 우리는 복음의 화살과 성령의 검을 가지고 세상 속에서 군병으로 살고

19. Petersen, *Zechariah 9-14*, 68; Klein, *Zechariah*, 283-84.

있다. 대장되신 그리스도께서 승리하여 참 평화를 이 땅에 내리시도록 나는 기도하고 있는가? 참 십자가 군병답게 의와 평화를 세우기 위한 땀을 흘려야 하지 않을까?

3. 스가랴는 메시아 예수님께서 겸손하게 나귀 새끼를 타고 예루살렘에 들어오실 것이라고 예언하였다. 세상의 군왕들은 불의하고 교만하며 백성들을 억압하는 통치를 하지만, 참 왕이신 메시아 예수님은 겸손하여 자기 백성들을 평화와 복락으로 이끌려고 하는 의롭고 선한 왕이다. 우리도 이 왕을 바라보며 배우며 닮기 위해 노력해야 한다. 나는 혹시 나귀 새끼를 타신 메시아 왕의 제자이면서, 사치스럽고 부한 것들을 탐하고 있지는 않는가? 나귀 타신 메시아처럼 자신을 철저히 낮추며 교회를 섬겨야 하지 않을까?

제10장 거짓 지도자들에 대한 징벌과 출애굽 같은 구원 역사 (10:2-12)

스가랴 10장은 9장에 이어 다시 구원 메시지가 이어진다. 구원 메시지에 앞서 이스라엘의 거짓 지도자들에 대한 심판이 선포되고, 하나님은 유다와 에브라임을 용사로 만들어 거짓 지도자들에 맞서 싸우게 한다. 더 나아가 하나님은 유다와 이스라엘 백성들을 온 땅으로부터 불러 모을 것이라고 하며, 하나님의 구원 역사는 출애굽 때처럼 드라마틱한 사건이 된다.

본문 개요

10장은 두 부분으로 나눌 수 있다. 2-7절은 거짓 지도자들을 징벌하고 길 잃은 양 같은 백성들에게 능력을 더하고 구원을 베풀 것이라고 한다. 거짓 선지자와 거짓 목자들에게 진노하신 하나님은 백성들에게 능력을 더하여 주고 이들로 거짓 지도자들을 징벌할 것이라고 한다(2-4절). 하나님은 유다 족속을 전쟁 병기로 만들어 그들과 싸워 무찌르게 한다(5절). 뿐만 아니라 하나님은 유다를 견고하게 하며, 요셉 족속들을 구원하여 하나님께로 돌아오게 함으로 기쁨을 얻게 된다(6-7절). 8-12절에서 하나님은 열방 중에 흩은 백성들을 다시 돌아오게 하실 것이라고 한다. 그들은 하나님을 기억하고 자녀들과 함께 돌아

오며(9절), 먼 곳과 가까운 곳을 가리지 않고 도처에서 가나안 땅으로 돌아온
다(10절). 그때 하나님은 유다와 이스라엘의 귀환을 출애굽 사건처럼 도우며
또한 경이로운 기적으로 열방들의 교만을 낮추게 한다(10-11절).

내용 분해

1. 거짓 지도자들을 징벌하기 위해 백성들을 사용함(10:2-7)
　　1) 거짓 지도자들과 곤고한 백성들(2-3a절)
　　2) 백성들을 통해 목자들을 징벌(3b-5절)
　　3) 유다와 요셉 족속을 구원(6-7절)
2. 출애굽 같은 구원 역사(10:8-12)
　　1) 흩어진 백성들을 불러 모음(8-9절)
　　2) 출애굽 때처럼 열방으로부터 백성들이 돌아옴(10-11절)
　　3) 여호와를 의지하고 행함(12절)

본문 주해

1. 거짓 지도자들을 징벌하기 위해 백성들을 사용함(2-7절)

2 드라빔들은 허탄한 것을 말하며 복술자는 진실하지 않은 것을 보고 거
짓 꿈을 말한즉 그 위로가 헛되므로 백성들이 양 같이 유리하며 목자가 없
으므로 곤고를 당하나니 **3** 내가 목자들에게 노를 발하며 내가 숫염소들을
벌하리라 만군의 여호와가 그 무리 곧 유다 족속을 돌보아 그들을 전쟁의
준마와 같게 하리니 **4** 모퉁잇돌이 그에게서, 말뚝이 그에게서, 싸우는 활

이 그에게서, 권세 잡은 자가 다 일제히 그에게서 나와서 **5** 싸울 때에 용사 같이 거리의 진흙 중에 원수를 밟을 것이라 여호와가 그들과 함께 한즉 그들이 싸워 말 탄 자들을 부끄럽게 하리라 **6** 내가 유다 족속을 견고하게 하며 요셉 족속을 구원할지라 내가 그들을 긍휼히 여김으로 그들이 돌아오게 하리니 그들은 내가 내버린 일이 없었음 같이 되리라 나는 그들의 하나님 여호와라 내가 그들에게 들으리라 **7** 에브라임이 용사 같아서 포도주를 마심 같이 마음이 즐거울 것이요 그들의 자손은 보고 기뻐하며 여호와로 말미암아 마음에 즐거워하리라

전통적으로 10:1이 스가랴 10장에 분류되어 있지만, 9:17 뒤에 배치되는 것이 더 적절해 보인다. 1절을 14:17-18에서 초막절을 지키러 올라오지 않는 이방 나라에 대한 재앙과 대조시킬 의도를 가진 것으로도 볼 수 있다. 하지만 둘은 비를 언급한 것을 제외하고 공통점이 너무 약하기 때문에 서로의 대조로 보기에는 한계가 있다. 10:2-8은 하나님이 거짓 지도자들을 고난 받은 자기 백성들을 통해 징벌한다는 독특성을 가지고 있다. 하나님이 유다를 전쟁 무기처럼 견고하게 만든 후 큰 싸움을 벌이게 하는데, 유다가 싸워야 할 대상은 다름아닌 백성들의 지도자 노릇했던 자들이다.

1) 거짓 지도자들과 곤고한 백성들(2-3a절)

스가랴 10:2-3a에서는 두 부류의 지도자, 종교 지도자와 권력자 때문에 백성들이 고통 겪는 것을 지적한다. 2절은 먼저 종교 지도자를 언급하며, 이들은 드라빔과 복술자이다. 드라빔은 일종의 우상이며, 구약 성경에서 수차례 언급된다(창 31:19, 34, 35; 삿 17:5; 18:14-20; 삼상 19:13-16; 왕하 23:24; 겔 21:26; 호 3:4; 슥 10:2). 미가서 3장 주석에서 이미 밝혔던 것처럼, 드라빔은 고대 메소포타미아의 가정에서 흔히 볼 수 있는 우상으로서 사람 인형처럼 생겼으며, 라헬의 드라빔처럼 가지고 다닐 수 있을 정도로 크기가 작은 것도 있지만(창

31:19) 다윗으로 가장하기 위해 미갈이 사용했던 것처럼 크기가 제법 큰 것도 있었다(삼상 19:13). 사사기 17:5에서 드라빔이 에봇과 함께 언급되는 것을 보면 드라빔에 에봇을 입히고 그 속에 있는 우림과 둠밈과 비슷한 점치는 도구를 던져 신탁을 얻은 것으로 생각할 수 있다. 에봇은 대제사장의 의복 중에 하나의 이름이지만, 고대 근동 지역의 고급 의복을 일컫는 말이다. 탈굼 요나단의 창세기 31:19에는 드라빔에 대한 랍비들의 생각이 기록되어 있다. 탈굼 요나단에 의하면 드라빔은 장자를 살해하여 머리를 자른 후 소금과 향료를 뿌리고 금 판에 주문을 기록한 후 혀 밑에 넣었다. 이렇게 만든 해골을 벽에 세워 이와 대화를 나누며 신의 뜻을 찾으려 했다. 2절에서 드라빔이 악한 것을 말한다는 것은 이런 의미로도 해석할 수 있지만, 드라빔 자체보다는 드라빔 우상을 섬기는 자들이 드라빔을 빙자하여 거짓되고 악한 것을 꾸며 내어 말하는 것을 의미하고 있다. 열왕기하 23:24에 의하면 대제사장 힐기야가 종교 개혁을 단행하면서 각종 우상들과 함께 드라빔을 유다와 예루살렘 전역으로부터 제거하였다고 한다. 그런 드라빔을 포로에서 돌아온 백성들의 종교 지도자들이 소유하고 드라빔의 제사장 역할을 하였다는 것은 매우 놀랍다.

　스가랴는 복술자의 불의한 행위에 대해서도 말한다. 구약 성경에서 언급된 최초의 복술자는 발람이다(민 22:7).[1] 신명기 18:10은 복술자를 몰렉 신 숭배와 더불어 이스라엘 백성들 중에서는 결코 있어서는 안 될 죄악으로 제시하고 있다. 그럼에도 불구하고 복술자는 이스라엘 역사 속에서 지속적으로 등장하며, 특히 유다의 멸망을 앞두고 복술자들의 활동은 정점에 이르게 된다(사 3:2; 렘 14:14; 27:9; 29:8; 겔 13:6-23; 21:26-34; 22:28; 미 3:6-11). 스가랴 10:2에 의하면 그런 복술 행위가 포로 후기 백성들의 선지자들 중에서도 자행되었다. 이들은 거짓을 보고 공허한 꿈을 말하며 사람들을 헛되게 위로하려고 하였다. 결과적으로 백성들은 목자 없는 양처럼 방황하고 고통을 당하였다. 2절

---

1. Baldwin, *Haggai, Zechariah, Malachi*, 171.

은 백성들의 상태를 표현하기 위해 목자가 없는 양에 비유하며, 목자의 부재로 인해 유리하며 곤고를 당하고 있다고 한다. 구약 성경에서 목자는 훌륭한 정치 지도자를 상징하는 표현이다. 민수기 27:17에서 모세는 하나님께 여호수아를 자신을 대신하여 이스라엘의 지도자로 세워 목자 없는 양과 같이 되지 않게 해달라고 한다. 에스겔 34:1-31은 이스라엘의 목자들이 하나님의 양떼를 먹이지 않으므로 목자 없는 양이 되어 흩어져 들짐승의 밥이 된 것을 개탄하며, 하나님이 한 목자를 세울 것이라고 한다.[2] 예수님은 초림 때의 이스라엘 백성들의 모습이 목자 없는 양처럼 기진하였다고 한다(마 9:36; 막 6:34). 목자가 일반적으로 이런 의미로 사용되었지만, 스가랴 10:3에서 하나님이 목자들에게 분노하시는 이유는 2절의 목자가 드라빔과 복술자처럼 행동했기 때문일 것이다.[3] 이것을 고려한다면 이 목자들은 드라빔과 복술로 백성들을 속인 당사자인 거짓 종교 지도자였기 때문일 수도 있고, 자신들의 이권을 챙기기에 급급하여 거짓 종교 지도자들의 활동을 방치하고 있었기 때문일 수 있다.[4]

하나님은 목자들에 더하여 숫염소들을 벌할 것이라고 한다. 고대 메소포타미아에서 숫염소는 지도자들을 상징하는 동물이었다. 양들과 유사하게 생겼지만, 양들처럼 온순하지 않고 싸움을 잘 하는 용맹한 성격 때문에 숫염소는 지도자의 상징이었다. 구약 성경에서도 숫염소는 종종 정치 지도자들을 상징하는 짐승이다(사 14:9; 단 8:21). 하나님이 숫염소를 징벌하는 이유는 이들 또한 백성들이 목자 없는 양같이 거짓 종교 지도자들에게 미혹 당하여 고통을 당할 때 거짓 종교 지도자들과 동조하여 백성들을 고통스럽게 만들었기 때문일 것이다.

2. Baldwin, *Haagai, Zechariah, Malachi*, 172.

3. McComiskey, "Zechariah," 1179.

4. C. L. Meyers & E. M. Meyers, "The Future Fortunes of the House of David: The Evidence of Second Zechariah," in *Fortunate the Eyes That See: Essays in Honor of David Noel Freedman in Celebration of His Seventieth Birthday*, ed. A. B. Beck, et al. (Grand Rapids: Eerdmans, 1995), 213-14.

2) 백성들을 통해 목자들을 징벌(3b-5절)

3b-5절은 백성들의 지도자들을 징벌하는 도구들에 대해 기록하고 있으며, 그 도구는 유다 족속이다. 9:13-14과 유사하게 3b-4에서 하나님은 유다 족속을 다양한 전쟁 병기에 비유하며 징벌의 도구로 만들겠다고 한다. 처음 언급된 것은 유다를 전쟁의 준마처럼 만드는 것이다. 전쟁의 준마는 병거와 더불어 고대 메소포타미아의 전쟁에서 가장 강력하고 파괴적인 무기였다. 2절에서 백성들은 목자 없는 양으로 유리하고 곤고한 상태에 빠진 존재로서 전쟁은 고사하고 스스로의 생존이 불가능한 상태에 있는 미약한 존재에 지나지 않았다. 그런 유다 족속이 전쟁의 준마가 된다. 이것은 유다 족속 스스로의 힘과 능력으로 가능한 것이 아니라, 하나님께서 그들을 징벌의 도구로 사용하시기 때문에 목자 없는 양에서 전쟁의 준마가 되는 것이다. 준마의 히브리어 수스 호도(סוּס הוֹדוֹ)에 하나님을 가리키는 대명사 접미사 3인칭 남성 단수는 이 준마로 비유된 유다 족속이 하나님의 소유이고 그렇기 때문에 준마처럼 되었음을 보여준다.

이어서 하나님은 목자들을 징벌하는 데 역할을 할 다양한 지도자들을 제시한다.[5] 그 지도자들을 모퉁잇돌과 말뚝과 화살로 표현되었다. 이것들이 지도자라는 것은 4절의 문장을 분석해 보면 분명해 진다.

밈멘누 피나 밈멘누 야테드 밈멘누 케쉐트 밀하마 밈멘누 예체 콜-노게쉬 야흐다브

מִמֶּ֤נּוּ פִנָּה֙ מִמֶּ֣נּוּ יָתֵ֔ד מִמֶּ֖נּוּ קֶ֣שֶׁת מִלְחָמָ֑ה מִמֶּ֛נּוּ יֵצֵ֥א כָל־נוֹגֵ֖שׂ יַחְדָּֽו׃ 4

4절은 네 개의 *밈멘누*(מִמֶּ֣נּוּ)로 시작하는 문장으로 되어 있으며, 처음 세 *밈멘누*는 동사를 가지고 있지 않고 마지막 *밈멘누*만 동사를 가지고 있다. 이것

---

5. McComiskey, "Zechariah," 1179-80.

은 마지막 문장의 동사가 앞에 있는 세 전치사구 *밈멘누*를 지배한다는 것을
보여준다. 또한 마지막 문장의 *야흐다브*(יַחְדָּו '함께')는 앞서 *밈멘누*와 함께
언급된 모퉁잇돌과 말뚝 그리고 화살이 다 함께 나온다는 의미로 사용되었다.
마지막 문장은 *밈멘누*로 시작하면서 각각의 지도자(*콜-노게쉬*/כָּל־נֹגֵשׂ every
leader)가 나온다고 한다. 각각의 지도자는 *야흐다브*와 함께 앞의 모퉁잇돌과
말뚝 그리고 화살을 통해 묘사되었으며, 이 표현들은 모두 지도자를 상징하고
있음을 보여준다. 이 지도자들에게는 두 가지 특이 사항이 있다. 첫째는 지도
자들이 전쟁을 위한 군사 지도자들로만 구성되지 않았다는 것이다. 3절에서
지도자들을 징벌하기 위해 전쟁과 싸움이 있을 것이라고 말했기 때문에 독자
들은 이어지는 4절에서는 군사 지도자들이 제시될 것으로 예상할 것이다. 하
지만 4절의 지도자들에게는 싸우는 활을 제외하고 모퉁잇돌과 말뚝과 같은
비군사적인 용어로 표현된 지도자들의 역할이 제시되고 있다. 이런 용어들이
사용된 것은 물리적 전쟁만을 의미하는 것이 아니라 삶의 모든 영역에서 2절
의 지도자들로부터 받은 영향력들을 모두 몰아내는 싸움을 염두에 두고 있을
가능성이 있다. 둘째 문제는 이 지도자들이 나오는 출처이다. 즉 이 지도자들
이 나오는 출처를 모두 *밈멘누*라고 하였는데, *밈멘누*의 *누*는 대명사 접미사
3인칭 남성 단수이며, 이것은 3절에서 유다 족속을 가리키지 않는다. 3절에서
유다 족속은 "그들을 전쟁의 준마와 같게"에서 '그들을(*오탐*/אוֹתָם)'에 붙어 있
는 *암*(ם,)으로 표현되었으며, 이는 대명사 접미사 3인칭 남성 복수로서 *밈멘
누*의 *누*와 근본적으로 다르다. 그렇다면 3인칭 남성 단수가 유다 족속이 아니
라면 누구일까? 3절에서 언급된 *여호와 체바오트* 즉 여호와 하나님이며, 4절
에서 언급된 세 지도자들은 모두 유다 족속이 아닌 여호와께로부터 나온다는
말이다. 그럼 이 세 지도자는 구체적으로 누구를 가리킬까? 많은 주석가들이
생각하는 것처럼 메시아를 나타낼 가능성이 가장 높아 보인다.

4절에서 제시된 지도자들이 여호와께로부터 나왔다는 것을 기억하면서
4절의 지도자들과 관련된 용어들을 살펴보자. 첫 번째 거론된 지도자는 모퉁

잇돌이다. 모퉁잇돌은 건축 용어로서 건축의 기준이 된다. 사무엘상 14:38에
서 사울은 자신과 요나단 그리고 이스라엘 백성들 사이의 잘못을 밝히는 절차
를 진행하면서 이스라엘이 지도자들을 앞으로 나오라고 하면서 그들을 *피나*
(פִּנָּה모퉁잇돌)라고 한다. 모퉁잇돌로 가장 유명한 성경 구절은 시편 118:22이
며 건축자가 버린 돌이 모퉁이의 머릿돌이 된다고 한 말을 예수님은 자신의
사역에 대한 비유로 인용한다.[6] 스가랴 10:4에서 모퉁잇돌은 백성들의 삶의
기준을 제공하고 스스로 그 기준의 모범 역할을 한다는 말이다.

　　말뚝은 천막을 칠 때 사용하는 텐트용이며, 못의 의미도 가지고 있다. 이스
라엘 백성들이 광야에서 생활할 때에 텐트를 이용하였지만, 일반적으로는 주
로 베두인과 목자들이 목양을 하는 동안 사용하는 텐트를 고정시킬 때 사용한
다. 이사야 22:23-25에서 힐기야의 아들 엘리아김을 견고한 장소의 못처럼 만
들겠다고 하며, 리더십의 한 형태로 제시한다. 엘리아김의 비유가 된 못은 부
식되어 부러져 떨어지고 그 위에 걸린 물건이 부서질 것이라고 한다. 스가랴
10:4에서 말뚝은 고정시켜서 안정적이게 하는 역할을 하는 것처럼 새로운 리
더가 백성들에게 안정을 제공하는 역할을 할 것이라고 한다.[7]

　　화살은 대표적인 전쟁 무기이다. 구약 성경에서 화살은 재앙을 상징하기도
하고(신 21:23; 32:23; 시 38:2) 잘 성장한 자녀의 상징으로 사용되기도 하였
지만(시 127:4-5), 일반적으로는 전쟁의 배경 속에서 사용된다. 스가랴서에서
는 화살이 10:4를 제외하고 두 번 더 기록되었다. 9:10에서 하나님은 백성들
중에서 전쟁 무기를 제거할 것이라고 하였다. 대신에 9:14에서 하나님은 직접
자신의 화살을 원수들을 향하여 쏠 것이라고 한다. 이런 점을 고려하면 4절의
화살은 백성들이 직접 준비한 화살도 아니다. 그렇다고 4절의 화살을 하나님
께서 직접 쏘아내는 화살로 생각해서도 안 되며 4절 후반부에서 말하는 것처

---

6. Baron, *Zechariah*, 347-51.

7. Smith, *Micah-Malachi*, 265; Duguid, *Haggai Zechariah Malachi*, 155-56.

럼 하나님이 세운 지도자이다. 4절에서 화살은 새로운 리더의 군사적 역량을
비유적으로 드러내는 말이다.

5절은 이 지도자들이 전쟁터에서 거리의 티끌을 짓뭉개는 용사들처럼 싸
울 것이라고 한다. 이들이 용맹스럽게 전쟁을 벌이는 비결은 자신들의 힘과
능력에 달려 있지 않고, 하나님이 그들과 함께 하고 있기 때문이다. 이들은 모
퉁잇돌과 말뚝 그리고 화살로 표현되었지만, 그들의 용맹은 대적들의 막강한
전투력을 무색하게 만든다. 새로운 지도자는 단순한 싸움꾼이 아니라 백성들
에게 삶의 표준을 제시하는 모퉁잇돌의 역할과 말뚝처럼 삶의 안정을 제공하
는 리더이며 동시에 전쟁의 용사이다. 이런 리더십은 고대 사회에서 가장 강
력한 전투력이었던 기마병들과 말을 타고 지휘하던 군대의 수장들을 부끄럽
게 만든다고 한다.

3) 유다와 요셉 족속을 구원(6-7절)

6절은 주제를 바꾸어 다시 유다와 이스라엘에 대한 메시지로 바뀐다. 하나
님은 유다를 견고하게 하겠다고 한다. "견고하게"의 히브리어는 동사 *가바르*
(גִּבַּר)이며, 이것은 5절에서 용사로 번역된 명사 *깁보르*(גִּבּוֹר)와 원형이 동일하
다. 이것은 6절의 주제가 5절의 주제와 이어지고 있음을 보여주며, 동사 *가바*
*르*는 유다를 군사적인 차원에서 강하게 만든다는 의미로 사용되었음을 보여
준다. 반면에 하나님은 요셉의 집을 구원하여 돌아오게 할 것이라고 한다. 요
셉의 집은 북쪽 이스라엘 왕국에 속했던 모든 민족들을 대표하는 표현이며 7
절에서 요셉의 아들 에브라임도 같은 차원에서 사용되었다. 요셉의 집의 구
원은 현실을 반영한 것으로서, 유다와 베냐민과 레위 지파는 포로에서 돌아
와 성전 재건에 참여하고 있었지만, 북쪽 이스라엘에 속했던 민족들은 포로

귀환에 참여하지 않은 것을 염두에 두고 이들의 회복에 대해 말하고 있다.[8] 북쪽 이스라엘 백성들의 구원과 회복은 전적으로 하나님의 긍휼 때문에 이루어진다. 긍휼은 불쌍한 사람과 생명체에게 느끼는 동정심이며, 하나님의 긍휼은 감성적 차원의 느낌에 끝나지 않고 구체적인 결과로서 구원으로 이어진다.[9] "내가 내버린 일이 없었음 같이 되리라"는 말은 이스라엘 백성을 완벽하게 회복시킨다는 말이다. 몸에 난 상처가 상처 난 적이 없었던 것처럼 되는 것이 완벽한 회복을 의미하듯이 "버린 일이 없었음 같이"는 동일한 차원의 회복을 의미한다. 이 회복은 이스라엘 백성의 가나안 귀국만 의미하지 않고 하나님과의 영적인 관계의 완전한 회복을 의미한다. 그렇기 때문에 6절 마지막에서 하나님은 "나는 그들의 하나님 여호와이고 내가 그들에게 대답하리라"고 한다.

7절은 회복되는 이스라엘 백성의 모습을 묘사하고 있다. 6절에서 유다를 용사처럼 강하게 할 것이라고 하였는데, 7절에서는 에브라임이 용사 같을 것이라고 한다. 이것은 에브라임을 전쟁에 참여할 자로 묘사하기 위해서라기보다는 회복되는 이스라엘 백성들의 귀환하는 모습이 초라한 패잔병 같은 모습으로 돌아오지 않고 전쟁에서 승리한 용사의 모습으로 돌아오는 것을 묘사하기 위해 사용한 비유이다. 돌아오는 백성들의 마음에는 기쁨과 즐거움으로 가득하였기 때문에 그들의 마음은 마치 포도주를 마셔서 마음이 한껏 부풀어 오르고 그 얼굴에는 미소가 가득한 모습을 가지고 있을 것이라고 한다. 뿐만 아니라 그들의 자녀들도 회복과 귀환을 눈으로 보면서 회복과 귀환을 이루어 주신 여호와 하나님 때문에 소리를 지르며 기뻐한다고 한다.

---

8. J. M. O'Brien, *Nahum Habakkuk Zephaniah Haggai Zechariah Malachi*, AOTC (Nashville: Abingdon, 2004), 245-46.

9. Klein, Zechariah, 297-98.

2. 출애굽 같은 구원 역사(10:8-12)

8 내가 그들을 향하여 휘파람을 불어 그들을 모을 것은 내가 그들을 구속
하였음이라 그들이 전에 번성하던 것 같이 번성하리라 **9** 내가 그들을 여
러 백성들 가운데 흩으려니와 그들이 먼 곳에서 나를 기억하고 그들이 살
아서 그들의 자녀들과 함께 돌아올지라 **10** 내가 그들을 애굽 땅에서 돌아
오게 하며 그들을 아시리아에서부터 모으며 길르앗 땅과 레바논으로 그
들을 이끌어 가리니 그들이 거할 곳이 부족하리라 **11** 내가 그들이 고난의
바다를 지나갈 때에 바다 물결을 치리니 나일의 깊은 곳이 다 마르겠고 아
시리아의 교만이 낮아지겠고 애굽의 규가 없어지리라 **12** 내가 그들로 나
여호와를 의지하여 견고하게 하리니 그들이 내 이름으로 행하리라 나 여
호와의 말이니라

스가랴 10:2-7은 유다 족속과 메시아를 통해 지도자들을 징벌하는 것과 이
스라엘 백성의 회복과 그들의 기쁨에 대해 기록하였는데, 8-12절은 하나님이
이루실 구원의 정도를 기록하고 있다. 하나님은 포로로 끌려간 백성들을 불러
모으며, 출애굽 때처럼 모든 민족들의 거주지로부터 돌아오게 된다. 이 모든
구원 역사를 하나님께서 직접 행할 것이라는 사실을 강조하기 위해 8-12절은
11절을 제외하고 1인칭 동사로 항상 시작하고 있다.

1) 흩어진 백성들을 불러 모음(8-9절)

8절은 하나님이 백성들을 불러 모으기 위해 먼저 소리 신호를 보낸다고 한
다. "휘파람"으로 번역된 히브리어 *솨락*(שָׁרַק)은 폐허와 버려진 장소를 지날
때 부정적인 일이 자신에게 생기지 않도록 소리 지르는 행동을 표현하기 위
해서 사용하기도 하고, 사람과 짐승을 불러 모을 때에 내는 소리를 나타내기
도 한다. 8절에서 *솨락*은 후자의 의미로 사용되었다. 8절은 소리를 내어 부르

는 대상을 대명사 3인칭 남성 복수로 나타내고 있으며, 이것은 6-7절의 이스
라엘 백성들을 가리키기 위해 사용되었다.[10] 하나님은 마치 흩어져 있는 양떼
들을 불러 모으듯이 자기 백성들을 불러 모은다. 백성들을 불러 모으는 이유
는 하나님이 이들을 값을 주고 구속하였기 때문이라고 한다. 이 구속은 하나
님이 이스라엘 백성들을 출애굽 시킨 사건을 두고 하는 말이며, 또 다른 구속
관계를 형성할 것을 말하는 것이 아니다. 하나님이 과거에 이스라엘 자손들을
구속한 것에 근거하여 미래에 이스라엘의 회복을 약속하고 있다. 불러 모아
진 이스라엘 백성들은 번성하게 되는데, 8절은 과거에 번성하였던 것처럼 번
성한다고 한다. 이것은 가나안 땅에 들어간 이스라엘 백성들이 다윗과 솔로몬
시대에 번성하였던 것을 염두에 둔 약속으로 여겨진다.

9절은 특이하게도 8절에서 번성하게 할 것이라는 약속을 하면서도 다시
백성들을 열방들 가운데 씨 뿌리듯이 흩어 놓은 상태를 말한다. 개역개정 성
경이 "흩으려니"로 번역한 히브리어 동사 자라(זרע)는 주로 씨를 뿌리는 것을
나타내는 동사이다.[11] 민족들 가운데 흩어 버리는 것을 의미하는 동사는 일반
적으로 푸츠(פוץ)를 많이 사용하는데, 9절은 이 동사를 쓰지 않고 자라를 사
용하였다. 9절의 자라는 이스라엘의 포로 생활에 대한 특별한 인식을 가지게
만든다. 포로 생활은 징벌이지만, 징벌에 머물지 않고 일종의 모판 역할을 하
여 더 많은 백성들이 되게 하여 하나님께 돌아오게 한다는 것을 의미할 수 있
다.[12] 이것은 야곱이 자식들과 함께 가나안을 떠나 이집트로 내려가서 큰 민
족이 되어 나온 것을 연상시키는 말이다. 열방 가운데 씨 뿌려진 백성들은 과
거 이스라엘 백성과 현저히 다른 모습을 보여준다. 첫째는 이들이 열방 가운

---

10. Klein, *Zechariah*, 299.

11. McComiskey, "Zechariah," 1183-84; Klein, *Zechariah*, 301-302.

12. Keil, *Minor Prophets*, 351. 학자들 중에는 이 표현을 개정하여 하나님이 기원전 721년에 북쪽 이스
라엘을 포로로 끌려 가게 했던 사건을 가리킨다는 사람도 있다. 하지만 이것은 본문의 의도와 전혀
어울리지 않는다. Ollenburger, "The Book of Zechariah," 815.

데 살면서 하나님을 잊지 않고 기억하다가 돌아온다는 것이다. 포로기 이전의 선지자들은 일반적으로 이스라엘 백성들이 하나님을 기억하지 못하고 범죄한 사실들을 많이 지적하고(사 17:10; 57:11), 그렇지 않으면 하나님께 죄를 기억하지 말고 고난받는 백성들을 기억해 줄 것을 간구하거나(사 38:3; 64:8; 애 5:1), 또 하나님께서 이들을 기억하고 죄를 기억하지 않으시겠다는 약속을 주로 말한다(사 44:21; 65:17; 렘 38:34; 겔 16:60). 물론 하나님은 자신을 기억하고 그 도를 따르는 자를 축복하시지만, 사람들은 하나님을 잊고 살아가는 존재들이다(사 64:4). 그런데 10절은 매우 특별하게도 하나님이 아닌 포로로 흩어져 고난을 받고 있는 백성들이 하나님을 기억한다고 말한다. 이것은 예레미야와 에스겔이 이스라엘의 남은 자들이 먼 곳에서도 여호와와 예루살렘을 기억할 것을 예고한 것과 관련 있다(렘 51:50; 겔 6:9). 둘째, 이들은 또한 자녀를 양육하여 돌아오게 한다고 한다. 이것은 앞서 말한 것처럼 하나님께서 남은 자들을 열방 가운데 씨를 뿌리듯이 뿌렸기 때문에 그 자손들을 낳아 큰 민족이 되는 것을 말한다고 볼 수 있다. 하지만, 이 자녀들은 그들의 육신의 자녀에 한정되지 않고 그들의 영적인 자녀라고 할 수 있는 그들과 같은 신앙을 가진 사람들을 염두에 둔 표현으로 여길 수 있다. 출애굽기 12:38에서 이스라엘 백성들과 함께 많은 민족들이 출애굽하여 가나안으로 들어갔던 것과 같은 현상을 의미할 수 있다.

2) 출애굽 때처럼 열방으로부터 백성들이 돌아옴(10-11절)

10절은 9절의 먼 곳을 더 구체화시켜서 하나님이 이스라엘 백성을 이집트에서 돌아오게 하고 아시리아로부터 모을 것이라고 한다.[13] 이집트와 아시리

---

13. Klein, *Zechariah*, 302. 아시리아는 스가랴의 메시지가 주어질 때보다 약 100년 전에 멸망하였다. 이런 아시리아를 스가랴가 언급하고 있는 것 때문에 스가랴 10장과 이를 포함하고 있는 9-14장을 기원전 600년대에 기록된 것으로 주장하는 학자들도 있다. 하지만 스가랴서에서 아시리아는 비유로만 언급되고 있기 때문에 굳이 이것 때문에 스가랴 9-14장의 저작 연대를 고치려 할 필요 없다.

아는 가나안의 남쪽과 북쪽에 위치한 나라로서, 세상 모든 나라들과 민족들의 대표로 언급되었다. 그렇기 때문에 이 말은 하나님이 백성들을 모든 곳에서부터 불러모은다는 말이다. 10절은 이를 강조하기 위하여 교차 대구법과 도치법을 사용하였다.

첫 문장은 동사 + 이집트 땅의 순서로 되어 있는데, 둘째 문장은 아시리아 + 동사 순으로 되어 있다. 셋째 문장은 길르앗 땅과 레바논이 동사 앞으로 도치되어 있다. 교차 대구법과 도치법을 통해 하나님은 남은 자들을 세상 모든 곳으로부터 불러 모을 것을 강조하고 있다. 그러나 하나님이 이들을 모아 두는 장소가 가나안 땅 내부가 아니라, 가나안 땅 북쪽에 접하고 있는 길르앗 땅과 레바논 땅으로 모을 것이라고 한다. 이 말은 호세아 11:11에서 하나님께서 백성들을 애굽과 아시리아로부터 인도하여 내어 그들의 집에 머물게 하리라고 한 것과 비교하면 의외적이다. 이렇게 한 이유는 돌아온 자들이 자기 집 또는 가나안이 아니라 길르앗과 레바논처럼 가나안 땅 너머의 지역으로 가게 해야 될 정도로 많은 백성들이 돌아올 것이라는 것을 드라마틱하게 보여주려는 의도 때문이다.[14] 머물 공간을 가나안 외부로 확대하여도 돌아오는 자들이 너무 많아서 길르앗과 레바논에도 이들이 거주할 곳을 찾을 수 없을 것이라고 한다.

11절은 백성들의 회복 때에 하나님이 그들을 도울 방법을 기록하고 있다.

---

14. Klein, *Zechariah*, 304-305.

8-12절이 1인칭 동사로 시작하는 것과는 달리 11절은 3인칭 남성 단수로 되어 있다. 이것은 독자들을 혼란스럽게 만들었고, 70인역을 비롯하여 많은 번역 본들과 주석들이 이를 3인칭 복수로 고쳐서 주어를 회복될 백성으로 바꾸었다.[15] 하지만 히브리어 본문을 3인칭 복수로 바꿀 만한 근거가 없으며, 선지서 들에서 하나님이 1인칭으로 말하다가 3인칭으로 바뀌는 용례는 아주 흔하다. 히브리어 문장을 그대로 번역하면 다음과 같다.

וְעָבַר בַּיָּם צָרָה וְהִכָּה בַיָּם גַּלִּים וְהֹבִישׁוּ כֹּל מְצוּלוֹת יְאֹר

그가 고난의 바다를 지나가며 그가 물결치는 바다를 치리니 나일의 모 든 깊은 곳들이 마를 것이라

이 표현은 이스라엘 백성이 홍해를 건너는 장면을 상징화하고 있으며, 하 나님이 백성들의 회복을 제2의 출애굽으로 만들어 위대한 구원 역사를 베풀 것이라는 사실을 보여주려 하고 있다. 고난의 바다와 물결치는 바다는 홍해 보다 더 포괄적인 의미를 가지며, 폭풍우가 몰아치는 바다의 이미지에 고난 을 결합시킴으로 백성들이 겪을 거대하고 엄청난 시련과 고난을 이미지화 하 고 있다. 백성들이 쪽배를 타고 시련과 고통의 태풍이 몰아치는 바다에서 풍 전등화의 위기에 빠져 있을 때 그 바다를 친히 지나가시는 분은 여호와 하나 님이다. 하나님은 그 바다를 지나가면서 물결치는 바다를 후려치고, 결과적 으로 고난의 바다는 그 위력을 상실하게 된다. 그래서 바다는 비단 잠잠하게 될 뿐만 아니라 아예 홍해가 마르고 요르단 강이 말랐듯이 말라 백성들을 더 이상 위협할 수 없게 만들고, 오히려 백성들이 그 바다를 건너 목적지인 가나 안으로 신속하게 달려갈 수 있게 만든다. 이 같은 출애굽 주제는 이사야 11:15 에서도 사용되었다.

---

15. Baldwin, *Haggai, Zechariah, Malachi*, 176-77; McComiskey, "Zechariah," 1185.

"여호와께서 애굽 해안을 말리시고 그의 손을 유브라데 하수 위에 흔들
어 뜨러운 바람을 일으켜 그 하수를 쳐 일곱 갈래로 나누어 신을 신고
건너가게 하실 것이라"

출애굽 사건에서 나일 강을 마르게 만든 일이 없음에도 불구하고 나일의
깊은 곳이라고 표현한 것은 홍해 사건과 출애굽 때에 이집트에 일으킨 모든
재앙들을 포괄하기 위한 목적 때문이며, 백성들에게 고난과 시련을 안겨준 민
족들에 대한 심판을 이집트에 내린 재앙으로 이미지화 하려는 목적 때문이다.
11절은 계속하여 이런 출애굽 때와 같은 심판이 모든 민족에게 임한다는
것을 보여주기 위해 10절의 이집트와 아시리아를 다시 대표로 내세우고 있
다. 하지만 11절은 10절과 다르게 아시리아가 먼저 언급되고 이어서 이집트
를 언급하여 순서를 바꾸고 있다. 10절이 교차 대구법을 사용하였는데, 두 나
라의 순서를 바꾸면서 교차 대구 형식으로 배열하여 모든 민족의 전체성을
강조한다.

10절 이집트   아시리아
11절 아시리아   이집트

백성들을 고통의 바다에 빠트린 민족들에 대한 심판은 재앙으로 끝나지 않
고 이어서 고대 사회에서 국가 유지에 가장 중요한 요소였던 왕권과 군사력의
괴멸로 이어진다. 아시리아의 교만은 단순히 그들의 우쭐한 우월감을 의미하
는 것이 아니라, 그 우월감과 교만에 이르게 한 모든 군사력을 파괴한다는 말
이다. 높은 벽으로 만들어져 있는 요새들과 각종 병거와 기병과 성벽 파괴용
기계들 그리고 군인들을 끌어내려 무력화시키는 것이다. 이집트의 규가 없어
지는 것은 왕권을 붕괴시켜 정상적인 통치와 국가 기능을 괴멸시킨다는 말이
다. 이 같은 재앙은 에스겔 30:10-19에서 종말에 하나님이 이집트를 심판할

때 내릴 재앙과 흡사하다. 12절에 의하면 모든 강을 마르게 하고 13절은 이집트 땅에서 왕이 다시 나지 못하게 하며 18절은 이집트의 교만한 권세를 그 가운데에서 그치게 할 것이라고 한다. 마찬가지로 종말에 하나님의 백성을 괴롭힌 민족들은 하나님의 징벌을 받게 된다고 11절은 말하고 있다.

3) 여호와를 의지하고 행함(12절)

12절은 6절에서처럼 "내가 견고하게 하리라"라고 한다. 6절은 유다 족속을 용사처럼 강하게 한다는 했지만, 12절은 그들을 즉 열방에서 돌아올 모든 백성을 용사처럼 강하게 한다는 것이다. 12절은 6절의 유다 자손을 강하게 하는 일이 출애굽과 같은 대 사건이 일어나는 종말 시기에 일어날 일이라는 것을 보여준다. 또한 12절은 6절과 달리 유다 자손을 강하게 만드는 방편에 대해 말하고 있다. 즉 백성들은 여호와 안에서 용사처럼 강하게 되며, 이들은 여호와의 이름으로 행진하게 된다. 하지만 12절은 중요한 문제를 하나 가지고 있다. 개역개정의 번역과는 다르게 다음과 같은 메시지를 가지고 있다.

וְגִבַּרְתִּים בַּיהוָה וּבִשְׁמוֹ יִתְהַלָּכוּ נְאֻם יְהוָה:

'내가 그들을 여호와 안에서 강하게 하며 그리고 그의 이름으로 그들이
행하리라 여호와의 말씀이니라'

개역개정이 "내가 그들로 나 여호와를 의지하여"라고 번역한 것과는 달리 1인칭 화자가 여호와를 타자로 여기며 "나 여호와"가 아니라 '여호와 안에서'라고 말하고 있다. 그리고 둘째 문장에서는 개역개정처럼 "내 이름으로 행하리라"가 아니라 '그의 이름으로 행하리라'라고 하고 있다. 이런 현상은 스가랴 1:17; 2:15; 8:9; 9:6-8에서도 볼 수 있다. 스가랴의 글 쓰는 스타일로 생각할 수도 있고, 1인칭 화자를 메시아로 볼 수도 있다. 4절에서 이미 여호와께로부터 나오는 메시아적 지도자가 언급된 것을 고려한다면, 12절의 1인칭 화자

를 메시아로 볼 여지가 더 커진다.[16] 어쨌든 12절은 돌아온 백성들이 강해질 수 있는 유일한 방법은 여호와 안에 거하며, 그들이 그 이름으로 걷는 것이다. 이를 강조하기 위해 스가랴는 교차 대구법과 선지자 인용 표현(*네움 여호와* נְאֻם יְהוָה)을 사용하고 있다.

백성들이 여호와와 그의 이름 때문에 강해진다는 것은 단순히 그들의 신체적인 힘을 의미하지 않고 그들의 신앙심과 정신력이 견고해진다는 것을 의미한다.

교훈과 적용

1. 스가랴 10:2에 의하면 이스라엘 백성이 드라빔과 복술자에게 상담을 하지만 허황된 말과 거짓 꿈을 들으면서 유리 방황하게 된다고 한다. 이런 일을 겪게 되는 이유는 다름 아닌 하나님의 말씀을 가지고 하나님의 마음을 품고 양들을 돌보는 참 목자가 없기 때문이다. 내가 목양하는 성도들 가운데 하나님을 의뢰하지 않고 사주팔자와 점 그리고 무속인을 찾는 이가 있지는 않는가? 이렇게 된 것이 내가 이들을 위해 중보 기도하지 못하고 말씀으로 제대로 목양하지 못했기 때문은 아닌가? 스스로 자신을 돌아보지 않으면 하나님의 꾸중과 질책을 받을 수 있다.

2. 하나님은 고난 받는 자기 백성을 잊지 않고 그들을 긍휼히 여긴다고 한다. 하나님은 자기 백성들이 아이들의 손을 잡고 고향 땅을 찾듯이 예루살렘으로 돌아오게 하는데, 이 회복을 마치 하나님께서 이스라엘을 이집트에서 인도해 내시고 홍해를 건너게 한 것처럼 하겠다고 한다. 하나님은 자기 백성들이 고난의 바다를 지나갈 때에 바다 물결을 쳐서 항구에 도달하게 한다. 내가 인생의 고난의 바다를 지날 때도 하나님

16. Phillips, *Zechariah*, 242.

은 나의 앞에 휘몰아치는 풍랑에 가라앉게 하지 않고 하나님께서 예비하신 처소로 인도한다는 것을 믿어야 한다. 나는 혹시 함께 배에 타고 있는 예수님을 보지 않고 풍랑만 바라보는 어리석음 속에 빠져 있지는 않는가?

제11장 어리석은 목자들에 대한 심판 (11:1-17)

스가랴 10:1-3이 악한 목자들에 대한 하나님의 징벌을 기록하고 있는데, 스가랴 11장은 이를 더 확대하여 목자와 양떼의 비유를 통해 백성들과 지도자들에 대한 심판 메시지를 기록하고 있다. 하나님의 심판은 단순히 재앙 내리는 차원을 넘어 그들과 세운 언약을 하나님이 직접 폐기하기에 이른다.

본문 개요

11장은 네 부분으로 나눌 수 있다. 1-3절은 백향목 숲의 훼손을 예로 들면서 목자들이 가장 영화롭게 생각하는 것을 잃음으로 인해 통곡하는 내용을 기록하고 있다. 이것은 이어지는 목자들에 대한 심판에 대한 전조 역할을 한다. 4-6절은 하나님이 선지자에게 잡혀 죽을 양떼를 먹이게 하며, 양떼들로 상징된 백성들에게 최후의 기회를 주는 내용을 기록하고 있다. 이번에 양떼들이 참 목자를 신실하게 따르지 않으면 하나님이 다시는 불쌍히 여기지 않겠다고 한다. 7-14절은 다시 둘로 나눌 수 있다. 7-8절에서 하나님은 은총과 연합을 목적으로 목양하고 거짓 목자들을 제거한다. 9-14절은 이런 선지자의 목양 노력에도 불구하고 양들은 참 목자를 미워하며, 결국 목자는 양떼들을 포기하게 되고 언약도 폐하게 된다. 양떼들은 목자에게 은 삼십 개로 모욕을 주며, 목자는 은총과 연합을 제거해 버린다. 15-17절은 다시 하나님의 말이 이어진다. 하나님은 한 목자를 세워 그를 통해 거짓 목자들을 제거하고, 뿐만 아니라 양떼들을 학대하게 만든다. 이로서 목자와 양떼 모두가 하나님의 징벌 아래 놓이게 된다.

내용 분해

1. 목자들에게 임할 재앙에 대한 나무들의 비유(11:1-3)
   1) 레바논과 바산의 나무들의 통곡(1-2절)
   2) 목자들의 통곡(3절)
2. 죽을 양떼들에 대한 마지막 목양 기회(11:4-6)
   1) 죽을 양떼를 먹이라(4절)
   2) 양떼를 거래하는 자들의 태도(5절)
   3) 양떼들에 대한 하나님의 입장(6절)
3. 죽을 양떼들에 대한 목양 결과(11:7-14)
   1) 은총과 연합의 목양에 대한 목자와 양떼의 반응(7-8절)
   2) 목양의 포기 및 언약 폐기(9-14절)
4. 어리석은 목자들에 대한 심판(11:15-17)
   1) 어리석은 목자의 기구를 제거(15절)
   2) 양떼를 방치할 목자를 세움(16절)
   3) 못된 목자들에 대한 심판(17절)

본문 주해

1. 목자들에게 임할 재앙에 대한 나무들의 비유(11:1-3)

1 레바논아 네 문을 열고 불이 네 백향목을 사르게 하라 **2** 너 잣나무여 곡
할지어다 백향목이 넘어졌고 아름다운 나무들이 쓰러졌음이로다 바산의
상수리나무들아 곡할지어다 무성한 숲이 엎드러졌도다 **3** 목자들의 곡하
는 소리가 남이여 그들의 영화로운 것이 쓰러졌음이로다 어린 사자의 부
르짖는 소리가 남이여 이는 요단의 자랑이 쓰러졌음이로다

스가랴 11:1-3은 9:1-8의 가나안 인근 국가들에 대한 메시지와 유사하며, 이
스라엘 북쪽과 동쪽 지역의 나무들이 백향목과 무성한 숲이 파괴된 것을 두
고 통곡하는 비유를 통해 이스라엘 인근 국가들에 대한 심판과 이로 인한 왕
국의 몰락에 대한 지도자들의 슬픔을 보여준다.

1) 레바논과 바산의 나무들의 통곡(1-2절)

레바논과 바산은 이스라엘 북쪽과 동쪽에 있는 지역이며, 바산은 길르앗으
로 불리는 지역의 북쪽에 위치한 곳으로서 이스라엘의 세 지파 르우벤, 갓, 그
리고 므낫세 반 지파가 정착한 요르단 동쪽 지경에 속한 곳이다. 하지만 북쪽
이스라엘이 멸망한 이래로 이 지역은 더 이상 이스라엘의 소유에 속하지 않
는 이방 지역이었다. 10:10은 레바논과 바산 인근에 있는 길르앗 땅을 전 세
계로부터 돌아오게 한 백성들의 거주할 곳이라고 말한 바 있는데, 11:1-3에서
는 이 지역에서 일어날 비극을 나무들의 통곡을 비유로 들어 노래하고 있다.
레바논의 백향목은 고대 메소포타미아 지역에서 신전과 궁전 건축 자재로 사
용된 최고급 목재로서 신의 선물로 간주되었다(삼하 5:11; 왕상 6:9). 이집트
의 투트모세 3세는 레바논의 백향목을 신의 땅에 있는 최고의 선택받은 나무

라고 불렸고, 느부갓네살 왕은 이를 마르둑 신의 고급스러운 숲이라고 불렀다(*ANET*, 240, 275, 276, 307). 1절은 레바논에게 그 문을 열어 메소포타미아 지역의 모든 사람들로부터 추앙받던 백향목을 불이 삼켜버리게 하라고 한다. 레바논의 문을 연다는 것은 어느 특정한 문을 염두에 두고 하는 표현이 아니라, 레바논 전역을 무방비 상태로 만들어 누구든지 원하면 임의로 드나들 수 있게 한다는 말이다. 고대 사회에서 문은 안전과 보호의 상징이며, 전쟁에서 성문을 여는 것은 그 성의 함락과 멸망을 의미하였다. 레바논의 문을 여는 것은 동일한 차원에서 무방비 상태에 놓이는 것을 의미하며, 불에 의해 백향목들이 모두 타버리는 동안 누구도 이를 저지하고 멈출 수 없는 것을 의미한다.

2절은 백향목이 불타버린 것을 두고 잣나무와 바산의 상수리나무를 향하여 통곡하라고 말한다. 잣나무와 상수리나무는 고대 메소포타미아에서 석류와 대추야자 그리고 포도나무와 함께 생명 나무들 중에 하나로 여겨졌다. 건조한 이 지역에서 아름드리 나무로 성장하는 잣나무와 상수리나무는 특별한 주목을 받을 수밖에 없었을 것이다(사 2:13; 사 60:13). 2절은 팔레스타인에서 대표적으로 선호되었던 잣나무와 상수리나무들에게 백향목의 괴멸을 두고 깊이 통곡하라고 한다. 이 나무들이 통곡하는 이유는 아름답고 무성한 백향목 숲을 잃어버린 것에 대한 안타까움 때문일 수도 있지만, 백향목이 괴멸되었다면 잣나무와 상수리나무를 비롯하여 모든 나무들도 불에 의해 소멸되고 산과 들의 초목들도 파괴를 피할 수 없다는 사실 때문일 것이다.

2) 목자들의 통곡(3절)

3절에서 백향목을 잃은 것에 대한 통곡 소리는 곧바로 목자들의 통곡 소리로 바뀌며, 영화로운 것이 아름다운 나무와 무성한 숲과 유사한 의도로 사용되었다는 것을 고려하면 1-2절의 나무들의 통곡을 기록한 목적이 목자들의 통곡에 빗대기 위한 것임을 알 수 있다. 3절은 목자들의 통곡 소리를 백향목을 잃은 나무들의 통곡 보다 더 강조하기 위해 두 가지 구문론적 효과를 가미하였다. 첫째는 2절에서 나무들의 통곡을 표현할 때에는 동사 *야랄*(יָלַל, 울다, 소리지르다)의 히필(Hiphil) 형을 사용하였는데, 목자의 통곡에서는 동사 *야랄*의 명사 연계형 *일라트*(יִלְלַת, 통곡, 울부짖음)로 바꾸고 그 앞에 명사 *콜*(קוֹל, 소리)을 첨가하였다. 둘째는 동사 없는 구문을 채택하였다. 3절은 두 문장으로 되어 있는데 둘 다 동사 없는 문장이다. 이를 통해 나무들의 울음으로 운을 띄운 저자는 목자의 통곡 소리에 방점을 찍고 있다. 목자들이 통곡하는 이유는 그의 영화로운 것들이 괴멸되었기 때문이다. 영화로운 것의 히브리어는 *앗데레트*(אַדֶּרֶת)이며 매우 값비싼 옷을 의미한다. 아간이 여리고 성에서 훔친 외투를 *앗데레트*라고 표현하였으며, 요나가 전한 멸망 예언을 들은 아시리아 왕이 회개의 표시로 벗어 치운 왕복을 *앗데레트*라고 하였다. 이 용어를 사용한 이유는 목자가 가장 소중하게 여기는 것을 잃었다는 의미도 있지만, 이에 더하여 그가 잃어버린 것이 그에게 어떤 의미를 가졌는지를 보여준다. 즉 목자가 잃어버린 것은 11:1-3에서 나무와 숲에 대한 비유가 이어지는 것을 통해 짐작할 수 있듯이 아름다운 목초지이다. 이 목초지를 *앗데레트*라고 한 이유는 이들의 가장 영화롭고 귀중한 것을 잃어버린 것에 대한 슬픔을 드러내려는 목적 때문이다. 3절의 둘째 문장에서는 사자의 부르짖는 소리가 갑자기 등장한다. 맥코미스키(McComiskey)에 의하면 사자는 비유로 자주 사용되며, 의인(잠 28:1), 용사(나 2:13), 적군(렘 2:15), 그리고 왕족과 같은 지도자(나 2:12; 겔 19:5-6)의 상징으로 비유되곤 한다.[1] 11:3에서 사자는 목자와 함께 레바논뿐만 아니라 이방 국가들의 지도자들을 나타내기 위해 사용되었다.[2] 어린 사자라는 장래가 촉망되는 지도자와 그의 영토의 몰락을 대비시켜 묘사함으로 멸망당한 레바논과 이방 국가의 비통한 상황을 드러낸다.

---

1. McComiskey, "Zechariah," 1188.
2. 슥 11:1-3의 목자와 사자의 정체에 대해 두 가지 견해가 있다. 목자와 사자를 이방 민족의 왕들로 생각하는 주석가로는 다음을 참고. Klein, *Zechariah*, 311-17. 사자와 목자를 이스라엘의 지도자로 생각하는 학자는 다음을 참고. McComiskey, "Zechariah," 1188-89.

Pu Ki Np Nc Ns

קוֹל יְלֵלַת הָרֹעִים כִּי שֻׁדְּדָה אַדַּרְתָּם 콜 일라트 하로임 키 슌다 앗달탐

קוֹל שַׁאֲגַת כְּפִירִים כִּי שֻׁדַּד גְּאוֹן הַיַּרְדֵּן 콜 솨아가트 케피림 키 슌다트 게온 하얄덴

Pu Ki Np Nc Ns

두 문장을 어의론적으로 비교해 보면 둘은 동일한 표현 콜קוֹל, 키כִּי, 솨다 שֻׁדַּד를 사용하고 있으며, 둘을 구문론적으로 비교해 보면 첫 문장과 둘째 문장의 문법적 구조가 완벽하게 일치한다. 두 문장은 명사 단수(N.s) + 명사 연계형(N.c) + 명사 복수(N.p) + 접속사(Ki) + 동사 푸알 형(Pu)로 되어 있는 것을 확인할 수 있다. 이 같은 현상은 목자들의 통곡 소리를 사자들의 포효에 빗대어 표현하기 위한 목적 때문이다. 요단은 요단강이며, 요단의 영광은 팔레스타인에서는 유일하게 사시사철 흐르는 강이라는 사실을 부각시키는 표현이다. 요단의 자랑이 괴멸되었다는 것은 요단 강물이 말라 버렸고, 결과적으로 요단 인근 계곡의 풀과 나무들이 말라 죽는 것을 두고 하는 말이다. 그렇기 때문에 3절에서 목자들과 사자로 상징된 이방 나라들의 지도자들은 양떼의 목초지와 양떼들을 잃을 것이기 때문에 통곡의 소리를 높이고 있다.

2. 죽을 양떼들에 대한 마지막 목양 기회(11:4-6)

4 여호와 나의 하나님이 이르시되 너는 잡혀 죽을 양떼를 먹이라 **5** 사들인 자들은 그들을 잡아도 죄가 없다 하고 판 자들은 말하기를 내가 부요하게 되었은즉 여호와께 찬송하리라 하고 그들의 목자들은 그들을 불쌍히 여기지 아니하는도다 **6** 여호와가 말하노라 내가 다시는 이 땅 주민을 불쌍히 여기지 아니하고 그 사람들을 각각 그 이웃의 손과 임금의 손에 넘기리니 그들이 이 땅을 칠지라도 내가 그들의 손에서 건져내지 아니하리

라 하시기로

스가랴 11:1-3이 나무의 비유를 통해 목초지를 잃은 이방 지도자들의 통곡 장면을 그렸다면, 4-6절은 잡혀 죽을 양떼에 대한 하나님의 심정을 기록하고 있다. 하나님은 스가랴에게 잡혀 죽을 양떼를 목양하라고 하면서 다시는 이들을 불쌍히 여기지 않을 것이라고 한다. 이것은 하나님이 이스라엘 백성들에게 하나님의 진실한 양무리로 남을 마지막 기회를 준다는 뜻이다.

1) 죽을 양떼를 먹이라(4절)

4절에서 하나님은 잡혀 죽을 양떼를 먹이라고 한다. '너'가 누구인지 특정할 만한 표현이 등장하지 않기 때문에 '너'를 선지자 스가랴로 볼 수 있으며, 여기에서 스가랴는 메시아의 역할을 대신하는 것으로 생각할 수 있다.[3] '너'가 목양해야 할 대상은 죽을 양떼이다. 양은 한 마리가 아니고 양떼라는 것은 포로 후기 백성들이라는 것을 알 수 있다. 이 양떼들은 도살하여 식용으로 사용하기 위해 거래가 끝난 상태에 있다. 이런 상태에 있는 양떼를 다시 목양하기 위해서는 먼저 이 양떼를 다시 사들여야 하고 그리고 양떼를 목양지로 데려가야 한다. 이 양떼들에게 목양의 기회를 다시 준 것은 매우 특별한 은총이다.

2) 양떼를 거래하는 자들의 태도(5절)

5절은 이 양떼들이 양을 사고파는 시장에 있고 어느 누구도 관심을 주지 않는 것으로 묘사되고 있다. 5절은 세 부류의 사람을 말하고 있으며, 목자는 양을 파는 장사꾼에게 양을 팔아 넘겼고, 장사꾼은 다시 그 양을 구매자에게

---

3. 다음 학자들은 '너'를 목양의 요구를 받은 자를 선지자로 생각한다. Ollenburger, "The Book of Zechariah," 820; Keil, *Minor Prophets*, 357; Baldwin, *Haggai Zechariah Malachi*, 180; Petersen, *Zechariah 9-14 and Malachi*, 91-92; '너'를 메시아로 여기는 학자들에 대해서는 다음을 참고하라. Baron, *Zechariah*, 383; Klein, *Zechariah*, 323-24.

팔았다. 이 세 부류의 사람은 "그들의 목자들"이라는 표현을 통해 알 수 있듯이 유다를 괴롭힌 이방 민족들이 아니라 포로 후기 유다의 지도자들이다. 양을 산 사람은 그 양을 정상적으로 매입하였기 때문에 죽여 식용으로 먹더라도 전혀 죄가 되지 않으며 문제될 것이 없다. 장사꾼도 양을 목자로부터 사서 되팔아 이익을 남겼기 때문에 오히려 여호와께 찬송하고 있다. 이런 가운데 그 양을 오랫동안 키우고 정도 들었으리라고 생각되는 목자는 의외로 양들을 전혀 불쌍히 여기지 않는다. 이런 목자들의 태도는 11:1-3의 목자들의 반응과 현저하게 대조를 이루고 있다. 이방 국가의 지도자들은 자신들의 영화로운 것을 잃은 것 때문에 슬퍼하지만, 5절의 목자들은 자신들에게 가장 중요한 것인 양들의 죽음을 앞에 두고 전혀 동정심을 가지지 않고 있다. 5절 마지막의 "그들의 목자들은 그들을"에서 '그들의'(로에헴 רֹעֵיהֶם)는 남성 복수이지만 '그들을(알레헨 עֲלֵיהֶן)'은 여성 복수이다. 여성 복수 '그들을'은 목자들이 불쌍히 여기지 않은 대상에 암양도 포함되어 있음을 보여주며, 새끼를 낳는 암양도 무차별적으로 살육함으로 목양의 미래를 조금도 고려하지 않고 양떼들을 물욕의 대상으로 삼았음을 보여준다.[4]

3) 양떼들에 대한 하나님의 입장(6절)

6절은 "내가 다시는 이 땅 주민을 불쌍히 여기지 아니하고"라고 한다. 이 말은 양떼가 누구를 상징하는지를 보여주며, 이들에 대한 하나님의 마음을 보여준다. 이 양떼들은 포로 후기 백성들이다. 5절에서 언급된 세 부류의 지도자들의 탐욕 때문에 6절에서 여호와 하나님은 포로 후기 백성들 모두를 불쌍히 여기지 않을 것이라고 한다. 5절의 목자들이 불쌍히 여기지 않았던 태도를 하나님이 고스란히 취하고 있다. 하나님은 포로 후기 백성들을 그 땅에 거주민이라고 칭하면서 포로 후기 백성들을 다시는 불쌍히 여기지 않을 것이라고 하

4. Klein, *Zechariah*, 325.

며, 이를 강조하기 위해 선지자의 인용 표현인 *네움-여호와*(נְאֻם־יְהוָה '여호와의 말씀')를 덧붙였다. 더 놀라운 것은 5절에서 양들은 목자와 장사꾼에 의해 도살하려는 구매자의 손에 넘겨졌는데 6절에서는 하나님이 포로 후기 백성들을 이웃의 손과 임금의 손에 넘긴다고 한다.[5] 이 사실을 강조하기 위해 감탄사 *히네*(הִנֵּה 보라!)와 독립 인칭 대명사 1인칭 단수 *아노키*(אָנֹכִי)를 사용하였다. 이웃은 '그의 임금'이라는 표현을 통해 알 수 있듯이 옆집 사람이 아닌 이웃한 민족들이다. 하나님이 포로 후기 백성들을 이웃과 임금의 손에 넘기는 일이 먼 미래의 일이 아니라는 것을 보여주기 위해 분사 *맘치*(מַמְצִיא '발견하게 할 것이다')를 사용하였다. 이웃과 임금은 포로 후기 백성의 이웃 나라 민족들과 국가이며, 이들이 가나안 땅을 공격할지라도 하나님은 그들을 구원하지 않을 것이라고 한다. 이렇게 말한 이유는 양떼로 상징된 포로 후기 백성의 목양이 사실상 마지막 기회이고, 이 목양에서 이들이 하나님의 소유다운 양의 모습을 보여주지 않으면 하나님은 이들을 완전히 버리겠다는 것이다.

3. 죽을 양떼들에 대한 목양 결과(11:7-14)

7 내가 잡혀 죽을 양떼를 먹이니 참으로 가련한 양들이라 내가 막대기 둘을 취하여 하나는 은총이라 하며 하나는 연합이라 하고 양떼를 먹일새 8 한 달 동안에 내가 그 세 목자를 제거하였으니 이는 내 마음에 그들을 싫어하였고 그들의 마음에도 나를 미워하였음이라 9 내가 이르되 내가 너희를 먹이지 아니하리라 죽는 자는 죽는 대로, 망하는 자는 망하는 대로, 나머지는 서로 살을 먹는 대로 두리라 하고 10 이에 은총이라 하는 막대기를 취하여 꺾었으니 이는 모든 백성들과 세운 언약을 폐하려 하였음이라 11 당일에 곧 폐하매 내 말을 지키던 가련한 양들은 이것이 여호와의 말씀이

5. O'Brien, *Nahum Habakkuk Zephaniah Haggai Zechariah Malachi*, 250.

었던 줄 안지라 **12** 내가 그들에게 이르되 너희가 좋게 여기거든 내 품삯을
내게 주고 그렇지 아니하거든 그만두라 그들이 곧 은 삼십 개를 달아서 내
품삯을 삼은지라 **13** 여호와께서 내게 이르시되 그들이 나를 헤아린 바 그
삯을 토기장이에게 던지라 하시기로 내가 곧 그 은 삼십 개를 여호와의 전
에서 토기장이에게 던지고 **14** 내가 또 연합이라 하는 둘째 막대기를 꺾었
으니 이는 유다와 이스라엘 형제의 의리를 끊으려 함이었느니라

스가랴 11:7-14은 죽을 양떼에 대한 목양의 결과를 기록하고 있다. 목자는
은총과 연합이라고 쓴 두 막대기로 양떼를 먹이지만(7절), 결국 목자들을 제
거하고 양떼들을 죽도록 내버려 두게 되는 결과를 가져온다(8-9절). 이 같은
사태는 결국 언약의 폐기에 이르게 된다(10, 14절). 최후의 목양을 한 목자는
품삯으로 은 삼십 개를 받아 토기장이에게 던지고 두 막대기를 꺾어 버린다
(12-13절).

1) 은총과 연합의 목양에 대한 목자와 양떼의 반응(7-8절)

7절은 목자가 여호와의 말씀에 따라 목양하였음을 말하고, 두 번에 걸쳐
'내가 양떼를 먹이니'를 7절의 시작과 끝 부분에 반복 배열하여 목자가 여호
와의 말씀에 전적으로 순종하였음을 강조하며 또한 이에 더하여 두 가지를
강조한다. 첫째는 그 양이 죽을 양이고 학대당한 불쌍한 양이라는 것이다. 형
용사 *아니*(עָנִי)는 '가난한' '겸손한'의 의미도 가지지만 수동적으로 낮아진 상
태, 즉 학대당해 초라한 모습을 의미한다. 양들이 이 같은 상태에 놓여 있는 것
은 자체적으로 그들의 지도자들에 의한 착취의 결과로 볼 수도 있지만, 이들
이 하나님께 범죄함으로 징벌을 받아 포로로 끌려가 있는 상태를 나타낼 가
능성이 더 높다. 둘째는 이런 포로기 시대를 살고 있는 포로 후기 백성들에게
마지막 기회가 주어졌으며, 이들에게 목자는 은총과 연합이라는 두 막대기로
목양한다는 것이다. 막대기에 글을 쓰는 것은 구약 성경에서 두 가지 용례를

볼 수 있다. 첫째는 민수기 17장의 아론의 싹 난 지팡이 사건과 에스겔 37장의 골짜기의 마른 뼈 이상이다. 이중에 에스겔 37:15-28은 스가랴 11:7과 매우 유사하다.[6] 골짜기의 마른 뼈가 다시 살아나는 이상을 보여준 후 하나님은 에스겔에게 막대기 둘을 취하여 각각 유다와 이스라엘의 이름을 쓰고 서로 합하여 둘이 하나가 되게 한다. 이것은 미래에 유다와 이스라엘이 회복되어 한 나라를 이루고 한 왕 곧 메시아 왕의 통치를 받는 것을 의미하였다. 둘의 회복과 연합과 함께 하나님은 화평의 언약을 세워 영원한 언약이 되게 할 것이라고 한다. 스가랴의 독자들 중에는 에스겔의 메시지를 직접 들은 사람도 있었을 것이고, 그렇지 않더라도 에스겔의 메시지를 생생하게 기억하고 있는 사람도 있었을 것이다. 에스겔의 메시지와 유사하게 7절은 목자가 은총과 연합이라고 쓴 막대기 둘을 가지고 이 둘을 실천하는 목양을 하려 했다고 한다. 7절의 은총은 하나님께 언약에 근거하여 자비와 구원을 구할 때 쓰는 표현이며 (레 26:9; 사 49:8), 연합은 유다와 이스라엘이 나누어지기 전에 다윗 시대에 대한 추억과 메시아 통치에 대한 희망을 담고 있는 표현이다. 하지만 스가랴 11:10과 14절에 의하면 목자는 은총과 연합을 쓴 두 막대기를 각각 꺾어 버리며, 언약을 폐기하게 된다.

8절은 목자가 한 달 동안 목양하는 동안 세 목자를 제거하였다고 한다. 주석가들은 한 달의 의미와 세 목자의 의미에 대해 오랫동안 논쟁을 해 왔다. 이 논쟁에 대해서는 볼드윈(J. G. Baldwin)이 잘 정리해 놓았다. 볼드윈에 의하면 한 달을 짧은 기간이나, 30년 또는 매우 긴 기간 등등으로 다양하게 해석해 왔으며, 기간에 대한 해석은 세 명의 목자의 정체와 맞물려 해석되었다.[7] 볼드윈에 의하면 스가랴 11장을 포로기 이전에 만들어진 예언으로 보려는 주석가들은 세 목자를 유다의 마지막 세 왕인 여호야김과 여호야긴과 시

---

6. Smith, *Micah-Malachi*, 270.

7. Baldwin, *Haggai, Zechariah, Malachi*, 181.

드기야로 여겼으며, 스가랴 11장을 스가랴의 메시지로 여기는 주석가들은 이들을 헬라 시대에 팔레스타인을 지배한 셀레우코스(Seleucid) 왕조의 셀레우커스 4세(Seleucus IV), 헬리오도루스(Heliodorus), 그리고 데메트리우스(Demetrius)로 여겼으며, 스가랴 11장이 마카비 시대에 기록되었다고 생각하는 주석가들은 선한 목자를 오니아스 3세(Onias III), 세 악한 목자는 야손(Jason), 메넬라우스(Menelaus), 그리고 알키무스(Alcimus)로 여겼다.[8] 하지만 이 해석들은 모두 문제점을 가지고 있다. 한 달은 상징적인 시간으로서 실제로 한 달이라고 생각할 필요가 없다.

군이 한 달의 의미를 추정한다면, 12절에서 목자가 품삯을 요구하고 이에 은 삼십 개를 준 것과 관련하여 생각해 볼 수 있을 것이다. 세 목자는 특정한 인물을 가리키기 보다는 왕, 제사장, 선지자와 같은 백성들의 지도자 세 부류를 가리키는 것으로 생각할 수 있다. 이 경우 세 목자의 제거는 세 직분의 폐지로 볼 수도 있다. 실제로 70년에 예루살렘 성전 파괴 후 이 세 직분은 폐지되었다. 스가랴 10:2-3에서는 이미 드라빔과 복술자 그리고 숫염소로 표현된 각각의 지도자들에 대해서 "내가 목자들에게 노를 발하며"라고 하나님께서 징벌을 예고한 바가 있다. 11:8에서 목자는 이 지도자들에 대해 내 영혼이 싫어하였다고 하며, 이 지도자들도 그들의 영혼이 목자를 미워하였다고 말한다.

2) 목양의 포기 및 언약 폐기(9-14절)

목자와 세 목자 상호간의 미움은 목자의 목양 포기와 언약 폐기로 이어진다. 5절에서 목자들이 잡혀 죽을 양떼들에게 그랬던 것처럼 9절에서 목자는 양떼들에 대하여 목양을 포기한다. 목양의 포기는 양떼들을 세 가지 고통스러운 상황에 빠지게 만든다. 이 중에서 둘은 포로 후기 백성이 처해 있는 상황을 나타낸다. '죽을 자는 죽도록'은 심각한 질병에 걸린 자에게 목자의 간호와 돌

---

8. Baldwin, *Haggai, Zechariah, Malachi*, 181-83.

봄을 중단함으로 더 이상 살지 못하고 죽게 되는 것을 말한다. '망할 자는 망하도록'은 목자의 보호와 인도 아래 있으면 안전할 수 있는 약한 자들에게 목양을 중단함으로 위험한 상황에 놓여 죽게 되는 것을 말한다. '나머지는 서로 살을 먹도록'은 포로 후기 백성들의 바뀌지 않은 악한 본성을 나타낸다. 스가랴 7:10과 8:17에서 서로 해하기를 도모하지 말고 과부와 고아와 나그네와 궁핍한 자를 압제하지 말라고 하였음에도 불구하고 자신들의 욕심을 채우기 위해 끊임없이 싸우는 포로 후기 백성들의 무서운 탐욕을 나타내고 있다. 양떼가 양을 잡아먹는 것이 불가능한 일임에도 불구하고 양떼로 비유된 포로 후기 백성들은 서로의 살을 뜯어먹었다. 9절의 목자는 목초지가 없기 때문에 양떼들을 인도하지 않는 것이 아니라 목양에도 불구하고 전혀 변화되지 않고 악을 행하는 자들에 대한 목양 포기이다. 목자의 목양이 중단되자 양떼들은 그 자신들의 악한 본성 때문에 서로를 죽이고 그 살을 먹는 잔혹하고 공포스러운 생존 싸움을 하게 된다.[9]

목자는 목양을 포기하는 것으로 멈추지 않고 이어서 언약을 폐기해 버린다. 목자는 목양을 시작할 때 취했던 은총 막대기를 먼저 꺾어서 백성들과 세운 언약을 폐한다. 10절은 이 언약을 모든 백성들과 세운 언약이라고 한다. 복수 '백성들'은 스가랴 8:20-22에서 이방 민족들을 가리키기 위해 사용되었다. 11:10에서 백성들은 땅의 모든 민족들을 가리키지 않는다. 그 이유는 14절에서 볼 수 있는 것처럼 두 지팡이는 이스라엘과 유다를 염두에 두고 만든 것이며, 그렇기 때문에 언약도 이스라엘과 유다의 모든 지파와 맺은 언약인 시내산 언약으로 보는 것이 가장 적절하다. 이사야 49:8은 은총과 언약 지키는 것이 서로 관련 있음을 보여준다.

"여호와께서 이같이 이르시되 은혜의 때에 내가 네게 응답하였고 구원

---

9. McComiskey, "Zechariah," 1195.

의 날에 내가 너를 도왔도다 내가 장차 너를 보호하여 너를 백성의 언약
으로 삼으며 나라를 일으켜 그들에게 그 황무하였던 땅을 기업으로 상
속하게 하리라"

은총의 지팡이를 깨뜨리는 것은 바로 언약 파괴로 이어진다. 10절의 '나
의 언약'은 목양을 맡은 1인칭 '나'로 언급된 스가랴 11:4-14의 목자가 이스
라엘 12지파와 언약을 체결한 분이라는 사실을 말하며, 이것은 이 목자가 시
내산 언약의 당사자이면서 여호와 하나님과 구별된 존재로서 메시아라는 것
을 보여준다.

11절은 그 언약이 그 날, 즉 목자가 은총의 지팡이를 깨뜨린 날에 파괴되었
다고 한다. 포로 후기 백성들에게 가장 충격적인 사건이 하나님에 의한 언약
파괴이지만 이 사실을 인지한 사람은 소수에 지나지 않았다. 대부분의 사람들
은 인지하지 못하고 있을 때 '나', 즉 목자 되신 메시아를 바라보던 소수의 불
쌍한 양떼들이 언약 파괴가 하나님께서 하신 일이라는 것을 알았다. 개역개정
성경이 "말씀"으로 번역한 히브리어 *다바르*(רבד)는 일반적으로 '말씀'을 의
미하지만, 종종 '일' '사건'을 의미하기도 하며, 여기에서는 언약 파괴를 지칭
하는 것을 고려할 때 '일'로 번역하는 것이 더 적절하다.

12절에서 목자는 목자들로 표현된 지도자들에게 품삯을 요구한다. 목양을
포기하면서 목동들과 양떼들에게 자신의 호의로운 목양에 대한 그들의 인식
을 확인하려는 목적에서 삯을 요구하였다. '너희 눈에 좋거든'은 호의를 요구
하는 표현이며 '좋게 생각하면'의 의미를 가지고 있다. 3인칭 남성 복수 '그들'
은 모든 백성이나 가련한 양들을 지칭할 수도 있지만, 오히려 세 목자를 가리
킬 가능성이 더 높다. 목자의 품삯 요구에 은 30개를 주었다. 은 30개는 출애
굽기 21:32에서 소에게 받혀 죽은 종에 대한 몸 값과 일치한다. 하지만 이것은
스가랴보다 900년 전의 몸 값이다. 키첸(Kitchen)에 의하면 수메르 시대부터

페르시아 시대까지 노예 가격은 크게 변하였다.[10]

3rd Mil 후기	10-15세겔	수메르	
2nd Mil 초기	20세겔	함무라비	창 37:28
2nd Mil 중-후기	30세겔	누지	출 21:32
1st Mill	50세겔	아시리아	왕하 15:20
625 B.C.	50-60세겔	바벨로니아	
500 B.C.	90-120세겔	페르시아	

노예 가격과 목자의 품삯을 동일시하는 것은 문제가 있지만, 품삯으로 30세겔을 주었다는 것은 단순히 일당을 준 것이 아니라, 당대의 인력 시장 가격을 염두에 둔 계산으로 생각할 수 있다. 그런 점에서 메소포타미아의 노예 가격을 목자의 품삯과 비교해 보면, 목자의 품삯은 매우 과소 평가되었음을 알수 있고, 목자는 세 목자들에 의해 무시와 멸시를 당했음을 알 수 있다. 그렇기 때문에 13절에서 여호와 하나님은 목자에게 품삯을 토기장이에게 던져 넣으라고 한다. 은 30을 '내가 그들로부터 평가된 가격'은 높은 가격을 말하는 것이 아니라 평가 절하된 가치이다. 은 30을 토기장이에게 던지는 것은 다양한 문제를 야기시켰다. 우선 마태복음 27:5-10은 예수 그리스도의 몸값인 은삼십으로 토기장이의 밭을 산 것을 선지자 예레미야의 예언의 성취라고 한다(마 26:15).[11] 다양한 주장이 있지만, 가장 적절한 이해는 마태복음 27:5-10이 스가랴뿐만 아니라 예레미야 19장을 함께 인용하고 있으며, 둘 중에서 예레미야를 대표로 언급했을 것으로 보는 것이다.[12] 이 문제와 관련하여 또 다

---

10. K. A. Kitchen, *On the Reliability of the Old Testament* (Grand Rapids: Eerdmans, 2003), 344-45.
11. R. A. Rosenberg, "The Slain Messiah in the Old Testament," *ZAW* 99 (1987): 259-61.
12. Klein, *Zechariah*, 339-40.

른 문제는 은 30을 왜 토기장이에게 던지느냐는 것이다. 토기장이는 사회적으로 열등한 신분이었고, 은 30을 토기장이에게 던지는 것은 과소 평가되고 모멸적인 목자의 품삯에 대한 하나님의 냉소적 반응일 가능성이 있다. 더 중요한 것은 마태복음 27:5-10이 토기장이의 밭을 산 것을 예레미야의 예언으로 보았던 것처럼, 스가랴 11:13도 예레미야 19장과 신학적으로 연장선에서 이 행동을 했을 가능성이다. 예레미야 19장에서 예레미야는 토기를 사서 힌놈의 아들의 골짜기로 가서 예루살렘과 유다의 멸망을 예언하며(1, 3절), 백성들이 대적들의 칼에 죽게 되고(7절) 나머지 사람들은 가족과 친구의 살을 뜯어먹게 된다고 한다(9절). 이것은 스가랴 11:9과 16절과 흡사하며 둘의 연관성을 짐작하게 해 준다.

13절은 목자가 은 30을 토기장이에게 던졌다고 한다. 히브리어 성경이 '토기장이' 앞에 '여호와의 집'을 배열하고 있다. 이를 다수의 영어 성경은 토기장이가 여호와의 집에 있는 것처럼 해석하였다(KJV, NIV, NRS).

וָאַשְׁלִיךְ אֹתוֹ בֵּית יְהוָה אֶל־הַיּוֹצֵר׃

하지만 '여호와의 집'에는 아무런 전치사가 없기 때문에 토기장이가 여호와의 집에 있는 것으로 해석할 수도 있고 개역개정의 번역처럼 '여호와의 전에서'(from)로 해석할 수도 있다. 마태복음 27:5-9를 고려한다면 개역개정의 번역이 더 적절한 번역이다.

14절에서 목자는 품삯을 토기장이에게 던지자마자 곧바로 나머지 지팡이, 연합이라고 쓴 지팡이를 꺾어 버린다.[13] 지팡이를 꺾는 것은 유다와 이스라엘 형제의 의리를 끊는 것을 상징화하는 것이었다. 학자들은 14절에서 두 가

---

13. R. L. Foster, "Shepherds, Sticks, and Social Destabilization: A Fresh Look at Zechariah 11:4-17," *JBL* 126 (2007): 735-53.

지 이슈를 가지고 논쟁하고 있다. 유다와 이스라엘은 르호보암 이래로 서로 경쟁과 다툼의 관계였고 기원전 722년 이래로 이스라엘은 멸망하고 존재하지 않았다. 그런데 왜 유다와 이스라엘의 형제 의리를 말하는 것일까? 에스겔 37:15-28은 미래에 유다와 이스라엘의 통일과 평화를 예언하고 있는데, 스가랴는 왜 둘의 파국을 말하는 것일까? 이런 논쟁은 14절을 너무 역사적으로만 해석하려 하기 때문에 해결점을 찾지 못하고 있다.[14] 하지만 14절은 역사적인 측면을 고려하기에 앞서 11장 자체의 기록 목적 안에서 이해해야 한다. 즉 스가랴 11:5, 9, 16에서 볼 수 있듯이 11장의 주요 주제 중에 하나는 목자와 양떼 그리고 양떼들 사이의 비극적인 착취와 생존 싸움이다. 이런 점에서 볼 때 유다와 이스라엘 형제의 의리를 끊는다는 것은 포로 후기 백성들 상호간의 치열한 생존 다툼을 의미한다.

4. 어리석은 목자들에 대한 심판(11:15-17)

15 여호와께서 내게 이르시되 너는 또 어리석은 목자의 기구들을 빼앗을 지니라 **16** 보라 내가 한 목자를 이 땅에 일으키리니 그가 없어진 자를 마음에 두지 아니하며 흩어진 자를 찾지 아니하며 상한 자를 고치지 아니하며 강건한 자를 먹이지 아니하고 오히려 살진 자의 고기를 먹으며 또 그 굽을 찢으리라 **17** 화 있을진저 양떼를 버린 못된 목자여 칼이 그의 팔과 오른쪽 눈에 내리리니 그의 팔이 아주 마르고 그의 오른쪽 눈이 아주 멀어 버릴 것이라 하시니라

7-14절은 하나님이 세운 목자의 목양 포기와 언약 파기에 초점을 맞추고 있는데 반해 15-17절은 어리석은 목자의 거짓 목양과 그에 대한 심판을 기록

---

14. P. L. Redditt, "The Two Shepherds in Zechariah 11:4-17," *CBQ* 55 (1993): 676-87.

하고 있다. 대표적인 메시아 메시지인 스가랴 11장에서 마지막 메시지가 선한 목자가 아니라 악한 목자라는 것은 매우 인상적이다. 4-14절에서 하나님께서 보낸 선한 목자를 거부한 양떼들에게 가장 잘 어울리는 것은 악한 목자다.

1) 어리석은 목자의 기구를 제거(15절)

하나님은 스가랴에게 어리석은 목자의 기구를 빼앗는 상징적인 행동을 하게 한다. "어리석은"의 히브리어 *에빌리*(אֱוִלִי)는 잠언에서 많이 사용되는 표현이며, 잠언 1:7에서 "여호와를 경외하는 것이 지식의 근본이거늘 미련한 자는 지혜와 훈계를 멸시하느니라"에서 미련한 자가 *에빌리*이다. 어리석은 목자는 여호와를 경외하지 않고 양떼들에게 무관심하며 돌보지 않고 멸시하는 자들이다. 이에 반해 선한 목자는 여호와의 규례를 준수하고 그의 율례를 지켜 행하는 자이다(겔 37:24). 목자의 기구는 사무엘상 17:40의 다윗의 경우에서 볼 수 있듯이 막대기, 목자의 제구, 돌, 물매와 같은 것들이다. 이에 더해 목자들은 장막을 소유하였고(렘 6:3; 아 1:8), 양떼를 불러 모으기 위해 피리를 사용하였다(삿 5:16).

2) 양떼를 방치할 목자를 세움(16절)

16절에서 어리석은 목자로부터 빼앗은 기구들을 가지고 스가랴는 더 악한 목자의 역할을 하며, 하나님은 이런 악한 목자를 이 땅에 일으킬 것이라고 한다. 이 목자는 양떼들에게 극단적으로 무관심한 태도를 보인다. 그래서 이 목자는 없어진 양에게 무관심하고 길을 잃고 양떼로부터 벗어나 흩어진 양을 찾지 않고, 병든 양을 고치지 않고 건강한 양들을 먹이지 않고 살진 양의 고기를 먹고 굽을 찢는다고 한다. 이 같은 목자의 태도는 이스라엘의 지도자들의 행태에 대한 거울 역할을 하며, 에스겔 34:1-8에 있는 이스라엘의 목자들의 행태와 동일하다. 특히 34:4은 이스라엘의 목자들이 연약한 자를 강하게 하지 않고 병든 자를 고치지 않고, 상한 자를 싸매 주지 않고, 쫓기는 자를 돌아오게 하지 않고 잃어버린 자를 찾지 않고 포악으로 다스렸다고 한다.[15] 주석가들은 이 악한 목자의 정체를 역사적인 인물들 가운데서 찾으려고 시도하곤 하였지만, 스가랴는 특정인을 지목할 만한 구체적인 특징을 제시하지 않고 있다. 그렇기 때문에 이 악한 목자는 11:8과 10:2-3처럼 일반적인 포로 후기 백성의 사악한 지도자들에 대한 포괄적인 언급으로 여기는 것이 적절하다.[16]

3) 못된 목자들에 대한 심판(17절)

17절은 이들 악한 목자들에 대한 심판을 선언하고 있다. 목자들이 심판을 받는 이유는 그들이 양떼를 버렸기 때문이다. 17절은 목자들을 쓸모 없는(에릴 אֱלִיל) 목자라고 부르면서 이들의 심판은 그들이 목양하는 데 사용되는 그들의 신체 기관에 집중시킨다. 칼이 목자의 팔과 오른 쪽 눈에 내려서 팔은 말라 버리고 눈은 멀게 된다. 팔은 상처 나고 병든 양을 돌보는 데 필요한 신체 기관이고, 눈은 양떼들이 들짐승들로부터 지키고 곁길로 빠지지 않도록 살펴보는 데 필요한 신체 기관이다. 이 신체 기관에 대한 징벌을 강조하기 위해 부정사 절대형 야보쉬(יָבוֹשׁ)와 카호(כָּהֹה)를 본동사 티바쉬(תִּיבָשׁ '마르게 하다')와 티크헤(תִכְהֶה '어둡게 하다,' '눈 멀게 하다') 앞에 각각 첨가하였다. 목자들을 죽이지 않고 양 팔을 말리고 오른쪽 눈을 멀게 한 이유는 목양적 차원에서 징벌하기 때문이다. 지금까지는 도의적인 측면에서 양떼에게 아무 필요 없고 쓸모 없는 목자였지만, 이 징벌을 통해 그들의 육체도 목양을 위해서 아무런 쓸모 없는 존재가 된다는 것을 보여주기 위해서이다. 이를 통해 17절은 포로 후기 이스라엘 백성에게 그들의 지도자를 통한 희망을 철저하게 허물어 버리고 있다.[17]

---

15. Ollenburger, "The Book of Zechariah," 822.
16. B. R. Gregory, *Longing for God in an Age of Discouragement* (Phillipsburg: P&R, 2010), 182.
17. Redditt, *Haggai, Zechariah, Malachi*, 127-28.

교훈과 적용

1. 스가랴 11:1-6에서 하나님은 마치 백향목이 넘어지고 무성한 숲이 엎드러지듯이 양 떼들을 위한 초장을 멸망에 이르게 하는 때가 온다고 한다. 뿐만 아니라 양떼들도 몰 살당하는 상태에 이르게 한다고 한다. 이런 양떼들에 대해 아무도 불쌍히 여기지 않 고 당연한 듯이 양떼를 사고 팔며 죽게 만들 때에 하나님은 "잡혀 죽을 양떼를 먹이 라"고 한다. 이것은 하나님은 양떼들뿐만 아니라 목자에게 목양을 위한 마지막 기회 를 주신다는 의미이다. 한국 교회의 위기를 알리는 불안한 경고음들이 많이 들려오 고 있다. 이런 경고음이 아니라 하더라도, 나는 지금 내가 섬기는 교회가 나에게 주 어진 마지막 섬김의 기회라고 생각해 보는 것은 어떨까?

2. 스가랴 11:7-14에서 마지막 목양을 하던 목자가 양떼들을 먹이는 것을 포기하는 일 이 일어나게 된다. 결국 메시아인 목자는 이스라엘을 위한 은총과 연합이라는 막대 기를 꺾고 언약을 폐기한다. 어리석은 백성들이 메시아를 은 삼십에 팔아 넘겼기 때 문이다. 이렇게 된 근본적인 이유는 그들이 하나님이 싫어할 수밖에 없는 짓만 하였 고 또 마음으로 하나님과 메시아를 미워하였기 때문이다. 메시아 예수님을 십자가 에 못 박을 때에 제사장을 비롯한 이스라엘의 지도자들과 백성들이 했던 행위에 대 한 예고의 말씀이 먼 옛날에 유다 땅에 일어난 과거사이기만 할까? 몸은 교회당 안 에 들어와 있지만 마음은 가룟 유다처럼 물욕과 정욕에 이끌려 하나님으로부터 멀 리 떠나 있지 않는가?

3. 스가랴 11:16-17에서는 하나님께서 한 악한 목자를 일으킬 것이라고 한다. 이 악한 목 자는 길은 양떼를 찾지 않고 상한 자를 고치지 않고 오히려 살진 양을 잡아먹을 것 이라고 한다. 이런 악한 목자를 일으키는 이유는 양떼를 버린 못된 삯꾼 목자 때문이 다. 삯꾼 목자에게 하나님께서 재앙을 내리신다는 것도 두려운 일이지만, 하나님 앞 에서 교회를 섬기도록 부름 받은 자로서 나는 삯꾼 목자 상을 가지고 있는지 참 목자 상을 가지고 있는지 항상 고민해야 하지 않을까? 선한 목자이신 그리스도를 본받아 악한 목자인 이단들에게 빠져 고통을 당하고 있는 나의 옛 양을 찾아내어 진리의 말 씀으로 먹이는 참 목자가 되려고 노력하는 것도 꼭 필요하다.

제12장 열방에 대한 심판과 메시아의 죽음 (12:1-13:1)

스가랴 12장은 스가랴서의 셋째 문단인 9-14장의 둘째 부분 시작에 해당된다. 12-14장은 종말에 일어날 일들에 대해 포커스를 맞추며, 이를 강조하기 위해 '그 날에'를 17번 사용하고 있으며, 12장에서만 7번 사용하였다. 그 종말의 시기에 12장은 이스라엘과 이방 민족 사이에 큰 전쟁이 있을 것을 말하며, 또한 모든 백성들이 메시아를 죽인 것 때문에 각각 따로 통곡하는 일이 일어날 것이라고 한다. 12장의 메시지는 13:1에서 끝난다. 13:1은 통곡하며 회개하는 다윗 족속과 예루살렘 주민을 위해 죄와 더러움을 씻는 샘이 열릴 것이라고 한다.

본문 개요

12장은 두 부분으로 나눌 수 있다. 1-9절은 예루살렘을 공격하기 위해 모여드는 이방 민족들을 하나님이 진멸하고 다윗과 예루살렘과 유다를 영화롭게 할 것이라고 한다. 1절에서 하나님은 천지를 만드시고 심령을 만드신 분으로 소개한 후 2-4절에서 하나님은 예루살렘을 모든 민족에게 취하게 하는 잔과 무거운 돌이 되게 할 것이라고 하고, 이로 인해 모든 자가 크게 상하게 되고,

모든 말과 탄 자를 칠 것이라고 한다. 반면에 5-6절에서 하나님은 예루살렘 주민에게 힘을 주고 유다 지도자들은 모든 민족들을 불 사르듯이 물리치고 다시 예루살렘에 살게 되리라고 한다. 7-9절에서 하나님은 유다와 다윗과 예루살렘 주민을 영화롭게 하며 이방 민족을 멸한다. 이 모든 일들이 일어나는 때는 바로 그 날이다. 1절과 유사하게 10절은 하나님이 예루살렘 사람들에게 은총과 간구하는 심령을 부어 준다고 한 후, 10-14절은 예루살렘에 있을 통곡에 대해 기록하고 있다. 이들이 통곡하는 이유는 그들이 찌른 사람 때문이며, 그들은 독자와 장자를 잃은 것처럼 통곡한다. 특이하게도 이들은 각 족속과 남녀가 서로 위로하지 않고 모두 제각기 따로 애통한다. 모든 사람들의 회개는 메시아로 상징된 샘을 통해 그들의 죄와 더러움을 씻게 된다(13:1).

내용 분해

1. 이스라엘과 이방 민족의 대 전쟁과 하나님의 구원(12:1-9)
  1) 천지와 사람의 심령을 지은 하나님(1절)
  2) 예루살렘을 모든 민족 심판의 도구로 만듦(2-6절)
  3) 유다와 다윗과 예루살렘을 구원하고 영화롭게 함(7-9절)
2. 메시아의 죽음으로 인한 대 통곡과 죄 씻음(12:10-13:1)
  1) 은총과 간구하는 심령을 줌(10a절)
  2) 메시아의 죽음과 이스라엘의 통곡(10b-11절)
  3) 애통의 전체성과 개별성 그리고 세대별 연속성(12-14절)
  4) 죄와 더러움을 씻는 샘(13:1절)

본문 주해

1. 이스라엘과 이방 민족의 대 전쟁과 하나님의 구원(12:1-9)

1 이스라엘에 관한 여호와의 경고의 말씀이라 여호와 곧 하늘을 펴시며 터를 세우시며 사람 안에 심령을 지으신 이가 이르시되 **2** 보라 내가 예루살렘으로 그 사면 모든 민족에게 취하게 하는 잔이 되게 할 것이라 예루살렘이 에워싸일 때에 유다에까지 이르리라 **3** 그 날에는 내가 예루살렘을 모든 민족에게 무거운 돌이 되게 하리니 그것을 드는 모든 자는 크게 상할 것이라 천하 만국이 그것을 치려고 모이리라 **4** 여호와가 말하노라 그 날에 내가 모든 말을 쳐서 놀라게 하며 그 탄 자를 쳐서 미치게 하되 유다 족속은 내가 돌보고 모든 민족의 말을 쳐서 눈이 멀게 하리니 **5** 유다의 우두머리들이 마음 속에 이르기를 예루살렘 주민이 그들의 하나님 만군의 여호와로 말미암아 힘을 얻었다 할지라 **6** 그 날에 내가 유다 지도자들을 나무 가운데에 화로 같게 하며 곡식단 사이에 횃불 같게 하리니 그들이 그 좌우에 에워싼 모든 민족들을 불사를 것이요 예루살렘 사람들은 다시 그 본 곳 예루살렘에 살게 되리라 **7** 여호와가 먼저 유다 장막을 구원하리니 이는 다윗의 집의 영광과 예루살렘 주민의 영광이 유다보다 더하지 못하게 하려 함이니라 **8** 그 날에 여호와가 예루살렘 주민을 보호하리니 그 중에 약한 자가 그 날에는 다윗 같겠고 다윗의 족속은 하나님 같고 무리 앞에 있는 여호와의 사자 같을 것이라 **9** 예루살렘을 치러 오는 이방 나라들을 그 날에 내가 멸하기를 힘쓰리라

1-9절은 종말에 일어날 이스라엘과 이방 민족 사이에 일어날 대 전쟁을 기록하고 있다. 1절은 먼저 하나님을 천지와 사람의 심령을 지은 분으로 소개하며, 2-4절은 예루살렘을 모든 민족에게 취하게 하는 잔과 무거운 돌이 되게 하

여 모든 자를 크게 상하게 한다. 하나님은 이스라엘에게 이방을 이길 힘을 주며 그들을 구원하고 영화롭게 한다(6-9절).

1) 천지와 사람의 심령을 지은 하나님(1절)

1절은 하나님을 하늘과 땅을 짓고 사람의 심령을 지은 분으로 소개한다. 이 소개에 앞서 1절은 12장 이하의 메시지에 대한 표제로 *맛사 데바르-여호와 알 이스라엘*(מַשָּׂא דְבַר־יְהוָה עַל־יִשְׂרָאֵל)이라고 한다. *맛사 데바르-여호와*는 9:1과 말라기 1:1에서도 사용되었다. *맛사*는 경고로 주로 번역되지만, 이 표현으로 시작된 예언의 내용이 모두 재앙과 심판의 경고만 담고 있는 것은 아니고 구원과 위로의 표현도 담고 있다. 이스라엘이란 표현은 스가랴 12장의 내용이 유다와 예루살렘에 대한 메시지로만 되어 있기 때문에 의외로 여길 수 있다. 하지만 이스라엘은 포로 후기 백성 모두를 가리키는 표현으로 사용되었다. 이스라엘이 유다와 함께 사용되면, 이스라엘은 북쪽 이스라엘 민족을 가리키지만, 이스라엘이 단독으로 사용되면 구약의 하나님의 백성 모두를 가리킨다. 말라기 1:1도 포로 후기 백성을 이스라엘이라고 호칭하면서 경고의 메시지를 기록하고 있다. 스가랴 12:1은 *맛사*를 강조하기 위해 선지자의 인용 표현인 *네움 여호와*(נְאֻם־יְהוָה)를 덧붙이고 있으며, 이처럼 *맛사*에 *네움 여호와*를 붙여 강조하는 것은 12:1이 유일하다. 이것은 12:1 이하의 메시지가 매우 중요하다는 것을 보여준다.

1절은 하나님을 창조주 하나님으로 소개하며 시작한다. 하나님을 창조주로 소개한 것은 이어지는 메시지들이 지역적이고 지엽적인 사건들에 대한 것이 아니고 우주적이고 종말론적인 대 사건에 관한 내용이라는 것을 암시한다.[1] 1절의 하나님 소개에서 독특한 점은 하나님을 창조주로 소개하면서 인간

---

1. Baldwin, *Haggai, Zechariah, Malachi*, 187-88; C. Mitchell, "A Note on the Creation Formula in Zechariah 12:1-8; Isaiah 42:5-6; and Old Persian Inscriptions," *JBL* 133 (2014): 305-308.

의 영혼(*루아흐-아담* רוּחַ-אָדָם)을 그 가운데 만드신 분으로 묘사하고 있는 것이다. 이것은 창세기 2:7을 염두에 둔 표현이다.[2] 하지만 영혼은 스가랴 12:10에서 하나님이 은총과 간구하는 영혼/심령을 부어 준다는 말과 함께 새로운 주제를 시작하는 것을 감안하면 12:1과 10절의 영혼은 12장 해석에 중요한 역할을 한다.

2) 예루살렘을 모든 민족 심판의 도구로 만듦(2-6절)

하나님은 예루살렘을 주변 민족들에게 취하게 하는 잔이 되게 할 것이라고 한다. 이 예루살렘은 아주 독특한 특징을 가지고 있다. 예루살렘은 4절에서 볼 수 있는 것처럼 유다 족속들의 적대 대상이 되고 있고 11절에서는 메시아를 위해 애통하는 현상을 보이고 있다. 이 예루살렘은 취하는 잔의 역할을 하며, 구약 성경에서 잔은 축복의 잔과 구원의 잔이라는 표현처럼 다양한 상징으로 사용되지만, 12:2에서는 심판의 상징으로 사용되었다(사 51:17-22; 렘 25:17).[3] 취하게 하는 잔은 이방 민족을 유혹하는 역할도 하겠지만 이보다는 이방 민족들이 술 취한 사람처럼 사리분별을 하지 못하고 전투를 정상적으로 하지 못하게 만드는 것을 의미한다. 스가랴는 이방 민족들이 왜 예루살렘만 공격하는지에 대해서는 설명하지 않는다. 독특한 것은 이 전쟁에서 유다도 이방 민족들과 함께 예루살렘을 포위 공격하는 자리에 있고, 유다에게도 취하게 하는 잔이 있을 것이라고 한다. 유다가 무슨 이유로 예루살렘을 포위 공격하는 자리에 있게 되었는지 2절이 명확하게 밝히지 않고 있지만, 다른 민족들처럼 하나님께 대한 적대감 때문일 것이다. 이에 더해서 7절을 참고로 하면 이들과 다윗의 집 그리고 예루살렘 주민 사이의 차별이 문제가 된 것으로 판단된다.

3절에서 하나님은 2절에서 취하게 하는 잔이 되게 할 것이라고 한 것과 유

---

2. Redditt, *Haggai Zechariah Malachi*, 128.

3. Baldwin, *Haggai, Zechariah, Malachi*, 188; Ollenburger, "The Book of Zechariah," 826.

사하게 예루살렘을 이방 민족들에게 무거운 돌이 되게 하겠다고 한다. 2절과 3절의 차이점은 3절은 이 일이 종말에 일어난다는 것을 보여주기 위해 '그 날에'(*바욤-하-후* בַּיּוֹם־הַהוּא)를 덧붙였다. 또한 3절에는 2절의 '모든 민족'(*콜-하암밈* הָעַמִּים)들 다음에 있는 '사면'(*사빕* סָבִיב)이 없고, 대신에 3절 마지막에 개역개정의 "천하 만국이" 아니라 '땅의 모든 민족들'(*콜 고에이 하아레츠* כֹל גּוֹיֵי הָאָרֶץ)을 덧붙였다. 이것은 2절 사건이 3절 사건과 별개라는 것을 보여주는 것이 아니라, 2절 내용을 3절에서 더 명확하게 하는 것이다. '땅의 모든 민족'을 덧붙여 예루살렘을 둘러싼 전쟁을 예루살렘 주변 민족들과의 지엽적인 충돌이 아니라 전 지구적 사건이라는 것을 보여준다. 무거운 돌에 손을 대지 않을 때는 아무런 문제가 생기지 않지만, 이것을 들려고 시도하는 모든 민족들에게는 그들을 심각하게 다치게 만든다. 그럼에도 불구하고 땅의 모든 민족들이 무거운 돌과 같은 예루살렘을 들기 위해 그곳에 모여 든다고 한다. 구체적으로 무엇 때문인지 스가랴는 밝히지 않고 있지만, 예루살렘이 이방 민족들에게 짓밟히도록 내어 놓는 것은 예루살렘에 대한 하나님의 심판이다(눅 21:24; 계 11:2). 반면에 이방 민족들이 예루살렘에 모여 공격하는 것은 하나님께 대한 저항이며, 이 저항심 때문에 예루살렘을 공격하고 있다.

4절은 예루살렘을 공격하러 모인 민족들을 하나님이 직접 전쟁에 참여하여 물리친다고 한다. 2-3절에서는 예루살렘을 취하게 하는 잔과 무거운 돌이 되게 하여 이방 민족들에게 재앙을 가져다주게 한다고 하였는데, 4절에서는 하나님이 직접 모든 말과 그 탄 자를 쳐서 놀라고 미치게 만들며 눈이 멀게 한다고 한다. 말과 그 탄 자를 멸하는 것은 이스라엘 역사에서 이미 전례가 있는 사건이며, 출애굽 때에 하나님께서 이스라엘을 추격하던 이집트 왕 바로와 그의 군대를 궤멸시킬 때 있었던 사건이다. 출애굽기 15:1에서 모세가 홍해 사건을 기념하는 찬송을 지어 하나님께 부른 첫 노래가 "그는 높고 영화로우심이요 말과 그 탄 자를 바다에 던지셨음이로다"이다.[4] 출애굽기 15:5은 하나님이 이들을 바다에 던지자 돌처럼 깊음 속에 가라 앉았다고 한다. 유사하게 스가 랴 12:4에서 하나님은 말과 그 탄 자를 눈멀게 하고 미치게 하며, 3절에서는 이 전쟁에 참여한 민족들을 예루살렘이라는 무거운 돌을 짊어진다고 한다. 하지만 스가랴 12:4은 말과 그 탄 자를 궤멸하는 것을 과거의 사건이 아니라 그 날에 일어날 종말론적 사건이라고 한다. 스가랴 12:1-4의 예루살렘을 위한 하나님의 전쟁은 9:8과 동일한 주제이다. 스가랴 9:8에 의하면 하나님은 친히 예루살렘 성전을 둘러 진을 치고 적군을 막아 왕래하지 못하게 할 것이라고 하였고, 친히 눈으로 지켜볼 것이라고 하였다. 12:4에서도 하나님은 예루살렘을 공격하는 민족들과 친히 싸우면서, 말을 놀라게 하고 말 탄 자를 쳐서 미치게 한다. 고대 근동 지역에서 최고의 무기였던 말과 전차를 하나님은 공포와 두려움을 통한 심리적 공격을 통해 무력화시켜 버린다. 스가랴 12:1에서 하나님은 사람 안에 심령을 지은 분이라고 하였는데, 그 하나님이 예루살렘을 공격하러 온 이방 민족들의 심령을 쳐서 미치게 만들어 버린다. 이 전쟁에서 예루살렘 주민들은 자신의 힘으로는 포위 공격하는 모든 이방 민족들을 도저히 감당할 수 없지만, 하나님이 그들의 힘이 되어 주시기 때문에 강력한 힘을 발휘한다.

스가랴 9:8에서 하나님이 예루살렘을 눈으로 지켜본다고 했는데, 유사하게 12:4에서는 예루살렘이 아니라 유다를 지켜본다고 한다. 4절에서 하나님은 대적들의 말과 그 탄 자를 놀라게 하고 미치게 만들면서 유다를 친히 눈으로 지켜보며 보호한다. 5절에서 유다의 지도자들은 하나님의 손길을 깨닫게 되고, 마음 속으로 예루살렘 주민들은 그들의 하나님 만군의 여호와 때문에 강하다고 말한다. 이것을 가장 먼저 인지한 것은 유다 지파 사람들이며, 그들이 마음 속으로 말했다는 것은 단순히 무언의 인정을 말하는 것이 아니라, 그들의 마음이 여호와와 예루살렘에게 진심으로 돌아섰다는 것을 의미한다. 이

---

4. Petersen, *Zechariah 9-14 and Malachi*, 114; Klein, *Zechariah*, 355.

것은 4절에서 하나님이 이방 민족들을 쳐서 미치게 한 것과 전적으로 다른 모
습이다. 유다 사람들의 심령의 변화가 일어난 이유는 7절에서 하나님이 유다
를 먼저 구원하는 것에서 볼 수 있듯이 1절의 "사람 안에 심령을 지으신" 하나
님이 7절에서 유다 사람들의 심령을 변화시켰기 때문이다.

6절은 이렇게 마음의 변화를 일으킨 유다의 지도자들을 예루살렘을 공격
하는 민족들을 심판하는 도구로 사용한다. 유다 사람들 전체를 언급하지 않고
유다의 지도자들과 우두머리들을 반복해서 언급하는 이유는 스가랴 11장의
포로 후기 백성들의 지도자들과 대비시키려는 목적 때문이다. 11장에서만 해
도 목자로 상징된 유다의 지도자들은 양떼들을 착취하고 잡아먹는 백성들의
도살자에 지나지 않았다. 하지만 12:6에 의하면 그 날에 즉 종말의 시기가 이
르면 하나님은 유다의 지도자들을 화로와 횃불처럼 만들어 나무와 곡식단을
태우는 것처럼 좌우의 모든 민족들을 불사르고 백성들을 위한 하나님의 도구
가 된다. 좌우는 단순히 좌측과 우측만을 말하는 것이 아니라 남북이나 동서
와 같은 표현처럼 전체를 나타내는 표현으로 모든 민족을 강조하기 위해 사용
되었다.[5] 개역개정 성경이 화로로 번역한 히브리어는 *키오르 에쉬*(אֵשׁ כִּיּוֹר)이
며 *키오르*는 사무엘상 2:14과 스가랴 12:6을 제외하고 구약 성경 모두에서 성
막과 성전 앞에 있는 물두멍의 '두멍'으로 번역되었다. 그렇기 때문에 스가랴
12:6의 *키오르*는 화로보다는 더 큰 규모이다. 우리말에서 '두멍'은 "물을 길어
담아 놓고 쓰는 큰 가마나 독"을 일컫는 말이며, 12:6의 *키오르*를 가지고 나무
숲을 불 태우려면 이 정도 규모의 화로여야 할 것이다. 6절에서 하나님은 유
다를 나무 숲보다 상대적으로 불태우기 쉬운 곡식 단을 불태우는 용도로 적합
한 횃불 같게 만들겠다고 한다. 삼손이 블레셋의 들판을 불태우기 위해 사용
한 횃불처럼 유다 지도자들의 횃불은 볏짚 같은 이방 민족들을 모조리 불태우
기에 부족함이 없을 것이다(삿 15:4-5). 유다 지도자들의 강렬한 전투는 위기

---

5. Klein, *Zechariah*, 357.

에 처한 예루살렘의 회복에 중요한 역할을 하게 되며, 예루살렘 사람들이 다시 예루살렘에 돌아와 살게 만든다.

3) 유다와 다윗과 예루살렘을 구원하고 영화롭게 함(7-9절)

7-9절에서 하나님은 유다와 다윗과 예루살렘을 구원하고 이들을 영화롭게할 것이라고 한다. 하지만 7-9절의 메시지에는 이해하기 쉽지 않은 내용을 담고 있다. 7절은 하나님께서 유다를 먼저 구원하며, 그 이유가 다윗의 집과 예루살렘 주민들의 영광이 유다 보다 더 크지 않게 하기 위해서라고 한다. 이 메시지의 배경에는 11장이 있는 것으로 판단된다. 목자로 상징된 유다의 지도자들이 12:1-9에서 예루살렘과 다윗의 집 사람들에 포함되고, 이들과 일반 백성 신분인 유다 사람들과의 갈등이 유다의 예루살렘 포위 공격 가담으로 이끈 것으로 여겨진다. 7절의 유다 사람들을 유다의 장막이라고 한 것은 유다 사람들의 상태를 반영한다. 가나안 정착 이후로 장막은 주로 양치는 목동과 이동하며 살아야 되는 사람들의 주거 양식이었고, 그렇지 않은 일반적인 사람들은 성 안에 있는 영구 주택에서 생활하였다. 그렇기 때문에 유다의 장막이라는 표현은 유다 사람들이 다윗의 집과 예루살렘 주민으로 표현된 지도자들의 억압으로 인해 생겨난 상황을 반영한다고 볼 수 있다. 7절에서 하나님은 이런 문제를 해결하기 위해 유다를 먼저 구원하고, 이를 통해 종말론적 하나님의 나라에서는 다윗 집안 사람과 예루살렘 주민들이나 유다 사람이나 모두 하나님 앞에서 평등하다는 것을 보여준다.[6] 6절에서 이미 유다를 통해 예루살렘이 회복되고 주민들이 돌아와서 살 수 있었기 때문에 다윗의 집과 예루살렘 주민은 더 이상 유다에 대해 우월성을 말할 수 없는 입장이 되었다.

8절에서 하나님은 예루살렘과 다윗 집에 대한 은총을 계속해서 말한다. 하나님은 예루살렘 거민을 보호하고 그 중에서 약한 자도 다윗 같은 용사가 되

---

6. Klein, *Zechariah*, 358-59.

게 하겠다고 한다. '보호하다'의 히브리어는 동사 *가난*(גָּנַן)이며, 이 말은 4절에서 유다 족속을 눈으로 지켜 보는 것과 유사하게 예루살렘 사람들을 방패처럼 방어해 준다는 말이다. 동사 *가난*은 구약 성경에서 모두 8번 사용되었으며, 모두 예루살렘 성을 하나님께서 지켜 보호해 준다는 말로 사용되었다. 예를 들면 동사 *가난*은 하나님이 이사야를 통해 히스기야에게 예루살렘 성을 아시리아로부터 보호해 줄 것이라고 하면서 사용하였다(왕하 19:34; 20:6; 사 31:5; 37:35). 이 단어는 스가랴 9:15에서도 사용되었다. 9:13-14에서 하나님은 시온을 용사의 칼과 같이 만들어 헬라 자식들을 치게 하고, 또한 하나님이 친히 나타나 화살을 쏘고 나팔을 불며 전쟁을 치른다고 한다. 그리고 이어서 하나님은 시온의 자녀들을 호위하실 것이라고 한다. 여기에서 개역개정은 동사 *가난*을 "호위하다"로 번역하였다. 9:13-15과 마찬가지로 12:8에서 하나님은 예루살렘을 보호한다고 하며, 이어서 12:8은 9:13에서 시온을 용사의 칼과 같이 만든다고 한 것처럼 예루살렘 주민들을 다윗 같게 만들겠다고 한다. 예루살렘 주민 모두가 아니라 약한 자들을 언급한 것은 예루살렘의 보통 사람들은 두말할 것도 없고 그들 가운데 가장 약한 자들도 다윗 같게 만든다는 것이다. '약한 자'의 히브리어는 동사 *카살*(כָּשַׁל)의 니팔(Niphal) 분사형(נִכְשָׁל)이며, 이들은 사회적 경제적 약자라기보다는 오히려 마음이 연약한 자들이다. 12:1에서 사람 속에 심령을 만드신 하나님은 예루살렘의 심령이 연약한 자들도 다윗과 같은 용맹한 용사로 만든다고 한다. 8절은 아래의 밑줄에서 볼 수 있는 것처럼 이를 강조하기 위해 "그들 가운데 약한 자를 다윗 같게 하겠다"는 말에서 '그들 중에 연약한 자'와 '다윗처럼' 사이에 '그 날에'를 배치하여 이 일들을 종말의 시기에 하나님이 반드시 이루실 것이라는 사실을 매우 강하게 강조하고 있다.[7]

---

7. O'Brien, *Nahum Habakkuk Zephaniah Haggai Zechariah Malachi*, 259-60.

וְהָיָ֣ה הַנִּכְשָׁ֣ל בָּהֶ֗ם בַּיּ֤וֹם הַהוּא֙ כְּדָוִ֔יד וּבֵ֤ית דָּוִיד֙ כֵּֽאלֹהִ֔ים כְּמַלְאַ֥ךְ יְהוָ֖ה לִפְנֵיהֶֽם׃

8절은 마지막으로 다윗의 집을 여호와의 사자 같게 할 것이라고 한다. 이것은 단순히 다윗의 집으로 표현된 유다와 예루살렘 지도자들을 지도자다운 역할을 하게 한다는 말이다. '여호와의 사자처럼'은 구약 성경에서 8절에서만 사용되었다. 하지만 유사한 표현인 '하나님의 사자처럼'은 구약 성경에서 8절을 제외하고 모두 3번 더 사용되었으며, 이들은 한결같이 다윗과 관련하여 사용되었다. 사무엘상 29:9에서는 가드 왕 아기스가 다윗을 '하나님의 사자처럼'이라고 하였고, 사무엘하 14:17에서는 요압의 책략에 따라 드고아의 여인이 다윗에게 압살롬에 대해 말하면서 그를 '하나님의 사자 같이 선과 악을 구별하신다'고 하였다. 그리고 사무엘하 19:27에서 사울의 손자 므비보셋이 다윗에게 '하나님의 사자와 같은'이라고 하였다. 다윗의 집을 '하나님 같고 여호와의 사자 같게 하겠다'는 말은 모세와 아론을 바로에게 보내어 이스라엘 백성들을 이집트의 노예 생활로부터 구원한 사건을 연상시키는 말이다. 그때에 하나님은 모세를 하나님처럼 만든다고 했고, 아론을 선지자처럼 만들겠다고 하였다(출 7:1). 출애굽에서 여호와의 사자는 이스라엘 백성들을 가나안으로 인도하기 위해 구름과 불 기둥으로 나타났었고(출 14:19), 그들보다 앞서 가나안 땅으로 인도하였다고 한다(출 23:20, 23; 32:34).[8]

9절에서 하나님은 마지막 결론적인 메시지로 '그 날에'로 표현된 종말의 시기에 예루살렘에 모여든 모든 이방 민족들을 멸하기 위해 힘쓸 것이라고 한다. 이 이방 민족들은 3절에서 말하는 것처럼 예루살렘을 공격하기 위해 모여든 민족들이다.

---

8. Duguid, *Haggai Zechariah and Malachi*, 171-72; Klein, *Zechariah*, 360-61.

2. 메시아의 죽음으로 인한 대 통곡(12:10-13:1)

10 내가 다윗의 집과 예루살렘 주민에게 은총과 간구하는 심령을 부어 주
리니 그들이 그 찌른 바 그를 바라보고 그를 위하여 애통하기를 독자를 위
하여 애통하듯 하며 그를 위하여 통곡하기를 장자를 위하여 통곡하듯 하
리로다 **11** 그 날에 예루살렘에 큰 애통이 있으리니 므깃도 골짜기 하다드
림몬에 있던 애통과 같을 것이라 **12** 온 땅 각 족속이 따로 애통하되 다윗의
족속이 따로 하고 그들의 아내들이 따로 하며 나단의 족속이 따로 하고 그
들의 아내들이 따로 하며 **13** 레위 족속이 따로 하고 그들의 아내들이 따로
하며 시므이 족속이 따로 하고 그들의 아내들이 따로 하며 **14** 모든 남은 족
속도 각기 따로 하고 그들의 아내들이 따로 하리라

스가랴 12:1에서 하나님을 인간 속에 영혼을 만든 분으로 소개하였는데 10
절은 그 하나님이 다윗의 집과 예루살렘 주민에게 은총과 간구하는 영혼을 부
어 준다고 한다. 이런 심령을 가진 예루살렘 주민들은 자신들이 죽인 메시아
때문에 통곡하며, 모든 족속과 가족들이 각각 따로 통곡한다.

1) 은총과 간구하는 심령을 줌(10a절)

10절 전반부에서 하나님은 다윗의 집과 예루살렘 주민에게 은총과 간구하
는 심령을 부어 준다고 한다. 스가랴 12:1에서 하나님은 사람의 속에 심령을
만드신 분으로 소개하였고, 이어서 이방 민족의 마음을 미친 상태로 만들기
도 하고, 유다의 마음을 돌이키며, 예루살렘 주민의 약한 자를 다윗처럼 만들
기도 하였다. 그런데 10절에서 하나님은 은총과 간구하는 심령을 다윗의 집
과 예루살렘 주민에게 부어 준다고 한다.[9] 10절 후반부 이하에 기록된 모든

---

9. Baldwin, *Haggai Zechariah Malachi*, 190.

사람들의 통곡하는 모습을 고려하면, 은총과 간구하는 심령은 통곡하는 사람들 자신들을 위하여 하나님께 은총을 간구하는 갈급한 심령으로 바뀌는 것을 의미한다.

2) 메시아의 죽음과 이스라엘의 통곡(10b-11절)

하나님께서 은총과 간구하는 심령을 부어 준 결과로 다윗의 집과 예루살렘 주민들은 그들이 찌른 자를 바라보며 통곡하게 된다. 그들이 찌른 자는 복수의 사람이 아니라 한 사람이며, 그들이 찔렀다는 것은 그 사람을 죽였다는 말이다. '찌르다'의 히브리어 동사 *다카르*(דָּקַר)는 창과 칼로 찌르다는 의미로도 사용되지만, 찌른 결과로 피살되거나 죽은 것을 의미하기도 하며, 10절에서 '그들이 찔렀다'는 것은 죽였다는 말이다. 다윗의 집과 예루살렘 주민이 죽인 자는 메시아이다.[10] 비록 10-14절에서는 이들이 찌른 자가 누구인지 명확하게 말하지 않지만, 두 가지 때문에 단정적으로 말할 수 있다. 첫째, 10-14절은 스가랴 9:9의 나귀를 타고 시온에 들어오는 메시아 왕과 대조를 이루기 때문이다. 스가랴 12:1-14은 9:1-15과 유사한 주제로 구성되어 있다.

	9장		12장
1-7	예루살렘 인근 민족의 심판	1-3	예루살렘 인근 민족의 심판
8	예루살렘 성전을 위한 하나님의 전쟁 개입	4	예루살렘 성전을 위한 하나님의 전쟁 개입
9	나귀를 탄 메시아 왕	10-14	메시아의 죽음
13	시온을 용사의 칼과 같게 함	8	약한 자를 다윗 같게
15	여호와의 보호	8	여호와의 보호

---

10. Phillips, *Zechariah*, 267-69.

위에서 볼 수 있듯이 10-14절의 메시아의 죽음은 9:9의 나귀를 탄 메시아 왕과 대조를 이루고 있다. 그렇기 때문에 그들이 찌른 자는 메시아이고 그의 죽음을 의미한다고 볼 수 있다. 둘째는 13:1은 그 주제가 12:10-14과 연결된 메시지이며, 13:1은 다윗 족속과 예루살렘 주민의 죄와 더러움을 씻는 샘이 있을 것이라고 하며, 이것은 10절의 그들의 찌른 자를 위한 메시지의 결론에 해당하는 메시지이다. 죄와 더러움을 씻는 것은 스가랴 3장의 핵심 주제이며, 3:9은 백성들의 죄를 하루에 제거하는 것이 메시아의 핵심 사역이라는 것을 보여준다. 그렇기 때문에 12:10-14에서 다윗의 족속과 예루살렘의 주민에 의해 찔리고 그 결과로 죄와 더러움을 씻게 하는 일을 하는 분을 메시아로 여길 수밖에 없다. 요한복음 19:37과 요한계시록 1:7은 십자가에서 로마 군인의 창에 찔린 예수 그리스도의 죽음을 스가랴 12:10의 예언 성취로 인용하고 있다.[11] 이들이 메시아를 찌른 이유는 그를 미워하였기 때문이다(슥 11:8). 하지만 메시아를 죽인 다윗의 족속과 예루살렘 주민은 깊은 회개와 통회의 눈물을 흘린다. "그들이 찌른 자 그를 바라보고 그를 위하여 애통하기를"은 단순히 죽음 그 자체에 대한 슬픔이 아니라 자신들의 살인 행위에 대한 후회와 회개이다. 이런 회개는 11절의 '그 날에'에서 알 수 있듯이 종말론적 사건이다. 요한계시록 1:7과 마태복음 24:30은 메시아의 재림을 보고 모든 민족들이 통곡하게 되는 일은 그리스도의 재림과 함께 이루어질 종말론적 사건이라고 한다.

10b-11절은 통곡하는 자들의 슬픔의 깊이와 통곡하는 자들의 규모를 말한다. 슬픔의 깊이는 독자와 장자를 위하여 통곡하듯 하리라고 한다.[12] 이 말은 독자와 장자의 죽음을 두고 슬퍼하는 것을 의미한다. 예레미야 6:26과 아모

11. M. J. J. Menken, "The Textual Form and the Meaning of the Quotation from Zechariah 12:10 in John 19:37," *CBQ* 55 (1993): 494-512. 멘켄은 요 19:37이 70인역을 인용하고 있다고 주장한다.
12. Petersen, *Zechariah 9-14 and Malachi*, 121. 피터센은 이를 모압의 메사 왕이 장자를 희생 제물 삼은 것을 배경으로 하고 있다고 주장한다(왕하 3:27). 하지만 이 메시지의 배경은 요시아의 죽음일 가능성이 더 높다.

스 8:10은 독자의 죽음에 대한 슬픔을 '독자의 슬픔(에벨 야히드 אֵבֶל יָחִיד)'
이라고 하며, 독자의 죽음과 장자의 죽음으로 인한 슬픔을 함께 언급하는 성
경 본문은 구약 성경에서 스가랴 12:10이 유일하다. 이것은 메시아를 죽인 슬
픔이 어느 정도인지를 알게 해 준다. 11절은 통곡하는 자들의 규모를 말해 준
다. 예루살렘의 통곡이 므깃도 골짜기에 있는 하다드-림몬의 통곡 같을 것이
라고 한다. 클라인에 의하면 하다드-림몬에 대해서 세가지 해석이 있다.[13] 첫
째는 하다드-림몬이 개인의 이름이고 그의 죽음에 대한 슬픔으로 이해하는
것이다. 둘째는 하다드-림몬을 가나안의 하닷(바알) 신과 바벨론의 담무즈 신
의 죽음에 대한 슬픔으로 이해한다. 이 두 신은 폭풍의 신으로서 비가 오지 않
는 건기가 이 신들의 죽음 때문에 생기는 현상으로 생각하고 이들을 위해 슬
퍼함으로 우기가 오게 한다는 생각에 이들을 위한 제사에서 울었다. 둘째 주
장은 이것을 하다드-림몬의 배경이라고 생각한다. 하지만 이 두 신들을 위한
제사에서 행해지는 슬픔이 10-14절에서 말하는 것과 같은 진정한 슬픔으로
볼 수 있을지 의문이다. 스가랴가 이 두 신과 관련된 제의적 애곡을 인용해야
할 이유가 전혀 없다. 셋째는 하다드-림몬을 므깃도에 있는 한 지역으로 보는
견해이며, 하다드-림몬의 통곡을 역대하 35:21-25에 기록되어 있는 므깃도에
서 죽은 요시아 왕과 관련 있는 것으로 보는 견해이다.[14] 세가지 견해 중에 가
장 가능성이 있는 것은 스가랴 12:10-14의 배경에서 볼 때에 셋째 견해인 요
시아 왕의 죽음과 관련된 통곡이다. 이 경우 하다드-림몬의 통곡보다 큰 통곡
은 국장을 치르는 민족의 국가적 차원의 대규모 통곡으로 볼 수 있을 것이다.

3) 애통의 전체성과 개별성 그리고 세대별 연속성(12-14절)

12-14절은 찌른 자를 위해 모든 사람이 통곡할 것이라고 한다. 한 마디로

---

13. Klein, *Zechariah*, 370-71.
14. 하다드-림몬이 므깃도 인근에 있다는 이유로 통곡의 배경을 이스라엘 왕 아합의 죽음으로 생각하
    는 학자들도 있다. Keil, *Minor Prophets*, 390-91.

표현하면 될 것을 길게 표현한 이유는 통곡하는 사람들의 전체성과 개별성
을 함께 표시하기 위해서이다. 즉 모두가 통곡하였을 뿐만 아니라, 그 모든 사
람들 개개인이 통곡하였음을 보여주는 데 있다. 12-14절은 다음과 같은 구조
로 되어 있다.

A. 그 땅 각 족속의 개별적인 애통(12a)
   B. 다윗 족속과 아내들의 애통(12b)
      C. 나단의 족속과 아내들의 애통(12c)
   B' 레위 족속과 아내들의 애통(13a)
      C' 시므이 족속과 아내들의 애통(13b)
A' 모든 남은 족속들과 아내들의 애통(14)

통곡하는 사람들의 전체성을 보여주기 위해서 12절은 '그 땅 각 족속'이 애
통한다고 하고 14절은 '남은 자들의 모든 족속'이 애통한다고 한다. 12절에서
개역개정 성경이 "온 땅"이라고 번역한 히브리어는 *하아레츠*(הָאָרֶץ)이며, 여
성 명사 *에레츠*에 정관사 *하*를 덧붙였으며, '그 땅'으로 번역해야 한다. '그 땅'
은 예루살렘을 의미하며, 좀 더 확대하면 유다 땅으로 보는 것이 적절하다. '그
땅'에 각 족속을 덧붙여서 그 땅을 그 땅에 사는 모든 족속의 사람들의 의미를
가지게 만들었다. 14절의 '남은 자들의 모든 족속'은 유다 땅에 거주하는 사람
들에게 한정되지 않고 포로 후기 백성 모두를 지칭하는 표현이다.

12-14절은 전체성보다 개별성에 더 초점을 맞추고 있다. 12-14절은 개별성
을 강조하기 위해 부사 '따로'(*레바드* לְבָד)를 11번 사용하였다. 각각의 족속
다음에 아내들이 언급된 것은 남편과 아내를 편 가르고자 하는 것이 아니라,
가족의 구성원이 개별적으로 모두 통곡하였음을 보여주는 데 있다. 아내를 따
로 언급한 것은 유대인들의 성전 모임을 반영하는 것일 수 있다. 유대인들은
성전 모임에서 남편과 아내가 나란히 가족 별로 모이는 것이 아니라, 남자들

이 성전 여인의 뜰에 모여 제의를 지켜보며 참여하는 동안 여자들은 성전 지붕 회랑에서 제의 과정을 지켜보았다. 아내들을 따로 언급한 것은 이런 전통을 반영하는 것일 수 있다.

12-14절은 또한 통곡한 사람들의 세대별 연속성을 보여주고 있다. 다윗 족속 다음에 나단 족속을 언급하고 레위 족속 다음에 시므이 족속을 언급한 것은 세대별 연속성을 강조하려는 의도를 가지고 있다. 나단은 다윗 시대에 활동한 선지자 나단이라기보다는 다윗의 아들 나단으로 보는 것이 적절하다(대상 14:4; 눅 3:31).[15] 그 이유는 레위 족속 다음에 언급된 시므이가 레위의 증손이기 때문에 레위와 그의 증손 시므이의 경우처럼 다윗과 나단도 아버지와 아들로 보는 것이 더 적절하다(민 3:21; 대상 6:43). 다윗과 나단에 족속이라는 말을 붙인 것은 개인만을 말하려는 것이 아니라 이들로 대표되는 가족들 전체가 세대를 이어서 통곡하고 회개하는 일이 일어난다는 것을 보여주려는 의도를 가지고 있다.

12절의 다윗 족속과 13절의 레위 족속은 두 가지를 의미하는 듯하다. 첫째, 다윗의 족속은 유다의 정치 지도자들을 나타내며, 레위 족속은 제사장을 비롯한 종교 지도자 모두를 나타낸다. 둘째, 다른 지파들보다 이들 두 지도 그룹을 언급한 것은 이들이 메시아를 찔러 죽이는데 앞장설 것을 예고하려는 의도 때문일 수 있다.

4) 죄와 더러움을 씻는 샘(13:1)

스가랴 13:1은 12:10-14의 일부로 분류해야 하며, 12:10-14의 결론으로 보아야 한다. 그 이유는 12:10-14에서 반복적으로 언급되고 있는 다윗의 족속과 예루살렘 주민이 13:1에서도 여전히 나타나기 때문이다.[16] 13:1은 다윗 족속과

15. D. R. Ulrich, "Two Offices, Four Officers, or One Sordid Event in Zechariah 12:10-14?" *WTJ* 72 (2010): 251-65.
16. McComiskey, "Zechariah," 1218.

예루살렘 주민의 회개의 통곡에 부응하여 그들의 죄와 더러움을 씻어 주는 샘이 열린다고 한다. 죄를 씻는 샘이 열린 것은 아이러니하게도 그들이 메시아를 찔렀고 이를 회개하였기 때문이다. 죄와 더러움을 씻어 제거하는 것은 3:9에서 하나님이 "이 땅의 죄를 하루에 제거하리라"고 한 말씀과 마찬가지로 메시아의 속죄 사역을 나타낸다. 13:1은 "그 날에"를 통해 다윗의 족속과 예루살렘 주민을 위한 죄와 더러움을 씻는 샘이 열리는 시기가 종말의 때라고 한다.

교훈과 적용

1. 미래에 하나님께서 이스라엘과 이방 민족들 사이에 전쟁이 일어날 때, 하나님은 예루살렘을 모든 민족들에게 무거운 돌이 되게 하여 이 돌을 드는 자는 모두 크게 상하게 하고 유다의 지도자들은 용감하게 이방 민족들을 공략할 것이라고 한다. 이런 자랑스러운 승리에서 유다의 지도자들은 예루살렘 주민들이 여호와로 말미암아 힘을 얻었다고 고백한다고 한다(5절). 하나님의 존재와 권능을 제대로 인지하고 인정하는 유다의 지도자들과는 달리 나는 혹시 내가 이루어 놓은 사역의 열매들을 나의 능력과 자랑거리로 여기고 있지는 않는가?

2. 스가랴 12:7에 의하면 미래에 하나님의 구원의 역사가 일어날 때 하나님은 이스라엘에서 가장 위대한 왕이었던 다윗의 가문의 영광과 이스라엘 모든 도시와 성읍들 중에서 가장 존중되었던 예루살렘의 영광이 유다의 보통 성읍들보다 더 하지 못하게 할 것이라고 한다. 하나님께서 다윗과 예루살렘을 무시하려는 것이 아니라, 구원받은 모든 백성들의 영광이 동일하다는 것을 말하려고 하는 것이다. 이것은 예수 믿고 구원받은 모든 성도들에게도 똑같이 적용되는 진리이다. 그럼에도 불구하고 나는 성도들을 그리스도 안에서 동일하게 존중하지 않고 편협한 마음으로 차별하지는 않는가? 가난한 자나 부한 자 그리고 외국인과 내국인을 가리지 않고 예수님을 믿는 성도들은 모두 형제이고 자매라는 것을 마음에 새기자.

3. 스가랴 12:10-14는 메시아 예수님께서 십자가에 못 박혀 죽게 되는 것을 예언하고 있다. 그리고 십자가 사건 때문에 모든 이스라엘 백성들이 애통하는 때가 올 것이라고 한다. 이스라엘이 회개하고 돌아오는 일이 이루어지기를 기도해야 한다. 그리고 이스라엘뿐만 아니라 예수 그리스도를 믿지 않는 가족들과 이웃들에게 은총과 간구하는 심령을 하나님께서 부어 주시도록 기도해야 한다. 더 나아가, 은밀하게 죄를 지으면서 그리스도를 십자가에 다시 못 박는 행동을 반복하고 있는 내 자신의 모습을 직시하면서 애통하며 회개하는 심령을 회복하게 해 달라고 기도하자.

제13장 우상과 거짓 신앙을 제거함
(13:2-9)

스가랴 13장은 종말에 있을 두 가지 사건을 기록하고 있다. 첫째는 하나님이 우상의 이름과 거짓 선지자와 더러운 귀신을 이 땅에서 제거하는 것이다. 둘째는 하나님이 온 땅의 사람을 연단하고 시험하여 사람들의 삼분의 이는 멸망하고 삼분의 일만 남기는 사건이다.

본문 개요

13장은 2절부터 시작되며 종말에 일어날 두 가지 사건을 다루고 있다. 첫째는 2-6절이며, 하나님이 우상과 거짓 선지자와 더러운 귀신을 제거하는 것이다(2절). 결과적으로 사람들은 거짓 선지자를 용납하지 않게 되며(3절), 한때 더러운 귀신에 의해 거짓 선지자 노릇한 자들은 과거의 자신을 부끄러워하고 자신의 신분을 숨기려 하며 과거에 거짓 선지자로 처신한 것을 감추려 한다(4-6절). 둘째는 7-9절이며, 하나님이 세상을 심판하고 믿는 자들을 연단하는 일을 행한다는 것이다. 하나님은 먼저 목자를 쳐서 양들을 흩어지게 하고(7절), 땅의 사람들을 쳐서 삼분의 이는 멸망하고 삼분의 일만 살아남게 한다(8절). 살아남은 삼분의 일도 하나님은 은과 금같이 연단하고 시험하여 하나님께 대한 신앙을 확실하게 검증한다(9절).

내용 분해

1. 우상과 거짓 선지자와 더러운 영을 제거(13:2-6)
    1) 우상의 이름과 거짓 선지자와 더러운 영을 제거함(2절)
    2) 사람들이 거짓 선지자를 용납하지 않음(3절)
    3) 거짓 선지자들이 자신을 부끄러워함(4-6절)
2. 심판과 연단을 통한 신앙 점검(13:7-9)
    1) 목자를 쳐서 양을 흩음(7절)
    2) 온 땅에 대한 심판(8절)
    3) 남은 자를 연단하여 신앙을 검증함(9절)

본문 주해

1. 우상과 거짓 선지자와 더러운 영을 제거(13:2-6)

2 만군의 여호와가 말하노라 그 날에 내가 우상의 이름을 이 땅에서 끊어서 기억도 되지 못하게 할 것이며 거짓 선지자와 더러운 귀신을 이 땅에서 떠나게 할 것이라 **3** 사람이 아직도 예언할 것 같으면 그 낳은 부모가 그에게 이르기를 네가 여호와의 이름을 빙자하여 거짓말을 하니 살지 못하리라 하고 낳은 부모가 그가 예언할 때에 칼로 그를 찌르리라 **4** 그 날에 선지자들이 예언할 때에 그 환상을 각기 부끄러워할 것이며 사람을 속이려고 털옷도 입지 아니할 것이며 **5** 말하기를 나는 선지자가 아니요 나는 농부

라 내가 어려서부터 사람의 종이 되었노라 할 것이요 **6** 어떤 사람이 그에
게 묻기를 네 두 팔 사이에 있는 상처는 어찌 됨이냐 하면 대답하기를 이
는 나의 친구의 집에서 받은 상처라 하리라

2-6절에서 하나님은 종말의 때에 자기 백성을 위하여 행하실 중요한 일을
기록하고 있다. 백성들을 끊임없이 유혹하고 넘어지게 한 우상들을 아예 그
이름부터 제거해 버리고, 거짓 선지자들과 더러운 귀신을 땅에서 제거할 것이
라고 한다. 뿐만 아니라 사람들은 선지자들을 용납하지 않게 되며, 심지어 자
기 아들조차도 거짓 선지자노릇하는 것을 용인하지 않는다. 그리고 거짓 선지
자 자신들도 자신의 신분을 감추려 하고 과거의 행적을 숨기려 한다.

1) 우상의 이름과 거짓 선지자와 더러운 영을 제거함(2절)

개역개정 성경의 번역과는 달리 스가랴 13:2은 '그 날에'로 시작하며 이어
서 '만군의 여호와의 말씀이라'라고 한다. 이런 문장 배열은 하나님께서 종말
에 행하실 매우 중요한 일을 예고하고 있음을 보여주며, 메시지가 12:1-13:1의
내용을 이어가고 있음을 보여준다.[1] 2절은 선지자의 인용 표현을 *네움 여호와
체바오트*(נְאֻם יְהוָה צְבָאוֹת)로 하였는데 *체바오트*(צְבָאוֹת '만군')를 첨가한 것
은 스가랴서의 셋째 부분인 9-14장에서는 2절과 7절이 유일하다. 하나님을 "만
군의 여호와"라고 한 것은 2-9절에서 펼쳐질 영적 전쟁에서 하나님의 권능을
부각시키려는 목적 때문이다.

먼저 하나님은 우상의 이름을 그 땅에서 끊는다고 한다. '우상의 이름을 끊
는다'(*카라트* כָּרַת)는 것은 우상을 제거하되 그 존재 자체를 폐기하는 것이다.
우상의 이름을 구체적으로 밝히지 않은 것은 모든 우상들의 이름을 끊는다는
것을 의미한다. 고대 메소포타미아에서는 이름이 없다는 것은 존재하지 않는

---

1. Floyd, *Minor Prophets Part 2*, 530-37.

것을 의미했다. 모든 존재들은 이름이 붙여지면서 존재하게 되었다. 그렇기 때문에 우상의 이름을 끊는다는 것은 단순히 우상의 신상을 파괴하는 정도로 그치지 않고 그 우상의 존재 자체를 없애고 사람들의 기억 속에서 완전히 지워버린다는 것이다.[2] 이어서 하나님은 선지자들을 제거하겠다고 한다. 이 선지자들은 거짓 선지자들이다. 구약 성경에는 세 종류의 선지자들을 언급하고 있다. 첫째는 일반적으로 알려져 있는 사무엘과 이사야처럼 하나님의 성령의 감동으로 이스라엘의 잘못된 신앙을 고쳐서 하나님께로 돌이키는데 주력한 참 선지자들이다. 둘째는 사무엘과 엘리야의 선지자 생도와 같은 선지자들이다. 이들은 사무엘의 제자들처럼 하나님의 신의 감동으로 일종의 방언 같은 예언을 한 것으로 여겨진다. 이들 중에는 열왕기상 22장에서 볼 수 있는 것처럼 거짓 영에 의해 하나님의 뜻이 아니라 거짓을 예언하는 경우도 있었고, 자신의 욕심에 따라 거짓 예언을 하는 경우도 있었다(느 6:10-14). 이런 선지자들은 포로 후기 시대에도 활동하였다는 흔적을 느헤미야 6:10-14에서 확인할 수 있다. 셋째는 바알의 선지자와 같은 우상의 선지자들 또는 이교도들의 선지자들이다. 스가랴 13:2에서 말하는 선지자는 이 세 부류의 선지자들 중에 누구일까? 스가랴와 말라기 이후에 첫째 부류의 선지자가 더 이상 활동하지 않는 것은 사실이지만, 13:2에서 말하는 선지자는 이어지는 메시지의 내용에 비

---

2. McComiskey, "Zechariah," 1220; *ANET*, 60-61. "높은 하늘에 이름이 붙지 않았을 때, 아래의 단단한 땅에 이름이 붙지 않았을 때, 그들의 창조주인 태고의 압수 외에는 아무것도 없었다 ⋯ 어떤 신도 존재하지 않았고, 이름이 불리지 않았고, 그들의 운명은 결정되지 않았다. 그런 다음 신들이 그들 안에서 생겨났다. 그들이 이름으로 불리자 라무와 라하무가 생겨났다(When on high the heaven had not been named, firm ground below had not been called by name, naught but primordial Apsu their begetter ⋯ When no gods whatever had been brought into being, uncalled by name, their destinies undetermined. Then it was that the gods were formed within them. Lahmu and Lahamu were brought forth, by name they were called)"; V. H. Matthews & D. C. Benjamin, *Old Testament Parallels: Laws and Stories from the Ancient Near East* (New York: Paulist Press, 1997), 5. "프타가 단지 말만 하면 엔네아드가 나타났다. 프타는 슈의 이름을 바람, 테프누트의 이름을 비라고 불렀다(Ptah had only to speak, and the Ennead came forth. Ptah called the names of Shu the wind and Tefnut the rain)."

추어 볼 때 둘째와 셋째를 말하며, 그 중에서도 특히 셋째를 두고 하는 말이다.

2절은 또한 더러운 영을 이 땅에서 제거할 것이라고 한다. 개역개정 성경이 "귀신"으로 번역한 히브리어는 *루아흐 하툼아*(רוּחַ הַטֻּמְאָה)이며 '부정한 영' 또는 '더러운 영'이다. 이 표현은 구약 성경에서 2절에서만 사용되었다. 70인역은 '더러운 영'을 토 프뉴마 토 아카싸르톤(το πνευμα το ακαθαρτον)으로 번역했으며, 동일하거나 유사한 표현을 예수님이 더러운 귀신을 쫓아낸 본문에서 사용하였다(마 12:43; 막 1:23, 26; 3:30; 5:2, 8; 7:25; 9:25; 눅 8:29; 9:42; 11:24). '더러운'은 구약 시대의 제사에서 정결한 짐승과 부정한 짐승을 구별할 때와 정결법에서 정결한 상태와 부정한 상태를 구별할 때 주로 사용되는 표현이다. 둘 다의 공통점은 부정한 또는 더러운 짐승은 하나님께 제물로 사용할 수 없고, 부정하고 더러운 사람은 하나님께 가까이 갈 수 없다. 그런 점에서 더러운 영은 하나님 가까이에 있도록 용납할 수 없는 영적인 존재들을 말할 수 있고, 또는 인간의 더러운 정신 상태를 말할 수도 있다. 하지만 2절 이하의 내용은 사람들의 도덕적인 생활에 대한 예언이 아니고, 우상과 거짓 선지자와 같은 백성들의 신앙과 종교에 악한 영향을 미치는 존재에 대한 예언이기 때문에 영적인 존재로 보는 것이 옳다.[3] 특히 3-4절에서 거짓 예언을 하는 선지자의 예를 고려한다면 2절의 더러운 영은 열왕기상 22:22-23에서 선지자들에게 거짓 예언을 하게 한 거짓 영과 같은 존재일 것이다.

2) 사람들이 거짓 선지자를 용납하지 않음(3절)

3절은 사람들이 거짓 선지자를 더 이상 용납하지 않게 된다고 한다. 이스라엘과 유다가 멸망되기 이전에는 모든 사람들이 거짓 선지자들의 거짓 예언을 전적으로 믿고 신뢰하고 따랐다. 예레미야서에서 볼 수 있는 것처럼 그들은 거짓 선지자들의 말을 듣고 참 선지자를 죽이려고 하였다. 하지만 하나님

3. Baldwin, *Haggai, Zechariah, and Malachi*, 195-96.

은 이제 더 이상 백성들이 거짓 선지자들을 용납하지 않는 때가 온다고 한다. 3절은 거짓 선지자들을 용납하지 않는 백성들의 자세를 강조하기 위해 부모가 거짓 선지자 행동을 하는 자식을 용납하지 않는 사례를 제시한다. 거짓 선지자의 부모는 자식이 여호와의 이름으로 거짓말을 하며 거짓 예언을 하는 순간 '너는 죽을 것이다'고 하며 그를 찌른다고 한다. '찌르다'의 히브리어는 동사 *다카르*(דָּקַר)이며, 이것은 12:10에서 모든 사람의 통곡의 이유가 되었던 '그들이 찔렀던 자'의 '찌르다'와 동일한 동사이다. 아이러니하게도 12:10에서는 그들이 찌른 자 때문에 독자와 장자의 죽음을 애통하듯 통곡하였는데, 13:3에서는 거짓 예언하는 아들을 찔러 죽일 정도로 여호와의 이름으로 거짓 예언하는 거짓 선지자를 철저하게 용납하지 않는다. 3절 마지막 문장은 이 거짓 선지자가 예언하는 동안 찔러 죽인다고 말할 정도로 매우 신속하게 거짓 선지자를 제거하는 모습을 보여준다.

3) 거짓 선지자들이 자신을 부끄러워함(4-6절)

사람들이 거짓 선지자들을 용납하지 않을 뿐만 아니라, 거짓 선지자 자신들도 예언을 하면서 보았던 과거 자신의 환상을 부끄러워하게 된다고 한다. 미가 3:7도 거짓 선지자들이 부끄러워할 것을 예언한다. 하지만 미가 3:7은 하나님이 거짓 선지자들에게 응답하지 않기 때문에 생겨난 수치이고, 스가랴 13:4은 거짓 선지자들이 본 환상이 거짓에 지나지 않다는 것을 깨달음으로 느끼는 수치이다.[4] 거짓 선지자들이 수치를 느꼈다고 해서 이들이 회개하였다고 볼 필요는 전혀 없다. 이어지는 5-6절에서 거짓 선지자들은 회개의 모습보다 자신을 감추기에 급급한 모습만 보이고 있다. 4절에서 이들 거짓 선지자들은 털옷을 입지 않을 것이라고 한다. 털옷의 히브리어는 *앗데레트 세아르*(שְׂעָר אַדֶּרֶת)이며, *앗데레트*라고 불리는 옷은 엘리야가 입었던 옷이고 엘리사가 이

---

4. Keil, *Minor Prophets*, 391-95.

옷을 가지고 요르단 강을 치자 이리저리 갈라지게 했던 옷이다.⁵ 아마도 엘리야와 엘리사 이후로 거짓 선지자들은 자신들이 마치 엘리야와 엘리사와 같은 능력의 소유자로 위장하여 사람들을 기만하고 속이기 위해 유사한 옷차림을 한 것으로 추정해 볼 수 있다.⁶ 하지만 이들은 더 이상 이런 옷을 입고 자신의 신분을 드러내려고 하지 않는다.⁷

거짓 선지자는 다른 사람과의 대화에서 더 적극적으로 과거의 자신의 신분을 감추려고 한다. 자신은 선지자가 아니라 농부였고, 어려서부터 다른 사람의 종이었다고 말한다. 거짓 선지자의 말은 북쪽 이스라엘의 왕 아마샤가 선지자 아모스에게 유다에나 가서 예언하라고 하자 아모스가 "나는 선지자가 아니며, … 나는 목자요 뽕나무를 재배하는 자"라고 했던 것과 유사하다. 하지만 아모스는 자신은 자격도 없고 원한 것도 아니지만 하나님의 부르심과 직분 맡김 때문에 어쩔 수 없이 선지자 역할을 하고 있음을 강조하려고 이 말을 하였지만, 거짓 선지자는 자신의 신분을 감추려는 목적을 가지고 이 말을 하였다.⁸ 5절에서 거짓 선지자들이 자신의 신분을 감추려 하자 6절에서 사람들은 두 팔 사이의 상처는 무엇이냐고 질문하고 거짓 선지자들은 자기 친구의 집에서 받은 상처라고 한다. 거짓 선지자들의 상처의 출처는 두 가지 이유 때문에 생겨났을 가능성이 있다. 첫째는 두 팔 사이는 가슴이나 등을 일컫는 말이며, 열왕기상 18:28에서 바알의 선지자들이 바알의 응답을 구하면서 칼과 창으로 몸을 자해한 것을 연상시키는 말이다. 6절의 거짓 선지자의 상처도 이런 이유 때문에 생겨났을 것이다. 둘째 가능성은 거짓 선지자는 자신의 상처를 자신을 사랑하는 자의 집에서 받은 상처라고 했다. 개역개정이 "친구"로 번역한 히브

---

5 세례 요한도 낙타 털 옷을 입었다. 막 1:6.

6. Baldwin, *Haggai, Zechariah, and Malachi*, 196; Petersen, *Zechariah 9-14 and Malachi*, 127.

7. 슥 13:1-6에서 묘사되고 있는 내용을 스가랴 이후에 이스라엘 공동체 가운데 생겨나는 선지자 활동의 쇠락을 반영한다고 주장하는 학자들도 있다. R. Rhea, "Attack on Prophecy: Zechariah 13:1-6," *ZAW* 107 (1995): 288-93.

8. Klein, *Zechariah*, 381.

리어는 동사 *아합*(אָהַב)의 분사형이며, 구약 성경에서 *아합*의 분사형은 주로 내연 관계의 연인(호 2:5; 겔 16:33)을 지칭하는 말로 사용되었다. 하지만 동사 *아합*은 사람의 강한 감정적 경향성을 나타내는 표현이며, 그 대상은 음식과 옷과 사람을 비롯하여 다양하다. 창세기 22:2에서는 하나님이 아브라함에게 이삭을 바치라고 하면서 "네가 사랑하는 독자"라고 하였다. 동사 *아합*의 이런 용례를 두고 생각하면, 거짓 선지자가 '나를 사랑하는 자'라고 한 표현은 친구를 의미할 수도 있다. 하지만 스가랴 13:2-6의 배경에서는 거짓 선지자의 '나를 사랑하는 자'는 그의 부모일 가능성이 더 높다.[9] 3절은 거짓 예언을 하는 거짓 선지자를 자식으로 둔 부모가 '살지 못하리라'고 하며 찔렀다고 말한다. 거짓 선지자는 거짓 예언 때문에 부모로부터 받은 상처를 둘러대기 위해 부모라는 말 대신에 나를 사랑하는 자라고 했을 가능성이 있다. 거짓 선지자의 상처의 출처가 무엇이든지 간에 5-6절은 거짓 선지자는 자신의 신분과 행위를 사람들에게 속이기 위해 여전히 거짓말을 하는 자라는 것을 보여준다.

2. 심판과 연단을 통한 신앙 점검(13:7-9)

> 7 만군의 여호와가 말하노라 칼아 깨어서 내 목자, 내 짝 된 자를 치라 목자를 치면 양이 흩어지려니와 작은 자들 위에는 내가 내 손을 드리우리라 8 여호와가 말하노라 이 온 땅에서 삼분의 이는 멸망하고 삼분의 일은 거기 남으리니 9 내가 그 삼분의 일을 불 가운데에 던져 은 같이 연단하며 금 같이 시험할 것이라 그들이 내 이름을 부르리니 내가 들을 것이며 나는 말하기를 이는 내 백성이라 할 것이요 그들은 말하기를 여호와는 내 하나님이시라 하리라

---

9. Klein, *Zechariah*, 383.

스가랴 13:2-6에서 우상과 거짓 선지자와 부정한 영을 제거한 하나님은 7-9절에서는 하나님을 참되게 믿고 신뢰하는 하나님의 참 백성을 가려내기 위한 심판과 연단에 대해 기록하고 있다. 알곡과 가라지를 가려내기 위해 하나님은 목자를 쳐서 양을 흩어 버리고, 이어서 온 땅에 삼분의 일만 살아남는 재앙을 내린 후 그 삼분의 일도 은과 금을 연단하는 것과 같은 시련을 겪게 하여 진심으로 여호와를 내 하나님이라고 부르게 할 것이라고 한다.

1) 목자를 쳐서 양을 흩음(7절)

7-9절은 시로 되어 있으며, 첫 말은 칼이다. 하나님은 칼에게 내 목자를 대항하여 일어나라고 한다. 내 목자는 하나님께 속한 목자이며, 선지자나 제사장과 왕과 같은 백성의 지도자를 일컫는 것이 아니라 매우 특별한 목자이다. 매우 놀랍게도 하나님은 목자를 내 목자라고 하면서, 그를 하나님과 이웃한 사람이라고 한다. 7절은 이 목자가 *게베르 아미티*(גֶבֶר עֲמִיתִי)라고 했다. *아미트*(עָמִית)는 7절을 제외하고 레위기에서만 사용되었으며, 신분이 대등한 이웃을 가리키는 말로 사용되었다. 이스라엘 민족들은 지파와 가문 중심으로 촌락과 도시를 구성했었기 때문에 이웃은 곧 가까운 친족들이었다. 이런 점을 감안하면 볼드윈(J. Baldwin)의 주장처럼 *아미트*는 하나님께서 말씀하신 '내 목자'가 하나님과 가까이 있는 존재 그리고 하나님과 신분상 동등한 존재라는 의미를 부여해 준다.[10]

하나님은 이어서 칼에게 내 목자라고 불렀던 그 목자를 치라고 한다. 이 말은 예수님께서 요한복음 10:11에서 "나는 선한 목자라 선한 목자는 양들을 위하여 목숨을 버리거니와"라고 했던 말과 밀접한 관련이 있다(참조. 요 10:15-17). 뿐만 아니라 마태복음 26:31과 마가복음 14:27에서 예수님은 감람 산에서 마지막 기도를 하기에 앞서 제자들에게 스가랴 13:7을 인용하면서 "너희가 다

---

10. Baldwin, *Haggai, Zechariah, and Malachi*, 197-98.

나를 버리리라 이는 기록된 바 내가 목자를 치리니 양들이 흩어지리라"고 하였다. 복음서는 선한 목자인 예수님의 죽음과 제자들의 흩어짐을 7절의 예언의 성취로 인식하였다. 하지만 7절은 예수님의 죽음과 제자들의 흩어짐에 더해 '내가 나의 손을 작은 자들 위에 되돌릴 것이라'이라는 말을 더 가지고 있다. 하나님께서 자신의 손을 누군가를 향하여 되돌리거나 펴는 것은 하나님의 심판과 징벌 또는 재앙을 불러온다(사 1:25; 렘 6:12; 슥 2:13). 70인역을 비롯하여 대부분의 번역본들은 '작은 자들'을 어린 목자들로 생각하며, 내 목자를 위하여 함께 일하는 목동들을 일컫는 말로 이해한다. 그렇다면 이 예언은 내 목자뿐만 아니라 양떼를 돌볼 수 있는 모든 목자들을 제거한다는 말로 이해할 수 있다. 이것은 작은 목자들이 스스로 범죄하였기 때문이 아니라 칼로 내 목자를 치게 했던 것처럼 양떼들을 철저하게 흩기 위한 목적 때문이다.[11] 마태복음 26:56은 예수님이 잡히시던 날에 제자들이 도망간 것을 스가랴 13:7의 성취라고 한다(막 14:50; 요 16:32).

2) 온 땅에 대한 심판(8절)

8절은 상상을 초월하는 대 살육에 대한 메시지를 기록하고 있다. 7절에서 '내 목자'와 '작은 목자들'을 쳐서 양떼를 흩어지게 한 후 8절은 온 땅에서 삼분의 이를 제거한다고 한다. 온 땅은 지구 전체를 의미하기보다는 가나안 땅을 가리킬 가능성이 있다. 하지만 포로 후기 시대에 이스라엘 백성들의 삶의 터전이 예루살렘과 유다 일부에 한정되었고, 다수의 이스라엘 백성들이 세계 곳곳에 흩어져 있었기 때문에 가나안 땅을 지나치게 고집하는 것도 적절하지 않다. 더군다나 스가랴 14:12에서 하나님께서 예루살렘을 친 모든 민족들에 대한 심판을 말하고 있기 때문에 그 땅의 범주를 단정적으로 말하는 것은

---

11. S. L. Cook, "The Metamorphosis of a Shepherd: The Tradition History of Zechariah 11:17 + 13:7-9," *CBQ* 55 (1993): 453-67.

적절하지 않다. 개역개정 성경이 "멸망하고"로 번역한 히브리어 동사 *카라트* (כָּרַת)는 2절에서 "우상의 이름을 이 땅에서 끊어서"라고 한 말에서 '끊어서'와 같은 말이다. 이것은 8절의 메시지가 2절의 메시지와 함께 하나님께서 종말의 시기에 우상과 거짓 선지자와 더러운 영뿐만 아니라 가짜 양들을 제거하겠다는 의지를 보여주는 표현이다. 요한계시록 8장에는 네 천사가 등장하여 사람과 바다의 생명체와 땅의 수목과 하늘의 별들의 삼분의 일을 죽이거나 파괴하는 일에 대해 기록하고 있으며, 주석가들 가운데에는 8절을 이와 연관 짓기도 한다.[12] 하지만 8절은 온 땅의 사람 삼분의 이를 죽이고 삼분의 일만 남기는 것으로 끝나지 않는다. 9절은 나머지 삼분의 일에게도 혹독한 연단이 기다리고 있다고 한다.

3) 남은 자를 연단하여 신앙을 검증함(9절)

9절에서 하나님은 남은 삼분의 일도 혹독한 연단을 통해 하나님과 그들의 관계를 진정한 하나님과 백성의 관계로 만들겠다고 한다. 이를 위해 하나님은 삼분의 일을 불 가운데에 던져 넣는다고 한다. 다니엘 3장에서 느부갓네살이 다니엘의 세 친구를 풀무 불 속으로 던져 넣는 사례가 있지만, 9절에서 말하는 것은 상징적인 표현이며, 삼분의 일을 불에 던져 넣는 것처럼 혹독한 시련을 겪게 하여 연단하겠다는 것이다. 9절은 이어서 불에 던져 넣는 목적을 은과 금을 연단하는 것 같이 시험하는 것이라고 한다. 은과 금을 불에 넣어 녹여 그 속에 끼어 있는 불순물을 제거하여 순은과 순금을 만들어 내듯이 삼분의 일을 완전한 하나님의 백성으로 만들어 내는 것이다. 이 연단을 통해 삼분의 일은 하나님의 이름을 부르고, 하나님은 그 부름을 듣고 대답한다. 그리고 하나님은 이들은 내 백성이라고 하고, 삼분의 일은 여호와는 내 하나님이시라고

12. Unger, *Zechariah*, 235; K. L. Barker, "Zechariah," in *The Expositor's Bible Commentary*, vol. 7, ed. F. E. Gaebelein (Grand Rapids: Eerdmans, 1983), 593-697.

고백한다. 하나님과 삼분의 일의 관계를 최상으로 묘사하기 위해 1인칭과 3인
칭으로 교차 대구법을 만들었다.

그는 내 이름을 부르고   나는 말하기를 내 백성은 그라

나는 그에게 대답하리라   그는 말하기를 여호와는 내 하나님이라

　　마치 실타래를 엮듯이 1인칭과 3인칭을 엮어 하나님과 삼분의 일의 관계를
묶는 현상을 만들고 있다. 많은 주석가들이 8-9절의 사건을 A.D 70년에 로마
의 티투스 장군에 의해 단행된 예루살렘 함락과 성전 파괴 그리고 유대인 대
학살에 대한 예언으로 생각한다.[13] 하지만 이 사건 때에 유대인들이 메시아 예
수님께 돌아오는 대규모 회심이 일어나지 않았다. 그렇기 때문에 8-9절의 사
건은 그 성취의 때를 알 수 없는 종말론적 사건으로 보아야 한다. 베드로전서
1:7은 하나님의 연단을 견디고 그리스도의 재림 때에 칭찬과 영광과 존귀를
얻을 수 있는 방법은 성도들의 확고한 믿음이라고 한다.

---

13. Klein, *Zechariah*, 393.

교훈과 적용

1. 종말의 시대에 하나님께서 우상을 제거할 뿐만 아니라 거짓 선지자들을 예루살렘과 유다에서 제거하고, 이웃은 두 말할 것도 없고 심지어 부모도 거짓 선지자들을 용납하지 않게 된다고 한다(13:2-6). 거짓 선지자 문제는 하나님이 종말에 하실 중요한 일들 중에 하나로 언급되는 것을 보면 신앙 공동체를 괴롭히는 심각한 해악임을 알 수 있다. 이단들은 두말할 것도 없고 지금도 교회 주변에는 거짓 예언으로 성도들을 위협하는 사람들이 있다. 내 주변에는 거짓 예언자들 때문에 정상적인 신앙 생활을 하지 못하는 성도들이 주변에 있지는 않은가? 잘못된 신앙 가치관에 사로잡혀 있는 성도들을 참 진리의 말씀 아래 살도록 인도하는 것은 교회를 섬기는 분들이 해야 할 중요한 사역 중에 하나이다.

2. 미래에 하나님은 목자를 쳐서 양을 흩어 버리고, 온 땅에 삼분의 이를 죽게 하는 재앙을 내리고 남아 있는 삼분의 일도 알곡과 쭉정이를 가려내기 위해 은과 금을 연단하는 것과 같은 시험을 할 것이라고 한다. 이렇게 하는 이유는 하나님께서는 진심으로 하나님의 이름을 부르는 참된 예배자와 신앙인을 자기 백성으로 여기기 때문이다. 그런데 나의 입에서 흘러나오는 하나님의 이름은 나의 신앙과 삶에서 혹시 공허한 메아리는 아닌가? 주의 이름으로 선지자 노릇은 하지만 정작 아버지의 뜻대로 행하려는 의지는 전혀 없는 사역을 반복하고 있지는 않은가?(마 7:21-23)

제14장 예루살렘과 이방에 대한 종말론적 전쟁과 회복(14:1-21)

스가랴 14장은 예루살렘을 둘러싸고 벌어질 종말론적인 전쟁을 통해 예루살렘과 이방 민족들을 하나님의 거룩한 백성으로 만들어 내는 일이 일어날 것이라는 메시지를 기록하고 있다. 이방 나라들이 예루살렘을 공격하여 초토화시킬 때에 하나님이 전쟁에 개입하여 이방 나라를 물리치고 예루살렘을 회복시킨다. 그리고 남은 이방 민족들은 초막절에 예루살렘에 와서 하나님께 예배를 드리게 되고, 초막절에 예루살렘에 오지 않는 이방 민족들은 하나님의 징계를 받게 된다.

본문 개요

14장은 네 부분으로 나눌 수 있다. 첫째는 1-5절이며 여호와의 날에 있을 이방 민족들의 예루살렘 공격과 하나님의 전쟁 개입이 그 주제이다. 예루살렘이 초토화되었을 때 하나님은 전쟁에 개입하여 대지진을 통해 대적들을 물리친다. 둘째는 6-11절이며 그 주제는 예루살렘의 회복이다. 회복될 예루살렘을 여호와께서 빛이 되어 비추고, 예루살렘에서 솟아난 생수가 사시사철 넘치며 여호와는 천하의 왕이 될 것이다. 셋째는 12-15절이며, 예루살렘을 공격한 이방 민족에 대한 하나님의 심판이 그 주제다. 하나님은 예루살렘을 공격한 모든 백성들과 짐승들을 서 있는 상태에서 몸이 썩어 녹아내리게 하며, 유다는 이들에게 빼앗은 재물들을 예루살렘에 모으게 된다. 넷째는 16-21절이며, 이방 민족의 회복에 대한 메시지가 기록되어 있다. 예루살렘을 공격하러 왔던 이방 민족들 중에서 남은 자는 초막절에 예루살렘에 와서 여호와께 경배하고, 그렇지 않은 자들에게는 하나님이 벌을 내린다. 그래서 그 날에는 여호와의 거룩하심이 온 세상의 모든 곳에서 드러나게 된다.

내용 분해

1. 예루살렘과 이방의 전쟁과 하나님의 전쟁 개입(14:1-5)
   예루살렘이 이방 나라에 약탈되는 날(1-2절)
   여호와의 전쟁 개입(3절)
   대지진과 여호와께서 거룩한 자들과 함께함(4-5절)
2. 예루살렘의 빛과 생명수가 되실 왕이신 여호와(14:6-11)
   여호와의 빛(6-7절)
   예루살렘에서 솟아난 생명수(8절)
   여호와의 예루살렘 통치(9-11절)
3. 예루살렘을 공격한 이방 민족에 대한 심판(14:12-15)
   예루살렘을 친 이방 사람과 가축의 죽음(12-13, 15절)
   이방 나라들의 보화를 약탈함(14절)
4. 이방인들의 초막절 모임과 여호와께 성결(14:16-21)
   초막절을 지키는 이방 나라에 대한 축복(16절)
   초막절을 지키지 않는 이방에 대한 저주(17-19절)
   여호와께 성결, 여호와의 성물(20-21절)

위의 구조로 된 스가랴 14장은 심판에서 축복으로 주제가 전환되고 발전하는 구조를 가지고 있다.

예루살렘 심판 전쟁(1-5절) ⇨ 예루살렘에 빛과 생명수(6-11절)
이방 민족 심판(12-15절) ⇨ 이방인의 초막절 경배(16-21절)

1-5절은 예루살렘의 약탈과 여호와의 전쟁 개입을 기록하고 있고, 6-11절은 그 예루살렘에 왕이신 하나님이 빛과 생명수를 준다고 한다. 12-15절은 예루살렘을 공격한 이방 민족에 대한 하나님의 심판을 기록하고 있는데, 16-21절에서 하나님은 그 이방 민족이 초막절에 예루살렘에 와서 경배 드리게 한다.

본문 주해

1. 예루살렘과 이방의 전쟁과 하나님의 전쟁 개입(14:1-5)

¹ 여호와의 날이 이르리라 그 날에 네 재물이 약탈되어 네 가운데에서 나누이리라 ² 내가 이방 나라들을 모아 예루살렘과 싸우게 하리니 성읍이 함락되며 가옥이 약탈되며 부녀가 욕을 당하며 성읍 백성이 절반이나 사로잡혀 가려니와 남은 백성은 성읍에서 끊어지지 아니하리라 ³ 그 때에 여호와께서 나가사 그 이방 나라들을 치시되 이왕의 전쟁 날에 싸운 것 같이 하시리라 ⁴ 그 날에 그의 발이 예루살렘 앞 곧 동쪽 감람 산에 서실 것이요 감람 산은 그 한 가운데가 동서로 갈라져 매우 큰 골짜기가 되어서 산 절반은 북으로 절반은 남으로 옮기고 ⁵ 그 산 골짜기는 아셀까지 이를지라 너희가 그 산 골짜기로 도망하되 유다 왕 웃시야 때에 지진을 피하여 도망하던 것 같이 하리라 나의 하나님 여호와께서 임하실 것이요 모든 거룩한 자들이 주와 함께 하리라

1-5절은 종말에 있을 예루살렘에 임할 대 재앙에 관한 메시지를 기록하고 있다. 예루살렘은 먼저 이방 민족들의 공격과 약탈 그리고 포로라는 대 전쟁을 겪게 된다. 이어서 하나님은 예루살렘에 대지진을 가져온다. 이 지진으로 인해 감람 산이 절반으로 갈라지는 초대형 지진이다. 하지만 하나님은 예루살렘에 대한 재앙으로 모든 것을 끝내지 않고 구원도 계획하신다. 1-5절은 아래에서 볼 수 있는 것처럼 예루살렘에 대한 대 재앙과 함께 구원 계획을 간략하게 언급하고 있다.

  A. 예루살렘 전쟁 재앙(1-2a절)
    B. 여호와의 남은 자를 위한 전쟁(2b-3절)
  A' 예루살렘 대지진(4-5a절)
    B' 여호와의 임재와 거룩한 자들(5b)

1) 예루살렘이 이방 나라에 약탈되는 날(1-2절)

1-2절은 하나님께서 이방 민족들을 통해 예루살렘과 싸우게 하고 약탈하는 메시지를 기록하고 있다. 1절은 스가랴서에서 유일하게 여호와의 날이라는 표현을 가지고 있다. 스가랴서는 종말을 나타내는 표현으로 '그 날에'를 22회에 걸쳐 사용하고 있지만 여호와의 날은 스가랴 14:1에서 단 한 번만 사용하였다. 하지만 스가랴는 여호와의 날의 일반적인 히브리어 표현인 *욤 여호와*(יוֹם יְהוָה)가 아니라 *욤 라여호와*(יוֹם לַיהוָה)를 사용하였다. *욤 라여호와*는 이사야 2:12; 34:8; 에스겔 30:3 그리고 스가랴 14:1에서만 사용되었으며, 주로 이방 민족들에 대한 심판 메시지가 이어진다. 스가랴 14:1에서는 *욤 라여호와* 다음에 이방 민족이 아니라 예루살렘에 대한 심판 메시지가 이어지고 있으며, 이 날을 강조하기 위해 *욤*을 *라여호와*에서 분리하여 분사 *바*(בָּא)앞으로 도치하였다.

הִנֵּה יוֹם־בָּא לַיהוָה *히네 욤-바 라여호와*

이에 더해 이 날을 강조하기 위해 감탄사 *히네*(הִנֵּה 보라!)로 문장을 시작하였다.[1] 이 여호와의 날은 1:7처럼 예루살렘에 재앙과 심판을 가져오는 날이다. 예루살렘을 2인칭 '너'로 호칭하면서 약탈한 재물이 예루살렘 성 안에서 나뉘어지게 될 것이라고 한다. 이런 현상은 예루살렘에 살고 있는 사람들이 전쟁에 완전히 패하여 적군들의 약탈에 전혀 저항할 수 없는 상태에 빠져 있을 때 생겨날 수 있다. 예루살렘의 약탈은 이들을 공격한 이방 민족들에 의해 자행되었다. 2절은 놀랍게도 '내가'로 지칭된 여호와 하나님이 모든 이방 민족들을 예루살렘에 끌어 모아 예루살렘과 전쟁하게 한다. 전쟁에서 예루살렘은 비참하게 패배하여 성이 함락되고 주민들의 집들은 약탈되고 그리고 여자들은 성폭행당하며 주민의 절반이 포로로 끌려가게 된다. 더 참담한 것은 하나님께서 예루살렘에 대지진을 일으켜서 예루살렘 주민들이 감당하기 힘든 재앙과 대혼란에 빠뜨릴 것이라고 한다(4-5절).[2]

2) 여호와의 전쟁 개입(3절)

전쟁의 참화 속에서 하나님은 예루살렘의 남은 자들을 구원하기 위해 전쟁에 직접 개입한다. 이방 민족들을 예루살렘으로 모아 공격하게 한 것도 하나님의 전쟁 개입이지만, 3절에서 말하는 하나님의 전쟁 개입은 예루살렘을 구원하기 위한 전쟁 개입이다. 하나님이 이방 민족을 모아 예루살렘을 공격하게 해 놓고 이제는 예루살렘을 위해 전쟁 개입하는 이유는 무엇일까? 유감스럽

---

1. Klein, *Zechariah*, 398-99.
2. D. A. Witt, "The Houses Plundered, the Women Raped: The Use of Isaiah 13 in Zechariah 14:1-11," *Proceedings* 11 (1991): 66-74; K. R. Schaefer, "Zechariah 14: A Study in Allusion," *CBQ* 57 (1995): 67-94. 위트와 쉐퍼는 슥 14:1-11에 있는 예루살렘에 대한 재앙과 회복은 이사야 13장에 있는 주제들과 유사하다고 주장한다.

게도 스가랴 14장은 이유를 전혀 말하지 않는다. 하지만 다른 예들을 고려한다면, 예루살렘 사람들이 하나님께 심각하게 범죄하였기 때문에 심판의 징벌로서 이방 민족들을 데려와 전쟁을 하게 하였고, 이방 민족들을 공격한 이유는 그들이 예루살렘 주민들을 너무 참혹하게 다루었기 때문일 것이다.[3] 이사야 10:5-7에서 하나님은 아시리아를 진노의 막대기로 사용하였지만, 이들이 하나님의 뜻과는 달리 나라를 멸절하기 위해 파괴하였기 때문에 징벌을 내릴 것이라고 한다. 하나님이 전쟁에 개입하는 방식을 개역개정은 "이 왕의 전쟁의 날에 싸운 것 같이"라고 하였는데, 히브리어 표현은 '그가 전쟁의 날에 싸웠던 날처럼'(케욤 힐라하모 베욤 케랍 כְּיוֹם הִלָּחֲמוֹ בְּיוֹם קְרָב)이다. 하나님이 과거에 전쟁에 참여하여 싸웠다는 것은 주로 출애굽기 14-15장에 기록된 홍해에서 이스라엘 백성을 위하여 이집트 왕과 그의 군대와 싸운 것을 의미한다.[4] 그렇기 때문에 이 표현은 하나님이 홍해에 뛰어든 바로와 그의 군대를 모두 물리친 것처럼 그렇게 예루살렘 주민들을 잔혹하게 학살하고 포로로 끌고 간 이방 민족들과 싸워 물리치겠다는 말이다.

3) 대 지진과 여호와께서 거룩한 자들과 함께함(4-5절)

4-5절은 1-2절에 이어 하나님이 예루살렘을 심판하기 위해 행하신 대지진에 관한 메시기를 이어간다. 대지진 메시지가 예루살렘에 대한 심판으로 보아야 하는 이유는 5절에서 대지진 때문에 도망하는 자들을 '너희들은'이라고 하며, 1-5절에서 하나님이 2인칭 '너'로 호칭하는 대상은 1절에서처럼 예루살렘이기 때문이다. 4절은 대지진이 일어나는 시기를 '그 날에'를 통해 종말의 시기라고 말하며, 하나님의 발이 예루살렘 동편에 있는 감람 산 위에 설 때에 대지진이 시작된다. 대지진으로 감람 산이 동서로 갈라져 산의 절반은 북쪽으

---

3. Petersen, *Zechariah 9-14 and Malachi*, 140-41.
4. Baldwin, *Haggai, Zechariah, and Malachi*, 200-201.

로 절반은 남쪽으로 옮겨져 큰 골짜기를 만들게 된다. 이렇게 형성된 골짜기가 아셀까지 이르게 된다고 한다. 아셀은 지명인 것으로 판단되지만 정확한 위치가 어디인지 알 수 없다. 쉐퍼(Schaefer)는 기드론 골짜기에 있는 와디 야솔(Wadi Jasol)이 아셀이라고 주장한다.[5] 클라인(Klein)은 미가 1:11의 벧에셀이 아셀일 가능성을 말하지만, 벧에셀은 예루살렘 서남쪽에 있는 지역이기 때문에 가능성이 전혀 없다.[6]

5절에서 하나님은 예루살렘 사람들에게 지진을 피하여 도망할 것을 강조하여 권하고 있다. 5절의 히브리어 성경은 개역개정 성경과는 달리 '너는 나의 산들의 골짜기로 달아날 것이라'로 시작되고 있다. '나의 산들'은 시온 산과 4절에서 하나님이 서 있는 산인 감람 산을 의미할 가능성이 높으며 두 산 사이의 골짜기는 기드론 골짜기이다. 이 골짜기로 도망하되 웃시야 왕 때에 지진을 피하여 도망하던 것 같이 하라고 한다. 웃시야 때의 지진은 아주 유명한 사건이었다. 아모스는 자신의 사역의 시작을 웃시야 시대의 지진 전 이 년이라고 말하고 있다(암 1:1). 요세푸스에 의하면 웃시야 때의 지진은 그가 성전에 들어가 분향을 드리려고 할 때 발생하였다고 말한다(Josephus, *Antiquities*, IX, 10, 4). 스가랴 14:5에서도 이 지진이 언급될 정도로 웃시야 시대의 지진은 유대인들에게 오랫동안 전해져 내려오던 대형 사건이었다. 이때 사람들이 공포 속에 도망하였던 것처럼 도망하라고 한다. 5절은 이런 심판 경고를 하면서도 마지막에는 여호와께서 임하시고 모든 거룩한 자들이 하나님과 함께 하리라고 한다. 이것은 2b절에서 대 전쟁의 살육과 약탈과 성폭행 그리고 포로로 끌고 가는 와중에 남은 백성이 끊어지지 않을 것을 말했는데, 5절은 대지진 와중에도 하나님께서 거룩한 자들과 함께 할 것이라고 한다. 이것은 대 전쟁과 대지진의 목적이 예루살렘 사람들의 죄악을 징벌하고 그들을 거룩한 백성으

로 만드는 것임을 보여준다. 이 대지진의 때에 하나님께서 강림하시고 모든 거룩한 자들이 함께 하게 된다. 이것은 마태복음 25:31이 예수님의 재림 때에도 예수님 앞으로 양으로 구분된 자들이 예수님 앞에 서게 될 것이라고 한 것과 주제가 동일하다(살전 3:13; 살후 1:7-10).

2. 예루살렘의 빛과 생명수가 되실 왕이신 여호와(14:6-11)

6 그 날에는 빛이 없겠고 광명한 것들이 떠날 것이라 7 여호와께서 아시는 한 날이 있으리니 낮도 아니요 밤도 아니라 어두워 갈 때에 빛이 있으리로다 8 그 날에 생수가 예루살렘에서 솟아나서 절반은 동해로 절반은 서해로 흐를 것이라 여름에도 겨울에도 그러하리라 9 여호와께서 천하의 왕이 되시리 그 날에는 여호와께서 홀로 한 분이실 것이요 그의 이름이 홀로 하나이실 것이라 10 온 땅이 아라바 같이 되되 게바에서 예루살렘 남쪽 림몬까지 이를 것이며 예루살렘이 높이 들려 그 본처에 있으리니 베냐민 문에서부터 첫 문 자리와 성모퉁이 문까지 또 하나넬 망대에서부터 왕의 포도주 짜는 곳까지라 11 사람이 그 가운데에 살며 다시는 저주가 있지 아니하리니 예루살렘이 평안히 서리로다

1-5절이 전쟁과 지진으로 초토화될 것이라고 하였는데 반해 6-11절은 예루살렘에 축복과 희망이 넘치는 메시지로 구성되어 있다. 하나님은 예루살렘에 빛이 되고 생명수를 공급하며, 친히 천하의 왕이 되실 것이라고 한다. 그리고 하나님은 예루살렘에 평안으로 가득 채울 것이라고 한다. 6-11절의 메시지는 창세기 1-3장의 창조 기사와 에스겔 47장의 주제와 유사하며, 이를 종말론적 사건으로 제시하고 있다. 그리고 스가랴 14:6-11의 내용은 그리스도의 재림과 함께 이루어지게 될 새 예루살렘의 모습을 기록한 요한계시록 12:1-5의 주제와 동일하다.

1) 여호와의 빛(6-7절)

6절은 종말의 시기에 빛이 없게 된다고 한다. 히브리어 본문을 직역하면 다음과 같다.

וְהָיָה בַּיּוֹם הַהוּא לֹא־יִהְיֶה אוֹר יְקָרוֹת וְקִפָּאוֹן׃

그 날에 빛이 없으리니 밝은 것도 차가운 것도

이 말은 햇빛과 달빛을 의미하며, 7절에서 "낮도 아니요 밤도 아니라"고 말하는 것에서 볼 수 있듯이 낮과 밤을 밝히는 빛들이 모두 없어진다는 말이다.[7] 아모스 5:18-20에도 여호와의 날은 빛은 아니고 어둠이고 빛 없는 어둠과 캄캄함이라는 말이 있지만, 이 날은 희망의 날이 아니고 재앙의 날이라는 것을 강조하는 표현이다. 반면에 스가랴 14:6-7은 재앙에 대한 비유가 아니라 빛 그 자체가 사라진다는 말한다. 7절은 시간도 사라진다고 말한다. 7절의 "낮과 밤이 없으리니"는 빛의 개념이 아니라 시간적 개념이며 히브리어 첫 문장 *베하야 욤-에하드*(וְהָיָה יוֹם־אֶחָד 그리고 한 날이 있으리니)를 통해 알 수 있듯이 시간 개념이 사라지고 영속적인 한 날만 존재하는 시기가 온다는 말이다.[8] 7절은 그 날이 여호와께 알려져 있다는 말을 통해 그 날이 오는 시기와 그 날의 존재 자체가 여호와 하나님께 달려 있음을 밝힌다. 유사한 예를 예레미야 1:5에서 볼 수 있다. 하나님이 예레미야에게 "너를 모태에 짓기 전에 너를 알았고 네가 배에서 나오기 전에 너를 성별하였고 너를 여러 나라의 선지자로 세웠노라"는 단순히 인지 사실을 말하는 것이 아니라 하나님이 예레미야의 존재 자체와 그의 삶 모두를 알고 계획하고 만들었다는 말이다. 7절의 마지막 문장은

---

7. Keil, *Minor Prophets*, 405-406; R. P. Gordon, "Targumic 'DY (Zechariah 14:6) and the Not so Common 'Cold'," *VT* 29 (1989): 77-82.

8. Baldwin, *Haggai, Zechariah, and Malachi*, 203; Redditt, *Haggai, Zechariah, Malachi*, 141; McComiskey, "Zechariah," 1233.

저녁 시간이 이를 때에 빛이 있을 것이라고 하면서 기존의 빛과 시간 개념은 사라지고 새로운 시간과 빛의 개념이 지배하는 시기가 온다고 말한다. 스가랴 14:6-7의 시간과 빛의 개념은 요한계시록 21:23과 22:5과 유사하다.

> 계 21:23 그 성은 해나 달의 비침이 쓸 데 없으니 이는 하나님의 영광이 비치고 어린 양이 그 등불이 되심이라
>
> 계 22:5 다시 밤이 없겠고 등불과 햇빛이 쓸 데 없으니 이는 주 하나님이 그들에게 비치심이라

요한계시록 21:23과 22:5은 스가랴 14:6-7과 유사한 메시지를 선포하면서 이를 예수 그리스도의 재림 때에 일어날 새 예루살렘의 상황이라고 말한다.

2) 예루살렘에서 솟아난 생명수(8절)

8절은 종말에 예루살렘에서 일어날 또 다른 사건으로 예루살렘에서 생명수가 솟아나서 절반은 서해로 흐르고 절반은 동해로 흐를 것이라고 한다. 생명수에 관한 메시지는 에스겔 47:1-12에서도 볼 수 있다.[9] 스가랴 14:8이 생명수가 예루살렘에서 나온다고 하는데 반해 에스겔 47:1은 이를 좀 더 구체화하여 성전 문지방 밑에서 나와 동쪽으로 흘러 사해에 이른다고 말한다. 이 물 때문에 사해가 되살아나고 모든 생물과 물고기가 심히 풍성해진다. 47:12은 이에 덧붙여 그 강가에 생명나무가 자라고 있다고도 말한다. 이 메시지는 요한계시록 22:1-2에서도 볼 수 있다. 22:1에 의하면 생명수가 하나님과 어린 양의 보좌로부터 나와서 강을 이루고 강 좌우에는 생명나무가 있다고 한다. 스가랴 14:8은 이 생명수가 동쪽으로 사해에 이르고 서쪽으로는 지중해로 흘러간다고 한다. 생명나무에 대한 말은 없지만, 이 물은 여름 과일 거둘 때와 추수 때

---

9. Ollenburger, "The Book of Zechariah," 837.

에도 흐른다고 한다. 이 말은 가나안의 기후에 따른 표현으로서 건기와 우기 또는 여름과 겨울로 표현해도 좋다. 가나안 지역은 건기와 우기가 나뉘어져 있고, 건기에는 비가 거의 오지 않는다. 그렇기 때문에 이 표현은 예루살렘에서 생수가 나오는 것은 자연 현상이 아니라 하나님이 공급하는 생명수라는 것을 보여준다.[10] 그리고 동시에 이 표현은 생명수가 끊이지 않고 흘러나온다는 의미를 가지고 있다. 6-7절에서 빛과 시간이 영속적이었던 것처럼 8절의 생명수도 일회적인 현상이 아니라 영속성을 가지고 있음을 보여준다.

3) 여호와의 예루살렘 통치(9-11절)

9-11절은 하나님이 예루살렘을 통치하고, 예루살렘은 안전과 평화가 가득한 도시가 될 것이라고 한다. 먼저 9절에서 하나님은 온 땅을 통치하시는 왕이 된다고 한다. 유일하신 하나님의 유일한 주권과 통치가 온 세상 곳곳에 미치지 않는 곳이 없는 세상이 종말에 실현된다(계 11:15; 19:6).[11] 그 날에 한 여호와만 있고, 그 분의 한 이름만 있을 것이라는 말은 어떤 종류의 우상과 세속적인 리더십도 존재하지 않고 여호와 한 분만이 온 세상과 온 인류의 왕이고, 그 분의 이름만이 홀로 높임을 받는 일이 종말에 이루어진다는 것이다.

하나님의 통치는 예루살렘에서 이루어지며, 예루살렘은 다른 모든 산들 위에 높아지게 된다. 10절은 이를 위해 모든 땅들이 아라바처럼 변하게 된다고 한다. 아라바는 사해 남쪽에 있는 평지로서 가장 낮은 지형을 이루고 있는 곳이다. 예루살렘이 있는 시온 산은 사면이 그 보다 높은 산들로 둘러 싸여 있다. 하지만 종말에는 모든 땅이 아라바처럼 낮아지며, 특히 예루살렘 북쪽에 있는 게바로부터 예루살렘 남쪽 림몬까지 유다의 영토로서 예루살렘 주변의 모든 지역들이 아라바처럼 지극히 낮아지는 대신에 예루살렘은 높이 들려지게 된

---

10. Klein, *Zechariah*, 410-12.
11. Baron, *Zechariah*, 507-10.

다.[12] 마치 광활한 평야에 초고층 건물 하나가 우뚝 솟아 있는 것처럼 예루살렘만 높이 들려진다. 10절은 높이 들려질 예루살렘을 베냐민 문에서 첫 문 자리와 성 모퉁이 문까지 그리고 하나넬 망대에서 왕의 포도주 짜는 곳까지라고 한다. 이 장소 이름들 중에는 정확한 위치를 알 수 없는 것도 있지만, 이 장소 이름들은 예루살렘 중에서도 주로 성전 가까운 곳에 위치해 있는 장소들이다. 베냐민 문은 성전 서 북쪽에 있는 양문으로 여겨지며(느 12:39), 첫 문은 성전 북쪽에 위치해 있었을 것이다. 성 모퉁이 문도 성전 서쪽에 있는 문이고, 하나넬 망대도 성전 서쪽에 위치해 있었다. 왕의 포도주 짜는 곳은 성전 남쪽에 위치해 있었다. 감람산이 있는 동쪽을 제외한 세 지역에 위치한 지역을 언급하면서, 이 지역을 중심으로 예루살렘은 그 본래 자리에 있고 나머지는 아르바 평지처럼 낮아진다. 예루살렘을 이렇게 높인 이유는 하나님이 통치하는 성산이기 때문이며, 예루살렘의 안정성과 평화를 두드러지게 하기 위해서이다. 그래서 11절은 예루살렘에 사람들이 살며 다시는 저주가 없이 안전하게 거하게 된다고 한다. 저주의 히브리어 *헤렘*(חֵרֶם)은 모든 것을 파괴하여 하나님께 돌려드리는 징벌이다. 여호수아의 가나안 정복 전쟁 때에 여리고가 *헤렘*의 대상이었다. 예루살렘도 하나님께 범죄함으로 파괴와 멸망의 징벌을 받았는데, 이 *헤렘*이 다시는 있지 않게 될 것이라고 한다. '다시 저주가 없다'는 주제는 요한계시록 22:3에서도 볼 수 있다.

> "다시 저주가 없으며 하나님과 그 어린 양의 보좌가 그 가운데 있으리니 그의 종들이 그를 섬기며"

스가랴 14:11은 종들의 섬김보다는 예루살렘의 평화와 안전을 더 강조하고 있지만, 16-21절은 수많은 이방 민족들이 예루살렘에 와서 하나님께 경배하

---

12. Baron, *Zechariah*, 510-11.

는 모습을 기록하고 있다. 이것뿐만 아니라 앞서 본 것처럼 6-11절의 메시지는 요한계시록 22장에서 인용되어 종말에 있을 마지막 사건으로 제시되고 있다.

	스가랴 14장		요한계시록 22장
6-7	빛이 없겠고… 어두워 갈 때에 빛이 있으리라	5	다시 밤이 없겠고 등불과 햇빛이 쓸 데 없으니
8	생수가 예루살렘에서 솟아나서	1	생명수 강을 내게 보이니
9	여호와께서 천하의 왕이 되시리니	3	하나님과 어린 양의 보좌가 그 가운데에 있으리니
11	다시는 저주가 있지 아니하리니	3	다시 저주가 없으며

3. 예루살렘을 공격한 이방 민족에 대한 심판(14:12-15)

12 예루살렘을 친 모든 백성에게 여호와께서 내리실 재앙은 이러하니 곧 섰을 때에 그들의 살이 썩으며 그들의 눈동자가 눈구멍 속에서 썩으며 그들의 혀가 입 속에서 썩을 것이요 **13** 그 날에 여호와께서 그들을 크게 요란하게 하시리니 피차 손으로 붙잡으며 피차 손을 들어 칠 것이며 **14** 유다도 예루살렘에서 싸우리니 이때에 사방에 있는 이방 나라들의 보화 곧 금 은과 의복이 심히 많이 모여질 것이요 **15** 또 말과 노새와 낙타와 나귀와 그 진에 있는 모든 가축에게 미칠 재앙도 그 재앙과 같으리라

스가랴 14:12-15는 예루살렘 공격에 가담한 이방 민족들에 대한 심판을 기록하고 있다. 하나님은 예루살렘을 친 이방 민족들을 서 있는 상태에서 썩어서 죽게 하며, 서로가 서로를 죽이게 한다. 동일한 재앙이 사람뿐만 아니라 이들이 끌고 온 짐승들에게도 미치게 되며, 그들이 가져온 보화들은 예루살렘에 쌓이게 된다.

1) 예루살렘을 친 이방 사람과 가축의 죽음(12-13, 15절)

12-13절에서 하나님은 예루살렘을 공격한 모든 사람들에게 두 가지 방법으로 죽음의 재앙을 내린다. 첫째는 그들이 서 있는 상태에서 살과 눈동자와 혀가 썩어 죽게 된다.[13] 눈과 혀를 언급한 것은 대적들의 행위를 암시하기 위해서이다. 클라인(Klein)에 의하면 눈을 언급한 것은 대적들이 보아야 할 것을 보지 않음을 나타내고(겔 12:2), 혀는 그들의 입으로 하나님을 대적하는 말을 쏟아 낼 것이기 때문이라고 한다(시 51:14).[14] 어쨌든 12절은 예루살렘의 대적들에 대한 심판과 재앙을 선포한다. 12절에서 묘사하고 있는 이들의 죽음의 형태가 어떤 것인지 알 수 없지만, 유사한 형태의 죽음의 재앙을 이집트의 장자의 죽음과 아시리아 군대의 죽음에서 찾아볼 수 있다.[15] 출애굽 때에 유월절 어린 양의 피를 문설주에 바르지 않은 이집트의 사람의 장자와 가축의 첫 새끼가 하룻밤 사이에 죽었고(출 12:29-30), 히스기야 때에 산헤립과 아시리아 군대가 하룻밤에 충이 먹어 모두 죽었고 산헤립만 간신히 아시리아로 돌아 갔다(왕하 19:35).[16] 하지만 스가랴 14:12의 죽음은 단순히 충이 먹는 전염병에 의한 사망보다 더 급작스럽고 신속한 부패 과정을 동반하고 있으며, 당대의 사람들이 한 번도 경험해 보지 못한 방식으로 죽는 것이다. 개역개정 성경의 "썩으며"의 히브리어 동사는 *마칵*(מָקַק)이며, 뜻은 '썩다,' '부패하다,' 그리고 '소멸되다'이다. 이사야 34:4은 이 동사를 사용하여 "하늘의 만상이 사라지고"라고 했다. 그렇기 때문에 "살이 썩으며"는 서 있는 동안 살이 녹아 없어지는 현상을 말한다. 둘째는 하나님께서 이방 사람들에게 혼란을 야기하여 서

---

13. Duguid, *Haggai, Zechariah and Malachi*, 182-83.
14. Klein, *Zechariah*, 417-18.
15. Smith, *Micah-Malachi*, 290; P. D. Hanson, *The Dawn of Apocalyptic* (Philadelphia: Fortress Press, 1979), 383-84; Phillips, *Zechariah*, 316-17. 핸슨과 스미스 그리고 필립스는 슥 14:12-13의 재앙을 예루살렘을 공격한 이방 민족들에게 내려진 하나님의 언약의 저주라고 생각하며, 이 재앙은 레 26:21과 신 28:20과 관련 있다고 생각한다.
16. Baron, *Zechariah*, 516-18.

로 죽이는 일이 일어난다. 유사한 종말론적 사건을 선지자 학개와 요한계시록
에서도 확인할 수 있다. 학개 2:22에 의하면 마지막 날에 있을 대 전쟁에서 하
나님이 여러 왕국들을 멸할 때에 각각 동료의 칼에 의해 죽는 일이 일어난다
고 한다. 요한계시록 6:4에 의하면 둘째 인을 떼자 붉은 말을 탄 자가 땅에서
화평을 제하여 버리고 서로 죽이게 하는 재앙을 내린다. 스가랴 14:13도 동일
한 현상이 일어날 것이라고 하며, 이 재앙을 내리는 분은 여호와 하나님이다.

2) 이방 나라들의 보화를 약탈함(14절)

14절은 두 가지 사실을 말한다. 첫째는 스가랴 12:6의 메시지와 유사하게
유다가 예루살렘 가운데서 대적들을 향하여 싸운다. 둘째는 예루살렘을 공격
하러 온 이방 민족들이 소유한 금은 보화와 의복이 예루살렘으로 모아지게 된
다. 이것은 이스라엘의 회복과 관련된 주제들에 자주 포함되는 주제이다. 창
세기 15:14에서 하나님은 아브라함에게 그의 후손이 이집트에서 노예 생활을
하다가 큰 재물을 가지고 돌아오게 하겠다고 하였고, 이 약속은 성취되어 그
재물을 가지고 성막을 건축하는 재료로 사용하게 된다(출 3:22; 25:2). 이스라
엘의 심판과 미래의 회복에 관한 메시지에서도 이 주제가 사용된다. 이사야
60:1-10에 의하면 수많은 이방 민족들이 금과 은을 가지고 와서 하나님께 드
려 예루살렘 재건에 사용될 것이라고 한다. 스가랴 14:14도 이런 회복 신학 전
통 속에서 주어지는 메시지이다. 14절의 금은 보화가 무슨 용도로 사용되는지
아무런 언급이 없지만, 스가랴와 동시대의 선지자였던 학개는 종말의 시기에
이방 민족들의 금과 은이 예루살렘 성전을 영화롭게 장식하는 데 사용된다고
한다(학 2:7-9). 요한계시록 22:24-26에는 열두 보석으로 꾸며진 새 예루살렘
으로 만국 백성이 그들의 영광과 존귀를 가지고 들어간다고 한다.

4. 이방인들의 초막절 모임과 여호와께 성결(14:16-21)

16 예루살렘을 치러 왔던 이방 나라들 중에 남은 자가 해마다 올라와서 그 왕 만군의 여호와께 경배하며 초막절을 지킬 것이라 **17** 땅에 있는 족속들 중에 그 왕 만군의 여호와께 경배하러 예루살렘에 올라오지 아니하는 자들에게는 비를 내리지 아니하실 것인즉 **18** 만일 애굽 족속이 올라오지 아니할 때에는 비 내림이 있지 아니하리니 여호와께서 초막절을 지키러 올라오지 아니하는 이방 나라들의 사람을 치시는 재앙을 그에게 내리실 것이라 **19** 애굽 사람이나 이방 나라 사람이나 초막절을 지키러 올라오지 아니하는 자가 받을 벌이 그러하니라 **20** 그 날에는 말 방울에까지 여호와께 성결이라 기록될 것이라 여호와의 전에 있는 모든 솥이 제단 앞 주발과 다름이 없을 것이니 **21** 예루살렘과 유다의 모든 솥이 만군의 여호와의 성물이 될 것인즉 제사 드리는 자가 와서 이 솥을 가져다가 그것으로 고기를 삶으리라 그 날에는 만군의 여호와의 전에 가나안 사람이 다시 있지 아니하리라

12-15절이 예루살렘을 공격한 사람들에게 내릴 재앙을 기록하고 있다면, 16-21절에는 이들 중에 남은 자들의 회복을 기록하고 있다. 이방의 남은 자들은 초막절을 지키며 하나님께 경배한다(16-17절). 하지만 초막절을 지키려 오지 않는 이방 사람들에게는 비를 내리지 않는 것을 비롯한 재앙을 내린다(17-19절). 이들이 와서 드리는 제물의 양이 너무 많아서 예루살렘과 유다의 모든 솥이 제물을 삶는 도구가 된다(21절). 그리고 이방 민족들의 삶 속에서도 여호와의 거룩하심이 충만하게 드러날 것이라고 한다(20-21절).

1) 초막절을 지키는 이방 나라에 대한 축복(16절)

16절은 예루살렘을 공격하러 올라온 모든 민족들 중에서 모든 남은 자들이

해마다 예루살렘에 올라가서 왕이신 만군의 여호와께 경배하고 초막절을 지키게 된다고 한다. 이방 민족이 여호와의 율법과 평화를 배우기 위해 예루살렘으로 오는 것은 이사야 2:1-4과 미가 4:1-4 그리고 스가랴 8:20-23에서도 볼 수 있다.[17] 그리고 17-19절에서는 이 초막절을 지키러 오지 않는 민족들에게는 비를 내리지 않고 또 재앙을 내릴 것이라고 한다. 이것은 16-19절에서 이방 민족의 초막절 축제 참여를 매우 중요하게 생각하고 있음을 보여준다.[18] 구약의 여러 절기들 중에서 특별하게 초막절에 이방 민족들이 참여해야 하는 이유가 있을까? 초막절은 이스라엘의 안식일과 절기들 중에서 새해 축제(로쉬 하사나)와 속죄일과 함께 7월에 시행된 축제이다. 초막절은 규모 면에서 볼 때 가장 큰 축제로서 다른 안식일들의 제사와 비교가 되지 않는다. 7일 동안 매일 어린 양 14마리씩 합계 98마리, 염소 2 마리씩 합계 14마리, 그리고 70마리의 송아지를 드렸다. 이 송아지는 7일 축제 기간 동안 첫 날은 13마리, 이후 매일 한 마리씩 줄어 마지막 날에는 7마리, 도합 70마리를 드렸다. 70마리의 송아지를 바친 이유에 대해 바벨로니아 탈무드는 다음과 같이 말한다.[19]

"게마라: 이 70마리의 황소를 무슨 목적으로 바쳤는가? 랍비 엘라잘이 말했다: 당시에 존재했던 70나라들을 위해 바쳤다."

70마리의 송아지는 이스라엘 백성을 위해 바친 것이 아니라 세상의 모든 민족을 위해 바쳤다는 말이다. 이 같은 해석은 탈무드에 그치지 않고 기원전 2세기 랍비 주석인 조할(Zohar)에도 있다. 조할에 의하면 70마리의 송아지는

---

17. Petersen, *Zechariah 9-14 and Malachi*, 155.

18. Baldwin, *Haggai, Zechariah, and Malachi*, 206.

19. Babylonian Talmud, *Tract Succah*. 5.89.

70으로 대표되는 세상 모든 민족들이 멸망하지 않도록 하기 위해 바쳐졌다.[20] 미드라쉬는 초막절 7일간의 축제 후에 다시 하루를 성일로 지키게 한 이유를 잔치를 베푼 한 왕의 이야기로 설명한다.[21]

> "이것은 7일 동안 잔치를 베풀고 이 기간 동안 나라의 모든 백성들을 초대한 한 왕의 경우와 비교할 수 있다. 7일 잔치가 끝난 후 왕이 자기의 친구에게 말했다: 우리는 나라의 백성들에게 할 도리를 이미 다했으니, 이제 너와 내가 함께 고기나 생선 또는 채소 중에 뭐든지 네 눈에 좋은 것으로 분위기를 바꾸자. 동일한 차원에서 거룩하신 하나님이 이스라엘에게 말씀하셨다: 여덟째 날에는 거룩한 대회로 모일 것이요."(민수기 라바 21:24)

미드라쉬가 전하고자 하는 초막절 제8일 제의의 의미는 언약 백성들이 열방을 위해 70마리의 제물을 바쳐 그들을 위해 속죄하고, 또 하나님이 이들을 위해 사랑의 잔치를 베풀었음에도 불구하고, 이 초대에 응하지 않고 언약 백성에게 계속 적대 행위와 악을 행하는 민족들을 제외한 새로운 잔치를 하나님이 베푼다는 것이다. 이런 점들을 고려할 때 초막절 축제에는 이방 민족들의 속죄와 회복에 관한 요소가 포함되어 있었고, 그렇기 때문에 스가랴 14:16-19은 이방 민족들의 초막절 축제 참여를 중요하게 다루는 것으로 판단된다.

---

20. 조할의 주석에는 이렇게 기록하고 있다. "이스라엘은 초막절 7일 동안 70개 민족의 칠십 지도자들을 속죄하기 위해 소 일흔 마리를 희생하여 그들로 인해 세상이 멸망하는 일이 없도록 했다(During the seven days of Sukkot, Yisrael used to sacrifice seventy bullocks to make atonement for the seventy ministers OF THE SEVENTY NATIONS, so that the world would not remain destroyed because of them)." Zohar, *Sukkot*, 826-27. 조할에 의하면 송아지가 13마리에서 7마리로 준 것은 창 8:4-5에 7월에 방주가 아라랏 산에 도착한 후 물이 줄어든 것과 같다고 한다.
21. J. Milgrom, *Numbers, The JPS Torah Commentary* (Philadelphia: JPS, 1990), 249.

2) 초막절을 지키지 않는 이방에 대한 저주(17-19절)

17-19절에서는 초막절을 지키러 예루살렘에 오지 아니한 모든 이방 민족 사람들에게 재앙을 내릴 것이며, 그 재앙은 비를 내리지 않는 것이라고 한다. 18절은 이방 민족들 중에서 이집트를 예로 들면서, 이집트 사람들 가운에 어느 부족이든 예루살렘에 올라와 초막절 축제에 참가하지 않으면 비를 내리지 않겠다고 한다. 이 말은 가뭄의 재앙을 내리겠다는 말이며, 구약 성경에서 가뭄은 이스라엘과 이방 민족들에 대한 하나님의 징벌 수단으로 자주 언급된다. 하지만 초막절 축제에 불참한 이방 민족들에게 비를 내리지 않는 재앙만 언급하는 것은 아주 특이하다. 초막절 불참 민족들에게 비를 내리지 않는 재앙은 초막절 행사와 관련 있을 수 있다. 전통적으로 이스라엘 민족은 초막절 축제 기간 동안 제단에 물 붓는 의식을 행하였다. 축제 기간 동안 사람들은 실로암에 내려 가서 물을 길어다가 제단에 부었다.[22] 물을 긷는 제사장이 물을 가지고 수문(Water Gate)으로 들어올 때 레위인들이 나팔을 불며 이사야 12:3을 불렀다.

"그러므로 너희가 기쁨으로 구원의 우물들에서 물을 길으리로다"

요한복음 7:37-38에서 예수님은 초막절 끝 날에 성전에서 이렇게 선포했다.

"누구든지 내게로 와서 마시라 나를 믿는 자는 성경에 이름과 같이 그 배에서 생수의 강이 흘러나리라"

이어지는 말씀에서 예수님은 생수를 성령이라고 하였다. 만약 비의 재앙이 초막절 물 긷기와 관련이 있다면, 비는 구원과 관련 있을 것으로 여겨지

---

22. Baldwin, *Haggai, Zechariah, and Malachi*, 206-207.

며, 비를 내리지 않겠다는 말은 구원의 은총을 베풀지 않겠다는 말로 생각할
수 있을 것이다.

3) 여호와께 성결, 여호와의 성물(20-21절)

20-21절에서는 종말의 시대에는 하나님의 성전에 거룩하고 신실한 하나님
의 백성들이 가득 모여 하나님을 예배할 것이라고 한다. 20-21절은 종말을 강
조하기 위해 20절의 문두에 "그 날에"로 시작하여 21절 마지막에 "그 날에"
를 배열하였다. 예루살렘에 거룩한 성도들로 가득할 것이라는 것을 성전에
서 사용되는 성구들을 통해 묘사되며, 이를 교차 대구법으로 전개하고 있다.

A. 말 방울에 여호와께 성결(20a)

B. 여호와의 전의 솥과 주발(20b)

B' 예루살렘과 유다의 모든 솥(21a)

A' 여호와의 전에 가나안 사람(21b)

20-21절에서 전하고자 하는 메시지는 두 가지이다. 첫째, 거룩한 하나님의
백성들이 예루살렘을 찾는 것을 20절은 말 방울에 여호와께 성결 문구를 기
록하는 것으로 표현한다.[23] 여호와께 성결은 이스라엘 백성들이 하나님 앞에
서 신앙적으로 도덕적 윤리적으로 깨끗하고 정결한 삶을 살겠다는 것을 다짐
하는 표식으로서 대제사장의 머리에 쓰는 관에 새겨져 있었다.[24] 그러한 여호

---

23. R. P. Gordon, "Inscribed Pots and Zechariah 14:20," *VT* 42 (1992): 120-23. 고든은 고대 이스
    라엘 사람들은 항아리와 같은 물품에 하나님의 성호를 새겨 넣는 경우가 종종 있었다고 생각하며,
    이런 전통이 말방울에 '여호와께 성결' 문구 새겨 넣는다는 아이디어에 반영되었다고 생각한다.
    Al Wolters, "Targumic KRWBT (Zechariah 14:20)=Greek Koryphaia," *JBL* 115 (1996): 710-13.
    알 볼터스는 말방울이 스가랴 시대에는 없었기 때문에 이를 말의 고삐에 달려 있는 장신구로 보
    아야 한다고 말한다.
24. 기동연, 『성전과 제사에서 그리스도를 만나다』, 127.

와께 성결 문구가 대제사장이 아니라 말의 방울에도 새겨진다. 이것은 말들의 용도가 바뀌었음을 보여준다. 스가랴 9-12장에서 말들은 전쟁 도구들이다. 스가랴 9:10에 의하면 말들은 전쟁에 동원되고 있고, 하나님은 이 말들을 예루살렘에서 제거할 것이라고 했다. 12:4에서도 하나님은 예루살렘을 공격하러 온 민족들의 말들을 제거할 것이라고 한다. 이렇게 전쟁의 도구로 사용되는 말이 목에 여호와께 성결 문구를 달고 있으며, 이것은 전쟁을 추구하던 사람들조차도 하나님께 거룩한 삶과 마음을 갖추고 하나님께 예배 드리러 예루살렘에 온다는 의미이다.[25] 둘째로 거룩한 하나님의 백성들이 예루살렘을 찾는 것을 21절 마지막 문장은 여호와의 전에 다시 가나안 사람들이 없을 것이라는 말로 표현하고 한다. 이 가나안 사람은 가나안 원주민을 말하는 것이 아니라, 고대의 상인들을 의미하며, 21절의 말은 자신의 부를 이루기 위해 탐욕으로 가득한 그런 상인들이 다시는 여호와의 성전에 존재하지 않을 것이라는 말이다.[26] 이렇게 20-21절은 거룩하고 그 마음에 탐욕이 없는 참된 성도들이 여호와의 성전에 와서 하나님께 순전한 마음으로 예배 드린다는 것이다.

20-21절은 또한 이들 거룩한 성도들이 예루살렘에 차고 넘친다고 한다. 20-21절은 이를 성전 예배에 사용되는 성구를 통해 비유적으로 표현한다. 20절은 여호와의 집의 솥은 제단의 주발처럼 사용되고, 21절은 예루살렘과 유다의 가정집의 솥들은 여호와의 집의 솥처럼 사용된다고 한다. 여호와의 집에 있는 솥들은 화목제물의 고기를 삶기 위해 사용하는 성구로서 놋과 쇠로 만들었고, 제단 앞의 주발은 제물의 피를 담아 번제단이나 분향단에 뿌릴 때 사용하는 성구로서 금으로 만들었다. 하지만 종말에는 거룩한 성도들이 하나님께 드리는 제물이 너무 많아서 하나님의 집의 솥으로 주발을 대신하여 사용해야 할 지경이 된다. 거룩한 성도들이 하나님께 드리는 화목 제물의 양이 너무 많

---

25. McComiskey, "Zechariah," 1244.
26. C. Roth, "The Cleansing of the Temple and Zechariah," *NT* 4 (1960): 174-81. 로스는 슥 14:21 의 가나안을 없앴다는 것을 예수님의 성전 정화 사건과 관련된 예언이라고 생각한다.

아서 이 제물의 고기를 삶기 위해서는 여호와의 성전에 있는 솥들로는 도무지 감당이 되지 않아 예루살렘과 유다에 있는 모든 솥들을 동원해야 할 정도로 많다. 그래서 이들 예루살렘과 유다에 있는 모든 솥들이 여호와께 성물이 된다고 한다. '만군의 여호와께 성물'의 히브리어는 *코데쉬 라여호와 체바오트* (קֹדֶשׁ לַיהוָה צְבָאוֹת)로서 20절에 말 방울에 기록했던 여호와께 성결의 히브리어 *코데쉬 라여호와*(קֹדֶשׁ לַיהוָה)와 같은 표현이다. 전쟁의 말들과 유다의 세속적인 솥들이 하나님께 거룩한 도구가 되어 거룩한 백성들이 하나님께 드리는 예배의 도구로 모두 거룩하게 구별되었다. 20-21절은 그런 은총과 감동이 종말의 시대에 충만하게 된다고 한다. 아멘.

교훈과 적용

1. 여호와의 날이 이르면 하나님은 예루살렘에 이방 나라들을 모아 공격하게 하고 엄청 난 지진을 보내어 참혹한 재앙을 겪게 할 것이라고 한다(슥 14:1-5). 예수님께서도 이런 종말을 예고하였고, 종말의 대 재앙에서 살아남을 수 있는 사람이 있다고 했다(마 24:1-29). 그 사람은 하나님 앞에서 거룩한 삶을 산 사람들이다. 예수 그리스도를 주와 그리스도로 믿으며 닮는 삶을 사는 성도들이 바로 거룩한 삶을 사는 사람이다. 하지만 우리는 그리스도를 닮는 거룩한 삶을 살고자 하는 의지가 많이 약해져 버린 시대에서 살고 있다. 성과 속을 구분하기 힘든 시대이지만 나는 하나님 앞에서 거룩성을 지키며 그리스도와 성령의 도우심으로 성화되어 가고 있는가?

2. 대 재앙을 겪고 난 예루살렘에게 하나님은 참 빛이 되시고 생명수가 넘치는 곳으로 만들 것이라고 한다(슥 14:6-11). 요한계시록 22:1-5에서 말하는 것처럼 예루살렘을 에덴 동산처럼 회복시키고 하나님은 천하의 왕이 된다고 한다. 하나님의 백성들은 이 날을 사모하며 살아야 한다. 그런데 나는 역사 이래 가장 발전된 세상 문화와 문명 때문에 그리스도의 재림과 함께 이루어질 완성된 하나님 나라를 사모하는 마음을 잃어버리지는 않았는가?

3. 스가랴서의 마지막 메시지는 종말의 시대에 전쟁에 동원되는 말들의 방울에까지 여호와께 성결이라고 기록되고 모든 솥이 여호와의 성물이 되는, 그야말로 땅 위에 있는 모든 것들이 예배를 위해 사용되고 성결을 위한 도구들이 되는 일이 일어난다고 한다. 이런 감격의 시대에 모든 이방 나라들 중에서 남은 자들이 예루살렘에 와서 초

막절 축제에 참여하게 된다고 한다. 우리 주 예수님은 이 종말 축제에 이방 민족들을 하나님 앞으로 이끌어 오기를 기대하고 있다(마 22:1-14). 나는 지금 이 종말 축제를 위해 무슨 역할을 하고 있는가?

말라기

말라기 서론

저자

말라기 1:1에 의하면 말라기서의 저자는 말라기이다. 말라기가 구체적으로 어떤 사람인지에 대해서는 말라기서뿐만 아니라 다른 성경에서도 전혀 언급하는 바가 없다. 유대인들은 전통적으로 말라기의 무덤이 학개, 스가랴와 함께 감람 산에 있는 현재 러시아 정교회 교회당 내부에 있다고 믿고 있지만 그 외에 말라기의 정체에 관한 뚜렷한 정보는 존재하지 않는다. 말라기서의 저자 문제는 오랫동안 논쟁의 대상이었다. 그 이유는 말라기의 히브리어 *말아키*(מַלְאָכִי)의 뜻은 '나의 사자'이며, 사람의 이름을 나타내는 고유 명사로도 볼 수 있지만, '나의 사자'라는 일반 명사로도 볼 수 있기 때문이다. 70인역은 말라기를 고유 명사로 보지 않고, '그의 천사'(앙겔루 *아우투* αγγελου αυτου)로 번역하였다. 말라기를 일반 명사 '나의 사자'로 보는 근거는 3:1에서 하나님이 '내가 나의 사자를 보낼 것이라'는 말을 하고 있는데, '나의 사자'는 '말라기'이기 때문이다. 구약 성경에는 말라기와 같은 고유 명사에 1인칭 대명사 접미사를 붙인 형태의 개인 이름이 없으며, 이런 점도 말라기를 개인의 이름이 아니라 일반 명사로 생각하게 만드는 요인이 되고 있다. 그래서 스튜어트(D. Stuart)는 말라기가 *말라키야웨*(מַלְאָכִיהוה '여호와의 사자'), *말라*

키야후(מַלְאֲכִיָּהוּ '야후의 사자'), 또는 *말라키야*(מַלְאֲכִיָּה '야의 사자')의 약자일 가능성이 있다고 생각한다.[1] *야후*(יָהוּ)와 *야*(יָה)는 모두 *야웨*(יְהוָה 여호와)의 약칭이다. 하지만 말라기를 고유 명사로 이해한 전통이 훨씬 더 강하다. A.D. 3-4세기에 만들어진 70인역 개정판 심마쿠스(Symmachus)와 데오도티온(Theodotion) 그리고 라틴어 역(Vulgate)과 시리아 역(Peshitta)은 말라기를 고유 명사로 번역하였다. 2세기 경에 기록된 에스드라 4서 1:40에서도 12선지서들 중에 말라기의 이름을 기록하고 있다.[2] 하지만 말라기 3:1의 말라기를 1:1의 말라기와 동일시하는 것은 적절하지 않다. 3:1의 말라기는 하나님께서 미래에 보낼 자인데 반해 1:1은 말라기서를 기록하고 있는 당사자이기 때문에 둘은 동일시 될 수가 없다. 그렇기 때문에 말라기는 일반 명사라기보다는 고유 명사로서 개인의 이름일 가능성이 훨씬 더 높다.

역사적 배경

말라기는 포로 후기에 활동한 선지자이다. 말라기서에는 포로기 이전의 왕정 시대를 추론할 만한 표현이 존재하지를 않고, 대신에 말라기 1:8의 '총독'이라는 표현은 에스라, 느헤미야에서 볼 수 있는 것처럼 페르시아를 비롯한 이방 나라들의 관리를 나타내는 명칭이기 때문에 말라기서의 역사적 배경을 포로 후기 시대로 한정 짓게 만든다(참조. 왕상 10:15; 20:24; 왕하 18:24). 말

---

1. D. Stuart, "Malachi," in *The Minor Prophets: An Exegetical and Expository Commentary*, ed. T. E. McComiskey (Grand Rapids: Baker, 1998), 1245-46.

2. J. H. Charlesworth, *The Old Testament Pseudepigrapha*, vol. 1 (New York: Doubleday, 1983), 526. 4 Ezra 1:40 "아버지 … 그들에게 아브라함, … 호세아, 아모스, … 학개, 스가랴, 그리고 주님의 사자라고도 하는 말라기와 같은 지도자를 줄 것입니다(And now, father, … to them I will give as leaders Abraham, … Hosea and Amos … Haggai, Zechariah, and Malachi, who is also called the messenger of the Lord)."

라기서가 포로 후기 시대 중에서 구체적으로 언제인지를 결정하는 것은 간단하지 않지만, 포로 후기 시대에 기록된 성경들을 비교해 보면 말라기의 활동 시기를 짐작할 수 있다.

말라기서에는 학개와 스가랴서처럼 제사장들에게 질문하거나 책망하는 메시지를 기록하고 있다. 동일 주제를 가지고 있기 때문에 셋을 동시대로 생각할 수 있지만 말라기는 학개, 스가랴와 별개의 주제를 다루고 있다. 학개 2:10-17에서 학개는 제사장들에게 제의와 관련된 율법에 대하여 두 가지를 질문한다. 첫째는 사람의 옷자락에 거룩한 고기를 쌌는데 그 옷자락이 만일 다른 음식에 닿으면 성물이 되느냐는 질문과 시체를 만져서 부정하여진 자가 성물을 만지면 부정하게 되느냐는 질문이다. 첫 질문은 레위기 6:26-28의 속죄제 제물의 피와 고기가 사람이나 물건에 접촉하게 되었을 때 처리하는 방식과 관련된 것이며, 둘째는 11:28-35; 22:4-7의 주검에 접촉한 사람과 물건들의 부정과 관련된 질문이다. 이 질문을 한 후 학개는 2:14절에서 다음과 같이 말한다.

> "이에 학개가 대답하여 이르되 여호와의 말씀에 내 앞에서 이 백성이 그러하고 이 나라가 그러하고 그들의 손의 모든 일도 그러하고 그들이 거기에서 드리는 것도 부정하니라"

제의와 관련된 질문에 대한 제사장들의 대답을 듣고 난 후 학개가 포로 후기 백성이 행하는 모든 것이 부정하다고 말하지만, 그가 부정하다고 책망하는 이유는 14절의 '거기에서'라는 표현에서 볼 수 있듯이 폐허가 된 성전을 재건하기 위해 노력하지 않는 백성들의 무관심에 대한 질책이다. 학개의 질책은 성전에서 드려지는 제의의 부패에 대한 것이 아니다. 스가랴 7:5에서도 제사장에 대한 질문과 질책이 기록되어 있다. 벧엘 사람이 오월 중에 행하는 금식을 계속해야 하는지 여부를 질의하였을 때, 스가랴는 제사장들과 백성들에게 그들이 5월과 7월에 행하는 금식이 나를 위한 것이냐며 그들의 신앙 행위에 대해 하나님은 근본적인 질문을 던진다. 하지만 이 질문은 포로 후기 백성들의 제의와 직접 관련된 문제 때문에 던져진 것이 아니다. 7:6-13에서 볼 수 있는 것처럼 그들이 정의로운 삶과 사랑을 실천하는 삶을 살지 않고 형식적인 금식만 하고 있는 것에 대한 질책이다. 그렇기 때문에 학개와 스가랴서에서 제의적 요소를 통한 제사장들과 백성들을 향한 질책은 근본적으로 제의 그 자체로 인한 책망이 아니고, 성전 재건 지체와 그들의 비도덕적인 삶에 대한 질책이며, 이것은 말라기서의 부패한 예배에 대한 책망과 구별된다.

　　제의와 관련하여 말라기의 메시지와 학개, 스가랴의 메시지의 또 다른 차이점은 말라기서에는 학개, 스가랴와 달리 포로 후기 백성들의 성전 건축에 관한 메시지가 포함되어 있지 않고, 재건된 성전에서 제사가 드려지고 있는 것으로 묘사되고 있다는 것이다. 이것은 자연스럽게 말라기의 역사적 배경을 제2 예루살렘 성전 건축이 완료되고 난 이후로 생각할 수 있다. 말라기서에는 에스라, 느헤미야를 통해 완공된 예루살렘 성벽 재건 공사에 대한 말도 있지 않다. 그렇기 때문에 학자들 사이에는 말라기서가 에스라, 느헤미야의 예루살렘 성벽 건축 이전에 기록되었다는 의견과 에스라, 느헤미야 시대와 중복되는 시기에 기록되었다는 의견 그리고 느헤미야가 성벽 재건을 마치고 페르시아의 수산궁으로 돌아갔다가 예루살렘으로 되돌아 오는 시기에 기록되었다는 의견으로 나뉜다.[3] 에스라, 느헤미야 이전 시대로 보는 이유는 말라기 3:11-12

---

3. 에스라, 느헤미야 이전 시대로 보는 학자는 글래이저-맥도널드 외 여러 명의 학자들이 있다. B. Glazier-McDonald, *Malachi: The Divine Messenger* (Atlanta: Scholars Press, 1983), 14-19; 에스라, 느헤미야와 말라기의 활동 시기가 겹쳐진다고 생각하는 학자들은 다음과 같다. C. F. Keil & F. Delitzsch, *The Twelve Minor Prophets*, vol 2 (Grand Rapids: Eerdmans, 1993), 425-27; J. G. Baldwin, *Haggai, Zechariah, Malachi*, TOTC (Downers Grove: IVP, 1972), 211-13; P. A. Verhoef, *The Books of Haggai and Malachi*, NICOT (Grand Rapids: Eerdmans, 1987), 156-60; 말라기를 학개, 스가랴와 동시대로 보거나 기원전 4세기 경으로 보는 학자들도 있다. 이들과 관련하여서는 다음을 참고하라. R. L. Smith, *Micah-Malachi*, WBC (Waco: Word Books, 1984), 298-99.

이 학개, 스가랴처럼 경제적 재앙을 말하고 있기 때문이다. 하지만 학개, 스가랴는 포로 후기 백성들을 질책하면서 2:14-17에서 말하고 있는 이혼에 관한 문제를 전혀 언급하지 않고 있다. 말라기서의 이혼 문제와 이방인 결혼 문제는 에스라, 느헤미야 시대에서 볼 수 있는 현상이므로 말라기서의 역사적 배경이 이들과 겹치는 것으로 볼 수 있다(스 10:10-12; 느 13:23-29). 하지만 말라기의 활동 시기를 에스라, 느헤미야와 완전히 겹치는 것으로 보는 것은 적절해 보이지 않는다. 에스라서에는 이방인 결혼 문제가 포함되어 있지만, 제사장들이나 백성들이 부정한 제물을 바치는 현상에 대해서는 전혀 언급하지 않는다. 이것은 느헤미야에서도 동일한 현상이다. 말라기 1:8에서 하나님이 눈 먼 것과 저는 것 그리고 병든 것을 너희 총독에게 드려 보라고 말하는데, 이 총독은 느헤미야가 될 수가 없다. 느헤미야 5:14-15에 의하면, 느헤미야는 유다 땅의 총독으로 재임하는 동안 일절 백성들로부터 총독의 녹을 취하지 않았고, 느헤미야 이전 총독은 백성들을 착취하였다. 이런 점을 감안하면, 말라기의 내용은 느헤미야가 유다의 총독 임기를 마치고 수산 궁으로 돌아가고 난 이후에 일어난 사건들일 가능성이 높으며, 그때는 아닥사스다 왕 32년 이후인 기원전 433년 이후가 될 것이다. 그리고 말라기서는 느헤미야가 예루살렘으로 되돌아 오기 전에 일어난 사건들을 배경으로 기록되었을 가능성이 있다. 먼저, 느헤미야 13장은 백성들이 십일조를 내지 않아 레위인 제사장들이 성전 봉사를 포기하고 뿔뿔이 흩어진 상황을 말하고 있다. 말라기에서도 백성들의 십일조 문제가 거론되고 있지만, 그러나 레위인 제사장들이 여전히 자기 자리를 지키고 있는 것으로 묘사되고 있다. 이것은 말라기의 상황이 느헤미야에서 말하는 제사장들의 상황보다 전 단계일 가능성이 있다. 하지만 느헤미야는 제사장들이 부정한 제물을 바치는 제의의 심각한 타락 현상을 묘사하지는 않고 있다. 이런 점은 말라기가 느헤미야 이후 시대의 현상을 반영한다고 볼 수 있다. 둘째는 느헤미야 13장은 유다 사람들이 이방인 결혼을 통해 자녀를 낳고 유다 방언을 하지 못하는 것을 책망하고 있는데, 말라기도 유다 사람들이 이방인 결혼을 위해 이혼을 단행하는 내용들을 기록하고 있다. 이런 점들을 고려한다면(느 13:6), 말라기는 느헤미야가 수산 궁으로 돌아간 이후에 일어난 예루살렘 공동체와 제의의 붕괴를 보면서 선지자 활동을 하였을 가능성이 높다.

구조

말라기서는 여덟 메시지로 구성되어 있으며, 여덟 메시지는 대구를 이루고 있다.

A. 하나님의 이스라엘 사랑	1:1-5
B. 부정한 예배로 하나님의 이름 멸시	1:6-14
C. 레위 언약을 파괴한 제사장 심판	2:1-9
C' 결혼 언약을 파괴한 유다 심판	2:10-17
D' 여호와의 날과 언약의 사자	3:1-6
C" 언약을 파괴한 자를 심판	3:7-12
B' 하나님을 섬기는 자를 구분	3:13-18
A' 자녀의 마음을 아버지께로	4:1-6

각각의 메시지에서 말라기는 개역개정 성경이 "여호와께서 이르시되"와 같은 문구로 번역한 것과 달리 그 메시지의 핵심 이슈와 관련된 말로 시작한다. 예를 들면 히브리어 성경은 말라기 1:2에서 "내가 너희를 사랑했다고 여호와께서 말씀하셨지만"으로 시작하고 있다. 이런 스타일은 포로 후기 선지서인 학개, 스가랴와 판이하게 다르다. 학개, 스가랴가 모두 계시를 받은 시기로 페르시아 왕의 통치 연월일을 먼저 표기한 후 여호와께서 "이르시기를"로 시작하는데 반해 말라기는 1:1에서 이스라엘에 대한 경고라고 말한 후 각 메시

지에서 핵심 이슈를 먼저 제기하는 방식으로 계시를 전달하고 있다. A에 해당하는 1:1-5가 이스라엘에 대한 하나님의 사랑을 말하고 있는데, A'에 해당하는 4:1-6은 미래의 여호와의 날에 선지자 엘리야를 통해 자녀들의 마음을 그들의 아버지에게로 돌이키게 할 것이라고 한다. 이것은 단순히 아버지와 자식의 마음을 말하는 것이 아니라, 그 마음을 하나님께로 돌린다는 말이다. B에서는 제사장과 백성들이 부정한 제물로 하나님께 드리는 예배에 대해 질타했는데, B'에서는 하나님을 섬기는 것이 헛되다고 말하는 자들에게 여호와의 날에 하나님을 섬기는 자와 섬기지 아니하는 자를 구별할 것이라고 한다. C, C', C"에서는 세 차례에 걸쳐 언약을 파괴한 자들에 대한 심판을 선포하고 있다. C에서는 언약을 통해 하나님을 경외하고 율법을 가르치는 자로 세움 받은 제사장과 레위인들이 레위 언약을 깨뜨린 것 때문이 이미 하나님의 징벌을 받고 있다고 말한다. C'에서는 아내를 버리고 이방 신의 딸과 결혼함으로 하나님과 조상들 사이에 맺은 언약을 욕되게 한 자들에 대한 하나님의 심판을 예고 하고 있으며, C"에서는 하나님의 언약 규례를 외면하고 십일조와 봉헌물을 도둑질한 백성들이 이미 하나님의 저주를 받고 있고, 이 저주에서 벗어나 하나님의 복을 받기 위해 십일조를 비롯한 언약의 규정들을 지키라고 한다. D에서는 여호와의 날에 대한 메시지가 기록되어 있다. 이 날에 하나님은 언약의 사자를 통해 레위인과 모든 백성들을 깨끗하게 할 것이라고 한다.

신학 주제

말라기의 핵심 주제는 언약과 예배이다.[4] 소선지서들 중에서 언약이란 말을 가장 많이 사용한 선지서가 말라기이다. 호세아서가 네 번 나머지 선지서

---

4. 기동연, "말라기서의 예배: 붕괴와 회복," 『구약 논집』 10 (2015): 9-38.

들은 한 번도 사용하지 않거나(요엘, 요나, 미가, 나훔, 하박국, 스바냐, 학개)
한 번(아모스, 오바댜) 또는 두 번(스가랴) 사용한 것과는 달리 말라기는 무려
여섯 번 사용하였다. 이 언약에 근거하여 하나님은 포로 후기 백성에게 자신
을 아버지와 아들(1:6; 2:10; 3:17; 4:6) 주인과 종의 관계로 설명하고(1:6) 또
한 하나님은 자신을 그들에게 큰 임금(1:14)이라고 말한다. 언약의 주제를 통
해 말라기가 제기하고 있는 이슈는 다른 선지자들과 비교할 때 독특하다. 일
반적으로 선지자들이 언약 백성들의 우상 숭배와 도덕적인 삶의 문제를 주로
질타하였는데 반해 말라기는 언약 백성의 제의적인 또는 예배와 관련된 삶
의 문제를 질타한다. 제사장들에게 레위 언약을 깨뜨렸다고 지적하는 이유가
그들의 부정한 제사 행위 때문이고(1:6-14), 조상들의 언약을 욕되게 하였다
고 이혼자들을 꾸짖으면서 하나님은 그들의 봉헌물을 돌아보지 않을 것이라
고 말한다(2:13). 말라기는 예배 회복을 위해 세가지 메시지를 전했으며, 첫째
는 제사장들에 대한 질책이다. 1:6-10에서 하나님은 제사장들이 바친 부정하
고 흠 있는 제물에 대해 반복적으로 질책한다. 이 질책에서 하나님은 총독에
게 바치는 선물을 비유로 들면서 제사장들이 흠 있는 제물을 바침으로 망가트
린 포로 후기 성전 예배를 다시 회복 시키기를 바라고 있다(1:8). 둘째, 말라기
는 이방 민족들이 하나님께 돌아오면서 가져올 제물이라는 주제를 통해 예배
회복에 대한 하나님의 마음을 보여준다. 1:11에 의하면 이방 민족들이 해 뜨는
곳에서부터 해 지는 곳까지 하나님께 모여 오는 중요한 이유가 하나님의 이름
으로 예배 드리되, 깨끗한 제물을 드리는 것이다. 하나님이 이 말씀을 한 이유
는 1:14에서 볼 수 있는 것처럼 하나님은 포로 후기 백성도 흠 없는 정결한 짐
승을 통해 하나님께 예배 드리기를 원하셨기 때문이다. 셋째, 하나님은 언약
의 저주와 축복을 통해 예배를 집례하는 제사장들을 연단하고 정제하여 예배
를 회복시키겠다고 한다. 2:1-9에서 하나님은 언약의 저주와 축복을 통해 제
사장들에게 징벌을 내릴 것을 말한다. 2:3에서 제사장들의 얼굴에 절기의 희
생의 똥을 바른다고 한 것은 바로 그들이 하나님께 드린 부정한 제물의 더러

운 똥을 바른다는 것이며, 언약의 저주와 축복을 통한 질책이 바로 무너진 예배 때문이라는 것을 보여준다. 제사장들은 자신들만 부정한 제물을 바친 것이 아니라, 2:8에서 볼 수 있는 것처럼 포로 후기 백성들에게도 바른 예배를 가르치지 않고 그릇된 길로 인도하여 하나님께 부정한 제물을 바치게 하였다. "레위 언약을 깨뜨렸느니라"라는 말은 그들이 포로 후기 백성들을 그릇된 길로 빠지게 한 것이 레위기의 규정들, 즉 제물과 부정에 관한 규정을 깨뜨리게 한 것임을 보여준다. 레위인들의 잘못된 교육은 포로 후기 백성들로 하여금 하나님께 드리는 제물을 부정한 것으로 가져오게 만들었고, 이것은 십일조에도 영향을 끼쳤다. 제사장들처럼 포로 후기 백성들은 하나님께 흠 없고 정결한 제물이 아니라 흠 있는 제물을 제사장에게 가져와 제사 드리게 만들었다(1:14). 백성들의 십일조는 하나님께 흠 있는 것들을 바친 목록들 중에 하나이다. 제사장들과 포로 후기 백성의 부정하고 거짓된 예배 때문에 말라기는 3:11-12에서 다음과 같이 말한다.

> "**11** 만군의 여호와가 이르노라 내가 너희를 위하여 메뚜기를 금하여 너희 토지 소산을 먹어 없애지 못하게 하며 너희 밭의 포도나무 열매가 기한 전에 떨어지지 않게 하리니 **12** 너희 땅이 아름다워지므로 모든 이방인들이 너희를 복되다 하리라 만군의 여호와의 말이니라"

말라기는 학개와 스가랴처럼 언약의 저주와 축복 메시지를 사용하고 있지만, 두 사람과는 달리 언약의 저주와 축복 메시지를 통해 제사장과 포로 후기 백성들이 망가트린 예배를 바로 세우려 하고 있다. 더 나아가 말라기는 언약의 저주를 통해 제사장들을 정화시키겠다고 말한다. 3:1-4에서 하나님의 사자를 언약의 사자라고 부른 이유는 언약의 저주와 연관 지으려는 의도를 가지고 있기 때문이다. 3:1에 의하면 포로 후기 백성들이 간절하게 사모하는 메시아를 보낼 것이라고 한다. 하지만 2절에 의하면 그 메시아는 그들을 포로에서의 회복과 그들이 바라는 언약의 축복을 주기 위해서가 아니고, 메시아는 언약의 사자로 와서 제사장들을 은과 금을 정제하듯이 정제하며 표백제를 사용한 것처럼 레위인들을 깨끗하게 할 것이라고 한다(3:3). 하나님이 언약의 사자를 통해 레위인들을 깨끗하게 하는 목적이 무엇일까? 그것은 3:3의 후반부에서 "그들이 공의로운 제물을 나 여호와께 바칠 것이라"고 말하는 것처럼, 무너진 포로 후기 성전 예배를 회복시키는 것이다.

제1장 하나님의 사랑과
이스라엘의 부정한 예배(1:1-14)

구약 시대의 마지막 선지자 말라기는 1장에서 두 가지 메시지를 전하고 있다. 언약의 하나님은 포로 후기 백성들을 신실하게 사랑하였지만, 그들은 하나님을 사랑하지 않았고 경외하지도 않았고 참된 예배를 드리지도 않았다. 그런 포로 후기 백성에게 보란 듯이 하나님은 이스라엘 밖에서도 높임을 받을 것이며, 많은 민족이 하나님께 정결한 예물로 예배 드리게 될 것이라고 한다.

분문 개요

1장은 두 부분으로 나눌 수 있다. 첫 부분은 1-5절이며, 과거의 구속사적 사건을 통해 포로 후기 백성들을 향한 하나님의 사랑을 밝힌다. 하나님의 사랑을 멸시하는 백성에게 하나님은 에서가 장자였음에도 불구하고 야곱을 사랑하였음을 상기시키고, 그들이 에돔 사람들에 대한 하나님의 진노를 봄으로 열방 가운데 역사하시는 하나님의 위대하심을 깨닫게 될 것이라고 한다. 둘째 부분은 6-14절이며, 하나님은 부정한 예배로 하나님의 이름을 멸시하는 제사장과 백성들을 질책한다. 제사장들은 부정한 제물을 드리고도 전혀 잘못을 깨닫지도 못할 뿐만 아니라 오히려 여호와의 식탁은 경멸히 여겨야 된다고 하며 하나님의 이름을 더럽힌다. 하나님은 제사장들과 백성들에게 병들고 흠 있는 제물을 총독에게 드리면 받아 주겠느냐고 질책하면서, 미래에 하나님의 이름이 이방 민족들 중에서 크게 될 것이라고 한다. 제사장과 백성들이 예배를 경멸하는 것과는 달리 세계 모든 열방들이 위대한 왕이신 하나님께 정결한 제물로 참된 예배를 드리는 일이 일어나게 될 것이라고 한다. 1-5절에서는 에돔에 대한 심판 때문에 이스라엘이 하나님의 위대함을 인식하게 되지만, 6-14절에서는 이방 민족의 참된 예배를 통해 하나님의 크심이 드러나게 된다고 한다.

내용 분해

1. 하나님의 사랑을 멸시하는 이스라엘(1:1-5)
    1) 표제(1절)
    2) 하나님의 사랑에 대한 논쟁(2-3절)
    3) 에돔 징벌과 하나님의 높임 받으심(4-5절)
2. 부정한 예배로 하나님의 이름을 멸시(1:6-14)
    1) 제사장들의 하나님의 이름 멸시(6절)
    2) 부정한 제물에 대한 논쟁(7-10절)
    3) 하나님의 이름이 이방 중에서 크게 됨(11절)
    4) 부정한 제물에 대한 논쟁(12-13절)
    5) 부정한 예배자 심판과 주의 이름이 높여짐(14절)

본문 주해

1. 하나님의 사랑을 멸시하는 이스라엘 (1:1-5)

1 여호와께서 말라기를 통하여 이스라엘에게 말씀하신 경고라 **2** 여호와께서 이르시되 내가 너희를 사랑하였노라 하나 너희는 이르기를 주께서 어떻게 우리를 사랑하셨나이까 하는도다 나 여호와가 말하노라 에서는 야곱의 형이 아니냐 그러나 내가 야곱을 사랑하였고 **3** 에서는 미워하였으며 그의 산들을 황폐하게 하였고 그의 산업을 광야의 이리들에게 넘겼느니라 **4** 에돔은 말하기를 우리가 무너뜨림을 당하였으나 황폐된 곳을 다시 쌓으리라 하거니와 나 만군의 여호와는 이르노라 그들은 쌓을지라도 나는 헐리라 사람들이 그들을 일컬어 악한 지역이라 할 것이요 여호와의 영원한 진노를 받은 백성이라 할 것이며 **5** 너희는 눈으로 보고 이르기를 여호와께서는 이스라엘 지역 밖에서도 크시다 하리라

1-5절에서 하나님은 말라기의 예언이 경고라는 것을 밝힘과 동시에 자신의 사랑에도 불구하고 불신하는 이스라엘 백성에게 야곱을 선택한 것과 에서와 그의 후손 에돔 족속에게 하신 일들을 통해 하나님의 사랑을 증명하려 한다. 하나님은 이스라엘이 이방 가운데서도 크신 하나님을 보게 될 것이라고 한다.

1) 표제 (1절)

말라기 1장은 *맛사*(מַשָּׂא)로 시작한다. *맛사*는 개역개정 성경의 이사야서에서 경고로 해석하고 있으며, *맛사 바벨*(מַשָּׂא בָּבֶל)처럼 경고의 대상인 국가나 도시가 *맛사* 다음에 바로 언급되기도 하고(사 13:1; 15:1; 17:1; 19:1; 21:1), *맛사 바랍*(מַשָּׂא בַּעְרָב)처럼 '대한'(against)의 의미로 사용된 전치사 *베*(בְּ)와 함께 쓰이기도 하며(사 21:13), 의미는 모두 경고적 예언이다. 말라기 1:1은 이들

과는 다르게 *맛사*에 이어 '여호와의 말씀'이 표기되어 있고 그 다음에 전치사 엘(אֶל)과 이스라엘이 이어지고 있다. 이 같은 현상은 스가랴 9:1과 12:1에서도 유사하며, 차이점은 스가랴 9:1에서는 전치사 *베*, 12:1에서는 *알*(עַל)을 사용하고 있다는 것이다. 말라기 1:1의 *맛사*는 경고적 예언의 의미로 사용되었으며, 스가랴 9:1과 12:1과는 달리 이 경고의 말씀의 전달자인 말라기를 통하여 전해진 것을 밝히고 있다.

히브리어 성경은 1절 마지막에서 하나님의 말씀이 '말라기의 손'을 통해 있었다고 기록하고 있다. '-의 손에'와 같은 표현은 학개 1:1, 3절, 2:1에서 볼 수 있으며, 이 같은 표현은 메시지를 말로 전달하였을 뿐만 아니라 손으로 기록하여 전하여 읽게 하였기 때문에 사용되었을 가능성이 있다.

2) 하나님의 사랑에 대한 논쟁(2-3절)

말라기 1:2은 학개 1:2-4과 유사하게 하나님과 포로 후기 백성이 논쟁한 말을 기록하는 것으로 시작한다. 말라기 1:2에 첫 표현은 하나님이 이스라엘 백성에게 "내가 너희를 사랑하였노라"이다. 하나님이 '내가 사랑한다'고 직접 표현한 것은 구약 성경에서는 1:2이 유일하다. 하나님의 말씀에 포로 후기 백성들은 '당신께서 어떻게 우리를 사랑하셨나이까'하고 반문했다.[1] 말라기는 짧은 두 대화를 서로 교차 대구법으로 나열시켜 하나님 사랑 논쟁을 강조하고 있다.

---

1. M. E. Tate, "Questions for Priests and People in Malachi 1:2-2:16," *Review & Expositor* 84 (1987): 391-407.

포로 후기 백성의 반문은 자신들이 현재 처해 있는 상황 때문일 것이다. 예루살렘 성전을 재건하고 예루살렘 도시 회복을 위해 성벽 재건까지 마쳤지만, 여전히 옛 선지자들이 말한 대 회복의 조짐은 보이지 않고 고통스럽고 힘든 상황이 이어지고 있었기 때문에 백성들은 일찌감치 하나님의 사랑에 대해 의심하고 있었다. 그렇기 때문에 1:6-4:6의 메시지가 나왔다. 그런 상황에서 하나님은 포로 후기 백성들에게 "내가 너희를 사랑하노라"고 말한 이유가 무엇일까? 그것은 하나님께 대한 사랑이 차갑게 식어 버린 백성의 마음을 되돌리기 위한 하나님의 노력의 표출이다. 그렇기 때문에 하나님은 4:1-6에서 엘리야를 보내어 그들의 마음을 하나님께 돌릴 것이라고 말한다.

'당신께서 어떻게 우리를 사랑하셨나이까'라고 반문하는 포로 후기 백성에게 하나님은 그들의 조상 야곱이 차남이었음에도 불구하고 장남 에서 대신에 야곱을 선택하여 언약 백성 삼은 사실을 말한다. 하지만 하나님은 '선택하다'라는 말 대신에 '사랑했다'(오합, אָהַב)를 사용하며, 에서를 선택하지 않은 것을 두고는 '에서를 내가 미워하였다'라고 하며 서로 대조시키고 있다.[2] 이를 통해 하나님은 야곱의 선택이 그에 대한 사랑뿐만 아니라 그의 후손들에 대한 하나님의 사랑 때문이었음을 보여주고 있다. 로마서 9:13은 말라기 1:2를 인용하여 야곱의 선택은 하나님께서 아브라함에게 한 약속 때문이며, 야곱의 출생 전에 선택함으로 야곱의 덕목이 작용하지 않았음을 보여주려 한다. 다만 야곱은 아브라함의 약속을 이어받기 위해 에서의 장자권을 흠모하는 자세를 항상 가지고 있었다.

3절에서 하나님은 에서를 미워하였을 뿐만 아니라 그의 후손인 에돔도 미워하였다. 3절의 그의 산은 에서가 정착하였고 그의 후손들이 살았던 세일 산이다. 하나님은 에서의 후손에게 내렸던 징벌적 재앙에 대해 언급한다. 현재

---

2. S. D. Snyman, "Antitheses in Malachi 1:2-5," *ZAW* 98 (1986): 436-38; J. M. O'Brien, *Nahum, Habakkuk, Zephaniah, Haggai, Zechariah, Malachi*, AOTC (Nashville: Abingdon, 2004), 291-93.

황폐하게 된 세일 산과 에돔 지역이 이리(광야의 이리)의 주거지처럼 황무지로 변해 버린 것은 모두 하나님께서 하신 일이라고 한다. 하나님이 에돔에게 이런 재앙을 내린 이유는 그들이 형제인 유다가 외세의 공격을 받을 때 전혀 긍휼을 베풀지 않고 오히려 칼을 들고 공격하며 포학을 행하였고 약탈을 일삼으며 시온 산에서 승리의 축배를 마시며 하나님께 돌이킬 수 없는 악을 행하였기 때문이다(암 1:11; 옵 1:1-14). 이런 에돔이 파괴된 것은 그들에 대한 하나님의 심판일 뿐만 아니라 이스라엘에 대한 사랑의 표현이었다.[3]

3) 에돔 징벌과 하나님의 높임 받으심(4-5절)

4절은 예상치 못하게 에돔이 하나님의 징벌적 재앙에 대해 저항하는 말을 하고 그에 대한 하나님의 대답을 기록하고 있다. 에돔은 "우리가 무너뜨림을 당하였으나 황폐된 곳을 다시 재건하리라"고 말한다. 이것은 에돔 사람들이 자신들의 조상의 땅으로 돌아가 그들의 기업을 회복하고자 하는 염원을 나타낸다. 하지만, 그런 에돔 사람의 염원에도 불구하고 하나님은 그들이 재건할지라도 내가 다시 허물 것이라고 하면서 그들의 염원을 좌절시키고 그들에게 영원히 진노하신다고 한다. 역사 속에서 에돔 사람들은 하나님의 말씀처럼 되었다.[4] 그들은 나바테아(Nabateans) 민족들에게 쫓겨나서 유다 지역으로 이주하게 된다. 하지만 이들은 기원전 163년경에 유다 마카비(Judas Maccabeus)에 의해 정복되었고(1 Macc 5:3), 기원전 125년 경에는 요한 힐카누스(John Hyrcanus)가 이들을 정복하여 유대교로 개종시키고 할례를 받게 한 후 유대 민족에 편입시켰다(Josephus. *Antiq* 13.9.1). 이런 과정을 거친 후 에돔 출신인 헤롯이 로마를 등에 엎고 유대인들을 통치하는 역사가 생겨나게 된다. 쿰란 공동체의 기록과 1세기 이후 유대인 기록에 의하면 유대인들은 에

---

3. I. M. Duguid, *Haggai, Zechariah, Malachi* (Carlisle: EP Books, 2010), 190-94.
4. Stuart, "Malachi," 1287-89.

돔 사람들을 하나님의 대적으로 여겼고, 로마와 동일시하는 전통을 가지고 있었다 (1QWar Scroll 1:1).[5]

4절에서 하나님이 에돔의 미래에 대해 말을 하는 데에는 두 가지 의도가 있다. 첫째는 하나님은 이스라엘의 하나님으로서 자기 백성들에 대해서만 영향력을 행사하는 신이 아니라 에돔을 비롯한 모든 이방 민족들의 흥망성쇠를 결정짓는 분이라는 사실을 포로 후기 백성에게 알려 주는 것이다. 둘째는 에돔 민족의 현 상황과 유다와 예루살렘에 돌아와 있는 포로 후기 백성의 현 상황과 비교하려는 의도 때문이다. 에돔 사람은 조상의 땅으로 돌아가고 싶어도 하나님께서 허락하지 않고 있기 때문에 실현될 수 없지만, 포로 후기 백성은 하나님이 그들을 회복시키셨기 때문에 그들의 조상의 기업으로 돌아와 있다. 그럼에도 불구하고 포로 후기 백성은 하나님의 사랑한다는 말에 깊은 의구심을 품고 있다. 하지만 5절에서 하나님은 에돔의 운명과 미래가 자신의 섭리 하에 있음을 이스라엘 백성에게 보여줌으로 하나님이 이스라엘 백성들을 사랑하고 있고 이스라엘과 에돔뿐만 아니라 모든 이방 민족들을 통치하심을 그들로 깨닫게 할 것이라고 한다.[6] 결과적으로 '어떻게 당신이 우리를 사랑했습니까?'하고 묻던 그 이스라엘 사람들이 "여호와께서는 이스라엘 지역 밖에서도 크시다"고 입으로 시인하게 될 것이라고 한다.

2. 부정한 예배로 하나님의 이름을 멸시(1:6-14)

6 내 이름을 멸시하는 제사장들아 나 만군의 여호와가 너희에게 이르기를 아들은 그 아버지를 좋은 그 주인을 공경하나니 내가 아버지일진대 나를 공경함이 어디 있느냐 내가 주인일진대 나를 두려워함이 어디 있느냐 하

---

5. Talmud Tract Megilla Book of Esther, 1; Tract Pesachim 8; Verhoef, *The Books of Haggai and Malachi*, 205.

6. T. J. Delaughter, "God Loves Israel: Malachi 1:1-5," *The Theological Educator* 36 (1987): 67-86.

나 너희는 이르기를 우리가 어떻게 주의 이름을 멸시하였나이까 하는도 다 7 너희가 더러운 떡을 나의 제단에 드리고도 말하기를 우리가 어떻게 주를 더럽게 하였나이까 하는도다 이는 너희가 여호와의 식탁은 경멸히 여길 것이라 말하기 때문이라 8 만군의 여호와가 이르노라 너희가 눈 먼 희생제물을 바치는 것이 어찌 악하지 아니하며 저는 것, 병든 것을 드리 는 것이 어찌 악하지 아니하냐 이제 그것을 너희 총독에게 드려 보라 그가 너를 기뻐하겠으며 너를 받아 주겠느냐 9 만군의 여호와가 이르노라 너희 는 나 하나님께 은혜를 구하면서 우리를 불쌍히 여기소서 하여 보라 너희 가 이같이 행하였으니 내가 너희 중 하나인들 받겠느냐 10 만군의 여호와 가 이르노라 너희가 내 제단 위에 헛되이 불사르지 못하게 하기 위하여 너 희 중에 성전 문을 닫을 자가 있었으면 좋겠도다 내가 너희를 기뻐하지 아 니하며 너희가 손으로 드리는 것을 받지도 아니하리라 11 만군의 여호와 가 이르노라 해 뜨는 곳에서부터 해지는 곳까지의 이방 민족 중에서 내 이 름이 크게 될 것이라 각처에서 내 이름을 위하여 분향하며 깨끗한 제물을 드리리니 이는 내 이름이 이방 민족 중에서 크게 될 것임이니라 12 그러나 너희는 말하기를 여호와의 식탁은 더러워졌고 그 위에 있는 과일 곧 먹을 것은 경멸히 여길 것이라 하여 내 이름을 더럽히는도다 13 만군의 여호와 가 이르노라 너희가 또 말하기를 이 일이 얼마나 번거로운고 하며 코웃음 치고 훔친 물건과 저는 것 병든 것을 가져 왔느니라 너희가 이같이 봉헌물 을 가져오니 내가 그것을 너흐 손에서 받겠느냐 이는 여호와의 말이니라 14 짐승 떼 가운데에 수컷이 있거늘 그 서원하는 일에 흠 있는 것으로 속여 내게 드리는 자는 저주를 받으리니 나는 큰 임금이요 내 이름은 이방 민족 중에서 두려워하는 것이 됨이니라 만군의 여호와의 말이니라

5절에서 이스라엘 백성들이 미래에 하나님의 위대함을 인식하게 될 것이 라고 한 말씀에 바로 이어서 6-14절은 제사장들이 하나님의 이름을 멸시하는

것에 대한 논쟁을 기록하고 있다. 제사장들은 하나님께 부정한 제물을 드림으로 하나님의 이름을 더럽혔지만, 하나님은 이런 예배자들을 심판하시며, 하나님의 이름이 참된 예배를 드리는 이방 민족들 중에 크게 될 것이라고 한다.

1) 제사장들의 하나님의 이름 멸시(6절)

6절에서 하나님은 제사장들의 멸시를 질타한다. 개역개정의 번역과는 달리 제사장들의 멸시를 말하기에 앞서 하나님 자신이 마땅히 받아야 할 영광에 대해 먼저 말하려고 아버지와 주인이라는 두 가지 비유를 든다. 하나님은 아들이 아버지를 그리고 종이 그의 주인을 존중하는 것을 당연한 이치로 내세운 후에 하나님 자신과 제사장들의 관계도 아버지와 아들 그리고 주인과 종의 관계라고 전제한다. 이어서 하나님은 이런 관계 속에서 하나님 자신이 제사장들로부터 당연하게 받아야 할 영광과 경외가 어디에 있는지 질문한다.[7] 이어서 6절은 2절과 같은 방식으로 제사장들의 하나님 멸시에 대한 논쟁 대화를 기록한다.

2절 내가 너희를 사랑하였노라 여호와께서 말씀 하시니라
　　　너희들은 말하기를 어떻게 당신께서 우리를 사랑하였나이까?
6절 여호와께서 너희에게 이르기를 제사장들은 내 이름을 멸시하고 있느니라
　　　너희들은 말하기를 어떻게 우리가 당신의 이름을 멸시하였나이까

제사장들이 하나님의 이름을 멸시했다(*하코하님 보제 쉐미* הַכֹּהֲנִים בּוֹזֵי שְׁמִי)는 말에서 사용한 동사는 *바자*(בזה)이며, 이 동사를 사용하여 사람이 하

---

7. 눅 6:46에서 예수님은 "나를 불러 주여 주여" 하더라도 예수님의 말씀을 행하지 않으면 예수님을 정상적으로 섬기는 것이 아니라고 하였다.

나님을 경멸했다고 말하는 경우는 구약 성경에서 매우 드물다. 엘리 제사장의 아들들이 제물을 강탈하고 성전에서 봉사하는 여인들을 겁탈하는 등등의 일을 행하였을 때, 하나님은 엘리의 아들들이 하나님을 경멸하였다고 말한다 (삼상 2:30). 또한 다윗이 밧세바를 간음하고 우리아를 죽인 것에 대해 선지자 나단은 그가 하나님의 말씀을 경멸하였다고 한다(삼하 12:9). 이런 용례들을 감안하면 제사장들의 행위에 대해 하나님은 아주 심각하게 생각하고 있음을 알 수 있다. 그렇기 때문에 하나님의 질타에 대해 제사장들은 자신들이 하나님의 이름을 어떻게 멸시하였느냐고 하면서 자신들의 하나님 멸시 행위를 부인하려 든다.

2) 부정한 제물에 대한 논쟁(7-10절)

포로 후기 제사장들과 백성은 하나님께 부정한 예배를 드렸다. 7절에 의하면 제사장들이 더러운 떡을 제단에 드렸고 여호와의 식탁을 경멸하였다. 말라기는 포로 후기 제사장들과 백성의 부정한 예배 문제를 매우 심각하게 생각하였고, 이를 강조하기 위해 다양한 문학적 기교를 사용하고 있다. 말라기는 이들의 부정한 예배를 강조하기 위해 7-14절에서 대구 구조로 된 논쟁을 전개하고 있다. 7-10절에서 제사장의 부정한 예배를 질타하고, 12-13절에서는 백성들의 부정한 예배를 질타한다. 이 두 논쟁은 각각 11절과 14절을 수반하면서 대구 구조를 형성하고 있다.

    A. 제사장의 부정한 제물   7-10절
      B. 하나님의 이름이 크게 됨   11절
   A' 백성들의 부정한 제물   12-13절
      B' 하나님의 이름이 경외 받게 됨   14절

이런 구조 속에서 말라기는 7-10절에서 제사장들이 더럽힌 예배에 대해 어의론적으로 유사한 표현들을 반복하여 사용하고 있다. 7절에서 말라기는 "더러운 떡을 나의 제단에 드리다"와 "여호와의 식탁은 경멸히 여길 것이라"처럼 유사한 표현을 반복하였고,[8] 8절에서는 "눈먼 희생제물을 바치는 것"(탁기순 입베르 레즈보아흐 תַגִּשׁוּן עִוֵּר לִזְבֹּחַ)과 "병든 것을 드리는 것"(탁기슈 피세아흐 베호레 תַגִּישׁוּ פִּסֵּחַ וְחֹלֶה)을 반복하였다. 그리고 "어찌 악하지 아니하며"(에인 라아 אֵין רָע)를 두 번 반복하면서 말라기는 부정한 제의를 악한 예배라고 규정하고 있다. 12-13절에서 말라기는 백성들의 부정한 예배를 질책하고 있는 것으로 여겨진다. 그 이유는 14절의 베에드로(בְּעֶדְרוֹ)가 일반적으로 성전에서 제물로 사용하기 위해 대기 중인 짐승의 떼가 아니라 목자들이 들판에서 목축하고 있는 짐승들의 떼를 의미하기 때문이다. 백성들의 부정한 제의를 강조하기 위해 12절에서는 "식탁은 더러워졌고"와 "먹을 것은 경멸히 여길 것이라"를 반복하며 13-14절에서 "훔친 물건," "저는 것," "병든 것," 그리고 "흠 있는 것"을 반복하며 포로 후기 백성이 예배를 더럽히는 행위를 강조하고 있다. 그리고 말라기는 이러한 예배 행위들에 대해 "내 이름을 더럽히는도다"와 "내가 그것을 받겠느냐," 그리고 "저주를 받으리니"를 통해 하나님께서 받을 수 없는 부정한 제의라는 사실을 반복하여 강조한다.[9]

이런 부정한 예배를 드림에도 불구하고 문제의 심각성을 전혀 인지하지 못하고 있는 포로 후기 제사장들과 백성의 강퍅한 마음과 악한 마음의 상태를 표현하기 위해 말라기는 반복하여 이들의 말을 인용하여 기록하고 있으며, 이들에 대한 하나님의 분노를 선자자의 인용 표현을 통해 나타내고 있다. 7절은 포로 후기 제사장들의 말인 "우리가 어떻게 주를 더럽게 하였나이까"와 "여호

---

8. Verhoef, *The Books of Haggai and Malachi*, 215-16. 떡의 히브리어 레헴(לֶחֶם)은 빵의 의미로 주로 사용되지만, 7절에서는 빵만 말하기보다는 음식에 대한 일반적인 용어로 사용되었다. 개역개정 성경이 "더러운 떡"으로 번역한 *레헴 메고알*(לֶחֶם מְגֹאָל)은 소제뿐만 아니라 번제와 화목제 그리고 속죄제와 속건제까지 포함하고 있다.

9. W. E. Brown, "Give Your Best to God: Malachi 1:6-14," *The Theological Educator* 36 (1987): 87-98.

와의 식탁은 경멸히 여길 것이라"라고 인용하여 그들의 강퍅한 마음의 상태를 드러내고 있으며, 12절은 포로 후기 백성의 말인 "여호와의 식탁은 더러워졌고 그 위에 있는 과일 곧 먹을 것은 경멸히 여길 것이라"와 "이 일이 얼마나 번거로운고"하며 코웃음치는 태도를 묘사하며 예배를 더럽히는 강퍅한 태도를 드러내고 있다. 이렇게 포로 후기 제사장들과 백성의 말을 직접 인용한 후에 말라기는 하나님의 말씀들도 인용 표현을 반복적으로 사용하면서 하나님의 심정을 드러낸다. 8, 9, 10, 11, 13, 14절에서 말라기는 (개역개정의 번역과는 달리) 문장의 중간과 후반부에서 "만군의 여호와가 이르노라"(*아마르 여호와 체바오트* אָמַר יְהוָה צְבָאוֹת)를 반복하였고, 그리고 13절에서는 "여호와의 말이니라"(*아마르 여호와* אָמַר יְהוָה)를 한번 더 반복하며 포로 후기 제사장들과 백성의 부정한 예배에 대해 강하게 질책하고 있다.

레위기 22:19-25은 자원하여 바치는 제물을 제외하고 나머지 제사에서는 흠 있는 제물을 가져오면 하나님께서 기쁘게 받지 않는다고 하며, 22:22, 24절은 다음과 같이 흠 있는 제물의 유형을 기록하고 있다.

> "²² 너희는 눈 먼 것이나 상한 것이나 지체에 베임을 당한 것이나 종기 있는 것이나 습진 있는 것이나 비루먹은 것을 여호와께 드리지 말며 … ²⁴ 너희는 고환이 상하였거나 치었거나 터졌거나 베임을 당한 것은 여호와께 드리지 말며 …"

그럼에도 불구하고 포로 후기 백성은 자신들의 집에 흠 없는 수컷 짐승이 있음에도 훔친 것과 저는 것 그리고 병든 것을 가져왔다. 제사장들은 백성들이 제물을 가져오면 그 제물을 하나님께 바쳤기 때문에, 흠 있는 제물을 드리게 된 일차적인 책임이 백성들에게 있는 것처럼 보일 수도 있다. 그러나 7절은 제사장이 '여호와의 상은 경멸히 여길 것이라'는 생각을 먼저 가졌기 때문에 백성들이 흠 있는 제물을 가져오도록 방조하였음을 알 수 있다.

8-9절에서 하나님은 총독의 예를 들면서 제사장들이 드리는 제물에 대한 거부감을 드러낸다. 8절 후반부에서 하나님은 제사장들에게 흠 있는 것을 "총독에게 드려 보라 그가 너를 기뻐하겠으며 너를 받아 주겠느냐"고 한다. 느헤미야 5:15에 의하면 느헤미야 이전에 유다를 다스렸던 총독은 백성들에게서 양식과 포도주와 은 사십 세겔을 빼앗았고 그들의 종들도 백성을 압제하였다고 한다. 페르시아 왕은 전국을 20지역으로 나누어 각 지역에 총독을 임명하여 통치하게 하였다 (에 3:12; 단 6:1-2; Herodotus, *Histories*, 3:90-94).[10] 총독들은 막대한 세금을 징수하였으며 유다가 속한 시리아 팔레스타인 지역에서 거두어 들인 세금이 350 달란트였다(Herodotus, *Histories*, 3:91). 총독은 지역 관료들을 관리 감독하며, 지역의 최고 재판관이었으며, 지역의 군사 정치 경제권을 장악하고 있었기 때문에 총독들 중에는 막강한 권력을 이용하여 페르시아 왕에게 반역하는 사람들도 종종 있었다. 이런 총독에게 선별된 최상의 물품들과 가축들이 아니라 병들고 부정한 짐승을 선물로 바치는 것은 화를 자초하는 행동이었을 것이다.

하나님은 이런 부정하고 흠 있는 선물을 총독에게 주면 그가 너를 기쁘게 받으며 너의 얼굴을 들겠느냐고 말한다. 개역개정 성경이 "그가 너를 기뻐하겠으며 너를 받아 주겠느냐"로 번역한 히브리어 표현은 *하일체카 오 하이사 파네이카*(הֲיִרְצְךָ אוֹ הֲיִשָּׂא פָנֶיךָ)이다. *하일체카*의 동사 원형은 *라차*(רָצָה)이며, 이 동사는 레위기에서 하나님께서 제물과 예물을 기쁘게 받는 것을 나타내기 위해 11번 사용되었다. '총독이 너를 기쁘게 받겠느냐'에 이 동사를 사용한 것은 하나님께 드리는 제물과 비교하려는 의도가 반영되어 있다. *하이사 파네이카*의 직역은 '그가 너의 얼굴을 들게 하겠느냐'이며, 이 표현은 창세기 4:5-7에서 하나님이 악한 가인과 그의 제물을 받지 않자 얼굴을 숙였을 때, 하나님이

---

10. Herodotus, *The Histories* (New York: Penguin Books, 1972), 191-93.

네가 선을 행하면 (얼굴을) 들지 않겠느냐고 했던 표현과 같다.[11] 8절에서는 총독을 통한 비유에서 이 표현을 사용하였지만, 9절에서는 포로 후기 백성들에게 하나님의 얼굴을 구해보고 은혜를 구해 보라고 한 후에 '그가 너희 가운데 누구의 얼굴을 들게 하겠느냐'고 한다. 마치 하나님이 가인과 그의 제물을 거부하고 버렸던 것처럼 하나님은 부정한 제물로 하나님의 이름을 더럽힌 포로 후기 백성들을 거부하고 버릴 것이라는 것을 이 표현을 통해 드러내고 있다.

10절에서 하나님은 제사장들과 그들이 바치는 제물에 대한 강한 거부감을 나타낸다. 먼저 하나님은 그들 가운데 누가 성전 문을 닫을 자가 있느냐고 한다. 성전 문 닫을 자를 제사장들 중에서 찾는 이유는 제사가 집례 되는 성소 뜰로 들어가는 문을 열고 닫는 일을 제사장들이 수행하였기 때문이다. 이들은 아침 제사가 시작되기 전에 성소 뜰로 들어가는 문을 열었고, 저녁 제사를 마치고 그 문을 닫았다. 하나님이 이 문을 닫을 자를 찾고 있는 것은 성전 폐쇄에 대한 하나님의 희망을 나타낸다. 성전 폐쇄를 희망하는 이유는 헛되게 제단에 불을 피우지 못하게 하기 위해서이다. 제사장들의 제사가 헛된 이유는 그들이 부정한 제물을 바침으로 하나님을 멸시하였고, 하나님의 이름을 더럽혔기 때문이다. 그렇기 때문에 하나님은 그들을 기쁘게 받아들이지 않고 또한 그들의 제물도 기쁘게 받지 않는다고 한다. 10절은 일반적인 짐승 제사에서 쓰지 않는 표현인 *민하*(מִנְחָה)를 사용하고 있다. *민하*는 곡물 제사인 소제를 뜻하며, 제사가 아닌 경우에는 예물의 의미로 사용된다. 하지만 사무엘상 2:17과 일부 선지서들에서 *민하*는 짐승 제물을 예물의 개념으로 사용하기도 하였다(사 1:13; 43:23; 66:20). 스가랴 1:10에서 이 표현을 사용한 이유는 백성들이 드리는 짐승과 곡물을 포함하는 모든 제사들을 포괄적으로 언급하려는 의도 때문이다.

---

11. R. I. Vasholz, "Sarcasm in Malachi 1:8a," *Presbyterion* 16 (1990): 129-30.

3) 하나님의 이름이 이방 중에서 크게 됨(11절)

11절에서 하나님은 자신의 이름이 이방 민족 중에서 크게 될 것이라고 한다 (살후 1:12). 6절에서 하나님의 이름은 제사장들에 의해서, 그들이 부정한 제물로 하나님께 더러운 예배를 드림으로 더럽혀졌다고 했다. 그리고 하나님은 그들이 제사 드리는 성소의 문을 닫고 그들의 제사뿐만 아니라 그들 자신을 거절할 것이라고 했다. 11절에서 하나님은 이스라엘과 그들의 제사장을 근본적으로 배제하고 하나님의 이름이 이방 민족들 중에서 크게 된다고 한다. 이방 민족이 하나님의 이름을 크게 영화롭게 하는 사건의 범위가 전 지구적이 된다는 것을 말하기 위해 11절은 "해 뜨는 곳에서부터 해 지는 곳까지"라고 했다.[12] 그리고 지구의 전체성을 나타내기 위해 '모든 장소에'를 사용하였으며, 이를 통해 지구의 모든 장소에 있는 이방인들 중에서 하나님의 이름이 크게 될 것이라고 하나님은 선포했다. 이를 강조하기 위해 11절은 반복법과 대구법을 사용하며, 그 중심에는 정결한 제물에 관한 주제가 나온다.[13]

    A. 해 뜨는 곳에서부터 해 지는데 까지

      B. 내 이름이 이방 민족들 중에서 크리라

        C. 모든 장소에서 분향과 정결한 제물이

          내 이름을 위하여 드려지리니

      B' 이는 내 이름이 이방 민족들 중에서 크기 때문이니라

    A' 만군의 여호와가 말씀하시니라

---

12. J. Swetnam, "Malachi 1:11: An Interpretation," *CBQ* 31 (1969): 200-209; J. G. Baldwin, "Malachi 1:11 and the Worship of the Nations in the Old Tesament," *TB* 23 (1972): 117-24; A. Viberg, "Wakening a Sleeping Metaphor: A New Interpretation of Malachi 1:11," *TB* 45 (1994): 297-319.

13. M. H. Floyd, *Minor Prophets* (Grand Rapids: Eerdmans, 2000), 593.

A의 "해 뜨는 곳에서 해 지는 곳까지"와 C의 '모든 장소에서'가 첫 번째 반복이며, B와 B'가 둘째 반복이다. 그리고 하나님의 이름을 의미하는 내 이름이 모두 세 번 반복되었다. A와 A'의 메시지의 주제는 서로 관계 없지만, A가 C의 모든 장소를 강조하기 위해 사용되었고, A'(만군의 여호와가 말씀하시니라)가 문미에 첨가되어 11절 내용 전체를 강조하기 위해 사용되었다는 점에서 수사학적으로 동일한 강조 역할을 하고 있다. 이 구조의 초점은 분향과 정결한 제물을 여호와의 이름을 위하여 가져오는 것이다. 하나님의 이름이 크게 되는 방법은 깨끗한 제물을 바치는 것, 즉 바르고 참된 예배를 드리는 것이다. 제사장들이 부정하고 흠 있는 제물로 더럽힌 하나님의 이름이 이방 민족들의 깨끗하고 흠 없는 예배를 통해 크게 된다. 요한계시록 15:4은 주의 이름을 두려워하는 일이 종말의 시대에 이루어진다고 한다. 말라기 1:11은 하나님의 이름이 크게 된다는 것을 강조하기 위해 내 이름을 세 번 반복하였고, 선지자의 인용 표현 '만군의 여호와가 말씀하시니라'를 첨부하였다.

4) 부정한 제물에 대한 논쟁(12-13절)

12-13절은 7-9절처럼 하나님께 부정하고 흠 있는 제물 바친 것에 대해 기록하고 있다. 12절의 "더러워졌고"는 동사 할랄(חָלַל)의 피엘(Piel) 분사형 메할레림(מְחַלְלִים)이며 포로 후기 백성이 하나님의 식탁을 더럽히는 행위가 현재 진행 중이라는 것을 나타낸다.[14] 12절은 먼저 소제에 해당되는 과일과 곡물에 대해 말하고, 13절에서는 훔친 물건과 절거나 병든 짐승에 대해 말한다. 이런 부정한 제물을 바치는 이유는 먼저 이들이 정결하고 흠 없는 짐승을 잘 보관하고 키워 바치는 것이 지긋지긋하게 힘들고 피곤한 일이라고 생각했기 때문이다. 백성들의 이런 생각은 하나님께 제물 바치는 것을 위축시켰을 것이고, 이에 따라 제사장들은 이 문제를 해결하기 위해 흠 있는 제물이라도 바치

---

14. R. A. Taylor & E. R. Clendenen, *Haggai Malachi*, NAC (Nashville: B&H, 2004), 279.

게 할 방안을 찾았을 것이다. "여호와의 식탁은 더러워졌고"는 여호와의 식탁이 부패하고 지저분하고 더럽혀져 있는 상태를 말하는 것이 아니라, 여호와의 식탁에 부정한 제물을 바쳐도 무방하다는 제사장들의 가르침을 두고 하는 말이다. 결과적으로 제사장들과 백성들은 정결하고 흠 없는 제물에 대한 규정을 무시하고 부정하고 흠 있는 짐승을 가져왔을 뿐만 아니라, 심지어 도둑질한 짐승을 제물로 바쳤다. 도둑질한 짐승은 야생 동물에게 죽은 짐승을 의미할 수도 있다. 개역개정이 "훔친 물건"으로 번역한 히브리어 동사 *가잘*(גזל)은 '찢겨지다'의 의미를 가지며, 사자와 같은 야생 동물이 짐승을 잡아 먹기 위해 물어 뜯는 행위를 묘사하기 위해 사용된다. 출애굽기 22:31은 야생 동물에게 죽은 가축을 이스라엘 백성은 먹지 못하도록 금지시키고 있기 때문에 하나님께도 바칠 수 없었다. 이런 부정한 제물을 가져오면서 제사장들과 백성들은 식탁에 대해 코웃음 쳤다. 이 말은 하나님께 드려지는 예배에 대해 코웃음 쳤다는 말이다.[15]

5) 부정한 예배자 심판과 주의 이름이 높여짐(14절)

말라기서에는 하나님의 이름을 더럽힌 제사장과 백성들에 대한 저주가 세 번 언급되며(1:14; 2:2; 3:9), 14절의 저주는 그 중에서 첫째 저주이다. 말라기의 둘째 메시지인 1:6-14에서 하나님의 질책의 대상이 주로 제사장들이었음에도 불구하고, 14절의 저주의 주요 대상은 제사장들이라기보다는 백성들이다.[16] "짐승 떼 가운데에 수컷이 있거늘"이 함의하고 있는 것은 양떼를 기르고 있는 백성이며, '맹세하고'는 제물을 받아 제의를 집행하는 제사장들이라

---

15. Keil, *Minor Prophets*, 440.
16. 테일러와 클렌데넌은 저주의 대상을 제사장들이라고 생각한다. Taylor & Clendenen, *Haggai Malachi*, 281-85; 반면에 스미스는 하나님을 속여 부정한 제물을 바친 사람이 제사장이 아니라 일반 백성이라고 생각한다. Smith, *Micah-Malachi*, 316.

기보다는 오히려 제물을 바치는 일반 백성들이다.[17] 저주를 받는 이유는 부정하고 흠 있는 제물을 가져오면서 하나님을 속였기 때문이다. 이들의 기만 행위는 가축 떼 가운데 율법에서 제물로 바칠 수 있도록 규정된 일 년 된 수컷이 있음에도 부정하고 흠 있는 제물을 가져왔다는 것이다. 이것을 바치면서 '맹세하였다'고 하는데, 개역개정은 이를 "그 서원하는 일에"라고 번역하였지만, 이 표현은 흠 있는 제물을 바치는 자가 자신의 행위에 대해 맹세하는 것을 의미한다. 이것은 아마도 백성들이 제사장들에게 정결하고 흠 없는 일년 된 수컷이 없기 때문에 부정하고 흠 있는 짐승을 가져왔다고 맹세하면 이로서 백성들의 흠 있는 제물을 받게 되는 제도를 만들었기 때문일 것이다.[18] 그러나 백성들은 거짓 맹세를 하였고, 이를 알면서도 제사장들은 백성들의 흠 있는 제물을 받았을 것이다. 이런 백성들을 하나님은 저주하고 징벌하고 심판하실 것이다.

11절에서 하나님의 이름이 이방 민족들 가운데에서 크게 된다고 했던 주제는 14절에서도 이어진다. 14절은 11절과 달리 하나님 자신을 큰 임금이라고 하고 이어서 하나님의 이름이 이방 민족들 중에서 두려움의 대상이 된다고 한다. 하나님의 높아짐의 주제에 앞서 14절은 하나님의 이름을 멸시하는 행동과 그에 대한 하나님의 징벌을 먼저 언급하며, 이것들은 '큰 임금'과 '하나님 이름에 대한 두려움'과 대조를 이룬다.

---

17. Floyd, *Minor Prophets*, 593; Tate, "Malachi 1:2-2:16," 391-408.

18. 대부분의 주석가들이 맹세를 서원제를 의미한다고 생각하는데, 서원제의 히브리어는 명사 *네델*(נֶדֶר)이고, 이들이 서원제로 번역한 말 1:14의 히브리어 표현은 동사 *나달*(נדר)의 칼 분사 남성 단수인 *노델*(נֹדֵר)이다. 말 1:14의 첫 문장은 네 개의 분사로 되어 있으며, 이 중에서 *사하트*(שׁחת)의 호팔 분사형인 *모쉬호트*(מָשְׁחָת)를 제외하고 칼 분사형인 노켈(נוֹכֵל), 노델, 그리고 *조베아흐*(זֹבֵחַ)는 하나님의 저주를 받을 부정한 예배자가 하나님을 기만하면서 부정한 제물을 가져와 제사를 드리는 은밀한 과정을 묘사하고 있다. 그렇기 때문에 노델을 서원제로 해석하는 것은 적절하지 않다.

a. 저주를 받음

    b. 속이는 자

a' 큰 임금

    b' 하나님 이름 경외

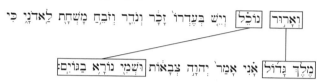

14절에서 말라기의 메시지는 먼저 저주와 큰 임금을 대조시키고 있다.[19] 하나님은 포로 후기 백성을 저주할 것이라고 하며, 그 대상은 제사장들이라기보다는 백성들이다. "짐승 떼 가운데에 수컷이 있거늘"은 대상이 목축을 하는 사람임을 보여주며, "그 서원하는 일에"는 제물을 받아 제의를 집행하는 제사장들이라기보다는 오히려 제물을 바치는 일반 백성들의 행동을 염두에 두고 있음을 알 수 있다. 이들을 저주한다는 것은 그들에게 언약에 근거한 재앙을 내려 징벌한다는 말이다. 동시에 저주는 비참한 상태로 낮추는 것을 의미한다. 하나님은 포로 후기 백성들을 저주하기까지 낮추시는 반면 하나님 자신은 큰 임금이라고 한다. '나는 큰 왕이라'는 8절에서 흠 있는 선물을 총독에게 드려 보라고 했던 것과 큰 대비를 이룬다. 페르시아 시대에 총독은 왕의 신하에 불과하다. 그런 총독도 흠 있는 선물을 받으면 진노하는데, 하나님은 총독과 비교할 수 없는 왕 중에서도 큰 왕으로서 매우 높으신 존재이심을 부각하고 있다. 하지만 '나는 큰 왕이라'는 말은 14절의 저주받은 지극히 낮은 위치에 있는 백성들과 대조를 시키는 의도를 가지고 있다. 백성들은 하나님을 멸시하여 하나님의 제의 규정에 대하여 코웃음치고 훔친 것과 저는 것과 병든 것을

---

19. E. M. Schuller, "The Book of Malachi," ed. L. Keck, *NIB*, vol 7 (Nashville: Abingdon, 1996), 859; Smith, *Micah-Malachi*, 311.

가지고 올 정도로 교만한 모습을 하고 있었다. 그런 백성들을 하나님은 낮추시는 반면 하나님 자신이 세상 어느 왕과 비교할 수 없는 큰 왕이라고 한다.

두 번째 대조는 '속이는 자'와 '내 이름을 두려워하는 것'이다. 포로 후기 백성들은 흠 없는 제물의 조건 중에 하나인 수컷이 짐승들 중에 있음에도 불구하고 수컷이 아닌 짐승과 흠 있는 것을 제물로 받쳤다. 그 이유는 포로 후기 백성들은 하나님을 속일 수 있는(노켈 נוֹכֵל) 존재로 생각하였기 때문이다. 하나님을 속였다는 말은 이들이 하나님을 속여도 되는 대상으로 생각했고 하나님께 대한 경외감이 전혀 없고 조금도 두려워하지 않는다는 말이다. 이에 대해 하나님은 내 이름이 두려움의 대상이 되리라고 한다. 두려움의 대상은 단순히 공포의 대상이란 뜻이 아니라 존경과 경외의 대상이 된다는 말이다. 하나님은 그의 이름을 두려워하는 일이 포로 후기 백성들 중에서 일어난다고 하지 않고 이방 민족들 중에서 두려움이 된다고 한다. 이것은 포로 후기 백성들을 배제하려는 의도라기보다는 이스라엘 민족보다 훨씬 더 많은 숫자의 백성으로 구성된 이방 민족들에게까지 하나님의 통치 영역을 크게 확대하려는 의도를 가지고 있다. 즉 말라기는 임금을 '큰'으로 수식한 것처럼 경외받는 범위를 이방으로 확대하고 있다. 이를 통해 하나님은 포로 후기 백성들이 현재 행하고 있는 하나님과 예배에 대한 멸시를 좌시하지 않고 큰 임금으로서 이방 모든 민족들 중에서 경외의 대상으로서 예배 받으실 것이라고 한다.

교훈과 적용

1. 하나님은 자기 백성 이스라엘을 진심으로 사랑하였다. 그리고 백성들의 사랑을 받고 싶어 하셨다. 그래서 하나님은 장자인 에돔이 아니라 야곱을 택하는 사랑을 야곱과 그의 후손들에게 베풀어 주신 사실을 말씀하며 백성들의 사랑을 구하셨지만, 백성들은 하나님의 사랑에 대해 아무런 마음의 감동이 없는 상태가 되었다. 마음이 차갑게 식어 버린 이스라엘 백성들처럼 혹시 우리 자신도 마음이 차갑게 식어 하나님 앞에 아무런 마음의 감정도 느끼지 못하는 상태로 살고 있지는 않는가?

2. 포로 후기 시대에 제사장들은 부정한 제물을 드리고도 전혀 잘못을 깨닫지도 못할

뿐만 아니라 오히려 여호와의 식탁은 경멸해도 된다고 하였다. 백성들은 하나님께 드려서는 안 되는 눈먼 희생 제물과 저는 것 병든 것을 드렸다. 예배를 집례하는 제사장들이 하나님께 드리는 예배를 철저하게 무시하고 멸시하는 짓을 일삼았다. 이런 일이 가능한가라고 생각하지 말고, 나는 혹시 하나님께 거짓된 예배를 드리고 있지는 않는가? 예배 드리는 순간에 마음은 하나님이 아니라 욕심에 이끌려 쓸데없는 상념에 빠져 있지는 않는가?

3. 이스라엘 백성이 하나님의 이름을 경멸하고 멸시하자, 하나님은 그 눈을 이스라엘 백성에게서 돌이켜 이방 민족에게 향했다. 그리고 이방 민족들 중에서 하나님의 이름을 크게 하고, 그들을 통해 영광과 찬송을 받을 것이라고 하였다. 하나님께서 부정한 이스라엘 백성을 버릴 수 있다면, 부정한 예배를 드리는 교회도 버릴 수 있고 엄청난 시련을 겪게 할 수 있다. 불의한 예배 때문에 나 자신도 하나님의 진노를 살 수 있다는 생각을 해 보았는가?

제2장 레위 언약과 혼인 언약(2:1-16)

말라기 1장에서 하나님은 제사장과 백성들의 부정한 제물과 예배에 대해 질책하였는데, 2장에서는 제사장들과 레위 사람들이 레위 언약을 깨뜨린 것과 백성들이 혼인 언약을 깨뜨린 것을 질책한다. 하나님은 이런 제사장들을 백성 앞에서 멸시와 천대를 당하게 하고, 백성들을 야곱의 장막 가운데서 끊어 버리겠다고 한다.

본문 요약

2장은 두 부분으로 나눌 수 있다. 첫째는 1-9절이며, 레위 언약을 깨뜨린 제사장들에 대한 하나님의 질책을 기록하고 있다. 제사장들은 그들의 조상들과는 달리 레위 언약을 깨뜨렸고(4-5절), 언약 파괴의 내용은 그들의 입에 진리와 율법이 없고 백성들에게 율법을 어기게 만든 것이다(6-8절). 이런 제사장들에게 명령을 주시며(1절), 이를 듣지 않으면 희생 제물의 똥을 얼굴에 바르고 또 똥을 치우듯이 제거해 버릴 것이라고 한다(2-3절). 둘째는 2:10-17이며, 백성들의 혼인 언약을 깨뜨린 것을 질책하고 있다. 혼인 언약 깨뜨린 것을 질책하는 이유는 하나님이 혼인의 증인이기 때문이며(4절), 혼인을 통해 경건한 자손을 얻고자 하는 원리를 하나님이 세웠기 때문이다(5절). 백성들은 아내를 버리고 이방 신의 딸과 결혼하였고, 이들의 혼인 언약 파괴는 하나님을 괴롭게 하는 행동이고(7절) 하나님의 성결을 욕되게 하는 행동임에도 불구하고(11절) 오히려 공의의 하나님을 조롱한다(7절). 이런 백성들에게 하나님은 그들의 봉헌물을 돌아보지 않을 뿐만 아니라(3절), 이들을 야곱의 장막에서 끊어 내어 버리겠다고 한다(12절).

내용 분해

1. 레위 언약을 파괴한 제사장들에 대한 질책(2:1-9)

    1) 제사장들에게 한 명령(1절)

    2) 명령을 듣지 않는 제사장에 대한 저주(2-3절)

    3) 레위 언약을 세운 이유(4-6절)

    4) 언약 파괴 내용(7-8절)

    5) 언약 파괴에 대한 징벌(9절)

2. 혼인 언약을 파괴한 백성들에 대한 질책(2:10-16)

    1) 거짓과 우상 숭배와 이방 신의 딸과 혼인한 것에 대한 질책(10-12절)

    2) 혼인 언약의 취지(13-15절)

    3) 혼인 언약 파괴에 대한 하나님의 심정(16절)

본문 주해

1. 레위 언약을 파괴한 제사장들에 대한 질책(2:1-9)

1 너희 제사장들아 이제 너희에게 이같이 명령하노라 2 만군의 여호와가 이르노라 너희가 만일 듣지 아니하며 마음에 두지 아니하여 내 이름을 영화롭게 하지 아니하면 내가 너희에게 저주를 내려 너희의 복을 저주하리라 내가 이미 저주하였나니 이는 너희가 그것을 마음에 두지 아니하였음이라 3 보라 내가 너희의 자손을 꾸짖을 것이요 똥 곧 너희 절기의 희생의 똥을 너희 얼굴에 바를 것이라 너희가 그것과 함께 제하여 버림을 당하리라 4 만군의 여호와가 이르노라 내가 이 명령을 너희에게 내린 것은 레위와 세운 나의 언약이 항상 있게 하려 함인 줄을 너희가 알리라 5 레위와 세운 나의 언약은 생명과 평강의 언약이라 내가 이것을 그에게 준 것은 그로 경외하게 하려 함이라 그가 나를 경외하고 내 이름을 두려워하였으며 6 그의 입에는 진리의 법이 있었고 그의 입술에는 불의함이 없었으며 그가 화평함과 정직함으로 나와 동행하며 많은 사람을 돌이켜 죄악에서 떠나게 하였느니라 7 제사장의 입술은 지식을 지켜야 하겠고 사람들은 그의 입에서 율법을 구하게 되어야 할 것이니 제사장은 만군의 여호와의 사자가 됨이거늘 8 너희는 옳은 길에서 떠나 많은 사람을 율법에 거스르게 하는도다 나 만군의 여호와가 이르노니 너희가 레위의 언약을 깨뜨렸느니라 9 너희가 내 길을 지키지 아니하고 율법을 행할 때에 사람에게 치우치게 하였으므로 나도 너희로 하여금 모든 백성 앞에서 멸시와 천대를 당하게 하였느니라 하시니라

1장에서 하나님은 제사장들이 부정한 제물 바친 것을 질책했는데, 2장에서는 제사장들의 레위 언약 파괴를 질책한다. 제사장들은 그들의 조상들과는

달리 백성들에게 하나님의 율법을 지키도록 가르치지 않고 오히려 거스르게 만들었다. 그 결과로 하나님은 제사장들에게 저주를 내리고 그들을 제거하여 버릴 것이라고 한다.

1) 제사장들에게 한 명령(1절)

1절은 이제(*베알타* וְעַתָּה)라는 말로 시작한다. '이제'는 시간을 나타내는 표현이 아니고, 감탄사로서 '자!'의 의미를 가지며 강조를 위해 사용되었다.[1] 이어서 1절은 이 명령은 너희를 위한 것이라고 한다. '이 명령'은 이어지는 2절이하의 심판 메시지를 의미하는 것으로 보는 견해도 있지만, 오히려 '이 명령'은 두 가지 이유 때문에 제사장들에게 주어진 제의와 율법과 관련된 포괄적인 규정으로 여겨진다.[2] 첫째 이유는 2절에서 하나님이 제사장들에게 이 명령에 순종할 것을 촉구하면서 순종하지 않으면 저주를 내린다고 하고 있기 때문이다. 이것은 순종해야 할 규정이 있음을 전제한다. 둘째 이유는 4절에서 "이 명령을 너희에게 내린 것은 레위와 세운 나의 언약이 항상 있게 하려 함인 줄을 너희가 알리라"는 말 때문이다.[3] 이 말은 레위 언약이 하나님과 제사장 사이에 항상 있게 하기 위해 제사장들에게 제의와 율법 규정을 제대로 수행하라고 명령하였다는 뜻이다.

2) 명령을 듣지 않는 제사장에 대한 저주(2-3절)

2절은 제사장에게 내린 명령을 수행하지 않으면 저주를 내릴 것이라고 한다. 제사장에게 내린 명령은 일차적으로 제의와 관련된 것으로 여겨진다. 그이유는 제사장이 듣고 마음에 두어야 하는 이유와 목적이 '내 이름을 영화롭게 하도록'이기 때문이다. 이 표현과 반대되는 개념인 '내 이름을 멸시하는 제

---

1. Schuller, "The Book of Malachi," 860.
2. Baldwin, *Haggai, Zechariah, and Malachi*, 232.
3. Verhoef, *The Books of Haggai and Malachi*, 237-38.

사장들아'와 이것과 유사 개념인 "내 이름이 크게 될 것이라"가 이미 말라기 1:6과 1:11 등에서 사용되었다. 그러므로 2절의 '내 이름을 영화롭게 하도록' 은 2:1-9의 메시지가 1:6-14의 주제를 이어가고 있음을 보여준다. '절기의 희생의 똥'도 제사장에게 내린 명령의 주제가 제사장의 제의 사역과 관련 있음을 보여준다.

2절은 제사장들이 정상적인 제의 사역을 통해 하나님의 이름을 영화롭게 하라는 명령을 마음에 새기지 않으면, 그 결과로 그들에게 일어날 일에 대해 "만군의 여호와께서 말씀하시니라"를 통해 강조한다. 그들에게 일어날 일은 하나님이 그들 가운데 저주를 보내고, 그리고 그들의 축복을 저주로 바꾸는 것이다. "너희에게 저주를 내려"는 하나님이 제사장들의 모든 것에 대해 징벌을 내리고 저주를 내린다는 말이다. 저주의 대상은 제사장들이 백성들로부터 받은 봉헌물들과 그들의 사역과 그들의 삶과 가족 모두이다. "너희의 축복들을 저주하리라"는 세가지 의미를 가질 수 있다. 첫째 너희의 축복들은 민수기 6:24-26의 제사장의 축복을 지칭할 수 있다. 미쉬나 타미드(Mishnah Tamid 7:2)에 의하면 아침 저녁에 드려지는 공식적인 제의에서 제사장들은 제사장들의 성소 내부 사역을 끝내고 성소 문 앞에 서서 번제단에서 제물을 태우기 직전에 제사장의 축복을 선포하였다.[4] 이런 제사장의 축복을 저주로 바꾸는 것은 마치 발람이 이스라엘을 저주하려 했지만, 하나님이 저주를 축복으로 바꾸는 것과 유사하다. 축복을 선포해야 하는 제사장들의 입에서 발람과 유사하게 축복 대신에 저주가 터져 나온다면 그들은 그야 말로 백성들에게 멸시와 천대를 받게 될 것이다. 둘째, 이 말은 제사장들이 그들의 입으로 쏟아낸 축복의 메시지와 달리 하나님은 저주를 백성들에게 쏟아낼 것이라는 의미를 가지고 있다. 셋째, 이 말은 백성들이 제물로 바친 봉헌물들 중에서 제사장들의 몫을 의미할 수도 있다. 9절에서 하나님이 제사장들을 모든 백성 앞에서 멸시와

---

4. J. Neusner, *The Mishnah: A New Translation* (New Haven: Yale University Press, 1988), 871-72.

천대를 당하게 하였다는 말을 고려한다면, 세 번째 것은 가능성이 매우 낮다. 그리고 2절에서 내가 이미 저주하였다고 말하며 3:11에서 포로 후기 백성들이 겪고 있는 재앙을 고려할 때 둘째가 가장 가능성이 높다.

3절은 제사장들에게 내릴 징벌을 열거하고 있다. 먼저 하나님은 감탄사 *히네니*(הִנְנִי)를 사용하여 강조하면서 제사장들의 자손들을 심판의 영향권 아래 있게 하겠다고 한다. "자손"의 히브리어 *제라*(זֶרַע)는 동식물의 씨앗과 새끼를 의미할 수도 있고 사람의 자손을 의미할 수도 있다. 주석가들 중에는 *제라*를 식물의 씨앗으로 생각하는 학자들도 있지만, 4절의 내용을 고려할 때에 *제라*는 제사장들의 자손으로 이해하는 것이 더 적절하다. '꾸짖는다'는 것은 단순히 책망한다는 것이 아니라, 제사장들의 후손에게도 하나님의 징벌의 영향이 미친다는 뜻으로 보아야 한다. 볼드윈은 이를 제사장 자손의 감소를 의도하는 것으로 이해하고 있다.[5] '너희들로 인하여 자손을 책망할 것이다'고 하였기 때문에 볼드윈의 주장은 충분히 가능한 일이다. 제사장의 자손의 감소는 제사장의 권세와 힘 그리고 영향력의 감소와 쇠퇴를 의미할 수 있다.

이어서 하나님은 제사장들의 얼굴에 똥을 뿌린다고 한다. 짐승의 똥과 인분은 저주와 징벌과 치욕의 가장 대표적인 표현이다. 예를 들면 예레미야 8:1-2에서 하나님은 유다의 왕들과 제사장들과 선지자들의 뼈를 무덤에서 끌어내어 지면에서 분토 같게 할 것이라고 한다. 말라기 2:3의 경우 하나님은 제사장들의 얼굴에 절기 축제의 희생 제물들의 똥을 뿌린다고 한다. 모두가 즐거워하고 기뻐하는 축제에서 제사장들은 씻을 수 없는 수치를 당하게 되는 장면은 매우 극적이다. 당하는 자들에게는 감당할 수 없는 수치이고, 보는 이들에게는 코미디보다 더 우스울 것이다. 3절은 여기에서 그치지 않고 사람이 제사장들을 분뇨 더미로 끌고 가게 한다고 말한다. 마지막 문장의 동사 *나사*(נָשָׂא '그가 옮길 것이다')의 3인칭은 주어가 구체적으로 누구인지 명기하지

---

5. Baldwin, *Haggai, Zechariah, and Malachi*, 233.

않고 있다. 이런 경우 주어는 불특정한 사람이거나 아니면 하나님이 주어가
될 수도 있다. 주어가 누구이든지 간에 제사장들은 그들이 사역하는 성전에서
분뇨 더미로 쫓겨난다. 성전이라는 최고의 장소에서 희생 제물의 분뇨 더미라
는 최악의 장소로 제사장들은 추락하게 된다.

3) 레위 언약을 세운 이유(4-6절)

4절은 1절에서 말한 명령을 그들에게 준 이유가 레위와 세운 하나님의 언
약이 존속하게 하려는 것이라고 한다. 4-8절에서는 레위 언약 또는 이와 유사
한 표현이 반복해서 나온다. 말라기가 말하는 레위 언약이 구체적으로 무엇을
의미하는지 명확하지 않다. 모세오경을 비롯하여 구약 성경 어느 곳에서도 하
나님이 레위인들과 언약을 체결하는 내용을 기록하고 있지 않다. 물론 민수기
25:7-13에서 아론의 손자 비느하스에게 하나님이 제사장 직분의 언약을 주며
이를 평화의 언약이라고 하였다.[6] 하지만, 이것은 제사장 비느하스 계보의 제
사장직 승계를 약속하는 것이지 레위인 전체를 대상으로 하는 것으로 볼 수
없다.[7] 구약 성경에서 레위인들을 대상으로 한 언약이 언급되지 않음에도 불
구하고 레위 언약은 구약 시대에 보편적으로 인정되었던 것으로 여겨진다. 예
레미야 33:21에서 예레미야는 이스라엘의 회복을 예언하면서 레위인 제사장
에게 세운 언약을 다윗 언약과 더불어 파할 수 없는 언약이라고 한다. 느헤미
야 13:29은 제사장들이 이방 여인을 아내로 취한 것을 두고 제사장 직분과 레
위 사람에 대한 언약을 어겼다고 말한다. 이런 예들은 레위 언약을 구약의 백
성들이 인식하고 있었음을 보여주며, 이스라엘에 이런 인식이 생겨난 것은 시
내산에서 발생한 금송아지 사건 때 레위인들이 하나님의 편에서 한 헌신 때

6. W. Bailey, "Ministers: Be Faithful!: Malachi 2:1-9," *The Theological Educator* 36 (1987): 99-105.

7. P. L. Redditt, *Haggai, Zechariah, Malachi*, NCBC (Grand Rapids: Eerdmans, 1995), 168.

문에 그들에게 주어진 축복에 기인한 것으로 생각된다(출 32:26-29).[8] 하지만 말라기 2:5의 레위 언약은 이에 한정되지 않고 좀 더 포괄적인 의미를 가지는 것으로 생각된다. 즉 2:5의 "레위와 세운 나의 언약은 생명과 평강의 언약이라"는 표현은 레위 언약의 실체를 조금 더 분명하게 접근할 수 있게 해 준다. 생명과 평강의 언약은 하나님이 언약을 신실하게 지키는 백성들에게 약속한 언약의 축복을 가리키는 표현으로 보아야 한다. 레위기 26:6-8은 언약의 규례와 계명을 지키는 자들에게 줄 평화를 기록하고 있으며, 9-10절은 그들이 누릴 행복한 삶을 기록하고 있다. 느헤미야 13:29은 제사장들이 이방 여인을 아내로 취한 것을 레위 언약을 어긴 것이라고 하는데, 이것은 레위기 21:14의 "자기 백성 중에서 처녀를 취하여 아내를 삼아"의 규정과 직접적으로 관련이 있다. 그렇기 때문에, 레위 언약과 생명과 평강의 언약은 최소한 레위기에 기록된 모든 말씀을 지칭하는 것으로 여길 수 있고, 더 나아가 모세오경에 기록된 언약의 규정들을 포괄하는 말로 볼 수 있다. 이에 더해 말라기 1:6-2:9이 제사장들이 정결하고 흠 없는 제물이 아니라 부정하고 흠 있는 제물로 제사를 드린 악한 사역을 비판하면서 레위 언약을 말하고 있는 것은 분명히 레위기에 있는 언약의 규정과 언약의 축복과 저주를 염두에 두고 있다고 보아야 한다. 그리고 2:8-9은 제사장들이 해야 할 일이 백성들에게 율법을 가르치는 것임에도 불구하고 그들이 많은 사람을 옳은 길에서 떠나 율법에 거스르게 한 것을 레위 언약의 파괴라고 한다. 이것은 레위기 10:8-11에서 하나님께서 아론에게 이스라엘 백성들에게 거룩하고 속된 것을 분별하고 모세를 통하여 말한 모든 규례를 이스라엘 자손에게 가르치라고 한 말을 상기시키는 표현이다.

5절에서 하나님은 레위와 세운 언약을 삶과 평강과 경외의 언약이라고 한다. 히브리어 본문은 복잡하다.

---

8. G. W. Harrison, "Covenant Unfaithfulness in Malachi 2:1-16," *Criswell Theological Review* 2 (1987): 63-72.

בְּרִיתִי הָיְתָה אִתּוֹ הַחַיִּים וְהַשָּׁלוֹם וָאֶתְּנֵם־לוֹ מוֹרָא וַיִּירָאֵנִי וּמִפְּנֵי שְׁמִי נִחַת הוּא

나의 언약은 그와 함께 있나니, 생명과 평강, 그리고 내가 그것들을 그
에게 주었고, 경외, 그리고 그가 나를 두려워하리니 그리고 내 이름 앞
에서 그가 두려워하리라

이 본문은 언약의 성격 중에서 삶과 평강 그리고 경외 세가지를 말하고 있
으며, 이 중에서 삶과 평강을 먼저 말한 후 '내가 그것들을 그에게 주었고'를
삽입하여 삶과 평강을 레위 자손들에게 주었음을 먼저 밝힌다. 이어서 경외를
말한 후 이 주제를 둘째 문장에서 이어간다. 개역개정 성경이 "생명"으로 번
역한 히브리어 하임/(חַיִּים)은 목숨을 의미하는 생명보다는 삶의 의미에 더 가
깝다. 삶과 평강의 언약은 레위 제사장들이 레위 언약을 신실히 지킬 때 하나
님이 그들에게 주는 은총과 혜택이다.[9] 즉 하나님께서 성막 사역을 하는 제사
장과 레위인들에게 하나님 자신이 그들의 기업이 되시고 그들에게 백성들의
십일조를 주어 평화로운 삶을 살게 해 준 것을 의미한다. 하나님은 또한 레위
언약을 경외의 언약이라고 한다. 이것은 레위 제사장들이 성막 봉사에서 그들
이 취해야 할 태도를 두고 하는 말이다. 5절은 출애굽 이후 광야에서 성막 봉
사를 한 초창기 레위인들이 포로 후기 레위인 제사장들과는 달리 하나님을 경
외하였고, 하나님의 이름 앞에 두려워하는 마음을 가졌다고 한다.

6절은 광야 시대의 레위인 제사장들이 하나님 경외를 어떻게 했는지 알려
주고 있다. 첫째, 초창기 레위 제사장들은 그들의 입으로 진리의 율법을 말하
였고, 입술로 불의를 말하지 않았다. 진리의 율법은 율법의 내용을 바르고 충
실하게 가르쳤음을 의미하며, 이 말은 말라기 1장에서 제기된 제의와 제물에
대한 바르고 정상적인 가르침을 포함하고 있다. 불의함도 부정한 제물을 비롯

---

9. Keil, *Minor Prophets*, 443-44.

하여 율법을 왜곡시켜 가르치는 행위를 하지 않았다는 말이다.[10] 둘째, 초창기 레위 제사장들은 하나님과 동행하는 삶을 살면서 완전하고 정직한 삶의 자세를 가졌다고 한다. 구약 성경에서 사람이 하나님과 동행하였다고 말한 경우는 창세기 5:22-24의 에녹과 6:9의 노아와 그리고 말라기 2:6의 초창기 레위 제사장에서만 볼 수 있을 정도로 매우 드물게 사용되었다. 뿐만 아니라 초창기 레위 제사장들은 율법을 바르게 가르쳤을 뿐만 아니라, 그들의 삶도 인격적으로 완전하고 정직한 삶을 살았다고 한다. 히브리어 문장은 아래의 밑줄에서 볼 수 있는 것처럼 '완전함'과 '정직함'을 '그가 나와 동행하였다'보다 앞에 두어 그들의 완전함과 정직함을 강조하고 있다.

בְּשָׁלוֹם וּבְמִישׁוֹר הָלַךְ אִתִּי וְרַבִּים הֵשִׁיב מֵעָוֺן׃

'완전함'의 히브리어는 살롬(שָׁלוֹם)이며 이를 평강으로 해석할 수도 있지만, 정직함이란 표현과 함께 사용된 것을 고려한다면, 이는 레위인들의 삶의 모습을 의미하는 것으로서 완전함으로 해석하는 것이 더 적절하다. 셋째, 초창기 레위인들은 많은 사람들을 돌이켜 죄악에서 떠나게 하였다고 한다. 이것은 출애굽기 32:26-28의 금송아지 사건 때 레위인들이 우상 숭배자들을 징벌한 것과 민수기 25:7-8에서 비느하스가 바알을 숭배하는 모압 여인들과 동침한 자들을 응징하여 이스라엘 백성을 하나님과의 바른 관계로 이끌었던 것을 염두에 둔 말이다.

---

10. D. L. Petersen, *Zechariah 9-14 and Malachi*, OTL (Louisville: Westminster John Knox, 1995), 191.

4) 언약 파괴 내용(7-8절)

7절은 6절의 초창기 레위인들의 사역에 대한 언급의 결론이며, 이를 기반으로 제사장들이 해야 하는 핵심 사역은 백성들에게 지식과 토라를 가르치는 것이라고 한다(신 17:8-12; 33:8-10; 대하 17:7-9; 느 8:7-11). 제사장들은 지식과 토라를 가르칠 뿐만 아니라 이를 지키고 보존해야 한다. 이 말은 지식과 토라를 후대에 전수해 주는 것도 포함되겠지만, 일차적으로는 지식과 토라가 왜곡되지 않게 하는 것을 의미한다. 백성들이 제사장에게 구해야 하는 것도 참 지식과 참 토라이지 변질되고 왜곡된 지식과 토라가 아니다. 이렇게 지식과 토라를 바르게 가르쳐야 되는 이유로 7절은 제사장들이 만군의 여호와의 사자라는 사실을 제시한다. "여호와의 사자"의 히브리어 *말악 여호와*(יְהוָה מַלְאַךְ)는 학개 1:13과 말라기 2:7을 제외하고 항상 하나님이 보낸 천사와 같은 존재를 의미하였고, 제사장을 여호와의 사자라고 지칭한 것은 2:7이 유일하다. 제사장을 이렇게 지칭한 이유는 그가 하나님의 말씀인 토라를 백성들에게 전달하는 자라는 역할을 강조하려는 목적 때문이다.[11]

8절에서 하나님은 포로 후기 레위 제사장들이 그들의 조상들과는 달리 제사장으로서 사역을 전혀 하지 못하고 레위 언약을 범했다고 말한다. 7절에서 제사장을 여호와의 사자라고 하며 그들의 율법 가르치는 자의 역할의 중요성을 강조한 후 8절에서 말라기는 포로 후기 레위 제사장들이 레위 제사장의 길에서 벗어나 탈선하였고, 율법을 거짓되게 해석하여 가르침으로 많은 사람들을 넘어지게 만들었다고 한다.[12] 제사장들이 적극적으로 백성들을 악으로 인도한 것뿐만 아니라 말만 하고 실천하지 않은 것도 모두 레위 언약을 깨뜨린 것으로 보아야 한다(마 23:3).

---

11. Smith, *Micah-Malachi*, 318.

12. 백성들을 여호와 신앙에서 벗어나 우상 숭배로 이끄는 레위인에 관한 사례는 삿 18:30을 참고하라.

5) 언약 파괴에 대한 징벌(9절)

9절에서는 이런 레위 제사장들을 하나님이 나도 역시 너희들을 백성들 앞에서 멸시당하고 천대받게 하겠다고 한다. 이어서 레위 제사장들의 문제를 더욱 부각시키기 위해 그들이 나의 길 즉 율법의 말씀을 지키지 않고 토라에 반하여 얼굴들을 들었다고 한다. 토라에 반하여(against) 얼굴을 들었다는 것은 그들이 토라를 그대로 따르지 않고 편협하게 해석하고 가르쳤다는 말이다. 개역개정 성경의 "율법을 행할 때에 사람에게 치우치게 하였으므로"의 히브리어 본문을 직역하면 '토라에 반하여 얼굴을 들었다'이다.

제사장들에 대한 심판 메시지는 매우 드물며, 호세아 4:6-9과 예레미야 20:1-6 그리고 말라기 2:1-9가 유일하게 제대로 된 제사장 심판 메시지를 담고 있다. 호세아와 예레미야의 제사장 심판 메시지는 각각 북쪽 이스라엘의 멸망과 남쪽 유다의 멸망으로 귀결되었다. 그렇다면 2:1-9의 레위 언약을 파괴한 제사장에 대한 심판 메시지는 구원 역사에서 어떤 결과를 가져올까? 이스라엘과 유다는 이미 멸망되었기 때문에 호세아와 예레미야와 같은 심판은 일어나지 않는다. 대신에 이사야와 예레미야 그리고 에스겔을 통해 예고된 하나님 나라의 회복의 지연을 불러오게 되며, 옛 언약의 사람들이 심판 아래 지속적으로 머무는 결과를 낳게 된다.

2. 혼인 언약을 파괴한 백성들에 대한 질책(2:10-16)

10 우리는 한 아버지를 가지지 아니하였느냐 한 하나님께서 지으신 바가 아니냐 어찌하여 우리 각 사람이 자기 형제에게 거짓을 행하여 우리 조상들의 언약을 욕되게 하느냐 11 유다는 거짓을 행하였고 이스라엘과 예루살렘 중에서는 가증한 일을 행하였으며 유다는 여호와께서 사랑하시는 그 성결을 욕되게 하여 이방 신의 딸과 결혼하였으니 12 이 일을 행하는 사람에게 속한 자는 깨는 자나 응답하는 자는 물론이요 만군의 여호와께 제사

를 드리는 자도 여호와께서 야곱의 장막 가운데에서 끊어 버리시리라 13 너희가 이런 일도 행하나니 곧 눈물과 울음과 탄식으로 여호와의 제단을 가리게 하는도다 그러므로 여호와께서 다시는 너희의 봉헌물을 돌아보지도 아니하시며 그것을 너희 손에서 기꺼이 받지도 아니하시거늘 14 너희는 이르기를 어찌 됨이니이까 하는도다 이는 너와 네가 어려서 맞이한 아내 사이에 여호와께서 증인이 되시기 때문이라 그는 네 짝이요 너와 서약한 아내로되 네가 그에게 거짓을 행하였도다 15 그에게는 영이 충만하였으나 오직 하나를 만들지 아니하셨느냐 어찌하여 하나만 만드셨느냐 이는 경건한 자손을 얻고자 하심이라 그러므로 네 심령을 삼가 지켜 어려서 맞이한 아내에게 거짓을 행하지 말지니라 16 이스라엘의 하나님 여호와가 이르노니 나는 이혼하는 것과 옷으로 학대를 가리는 자를 미워하노라 만군의 여호와의 말이니라 그러므로 너희 심령을 삼가 지켜 거짓을 행하지 말지니라

1-9절에서 하나님이 레위 제사장들의 언약 파괴를 질타하였는데, 2:10-17에서 하나님은 혼인 언약을 파괴한 백성들을 책망한다. 포로 후기 백성들은 하나님께 예배 드리면서도 동시에 우상을 숭배하고 그 우상의 신전에서 일하는 여인과 결혼하였다. 그리고 이방 여인과 결혼하기 위해 포로 후기 백성들은 자신의 아내와 이혼하였다. 이런 악을 행하고도 자신의 잘못을 전혀 깨닫지 못하는 백성들에게 하나님은 그들의 제의를 받지 않을 뿐만 아니라 그들을 야곱의 장막 가운데서 끊어 버리겠다고 한다.

1) 거짓과 우상 숭배와 이방 신의 딸과 혼인한 것에 대한 질책(10-12절)

10-12절에서 말라기는 악을 행하는 포로 후기 백성들에게 그들의 제사를 받지 않고 야곱의 장막에서 끊어 버리겠다고 한다. 그 이유는 하나님 아버지로부터 지음 받았음에도 불구하고 각각 형제를 향하여 악을 행하였기 때문이

라고 한다. 그들이 행한 최악의 범죄는 이방 신의 딸과 결혼한 것이다.

10절은 포로 후기 백성이 서로를 향하여 범죄해서는 안 되는 이유를 먼저
밝히고 있다. 그 이유는 포로 후기 백성들은 한 아버지를 가지고 한 하나님에
의해 창조되었기 때문이다. 10절에서 말하는 한 아버지는 아브라함 또는 야곱
을 의미할 수도 있지만,[13] 뒤에 나오는 한 하나님과 대비를 이루고 있다는 것을
고려한다면 한 아버지는 여호와 하나님을 가리킬 가능성도 있다.[14]

הֲלוֹא אָב אֶחָד לְכֻלָּנוּ *하로 아브 에하드 레쿨라누*

הֲלוֹא אֵל אֶחָד בְּרָאָנוּ *하로 엘 에하드 베라아누*

10절이 포로 후기 백성을 아버지 하나님의 아들들로 부르고 11절에서 이방
우상의 딸이라고 말한 것과 대조를 시키는 논증 스타일도 이를 뒷받침한다.[15]
아버지와 하나님이 지칭하는 대상이 동일할 경우, 포로 후기 백성들은 여호와
하나님을 아버지라고 불렀고, 그들은 서로 서로 형제로서 하나님의 자녀로 여
겼음을 보여준다. 10절의 메시지와 유사하게 사도 바울은 예수 그리스도의 구
원 역사를 통해 모든 믿는 자들은 한 하나님 곧 아버지로부터 태어났다고 말
한다(고전 8:6). 말라기는 한 아버지의 후손과 형제라는 사실을 전제로 내세
우면서 어떻게 형제끼리 불의를 행하느냐고 포로 후기 백성들에게 묻는다. 말
라기는 포로 후기 백성들이 상호간에 행하는 거짓을 조상의 언약을 더럽히는
것이라고 한다. 이 언약은 시내산 언약이며, 출애굽기 20-25장은 이스라엘 백
성들 상호간에 해야 할 것과 해서는 안될 것들을 규정하고 있다. 형제 간에 거
짓을 행하는 것은 이 언약 규정을 어기는 것이며, 이것은 언약을 더럽히는 것
이다. 레위 제사장들은 율법을 그릇 가르침으로 레위 언약을 깨뜨렸는데, 포

---

13. Baldwin, *Haggai Zechariah Malachi*, 237.

14. Verhoef, *The Books of Haggai and Malachi*, 265-66.

15. M. A. Shields, "Syncretism and Divorce in Malachi 2:10-16," *ZAW* 111 (1999): 68-86.

로 후기 백성은 형제 간에 거짓을 행함으로 하나님이 그들의 조상과 함께 시내산에서 체결한 언약을 깨뜨렸다.

11절은 10절에서 말한 형제끼리 행한 거짓의 내용을 구체적으로 기록하고 있다. 11절의 첫 문장은 먼저 유다가 거짓되게 행하였다고 한다. 거짓의 내용을 구체적으로 말하지 않았지만, 거짓을 행한 자가 유다라고 적시했다. 이어서 둘째 문장은 가증한 일이 이스라엘과 예루살렘에서 자행되었다고 한다. 구약 성경에서 가증한 일(토에바/תּוֹעֵבָה)은 일반적으로 우상 숭배, 성적인 죄악, 부정한 제물, 그리고 도덕적 종교적으로 용납될 수 없는 행위들을 가리킨다. 신명기 24:4은 이혼도 하나님이 가증하게 여기는 행위라고 한다. 포로 후기 시대에 기록된 선지서와 역사서 중에서 이 표현은 말라기 2:11과 에스라 9:1-15에서만 사용되었으며, 에스라 9장에서 가증한 일은 모두 우상을 섬기는 이방 여인과의 결혼이다.

말라기는 이스라엘과 예루살렘에서 자행된 가증한 것에 대해 추가적인 설명을 덧붙인다. 이 가증한 일을 범한 사람을 접속사 키(כִּי 왜냐하면)로 설명하는 문장에서 유다 족속이라고 말한다. 개역개정 성경은 유다가 "여호와께서 사랑하시는 그 성결을 욕되게 하여"라고 번역하였는데, "성결"의 히브리어 코데쉬(קֹדֶשׁ)는 '성결,' '성소,' 그리고 '거룩한 자'의 의미를 가질 수 있다. 개역개정 성경은 KJV의 번역을 따라 '성결'로 번역하였는데, 최근에 번역된 영어 성경(NIV, NRS, NAU)은 코데쉬를 성소로 번역하고 있다. 13절에서 여호와의 제단을 가리게 하는 행동에 대한 언급을 고려할 때 성결보다는 성소가 더 바른 번역이다.[16] 말라기가 거룩한 백성이라는 표현을 사용한 것은 동사 '더럽히다'와 극적인 대조를 이루기 위해서이다. 말라기는 11절에서 유다와 예루살렘과 함께 이스라엘을 언급함으로 하나님 나라 백성의 범주를 유다에 한정시키지 않고 이스라엘 12 지파를 모두 포함시키고 있다. 유다 사람들은 유다

---

16. Taylor & Clendenen, *Haggai Malachi*, 329-30.

지역뿐만 아니라 시온 성 예루살렘과 포로 후기 시대에 그들의 영역에 포함
되지 않았던 이스라엘을 포함한 모든 곳에서 하나님의 거룩한 백성들을 더럽
히는 행위를 하였다.

　11절은 마지막 문장에서 유다가 행한 거짓 행위를 명확하게 만든다. 그가
행한 것은 이방 신의 딸과 결혼하는 것이었다. 이방 여인이라 말하지 않고 이
방 신의 딸로 표현한 이유는 10절에서 포로 후기 백성들을 한 하나님을 한 아
버지로 가진 자식으로 묘사한 것과 극적인 대조를 이루기 위해서이다. 시내산
언약과 모압 언약에서 하나님은 이스라엘 백성들에게 이방 민족의 딸들을 아
내로 삼음으로 그들의 신들을 음란하게 섬기는 일이 생겨나지 않게 하라고 명
령하였다(출 34:11-16; 신 7:1-4). 이스라엘 민족들은 모압 평야에서 모압 여인
들을 아내로 취함으로 위기에 빠진 적이 있었고, 솔로몬과 아합은 이방 여인
들을 아내로 취함으로 이스라엘 민족들을 배교로 빠지게 만들었다. 동일한
현상이 포로 후기 백성들 사이에 발생하였음을 에스라와 느헤미야가 증언하
고 있다(스 9-10장과 느 13장). 베어호프(P. A. Verhoef)에 의하면 이런 현상
은 헬라 시대에도 만연하였으며, 이런 문제 때문에 70인역은 국제 결혼한 유
대인들을 자극하지 않기 위하여 말라기 2:11의 마지막 문장을 유대인들이 '다
른 신들을 따라 갔다'(에페테두센 에이스 데우스 알로트리우스 ἐπετήδευσεν
εἰς θεοὺς ἀλλοτρίους)라고 번역하고 있다.[17] 10절과 11절의 메시지를 통해
말라기는 포로 후기 백성들이 이방 신의 딸들과 결혼함으로 한 아버지 하나님
을 가진 가족에게 다른 신들을 아버지로 데려왔고, 한 아버지의 자식들이 여
러 아버지의 자식들로 변절하였다고 질타하고 있다.

　12절은 여호와께서 이를 행한 자를 야곱의 장막에서 잘라 내어 버릴 것이
라고 한다. 야곱의 장막은 야곱의 집안 전체를 나타내는 말이며, 유사한 말로
는 야곱의 기업도 있다. 이 말은 하나님이 이들을 언약 공동체에서 잘라 낸다

---

17. Verhoef, *The Books of Haggai and Malachi*, 269-70.

는 것이며, 하나님의 백성에서 탈락된다는 말이다. 12절은 이방 신의 딸과 결혼한 자의 행동 세 가지를 추가적으로 설명하고 있으며, 모두 분사로 만들었다. 첫째 행동을 개역개정은 "깨는 자"로 번역하였는데, 히브리어 표현은 *에르* (עֵר)이며 의미는 분명하지 않다. 아마도 에르는 본문 비평상의 오류로 생겨난 표현으로 생각된다. 쿰란 제 4동굴에서 발견된 4QXIIa 문서는 말라기 2:10-14을 담고 있으며, 이 본문을 עֵר וְענה (*아드 베아나*)로 표기하고 있다.[18] 70인역은 이 부분을 *헤오스*(ἕος)로 번역하였는데, 이를 히브리어로 역 번역하면 *에드*(עֵר)로서 70인역의 *헤오스*가 쿰란 4QXIIa의 *에드*와 일치한다는 것을 확인할 수 있다. 이를 반영하여 *에르*를 다시 살펴보면 원래 히브리어는 '증언하다'의 의미를 가진 에드였고, 이를 히브리어 성경 필사자는 *에르*로 잘못 필사했고, 70인역은 *에드*를 잘못 이해하여 *헤오스*(-까지)로 번역한 것으로 판단된다. *에드*('증거하다')로 보는 것이 더 타당한 이유는 *에드* 뒤에 있는 *오네*(עֹנֶה '대답하다')와 문맥상 더 잘 어울리기 때문이다. 뿐만 아니라 혼인의 증인이라는 주제가 14절에도 계속되고 있음을 주목할 필요가 있다. 14절에서 하나님은 백성들의 결혼에 증인이라고 하며, 이를 감안하면 *에르*보다 *에드*가 원본이었을 가능성이 높다. 이렇게 해석할 경우 이 표현은 유대인들의 혼인 서약과 관련된 표현일 가능성이 있다. 즉 이 표현은 이방 신의 딸들과 혼인 서약하면서 동시에 하나님께 혼인 감사 예물을 가져오는 자를 의미하며, 이런 자를 하나님은 야곱의 장막에서 잘라 내어 버리겠다고 말한다.

---

18. R. Fuller, "Text-critical Problems in Malachi 2:10-16, *JBL* 110 (1991): 47-57; 토리는 마소라 본문을 지지한다. C. C. Torrey, "עֵר וְענה in Malachi ii. 12," *JBL* 24 (1905): 176-78. '에르'와 '오네'를 가나안 지역의 풍요를 기원하는 성적으로 음란한 의식으로 보는 학자들도 있다. 이와 관련하여서는 다음을 참고하라. B. Glazier-McDonald, "Malachi 2:12: 'er we'oneh-Another Look," *JBL* 105 (1986): 295-98; '에르'와 '오네'를 창세기 38:1-11의 엘과 오난과 연관 짓는 학자도 있다. 이와 관련하여서는 다음을 보라. J. M. Gibson, "Cutting off "Kith and Kin," "Er and Onan"? Interpreting an Obscure Phrase in Malachi 2:12," *JBL* 133 (2014): 519-37.

2) 혼인 언약의 취지(13-15절)

말라기는 이방 신의 딸과 결혼한 유대인들이 성전 제단에서 행한 행동을 언급하면서 혼인 언약의 취지를 말한다. 13절에 의하면 유대인들은 하나님의 제단을 눈물로 뒤덮었다고 한다. 13절은 이들의 눈물을 강조하기 위해 통곡과 관련된 세 가지 단어 *딤아*(דִּמְעָה), *베키*(בְּכִי), 그리고 *아나카*(אֲנָקָה)를 나란히 사용하고 있다. 이들이 이렇게 통곡한 이유는 하나님이 그들의 제물을 외면하고 그들의 손에서 기쁜 마음으로 받지 않았기 때문이다. 13절에서 말하는 이들의 행위는 구약의 제의 전통에 비추어 볼 때 매우 기괴하다. 이들이 제단을 눈물로 덮었다고 하는데, 민수기 18:3에 의하면 레위인들도 성소의 제단에 가까이 갈 수 없었다. 18:3, 7절은 제단에 가까이하는 외인은 모두 죽임을 당할 것이라고 하였다. 그럼에도 불구하고 이들이 제단에 접근하여 통곡을 하였다는 것은 레위 제사장들이 이들의 접근을 허용하였거나 레위 제사장들의 만류를 뿌리치고 제단에 접근하여 자신들의 감정을 토로하였음을 의미한다. 그러나 이런 상황보다는 성소에 접근할 수 있는 제사장이라면 이런 일은 쉽게 일어날 수 있다. 즉 아내를 버리고 이방 신의 딸과 결혼한 사람들은 일반 유대인이라기보다는 레위 제사장들이었을 가능성이 있다.

14절은 하나님이 유대인들의 통곡에도 불구하고 그들의 제물을 외면하고 징벌을 내린 이유를 설명하며, 그 이유는 하나님이 그들이 거짓되게 대우한 그들의 아내와 맺은 혼인 언약의 증인이기 때문이다. 14절은 먼저 백성들이 "어찌 됨이니까"하며 하나님의 외면과 징벌에 대한 이유를 묻는 것으로 시작한다. 그 이유에 대한 설명으로 하나님은 매우 특별한 말씀을 한다. 즉 하나님은 그들이 거짓으로 대하는 대상을 언급하며, 그 대상을 그들의 아내라고 한다. 10-11절에서 반복적으로 유다가 그들의 형제에게 거짓을 행한다고 질책하였는데, 14절은 이 주제를 이어 가면서 그들이 거짓을 행한 대상을 그들의 아내라고 한다. 이것은 10절 이하의 핵심 주제가 혼인 언약이라는 것을 보여준다. 하나님은 자신을 그들과 그들이 거짓을 행하는 그들의 아내 사이의 증인이라고 하며, 15절 마지막 문장에서 너의 언약의 아내라고 말하는 것을 고려하면, 하나님은 혼인 언약의 증인이다.[19] 하나님은 특정한 사람의 혼인 언약의 증인인 것이 아니라 10-17절의 수신자 모두의 혼인 언약의 증인이다. 혼인 언약은 15절에서 볼 수 있는 것처럼, 그리고 10절에서 '창조하다'(*바라* בָּרָא)를 언급한 것을 유념한다면, 창세기 2:21-25의 아담과 하와 부부의 가정 창조와 관련 있다.

15절의 히브리어 성경은 '하나를 만들지 않았느냐'로 시작하며 의문 부사 하(ה)를 생략하고 있다. 휴겐버거(G. Hugenberger)에 의하면 '하나'는 창세기 2:24의 한 몸을 의미한다.[20] 개역개정의 '그에게는 영이 충만하였으나'의 히브리어 성경은 *우쉐아르 루아흐 로*(וּשְׁאָר רוּחַ לוֹ)이며 직역하면 '영의 남은 것이 그에게 있지만'이다. 이를 반영하여 15절 전반부를 해석하면 '영의 남은 것이 그에게 있지만 그가 하나로 만들지 않았느냐'이다. 말라기가 '영'이라는 말을 사용한 이유는 창세기 2장의 인간 창조를 염두에 두고 있기 때문이다.[21] 창세기 2:7에서 하나님이 흙으로 사람을 지으셨지만 그의 코에 생기(*네솨마* נְשָׁמָה)를 부어 넣었을 때에 생령 즉 살아있는 사람이 된다. 창세기 1-8장에서 생기를 의미하는 *네솨마*와 '영'의 히브리어 *루아흐*(רוּחַ)는 동의어로 사용되고 있으며(창 7:22), 말라기는 네솨마 대신에 친숙한 *루아흐*를 사람을 지칭하는 말로 사용하였다. 이런 점을 감안하면 *우쉐아르 루아흐 로*(영의 남은 것이 그에게 있지만)는 하나님이 하와 외에도 다른 여자를 창조할 수 있었지만 그렇게 하지 않고 하와만 만들어 아담과 하와를 부부로 만들어 한 몸을 이루게 하였다는 말이다. 말라기 2:15은 이어서 하나님이 이렇게 한 이유를 말한다. 하나님은 아담과 하와 한 쌍을 부부로 만든 이유로 하나님의 자손을 얻기 위함

---

19. Harrison, "Malachi 2:1-16," 63-72.

20. G. P. Hugenberger, *Marriage as a Covenant: A Study of Biblical Law and Ethics Governing Marriage Developed from the Perspective of Malachi* (New York: E.J. Brill, 1994), 133-34.

21. M. Zehnder, "A Fresh Look at Malachi II 13-16," *VT* 53 (2003): 224-59.

이라고 한다. 2:14에서 하나님이 혼인 언약의 증인이라고 했던 것은 창세기 2 장을 염두에 두고 있기 때문이다.[22] 창세기 2:22-23에서 아담이 '이는 내 뼈 중에 뼈요 살 중에 살이라…'고 한 것은 하나님께 하와에 대한 자신의 느낌과 고백을 선서하는 것이며, 하나님은 이 선서를 받는 위치에 서 있었다. 이유를 말하는 말라기 2:15의 히브리어 본문은 *하에하드 메박케쉬 제라 엘로힘*(אֱלֹהִים) *메박케쉬 제라*(הָאֶחָד מְבַקֵּשׁ זֶרַע)이다. *하에하드*(הָאֶחָד)는 숫자 하나(*에하드* אֶחָד)에 정관사를 붙인 표현이며 분사 *메박케쉬*(מְבַקֵּשׁ 구하다)의 주어이다. 이것은 10절의 한 아버지와 한 하나님을 지시하기 위해 쓴 표현이며, 15절의 첫 하나와 구별된 표현이다.[23] "경건한 자손"의 히브리어는 *제라 엘로힘*(זֶרַע אֱלֹהִים)이며, 엘로힘은 '경건한'으로도 해석할 수 있지만 10절에서 하나님을 한 아버지로 모신 가족을 염두에 둔 표현으로서 '한 하나님 아버지가 하나님의 자손을 얻고자 함이라'는 의미로 사용되었다. 이것은 15절 마지막에서 10-11절에서 반복하여 사용했던 '거짓을 행하다'는 의미를 가진 동사 *바가드*(בָּגַד)를 재사용하고 있는 점에서도 뒷받침된다. 말라기 15절은 한 아버지 하나님이 혼인 언약을 통해 한 쌍의 부부를 만든 것은 하나님의 자녀를 얻으려는 의도였기 때문에 백성들에게 너희 아내를 지키고 어려서 결혼한 아내에게 거짓을 행하지 말라고 한다. 개역개정 성경이 "네 심령을"이라고 번역한 히브리어 *베루아흐켐*(בְּרוּחֲכֶם)의 직역은 '네 심령'이지만 이어지는 문장과 교차 대구법으로 배열된 것과 *우쉐아르 루아흐 로*(영의 남은 것이 그에게 있나니)의 *루아흐*가 '사람'이라는 것을 고려하여 '네 심령'이 지시하는 것이 무엇인지 해석할 필요가 있다.

---

22. W. Kaiser, "Divorce in Malachi 2:10-16," *Criswell Theological Review* 2 (1987): 73-84; J. Oswalt, "Choose your Wife Carefully and do not Divorce her: Malachi 2:10-16," *The Theological Educator* 36 (1987): 106-15.

23. Hugenberger, *Marriage As a Covenant*, 140-41.

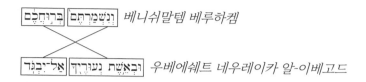

위의 두 문장은 동사 + 전치사 *베(ㅋ)* + 명사 + 대명사 2인칭을 가지고 있다. 하지만 첫 문장은 동사의 주어와 대명사 접미사가 모두 2인칭 남성 복수(켐 כֶם)인데 반해 둘째 문장의 동사의 주어는 3인칭 남성 단수로서 불특정한 사람 즉 '아무도'를 가지고 있고, 대명사 접미사는 2인칭 남성 단수(*카*ק)이다. 말라기는 남성 복수를 통해 유대인 전체에게 집합적으로 경고하고 있고, 2인칭 남성 단수로 유대인 개개인에게 경고하고 있다. 하지만 두 문장의 *루아흐*의 대상은 둘째 문장에서 '네 젊은 때의 아내에게 아무도 거짓되게 행동하지 못하게 하라'는 것에서 볼 수 있듯이, 그리고 15절 첫 문장의 *쉐아르 루아흐*(רוּחַ שְׁאָר)가 사람을 의미했던 것처럼 *베루아흐켐*(בְרוּחֲכֶם)의 *루아흐*도 사람을 의미할 가능성이 있음을 고려해야 한다. 그리고 첫째 문장의 '너희들이' 지켜야 할 대상인 *루아흐*가 '너희들의'로 한정되어 있는 것을 알 수 있다. 이 모든 것을 감안하면 네 심령은 '너희들의 사람' 즉 '너희들의 아내'로 보는 것이 가능하다. 그렇기 때문에 이 본문은 '너희들은 너희들의 사람을 지키고 그리고 네 젊어 취한 아내에게 거짓을 행하지 못하게 하라'로 번역할 수 있다.

3) 혼인 언약 파괴에 대한 하나님의 심정(16절)

15절까지는 말라기가 말하였지만, 16절은 하나님이 직접 화법으로 유대인들의 이혼에 대한 심정을 드러낸다. 말라기는 하나님을 이스라엘의 하나님 여호와라고 말한다. 하나님의 신명을 이렇게 표현한 것은 포로 후기 선지서에서는 여기가 유일하다. 포로 후기 백성이 유다 왕국의 후예로 구성되어 있음에도 불구하고 이스라엘을 언급한 이유는 11절에서 이스라엘을 언급한 것처럼 포로 후기 유대인 공동체를 하나님의 백성의 회복으로 여기고 있기 때문이다. 그렇기 때문에 하나님이 자신을 이스라엘의 하나님으로 호칭하는 것은 그들에게 가해지는 재앙과 심판을 전체 이스라엘의 심판과 회복과 연관 지으려는 목적 때문이다.

하나님은 포로 후기 백성들에게 "나는 이혼하는 것과 옷으로 학대를 가리는 자를 미워하노라"고 말한다. 히브리어 성경은 *키 사네 솰라*(כִּי־שָׂנֵא שַׁלַּח) 이며 직역은 '만약 그가 미워한다면 내어 보내도록'이다. 이것은 단순하게 생각하면 만약 누구든지 아내를 미워하면 이혼해도 된다는 뜻이다. 이 본문의 번역은 두 갈래로 나뉜다. 먼저 70인역과 탈굼은 히브리어 성경을 지지한다.[24] 하지만, 현대 번역 성경들은 모두 '미워하다'의 주어를 '내가' 즉 하나님으로 바꾸었다. 이렇게 바꾸는 것이 두 가지 이유 때문에 타당하다. 첫째는 *키 사네 솰라* 뒤에 '이스라엘의 하나님 여호와가 말씀 하시니라'가 따라 오기 때문에 *키 사네 솰라*의 주어는 하나님이어야 한다. 둘째는 16절의 첫 문장을 히브리어 성경의 표기를 따르면 14-15절로 이어지는 이혼에 관한 말라기의 주장 기조와 완전히 반대되는 모순된 문장이 되기 때문이다. 그렇기 때문에 개역개정의 번역처럼 '나는 이혼하는 것을 미워하노라'로 번역하는 것이 옳다.[25] 히브리어 성경의 필사자와 70인역 그리고 탈굼의 번역자들이 16절 첫 문장을 의도적으로 수정한 것으로 판단되며, 이들이 이렇게 한 이유는 당시에 성행한 이혼을 합리화시키고 신명기 24:1의 모세의 이혼 허락과 조화시키려 했기 때문일 것이다. 이혼에 대한 말라기의 입장은 마태복음 19:3-9에 있는 예수님의 입장과 동일하다. 이를 강조하기 위해 말라기는 이 말 뒤에 "이스라엘의 하나님 여호와가 말씀하였느니라"를 덧붙이고 있다. 16절도 거의 동일한 표현을 반복하고 있다.

---

24. D. C. Jones, "Malachi on Divorce," *Presbyterion* 15 (1989): 16-22, "A Note on the LXX of Malachi 2:16," *JBL* 109 (1990): 683-85; C. J. Collins, "The (Intelligible) Masoretic Text of Malachi 2:16," *Presbyterion* 20 (1994): 36-40.
25. Taylor & Clendenen, *Haggai Malachi*, 357-68.

16절 둘째 문장은 이혼을 하나님이 싫어함에도 불구하고, 유대인들이 이를 회개하지 않고 감추기에 급급한 모습을 그리고 있다. '그럼에도 그는 폭행을 그의 옷으로 감추는도다.' 폭행은 아내를 학대하고 쫓아 내는 행위이다. 그의 옷은 아내에 대한 상징적 표현일 수도 있다. 예를 들면 에스겔 16:8은 하나님의 옛 이스라엘의 구원을 혼인으로 표현하면서, 벌거벗은 처녀 이스라엘을 옷으로 덮어주고 맹세하고 언약하였다고 한다. 둘째 문장도 옷을 혼인으로 여기고 폭력으로 혼인한 아내를 뒤덮은 것으로 해석할 수도 있을 것이다. 하지만 16절의 둘째 표현은 13절의 눈물로 여호와의 제단을 덮었던 것과 대조를 이루는 것으로 보인다. 즉 그들이 거짓을 행하면서도 하나님의 은혜를 구하기 위해 가증한 눈물로 제단을 덮었던 것처럼, 16절은 그들이 아내를 이혼하여 쫓아내고도 이를 감추기 급급한 행동을 질타하는 것으로 볼 수 있다.[26] 이 말을 한 후 하나님은 다시 이를 강조하기 위해 "만군의 여호와가 말씀 하셨느니라"를 덧붙였다. 말라기는 마지막 문장에서 유대인들에게 너희들의 아내를 지키고 거짓을 행하지 말라고 말한다. 이 마지막 문장은 15절 마지막 문장과 거의 동일하다. 차이점이 있다면 둘째 문장이 15절의 '너의 젊어 취한 아내'를 생략하였고 동사의 주어도 15절의 3인칭 남성 단수가 아니라 첫 문장처럼 2인칭 남성 복수이다. 이 말을 통해 하나님은 이혼하는 것과 옷으로 학대를 가리는 행위 모두를 거짓을 행하는 일이라고 단정적으로 정의하고 있다.

교훈과 적용

1. 포로 후기 시대의 레위 제사장들은 그들의 조상들과는 달리 레위 언약을 신실하게 지키지 않고 파괴해 버렸다. 그들의 조상들과는 달리 그들의 입에 진리와 율법이 없고 백성들이 율법을 어기게 만들었다. 이들은 죄악 된 본성에 따라 자신만 하나님의 율법을 어기고 죄를 짓는 것으로 끝나지 않고 백성에게 거짓을 가르쳐 죄를 짓게 만들었다. 혹시 나는 하나님의 말씀을 어기고 스스로를 합리화시킬 뿐만 아니라 다른

26. Taylor & Clendenen, *Haggai Malachi*, 369.

사람도 죄짓게 하여 공범자의 존재로 인한 위안을 얻고 있지는 않는가?

2. 백성들에게 거짓을 가르쳐 범죄하게 하고 하나님의 이름을 더럽힌 레위 제사장들에게 하나님은 저주를 내리고 제물의 똥을 얼굴에 바를 것이라고 한다. 하나님의 이름을 모욕한 만큼 레위 제사장들이 상응하는 수치를 당하는 것은 지극히 정상적이다. 이때에 레위 제사장들에게 필요한 것은 회개이고 하나님께서 맡기신 사역을 바르고 진실되게 수행하는 것이다. 우리 자신은 죄의 수치를 당할 때 어떤 자세를 취하는가? 단순히 수치를 모면하려고 죄를 감추려 하거나 어리석게 당당한 척하려고 하지는 않는가?

3. 포로 후기 백성들이 이방 여성에게 매료되어 자신의 아내에게 거짓을 행하고 학대하며 버리는 자에 대한 하나님의 분노는 매우 컸다. 그 이유는 하나님이 아담과 하와 부부의 가정 창조 이래로 모든 결혼 예식에서 증인이기 때문이다. 하나님은 성도들의 성결한 가정을 통해 하나님을 신실하게 섬기는 경건한 자손들이 많이 태어나고 자라는 것을 원하신다. 결혼과 가정에 대해 나는 어떤 신앙적 관점을 가지고 있는가? 이혼이 다반사가 된 사회 풍조 때문에 나는 이혼을 쉽게 생각하고 있지는 않는가?

제3장 예배와 백성들의
마음의 회복(2:17-3:18)

말라기 3장에서 하나님은 언약의 사자를 통해 레위 자손들을 정결케 하여 하나님께 바른 예배를 드리게 하고, 백성들의 불의를 심판할 것이라고 말한다. 하나님은 하나님으로부터 멀어져 십일조와 봉헌물을 바치지 않는 자들에게 스스로 그 마음을 돌이키기를 원하며, 하나님을 진정으로 경외하는 자들을 아들처럼 아낄 것이라고 한다.

분문 내용

3장은 세 부분으로 나눌 수 있다. 첫 부분은 2:17-3:6이며, 여호와의 사자가 임하여 레위 자손과 유다 백성들을 정결하게 할 것이라고 한다. 불의를 행하는 것을 하나님이 좋아한다면서 악을 행하는 포로 후기 백성들에게 하나님은 여호와의 사자를 보내며, 그를 통해 부정하고 불의한 예배를 드리는 레위 자손을 정화시켜 바른 예배가 드려지게 만든다. 그리고 불의를 행하는 모든 사람들을 공의로 심판한다. 둘째 부분은 3:7-12이며, 포로 후기 백성에게 그들의 마음을 하나님께 돌이키라고 한다. 백성들은 하나님께로부터 마음이 멀어져 버려 십일조와 봉헌물을 드리지 않았다. 하나님은 십일조를 바치는 자에게 복을 주는 것을 체험하는 방식으로 그들의 마음을 하나님께 되돌리려 한다. 셋째 부분은 13-18절이며, 여호와를 경외하는 자들을 하나님이 아들처럼 아낄 것이라고 한다. 하나님을 대적하는 자들은 하나님을 섬기고 그 뜻대로 사는 것보다 악하게 사는 것이 더 복되다고 말한다. 이런 세태 속에 살고 있는 여호와를 경외하는 자들에게 하나님은 의인과 악인을 구별하고 하나님을 경외하는 의인들을 아들처럼 아낄 것이라고 한다.

내용 분해

1. 레위인의 정결과 불의한 자를 심판(2:17-3:6)

   1) 정의의 하나님이 어디 계시냐(2:17)

   2) 여호와의 사자가 임함(3:1-2b)

   3) 레위인과 예배의 회복(2c-4)

   4) 불의한 자를 심판하시는 하나님(3:5-6)

2. 백성들의 마음을 주께로 돌이킴(3:7-12)

   1) 내게로 돌아오라(7절)

   2) 십일조와 봉헌물(8-9절)

   3) 언약의 축복(10-12절)

3. 불의한 시대에 경건하게 사는 자들에 대한 약속(3:13-18)

   1) 하나님께 대적하는 자들(13-15절)

   2) 여호와를 경외하는 자들에 대한 약속(16-18절)

본문 주해

1. 레위인의 정결과 불경한 자를 심판(2:17-3:6)

2:17 너희가 말로 여호와를 괴롭게 하고도 이르기를 우리가 어떻게 여호와 를 괴롭혀 드렸나이까 하는도다 이는 너희가 말하기를 모든 악을 행하는 자는 여호와의 눈에 좋게 보이며 그에게 기쁨이 된다 하며 또 말하기를 정 의의 하나님이 어디 계시냐 함이니라 **3:1** 만군의 여호와가 이르노라 보라 내가 내 사자를 보내리니 그가 내 앞에서 길을 준비할 것이요 또 너희가 구 하는 바 주가 갑자기 그의 성전에 임하시리니 곧 너희가 사모하는 바 언약 의 사자가 임하실 것이라 **2** 그가 임하시는 날을 누가 능히 당하며 그가 나 타나는 때에 누가 능히 서리요 그는 금을 연단하는 자의 불과 표백하는 자 의 잿물과 같을 것이라 **3** 그가 은을 연단하여 깨끗하게 하는 자 같이 앉아 서 레위 자손을 깨끗하게 하되 금, 은 같이 그들을 연단하리니 그들이 공 의로운 제물을 나 여호와께 바칠 것이라 **4** 그 때에 유다와 예루살렘의 봉 헌물이 옛날과 고대와 같이 나 여호와께 기쁨이 되려니와 **5** 내가 심판하 러 너희에게 임할 것이라 점치는 자에게와 간음하는 자에게와 거짓 맹세 하는 자에게와 품꾼의 삯에 대하여 억울하게 하며 과부와 고아를 압제하 며 나그네를 억울하게 하며 나를 경외하지 아니하는 자들에게 속히 증언 하리라 만군의 여호와가 말하였느니라 **6** 나 여호와는 변하지 아니하나니 그러므로 야곱의 자손들아 너희가 소멸되지 아니하느니라

　말라기 2:17-3:6에 의하면 레위인과 일반 백성이 모두 하나님의 언약을 파 괴하는 삶을 살며 하나님을 악을 좋아하는 분으로 왜곡시킨다. 이런 포로 후 기 백성들을 하나님은 강하게 질책하며, 하나님의 사자를 보내어 그들의 예배 와 삶을 바꾸겠다고 한다. 하나님은 레위인들을 정결하게 만들고 백성들의 악

한 삶을 심판한다. 언약을 파괴하는 백성들과는 달리 하나님은 언약에 신실하
셔서 야곱의 자손들을 완전히 소멸시키지 않을 것이라고 한다.

1) 정의의 하나님이 어디 계시냐(2:17)

말라기 2:17에서 하나님은 포로 후기 백성에게 그들이 말로 여호와를 괴롭
게 하였다고 말하고, 이에 대해 백성들은 "우리가 무엇으로 괴롭게 하였나이
까"라고 한다. 말라기 3장은 하나님과 백성 사이의 세 가지 논쟁으로 되어 있
으며, 그 중에 첫 논쟁이 2:17에 기록되어 있다. 하나님이 괴로워하는 이유는
포로 후기 백성이 하나님을 악을 좋아하고 기뻐하는 분이라고 말하며 정의의
하나님이 어디 있느냐고 말하기 때문이다. 백성들이 이렇게 질문 한 배경에는
두 가지 이유가 있을 가능성이 있다. 첫째는 볼드윈이 말하는 것처럼 아마도
그들이 예루살렘 성전과 성벽을 지었음에도 불구하고 하나님이 약속한 회복
이 일어나지 않았기 때문일 것이다.[1] 하지만 이것은 2:17-3:6에서 전혀 언급되
지 않기 때문에 하나의 가능성으로 남는다. 둘째는 3:5에서 열거하고 있는 백
성들의 죄악에서 볼 수 있듯이 그들의 탐욕이 보편화 되었기 때문일 가능성
이 높다. 포로 후기 백성 가운데 죄악이 만연하고 악인이 오히려 형통하게 되
자 부패한 포로 후기 백성은 하나님의 정의를 왜곡하는 대담한 질문을 던지게
되었다. 구약 성경에는 악인의 형통함에 대해 하나님께 질문을 던지는 두 부
류의 사람들이 있다. 첫째는 선지자들과 의인들에 의한 질문이다. 예레미야는
하나님께 "악한 자의 길이 형통하며 반역한 자가 다 평안함은 무슨 까닭입니
까?"라고 물었고(렘 12:1), 하박국도 악인이 의인을 핍박하는 상황에서 하나님
이 의인의 기도를 듣지 않는 이유에 대해 질문하고 있다(합 1:2-4). 시편 73편
도 의인은 악인들이 잘 먹고 잘 사는 것 때문에 하나님이 이스라엘 중에서 선

---

1. Baldwin, *Haggai, Zechariah, and Malachi*, 242.

을 행하시는지 의문하고 있다.[2] 둘째 부류는 악인들이 악을 행하면서 하나님께 던지는 의문이며, 이것은 답을 듣겠다는 것이 아니라 그들의 불신의 피력이며 의인들이 하나님의 답변을 듣기를 원하는 것과는 다른 질문이다.[3] 스바냐 1:12에 의하면 자신의 부를 쌓기에 급급한 예루살렘 주민들이 마음 속으로 "여호와께서는 복도 내리지 아니하시며 화도 내리지 아니하시리라"고 말한다. 말라기 2:17은 스바냐 1:12의 악인의 하나님 존재에 대한 질문의 확대판이라고 볼 수 있다. 스바냐는 예레미야와 함께 포로기 직전인 요시아 시대에 활동한 선지자이며, 그의 메시지에 등장하는 사건들은 포로기 직전의 유대인들의 신앙과 도덕적인 상태를 엿볼 수 있게 해 준다. 하지만 스바냐 1:12과 비교해 보면 말라기 2:17의 포로 후기 사람들은 포로기 이전 사람들보다 한층 더 심각해진 표현들로 하나님의 존재에 대해 질문하고 있다.

습 1:12 "여호와께서는 복도 내리지 아니하시며 화도 내리지 아니하시리라"
말 2:17 "모든 악을 행하는 자는 여호와의 눈에 좋게 보이며 그에게 기쁨이 된다 하며 또 말하기를 정의의 하나님이 어디 계시냐"

사실상 스바냐 1:12과 말라기 2:17은 같은 주제에 대한 질문이다. 스바냐 1:12의 "복도 내리지 아니하시며 화도 내리지 아니하시리라"의 히브리어는 *로 에이티브 … 로 야레아*(לֹא־יֵיטִיב יְהוָה וְלֹא יָרֵעַ)이며, 말라기 2:17의 "악을 행하는 자는 여호와의 눈에 좋게 보이며"의 히브리어는 *콜-오세 라 토브 베에이네*(כָּל־עֹשֵׂה רָע טוֹב בְּעֵינֵי יְהוָה)이다.

---

2. Duguid, *Haggai Zechariah Malachi*, 223.
3. Stuart, "Malachi," 1348는 악인의 형통에 대한 질문을 가지고 있는 성경 본문으로 아래의 본문을 제시한다. 신 32:5, 16-18; 시 37; 49; 73; 합 1:2-4, 12-17; 롬 1:29-32; 벧후 3:4; 계 6:9-10.

로에이티브 … 로 야레아 [יָרֵעַ] וְלֹא יְהוָה [יֵיטִיב] לֹא

콜-오세 라 토브 베에이네 יְהוָה [טוֹב] [רַע] כָּל-עֹשֵׂה

두 문장의 핵심 단어가 동사(습 1:12)와 명사(2:17)라는 것을 제외하고 모두 선과 악의 문제이다. 중요한 변화는 포로기 이전 시대의 악한 백성들은 하나님이 백성들의 모든 행위에 대해 선과 악을 구분하여 선하게 대하거나 화를 내리는 일에 무관심하다고 말한 반면에, 포로 후기 시대의 악한 백성들은 하나님이 악을 선으로 여기고 기뻐한다고 하면서 선과 악의 문제를 근본적으로 왜곡시켰다. 이것은 창세기 3:1-5에 있는 뱀이 선악의 문제를 왜곡시키는 것과 동일한 현상으로 볼 수 있다. 말라기 2:17은 이보다 더 나아가 정의의 하나님은 더 이상 포로 후기 백성들이 행하고 있는 악의 문제를 처리하기 위해 그들 가운데 오시지 않는다고 했다. 포로 후기 백성들의 태도는 사실상 하나님의 존재 자체에 대한 부정으로 볼 수 있다.

2) 여호와의 사자가 임함(3:1-2b)

말라기 3:1-2b는 2:17에서 보여준 포로 후기 백성들의 하나님께 대한 심각한 기만에 대한 하나님의 계획을 선언하고 있다. 하나님의 계획은 메시아와 그의 길을 예비하는 자를 보내는 것이다. 3:1의 화자는 "만군의 여호와가 이르노라"에서 볼 수 있는 것처럼 하나님 자신이다. 그 하나님이 "보라 내가 내 사자를 보내리라"고 말한다. 그리고 이 사자는 하나님 앞에서 길을 예비한다고 한다. 동일한 표현을 이사야 40:3에서도 볼 수 있지만, 둘의 사용 목적은 동일하지 않다. 이사야 40:3에서 주의 길을 예비한 결과로 하나님의 구원의 좋은 소식이 예고되지만, 말라기 3:1에서는 포로 후기 백성에 대한 정화와 심판이 뒤따른다. 1절의 *말라키*(מַלְאָכִי)와 동일한 표현이 출애굽기 23:23; 32:34에도 있으며 둘의 역할이 매우 유사하다. 출애굽기 23:20-23에서 *말라키*는 두 가지 역할을 한다. 첫째는 백성들보다 앞서 가서 그들을 가나안 땅으로 인도하는 것이고 둘째는 *말라키*의 목소리를 청종하지 않고 범죄하는 자들을 심판하는 것이다. 출애굽기 32:34에서도 *말라키*의 두 역할인 백성들을 앞서 인도하는 것과 그들의 죄를 보응하는 역할이 모두 언급되어 있다. 말라기 3:1-6에서 *말라키*는 범죄한 자들을 심판하는 역할을 담당하고 있다. 둘 사이에 차이점은 출애굽기 23:20-23과 32:34에서 *말라키*의 역할 대상은 이스라엘 백성 모두인데 반해 말라기 3:1-6에서는 그 대상이 레위인들이다. 학자들 중에는 *말라키*를 말라기 선지자로 여기는 사람들도 있지만, 말라기 자신이 레위인들을 심판하고 정화시키는 주체로 예언되었다고 보는 것은 본문의 취지에서 근본적으로 벗어난 주장이다. 뿐만 아니라 3:1은 현재 활동 중인 선지자에 대한 예언이 아니고, 미래에 올 하나님의 사자에 대한 예언이다. 분사 *숄레*(שֹׁלֵחַ)는 임박한 미래에 있을 일을 나타내기 때문에 현재 활동 중인 말라기를 가리킬 수 없다. 3:1의 '나의 사자'는 4:5의 엘리야를 가리킬 가능성이 있으며, 이럴 경우 '나의 사자'는 천사가 아니고 사람이다. 마태복음 11:10을 비롯하여 전통적으로 '내 사자'는 말라기 4:5의 엘리야의 역할을 할 선지자로서 세례 요한으로 해석되고 있다(마 11:3; 막 1:2; 눅 1:17, 76; 7:27; 요 3:28).[4] 이렇게 생각할 수 있는 이유는 말라기 3:1과 4:5의 유사성 때문이다. *말라키*를 보내는 시기는 2절에서 "그가 임하시는 날" 이전이며, 이것은 4:5에서 "여호와의 크고 두려운 날이 이르기 전"과 동일하다. *말라키*와 엘리야의 사역 시기에 대한 예고의 유사성 때문에 *말라키*와 엘리야는 동일 인물로 생각된다.

'내 사자'에 의한 주의 길의 예비에 이어 하나님의 강림에 대한 예언이 이어진다. 3:1의 둘째 문장이 하나님의 강림 예언으로 볼 수 있는 이유는 '주'(아돈, אָדוֹן)와 '그의 성전' 때문이다. 1:5에서 하나님은 이미 자신을 '주'와 '아버지'라고 하였고, 1:14에서는 '큰 왕'이라고 하였다. 그렇기 때문에 3:1의 '주'

---

4. Verhoef, *The Books of Haggai and Malachi*, 287-90; D. Cole, "The Day of the Lord is Coming Mal. 2:17-3:5, 4:1-6," *The Theological Educator* 36 (1987): 126-37; G. L. Keown, "Messianism in the Book of Malachi," *Review & Expositor* 84 (1987): 443-51.

는 하나님을 지칭하는 것으로 보아야 한다. 구약 성경에서 성전은 항상 하나님께 예배하는 장소였고, '그의 성전'은 자연스럽게 하나님의 성전이다. 둘째 문장은 제사장들이 불의한 예배를 집전하고 있는 그 성전에 하나님이 강림할 것이라고 한다. 하지만 그의 성전에 강림하는 '주'는 성부 하나님이라기보다는 메시아일 가능성이 더 높다.[5] 둘째 문장의 '주'는 셋째 문장의 언약의 사자와 동일하다. 두 문장을 비교해 보면 다음과 같이 문법적으로 동일한 표현과 구문론적으로 교차 대구법을 사용하여 동일한 분의 강림을 예언하고 있음을 확인할 수 있다.

둘째와 셋째 문장은 각각 '주'와 '언약의 사자'를 *아셸 아템*(אֲשֶׁר־אַתֶּם)으로 된 문장을 통해 수식해 주고 있다. 그리고 둘은 똑같이 동사 *보*(בּוֹא)를 사용하고 있는데 첫째 문장은 *보*의 미완료 3인칭 남성 단수를 통해 '주'가 그의 성전에 온다(*야보* יָבוֹא)고 하였는데, 셋째 문장은 분사 남성 단수를 통해 '언약의 사자'가 온다(*바* בָּא)고 한다. 둘째와 셋째 문장은 각각 동사 *보*(오다)를 문장의 첫 부분과 마지막 부분에 두어 교차 대구를 이루고 있으며, 각각 동사 *보* 앞에 부사 '갑자기'(*피트옴* פִּתְאֹם)와 감탄사 '보라'(*히네* הִנֵּה)를 두었다. 셋째 문장에서 언약의 사자가 오는 장소가 생략되었지만, 둘째 문장을 고려한다면 언약의 사자가 오게 되는 장소는 성전일 수도 있지만 생략을 통해 장소를 확대하여 3:5의 백성들 중에 임하여 심판을 행하실 것으로 보는 것이 더 적절하다. 주의 성전에 오심을 통해 레위 제사장들을 정화하고, 언약의 사자로 오심

---

5. Taylor & Clendenen, *Haggai Malachi*, 384-86. 1절의 메시지를 메시아에 대한 예언이 아니라고 주장하는 학자들에 대해서는 다음을 참고하라. A. S. Malone, "Is the Messiah Announced in Malachi 3:1?" *TB* 57 (2006): 215-29.

을 통해 백성들을 심판하게 된다. 둘을 동일한 분으로 보아야만 하는 또 다른 이유는 3:1이 2:17의 백성들의 말을 아이러니컬하게 재활용하는 표현 때문이다. 3:1은 '주'를 접속사 *아쉐르*(אֲשֶׁר)을 통해 부가 설명하기를 '너희들이 찾는 바'라고 말한다. 이 말은 2:17의 '정의의 하나님이 어디 있느냐'를 아이러니컬하게 활용하였다. 포로 후기 백성들은 '어디 있느냐'(*아웨*/אַיֵּה)를 통해 하나님의 부재를 말하려 하였지만, 3:1은 이 말을 맞받아 '너희들이 찾는 바 주'라고 하였다. 3:1의 셋째 문장에서는 언약의 사자가 올 것이라고 하면서 둘째 문장처럼 접속사 *아쉐*르로 부가 설명하기를 '너희들이 기뻐하는 바'라고 하였다. '기뻐하다'의 히브리어는 *하페츠*(חָפֵץ)이며, 2:17에서 백성들은 하나님을 '악을 행하는 모든 자를 기뻐한다'고 한 말을 아이러니컬하게 활용하였다. 2:17의 포로 후기 백성들의 어리석은 말과는 달리 그들이 기뻐하는 그 하나님은 악을 행하는 자를 기뻐하는 분이 아니라 언약의 사자라고 한다. 이처럼 3:1의 둘째와 셋째 문장이 각각 2:17의 백성들의 말의 핵심 표현을 활용하고 있기 때문에 주와 언약의 사자를 동일한 분으로 보아야 할 필요가 생겨난다. 주와 언약의 사자는 갑자기 오면서 동시에 3:2에 의하면 아무도 견딜 수 없는 날이다(계 6:17 참조). 말라기 3:2의 "그의 오시는 날"의 '그의 오시는'(*보오*/בּוֹא)은 1절의 주의 오심(*야보*)과 언약의 사자의 오심(*바*)을 묶어서 하나로 보고 있으며, 이것은 주와 언약의 사자가 동일한 분임을 보여준다. 주와 언약의 사자가 임하는 날을 아무도 당할 수 없다는 주제는 요엘 2:11의 여호와의 날을 당할 자가 없다고 한 말과 유사하다.

말라기 3:1이 언약의 사자를 언급한 이유는 레위인들과 포로 후기 백성이 언약을 깨뜨렸기 때문이다. 2:1-9에서는 네 번에 걸쳐 레위인들이 레위 언약을 깨트린 것을 질책하고 있으며, 3:10에서는 포로 후기 백성이 조상들의 언약을 욕되게 한 것을 질책하고 있다. 이처럼 언약을 깨트린 레위인들과 포로 후기 백성을 심판하고 연단할 목적으로 3:1은 언약의 사자가 올 것이라고 예언하고 있다.

3) 레위인과 예배의 회복(3:2c-4)

메시아로 오실 주와 언약의 사자는 금을 연단하는 불과 표백하는 자의 잿물과 같은 역할을 하게 된다.[6] 주와 언약의 사자는 불의 역할을 통해 레위인들을 정화시키며, 표백하는 잿물의 역할을 통해 백성들의 죄를 깨끗하게 처리한다. 구약 시대에 금 세공업자들은 금을 두 가지 방법으로 가공하였다. 첫째는 금을 망치로 쳐서 얇게 만들거나 실처럼 만들어서 장식하는 방법이다(출 39:3). 둘째는 금을 불에 녹여 특정한 모양으로 만들어 내는 것이며, 이 과정에서 금의 찌꺼기가 제거되고 순금이 되었다(출 25:12, 17). 금과 은을 연단하는 불은 일종의 풍구를 이용하여 화력을 최대한으로 강하게 하여 용기 속에 담긴 금과 은을 녹여 그 속에 섞여 있는 찌꺼기를 제거하였으며(잠 17:3), 한글 성경에서는 이를 풀무불로 번역하였다. 금과 은을 녹이는 불은 성경 시대에는 가장 뜨거운 불이었으며, 사람들이 주변에서 종종 볼 수 있는 불이었다. 일반적으로 불은 그 속에 있는 것을 태워 없애 버리지만, 금과 은을 녹이는 불은 소멸이 목적이 아니고, 정화와 연단을 목적으로 사용되며(잠 17:3; 슥 13:9), 정련한 금은 순금으로서 가장 가치가 높은 금이 된다. 성경은 종종 금 정련을 하나님의 백성들에게 가할 시련과 고난에 대한 비유로 사용한다(사 48:10; 고전 3:12-13 벧전 1:7; 4:12-19).[7] 말라기 3:3에서도 이런 차원에서 레위인들을 정화시켜 그들 중에서 찌꺼기에 해당되는 자들을 걸러내고 하나님과 동행하는 레위인들을 남겨 그들을 통해 바른 제의를 수행하게 한다. 3절의 첫 표현 '그리고 그가 앉아서(와야샵 וְיָשַׁב)'는 주와 언약의 사자가 심판자와 통치자의 일을 착수한다는 말이며, 마지막 표현인 '공의로(비츠다카 בִּצְדָקָה)'는 주와 언

---

6. F. J. Gaiser, "Texts in Context: Refiner's Fire and Laundry Soap: Images of God in Malachi 3:1-4," *Word & World* 19 (1999): 83-92.

7. D. E. Johnson, "Fire in God's House: Imagery from Malachi 3 in Peter's Theology of Suffering (1 Pet 4:12-19)," *JETS* 29 (1986): 285-94; J. Proctor, "Fire in God's House: Influence of Malachi 3 in the NT," *JETS* 36 (1993): 9-14.

약의 사자의 심판과 통치의 결과이다. 주와 언약의 사자의 심판과 통치는 2절
에서 말한 금과 은처럼 연단하고 깨끗하게 하는 것이다. 3절 마지막 문장은
레위인들을 연단하여 그들이 여호와께 공의로운 제물을 가져오는 자로 만들
겠다고 한다. 레위인들의 연단 목적은 그들에게 공의롭고 정의로운 삶을 살
게 하는 것도 있지만, 1:6-14에서 지적한 것처럼 그들이 변질시킨 제의적 봉사
를 바로잡아 율법의 원래 규정대로 정결하고 흠 없는 제사를 드리게 하는 것
이다. 3절에서 그들이 드릴 제물을 흠 없고 정결한 제물이라고 하지 않고 공
의로운 제물이라고 한 이유는 2:8에서 그들이 백성들을 불의한 길로 빠져들
게 만듦으로 파괴한 레위 언약을 1절에서 예고된 언약의 사자에 의한 연단의
결과로 바르게 교정되는 것을 보여주기 위해서다. 그렇기 때문에 4절은 언약
의 사자에 의한 연단의 결과로 유다와 예루살렘의 봉헌물이 옛날과 고대와 같
이, 즉 하나님께 최상의 제의를 드리던 출애굽과 광야 시대처럼 하나님께 기
쁨의 예물이 된다고 한다.

4) 불경한 자를 심판하시는 하나님(3:5-6)

말라기 3:5의 주어는 앞의 2-4절과 현저하게 바뀌어 1인칭 '내가'로 시작
된다. 주어 '내가'는 5절 마지막에 있는 *아마르 여호와 체바오트*(יְהוָה צְבָאוֹת
אָמַר '만군의 여호와가 말하였느니라')를 통해 알 수 있듯이 여호와 하나님이
다. 5절은 2:17의 포로 후기 백성들의 "정의(*함미쉬파트* הַמִּשְׁפָּט)의 하나님이
어디 계시냐"에 대한 하나님의 직접적인 반응이다. 그래서 하나님은 '내가 너
희들에게 가까이 갈 것이라'(*베카랍티 알레이켐* וְקָרַבְתִּי אֲלֵיכֶם)이라고 하였
고, 하나님의 강림 목적을 '정의를 위하여'(*람미쉬파트* לַמִּשְׁפָּט) 또는 '심판을
위하여'라고 하였다. 그리고 하나님은 포로 후기 백성의 일곱 가지 죄악에 대
한 증인 역할을 하겠다고 한다. 하나님이 심판자가 아니라 증인 역할을 하는
이유는 3절에서 주와 언약의 사자로 표현된 메시야가 심판자와 통치자로 앉
아 있기 때문에 그가 진행하는 심판에서 하나님은 백성들의 죄에 대해 증언

하는 것으로 묘사되고 있다. 하나님과 메시아는 여호와의 심판하는 날에 각각 심판자와 증인의 역할을 한다.

하나님이 증언하는 일곱 죄인은 점치는 자, 간음하는 자, 거짓 맹세하는 자, 품꾼의 삯을 착취하는 자, 과부와 고아를 억압하는 자, 나그네를 억압하는 자, 그리고 나를 경외하지 않는 자이다. 일곱 가지 죄를 언급한 것은 이 죄들이 가장 중요한 죄이기 때문이 아니라 오히려 말라기 시대에 심각하게 유행한 죄악들인 것으로 여겨진다. 포로 후기 백성들 사이에 거짓 신탁을 얻으려고 다양한 점과 복술을 자행한 사실은 말라기보다 앞서 기록된 스가랴 10:2에서 찾아볼 수 있다. 이들은 드라빔을 이용하여 허탄한 말을 추구하였고 복술과 거짓 꿈으로 백성들을 혼란스럽게 만들었다. 이들의 간음은 이미 말라기 2:10-16에서 아내를 학대하고 이방 신의 딸과 결혼하였다고 질책하였다. 스가랴 5:4은 하나님의 이름으로 거짓 맹세하는 자들에 대한 심판을 예고하고 있으며, 스가랴 7:10은 과부와 고아와 나그네와 궁핍한 자를 압제하지 말라고 질책하고 있다. 하나님을 두려워하지 않는 문제는 말라기 1:6에서 제사장들에게 "나를 두려워함이 어디 있느냐"고 질책하는 메시지에서 드러나고 있다. 품삯에 관한 문제는 학개 1:6과 스가랴 8:10에 기록되어 있지만, 포로 후기 백성들이 겪는 여러 가지 고난들 중에 하나로 언급되었다. 말라기 3:5은 품삯을 얻지 못하는 것이 포로 후기 백성들 상호간의 착취의 결과라고 말하고 있다. 이 모든 일들에 대해 하나님은 심판하시고 그 심판 자리에서 증인이 되리라고 한다.

말라기 3:6은 하나님의 심판에도 불구하고 자비를 베푸시는 모습을 기록하고 있다. 하나님은 먼저 '나는 여호와라'라고 말한다. '나는 여호와라'는 창세기 15:6과 28:13에서 하나님께서 아브라함과 야곱에게 그들과 후손들에게 가나안 땅을 기업으로 주겠다고 언약할 때 밝힌 신명이다. 출애굽기 6:2에서는 이스라엘 백성들에게 과거에 그들의 조상들과 체결한 언약을 상기시키면서 소개한 신명이다. 이 말을 말라기 3:6에서 다시 말하는 이유는 매우 분명하다. 하나님은 자신의 언약을 신실하게 지키는 변하지 않는 분임을 밝히기 위해서이다. 말라기 2:17에서 포로 후기 백성들은 하나님을 악을 선으로 그리고 선을 악으로 여기는 분으로서 변덕스러운 존재라고 말했다. 3:15에서도 포로 후기 백성은 하나님을 교만한 자에게 복 주고 악을 행하는 자를 번영하게 하고 하나님을 시험하는 자에게 화를 내지 않는다며 변화무쌍한 성품을 가진 존재라고 말하고 있다. 하지만 하나님은 이런 포로 후기 백성에게 '나는 변하지 않는다'고 말한다.[8] 심지어 하나님은 포로 후기 백성을 소멸시키지 않을 것이라고 한다. 이 말을 하기에 앞서 하나님은 포로 후기 백성들을 '야곱의 자손들'이라고 부르는데, 이 말은 2:10에서 언급된 하나님과 조상들의 언약을 상기시키는 말이다. 하나님은 변하지 않으시고 자신의 언약을 신실하게 지켜서 아브라함과 이삭과 야곱의 후손들을 금과 은을 연단하듯 연단하지만 불로 소멸하듯 그들을 소멸하지 않을 것이라고 한다.

2. 백성들의 마음을 주께로 돌이킴(3:7-12)

7 만군의 여호와가 이르노라 너희 조상들의 날로부터 너희가 나의 규례를 떠나 지키지 아니하였도다 그런즉 내게로 돌아오라 그리하면 나도 너희에게로 돌아가리라 하였더니 너희가 이르기를 우리가 어떻게 하여야 돌아가리이까 하는도다 8 사람이 어찌 하나님의 것을 도둑질하겠느냐 그러나 너희는 나의 것을 도둑질하고도 말하기를 우리가 어떻게 주의 것을 도둑질하였나이까 하는도다 이는 곧 십일조와 봉헌물이라 9 너희 곧 온 나라가 나의 것을 도둑질하였으므로 너희가 저주를 받았느니라 10 만군의 여호와가 이르노라 너희의 온전한 십일조를 창고에 들여 나의 집에 양식이 있게 하고 그것으로 나를 시험하여 내가 하늘 문을 열고 너희에게 복

---

8. R. E. Stokes, "I, Yhwh, Have Not Changed? Reconsidering the Translation of Malachi 3:6; Lamentations 4:1; and Proverbs 24:21-22," *CBQ* 70 (2008): 264-77.

을 쌓을 곳이 없도록 붓지 아니하나 보라 **11** 만군의 여호와가 이르노라 내가 너희를 위하여 메뚜기를 금하여 너희 토지 소산을 먹어 없애지 못하게 하며 너희 밭의 포도나무 열매가 기한 전에 떨어지지 않게 하리니 **12** 너희 땅이 아름다워지므로 모든 이방인들이 너희를 복되다 하리라 만군의 여호와의 말이니라

7-12절에서 하나님은 포로 후기 백성들의 마음이 하나님으로부터 떠난 것을 지적하면서 하나님께로 돌아오라고 한다. 그들의 마음이 떠난 근거로 하나님은 하나님의 것인 십일조와 봉헌물을 바치지 않는 것을 말한다. 하나님은 이것을 하나님의 것을 도둑질한 것이라고 하면서 그들의 마음을 하나님께로 돌이키면 그들에게 언약의 축복을 주겠다고 말한다.

1) 내게로 돌아오라(7절)

7절은 매우 놀랍게도 포로 후기 백성에게 그들의 조상들의 시대부터 지금까지 하나님의 율례를 떠나 지키지 않았다고 한다. 이 말은 포로 후기 백성이 예루살렘에 돌아와 있지만, 그들은 그들의 조상들과 똑같이 범죄하였고, 그들의 마음이 하나님으로부터 멀리 떠나 있었음을 의미한다. 하나님은 그들에게 돌아오라고 하며, 돌아오면 하나님도 돌아가겠다고 한다. 이 말은 스가랴 1:1-6과 유사하며, 하나님이 포로 후기 백성으로부터 떠났음을 의미하며, 그들이 돌아오지 않으면 하나님도 되돌아오지 않는다는 말이다. 하나님께 돌아가는 방법은 죄를 청산하고 마음을 청결하게 하고 하나님의 말씀대로 살아가는 것이다(약 4:8).

2) 십일조와 봉헌물(8-9절)

8절에서 포로 후기 백성은 "우리가 어떻게 하여야 돌아 가리이까"라는 질문에 대해 하나님은 "사람이 어찌 하나님의 것을 도둑질하겠느냐"고 반문한

다. 도둑질은 은밀히 남의 것을 훔치는 것을 의미하는 말인데 반해 이 말의 히브리어 표현 *카바*(קבע)는 물건 소유주로부터 직접 강도질한다는 의미를 가지고 있다.

9절에서 하나님은 모든 백성이 하나님의 것을 강도질 한 것 때문에 저주를 내렸다고 한다. 이에 대해 포로 후기 백성이 "우리가 어떻게 주의 것을 도둑질하였나이까"라는 반문하자 그들이 십일조와 봉헌물을 바치지 않는 것을 지적하고, 이를 백성들의 마음이 하나님으로부터 떠난 대표적인 예로 제시하였다.[9] 구약 성경에서 첫 소산물과 십일조는 각자가 얻은 소유가 하나님의 것이라는 고백의 표현이었다. 이어지는 메시지는 십일조에 초점을 맞추지만 봉헌물이 함께 사용된 것은 특별한 의미를 가진다. 봉헌물의 히브리어 *테루마*(תְּרוּמָה)는 모세오경에서 주로 거제로 번역되었으며, 거제물은 여호와께 구별하여 드리는 제물로서 화목제물, 곡식과 가축의 첫 소산물, 십일조, 그리고 기타 구별된 물건들을 포함시키고 있다(출 36:3, 6; 민수기 18장). 모세오경에서는 *테루마*에 종종 여호와를 붙여 *테루마 여호와* תְּרוּמָה יְהוָה 즉 "여호와의 거제"라고 불렀고(출 30:14; 35:21; 민 18:26, 28), 하나님은 이를 "내 거제물"이라고 불렀다(민 18:8). 거제물은 제사장들의 양식으로 사용되기도 하였고(민 18:19), 성전을 유지 보수하는 경비로 사용되기도 하였다(출 25:2이하).

십일조가 처음 언급된 성경은 창세기 14:20과 28:22이다. 창세기 14:20에서 아브라함은 메소포타미아 연합군으로부터 되찾은 약탈물 중에서 자신의 몫의 십일조를 멜기세덱에게 주었다. 창세기 28:22에서는 야곱이 하나님께서 자신을 밧단아람으로부터 가나안으로 무사히 돌아오게 해 주면 벧엘에 성소를 짓고 십일조를 바치겠다고 했다. 고대 메소포타미아에서는 신전과 정부에 십일조를 바치는 것이 흔한 일이었고, 아브라함과 야곱도 이러한 전통

---

9. Smith, *Micah-Malachi*, 332-33; D. C. Polaski, "Malachi 3:1-12," *Interpretation* 54 (2000): 416-18.

을 알고 있었을 것이다. 십일조가 율법의 규정으로 처음 언급된 본문은 레위기 27:30이며, 십일조를 여호와의 성물이라고 한다. 십일조의 용도에 대해서는 민수기 18:21 이하에 기록되어 있으며, 레위인과 제사장을 비롯한 성전 사역자들의 생활을 위해 사용되었다. 십일조는 또한 가난한 이웃을 위해 사용되었다. 신명기 12:12 이하에서 하나님은 십일조를 여호와의 택한 곳에서 레위인을 청하여 가족들과 함께 먹으라고 한다. 이 레위인은 모세오경에서 가난한 이웃의 대명사로 거론되는 레위인과 고아와 과부와 나그네를 대표하는 말로 사용되었다. 이렇게 볼 수 있는 이유는 두 가지 이유 때문이다. 첫째는 신명기 12:12는 십일조를 함께 먹을 사람들 중에 남녀 노비들도 포함하고 있기 때문이다. 둘째는 신명기 26:12에서 매 삼 년마다 드리는 십일조를 가난한 이웃들에게 나누어 주라고 하는데, 그 대상에 레위인과 나그네와 고아와 과부들이 나란히 언급되고 있기 때문이다(신 14:28-29). 신명기 14:23은 가난한 자들과 십일조를 함께 나눔으로 "네 하나님 여호와 경외하기를 항상 배울 것이니라"고 말한다.[10] 십일조가 신약교회에서도 유효한지에 대한 다양한 주장들이 있다. 사실상 신약 성경은 십일조의 폐지를 옹호하지 않는다. 마태복음 23:23에서 예수님이 서기관들과 바리새인들이 십일조를 드리면서 율법의 더 중요한 바 정의와 긍휼과 믿음은 버렸다고 질타하면서 십일조도 하고 정의와 긍휼과 믿음도 잘 해야 된다는 취지에서 말했다.[11] 고린도후서 9:1-15에서 사도 바울이 연보에 관하여 한 말도 십일조의 정신과 배치되지 않는다. 사도 바울은 연보를 마음에 정한 대로 즐거운 마음으로 할 것을 권하고 있고, 이 연보가 복음 사역자의 생계(12절)와 가난한 자들을(9절) 위하여 사용되는 것으로 말하고 있다. 이것은 십일조의 정신과 동일하며, 바울은 특정 봉헌의 존폐에 관하여 말하는 것이 전혀 아니며, 오히려 자원하는 마음으로 드리는 연보의 중

---

10. Petersen, *Zechariah 9-14 and Malachi*, 215.
11. A. J. Koestenberger & D. A. Croteau, "Will a Man Rob God? (Malachi 3:8): A Study of Tithing in the Old and New Testaments," *BBR* 16 (2006): 53-77.

요성을 강조하고 있다.[12]

말라기에서 하나님이 포로 후기 백성에게 하나님을 강탈하였다고 하면서 십일조 문제를 제기한 이유는 두 가지 이유 때문이다. 첫째는 말라기와 동시대에 활동한 느헤미야 13:10 이하에 의하면 포로 후기 백성들은 십일조를 봉헌하지 않았고, 그 결과 레위인들은 자기 밭으로 도망가 버리고 성전은 버려졌고 제의는 중단되어 버렸다. 그래서 느헤미야는 포로 후기 백성에게 십일조를 내도록 꾸짖고 있다. 이런 상황이 말라기서의 십일조 문제에서도 반영되어 있다. 둘째는 십일조를 통해 가난한 이웃들에 대한 구제가 중단되어 있었기 때문이다. 말라기는 3:5에서 포로 후기 백성이 고아와 과부와 나그네를 압제하였다고 말했다. 십일조 문제도 이것과 관련되어 있다고 판단되며, 이렇게 생각할 수 있는 이유가 십일조 봉헌에 따른 하나님의 축복이 십일조의 사용과 그에 따른 축복을 말하는 신명기 26:12 이하의 메시지를 반영하고 있기 때문이다.

> 말 3:11-12 그것으로 나를 시험하여 내가 (a)하늘 문을 열고 너희에게 복을 쌓을 곳이 없도록 붓지 아니하나 보라 12 (b)너희 땅이 아름다워지므로 (c)모든 이방인들이 너희를 복되다 하리라
> 신 26:15 원하건대 주의 거룩한 처소 (a)하늘에서 보시고 주의 백성 이스라엘에게 복을 주시며 우리 조상들에게 맹세하여 우리에게 주신 (b)젖과 꿀이 흐르는 땅에 복을 내리소서
> 신 26:19 여호와께서 너를 그 지으신 (c)모든 민족 위에 뛰어나게 하사 찬송과 명예와 영광을 삼으시고 그가 말씀하신 대로 너를 네 하나님의 성민이 되게 하시리라

---

12. G. Long, "Give Offerings to God Malachi 3:6-18," *The Theological Educator* 36 (1987): 116-25.

신명기 26:12 이하에서 십일조 나눔으로 인해 하나님이 내릴 축복을 15절과 19절에서 말하며, 그 축복의 주제는 위의 밑줄 (a), (b), (c)에서 볼 수 있듯이 말라기 3:11-12의 축복과 일치한다. 그렇기 때문에 말라기서의 십일조 문제는 레위인들 부양 문제와 가난한 이웃을 위한 나눔이 함께 담겨 있는 이슈이다. 그리고 십일조의 중단은 레위인들의 예배 멸시와 제의 붕괴의 중요한 요인이 될 수 밖에 없다. 그래서 9절은 십일조를 봉헌하지 않는 것을 하나님을 강탈하는 행위로 여기면서 하나님이 그들에게 저주를 내렸다고 한다. 이러한 포로 후기 백성을 하나님은 이방 민족을 호칭할 때 주로 사용하는 고이(גוֹי)라고 부르면서 그들을 이방인과 동일시할 정도로 큰 분노를 느끼고 있었다.

3) 언약의 축복(10-12절)

10-12절에서 하나님은 포로 후기 백성들에게 십일조를 봉헌하여 레위인들과 가난한 사람들에게 필요한 양식이 있게 하면 그들에게 복을 주실 것이라고 한다. 하나님은 십일조를 통해 하나님을 시험해 보라는 말을 사용하고 있다. 이 말은 하나님의 신실성을 의심하고 있는 이스라엘 백성에게 언약에 신실하신 하나님의 성품을 강조하려는 의도를 가지고 있으며, 하나님을 시험하라는 말을 하나님이 선지자를 통해 직접 한 경우는 매우 드물다(사 7:11-12).[13] 하나님이 주겠다고 한 복은 언약의 축복이며, 포로 후기 백성들이 십일조를 하나님께 바쳤기 때문에 보상적 차원에서 내리는 축복이 아니라, 그들이 십일조를 봉헌함으로 하나님의 신실한 언약 백성의 모습을 갖추었기 때문에 내리는 축복이다. 말라기 3:10-12에서 말하는 축복은 학개 1:9-11과 2:15-19에서 말하는 언약의 축복과 저주와 같으며, 레위기 26장과 신명기 28장의 언약의 축복과 저주와 일치한다. 레위기 26장은 언약의 축복과 저주를 말한 후에 레위기 27

---

13. P. J. Scalise, "To Fear or not to Fear: Questions of Reward and Punishment in Malachi 2:17-4:3," *Review & Expositor* 84 (1987): 409-18.

장에서는 하나님께 드릴 성물과 십일조에 대해 말한다(레 27:30-32). 역으로 신명기 27-28장은 가나안 땅에 들어가서 해야 할 언약의 갱신과 언약의 축복과 저주를 기록하고 있으며 이에 앞서 신명기 26장은 십일조에 대한 메시지를 기록하고 있다. 둘은 십일조를 비롯한 언약의 규정들을 지키면 언약의 축복을 내리고, 언약의 규정을 어기면 언약의 저주를 내린다고 한다. 신명기 28장에는 말라기 3:10-11의 언약의 축복 메시지와 유사한 내용을 찾을 수 있다.

말 3:10-11	신 28장
하늘 문을 열고 너희에게 복을 쌓을 곳이 없도록 붓지 아니하나 보라	12 하늘의 아름다운 보고를 여시사 네 땅에 때를 따라 비를 내리시고 네 손으로 하는 모든 일에 복을 주시리니
메뚜기를 금하여 너희 토지 소산을 먹어 없애지 못하게 하며	38 네가 많은 종자를 뿌릴지라도 메뚜기가 먹으므로 거둘 것이 적을 것이며
너희 밭의 포도나무 열매가 기한 전에 떨어지지 않게 하리니	39 네가 포도원을 심고 가꿀지라도 벌레가 먹으므로 포도를 따지 못하고 포도주를 마시지 못할 것이며

말라기 3:10의 하늘 문을 열고 복을 내린다는 것은 하늘의 비를 흡족하게 내려 그들이 하는 모든 농사와 목축이 잘되게 한다는 말이다. 말라기 3:10-11과 신명기 28장의 유사점 외에도 앞서 말한 말라기 3:11-12의 내용은 신명기 26:15와 19절의 축복과 일치한다.[14] 그렇기 때문에 말라기 3:10-11에서 말하는 하나님의 축복은 십일조를 봉헌함으로 마음을 돌이켜 언약의 왕이신 여호와 하나님께 돌아와 다시 언약의 백성의 모습을 회복한 자들에게 내려질 언약의 축복이다.

---

14. V. Hurowitz, "'KL in Malachi 3:11-Caterpillar," *JBL* 121 (2002): 327-30.

3. 불의한 시대에 경건하게 사는 자들에 대한 약속(3:13-18)

13 여호와가 이르노라 너희가 완악한 말로 나를 대적하고도 이르기를 우리
가 무슨 말로 주를 대적하였나이까 하는도다 14 이는 너희가 말하기를 하
나님을 섬기는 것이 헛되니 만군의 여호와 앞에서 그 명령을 지키며 슬프
게 행하는 것이 무엇이 유익하리요 15 지금 우리는 교만한 자가 복되다 하
며 악을 행하는 자가 번성하며 하나님을 시험하는 자가 화를 면한다 하노
라 함이라 16 그 때에 여호와를 경외하는 자들이 피차에 말하매 여호와께
서 그것을 분명히 들으시고 여호와를 경외하는 자와 그 이름을 존중히 여
기는 자를 위하여 여호와 앞에 있는 기념책에 기록하셨느니라 17 만군의
여호와가 이르노라 나는 내가 정한 날에 그들을 나의 특별한 소유로 삼을
것이요 또 사람이 자기를 섬기는 아들을 아낌 같이 내가 그들을 아끼리니
18 그 때에 너희가 돌아와서 의인과 악인을 분별하고 하나님을 섬기는 자
와 섬기지 아니하는 자를 분별하리라

13-18절은 하나님에게서 그 마음이 떠난 포로 후기 백성이 2:17에서 공공
연하게 말하고 다닌 것처럼 하나님께 망령된 말을 일삼는 것을 질책하는 말
로 시작된다. 이런 포로 후기 백성에게 하나님은 정한 날이 이르면 의인과 악
인을 분별하고 하나님을 섬기는 의인들을 자신의 특별한 소유로 삼고 아들을
아끼는 것처럼 아낄 것이라고 한다.

1) 하나님께 대적하는 자들(13-15절)

13-15절의 메시지는 2:17과 매우 유사하다. 포로 후기 백성은 하나님을 섬
기고 명령을 지키는 것은 무익하고 오히려 교만하고 악을 행하는 자가 복되
다고 말한다. 하지만 3:13-15에서 하나님은 2:17-3:6보다 훨씬 강력한 말로 포
로 후기 백성을 질타한다. 우선 13절에서 하나님은 포로 후기 백성이 말로 하

나님께 대하여 강퍅하게 행동한다(*하제쿠* חָזְקוּ)고 한다.[15] "우리가 무슨 말을 하였나이까"라고 말하는 백성들에게 하나님은 그들의 신앙과 관련된 세 가지 중요한 부정적인 언행을 지적한다. 첫째는 포로 후기 백성은 하나님을 섬기는 것이 헛되다고 말하는 것이다. '섬기는 것'의 히브리어는 동사 *아바드*(עָבַד)의 분사로, 하나님과 관련하여 사용될 때에는 대부분 구약의 예배와 성전 봉사와 관련되어 있다. 둘째는 하나님의 계명을 지킨다고 무슨 유익이 있느냐고 반문했다. 계명은 예배와 일상생활과 관련된 모든 법을 지칭하지만, 계명의 히브리어 *미스메레트*(מִשְׁמֶרֶת)는 제의와 레위인의 성전 봉사에 관한 규정으로 더 많이 사용된 표현이다. 이들이 말하는 유익의 히브리어 표현 *베차*(בֶּצַע)는 주로 불의한 방법으로 얻는 이익들을 의미한다. 의로우신 하나님의 말씀을 지키며 사는 것과 불의한 이익을 탐하는 것은 양립할 수 없는데도 어리석은 포로 후기 백성은 불의한 방법으로 자신들의 탐욕을 채우기에 급급했기 때문에 계명을 지키고 의를 행하는 것이 자신들에게 무익하다며 외면하였다. 셋째, 이들은 슬프게 행하는 것이 무슨 유익이 있느냐고 반문하였다. 스가랴 7:5에 의하면 포로 후기 사람들은 유다와 예루살렘 멸망 이후 예레미야의 70년 포로 생활 예언에 근거하여 금식하고 통곡하는 의식을 가졌다. 말라기 3:14에서 말하는 슬픔도 포로에서 회복을 기원하는 금식 기도였을 것이다. 예루살렘 성전과 성벽을 재건하여도 포로 회복을 알리는 조짐이 조금도 엿보이지 않자 이들은 통곡해도 아무런 유익이 없다고 하였다.[16] 15절에서 포로 후기 백성은 한 술 더 떠서 교만한 자가 복되고 악을 행하는 자가 번성한다고 하였다. 교만한 자는 단순히 성격적으로 오만한 것을 말하는 것이 아니라, 마음이 완악하여 하나님의 율법을 의도적으로 무시하며 의를 행하는 자를 욕하고 조롱하며 하나님을 향하여 도발적인 행위를 하는 자이다(시 86:14; 119:51; 사 13:11). 그리

---

15. N. M. Waldman, "Some Notes on Malachi 3:6; 3:13; and Psalm 42:11," *JBL* 93 (1974): 543-49.
16. Keil, *Minor Prophets*, 465.

고 말라기 2:17에서 정의의 하나님이 어디 있느냐고 물었던 것처럼, 이들은 의도적으로 악을 행하였을 때 징벌을 내리고 정의를 구현하는지 하나님을 시험하였고, 그리고 악인들이 도주하듯이 도망하면서 정의의 하나님을 조롱하였고 하나님의 존재를 부정하였다.

2) 여호와를 경외하는 자들에 대한 약속(16-18절)

16-18절에서는 하나님께서 의인과 악인을 구별하고 여호와를 경외하는 자들을 하나님이 특별한 소유로 삼고 아들을 아끼듯이 아낄 것이라고 한다. 2:17-3:6에서 포로 후기 백성들의 충격적인 불신앙에 대한 정화와 연단의 메시지가 이어진 것과는 달리 3:16-18은 주님께 대한 악인들의 대적 행위에 이어 여호와를 경외하는 자들의 대화와 하나님 경외하는 자들에 대한 하나님의 위로의 메시지가 기록되어 있다.

16절은 여호와를 경외하는 자들의 대화로 시작된다. 이들이 무슨 대화를 나누었는지에 대해서는 전혀 언급이 없고, 이들이 서로 서로 대화를 나누었다는 사실만 기록하고 있다. 여호와를 경외하는 자에 대한 정의는 신명기 10:12에서 가장 잘 기록하고 있다.

> "이스라엘아 네 하나님 여호와께서 네게 요구하시는 것이 무엇이냐 곧
> 네 하나님 여호와를 경외하여 그의 모든 도를 행하고 그를 사랑하며 마
> 음을 다하고 뜻을 다하여 네 하나님 여호와를 섬기고"

이러한 여호와 경외하는 자들의 특징은 13-15절에 언급된 여호와를 대적하는 자들과 근본적으로 대조를 이룬다. 이들이 어떻게 하나님을 경외하였는지에 관한 언급은 그들이 여호와의 이름을 생각하였다는 것이 유일하다. 구약 성경에서 여호와의 이름을 부르는 것은 예배와 관련 있으며(창 4:26; 12:8; 13:4; 26:25), 성소를 여호와의 이름을 두기 위해 택한 곳이라고 하였다(신

12:5, 11, 21; 14:23,24; 16:2, 6, 11; 26:2). 말라기는 여호와의 이름을 예배와 관련하여 수차례 언급하였다. 1:6은 부정한 제물을 바치는 제사장들에게 그들이 여호와의 이름을 멸시하였다고 하고, 2:2도 정상적인 예배를 집행하지 않는 제사장들에게 여호와의 이름을 영화롭게 하지 않는다고 질타한다. 1:11-14은 그런 제사장들에게 여호와의 이름이 이방 민족들 중에서 크게 되고 그들이 그 이름을 위하여 분향하며 깨끗한 제물을 드릴 것이라고 한다. 2:5은 옛 레위 제사장들이 하나님을 경외하고 그 이름을 두려워하였다고 한다. 이런 점을 고려한다면, 여호와의 이름을 존중하는 사람들은 하나님께 바른 예배를 드리는 소수의 백성이다.

16절에서 하나님은 이렇게 여호와를 경외하고 그 이름을 존중히 여기는 자들이 나누는 대화를 주목하여 듣는다고 말한다. 하나님이 자기 백성의 소리를 듣는 것은 그 소리에 응답하신다는 말이다. 하지만 16절은 하나님의 응답보다는 하나님 앞에 있는 기념책에 이들의 이름을 기록한다고 한다. 하나님의 책에 이름이 기록되는 것은 출애굽기 32:32에서 모세가 처음으로 언급하였다.[17] 시편 69:28은 악인들을 생명책에서 지우고 의인들과 함께 기록되지 말게 하라고 기원하고 있고, 다니엘 12:1은 "백성 중에 책에 기록된 모든 자가 구원을 받을 것이라"고 한다.[18] 유사하게 빌립보서 4:3과 요한계시록 3:5; 13:8; 17:8은 그리스도를 믿는 자들은 생명책에 기록되고, 그렇지 않은 자들은 생명책에 이름이 기록되지 못한다고 한다.

17절에서 하나님은 한 날을 정하였다고 한다. 이 날은 틀림없이 여호와의 날이지만, 17절은 이 날을 뒤로하고 이 날에 일어날 다른 일을 강조한다.

---

17. Redditt, *Haggai, Zechariah, Malachi*, 183.
18. D. C. Deuel, "Malachi 3:16: Book of Remembrance or Royal Memorandum? An Exegetical Note," *TMSJ* 7 (1996): 107-11; P. J. Scalise, "Malachi 3:13-4:3-A Book of Remembrance for God-Fearers," *Review and Expositor* 95 (1998): 571-82.

וְהָיוּ לִי אָמַר יְהוָה צְבָאוֹת לַיּוֹם אֲשֶׁר אֲנִי עֹשֶׂה סְגֻלָּה
וְחָמַלְתִּי עֲלֵיהֶם כַּאֲשֶׁר יַחְמֹל אִישׁ עַל־בְּנוֹ הָעֹבֵד אֹתוֹ:

즉 위의 밑줄에서 볼 수 있는 것처럼 여호와를 경외하는 자들은 하나님의 소유라는 사실을 강조하기 위해 이 '날'(*라욤* לַיּוֹם)을 문장의 뒤로 배열하였다. 하나님의 소유를 강조하기 위해 "만군의 여호와가 말씀하시니라"(*아마르 여호와 체바오트* אָמַר יְהוָה צְבָאוֹת)를 문장의 중간에 배열한 것도 특징이다. '나의 소유'(*리* לִי = 전치사 *레* + 대명사 접미사 1인칭 공성 *이*)라는 말에 더해 17절은 소유의 의미를 가지고 있는 히브리어 명사 *세굴라*(סְגֻלָּה)를 문장의 마지막에 한 번 더 첨가하였다. *세굴라*는 구약 성경에서 8번 사용되었으며, 이 중에서 여섯 번은 모두 하나님께서 이스라엘을 자신의 언약 백성으로 삼은 것을 말하는 데 사용하였다(출 19:5; 신 7:6; 14:2; 26:18; 시 135:4). 그 외에 역대상 29:3과 전도서 2:8에서 *세굴라*가 금과 은 같은 보물을 지칭하는 말로만 사용된 점을 고려한다면, 말라기 3:17의 *세굴라*는 하나님의 경외하는 자들을 하나님의 언약 백성이라는 매우 특별한 소유물로 삼을 것을 약속하는 표현으로 이해할 수 있다. 하나님은 계속하여 이들을 아버지가 자신을 섬기는 아들을 아끼듯이 아낄 것이라고 한다. *세굴라*와 함께 이 말은 하나님께서 자신을 경외하는 자들을 지극히 아끼고 귀하게 여길 것이라는 큰 은혜의 메시지다.

18절의 내용은 16절에서 여호와를 경외하는 자들이 나눈 대화를 들은 하나님이 그들의 주제에 대한 답변을 하고 있는 것으로 여겨진다. 16절의 여호와 경외자들은 시편 73편의 저자가 악인의 형통을 보고 1절에서 "하나님이 참으로 이스라엘 중 마음이 정결한 자에게 선을 행하시나"라고 한 것과 유사한 대화를 나누며 2절에서 "나는 거의 넘어질 뻔하였고 나의 걸음이 미끄러질 뻔하였으니"라고 한 상태에 있었을 수 있다. 그런 그들에게 하나님은 너희가 다시 의인과 죄인의 차이와 하나님을 섬기는 자와 섬기지 않는 자의 차이를 볼 것이라고 한다. 개역개정의 18절 번역과는 달리 히브리어 성경에는 "그 때에"가

없으며, "너희가 돌아와서"의 히브리어 *슙템*(שַׁבְתֶּם)은 뒤에 정동사 *우레이템*
(וּרְאִיתֶם) 때문에 '다시'의 의미로 사용되었다.[19] 즉 '너희들이 다시 보게 될 것
이다'로 번역되어야 한다. 이 말은 현재 너희들이 의인과 악인 그리고 하나님
을 섬기는 자와 섬기지 않는 자의 차이를 보지 못하고 있지만, 여호와의 날에
는 이 차이를 반드시 다시 보게 될 것이라는 말이다. 이어지는 말라기 4장에서
는 하나님께서 이 둘 사이의 차이점이 무엇인지 분명하게 밝힌다.

교훈과 적용

1. 하나님은 예배가 무너져 버린 이스라엘 가운데 여호와의 사자를 먼저 보내고 이어서
   친히 성전에 강림하겠다고 한다. 여호와의 날에 하나님께서 임재를 통해 하실 일들
   이 많이 있지만, 말라기 2:17-3:6은 다른 무엇보다도 레위 제사장들과 이스라엘 백성
   들이 부정하고 불의한 마음으로 파괴시킨 예배를 회복시킨다고 한다. 하나님이 예배
   의 회복을 위해 이렇게 노력할 때, 나는 바르고 참된 예배를 드리기 위해 어떤 노력을
   하고 있는가? 거짓된 예배자를 내버려 두지 않고 불로 연단할 것이라고 한 하나님의
   말씀이 내게 적용되어야 한다고 생각되지는 않는가?

2. 십일조는 구약 시대의 예배 공동체를 세우고 유지하는 데 필요한 재원으로 사용되
   었고, 그리고 가난한 이웃의 생계를 돕기 위해 사용되었다. 하지만 이스라엘 백성들
   은 예배 공동체와 가난한 이웃보다는 더 많이 소유하고 싶은 자신의 욕심을 채우는
   데 급급하여 십일조를 정상적으로 내지 않았다. 나는 예배 공동체와 가난한 이웃을
   위해 십일조를 바치라고 하는 하나님의 메시지에 어떻게 반응하는가? 신약 시대의
   교회가 꼭 십일조를 내야 되는가 하고 의문하는가? 십일조를 내지 않는 것을 하나
   님의 것을 강탈하는 행위라고 말하는 말라기의 메시지에 대해 동의가 되는가 아니
   면 반감이 생기는가?

3. 포로 후기 시대의 사람들의 생각과는 달리 하나님은 의인과 악인을 분별하고 하나
   님을 섬기는 자와 섬기지 않는 자를 구별하고 하나님을 경외하고 그 이름을 존중히
   여기며 예배 드리는 자를 여호와 앞에 있는 기념책에 기록하겠다고 말한다. 이것은
   소수로 남은 하나님 경외자들에게 돌아올 보상이다. 손에 잡히는 것이 없을지라도,

---

19. Stuart, "Malachi," 1385.

하나님이 나와 함께 하신다는 것을 신뢰하면서 나는 참 예배자로 살아가고자 다짐할 수 있는가? 무슨 일이 있어도 하나님의 이름을 망령되게 하지 않는 삶과 예배를 드리겠다고 다짐하자.

제4장 여호와의 날과 회복(4:1-6)

말라기 4:1-4은 3:13-18과 동일한 주제를 이어가고 있으며, 3:18에서 말한 악인과 의인에 대한 하나님의 구별된 처리에 대해 말하고 있다. 이 둘을 구별하는 날은 여호와의 날이며, 악인에게 이 날은 용광로 불같은 날이고, 의인에게는 공의로운 해로부터 치료하는 광선을 비추는 날이다. 4:5-6은 여호와의 날이 이르기 전에 선지자 엘리야가 와서 백성들의 마음을 아버지께로 돌이킨다고 한다.

본문 개요

4장은 두 부분으로 나눌 수 있다. 첫째는 1-3절이며, 3:13-18과 한 본문으로서 동일한 주제를 이어가고 있다. 4:1-3에서 하나님은 먼저 교만한 자와 악인에게 용광로 불 같은 날이 오고 그들은 모두 지푸라기처럼 불에 타서 소멸될 것이라고 한다. 하지만 하나님의 이름을 경외하는 사람들에게 그 날은 용광로 불이 아니라 공의로운 해가 치료하는 광선을 비추는 것과 같은 날이다. 이 날에 여호와를 경외하는 자들은 불에 소멸된 악인들을 발로 밟게 된다. 하지만 여호와를 경외하는 자들은 그 날이 올 때까지 하나님의 율법을 잘 준행해야 한다. 둘째 부분은 5-6절이며, 여호와의 날이 이르기 전에 일어날 한 사건에 대해 말한다. 그 날이 오기 전에 하나님은 선지자 엘리야를 보내어 자녀들의 마음을 아버지께로 돌이키게 한다.

내용 분해

    1. 여호와의 날과 악인과 의인의 구별(4:1-3)

        1) 악인에게 임할 탄누르 불 같은 날(1절)

        2) 의인에게 의의 태양이 비추는 날(2절)

        3) 의인이 악인을 짓밟는 날(3절)

    2. 선지자 엘리야의 사역(4:4-6)

        1) 여호와의 날이 이르기 전에 모세의 율법을 기억할 것(4절)

        2) 엘리야가 와서 자녀의 마음을 아버지께 돌이킴(5-6절)

본문 주해

1. 여호와의 날과 악인과 의인의 구별(4:1-3)

1 만군의 여호와가 이르노라 보라 용광로 불 같은 날이 이르리니 교만한 자와 악을 행하는 자는 다 지푸라기 같을 것이라 그 이르는 날에 그들을 살라 그 뿌리와 가지를 남기지 아니할 것이로되 **2** 내 이름을 경외하는 너희에게는 공의로운 해가 떠올라서 치료하는 광선을 비추리니 너희가 나가서 외양간에서 나온 송아지 같이 뛰리라 **3** 또 너희가 악인을 밟을 것이니 그들이 내가 정한 날에 너희 발바닥 밑에 재와 같으리라 만군의 여호와의 말이니라

　　1-3절은 여호와의 날에 하나님께서 악인과 여호와를 경외하는 자를 구별한다는 메시지를 기록하고 있다. 이 날은 교만하고 악을 행하는 자에게는 용광로 불 같은 날이며, 그들을 모두 불 태우는 날이다. 동시에 이 날은 여호와를 경외하는 자들에게는 햇빛이 비치는 것처럼 공의가 이루어지고 치료가 일어나는 날이다. 그리고 여호와를 경외하는 자들이 악인들을 짓밟는 날이다.

1) 악인에게 임할 탄누르 불 같은 날(1절)

　　말라기 4:1은 한 날이 오고 있다고 하며, 그 날은 여호와의 날이다. 1절은 이 날과 관련하여 감탄사 *히네*(הִנֵּה)와 분사 *바아*(בָּא)를 사용하고 있다. 이를 통해 그 날이 임박했다는 것과 그 날이 반드시 온다는 사실을 강조하려는 의도도 가지고 있다.[1] 1절의 "그 날"과 관련하여 전통적으로 두 가지 견해로 나뉜다. 하나는 이 날을 메시아의 초림에 관한 날이라는 주장이며, 또 하나는 그리스도의 재림에 관한 날이라는 주장이다.[2] 1-3절의 여호와의 날의 성격을 보면 이 날이 메시아의 초림인지 재림인지 판단할 수 있을 것이다. 1-3절의 의인과 악인의 구별은 마태복음 25장의 그리스도의 재림 때에 있을 양과 염소의 구분에 관한 비유와 유사하다. 이를 고려하면 4:1-3은 그리스도의 초림보다는 재림으로 보아야 할 것이다. 1절은 이 여호와의 날이 빵 굽는 아궁이의 불같이 악인들을 왕겨처럼 불태운다고 한다. 개역개정 성경이 용광로로 번역한 *탄누르*(תַּנּוּר)는 구약 성경에서 주로 빵 굽는 오븐을 일컫는 말이다. *탄누르*는 진흙으로 항아리처럼 만들었으며 윗부분은 좁고 아래 부분은 넓은 구멍을 가지고 있었으며, 아랫 부분의 구멍을 통해 불 피울 나무를 넣을 수 있었다. *탄누르* 윗부분의 내부에 밀가루 반죽을 붙인 후 아래 부분에 나무를 넣고 불을 피워 빵을 구웠다. 빵을 굽고 난 후에는 계속해서 고기를 구울 수 있었다. *탄누르*로 빵

1. Cole, "Mal 2:17-3:5, 4:1-6," 126-37.

2. Verhoef, *The Books of Haggai and Malachi*, 324-25.

을 굽기 위해서는 빵 굽는 사람이 불 피울 나무의 양을 적절하게 조절해야만 되었다. 1절에서 말라기는 여호와의 날에 *탄누르*에 불을 피울 재료를 모든 교만한 자들과 악을 행하는 자들이라고 한다. 이들은 3:15에서 교만한 자가 복되다고 하고 악을 행하는 자가 번성한다고 말하던 자들이다. 1절은 이들을 *카쉬* קשׁ라고 하며, 이 말은 나무 그루터기나 밀과 보리의 왕겨를 의미한다. 어느 것을 의미하든, 이 말은 불을 피우기에 매우 좋은 재료들로서 여호와 하나님은 이들 교만한 자들과 악인들을 직접 *탄누르*의 불쏘시개로 태울 것이며, 그루터기의 뿌리나 가지든 남기지 않고 모두 불 태워 소멸시킬 것이라고 한다.

2) 의인에게 의의 태양이 비추는 날(2절)

2절은 여호와의 날에 여호와의 이름을 경외하는 자들에게 *탄누르*와 차원이 다른 의의 태양이 비출 것이라고 한다. 2절의 "내 이름을 경외하는 자들"은 말라기 3:16에서 여호와를 경외하는 자들이었고, 여호와의 기념책에 그 이름이 기록될 의인들이다. 의의 태양은 1절의 악인들에게 임할 *탄누르*와 규모 면에서 비교가 되지 않는 불이다. *탄누르*가 교만한 자들과 악인들에게 멸망시키는 불이었지만, 의의 태양은 여호와의 이름을 경외하는 이들에게 치료의 빛이다. 2절은 태양의 날개에 치료하는 효력이 있다고 한다. 이 같은 이미지는 고대 근동의 종교 세계에서 흔한 것으로서, 특히 아시리아의 신 앗술이 날개를 가진 태양의 모습을 하고 있고 그 날개로부터 치료하는 효과를 지닌 광선이 내려오는 형태의 상을 하고 있다.[3] 메소포타미아 지역으로 포로로 끌려가서 오랫동안 살았던 포로 후기 백성들에게 이 같은 이미지는 익숙하였을 것이다. 하지만 말라기는 하나님을 메소포타미아 사람들의 신앙관에 따라 이

---

3. Schuller, "The Book of Malachi," 872-873. 슐러는 말 4:2의 의의 태양이 아시리아의 최고 신인 앗술의 형상인 날개 달린 태양과 유사한 이미지를 가지고 있다고 주장한다; Petersen, *Zechariah 9-14 and Malachi*, 224-25; Smith, *Micah-Malachi*, 339; J. P. Lewis, "Sun of Righteousness (Malachi 4:2): A History of Interpretation," *Stone-Campbell Journal* 2 (1999): 89-110.

렇게 묘사하는 것이 아니라, 하나님의 공의가 날개를 가진 태양처럼 여호와를 경외하는 자들에게 비추면서 치료하는 효력을 발휘한다고 한다. 2절의 의의 태양에서는 태양이 본질이 아니고 의가 본질이다. 태양은 *탐누르*와 대조하기 위해 도입된 은유적 표현이며, 사실상 하나님께서 구현하시는 의가 주체이다. 마치 태양이 떠올라 온 세상을 밝고 환하게 밝히듯이 하나님의 공의가 온 세상을 밝고 환하게 만들며, 여호와의 이름을 경외하는 자들은 송아지가 우리에서 나와 기뻐하며 껑충껑충 뛰는 것처럼 교만한 자와 악인들로부터 피하여 숨어 있던 곳으로부터 뛰어나와 기뻐하며 뛸 것이라고 한다. 누가복음 1:78에서 세례 요한의 아버지 사가랴는 메시아 탄생을 예고하면서 메시아로 상징되는 돋는 해가 임하여 어둠과 죽음의 그늘에 앉은 자에게 비치고 평강의 길로 인도한다고 한다.

3) 의인이 악인을 짓밟는 날(3절)

3절은 이 날을 여호와 하나님께서 행하시는 날이라고 한다. 여호와께서 행동하는 것은 틀림없이 1절에서 말한 것처럼 악인들을 심판하고 소멸시키는 것이다. 3절은 이 날에 여호와께서만 행동하시는 것이 아니라 여호와를 경외하는 자들도 행동하는 것이 있다. 그들이 악인들을 발 아래 짓밟는 것이다. 3절은 악인들을 발 아래 재와 같다고 하는데, 이것은 1절을 염두에 둔 표현이다. 하나님은 교만한 자와 악인들을 *탐누르*에 불쏘시개처럼 태웠는데, 이 과정을 통해 생겨난 불타고 남은 재와 같은 악인들을 여호와를 경외하는 자들이 발로 짓밟는다. 그 결과 재가 공중에 흩어져 사라지듯이 악인들도 그 존재가 흔적도 없이 소멸된다.

2. 선지자 엘리야의 사역(4:4-6)

4 너희는 내가 호렙에서 온 이스라엘을 위하여 내 종 모세에게 명령한 법 곧 율례와 법도를 기억하라 **5** 보라 여호와의 크고 두려운 날이 이르기 전에 내가 선지자 엘리야를 너희에게 보내리니 **6** 그가 아버지의 마음을 자녀에게로 돌이키게 하고 자녀들의 마음을 그들의 아버지에게로 돌이키게 하리라 돌이키지 아니하면 두렵건대 내가 와서 저주로 그 땅을 칠까 하노라 하시니라

4-6절은 선지자를 통한 하나님의 마지막 메시지이면서, 사실상 구약 성경의 마지막 메시지다. 이 마지막 메시지에서 하나님은 여호와의 날이 이르기 전에 모세의 율법을 기억하고 지키라고 말하며 그리고 그 날이 이르기 전에 엘리야가 와서 그들의 마음을 하나님께로 돌이킬 것이라고 한다.

1) 여호와의 날이 이르기 전에 모세의 율법을 기억할 것(4절)

말라기의 마지막 메시지는 모세의 율법을 기억하라는 말로 시작한다. 모세의 율법은 구약 성경에서 7번 사용된 표현으로서(수 8:31-32; 23:6; 왕하 14:6; 23:25; 느 8:1; 말 4:4), 구약 성경에서 드물게 사용되었다. 이에 더해 4절은 모세의 율법을 하나님이 호렙산에서 그에게 명령한 것이라고 규정하고 있다. 호렙은 구약 성경에서 17번 사용되었으며, 호렙의 다른 호칭인 시내산이 훨씬 많이 사용되었다. 4절이 호렙 명칭을 사용한 이유는 이어서 5절에 나오는 엘리야 때문이다. 호렙산은 모세가 언약의 규정들을 하나님으로부터 받았던 장소이다. 그리고 호렙산은 엘리야에게도 아주 중요한 장소이다. 엘리야는 백성들의 마음을 하나님께로 돌리기 위해 갈멜산에서 바알과 아세라 선지자들과 대 접전을 벌였다. 하지만 엘리야는 이세벨 때문에 좌절감을 느끼고 하나님을 만나기 위해 찾아갔던 산이다(왕상 18:37; 19:8). 5절에서 엘리야에 관한 메

시지가 이어지는 점을 생각하면 4절이 호렙산을 언급한 것은 의미심장하다.

율례와 법도는 포로 후기에 기록된 성경에서 모세의 율법의 세부 사항을 나타내는 말로 자주 사용되었다(스 7:10; 느 1:7 10:30). 말라기 2:17에서 포로 후기 백성들은 공의의 하나님이 어디 있느냐고 비아냥거리며 질문하였는데, 4:4에서 하나님은 마지막으로 그들에게 법도 즉 공의를 기억하라고 명령한다.[4] '기억하라'는 말은 단순하게 잊지 말라는 뜻이 아니고, 기억하고 즉시 실천하라는 의미로 사용된다. 출애굽기 6:4에서 하나님은 이스라엘 백성들을 출애굽 시키기 위해 모세를 이집트로 보내면서 아브라함과 이삭과 야곱과 세운 언약을 기억한다고 말한다. 그리고 출애굽기 20:10에서 하나님은 안식일을 기억하라고 한다. 이 둘의 예에서 볼 수 있듯이 기억하라는 말은 잊지 말고 즉각적으로 그리고 지속적으로 실천하라는 의미를 내포하고 있다. 모세의 율법을 지키라고 한 이유는 여호와의 크고 두려운 날이 오기 전에 회개하고 하나님께로 마음을 돌이켰다는 것을 나타내는 실천적 표시를 보이라는 말이다.

2) 엘리야가 와서 자녀의 마음을 아버지께 돌이킴(5-6절)

5절에서 하나님은 여호와의 날이 이르기 전에 선지자 엘리야를 보내겠다고 한다. 5절은 여호와의 날을 크고 두려운 날이라고 한다. 이 표현은 요엘 2:31과 동일하다. 2:31은 여호와의 크고 두려운 날이 이르기 전에 하늘과 땅에 피와 불과 연기 기둥이 솟구쳐 오르며 해가 어두워지고 달이 핏빛 같이 변한다. 요엘은 이러한 여호와의 날에 여호와의 이름을 부르는 자는 구원을 얻는다고 한다(욜 2:32). 말라기 4:5에서 동일한 크고 두려운 날에 대해 예고하면서 하나님은 '너희에게' 선지자 엘리야를 보낸다고 한다. 말라기의 마지막 메시지에서 여호와의 날을 앞 두고 모세와 엘리야가 함께 언급되었다. 특이하게도 둘은 변화 산에서 예수님 앞에 함께 나타난다(마 17:1; 막 9:4; 눅 9:30). 두

4. Taylor & Clendenen, *Haggai Malachi*, 454-56.

사람이 예수님 앞에 나타났다는 것은 말라기 4:4-6의 성취로 볼 수 있다. 엘리야가 오는 이유는 6절에서 밝히고 있다.

6절은 엘리야가 하는 사역을 밝히고 있지만, 그의 사역의 성격이 무척 난해하다. 엘리야의 사역은 아버지들의 마음을 자식들에게 그리고 자식들의 마음을 아버지들에게 돌리는 것이다.[5] 아버지의 히브리어가 단수가 아니라 복수이기 때문에 아버지는 하나님 아버지가 아니라 포로 후기 백성들의 부모를 의미한다. 그래서 조이스 볼드윈과 같은 학자들은 엘리야의 사역을 부모와 자식 사이의 갈등을 해결하는 것이라고 한다.[6] 그러나 그의 주장을 받아들이기에는 두 가지 문제가 있다. 첫째는 열왕기상 17장에서 열왕기하 2장에 걸쳐 있는 엘리야의 사역을 들여다보면 엘리야가 부모와 자식 사이의 세대간의 갈등을 회복시키기 위해 무슨 일을 했다는 말이 없다. 둘째는 말라기서 전체의 관심사가 부모 세대와 자식 세대의 갈등이 아니라 하나님과 포로 후기 백성들 사이의 갈등이라는 것이다. 그렇기 때문에 볼드윈의 주장처럼 엘리야의 사역을 세대간의 갈등 해소로 보는 것은 적절하지 않다. 이 문제를 해결하기 위해서는 말라기 자체에서 답을 찾아야 하며, 먼저 부모들과 자식들의 마음이 나누어 진 것에 관한 힌트가 있는지 보아야 한다. 개역개정 성경이 "아버지"로 번역한 히브리어 아보트(אָבוֹה)는 아브(אָב)의 복수형이며 아버지들 또는 조상들로 해석할 수 있다. 말라기서에서는 단수 아브가 하나님과 관련하여 1:6에서 '아버지'의 의미로 사용되었고, 2:10과 3:7에서 '조상들'의 의미로 사용되었으며 4:6도 이 의미로 사용되었다. 이중에서 엘리야의 사역의 성격을 파악하기 위해서는 '조상들'로 사용된 2:10과 3:7을 살펴보아야 한다. 먼저 2:10을 다시 살펴보자.

---

5. Keown, "Messianism in the Book of Malachi," 443-51.

6. Baldwin, *Haggai Zechariah Malachi*, 252; C. A. Reeder, "Malachi 3:24 and the Eschatological Restoration of the Family," *CBQ* 69 (2007): 695-710.

"우리는 한 아버지를 가지지 아니하였느냐 한 하나님께서 지으신 바가
아니냐 어찌하여 우리 각 사람이 자기 형제에게 거짓을 행하여 우리 조
상들의 언약을 욕되게 하느냐"

말라기 2:10은 자기 형제 즉 포로 후기 백성 상호간의 거짓 행위만 말하지
않고 그들의 조상들 즉 그들의 아버지의 언약을 욕되게 한 것도 기록하고 있
다. 이것은 아브라함과 이삭과 야곱과 그리고 출애굽 이후 광야 생활을 하였
던 모세 세대의 조상들이 하나님의 언약을 신실하게 믿고 신뢰하며 그 언약
이 그들과 후손들을 통하여 이루어지기를 소망하며 하나님과 동행하는 삶을
살았었는데, 포로 후기 백성들은 조상들을 전혀 닮지 않은 삶을 살았고 결과
적으로 조상들의 언약과 조상들을 욕되게 하였다는 말이다. 조상들의 언약을
욕되게 하였다는 것은 후손들의 마음이 조상들의 마음과 같지 않았다는 말이
다. 그렇기 때문에 언약을 욕되게 함으로 생겨난 조상들과 후손들의 단절된
마음을 해소해야 되며, 그 갈등의 해소는 후손들이 조상들의 언약을 욕되게
하는 행위를 중단하고 하나님이 조상들과 맺은 언약에 신실한 마음을 회복하
는 것이다.[7] 이것은 하나님께서 3:7에서 "조상들의 날로부터 너희가 나의 규
례를 떠나 지키지 아니하였도다"라고 하며 포로 후기 백성에게 돌아오라고
호소하였던 것과 같은 말이다. 선지자 엘리야의 사역은 바로 포로 후기 백성
이 조상들처럼 하나님을 경외하며 모세를 통하여 준 언약의 말씀들을 신실하
게 지키도록 마음을 돌이키는 것이다. 선지자 엘리야가 올 것이라는 예언은
세례 요한을 통하여 성취되었다.[8] 이 역할을 하기 위해 여호와의 날이 임하기

---

7. Stuart, "Malachi," 1394-95; Verhoef, *The Books of Haggai and Malachi*, 341-43.

8. 이 메시지에서 엘리야를 메시아로 생각하는 학자도 있다. E. Assis, "Moses, Elijah and the
Messianic Hope: A New Reading of Malachi 3:22-24," *ZAW* 123 (2011): 207-20. 바울이 자신
을 새 엘리야로 생각하고 종말론적 하나님 나라를 예비하는 사역을 맡은 것으로 생각했다고 주장
하는 학자도 있다. O. D. Vena, "Paul's Understanding of the Eschatological Prophet of Malachi
4:5-6," *Biblical Research* 44 (1999): 35-54.

전에 오는 엘리야를 예수님은 세례 요한이라고 하였다(마 11:14; 17:10-11; 막 9:11-12; 눅 1:17). 세례 요한이 자신은 엘리야가 아니라고 한 것은 자신을 겸손하게 낮추는 말이다.

하나님은 이처럼 포로 후기 백성들에게 그들의 옛 조상들이 하나님의 언약에 신실하였던 것과는 달리 그들이 하나님께로 돌아오지 않고 언약에 신실하지 않으면 하나님이 그들을 쳐서 저주할 것이라고 한다. 저주의 히브리어는 *헤렘*(חֵרֶם)이며 하나님께 전적으로 구별하여 바친 것을 말하며, *헤렘*에 해당되는 것은 사람의 손길이 닿지 않게 완전히 파괴하여 버린다(레 27:28-29). 그래서 *헤렘*의 전적인 파괴는 여리고성 파괴와 같이 거룩한 전쟁에서 하나님의 진노의 대상들에 대한 철저한 파괴로 이어졌다(수 6:17). 이사야 34:2과 스가랴 14:11에서는 하나님의 종말론적 심판을 나타내는 말로 사용되었으며, 말라기 4:6에서도 같은 의미로 사용되었다(참조. 렘 50:20-21). 하나님은 그 마음을 옛 조상들처럼 돌이키지 않을 때 그 땅 즉 예루살렘과 유다를 여리고 성을 파괴시켰듯이 파괴할 것이라고 한다. 볼드윈에 의하면, 전통적으로 유대인들은 말라기의 마지막 표현에 *헤렘*이 오는 것을 피하기 위해 6절 다음에 5절을 다시 한번 읽도록 하거나 히브리어 성경의 5절을 6절 다음에 한 번 더 기록하여 발행하곤 하였다.[9] 하지만 하나님은 마음을 돌이키지 않는 백성에게는 *헤렘*의 징벌을 내리는 것이 불가피하다는 경고를 내리기 위해 *헤렘*을 구약 성경의 마지막에 배열하였다.

교훈과 적용

1. 하나님은 용광로 불 같은 심판의 날을 준비해 두고 계신다. 그 날에는 악한 자들을 불쏘시개로 만들어 흔적도 없이 소멸시키고, 의인에게는 생명의 은총을 베푸신다. 나는 이 생명과 치료의 은총에 해당되는 사람인가 아니면 불에 소멸될 대상일까? 은총에 해당되는 사람은 하나님의 이름을 경외하는 사람이라고 한다. 하나님의 이름 경

---

9. Baldwin, *Haggai Zechariah Malachi*, 251.

외는 내 입술의 말로만 이루어 지는 것이 아니다. 나의 잘못된 행동으로 인해 불신자들이 그리스도의 이름에 욕을 끼치는 것도 그 이름을 망령되게 하는 것이 된다. 나의 행동 중에는 하나님과 교회에 불신과 불명예를 끼치는 것이 혹시 없는가?

2. 하나님은 종말의 때를 정해 놓고 심판만 기다리지 않고, 그때가 이르기 전에 선지자 엘리야를 보낸다고 한다. 이 말은 이미 죽은 사람을 다시 보낸다는 말이 아니라, 이스라엘 백성의 마음을 하나님께로 돌리기 위해 특별한 열심을 가졌던 엘리야와 같은 마음을 가진 사람을 보낸다는 말이다. 우리 시대에는 교회의 문턱을 넘나드는 사람은 많이 있지만, 정작 그 마음은 하나님께로부터 떠나 있는 사람들이 많이 있다. 그런 시대에 하나님은 엘리야와 같은 마음을 가진 사람을 찾고 있다. 그리고 그 사람이 백성들의 마음을 하나님과 그의 말씀으로 향하도록 만들기를 원하신다. 나에게는 그런 하나님의 마음을 헤아리고 엘리야와 같은 심정으로 시대적 소임을 담당하려는 마음을 가지고 있는가?

참고 문헌

미가

딜레, 에드윈. 『히브리왕들의 연대기』, 한정건 역. 서울: 기독교문서선교회, 1990.

장성길. 『피할 수 없는 하나님의 손길』. 서울: 솔로몬, 2009.

조휘. 『나훔과 함께』. 서울: 그리심, 2013.

Aharoni, Y. "Arad, Its Inscriptions and Temple." *BA* 31 (1968): 2-32.

Allen, L. C. *The Books of Joel, Obadiah, Jonah and Micah*, NICOT. Grand Rapids: Eerdmans, 1976.

Baez-Camargo, G. *Archaeological Commentary on the Bible*. Garden City: Doubleday, 1984.

Barker, K. L., Bailey, W. *Micah, Nahum, Habakkuk, Zephaniah*, NAC. Nashville: B&H, 1999.

Baruchi-Unna, A. "Do not Weep in Bethel: An Emendation Suggested for Micah 1:10." *VT* 58 (2008): 628-32.

Ben Zvi, E. "Wrongdoers, Wrongdoing and Righting Wrongs in Micah 2." *Biblical Interpretation* 7 (1999): 87-100.

Brin, G. "Micah 2,12-13: A Textual and Ideological Study." *ZAW* 101 (1989): 118-24.

Brown, S. A. "Micah 2:1-11." *Int* 57 (2003): 417-19.

Brueggemann, W. "Walk Humbly with Your God." *Journal for Preachers* 33 (2010): 14-19.

Bryant, D. J. "Micah 4:14-5:14: An Exegesis." *Restoration Quarterly* 21 (1978): 210-30.

Byargeon, R. "The Relationship of Micah 4:1-3 and Isaiah 2:2-4: Implications for Understanding the Prophetic Message." *SWJT* 46 (2003): 6-26.

Calvin, J. *Commentaries on the Twelve Minor Prophets* Vol 3, *Johah, Micah, Nahum*. Grand

Rapids: Eerdmans, 1847.

Cannawurf, E. "The Authenticity of Micah IV 1-4." *VT* 13 (1963): 26-33.

Cathcart, K. J. "Notes on Micah 5, 4-5." *Biblica* 49 (1968): 511-14.

Cathcart, K., Gordon, R. P. *The Targum of the Minor Prophets*. Wilmington: Michael Glazier, 1989.

Crook, M. B. "The Promise in Micah 5." *JBL* 70 (1951): 313-20.

Dever, W. G. *Did God have a Wife? Archaeology and Folk Religion in Ancient Israel*. Grand Rapids: Eerdmans, 2005.

Ehrman, A. "A Note on Micah VI 14." *VT* 23 (1973): 103-105.

---------. "A Noter on Micah 2:7." *VT* 20 (1970): 86-87.

Finkelstein, I. *The Bible Unearthed: Archaeology's New Vision of Ancient Israel and the Origin of Its Sacred Texts*. New York City: The Free Press, 2001.

Herodotus. *The Histories*. New York: Penguin Books, 1954.

Hillers, D. R. *Micah*, Herm. Philadelphia: Fortress Press, 1984.

Hubbard, R. L. "Micah, Moresheth, and Martin: Keep up the Beat (Micah 6:8)." *The Covenant Quarterly* 65 (2007): 3-10.

Hutton, R. R. "Eating the Flesh of my People: The Redaction History of Micah 3:1-4." *Proceedings* 7 (1987): 131-42.

---------. "What Happened from Shittim to Gilgal? Law and Gospel in Micah 6:5." *Currents in Theology and Mission* 26 (1999): 94-103.

Hyman, R. T. "Questions and Response in Micah 6:6-8." *JBQ* 33 (2005): 157-65.

Jeppersen, K. "Micah V 13 in the Light of a Recent Archaeological Discovery." *VT* 34 (1984): 462-66.

Joosten, J. "YHWH's Farewell to Northern Israel." *ZAW* 125 (2013): 448-62.

Justin Martyr. "Dialogue with Trypho, a Jew." in *ANF* Vol 1. Peabody: Hendrickson, 1995.

Kaiser, W. C. *A History of Israel: From the Bronze Age through the Jewish Wars*. Nashville: B&H, 1998. 크리스챤 역간, 『이스라엘의 역사』.

---------. *The Messiah in the Old Testament*. Grand Rapids: Zondervan, 1995. 크리스챤 역간, 『구약에 나타난 메시아』.

---------. *Toward an Old Testament Theology*. Grand Rapids: Zondervan, 1978. 생명의 말씀사 역간, 『구약 성경 신학』.

Keil, C. F. *Minor Prophets*. Grand Rapids: Eerdmans, 1993.

King, P. J. *Amos, Hosea, Micah: An Archaeological Commentary*. Philadelphia: Westminster

Press, 1988.

Maclean, B., Jennifer, K. "Micah 3:5-12." *Int* 56 (2002): 413-16.

Mariottini, C. F. "Yahweh, The Breaker of Israel (Micah 2:12-13)." *PRSt* 28 (2001): 385-93.

McComiskey, T. E. "Micah: Exegetical Notes." *Trinity Journal* 2 (1981): 62-68.

McKane, W. "Micah 2:1-5: Text and Commentary." *JSS* 42 (1997): 7-22.

Moore-Keish, M. "Do Justice, Micah 6:8." *Journal for Preachers* 33 (2010): 20-25.

Pritchard, J. B. *Ancient Near East in Pictures relating to the Old Testament.* Princeton: Princeton University Press, 1954.

--------. *Ancient Near Eastern Texts: Relating to the Old Testament.* Princeton: Princeton University Press, 1969.

Saggs, H. W. F. *Civilization before Greece and Rome.* New Haven: Yale University Press, 1989.

Shaw, C. S. "Micah 1:10-16 Reconsidered." *JBL* 106 (1987): 23-29.

--------. *The Speeches of Micah: A Rhetorical-Historical Anaalysis*, JSOT Sup 145. Sheffield: JSOT Press, 1993.

Simundson, D. J. "The Book of Micah." In ed. L. Keck. *NIB*, vol 7. Nashville: Abingdon, 1996.

Smith, R. L. *Micah-Malachi*, WBC. Waco: Word Books, 1984. 솔로몬 역간, 『미가-말라기』.

Suriano, M. J. "A Place in the Dust: Text, Topography and a Toponymic Note on Micah 1:10-12." *VT* 60 (2010): 433-46.

Taylor, J. B. *Ezekiel*, TOTC. Downers Grove: IVP, 1969.

van Hecke, P. "Living Alone in the Shrubs: Positive Pastoral Metaphors in Micah 7:14." *ZAW* 115 (2003): 362-75.

VanGemeren, W. A. *Interpreting the Prophetic Word.* Grand Rapids: Zondervan, 1990. 솔로몬 역간, 『예언서 연구』.

von Soden, W. *The Ancient Orient: An Introduction to the Study of the Ancient Near East.* Grand Rapids: Eerdmans, 1985.

Voth, E. "What Does God Expect of Us? Micah 6-7." *Review & Expositor* 108 (2011): 299-306.

Wagenaar, J. A. "From Edom He Went up⋯: Some Remarks on the Text and Interpretation of Micah II 12-13.," *VT* 50 (2000): 531-39.

Waltke, B. "Micah." in *The Minor Prophets: An Exegetical and Expository Commentary.* ed. T. E. McComiskey. Grand Rapids: Baker, 1993.

Wessels, W. J. "Empowered by the Spirit of Yahweh: A Study of Micah 3:8." *JBPR* 1 (2009):

33-47.

Willis, J. T. "A Note on rmaw in Micah 3:1." *ZAW* 80 (1968): 50-58.

---------. "Micah IV 14 – V 5: A Unit." *VT* 18 (1968): 529-47.

---------. "On the Text of Micah 2, 1aa-b." *Biblica* 48 (1967): 534-41.

---------. "Some Suggestions on the Interpretation of Micah 1:2." *VT 18* (1968): 372-79.

Wolff, H. W. *Micah*. Minneapolis: Augsburg, 1999.

나훔

조휘. 『나훔과 함께』. 서울: 그리심, 2013.

Achtemeier, Elizabeth. *Nahum-Malachi*, Int. Atlanta: John Knox Press, 1971. 한국장로교출판사 역간, 『나훔-말라기』.

Baker, D. W. *Nahum, Habakkuk, Zephaniah*, TOTC. Leicester: IVP, 1988. CLC 역간, 『나훔, 하박국, 스바냐』.

Barker, K. L., Bailey, W. *Micah, Nahum, Habakkuk, Zephaniah*, NAC. Nashville: B&H, 1999.

Budge, E. A. Wallis. *Annals of the Kings of Assyria*. London: Kegan Paul, 2005.

Christensen, D. L. "The Acrostic of Nahum Once Again: A Prosodic Analysis of Nahum 1:1-10." *ZAW* 99(1987): 409-15.

---------. *Nahum*, AYB. New Haven: Yale University Press, 2009.

Floyd, M. H. "The Chimerical Acrostic of Nahum 1:2-10." *JBL* 113 (1994): 421-37.

García-Treto, F. O. "The Book of Nahum." in ed. L. Keck. *NIB*, vol 7. Nashville: Abingdon, 1996.

Halton, C. "How Big Was Nineveh? Literal versus Figurative Interpretation of City Size." *BBR* 18 (2008): 193-207.

Kuhrt, Amélie. *The Ancient Near East: c. 3000-330 BC*. New York: Routledge, 1998.

Longman III, T. "Nahum." in *The Minor Prophets: An Exegetical and Expository Commentary*. ed. T. E. McComiskey. Grand Rapids: Baker, 1993.

Maier, W. A. *Nahum*. Saint Louis: Concordia, 1959.

Noll, K. L. "Nahum and The Act of Reading." *Proceedings* 16 (1996): 107-20.

Pinker, A. "Descent of the goddess Ishtar to the netherworld and Nahum 2:8." *VT* 55 (2005): 89-100.

---------. "Nahum 1: Acrostic and Authorship." *JBQ* 34(2006): 97-103.

---------. "Nahum 2:4 revisited." *ZAW* 117 (2005): 411-19.

---------. "On the Meaning of htkbd in Nahum 3:15." *VT* 53 (2003): 558-61.

Robertson, O. P. *The Books of Nahum, Habakkuk, and Zephaniah*, NICOT. Grand Rapids:

Eerdmans, 1990.

Sasson, J. M. *Civilizations of the Ancient Near East*, vol. 1-3. Peabody: Hendrickson, 1995.

Smith, R. L. *Micah-Malachi*, WBC. Waco: Word Books, 1984. 솔로몬 역간, 『미가-말라기』.

van de Mieroop, M. *The Ancient Mesopotamian City*. Oxford: Oxford University Press, 1997.

VanGemeren, W. A. *Interpreting the Prophetic Word*. Grand Rapids: Zondervan, 1990. 솔로몬 역간, 『예언서 연구』.

하박국

Ahlström, Gösta W. *The History of Ancient Palestine*. Minneapolis: Fortress Press, 1993.

Anderson, J. E. "Awaiting an Answered Prayer: The Development and Reinterpretation of Habakkuk 3 in its Contexts." *ZAW* 123 (2011): 58-60.

Baker, D. W. *Nahum, Habakkuk, Zephaniah*, TOTC. Leicester: IVP, 1988. CLC 역간, 『나훔, 하박국, 스바냐』.

Barker, K. L., Bailey, W. *Micah, Nahum, Habakkuk, Zephaniah*, NAC. Nashville: B&H, 1999.

Barré, M. L. "Habakkuk 3:2: Translation in Context." *CBQ* 50 (1988): 184-98.

Bruce, F. F. "Habakkuk." in *The Minor Prophets: An Exegetical and Expository Commentary*. ed. T. E. McComiskey. Grand Rapids: Baker, 1993.

Carroll, R. P. "Eschatological Delay in the Prophetic Tradition?" *ZAW* 94 (1982): 47-59.

Charlesworth, J. H. *The Old Testament Pseudepigrapha*. Garden City: Doubleday, 1985.

Cleaver-Bartholomew, D. "An Additional Perspective on Habakkuk 1:7." *Proceedings* 28(2007): 47-52.

Day, J. "New Light on the Mythological Background of the Allusion to Resheph in Habakkuk 3:5." *VT* 29 (1956): 23-24.

Dockery, D. S. "The use of Hab 2:4 in Rom 1:17: some hermeneutical and theological considerations." *Wesleyan Theological Journal* 22 (1987): 24-36.

Driver, G. R. "Critical Note on Habakkuk 3:7." *JBL* 62 (1943): 121

Eaton, J. H. "The Origin and Meaning of Habakkuk 3." *ZAW* 76 (1964): 144-72.

Floyd, M. H. *Minor Prophets*. Grand Rapids: Eerdmans, 2000

Grayson, A. K. *Assyrian and Babylonian Chronicles*. Winona Lake: Eisenbrauns, 1975.

Herodotus. *The Histories*. New York: Penguin Books, 1996.

Hiebert, T. "The Book of Habakkuk." in ed. L. Keck. *NIB*, vol 7. Nashville: Abingdon, 1996.

Hunn, Debbie. "Pistis Christou in Galatians: the connection to Habakkuk 2:4." *TB* 63

(2012): 75-91.

Johnson, M. D. "The Paralysis of Torah in Habakkuk 1:4." *VT* 35 (1985): 257-66.

Keil, C. F. *Minor Prophets*. Grand Rapids: Eerdmans, 1993.

Kuhrt, A. *The Ancient Near East: c. 3000-330 BC*. New York: Routledge, 1995.

Lehrman, S. M. "Habakkuk." in *The Twelve Prophets*. London: Soncino, 1948.

Martínez, F. García. *The Dead Sea Scrolls Translated: The Qumran Texts in English*. Grand Rapids: Eerdmans, 1996.

Niehaus, J. J. *God at Sinai: Covenant & Theophany in the Bible and Ancient Near East*. Grand Rapids: Zondervan, 1995. 이레서원 역간, 『시내산의 하나님』.

Pinker, A. "Problems and Solutions of Habakkuk 3:8." *JBQ* 31 (2003): 3-9.

‒‒‒‒‒‒‒‒‒. "Was Habakkuk Presumptuous?" *JBQ* 32 (2004): 27-34.

Robertson, O. P. "The Justified (by Faith) shall live by his Steadfast Trust: Habakkuk 2:4." *Presbyterion* 9 (1983): 52-71.

‒‒‒‒‒‒‒‒‒. *The Books of Nahum, Habakkuk, and Zephaniah*, NICOT. Grand Rapids: Eerdmans, 1990.

Smith, R. L. *Micah-Malachi*, WBC. Waco: Word Books, 1984. 솔로몬 역간, 『미가-말라기』.

Stephens, F. J. "The Babylonian Dragon Myth in Habakkuk 3." *JBL* 43 (1924): 290-93.

Thompson, D. "נֹגַהּ" in ed. W. A. VanGemeren. *NIDOTTE*. Grand Rapids: Zondervan, 1997.

Tsumura, D. T. "Polysemy and Parallelism in Hab 1:8-9." *ZAW* 120 (2008): 194-203.

‒‒‒‒‒‒‒‒‒. "Ugaritic Poetry and Habakkuk 3." *TB* 40 (1988): 24-49.

van der Wal, A. J. O. "Lō'nāmūt in Habakkuk 1:12 : a Suggestion." *VT* 38 (1988): 480-83.

Waltke, B. K. & O'Connor, M. *An Introduction to Biblical Hebrew Syntax*. Winona Lake: Eisenbrauns, 1990.

Young, S. L. "Romans 1:1-5 and Paul's Christological use of Hab 2:4 in Rom 1:17: and underutilized consideration in the debate." *JSNT* 34 (2012): 277-85.

Zorn, Walter D. "The Messianic Use of Habakkuk 2:4a in Romans." *Stone-Campbell Journal* 1 (1988): 213-30.

스바냐

Ahlström, G. W. *The History of Ancient Palestine*. Minneapolis: Fortress, 1993.

Baker, D. W. *Nahum, Habakkuk, Zephaniah*, TOTC. Leicester: IVP, 1988. CLC 역간, 『나훔, 하박국, 스바냐』.

Barker, K. L., Bailey, W. *Micah, Nahum, Habakkuk, Zephaniah*, NAC. Nashville: B&H, 1999.

Bennett, R. A. "The Book of Zephanian." in ed. L. Keck. *NIB*, vol 7. Nashville: Abingdon, 1996.

Blenkinsopp, J. *A History of Prophecy in Israel*. Philadelphia: Westminster, 1983. 은성 역간, 『이스라엘 예언사』.

Christensen, D. L. "Zephaniah 2:4-15: A Theological Basis for Jusiah's Program of Political Expansion." *CBQ* 46 (1984): 669-82.

De Roche, M. "Zephaniah 1:2-3: the Sweeping of Creation." *VT* 30 (1980): 104-109.

Floyd, M. H. *Minor Prophets: Part 2*. Grand Rapids: Eerdmans, 2000.

Garlington, D. B. "The Salt of the Earth in Covenantal Perspective." *JETS* 54 (2011): 715-48.

Gordiss, R. "A Rising Tide of Misery: A Note on a Note on Zephaniah 2:4." *VT* 37 (1987): 487-90.

Gray, J. "Metaphor from Building in Zephaniah 2:1." *VT* 3 (1953): 404-407.

Hadjiev, T. "The Translation Problems of Zephaniah 3,18: A Diachronic Solution." *ZAW* 124 (2012): 416-20.

Hojoon, R. *Zephaniah's Oracles Against the Nations*. Leiden: Brill, 1994.

Jeppesen, K. "Zephaniah 1:5b." *VT* 31 (1981): 373.

Keil, C. F. *Minor Prophets*. Grand Rapids: Eerdmans, 1993.

King, G. A. "The Day of the Lord in Zephaniah." *Bibliotheca Sacra* 152 (1995): 16-32.

King, G. A. "The Remnant in Zephaniah." *Bibliotheca Sacra* 151 (1994): 414-27.

Lasor, W. S., Hubbard, D. A., Bush, F. W. *Old Testament Survey: The Message, Form, and Background of the Old Testament*. Grand Rapids: Eerdmans, 1996.

Martínez, F. G. *The Dead sea Scrolls Translated: The Qumran Texts in English*. Grand Rapids: Eerdmans, 1992.

Motyer, J. A. "Zephaniah." in *The Minor Prophets: An Exegetical and Expository Commentary*. ed. T. E. McComiskey. Grand Rapids: Baker, 1993.

Rice, G. "The African Roots of the Prophet Zephaniah." *JRT* 36 (1979): 21-31.

Roberts, A., Donaldson, J. eds, *ANF vol. 5: Hippolytus, Cyprian, Caius, Novatian, Appendix*. Peabody: Hendrickson, 1994.

Robertson, O. P. *The Books of Nahum, Habakkuk, and Zephaniah*, NICOT. Grand Rapids: Eerdmans, 1990.

Rodríguez, J. D. "From Memory to Faithful Witness: The Power and Ambiguities of Religious Narratives (Zephaniah 1:7, 12-18)." *Currents in Theology and Mission* 35 (2008): 264-67.

Smith, J. M. P., Ward, W. H., Bewer, J. A. *Micah, Zephaniah, Nahum, Habakkuk, Obadiah and Joel*, ICC. Edingburgh: T & T Clark, 1985.

Smith, R. L. *Micah-Malachi*, WBC. Waco: Word Books, 1984. 솔로몬 역간, 『미가-말라기』.

VanGemeren, W. A. *Interpreting the Prophetic Word*. Grand Rapids: Zondervan, 1990. 솔로몬 역간, 『예언서 연구』.

Williams, D. L. "The Date of Zephaniah." *JBL* 80 (1963): 77-88.

Zaleman, L. "Ambiguity and Assonance at Zephaniah 2:4." *VT* 36 (1986): 365-71.

학개

Assis, E. "A Disputed Temple." *ZAW* 120 (2008): 582-96.

---------. "To Build or not to Build: A Dispute between Haggai and his People." *ZAW* 119 (2007): 514-27.

Beuken, W. A. M. *Haggai-Sacharja 1-8: Studien zur Überlieferungsgeschichte der frühnachexilischen Prophetie*. Assen: Van Gorcum, 1967.

Boda, M. J. "Messengers of Hope in Haggai-Malachi." *JSOT* 32 (2007): 113-31.

Calvin, J. *Commentaries on the Twelve Minor Prophets*, vol. 4. Grand Rapids: Eerdmans, 1950.

Conrad, E. W. *Fear Not Warrior: A Study of 'al tîrā' Pericopes in the Hebrew Scriptures*. Chico: Scholars, 1985.

Craig, K. M. "Interrogatives in Haggai-Zechariah: A Literary Thread." in *Forming Prophetic Literature: Essays on Isaiah and the Twelve in Honor of John D. W. Watts*, JSOTSup 235. ed. James D. W. Watts & P. R. House. Sheffield: Sheffield Academic Press, 1996.

Even-Shoshan, A. *A New Concordance of the Bible*. Jerusalem: Kiryat Sefer, 1990.

Goswell, G. "The Fate and Future of Zerubbabel in the Prophecy of Haggai." *Biblica* 91 (2010): 77-90.

Hildebrand, D. R. "Temple Ritual: A Paradigm for Moral Holiness in Haggai 2:10-19." *VT* 39 (1989): 154-68.

Hillers, D. *Treaty Curses and the Old Testament Prophets*. Rome: Pontifical Biblical Institute, 1964.

Keil, C. F. *Minor Prophets*. Grand Rapids: Eerdmans, 1993.

Kessler, J. "Building the Second Temple: Questions of Time, Text, and History in Haggai 1:1-15." *JSOT* 27 (2002): 243-56.

Longman III, T., Reid, D. G. *God is a Warrior*. Grand Rapids: Zondervan, 1995. 솔로몬 역 간, 『거룩한 용사』.

March, W. E. "The Book of Haggai." ed. L. Keck. *NIB*, vol 7. Nashville: Abingdon, 1996.

Mason, R. *The Books of Haggai, Zechariah and Malachi*, CBC. Cambridge: Cambridge University, 1977.

Mendenhall, G. E. *The Tenth Generation: The Origins of the Biblical Tradition*. Baltimore: Johns Hopkins University Press, 1973.

Milgrom, J. *Leviticus 1-16*, AYB. New York: Doubleday, 1991.

Motyer, J. A. "Haggai." in *The Minor Prophets: An Exegetical and Expository Commentary*. ed. T. E. McComiskey. Grand Rapids: Baker, 1993.

Petersen, D. L. *Haggai and Zechariah 1-8*, OTL. Philadelphia: Westminster, 1984.

Prinsloo, W. S. "The Cohesion of Haggai 1:4-11." in *Wünschet Jerusalem Frieden: Collected Communications to the XIIth Congress of the International Organization for the Study of the Old Testament*. ed. M. Augustin. New York: Verlag Peter Lang, 1988.

Riffaterre, M. "Compulsory Reader Response: the Intertextual Drive." in *Intertextuality: Theories and Practices*. ed. M. Worton & J. Still. Manchester: Manchester University Press, 1990.

---------. "Syllepsis." *Critical Inquiry* (1980): 625-38.

Rogland, M. "Haggai 2:17: A New Analysis." *Biblica* 88 (2007): 553-57.

---------. "Text and Temple in Haggai 2:5." *ZAW* 119 (2007): 410-15.

St. Augustine, "De Trinitate." in *NPNF*.

Steinmann, A. E. "A Chronological Note: The Return of the Exiles under Sheshbazzar and Zerubbabel (Ezra 1-2)." *JETS* 51 (2008): 513-22.

Townsend, T. N. "Additional Comments on Haggai 2:10-19." *VT* 18 (1968): 559-60.

van Dijk, T. A. *Text and Context: Explorations in the Semantics and Pragmatics of Discourse*. London: Longman, 1977.

Verhoef, P. A. *The Books of Haggai and Malachi*, NICOT. Grand Rapids: Eerdmans, 1987.

von Rad, G. *Holy War in Ancient Israel*. Grand Rapids: Eerdmans, 1991.

Watson, W. G. E. *Classical Hebrew Poetry: A Guide to its Techniques*. New York: T & T Clark, 1984.

Wenham, G. J. *The Book of Leviticus*, NICOT. Grand Rapids: Eerdmans, 1979. 부흥과개혁 사 역간, 『NICOT 레위기』.

Whedbee, J. W. "A Question-Answer Schema in Haggai 1:9-11." in *Biblical and Near Eastern*

Studies. ed. G. A. Tuttle. Grand Rapids: Eerdmans, 1978.

Wolff, H. W. *Haggai*. Minneapolis: Augsburg Publishing House, 1988.

Wyrick, S. V. "Haggai's Appeal to Tradition: Imagination Used as Authority." in *Religious Writings and Religious Systems*, vol. 1. ed. J. Neusner. Atlanta: Scholars, 1989.

Yamauchi, E. M. *Persia and the Bible*. Grand Rapids: Baker, 1990.

스가랴

기동연. 『성전과 제사에서 그리스도를 만나다』. 서울: 생명의양식, 2008.

Ackroyd, P. *Exile and Restoration*. Philadelphia: Westminster Press, 1968.

Assis, E. "Zechariah's Vision of the Ephah (Zech. 5:5-11)." *VT 60* (2010): 15-32.

Baldwin, J. G. *Haggai, Zechariah, Malachi*, TOTC. Downers Grove: IVP, 1972.

Barker, K. L. "Zechariah." in *The Expositor's Bible Commentary*, vol. 7. ed. F. E. Gaebelein. Grand Rapids: Eerdmans, 1983.

Baron, D. *Zechariah*. Grand Rapids: Kregel, 1918.

Boda, M. J. "Freeing the Burden of Prophecy: Massa and the Legitimacy of prophecy in Zech 9-14." *Biblica* 87 (2006): 338-57.

---------. "From Fasts to Feasts: The Literary Function of Zechariah 7-8." *CBQ* 65 (2003): 390-408.

---------. "Terrifying the Horns: Persia and Babylon in Zechariah 1:7-6:15." *CBQ* 67 (2005): 22-42.

Bonfiglio, R. P. "Archer Imagery in Zechariah 9:11-17 in Light of Achaemenid Iconography." *JBL* 131 (2012): 507-27.

Calvin, J. *Commentaries on the Twelve Minor Prophets*, vol. 4. Grand Rapids: Eerdmans, 1950.

Cook, S. L. "The Metamorphosis of a Shepherd: The Tradition History of Zechariah 11:17 + 13:7-9." *CBQ* 55 (1993): 453-67.

Coppins, W. "Sitting on Two Asses? Second Thoughts on the Two-Animal Interpretation of Matthew 21:7." *TB* 63 (2012): 275-81.

Drews, R. "Canaanites and Philistines." *JSOT* 81 (1998): 39-61.

Duguid, I. M. *Haggai Zechariah Malachi*. Carlisle: EP Books, 2010.

Edelman, D. "Proving Yahweh Killed His Wife (Zechariah 5:5-11)." *Biblical Interpretation* 11 (2003): 335-44.

Feinberg, C. L. *God Remembers*. Eugene, Oregon: Wipf & Stock, 2003.

Finley, T. J. "'The Apple of his eye (bābat 'ênô)' in Zechariah 2:12." *VT* 38 (1988): 337-38.

Floyd, M. H. "The Evil in the Ephah: Reading Zechariah 5:5-11 in its Literary Context." *CBQ* 58 (1996): 51-69.

--------. *Minor Prophets: Part 2*. Grand Rapids: Eerdmans, 2000.

Foster, R. L. "Shepherds, Sticks, and Social Destabilization: A Fresh Look at Zechariah 11:4-17." *JBL* 126 (2007): 735-53.

Freund, Y. "And Ekron as a Jebusite(Zechariah 9:7)." *JBQ* 21 (1993): 170-77.

Gordon, R. P. "Inscribed Pots and Zechariah 14:20." *VT* 42 (1992): 120-23.

--------. "Targumic 'DY (Zechariah 14:6) and the Not so Common 'Cold'." *VT* 29 (1989): 77-82.

Gregory, B. R. *Longing For God in an Age of Discouragement*. Phillipsburg: P&R, 2010.

Hanson, P. D. *The Dawn of Apocalyptic*. Philadelphia: Fortress Press, 1979.

Haufmann, G. "The donkey and the king." *HTR* 78 (1985): 421-30.

Herodotus. *The Histories*. New York: Penguin Books, 1954.

Instone-Brewer, D. "The Two Asses of Zechariah 9:9 in Matthew 21." *TB* 54 (2003); 87-99.

Jauhiainen, M. "Turban and Crown Lost and regained: Ezekiel 21:29-32 and Zechariah's Zemah." *JBL* 127 (2008): 501-11.

Kaiser, W. C. *The Majesty of God in the Old Testament: A guide for Preaching and Teaching*. Grand Rapids: Baker, 2007.

Keil, C. F. *Minor Prophets*. Grand Rapids: Eerdmans, 1993.

Kitchen, K. A. *On the Reliability of the Old Testament*. Grand Rapids: Eerdmans, 2003.

Klein, G. L. *Zechariah*, NAC. Nashville: B&H, 2008.

Koester, C. R. "Messianic Exegesis and the Call of Nathanael (John 1:45-51)." *JSNT* 39 (1990): 23-34.

Laney, J. Carl. *Zechariah*, EBC. Chicago: Moody Press, 1984.

Leske, A. M. "Context and Meaning of Zechariah 9:9." *CBQ* 62 (2000): 663-79.

Maher, E. F. "A Hippopotamus Tooth from a Philistine Temple: Symbolic Artifact or sacrificial Offering?" *Near Eastern Archaeology* 68 (2005): 59-60.

Malone, A. S. "God the Ilieist: Third-Person Self-References and Trinitarian Hints in the Old Testament." *JETS* 52(2009): 499-518.

Matthews, V. H., Benjamin, D. C. *Old Testament Parallels: Laws and Stories from the Ancient Near East*. New York: Paulist Press, 1997.

McComiskey, T. "Zechariah." in *The Minor Prophets: An Exegetical and Expository*

Commentary. ed. T. E. McComiskey. Grand Rapids: Baker, 1993.

Menken, Maarten J. J. "The Textual Form and the Meaning of the Quotation from Zechariah 12:10 in John 19:37." *CBQ* 55 (1993): 494-512.

Meyers, C. L., Meyers, E. M. "The Future Fortunes of the House of David: The Evidence of Second Zechariah." in *Fortunate the Eyes That See: Essays in Honor of David Noel Freedman in Celebration of His Seventieth Birthday*. ed. A. B. Beck, et al. Grand Rapids: Eerdmans, 1995.

Milgrom, J. *Numbers*. The JPS Torah Commentary. Philadelphia: JPS, 1990.

Mitchell, C. "A Note on the Creation Formula in Zechariah 12:1-8; Isaiah 42:5-6; and Old Persian Inscriptions." *JBL* 133 (2014): 305-308.

Moran, W. L. *The Amarna Letters*. Baltimore: Johns Hopkins University Press, 1992.

O'Brien, J. M. *Nahum Habakkuk Zephaniah Haggai Zechariah Malachi*, AOTC. Nashville: Abingdon, 2004.

Ollenburger, B. C. "The Book of Zechariah." in ed. L. Keck. *NIB*, vol 7. Nashville: Abingdon, 1996.

Petersen, D. L. *Haggai and Zechariah 1-8*, OTL. Philadelphia: Westminster Press, 1984.

---------. *Zechariah 9-14 and Malachi*, OTL. Louisville: Westminster John Knox Press, 1995.

Phillips, R. D. *Zechariah*, REC. Phillipsburg: P&R, 2007.

Redditt, P. L. "The Two Shepherds in Zechariah 11:4-17." *CBQ* 55 (1993): 676-87.

---------. *Haggai, Zechariah, Malachi*, NCBC. Grand Rapids: Eerdmans, 1995.

Rhea, R. "Attack on Prophecy: Zechariah 13:1-6." *ZAW* 107 (1995): 288-93.

Rosenberg, R. A. "The Slain Messiah in the Old Testament." *ZAW* 99 (1987): 259-61.

Roth, C. "The Cleansing of the Temple and Zechariah." *NT* 4 (1960): 174-81.

Sasson, J. M. "The Thoughts of Zimrilim." *BA* 47 (1984): 118-19.

Schaefer, K. R. "Ending of the Book of Zechariah." *Revue biblique* 100 (1993): 165-238.

---------. "Zechariah 14: A Study in Allusion." *CBQ* 57 (1995): 67-94.

Segal, M. "The Responsibilities and Rewards of Joshua the High Priest according to Zechariah 3:7." *JBL* 126 (2007): 717-34.

Smith, R. L. *Micah-Malachi*, WBC. Waco: Word Books, 1984. 솔로몬 역간, 『미가-말라기』.

Stead, M. R. *the Intertextuality of Zechatiah 1-8*. New York: T & T Clark, 2009.

Tate, M. E. "Satan in the Old Testament." *Review and Expositor* 89 (1992): 461-75.

Tiemeyer, Lena-Sofia. "Compelled by Honour-A New Interpretation of Zechariah 2:12A (8A)." *VT* 54 (2004): 352-72.

Tollington, J. E. *Tradition and Innovation in Haggai and Zechariah 1-8*. Sheffield: Sheffield Academic Press, 1993.

Ulrich, D. R. "Two Offices, Four Officers, or One Sordid Event in Zechariah 12:10-14?" *WTJ* 72 (2010): 251-65.

Unger, M. F. *Zechariah*. Grand Rapids: Zondervan, 1962.

Vanderkam, J. C. "Joshua the High Priest and the Interpretation of Zechariah 3." *CBQ* 53 (1991): 553-70.

Vasholz, R. I. "The Patriarchs and the Philistines." *Presbyterion: Covenant Seminary Review* 31/2 (2005): 112-13.

Vermes, G. *The Dead Sea Scrolls in English*. New York: Penguin Books, 1962.

Volohonsky, H. "Is the Color of that horse Really Pale?" *The International Journal of Transpersonal Studies* 18 (1999): 167-68.

Way, K. C. "Donkey Domain: Zechariah 9:9 and Lexical Semantics." *JBL* 129 (2010): 105-14.

Witt, D. A. "The Houses Plundered, the Women Raped: The Use of Isaiah 13 in Zechariah 14:1-11." *Proceedings* 11 (1991): 66-74.

Wolters, Al. "Targumic KRWBT (Zechariah 14:20)=Greek Koryphaia." *JBL* 115 (1996): 710-13.

Yamauchi, E. M. *Persia and the Bible*. Grand Rapids: Baker, 1990.

말라기

기동연. "말라기서의 예배: 붕괴와 회복." 『구약 논집』 10 (2015): 9-38.

Assis, E. "Moses, Elijah and the Messianic Hope: A New Reading of Malachi 3:22-24." *ZAW* 123 (2011): 207-20.

Bailey, W. "Ministers: Be Faithful!: Malachi 2:1-9." *The Theological Educator* 36 (1987): 99-105.

Baldwin, J. G. "Malachi 1:11 and the Worship of the Nations in the Old Tesament." *TB* 23 (1972): 117-24.

---------. *Haggai, Zechariah, Malachi*, TOTC. Downers Grove: IVP, 1972.

Brown, W. E. "Give Your Best to God: Malachi 1:6-14." *The Theological Educator* 36 (1987): 87-98.

Charlesworth, J. H. *The Old Testament Pseudepigrapha*. New York: Doubleday, 1983.

Cole, D. "The Day of the Lord is Coming Mal. 2:17-3:5, 4:1-6." *The Theological Educator* 36 (1987): 126-37.

Collins, C. J. "The (Intelligible) Masoretic Text of Malachi 2:16." *Presbyterion* 20 (1994):

36-40.

Delaughter, T. J. "God Loves Israel: Malachi 1:1-5." *The Theological Educator* 36 (1987): 67-86.

Deuel, D. C. "Malachi 3:16: Book of Remembrance or Royal Memorandum? An Exegetical Note." *TMSJ* 7 (1996): 107-11.

Duguid, I. M. *Haggai, Zechariah, Malachi.* Carlisle: EP Books, 2010.

Floyd, M. H. *Minor Prophets.* Grand Rapids: Eerdmans, 2000.

Fuller, R. "Text-critical Problems in Malachi 2:10-16." *JBL* 110 (1991): 47-57.

Gaiser, F. J. "Texts in Context: Refiner's Fire and Laundry Soap: Images of God in Malachi 3:1-4." *Word & World* 19 (1999): 83-92.

Gibson, J. M. "Cutting off 'Kith and Kin,' 'Er and Onan'? Interpreting an Obscure Phrase in Malachi 2:12." *JBL* 133 (2014): 519-37.

Glazier-McDonald, B. "Malachi 2:12: 'er we'oneh-Another Look." *JBL* 105 (1986): 295-98.

---------. *Malachi: The Divine Messenger.* Atlanta: Scholars Press, 1983.

Harrison, G. W. "Covenant Unfaithfulness in Malachi 2:1-16." *Criswell Theological Review* 2 (1987): 63-72.

Herodotus, *The Histories.* New York: Penguin Books, 1972.

Hugenberger, G. P. *Marriage as a Covenant: A Study of Biblical Law and Ethics Governing Marriage Developed from the Perspective of Malachi.* New York: E.J. Brill, 1994.

Hurowitz, V. A. "Ika in Malachi 3:11-Caterpillar." *JBL* 121 (2002): 327-30.

Johnson, D. E. "Fire in God's House: Imagery from Malachi 3 in Peter's Theology of Suffering (1 Pet 4:12-19)." *JETS* 29 (1986): 285-94.

Jones, D. C. "A Note on the LXX of Malachi 2:16." *JBL* 109 (1990): 683-85.

---------. "Malachi on Divorce." *Presbyterion* 15 (1989): 16-22.

Kaiser, W. "Divorce in Malachi 2:10-16." *Criswell Theological Review* 2 (1987): 73-84.

Keil, C. F. *Minor Prophets.* Grand Rapids: Eerdmans, 1993.

Keown, G. L. "Messianism in the Book of Malachi." *Review & Expositor* 84 (1987): 443-51.

Koestenberger, A. J., Croteau, D. A. "Will a Man Rob God? (Malachi 3:8): A Study of Tithing in the Old and New Testaments." *BBR* 16 (2006): 53-77.

Lewis, J. P. "Sun of Righteousness (Malachi 4:2): A History of Interpretation." *Stone-Campbell Journal* 2 (1999): 89-110.

Long, G. "Give Offerings to God Malachi 3:6-18." *The Theological Educator* 36 (1987): 116-25.

Malone, A. S. "Is the Messiah Announced in Malachi 3:1?" *TB* 57 (2006): 215-29.

Neusner, J. *The Mishnah: A New Translation*. New Haven: Yale University Press, 1988.

O'Brien, J. M. *Nahum, Habakkuk, Zephaniah, Haggai, Zechariah, Malachi*, AOTC. Nashville: Abingdon, 2004.

Oswalt, J. "Choose your Wife Carefully and do not Divorce her: Malachi 2:10-16." *The Theological Educator* 36 (1987): 106-15.

Petersen, D. L. *Zechariah 9-14 and Malachi*, OTL. Louisville: Westminster John Knox, 1995.

Polaski, D. C. "Malachi 3:1-12." *Interpretation* 54 (2000): 416-18.

Proctor, J. "Fire in God's House: Influence of Malachi 3 in the NT." *JETS* 36 (1993): 9-14.

Redditt, P. L. *Haggai, Zechariah, Malachi*, NCBC. Grand Rapids: Eerdmans, 1995.

Reeder, C. A. "Malachi 3:24 and the Eschatological Restoration of the Family." *CBQ* 69 (2007): 695-710.

Scalise, P. J. "Malachi 3:13-4:3-A Book of Remembrance for God-Fearers." *Review and Expositor* 95 (1998): 571-82.

--------. "To Fear or not to Fear: Questions of Reward and Punishment in Malachi 2:17-4:3." *Review & Expositor* 84 (1987): 409-18.

Schuller, E. M. "The Book of Malachi." ed. L. Keck. *NIB*, vol 7. Nashville: Abingdon, 1996.

Shields, M. A. "Syncretism and Divorce in Malachi 2:10-16." *ZAW* 111 (1999): 68-86.

Smith, R. L. *Micah-Malachi*, WBC. Waco: Word Books, 1984. 솔로몬 역간, 『미가-말라기』.

Snyman, S. D. "Antitheses in Malachi 1:2-5." *ZAW* 98 (1986): 436-38.

Stokes, R. E. "I, Yhwh, Have Not Changed? Reconsidering the Translation of Malachi 3:6; Lamentations 4:1; and Proverbs 24:21-22." *CBQ* 70 (2008): 264-77.

Stuart, D. "Malachi." in *The Minor Prophets: An Exegetical and Expository Commentary*. ed. T. E. McComiskey. Grand Rapids: Baker, 1993.

Swetnam, J. "Malachi 1:11: An Interpretation." *CBQ* 31 (1969): 200-209.

Tate, M. E. "Questions for Priests and People in Malachi 1:2-2:16." *Review & Expositor* 84 (1987): 391-407.

Taylor, R. A., Clendenen, E. R. *Haggai Malachi*, NAC. Nashville: B&H, 2004.

Torrey, C. C. "וְעֵנֶה עֵר in Malachi ii. 12." *JBL* 24 (1905): 176-78.

Vasholz, R. I. "Sarcasm in Malachi 1:8a." *Presbyterion* 16 (1990): 129-30.

Vena, O. D. "Paul's Understanding of the Eschatological Prophet of Malachi 4:5-6." *Biblical Research* 44 (1999): 35-54.

Verhoef, P. A. *The Books of Haggai and Malachi*, NICOT. Grand Rapids: Eerdmans, 1987.

Viberg, A. "Wakening a Sleeping Metaphor: A New Interpretation of Malachi 1:11." *TB* 45 (1994): 297-319.

Waldman, N. M. "Some Notes on Malachi 3:6; 3:13; and Psalm 42:11." *JBL* 93 (1974): 543-49.

Zehnder, M. "A Fresh Look at Malachi II 13-16." *VT* 53 (2003): 224-59.

저자 기동연

고신대학교(B.A.), 고려신학대학원(M.Div.), 보스턴의 고든 콘웰 신학교(Th.M)를 거쳐 시카고의 트리니티 신학교에서 반 게메렌 교수 지도로 박사 학위(Ph.D)를 받았다. 2002년 귀국한 뒤 지금까지 모교인 고려신학대학원에서 구약학 교수로 재직 중이며, 잠실중앙 교회에서 기관 목사로 사역하고 있다. 저서로는 『성전과 제사에서 그리스도를 만나다』 『창조에서 바벨까지』 『아브라함아 너는 내 앞에서 행하여 완전하라』 『레위기』(생명의양식)가 있다.

소선지서 II

초판1쇄 2017년 2월 6일
개정1쇄 2024년 3월 29일
지은이 기동연
발행인 김홍석
편집위원장 신득일
발 간 고신총회 성경주석간행위원회
　　　(위원: 김홍석, 김동식, 안동철, 김정수, 신득일, 최승락, 권종오)
엮은곳 고신총회 성경주석편집위원회
펴낸곳 대한예수교장로회 고신 총회출판국
후 원 안양일심교회(담임목사 김홍석)
주 소 서울특별시 서초구 고무래로 10-5(반포동)
전 화 (02)592-0986~7
팩 스 (02)595-7821
홈페이지 qtland.com
등 록 1998년 11월 3일 제22-1443호
디자인 CROSS-765
ISBN 978-89-5903-377-5 (94230)
　　　978-89-5903-298-3 (94230) (세트)
값 48,000원